에듀윌과 함께 시작하면,
당신도 합격할 수 있습니다!

꿈꾸었던 공무원이 되기 위해 도전하여
시험에 합격한 20살 청년

육아와 병행하며 5개월간 공부해
필기+실기 동차 합격한 40대 육아맘

직장생활과 병행하며 3개월간 공부해
당당히 합격한 59세 직장인까지

누구나 합격할 수 있습니다.
해내겠다는 '열정' 하나면 충분합니다.

마지막 페이지를 덮으면,

에듀윌과 함께
직업상담사 합격이 시작됩니다.

1위 에듀윌만의
체계적인 합격 커리큘럼

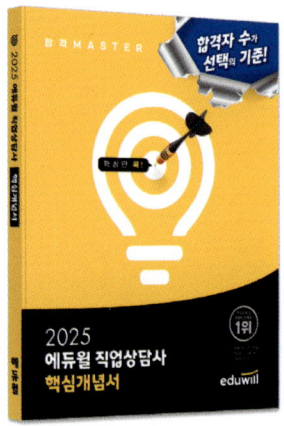

쉽고 빠른 합격의 첫걸음
직업상담사 핵심개념서 & 초보수험가이드
무료 신청

원하는 시간과 장소에서, 1:1 관리까지 한번에
온라인 강의

① 전 과목 최신 교재 제공
② 업계 최강 교수진의 전 강의 수강 가능
③ 맞춤형 학습플랜 및 커리큘럼으로 효율적인 학습

직업상담사
핵심개념서
무료신청

직업상담사
초보수험가이드
무료신청

친구 추천 이벤트

"**친구 추천**하고 한 달 만에
920만원 받았어요"

친구 1명 추천할 때마다 현금 10만원 제공
추천 참여 횟수 무제한 반복 가능

※ *a*o*h**** 회원의 2021년 2월 실제 리워드 금액 기준
※ 해당 이벤트는 예고 없이 변경되거나 종료될 수 있습니다.

친구 추천 이벤트
바로가기

* 2023 대한민국 브랜드만족도 직업상담사 교육 1위 (한경비즈니스)

에듀윌이
너를
지지할게
ENERGY

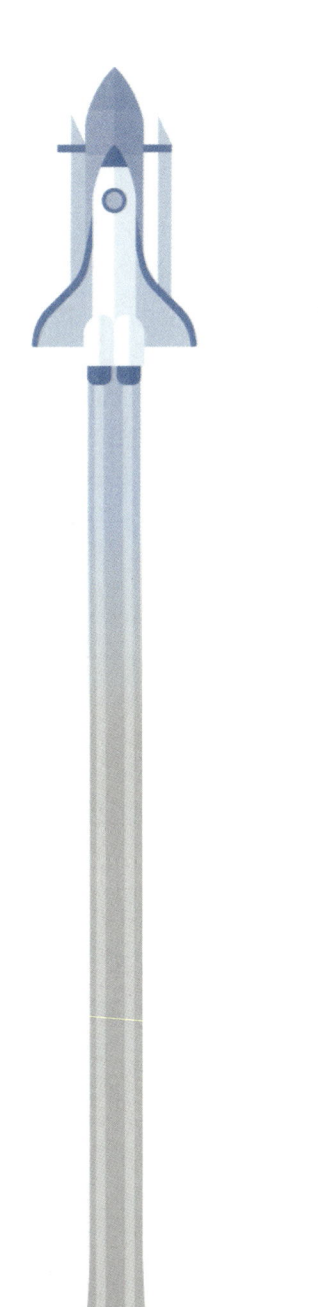

시작하라.

그 자체가 천재성이고,
힘이며, 마력이다.

– 요한 볼프강 폰 괴테(Johann Wolfgang von Goethe)

에듀윌 직업상담사 2급
1차 필기 기출문제집
7개년 기출문제

GUIDE
기출문제집 활용하기

 7개년 핵심노트 "최빈출 주제 200"

3회독 학습은 합격의 비결!

- 두꺼운 이론서 대신 최근 7개년 기출문제를 완벽히 분석한 CBT 대비 "최빈출 주제 200"을 집중 학습하며 빠르게 핵심 개념을 이해한다.
- 기출문제를 풀다 계속해서 틀리는 문제와 관련된 개념에 ☑ 표시를 하며 핵심 개념을 집중적으로 반복 학습하자.

2 회차별 기출문제와 빠른 정답 체크

자주 나오는 문제를 빠르게 파악!

1차 필기시험은 기출문제가 다시 출제될 확률이 최대 80%까지 높은 시험이다. 최신 회차 기출문제부터 차근차근 풀면서 실력을 빠르게 향상할 수 있도록 '빠른 정답 체크'에 틀린 문제를 체크해두고 복습할 때 확인하자!

직업상담사 2급 1차 필기 기출문제집

3 정답과 해설

적을 알고 나를 알면 백전백승!

- 정답 풀이를 보면서 맞힌 문제는 한 번 더 개념을 확인해 완벽하게 다지고, 틀린 문제는 오답 풀이를 보며 보충한다.
- 이론서를 따로 찾아보지 않고 정답과 해설을 반복해 읽어도 충분하다.

25년 기출 해설 무료특강 바로가기

※ 에듀윌 도서몰(book.eduwill.net) → 회원 가입/로그인 → 동영상 강의실 → '직업 상담사' 검색

※ 25년 11월 중 제공 예정

4 QR코드로 CBT 시험 연습

이미 출제된 문제가 시험에 나올 문제!

- 특히 최신 3개년 시험에서 반복 출제될 확률이 굉장히 높다. 문제풀이 시간에 유의하며 실전처럼 CBT 시험으로 실력을 점검한다.
- CBT 시험은 스마트 기기만 있으면 언제 어디서나 실전처럼 연습할 수 있으니 나의 학습 스케줄을 고려해 최대한 활용하자!

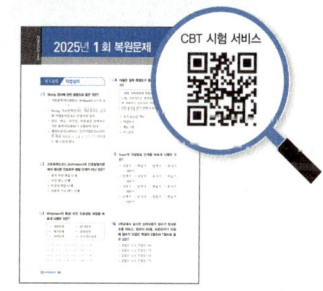

▼ 자동채점 활용 GUIDE
① QR코드 스캔 후 에듀윌 회원 로그인
② CBT 시험 문제 풀기
③ 자동으로 채점 후 성적분석 확인

INFO
시험정보 알아보기

1 2026 직업상담사 2급 시험일정

구분	필기원서접수 (인터넷)	필기시험	필기합격 (예정자)발표	실기원서접수	실기시험	최종합격자 발표일
1회	1~2월	2~3월	3월	3~4월	4~5월	실기시험 후 약 한 달 뒤
2회	4~5월	5월	6월	6~7월	7~8월	
3회	7~8월	8~9월	9월	9월	11월	

➕ 꿀팁 2026년도 시험일정은 2025년 12월에 공개됩니다.
정확한 시험일정과 시험횟수는 한국산업인력공단(Q-Net)을 참고해주세요.

2 직업상담사 2급 시험정보

구분	시험 과목	시험 형태	문항 수	합격 기준	시험 시간
1차 필기	직업심리 직업상담 및 취업지원 직업정보 노동시장 고용노동관계법규	객관식 (4지선다형)	각 과목별 20문제씩, 총 100문항	각 과목 40점 이상, 전 과목 평균 60점 이상	100분 (1시간 40분)
2차 실기	직업상담실무	필답형 (서술형)	20문제 내외	60점 이상	150분 (2시간 30분)

- **원서접수** 큐넷(q-net.or.kr)
- **실시기관** 한국산업인력공단
- **응시료** 1차 필기 – 19,400원
  2차 실기 – 20,800원
- **출제경향**

현장중심형 직무내용	직업상담 및 직업심리검사의 실시, 관련 직업정보 수집·가공·제공과 직업상담 관련 행정업무 수행능력 평가
국가직무능력표준(NCS) 도입	07. 사회복지·종교 → 02. 상담 → 01. 직업상담 서비스 NCS 용어 및 직무능력 반영

3 직업상담사 합격 후 진출 분야

분야	활동 내용
고용지원센터	• 지방고용노동관서나 고용지원센터 등 전국 국립 직업안정기관과 전국 시·군·구 소재 공공직업안정기관, 민간 유·무료 직업소개소 및 국외 유료 직업소개소 등의 직업상담사로 활동 가능 • 고용노동부 지방고용노동관서 등 직업소개기관 직업상담사 채용 시 직업상담사 자격소지자 우대
시·군·구청 취업지원센터	
여성인력개발센터, 여성회관, 여성취업지원센터, 여성고용지원센터	
직업전문학교, 공공직업교육훈련기관	
고용노동부 취업지원민간위탁 – 취업포털 취업컨설턴트	
고용노동부 – 자활후견기관, 복지관, 실업연대	
고령자 인재은행, IT인력은행, 기타 취업은행	
대학 취업지원센터(대학교, 전문대학)	
아웃소싱업체(일반기업체) – 인재파견, 헤드헌터	
사회복지기관	
직업소개소 창업	

4 개정 출제기준 및 최신 제도·법령 개정에 따른 변경 안내

2025 개정 출제기준 반영	최신 제도·법령 업데이트
• 출제기준 개편으로 과목명이 바뀌고 순서가 조정되었으나, 시험 범위 자체가 크게 달라질 것은 아닙니다. | 2025년 개편	기존
제1과목: 직업심리 제2과목: 직업상담 및 취업지원	제1과목: 직업상담학 제2과목: 직업심리학 | • NCS(국가직무능력표준) 기준에 맞춰 개편되면서 과목명은 바뀌었으나, 과목별 기출문제는 여전히 1, 2과목에 걸쳐 혼재되어 출제됩니다. • 출제기준이 개편되어도 출제 핵심내용은 과년도 기출문제의 이론적 기반을 유지하고 있으므로, 다회독을 통한 기출문제 중심의 학습을 권장합니다.	• 본 교재는 현행 기준 제도와 법령을 모두 반영하였습니다. • 과거 기출 중 현행 기준에 부합하지 않는 문항은 일부 내용을 변형하였으며, 더 이상 유효하지 않은 문제는 주석을 통해 확인하실 수 있습니다. • '노동관계법규' 과목은 과목 특성상 개정 사항이 자주 발생합니다. 출간 후에도 언제든지 법령이 개정될 가능성이 있습니다.

ISSUE
CBT 시험 Q&A

수험생: 2022년 3회 필기시험부터 CBT 방식으로 변경되었다고 하는데, CBT 시험이 무엇인가요?

교수님: CBT(Computer-Based Testing) 시험은 종이로 인쇄된 시험지를 푸는 것이 아닌 컴퓨터 화면에서 시험을 보는 방식입니다.

수험생: CBT 시험으로 변경되면 출제범위나 난이도가 변경되나요?

교수님: CBT 시험은 문제를 푸는 방식만 변경된 것이므로, 문제의 수와 난이도, 출제범위나 출제기준 등은 기존 시험과 차이가 없습니다.

수험생: CBT 시험 일자와 시험 시간을 선택할 수 있나요?

교수님: 네, 접수기간에 시험장별로 등록된 일정(날짜 및 시험 시간) 중에서 자유롭게 선택할 수 있습니다.

수험생: CBT 시험의 합격 여부는 언제 알 수 있나요?

교수님: CBT 시험 종료 후, 즉 수험생이 답안지 제출 버튼을 클릭해 답안을 제출하면 바로 과목별 취득 점수(과락 여부) 및 합격 여부가 컴퓨터 화면에 표시됩니다.

수험생: 꼭 챙겨 가야 할 준비물이 있나요?

교수님: 신분증을 반드시 소지해야 합니다. 만약 연습지를 활용하려면 필기도구를 준비해야 하고, 계산기는 CBT 시험 화면에 있는 것을 이용할 수 있습니다.

CONTENTS
차례

2025년	1회 복원문제	12
	2회 복원문제	30
	3회 복원문제	48

2024년	1회 복원문제	68
	2회 복원문제	86
	3회 복원문제	104

2023년	1회 복원문제	124
	2회 복원문제	142
	3회 복원문제	160

2022년	1회	180
	2회	198
	3회 복원문제	216

2021년	1회	238
	2회	256
	3회	276

2020년	1·2회	298
	3회	316
	4회	334

2019년	1회	354
	2회	372
	3회	390

2025년

1회 복원문제

2회 복원문제

3회 복원문제

2025년 1회 복원문제

정답과 해설 ▶ P.4~17

제1과목 직업심리

01 Strong 검사에 관한 설명으로 옳은 것은?
① 기본흥미척도(BIS)는 Holland의 6가지 유형을 제공한다.
② Strong 진로탐색검사는 진로성숙도 검사와 직업흥미검사로 구성되어 있다.
③ 업무, 학습, 리더십, 모험심을 알아보는 기본 흥미척도(BIS)가 포함되어 있다.
④ 개인특성척도(PSS)는 일반직업분류(GOT)의 하위 척도로서 특정 흥미분야를 파악하는 데 도움이 된다.

02 고트프레드슨(L.Gottfredson)의 진로발달이론에서 제시한 진로포부 발달 단계가 아닌 것은?
① 내적 자아 확립 단계
② 서열 획득 단계
③ 안정성 확립 단계
④ 사회적 가치 획득 단계

빈출
03 Williamson의 특성-요인 진로상담 과정을 바르게 나열한 것은?

ㄱ. 진단단계	ㄴ. 분석단계
ㄷ. 예측단계	ㄹ. 종합단계
ㅁ. 상담단계	ㅂ. 추수지도단계

① ㄱ → ㄴ → ㄷ → ㄹ → ㅂ → ㅁ
② ㄱ → ㄴ → ㄷ → ㄹ → ㅂ → ㅁ
③ ㄴ → ㄱ → ㄹ → ㄷ → ㅂ → ㅁ
④ ㄴ → ㄹ → ㄱ → ㄷ → ㅁ → ㅂ

04 다음은 질적 측정도구 중 무엇에 관한 설명인가?

> 원래 가족치료에 활용하기 위해 개발되었는데, 기본적으로 경력상담 시 먼저 내담자의 가족이나 선조들의 직업 특징에 대한 시각적 표상을 얻기 위해 도표를 만드는 것

① 자기 효능감 척도
② 역할놀이
③ 제노그램
④ 카드분류

빈출
05 Super의 직업발달 단계를 바르게 나열한 것은?
① 성장기 → 확립기 → 탐색기 → 유지기 → 쇠퇴기
② 탐색기 → 성장기 → 유지기 → 확립기 → 쇠퇴기
③ 성장기 → 탐색기 → 확립기 → 유지기 → 쇠퇴기
④ 탐색기 → 유지기 → 성장기 → 확립기 → 쇠퇴기

06 A학교에서 실시한 성취도평가 점수가 정규분포를 따르고, 평균이 60점, 표준편차가 10일 때 점수가 75점인 학생의 Z점수와 T점수로 옳은 것은?
① Z점수: 0.5, T점수: 65
② Z점수: 0.5, T점수: 75
③ Z점수: 1.5, T점수: 65
④ Z점수: 1.5, T점수: 75

07 검사 점수의 오차를 발생시키는 수검자 요인과 가장 거리가 먼 것은?

① 수행 능력
② 수행 경험
③ 평가 불안
④ 수검 당일의 생리적 조건

08 상담기법 중 내담자가 전달하는 이야기의 표면적 의미를 상담자가 다른 말로 바꾸어서 말하는 것은?

① 탐색적 질문
② 요약과 재진술
③ 명료화
④ 적극적 경청

09 스트레스로 인해 나타날 수 있는 신체의 변화로 옳지 않은 것은?

① 호흡과 심장박동이 빨라지고 혈압도 높아진다.
② 부신선과 부신피질을 자극해 에피네프린(아드레날린)을 생성한다.
③ 부교감신경계가 활성화되어 각성이 일어난다.
④ 부신피질 호르몬인 코티졸이 분비된다.

10 다음은 무엇에 관한 설명인가?

> 한 검사가 그 준거로 사용된 현재의 어떤 행동이나 특성과 관련된 정도를 나타내는 타당도

① 공인타당도　② 구성타당도
③ 내용타당도　④ 예언타당도

11 편차지능지수(IQ)에 관한 설명으로 틀린 것은?

① 일반적으로 표준편차를 15 또는 16으로 사용한다.
② 정신연령과 신체연령의 비율이다.
③ 편차는 지능지수의 분포형태와 관련된다.
④ 집단용 지능검사에 사용된다.

12 직무 및 일반 스트레스에 관한 설명으로 옳지 않은 것은?

① 17-OHCS라는 당류부신피질 호르몬은 스트레스의 생리적 지표로서 매우 중요하게 사용된다.
② A성격 유형이 B성격 유형보다 더 높은 스트레스 수준을 유지한다.
③ Yerkes와 Dodson의 역U자형 가설은 스트레스 수준이 적당하면 작업능률도 최대가 된다고 한다.
④ 일반적응증후군(GAS)에 따르면 저항단계, 경고단계, 탈진단계를 거치면서 사람에게 나쁜 결과를 가져다준다.

13 조직에 영향을 미치는 직무 스트레스의 결과와 가장 거리가 먼 것은?

① 직무수행 감소
② 직무 불만족
③ 상사의 부당한 지시
④ 결근 및 이직

14 비이성적 신념을 가진 내담자에 필요한 상담기법은?

① 인지치료 상담(CT)
② 현실치료 상담(RT)
③ 교류분석 상담(TA)
④ 인지정서행동 상담(REBT)

15 Super의 생애진로발달 이론에서 상담목표로 옳은 것을 모두 고른 것은?

> ㄱ. 자기개념 분석하기
> ㄴ. 진로성숙 수준 확인하기
> ㄷ. 수행결과에 대한 비현실적 기대 확인하기
> ㄹ. 진로발달과제를 수행하는 데 필요한 지식, 태도, 기술 익히기

① ㄱ, ㄷ
② ㄱ, ㄴ, ㄹ
③ ㄴ, ㄷ, ㄹ
④ ㄱ, ㄴ, ㄷ, ㄹ

16 다음은 어떤 스트레스 관리전략에 해당하는가?

> 예전에는 은행원들이 창구에 줄 서서 기다리는 고객들에게 가능한 빨리 서비스를 제공하고자 스트레스를 많이 받았었는데, 고객대기표(번호표) 시스템을 도입한 이후 이러한 스트레스를 많이 줄일 수 있게 되었다.

① 반응지향적 관리전략
② 증후지향적 관리전략
③ 평가지향적 관리전략
④ 출처지향적 관리전략

17 스트롱 – 캠벨 흥미검사(SVIB-SCII)에 관한 설명으로 옳지 않은 것은?

① 직업전환에 관심이 있는 사람들에게 활동될 수 있다.
② 207개 직업별 흥미척도가 제시된다.
③ 반응관련 자료 및 특수척도 점수 등과 같은 자료가 제공된다.
④ 사회 경제구도와 직업형태에 적합한 18개 영역의 직업흥미를 분류하여 구성하였다.

18 적성검사에서 높은 점수를 받은 사람들이 입사 후 업무수행이 우수한 것으로 나타났다면, 이 검사는 어떠한 타당도가 높은 것인가?

① 구성타당도(construct validity)
② 내용타당도(content validity)
③ 예언타당도(predictive validity)
④ 공인타당도(concurrent validity)

19 Holland의 진로발달에 대한 육각 모형에서 서로 대각선에 위치하여 대비되는 특성을 지닌 유형들로 잘못 짝지어진 것은?

① 진취형(E)과 탐구형(I)
② 사회형(S)과 예술형(A)
③ 현실형(R)과 사회형(S)
④ 예술형(A)과 관습형(C)

20 타이드만(Tiedman)에게 어떤 발달단계를 기초로 진로발달이론을 설명하였는가?

① 피아제의 인지발달단계
② 에릭슨의 심리사회 발달단계
③ 콜버그의 도덕발달단계
④ 반두라의 인지사회 발달단계

제2과목 직업상담 및 취업지원

21 상담 초기과정의 활동으로 가장 거리가 먼 것은?

① 상담의 목표를 설정한다.
② 내담자와 라포(rapport)를 형성한다.
③ 내담자의 심리상태를 평가한다.
④ 내담자의 문제행동에 대한 대안을 찾아본다.

22 로저스(Rogers)가 제시한 내담자를 변화시키기 위한 상담자의 태도는?

① 공감, 수용, 일치
② 의식, 전의식, 무의식
③ 감각, 알아차림, 접촉
④ 비합리적 신념, 논박, 결과

[빈출] 23 생애진로사정의 구조에서 중요주제에 해당하지 않는 것은?

① 요약   ② 평가
③ 강점과 장애   ④ 전형적인 하루

24 동기사정하기에서 내담자가 성공에 대해 낮은 동기를 가지고 있을 때 대처하는 방안과 가장 거리가 먼 것은?

① 진로선택에 대한 중요성 증가시키기
② 낮은 수준의 수행을 강화시켜 수행기준의 필요성을 인식시키기
③ 좋은 선택이나 전환을 할 수 있는 자기효능감 증가시키기
④ 기대한 결과를 이끌어 낼 수 있는지에 대한 확신 증가시키기

[빈출] 25 자기인식이 부족한 내담자를 사정할 때 인지에 대한 통찰을 재구조화하거나 발달시키는 데 적합한 방법은?

① 직면이나 논리적 분석을 해준다.
② 불안에 대처하도록 심호흡을 시킨다.
③ 은유나 비유를 사용한다.
④ 사고를 재구조화한다.

26 융(Jung)이 언급한 원형들 중 환경의 요구에 조화를 이루려고 하는 적응의 원형은?

① 페르소나   ② 그림자
③ 아니무스   ④ 아니마

[빈출] 27 직업상담사의 윤리강령으로 옳지 않은 것은?

① 직업상담사는 개인이나 사회에 임박한 위험이 있더라도 개인정보의 보호를 위하여 내담자의 정보를 누설하지 말아야 한다.
② 직업상담사는 내담자에 관한 정보를 교육 장면이나 연구에 사용할 경우에는 내담자와 합의 후 사용하되 그 정체가 노출되지 않도록 한다.
③ 직업상담사는 소속 기관과의 갈등이 있을 경우 내담자의 복지를 우선적으로 고려해야 한다.
④ 직업상담사는 상담 관계의 형식, 방법, 목적을 설정하고 그 결과에 대하여 내담자와 협의한다.

28 사이버 직업상담에서 답변을 작성할 때 고려해야 할 사항으로 가장 거리가 먼 것은?

① 추수상담의 가능성과 전문기관에 대한 안내를 한다.
② 친숙한 표현으로 답변을 작성하여 내담자가 친근감을 느끼게 한다.
③ 답변은 장시간이 소요되더라도 정확하게 하도록 노력한다.
④ 청소년이라 할지라도 반드시 존칭을 사용하여 호칭한다.

29 진로개발프로그램을 운영하는 방법의 하나인 집단진로상담에 관한 설명으로 옳은 것은?

① 참여하고자 하는 학생들 중 사전조사를 통해서 책임의식이 있는 학생들로 선발한다.
② 참여하는 학생들은 목표와 기대가 동일하기 때문에 개인차를 고려하지 않는다.
③ 프로그램 단계별로 나타나는 집단의 역동성은 문제를 복잡하게 만들기 때문에 무시하는 것이 좋다.
④ 다양한 정보습득과 경험을 해야 하기 때문에 참여 학생들은 진로발달상 이질적일수록 좋다.

30 탈진(burnout)에 관한 설명으로 옳지 않은 것은?

① 종업원들이 일정 기간 동안 직무를 수행한 후 경험하는 지친 심리적 상태를 의미한다.
② 탈진검사는 정서적 고갈, 인격상실, 개인적 성취감 감소 등의 세 가지 구성요소로 측정한다.
③ 탈진에 대한 연구는 대부분 면접과 관찰을 통해 이루어졌다.
④ 탈진경험은 다양한 직무 스트레스 요인과 직무 스트레스 반응 변인과 상관이 있다.

31 장애를 가진 내담자를 위한 집단상담 프로그램에서 가장 중요한 활동은?

① 심리검사 실시
② 취업동기 평가
③ 사회적응을 위한 상담
④ 가족관계 확인

32 아들러(Adler)의 개인심리학적 상담의 목표로 옳지 않은 것은?

① 사회적 관심을 갖도록 돕는다.
② 내담자의 잘못된 목표를 수정하도록 돕는다.
③ 패배감을 극복하고 열등감을 감소시킬 수 있도록 돕는다.
④ 전이해석을 통해 중요한 타인과의 관계 패턴을 알아차리도록 돕는다.

33 내담자에 대한 상담 목표의 특성이 아닌 것은?

① 구체적이어야 한다.
② 내담자가 원하고 바라는 것이어야 한다.
③ 실현 가능해야 한다.
④ 인격성장을 도와야 한다.

34 직업상담사의 직무내용과 가장 거리가 먼 것은?
① 직업문제에 대한 심리치료
② 직업관련 임금평가
③ 직업상담 프로그램의 개발과 운영
④ 구인·구직상담, 직업적응, 직업전환, 은퇴 후 등의 직업상담

35 상담을 효과적으로 진행하는 데 장애가 되는 면담태도는?
① 내담자와 유사한 언어를 사용하는 태도
② 분석하고 충고하는 태도
③ 비방어적 태도로 내담자를 편안하게 만드는 태도
④ 경청하는 태도

36 상담사가 비밀유지를 파기할 수 있는 경우와 거리가 가장 먼 것은?
① 내담자가 자살을 시도할 계획이 있는 경우
② 비밀을 유지하지 않는 것이 효과적이라고 슈퍼바이저가 말하는 경우
③ 내담자가 타인을 해칠 가능성이 있는 경우
④ 아동학대와 관련된 경우

37 수퍼(SUPER)의 여성 진로유형 중 학교졸업 후에도 직업을 갖지 않는 진로유형은?
① 안정적인 가사 진로유형
② 전통적인 진로유형
③ 단절 진로유형
④ 불안정 진로유형

38 직업적응이론에서 개인의 가치와 직업 환경의 강화인 간의 조화를 측정하는 데 사용되는 검사는?
① 미네소타 중요도 검사(MIQ)
② 미네소타 만족 질문지(MSQ)
③ 미네소타 충족 척도(MSS)
④ 미네소타 직업평가 척도(MORS)

39 Snyder 등은 직업상담을 하면서 접할 수 있는 내담자의 변명을 종류별로 구분하였다. 다음 중 변명의 종류가 다른 것은?
① 축소   ② 비난
③ 정당화 ④ 훼손

40 정신건강에 문제가 있는 사람을 측정하고 구별하기 위해 사용하는 검사는?
① MBTI   ② MMPI
③ 16PFI ④ CPI

제3과목 직업정보

41 고용24(구 워크넷)에서 채용정보 상세검색 시 선택할 수 있는 기업형태가 아닌 것은?

① 대기업
② 일학습병행기업
③ 가족친화인증기업
④ 다문화가정지원기업

42 국가기술자격 서비스 분야 종목 중 응시자격에 제한이 없는 것으로만 짝지어진 것은?

① 직업상담사 2급 - 임상심리사 2급 - 스포츠경영관리사
② 사회조사분석사 2급 - 소비자전문상담사 2급 - 텔레마케팅관리사
③ 직업상담사 2급 - 컨벤션기획사 2급 - 국제의료관광코디네이터
④ 컨벤션기획사 2급 - 스포츠경영관리사 - 국제의료관광코디네이터

43 민간직업정보와 비교한 공공직업정보의 특성에 관한 설명과 가장 거리가 먼 것은?

① 필요한 시기에 최대한 활용되도록 한시적으로 신속하게 생산 및 운영된다.
② 광범위한 이용가능성에 따라 공공직업정보체계에 대한 직접적이며 객관적인 평가가 가능하다.
③ 특정 분야 및 대상에 국한되지 않고 전체 산업 및 업종에 걸친 직종 등을 대상으로 한다.
④ 직업별로 특정한 정보만을 강조하지 않고 보편적인 항목으로 이루어진 기초적인 직업 정보체계로 구성되어 있다.

44 직업정보의 일반적인 평가 기준과 가장 거리가 먼 것은?

① 어떤 목적으로 만든 것인가
② 얼마나 비싼 정보인가
③ 누가 만든 것인가
④ 언제 만들어진 것인가

45 한국표준직업분류(제8차)의 대분류 항목과 직능수준과의 관계가 올바르게 연결된 것은?

① 전문가 및 관련 종사자: 제4직능 수준 혹은 제3직능 수준 필요
② 사무 종사자: 제3직능 수준 필요
③ 단순노무 종사자: 제2직능 수준 이상 필요
④ 군인: 제1직능 수준 필요

46 한국표준직업분류(제8차)상 특정 직종의 분류요령에 대한 설명으로 틀린 것은?

① 행정 관리 및 입법기능을 수행하는 자는 '대분류 1 관리자'에 분류된다.
② 자영업주 및 고용주는 수행되는 일의 형태나 직무내용에 따라 정의된 개념이다.
③ 연구 및 개발업무 종사자는 '대분류 2 전문가 및 관련 종사자'에서 그 전문분야에 따라 분류된다.
④ 군인은 별도로 '분류 A 군인'에 분류된다.

47 직업정보관리에 관한 설명으로 틀린 것은?

① 직업정보의 범위는 개인에 대한 정보, 직업에 대한 정보, 미래에 대한 정보 등으로 구성되어 있다.
② 직업정보원은 정부부처, 정부투자출연기관, 단체 및 협회, 연구소, 기업과 개인 등이 있다.
③ 직업정보 가공 시에는 전문적인 지식이 없이도 이해할 수 있도록 가급적 평이한 언어로 제공되어야 하며 직무의 장·단점을 편견 없이 제공하여야 한다.
④ 개인의 정보는 보호되어야 하기 때문에 구직 시에 연령, 학력 및 경력 등의 취업과 관련된 정보는 제한적으로 제공되어야 한다.

빈출
48 한국직업정보시스템에서 제공하는 학과정보 중 사회계열에 해당하지 않는 학과는?

① 경찰행정학과 ② 국제학부
③ 문헌정보학과 ④ 지리학과

49 직업정보의 처리단계를 옳게 나열한 것은?

① 수집 – 분석 – 가공 – 체계화 – 제공 – 평가
② 수집 – 제공 – 분석 – 가공 – 평가 – 체계화
③ 수집 – 분석 – 평가 – 가공 – 제공 – 체계화
④ 수집 – 분석 – 체계화 – 제공 – 가공 – 평가

빈출
50 한국표준산업분류(제11차)에서 하나 이상의 장소에서 이루어지는 단일 산업활동의 통계단위는?

① 기업집단 단위
② 기업체 단위
③ 지역 단위
④ 활동유형 단위

51 직업상담 시 제공하는 직업정보의 기능과 역할에 대한 설명으로 틀린 것은?

① 여러 가지 직업적 대안들의 정보를 제공한다.
② 내담자의 흥미, 적성, 가치 등을 파악하는 것이 직업정보의 주기능이다.
③ 경험이 부족한 내담자에게 다양한 직업들을 간접적으로 접한 기회를 제공한다.
④ 내담자가 자신의 선택이 현실에 비추어 부적당한 선택이었는지를 점검하고 재조정해 볼 수 있는 기초를 제공한다.

52 한국직업사전(2020)의 부가직업정보인 직무기능 중 자료(data) 항목에 해당하지 않는 것은?

① 종합 ② 분석
③ 비교 ④ 자문

53 분야별 고용정책 중 일자리 창출 정책과 가장 거리가 먼 것은?

① 고용유지지원금
② 실업크레딧 지원
③ 일자리함께하기 지원
④ 사회적기업 육성

54 국가기술자격 종목과 그 직무분야의 연결이 틀린 것은?

① 가스산업기사 – 환경·에너지
② 건설안전산업기사 – 안전관리
③ 광학기기산업기사 – 전기·전자
④ 방수산업기사 – 건설

55 국가직무능력표준(NCS) 수준에 대한 설명에 알맞은 X와 Y의 값을 더한 숫자는 무엇인가?

수준	내용
(X)수준	일반적인 지시 및 감독하에 해당 분야의 일반지식을 사용하여 절차화되고 일상적인 과업을 수행하는 수준
(Y)수준	독립적인 권한 내에서 해당분야의 이론 및 지식을 자유롭게 활용하고, 일반적인 숙련으로 다양한 과업을 수행하고, 타인에게 해당분야의 지식 및 노하우를 전달할 수 있는 수준

① 6
② 7
③ 8
④ 9

56 다음은 한국표준산업분류(11차)의 분류 정의 중 무엇에 대한 설명인가?

> 각 생산단위가 노동, 자본, 원료 등 자원을 투입하여, 재화 또는 서비스를 생산 또는 제공하는 일련의 활동 과정

① 산업
② 산업활동
③ 생산활동
④ 산업분류

57 한국표준산업분류(제11차)의 적용원칙으로 틀린 것은?

① 생산단위는 산출물뿐만 아니라 투입물과 생산공정 등을 함께 고려하여 그들의 활동을 가장 정확하게 설명된 항목에 분류해야 한다.
② 산업활동이 결합되어 있는 경우에는 그 활동단위의 주된 활동에 따라서 분류해야 한다.
③ 수수료 또는 계약에 의하여 활동을 수행하는 단위는 동일한 산업활동을 자기계정과 자기책임 하에서 생산하는 단위와 같은 항목에 분류해야 한다.
④ 공식적 생산물과 비공식적 생산물, 합법적 생산물과 불법적인 생산물을 달리 분류해야 한다.

58 직업정보를 제공하는 유형별 방식의 설명이다. ( ) 안에 가장 알맞은 것은?

유형	비용	학습자 참여도	접근성
인쇄물	(ㄱ)	수동	용이
면접	저	(ㄴ)	제한적
직업경험	고	적극	(ㄷ)

① ㄱ – 고, ㄴ – 적극, ㄷ – 용이
② ㄱ – 고, ㄴ – 수동, ㄷ – 제한적
③ ㄱ – 저, ㄴ – 적극, ㄷ – 제한적
④ ㄱ – 저, ㄴ – 수동, ㄷ – 용이

59 한국표준직업분류(제8차)에서 직업의 성립조건에 대한 설명으로 옳은 것은?

① 사회복지시설 수용자의 시설 내 경제활동은 직업으로 보지 않는다.
② 이자나 주식배당으로 자산 수입이 있는 경우는 직업으로 본다.
③ 자기 집의 가사 활동도 직업으로 본다.
④ 속박된 상태에서의 제반활동이 경제성이나 계속성이 있으면 직업으로 본다.

내용 개정으로 더 이상 유효하지 않은 문제입니다.

60 한국표준산업분류(제10차)의 주요 개정내용으로 틀린 것은?

① 채소작물 재배업에 마늘, 딸기 작물 재배업을 포함
② 안경 및 안경렌즈 제조업을 의료용기기 제조업에서 사진장비 및 기타 광학기기 제조업으로 이동
③ 산업용 기계 및 장비 수리업은 국제표준산업분류(KSIC)에 맞춰 수리업에서 제조업 중 중분류를 신설하여 이동
④ 어업에서 해면은 해수면으로, 수산 종묘는 수산 종자로 명칭을 변경

제4과목 노동시장

61 임금의 보상격차에 관한 설명으로 틀린 것은?

① 근무조건이 열악한 곳으로 전출되면 임금이 상승한다.
② 성별격차도 임금의 보상격차이다.
③ 물가가 높은 곳에서 근무하면 임금이 상승한다.
④ 더 높은 비용이 소요되는 훈련을 요구하는 직종의 임금이 상대적으로 높다.

62 구인처에서 요구하는 기술을 갖춘 근로자가 없어서 발생하는 실업은?

① 구조적 실업 ② 잠재적 실업
③ 마찰적 실업 ④ 자발적 실업

63 다음 중 노동수요와 노동공급의 임금탄력성에 대해 바르게 설명한 것은?

① 노동수요의 임금탄력성이란 노동수요가 1% 증가할 때 임금은 몇 % 증가하는지를 나타낸다.
② 노동수요의 임금탄력성이 1보다 크면 임금 상승은 노동자의 총노동소득을 감소시킨다.
③ 장기보다는 단기로 갈수록 노동수요의 임금 탄력성이 크다.
④ 노동공급의 임금탄력성은 여러 부문들 간의 노동이동의 정도, 노동조합의 교섭력, 다른 생산요소의 공급탄력성에 의해 그 크기가 결정된다.

64 정부가 임금을 인상시킬 때 오히려 고용이 증대되는 경우는?

① 공급독점의 노동시장
② 수요독점의 노동시장
③ 완전경쟁의 노동시장
④ 복점의 노동시장

65 실업률과 물가상승률 간 역의 상관관계를 나타내는 곡선은?

① 래퍼곡선
② 필립스곡선
③ 로렌츠곡선
④ 테일러곡선

66 A국가의 경제활동참가율은 50%이고, 생산가능인구와 취업자가 각각 100만 명, 40만 명이라고 할 때, 이 국가의 실업률은?

① 5%
② 10%
③ 15%
④ 20%

67 다음 중 최저임금제가 고용에 미치는 부정적 효과가 가장 큰 상황은?

① 노동수요곡선과 노동공급곡선이 모두 탄력적일 때
② 노동수요곡선과 노동공급곡선이 모두 비탄력적일 때
③ 노동수요곡선이 탄력적이고 노동공급곡선이 비탄력적일 때
④ 노동수요곡선이 비탄력적이고 노동공급곡선이 탄력적일 때

68 노동의 공급곡선에 대한 설명 중 틀린 것은?

① 일정 임금수준 이상이 될 때 노동의 공급곡선은 후방굴절부분을 가진다.
② 임금과 노동시간 사이에 음(−)의 관계가 존재할 경우 임금률의 변화 시 소득효과가 대체효과보다 작다.
③ 임금과 노동시간 간의 관계이다.
④ 노동공급량의 증가율이 임금상승률보다 높다면 노동공급의 임금탄력성은 탄력적이다.

69 효율임금가설에 대한 설명으로 틀린 것은?

① 효율임금은 생산의 임금탄력성이 1이 되는 점에서 결정된다.
② 효율임금은 전문직과 같이 노동자들의 생산성을 관측하기 어려운 경우 채택될 가능성이 높다.
③ 효율임금은 경쟁임금수준보다 높으므로 개별기업의 이윤극대화를 가져다주는 임금이라 할 수 없다.
④ 효율임금은 임금인상에 따른 한계생산이 임금의 평균생산과 일치하는 점에서 결정된다.

70 경쟁시장에서 아이스크림 가게를 운영하는 A씨는 5명을 고용하여 1개당 2,000원에 판매하고 있다. 시간당 12,000원을 임금으로 지급하면서 이윤을 극대화하고 있다. 만일 아이스크림 가격이 3,000원으로 오른다면 현재의 고용수준에서 노동의 한계생산물가치는 시간당 얼마이며, 이때 A씨는 노동의 투입량을 어떻게 변화시킬까?

① 9,000원, 증가시킨다.
② 18,000원, 증가시킨다.
③ 9,000원, 감소시킨다.
④ 18,000원, 감소시킨다.

71 다음 중 성과급 제도의 장점에 해당하는 것은?

① 직원 간 화합이 용이하다.
② 근로의 능률을 자극할 수 있다.
③ 임금의 계산이 간편하다.
④ 확정적 임금이 보장된다.

72 다음 중 경기적 실업에 대한 대책으로 가장 적합한 것은?

① 지역 간 이동촉진
② 총수요의 증대
③ 퇴직자 취업알선
④ 구인·구직에 대한 전산망 확대

73 단체교섭에 관한 설명으로 틀린 것은?

① 단체협약은 노동조합과 사용자단체가 단체교섭 후 협의된 사항을 문서로 남긴 것으로 강제적 효력이 있다.
② 경영자가 정당한 사유 없이 단체교섭을 거부하는 행위는 불법행위에 해당한다.
③ 이익분쟁은 임금 및 근로조건 등에 합의하지 못해 발생하는 분쟁이다.
④ 노동자들이 하는 쟁의행위에는 파업, 태업, 직장폐쇄 등의 방법이 있다.

74 유니온 숍(union shop)에 대한 설명으로 옳은 것은?

① 조합원이 아닌 근로자는 채용 후 일정 기간 내에 조합에 가입해야 한다.
② 조합원이 아닌 자는 채용할 수 없다.
③ 노동조합의 노동공급원이 독점되며, 관련 노동 시장에 강력한 영향을 미친다.
④ 채용 전후 근로자의 조합 가입이 완전히 자유롭다.

75 노동수요곡선이 이동하는 이유가 아닌 것은?

① 임금수준의 변화
② 생산방법의 변화
③ 자본의 가격변화
④ 생산물에 대한 수요의 변화

76 이윤극대화를 추구하는 기업이 이직률을 낮추기 위해 효율성 임금(efficiency wage)을 지불할 경우 발생할 수 있는 실업은?

① 마찰적 실업
② 구조적 실업
③ 경기적 실업
④ 지역적 실업

77 산업별 노동조합의 특성과 가장 거리가 먼 것은?

① 기업별 특수성을 고려하기 어려워진다.
② 임시직, 일용직 근로자를 조직하기 용이해진다.
③ 해당 산업분야의 정보자료 수집·분석이 용이해진다.
④ 숙련공만의 이익옹호단체가 되기 쉽다.

78 유보임금(reservation wage)에 관한 설명으로 옳은 것을 모두 고른 것은?

> ㄱ. 유보임금의 상승은 실업기간을 연장한다.
> ㄴ. 유보임금의 상승은 기대임금을 하락시킨다.
> ㄷ. 유보임금은 기업이 근로자에게 제시한 최고의 임금이다.
> ㄹ. 유보임금은 근로자가 받고자 하는 최저의 임금이다.

① ㄱ, ㄷ ② ㄱ, ㄹ
③ ㄴ, ㄷ ④ ㄴ, ㄹ

79 완전경쟁적인 노동시장에서 노동의 한계생산을 증가시키는 기술진보와 함께 보다 많은 노동자들이 노동시장에 참여하는 변화가 발생할 때 노동시장에서 발생하는 변화로 옳은 것은? (단, 다른 조건들은 일정하다고 가정한다.)

① 균형노동고용량은 반드시 증가하지만 균형임금의 변화는 불명확하다.
② 균형임금은 반드시 상승하지만 균형노동고용량의 변화는 불명확하다.
③ 임금과 균형노동고용량 모두 반드시 증가한다.
④ 임금과 균형노동고용량의 변화는 모두 불명확하다.

80 경제적 조합주의(economic unionism)에 대한 설명으로 틀린 것은?

① 노동조합운동과 정치와의 연합을 특징으로 한다.
② 경영전권을 인정하며 경영참여를 회피해 온 노선이다.
③ 노동조합운동의 목적은 근로조건을 포함한 노동자들의 생활조건의 개선과 유지에 있다.
④ 노사관계를 이해대립의 관계로 보고 있으나 이해조정이 가능한 비적대적 관계로 이해한다.

제5과목 고용노동관계법규

81 남녀고용평등과 일·가정 양립 지원에 관한 법령상 다음 ( ) 안에 각각 알맞은 것은?

> 제18조의2(배우자 출산휴가) ① 사업주는 근로자가 배우자의 출산을 이유로 휴가(이하 "배우자 출산휴가"라 한다)를 고지하는 경우에 (ㄱ)일의 휴가를 주어야 한다.
> (이하 생략)
> ③ 배우자 출산휴가는 근로자의 배우자가 출산한 날부터 (ㄴ)일이 지나면 사용할 수 없다.

① ㄱ: 10, ㄴ: 90
② ㄱ: 10, ㄴ: 120
③ ㄱ: 20, ㄴ: 90
④ ㄱ: 20, ㄴ: 120

82 고용보험법상 취업촉진수당에 해당하지 않는 것은?

① 광역구직활동비
② 원격지 취업수당
③ 조기재취업수당
④ 직업능력개발수당

83 직업안정법령상 유료직업소개사업의 등록을 할 수 있는 자에 해당되지 않는 것은?

① 지방공무원으로 2년 이상 근무한 경력이 있는 자
② 조합원이 100인 이상인 단위노동조합에서 노동조합업무전담자로 2년 이상 근무한 경력이 있는 자
③ 상시 사용근로자 300인 이상인 사업장에서 노무관리업무전담자로 1년 이상 근무한 경력이 있는 자
④ 「공인노무사법」에 의한 공인노무사 자격을 가진 자

84 고용정책 기본법령상 고용정책심의회에 관한 설명으로 틀린 것은?

① 정책심의회는 위원장 1명을 포함한 20명 이내의 위원으로 구성한다.
② 근로자와 사업주를 대표하는 자는 심의위원으로 참여할 수 있다.
③ 특별시·광역시·특별자치시·도 및 특별자치도에 지역고용심의회를 둔다.
④ 정책심의회를 효율적으로 운영하기 위하여 분야별 전문위원회를 둘 수 있다.

85 근로기준법상 임금에 대한 설명으로 틀린 것은?

① 임금이란 사용자가 근로의 대가로 근로자에게 임금, 봉급, 그 밖에 어떠한 명칭으로든지 지급하는 모든 금품을 말한다.
② 평균임금이란 이를 산정하여야 할 사유가 발생한 날 이전 3개월 동안에 그 근로자에게 지급된 임금의 총액을 말한다.
③ 사용자는 도급이나 그 밖에 이에 준하는 제도로 사용하는 근로자에게 근로시간에 따라 일정액의 임금을 보장하여야 한다.
④ 근로기준법에 따른 임금채권은 3년간 행사하지 아니하면 시효로 소멸한다.

86 국민 평생 직업능력 개발법상 직업능력개발훈련의 기본원칙으로 명시되지 않은 것은?

① 직업능력개발훈련은 국민 개개인의 희망·적성·능력에 맞게 국민의 생애에 걸쳐 체계적으로 실시되어야 한다.
② 직업능력개발훈련은 민간의 자율과 창의성이 존중되도록 하여야 하며 노사의 참여와 협력을 바탕으로 실시되어야 한다.
③ 제조업의 생산직에 종사하는 근로자의 직업능력개발훈련은 중요시되어야 한다.
④ 직업능력개발훈련은 국민의 직무능력과 고용가능성을 높일 수 있도록 지역·산업현장의 수요가 반영되어야 한다.

87 국민 평생 직업능력 개발법령상 원칙적으로 직업능력개발훈련의 대상 연령은?

① 13세 이상   ② 15세 이상
③ 18세 이상   ④ 20세 이상

88 채용절차의 공정화에 관한 법령상 500만 원 이하의 과태료 부과행위에 해당하는 것은?

① 채용서류 보관의무를 이행하지 아니한 구인자
② 구직자에 대한 고지의무를 이행하지 아니한 구인자
③ 시정명령을 이행하지 아니한 구인자
④ 지식재산권을 자신에게 귀속하도록 강요한 구인자

89 기간제 및 단시간근로자 보호 등에 관한 법령상 2년을 초과하여 기간제 근로자로 사용할 수 있는 경우가 아닌 것은?

① 휴직 등으로 결원이 발생하여 해당 근로자가 복귀할 때까지 그 업무를 대신할 필요가 있는 경우
② 근로자가 학업 등을 이수함에 따라 그 이수에 필요한 기간을 정한 경우
③ 특정한 업무의 완성에 필요한 기간을 정한 경우
④ 「의료법」에 따른 간호사 자격을 소지하고 해당 분야에 종사한 경우

90 근로기준법령상 사용자가 3년간 보존하여야 하는 근로계약에 관한 중요한 서류로 명시되지 않은 것은?

① 임금대장
② 휴가에 관한 서류
③ 고용·해고·퇴직에 관한 서류
④ 퇴직금 중간정산에 관한 증명서류

91 남녀고용평등과 일·가정 양립 지원에 관한 법령상 육아기 근로시간 단축에 관한 설명이다. ( )에 들어갈 내용으로 옳은 것은?

> 사업주가 근로자에게 육아기 근로시간 단축을 허용하는 경우 단축 후 근로시간은 주 당 (ㄱ)시간 이상이어야 하고 (ㄴ)시간을 넘어서는 아니 된다.

① ㄱ: 10, ㄴ: 15
② ㄱ: 10, ㄴ: 20
③ ㄱ: 15, ㄴ: 30
④ ㄱ: 15, ㄴ: 35

92 근로기준법령상 용어의 정의에 관한 설명으로 틀린 것은?

① '근로'란 정신노동과 육체노동을 말한다.
② '사용자'란 사업주 또는 사업경영담당자, 그 밖에 근로자에 관한 사항에 대하여 사업주를 위하여 행위하는 자를 말한다.
③ '통상임금'이란 이를 산정하여야 할 사유가 발생한 날 이전 3개월 동안에 그 근로자에게 지급된 임금의 총액을 그 기간의 총 일수로 나눈 금액을 말한다.
④ '단시간근로자'란 1주 동안의 소정근로시간이 그 사업장에서 같은 종류의 업무에 종사하는 통상 근로자의 1주 동안의 소정근로시간에 비하여 짧은 근로자를 말한다.

93 고용보험법령상 ( )에 들어갈 숫자로 옳은 것은?

> 배우자의 질병으로 육아휴직급여를 신청할 수 없었던 사람은 그 사유가 끝난 후 ( )일 이내에 신청하여야 한다.

① 10
② 30
③ 60
④ 90

94 근로기준법상 임금에 관한 설명으로 틀린 것은?

① 임금은 원칙적으로 통화로 직접 근로자에게 그 전액을 지급하여야 한다.
② 사용자의 귀책사유로 휴업하는 경우 휴업기간 동안 근로자에게 통상임금의 100분의 60 이상의 수당을 지급하여야 한다.
③ 임금채권은 3년간 행사하지 아니하면 시효로 소멸한다.
④ 임금은 원칙적으로 매월 1회 이상 일정한 날짜를 정하여 지급하는 것이 원칙이다.

95 국민 평생 직업능력 개발법령에 대한 설명으로 틀린 것은?

① 직업능력개발훈련은 15세 이상인 자에게 실시한다.
② 직업능력개발훈련은 집체훈련, 현장훈련, 원격훈련, 혼합훈련의 방법으로 실시한다.
③ 종전의 직업과 유사하거나 새로운 직업에 필요한 직무수행능력을 습득시키기 위하여 실시하는 직업능력개발훈련을 전직훈련이라고 한다.
④ 재해위로금의 산정기준이 되는 통상임금은 산업재해보상보험법에 의한 최고 보상기준 금액 및 최저 보상기준 금액을 각각 그 상한 및 하한으로 한다.

96 남녀고용평등과 일·가정 양립 지원에 관한 법률에 관한 설명으로 틀린 것은?

① 고용노동부장관은 남녀고용평등 실현과 일·가정 양립에 관한 기본계획을 5년마다 수립하여야 한다.
② 사업주는 동일한 사업 내의 동일가치노동에 대하여는 동일한 임금을 지급하여야 한다.
③ 사업주가 임금차별을 목적으로 설립한 별개의 사업은 동일한 사업으로 본다.
④ 사업주는 직장 내 성희롱 예방을 위한 교육을 분기별 1회 이상 하여야 한다.

97 고용정책 기본법에 대한 설명으로 틀린 것은?

① 고용서비스를 제공하는 자는 그 업무를 수행할 때에 합리적인 이유 없이 성별 등을 이유로 구직자를 차별하여서는 아니 된다.
② 고용노동부장관은 5년마다 국가의 고용정책에 관한 기본계획을 수립하여야 한다.
③ 상시 100명 이상의 근로자를 사용하는 사업주는 매년 근로자의 고용형태 현황을 공시하여야 한다.
④ '근로자'란 사업주에게 고용된 사람과 취업할 의사를 가진 사람을 말한다.

98 다음 ( ) 안에 알맞은 것은?

> 헌법상 국가는 ( )으로 근로자의 고용증진과 적정임금의 보장에 노력하여야 한다.

① 민주적 방법
② 사회적 방법
③ 경제적 방법
④ 사회적·경제적 방법

99 직업안정법령상 근로자공급사업에 관한 설명으로 틀린 것은?

① 누구든지 고용노동부장관의 허가를 받지 아니하고는 근로자공급사업을 하지 못한다.
② 국내 근로자공급사업은 「노동조합 및 노동관계조정법」에 따른 노동조합만이 허가를 받을 수 있다.
③ 국외 근로자공급사업을 하려는 자는 1천만원 이상의 자본금을 갖추면 된다.
④ 근로자공급사업 허가의 유효기간은 3년으로 한다.

100 고용보험법령상 피보험자격의 신고에 관한 설명으로 틀린 것은?

① 사업주가 피보험자격에 관한 사항을 신고하지 아니하면 근로자가 신고할 수 있다.
② 사업주는 그 사업에 고용된 근로자의 피보험자격의 취득 및 상실 등에 관한 사항을 고용노동부장관에게 신고하여야 한다.
③ 자영업자인 피보험자는 피보험자격의 취득 및 상실에 관한 신고를 하지 아니한다.
④ 피보험자격의 취득 및 상실 등에 관한 신고는 그 사유가 발생한 날로부터 14일 이내에 하여야 한다.

2025년 [1회 복원문제]

빠른 정답 체크!

직업심리		직업상담 및 취업지원		직업정보		노동시장		고용노동관계 법규	
01	②	21	④	41	④	61	②	81	④
02	③	22	①	42	②	62	①	82	②
03	④	23	②	43	①	63	②	83	③
04	③	24	②	44	②	64	②	84	①
05	③	25	③	45	①	65	②	85	②
06	③	26	①	46	②	66	④	86	③
07	①	27	①	47	④	67	①	87	②
08	②	28	③	48	③	68	②	88	④
09	③	29	①	49	①	69	③	89	④
10	①	30	③	50	④	70	②	90	②
11	②	31	③	51	②	71	②	91	④
12	④	32	④	52	④	72	②	92	③
13	③	33	④	53	②	73	④	93	②
14	④	34	②	54	①	74	①	94	②
15	②	35	②	55	③	75	①	95	④
16	④	36	②	56	②	76	②	96	④
17	④	37	①	57	④	77	④	97	①
18	③	38	①	58	③	78	②	98	④
19	②	39	②	59	①	79	①	99	③
20	②	40	②	60	②	80	①	100	④

2025년 2회 복원문제

정답과 해설 ▶ P. 18~31

제1과목 직업심리

01 다음은 로(Roe)가 제안한 직업군에 관한 내용 중 옳지 않은 것은?
① 기술직: 상품과 재화의 생산 유지 운송과 관련된 직업을 포함하는 직업군이다.
② 서비스직: 기본적으로 다른 사람의 욕구와 복지에 관련된 직업군이다.
③ 비지니스직(사업직): 상대방을 설득하여 거래를 성사시키는 직업군이다.
④ 일반문화직: 기업이나 단체의 조직과 효율적인 기능에 관련된 직업군이다.

02 상담의 초기면접 단계에서 일반적으로 고려할 사항이 아닌 것은?
① 통찰의 확대
② 목표의 설정
③ 상담의 구조화
④ 문제의 평가

03 효과적인 집단상담을 위해 고려해야 할 사항이 아닌 것은?
① 집단발달과정 자체를 촉진시켜 주기 위하여 의도적으로 게임을 활용할 수 있다.
② 매 회기가 끝난 후 각 집단 구성원에게 경험보고서를 쓰게 할 수 있다.
③ 집단 내의 리더십을 확보하기 위해 집단상담자는 반드시 1인이어야 한다.
④ 집단상담 장소는 가능하면 신체활동이 자유로운 크기가 좋다.

04 특성-요인 상담의 목표가 아닌 것은?
① 내담자가 잠재적인 모든 개성을 발달시키는 데 주력한다.
② 내담자가 자기 자신의 가능성을 확인하고 그 가능성을 활용할 수 있게 한다.
③ 내담자가 자신이 필요로 하는 정보를 수집, 분석, 종합할 수 있도록 한다.
④ 내담자가 자신의 문제를 해결하도록 한다.

05 내담자에 대한 상담목표의 특성이 아닌 것은?
① 구체적이어야 한다.
② 내담자가 원하고 바라는 것이어야 한다.
③ 실현 가능해야 한다.
④ 인격성장을 도와야 한다.

06 다음은 내담자의 무엇을 사정하기 위한 것인가?

> 내담자에게 과거에 했던 선택의 회상, 절정 경험, 자유시간, 금전 사용계획 등을 조사하고 존경하는 사람을 쓰게 하는 등의 상담행위

① 내담자의 동기
② 내담자의 생애역할
③ 내담자의 가치
④ 내담자의 흥미

07 아들러(Adler)의 개인심리학적 상담의 목표로 옳지 않은 것은?

① 사회적 관심을 갖도록 돕는다.
② 내담자의 잘못된 목표를 수정하도록 돕는다.
③ 패배감을 극복하고 열등감을 감소시킬 수 있도록 돕는다.
④ 전이해석을 통해 중요한 타인과의 관계 패턴을 알아차리도록 돕는다.

08 역할사정에서 상호역할관계를 사정하는 방법이 아닌 것은?

① 질문을 통해 사정하기
② 동그라미로 역할관계 그리기
③ 역할의 위계적 구조 작성하기
④ 생애-계획연습으로 전환시키기

09 다음 중 규준의 범주에 포함될 수 없는 점수는?

① 표준점수
② Stanine점수
③ 백분위점수
④ 표집점수

10 Ginzberg의 진로발달단계 중 현실기의 하위단계가 아닌 것은?

① 탐색　　　② 구체화
③ 전환　　　④ 정교화

11 내담자의 인지적 명확성을 위한 직업상담을 바르게 나열한 것은?

① 내담자와의 관계 → 진로와 관련된 개인적 사정 → 직업선택 → 정보통합과 선택
② 직업탐색 → 내담자와의 관계 → 정보통합과 선택 → 직업선택
③ 내담자와의 관계 → 인지적 명확성/동기에 대한 사정 → 예/아니요 → 직업상담/개인상담
④ 직업상담/개인상담 → 내담자와의 관계→ 인지적 명확성/동기에 대한 사정 → 예/아니요

12 다음 상담과정에서 필요한 상담기법은?

> 내담자: 전 의사가 될 거예요. 저희 집안은 모두 의사들이거든요.
> 상담자: 학생은 의사가 될 것으로 확신하고 있네요.
> 내담자: 예. 물론이지요.
> 상담자: 의사가 되지 못한다면 어떻게 되나요?
> 내담자: 한 번도 그런 경우를 생각해 보지 못했습니다. 의사가 안 된다면 내 인생은 매우 끔찍할 것입니다.

① 재구조화   ② 합리적 논박
③ 정보제공   ④ 직면

13 진로시간전망을 측정하는 원형검사에서 시간 차원 내 사건의 강도와 확장의 원리를 기초로 수행되는 차원은?

① 방향성   ② 통합성
③ 변별성   ④ 포괄성

14 직업상담사의 역할이 아닌 것은?

① 내담자에게 적합한 직업 결정
② 내담자의 능력, 흥미 및 적성의 평가
③ 직무스트레스, 직무 상실 등으로 인한 내담자 지지
④ 내담자의 삶과 직업목표 명료화

15 현실치료적 집단상담의 절차와 가장 거리가 먼 것은?

① 숙련된 질문의 사용
② 유머의 사용
③ 개인적인 성장계획을 위한 자기조력
④ 조작기법의 사용

16 사회인지적 직업상담이론의 기반이 되는 Bandura의 상호적 결정론의 세 가지 요인이 아닌 것은?

① 개인과 신체적 속성
② 모범이 되는 모델
③ 외부 환경
④ 외형적 행동

17 내담자가 수집한 직업목록의 내용이 실현 불가능할 때, 상담사의 개입 방안으로 옳지 않은 것은?

① 브레인스토밍 과정을 통해 내담자의 부적절한 직업목록 내용을 명확히 한다.
② 최종 의사결정은 내담자가 해야 함을 확실히 한다.
③ 내담자가 그 직업들을 시도해 본 후 어려움을 겪게 되면 개입한다.
④ 객관적인 증거나 논리로 추출한 것에 대해서 대화해야 한다.

18 생애주기에 관한 연구결과들의 시사점과 가장 거리가 먼 것은?

① 모든 연령수준별로 일에 대한 이해, 일을 수행하기 위한 훈련과 자격, 원하는 직업을 얻는 방법, 생활과 직업의 관계를 인식해야 한다.
② 10대에게는 직업에 필요한 적당한 기술과 훈련이 필요하다.
③ 한번 얻은 직업정보는 시간과 상황에 관계없이 계속 유지되어야 한다.
④ 여성과 노인들을 위한 취업정보체계가 필요하다.

19 스트롱-캠벨 흥미검사(SVIB-SCII)에 관한 설명으로 옳지 않은 것은?

① 직업전환에 관심이 있는 사람들에게 활용될 수 있다.
② 207개 직업별 흥미척도가 제시된다.
③ 반응 관련 자료 및 특수척도 점수 등과 같은 자료가 제공된다.
④ 사회 경제구도와 직업형태에 적합한 18개 영역의 직업흥미를 분류하여 구성하였다.

20 Holland의 흥미이론에서 개인의 흥미 유형과 개인이 몸담고 있거나 소속되고자 하는 환경의 유형이 서로 부합되는 정도는?

① 일치성(concurrence)
② 일관성(consistency)
③ 변별성(discrimination)
④ 정체성(identity)

제2과목 직업상담 및 취업지원

21 왜곡된 사고체계나 신념체계를 가진 내담자에게 실시하면 효과적인 상담기법은?

① 내담자중심 상담
② 정신분석
③ 인지치료
④ 행동요법

22 성공적인 상담결과를 위한 상담목표의 특징으로 옳지 않은 것은?

① 변화될 수 없으며 구체적이어야 한다.
② 실현 가능해야 한다.
③ 내담자가 원하고 바라는 것이어야 한다.
④ 상담자의 기술과 양립 가능해야만 한다.

23 셀리에(Selye)의 스트레스에서의 일반적응 증후군에 관한 설명으로 옳지 않은 것은?

① 스트레스의 결과가 신체 부위에 영향을 준다는 뜻에서 일반적이라 명명했다.
② 스트레스의 원인으로부터 신체가 대처하도록 한다는 의미에서 적응이라 명명했다.
③ 경계단계는 정신적 혹은 육체적 위험에 노출되었을 때 즉각적인 반응을 보이는 단계이다.
④ 탈진단계에서 심장병을 잘 유발하는 성격의 B유형은 흥분을 가라앉히지 않는다.

24 Williamson의 특성-요인 진로상담 과정을 바르게 나열한 것은?

ㄱ. 진단단계	ㄴ. 분석단계
ㄷ. 예측단계	ㄹ. 종합단계
ㅁ. 상담단계	ㅂ. 추수지도단계

① ㄱ → ㄴ → ㄷ → ㄹ → ㅂ → ㅁ
② ㄱ → ㄷ → ㄴ → ㄹ → ㅁ → ㅂ
③ ㄴ → ㄱ → ㄹ → ㄷ → ㅂ → ㅁ
④ ㄴ → ㄹ → ㄱ → ㄷ → ㅁ → ㅂ

25 직무 및 일반 스트레스에 관한 설명으로 옳지 않은 것은?

① 17-OHCS라는 당류부신피질 호르몬은 스트레스의 생리적 지표로서 매우 중요하게 사용된다.
② A성격 유형이 B성격 유형보다 더 높은 스트레스 수준을 유지한다.
③ Yerkes와 Dodson의 역U자형 가설은 스트레스 수준이 적당하면 작업능률도 최대가 된다고 한다.
④ 일반적응증후군(GAS)에 따르면 저항단계, 경고단계, 탈진단계를 거치면서 사람에게 나쁜 결과를 가져다준다.

26 인간의 진로발달단계를 성장기, 탐색기, 확립기, 유지기, 쇠퇴기로 나누고 각 단계의 특징을 설명한 학자는?

① 긴즈버그(Ginzberg)
② 에릭슨(Ericson)
③ 수퍼(Super)
④ 고트프레드슨(Gottfredson)

27 직업적응 이론과 관련하여 개발된 검사도구가 아닌 것은?

① MIQ(Minnesota Importance Questionnaire)
② JDQ(Job Description Questionnaire)
③ MSQ(Minnesota Satisfaction Questionnaire)
④ CMI(Career Maturity Inventory)

28 직업에 관련된 흥미를 측정하는 직업흥미검사가 아닌 것은?

① Strong Interest Inventory
② Vocational Preference Inventory
③ Kuder Interest Inventory
④ California Psychological Inventory

29 스트레스의 예방 및 대처방안으로 틀린 것은?

① 가치관을 전환시켜야 한다.
② 과정중심적 사고방식에서 목표지향적 초고속심리로 전환해야 한다.
③ 균형 있는 생활을 해야 한다.
④ 취미·오락을 통해 생활 장면을 전환하는 활동을 규칙적으로 해야 한다.

30 점수유형 중 그 의미가 모든 사람에게 단순하고 직접적이며, 한 집단 내에서 개인의 상대적인 위치를 살펴보는 데 적합한 것은?
① 원점수
② T점수
③ 표준점수
④ 백분위점수

31 직업상담 과정의 구조화단계에서 상담자의 역할에 관한 설명으로 옳은 것은?
① 내담자에게 상담자의 자질, 역할, 책임에 대해서 미리 알려줄 필요가 없다.
② 내담자에게 검사나 과제를 잘 이행할 것을 기대하고 있다는 것을 분명히 밝힌다.
③ 상담 중에 얻은 내담자에 대한 비밀을 지키는 것은 당연하므로 사전에 이것을 밝혀두는 것은 오히려 내담자를 불안하게 만든다.
④ 상담과정은 예측할 수 없으므로 상담 장소, 시간, 상담의 지속 등에 대해서 미리 합의해서는 안된다.

32 직업상담을 위한 면담에 대한 설명으로 옳은 것은?
① 내담자의 모든 행동은 이유와 목적이 있음을 분명하게 인지한다.
② 상담과정의 원만한 전개를 위해 내담자에게 태도변화를 요구한다.
③ 침묵에 빠지지 않도록 상담자는 항상 먼저 이야기를 해야 한다.
④ 초기면담에서 내담자에 대한 기준을 부여한다.

빈출

33 정신역동적 집단상담의 장점이 아닌 것은?
① 자신의 방어와 저항에 대해 좀 더 극적인 통찰을 얻을 수 있다.
② 다른 집단원이나 상담자에게 전이감정을 느끼며 훈습 할 기회가 많아 자기이해를 증진할 수 있다.
③ 다른 집단원의 작업을 관찰함으로써 자신이 의식하지 못했던 감정을 가지고 있음을 이해하게 된다.
④ 집단상담자의 분석은 상담자와 집단원의 독점적 관계에서 전이적 소망을 충족시켜 주므로 치료를 촉진시킨다.

34 내담자 중심 직업상담에서 상담자가 지녀야 할 태도 중 내담자로 하여금 개방적 자기탐색을 촉진하여 그가 지금-여기에서 경험하는 감정을 자각하도록 하는 요인은?
① 일치성
② 일관성
③ 공감적 이해
④ 무조건적 수용

35 직업상담의 기법 중 비지시적 상담 규칙과 가장 거리가 먼 것은?
① 상담자는 내담자와 논쟁해서는 안 된다.
② 상담사는 내담자에게 질문 또는 이야기를 해서는 안 된다.
③ 상담사는 내담자에게 어떤 종류의 권위도 과시해서는 안 된다.
④ 상담사는 인내심을 가지고 우호적으로, 그러나 지적으로는 비판적인 태도로 내담자의 말을 경청해야 한다.

36 직업상담에서 내담자의 저항을 다루는 방법과 가장 거리가 먼 것은?

① 내담자와의 상담관계를 재점검한다.
② 긴장이완법을 사용한다.
③ 내담자가 위협을 느끼지 않도록 한다.
④ 내담자의 고통을 공감해준다.

37 인지·정서·행동치료(REBT)의 상담기법 중 정서기법에 해당하지 않는 것은?

① 역할연기
② 수치공격 연습
③ 자기관리
④ 무조건적 수용

38 실존주의 상담에 관한 설명으로 틀린 것은?

① 정형화된 상담 모형과 상담자 훈련 프로그램이 마련되어 있지 않은 것이 한계점이다.
② 인간을 자기인식 능력을 지닌 존재로 본다.
③ 상담자는 내담자가 스스로 삶의 의미와 목적을 발견하고, 삶을 주체적으로 선택하고 책임 지도록 돕는 것을 목표로 한다.
④ 실존주의 상담에서 가정하는 인간의 궁극적 관심사는 무의식의 자각이다.

39 내담자의 세계를 상담자 자신의 세계인 것처럼 경험하지만 객관적인 위치에서 벗어나지 않는 상담대화의 기법은?

① 수용
② 전이
③ 공감
④ 동정

40 레빈슨(Levenson)이 제시한 직업상담사의 반윤리적 행동에 해당하는 것은?

① 상담자의 능력 내에서 내담자의 문제를 다룬다.
② 내담자에게 부당한 광고를 하지 않는다.
③ 적절한 상담비용을 청구한다.
④ 직업상담사에 대한 내담자의 의존성을 최대화한다.

제3과목 직업정보

41 다음의 주요 업무를 수행하는 사업주 직업능력 개발훈련기관은?

- 훈련과정 인정
- 실시신고 접수 및 수료자 확정
- 비용신청서 접수 및 지원
- 훈련과정 모니터링

① 전국고용센터
② 한국고용정보원
③ 근로복지공단
④ 한국산업인력공단

42 민간직업정보와 비교한 공공직업정보의 특성에 관한 설명과 가장 거리가 먼 것은?

① 필요한 시기에 최대한 활용되도록 한시적으로 신속하게 생산 및 운영된다.
② 광범위한 이용가능성에 따라 공공직업정보체계에 대한 직접적이며 객관적인 평가가 가능하다.
③ 특정 분야 및 대상에 국한되지 않고 전체 산업 및 업종에 걸친 직종 등을 대상으로 한다.
④ 직업별로 특정한 정보만을 강조하지 않고 보편적인 항목으로 이루어진 기초적인 직업정보체계로 구성되어 있다.

43 한국표준직업분류(제8차)상 특정 직종의 분류요령에 대한 설명으로 틀린 것은?

① 행정 관리 및 입법기능을 수행하는 자는 '대분류 1 관리자'에 분류된다.
② 자영업주 및 고용주는 수행되는 일의 형태나 직무내용에 따라 정의된 개념이다.
③ 연구 및 개발업무 종사자는 '대분류 2 전문가 및 관련 종사자'에서 그 전문분야에 따라 분류된다.
④ 군인은 별도로 '분류 A 군인'에 분류된다.

44 다음은 고용24에서 제공하는 성인을 위한 직업적응검사 중 무엇에 관한 설명인가?

- 개발년도: 2013년
- 실시시간: 20분
- 측정내용: 문제해결능력 등 12개 요인
- 실시방법: 인터넷/지필

① 구직준비도검사
② 직업전환검사
③ 중장년 직업역량검사
④ 창업적성검사

45 직업정보의 가공에 대한 설명 중 틀린 것은?

① 정보를 공유하는 방법을 강구하는 단계이다.
② 정보의 생명력을 측정하여 활용방법을 선정하고 이용자에게 동기를 부여할 수 있도록 구상한다.
③ 정보를 제공하는 것은 긍정적인 입장에서 출발하여야 한다.
④ 시각적 효과를 부가한다.

46 고용24에서 제공하는 학과정보 중 자연계열의 "생명과학과"와 관련이 없는 학과는?

① 의생명과학과
② 해양생명과학과
③ 분자생물학과
④ 바이오산업공학과

47 다음의 국가기술자격 검정기준은 어느 자격등급에 해당하는가?

응시하고자 하는 종목에 관한 최상급 숙련기능을 가지고 산업현장에서 작업관리, 소속 기능인력의 지도 및 감독, 현장훈련, 경영계층과 생산계층을 유기적으로 연계시켜 주는 현장관리 등의 업무를 수행할 수 있는 능력 보유

① 기술사
② 기능장
③ 기사
④ 산업기사

빈출
48 한국표준산업분류(제11차)의 적용원칙으로 틀린 것은?

① 생산단위는 산출물뿐만 아니라 투입물과 생산공정 등을 함께 고려하여 그들의 활동을 가장 정확하게 설명된 항목으로 분류해야 한다.
② 산업활동이 결합되어 있는 경우에는 그 활동단위의 주된 활동에 따라서 분류해야 한다.
③ 복합적인 활동단위는 우선적으로 세세분류를 정확히 결정하고, 순차적으로 세·소·중·대분류 단계 항목을 결정하여야 한다.
④ 공식적 생산물과 비공식적 생산물, 합법적 생산물과 불법적인 생산물을 달리 분류하지 않는다.

빈출
49 직업정보의 처리단계를 옳게 나열한 것은?

① 수집 – 분석 – 가공 – 체계화 – 제공 – 평가
② 수집 – 제공 – 분석 – 가공 – 평가 – 체계화
③ 수집 – 분석 – 평가 – 가공 – 제공 – 체계화
④ 수집 – 분석 – 체계화 – 제공 – 가공 – 평가

빈출
50 국민내일배움카드 제도를 지원받을 수 있는 자는?

① 만 65세인 사람
② 「사립학교교직원 연금법」을 적용받고 현재 재직 중인 사람
③ 「군인연금법」을 적용받고 현재 재직 중인 사람
④ 지방자치단체로부터 훈련비를 지원받는 훈련에 참여하는 사람

빈출
51 국가직무능력표준(NCS)에 관한 설명으로 틀린 것은?

① 산업현장에서 직무를 수행하기 위해 요구되는 지식·기술·태도 등의 내용을 국가가 체계화한 것이다.
② 한국고용직업분류를 중심으로 분류하였으며, 대분류 → 중분류 → 소분류 → 세분류 순으로 구성되어 있다.
③ 능력단위는 NCS 분류의 하위 단위로서 능력단위요소, 수행준거 등으로 구성되어 있다.
④ 직무는 NCS 분류의 중분류를 의미하고, 원칙상 중분류 단위에서 표준이 개발된다.

52 국가기술자격 중 한국산업인력공단에서 시행하지 않는 것은?

① 3D프린터개발산업기사
② 빅데이터분석기사
③ 로봇기구개발기사
④ 반도체설계산업기사

빈출
53 다음은 한국직업사전(2020) 부가직업정보의 작업 강도 중 무엇에 관한 설명인가?

> 최고 20kg의 물건을 들어올리고 10kg 정도의 물건을 빈번히 들어올리거나 운반한다.

① 가벼운 작업　　② 보통 작업
③ 힘든 작업　　　④ 아주 힘든 작업

54 질문지를 활용한 면접조사를 통해 직업정보를 수집할 때, 면접자가 지켜야 할 일반적 원칙으로 틀린 것은?

① 질문지를 숙지하고 있어야 한다.
② 응답자와 친숙한 분위기를 형성해야 한다.
③ 개방형 질문인 경우에는 응답내용을 해석하고 요약하여 기록해야 한다.
④ 면접자는 응답자가 이질감을 느끼지 않도록 복장이나 언어 사용에 유의해야 한다.

55 한국표준직업분류(제8차)에서 직업으로 보지 않는 활동을 모두 고른 것은?

> ㄱ. 이자, 주식배당 등과 같은 자산 수입이 있는 경우
> ㄴ. 예·적금 인출, 보험금 수취, 차용 또는 토지나 금융자산을 매각하여 수입이 있는 경우
> ㄷ. 사회복지시설 수용자의 시설 내 경제활동
> ㄹ. 수형자의 활동과 같이 법률에 의한 강제 노동을 하는 경우

① ㄱ, ㄷ
② ㄱ, ㄹ
③ ㄱ, ㄴ, ㄷ
④ ㄱ, ㄴ, ㄷ, ㄹ

56 제11차 한국표준산업분류의 대분류 중 제조업 정의에 관한 설명으로 틀린 것은?

① 원재료(물질 또는 구성요소)에 물리적, 화학적 작용을 가하여 투입된 원재료를 성질이 다른 새로운 제품으로 전환시키는 산업 활동이다.
② 단순히 상품을 선별·정리·분할·포장·재포장하는 경우 등과 같이 그 상품의 본질적 성질을 변화시키지 않는 처리활동은 제조활동으로 보지 않는다.
③ 제조활동은 공장이나 가내에서 동력기계 및 수공으로 이루어질 수 있으며, 생산된 제품은 도매나 소매 형태로 판매될 수도 있다.
④ 자본재(고정자본 형성)로 사용되는 산업용 기계와 장비를 전문적으로 수리하는 경우는 수리업으로 분류한다.

57 '4차 산업혁명에 따른 새로운 직업'에 대한 국내 일간지의 사설을 내용분석하기 위해 가능한 표본추출방법을 모두 고른 것은?

> ㄱ. 무작위표본추출
> ㄴ. 층화표본추출
> ㄷ. 체계적표본추출
> ㄹ. 군집(집락)표본추출

① ㄱ, ㄴ
② ㄱ, ㄷ
③ ㄴ, ㄷ, ㄹ
④ ㄱ, ㄴ, ㄷ, ㄹ

[빈출]
58 한국직업사전의 직무기능 자료(data) 항목 중 무엇에 관한 설명인가?

> • 데이터의 분석에 기초하여 시간, 장소, 작업 순서, 활동 등을 결정한다.
> • 결정을 실행하거나 상황을 보고한다.

① 종합 ② 조정
③ 계산 ④ 수집

59 직업선택 결정모형을 기술적 직업결정모형과 처방적 직업결정모형으로 분류할 때 기술적 직업결정모형에 해당하지 않는 것은?

① 브룸(Vroom)의 모형
② 플레처(Fletcher)의 모형
③ 겔라트(Gelatt)의 모형
④ 타이드만과 오하라(Tiedeman & O'Hara)의 모형

60 국민취업지원제도는 참여자의 소득과 재산 등에 따라 Ⅰ유형과 Ⅱ유형으로 구분하여 지원을 달리하고 있다. 다음 중 이에 대한 설명으로 틀린 것은?

① Ⅰ유형에 속하는 대상자에게는 구직촉진수당과 취업지원서비스를 제공한다.
② Ⅰ유형에 해당하지 않는 특정계층, 청년, 중장년 등은 Ⅱ유형으로, 취업활동비용과 취업지원서비스를 제공한다.
③ 상급학교 진학 및 전문자격증 취득을 목적으로 각종 학교에 재학 또는 학원 등에서 수강 중인 사람은 Ⅰ유형에 참여할 수 있다.
④ 국민취업지원제도 참여자는 1년간 취업지원서비스를 받을 수 있으며, 참여자가 희망하는 경우 6개월 범위 내에서 기간을 연장할 수 있다.

제4과목 노동시장

[빈출]
61 A국가의 경제활동참가율은 50%이고, 생산가능인구와 취업자가 각각 100만 명, 40만 명이라고 할 때, 이 국가의 실업률은?

① 5% ② 10%
③ 15% ④ 20%

[빈출]
62 만일 여가가 열등재라면 개인의 노동공급곡선의 형태는?

① 후방굴절한다.
② 완전비탄력적이다.
③ 완전탄력적이다.
④ 우상향한다.

63 노동 수요측면에서 비정규직 증가의 원인과 가장 거리가 먼 것은?

① 세계화에 따른 기업 간 경쟁 환경의 변화
② 정규직 근로자 해고의 어려움
③ 고학력 취업자의 증가
④ 정규노동자 고용비용의 증가

[빈출]
64 정부가 임금을 인상시킬 때 오히려 고용이 증대되는 경우는?

① 공급독점의 노동시장
② 수요독점의 노동시장
③ 완전경쟁의 노동시장
④ 복점의 노동시장

65 선별가설(screening hypothesis)에 대한 설명과 가장 거리가 먼 것은?

① 교육훈련이 생산성을 높이는 것은 아니고 유망한 근로자를 식별해주는 역할을 한다.
② 빈곤문제 해결을 위해서는 교육훈련 기회를 확대하는 것이 중요하다.
③ 학력이 높은 사람이 소득이 높은 것은 교육 때문이 아니고 원래 능력이 우수하기 때문이다.
④ 근로자들이 자신의 능력과 재능을 보여주기 위해 교육에 투자한다.

66 완전경쟁시장의 치킨매장에서 치킨 1마리를 14,000원에 팔고 있다. 그리고 종업원 1명을 시간당 7,000원의 임금으로 고용하고 있다. 이 매장이 이윤을 극대화하기 위해서는 노동의 한계생산성이 무엇과 같아질 때까지 고용을 늘려야 하는가?

① 시간당 치킨 1/2마리
② 시간당 치킨 1마리
③ 시간당 치킨 2마리
④ 시간당 치킨 4마리

67 경제활동인구조사에서 취업자로 분류되는 사람은?

① 명예퇴직을 하여 연금을 받고 있는 전직 공무원
② 하루 3시간씩 구직활동을 하고 있는 전직 은행원
③ 하루 1시간씩 학교 부근 식당에서 아르바이트를 하고 있는 대학생
④ 하루 2시간씩 남편의 상점에서 무급으로 일하는 기혼여성

68 어느 국가의 생산가능인구의 구성비가 다음과 같을 때 이 국가의 실업률은?

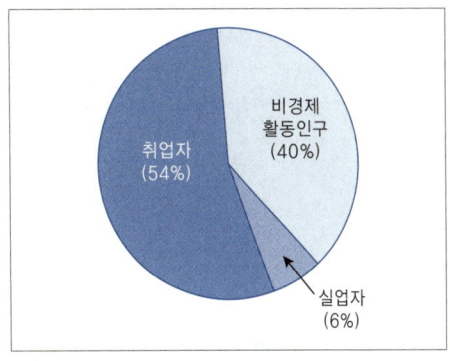

① 6.0%   ② 10.0%
③ 11.1%   ④ 13.2%

69 임금상승의 소득효과가 대체효과보다 클 경우, 노동공급곡선의 형태는?

① 우상승한다.   ② 수평이다.
③ 좌상승한다.   ④ 변함없다.

70 노동수요 탄력성의 크기에 영향을 미치는 요인과 거리가 가장 먼 것은?

① 생산물 수요의 가격탄력성
② 총 생산비에 대한 노동비용의 비중
③ 노동의 대체곤란성
④ 대체생산요소의 수요탄력성

71 1960년대 선진국에서 실업률과 물가상승률 간의 상충관계를 개선하고자 실시했던 정책은?

① 재정정책   ② 금융정책
③ 인력정책   ④ 소득정책

72 임금격차의 원인을 모두 고른 것은?

> ㄱ. 인적자본 투자의 차이로 인한 생산성 격차
> ㄴ. 보상적 격차
> ㄷ. 차별

① ㄱ, ㄴ
② ㄱ, ㄷ
③ ㄴ, ㄷ
④ ㄱ, ㄴ, ㄷ

73 다음 힉스(Hicks, J. R.)의 교섭모형에 대한 설명으로 틀린 것은?

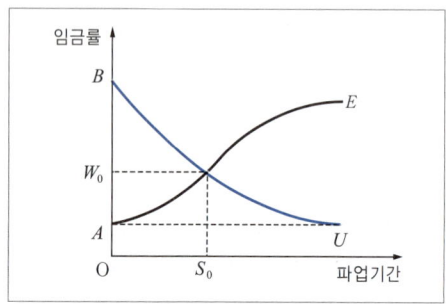

① AE 곡선은 사용자의 양보곡선이다.
② BU 곡선은 노동조합의 저항곡선이다.
③ A는 노동조합이 없거나 노동조합이 파업을 하기 이전 사용자들이 지불하려고 하는 임금수준이다.
④ 노동조합이 W_0보다 더 높은 임금을 요구하면 사용자는 쉽게 수락하겠지만, 그때는 노동조합 내부에서 교섭대표자들과 일반 조합원 간의 마찰이 불가피하다.

74 노조의 단체교섭 결과가 비조합원에게도 혜택이 돌아가는 현실에서 노동조합의 조합원이 아닌 비조합원에게도 단체교섭의 당사자인 노동조합이 회비를 징수하는 숍(shop)제도는?

① 유니온 숍(union shop)
② 에이전시 숍(agency shop)
③ 클로즈드 숍(closed shop)
④ 오픈 숍(open shop)

75 임금체계에 대한 설명으로 틀린 것은?

① 직무급은 조직의 안정화에 따른 위계질서 확립이 용이하다는 장점이 있다.
② 연공급의 단점 중 하나는 직무성과와 관련 없는 비합리적인 인건비 지출이 생긴다는 점이다.
③ 직능급은 직무수행능력을 기준으로 하여 각 근로자의 임금을 결정하는 임금체계이다.
④ 연공급의 기본적인 구조는 연령, 근속, 학력, 남녀별 요소에 따라 임금을 결정하는 것으로 정기승급의 축적에 따라 연령별로 필요생계비를 보장해주는 원리에 기초하고 있다.

76 A국의 생산가능인구는 500만 명, 취업자 수는 285만 명, 실업률이 5%일 때 A국의 경제활동참가율은?

① 48%
② 50%
③ 57%
④ 60%

77 이윤극대화를 추구하는 기업이 이직률을 낮추기 위해 효율성 임금(efficiency wage)을 지불할 경우 발생할 수 있는 실업은?

① 마찰적 실업
② 구조적 실업
③ 경기적 실업
④ 지역적 실업

78 단체교섭에서 사용자의 교섭력에 관한 설명으로 가장 거리가 먼 것은?

① 기업의 재정능력이 좋으면 사용자의 교섭력이 높아진다.
② 사용자 교섭력의 원천 중 하나는 직장폐쇄(lockout)를 할 수 있는 권리이다.
③ 사용자는 쟁의행위 기간 중 그 쟁의행위로 중단된 업무를 원칙적으로 도급 또는 하도급을 줄 수 있다.
④ 비조합원이 조합원의 일을 대신할 수 있는 여지가 크다면, 그만큼 사용자의 교섭력이 높아진다.

79 마찰적 실업의 원인에 해당하는 것을 모두 고른 것은?

> ㄱ. 노동자들이 자신에게 가장 잘 맞는 직장을 찾는 데 시간이 걸리기 때문이다.
> ㄴ. 기업이 생산성을 제고하기 위해 시장균형임금보다 높은 수준의 임금을 지급하는 경향이 있기 때문이다.
> ㄷ. 노동조합의 존재로 인해 조합원의 임금이 생산성보다 높게 설정되기 때문이다.

① ㄱ
② ㄴ
③ ㄱ, ㄴ
④ ㄴ, ㄷ

80 개별기업수준에서 노동에 대한 수요곡선을 이동시키는 요인을 모두 고른 것은?

> ㄱ. 기술의 변화
> ㄴ. 임금의 변화
> ㄷ. 최종생산물가격의 변화
> ㄹ. 자본의 가격 변화

① ㄱ, ㄴ, ㄷ
② ㄱ, ㄴ, ㄹ
③ ㄱ, ㄷ, ㄹ
④ ㄴ, ㄷ, ㄹ

제5과목 고용노동관계법규

81 남녀고용평등과 일·가정 양립 지원에 관한 법률상 사업주가 동일한 사업 내의 동일가치의 노동에 대하여 동일한 임금을 지급하지 아니한 경우 벌칙규정은?

① 5년 이하의 징역 또는 3천만 원 이하의 벌금
② 3년 이하의 징역 또는 3천만 원 이하의 벌금
③ 1천만 원 이하의 벌금
④ 500만 원 이하의 벌금

82 고용보험법의 적용제외 대상이 아닌 자는? (단, 기타사항은 고려하지 않음)

① 3개월 이상 계속하여 근로를 제공하는 자
② 지방공무원법에 따른 공무원
③ 사립학교교직원 연금법의 적용을 받는 자
④ 별정우체국법에 따른 별정우체국 직원

83 근로기준법상 재해보상에 관한 설명으로 옳지 않은 것은?

① 사용자는 요양 중에 있는 근로자에게 그 근로자의 요양 중 평균임금의 100분의 60의 휴업보상을 하여야 한다.
② 근로자가 업무상 사망한 경우에는 사용자는 근로자가 사망한 후 지체 없이 평균임금 90일분의 장례비를 지급하여야 한다.
③ 근로자가 업무상 사망한 경우에는 사용자는 근로자가 사망한 후 지체 없이 그 유족에게 평균임금 360일분의 유족보상을 하여야 한다.
④ 요양보상을 받는 근로자가 요양을 시작한 지 2년이 지나도 부상 또는 질병이 완치되지 아니하는 경우에는 사용자는 그 근로자에게 평균임금 1,340일분의 일시보상을 하여 그 후의 이 법에 따른 모든 보상책임을 면할 수 있다.

84 채용절차의 공정화에 관한 법령상 500만 원 이하의 과태료 부과사항에 해당하지 않는 것은?

① 채용광고의 내용 또는 근로조건을 변경한 구인자
② 지식재산권을 자신에게 귀속하도록 강요한 구인자
③ 채용서류 보관의무를 이행하지 아니한 구인자
④ 그 직무의 수행에 필요하지 아니한 개인정보를 기초심사자료에 기재하도록 요구하거나 입증자료로 수집한 구인자

85 다음 (　)에 알맞은 것은?

> 「근로기준법」에 따른 임금채권은 (　)간 행사하지 아니하면 시효로 소멸한다.

① 6개월　② 1년
③ 2년　　④ 3년

빈출

86 직업안정법상 직업소개사업을 겸업할 수 있는 것은?

① 「결혼중개업의 관리에 관한 법률」상 결혼중개업
② 「공중위생관리법」상 숙박업
③ 「식품위생법」상 식품접객업 중 유흥주점영업
④ 「식품위생법」상 식품접객업 중 일반음식점영업

87 헌법상 노동3권에 해당되지 않는 것은?

① 단체교섭권
② 평등권
③ 단결권
④ 단체행동권

빈출

88 개인정보보호법령상 개인정보보호위원회(이하 "보호위원회"라 한다)에 관한 설명으로 틀린 것은?

① 대통령 소속으로 보호위원회를 둔다.
② 보호위원회는 상임위원 2명을 포함한 9명의 위원으로 구성한다.
③ 보호위원회의 회의는 재적위원 과반수의 출석으로 개의하고, 출석위원 과반수의 찬성으로 의결한다.
④ 「정당법」에 따른 당원은 보호위원회 위원이 될 수 없다.

89 직업안정법령상 직업소개사업에 대한 설명으로 틀린 것은?

① 국내 무료직업소개사업을 하려는 자는 주된 사업소의 소재지를 관할하는 특별자치도지사·시장·군수 및 구청장에게 신고하여야 한다.
② 국외 무료직업소개사업을 하려는 자는 고용노동부장관에게 신고하여야 한다.
③ 국내 유료직업소개사업을 하려는 자는 주된 사업소의 소재지를 관할하는 특별자치도지사·시장·군수 및 구청장에게 등록하여야 한다.
④ 국외 유료직업소개사업을 하려는 자는 고용노동부장관에게 신고하여야 한다.

90 직업안정법령상 근로자공급사업의 허가를 받을 수 있는 자는?

① 파산선고를 받고 복권되지 아니한 자
② 미성년자, 피성년후견인 및 피한정후견인
③ 이 법을 위반한 자로서, 벌금형이 확정된 후 2년이 지나지 아니한 자
④ 근로자공급사업의 허가가 취소된 후 7년이 지난 자

91 국민 평생 직업능력 개발법령상 훈련방법에 따른 구분에 해당하지 않는 것은?

① 집체훈련
② 현장훈련
③ 양성훈련
④ 원격훈련

92 채용절차의 공정화에 관한 법률에 관한 설명으로 틀린 것은?

① 기초심사자료란 구직자의 응시원서, 이력서 및 자기소개서를 말한다.
② 고용노동부장관은 기초심사자료의 표준양식을 정하여 구인자에게 그 사용을 권장할 수 있다.
③ 구직자는 구인자에게 제출하는 채용서류를 거짓으로 작성해서는 아니 된다.
④ 이 법은 지방자치단체가 공무원을 채용하는 경우에도 적용한다.

93 남녀고용평등과 일·가정 양립 지원에 관한 법령상 육아휴직에 관한 설명으로 틀린 것은?

① 육아휴직의 기간은 1년 이내로 한다.
② 육아휴직기간은 근속기간에 포함한다.
③ 기간제 근로자의 육아휴직기간은 사용기간에 포함된다.
④ 육아휴직기간에는 그 근로자를 해고시키지 못한다.

94 고용보험법상 심사·재심사 청구에 관한 설명으로 옳지 않은 것은?

① 실업급여에 관한 처분에 이의가 있는 자는 고용보험심사관에게 심사를 청구할 수 있다.
② 심사 및 재심사의 청구는 시효중단에 관하여 재판상의 청구로 본다.
③ 재심사청구인은 법정대리인 외에 자신의 형제자매를 대리인으로 선임할 수 없다.
④ 고용보험심사관은 원칙적으로 심사청구를 받으면 30일 이내에 그 심사청구에 대한 결정을 하여야 한다.

95 고용보험법상 (   )에 알맞은 것은?

> 육아휴직 급여를 지원받으려는 사람은 육아휴직을 시작한 날 이후 1개월부터 육아휴직이 끝난 날 이후 (   )개월 이내에 신청하여야 한다.

① 1
② 3
③ 6
④ 12

96 근로기준법령상 근로계약에 관한 설명으로 틀린 것은?

① 근로기준법에서 정하는 기준에 미치지 못하는 근로조건을 정한 근로계약은 그 부분에 한하여 무효로 한다.
② 사용자는 근로계약 불이행에 대한 위약금 또는 손해배상액을 예정하는 계약을 체결할 수 있다.
③ 사용자는 근로계약을 체결할 때에 근로자에게 임금, 소정근로시간, 휴일, 연차유급휴가 등의 사항을 명시하여야 한다.
④ 명시된 근로조건이 사실과 다를 경우에 근로자는 근로조건 위반을 이유로 손해의 배상을 청구할 수 있으며 즉시 근로계약을 해제할 수 있다.

97 국민 평생 직업능력 개발법령상 직업능력개발훈련의 기본원칙으로 명시되지 않은 것은?

① 직업능력개발훈련은 근로자 개인의 희망·적성·능력에 맞게 근로자의 생애에 걸쳐 체계적으로 실시되어야 한다.
② 직업능력개발훈련은 민간의 자율과 창의성이 존중되도록 하여야 하며, 노사의 참여와 협력을 바탕으로 실시되어야 한다.
③ 제조업의 생산직에 종사하는 근로자의 직업능력개발훈련은 중요시되어야 한다.
④ 직업능력개발훈련은 근로자의 직무능력과 고용가능성을 높일 수 있도록 지역·산업현장의 수요가 반영되어야 한다.

98 국민 평생 직업능력 개발법령상 직업능력개발훈련에 관한 설명으로 옳은 것은?

① 직업능력개발훈련은 18세 미만인 자에게는 실시할 수 없다.
② 직업능력개발훈련의 대상에는 취업할 의사가 있는 사람뿐만 아니라 사업주에게 고용된 사람도 포함된다.
③ 직업능력개발훈련 시설의 장은 직업능력개발훈련과 관련된 기술 등에 관한 표준을 정할 수 있다.
④ 「산업재해보상보험법」을 적용받는 사람도 재해위로금을 받을 수 있다.

99 최저임금법의 적용제외대상에 해당하지 않는 것은?

① 가사사용인
② 동거하는 친족만을 사용하는 사업
③ 「선원법」의 적용을 받는 선원과 선원을 사용하는 선박의 소유자
④ 상시 4명 이하의 근로자를 사용하는 사업

100 구직자취업촉진법상의 용어의 정의로서 옳지 않은 것은?

① "수급자격자"란 취업지원서비스 또는 구직촉진수당의 수급요건을 갖추어 수급자격이 인정된 사람을 말한다.
② "취업지원"이란 수급자의 취업활동에 도움이 될 수 있는 지원(취업지원서비스) 및 구직촉진수당을 지급하는 것을 말한다.
③ "취업촉진수당"이란 구직활동 및 생활안정에 소요되는 비용을 지원하기 위한 금액을 말한다.
④ "수급자"란 수급자격자로서 취업지원서비스 또는 구직촉진수당을 받는 사람을 말한다.

2025년 [2회 복원문제]

빠른 정답 체크!

직업심리		직업상담 및 취업지원		직업정보		노동시장		고용노동관계 법규	
01	④	21	③	41	④	61	④	81	②
02	①	22	①	42	①	62	④	82	①
03	③	23	④	43	②	63	③	83	③
04	①	24	④	44	④	64	②	84	③
05	④	25	④	45	③	65	②	85	④
06	③	26	③	46	②	66	①	86	④
07	④	27	④	47	②	67	③	87	②
08	③	28	④	48	③	68	②	88	①
09	④	29	②	49	①	69	③	89	④
10	③	30	④	50	①	70	④	90	④
11	③	31	②	51	④	71	④	91	③
12	②	32	①	52	②	72	④	92	④
13	③	33	④	53	②	73	④	93	④
14	①	34	①	54	③	74	②	94	③
15	④	35	②	55	④	75	①	95	④
16	②	36	②	56	④	76	④	96	②
17	③	37	③	57	④	77	②	97	③
18	③	38	④	58	②	78	③	98	②
19	④	39	③	59	③	79	①	99	④
20	①	40	④	60	③	80	③	100	③

2025년 3회 복원문제

정답과 해설 ▶ P. 32~45

제1과목 직업심리

빈출
01 상담의 초기면접 단계에서 일반적으로 고려할 사항이 아닌 것은?

① 통찰의 확대
② 목표의 설정
③ 상담의 구조화
④ 문제의 평가

02 현실치료 기법에 해당하지 않는 것은?

① 질문
② 유머
③ 꿈해석
④ 직면

03 구성타당도에 대한 설명으로 옳은 것은?

① 검사가 측정도구에 의해 추상적 개념을 제대로 잘 측정하고 있는지를 의미한다.
② 검사문항이 재고자 하는 것이 무엇인지 명료하게 판단될 수 있는지를 의미한다.
③ 검사문항이 측정하려는 것을 제대로 측정하는 것처럼 보이는지를 의미한다.
④ 수검자의 미래행동을 얼마나 잘 예측하는지를 의미한다.

빈출
04 Williamson의 특성-요인 진로상담 과정을 바르게 나열한 것은?

ㄱ. 진단단계	ㄴ. 분석단계
ㄷ. 예측단계	ㄹ. 종합단계
ㅁ. 상담단계	ㅂ. 추수지도단계

① ㄱ → ㄴ → ㄷ → ㄹ → ㅂ → ㅁ
② ㄱ → ㄷ → ㄴ → ㄹ → ㅁ → ㅂ
③ ㄴ → ㄱ → ㄹ → ㄷ → ㅂ → ㅁ
④ ㄴ → ㄹ → ㄱ → ㄷ → ㅁ → ㅂ

05 긴즈버그(Ginzberg)의 현실기에 해당하지 않는 것은?

① 탐색
② 결정성
③ 특수성
④ 가치

06 직무 스트레스에 관한 설명으로 옳은 것은?

① 17-OHCS라는 당류부신피질 호르몬은 스트레스의 생리적 지표로서 매우 중요하게 사용된다.
② B형 행동유형이 A형 행동유형보다 높은 스트레스 수준을 유지한다.
③ Yerkes와 Dodson의 U자형 가설은 스트레스 수준이 낮으면 작업 능률이 높아진다는 가설이다.
④ 일반적응증후군(GAS)는 저항 단계, 경계 단계, 소진 단계 순으로 진행되면서 사람에게 나쁜 결과를 가져다준다.

07 진로시간전망 검사지를 사용하는 주요 목적과 가장 거리가 먼 것은?

① 목표설정 촉구
② 계획기술 연습
③ 진로계획 수정
④ 진로의식 고취

08 내담자가 수집한 직업목록의 내용이 실현 불가능할 때, 상담사의 개입 방안으로 옳지 않은 것은?

① 브레인스토밍 과정을 통해 내담자의 부적절한 직업목록 내용을 명확히 한다.
② 최종 의사결정은 내담자가 해야 함을 확실히 한다.
③ 내담자가 그 직업들을 시도해 본 후 어려움을 겪게 되면 개입한다.
④ 객관적인 증거나 논리로 추출한 것에 대해서 대화해야 한다.

09 왜곡된 사고체계나 신념체계를 가진 내담자에게 실시하면 효과적인 상담기법은?

① 인지 · 정서 · 행동 상담(REBT)
② 인지치료
③ 정신분석
④ 행동요법

10 인지적 오류가 예시와 맞지 않는 것은?

① 과잉일반화: "내 남자친구가 또 나를 실망시켰어. 역시 남자는 다 똑같아. 더 이상 남자를 안 만날 거야."
② 선택적 추상: "저 아이는 내 친구가 아니니 나의 적이야."
③ 긍정 격하: "나에 대해 칭찬한 게 아닐 거야. 칭찬이라고 생각하지 말자."
④ 임의적 추론: "오후 내내 연락이 없으니 나를 싫어하는 거야."

11 15개의 하위검사를 통해 9개 분야의 적성을 측정하며, 특정 직무를 성공적으로 수행할 수 있는지를 측정하는 심리검사는 무엇인가?

① GATB
② 미네소타 다면적 인성검사(MMPI)
③ 진로성숙도검사(CMI)
④ AGCT

12 직업적응이론에서 개인의 가치와 직업 환경의 강화인 간의 조화를 측정하는 데 사용되는 검사는?

① 미네소타 중요도 검사(MIQ)
② 미네소타 만족 질문지(MSQ)
③ 미네소타 충족 척도(MSS)
④ 미네소타 직업평가 척도(MORS)

13 검사의 신뢰도 중의 하나인 Cronbach's α(크론바흐 알파계수)가 크다는 것이 나타내는 의미는?

① 검사 문항들이 동질적이라는 것을 의미한다.
② 검사의 예언력이 높다는 것을 의미한다.
③ 시간이 흐르더라도 검사점수가 변하지 않는다는 것을 의미한다.
④ 검사의 채점 과정을 신뢰할 수 있다는 것을 의미한다.

14 직무 스트레스에 대한 대처 방안 중의 하나로, 높이 달린 포도를 따지 못하자 포도가 시어서 (sour) 맛이 없을 거라고 생각하는 것은?

① 투사(projection)
② 억압(repression)
③ 합리화(rationalization)
④ 주지화(intellectualization)

15 다음 ( ) 안에 알맞은 용어로 바르게 짝지어진 것은?

> 생애진로사정의 구조는 진로사정, (ㄱ), 강점과 장애 및 (ㄴ)(으)로 이루어진다.

① ㄱ: 진로요약, ㄴ: 하루에 대한 묘사
② ㄱ: 일의 경험, ㄴ: 요약
③ ㄱ: 전형적인 하루, ㄴ: 요약
④ ㄱ: 훈련과정과 관심사, ㄴ: 내담자 자신의 용어 사용

16 심리검사를 실시할 때 지켜야 할 사항과 가장 거리가 먼 것은?

① 검사의 구두 지시사항을 미리 충분히 숙지한다.
② 지나친 소음과 방해자극이 없는 곳에서 검사를 실시한다.
③ 수검자에 대한 관심과 협조, 격려를 통해 수검자로 하여금 검사를 성실히 하도록 한다.
④ 수검자에게 검사결과를 통보할 때는 일상적인 용어보다 통계적인 숫자나 용어를 중심으로 전달해야 한다.

빈출

17 직무 스트레스를 조절하는 변인과 가장 거리가 먼 것은?

① 성격의 유형 ② 역할 모호성
③ 통제의 위치 ④ 사회적 지원

18 고트프레드슨(L.Gottfredson)의 진로발달이론에서 제시한 진로포부 발달 단계가 아닌 것은?

① 내적 자아 확립 단계
② 서열 획득 단계
③ 안정성 확립 단계
④ 사회적 가치 획득 단계

19 홀랜드(Holland)의 성격이론에서 제시한 유형에 속하지 않는 유형은?

① 사회형 ② 탐구형
③ 진취형 ④ 기계형

20 Roe는 가정의 정서적 분위기, 즉 부모와 자녀 간의 상호작용을 세 가지 유형으로 구분하였는데 이에 해당하지 않는 것은?

① 정서집중형 ② 반발형
③ 회피형 ④ 수용형

제2과목 직업상담 및 취업지원

21 하렌(V. Harren)의 진로의사결정 유형에 해당하는 것은?

① 운명론적 – 계획적 – 지연적
② 합리적 – 의존적 – 직관적
③ 주장적 – 소극적 – 공격적
④ 계획적 – 직관적 – 순응적

22 Adler의 개인주의 상담에 관한 설명으로 옳은 것은?

① 내담자의 사회적 관심보다는 개인적 열등감의 극복을 궁극적 목표로 삼는다.
② 상담과정은 사건의 객관성보다는 주관적 지각과 해석을 중시한다.
③ 상담자는 조력자의 역할을 하며 내담자가 상담을 주도적으로 이끈다.
④ 내담자의 잘못된 가치보다는 잘못된 행동을 수정하는 데 초점을 둔다.

23 6개의 생각하는 모자(six thinking hats)기법에서 사용하는 모자 색깔이 아닌 것은?

① 갈색   ② 녹색
③ 청색   ④ 흑색

24 직무만족에 관한 2요인이론의 설명으로 틀린 것은?

① 낮은 수준의 욕구를 만족하지 못하면 직무 불만족이 생기나 그 역은 성립되지 않는다.
② 자아실현에 의해서만 욕구만족이 생기나 자아실현의 실패로 직무 불만족이 생기는 것은 아니다.
③ 동기 요인은 높은 수준의 성과를 얻도록 자극하는 요인이다.
④ 위생 요인은 직무 불만족을 가져오는 것이며 만족감을 산출할 힘도 갖고 있는 것이다.

25 Krumboltz의 사회학습이론에서 개인의 진로에 영향을 미치는 요인에 해당하지 않는 것은?

① 유전적 요인
② 부모 특성
③ 환경 조건과 사건
④ 과제접근기술

26 Parsons가 제시한 특성-요인이론의 기본 가정이 아닌 것은?

① 인간은 신뢰할 수 있고 타당하게 측정할 수 있는 독특한 특성을 지니고 있다.
② 직업은 그 직업에서의 성공을 위한 매우 구체적인 특성을 지닐 것을 요구한다.
③ 진로선택은 다소 직접적인 인지과정이므로 개인의 특성과 직업의 특성을 짝짓는것이 가능하다.
④ 인성과 동일한 직업 환경이 있으며, 각 환경은 각 개인과 연결되어 있는 성격유형에 의해 결정된다.

27 Ginzberg가 제시한 진로발달단계로 옳은 것은?

① 현실기 – 환상기 – 잠정기
② 환상기 – 현실기 – 잠정기
③ 현실기 – 잠정기 – 환상기
④ 환상기 – 잠정기 – 현실기

28 포괄적 직업상담에 관한 설명으로 틀린 것은?

① 논리적인 것과 경험적인 것을 의미 있게 절충시킨 모형이다.
② 진단은 변별적이고 역동적인 성격을 가지고 있다.
③ 상담의 진단단계에서는 주로 특성-요인 이론과 행동주의 이론으로 접근한다.
④ 문제해결 단계에서는 도구적(조작적) 학습에 초점을 맞춘다.

29 데이비스와 롭퀴스트(Dawis & Lofquist)의 직업적응이론에서 적응양식의 차원에 해당하지 않는 것은?

① 의존성(dependence)
② 적극성(activeness)
③ 반응성(reactiveness)
④ 인내(perseverance)

30 다음은 무엇에 관한 설명인가?

> 행동주의 직업상담에서 내담자가 직업선택에 대해서 무력감을 느끼게 되고, 그로 인해 발생된 불안 때문에 직업결정을 못하게 되는 것

① 무결단성   ② 우유부단
③ 미결정성   ④ 부적응성

31 내담자의 인지적 명확성을 사정할 때 고려할 사항이 아닌 것은?

① 직장을 처음 구하는 사람과 직업전환을 하는 사람의 직업상담에 관한 접근은 동일하게 해야 한다.
② 직장인으로서의 역할이 다른 생애역할과 복잡하게 얽혀 있는 경우 생애역할을 함께 고려한다.
③ 직업상담에서는 내담자의 동기를 고려하여 상담이 이루어져야 한다.
④ 우울증과 같은 심리적 문제로 인지적 명확성이 부족한 경우 진로문제에 대한 결정은 당분간 보류하는 것이 좋다.

32 수퍼(D. Super)의 진로발달이론에 관한 설명으로 틀린 것은?

① 개인은 능력이나 흥미, 성격에 있어서 각각 차이점을 갖고 있다.
② 진로발달이란 진로에 관한 자아개념의 발달이다.
③ 진로발달단계의 과정에서 재순환은 일어날 수 없다.
④ 진로성숙도는 가설적인 구인이며 단일한 특질이 아니다.

빈출

33 직업상담사의 윤리강령으로 옳지 않은 것은?

① 직업상담사는 개인이나 사회에 임박한 위험이 있더라도 개인정보의 보호를 위하여 내담자의 정보를 누설하지 말아야 한다.
② 직업상담사는 내담자에 관한 정보를 교육 장면이나 연구에 사용할 경우에는 내담자와 합의 후 사용하되 그 정체가 노출되지 않도록 한다.
③ 직업상담사는 소속기관과의 갈등이 있을 경우 내담자의 복지를 우선적으로 고려해야한다.
④ 직업상담사는 상담관계의 형식, 방법, 목적을 설정하고 그 결과에 대하여 내담자와 협의한다.

34 다음 상담장면에서 나타난 진로상담에 대한 내담자의 잘못된 인식은?

> 내담자: 진로선택에 대해서 도움을 받고자 합니다.
> 상담사: 당신이 현재 생각하고 있는 것부터 이야기하시지요.
> 내담자: 저는 올바르게 선택하고 싶습니다. 아시겠지만, 저는 실수를 저지르고 싶지 않습니다. 선생님은 제가 틀림없이 올바르게 선택할 수 있도록 도와주실 것으로 생각합니다.

① 진로상담의 정확성에 대한 오해
② 일회성 결정에 대한 편견
③ 적성·심리검사에 대한 과잉신뢰
④ 흥미와 능력개념의 혼동

35 직업상담의 문제유형에서 Williamson의 분류 중 '직업 무선택'에 해당하는 것은?

① 직업을 선택하기는 하였으나, 자신의 선택에 대해 자신감이 없고 타인으로부터 자기가 성공하리라는 위안을 받고자 추구하는 경우
② 내담자가 직접 직업을 결정한 경험이 없거나, 선호하는 몇 가지의 직업이 있음에도 불구하고 어느 것을 선택하지를 결정하지 못하는 경우
③ 흥미를 느끼는 직업에 대해서 수행능력이 부족하거나, 적성에 맞는 직업에 대해서 흥미를 느끼지 못하는 경우
④ 자신의 능력보다 훨씬 낮은 능력이 요구되는 직업을 선택하거나 안정된 직업만을 추구하는 경우

36 크릿츠(Crites)가 제시한 직업상담 과정에 포함되지 않는 것은?

① 진단   ② 문제 분류
③ 정보 제공 ④ 문제 구체화

37 미네소타 직업가치 질문지에서 측정하는 6개의 가치요인이 아닌 것은?

① 성취   ② 지위
③ 권력   ④ 이타주의

38 내담자와 관련된 정보를 수집하여 내담자의 행동을 이해하고 해석하는 데 기본이 되는 상담기법으로 가장 거리가 먼 것은?

① 한정된 오류 정정하기
② 왜곡된 사고 확인하기
③ 반성의 장 마련하기
④ 변명에 초점 맞추기

39 다음은 무엇에 관한 설명인가?

> 원형검사에 기초한 시간전망 개입의 세 가지 국면 중 미래를 현실처럼 느끼게 하고 미래계획에 대한 긍정적 태도를 강화시키며 목표설정을 신속하게 하는데 목표를 두는 것

① 방향성　　② 변별성
③ 주관성　　④ 통합성

빈출
40 내담자 중심 상담에서 사용되는 상담기법이 아닌 것은?

① 적극적 경청
② 역할연기
③ 감정의 반영
④ 공감적 이해

제3과목　직업정보

41 인간이 복잡한 정보에 접근하게 되는 구조에 근거를 둔 이론으로 직업선택결정 단계를 전제단계, 계획단계, 인지부조화단계로 구분한 직업결정모형은?

① 타이드만과 오하라(Tiedeman & O'hara)의 모형
② 힐튼(Hilton)의 모형
③ 브룸(Vroom)의 모형
④ 수(Hsu)의 모형

42 한국직업사전 부가직업정보의 직무기능 중 '자료(Data)'와 관련된 기능에 해당하지 않는 것은?

① 종합　　② 자문
③ 조정　　④ 분석

빈출
43 민간직업정보의 특성에 관한 설명으로 옳은 것은?

① 필요한 시기에 최대한 활용되도록 한시적으로 신속하게 생산 및 운영된다.
② 광범위한 이용가능성에 따라 공공직업정보체계에 대한 직접적이며 객관적인 평가가 가능하다.
③ 특정 분야 및 대상에 국한되지 않고 전체 산업 및 업종에 걸친 직종 등을 대상으로 한다.
④ 직업별로 특정한 정보만을 강조하지 않고 보편적인 항목으로 이루어진 기초적인 직업정보체계로 구성되어 있다.

44 한국표준직업분류(제8차)의 대분류 항목과 직능수준과의 관계가 올바르게 연결된 것은?

① 서비스 종사자: 제3직능 수준 필요
② 사무 종사자: 제3직능 수준 필요
③ 단순노무 종사자: 제1직능 수준 필요
④ 농림·어업 숙련 종사자: 제1직능 수준 필요

45 [빈출] 한국표준직업분류(제8차)의 직업분류 원칙 중 다수 직업 종사자의 분류 원칙에 해당하지 않는 것은?

① 수입 우선의 원칙
② 취업시간 우선의 원칙
③ 조사 시 최근의 직업원칙
④ 생산업무 우선 원칙

46 [빈출] 한국표준산업분류(제11차)에서 하나 이상의 장소에서 이루어지는 단일 산업활동의 통계단위는?

① 기업집단 단위
② 기업체 단위
③ 지역 단위
④ 활동유형 단위

47 [빈출] 한국표준산업분류(제11차)의 적용원칙으로 틀린 것은?

① 생산단위는 산출물뿐만 아니라 투입물과 생산공정 등을 함께 고려하여 그들의 활동을 가장 정확하게 설명된 항목으로 분류해야 한다.
② 산업활동이 결합되어 있는 경우에는 그 활동단위의 주된 활동에 따라서 분류해야 한다.
③ 복합적인 활동단위는 우선적으로 세세분류를 정확히 결정하고, 순차적으로 세·소·중·대분류 단계 항목을 결정하여야 한다.
④ 공식적 생산물과 비공식적 생산물, 합법적 생산물과 불법적인 생산물을 달리 분류하지 않는다.

48 질병·사고, 훈련기관 사정, 천재지변 등 불가피한 사유 없이 중도에 훈련 수강을 그만 둔 경우 국민내일배움카드 계좌잔액의 차감액은 얼마인가? (단, 3회 이상인 경우)

① 20만 원   ② 50만 원
③ 100만 원   ④ 전액

49 고용24(구 워크넷)에서 제공하는 학과정보 중 의약계열에 해당하지 않는 것은?

① 임상병리학과
② 치기공과
③ 응급구조과
④ 의생명과학과

50 고용24에서 채용정보 상세검색 시 선택할 수 있는 기업형태로 옳은 것을 모두 고른 것은?

```
ㄱ. 대기업
ㄴ. 다문화가정지원기업
ㄷ. 청년친화강소기업
ㄹ. 코스닥
```

① ㄱ, ㄴ, ㄷ
② ㄴ, ㄷ, ㄹ
③ ㄱ, ㄷ, ㄹ
④ ㄱ, ㄴ, ㄹ

51 다음은 고용24에서 제공하는 성인을 위한 직업적응검사 중 무엇에 관한 설명인가?

- 실시시간: 20분
- 측정내용: 문제해결능력 등 12개 요인
- 실시방법: 인터넷/지필

① 구직준비도검사
② 직업전환검사
③ 중장년 직업역량검사
④ 창업적성검사

빈출
52 다음은 국가기술자격 중 어떤 등급의 검정기준에 해당하는가?

해당 국가기술자격의 종목에 관한 숙련기능을 가지고 제작·제조·조작·운전·보수·정비·채취·검사 또는 작업관리 및 이에 관련되는 업무를 수행할 수 있는 능력 보유

① 기능사
② 산업기사
③ 기사
④ 기능장

빈출
53 실기능력이 중요하여 고용노동부령이 정하는 필기시험이 면제되는 기능사 종목이 아닌 것은?

① 석공기능사
② 항공사진기능사
③ 한복기능사
④ 조적기능사

54 국가직무능력표준(NCS) 수준에 대한 설명에 알맞은 X와 Y의 값을 더한 숫자는 무엇인가?

수준	내용
(X)수준	일반적인 지시 및 감독하에 해당 분야의 일반지식을 사용하여 절차화되고 일상적인 과업을 수행하는 수준
(Y)수준	독립적인 권한 내에서 해당 분야의 이론 및 지식을 자유롭게 활용하고, 일반적인 숙련으로 다양한 과업을 수행하고, 타인에게 해당 분야의 지식 및 노하우를 전달할 수 있는 수준

① 6
② 7
③ 8
④ 9

빈출
55 직업정보의 처리단계를 옳게 나열한 것은?

① 수집 – 분석 – 가공 – 체계화 – 제공 – 평가
② 수집 – 제공 – 분석 – 가공 – 평가 – 체계화
③ 수집 – 분석 – 평가 – 가공 – 제공 – 체계화
④ 수집 – 분석 – 체계화 – 제공 – 가공 – 평가

56 직업정보관리에 관한 설명으로 틀린 것은?

① 직업정보의 범위는 개인에 대한 정보, 직업에 대한 정보, 미래에 대한 정보 등으로 구성되어 있다.
② 직업정보원은 정부부처, 정부투자출연기관, 단체 및 협회, 연구소, 기업과 개인 등이 있다.
③ 직업정보 가공 시에는 전문적인 지식이 없이도 이해할 수 있도록 가급적 평이한 언어로 제공되어야 하며 직무의 장·단점을 편견 없이 제공하여야 한다.
④ 개인의 정보는 보호되어야 하기 때문에 구직 시에 연령, 학력 및 경력 등의 취업과 관련된 정보는 제한적으로 제공되어야 한다.

57 '4차 산업혁명에 따른 새로운 직업'에 대한 국내 일간지의 사설을 내용분석하기 위해 가능한 표본추출방법을 모두 고른 것은?

```
ㄱ. 무작위표본추출
ㄴ. 층화표본추출
ㄷ. 체계적표본추출
ㄹ. 군집(집락)표본추출
```

① ㄱ, ㄴ
② ㄱ, ㄷ
③ ㄴ, ㄷ, ㄹ
④ ㄱ, ㄴ, ㄷ, ㄹ

58 직업상담 시 제공하는 직업정보의 기능과 역할에 대한 설명으로 틀린 것은?

① 여러 가지 직업적 대안들의 정보를 제공한다.
② 내담자의 흥미, 적성, 가치 등을 파악하는 것이 직업정보의 주기능이다.
③ 경험이 부족한 내담자에게 다양한 직업들을 간접적으로 접한 기회를 제공한다.
④ 내담자가 자신의 선택이 현실에 비추어 부적당한 선택이었는지를 점검하고 재조정해 볼 수 있는 기초를 제공한다.

59 고용정보의 가공·분석에 관한 설명으로 틀린 것은?

① 정보의 가공 및 분석 목적을 명확히 해야 한다.
② 변화 동향에 유의해야 한다.
③ 숫자로 표현할 수 없는 정보는 배제해야 한다.
④ 다른 통계와의 관련성 및 여러 측면을 고려해야 한다.

60 직업정보를 사용하는 목적과 가장 거리가 먼 것은?

① 직업정보를 통해 근로생애를 설계할 수 있다.
② 직업정보를 통해 전에 알지 못했던 직업세계와 직업비전에 대해 인식할 수 있다.
③ 직업정보를 통해 과거의 직업탐색, 은퇴 후 취미활동 등에 필요한 정보를 얻을 수 있다.
④ 직업정보를 통해 일을 하려는 동기를 부여 받을 수 있다.

제4과목 노동시장

61 노동수요의 탄력성에 관한 설명으로 틀린 것은?
① 생산물에 대한 수요가 탄력적일수록 노동수요는 더욱 비탄력적이 된다.
② 총생산비 중 노동비용이 차지하는 비중이 클수록 노동수요는 더욱 탄력적이 된다.
③ 노동을 다른 생산요소로 대체할 가능성이 낮으면 노동수요는 더욱 비탄력적이 된다.
④ 노동 이외 생산요소의 공급탄력성이 클수록 노동수요는 더욱 탄력적이 된다.

62 임금이 10% 상승할 때 노동수요량이 20% 하락했다면 노동수요의 탄력성은?
① -0.5   ② 0.5
③ -2.0   ④ 2.0

63 개인이 노동시장에서 노동공급을 포기하는 경우에 관한 설명으로 틀린 것은?
① 개인의 여가-소득 간의 무차별곡선이 수평에 가까운 경우이다.
② 개인의 여가-소득 간의 무차별곡선과 예산제약선 간의 접점이 존재하지 않거나, X축 코너(corner)점에서만 접점이 이루어질 경우이다.
③ 일정수준의 효용을 유지하기 위해 1시간 추가적으로 더 일하는 것을 보상하는 데 요구되는 소득이 시장임금률보다 더 큰 경우이다.
④ 소득에 비해 여가의 효용이 매우 큰 경우이다.

64 임금상승이 한 개인의 여가와 노동시간에 미치는 효과 중 소득효과가 대체효과보다 클 경우 나타나는 것은?
① 여가시간은 감소하지만 노동시간이 증가한다.
② 여가시간과 노동시간이 함께 증가한다.
③ 여가시간과 노동시간이 함께 감소한다.
④ 여가시간은 증가하지만 노동시간은 감소한다.

65 노동공급의 탄력성 값이 0인 경우 노동공급곡선의 형태는?
① 수평이다.
② 수직이다.
③ 우상향이다.
④ 후방굴절형이다.

66 기업 A가 생산하는 재화에 투입하는 노동의 양을 L이라 하면, 노동의 한계생산은 27-5L이다. 이 재화의 가격이 20이고 임금이 40이라면, 이윤을 극대로 하는 기업 A의 노동수요량은?
① 1   ② 2
③ 3   ④ 5

67 기업특수적 인적자본 형성의 원인이 아닌 것은?

① 기업 간 차별화된 제품생산
② 생산공정의 특유성
③ 생산장비의 특유성
④ 일반적 직업훈련의 차이

68 기업 내부노동시장의 형성요인과 가장 거리가 먼 것은?

① 노동조합의 존재
② 기업특수적 숙련기능
③ 직장 내 훈련
④ 노동 관련 관습

69 다음 중 분단노동시장가설이 암시하는 정책적 시사점과 가장 거리가 먼 것은?

① 노동시장의 공급측면에 대한 정부개입 또는 지원을 지나치게 강조하는 것에 대해 부정적이다.
② 공공적인 고용기회의 확대나 임금보조, 차별대우 철폐를 주장한다.
③ 외부노동시장의 중요성을 강조한다.
④ 노동의 인간화를 도모하기 위한 의식적인 정책노력이 필요하다.

70 최저임금제도의 기대효과로 가장 거리가 먼 것은?

① 소득분배의 개선
② 기업 간 공정경쟁의 유도
③ 고용의 확대
④ 산업구조의 고도화

71 한국의 임금 패리티(parity)지수는 100이고 일본의 임금 패리티지수를 80이라고 가정할 때 설명으로 옳은 것은?

① 국민소득을 감안한 한국의 임금수준이 일본보다 높다.
② 한국의 생산성과 삶의 질이 일본보다 낮다.
③ 국민소득을 감안한 한국의 임금수준이 일본보다 낮다.
④ 한국의 생산성과 삶의 질이 일본보다 높다.

72 전체 근로자의 20%가 매년 새로운 일자리를 찾고 있으며 직업탐색기간이 평균 3개월이라면 마찰적 실업률은?

① 1%   ② 5%
③ 6%   ④ 10%

73 다음 중 사회적 비용이 상대적으로 가장 적게 유발되는 실업은?

① 경기적 실업
② 계절적 실업
③ 마찰적 실업
④ 구조적 실업

74 다음 중 실업률에 관한 설명으로 틀린 것은?

① 다른 조건이 일정한 경우 실망노동자 효과가 발생하면 실업률은 줄어든다.
② 다른 조건이 일정한 경우 부가노동자 효과가 발생하면 실업률은 늘어난다.
③ 실망노동자 효과는 실업률이 낮은 경우에 더 크게 나타난다.
④ 실업률은 실업자 수를 경제활동인구로 나눈 후 이에 100을 곱하여 구한다.

75 임금체계에 대한 설명으로 틀린 것은?

① 직무급은 조직의 안정화에 따른 위계질서 확립이 용이하다는 장점이 있다.
② 연공급의 단점 중 하나는 직무성과와 관련 없는 비합리적인 인건비 지출이 생긴다는 점이다.
③ 직능급은 직무수행능력을 기준으로 하여 각 근로자의 임금을 결정하는 임금체계이다.
④ 연공급의 기본적인 구조는 연령, 근속, 학력, 남녀별 요소에 따라 임금을 결정하는 것으로 정기승급의 축적에 따라 연령별로 필요생계비를 보장해주는 원리에 기초하고 있다.

76 실업-결원곡선(Beveridge Curve)에 관한 설명으로 틀린 것은?

① 종축에는 결원 수, 횡축에는 실업자 수를 표시한다.
② 원점에서 멀어질수록 구조적 실업자 수가 증가함을 의미한다.
③ 마찰적 실업과 구조적 실업을 구분하는 것이 가능하다.
④ 현재의 실업자 수에서 현재의 결원 수를 뺀 것이 수요부족 실업자 수이다.

77 기혼여성의 경제활동참가율은 60%이고 실업률은 20%일 때, 기혼여성의 고용률은?

① 12%   ② 48%
③ 56%   ④ 86%

78 임금이 하방경직적인 이유와 가장 거리가 먼 것은?

① 장기노동계약
② 물가의 지속적 상승
③ 강력한 노동조합의 존재
④ 노동자의 역선택 발생 가능성

79 던롭(Dunlop)이 노사관계를 규제하는 여건 혹은 환경으로 지적한 사항이 아닌 것은?

① 시민의식
② 기술적 특성
③ 시장 또는 예산제약
④ 각 주체의 세력관계

80 노동조합으로 인해 노조 비조직부문의 임금이 하락하고 있다면 이는 어떤 경우인가?

① 이전효과(spillover effect)만 나타나는 경우
② 위협효과(threat effect)만 나타나는 경우
③ 대기실업효과(wait unemployment effect)만 나타나는 경우
④ 비조직부문에서 수요곡선을 좌측으로 이동하는 효과가 나타나는 경우

제5과목 고용노동관계법규

81 남녀고용평등과 일·가정 양립 지원에 관한 법률상 육아기 근로시간 단축에 대한 설명으로 옳지 않은 것은?

① 육아기 근로시간 단축의 기간은 1년 이내로 한다.
② 사업주가 근로자에게 육아기 근로시간 단축을 허용하는 경우 단축 후 근로시간은 주당 15시간 이상이어야 하고 35시간을 넘어서는 안 된다.
③ 사업주는 육아휴직을 신청할 수 있는 근로자가 육아휴직 대신 근로시간의 단축을 신청하는 경우에 이를 허용할 수 있다.
④ 사업주는 근로자의 육아기 근로시간 단축 기간이 끝난 후에 그 근로자를 육아기 근로시간 단축 전과 같은 업무 또는 같은 수준의 임금을 지급하는 직무에 복귀시켜야 한다.

82 국민 평생 직업능력 개발법상 (   ) 안에 차례로 들어갈 내용으로 옳은 것은?

사업주는 훈련계약을 체결할 때에는 해당 직업능력개발훈련을 받는 사람이 직업능력개발훈련을 이수한 후에 사업주가 지정하는 업무에 일정기간 종사하도록 할 수 있다. 이 경우 그 기간은 (   )이내로 하되, 직업능력개발훈련기간의 (   )를 초과할 수 없다.

① 3년, 3배
② 3년, 5배
③ 5년, 3배
④ 5년, 5배

[빈출]
83 남녀고용평등과 일·가정 양립 지원에 관한 법령상 직장 내 성희롱의 금지 및 예방에 관한 설명으로 틀린 것은?

① 사업주, 상급자 또는 근로자는 직장 내 성희롱을 하여서는 아니 된다.
② 사업주는 성희롱 예방교육을 고용노동부장관이 지정하는 기관에 위탁하여 실시할 수 있다.
③ 누구든지 직장 내 성희롱 발생 사실을 알게 된 경우 그 사실을 해당 사업주에게 신고할 수 있다.
④ 사업주는 직장 내 성희롱 예방교육을 연 2회 이상 하여야 한다.

[빈출]
84 직업안정법상 직업소개사업을 겸업할 수 있는 것은?

① 「결혼중개업의 관리에 관한 법률」상 결혼중개업
② 「공중위생관리법」상 숙박업
③ 「식품위생법」상 식품접객업 중 유흥주점영업
④ 「식품위생법」상 식품접객업 중 일반음식점영업

85 근로기준법령상 여성의 보호에 관한 설명으로 옳은 것은?

① 사용자는 임신 중의 여성이 명시적으로 청구하는 경우 고용노동부장관의 인가를 받으면 휴일에 근로를 시킬 수 있다.
② 여성은 보건·의료, 보도·취재 등의 일시적 사유가 있더라도 갱내(坑內)에서 근로를 할 수 없다.
③ 사용자는 여성 근로자가 청구하면 월 3일의 유급생리휴가를 주어야 한다.
④ 사용자는 여성을 휴일에 근로시키려면 근로자대표의 서면 동의를 받아야 한다.

86 국민 평생 직업능력 개발법상 직업능력개발훈련의 기본원칙으로 명시되지 않은 것은?

① 직업능력개발훈련은 국민 개개인의 희망·적성·능력에 맞게 국민의 생애에 걸쳐 체계적으로 실시되어야 한다.
② 직업능력개발훈련은 민간의 자율과 창의성이 존중되도록 하여야 하며 노사의 참여와 협력을 바탕으로 실시되어야 한다.
③ 제조업의 생산직에 종사하는 근로자의 직업능력개발훈련은 중요시되어야 한다.
④ 직업능력개발훈련은 국민의 직무능력과 고용가능성을 높일 수 있도록 지역·산업 현장의 수요가 반영되어야 한다.

87 근로기준법령상 임금에 관한 설명으로 틀린 것은?

① 사용자의 귀책사유로 휴업하는 경우에 사용자는 휴업기간 동안 그 근로자에게 평균임금의 100분의 80 이상의 수당을 지급하여야 한다.
② 단체협약에 특별한 규정이 있는 경우에는 임금의 일부를 공제할 수 있다.
③ 임금은 매월 1회 이상 일정한 날짜를 정하여 지급하는 것이 원칙이다.
④ 임금채권은 3년간 행사하지 아니하면 시효로 소멸된다.

88 국민 평생 직업능력 개발법령상 근로자의 정의로서 가장 적합한 것은?

① 1주 동안의 소정근로시간이 그 사업장에서 같은 종류의 업무에 종사하는 통상 근로자의 1주 동안의 소정근로시간에 비하여 짧은 자
② 직업의 종류와 관계없이 임금을 목적으로 사업이나 사업장에 근로를 제공하는 사람
③ 직업의 종류를 불문하고 임금·급료 기타 이에 준하는 수입에 의하여 생활하는 자
④ 사업주에게 고용된 사람과 취업할 의사가 있는 사람

89 국민 평생 직업능력 개발법에 명시된 직업능력 개발훈련이 중요시되어야 하는 사람에 해당하지 않는 것은?

① 일용근로자
② 여성근로자
③ 제조업의 생산직에 종사하는 근로자
④ 「중소기업기본법」에 따른 중소기업의 근로자

90 개인정보보호법령상 개인정보보호위원회(이하 "보호위원회"라 한다)에 관한 설명으로 틀린 것은?

① 대통령 소속으로 보호위원회를 둔다.
② 보호위원회는 상임위원 2명을 포함한 9명의 위원으로 구성한다.
③ 보호위원회의 회의는 재적위원 과반수의 출석으로 개의하고, 출석위원 과반수의 찬성으로 의결한다.
④ 「정당법」에 따른 당원은 보호위원회 위원이 될 수 없다.

91 남녀고용평등과 일·가정 양립 지원에 관한 법률상 적용범위에 관한 설명으로 틀린 것은?

① 근로자를 사용하는 모든 사업 또는 사업장에 적용하는 것이 원칙이다.
② 동거하는 친족만으로 이루어지는 사업장에 대하여는 법의 전부를 적용하지 아니한다.
③ 가사사용인에 대하여는 법의 전부를 적용하지 아니한다.
④ 「선원법」이 적용되는 사업 또는 사업장에는 모든 규정이 적용되지 아니한다.

92 헌법상 근로에 관한 설명으로 틀린 것은?

① 모든 국민은 근로의 권리를 가진다.
② 모든 국민은 근로의 의무를 진다.
③ 연소자의 근로는 특별한 보호를 받는다.
④ 근로기회의 제공을 통하여 생활무능력자에 대한 국가적 보호의무를 증가시킨다.

93 직업안정법령상 직업정보제공사업자의 준수사항에 해당되지 않는 것은?

① 구인자의 업체명(또는 성명)이 표시되어 있지 아니하거나 구인자의 연락처가 사서함 등으로 표시되어 구인자의 신원이 확실하지 아니한 구인광고를 게재하지 아니할 것
② 직업정보제공매체의 구인·구직광고에는 구인·구직자 및 직업정보제공사업자의 주소 또는 전화번호를 기재할 것
③ 직업정보제공사업의 광고문에 "(무료)취업상담", "취업추천", "취업지원" 등의 표현을 사용하지 아니할 것
④ 구직자의 이력서 발송을 대행하거나 구직자에게 취업추천서를 발부하지 아니할 것

94 채용절차의 공정화에 관한 법률에 관한 설명으로 틀린 것은?

① 기초심사자료란 구직자의 응시원서, 이력서 및 자기소개서를 말한다.
② 고용노동부장관은 기초심사자료의 표준양식을 정하여 구인자에게 그 사용을 권장할 수 있다.
③ 구직자는 구인자에게 제출하는 채용서류를 거짓으로 작성해서는 아니 된다.
④ 이 법은 지방자치단체가 공무원을 채용하는 경우에도 적용한다.

95 고용보험법상 구직급여의 수급요건에 해당하지 않는 것은?

① 이직일 이전 18개월간 피보험 단위기간이 합산하여 150일 이상일 것
② 근로의 의사와 능력이 있음에도 불구하고 취업하지 못한 상태에 있을 것
③ 일용근로자는 수급자격 인정신청일 이전 1개월 동안의 근로일수가 10일 미만일 것
④ 재취업을 위한 노력을 적극적으로 할 것

96 고용보험법령상 고용보험기금의 용도에 해당하지 않는 것은?

① 일시 차입금의 상환금과 이자
② 실업급여의 지급
③ 보험료의 반환
④ 국민건강 보험료의 지원

97 직업안정법령상 근로자공급사업의 허가를 받을 수 있는 자는?

① 파산선고를 받고 복권되지 아니한 자
② 미성년자, 피성년후견인 및 피한정후견인
③ 이 법을 위반한 자로서, 벌금형이 확정된 후 2년이 지나지 아니한 자
④ 근로자공급사업의 허가가 취소된 후 7년이 지난 자

98 남녀고용평등과 일·가정 양립 지원에 관한 법률에 명시되어 있는 내용이 아닌 것은?

① 직장 내 성희롱의 금지
② 배우자 출산휴가
③ 육아휴직
④ 생리휴가

99 직업안정법령상 직업안정기관의 장의 직업소개에 대한 설명으로 틀린 것은?

① 구직자에게는 그 능력에 알맞은 직업을 소개하도록 노력하여야 한다.
② 구인자에게는 구인조건에 적합한 구직자를 소개하도록 노력하여야 한다.
③ 가능하면 구직자가 통근할 수 있는 지역에서 직업을 소개하도록 노력하여야 한다.
④ 구인자와 구직자의 이익이 충돌한 경우에는 구직자의 이익을 우선할 수 있도록 노력하여야 한다.

100 고용보험법상 자영업자인 피보험자에게 지급될 수 있는 급여를 모두 고른 것은?

```
ㄱ. 이주비
ㄴ. 훈련연장급여
ㄷ. 조기재취업 수당
ㄹ. 직업능력개발 수당
```

① ㄱ, ㄹ
② ㄴ, ㄷ
③ ㄴ, ㄷ, ㄹ
④ ㄱ, ㄴ, ㄷ, ㄹ

2025년 [3회 복원문제]

빠른 정답 체크!

직업심리		직업상담 및 취업지원		직업정보		노동시장		고용노동관계 법규	
01	①	21	②	41	②	61	①	81	③
02	③	22	②	42	②	62	④	82	③
03	①	23	①	43	①	63	①	83	④
04	④	24	④	44	③	64	④	84	④
05	④	25	②	45	④	65	②	85	①
06	①	26	④	46	④	66	④	86	③
07	③	27	④	47	③	67	④	87	①
08	③	28	③	48	③	68	①	88	④
09	②	29	①	49	④	69	③	89	③
10	②	30	①	50	③	70	③	90	①
11	①	31	①	51	④	71	①	91	④
12	①	32	③	52	①	72	②	92	④
13	①	33	①	53	③	73	③	93	②
14	③	34	①	54	③	74	③	94	④
15	③	35	②	55	①	75	①	95	①
16	④	36	③	56	④	76	③	96	④
17	②	37	③	57	④	77	②	97	④
18	③	38	①	58	②	78	②	98	④
19	④	39	②	59	③	79	①	99	④
20	②	40	②	60	③	80	①	100	①

2024년

1회 복원문제

2회 복원문제

3회 복원문제

2024년 1회 복원문제

정답과 해설 ▶ P.46~58

제1과목 | 직업상담학

01 행동주의적 상담기법 중 학습촉진기법이 아닌 것은?

① 강화
② 대리학습
③ 변별학습
④ 체계적 둔감화

02 상담의 초기면접 단계에서 일반적으로 고려할 사항이 아닌 것은?

① 통찰의 확대
② 목표의 설정
③ 상담의 구조화
④ 문제의 평가

03 역할사정에서 상호역할관계를 사정하는 방법이 아닌 것은?

① 질문을 통해 사정하기
② 동그라미로 역할관계 그리기
③ 역할의 위계적 구조 작성하기
④ 생애-계획연습으로 전환시키기

04 내담자에 대한 상담 목표의 특성이 아닌 것은?

① 구체적이어야 한다.
② 내담자가 원하고 바라는 것이어야 한다.
③ 실현 가능해야 한다.
④ 인격성장을 도와야 한다.

05 실존주의 상담에 관한 설명으로 틀린 것은?

① 정형화된 상담 모형과 상담자 훈련 프로그램이 마련되어 있지 않은 것이 한계점이다.
② 인간은 자기인식 능력을 지닌 존재로 본다.
③ 상담자는 내담자가 스스로 삶의 의미와 목적을 발견하고 삶을 주체적으로 선택하고 책임지도록 돕는 것을 목표로 한다.
④ 실존주의 상담에서 가정하는 인간의 궁극적 관심사는 무의식의 자각이다.

06 자기인식이 부족한 내담자를 사정할 때 인지에 대한 통찰을 재구조화하거나 발달시키는 데 적합한 방법은?

① 직면이나 논리적 분석을 해준다.
② 불안에 대처하도록 심호흡을 시킨다.
③ 은유나 비유를 사용한다.
④ 사고를 재구조화한다.

07 생애진로사정 중 여가와 가장 선호하는 활동을 알 수 있는 것은?

① 진로사정
② 전형적인 하루
③ 강점과 장애
④ 요약

08 Gysbers가 제시한 직업상담의 목적에 관한 설명으로 옳은 것은?

① 생애진로발달에 관심을 두고, 효과적인 사람이 되는 데 필요한 지식과 기능을 습득하게 한다.
② 직업선택, 의사결정 기술의 습득 등이 주요한 목적이고, 직업상담 과정에는 진단, 문제 분류, 문제 구체화 등이 들어가야 한다.
③ 자기관리 상담모드가 주요한 목적이고, 직업정보 탐색과 직업결정, 상담만족 등에 효과가 있다.
④ 직업정보를 스스로 탐색하게 하고 자신을 사정하게 하는 능력을 갖추도록 돕는다.

09 직업상담의 문제 유형에 대한 Crites의 분류 중 '비현실형'에 대한 설명으로 옳은 것은?

① 적성에 따라 직업을 선택했지만 그 직업에 흥미를 느끼지 못하는 사람
② 흥미를 느끼는 분야는 있지만 그 분야에 필요한 적성을 가지고 있지 못하는 사람
③ 흥미나 적성의 유형이나 수준과는 상관없이 어떤 분야를 선택할지 결정하지 못하는 사람
④ 흥미를 느끼는 분야도 없고 적성에 맞는 분야도 없는 사람

10 실존주의 상담의 주요 개념에 해당되지 않는 것은?

① 보상
② 죽음
③ 고립
④ 책임

11 사이버 직업상담에서 답변을 작성할 때 고려해야 할 사항으로 가장 거리가 먼 것은?

① 추수상담의 가능성과 전문기관에 대한 안내를 한다.
② 친숙한 표현으로 답변을 작성하여 내담자가 친근감을 느끼게 한다.
③ 답변은 장시간이 소요되더라도 정확하게 하도록 노력한다.
④ 청소년이라 할지라도 반드시 존칭을 사용하여 호칭한다.

빈출
12 정신역동적 진로상담에서 보딘(Bordin)이 제시한 진단범주에 포함되지 않는 것은?

① 독립성
② 자아갈등
③ 정보의 부족
④ 진로선택에 따르는 불안

13 진로상담의 원리에 관한 설명으로 틀린 것은?

① 진로상담은 진학과 직업선택, 직업적응에 초점을 맞추어 전개되어야 한다.
② 진로상담은 상담사와 내담자 간의 라포가 형성된 관계 속에서 이루어져야 한다.
③ 진로상담은 항상 집단적인 진단과 처치의 자세를 견지해야 한다.
④ 진로상담은 상담 윤리강령에 따라 전개되어야 한다.

14 정신역동적 집단상담의 장점이 아닌 것은?
① 자신의 방어와 저항에 대해 좀 더 극적인 통찰을 얻을 수 있다.
② 다른 집단원이나 상담자에게 전이감정을 느끼며 훈습할 기회가 많아 자기이해를 증진할 수 있다.
③ 다른 집단원의 작업을 관찰함으로써 자신이 의식하지 못했던 감정을 가지고 있음을 이해하게 된다.
④ 집단상담자의 분석은 상담자와 집단원의 독점적 관계에서 전이적 소망을 충족시켜 주므로 치료를 촉진시킨다.

15 다음 중 침묵의 이유가 아닌 것은?
① 내담자의 저항
② 생각의 정리
③ 감정의 피로회복
④ 생각의 반영

16 긴즈버그(Ginzberg)의 현실기에 해당하지 않는 것은?
① 탐색
② 결정성
③ 특수성
④ 가치

17 생애진로사정의 구조에서 중요 주제에 해당하지 않는 것은?
① 요약
② 평가
③ 강점과 장애
④ 전형적인 하루

18 진로시간전망 검사지를 사용하는 주요 목적과 가장 거리가 먼 것은?
① 목표설정 촉구
② 계획기술 연습
③ 진로계획 수정
④ 진로의식 고취

19 다음은 무엇에 관한 설명인가?

> 행동주의 직업상담에서 내담자가 직업선택에 대해서 무력감을 느끼게 되고, 그로 인해 발생된 불안 때문에 직업결정을 못하게 되는 것

① 무결단성
② 우유부단
③ 미결정성
④ 부적응성

20 성공적인 상담결과를 위한 상담목표의 특징으로 옳지 않은 것은?
① 변화될 수 없으며 구체적이어야 한다.
② 실현 가능해야 한다.
③ 내담자가 원하고 바라는 것이어야 한다.
④ 상담자의 기술과 양립 가능해야만 한다.

제2과목 직업심리학

21 데이비스와 롭퀴스트(Dawis & Lofquist)의 직업 적응이론에서 적응양식의 차원에 해당하지 않는 것은?

① 의존성(dependence)
② 적극성(activeness)
③ 반응성(reactiveness)
④ 인내(perseverance)

22 고트프레드슨(L.Gottfredson)의 진로발달이론에서 제시한 진로포부 발달 단계가 아닌 것은?

① 내적 자아 확립 단계
② 서열 획득 단계
③ 안정성 확립 단계
④ 사회적 가치 획득 단계

23 다음은 로(Roe)가 제안한 직업군에 관한 내용 중 옳지 않은 것은?

① 기술직: 상품과 재화의 생산 유지 운송과 관련된 직업을 포함하는 직업군이다.
② 서비스직: 기본적으로 다른 사람의 욕구와 복지에 관련된 직업군이다.
③ 비지니스직(사업직): 상대방을 설득하여 거래를 성사시키는 직업군이다.
④ 일반문화직: 기업이나 단체의 조직과 효율적인 기능에 관련된 직업군이다.

24 다음 중 규준의 범주에 포함될 수 없는 점수는?

① 표준점수
② Stanine점수
③ 백분위점수
④ 표집점수

25 Williamson의 특성-요인 진로상담 과정을 바르게 나열한 것은?

ㄱ. 진단단계	ㄴ. 분석단계
ㄷ. 예측단계	ㄹ. 종합단계
ㅁ. 상담단계	ㅂ. 추수지도단계

① ㄱ → ㄴ → ㄷ → ㄹ → ㅂ → ㅁ
② ㄱ → ㄷ → ㄴ → ㄹ → ㅁ → ㅂ
③ ㄴ → ㄱ → ㄹ → ㄷ → ㅂ → ㅁ
④ ㄴ → ㄹ → ㄱ → ㄷ → ㅁ → ㅂ

26 진로발달에서 맥락주의(contextualism)에 관한 설명으로 틀린 것은?

① 행위는 맥락주의의 주요 관심대상이다.
② 개인보다는 환경의 영향을 강조한다.
③ 행위는 인지적 · 사회적으로 결정되며 일상의 경험을 반영하는 것이다.
④ 진로연구와 진로상담에 대한 맥락상의 행위 설명을 확립하기 위하여 고안된 방법이다.

27 Krumboltz의 사회학습 진로이론에서 삶에서 일어나는 우연한 일들을 자신의 진로에 유리하게 활용하는 데 도움되는 기술이 아닌 것은?

① 호기심(curiosity)
② 독립심(independence)
③ 낙관성(optimism)
④ 위험 감수(risk taking)

28 다음은 질적 측정도구 중 무엇에 관한 설명인가?

> 원래 가족치료에 활용하기 위해 개발되었는데, 기본적으로 경력상담 시 먼저 내담자의 가족이나 선조들의 직업 특징에 대한 시각적 표상을 얻기 위해 도표를 만드는 것

① 자기 효능감 척도
② 역할놀이
③ 제노그램
④ 카드분류

29 스트레스의 원인 중 역할갈등은 어디에 해당하는가?

① 직무관련 스트레스원
② 개인관련 스트레스원
③ 조직관련 스트레스원
④ 물리적 환경관련 스트레스원

30 다음 사례에서 A에게 해당하는 Holland의 직업성격유형은?

> A는 분명하고 질서정연한 것을 좋아하고, 체계적으로 기계를 조작하는 활동을 좋아한다. 성격은 솔직하고, 말이 적으며, 고집이 있는 편이고, 단순하다는 얘기를 많이 듣는다.

① 탐구적(investigative)
② 사회적(social)
③ 실제적(realistic)
④ 관습적(conventional)

31 작업자 중심 직무분석의 특징과 가장 거리가 먼 것은?

① 표준화된 분석도구의 개발이 어렵다.
② 직무들에서 요구되는 인간특성의 유사정도를 양적으로 비교할 수 있다.
③ 대표적인 예로서 직위분석질문지(PAQ)가 있다.
④ 과제 중심 직무분석에 비해 보다 폭넓게 활용될 수 있다.

32 과업지향적 직무분석방법 중 기능적 직무분석의 세 가지 차원이 아닌 것은?

① 기술(skill)
② 자료(data)
③ 사람(people)
④ 사물(things)

33 셀리에(Selye)의 스트레스에서의 일반적응 증후군에 관한 설명으로 옳지 않은 것은?

① 스트레스의 결과가 신체 부위에 영향을 준다는 뜻에서 일반적이라 명명했다.
② 스트레스의 원인으로부터 신체가 대처하도록 한다는 의미에서 적응이라 명명했다.
③ 경계단계는 정신적 혹은 육체적 위험에 노출되었을 때 즉각적인 반응을 보이는 단계이다.
④ 탈진단계에서 심장병을 잘 유발하는 성격의 B유형은 흥분을 가라앉히지 않는다.

34 직업적성검사인 GATB에서 측정하는 적성요인에 해당하지 않는 것은?

① 기계적성
② 공간적성
③ 사무지각
④ 손의 기교도

35 다운사이징(downsizing)과 조직구조의 수평화로 대변되는 조직변화에 적합한 종업원 경력개발 프로그램과 가장 거리가 먼 것은?

① 직무를 통해서 다양한 능력을 본인 스스로 학습할 수 있도록 많은 프로젝트에 참여시킨다.
② 표준화된 작업규칙, 고정된 작업시간, 엄격한 직무기술을 강화한 학습 프로그램에 참여시킨다.
③ 불가피하게 퇴직한 사람들을 위한 퇴직자 관리 프로그램을 운영한다.
④ 새로운 직무를 수행하는 데 요구되는 능력 및 지식과 관련된 재교육을 실시한다.

36 한 연구자가 검사를 개발한 후 요인분석을 통해 그 검사가 검사개발의 토대가 된 이론을 잘 반영하는지를 확인하였다. 이 과정은 무엇을 확인하기 위한 것인가?

① 내용타당도　② 동시타당도
③ 준거타당도　④ 구성타당도

37 다음과 같은 유형의 직업세계에 가장 적합한 Holland의 성격유형은?

- 사서, 은행원, 행정관료
- 정확성과 꼼꼼함을 요구함
- 융통성과 상상력이 부족함

① 사회적 유형(S)　② 현실적 유형(R)
③ 탐구적 유형(I)　④ 관습적 유형(C)

38 신뢰도 계수에 관한 설명으로 틀린 것은?

① 신뢰도 계수는 개인차가 클수록 커진다.
② 신뢰도 계수는 문항 수가 증가함에 따라 정비례하여 커진다.
③ 신뢰도 계수는 신뢰도 추정방법에 따라서 달라질 수 있다.
④ 신뢰도 계수는 검사의 일관성을 보여주는 값이다.

39 신입사원이 조직에 쉽게 적응하도록 상사가 후견인이 되어 도와주는 경력개발 프로그램은?

① 종업원 지원 시스템
② 멘토십 시스템
③ 경력지원 시스템
④ 조기발탁 시스템

40 수퍼(Super)의 전 생애 발달과업의 순환 및 재순환에서 '새로운 과업 찾기'가 중요한 시기는 언제인가?

① 청소년기(14~24세)
② 성인초기(25~45세)
③ 성인중기(46~65세)
④ 성인후기(65세 이상)

제3과목 직업정보론

41 고용24에서 채용정보 상세검색 시 선택할 수 있는 기업형태가 아닌 것은?

① 대기업
② 일학습병행기업
③ 가족친화인증기업
④ 다문화가정지원사업

42 국가 직업훈련에 관한 정보를 검색할 수 있는 직업훈련포털 정보망은?

① JT-Net
② T-Net
③ HRD-Net
④ Training-Net

43 국가기술자격 서비스 분야 종목 중 응시자격에 제한이 없는 것으로만 짝지어진 것은?

① 직업상담사 2급 - 임상심리사 2급 - 스포츠경영관리사
② 사회조사분석사 2급 - 소비자전문상담사 2급 - 텔레마케팅관리사
③ 직업상담사 2급 - 컨벤션기획사 2급 - 국제의료관광코디네이터
④ 컨벤션기획사 2급 - 스포츠경영관리사 - 국제의료관광코디네이터

44 한국표준산업분류(제10차) 주요 개정내용으로 틀린 것은?

내용 개정으로 더 이상 유효하지 않은 문제입니다.

① 어업에서 해수면은 해면으로, 수산 종자는 수산 종묘로 명칭을 변경하였다.
② 수도업은 국내 산업 연관성을 고려하고 국제표준산업분류(ISIC)에 맞춰 대분류 E로 이동
③ 산업 성장세를 고려하여 태양력 발전업을 신설
④ 세분류에서 종이 원지·판지·종이상자 도매업, 면세점, 의복 소매업을 신설

45 고용노동통계조사의 각 항목별 조사주기의 연결이 틀린 것은?

① 사업체 노동력 조사: 연 1회
② 시도별 임금 및 근로시간 조사: 연 1회
③ 지역별 사업체 노동력 조사: 연 2회
④ 기업체 노동비용 조사: 연 1회

46 민간직업정보와 비교한 공공직업정보의 특성에 관한 설명과 가장 거리가 먼 것은?

① 필요한 시기에 최대한 활용되도록 한시적으로 신속하게 생산 및 운영된다.
② 광범위한 이용가능성에 따라 공공직업정보체계에 대한 직접적이며 객관적인 평가가 가능하다.
③ 특정 분야 및 대상에 국한되지 않고 전체 산업 및 업종에 걸친 직종 등을 대상으로 한다.
④ 직업별로 특정한 정보만을 강조하지 않고 보편적인 항목으로 이루어진 기초적인 직업정보체계로 구성되어 있다.

47 직업정보의 일반적인 평가 기준과 가장 거리가 먼 것은?

① 어떤 목적으로 만든 것인가
② 얼마나 비싼 정보인가
③ 누가 만든 것인가
④ 언제 만들어진 것인가

48 한국표준직업분류(제8차)상 특정 직종의 분류요령에 대한 설명으로 틀린 것은?

① 행정 관리 및 입법기능을 수행하는 자는 '대분류 1 관리자'에 분류된다.
② 자영업주 및 고용주는 수행되는 일의 형태나 직무내용에 따라 정의된 개념이다.
③ 연구 및 개발업무 종사자는 '대분류 2 전문가 및 관련 종사자'에서 그 전문분야에 따라 분류된다.
④ 군인은 별도로 '분류 A 군인'에 분류된다.

49 한국직업정보시스템(고용24)에서 제공하는 학과정보 중 사회계열에 해당하지 않는 학과는?

① 경찰행정학과   ② 국제학부
③ 문헌정보학과   ④ 지리학과

50 한국표준직업분류(제8차)의 대분류 항목과 직능수준과의 관계가 올바르게 연결된 것은?

① 전문가 및 관련 종사자: 제4직능 수준 혹은 제3직능 수준 필요
② 사무 종사자: 제3직능 수준 필요
③ 단순노무 종사자: 제2직능 수준 이상 필요
④ 군인: 제1직능 수준 필요

51 직업정보관리에 관한 설명으로 틀린 것은?

① 직업정보의 범위는 개인에 대한 정보, 직업에 대한 정보, 미래에 대한 정보 등으로 구성되어 있다.
② 직업정보원은 정부부처, 정부투자출연기관, 단체 및 협회, 연구소, 기업과 개인 등이 있다.
③ 직업정보 가공 시에는 전문적인 지식이 없이도 이해할 수 있도록 가급적 평이한 언어로 제공되어야 하며 직무의 장·단점을 편견 없이 제공하여야 한다.
④ 개인의 정보는 보호되어야 하기 때문에 구직 시에 연령, 학력 및 경력 등의 취업과 관련된 정보는 제한적으로 제공되어야 한다.

52 한국표준산업분류(제11차)에서 하나 이상의 장소에서 이루어지는 단일 산업활동의 통계단위는?

① 기업집단 단위
② 기업체 단위
③ 지역 단위
④ 활동유형 단위

53 다음은 고용24에서 제공하는 성인을 위한 직업적응검사 중 무엇에 관한 설명인가?

- 개발연도: 2013년
- 실시시간: 20분
- 측정내용: 문제해결능력 등 12개 요인
- 실시방법: 인터넷/지필

① 구직준비도검사
② 직업전환검사
③ 중장년 직업역량검사
④ 창업적성검사

54 한국표준산업분류(제11차)의 적용원칙으로 틀린 것은?

① 생산단위는 산출물뿐만 아니라 투입물과 생산공정 등을 함께 고려하여 그들의 활동을 가장 정확하게 설명된 항목으로 분류해야 한다.
② 산업활동이 결합되어 있는 경우에는 그 활동단위의 주된 활동에 따라서 분류해야 한다.
③ 복합적인 활동단위는 우선적으로 세세분류를 정확히 결정하고, 순차적으로 세·소·중·대분류 단계 항목을 결정하여야 한다.
④ 공식적 생산물과 비공식적 생산물, 합법적 생산물과 불법적인 생산물을 달리 분류하지 않는다.

55 다음은 국가기술자격 중 어떤 등급의 검정기준에 해당하는가?

해당 국가기술자격의 종목에 관한 숙련기능을 가지고 제작·제조·조작·운전·보수·정비·채취·검사 또는 작업관리 및 이에 관련되는 업무를 수행할 수 있는 능력 보유

① 기능사 ② 산업기사
③ 기사   ④ 기능장

56 실기능력이 중요하여 고용노동부령이 정하는 필기시험이 면제되는 기능사 종목이 아닌 것은?

① 측량기능사 ② 도화기능사
③ 도배기능사 ④ 방수기능사

57 국민취업지원제도는 참여자의 소득과 재산 등에 따라 I유형과 II유형으로 구분하여 지원을 달리하고 있다. 다음 중 이에 대한 설명으로 옳지 못한 것은?

① I유형에 속하는 대상자에게는 구직촉진수당과 취업지원서비스를 제공한다.
② I유형에 해당하지 않는 특정계층, 청년, 중장년 등은 II유형으로 취업활동비용과 취업지원서비스를 제공한다.
③ 상급학교 진학 및 전문자격증 취득을 목적으로 각종 학교에 재학 또는 학원 등에서 수강 중인 사람은 I유형에 참여할 수 있다.
④ 국민취업지원제도 참여자는 1년간 취업지원서비스를 받을 수 있으며, 참여자가 희망하는 경우 6개월 범위 내에서 기간을 연장할 수 있다.

58 한국표준직업분류(2025)에서 포괄적인 업무에 대해 적용하는 직업분류 원칙을 순서대로 바르게 나열한 것은?

① 주된 직무 → 최상급 직능수준 → 생산업무
② 최상급 직능수준 → 주된 직무 → 생산업무
③ 최상급 직능수준 → 생산업무 → 주된 직무
④ 생산업무 → 최상급 직능수준 → 주된 직무

59 다음은 한국직업사전(2020) 부가직업정보의 작업강도 중 무엇에 관한 설명인가?

> 최고 20kg의 물건을 들어올리고 10kg 정도의 물건을 빈번히 들어올리거나 운반한다.

① 가벼운 작업
② 보통 작업
③ 힘든 작업
④ 아주 힘든 작업

60 고용24에서 채용정보 검색조건에 해당하지 않는 것은?

① 희망임금
② 학력
③ 경력
④ 연령

제4과목 노동시장론

61 다음 중 마찰적 실업에 관한 설명으로 옳은 것은?

① 경기침체로부터 오는 실업이다.
② 구인자와 구직자 간의 정보의 불일치로 인해 발생한다.
③ 기업이 요구하는 기술수준과 노동자가 공급하는 기술수준의 불합치에 의해 발생한다.
④ 노동절약적 기술 도입으로 해고가 이루어짐으로써 발생한다.

62 만일 여가가 열등재라면 개인의 노동공급곡선의 형태는?

① 후방굴절한다.
② 완전비탄력적이다.
③ 완전탄력적이다.
④ 우상향한다.

63 개별기업수준에서 노동에 대한 수요곡선을 이동시키는 요인을 모두 고른 것은?

> ㄱ. 기술의 변화
> ㄴ. 임금의 변화
> ㄷ. 최종생산물가격의 변화
> ㄹ. 자본의 가격 변화

① ㄱ, ㄴ, ㄷ
② ㄱ, ㄴ, ㄹ
③ ㄱ, ㄷ, ㄹ
④ ㄴ, ㄷ, ㄹ

64 임금의 보상격차에 관한 설명으로 틀린 것은?
① 근무조건이 열악한 곳으로 전출되면 임금이 상승한다.
② 성별격차도 임금의 보상격차이다.
③ 물가가 높은 곳에서 근무하면 임금이 상승한다.
④ 더 높은 비용이 소요되는 훈련을 요구하는 직종의 임금이 상대적으로 높다.

65 구인처에서 요구하는 기술을 갖춘 근로자가 없어서 발생하는 실업은?
① 구조적 실업
② 잠재적 실업
③ 마찰적 실업
④ 자발적 실업

66 다음은 어떤 숍(shop)제도에 대한 설명인가?

> 기업이 노동자를 채용할 때는 노동조합에 가입하지 않은 노동자를 채용할 수 있지만 일단 채용된 노동자는 일정 기간 내에 노동조합에 가입하여야 하며 또한 조합에서 탈퇴하거나 제명되는 경우 종업원 자격을 상실하도록 되어 있는 제도

① 클로즈드 숍(closed shop)
② 오픈 숍(open shop)
③ 에이전시 숍(agency shop)
④ 유니온 숍(union shop)

67 유보임금(reservation wage)에 관한 설명으로 옳은 것을 모두 고른 것은?

> ㄱ. 유보임금의 상승은 실업기간을 연장한다.
> ㄴ. 유보임금의 상승은 기대임금을 하락시킨다.
> ㄷ. 유보임금은 기업이 근로자에게 제시한 최고의 임금이다.
> ㄹ. 유보임금은 근로자가 받고자 하는 최저의 임금이다.

① ㄱ, ㄷ
② ㄱ, ㄹ
③ ㄴ, ㄷ
④ ㄴ, ㄹ

68 실업에 관한 설명으로 옳은 것은?
① 마찰적 실업은 자연실업률 측정에 포함되지 않는다.
② 더 좋은 직장을 구하기 위해 잠시 직장을 그만둔 경우는 경기적 실업에 해당한다.
③ 경기적 실업은 자연실업률 측정에 포함된다.
④ 현재의 실업률에서 실망실업자가 많아지면 실업률은 하락한다.

69 실업률과 물가상승률 간 역의 상관관계를 나타내는 곡선은?
① 래퍼곡선
② 필립스곡선
③ 로렌츠곡선
④ 테일러곡선

70 이중노동시장에서 2차 노동시장의 특징으로 가장 적합한 것은?

① 기업 내부의 승진가능성이 높다.
② 종사자의 결근률이 낮다.
③ 종사자의 고용기간이 짧다.
④ 자신의 인적자본을 높이려는 열의가 강하다.

71 임금격차의 원인을 모두 고른 것은?

> ㄱ. 인적자본 투자의 차이로 인한 생산성 격차
> ㄴ. 보상적 격차
> ㄷ. 차별

① ㄱ, ㄴ　　② ㄱ, ㄷ
③ ㄴ, ㄷ　　④ ㄱ, ㄴ, ㄷ

72 노사관계의 주체를 사용자 및 단체, 노동자 및 단체, 정부로 규정하고 이들 간의 관계는 기술, 시장 또는 예산상의 제약, 권력구조에 의해 결정된다는 노사관계 이론은?

① 시스템이론
② 수렴이론
③ 분산이론
④ 단체교섭이론

73 근로자의 직무수행능력을 기준으로 하여 각 근로자의 임금을 결정하는 임금체계는?

① 직무급
② 직능급
③ 부가급
④ 성과배분급

74 다음 힉스(Hicks, J. R.)의 교섭모형에 대한 설명으로 틀린 것은?

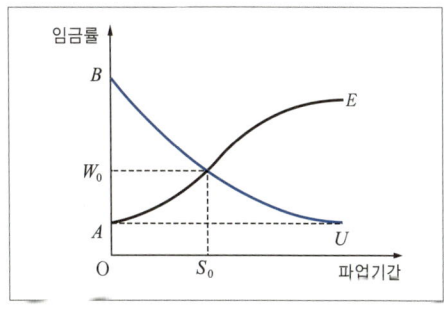

① AE 곡선은 사용자의 양보곡선이다.
② BU 곡선은 노동조합의 저항곡선이다.
③ A는 노동조합이 없거나 노동조합이 파업을 하기 이전 사용자들이 지불하려고 하는 임금수준이다.
④ 노동조합이 W_0보다 더 높은 임금을 요구하면 사용자는 쉽게 수락하겠지만, 그때는 노동조합 내부에서 교섭대표자들과 일반 조합원 간의 마찰이 불가피하다.

75 사회민주주의형 정치조직이 무력하여 국가차원보다 개별기업단위의 복지제도가 광범위하게 시행되고 있는 마이크로 코포라티즘(micro-corporatism)이 특징인 국가는?

① 스페인　　② 핀란드
③ 일본　　　④ 독일

78 다음 중 성과급 제도의 장점에 해당하는 것은?

① 직원 간 화합이 용이하다.
② 근로의 능률을 자극할 수 있다.
③ 임금의 계산이 간편하다.
④ 확정적 임금이 보장된다.

[빈출]
76 다음 중 최저임금제가 고용에 미치는 부정적 효과가 가장 큰 상황은?

① 노동수요곡선과 노동공급곡선이 모두 탄력적일 때
② 노동수요곡선과 노동공급곡선이 모두 비탄력적일 때
③ 노동수요곡선이 탄력적이고 노동공급곡선이 비탄력적일 때
④ 노동수요곡선이 비탄력적이고 노동공급곡선이 탄력적일 때

[빈출]
79 경기침체에도 불구하고 실업률이 크게 높아지지 않았다면 그 이유로 가장 적합한 것은?

① 부가노동자효과가 실망노동자효과보다 컸기 때문이다.
② 실망노동자효과가 부가노동자효과보다 컸기 때문이다.
③ 실망노동자효과와 부가노동자효과의 크기가 비슷했기 때문이다.
④ 실망노동자효과가 없었기 때문이다.

77 노동 수요측면에서 비정규직 증가의 원인과 가장 거리가 먼 것은?

① 세계화에 따른 기업 간 경쟁 환경의 변화
② 정규직 근로자 해고의 어려움
③ 고학력 취업자의 증가
④ 정규노동자 고용비용의 증가

[빈출]
80 A국가의 경제활동참가율은 50%이고, 생산가능인구와 취업자가 각각 100만 명, 40만 명이라고 할 때, 이 국가의 실업률은?

① 5%　　② 10%
③ 15%　　④ 20%

제5과목 노동관계법규

81 근로기준법상 재해보상에 관한 설명으로 옳지 않은 것은?

① 사용자는 요양 중에 있는 근로자에게 그 근로자의 요양 중 평균임금의 100분의 60의 휴업보상을 하여야 한다.
② 근로자가 업무상 사망한 경우에는 사용자는 근로자가 사망한 후 지체 없이 평균임금 90일분의 장례비를 지급하여야 한다.
③ 근로자가 업무상 사망한 경우에는 사용자는 근로자가 사망한 후 지체 없이 그 유족에게 평균임금 360일분의 유족보상을 하여야 한다.
④ 요양보상을 받는 근로자가 요양을 시작한지 2년이 지나도 부상 또는 질병이 완치되지 아니하는 경우에는 사용자는 그 근로자에게 평균임금 1,340일분의 일시보상을 하여 그 후의 이 법에 따른 모든 보상책임을 면할 수 있다.

82 근로기준법상 임금에 대한 설명으로 틀린 것은?

① 임금이란 사용자가 근로의 대가로 근로자에게 임금, 봉급, 그 밖에 어떠한 명칭으로든지 지급하는 모든 금품을 말한다.
② 평균임금이란 이를 산정하여야 할 사유가 발생한 날 이전 3개월 동안에 그 근로자에게 지급된 임금의 총액을 말한다.
③ 사용자는 도급이나 그 밖에 이에 준하는 제도로 사용하는 근로자에게 근로시간에 따라 일정액의 임금을 보장하여야 한다.
④ 근로기준법에 따른 임금채권은 3년간 행사하지 아니하면 시효로 소멸한다.

[빈출]
83 고용정책 기본법령상 고용정책심의회에 관한 설명으로 틀린 것은?

① 정책심의회는 위원장 1명을 포함한 20명 이내의 위원으로 구성한다.
② 근로자와 사업주를 대표하는 자는 심의위원으로 참여할 수 있다.
③ 특별시·광역시·특별자치시·도 및 특별자치도에 지역고용심의회를 둔다.
④ 정책심의회를 효율적으로 운영하기 위하여 분야별 전문위원회를 둘 수 있다.

84 고용보험법상 자영업자인 피보험자의 실업급여의 종류로 옳지 않은 것은?

① 구직급여
② 직업능력개발수당
③ 광역구직활동비
④ 조기재취업수당

85 국민 평생 직업능력 개발법령에 대한 설명으로 틀린 것은?

① 직업능력개발훈련은 15세 이상인 자에게 실시한다.
② 직업능력개발훈련은 집체훈련, 현장훈련, 원격훈련, 혼합훈련의 방법으로 실시한다.
③ 종전의 직업과 유사하거나 새로운 직업에 필요한 직무수행능력을 습득시키기 위하여 실시하는 직업능력개발훈련을 전직훈련이라고 한다.
④ 재해위로금의 산정기준이 되는 통상임금은 산업재해보상보험법에 의한 최고 보상기준 금액 및 최저 보상기준 금액을 각각 그 상한 및 하한으로 한다.

86 남녀고용평등과 일·가정 양립 지원에 관한 법률상 육아기 근로시간 단축에 대한 설명으로 옳지 않은 것은?

① 육아기 근로시간 단축의 기간은 1년 이내로 한다.
② 사업주가 근로자에게 육아기 근로시간 단축을 허용하는 경우 단축 후 근로시간은 주당 15시간 이상이어야 하고 35시간을 넘어서는 안 된다.
③ 사업주는 육아휴직을 신청할 수 있는 근로자가 육아휴직 대신 근로시간의 단축을 신청하는 경우에 이를 허용할 수 있다.
④ 사업주는 근로자의 육아기 근로시간 단축 기간이 끝난 후에 그 근로자를 육아기 근로시간 단축 전과 같은 업무 또는 같은 수준의 임금을 지급하는 직무에 복귀시켜야 한다.

[빈출]

87 남녀고용평등과 일·가정 양립 지원에 관한 법령상 직장 내 성희롱의 금지 및 예방에 관한 설명으로 틀린 것은?

① 사업주, 상급자 또는 근로자는 직장 내 성희롱을 하여서는 아니 된다.
② 사업주는 성희롱 예방교육을 고용노동부장관이 지정하는 기관에 위탁하여 실시할 수 있다.
③ 누구든지 직장 내 성희롱 발생 사실을 알게 된 경우 그 사실을 해당 사업주에게 신고할 수 있다.
④ 사업주는 직장 내 성희롱 예방교육을 연 2회 이상 하여야 한다.

[빈출]

88 남녀고용평등과 일·가정 양립 지원에 관한 법령상 다음 (   ) 안에 각각 알맞은 것은?

> 제18조의2(배우자 출산휴가) ① 사업주는 근로자가 배우자의 출산을 이유로 휴가(이하 "배우자 출산휴가"라 한다)를 고지하는 경우에 (ㄱ)일의 휴가를 주어야 한다. (이하 생략)
> ③ 배우자 출산휴가는 근로자의 배우자가 출산한 날부터 (ㄴ)일이 지나면 사용할 수 없다.

① ㄱ: 5, ㄴ: 30 ② ㄱ: 5, ㄴ: 90
③ ㄱ: 10, ㄴ: 30 ④ ㄱ: 20, ㄴ: 120

89 국민 평생 직업능력 개발법령상 원칙적으로 직업능력개발훈련의 대상 연령은?

① 13세 이상 ② 15세 이상
③ 18세 이상 ④ 20세 이상

90 채용절차의 공정화에 관한 법령상 500만 원 이하의 과태료 부과행위에 해당하는 것은?

① 채용서류 보관의무를 이행하지 아니한 구인자
② 구직자에 대한 고지의무를 이행하지 아니한 구인자
③ 시정명령을 이행하지 아니한 구인자
④ 지식재산권을 자신에게 귀속하도록 강요한 구인자

91 기간제 및 단시간근로자 보호 등에 관한 법령상 2년을 초과하여 기간제 근로자로 사용할 수 있는 경우가 아닌 것은?

① 휴직 등으로 결원이 발생하여 해당 근로자가 복귀할 때까지 그 업무를 대신할 필요가 있는 경우
② 근로자가 학업 등을 이수함에 따라 그 이수에 필요한 기간을 정한 경우
③ 특정한 업무의 완성에 필요한 기간을 정한 경우
④ 「의료법」에 따른 간호사 자격을 소지하고 해당 분야에 종사한 경우

92 고용보험법령상 자영업자인 피보험자의 실업급여의 종류에 해당하지 않는 것은?

① 이주비
② 광역구직활동비
③ 직업능력개발수당
④ 조기재취업수당

93 근로기준법령상 임금채권의 소멸시효기간은?

① 1년 ② 2년 ③ 3년 ④ 5년

94 국민 평생 직업능력 개발법령상 직업능력개발훈련에 관한 설명으로 옳은 것은?

① 직업능력개발훈련은 18세 미만인 자에게는 실시할 수 없다.
② 직업능력개발훈련의 대상에는 취업할 의사가 있는 사람뿐만 아니라 사업주에게 고용된 사람도 포함된다.
③ 직업능력개발훈련 시설의 장은 직업능력개발훈련과 관련된 기술 등에 관한 표준을 정할 수 있다.
④ 「산업재해보상보험법」을 적용받는 사람도 재해위로금을 받을 수 있다.

95 고용정책 기본법상 다수의 실업자가 발생하거나 발생할 우려가 있는 경우나 실업자의 고용안정이 필요하다고 인정되는 경우 고용노동부장관이 실시할 수 있는 실업대책사업이 아닌 것은?

① 실업자에 대한 창업점포 구입자금 지원
② 실업자의 취업촉진을 위한 훈련의 실시와 훈련에 대한 지원
③ 고용촉진과 관련된 사업을 하는 자에 대한 대부(貸付)
④ 실업자에 대한 공공근로사업

96 직업안정법상 구인·구직의 신청에 관한 설명으로 옳은 것은?

① 국외 취업희망자의 구직신청의 유효기간은 1년으로 한다.
② 직업안정기관의 장은 관할 구역의 읍·면·동사무소에 구인신청서와 구직신청서를 갖추어 두어 구인자·구직자의 편의를 도모하여야 한다.
③ 직업안정기관의 장은 접수된 구인신청서 및 구직신청서를 3년간 관리·보관하여야 한다.
④ 수리된 구인신청의 유효기간은 3개월이다.

97 헌법상 노동기본권 등에 관한 설명으로 틀린 것은?

① 국가는 근로자의 고용의 증진과 적정임금의 보장에 노력하여야 한다.
② 여자의 근로는 특별한 보호를 받으며 고용·임금 및 근로조건에 있어서 부당한 차별을 받지 아니한다.
③ 국가는 법률이 정하는 바에 의하여 최저임금제를 시행하여야 한다.
④ 공무원인 근로자는 자주적인 단결권·단체교섭권 및 단체행동권을 가진다.

98 근로기준법령상 사용자가 3년간 보존하여야 하는 근로계약에 관한 중요한 서류로 명시되지 않은 것은?

① 임금대장
② 휴가에 관한 서류
③ 고용·해고·퇴직에 관한 서류
④ 퇴직금 중간정산에 관한 증명서류

99 근로자퇴직급여 보장법령상 퇴직금의 중간정산 사유에 해당하지 않는 것은?

① 무주택자인 근로자가 본인 명의로 주택을 구입하는 경우
② 중간정산을 신청하는 날부터 거꾸로 계산하여 10년 이내에 근로자가 「민법」에 따라 파산선고를 받은 경우
③ 사용자가 기존의 정년을 보장하는 조건으로 단체협약 등을 통하여 근속시점을 기준으로 임금을 줄이는 제도를 시행하는 경우
④ 재난으로 피해를 입은 경우로서 고용노동부장관이 정하여 고시하는 사유에 해당하는 경우

100 고용보험법령상 취업촉진수당의 종류가 아닌 것은?

① 특별연장급여
② 조기재취업수당
③ 광역구직활동비
④ 이주비

2024년 [1회 복원문제]

빠른 정답 체크!

직업상담학		직업심리학		직업정보론		노동시장론		노동관계법규	
01	④	21	①	41	④	61	②	81	③
02	①	22	③	42	③	62	④	82	②
03	③	23	④	43	②	63	③	83	①
04	④	24	④	44	①	64	②	84	④
05	④	25	④	45	①	65	①	85	④
06	③	26	②	46	①	66	④	86	③
07	①	27	②	47	②	67	②	87	④
08	①	28	③	48	②	68	④	88	④
09	②	29	①	49	③	69	②	89	②
10	①	30	③	50	①	70	③	90	④
11	③	31	①	51	④	71	④	91	④
12	①	32	①	52	④	72	①	92	④
13	③	33	④	53	④	73	②	93	③
14	④	34	①	54	③	74	④	94	②
15	④	35	②	55	①	75	③	95	①
16	④	36	④	56	①	76	①	96	②
17	②	37	④	57	③	77	③	97	④
18	③	38	②	58	①	78	②	98	④
19	①	39	②	59	②	79	②	99	②
20	①	40	③	60	④	80	④	100	①

2024년 2회 복원문제

정답과 해설 ▶ P. 59~72

제1과목 직업상담학

01 인지적 명확성 문제의 원인 중 경미한 정신건강 문제의 특성으로 옳은 것은?

① 심각한 약물남용 장애
② 잘못된 결정방식이 진지한 결정 방해
③ 경험 부족에서 오는 고정관념
④ 심한 가치관 고착에 따른 고정성

02 직업상담사의 윤리강령으로 옳지 않은 것은?

① 직업상담사는 개인이나 사회에 임박한 위험이 있더라도 개인정보의 보호를 위하여 내담자의 정보를 누설하지 말아야 한다.
② 직업상담사는 내담자에 관한 정보를 교육장면이나 연구에 사용할 경우에는 내담자와 합의 후 사용하되 그 정체가 노출되지 않도록 한다.
③ 직업상담사는 소속기관과의 갈등이 있을 경우 내담자의 복지를 우선적으로 고려해야 한다.
④ 직업상담사는 상담관계의 형식, 방법, 목적을 설정하고 그 결과에 대하여 내담자와 협의한다.

03 6개의 생각하는 모자(six thinking hats) 기법에서 모자의 색상별 역할에 관한 설명으로 옳은 것은?

① 청색 – 낙관적이며, 모든 일이 잘 될 것이라고 생각한다.
② 적색 – 직관에 의존하고, 직감에 따라 행동한다.
③ 흑색 – 본인과 직업들에 대한 사실들만을 고려한다.
④ 황색 – 새로운 대안들을 찾으려 노력하고, 문제들을 다른 각도에서 바라본다.

04 직업상담의 문제 유형에 대한 Crites의 분류 중 '비현실형'에 대한 설명으로 옳은 것은?

① 적성에 따라 직업을 선택했지만 그 직업에 흥미를 느끼지 못하는 사람
② 흥미를 느끼는 분야는 있지만 그 분야에 필요한 적성을 가지고 있지 못하는 사람
③ 흥미나 적성의 유형이나 수준과는 상관없이 어떤 분야를 선택할지 결정하지 못하는 사람
④ 흥미를 느끼는 분야도 없고 적성에 맞는 분야도 없는 사람

05 다음은 무엇에 관한 설명인가?

> 행동주의 직업상담에서 내담자가 직업선택에 대해서 무력감을 느끼게 되고, 그로 인해 발생된 불안 때문에 직업결정을 못하게 되는 것

① 무결단성
② 우유부단
③ 미결정성
④ 부적응성

06 정신분석적 상담에서 훈습의 단계에 해당하지 않는 것은?

① 환자의 저항
② 분석의 시작
③ 분석자의 저항에 대한 해석
④ 환자의 해석에 대한 반응

07 인간중심 상담이론에 관한 설명으로 틀린 것은?

① 실현화 경향성은 자기를 보전, 유지하고 향상시키고자 하는 선천적 성향이다.
② 자아는 성격의 조화와 통합을 위해 노력하는 원형이다.
③ 가치의 조건화는 주요 타자로부터 긍정적 존중을 받기 위해 그들이 원하는 가치와 기준을 내면화하는 것이다.
④ 현상학적 장은 경험적 세계 또는 주관적 경험으로 특정 순간에 개인이 지각하고 경험하는 모든 것을 뜻한다.

빈출
08 Ginzberg가 제시한 진로발달단계로 옳은 것은?

① 현실기 – 환상기 – 잠정기
② 환상기 – 현실기 – 잠정기
③ 현실기 – 잠정기 – 환상기
④ 환상기 – 잠정기 – 현실기

09 실존주의 상담의 주요 개념에 해당되지 않는 것은?

① 보상   ② 죽음
③ 고립   ④ 공허

10 직업상담의 목직에 대한 설명으로 틀린 것은?

① 직업상담은 내담자가 이미 결정한 직업 계획과 직업선택을 확신·확인하는 과정이다.
② 직업상담은 개인의 직업적 목표를 명확히 해주는 과정이다.
③ 직업상담은 내담자에게 진로관련 의사결정 능력을 길러주는 과정은 아니다.
④ 직업상담은 직업선택과 직업생활에서의 능동적인 태도를 함양하는 과정이다.

11 다음 상담 장면에서 나타난 진로상담에 대한 내담자의 잘못된 인식은?

> 내담자: 진로선택에 대해서 도움을 받고자 합니다.
> 상담사: 당신이 현재 생각하고 있는 것부터 이야기를 하시지요.
> 내담자: 저는 올바르게 선택하고 싶습니다. 아시겠지만, 저는 실수를 저지르고 싶지 않습니다. 선생님은 제가 틀림없이 올바르게 선택할 수 있도록 도와주실 것으로 생각합니다.

① 진로상담의 정확성에 대한 오해
② 일회성 결정에 대한 편견
③ 적성·심리검사에 대한 과잉신뢰
④ 흥미와 능력개념의 혼동

12 다음 보기에 적합한 기법은? [빈출]

> 청소를 1주일에 한번하기로 하였는데 2주간 청소를 하지 않은 아이에게 매일 청소를 시키기로 하였다.

① 차별처우   ② 과다교정
③ 정적처벌   ④ 부적강화

13 상담기법 중 내담자가 전달하는 이야기의 표면적 의미를 상담자가 다른 말로 바꾸어서 말하는 것은?

① 탐색적 질문
② 요약과 재진술
③ 명료화
④ 적극적 경청

14 포괄적 직업상담에서 내담자가 지닌 직업상의 문제를 가려내기 위해 실시하는 변별적 진단검사와 가장 거리가 먼 것은?

① 직업성숙도검사
② 직업적성검사
③ 직업흥미검사
④ 경력개발검사

15 상담의 초기면접 단계에서 일반적으로 고려할 사항이 아닌 것은?

① 통찰의 확대   ② 목표의 설정
③ 상담의 구조화   ④ 문제의 평가

16 보딘(Bordin)의 정신역동적 직업상담에서 사용하는 기법이 아닌 것은? [빈출]

① 명료화
② 비교
③ 소망-방어체계
④ 준지시적 반응 범주화

17 교류분석 상담의 상담과정에서 내담자 자신의 부모자아, 성인자아, 어린이자아의 내용이나 기능을 이해하는 방법은?

① 구조분석   ② 의사교류분석
③ 게임분석   ④ 생활각본분석

18 아들러(Adler)의 개인심리학적 상담의 목표로 옳지 않은 것은?

① 사회적 관심을 갖도록 돕는다.
② 내담자의 잘못된 목표를 수정하도록 돕는다.
③ 패배감을 극복하고 열등감을 감소시킬 수 있도록 돕는다.
④ 전이해석을 통해 중요한 타인과의 관계 패턴을 알아차리도록 돕는다.

19 행동주의적 접근의 상담기법 중 공포와 불안이 원인이 되는 부적응행동이나 회피행동을 치료하는 데 가장 효과적인 기법은?

① 타임아웃 기법
② 모델링 기법
③ 체계적 둔감법
④ 행동조성법

20 왜곡된 사고체계나 신념체계를 가진 내담자에게 실시하면 효과적인 상담기법은?

① 내담자 중심 상담
② 인지치료
③ 정신분석
④ 행동요법

제2과목 직업심리학

21 스트레스의 원인 중 역할갈등과 가장 관련이 높은 것은?

① 직무관련 스트레스원
② 개인관련 스트레스원
③ 조직관련 스트레스원
④ 물리적 환경관련 스트레스원

22 다음의 특성을 가진 직무분석기법은?

- 미국 퍼듀대학교의 매코믹(McCormick)이 개발했다.
- 행동중심적 직무분석기법(behavior-oriented job analysis method)이다.
- 6가지의 범주 및 187개 항목으로 구성되었다.
- 개별직무에 대해 풍부한 정보를 획득할 수 있는 장점이 있으나, 성과표준을 직접 산출하는 데는 무리가 따른다는 단점을 지니고 있다.

① 직무과제분석(JTA)
② 기능적 직무분석(FJA)
③ 직위분석질문지(PAQ)
④ 관리직기술질문지(MPDQ)

23 직무 스트레스를 조절하는 변인과 가장 거리가 먼 것은?

① 성격의 유형
② 역할 모호성
③ 통제의 위치
④ 사회적 지원

24 심리검사의 유형 중 객관적 검사의 장점이 아닌 것은?

① 검사실시의 간편성
② 객관성의 증대
③ 반응의 풍부함
④ 높은 신뢰도

25 데이비스와 롭퀴스트(Dawis & Lofquist)의 직업적응이론에서 적응양식의 차원에 해당하지 않는 것은?

① 의존성(dependence)
② 적극성(activeness)
③ 반응성(reactiveness)
④ 인내(perseverance)

26 동기의 강도는 어떤 결과에 부여하는 가치와 특정한 행동이 그 결과를 가져다줄 것이라고 믿는 것을 곱한 값과 같다고 설명하는 이론은?

① 형평이론   ② 강화이론
③ 욕구이론   ④ 기대이론

27 적성검사의 결과에서 중앙값이 의미하는 것은?

① 100점 만점에서 50점을 획득하였다.
② 자신이 얻을 수 있는 최고 점수를 얻었다.
③ 적성검사에서 도달해야 할 준거점수를 얻었다.
④ 같은 또래집단의 점수분포에서 평균점수를 얻었다.

28 성인용 웩슬러 지능검사(K-WAIS-IV)의 처리속도지수에 포함되지 않는 소검사는?

① 동형 찾기   ② 퍼즐
③ 기호 쓰기   ④ 지우기

29 다음 설명에 해당하는 행동특성을 바르게 나타낸 것은?

ㄱ	• 점심을 먹으면서도 서류를 본다. • 아무것도 하지 않고 쉬면 견딜 수 없다. • 주말이나 휴일에도 쉴 수가 없다.
ㄴ	• 열심히 일을 했지만 성취감보다는 허탈감을 느낀다. • 인생에 환멸을 느낀다. • 불면증이 생긴다.

① ㄱ: 일 중독증, ㄴ: 소진
② ㄱ: A형 성격, ㄴ: B형 성격
③ ㄱ: 내적 통제소재, ㄴ: 외적 통제소재
④ ㄱ: 과다 과업지향성, ㄴ: 과다 인간관계 지향성

30 과업지향적 직무분석방법 중 기능적 직무분석의 세 가지 차원이 아닌 것은?

① 기술(skill)
② 자료(data)
③ 사람(people)
④ 사물(things)

31 Krumboltz의 사회학습이론에서 개인의 진로에 영향을 미치는 요인에 해당하지 않는 것은?

① 유전적 요인
② 부모 특성
③ 환경 조건과 사건
④ 과제접근기술

32 다음 사례에서 검사-재검사 신뢰도 계수는?

> 100명의 학생들이 특정 심리검사를 받고 한 달 후에 동일한 검사를 다시 받았는데 두 번의 검사에서 각 학생들의 점수는 동일했다.

① -1.00
② 0.00
③ +0.50
④ +1.00

33 경력진단검사에 관한 설명으로 틀린 것은?

① 경력결정검사(CDS)는 경력관련 의사결정 실패에 관한 정보를 제공하기 위해 개발되었다.
② 개인직업상황검사(MVS)는 직업적 정체성 형성 여부를 파악하기 위한 것이다.
③ 경력개발검사(CDI)는 경력관련 의사결정에 대한 참여 준비도를 측정하기 위한 것이다.
④ 경력태도검사(CBI)는 직업선택에 필요한 정보 및 환경, 개인적인 장애가 무엇인지를 알려준다.

34 다음과 같은 정의를 가진 직업선택 문제는?

> • 자신의 적성 수준보다 높은 적성을 요구하는 직업을 선택한다.
> • 자신이 선택한 직업이 흥미와 일치할 수도 있고, 일치하지 않을 수도 있다.

① 부적응된(maladjusted)
② 우유부단한(undecided)
③ 비현실적인(unrealistic)
④ 강요된(forced)

35 직업탐색, 직업준비, 직업적응·전환 및 퇴직 등을 도와주기 위해 특별히 구조화된 조직적인 상담 체제는?

① 스트레스관리 프로그램
② 직업지도 프로그램
③ 인간관계훈련 프로그램
④ 갈등관리 프로그램

36 진로이론에 대한 설명으로 옳은 것은?

> ㄱ. 사회인지적 진로이론 – 진로발달과 선택에서 진로와 관련된 자신에 대한 평가와 믿음을 강조한다.
> ㄴ. 인지적 정보처리이론 – 내담자가 욕구를 분류하고 지식을 획득하여, 자신의 욕구가 무엇인지 알 수 있도록 돕는다.
> ㄷ. 인지적 정보처리이론 – 학습경험을 형성하고 진로행동에 단계적으로 영향을 주는 구체적인 매개변인을 찾는 데 목표를 둔다.
> ㄹ. 가치중심적 진로이론 – 흥미와 가치가 진로결정 과정에서 가장 중요한 작용을 한다.

① ㄱ, ㄴ ② ㄱ, ㄷ
③ ㄴ, ㄹ ④ ㄷ, ㄹ

37 검사의 신뢰도 중의 하나인 Cronbach's α(크론바흐 알파계수)가 크다는 것이 나타내는 의미는?

① 검사 문항들이 동질적이라는 것을 의미한다.
② 검사의 예언력이 높다는 것을 의미한다.
③ 시간이 흐르더라도 검사점수가 변하지 않는다는 것을 의미한다.
④ 검사의 채점 과정을 신뢰할 수 있다는 것을 의미한다.

38 미국에서 알코올중독자나 퇴역군인의 사회적응을 돕기 위해 만들어진 직업 프로그램은?

① 직업재활 및 고용 프로그램
② 직업적응상담 프로그램
③ 자신에 대한 탐구 프로그램
④ 직장스트레스 대처 프로그램

39 다음과 같은 유형의 직업세계에 가장 적합한 Holland의 성격유형은?

> • 사서, 은행원, 행정관료
> • 정확성과 꼼꼼함을 요구함
> • 융통성과 상상력이 부족함

① 사회적 유형(S) ② 현실적 유형(R)
③ 탐구적 유형(I) ④ 관습적 유형(C)

40 Holland의 진로발달에 대한 육각 모형에서 서로 대각선에 위치하여 대비되는 특성을 지닌 유형들로 잘못 짝지어진 것은?

① 진취형(E)과 탐구형(I)
② 사회형(S)과 예술형(A)
③ 현실형(R)과 사회형(S)
④ 예술형(A)과 관습형(C)

제3과목 직업정보론

41 직업정보의 처리단계를 옳게 나열한 것은?

① 수집 – 분석 – 가공 – 체계화 – 제공 – 평가
② 수집 – 제공 – 분석 – 가공 – 평가 – 체계화
③ 수집 – 분석 – 평가 – 가공 – 제공 – 체계화
④ 수집 – 분석 – 체계화 – 제공 – 가공 – 평가

42 민간직업정보와 비교한 공공직업정보의 특성에 관한 설명과 가장 거리가 먼 것은?

① 필요한 시기에 최대한 활용되도록 한시적으로 신속하게 생산 및 운영된다.
② 광범위한 이용가능성에 따라 공공직업정보체계에 대한 직접적이며 객관적인 평가가 가능하다.
③ 특정 분야 및 대상에 국한되지 않고 전체 산업 및 업종에 걸친 직종 등을 대상으로 한다.
④ 직업별로 특정한 정보만을 강조하지 않고 보편적인 항목으로 이루어진 기초적인 직업정보체계로 구성되어 있다.

43 한국표준산업분류(제11차)의 분류목적에 해당하지 않는 것은?

① 기본적으로 산업활동 관련 통계자료 수집, 제표, 분석 등을 위해서 활동 분류 및 범위를 제공하기 위한 것
② 산업 관련 통계자료의 정확성, 비교성을 확보하기 위하여 모든 통계작성기관은 한국표준산업분류를 의무적으로 사용하도록 규정
③ 일반 행정 및 산업정책 관련 다수 법령에서 적용대상 산업영역을 규정하는 기준으로 준용
④ 취업알선을 위한 구인·구직안내 기준

44 국민내일배움카드 제도의 지원을 받을 수 있는 자는?

① 만 65세 이상인 사람
② 「사립학교교직원 연금법」을 적용받고 현재 재직 중인 사람
③ 「군인연금법」을 적용받고 현재 재직 중인 사람
④ 지방자치단체로부터 훈련비를 지원받는 훈련에 참여하는 사람

45 고용노동통계조사의 각 항목별 조사주기의 연결이 틀린 것은?

① 사업체 노동력 조사: 연 1회
② 시도별 임금 및 근로시간 조사: 연 1회
③ 지역별 사업체 노동력 조사: 연 2회
④ 기업체 노동비용 조사: 연 1회

46 국가직무능력표준(NCS)에 관한 설명으로 틀린 것은?

① 산업현장에서 직무를 수행하기 위해 요구되는 지식·기술·태도 등의 내용을 국가가 체계화한 것이다.
② 한국고용직업분류를 중심으로 분류하였으며, 대분류 → 중분류 → 소분류 → 세분류 순으로 구성되어 있다.
③ 능력단위는 NCS분류의 하위 단위로서 능력단위요소, 수행준거 등으로 구성되어 있다.
④ 직무는 NCS분류의 중분류를 의미하고, 원칙상 중분류 단위에서 표준이 개발된다.

47 국가기술자격 중 한국산업인력공단에서 시행하지 않는 것은?

① 3D프린터개발산업기사
② 빅데이터분석기사
③ 로봇기구개발기사
④ 반도체설계산업기사

48 다음은 한국직업사전(2020) 부가직업정보의 작업 강도 중 무엇에 관한 설명인가?

> 최고 20kg의 물건을 들어올리고 10kg 정도의 물건을 빈번히 들어올리거나 운반한다.

① 가벼운 작업
② 보통 작업
③ 힘든 작업
④ 아주 힘든 작업

49 2026년 적용 최저임금은 얼마인가?

① 10,360원   ② 9,980원
③ 9,780원   ④ 10,320원

50 질문지를 활용한 면접조사를 통해 직업정보를 수집할 때, 면접자가 지켜야 할 일반적 원칙으로 틀린 것은?

① 질문지를 숙지하고 있어야 한다.
② 응답자와 친숙한 분위기를 형성해야 한다.
③ 개방형 질문인 경우에는 응답내용을 해석하고 요약하여 기록해야 한다.
④ 면접자는 응답자가 이질감을 느끼지 않도록 복장이나 언어 사용에 유의해야 한다.

51 고용24에서 제공하는 학과정보 중 자연계열의 '생명과학과'와 관련이 없는 학과는?

① 의생명과학과
② 해양생명과학과
③ 분자생물학과
④ 바이오산업공학과

52 한국표준직업분류(제8차) 개정 시 대분류 3 '사무 종사자'에 신설된 것은?

① 행정사
② 신용카드 모집인
③ 로봇공학 기술자 및 연구원
④ 문화 관광 및 숲·자연환경 해설사

53 직업상담 시 제공하는 직업정보의 기능과 역할에 대한 설명으로 틀린 것은?

① 여러 가지 직업적 대안들의 정보를 제공한다.
② 내담자의 흥미, 적성, 가치 등을 파악하는 것이 직업정보의 주기능이다.
③ 경험이 부족한 내담자에게 다양한 직업들을 간접적으로 접한 기회를 제공한다.
④ 내담자가 자신의 선택이 현실에 비추어 부적당한 선택이었는지를 점검하고 재조정해 볼 수 있는 기초를 제공한다.

54 직업정보를 제공하는 유형별 방식에 대한 설명이다. ( )에 알맞은 것은?

종류	비용	학습자 참여도	접근성
인쇄물	(ㄱ)	수동	용이
면접	저	(ㄴ)	제한적
직업경험	저	적극	(ㄷ)

① ㄱ: 고, ㄴ: 적극, ㄷ: 용이
② ㄱ: 고, ㄴ: 수동, ㄷ: 제한적
③ ㄱ: 저, ㄴ: 적극, ㄷ: 제한적
④ ㄱ: 저, ㄴ: 수동, ㄷ: 용이

55 한국표준산업분류(제11차)의 적용원칙으로 틀린 것은?

① 생산단위는 산출물뿐만 아니라 투입물과 생산공정 등을 함께 고려하여 그들의 활동을 가장 정확하게 설명된 항목으로 분류해야 한다.
② 산업활동이 결합되어 있는 경우에는 그 활동단위의 주된 활동에 따라서 분류해야 한다.
③ 복합적인 활동단위는 우선적으로 세세분류를 정확히 결정하고, 순차적으로 세·소·중·대분류 단계 항목을 결정하여야 한다.
④ 공식적 생산물과 비공식적 생산물, 합법적 생산물과 불법적인 생산물을 달리 분류하지 않는다.

56 한국표준직업분류(제8차)에서 직업으로 보지 않는 활동을 모두 고른 것은?

> ㄱ. 이자, 주식배당 등과 같은 자산 수입이 있는 경우
> ㄴ. 예·적금 인출, 보험금 수취, 차용 또는 토지나 금융자산을 매각하여 수입이 있는 경우
> ㄷ. 사회복지시설 수용자의 시설 내 경제활동
> ㄹ. 수형자의 활동과 같이 법률에 의한 강제 노동을 하는 경우

① ㄱ, ㄷ
② ㄱ, ㄹ
③ ㄱ, ㄴ, ㄷ
④ ㄱ, ㄴ, ㄷ, ㄹ

57 국가기술자격법에 의한 국가기술자격 종목이 아닌 것은?

① 제강기능사
② 주택관리사보
③ 사회조사분석사1급
④ 스포츠경영관리사

58 한국직업사전의 직무기능 자료(data) 항목 중 무엇에 관한 설명인가?

- 데이터의 분석에 기초하여 시간, 장소, 작업 순서, 활동 등을 결정한다.
- 결정을 실행하거나 상황을 보고한다.

① 종합 ② 조정
③ 계산 ④ 수집

빈출
59 다음의 국가기술자격 검정기준은 어느 자격등급에 해당하는가?

응시하고자 하는 종목에 관한 최상급 숙련 기능을 가지고 산업현장에서 작업관리, 소속 기능인력의 지도 및 감독, 현장훈련, 경영계층과 생산계층을 유기적으로 연계시켜 주는 현장 관리 등의 업무를 수행할 수 있는 능력 보유

① 기술사 ② 기능장
③ 기사   ④ 산업기사

빈출
60 직업성립의 일반요건과 가장 거리가 먼 것은?

① 윤리성 ② 경제성
③ 계속성 ④ 사회보장성

제4과목 노동시장론

빈출
61 만일 여가가 열등재라면 개인의 노동공급곡선의 형태는?

① 후방굴절한다.
② 완전비탄력적이다.
③ 완전탄력적이다.
④ 우상향한다.

62 정부가 임금을 인상시킬 때 오히려 고용이 증대되는 경우는?

① 공급독점의 노동시장
② 수요독점의 노동시장
③ 완전경쟁의 노동시장
④ 복점의 노동시장

63 다음 중 2차 노동시장의 특징에 해당되는 것은?

① 높은 임금   ② 높은 안정성
③ 높은 이직률 ④ 높은 승진율

64 선별가설(screening hypothesis)에 대한 설명과 가장 거리가 먼 것은?

① 교육훈련이 생산성을 높이는 것은 아니고 유망한 근로자를 식별해주는 역할을 한다.
② 빈곤문제 해결을 위해서는 교육훈련 기회를 확대하는 것이 중요하다.
③ 학력이 높은 사람이 소득이 높은 것은 교육 때문이 아니고 원래 능력이 우수하기 때문이다.
④ 근로자들이 자신의 능력과 재능을 보여주기 위해 교육에 투자한다.

65 유니온 숍(union shop)에 대한 설명으로 옳은 것은?

① 조합원이 아닌 근로자는 채용 후 일정 기간 내에 조합에 가입해야 한다.
② 조합원이 아닌 자는 채용할 수 없다.
③ 노동조합의 노동공급원이 독점되며, 관련 노동 시장에 강력한 영향을 미친다.
④ 채용 전후 근로자의 조합 가입이 완전히 자유롭다.

66 노동수요곡선이 이동하는 이유가 아닌 것은?

① 임금수준의 변화
② 생산방법의 변화
③ 자본의 가격변화
④ 생산물에 대한 수요의 변화

67 다음 중 최저임금제가 고용에 미치는 부정적 효과가 가장 큰 상황은?

① 노동수요곡선과 노동공급곡선이 모두 탄력적일 때
② 노동수요곡선과 노동공급곡선이 모두 비탄력적일 때
③ 노동수요곡선이 탄력적이고 노동공급곡선이 비탄력적일 때
④ 노동수요곡선이 비탄력적이고 노동공급곡선이 탄력적일 때

68 다음 중 가장 적극적인 근로자의 경영참가 형태는?

① 단체교섭에 의한 참가
② 단체행동에 의한 참가
③ 노사협의회에 의한 참가
④ 근로자중역, 감사역제의 의한 참가

69 1960년대 선진국에서 실업률과 물가상승률 간의 상충관계를 개선하고자 실시했던 정책은?

① 재정정책 ② 금융정책
③ 인력정책 ④ 소득정책

70 노동시장에서의 차별로 인해 발생하는 임금격차에 대한 설명으로 틀린 것은?

① 직장 경력의 차이에 따른 인적자본 축적의 차이로는 임금격차를 설명할 수 없다.
② 경쟁적인 시장경제에서는 고용주에 의한 차별이 장기간 지속될 수 없다.
③ 소비자의 차별적인 선호가 있다면 차별적인 임금격차가 지속될 수 있다.
④ 정부가 차별적 임금을 지급하도록 강제하는 경우에는 경쟁시장에서도 임금격차가 지속될 수 있다.

71 완전경쟁시장의 치킨매장에서 치킨 1마리를 14,000원에 팔고 있다. 그리고 종업원 1명을 시간당 7,000원의 임금으로 고용하고 있다. 이 매장이 이윤을 극대화하기 위해서는 노동의 한계생산성이 무엇과 같아질 때까지 고용을 늘려야 하는가?

① 시간당 치킨 1/2마리
② 시간당 치킨 1마리
③ 시간당 치킨 2마리
④ 시간당 치킨 4마리

72 경제활동인구조사에서 취업자로 분류되는 사람은?

① 명예퇴직을 하여 연금을 받고 있는 전직 공무원
② 하루 3시간씩 구직활동을 하고 있는 전직 은행원
③ 하루 1시간씩 학교 부근 식당에서 아르바이트를 하고 있는 대학생
④ 하루 2시간씩 남편의 상점에서 무급으로 일하는 기혼여성

73 어느 국가의 생산가능인구의 구성비가 다음과 같을 때 이 국가의 실업률은?

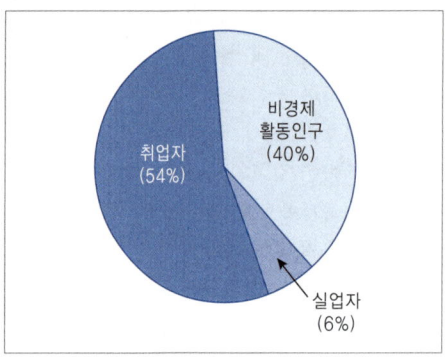

① 6.0%   ② 10.0%
③ 11.1% ④ 13.2%

74 다음 중 경기적 실업에 대한 대책으로 가장 적합한 것은?

① 지역 간 이동촉진
② 총수요의 증대
③ 퇴직자 취업알선
④ 구인·구직에 대한 전산망 확대

75 노동조합의 역사에서 가장 오래된 조합의 형태는?

① 산업별 노동조합(industrial union)
② 기업별 노동조합(company union)
③ 직업별 노동조합(craft union)
④ 일반 노동조합(general union)

76 다음 중 직무급 임금체계에 관한 설명으로 가장 적합한 것은?

① 정기승급에 의한 생활안정으로 근로자의 기업에 대한 귀속의식을 고양시킨다.
② 기업풍토, 업무내용 등에서 보수성이 강한 기업에 적합하다.
③ 근로자의 능력을 직능고과의 평가결과에 따라 임금을 결정한다.
④ 노동의 양뿐만 아니라 노동의 질을 동시에 평가하는 임금결정방식이다.

77 유보임금(reservation wage)에 관한 설명으로 옳은 것을 모두 고른 것은?

> ㄱ. 유보임금의 상승은 실업기간을 연장한다.
> ㄴ. 유보임금의 상승은 기대임금을 하락시킨다.
> ㄷ. 유보임금은 기업이 근로자에게 제시한 최고의 임금이다.
> ㄹ. 유보임금은 근로자가 받고자 하는 최저의 임금이다.

① ㄱ, ㄷ   ② ㄱ, ㄹ
③ ㄴ, ㄷ   ④ ㄴ, ㄹ

78 단체교섭에서 사용자의 교섭력에 대한 설명과 가장 거리가 먼 것은?

① 기업의 재정능력이 좋으면 사용자의 교섭력이 높아진다.
② 사용자 교섭력의 원천 중 하나는 직장폐쇄(lock out)를 할 수 있는 권리이다.
③ 사용자는 쟁의행위 기간 중 그 쟁의행위로 중단된 업무를 원칙적으로 도급 또는 하도급 줄 수 있다.
④ 비조합원이 조합원의 일을 대신할 수 있는 여지가 크다면, 그만큼 사용자의 교섭력은 높아진다.

79 다음 중 노동정책이나 제도에 관한 설명으로 틀린 것은?

① 소득정책은 근로자들의 소득을 증진시키기 위한 정책이다.
② 직업훈련정책은 주로 구조적 실업 문제를 해결하기 위한 정책이다.
③ 최저임금제는 저임금근로자의 생활안정을 위한 것이다.
④ 알선은 노사 자율적 해결을 강조하는 노동쟁의조정제도이다.

80 실업률과 물가상승률 간 역의 상관관계를 나타내는 곡선은?

① 래퍼곡선　　② 필립스곡선
③ 로렌츠곡선　④ 테일러곡선

제5과목　노동관계법규

81 고용상 연령차별금지 및 고령자 고용촉진에 관한 법률상 고령자고용촉진에 관한 설명으로 옳은 것은?

① 상시근로자 300명 이상 사업주는 법령에서 정한 기준고용률 이상의 고령자를 고용하여야 한다.
② 기준고용률에 미달하는 고령자를 고용하는 사업주는 매년 고용노동부장관에게 고령자 고용부담금을 납부하여야 한다.
③ 기준고용률을 초과하여 고용하는 사업주에게는 「고용보험법」상 고령자고용촉진장려금을 지급할 수 있으며, 조세감면 혜택이 주어진다.
④ 국가 및 지방자치단체, 정부투자기관과 정부출연기관의 장은 그 기관의 우선고용직종에 고령자와 준고령자를 우선적으로 채용하도록 노력하여야 한다.

82 남녀고용평등과 일·가정 양립지원에 관한 법률상 임금에 관한 설명으로 옳은 것은?

① 사업주는 다른 사업 내의 동일가치의 노동에 대하여는 동일한 임금을 지급하여야 한다.
② 임금차별을 목적으로 사업주에 의하여 설립된 별개의 사업은 별개의 사업으로 본다.
③ 동일가치노동의 기준은 직무수행에서 요구되는 성, 기술, 노력 등으로 한다.
④ 사업주가 동일가치노동의 기준을 정할 때에는 노사협의회의 근로자를 대표하는 위원의 의견을 들어야 한다.

83 채용절차의 공정화에 관한 법령상 500만 원 이하의 과태료 부과행위에 해당하는 것은?

① 채용서류 보관의무를 이행하지 아니한 구인자
② 구직자에 대한 고지의무를 이행하지 아니한 구인자
③ 시정명령을 이행하지 아니한 구인자
④ 지식재산권을 자신에게 귀속하도록 강요한 구인자

84 고용정책기본법령상 지역고용심의회에 관한 설명으로 틀린 것은?

① 지역고용심의회는 위원장 1명을 포함한 30명 이내의 위원으로 구성한다.
② 위원장은 시·도지사가 된다.
③ 시·도의 고용촉진, 직업능력개발 및 실업 대책에 관한 중요사항을 심의한다.
④ 지역고용심의회 전문위원회의 위원은 시·도지사가 임명하거나 위촉한다.

85 근로기준법상 사용하는 용어에 관한 설명으로 틀린 것은?

① '임금'이란 사용자가 근로의 대가로 근로자에게 임금, 봉급, 그 밖에 어떠한 명칭으로든지 지급하는 일체의 금품을 말한다.
② '사용자'란 사업주 또는 사업 경영 담당자, 그 밖에 근로자에 관한 사항에 대하여 사업주를 위하여 행위하는 자를 말한다.
③ '근로자'란 사업주에게 고용된 자와 취업할 의사를 가진 자를 말한다.
④ '근로'란 정신노동과 육체노동을 말한다.

86 남녀고용평등과 일·가정 양립 지원에 관한 법령상 육아기 근로시간 단축에 관한 설명이다. ( )에 들어갈 내용으로 옳은 것은?

> 사업주가 근로자에게 육아기 근로시간 단축을 허용하는 경우 단축 후 근로시간은 주당 (ㄱ)시간 이상이어야 하고 (ㄴ)시간을 넘어서는 아니 된다.

① ㄱ: 10, ㄴ: 15
② ㄱ: 10, ㄴ: 20
③ ㄱ: 15, ㄴ: 30
④ ㄱ: 15, ㄴ: 35

87 근로기준법령상 용어의 정의에 관한 설명으로 틀린 것은?

① '근로'란 정신노동과 육체노동을 말한다.
② '사용자'란 사업주 또는 사업경영담당자, 그 밖에 근로자에 관한 사항에 대하여 사업주를 위하여 행위하는 자를 말한다.
③ '통상임금'이란 이를 산정하여야 할 사유가 발생한 날 이전 3개월 동안에 그 근로자에게 지급된 임금의 총액을 그 기간의 총일수로 나눈 금액을 말한다.
④ '단시간근로자'란 1주 동안의 소정근로시간이 그 사업장에서 같은 종류의 업무에 종사하는 통상 근로자의 1주 동안의 소정근로시간에 비하여 짧은 근로자를 말한다.

88 근로자퇴직급여 보장법령상 ( )에 들어갈 숫자로 옳은 것은?

> 이 법에 따른 퇴직금을 받을 권리는 ( )년간 행사하지 아니하면 시효로 인하여 소멸한다.

① 1
② 3
③ 5
④ 10

89 남녀고용평등과 일·가정 양립 지원에 관한 법률에 관한 설명으로 틀린 것은?

① 고용노동부장관은 남녀고용평등 실현과 일·가정 양립에 관한 기본계획을 5년마다 수립하여야 한다.
② 사업주는 동일한 사업 내의 동일가치노동에 대하여는 동일한 임금을 지급하여야 한다.
③ 사업주가 임금차별을 목적으로 설립한 별개의 사업은 동일한 사업으로 본다.
④ 사업주는 직장 내 성희롱 예방을 위한 교육을 분기별 1회 이상 하여야 한다.

90 고용보험법령상 (   )에 들어갈 숫자로 옳은 것은?

> 배우자의 질병으로 육아휴직급여를 신청할 수 없었던 사람은 그 사유가 끝난 후 (   )일 이내에 신청하여야 한다.

① 10　　② 30
③ 60　　④ 90

91 근로기준법상 임금에 관한 설명으로 틀린 것은?

① 임금은 원칙적으로 통화로 직접 근로자에게 그 전액을 지급하여야 한다.
② 사용자의 귀책사유로 휴업하는 경우 휴업기간 동안 근로자에게 통상임금의 100분의 60 이상의 수당을 지급하여야 한다.
③ 임금채권은 3년간 행사하지 아니하면 시효로 소멸한다.
④ 임금은 원칙적으로 매월 1회 이상 일정한 날짜를 정하여 지급하는 것이 원칙이다.

92 고용정책 기본법에 대한 설명으로 틀린 것은?

① 고용서비스를 제공하는 자는 그 업무를 수행할 때에 합리적인 이유 없이 성별 등을 이유로 구직자를 차별하여서는 아니 된다.
② 고용노동부장관은 5년마다 국가의 고용정책에 관한 기본계획을 수립하여야 한다.
③ 상시 100명 이상의 근로자를 사용하는 사업주는 매년 근로자의 고용형태 현황을 공시하여야 한다.
④ '근로자'란 사업주에게 고용된 사람과 취업할 의사를 가진 사람을 말한다.

빈출
93 고용정책 기본법령상 고용정책심의회에 관한 설명으로 틀린 것은?

① 정책심의회는 위원장 1명을 포함한 20명 이내의 위원으로 구성한다.
② 근로자와 사업주를 대표하는 자는 심의위원으로 참여할 수 있다.
③ 특별시·광역시·특별자치시·도 및 특별자치도에 지역고용심의회를 둔다.
④ 고용정책심의회를 효율적으로 운영하기 위하여 분야별 전문위원회를 둘 수 있다.

빈출
94 직업안정법령상 일용근로자 이외의 직업소개를 하는 유료직업소개사업자의 장부 및 서류의 비치 기간으로 옳은 것은?

① 종사자 명부: 3년
② 구인신청서: 2년
③ 구직신청서: 1년
④ 금전출납부 및 금전출납명세서: 1년

95 고용정책 기본법상 고용노동부장관이 실시하는 실업대책사업에 해당하지 않는 것은?

① 실업자 가족의 의료비 지원
② 고용촉진과 관련된 사업을 하는 자에 대한 대부(貸付)
③ 고용재난지역의 선포
④ 실업자에 대한 공공근로사업

96 채용절차의 공정화에 관한 법령상 500만 원 이하의 과태료 부과사항에 해당하지 않는 것은?

① 채용광고의 내용 또는 근로조건을 변경한 구인자
② 지식재산권을 자신에게 귀속하도록 강요한 구인자
③ 채용서류 보관의무를 이행하지 아니한 구인자
④ 그 직무의 수행에 필요하지 아니한 개인정보를 기초심사자료에 기재하도록 요구하거나 입증자료로 수집한 구인자

97 국민 평생 직업능력 개발법에 명시된 직업능력개발훈련이 중요시되어야 하는 사람에 해당하지 않는 것은?

① 일용근로자
② 여성근로자
③ 제조업의 생산직에 종사하는 근로자
④ 중소기업기본법에 따른 중소기업의 근로자

98 근로기준법상 임금에 대한 설명으로 틀린 것은?

① 임금이란 사용자가 근로의 대가로 근로자에게 임금, 봉급, 그 밖에 어떠한 명칭으로든지 지급하는 일체의 금품을 말한다.
② 평균임금이란 이를 산정하여야 할 사유가 발생한 날 이전 3개월 동안에 그 근로자에게 지급된 임금의 총액을 말한다.
③ 사용자는 도급이나 그 밖에 이에 준하는 제도로 사용하는 근로자에게 근로시간에 따라 일정액의 임금을 보장하여야 한다.
④ 근로기준법에 따른 임금채권은 3년간 행사하지 아니하면 시효로 소멸한다.

99 다음 ( )에 알맞은 것은?

> 「근로기준법」에 따른 임금채권은 ( )간 행사하지 아니하면 시효로 소멸한다.

① 6개월
② 1년
③ 2년
④ 3년

100 고용정책 기본법에 대한 설명으로 틀린 것은?

① 고용서비스를 제공하는 자는 그 업무를 수행할 때에 합리적인 이유 없이 성별 등을 이유로 구직자를 차별하여서는 아니 된다.
② 고용노동부장관은 관계 중앙행정기관의 장과 협의하여 5년마다 국가의 고용정책에 관한 기본계획을 수립하여야 한다.
③ 상시 300명 이상의 근로자를 사용하는 사업주는 매년 근로자의 고용형태 현황을 공시하여야 한다.
④ 고용정책 기본법에서 '근로자'란 직업의 종류와 관계 없이 임금을 목적으로 사업이나 사업장에 근로를 제공하는 자로 정의된다.

2024년 [2회 복원문제]

빠른 정답 체크!

직업상담학		직업심리학		직업정보론		노동시장론		노동관계법규	
01	②	21	①	41	①	61	④	81	③
02	①	22	③	42	①	62	②	82	④
03	②	23	②	43	④	63	③	83	④
04	②	24	③	44	①	64	②	84	①
05	①	25	①	45	①	65	①	85	③
06	②	26	④	46	④	66	①	86	④
07	②	27	④	47	②	67	①	87	③
08	④	28	②	48	②	68	④	88	②
09	①	29	①	49	④	69	④	89	④
10	③	30	①	50	③	70	①	90	②
11	①	31	②	51	②	71	①	91	②
12	②	32	④	52	①	72	③	92	③
13	②	33	④	53	②	73	②	93	①
14	④	34	③	54	③	74	②	94	②
15	①	35	②	55	③	75	③	95	③
16	④	36	①	56	④	76	④	96	③
17	①	37	①	57	②	77	②	97	③
18	④	38	①	58	②	78	③	98	②
19	③	39	④	59	②	79	①	99	④
20	②	40	②	60	④	80	②	100	④

2024년 3회 복원문제

정답과 해설 ▶ P. 73~86

제1과목 직업상담학

01 다음 ( ) 안에 알맞은 용어로 바르게 짝지어진 것은?

> 생애진로사정의 구조는 진로사정, (ㄱ), 강점과 장애 및 (ㄴ)(으)로 이루어진다.

① ㄱ: 진로요약, ㄴ: 하루에 대한 묘사
② ㄱ: 일의 경험, ㄴ: 요약
③ ㄱ: 전형적인 하루, ㄴ: 요약
④ ㄱ: 훈련과정과 관심사, ㄴ: 내담자 자신의 용어 사용

02 다음 현상을 설명하는 인간중심 상담의 개념은?

> 은희는 방을 치우면 엄마가 좋아하기 때문에 용돈이 생기는 것도 아니지만 친구들과의 약속보다도 좋아서 방청소를 열심히 한다.

① 가치의 조건화
② 일치성
③ 동일시
④ 자기실현 경향성

03 Parsons가 제안한 특성-요인 이론에 관한 설명으로 틀린 것은?

① 고도로 개별적이고 과학적인 방법을 통해 개인과 직업을 연결하는 것이 핵심이다.
② 사람들은 누구나 신뢰할 수 있고 타당하게 측정될 수 있는 독특한 특성을 가지고 있다.
③ 특성이란 숨어 있는 특징이나 원인이 아니라 기술적인 범주이다.
④ 직업선택은 직접적인 인지과정이기 때문에 개인의 특성과 직업의 특성을 연결하는 것이 가능하다.

04 직업상담 시 한계의 오류를 가진 내담자들이 자신의 견해를 제한하는 방법에 해당하지 않는 것은?

① 예외를 인정하지 않는 것
② 불가능을 가정하는 것
③ 왜곡되게 판단하는 것
④ 어쩔 수 없음을 가정하는 것

05 직업상담의 과정을 순서대로 바르게 나열한 것은?

① 관계형성 – 진단 및 측정 – 개입 – 목표설정 – 평가
② 관계형성 – 목표설정 – 진단 및 측정 – 개입 – 평가
③ 관계형성 – 진단 및 측정 – 목표설정 – 개입 – 평가
④ 관계형성 – 목표설정 – 개인 – 집단 및 측정 – 평가

06 상담의 초기면접 단계에서 일반적으로 고려할 사항이 아닌 것은?

① 통찰의 확대
② 목표의 설정
③ 상담의 구조화
④ 문제의 평가

07 헤어(Herr)가 제시한 직업상담사의 직무내용에 해당되지 않는 것은?

① 상담자는 특수한 상담기법을 통해서 내담자의 문제를 확인하도록 한다.
② 상담자는 내담자의 마음 속에 일어나고 있으며 윤리적으로 적절한 부가적 대안을 확인한다.
③ 직업선택이 근본적인 관심사인 내담자에 대해서는 직업상담 실시를 보류하도록 한다.
④ 내담자에 관한 부가적 정보를 종합한다.

08 자기보고식 가치사정법이 아닌 것은?

① 과거의 선택 회상하기
② 존경하는 사람 기술하기
③ 난관을 극복한 경험 기술하기
④ 백일몽 말하기

09 진로시간전망 검사지를 사용하는 주요 목적과 가장 거리가 먼 것은?

① 목표설정 촉구
② 계획기술 연습
③ 진로계획 수정
④ 진로의식 고취

10 타이드만(Tiedeman)은 어떤 발달단계를 기초로 진로발달이론을 설명하였는가?

① 피아제의 인지발달단계
② 에릭슨의 심리사회발달단계
③ 콜버그의 도덕발달단계
④ 반두라의 인지사회발달단계

11 인지·정서·행동치료(REBT)의 상담기법 중 정서기법에 해당하지 않는 것은?

① 역할연기
② 수치공격 연습
③ 자기관리
④ 무조건적 수용

12 내담자의 인지적 명확성을 사정할 때 고려할 사항이 아닌 것은?

① 직장을 처음 구하는 사람과 직업전환을 하는 사람의 직업상담에 관한 접근은 동일하게 해야 한다.
② 직장인으로서의 역할이 다른 생애역할과 복잡하게 얽혀 있는 경우 생애역할을 함께 고려한다.
③ 직업상담에서는 내담자의 동기를 고려하여 상담이 이루어져야 한다.
④ 우울증과 같은 심리적 문제로 인지적 명확성이 부족한 경우 진로문제에 대한 결정은 당분간 보류하는 것이 좋다.

13 상담에서 비밀보장 예외의 원칙과 가장 거리가 먼 것은?

① 상담자가 슈퍼비전을 받아야 하는 경우
② 심각한 범죄 실행의 가능성이 있는 경우
③ 내담자가 자살을 실행할 가능성이 있는 경우
④ 상담을 의뢰한 교사가 내담자의 상담자료를 요청하는 경우

14 Mitchell과 Krumboltz가 제시한 진로발달과정의 요인에 해당하지 않는 것은?

① 특별한 능력
② 환경 조건
③ 사회성 기술
④ 과제접근 기술

15 초기면담의 유형 중 정보지향적 면담을 위한 상담기법과 가장 거리가 먼 것은?

① 재진술
② 탐색해 보기
③ 폐쇄형 질문
④ 개방형 질문

16 내담자의 작업에 관한 상호역할관계의 사정방법 중 질문을 통해 사정하는 방법에 해당하지 않는 것은?

① 내담자가 삶에서의 역할들을 원으로 그리기
② 내담자가 개입하고 있는 생애역할들을 나열하기
③ 개개 역할에 소요되는 시간의 양을 추정하기
④ 내담자의 가치들을 이용해서 순위 정하기

17 효과적인 집단상담을 위해 고려해야 할 사항이 아닌 것은?

① 집단발달과정 자체를 촉진시켜 주기 위하여 의도적으로 게임을 활용할 수 있다.
② 매 회기가 끝난 후 각 집단 구성원에게 경험보고서를 쓰게 할 수 있다.
③ 집단 내의 리더십을 확보하기 위해 집단 상담자는 반드시 1인이어야 한다.
④ 집단상담 장소는 가능하면 신체활동이 자유로운 크기가 좋다.

18 특성-요인 상담의 목표가 아닌 것은?

① 내담자가 잠재적인 모든 개성을 발달시키는 데 주력한다.
② 내담자가 자기 자신의 가능성을 확인하고 그 가능성을 활용할 수 있게 한다.
③ 내담자가 자신이 필요로 하는 정보를 수집, 분석, 종합할 수 있도록 한다.
④ 내담자가 자신의 문제를 해결하도록 한다.

19 6개의 생각하는 모자(six thinking hats)기법은 무엇을 위한 것인가?

① 직업정보의 수집
② 시간관념의 개선
③ 보유기술의 파악
④ 의사결정의 촉진

20 Ellis의 합리적 정서치료의 정신건강 기준에 관한 설명으로 옳은 것은?

① 사회적 관심: 자신의 삶에 책임감이 있고 독립적이다.
② 관용: 변화에 대해 수긍하고 타인에게 편협한 견해를 갖지 않는다.
③ 몰입: 실수하는 사람들을 비난하지 않는다.
④ 과학적 사고: 깊게 느끼고 구체적으로 행동할 수 있다.

제2과목 직업심리학

빈출

21 셀리에(Selye)의 스트레스에서의 일반적응 증후군에 관한 설명으로 옳지 않은 것은?

① 스트레스의 결과가 신체 부위에 영향을 준다는 뜻에서 일반적이라 명명했다.
② 스트레스의 원인으로부터 신체가 대처하도록 한다는 의미에서 적응이라 명명했다.
③ 경계단계는 정신적 혹은 육체적 위험에 노출되었을 때 즉각적인 반응을 보이는 단계이다.
④ 탈진단계에서 심장병을 잘 유발하는 성격의 B유형은 흥분을 가라앉히지 않는다.

22 승진을 하려면 지방근무를 해야만 하고, 서울 근무를 계속하려면 승진 기회를 잃는 경우에 겪는 갈등의 유형은?

① 접근-접근 갈등
② 회피-회피 갈등
③ 접근-회피 갈등
④ 이중접근-회피 갈등

23 지능지수(IQ)의 계산방법으로 옳은 것은?

① Z점수에 일정수의 편차를 곱하고 평균치를 100으로 정하여 더한 것이다.
② T점수에 일정수의 편차를 곱하고 평균치를 100으로 정하여 더한 것이다.
③ Z점수에 일정수의 편차를 더하고 평균치를 100으로 정하여 더한 것이다.
④ T점수에 일정수의 편차를 더하고 평균치를 100으로 정하여 더한 것이다.

24 Super의 직업발달 단계를 바르게 나열한 것은?

① 성장기 → 확립기 → 탐색기 → 유지기 → 쇠퇴기
② 탐색기 → 성장기 → 유지기 → 확립기 → 쇠퇴기
③ 성장기 → 탐색기 → 확립기 → 유지기 → 쇠퇴기
④ 탐색기 → 유지기 → 성장기 → 확립기 → 쇠퇴기

25 Bandura가 제시한 것으로, 어떤 과제를 수행하는 데 있어서 자신의 능력에 대한 믿음이 과제 시도의 여부와 과제를 어떻게 수행하는지를 결정한다는 것은?

① 자기통제 이론
② 자기판단 이론
③ 자기개념 이론
④ 자기효능감 이론

빈출

26 Roe의 욕구이론에 관한 설명으로 옳은 것은?

① 심리적 에너지가 흥미를 결정하는 중요한 요소라고 본다.
② 청소년기 부모-자녀 간의 관계에서 생긴 욕구가 직업선택에 영향을 미친다는 이론이다.
③ 부모의 사랑을 제대로 받지 못하고 거부적인 분위기에서 성장한 사람은 다른 사람들과 함께 일하고 접촉하는 서비스 직종의 직업을 선호한다.
④ 직업군을 10가지로 분류한다.

27 직업적성검사인 GATB에서 측정하는 적성요인에 해당하지 않는 것은?

① 기계적성
③ 사무지각
② 공간적성
④ 손의 기교도

28 다음의 특성을 가진 직무분석기법은?

- 미국 퍼듀대학교의 매코믹(McCormick)이 개발했다.
- 행동중심적 직무분석기법(behavior-oriented job analysis method)이다.
- 6가지의 범주 및 187개 항목으로 구성되었다.
- 개별직무에 대해 풍부한 정보를 획득할 수 있는 장점이 있으나, 성과표준을 직접 산출하는 데는 무리가 따른다는 단점을 지니고 있다.

① 직무과제분석(JTA)
② 기능적 직무분석(FJA)
③ 직위분석질문지(PAQ)
④ 관리직기술질문지(MPDQ)

29 적성검사의 결과에서 중앙값이 의미하는 것은?

① 100점 만점에서 50점을 획득하였다.
② 자신이 얻을 수 있는 최고 점수를 얻었다.
③ 적성검사에서 도달해야 할 준거점수를 얻었다.
④ 같은 또래집단의 점수분포에서 평균점수를 얻었다.

30 조직 감축에서 살아남은 구성원들이 조직에 대해 보이는 전형적인 반응은?

① 살아남은 구성원들은 조직에 대해 높은 신뢰감을 가지고 있다.
② 더 많은 일을 해야 하고, 종종 불이익도 감수한다.
③ 살아남은 구성원들은 다른 직무나 낮은 수준의 직무로 이동하는 것을 거부한다.
④ 조직 감축에서 살아남은 데 만족하며 조직 몰입을 더 많이 한다.

31 직무분석 정보를 수집하는 기법 중 다음과 같은 장점을 지닌 것은?

- 효율적이고 비용이 적게 든다.
- 동일한 직무의 재직자 간의 차이를 보여준다.
- 공통적인 직무차원 상에서 상이한 직무들을 비교하기가 쉽다.

① 관찰법
② 면접법
③ 설문지법
④ 작업일지법

32 사회인지진로이론(SCCT; Social Cognitive Career Theory)에 대한 설명으로 옳지 않은 것은?

① Bandura의 사회학습이론에 토대를 두며 환경, 개인적 요인, 행동 사이의 상호작용을 중시한다.
② 개인의 진로선택과 수행에 영향을 미치는 성(gender)과 문화적 이슈 등에 민감하다.
③ 개인의 사고와 인지는 기억과 신념, 선호, 자기지각에 영향을 미치며 이는 진로발달 과정의 일부이다.
④ 진로발달의 기본이 되는 핵심 개념으로 자아효능감과 수행결과, 개인적 목표를 들고 있다.

33 긴즈버그(Ginzberg)가 제시한 진로발달단계가 아닌 것은?
① 환상기　② 잠정기
③ 현실기　④ 적응기

34 데이비스와 롭퀴스트(Dawis & Lofquist)의 직업적응이론에서 적응양식의 차원에 해당하지 않는 것은?
① 의존성(dependence)
② 적극성(activeness)
③ 반응성(reactiveness)
④ 인내(perseverance)

35 다음 중 인지능력을 평가하는 검사에 해당하는 것은?
① MMPI　② WAIS
③ MBTI　④ Big5

36 경력개발을 위한 교육훈련을 실시할 때 가장 먼저 고려해야 하는 사항은?
① 사용가능한 훈련방법에는 어떤 것들이 있는지에 대한 고찰
② 현 시점에서 어떤 훈련이 필요한지에 대한 요구분석
③ 훈련프로그램의 효과를 평가하고 개선할 수 있는 방안을 계획하고 수립
④ 훈련방법에 따른 구체적인 훈련프로그램 개발

37 직업선택 과정에 대한 설명으로 옳은 것은?
① 직업에 대해 정확한 정보만 가지고 있으면 직업을 효과적으로 선택할 수 있다.
② 주로 성년기에 이루어지기 때문에 어릴 때 경험은 영향력이 없다.
③ 개인적인 문제이기 때문에 가족이나 환경의 영향은 관련이 없다.
④ 일생 동안 계속 이루어지는 과정이기 때문에 다양한 시기에서 도움이 필요하다.

38 다음에 해당하는 직무 및 조직 관련 스트레스 요인은?

> 직장 내 요구들 간의 모순 혹은 직장의 요구와 직장 밖 요구 사이의 모순이 있을 때 발생한다.

① 역할갈등　② 역할과다
③ 과제특성　④ 역할 모호성

39 "어떤 흥미검사(A)의 신뢰도가 높다"고 하는 말의 의미는?

① 어떤 사람이 흥미검사(A)를 처음 치렀을 때 받은 점수가 얼마 후 다시 치렀을 때의 점수와 비슷하다.
② 흥미검사(A)가 원래 재고자 했던 흥미영역을 재고 있다.
③ 그 흥미검사(A)와 그와 유사한 목적을 가진 다른 종류의 흥미검사(B)의 점수가 유사하다.
④ 흥미검사(A)가 흥미에 대해 가장 포괄적으로 측정하고 있다.

40 심리검사를 실시할 때 지켜야 할 사항과 가장 거리가 먼 것은?

① 검사의 구두 지시사항을 미리 충분히 숙지한다.
② 지나친 소음과 방해자극이 없는 곳에서 검사를 실시한다.
③ 수검자에 대한 관심과 협조, 격려를 통해 수검자로 하여금 검사를 성실히 하도록 한다.
④ 수검자에게 검사결과를 통보할 때는 일상적인 용어보다 통계적인 숫자나 용어를 중심으로 전달해야 한다.

제3과목 직업정보론

41 고용노동통계조사의 각 항목별 조사주기의 연결로 틀린 것은?

① 사업체 노동력 조사: 연 1회
② 시도별 임금 및 근로시간 조사: 연 1회
③ 지역별 사업체 노동력 조사: 연 2회
④ 기업체 노동비용 조사: 연 1회

빈출

42 민간직업정보와 비교한 공공직업정보의 특성에 관한 설명과 가장 거리가 먼 것은?

① 필요한 시기에 최대한 활용되도록 한시적으로 신속하게 생산 및 운영된다.
② 광범위한 이용가능성에 따라 공공직업정보 체계에 대한 직접적이며 객관적인 평가가 가능하다.
③ 특정 분야 및 대상에 국한되지 않고 전체 산업 및 업종에 걸친 직종 등을 대상으로 한다.
④ 직업별로 특정한 정보만을 강조하지 않고 보편적인 항목으로 이루어진 기초적인 직업정보체계로 구성되어 있다.

빈출

43 직업정보를 제공하는 유형별 방식의 설명이다. ( ) 안에 가장 알맞은 것은?

유형	비용	학습자 참여도	접근성
인쇄물	(ㄱ)	수동	용이
면접	저	(ㄴ)	제한적
직업경험	고	적극	(ㄷ)

① ㄱ - 고, ㄴ - 적극, ㄷ - 용이
② ㄱ - 고, ㄴ - 수동, ㄷ - 제한적
③ ㄱ - 저, ㄴ - 적극, ㄷ - 제한적
④ ㄱ - 저, ㄴ - 수동, ㄷ - 용이

빈출
44 다음은 한국표준직업분류(제8차)에서 직업분류의 일반원칙이다. (   )에 알맞은 것은?

> 동일하거나 유사한 직무는 어느 경우에든 같은 단위직업으로 분류되어야 한다는 점이다. 하나의 직무가 동일한 직업단위 수준에서 2개 혹은 그 이상의 직업으로 분류될 수 있다면 (   )의 원칙을 위반한 것이라 할 수 있다.

① 단일성
② 배타성
③ 포괄성
④ 경제성

빈출
45 실기능력이 중요하여 고용노동부령이 정하는 필기시험이 면제되는 기능사 종목이 아닌 것은?

① 측량기능사
② 도화기능사
③ 도배기능사
④ 방수기능사

빈출
46 한국표준산업분류(제11차)의 산업결정방법에 관한 설명으로 틀린 것은?

① 생산단위의 산업활동은 그 생산단위가 수행하는 주된 산업활동의 종류에 따라 결정된다.
② 계절에 따라 정기적으로 산업을 달리하는 사업체의 경우에는 조사시점에 경영하는 사업과는 관계없이 조사대상 기간 중 산출액이 많았던 활동에 의하여 분류된다.
③ 단일사업체의 보조단위는 그 사업체의 일개 부서로 포함하지 않고 별도의 사업체로 처리한다.
④ 휴업 중 또는 자산을 청산 중인 사업체의 산업은 영업 중 또는 청산을 시작하기 이전의 산업활동에 의하여 결정하며, 설립 중인 사업체는 개시하는 산업활동에 따라 결정한다.

빈출
47 다음은 한국표준산업분류(제11차)의 분류 정의 중 무엇에 대한 설명인가?

> 각 생산단위가 노동, 자본, 원료 등 자원을 투입하여, 재화 또는 서비스를 생산 또는 제공하는 일련의 활동 과정

① 산업
② 산업활동
③ 생산활동
④ 산업분류

빈출
48 국민내일배움카드 제도의 지원을 받을 수 있는 자는?

① 만 65세 이상인 사람
② 「사립학교교직원 연금법」을 적용받고 현재 재직 중인 사람
③ 「군인연금법」을 적용받고 현재 재직 중인 사람
④ 지방자치단체로부터 훈련비를 지원받는 훈련에 참여하는 사람

내용 개정으로 더 이상 유효하지 않은 문제입니다.
49 워크넷(직업·진로)에서 제공하는 정보가 아닌 것은?

① 학과정보
② 직업동영상
③ 직업심리검사
④ 국가직무능력표준(NCS)

빈출
50 한국직업사전의 직무기능 자료(data) 항목 중 무엇에 관한 설명인가?

- 데이터의 분석에 기초하여 시간, 장소, 작업 순서, 활동 등을 결정한다.
- 결정을 실행하거나 상황을 보고한다.

① 종합 ② 조정
③ 계산 ④ 수집

빈출
51 한국표준직업분류(2025)에서 포괄적인 업무에 대해 적용하는 직업분류 원칙을 순서대로 바르게 나열한 것은?

① 주된 직무 → 최상급 직능수준 → 생산업무
② 최상급 직능수준 → 주된 직무 → 생산업무
③ 최상급 직능수준 → 생산업무 → 주된 직무
④ 생산업무 → 최상급 직능수준 → 주된 직무

빈출
52 한국직업사전의 부가직업정보 중 작업강도에 관한 설명 중 틀린 것은?

①	아주 힘든 작업	40kg 이상의 물건을 들어올리고 20kg 이상의 물건을 빈번히 들어올리거나 운반한다.
②	힘든 작업	최고 20kg의 물건을 들어올리고 10kg 정도의 물건을 빈번히 들어올리거나 운반한다.
③	가벼운 작업	최고 8kg의 물건을 들어올리고 4kg 정도의 물건을 빈번히 들어올리거나 운반한다.
④	아주 가벼운 작업	최고 4kg의 물건을 들어올리고, 때때로 장부, 소도구 등을 들어올리거나 운반한다.

53 국가기술자격종목 중 건설기계설비기사, 공조냉동기계기사, 승강기기사 자격이 공통으로 해당되는 직무분야는?

① 건설분야
② 재료분야
③ 기계분야
④ 안전관리분야

54 고용24에서 제공하는 학과정보 중 공학계열에 해당하는 것은?

① 생명과학과
② 조경학과
③ 통계학과
④ 응용물리학과

55 서비스 분야 국가기술자격의 단일 등급에 해당하지 않는 직종은?

① 스포츠경영관리사
② 텔레마케팅관리사
③ 게임그래픽전문가
④ 전자상거래관리사

56 고용24에서 채용정보 상세검색에 관한 설명으로 틀린 것은?

① 최대 10개의 직종선택이 가능하다.
② 연령별 채용정보를 검색할 수 있다.
③ 재택근무 가능 여부를 검색할 수 있다.
④ 최저희망임금은 연봉, 월급, 일급, 시급별로 입력할 수 있다.

57 직업정보관리에 관한 설명으로 틀린 것은?

① 직업정보의 범위는 개인에 대한 정보, 직업에 대한 정보, 미래에 대한 정보 등으로 구성되어 있다.
② 직업정보원은 정부부처, 정부투자출연기관, 단체 및 협회, 연구소, 기업과 개인 등이 있다.
③ 직업정보 가공 시에는 전문적인 지식이 없이도 이해할 수 있도록 가급적 평이한 언어로 제공되어야 하며 직무의 장·단점을 편견 없이 제공하여야 한다.
④ 개인의 정보는 보호되어야 하기 때문에 구직 시에 연령, 학력 및 경력 등의 취업과 관련된 정보는 제한적으로 제공되어야 한다.

58 고용정책 중 일자리 창출을 위한 정책과 가장 거리가 먼 것은?

① 고용유지지원금
② 실업크레딧 지원
③ 일자리 함께하기 지원
④ 사회적기업 육성

59 한국표준직업분류(제8차)에서 직업의 성립조건에 대한 설명으로 옳은 것은?

① 사회복지시설 수용자의 시설 내 경제활동은 직업으로 보지 않는다.
② 이자나 주식배당으로 자산 수입이 있는 경우는 직업으로 본다.
③ 자기 집의 가사 활동도 직업으로 본다.
④ 속박된 상태에서의 제반활동이 경제성이나 계속성이 있으면 직업으로 본다.

60 재직자 대상 설문조사를 통해 직업정보를 수집하고자 한다. 설문지의 질문 순서에 관한 설명으로 틀린 것은?

① 특수한 것을 먼저 묻고 그 다음에 일반적인 것을 질문하도록 하는 것이 좋다.
② 질문 내용은 가급적 구체적인 용어로 표현하는 것이 좋다.
③ 개인 연봉에 관한 질문과 같이 민감한 질문은 가급적 뒤로 배치하는 것이 좋다.
④ 질문은 논리적인 순서에 따라 자연스럽게 배치하는 것이 좋다.

제4과목 노동시장론

61 노조의 단체교섭 결과가 비조합원에게도 혜택이 돌아가는 현실에서 노동조합의 조합원이 아닌 비조합원에게도 단체교섭의 당사자인 노동조합이 회비를 징수하는 숍(shop)제도는?

① 유니온 숍(union shop)
② 에이전시 숍(agency shop)
③ 클로즈드 숍(closed shop)
④ 오픈 숍(open shop)

62 임금의 보상격차에 관한 설명으로 틀린 것은?

① 근무조건이 열악한 곳으로 전출되면 임금이 상승한다.
② 성별격차도 임금의 보상격차이다.
③ 물가가 높은 곳에서 근무하면 임금이 상승한다.
④ 더 높은 비용이 소요되는 훈련을 요구하는 직종의 임금이 상대적으로 높다.

63 구인처에서 요구하는 기술을 갖춘 근로자가 없어서 발생하는 실업은?

① 구조적 실업
② 잠재적 실업
③ 마찰적 실업
④ 자발적 실업

64 다음 중 2차 노동시장의 특징에 해당되는 것은?

① 높은 임금
② 높은 안정성
③ 높은 이직률
④ 높은 승진율

65 연공급의 특징과 가장 거리가 먼 것은?

① 기업에 대한 귀속의식 제고
② 전문기술인력 확보 곤란
③ 근로자에 대한 교육훈련의 효과 제고
④ 인건비 부담 감소

66 노동 수요측면에서 비정규직 증가의 원인과 가장 거리가 먼 것은?

① 세계화에 따른 기업 간 경쟁 환경의 변화
② 정규직 근로자 해고의 어려움
③ 고학력 취업자의 증가
④ 정규노동자 고용비용의 증가

67 임금이 하방경직적인 이유와 가장 거리가 먼 것은?

① 장기노동계약
② 물가의 지속적 상승
③ 강력한 노동조합의 존재
④ 노동자의 역선택 발생 가능성

68 K회사는 4번째 직원을 채용할 때, 모든 근로자의 시간당 임금을 8천 원에서 9천 원으로 인상할 것이다. 만약 4번째 직원의 시간당 한계수입생산이 1만 원이라면 K회사가 4번째 직원을 새로 고용함에 따라 얻을 수 있는 시간당 이윤은?

① 1천 원 증가 ② 2천 원 증가
③ 1천 원 감소 ④ 2천 원 감소

69 다음 중 성과급 제도를 채택하기 어려운 경우는?

① 근로자의 노력과 생산량과의 관계가 명확한 경우
② 생산원가 중에서 노동비용에 대한 통제가 필요하지 않은 경우
③ 생산량의 질(quality)이 일정한 경우
④ 생산량이 객관적으로 측정 가능한 경우

70 다음 중 기업의 종업원 주식소유제 혹은 종업원지주제 도입의 목적이 아닌 것은?

① 새로운 일자리 창출
② 기업금융 및 재무구조의 건전화 수단
③ 종업원의 기업인수 지원을 통한 고용안전 도모
④ 공격적 기업인수 및 합병에 대한 효과적 방어수단

빈출

71 경기침체에도 불구하고 실업률이 크게 높아지지 않았다면 그 이유로 가장 적합한 것은?

① 부가노동자효과가 실망노동자효과보다 컸기 때문이다.
② 실망노동자효과가 부가노동자효과보다 컸기 때문이다.
③ 실망노동자효과와 부가노동자효과의 크기가 비슷했기 때문이다.
④ 실망노동자효과가 없었기 때문이다.

72 단체교섭에 관한 설명으로 틀린 것은?

① 단체협약은 노동조합과 사용자단체가 단체교섭 후 협의된 사항을 문서로 남긴 것으로 강제적 효력이 있다.
② 경영자가 정당한 사유 없이 단체교섭을 거부하는 행위는 불법행위에 해당한다.
③ 이익분쟁은 임금 및 근로조건 등에 합의하지 못해 발생하는 분쟁이다.
④ 노동자들이 하는 쟁의행위에는 파업, 태업, 직장폐쇄 등의 방법이 있다.

73 일부 사람들이 실업급여를 계속 받기 위해 채용될 가능성이 매우 낮은 곳에서만 일자리를 탐색하며 실업상태를 유지하고 있다. 다음 중 이런 사람들이 실업자가 아니라 일할 의사가 없다는 이유로 비경제활동인구로 분류될 때 나타나는 현상으로 옳은 것은?

① 실업률과 경제활동참가율 모두 높아진다.
② 실업률과 경제활동참가율 모두 낮아진다.
③ 실업률은 낮아지는 반면, 경제활동참가율은 높아진다.
④ 실업률은 높아지는 반면, 경제활동참가율은 낮아진다.

74 A국의 취업자가 200만 명, 실업자가 10만 명, 비경제활동인구가 100만 명이라고 할 때, A국의 경제활동참가율은?

① 약 66.7% ② 약 67.7%
③ 약 69.2% ④ 약 70.2%

75 A국가의 경제활동참가율이 50%이고, 생산가능인구와 취업자가 각각 100만 명, 40만 명이라고 할 때, 이 국가의 실업률은?

① 5%   ② 10%
③ 15% ④ 20%

76 임금체계에 대한 설명으로 틀린 것은?

① 직무급은 조직의 안정화에 따른 위계질서 확립이 용이하다는 장점이 있다.
② 연공급의 단점 중 하나는 직무성과와 관련 없는 비합리적인 인건비 지출이 생긴다는 점이다.
③ 직능급은 직무수행능력을 기준으로 하여 각 근로자의 임금을 결정하는 임금체계이다.
④ 연공급의 기본적인 구조는 연령, 근속, 학력, 남녀별 요소에 따라 임금을 결정하는 것으로, 정기승급의 축적에 따라 연령별로 필요생계비를 보장해주는 원리에 기초하고 있다.

77 노동공급곡선이 그림과 같을 때 임금이 W_0 이상으로 상승한 경우의 설명으로 옳은 것은?

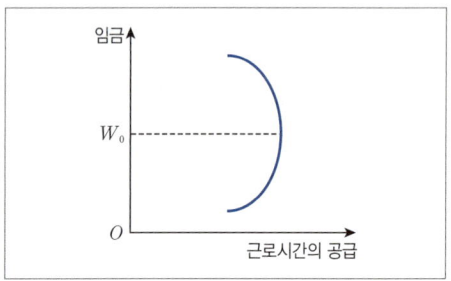

① 대체효과가 소득효과를 압도한다.
② 소득효과가 대체효과를 압도한다.
③ 대체효과가 규모효과를 압도한다.
④ 규모효과가 대체효과를 압도한다.

78 다음 중 분단노동시장 가설이 암시하는 정책적 시사점과 가장 거리가 먼 것은?

① 노동시장의 공급측면에 대한 정부개입 또는 지원을 지나치게 강조하는 것에 대해 부정적이다.
② 공공적인 고용기회의 확대나 임금보조, 차별대우 철폐를 주장한다.
③ 외부노동시장의 중요성을 강조한다.
④ 노동의 인간화를 도모하기 위한 의식적인 정책 노력이 필요하다.

79 우리나라에 10개의 야구공 생산업체가 있다. 야구공은 개당 1,000원에 거래되고 있다. 각 기업 야구공의 생산함수와 노동의 한계생산은 다음과 같다.

> $Q = 600L - 3L^2$ $MP_L = 600 - 6L$
> (단, Q는 야구공 생산량, L은 근로자의 수, MP_L은 노동의 한계생산이다.)

우리나라에 야구공을 만드는 기술을 가진 근로자가 500명 있으며, 이들의 노동공급이 완전 비탄력적이고 야구공의 가격은 일정하다고 할 때, 균형임금수준은 얼마인가?

① 100,000원
② 200,000원
③ 300,000원
④ 400,000원

80 직업별 노동조합(craft union)에 관한 설명으로 틀린 것은?

① 동일직업의 노동자들이 소속기업이나 공장에 관계없이 가입한 횡적 조직이었다.
② 저임금의 미숙련노동자, 여성, 연소노동자들도 조합에 가입할 수 있었다.
③ 조합원 간의 연대를 강화하기 위해 공제활동에 의한 조합원 간의 상호부조에 주력했다.
④ 산업혁명 초기 숙련노동자가 노동시장을 독점하기 위한 조직으로 결성되었다.

제5과목 노동관계법규

81 남녀고용평등과 일·가정 양립 지원에 관한 법령상 직장 내 성희롱의 금지 및 예방에 관한 설명으로 틀린 것은?

① 사업주, 상급자 또는 근로자는 직장 내 성희롱을 하여서는 아니 된다.
② 사업주는 성희롱 예방교육을 고용노동부장관이 지정하는 기관에 위탁하여 실시할 수 있다.
③ 누구든지 직장 내 성희롱 발생 사실을 알게 된 경우 그 사실을 해당 사업주에게 신고할 수 있다.
④ 사업주는 직장 내 성희롱 예방교육을 연 2회 이상 하여야 한다.

82 헌법상 근로에 관한 설명으로 틀린 것은?

① 모든 국민은 근로의 권리를 가진다.
② 모든 국민은 근로의 의무를 진다.
③ 연소자의 근로는 특별한 보호를 받는다.
④ 근로 기회의 제공을 통하여 생활무능력자에 대한 국가적 보호 의무를 증가시킨다.

83 직업안정법상 직업소개사업을 겸업할 수 있는 것은?

① 「결혼중개업의 관리에 관한 법률」상 결혼중개업
② 「공중위생관리법」상 숙박업
③ 「식품위생법」상 식품접객업 중 유흥주점영업
④ 「식품위생법」상 식품접객업 중 일반음식점영업

84 남녀고용평등과 일·가정 양립 지원에 관한 법령상 다음 (   ) 안에 각각 알맞은 것은?

> 제18조의2(배우자 출산휴가) ① 사업주는 근로자가 배우자의 출산을 이유로 휴가(이하 "배우자 출산휴가"라 한다)를 고지하는 경우에 (ㄱ)일의 휴가를 주어야 한다. (이하 생략)
> ③ 배우자 출산휴가는 근로자의 배우자가 출산한 날부터 (ㄴ)일이 지나면 사용할 수 없다.

① ㄱ: 5, ㄴ: 30   ② ㄱ: 5, ㄴ: 90
③ ㄱ: 10, ㄴ: 30 ④ ㄱ: 20, ㄴ: 120

85 고용보험법령상 심사 및 재심사 청구에 관한 설명으로 옳지 않은 것은?

① 실업급여에 관한 처분에 이의가 있는 자는 고용보험심사관에게 심사를 청구할 수 있다.
② 심사 및 재심사의 청구는 시효중단에 관하여 재판상의 청구로 본다.
③ 재심사청구인은 법정대리인 외에 자신의 형제자매를 대리인으로 선임할 수 없다.
④ 고용보험심사관은 원칙적으로 심사청구를 받으면 30일 이내에 그 심사청구에 대한 결정을 하여야 한다.

86 고용상 연령차별금지 및 고령자고용촉진에 관한 법령상 용어 정의에 관한 설명으로 틀린 것은?

① '고령자'란 인구와 취업자의 구성 등을 고려하여 55세 이상인 자를 말한다.
② '준고령자'는 50세 이상 55세 미만인 사람으로 고령자가 아닌 자를 말한다.
③ '근로자'란 「노동조합 및 노동관계 조정법」에 따른 근로자를 말한다.
④ '사업주'란 근로자를 사용하여 사업을 하는 자를 말한다.

87 헌법 제32조에 명시된 내용이 아닌 것은?

① 연소자의 근로는 특별한 보호를 받는다.
② 근로조건의 기준은 인간의 존엄성을 보장하도록 법률로 정한다.
③ 여자의 근로는 특별한 보호를 받으며, 고용·임금 및 근로조건에 있어서 부당한 차별을 받지 아니한다.
④ 국가는 사회적·경제적 방법으로 근로자의 고용의 증진과 최저임금의 보장에 노력하여야 한다.

88 고용보험법상 구직급여의 수급요건에 해당하지 않는 것은?

① 이직일 이전 18개월간 피보험 단위기간이 합산하여 180일 이상일 것
② 근로의 의사와 능력이 있음에도 불구하고 취업하지 못한 상태에 있을 것
③ 전직 또는 자영업을 하기 위하여 이직한 경우
④ 재취업을 위한 노력을 적극적으로 할 것

89 근로기준법령상 임금채권의 소멸시효기간은?

① 1년   ② 2년
③ 3년   ④ 5년

90 근로기준법령상 여성의 보호에 관한 설명으로 옳은 것은?

① 사용자는 임신 중의 여성이 명시적으로 청구하는 경우 고용노동부장관의 인가를 받으면 휴일에 근로를 시킬 수 있다.
② 여성은 보건·의료, 보도·취재 등의 일시적 사유가 있더라도 갱내(坑內)에서 근로를 할 수 없다.
③ 사용자는 여성 근로자가 청구하면 월 3일의 유급생리휴가를 주어야 한다.
④ 사용자는 여성을 휴일에 근로시키려면 근로자대표의 서면 동의를 받아야 한다.

91 고용정책기본법령상 지역고용심의회에 관한 설명으로 틀린 것은?

① 지역고용심의회는 위원장 1명을 포함한 30명 이내의 위원으로 구성한다.
② 위원장은 시·도지사가 된다.
③ 시·도의 고용촉진, 직업능력개발 및 실업대책에 관한 중요사항을 심의한다.
④ 지역고용심의회 전문위원회의 위원은 시·도지사가 임명하거나 위촉한다.

빈출
92 국민 평생 직업능력 개발법상 직업능력개발훈련의 기본원칙으로 명시되지 않은 것은?

① 직업능력개발훈련은 국민 개개인의 희망·적성·능력에 맞게 국민의 생애에 걸쳐 체계적으로 실시되어야 한다.
② 직업능력개발훈련은 민간의 자율과 창의성이 존중되도록 하여야 하며 노사의 참여와 협력을 바탕으로 실시되어야 한다.
③ 제조업의 생산직에 종사하는 근로자의 직업능력개발훈련은 중요시되어야 한다.
④ 직업능력개발훈련은 국민의 직무능력과 고용가능성을 높일 수 있도록 지역·산업현장의 수요가 반영되어야 한다.

93 고용정책 기본법령상 고용정보시스템 구축·운영을 위해 수집해야 할 정보로 명시되지 않은 것은?

① 사업자등록증
② 주민등록등본·초본
③ 장애 정도
④ 부동산등기부등본

94 기간제 및 단시간근로자 보호 등에 관한 법률상 사용자가 기간제 근로자와 근로계약을 체결하는 때에 서면으로 명시하여야 하는 사항을 모두 고른 것은?

ㄱ. 근로계약기간에 관한 사항
ㄴ. 근로시간·휴게에 관한 사항
ㄷ. 휴일·휴가에 관한 사항
ㄹ. 취업의 장소와 종사하여야 할 업무에 관한 사항

① ㄱ, ㄴ
② ㄴ, ㄷ, ㄹ
③ ㄱ, ㄷ, ㄹ
④ ㄱ, ㄴ, ㄷ, ㄹ

빈출
95 고용정책 기본법상 고용노동부장관이 실시하는 실업대책사업에 해당하지 않는 것은?

① 실업자 가족의 의료비 지원
② 고용 촉진과 관련된 사업을 하는 자에 대한 대부(貸付)
③ 고용재난지역의 선포
④ 실업자에 대한 공공근로사업

96 근로기준법령상 임금에 관한 설명으로 틀린 것은?

① 사용자의 귀책사유로 휴업하는 경우에 사용자는 휴업기간 동안 그 근로자에게 평균임금의 100분의 80 이상의 수당을 지급하여야 한다.
② 단체협약에 특별한 규정이 있는 경우에는 임금의 일부를 공제할 수 있다.
③ 임금은 매월 1회 이상 일정한 날짜를 정하여 지급하는 것이 원칙이다.
④ 임금채권은 3년간 행사하지 아니하면 시효로 소멸된다.

97 고용보험법상 피보험자격의 취득일과 상실일에 관한 설명으로 틀린 것은?

① 피보험자가 사망한 경우에는 사망한 날의 다음 날에 피보험자격을 상실한다.
② 적용제외 근로자였던 사람이 이 법의 적용을 받게 된 경우 그 사업에 고용된 날에 피보험자격을 취득한 것으로 본다.
③ 「고용산재보험료징수법」에 따른 보험관계 성립일 전에 고용된 근로자의 경우에는 그 보험관계가 성립한 날 피보험자격을 취득한 것으로 본다.
④ 피보험자가 적용제외 근로자에 해당하게 된 경우 그 적용제외 대상자가 된 날에 피보험자격을 상실한다.

98 개인정보보호법령상 개인정보보호위원회(이하 "보호위원회"라 한다)에 관한 설명으로 틀린 것은?

① 대통령 소속으로 보호위원회를 둔다.
② 보호위원회는 상임위원 2명을 포함한 9명의 위원으로 구성한다.
③ 보호위원회의 회의는 재적위원 과반수의 출석으로 개의하고, 출석위원 과반수의 찬성으로 의결한다.
④ 「정당법」에 따른 당원은 보호위원회 위원이 될 수 없다.

99 고용정책 기본법령상 사업주의 대량고용변동 신고 시 이직하는 근로자 수에 포함되는 자는?

① 수습 사용된 날부터 3개월 이내의 사람
② 자기의 사정 또는 귀책사유로 이직하는 사람
③ 상시 근무를 요하지 아니하는 사람으로 고용된 사람
④ 6개월을 초과하는 기간을 정하여 고용된 사람으로서 해당 기간을 초과하여 계속 고용되고 있는 사람

100 고용정책 기본법령상 고용재난지역에 대한 행정상·재정상·금융상의 특별지원 내용을 모두 고른 것은?

ㄱ. 「국가재정법」에 따른 예비비의 사용
ㄴ. 소상공인을 대상으로 한 조세 관련 법령에 따른 조세 감면
ㄷ. 고용보험·산업재해보상보험 보험료 또는 징수금 체납처분의 유예
ㄹ. 중앙행정기관 및 지방자치단체가 실시하는 일자리사업에 대한 특별지원

① ㄱ, ㄴ, ㄷ
② ㄱ, ㄷ, ㄹ
③ ㄴ, ㄹ
④ ㄱ, ㄴ, ㄷ, ㄹ

2024년 [3회 복원문제]

빠른 정답 체크!

직업상담학		직업심리학		직업정보론		노동시장론		노동관계법규	
01	③	21	④	41	①	61	②	81	④
02	①	22	③	42	①	62	②	82	④
03	③	23	①	43	③	63	①	83	④
04	③	24	③	44	②	64	③	84	④
05	③	25	④	45	①	65	④	85	③
06	①	26	①	46	③	66	③	86	③
07	③	27	①	47	②	67	②	87	④
08	③	28	③	48	①	68	④	88	③
09	③	29	④	49	④	69	②	89	③
10	②	30	②	50	②	70	①	90	①
11	③	31	③	51	①	71	②	91	①
12	①	32	④	52	②	72	④	92	③
13	④	33	④	53	③	73	②	93	④
14	③	34	①	54	②	74	②	94	④
15	①	35	②	55	④	75	④	95	③
16	①	36	②	56	②	76	①	96	①
17	③	37	④	57	④	77	②	97	②
18	①	38	①	58	②	78	③	98	①
19	④	39	①	59	①	79	③	99	④
20	④	40	④	60	①	80	②	100	④

2023년

1회 복원문제

2회 복원문제

3회 복원문제

2023년 1회 복원문제

정답과 해설 ▶ P. 87~99

제1과목　직업상담학

빈출
01 자기인식이 부족한 내담자를 사정할 때 인지에 대한 통찰을 재구조화하거나 발달시키는데 적합한 방법은?

① 직면이나 논리적 분석을 해준다.
② 불안에 대처하도록 심호흡을 시킨다.
③ 은유나 비유를 사용한다.
④ 사고를 재구조화 한다.

02 Harren이 제시한 진로의사결정 유형 중 의사결정에 대한 개인적 책임을 부정하고 외부로 책임을 돌리는 경향이 높은 유형은?

① 합리적 유형
② 투사적 유형
③ 직관적 유형
④ 의존적 유형

03 인지적 명확성 문제의 원인 중 경미한 정신건강 문제의 특성으로 옳은 것은?

① 심각한 약물남용 장애
② 잘못된 결정방식이 진지한 결정 방해
③ 경험부족에서 오는 고정관념
④ 심한 가치관 고착에 따른 고정성

04 행동수정에서 상담자의 역할은?

① 내담자가 사랑하고, 일하고, 노는 자유를 획득하도록 돕는다.
② 내담자의 가족 구성에 대한 정보를 수집한다.
③ 내담자의 주관적 세계를 이해하여 새로운 이해나 선택을 할 수 있도록 돕는다.
④ 내담자의 상황적 단서와 문제행동, 그 결과에 대한 정보를 얻기 위하여 노력한다.

05 직업상담사의 윤리강령으로 옳지 않은 것은?

① 직업상담사는 개인이나 사회에 임박한 위험이 있더라도 개인정보의 보호를 위하여 내담자의 정보를 누설하지 말아야 한다.
② 직업상담사는 내담자에 관한 정보를 교육 장면이나 연구에 사용할 경우에는 내담자와 합의 후 사용하되 그 정체가 노출되지 않도록 한다.
③ 직업상담사는 소속 기관과의 갈등이 있을 경우 내담자의 복지를 우선적으로 고려해야 한다.
④ 직업상담사는 상담 관계의 형식, 방법, 목적을 설정하고 그 결과에 대하여 내담자와 협의한다.

06 특성-요인 상담의 특징으로 틀린 것은?

① 상담자 중심의 상담방법이다.
② 문제의 객관적 이해보다는 내담자에 대한 정서적 이해에 중점을 둔다.
③ 내담자에게 정보를 제공하고 학습기술과 사회적 적응기술을 알려 주는 것을 중요시한다.
④ 사례연구를 상담의 중요한 자료로 삼는다.

[빈출]
07 6개의 생각하는 모자(six thinking hats) 기법에서 모자의 색상별 역할에 관한 설명으로 옳은 것은?

① 청색 – 낙관적이며, 모든 일이 잘 될 것이라고 생각한다.
② 적색 – 직관에 의존하고, 직감에 따라 행동한다.
③ 흑색 – 본인과 직업들에 대한 사실들만을 고려한다.
④ 황색 – 새로운 대안들을 찾으려 노력하고, 문제들을 다른 각도에서 바라본다.

08 다음 ( ) 안에 알맞은 용어로 바르게 짝지어진 것은?

생애진로사정의 구조는 진로시정, (ㄱ), 강점과 장애 및 (ㄴ)(으)로 이루어진다.

① ㄱ: 진로요약
  ㄴ: 하루에 대한 묘사
② ㄱ: 일의 경험
  ㄴ: 요약
③ ㄱ: 전형적인 하루
  ㄴ: 요약
④ ㄱ: 훈련과정과 관심사
  ㄴ: 내담자 자신의 용어 사용

09 교류분석에서 시간의 구조화에 해당하지 않는 것은?

① 의식
② 친밀관계
③ 공생관계
④ 소일

10 다음 현상을 설명하는 인간중심상담의 개념은?

은희는 방을 치우면 엄마가 좋아하기 때문에 용돈이 생기는 것도 아니지만 친구들과의 약속보다도 좋아서 방청소를 열심히 한다.

① 가치의 조건화
② 일치성
③ 동일시
④ 자기실현 경향성

11 실존주의 상담에 관한 설명으로 틀린 것은?

① 정형화된 상담 모형과 상담자 훈련 프로그램이 마련되어 있지 않은 것이 한계점이다.
② 인간을 자기인식 능력을 지닌 존재로 본다.
③ 상담자는 내담자가 스스로 삶의 의미와 목적을 발견하고, 삶을 주체적으로 선택하고 책임지도록 돕는 것을 목표로 한다.
④ 실존주의 상담에서 가정하는 인간의 궁극적 관심사는 무의식의 자각이다.

12 Parsons가 제안한 특성-요인 이론에 관한 설명으로 틀린 것은?

① 고도로 개별적이고 과학적인 방법을 통해 개인과 직업을 연결하는 것이 핵심이다.
② 사람들은 누구나 신뢰할 수 있고 타당하게 측정될 수 있는 독특한 특성을 가지고 있다.
③ 특성이란 숨어 있는 특징이나 원인이 아니라 기술적인 범주이다.
④ 직업선택은 직접적인 인지과정이기 때문에 개인의 특성과 직업의 특성을 연결하는 것이 가능하다.

13 직업상담 시 한계의 오류를 가진 내담자들이 자신의 견해를 제한하는 방법에 해당하지 않는 것은?

① 예외를 인정하지 않는 것
② 불가능을 가정하는 것
③ 왜곡되게 판단하는 것
④ 어쩔 수 없음을 가정하는 것

14 직업상담의 과정을 순서대로 바르게 나열한 것은?

① 관계형성-진단 및 측정-개입-목표설정-평가
② 관계형성-목표설정-진단 및 측정-개입-평가
③ 관계형성-진단 및 측정-목표설정-개입-평가
④ 관계형성-목표설정-개인-집단 및 측정-평가

15 상담의 초기면접 단계에서 일반적으로 고려할 사항이 아닌 것은?

① 통찰의 확대
② 목표의 설정
③ 상담의 구조화
④ 문제의 평가

16 레빈슨의 성인발달이론에 관한 설명으로 틀린 것은?

① 인생주기를 네 개의 계절로 구분한다.
② 성인 초기의 주요 과업은 꿈의 형성과 멘토 관계의 형성이다.
③ 안정기는 삶을 침체시키거나 새롭게 만드는 시기이다.
④ 인생 구조에는 직업, 가족, 결혼, 종교와 같은 요소들이 포함된다.

17 다음에서 사용된 상담기법은?

> A는 저조한 성적으로 인해 학교생활에 어려움을 겪고 있다. 상담사는 A가 평소 PC 게임하는 것을 매우 좋아한다는 사실을 알고 A가 계획한 일일 학습량을 달성하는 경우, PC 게임을 1시간 동안 하도록 개입하였다.

① 프리맥의 원리, 정적강화
② 정적강화, 자기교수훈련
③ 체계적 둔감법, 자기교수훈련
④ 부적강화, 자극통제

18 헤어(Herr)가 제시한 직업상담사의 직무내용에 해당되지 않는 것은?

① 상담자는 특수한 상담기법을 통해서 내담자의 문제를 확인하도록 한다.
② 상담자는 내담자의 마음속에 일어나고 있으며 윤리적으로 적절한 부가적 대안을 확인한다.
③ 직업선택이 근본적인 관심사인 내담자에 대해서는 직업상담 실시를 보류하도록 한다.
④ 내담자에 관한 부가적 정보를 종합한다.

19 다음은 내담자의 무엇을 사정하기 위한 것인가?

> 내담자에게 과거에 했던 선택의 회상, 절정경험, 자유시간, 금전 사용계획 등을 조사하고 존경하는 사람을 쓰게 하는 등의 상담행위

① 내담자의 동기
② 내담자의 생애역할
③ 내담자의 가치
④ 내담자의 흥미

20 생애진로사정 중 여가와 가장 선호하는 활동을 알 수 있는 것은?

① 진로사정
② 전형적인 하루
③ 강점과 장애
④ 요약

제2과목 직업심리학

21 과업지향적 직무분석방법 중 기능적 직무분석의 세 가지 차원이 아닌 것은?

① 기술(skill)
② 자료(data)
③ 사람(people)
④ 사물(things)

22 직업상담 장면에서 활용 가능한 성격검사에 관한 설명으로 옳은 것은?

① 특정 분야에 대한 흥미를 측정한다.
② 어떤 특정 분야나 영역의 숙달에 필요한 적응능력을 측정한다.
③ 대개 자기보고식 검사이며 널리 이용되는 검사는 다면적 인성검사(MMPI), 성격유형검사(MBTI) 등이 있다.
④ 비구조적 과제를 제시하고 자유롭게 응답하도록 하여 분석하는 방식으로 웩슬러 검사가 있다.

23 셀리에(Selye)의 스트레스에서의 일반적응 증후군에 관한 설명으로 옳지 않은 것은?

① 스트레스의 결과가 신체 부위에 영향을 준다는 뜻에서 일반적이라 명명했다.
② 스트레스의 원인으로부터 신체가 대처하도록 한다는 의미에서 적응이라 명명했다.
③ 경계단계는 정신적 혹은 육체적 위험에 노출되었을 때 즉각적인 반응을 보이는 단계이다.
④ 탈진단계에서 심장병을 잘 유발하는 성격의 B유형은 흥분을 가라앉히지 않는다.

24 Williamson의 특성-요인 진로상담 과정을 바르게 나열한 것은?

ㄱ. 진단단계	ㄴ. 분석단계
ㄷ. 예측단계	ㄹ. 종합단계
ㅁ. 상담단계	ㅂ. 추수지도단계

① ㄱ → ㄴ → ㄷ → ㄹ → ㅂ → ㅁ
② ㄱ → ㄷ → ㄴ → ㄹ → ㅁ → ㅂ
③ ㄴ → ㄱ → ㄹ → ㄷ → ㅂ → ㅁ
④ ㄴ → ㄹ → ㄱ → ㄷ → ㅁ → ㅂ

25 일반적성검사(GATB)에서 측정하는 직업적성이 아닌 것은?
① 손가락 정교성
② 언어적성
③ 사무지각
④ 과학적성

26 작업자 중심 직무분석의 특징과 가장 거리가 먼 것은?
① 표준화된 분석도구의 개발이 어렵다.
② 직무들에서 요구되는 인간특성의 유사정도를 양적으로 비교할 수 있다.
③ 대표적인 예로서 직위분석질문지(PAQ)가 있다.
④ 과제 중심 직무분석에 비해 보다 폭넓게 활용될 수 있다.

27 스트레스의 원인 중 역할갈등은 어디에 해당되는가?
① 직무관련 스트레스원
② 개인관련 스트레스원
③ 조직관련 스트레스원
④ 물리적 환경관련 스트레스원

28 "어떤 흥미검사(A)의 신뢰도가 높다"고 하는 말의 의미는?
① 어떤 사람이 흥미검사(A)를 처음 치렀을 때 받은 점수가 얼마 후 다시 치렀을 때의 점수와 비슷하다.
② 흥미검사(A)가 원래 재고자 했던 흥미영역을 재고 있다.
③ 그 흥미검사(A)와 그와 유사한 목적을 가진 다른 종류의 흥미검사(B)의 점수가 유사하다.
④ 흥미검사(A)가 흥미에 대해 가장 포괄적으로 측정하고 있다.

29 다음의 특성을 가진 직무분석기법은?

- 미국 퍼듀대학교의 매코믹(McCormick)이 개발하였다.
- 행동중심적 직무분석기법(behavior-oriented job analysis method)이다.
- 6가지의 범주 및 187개 항목으로 구성되었다.
- 개별직무에 대해 풍부한 정보를 획득할 수 있는 장점이 있으나, 성과표준을 직접 산출하는 데는 무리가 따른다는 단점을 지니고 있다.

① 직무과제분석(JTA)
② 기능적직무분석(FJA)
③ 직위분석질문지(PAQ)
④ 관리직기술질문지(MPDQ)

30 다운사이징 시대의 경력개발 방향과 가장 거리가 먼 것은?

① 조직구조의 수평화로 개인의 자율권 신장과 능력개발에 초점을 두어야 한다.
② 기술, 제품, 개인의 숙련주기가 짧아져서 경력개발은 단기, 연속 학습단계로 이어진다.
③ 일시적이 아니라 계속적이고 평생학습으로의 경력개발이 요구된다.
④ 경력변화의 기회가 적어지며 조직 내 수평적 이동과 장기고용이 어려워진다.

31 Holland의 진로발달에 대한 육각 모형에서 서로 대각선에 위치하여 대비되는 특성을 지닌 유형들로 잘못 짝지어진 것은?

① 진취형(E)과 탐구형(I)
② 사회형(S)과 예술형(A)
③ 현실형(R)과 사회형(S)
④ 예술형(A)과 관습형(C)

32 승진을 하려면 지방근무를 해야만 하고, 서울근무를 계속하려면 승진기회를 잃는 경우에 겪는 갈등의 유형은?

① 접근-접근 갈등
② 회피-회피 갈등
③ 접근-회피 갈등
④ 이중접근-회피 갈등

33 지능지수(IQ)의 계산방법으로 옳은 것은?

① Z점수에 일정수의 편차를 곱하고 평균치를 100으로 정하여 더한 것이다.
② T점수에 일정수의 편차를 곱하고 평균치를 100으로 정하여 더한 것이다.
③ Z점수에 일정수의 편차를 더하고 평균치를 100으로 정하여 더한 것이다.
④ T점수에 일정수의 편차를 더하고 평균치를 100으로 정하여 더한 것이다.

34 크롬볼츠(Krumboltz)의 사회학습 진로이론에 관한 설명으로 틀린 것은?

① 도구적 학습경험이란 행동과 결과의 관계를 학습하게 되는 것을 의미한다.
② 과제접근기술이란 개인이 어떤 과제를 성취하기 위해 동원하는 기술이다.
③ 우연히 일어난 일들을 개인의 진로에 긍정적으로 활용하는 것이 중요하다.
④ 개인의 진로선택에 영향을 미치는 요인에서 유전적 재능이나 체력 등의 요소를 간과했다.

35 Super의 직업발달 단계를 바르게 나열한 것은?

① 성장기 → 확립기 → 탐색기 → 유지기 → 쇠퇴기
② 탐색기 → 성장기 → 유지기 → 확립기 → 쇠퇴기
③ 성장기 → 탐색기 → 확립기 → 유지기 → 쇠퇴기
④ 탐색기 → 유지기 → 성장기 → 확립기 → 쇠퇴기

36 타이드만(Tiedeman)은 어떤 발달단계를 기초로 진로발달이론을 설명하였는가?

① 피아제의 인지발달단계
② 에릭슨의 심리사회발달단계
③ 콜버그의 도덕발달단계
④ 반두라의 인지사회발달단계

37 스트레스의 예방 및 대처방안으로 틀린 것은?

① 가치관을 전환시켜야 한다.
② 과정중심적 사고방식에서 목표지향적 초고속심리로 전환해야 한다.
③ 균형 있는 생활을 해야 한다.
④ 취미·오락을 통해 생활 장면을 전환하는 활동을 규칙적으로 해야 한다.

38 적성검사에서 높은 점수를 받은 사람들이 입사 후 업무수행이 우수한 것으로 나타났다면, 이 검사는 어떠한 타당도가 높은 것인가?

① 구성타당도(construct validity)
② 내용타당도(content validity)
③ 예언타당도(predictive validity)
④ 공인타당도(concurrent validity)

39 경력개발 단계를 성장, 탐색, 확립, 유지, 쇠퇴의 5단계로 구분한 학자는?

① Bordin   ② Colby
③ Super   ④ Parsons

40 소외 양상의 개념에 관한 설명 중 틀린 것은?

① 무기력감(powerlessness): 자유와 통제의 결핍상태
② 무의미감(meaninglessness): 경영정책이나 생산 목적 등의 목적으로부터의 단절
③ 자기소원감(self-estrangement): 직무에 자신이 몰두할 수 없는 상태
④ 고립감(isolation): 지루함이나 단조로움을 느끼는 심리적 상태

제3과목 직업정보론

41 고용24에서 제공하는 청소년 직업흥미검사의 하위척도가 아닌 것은?

① 활동척도   ② 자신감척도
③ 직업척도   ④ 가치관척도

42 직업정보 수집방법으로서 면접법에 관한 설명으로 가장 적합하지 않은 것은?

① 표준화 면접은 비표준화 면접보다 타당도가 높다.
② 면접법은 질문지법보다 응답범주의 표준화가 어렵다.
③ 면접법은 질문지법보다 제3자의 영향을 배제할 수 있다.
④ 표준화 면접에는 개방형 및 폐쇄형 질문을 모두 사용할 수 있다.

내용 개정으로 더 이상 유효하지 않은 문제입니다.

43 한국표준산업분류(제10차)의 주요 개정내용으로 틀린 것은?

① 어업에서 해수면은 해면으로, 수산 종자는 수산 종묘로 명칭을 변경
② 수도업은 국내 산업 연관성을 고려하고 국제표준산업분류(ISIC)에 맞춰 대분류 E로 이동
③ 산업 성장세를 고려하여 태양력 발전업을 신설
④ 세분류에서 종이 원지·판지·종이상자 도매업, 면세점, 의복 소매업을 신설

44 직업정보의 처리단계를 옳게 나열한 것은?

① 수집 – 분석 – 가공 – 체계화 – 제공 – 평가
② 수집 – 제공 – 분석 – 가공 – 평가 – 체계화
③ 수집 – 분석 – 평가 – 가공 – 제공 – 체계화
④ 수집 – 분석 – 체계화 – 제공 – 가공 – 평가

45 고용노동통계조사의 각 항목별 조사주기의 연결이 틀린 것은?

① 사업체 노동력 조사: 연 1회
② 시도별 임금 및 근로시간 조사: 연 1회
③ 지역별 사업체 노동력 조사: 연 2회
④ 기업체 노동비용 조사: 연 1회

[빈출]
46 민간직업정보와 비교한 공공직업정보의 특성에 관한 설명과 가장 거리가 먼 것은?

① 필요한 시기에 최대한 활용되도록 한시적으로 신속하게 생산 및 운영된다.
② 광범위한 이용가능성에 따라 공공직업정보체계에 대한 직접적이며 객관적인 평가가 가능하다.
③ 특정 분야 및 대상에 국한되지 않고 전체 산업 및 업종에 걸친 직종 등을 대상으로 한다.
④ 직업별로 특정한 정보만을 강조하지 않고 보편적인 항목으로 이루어진 기초적인 직업정보체계로 구성되어 있다.

47 직업정보의 일반적인 평가 기준과 가장 거리가 먼 것은?

① 어떤 목적으로 만든 것인가
② 얼마나 비싼 정보인가
③ 누가 만든 것인가
④ 언제 만들어진 것인가

48 한국표준산업분류(제11차)의 통계단위는 생산활동과 장소의 동질성의 차이에 따라 다음과 같이 구분된다. ( ) 안에 알맞은 것은?

구분	하나 이상의 장소	단일 장소
하나 이상의 산업활동	XXX	XXX
	XXX	
단일 산업활동	( )	XXX

① 기업집단 단위   ② 지역 단위
③ 기업체 단위   ④ 활동유형 단위

49 직업성립의 일반요건과 가장 거리가 먼 것은?

① 윤리성   ② 경제성
③ 계속성   ④ 사회보장성

50 국가기술자격 서비스 분야 종목 중 응시자격에 제한이 없는 것으로만 짝지어진 것은?

① 직업상담사 2급 – 임상심리사 2급 – 스포츠경영관리사
② 사회조사분석사 2급 – 소비자전문상담사 2급 – 텔레마케팅관리사
③ 직업상담사 2급 – 컨벤션기획사 2급 – 국제의료관광코디네이터
④ 컨벤션기획사 2급 – 스포츠경영관리사 – 국제의료관광코디네이터

51 한국표준직업분류(제8차)상 특정 직종의 분류요령에 대한 설명으로 **틀린** 것은?

① 행정 관리 및 입법기능을 수행하는 자는 '대분류 1 관리자'에 분류된다.
② 자영업주 및 고용주는 수행되는 일의 형태나 직무내용에 따라 정의된 개념이다.
③ 연구 및 개발업무 종사자는 '대분류 2 전문가 및 관련 종사자'에서 그 전문분야에 따라 분류된다.
④ 군인은 별도로 '분류 A 군인'에 분류된다.

52 직업정보관리에 관한 설명으로 **틀린** 것은?

① 직업정보의 범위는 개인에 대한 정보, 직업에 대한 정보, 미래에 대한 정보 등으로 구성되어 있다.
② 직업정보원은 정부부처, 정부투자출연기관, 단체 및 협회, 연구소, 기업과 개인 등이 있다.
③ 직업정보 가공 시에는 전문적인 지식이 없이도 이해할 수 있도록 가급적 평이한 언어로 제공되어야 하며 직무의 장·단점을 편견 없이 제공하여야 한다.
④ 개인의 정보는 보호되어야 하기 때문에 구직 시에 연령, 학력 및 경력 등의 취업과 관련된 정보는 제한적으로 제공되어야 한다.

53 한국직업정보시스템(고용24 직업정보시스템)에서 제공하는 학과정보 중 사회계열에 해당하지 **않는** 학과는?

① 경찰행정학과
② 국제학부
③ 문헌정보학과
④ 지리학과

54 한국표준직업분류(제8차)의 대분류 항목과 직능수준과의 관계가 올바르게 연결된 것은?

① 전문가 및 관련 종사자: 제4직능 수준 혹은 제3직능 수준 필요
② 사무 종사자: 제3직능 수준 필요
③ 단순노무 종사자: 제2직능 수준 이상 필요
④ 군인: 제1직능 수준 필요

55 고용24에서 채용정보 상세검색 시 선택할 수 있는 기업형태가 **아닌** 것은?

① 대기업
② 일학습병행기업
③ 가족친화인증기업
④ 다문화가정지원기업

56 한국표준산업분류(제11차)의 적용원칙으로 **틀린** 것은?

① 생산단위는 산출물뿐만 아니라 투입물과 생산공정 등을 함께 고려하여 그들의 활동을 가장 정확하게 설명된 항목에 분류해야 한다.
② 산업활동이 결합되어 있는 경우에는 그 활동단위의 주된 활동에 따라서 분류해야 한다.
③ 수수료 또는 계약에 의하여 활동을 수행하는 단위는 동일한 산업활동을 자기계정과 자기책임하에서 생산하는 단위와 같은 항목에 분류해야 한다.
④ 공식적 생산물과 비공식적 생산물, 합법적 생산물과 불법적인 생산물을 달리 분류해야 한다.

57 직업정보를 제공하는 유형별 방식의 설명이다. ( )에 알맞은 것은?

유형	비용	학습자 참여도	접근성
인쇄물	(ㄱ)	수동	용이
면접	저	(ㄴ)	제한적
직업경험	고	적극	(ㄷ)

① ㄱ: 고, ㄴ: 적극, ㄷ: 용이
② ㄱ: 고, ㄴ: 수동, ㄷ: 제한적
③ ㄱ: 저, ㄴ: 적극, ㄷ: 제한적
④ ㄱ: 저, ㄴ: 수동, ㄷ: 용이

58 다음은 한국표준직업분류(제8차)에서 직업분류의 일반원칙이다. ( )에 알맞은 것은?

> 동일하거나 유사한 직무는 어느 경우에든 같은 단위직업으로 분류되어야 한다는 점이다. 하나의 직무가 동일한 직업단위 수준에서 2개 혹은 그 이상의 직업으로 분류될 수 있다면 ( )의 원칙을 위반한 것이라 할 수 있다.

① 단일성
② 배타성
③ 포괄성
④ 경제성

59 국가직무능력표준(NCS) 수준에 대한 설명에 알맞은 X와 Y의 값을 더한 숫자는 무엇인가?

수준	내용
(X)수준	일반적인 지시 및 감독 하에 해당 분야의 일반지식을 사용하여 절차화되고 일상적인 과업을 수행하는 수준
(Y)수준	독립적인 권한 내에서 해당분야의 이론 및 지식을 자유롭게 활용하고, 일반적인 숙련으로 다양한 과업을 수행하고, 타인에게 해당분야의 지식 및 노하우를 전달할 수 있는 수준

① 6
② 7
③ 8
④ 9

60 경제활동인구조사의 주요 산식으로 틀린 것은?

① 잠재경제활동인구 = 잠재취업가능자 + 잠재구직자
② 경제활동참가율 = (경제활동인구 ÷ 15세 이상 인구) × 100
③ 고용률 = (취업자 ÷ 15세 이상 인구) × 100
④ 실업률 = (실업자 ÷ 15세 이상 인구) × 100

제4과목 노동시장론

61 시장경제를 채택하고 있는 국가의 노동시장에서 직종별 임금격차가 존재하는 이유로 적절하지 않은 것은?
① 직종에 따라 근로환경의 차이가 존재하기 때문이다.
② 직종에 따라 노동조합 조직율의 차이가 존재하기 때문이다.
③ 직종간 정보의 흐름이 원활하기 때문이다.
④ 노동자들의 특정 직종에 대한 회피와 선호가 다르기 때문이다.

62 다음 중 분단노동시장 이론과 가장 거리가 먼 것은?
① 빈곤퇴치를 위한 정책적인 노력이 쉽게 성공하지 못하고 있다.
② 내부노동시장과 외부노동시장은 현격하게 다른 특성을 갖는다.
③ 근로자는 임금을 중심으로 경쟁하는 것이 아니라 직무를 중심으로 경쟁하기도 한다.
④ 고학력 실업자가 증가하면 단순노무직의 임금도 하락한다.

63 노사관계의 주체를 사용자 및 단체, 노동자 및 단체, 정부로 규정하고 이들 간의 관계는 기술, 시장 또는 예산상의 제약, 권력구조에 의해 결정된다는 노사관계이론은?
① 시스템이론 ② 수렴이론
③ 분산이론 ④ 단체교섭이론

64 근로자의 근속연수에 따라 임금을 결정하는 임금체계는?
① 연공급 ② 직무급
③ 직능급 ④ 성과급

65 실업조사 등에 관한 설명으로 옳은 것은?
① 경제가 완전고용 상태일 때 실업률은 0이다.
② 실업률은 실업자 수를 생산가능인구로 나눈 것이다.
③ 일기불순 등의 이유로 일하지 않고 있는 일시적 휴직자는 실업자로 본다.
④ 실업률 조사 대상 주간에 수입을 목적으로 1시간 이상 일한 경우 취업자로 분류된다.

66 다음 중 최저임금제가 고용에 미치는 부정적 효과가 가장 큰 상황은?
① 노동수요곡선과 노동공급곡선이 모두 탄력적일 때
② 노동수요곡선과 노동공급곡선이 모두 비탄력적일 때
③ 노동수요곡선이 탄력적이고 노동공급곡선이 비탄력적일 때
④ 노동수요곡선이 비탄력적이고 노동공급곡선이 탄력적일 때

67 유보임금(reservation wage)에 관한 설명으로 옳은 것을 모두 고른 것은?

ㄱ. 유보임금의 상승은 실업기간을 연장한다.
ㄴ. 유보임금의 상승은 기대임금을 하락시킨다.
ㄷ. 유보임금은 기업이 근로자에게 제시한 최고의 임금이다.
ㄹ. 유보임금은 근로자가 받고자 하는 최저의 임금이다.

① ㄱ, ㄷ ② ㄱ, ㄹ
③ ㄴ, ㄷ ④ ㄴ, ㄹ

68 다음 중 2차 노동시장의 특징에 해당되는 것은?
① 높은 임금 ② 높은 안정성
③ 높은 이직률 ④ 높은 승진율

69 임금격차의 원인을 모두 고른 것은?

> ㄱ. 인적자본 투자의 차이로 인한 생산성 격차
> ㄴ. 보상적 격차
> ㄷ. 차별

① ㄱ, ㄴ
② ㄱ, ㄷ
③ ㄴ, ㄷ
④ ㄱ, ㄴ, ㄷ

70 단체교섭에서 사용자의 교섭력에 대한 설명과 가장 거리가 먼 것은?

① 기업의 재정능력이 좋으면 사용자의 교섭력이 높아진다.
② 사용자 교섭력의 원천 중 하나는 직장폐쇄(lock out)를 할 수 있는 권리이다.
③ 사용자는 쟁의행위 기간 중 그 쟁의행위로 중단된 업무를 원칙적으로 도급 또는 하도급 줄 수 있다.
④ 비조합원이 조합원의 일을 대신할 수 있는 여지가 크다면, 그만큼 사용자의 교섭력은 높아진다.

71 만일 여가가 열등재라면 개인의 노동공급곡선의 형태는?

① 후방굴절한다.
② 완전비탄력적이다.
③ 완전탄력적이다.
④ 우상향한다.

72 사회민주주의형 정치조직이 무력하여 국가차원보다 개별기업단위의 복지제도가 광범위하게 시행되고 있는 마이크로 코포라티즘(micro-corporatism)이 특징인 국가는?

① 스페인
② 핀란드
③ 일본
④ 독일

73 노조의 단체교섭 결과가 비조합원에게도 혜택이 돌아가는 현실에서 노동조합의 조합원이 아닌 비조합원에게도 단체교섭의 당사자인 노동조합이 회비를 징수하는 숍(shop)제도는?

① 유니온 숍(union shop)
② 에이전시 숍(agency shop)
③ 클로즈드 숍(closed shop)
④ 오픈 숍(open shop)

74 A국의 생산가능인구는 500만 명, 취업자 수는 285만 명, 실업률이 5% 일 때 A국의 경제활동참가율은?

① 48%
② 50%
③ 57%
④ 60%

75 기업 A가 생산하는 재화에 투입하는 노동의 양을 L이라 하면, 노동의 한계생산은 27−5L이다. 이 재화의 가격이 20이고 임금이 40이라면, 이윤을 극대로 하는 기업 A의 노동수요량은?

① 1
② 2
③ 3
④ 5

76 경쟁시장에서 아이스크림 가게를 운영하는 A씨는 5명을 고용하여 1개당 2,000원에 판매하고 있다. 시간당 12,000원을 임금으로 지급하면서 이윤을 극대화하고 있다. 만일 아이스크림 가격이 3,000원으로 오른다면 현재의 고용수준에서 노동의 한계생산물가치는 시간당 얼마이며, 이때 A씨는 노동의 투입량을 어떻게 변화시킬까?

① 9,000원, 증가시킨다.
② 18,000원, 증가시킨다.
③ 9,000원, 감소시킨다.
④ 18,000원, 감소시킨다.

77 한국의 임금 패리티(parity)지수는 100이고 일본의 임금 패리티지수를 80이라고 가정할 때 설명으로 옳은 것은?

① 국민소득을 감안한 한국의 임금수준이 일본보다 높다.
② 한국의 생산성과 삶의 질이 일본보다 낮다.
③ 국민소득을 감안한 한국의 임금수준이 일본보다 낮다.
④ 한국의 생산성과 삶의 질이 일본보다 높다.

78 노동수요탄력성의 크기에 영향을 미치는 요인과 거리가 가장 먼 것은?

① 생산물 수요의 가격탄력성
② 총 생산비에 대한 노동비용의 비중
③ 노동의 대체곤란성
④ 대체생산요소의 수요탄력성

79 다음 중 경기적 실업에 대한 대책으로 가장 적합한 것은?

① 지역 간 이동촉진
② 총수요의 증대
③ 퇴직자 취업알선
④ 구인·구직에 대한 전산망 확대

80 생산성 임금제를 따를 때 실질 생산성 증가율 5%이고 물가상승률이 2%라고 하면 명목임금의 인상률은?

① 3% ② 5%
③ 7% ④ 10%

제5과목 노동관계법규

81 근로기준법상 취업규칙에 관한 설명으로 틀린 것은?

① 취업규칙을 근로자에게 불이익하게 변경하는 경우에는 그 동의를 얻어야 한다.
② 취업규칙은 법령이나 해당사업 또는 사업장에 대하여 적용되는 단체협약과 어긋나서는 아니 된다.
③ 취업규칙에 정한 기준에 미달하는 근로조건을 정한 근로계약은 그 자체가 유효하다.
④ 상시 10명 이상의 근로자를 사용하는 사용자는 취업규칙을 작성하여 고용노동부장관에게 신고하여야 한다.

82 남녀고용평등과 일·가정 양립 지원에 관한 법령상 직장 내 성희롱의 금지 및 예방에 관한 설명으로 틀린 것은?

① 사업주, 상급자 또는 근로자는 직장 내 성희롱을 하여서는 아니 된다.
② 사업주는 성희롱 예방교육을 고용노동부장관이 지정하는 기관에 위탁하여 실시할 수 있다.
③ 누구든지 직장 내 성희롱 발생 사실을 알게 된 경우 그 사실을 해당 사업주에게 신고할 수 있다.
④ 사업주는 직장 내 성희롱 예방교육을 연 2회 이상 하여야 한다.

83 헌법상 근로에 관한 설명으로 틀린 것은?

① 모든 국민은 근로의 권리를 가진다.
② 모든 국민은 근로의 의무를 진다.
③ 연소자의 근로는 특별한 보호를 받는다.
④ 근로기회의 제공을 통하여 생활무능력자에 대한 국가적 보호의무를 증가시킨다.

84 직업안정법상 고용서비스 우수기관 인증에 대한 설명으로 틀린 것은?

① 고용노동부장관은 고용서비스 우수기관 인증업무를 대통령령으로 정하는 전문기관에 위탁할 수 있다.
② 고용서비스 우수기관으로 인증을 받은 자가 인증의 유효기간이 지나기 전에 다시 인증을 받으려면 직업안정기관의 장에게 재인증을 신청하여야 한다.
③ 고용노동부장관은 고용서비스 우수기관으로 인증을 받은 자가 정당한 사유 없이 1년 이상 계속 사업실적이 없는 경우 인증을 취소할 수 있다.
④ 고용서비스 우수기관 인증의 유효기간은 인증일로부터 3년으로 한다.

85 고용상 연령차별금지 및 고령자 고용촉진에 관한 법률상 고령자고용촉진에 관한 설명으로 옳은 것은?

① 상시근로자 300명 이상 사업주는 법령에서 정한 기준고용률 이상의 고령자를 고용하여야 한다.
② 기준고용률에 미달하는 고령자를 고용하는 사업주는 매년 고용노동부장관에게 고령자고용부담금을 납부하여야 한다.
③ 기준고용률을 초과하여 고용하는 사업주에게는 고용보험법상 고령자고용촉진장려금을 지급할 수 있으며, 조세감면 혜택이 주어진다.
④ 국가 및 지방자치단체, 정부투자기관과 정부출연기관의 장은 그 기관의 우선고용직종에 고령자와 준고령자를 우선적으로 채용하도록 노력하여야 한다.

86 근로기준법상 임산부의 보호에 관한 설명으로 틀린 것은?

① 사용자는 임신 중의 여성에게 출산 전과 출산 후를 통하여 90일(한 번에 둘 이상 자녀를 임신한 경우에는 120일)의 출산전후휴가를 주어야 한다.
② 휴가기간의 배정은 출산 후에 30일(한 번에 둘 이상 자녀를 임신한 경우에는 45일) 이상이 되어야 한다.
③ 사용자는 임신 중의 여성근로자에게 시간외근로를 하게 하여서는 아니 되며, 그 근로자의 요구가 있는 경우에는 쉬운 종류의 근로로 전환하여야 한다.
④ 사업주는 출산전후휴가 종료 후에는 휴가 전과 동일한 업무 또는 동등한 수준의 임금을 지급하는 직무에 복귀시켜야 한다.

87 고용정책 기본법상 다수의 실업자가 발생하거나 발생할 우려가 있는 경우나 실업자의 고용안정이 필요하다고 인정되는 경우 고용노동부장관이 실시할 수 있는 실업대책사업이 아닌 것은?

① 실업자에 대한 창업점포 구입자금 지원
② 실업자의 취업촉진을 위한 훈련의 실시와 훈련에 대한 지원
③ 고용촉진과 관련된 사업을 하는 자에 대한 대부(貸付)
④ 실업자에 대한 공공근로사업

88 직업안정법령상 직업정보제공사업자의 준수사항에 해당되지 않는 것은?

① 구인자의 업체명(또는 성명)이 표시되어 있지 아니하거나 구인자의 연락처가 사서함 등으로 표시되어 구인자의 신원이 확실하지 아니한 구인광고를 게재하지 아니할 것
② 직업정보제공매체의 구인·구직광고에는 구인·구직자 및 직업정보제공사업자의 주소 또는 전화번호를 기재할 것
③ 직업정도제공사업의 광고문에 "(무료)취업상담", "취업추천", "취업지원"등의 표현을 사용하지 아니할 것
④ 구직자의 이력서 발송을 대행하거나 구직자에게 취업추천서를 발부하지 아니할 것

89 채용절차의 공정화에 관한 법률상 용어의 정의로서 옳지 않은 것은?

① "기초심사자료"란 구직자의 응시원서, 이력서 및 자기소개서를 말한다.
② "입증자료"란 학위증명서, 경력증명서, 자격증명서 등 심층심사자료에 기재한 사항을 증명하는 모든 자료를 말한다.
③ "심층심사자료"란 작품집, 연구실적물 등 구직자의 실력을 알아볼 수 있는 모든 물건 및 자료를 말한다.
④ "채용서류"란 기초심사자료, 입증자료, 심층심사자료를 말한다.

90 국민 평생 직업능력 개발법상 재해위로금에 관한 설명으로 틀린 것은?

① 직업능력개발훈련을 받는 근로자가 직업능력개발훈련 중에 그 직업능력개발훈련으로 인하여 재해를 입은 경우에는 재해위로금을 지급하여야 한다.
② 위탁에 의한 직업능력개발훈련을 받는 근로자에 대하여는 그 위탁자가 재해위로금을 부담한다.
③ 위탁받은 자의 훈련시설의 결함이나 그 밖에 위탁받은 자에게 책임이 있는 사유로 인하여 재해가 발생한 경우에는 위탁받은 자가 재해위로금을 지급하여야 한다.
④ 재해위로금의 산정기준이 되는 평균임금은 산업재해보상보험법에 따라 고용노동부장관이 매년 정하여 고시하는 최고보상기준금액을 상한으로 하고 최저보상기준금액은 적용하지 아니한다.

91 기간제 및 단시간근로자 보호 등에 관한 법률상 기간제 근로자의 차별적 처우의 금지에 관한 설명으로 틀린 것은?

① 사용자는 기간제근로자임을 이유로 당해 사업 또는 사업장에서 동종 또는 유사한 업무에 종사하는 기간의 정함이 없는 근로계약을 체결한 근로자에 비하여 차별적 처우를 하여서는 아니 된다.
② 기간제근로자는 차별적 처우를 받은 경우 차별적 처우가 있은 날부터 6개월 이내에 노동위원회에 시정을 신청할 수 있다.
③ 기간제근로자가 노동위원회에 차별시정을 신청할 경우 관련한 분쟁에 있어 입증책임은 사용자가 부담한다.
④ 차별적 처우가 인정될 경우 노동위원회는 시정명령을 내릴 수 있다. 이 경우 사용자의 차별적 처우에 명백한 고의가 인정되면 기간제 근로자의 손해액을 기준으로 2배를 넘지 아니하는 범위에서 배상명령을 내릴 수 있다.

92 고용보험법상 구직급여의 산정기초가 되는 임금일액의 산정방법으로 틀린 것은?

① 수급자격의 인정과 관련된 마지막 이직 당시 산정된 평균임금을 기초일액으로 한다.
② 마지막 사업에서 이직 당시 일용근로자였던 자의 경우에는 산정된 금액이 근로기준법에 따른 그 근로자의 통상임금보다 적을 경우에는 그 통상임금액을 기초일액으로 한다.
③ 기초일액을 산정하는 것이 곤란한 경우와 보험료를 보험료징수법에 따른 기준보수를 기준으로 낸 경우에는 기준보수를 기초일액으로 한다.
④ 산정된 기초일액이 그 수급자격자의 이직 전 1일 소정근로시간에 이직일 당시 적용되던 최저임금법에 따른 시간 단위에 해당하는 최저임금액을 곱한 금액보다 낮은 경우에는 최저기초일액을 기초일액으로 한다.

93 근로기준법령상 근로자의 청구에 따라 사용자가 지급기일 전이라도 이미 제공한 근로에 대한 임금을 지급하여야 하는 비상(非常)한 경우에 해당하지 않는 것은?

① 근로자가 혼인한 경우
② 근로자의 수입으로 생계를 유지하는 자가 사망한 경우
③ 근로자나 그의 수입으로 생계를 유지하는 자가 출산하거나 질병에 걸린 경우
④ 근로자나 그의 수입으로 생계를 유지하는 자가 부득이한 사유로 3일 이상 귀향하게 되는 경우

94 고용보험법상 취업촉진수당을 지급받을 권리는 몇 년간 행사하지 아니하면 시효로 소멸하는가?

① 1년　　② 2년
③ 3년　　④ 5년

95 근로자퇴직급여 보장법상 개인형퇴직연금제도를 설정할 수 있는 사람을 모두 고른 것은?

ㄱ. 자영업자
ㄴ. 「공무원연금법」의 적용을 받는 공무원
ㄷ. 「군인연금법」의 적용을 받는 군인
ㄹ. 「사립학교교직원 연금법」의 적용을 받는 교직원
ㅁ. 「별정우체국법」의 적용을 받는 별정우체국 직원

① ㄱ
② ㄱ, ㅁ
③ ㄴ, ㄷ, ㄹ
④ ㄱ, ㄴ, ㄷ, ㄹ, ㅁ

96 남녀고용평등과 일·가정 양립지원에 관한 법률상 임금에 관한 설명으로 옳은 것은?

① 사업주는 다른 사업내의 동일가치의 노동에 대하여는 동일한 임금을 지급하여야 한다.
② 임금차별을 목적으로 사업주에 의하여 설립된 별개의 사업은 별개의 사업으로 본다.
③ 동일가치노동의 기준은 직무수행에서 요구되는 성, 기술, 노력 등으로 한다.
④ 사업주가 동일가치노동의 기준을 정할 때에는 노사협의회의 근로자를 대표하는 위원의 의견을 들어야 한다.

97 다음 ( )에 알맞은 것은?

> 국민 평생 직업능력 개발법상 사업주는 근로자와 훈련계약을 체결할 때에는 해당 직업능력개발훈련을 받는 사람이 직업능력개발훈련을 이수한 후에 사업주가 지정하는 업무에 일정 기간 종사하도록 할 수 있다. 이 경우 그 기간은 (ㄱ)년 이내로 하되, 직업능력개발훈련기간의 (ㄴ)배를 초과할 수 없다.

① ㄱ: 5, ㄴ: 5
② ㄱ: 3, ㄴ: 3
③ ㄱ: 5, ㄴ: 3
④ ㄱ: 3, ㄴ: 5

98 파견근로자 보호 등에 관한 법률에 대한 설명으로 **틀린** 것은?

① 근로자파견사업의 허가의 유효기간은 2년으로 한다.
② 사용사업주는 파견근로자를 사용하고 있는 업무에 근로자를 직접 고용하고자 하는 경우에는 당해 파견근로자를 우선적으로 고용하도록 노력하여야 한다.
③ 근로자파견이라 함은 파견사업주가 근로자를 고용한 후 그 고용관계를 유지하면서 근로자파견계약의 내용에 따라 사용사업주의 지휘·명령을 받아 사용사업주를 위한 근로에 종사하게 하는 것을 말한다.
④ 사용사업주는 고용노동부장관의 허가를 받지 않고 근로자파견사업을 행하는 자로부터 근로자파견의 역무를 제공받은 경우에 해당 파견근로자를 직접 고용하여야 한다.

99 근로자퇴직급여 보장법에 관한 설명으로 **틀린** 것은?

① 퇴직급여제도의 일시금을 수령한 사람은 개인형퇴직연금제도를 설정할 수 있다.
② 사용자는 계속근로기간이 1년 미만인 근로자, 4주간을 평균하여 1주간의 소정근로시간이 15시간 미만인 근로자에 대하여는 퇴직급여제도를 설정하지 않아도 된다.
③ 확정급여형퇴직연금제도 또는 확정기여형퇴직연금제도의 가입자는 개인형퇴직연금제도를 추가로 설정할 수 없다.
④ 상시 10명 미만의 근로자를 사용하는 사업의 경우 사용자가 개별근로자의 동의를 받거나 근로자의 요구에 따라 개인형퇴직연금제도를 설정하는 경우에는 해당 근로자에 대하여 퇴직급여제도를 설정한 것으로 본다.

100 개인정보 보호법상 "공공기관"에 해당하지 않는 것은?

① 「국가인권위원회법」 제3조에 따른 국가인권위원회
② 「공공기관의 운영에 관한 법률」 제4조에 따른 공공기관
③ 「지방공기업법」에 따른 지방공사와 지방공단
④ 「초·중등교육법」, 「고등교육법」에 따른 각급 학교(단, 그 밖의 다른 법률에 따라 설치된 각급 학교는 제외)

빠른 정답 체크! 2023년 [1회 복원문제]

직업상담학		직업심리학		직업정보론		노동시장론		노동관계법규	
01	③	21	①	41	④	61	③	81	③
02	④	22	③	42	①	62	④	82	④
03	②	23	④	43	①	63	①	83	④
04	④	24	④	44	①	64	①	84	②
05	①	25	④	45	①	65	④	85	③
06	②	26	①	46	①	66	①	86	②
07	②	27	①	47	②	67	②	87	①
08	③	28	①	48	④	68	③	88	②
09	③	29	③	49	④	69	④	89	②
10	①	30	④	50	②	70	②	90	④
11	④	31	②	51	②	71	④	91	④
12	③	32	③	52	④	72	③	92	②
13	③	33	①	53	③	73	②	93	④
14	③	34	④	54	①	74	④	94	③
15	①	35	③	55	④	75	④	95	①
16	③	36	②	56	④	76	②	96	④
17	①	37	②	57	①	77	①	97	①
18	③	38	③	58	②	78	④	98	①
19	③	39	③	59	③	79	②	99	③
20	①	40	④	60	④	80	③	100	④

2023년 2회 복원문제

정답과 해설 ▶ P. 100~112

제1과목 직업상담학

01 하렌(V. Harren)의 진로의사결정 유형에 해당하는 것은?

① 운명론적 – 계획적 – 지연적
② 합리적 – 의존적 – 직관적
③ 주장적 – 소극적 – 공격적
④ 계획적 – 직관적 – 순응적

02 Williamson이 구분한 특성–요인 상담과정 중 (A)에 대한 설명으로 옳은 것은?

분석 → 종합 → (A) → 예후 → 상담 → 추수지도

① 문제를 사실적으로 확인하고 원인을 발견한다.
② 상담에서 학습했던 것을 일상생활에서 적용할 때 이루어지는 행동을 강화, 재평가, 점검한다.
③ 내담자의 다양한 측면들을 정리 재배열하여 전체적인 모습을 그려본다.
④ 일반화된 방식으로 생활 전체를 다루는 것을 학습하는 단계이다.

03 파슨스(Parsons)의 특성–요인이론에 관한 설명으로 틀린 것은?

① 개인의 특성과 직업의 요구가 일치할수록 직업적 성공 가능성이 크다.
② 사람들은 신뢰할 수 있고 타당하게 측정될 수 있는 특성을 지니고 있다.
③ 특성은 특정 직무의 수행에서 요구하는 조건을 의미한다.
④ 직업선택은 직접적인 인지과정이기 때문에 개인은 자신의 특성과 직업이 요구하는 특성을 연결할 수 있다.

빈출
04 자기보고식 가치사정법이 아닌 것은?

① 과거의 선택 회상하기
② 존경하는 사람 기술하기
③ 난관을 극복한 경험 기술하기
④ 백일몽 말하기

05 장애를 가진 내담자를 위한 집단상담 프로그램에서 가장 중요한 활동은?

① 심리검사 실시
② 취업동기 평가
③ 사회적응을 위한 상담
④ 가족관계 확인

06 직업상담사의 역할과 가장 거리가 먼 것은?

① 진학상담
② 직무분석 수행
③ 직업적응 상담
④ 은퇴 후 상담

07 직업상담의 문제 유형에 대한 Crites의 분류 중 '부적응형'에 대한 설명으로 옳은 것은?

① 적성에 따라 직업을 선택했지만 그 직업에 흥미를 느끼지 못하는 사람
② 흥미를 느끼는 분야는 있지만 그 분야에 필요한 적성을 가지고 있지 못하는 사람
③ 흥미나 적성의 유형이나 수준과는 상관없이 어떤 분야를 선택할지 결정하지 못하는 사람
④ 흥미를 느끼는 분야도 없고 적성에 맞는 분야도 없는 사람

08 상담이론과 직업상담사의 역할의 연결이 바르지 않은 것은?

① 인지상담 - 수동적이고 수용적인 태도
② 정신분석적 상담 - 텅 빈 스크린
③ 내담자 중심의 상담 - 촉진적인 관계형성 분위기 조성
④ 행동주의상담 - 능동적이고 지시적인 역할

09 실존주의 상담에 관한 설명으로 틀린 것은?

① 정형화된 상담 모형과 상담자 훈련 프로그램이 마련되어 있지 않은 것이 한계점이다.
② 인간을 자기인식 능력을 지닌 존재로 본다.
③ 상담자는 내담자가 스스로 삶의 의미와 목적을 발견하고, 삶을 주체적으로 선택하고 책임지도록 돕는 것을 목표로 한다.
④ 실존주의 상담에서 가정하는 인간의 궁극적 관심사는 무의식의 자각이다.

10 인간중심 상담이론에 관한 설명으로 틀린 것은?

① 실현화 경향성은 자기를 보전, 유지하고 향상시키고자 하는 선천적 성향이다.
② 자아는 성격의 조화와 통합을 위해 노력하는 원형이다.
③ 가치의 조건화는 주요 타자로부터 긍정적 존중을 받기 위해 그들이 원하는 가치와 기준을 내면화하는 것이다.
④ 현상학적 장은 경험적 세계 또는 주관적 경험으로 특정 순간에 개인이 지각하고 경험하는 모든 것을 뜻한다.

11 초기면접에 관한 설명으로 틀린 것은?

① 내담자의 행동에 대한 평가를 하지 않는다.
② 내담자와는 최적 거리를 유지한다.
③ 내담자와 자연스럽게 눈 접촉을 한다.
④ 내담자가 말하는 내용 중 모호한 부분을 자세하게 설명하도록 요구한다.

12 직업상담의 기본 원리가 아닌 것은?

① 윤리적인 범위 내에서 상담을 전개하여야 한다.
② 산업구조변화, 직업정보, 훈련정보 등 변화하는 직업세계에 대한 이해를 토대로 이루어져야 한다.
③ 각종 심리검사 결과를 기초로 합리적인 판단을 이끌어낼 수 있어야 하지만 심리 검사에 대해 과잉의존해서는 안 된다.
④ 개인의 진로 혹은 직업결정에 대한 상담으로 전개되어야 하며, 자칫 의사결정능력에 대한 훈련으로 전환되지 않도록 유의한다.

13 직업상담에서 내담자의 생애진로 주제를 확인하는 가장 중요한 이유는?

① 내담자의 사고과정을 이해하고 행동을 통찰하도록 도와주기 때문이다.
② 상담을 상담자 입장에서 원만하게 이끌 수 있도록 해주기 때문이다.
③ 작업자, 지도자, 개인역할이 고려되어야 하기 때문이다.
④ 내담자의 생각을 읽을 수 있게 해주기 때문이다.

14 6개의 생각하는 모자(six thinking hats)기법에서 사용하는 모자 색깔이 아닌 것은?

① 갈색   ② 녹색
③ 청색   ④ 흑색

빈출
15 진로시간전망 검사지의 사용목적이 아닌 것은?

① 미래의 방향을 이끌어내기 위해
② 계획에 대해 긍정적 태도를 강화하기 위해
③ 현재의 행동을 미래의 결과와 연계시키기 위해
④ 미래직업에 대한 지식 확장을 위해

16 행동치료에서 문제행동에 대한 기능적 분석을 위해 문제행동과 관련된 선행요인과 결과간의 관계를 확인하는 데 사용할 수 있는 기법은?

① 자기강화
② 자유연상
③ 자기감찰
④ 자기지시

17 내담자와 관련된 정보를 수집하고 내담자의 행동을 이해하고 해석하는 데 기본이 되는 상담기법이 아닌 것은?

① 왜곡된 사고 확인하기
② 한정된 오류 정정하기
③ 반성의 장 마련하기
④ 변명에 초점 맞추기

18 상담자가 자신의 바람은 물론 내담자의 느낌, 인상, 기대 등을 이해하고 이를 상담과정의 주제로 삼는 상담기법은?

① 직면
② 계약
③ 즉시성
④ 리허설

19 어떤 문제의 밑바닥에 깔려 있는 혼란스러운 감정과 갈등을 가려내어 분명히 해주는 것은?

① 경청
② 명료화
③ 반영
④ 직면

20 직업상담에서 내담자의 정보오류에 해당하는 것은?

① 삭제
② 불가능을 가정함
③ 제한된 일반화
④ 예외를 인정하지 않음

제2과목 직업심리학

21 스트레스로 인해 나타날 수 있는 신체의 변화로 옳지 않은 것은?

① 호흡과 심장 박동이 빨라지고 혈압도 높아진다.
② 부신선과 부신 피질을 자극해 에피네프린(아드레날린)을 생성한다.
③ 부교감 신경계가 활성화되어 각성이 일어난다.
④ 부신피질 호르몬인 코티졸이 분비된다.

22 작업자 중심 직무분석에 관한 설명으로 틀린 것은?

① 직무를 수행하는 데 요구되는 인간의 재능들에 초점을 두어서 지식, 기술, 능력, 경험과 같은 작업자의 개인적 요건들에 의해 직무가 표현된다.
② 직책분석설문지(PAQ)를 통해 직무분석을 실시할 수 있다.
③ 각 직무에서 이루어지는 과제나 활동들이 서로 다르기 때문에 분석하고자 하는 직무 각각에 대해 표준화된 분석도구를 만들 수 없다.
④ 직무 분석으로부터 얻어진 결과는 작업자 명세서를 작성할 때 중요한 정보를 제공한다.

23 다음 중 T점수가 75일 때 Z점수로 알맞은 것은?

① 1
② 1.5
③ 2
④ 2.5

24 다음 사례에서 A에게 해당하는 Holland의 직업성격유형은?

> A는 분명하고 질서정연한 것을 좋아하고, 체계적으로 기계를 조작하는 활동을 좋아한다. 성격은 솔직하고, 말이 적으며, 고집이 있는 편이고, 단순하다는 얘기를 많이 듣는다.

① 탐구적(investigative)
② 사회적(social)
③ 실제적(realistic)
④ 관습적(conventional)

25 직업적응이론에서 개인의 만족, 조직의 만족, 적응을 매개하는 적응유형 변인은?

① 우연(happenstance)
② 타협(compromise)
③ 적응도(adaptability)
④ 인내력(perseverance)

26 긴즈버그(Ginzberg)가 제시한 진로발달 단계가 아닌 것은?

① 환상기
② 잠정기
③ 현실기
④ 적응기

27 로(Roe)의 욕구이론에 관한 설명으로 옳은 것은?

① 부모-자녀 간의 상호작용을 자녀에 대한 정서집중형, 회피형, 수용형의 유형으로 구분한다.
② 청소년기 부모-자녀 간의 관계에서 생긴 욕구가 직업선택에 영향을 미친다는 이론이다.
③ 부모의 사랑을 제대로 받지 못하고 거부적인 분위기에서 성장한 사람은 다른 사람들과 함께 일하고 접촉하는 서비스 직종의 직업을 선호한다.
④ 직업군을 10가지로 분류한다.

28 인지적 정보처리이론에서 제시하는 의사결정 과정의 절차를 바르게 나열한 것은?

> ㄱ. 분석단계   ㄴ. 종합단계
> ㄷ. 실행단계   ㄹ. 가치평가단계
> ㅁ. 의사소통단계

① ㄱ → ㄴ → ㄷ → ㄹ → ㅁ
② ㄴ → ㄹ → ㄱ → ㄷ → ㅁ
③ ㄷ → ㄱ → ㄴ → ㅁ → ㄹ
④ ㅁ → ㄱ → ㄴ → ㄹ → ㄷ

29 심리검사의 유형과 그 예를 짝지은 것으로 틀린 것은?

① 직업흥미검사 - VPI
② 직업적성검사 - AGCT
③ 성격검사 - CPI
④ 직업가치검사 - MIQ

30 표준화된 심리검사에서 표준점수에 관한 설명으로 옳은 것은?

① 표준화한 원점수 이하에 속하는 사례의 비율을 통해 나타내는 상대적 위치이다.
② 개인의 점수가 평균으로부터 떨어져 있는 거리이다.
③ 순차적이고 단계적인 발달의 과정이다.
④ 모집단을 대표할 수 있도록 표집한 규준집단에서의 자료이다.

31 신뢰도가 높은 검사의 특성으로 옳은 것은?

① 공부를 잘하는 학생이 못하는 학생보다 더 좋은 점수를 받는다.
② 검사점수들이 정상분포를 이룬다.
③ 한 피검사자가 동일한 검사를 반복해서 받을 때 유사한 점수를 받는다.
④ 검사 문항의 난이도가 낮은 것부터 높은 것까지 골고루 분포되어 있다.

32 한 연구자가 검사를 개발한 후 요인분석을 통해 그 검사가 검사개발의 토대가 되는 이론을 잘 반영하는지를 확인하였는데 이 과정은 무엇을 확인하기 위한 것인가?

① 내용타당도
② 동시타당도
③ 준거타당도
④ 구성타당도

33 신뢰도 계수에 대한 설명으로 틀린 것은?

① 신뢰도 계수는 개인차가 클수록 커진다.
② 신뢰도 계수는 문항수가 증가함에 따라 정비례하여 커진다.
③ 신뢰도 계수는 신뢰도 추정방법에 따라서 달라질 수 있다.
④ 신뢰도 계수는 결과의 일관성을 보여주는 값이다.

34 직무분석 결과의 용도와 가장 거리가 먼 것은?

① 인사선발
② 교육 및 훈련
③ 조직진단
④ 직무평가

35 조직 구성원의 경력개발을 위하여 전문가로부터 개인의 능력, 성격, 기술 등에 대해 종합적인 평가를 받는 프로그램은?

① 평가기관(assessment center)
② 경력자원기관(career resource center)
③ 경력워크숍(career workshop)
④ 경력연습책자(career workbook)

36 직업전환을 원하는 내담자를 상담할 때 고려해야 할 사항과 가장 거리가 먼 것은?

① 나이와 건강을 고려해야 한다.
② 부모의 기대와 아동기 경험을 분석한다.
③ 직업을 전환하는 데 동기화가 되어 있는지 알아본다.
④ 직업을 전환하는 데 필요한 기술을 가지고 있는지 평가해야 한다.

37 진로발달을 직업정체감의 형성과정으로 본 학자는?

① Ginzberg
② Parsons
③ Tiedeman
④ Strong

38 미네소타 직업분류체계Ⅲ와 관련하여 발전한 직업발달 이론은?

① Krumboltz의 사회학습이론
② Super의 평생발달이론
③ Ginzberg의 발달이론
④ Lofquist와 Dawis의 직업적응이론

39 직업적성검사인 GATB에서 측정하는 적성요인에 해당하지 않는 것은?

① 기계적성 ③ 사무지각
② 공간적성 ④ 손의 기교도

빈출
40 직무 스트레스를 조절하는 변인과 가장 거리가 먼 것은?

① 성격의 유형
② 역할 모호성
③ 통제의 위치
④ 사회적 지원

제3과목 직업정보론

41 민간직업정보의 일반적인 특성에 관한 설명으로 옳은 것은?

① 특정한 목적에 맞게 해당분야 및 직종을 제한적으로 제시하는 경향이 있다.
② 특정시기에 국한되지 않고 지속적으로 제공된다.
③ 무료로 제공된다.
④ 다른 정보에 미치는 영향이 크며 연관성이 높은 편이다.

42 직업정보로서 갖추어야 할 요건에 대한 설명으로 틀린 것은?

① 직업정보는 객관성이 담보되어야 한다.
② 직업정보 활용의 효율성 측면에서 이용대상자의 진로발달단계나 수준, 이용 목적에 적합한 직업정보를 개발하여 제공되는 것이 바람직하다.
③ 우연히 획득되거나 출처가 불명확한 직업정보라도 내용이 풍부하다면 직업정보로서 가치가 있다고 판단한다.
④ 직업정보는 개발연도를 명시하여 부적절한 과거의 직업세계나 노동시장 정보가 구직자나 청소년에게 제공되지 않도록 하는 것이 바람직하다.

43 고용24에서 제공하는 직업선호도검사 L형의 하위검사가 아닌 것은?

① 흥미검사 ② 성격검사
③ 생활사검사 ④ 문제해결능력검사

44 한국직업사전(2020)의 부가직업정보 중 정규교육에 관한 설명으로 틀린 것은?

① 우리나라 정규교육과정의 연한을 고려하여 6단계로 분류하였다.
② 4수준은 12년 초과 ~ 14년 이하(전문대졸 정도)이다.
③ 해당 직업종사자의 평균 학력을 나타내는 것이다.
④ 독학, 검정고시 등을 통해 정규교육과정을 이수하였다고 판단되는 기간도 포함된다.

내용 개정으로 더 이상 유효하지 않은 문제입니다.

45 한국표준산업분류의 대분류별 제10차 개정 내용으로 틀린 것은?

① 채소작물 재배업에 마늘, 딸기 작물 재배업을 포함하였다.
② 전기자동차 판매 증가 등 관련 산업 전망을 감안하여 전기 판매업 세분류를 신설하였다.
③ 항공운송업을 항공 여객과 화물 운송업으로 변경하였다.
④ 행정 부문은 정부 직제 및 기능 등을 고려하여 전면 재분류하였다.

46 취업성공패키지 I의 지원대상에 해당하지 않는 것은?

① 니트족
② 북한이탈주민
③ 생계급여 수급자
④ 실업급여 수급자

47 고용24 직업정보시스템에서 학과정보를 계열별로 검색하고자 할 때 선택할 수 있는 계열이 아닌 것은?

① 문화관광계열 ② 교육계열
③ 자연계열   ④ 예체능계열

48 국가기술자격 서비스 분야 종목 중 응시자격에 제한이 없는 것으로만 짝지어진 것은?

① 직업상담사 2급 - 임상심리사 2급 - 스포츠경영관리사
② 사회조사분석사 2급 - 소비자전문상담사 2급 - 텔레마케팅관리사
③ 직업상담사 2급 - 컨벤션기획사 2급 - 국제의료관광코디네이터
④ 컨벤션기획사 2급 - 스포츠경영관리사 - 국제의료관광코디네이터

49 한국표준산업분류(제11차)에서 하나 이상의 장소에서 이루어지는 단일 산업활동의 통계단위는?

① 기업집단 단위   ② 기업체 단위
③ 지역 단위   ④ 활동유형 단위

50 직업성립의 일반요건과 가장 거리가 먼 것은?

① 윤리성   ② 경제성
③ 계속성   ④ 사회보장성

51 국가기술자격종목과 그 직무분야의 연결이 바르지 못한 것은?

① 가스산업기사 - 환경·에너지
② 건설안전산업기사 - 안전관리
③ 광학기기산업기사 - 전기·전자
④ 방수산업기사 - 건설

52 실기능력이 중요하여 고용노동부령이 정하는 필기시험이 면제되는 기능사 종목이 아닌 것은?

① 측량기능사 ② 도화기능사
③ 도배기능사 ④ 방수기능사

53 국가기술자격 산업기사 등급의 응시자격 기준으로 틀린 것은?

① 고용노동부령으로 정하는 기능경기대회 입상자
② 동일 및 유사직무 분야의 산업기사 수준 기술훈련과정 이수자 또는 그 이수 예정자
③ 응시하려는 종목이 속하는 동일 및 유사직무 분야의 다른 종목의 산업기사 등급 이상의 자격을 취득한 사람
④ 응시하려는 종목이 속하는 동일 및 유사직무 분야에서 1년 이상 실무에 종사한 사람

54 인간이 복잡한 정보에 접근하게 되는 구조에 근거를 둔 이론으로 직업선택결정 단계를 전제단계, 계획단계, 인지부조화단계로 구분한 직업결정모형은?

① 타이드만과 오하라(Tiedeman & O'hara)의 모형
② 힐튼(Hilton)의 모형
③ 브룸(Vroom)의 모형
④ 수(Hsu)의 모형

55 다음은 국가기술자격 중 어떤 등급의 검정기준에 해당하는가?

> 해당 국가기술자격의 종목에 관한 숙련기능을 가지고 제작·제조·조작·운전·보수·정비·채취·검사 또는 작업관리 및 이에 관련되는 업무를 수행할 수 있는 능력 보유

① 기능사 ② 산업기사
③ 기사   ④ 기능장

56 한국표준산업분류(제11차)의 분류정의가 틀린 것은?

① 산업은 유사한 성질을 갖는 산업활동에 주로 종사하는 생산단위의 집합이다.
② 각 생산단위가 노동, 자본, 원료 등 자원을 투입하여, 재화 또는 서비스를 생산 또는 제공하는 일련의 활동과정이 산업활동이다.
③ 산업활동의 범위에는 영리적·비영리적 활동이 모두 포함되며, 가정 내 가사활동도 포함된다.
④ 산업분류는 생산단위가 주로 수행하는 산업활동을 분류 기준과 원칙에 맞춰 그 유사성에 따라 체계적으로 유형화한 것이다.

57 한국표준직업분류(제8차)의 대분류 항목과 직능수준과의 관계가 올바르게 연결된 것은?

① 전문가 및 관련 종사자: 제4직능 수준 혹은 제3직능 수준 필요
② 사무 종사자: 제3직능 수준 필요
③ 단순노무 종사자: 제2직능 수준 이상 필요
④ 군인: 제1직능 수준 필요

58 다음은 어떤 직업훈련지원제도에 관한 설명인가?

> 급격한 기술발전에 적응하고 노동시장 변화에 대응하는 사회안전망 차원에서 생애에 걸친 역량개발 향상 등을 위해 국민 스스로 직업능력개발훈련을 실시할 수 있도록 훈련비 등을 지원

① 국가기간·전략산업직종 훈련
② 사업주 직업능력개발훈련
③ 국민내일배움카드
④ 일학습병행

59 한국표준산업분류(제11차)의 산업결정방법에 관한 설명으로 틀린 것은?

① 생산단위의 산업 활동은 그 생산단위가 수행하는 주된 산업 활동의 종류에 따라 결정된다.
② 계절에 따라 정기적으로 산업을 달리하는 사업체의 경우에는 조사시점에 경영하는 사업과는 관계없이 조사대상 기간 중 산출액이 많았던 활동에 의하여 분류된다.
③ 단일사업체의 보조단위는 그 사업체의 일개부서로 포함하지 않고 별도의 사업체로 처리한다.
④ 휴업 중 또는 자산을 청산중인 사업체의 산업은 영업 중 또는 청산을 시작하기 이전의 산업활동에 의하여 결정하며, 설립 중인 사업체는 개시하는 산업활동에 따라 결정한다.

60 직업정보를 수집·제공 시 고려해야 할 사항과 가장 거리가 먼 것은?

① 명확한 목표를 가지고 계획적으로 수집한다.
② 최신의 자료를 수집한다.
③ 자료를 수집할 때 자료출처와 일자를 기록한다.
④ 직업정보는 전문성이 있으므로 전문용어를 사용하여 제공한다.

제4과목 노동시장론

61 시장경제를 채택하고 있는 국가의 노동시장에서 직종별 임금격차가 존재하는 이유로 적절하지 않은 것은?

① 직종에 따라 근로환경의 차이가 존재하기 때문이다.
② 직종에 따라 노동조합 조직율의 차이가 존재하기 때문이다.
③ 직종 간 정보의 흐름이 원활하기 때문이다.
④ 노동자들의 특정 직종에 대한 회피와 선호가 다르기 때문이다.

62 불경기에 발생하는 부가노동자 효과(added worker effect)와 실망실업자 효과(discouraged worker effect)에 따라 실업률이 변화한다. 다음 중 실업률에 미치는 효과의 방향성이 옳은 것은? (단, +: 상승효과, −: 감소효과)

① 부가노동자 효과: +, 실망실업자 효과: −
② 부가노동자 효과: −, 실망실업자 효과: −
③ 부가노동자 효과: +, 실망실업자 효과: +
④ 부가노동자 효과: −, 실망실업자 효과: +

63 개별기업수준에서 노동에 대한 수요곡선을 이동시키는 요인을 모두 고른 것은?

ㄱ. 기술의 변화
ㄴ. 임금의 변화
ㄷ. 최종생산물 가격의 변화
ㄹ. 자본의 가격 변화

① ㄱ, ㄴ, ㄷ
② ㄱ, ㄴ, ㄹ
③ ㄱ, ㄷ, ㄹ
④ ㄴ, ㄷ, ㄹ

64 노조가 임금인상 투쟁을 벌일 때, 고용량 감소 효과가 가장 적게 나타나는 경우는?

① 노동수요의 임금탄력성이 0.1일 때
② 노동수요의 임금탄력성이 1일 때
③ 노동수요의 임금탄력성이 2일 때
④ 노동수요의 임금탄력성이 5일 때

65 조합원 자격이 있는 노동자만을 채용하고 일단 고용된 노동자라도 조합원 자격을 상실하면 종업원이 될 수 없는 숍 제도는?

① 오픈 숍
② 유니온 숍
③ 에이전시 숍
④ 클로즈드 숍

66 다음 중 직무급 임금체계에 관한 설명으로 가장 적합한 것은?

① 정기승급에 의한 생활안정으로 근로자의 기업에 대한 귀속의식을 고양시킨다.
② 기업풍토, 업무내용 등에서 보수성이 강한 기업에 적합하다.
③ 근로자의 능력을 직능고과의 평가결과에 따라 임금을 결정한다.
④ 노동의 양뿐만 아니라 노동의 질을 동시에 평가하는 임금결정방식이다.

67 내부노동시장의 형성요인과 가장 거리가 먼 것은?

① 관습
② 현장훈련
③ 임금수준
④ 숙련의 특수성

68 마찰적 실업의 원인에 해당하는 것을 모두 고른 것은?

> ㄱ. 노동자들이 자신에게 가장 잘 맞는 직장을 찾는데 시간이 걸리기 때문이다.
> ㄴ. 기업이 생산성을 제고하기 위해 시장균형임금보다 높은 수준의 임금을 지급하는 경향이 있기 때문이다.
> ㄷ. 노동조합의 존재로 인해 조합원의 임금이 생산성보다 높게 설정되기 때문이다.

① ㄱ
② ㄴ
③ ㄱ, ㄴ
④ ㄴ, ㄷ

69 노동시장에 대한 설명으로 틀린 것은?

① 재화시장은 불완전경쟁이더라도 노동시장이 완전경쟁이면 개별기업의 한계요소비용은 일정하다.
② 재화시장과 노동시장이 모두 완전경쟁일 때 재화가격이 상승하면 노동수요곡선이 오른쪽으로 이동한다.
③ 재화시장과 노동시장이 모두 완전경쟁일 때 임금이 하락하면 노동수요량은 장기에 더 크게 증가한다.
④ 재화시장이 불완전경쟁이고 노동시장이 완전경쟁일 때 임금은 한계수입생산보다 낮은 수준으로 결정된다.

70 A국가의 경제활동참가율은 50%이고, 생산가능인구와 취업자가 각각 100만명, 40만명이라고 할 때, 이 국가의 실업률은?

① 5%   ② 10%
③ 15%   ④ 20%

71 이원적 노사관계론의 구조를 바르게 나타낸 것은?

① 제1차 관계: 경영 대 노동조합관계
　제2차 관계: 경영 대 정부기관관계
② 제1차 관계: 경영 대 노동조합관계
　제2차 관계: 경영 대 종업원관계
③ 제1차 관계: 경영 대 종업원관계
　제2차 관계: 경영 대 노동조합관계
④ 제1차 관계: 경영 대 종업원관계
　제2차 관계: 정부기관 대 노동조합관계

72 산업별 노동조합의 특성과 가장 거리가 먼 것은?

① 기업별 특수성을 고려하기 어려워진다.
② 임시직, 일용직 근로자를 조직하기 용이해진다.
③ 해당 산업분야의 정보자료 수집·분석이 용이해진다.
④ 숙련공만의 이익옹호단체가 되기 쉽다.

73 완전경쟁적인 노동시장에서 노동의 한계생산을 증가시키는 기술진보와 함께 보다 많은 노동자들이 노동시장에 참여하는 변화가 발생할 때 노동시장에서 발생하는 변화로 옳은 것은? (단, 다른 조건들은 일정하다고 가정한다.)

① 균형노동고용량은 반드시 증가하지만 균형임금의 변화는 불명확하다.
② 균형임금은 반드시 상승하지만 균형노동고용량의 변화는 불명확하다.
③ 임금과 균형노동고용량 모두 반드시 증가한다.
④ 임금과 균형노동고용량의 변화는 모두 불명확하다.

74 경제적 조합주의(economic unionism)에 대한 설명으로 틀린 것은?

① 노동조합운동과 정치와의 연합을 특징으로 한다.
② 경영전권을 인정하며 경영참여를 회피해 온 노선이다.
③ 노동조합운동의 목적은 근로조건을 포함한 노동자들의 생활조건의 개선과 유지에 있다.
④ 노사관계를 이해대립의 관계로 보고 있으나 이해조정이 가능한 비적대적 관계로 이해한다.

75 기업 A가 생산하는 재화에 투입하는 노동의 양을 L이라 하면, 노동의 한계생산은 27-5L이다. 이 재화의 가격이 20이고 임금이 40이라면, 이윤을 극대로 하는 기업 A의 노동수요량은?

① 1
② 2
③ 3
④ 5

76 개인의 후방굴절형 노동공급곡선(상단부분에서 좌상향으로 굽어짐)에 설명으로 옳은 것은?

① 임금이 상승함에 따라 노동시간을 증가시키려고 한다.
② 소득-여가 간의 선호체계 분석에서 소득효과가 대체효과를 압도한 결과이다.
③ 소득-여가 간의 선호체계 분석에서 대체효과가 소득효과를 압도한 결과이다.
④ 임금이 하락함에 따라 노동시간을 줄이려는 의지를 강력하게 표현하고 있다.

77 효율임금정책이 높은 생산성을 가져오는 원인에 관한 설명으로 틀린 것은?

① 고임금은 노동자의 직장상실비용을 증대시켜서 작업 중에 태만하지 않게 한다.
② 고임금 지불기업은 그렇지 않은 기업에 비해 신규노동자의 훈련에 많은 비용을 지출한다.
③ 고임금은 노동자의 기업에 대한 충성심과 귀속감을 증대시킨다.
④ 고임금 지불기업은 신규채용 시 지원 노동자의 평균자질이 높아져 보다 양질의 노동자를 고용할 수 있다.

78 다음 중 임금격차의 원인으로서 통계적 차별(statistical discrimination)이 일어나는 경우는?

① 비숙련 외국인노동자에게 낮은 임금을 설정할 때
② 임금이 개별 노동자의 한계생산성에 근거하여 설정될 때
③ 사용자 자신의 개인적 편견에 따라 근로자의 임금을 결정할 때
④ 사용자가 근로자의 생산성에 대해 불완전한 정보를 갖고 있어 평균적인 인식을 근거로 임금을 결정할 때

79 정부가 임금을 인상시킬 때 오히려 고용이 증대되는 경우는?

① 공급독점의 노동시장
② 수요독점의 노동시장
③ 완전경쟁의 노동시장
④ 복점의 노동시장

80 소득정책의 효과에 대한 설명으로 틀린 것은?

① 성장산업의 위축을 초래할 수 있다.
② 행정적 관리비용을 절감할 수 있다.
③ 임금억제에 이용될 가능성이 크다.
④ 급격한 물가상승기에 일시적으로 사용하면 효과를 거둘 수 있다.

제5과목 노동관계법규

81 직업안정법상 직업소개사업을 겸업할 수 있는 것은?
① 「결혼중개업의 관리에 관한 법률」상 결혼중개업
② 「공중위생관리법」상 숙박업
③ 「식품위생법」상 식품접객업 중 유흥주점영업
④ 「식품위생법」상 식품접객업 중 일반음식점영업

82 남녀고용평등과 일·가정 양립 지원에 관한 법령상 다음 ( ) 안에 각각 알맞은 것은?

> 제18조의2(배우자 출산휴가) ① 사업주는 근로자가 배우자의 출산을 이유로 휴가(이하 "배우자 출산휴가"라 한다)를 고지하는 경우에 (ㄱ)일의 휴가를 주어야 한다. (이하 생략)
> ③ 배우자 출산휴가는 근로자의 배우자가 출산한 날부터 (ㄴ)일이 지나면 사용할 수 없다.

① ㄱ: 5, ㄴ: 30
② ㄱ: 5, ㄴ: 90
③ ㄱ: 10, ㄴ: 30
④ ㄱ: 20, ㄴ: 120

83 근로기준법상 미성년자의 근로계약에 관한 설명으로 틀린 것은?
① 원칙적으로 15세 이상 18세 미만인 사람의 근로시간은 1일에 7시간, 1주에 35시간을 초과하지 못한다.
② 미성년자는 독자적으로 임금을 청구할 수 없다.
③ 고용노동부장관은 근로계약이 미성년자에게 불리하다고 인정하는 경우에는 이를 해지할 수 있다.
④ 친권자나 후견인은 미성년자의 근로계약을 대리할 수 없다.

84 고용보험법령상 심사 및 재심사 청구에 관한 설명으로 옳지 않은 것은?
① 실업급여에 관한 처분에 이의가 있는 자는 고용보험심사관에게 심사를 청구할 수 있다.
② 심사 및 재심사의 청구는 시효중단에 관하여 재판상의 청구로 본다.
③ 재심사청구인은 법정대리인 외에 자신의 형제자매를 대리인으로 선임할 수 없다.
④ 고용보험심사관은 원칙적으로 심사청구를 받으면 30일 이내에 그 심사청구에 대한 결정을 하여야 한다.

85 고용보험법상 실업의 신고 및 인정에 대한 설명으로 옳은 것은?
① 구직급여를 지급받으려는 자는 이직 후 14일 이내에 직업안정기관에 출석하여 실업을 신고하여야 한다.
② 구직급여는 실업의 인정을 받은 날로부터 지급한다.
③ 구직급여는 이 법에 따로 규정이 있는 경우 외에는 그 구직급여의 수급자격과 관련된 이직일의 다음날부터 계산하기 시작하여 10개월 내에 소정급여일수를 한도로 하여 지급한다.
④ 구직급여는 수급자격자가 실업한 상태에 있는 날 중에서 직업안정기관의 장으로부터 실업의 인정을 받은 날에 대하여 지급한다.

86 헌법상 근로의 권리로서 명시되어 있지 않은 것은?
① 최저임금제 시행
② 여성근로자의 특별보호
③ 연소근로자의 특별보호
④ 장애인근로자의 특별보호

87 고용보험법상의 내용으로 틀린 것은?

① 이직이란 피보험자와 사업주 사이의 고용관계가 끝나게 되는 것을 말한다.
② 일용근로자란 2개월 미만 동안 고용되는 자를 말한다.
③ 실업이란 근로의 의사와 능력이 있음에도 불구하고 취업하지 못한 상태에 있는 것을 말한다.
④ 고용보험은 고용노동부장관이 관장한다.

88 채용절차의 공정화에 관한 법률에 관한 설명으로 틀린 것은?

① 기초심사자료란 구직자의 응시원서, 이력서 및 자기소개서를 말한다.
② 고용노동부장관은 기초심사자료의 표준양식을 정하여 구인자에게 그 사용을 권장할 수 있다.
③ 구직자는 구인자에게 제출하는 채용서류를 거짓으로 작성해서는 아니 된다.
④ 이 법은 지방자치단체가 공무원을 채용하는 경우에도 적용한다.

89 고용상 연령차별금지 및 고령자고용촉진에 관한 법령상 용어 정의에 관한 설명으로 틀린 것은?

① '고령자'란 인구와 취업자의 구성 등을 고려하여 55세 이상인 자를 말한다.
② '준고령자'는 50세 이상 55세 미만인 사람으로 고령자가 아닌 자를 말한다.
③ '근로자'란 노동조합 및 노동관계 조정법에 따른 근로자를 말한다.
④ '사업주'란 근로자를 사용하여 사업을 하는 자를 말한다.

90 파견근로자보호등에 관한 법률상 근로자파견사업의 허가에 관한 설명으로 틀린 것은?

① 근로자파견사업을 하고자 하는 자는 관할 지자체의 허가를 받아야 한다.
② 근로자파견사업의 허가의 유효기간은 3년으로 한다.
③ 식품접객업, 숙박업을 하는 자는 근로자파견사업을 행할 수 없다.
④ 근로자파견사업의 허가의 취소처분을 받은 파견사업주는 그 처분 전에 파견한 파견근로자와 그 사용사업주에 대하여 그 파견기간이 종료될 때 까지 파견사업주로서의 의무와 권리를 가진다.

91 고용정책 기본법령상 고용재난지역에 대한 행정상·재정상·금융상의 특별지원 내용을 모두 고른 것은?

```
ㄱ. 국가재정법에 따른 예비비의 사용
ㄴ. 소상공인을 대상으로 한 조세 관련 법령에 따른 조세감면
ㄷ. 고용보험·산업재해보상보험 보험료 또는 징수금 체납처분의 유예
ㄹ. 중앙행정기관 및 지방자치단체가 실시하는 일자리사업에 대한 특별지원
```

① ㄱ, ㄴ, ㄷ
② ㄱ, ㄷ, ㄹ
③ ㄴ, ㄹ
④ ㄱ, ㄴ, ㄷ, ㄹ

92 국민 평생 직업능력 개발법상 직업능력개발훈련의 훈련목적에 따른 구분으로 옳은 것은?

① 기준훈련, 기준외훈련, 인정훈련
② 지정훈련, 인정훈련, 승인훈련
③ 양성훈련, 향상훈련, 전직훈련
④ 집체훈련, 현장훈련, 통신훈련

93 근로기준법상 경영상 이유에 의한 해고의 요건에 관한 설명으로 틀린 것은?

① 모든 사업의 양도·인수·합병은 긴박한 경영상의 필요가 있는 것으로 본다.
② 사용자는 해고를 피하기 위한 노력을 다하여야 한다.
③ 사용자는 합리적이고 공정한 해고의 기준을 정하고 이에 따라 그 대상자를 선정하여야 한다.
④ 사용자는 근로자의 해고를 피하기 위한 방법과 해고의 기준 등에 관하여 근로자의 과반수를 대표하는 근로자 대표에게 해고를 하려는 날의 50일 전까지 통보하고 성실하게 협의하여야 한다.

94 남녀고용평등과 일·가정 양립 지원에 관한 법률상 직장내 성희롱의 예방에 관한 설명으로 틀린 것은?

① 사업주는 직장내 성희롱 예방을 위한 교육을 연 1회 이상 하여야 한다.
② 사업주 및 근로자 모두가 여성으로 구성된 사업의 사업주는 직장내 성희롱 예방교육을 생략할 수 있다.
③ 사업주는 성희롱 예방교육을 고용노동부 장관이 지정하는 기관에 위탁하여 실시할 수 있다.
④ 사업주는 근로자가 고객에 의한 성희롱의 피해를 주장하는 것을 이유로 해고나 그 밖의 불이익한 조치를 하여서는 아니 된다.

95 다음 ( )에 알맞은 것은?

> 근로자퇴직급여 보장법상 퇴직금 제도를 설정하려는 사용자는 계속근로기간 (ㄱ)에 대하여 (ㄴ)의 (ㄷ)을 퇴직금으로 퇴직 근로자에게 지급할 수 있는 제도를 설정하여야 한다.

① ㄱ: 2년, ㄴ: 45일분 이상, ㄷ: 평균임금
② ㄱ: 1년, ㄴ: 15일분 이상, ㄷ: 통상임금
③ ㄱ: 1년, ㄴ: 30일분 이상, ㄷ: 평균임금
④ ㄱ: 2년, ㄴ: 60일분 이상, ㄷ: 통상임금

96 직업안정법에서 사용하는 용어의 정의로 틀린 것은?

① '직업안정기관'이라 함은 직업소개·직업지도 등 직업안정업무를 수행하는 지방노동행정기관을 말한다.
② '모집'이라 함은 근로자를 고용하고자 하는 자가 취직하고자 하는 자에게 피용자가 되도록 권유하거나 다른 사람으로 하여금 권유하게 하는 것을 말한다.
③ '유료직업소개사업'이라 함은 무료직업소개사업 외의 직업소개사업을 말한다.
④ '근로자공급사업'이라 함은 공급계약에 의하여 근로자를 타인에게 사용하게 하는 사업으로써, 지방자치단체장의 허가를 받은 사업을 말한다.

97 기간제 및 단시간근로자 보호 등에 관한 법령상 적용범위에 관한 설명으로 틀린 것은?

① 상시 5인 이상의 근로자를 사용하는 모든 사업 또는 사업장에 적용한다.
② 동거의 친족만을 사용하는 사업장에는 적용하지 아니한다.
③ 상시 4인 이하의 근로자를 사용하는 사업 또는 사업장에 대하여는 이 법의 일부 규정을 적용할 수 있다.
④ 국가 및 지방자치단체의 기관에 대하여는 이 법을 적용하지 아니한다.

98 직업안정법상 근로자 모집에 관한 설명으로 틀린 것은?

① 국외에 취업할 근로자를 모집하는 경우에는 고용노동부장관의 허가를 받아야 한다.
② 근로자를 고용하고자 하는 자는 신문·잡지·기타에 의하여 자유로이 근로자를 모집할 수 있다.
③ 모집이라 함은 근로자를 고용하고자 하는 자가 취직하고자 하는 자에게 피용자가 되도록 권유하거나 다른 사람으로 하여금 권유하게 하는 것을 말한다.
④ 근로자를 모집하고자 하는 자와 그 모집에 종사하는 자는 명목의 여하를 불문하고 응모자로부터 그 모집과 관련하여 금품 기타 이익을 취하여서는 아니 된다.

99 국민 평생 직업능력 개발법상 직업능력개발훈련의 기본원칙에 대한 설명으로 틀린 것은?

① 직업능력개발훈련은 근로자 개인의 희망·적성·능력에 맞게 실시되어야 한다.
② 직업능력개발훈련은 근로자의 생애에 걸쳐 체계적으로 실시되어야 한다.
③ 직업능력개발훈련은 모든 근로자에게 균등한 기회가 보장되도록 하여야 한다.
④ 직업능력개발훈련은 학교교육과 관계없이 산업현장과 긴밀하게 연계될 수 있도록 하여야 한다.

100 근로기준법상 최우선 변제되는 임금채권의 범위는?

① 최종 3개월분의 임금, 최종 3개월분의 퇴직금, 재해보상금
② 최종 3개월분의 임금, 퇴직금, 재해보상금
③ 최종 3년간의 임금, 최종 3년간의 퇴직금, 재해보상금
④ 최종 3개월분의 임금, 재해보상금

2023년 [2회 복원문제]

빠른 정답 체크!

직업상담학		직업심리학		직업정보론		노동시장론		노동관계법규	
01	②	21	③	41	①	61	③	81	④
02	①	22	③	42	③	62	①	82	④
03	③	23	④	43	④	63	③	83	②
04	③	24	③	44	③	64	①	84	③
05	③	25	④	45	④	65	④	85	④
06	②	26	④	46	④	66	④	86	④
07	④	27	①	47	①	67	③	87	②
08	①	28	④	48	②	68	①	88	④
09	④	29	②	49	④	69	④	89	③
10	②	30	②	50	④	70	④	90	①
11	④	31	③	51	①	71	③	91	④
12	④	32	④	52	①	72	④	92	③
13	①	33	②	53	④	73	①	93	①
14	①	34	③	54	②	74	①	94	②
15	④	35	①	55	①	75	④	95	③
16	③	36	②	56	③	76	②	96	④
17	②	37	③	57	①	77	④	97	④
18	③	38	④	58	③	78	④	98	①
19	②	39	①	59	③	79	②	99	④
20	①	40	②	60	④	80	②	100	④

2023년 3회 복원문제

정답과 해설 ▶ P. 113~125

제1과목 직업상담학

01 어떤 문제의 밑바닥에 깔려 있는 혼란스러운 감정과 갈등을 가려내어 분명히 해주는 것은?

① 명료화　② 경청
③ 반영　　④ 직면

02 상담 시 상담사의 질문으로 바람직하지 않은 것은?

① "당신이 선호하는 직업이 있다면 무엇인가요? 그런 이유를 말씀해 주시겠어요?"
② "당신이 특별히 좋아하는 것이 있다면 말씀해 주시겠어요?"
③ "직업상담을 해야겠다고 결정했나요?"
④ "어떻게 생각해야 할지 이해가 잘 가지 않는군요. 잘 모르겠어요. 제가 좀 더 확실하게 이해할 수 있도록 도와주시겠어요?"

03 아들러(Adler)의 개인심리학적 상담의 목표로 옳지 않은 것은?

① 사회적 관심을 갖도록 돕는다.
② 내담자의 잘못된 목표를 수정하도록 돕는다.
③ 패배감을 극복하고 열등감을 감소시킬 수 있도록 돕는다.
④ 전이해석을 통해 중요한 타인과의 관계 패턴을 알아차리도록 돕는다.

04 사이버 직업상담의 장점이 아닌 것은?

① 개인의 지위, 연령, 신분, 권력 등을 짐작할 수 있는 사회적 단서가 제공되지 않으므로 전달되는 내용 자체에 많은 주의를 기울이고 의미를 부여할 수 있다.
② 내담자의 자발적 참여로 상담이 진행되는 경우가 대면상담에 비해 압도적으로 많으므로 내담자들의 문제해결에 대한 동기가 높다고 할 수 있다.
③ 내담자 자신의 정보를 선택적으로 공개할 수 있고 언제든지 상담을 중단할 수 있어 매우 편리하다.
④ 상담자와 직접 얼굴을 마주하지 않기 때문에 자신의 행동이나 감정에 대한 즉각적인 판단이나 비판을 염려하지 않아도 된다.

05 생애진로사정(Life Career Assessment)에 관한 설명으로 옳은 것은?

① 3세대에 걸친 내담자 가족의 윤곽을 평가한다.
② 양적인 평가방법으로 다양한 생애역할을 평가한다.
③ 내담자의 일, 사랑, 우정에 대한 접근방식을 평가한다.
④ 내담자의 아동기 부모-자녀 간 상호작용 경험을 평가한다.

06 포괄적 직업상담에 관한 설명으로 틀린 것은?
① 논리적인 것과 경험적인 것을 의미 있게 절충시킨 모형이다.
② 진단은 변별적이고 역동적인 성격을 가지고 있다.
③ 상담의 진단단계에서는 주로 특성-요인 이론과 행동주의 이론으로 접근한다.
④ 문제해결 단계에서는 도구적(조작적) 학습에 초점을 맞춘다.

07 탈진(burnout)에 관한 설명으로 옳지 않은 것은?
① 종업원들이 일정 기간 동안 직무를 수행한 후 경험하는 지친 심리적 상태를 의미한다.
② 탈진검사는 정서적 고갈, 인격상실, 개인적 성취감 감소 등의 세 가지 구성요소로 측정한다.
③ 탈진에 대한 연구는 대부분 면접과 관찰을 통해 이루어졌다.
④ 탈진경험은 다양한 직무 스트레스 요인과 직무 스트레스 반응 변인과 상관이 있다.

08 내담자와 관련된 정보를 수집하여 내담자의 행동을 이해하고 해석하는 데 기본이 되는 상담기법으로 가장 거리가 먼 것은?
① 한정된 오류 정정하기
② 왜곡된 사고 확인하기
③ 반성의 장 마련하기
④ 변명에 초점 맞추기

09 직업상담사의 윤리강령에 관한 설명으로 가장 거리가 먼 것은?
① 상담자는 상담에 대한 이론적, 경험적 훈련과 지식을 갖춘 것을 전제로 한다.
② 상담자는 내담자의 성장, 촉진과 문제 해결 및 방안을 위해 시간과 노력상의 최선을 다한다.
③ 상담자는 자신의 능력 및 기법의 한계 때문에 내담자의 문제를 다른 전문직 동료나 기관에 의뢰해서는 안 된다.
④ 상담자는 내담자가 이해, 수용할 수 있는 한도 내에서 기법을 활용한다.

10 6개의 생각하는 모자(six thinking hats)는 직업상담의 중재와 관련된 단계들 중 무엇을 위한 것인가?
① 직업정보의 수집
② 의사결정의 촉진
③ 보유기술의 파악
④ 시간관의 개선

11 특성-요인 직업상담의 단계 중 종합단계에 해당하는 것은?
① 내담자 분석을 위해 심리검사 및 특성 정보와 자료 등을 수집한다.
② 종합된 내담자 문제에 대한 원인 탐색과 문제해결을 위한 진단을 하는 단계이다.
③ 진단을 통해 나온 결과로 직업문제에 대해 예측하고 처리하는 단계이다.
④ 수집된 내담자의 정보와 유사한 사례를 비교·분석한다.

12 상담사가 길을 전혀 잃어버리지 않고 마치 자신이 내담자의 세계에서 경험을 하는 듯한 능력을 의미하는 상담기법은?

① 직면 ② 즉시성
③ 리허설 ④ 감정이입

13 인간을 과거나 환경에 의해 결정되는 존재가 아니라 현재의 사고, 감정, 행동의 전체성과 통합을 추구하는 존재로 보는 상담접근법은?

① 정신분석학적 상담
② 형태주의 상담
③ 개인주의 상담
④ 교류분석적 상담

14 정신분석적 상담에서 내담자가 과거의 중요한 인물에게서 느꼈던 감정이나 생각을 상담자에게 투사하는 현상은?

① 증상형성 ② 전이
③ 저항 ④ 자유연상

[빈출]
15 상담이론과 직업상담사의 역할의 연결이 바르지 않은 것은?

① 인지상담 – 수동적이고 수용적인 태도
② 정신분석적 상담 – 텅 빈 스크린
③ 내담자중심의 상담 – 촉진적인 관계형성 분위기 조성
④ 행동주의 상담 – 능동적이고 지시적인 역할

16 다음은 무엇에 관한 설명인가?

> 행동주의 직업상담에서 내담자가 직업선택에 대해서 무력감을 느끼게 되고, 그로 인해 발생된 불안 때문에 직업결정을 못 하게 되는 것

① 무결단성 ② 우유부단
③ 미결정성 ④ 부적응성

[빈출]
17 자기인식이 부족한 내담자를 사정할 때 인지에 대한 통찰을 재구조화하거나 발달시키는데 적합한 방법은?

① 직면이나 논리적 분석을 해준다.
② 불안에 대처하도록 심호흡을 시킨다.
③ 은유나 비유를 사용한다.
④ 사고를 재구조화 한다.

[빈출]
18 내담자에 대한 상담 목표의 특성이 아닌 것은?

① 구체적이어야 한다.
② 내담자가 원하고 바라는 것이어야 한다.
③ 실현가능해야 한다.
④ 인격성장을 도와야 한다.

19 진로시간전망 검사지를 사용하는 주요 목적과 가장 거리가 먼 것은?

① 목표설정 촉구
② 계획기술 연습
③ 진로계획 수정
④ 진로의식 고취

20 진로상담의 주요 원리와 가장 거리가 먼 것은?

① 진로상담은 진학과 직업선택, 직업적응에 초점을 맞추어 전개되어야 한다.
② 진로상담은 상담자와 내담자 간의 라포(rapport)가 형성된 관계 속에서 이루어져야 한다.
③ 진로상담은 항상 집단적인 진단과 처치의 자세를 견지해야 한다.
④ 진로상담은 상담 윤리강령에 따라 전개되어야 한다.

제2과목 직업심리학

21 다음은 무엇에 관한 설명인가?

> 한 검사가 그 준거로 사용된 현재의 어떤 행동이나 특성과 관련된 정도를 나타내는 타당도

① 공인타당도
② 구성타당도
③ 내용타당도
④ 예언타당도

22 다음의 특성을 가진 직무분석기법은?

> - 미국 퍼듀대학교의 매코믹(McCormick)이 개발했다.
> - 행동중심적 직무분석기법(behavior-oriented job analysis method)이다.
> - 6가지의 범주 및 187개 항목으로 구성되었다.
> - 개별직무에 대해 풍부한 정보를 획득할 수 있는 장점이 있으나, 성과표준을 직접 산출하는 데는 무리가 따른다는 단점을 지니고 있다.

① 직무과제분석(JTA)
② 기능적 직무분석(FJA)
③ 직위분석질문지(PAQ)
④ 관리직기술질문지(MPDQ)

23 직무 스트레스를 조절하는 변인과 가장 거리가 먼 것은?

① A/B 성격유형
② 역할 모호성
③ 통제 소재
④ 사회적 지원

24 진로발달에서 맥락주의(contextualism)에 관한 설명으로 틀린 것은?

① 행위는 맥락주의의 주요 관심대상이다.
② 개인보다는 환경의 영향을 강조한다.
③ 행위는 인지적·사회적으로 결정되며 일상의 경험을 반영하는 것이다.
④ 진로연구와 진로상담에 대한 맥락상의 행위 설명을 확립하기 위하여 고안된 방법이다.

25 스트레스로 인해 나타날 수 있는 신체의 변화로 옳지 않은 것은?

① 호흡과 심장박동이 빨라지고 혈압도 높아진다.
② 부신선과 부신피질을 자극해 에피네프린(아드레날린)을 생성한다.
③ 부교감신경계가 활성화되어 각성이 일어난다.
④ 부신피질 호르몬인 코티졸이 분비된다.

26 검사점수의 오차를 발생시키는 수검자요인과 가장 거리가 먼 것은?

① 수행 능력
② 수행 경험
③ 평가 불안
④ 수검 당일의 생리적 조건

27 직업적응이론의 적응유형 변인 중 적응행동과정에서 나타나는 적응의 시작과 종료의 지속기간을 나타내는 것은?

① 유연성   ② 능동성
③ 수동성   ④ 인내

28 직업적응이론에서 개인의 가치와 직업 환경의 강화인 간의 조화를 측정하는 데 사용되는 검사는?

① 미네소타 중요도검사(MIQ)
② 미네소타 만족 질문지(MSQ)
③ 미네소타 충족 척도(MSS)
④ 미네소타 직업평가 척도(MORS)

29 수퍼(Super)의 직업발달 5단계를 바르게 나열한 것은?

① 성장기 → 확립기 → 탐색기 → 유지기 → 쇠퇴기
② 성장기 → 탐색기 → 확립기 → 유지기 → 쇠퇴기
③ 성장기 → 탐색기 → 유지기 → 확립기 → 쇠퇴기
④ 성장기 → 유지기 → 탐색기 → 확립기 → 쇠퇴기

30 Strong 검사에 대한 설명으로 옳은 것은?

① 기본흥미척도(BIS)는 Holland의 6가지 유형을 제공한다.
② Strong 진로탐색검사는 진로성숙도검사와 직업 흥미검사로 구성되어 있다.
③ 업무, 학습, 리더십, 모험심을 알아보는 기본흥미척도(BIS)가 포함되어 있다.
④ 개인특성척도(PSS)는 일반직업분류(GOT)의 하위척도로서 특정 흥미분야를 파악하는 데 도움이 된다.

31 A학교에서 실시한 성취도평가 점수가 정규분포를 따르고, 평균이 60점, 표준편차가 10일 때 점수가 75점인 학생의 Z점수와 T점수로 옳은 것은?

① Z점수: 0.5 T점수: 65
② Z점수: 0.5 T점수: 75
③ Z점수: 1.5 T점수: 65
④ Z점수: 1.5 T점수: 75

32 경력개발 프로그램을 설계할 때 누구를 대상으로 어떤 경력평가 프로그램을 만들지 알아보는 평가는?

① 슈퍼(Super)평가
② 니즈평가
③ 직무평가
④ 조직평가

33 다음 중 데시(Deci)의 자기결정 동기 중 내적 동기에 해당하는 것은?

① 기대
② 금전적 보상
③ 위생요인
④ 고유한 즐거움

34 Roe의 욕구이론에 관한 설명으로 옳은 것은?

① 심리적 에너지가 흥미를 결정하는 중요한 요소라고 본다.
② 청소년기 부모-자녀 간의 관계에서 생긴 욕구가 직업선택에 영향을 미친다는 이론이다.
③ 부모의 사랑을 제대로 받지 못하고 거부적인 분위기에서 성장한 사람은 다른 사람들과 함께 일하고 접촉하는 서비스 직종의 직업을 선호한다.
④ 직업군을 10가지로 분류한다.

35 종업원이 직무에서 매우 성공적으로 수행한 경우나 실패한 경우들에 대한 자료를 수집한 후 그 사건들의 구체적인 행동을 알아내고, 이 행동으로부터 지식, 기술, 능력을 수집하는 직무분석 방법은?

① 중요사건기록법(critical incident technique)
② 기능적 직무분석(functional job analysis)
③ 직책분석설문지(position analysis questionnaire)
④ 주제 관련 전문가(subject matter expert) 직무분석

36 다운사이징(downsizing)과 조직구조의 수평화로 대변되는 조직변화에 적합한 종업원 경력개발 프로그램과 가장 거리가 먼 것은?

① 직무를 통해서 다양한 능력을 본인 스스로 학습할 수 있도록 많은 프로젝트에 참여시킨다.
② 표준화된 작업규칙, 고정된 작업시간, 엄격한 직무기술을 강화한 학습 프로그램에 참여시킨다.
③ 불가피하게 퇴직한 사람들을 위한 퇴직자 관리 프로그램을 운영한다.
④ 새로운 직무를 수행하는 데 요구되는 능력 및 지식과 관련된 재교육을 실시한다.

37 한 연구자가 검사를 개발한 후 요인분석을 통해 그 검사가 검사개발의 토대가 된 이론을 잘 반영하는지를 확인하였다. 이 과정은 무엇을 확인하기 위한 것인가?

① 내용타당도
② 동시타당도
③ 준거타당도
④ 구성타당도

38 Holland의 인성이론에서 한 개인이 자기 자신의 인성유형과 동일하거나 유사한 환경에서 일하고 생활할 때를 의미하는 개념은?

① 일관성
② 변별성
③ 정체성
④ 일치성

39 성인기에 지능이 쇠퇴한다고 단정 지었던 과거의 관점에 수정을 가하는 이론으로 가장 적절한 것은?

① 카텔(Cattell)의 결정적 지능
② 스턴버그(Sternberg)의 삼원이론
③ 삐아제(Piaget)의 퇴행가설
④ 스키너(Skinner)의 강화학습이론

40 GATB 직업적성검사에 대한 설명으로 틀린 것은?

① 지필검사와 동작검사로 구성되어 있다.
② 모두 8개 영역의 적성을 검출한다.
③ 지능도 측정한다.
④ 모두 15개 하위검사로 이루어져 있다.

제3과목 직업정보론

41 민간직업정보의 일반적인 특징과 가장 거리가 먼 것은?

① 한시적으로 정보가 수집 및 가공되어 제공된다.
② 객관적인 기준을 가지고 전체 직업에 관한 일반적인 정보를 제공한다.
③ 직업정보 제공자의 특정한 목적에 따라 직업을 분류한다.
④ 통상적으로 직업정보를 유료로 제공한다.

42 다음은 한국표준산업분류(제11차)의 분류 정의 중 무엇에 대한 설명인가?

> 각 생산단위가 노동, 자본, 원료 등 자원을 투입하여 재화 또는 서비스를 생산 또는 제공하는 일련의 활동과정

① 산업
② 산업활동
③ 생산활동
④ 산업분류

43 한국표준산업분류(제11차)의 적용원칙으로 틀린 것은?

① 생산단위는 산출물뿐만 아니라 투입물과 생산공정 등을 함께 고려하여 그들의 활동을 가장 정확하게 설명된 항목으로 분류해야 한다.
② 산업활동이 결합되어 있는 경우에는 그 활동단위의 주된 활동에 따라서 분류해야 한다.
③ 복합적인 활동단위는 우선적으로 세세분류를 정확히 결정하고, 순차적으로 세·소·중·대분류 단계 항목을 결정하여야 한다.
④ 공식적 생산물과 비공식적 생산물, 합법적 생산물과 불법적인 생산물을 달리 분류하지 않는다.

44 직업정보를 제공하는 유형별 방식의 설명이다. ( ) 안에 가장 알맞은 것은?

유형	비용	학습자 참여도	접근성
인쇄물	(A)	수동	용이
면접	저	(B)	제한적
직업경험	고	적극	(C)

① A – 고, B – 적극, C – 용이
② A – 저, B – 적극, C – 제한적
③ A – 고, B – 수동, C – 제한적
④ A – 저, B – 수동, C – 용이

45 고용24에서 채용정보 상세검색에 관한 설명으로 틀린 것은?

① 최대 10개의 직종선택이 가능하다.
② 연령별 채용정보를 검색할 수 있다.
③ 재택근무 가능 여부를 검색할 수 있다.
④ 최저희망임금은 연봉, 월급, 일급, 시급별로 입력할 수 있다.

46 국민내일배움카드 제도의 지원을 받을 수 있는 자는?

① 만 65세 이상인 사람
② 「사립학교교직원 연금법」을 적용받고 현재 재직 중인 사람
③ 「군인연금법」을 적용받고 현재 재직 중인 사람
④ 지방자치단체로부터 훈련비를 지원받는 훈련에 참여하는 사람

47 직업정보관리에 관한 설명으로 틀린 것은?

① 직업정보의 범위는 개인에 대한 정보, 직업에 대한 정보, 미래에 대한 정보 등으로 구성되어 있다.
② 직업정보원은 정부부처, 정부투자출연기관, 단체 및 협회, 연구소, 기업과 개인 등이 있다.
③ 직업정보 가공 시에는 전문적인 지식이 없이도 이해할 수 있도록 가급적 평이한 언어로 제공되어야 하며 직무의 장·단점을 편견 없이 제공하여야 한다.
④ 개인의 정보는 보호되어야 하기 때문에 구직 시에 연령, 학력 및 경력 등의 취업과 관련된 정보는 제한적으로 제공되어야 한다.

48 직업정보로서 갖추어야 할 요건에 대한 설명으로 틀린 것은?

① 직업정보는 객관성이 담보되어야 한다.
② 직업정보 활용의 효율성 측면에서 이용대상자의 진로발달단계나 수준, 이용 목적에 적합한 직업정보를 개발하여 제공되는 것이 바람직하다.
③ 우연히 획득되거나 출처가 불명확한 직업정보라도 내용이 풍부하다면 직업정보로서 가치가 있다고 판단한다.
④ 직업정보는 개발연도를 명시하여 부적절한 과거의 직업세계나 노동시장 정보가 구직자나 청소년에게 제공되지 않도록 하는 것이 바람직하다.

49 고용정책 중 일자리 창출을 위한 정책과 가장 거리가 먼 것은?

① 고용유지지원금
② 실업크레딧 지원
③ 일자리 함께하기 지원
④ 사회적기업 육성

50 다음은 한국표준직업분류(제8차)에서 직업분류의 일반원칙이다. ( )에 알맞은 것은?

> 동일하거나 유사한 직무는 어느 경우에든 같은 단위직업으로 분류되어야 한다는 점이다. 하나의 직무가 동일한 직업단위 수준에서 2개 혹은 그 이상의 직업으로 분류될 수 있다면 ( )의 원칙을 위반한 것이라 할 수 있다.

① 단일성 ② 배타성
③ 포괄성 ④ 경제성

51 국가직무능력표준(NCS)에 관한 설명으로 틀린 것은?

① 산업현장에서 직무를 수행하기 위해 요구되는 지식·기술·태도 등의 내용을 국가가 체계화한 것이다.
② 한국고용직업분류를 중심으로 분류하였으며, 대분류 → 중분류 → 소분류 → 세분류 순으로 구성되어 있다.
③ 능력단위는 NCS분류의 하위 단위로서 능력단위요소, 수행준거 등으로 구성되어 있다.
④ 직무는 NCS분류의 중분류를 의미하고, 원칙상 중분류 단위에서 표준이 개발된다.

52 한국표준산업분류(제11차)의 산업결정방법에 관한 설명으로 틀린 것은?

① 생산단위의 산업활동은 그 생산단위가 수행하는 주된 산업활동의 종류에 따라 결정된다.
② 계절에 따라 정기적으로 산업을 달리하는 사업체의 경우에는 조사시점에 경영하는 사업으로 분류된다.
③ 단일사업체의 보조단위는 그 사업체의 일개부서로 포함한다.
④ 휴업 중 또는 자산을 청산중인 사업체의 산업은 영업 중 또는 청산을 시작하기 이전의 산업활동에 의하여 결정한다.

53 고용24 직업정보시스템에서 제공하는 정보가 아닌 것은?

① 학과정보
② 직업동영상
③ 직업심리검사
④ 국가직무능력표준(NCS)

54 고용노동통계조사의 각 항목별 조사주기의 연결이 틀린 것은?

① 사업체 노동력 조사: 연 1회
② 시도별 임금 및 근로시간 조사: 연 1회
③ 지역별 사업체 노동력 조사: 연 2회
④ 기업체 노동비용 조사: 연 1회

55 실기능력이 중요하여 고용노동부령이 정하는 필기시험이 면제되는 기능사 종목이 아닌 것은?

① 측량기능사 ② 도화기능사
③ 도배기능사 ④ 방수기능사

56 한국표준직업분류(2025)에서 포괄적인 업무에 대해 적용하는 직업분류 원칙을 순서대로 바르게 나열한 것은?

① 주된 직무 → 최상급 직능수준 → 생산업무
② 최상급 직능수준 → 주된 직무 → 생산업무
③ 최상급 직능수준 → 생산업무 → 주된 직무
④ 생산업무 → 최상급 직능수준 → 주된 직무

57 한국직업사전의 부가직업정보 중 작업강도에 관한 설명 중 틀린 것은?

①	아주 힘든 작업	40kg 이상의 물건을 들어올리고 20kg 이상이 물건을 빈번히 들어올리거나 운반한다.
②	힘든 작업	최고 20kg의 물건을 들어올리고 10kg 정도의 물건을 빈번히 들어올리거나 운반한다.
③	가벼운 작업	최고 8kg의 물건을 들어올리고 4kg 정도의 물건을 빈번히 들어올리거나 운반한다.
④	아주 가벼운 작업	최고 4kg의 물건을 들어올리고, 때때로 장부, 소도구 등을 들어올리거나 운반한다.

58 국가기술자격종목 중 건설기계설비기사, 공조냉동기계기사, 승강기기사 자격이 공통으로 해당되는 직무분야는?

① 건설분야
② 재료분야
③ 기계분야
④ 안전관리분야

59 고용24에서 제공하는 학과정보 중 공학계열에 해당하는 것은?

① 생명과학과
② 조경학과
③ 통계학과
④ 응용물리학과

60 서비스 분야 국가기술자격의 단일 등급에 해당하지 않는 직종은?

① 스포츠경영관리사
② 텔레마케팅관리사
③ 게임그래픽전문가
④ 전자상거래관리사

제4과목 노동시장론

61 일부 사람들이 실업급여를 계속 받기 위해 채용될 가능성이 매우 낮은 곳에서만 일자리를 탐색하며 실업상태를 유지하고 있다. 다음 중 이런 사람들이 실업자가 아니라 일할 의사가 없다는 이유로 비경제활동인구로 분류될 때 나타나는 현상으로 옳은 것은?

① 실업률과 경제활동참가율 모두 높아진다.
② 실업률과 경제활동참가율 모두 낮아진다.
③ 실업률은 낮아지는 반면, 경제활동참가율은 높아진다.
④ 실업률은 높아지는 반면, 경제활동참가율은 낮아진다.

62 임금의 보상격차에 관한 설명으로 틀린 것은?

① 근무조건이 열악한 곳으로 전출되면 임금이 상승한다.
② 성별격차도 임금의 보상격차이다.
③ 물가가 높은 곳에서 근무하면 임금이 상승한다.
④ 더 높은 비용이 소요되는 훈련을 요구하는 직종의 임금이 상대적으로 높다.

63 구인처에서 요구하는 기술을 갖춘 근로자가 없어서 발생하는 실업은?

① 구조적 실업   ② 잠재적 실업
③ 마찰적 실업   ④ 자발적 실업

64 다음 중 2차 노동시장의 특징에 해당되는 것은?

① 높은 임금   ② 높은 안정성
③ 높은 이직률   ④ 높은 승진율

65 연공급의 특징과 가장 거리가 먼 것은?

① 기업에 대한 귀속의식 제고
② 전문기술인력 확보 곤란
③ 근로자에 대한 교육훈련의 효과 제고
④ 인건비 부담의 감소

66 다음은 무엇에 관한 설명인가?

> 조합비를 징수할 때 사용자가 노동조합의 의뢰에 의하여 조합비를 급료 계산 시에 일괄 공제하여 전달해 주는 방법이다.

① 오픈 숍(open shop)
② 유니언 숍(union shop)
③ 에이전시 숍(agency shop)
④ 체크 오프 시스템(check off system)

67 노동수요 측면에서 비정규직 증가의 원인과 가장 거리가 먼 것은?

① 세계화에 따른 기업간 경쟁 환경의 변화
② 정규직 근로자 해고의 어려움
③ 고학력 취업자의 증가
④ 정규노동자 고용비용의 증가

68 내국인들이 취업하기를 기피하는 3D 직종에 대한 외국인력의 수입 또는 불법이민이 국내 내국인 노동시장에 미치는 영향으로 옳은 것은?

① 임금과 고용이 높아진다.
② 임금과 고용이 낮아진다.
③ 임금은 높아지고 고용은 낮아진다.
④ 임금과 고용의 변화가 없다.

69 임금-물가 악순환설, 지불능력설, 한계생산력설 등에 영향을 미친 임금결정이론은?

① 임금생존비설
② 임금철칙설
③ 노동가치설
④ 임금기금설

70 K회사는 4번째 직원을 채용할 때, 모든 근로자의 시간당 임금을 8천원에서 9천원으로 인상할 것이다. 만약 4번째 직원의 시간당 한계수입생산이 1만원이라면 K회사가 4번째 직원을 새로 고용함에 따라 얻을 수 있는 시간당 이윤은?

① 1천원 증가
② 2천원 증가
③ 1천원 감소
④ 2천원 감소

71 다음 중 성과급 제도를 채택하기 어려운 경우는?

① 근로자의 노력과 생산량과의 관계가 명확한 경우
② 생산원가 중에서 노동비용에 대한 통제가 필요하지 않은 경우
③ 생산량의 질(quality)이 일정한 경우
④ 생산량이 객관적으로 측정 가능한 경우

72 다음 중 기업의 종업원주식소유제 혹은 종업원지주제 도입의 목적이 아닌 것은?

① 새로운 일자리 창출
② 기업금융 및 재무구조의 건전화 수단
③ 종업원의 기업인수 지원을 통한 고용안전 도모
④ 공격적 기업인수 및 합병에 대한 효과적 방어수단

73 A국의 취업자가 200만 명, 실업자가 10만 명, 비경제활동인구가 100만 명이라고 할 때, A국의 경제활동참가율은?

① 약 66.7%
② 약 67.7%
③ 약 69.2%
④ 약 70.2%

74 경기침체에도 불구하고 실업률이 크게 높아지지 않았다면 그 이유로 가장 적합한 것은?

① 부가노동자효과가 실망노동자효과보다 컸기 때문이다.
② 실망노동자효과가 부가노동자효과보다 컸기 때문이다.
③ 실망노동자효과와 부가노동자효과의 크기가 비슷했기 때문이다.
④ 실망노동자효과가 없었기 때문이다.

75 단체교섭에 관한 설명으로 틀린 것은?

① 단체협약은 노동조합과 사용자단체가 단체교섭 후 협의된 사항을 문서로 남긴 것으로 강제적 효력이 있다.
② 경영자가 정당한 사유 없이 단체교섭을 거부하는 행위는 불법행위에 해당한다.
③ 이익분쟁은 임금 및 근로조건 등에 합의하지 못해 발생하는 분쟁이다.
④ 노동자들이 하는 쟁의행위에는 파업, 태업, 직장폐쇄 등의 방법이 있다.

76 다음 중 헤도닉(hedonic) 임금이론의 가정으로 틀린 것은?

① 직장의 다른 특성은 동일하며 산업재해의 위험도도 동일하다.
② 노동자는 효용을 극대화하며 노동자 간에는 산업안전에 관한 선호의 차이가 존재한다.
③ 기업은 좋은 노동조건을 위해 산업안전에 투자해야 한다.
④ 노동자는 정확한 직업정보를 갖고 있으며 작업 간에 자유롭게 이동할 수 있다.

77 실업률과 물가상승률간 역의 상관관계를 나타내는 곡선은?

① 래퍼곡선 ② 필립스곡선
③ 로렌츠곡선 ④ 테일러곡선

78 이윤극대화를 추구하는 기업이 이직률을 낮추기 위해 효율성 임금(efficiency wage)을 지불할 경우 발생할 수 있는 실업은?

① 마찰적 실업 ② 구조적 실업
③ 경기적 실업 ④ 지역적 실업

79 선별가설(screening hypothesis)에 대한 설명과 가장 거리가 먼 것은?

① 교육훈련이 생산성을 높이는 것은 아니고 유망한 근로자를 식별해주는 역할을 한다.
② 빈곤문제 해결을 위해서는 교육훈련 기회를 확대하는 것이 중요하다.
③ 학력이 높은 사람이 소득이 높은 것은 교육 때문이 아니고 원래 능력이 우수하기 때문이다.
④ 근로자들이 자신의 능력과 재능을 보여주기 위해 교육에 투자한다.

80 경기침체로 실업자가 직장을 구하는 것이 더욱 어렵게 되어 구직활동을 단념함으로써 비경제활동인구가 늘어나고 경제활동인구가 감소하는 것은?

① 실망노동자효과
② 부가노동자효과
③ 대기실업효과
④ 추가실업효과

제5과목　노동관계법규

81 고용정책기본법령상 고용정책심의회의 전문위원회에 명시되지 않은 것은?

① 지역고용전문위원회
② 고용보험전문위원회
③ 장애인고용촉진전문위원회
④ 건설근로자고용개선전문위원회

82 국민 평생 직업능력 개발법령상 근로자의 정의로시 기장 적합한 것은?

① 1주 동안의 소정근로시간이 그 사업장에서 같은 종류의 업무에 종사하는 통상 근로자의 1주 동안의 소정근로시간에 비하여 짧은 자
② 직업의 종류와 관계없이 임금을 목적으로 사업이나 사업장에 근로를 제공하는 사람
③ 직업의 종류를 불문하고 임금·급료 기타 이에 준하는 수입에 의하여 생활하는 자
④ 사업주에게 고용된 사람과 취업할 의사가 있는 사람

83 고용보험법령상 다음 사례에서 구직급여의 소정급여일수는?

> 장애인 근로자 A씨(40세)가 4년간 근무하던 회사를 퇴사하여 직업안정기관으로부터 구직급여 수급자격을 인정받았다.

① 120일　② 150일
③ 180일　④ 210일

84 고용보험법령상 실업급여에 관한 설명으로 틀린 것은?

① 실업급여로서 지급된 금품에 대하여는 국가나 지방자치단체의 공과금을 부과하지 아니한다.
② 실업급여를 받을 권리는 양도하거나 담보로 제공할 수 없다.
③ 실업급여수급계좌의 해당 금융기관은 이 법에 따른 실업급여만이 실업급여수급계좌에 입금되도록 관리하여야 한다.
④ 구직급여에는 조기재취업수당, 직업능력개발수당, 광역구직활동비, 이주비가 있다.

85 근로기준법령상 사용자가 3년간 보존하여야 하는 근로계약에 관한 중요한 서류로 명시되지 않은 것은?

① 임금대장
② 휴가에 관한 서류
③ 고용·해고·퇴직에 관한 서류
④ 퇴직금 중간정산에 관한 증명서류

86 근로기준법령상 이행강제금에 관한 설명으로 옳은 것은?

① 노동위원회는 구제명령을 받은 후 이행기한까지 구제명령을 이행하지 아니한 사용자에게 3천만 원 이하의 이행강제금을 부과한다.
② 노동위원회는 이행강제금 납부의무자가 납부기한까지 이행강제금을 내지 아니하면 즉시 국세 체납처분의 예에 따라 징수할 수 있다.
③ 노동위원회는 최초의 구제명령을 한 날을 기준으로 매년 4회의 범위에서 구제명령이 이행될 때까지 반복하여 이행강제금을 부과·징수할 수 있다.
④ 근로자는 구제명령을 받은 사용자가 이행기한까지 구제명령을 이행하지 아니하면 이행기한이 지난 때부터 30일 이내에 그 사실을 노동위원회에 알려줄 수 있다.

87 남녀고용평등과 일·가정 양립 지원에 관한 법령상 육아휴직 기간에 대한 설명으로 틀린 것은?

① 육아휴직의 기간은 2년 이내로 한다.
② 사업주는 육아휴직 기간에는 근로자를 해고하지 못한다.
③ 육아휴직 기간은 근속기간에 포함한다.
④ 기간제 근로자의 육아휴직 기간은 기간제 및 단시간근로자 보호 등에 관한 법률에 따른 사용기간에 산입하지 아니한다.

88 직업안정법령상 유료직업소개사업의 등록을 할 수 있는 자에 해당되지 않는 것은?

① 지방공무원으로 2년 이상 근무한 경력이 있는 자
② 조합원이 100인 이상인 단위노동조합에서 노동조합 업무전담자로 2년 이상 근무한 경력이 있는 자
③ 상시 사용근로자 300인 이상인 사업장에서 노무관리 업무전담자로 1년 이상 근무한 경력이 있는 자
④ 「공인노무사법」에 의한 공인노무사 자격을 가진 자

89 고용정책 기본법령상 근로자의 정의로 옳은 것은?

① 직업의 종류를 불문하고 임금, 급료 기타 이에 준하는 수입에 의하여 생활하는 사람
② 직업의 종류와 관계없이 임금을 목적으로 사업이나 사업장에 근로를 제공하는 사람
③ 사업주에게 고용된 사람과 취업할 의사를 가진 사람
④ 기간의 정함이 있는 근로계약을 체결한 사람

90 고용상 연령차별금지 및 고령자고용촉진에 관한 법령상 운수업에서의 고령자 기준 고용률은?

① 그 사업장의 상시 근로자 수의 100분의 2
② 그 사업장의 상시 근로자 수의 100분의 3
③ 그 사업장의 상시 근로자 수의 100분의 6
④ 그 사업장의 상시 근로자 수의 100분의 10

91 근로자퇴직급여 보장법령상 용어의 정의에 관한 설명으로 틀린 것은?

① 퇴직급여제도란 확정급여형 퇴직연금제도, 확정기여형 퇴직연금제도 및 개인형 퇴직연금제도를 말한다.
② 사용자란 사업주, 사업의 경영담당자 또는 그 밖에 근로자에 관한 사항에 대하여 사업주를 위하여 행위하는 자를 말한다.
③ 임금이란 사용자가 근로의 대가로 근로자에게 임금, 봉급, 그 밖에 어떠한 명칭으로든지 지급하는 일체의 금품을 말한다.
④ 확정급여형 퇴직연금제도란 근로자가 받을 급여의 수준이 사전에 결정되어 있는 퇴직연금제도를 말한다.

92 직업안정법령상 근로자공급사업에 관한 설명으로 틀린 것은?

① 근로자공급사업 연장허가의 유효기간은 연장 전 허가의 유효기간이 끝나는 날부터 5년으로 한다.
② 누구든지 고용노동부장관의 허가를 받지 아니하고는 근로자공급사업을 하지 못한다.
③ 연예인을 대상으로 하는 국외 근로자공급사업의 허가를 받을 수 있는 자는 민법상 비영리법인으로 한다.
④ 국내 근로자공급사업 허가를 받을 수 있는 자는 「노동조합 및 노동관계조정법」에 따른 노동조합이다.

93 남녀고용평등과 일·가정 양립 지원에 관한 법령상 ( ) 안에 들어갈 숫자의 연결이 옳은 것은?

> 제19조의4(육아휴직과 육아기 근로시간 단축의 사용형태)
> ① 근로자는 육아휴직을 (㉠)회에 한정하여 나누어 사용할 수 있다.
> ② 근로자는 육아기 근로시간 단축을 나누어 사용할 수 있다. 이 경우 나누어 사용하는 (㉡)회의 기간은 (㉢)개월 이상이 되어야 한다.

① ㉠: 1 ㉡: 2 ㉢: 2
② ㉠: 2 ㉡: 1 ㉢: 2
③ ㉠: 1 ㉡: 2 ㉢: 3
④ ㉠: 3 ㉡: 1 ㉢: 1

94 국민 평생 직업능력 개발법령상 고용노동부장관이 직업능력개발사업을 하는 사업주에게 지원할 수 있는 비용이 아닌 것은?

① 근로자를 대상으로 하는 자격검정사업비용
② 직업능력개발훈련을 위해 필요한 시설의 설치 사업비용
③ 근로자의 경력개발관리를 위하여 실시하는 사업비용
④ 고용노동부장관의 인정을 받은 직업능력개발훈련과정의 수강비용

95 헌법 제32조에 관한 설명으로 옳지 않은 것은?

① 근로조건의 기준은 인간의 존엄성을 보장하도록 법률로 정한다.
② 국가는 법률이 정하는 바에 의하여 최저임금제를 시행하여야 한다.
③ 고령자의 근로는 특별한 보호를 받는다.
④ 여자의 근로는 특별한 보호를 받는다.

96 고용보험법상 구직급여의 수급요건에 해당하지 않는 것은?

① 이직일 이전 18개월간 피보험 단위기간이 합산하여 180일 이상일 것
② 근로의 의사와 능력이 있음에도 불구하고 취업하지 못한 상태에 있을 것
③ 전직 또는 자영업을 하기 위하여 이직한 경우
④ 재취업을 위한 노력을 적극적으로 할 것

97 근로기준법령상 임금채권의 소멸시효기간은?

① 1년   ② 2년
③ 3년   ④ 5년

98 직업안정법상 직업소개사업을 겸업할 수 있는 것은?

① 「결혼중개업의 관리에 관한 법률」상 결혼중개업
② 「공중위생관리법」상 숙박업
③ 「식품위생법」상 식품접객업 중 유흥주점영업
④ 「식품위생법」상 식품접객업 중 일반음식점영업

99 직업안정법령상 직업소개사업에 대한 설명으로 틀린 것은?

① 국내 무료직업소개사업을 하려는 자는 주된 사업소의 소재지를 관할하는 특별자치도지사·시장·군수 및 구청장에게 신고하여야 한다.
② 국외 무료직업소개사업을 하려는 자는 고용노동부장관에게 신고하여야 한다.
③ 국내 유료직업소개사업을 하려는 자는 주된 사업소의 소재지를 관할하는 특별자치도지사·시장·군수 및 구청장에게 등록하여야 한다.
④ 국외 유료직업소개사업을 하려는 자는 고용노동부장관에게 신고하여야 한다.

100 고용보험법령상 심사 및 재심사 청구에 관한 설명으로 옳지 않은 것은?

① 실업급여에 관한 처분에 이의가 있는 자는 고용보험심사관에게 심사를 청구할 수 있다.
② 심사 및 재심사의 청구는 시효중단에 관하여 재판상의 청구로 본다.
③ 재심사청구인은 법정대리인 외에 자신의 형제자매를 대리인으로 선임할 수 없다.
④ 고용보험심사관은 원칙적으로 심사청구를 받으면 30일 이내에 그 심사청구에 대한 결정을 하여야 한다.

2023년 [3회 복원문제]

빠른 정답 체크!

직업상담학		직업심리학		직업정보론		노동시장론		노동관계법규	
01	①	21	①	41	②	61	②	81	②
02	③	22	③	42	②	62	②	82	④
03	④	23	②	43	③	63	①	83	④
04	③	24	②	44	②	64	③	84	④
05	③	25	③	45	②	65	④	85	④
06	③	26	①	46	①	66	④	86	①
07	③	27	④	47	④	67	③	87	①
08	①	28	①	48	③	68	②	88	③
09	③	29	②	49	②	69	④	89	③
10	②	30	②	50	②	70	④	90	③
11	④	31	③	51	④	71	②	91	①
12	④	32	②	52	②	72	①	92	①
13	②	33	④	53	④	73	②	93	④
14	②	34	①	54	①	74	②	94	④
15	①	35	①	55	①	75	④	95	③
16	①	36	②	56	①	76	①	96	③
17	③	37	④	57	②	77	②	97	③
18	④	38	④	58	③	78	②	98	④
19	③	39	①	59	②	79	②	99	④
20	③	40	②	60	④	80	①	100	③

2023 REPORT

 응시 16,060명 |  합격 9,440명 |  합격률 58.8%

2023년도에는 모든 시험이 CBT로 치러졌음에도 여전히 기출문제가 반복적으로 출제되고 있습니다. 일부 과목에서 신유형 문제가 출제되고 있으나, 최신 5개년 기출문제에서 재출제되는 비율이 80% 이상이기 때문에 최신 기출문제 위주로 학습하는 방법을 추천합니다.

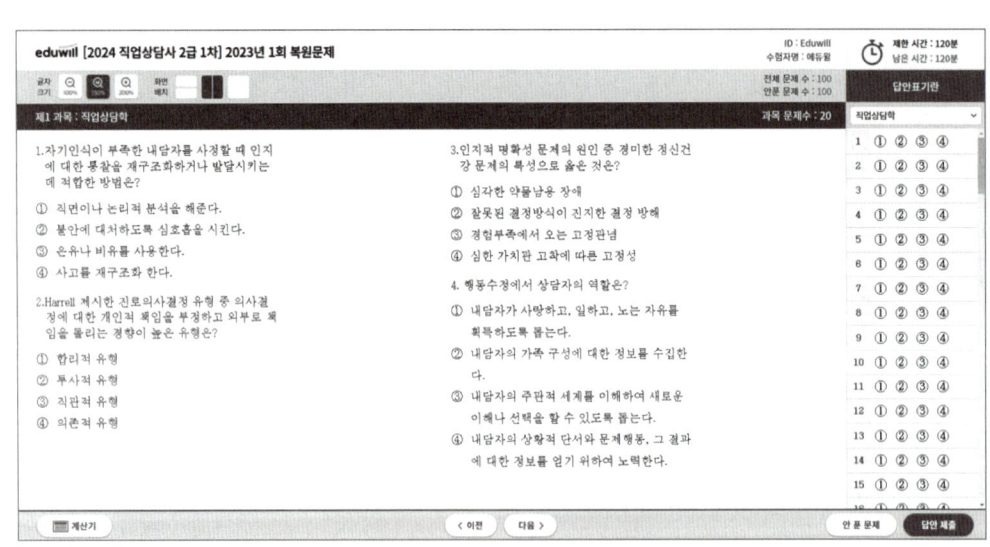

▲ 기출 전 문항 CBT 서비스 제공 화면

2022년

1회

2회

3회 복원문제

2022년 1회

정답과 해설 ▶ P. 126~139

제1과목 직업상담학

01 실존주의 상담에 관한 설명으로 틀린 것은?
① 정형화된 상담 모형과 상담자 훈련프로그램이 마련되어 있지 않은 것이 한계점이다.
② 인간을 자기인식 능력을 지닌 존재로 본다.
③ 상담자는 내담자가 스스로 삶의 의미와 목적을 발견하고, 삶을 주체적으로 선택하고 책임지도록 돕는 것을 목표로 한다.
④ 실존주의 상담에서 가정하는 인간의 궁극적 관심사는 무의식의 자각이다.

02 [빈출] 상담의 초기면접 단계에서 일반적으로 고려할 사항이 아닌 것은?
① 통찰의 확대 ② 목표의 설정
③ 상담의 구조화 ④ 문제의 평가

03 Gysbers가 제시한 직업상담의 목적에 관한 설명으로 옳은 것은?
① 생애진로발달에 관심을 두고, 효과적인 사람이 되는 데 필요한 지식과 기능을 습득하게 한다.
② 직업선택, 의사결정 기술의 습득 등이 주요한 목적이고, 직업상담 과정에는 진단, 문제분류, 문제 구체화 등이 들어가야 한다.
③ 자기관리 상담모드가 주요한 목적이고, 직업정보 탐색과 직업결정, 상담만족 등에 효과가 있다.
④ 직업정보를 스스로 탐색하게 하고 자신을 사정하게 하는 능력을 갖추도록 돕는다.

04 인간중심 상담이론에 관한 설명으로 틀린 것은?
① 실현화 경향성은 자기를 보전, 유지하고 향상시키고자 하는 선천적 성향이다.
② 자아는 성격의 조화와 통합을 위해 노력하는 원형이다.
③ 가치의 조건화는 주요 타자로부터 긍정적 존중을 받기 위해 그들이 원하는 가치와 기준을 내면화하는 것이다.
④ 현상학적 장은 경험적 세계 또는 주관적 경험으로 특정 순간에 개인이 지각하고 경험하는 모든 것을 뜻한다.

05 [빈출] 자기인식이 부족한 내담자를 사정할 때 인지에 대한 통찰을 재구조화하거나 발달시키는 데 적합한 방법은?
① 직면이나 논리적 분석을 해준다.
② 불안에 대처하도록 심호흡을 시킨다.
③ 은유나 비유를 사용한다.
④ 사고를 재구조화한다.

06 직업상담의 문제유형에 대한 Crites의 분류 중 '부적응형'에 관한 설명으로 옳은 것은?

① 적성에 따라 직업을 선택했지만 그 직업에 흥미를 느끼지 못하는 사람
② 흥미를 느끼는 분야는 있지만 그 분야에 필요한 적성을 가지고 있지 못하는 사람
③ 흥미나 적성의 유형이나 수준과는 상관없이 어떤 분야를 선택할지 결정하지 못하는 사람
④ 흥미를 느끼는 분야도 없고 적성에 맞는 분야도 없는 사람

07 직업상담 시 한계의 오류를 가진 내담자들이 자신의 견해를 제한하는 방법에 해당하지 않는 것은?

① 예외를 인정하지 않는 것
② 불가능을 가정하는 것
③ 왜곡되게 판단하는 것
④ 어쩔 수 없음을 가정하는 것

08 직업상담 시 흥미사정의 목적과 가장 거리가 먼 것은?

① 여가선호와 직업선호 구별하기
② 직업탐색 조장하기
③ 직업·교육상 불만족 원인 규명하기
④ 기술과 능력 범위 탐색하기

09 특성–요인 직업상담의 과정을 순서대로 바르게 나열한 것은?

| ㄱ. 분석 | ㄴ. 종합 | ㄷ. 진단 |
| ㄹ. 예측 | ㅁ. 상담 | |

① ㄱ → ㄴ → ㄷ → ㄹ → ㅁ
② ㄱ → ㄴ → ㄷ → ㅁ → ㄹ
③ ㄱ → ㅁ → ㄷ → ㄹ → ㄴ
④ ㄷ → ㄱ → ㄴ → ㄹ → ㅁ

10 행동주의적 접근의 상담기법 중 공포와 불안이 원인이 되는 부적응행동이나 회피행동을 치료하는 데 가장 효과적인 기법은?

① 타임아웃 기법 ② 모델링 기법
③ 체계적 둔감법 ④ 행동조성법

11 레빈슨의 성인발달이론에 관한 설명으로 틀린 것은?

① 인생주기를 네 개의 계절로 구분한다.
② 성인 초기의 주요 과업은 꿈의 형성과 멘토 관계의 형성이다.
③ 안정기는 삶을 침체시키거나 새롭게 만드는 시기이다.
④ 인생 구조에는 직업, 가족, 결혼, 종교와 같은 요소들이 포함된다.

12 직업상담에서 내담자의 생애진로 주제를 확인하는 가장 중요한 이유는?

① 내담자의 사고과정을 이해하고 행동을 통찰하도록 도와주기 때문이다.
② 상담을 상담자 입장에서 원만하게 이끌 수 있도록 해주기 때문이다.
③ 작업자, 지도자, 개인역할이 고려되어야 하기 때문이다.
④ 내담자의 생각을 읽을 수 있게 해주기 때문이다.

13 내담자에 대한 상담목표의 특성이 아닌 것은?

① 구체적이어야 한다.
② 내담자가 원하고 바라는 것이어야 한다.
③ 실현가능해야 한다.
④ 인격성장을 도와야 한다.

14 크럼볼츠의 사회학습진로이론에 관한 설명으로 틀린 것은?

① 진로의사결정 과정에서 자기효능감과 결과기대를 중요시한다.
② 개인이 환경과의 상호작용을 통해 무엇을 학습했는가를 중요시한다.
③ 개인은 학습경험을 통해 세계를 바라보는 관점이나 신념을 형성한다고 본다.
④ 우연한 사건을 다루는 데 도움이 되는 기술은 호기심, 낙관성, 위험감수 등이다.

15 타이드만(Tiedeman)은 어떤 발달단계를 기초로 진로발달이론을 설명하였는가?

① 피아제의 인지발달단계
② 에릭슨의 심리사회발달단계
③ 콜버그의 도덕발달단계
④ 반두라의 인지사회발달단계

16 상담 윤리강령의 역할과 기능을 모두 고른 것은?

> ㄱ. 내담자의 복리 증진
> ㄴ. 지역사회의 도덕적 기대 존중
> ㄷ. 전문직으로서의 상담기능 보장
> ㄹ. 상담자 자신의 사생활과 인격 보호
> ㅁ. 직무수행 중의 갈등 해결 지침 제공

① ㄱ, ㄴ, ㄷ
② ㄴ, ㄷ, ㄹ
③ ㄱ, ㄴ, ㄹ, ㅁ
④ ㄱ, ㄴ, ㄷ, ㄹ, ㅁ

17 인지적-정서적 상담에 관한 설명으로 틀린 것은?

① Ellis에 의해 개발되었다.
② 모든 내담자의 행동적-정서적 문제는 비논리적이고 비합리적인 사고에서 발생한 것이다.
③ 성격 자아상태 분석을 실시한다.
④ A-B-C 이론을 적용한다.

18 Harren이 제시한 진로의사결정 유형 중 의사결정에 대한 개인적 책임을 부정하고 외부로 책임을 돌리는 경향이 높은 유형은?

① 유동적 유형   ② 투사적 유형
③ 직관적 유형   ④ 의존적 유형

19 다음 중 효과적인 적극적 경청을 위한 지침과 가장 거리가 먼 것은?

① 내담자의 음조를 경청한다.
② 사실 중심적으로 경청한다.
③ 내담자의 표현의 불일치를 인식한다.
④ 내담자가 보이는 일반화, 빠뜨린 내용, 왜곡을 경청한다.

20 진로시간전망 검사지를 사용하는 주요 목적과 가장 거리가 먼 것은?

① 목표설정 촉구   ② 계획기술 연습
③ 진로계획 수정   ④ 진로의식 고취

제2과목 직업심리학

21 다음은 로(Roe)가 제안한 8가지 직업 군집 중 어디에 해당하는가?

- 상품과 재화의 생산·유지·운송과 관련된 직업을 포함하는 군집이다.
- 운송과 정보통신에 관련된 직업뿐만 아니라 공학, 기능, 기계무역에 관계된 직업들도 이 영역에 속한다.
- 대인관계는 상대적으로 덜 중요하며 사물을 다루는 데 관심을 둔다.

① 기술직(Technology)
② 서비스직(Service)
③ 비즈니스직(Business Contact)
④ 옥외활동직(Outdoor)

22 직업적성검사인 GATB에서 측정하는 적성요인에 해당하지 않는 것은?

① 기계적성   ② 공간적성
③ 사무지각   ④ 손의 기교도

23 직무특성 양식 중 개인이 환경과의 상호작용에 있어 반응을 계속하는 시간의 길이는?

① 신속성   ② 속도
③ 인내심   ④ 리듬

24 직무 스트레스에 관한 설명으로 틀린 것은?
① 직장 내 소음, 온도와 같은 물리적 요인이 직무 스트레스를 유발할 수 있다.
② 직무 스트레스를 일으키는 심리사회적 요인으로 역할 갈등, 역할 과부하, 역할 모호성 등이 있다.
③ 사회적 지지가 제공되면 우울이나 불안 같은 직무 스트레스 반응이 감소한다.
④ 직무 스트레스는 직무만족과 부정적 관계에 있으며, 모든 스트레스는 항상 직무수행 성과를 떨어뜨린다.

25 진로심리검사 결과 해석에 관한 설명으로 틀린 것은?
① 검사결과는 가능성보다 확실성의 관점에서 제시되어야 한다.
② 내담자가 검사결과를 잘 이해할 수 있도록 안내하고 격려해야 한다.
③ 검사결과로 나타난 강점과 약점 모두를 객관적으로 검토해야 한다.
④ 검사결과는 내담자가 이용 가능한 다른 정보와 관련하여 제시되어야 한다.

26 작업자 중심 직무분석의 특징과 가장 거리가 먼 것은?
① 표준화된 분석도구의 개발이 어렵다.
② 직무들에서 요구되는 인간특성의 유사정도를 양적으로 비교할 수 있다.
③ 대표적인 예로서 직위분석질문지(PAQ)가 있다.
④ 과제 중심 직무분석에 비해 보다 폭넓게 활용될 수 있다.

27 수퍼(Super)의 진로발달이론의 설명으로 틀린 것은?
① 이론의 핵심기저는 직업적 자아개념이다.
② 직업선택은 타협과 선택이 상호작용하는 일련의 적응과정이다.
③ 진로발달은 유아기에 시작하여 성인초기에 완성된다.
④ 직업발달과정은 본질적으로 자아개념을 발달시키고 실천해 나가는 과정이다.

28 조직에 영향을 미치는 직무 스트레스의 결과와 가장 거리가 먼 것은?
① 직무수행 감소
② 직무 불만족
③ 상사의 부당한 지시
④ 결근 및 이직

29 스트레스의 원인 중 역할갈등과 가장 관련이 높은 것은?
① 직무관련 스트레스원
② 개인관련 스트레스원
③ 조직관련 스트레스원
④ 물리적 환경관련 스트레스원

30 파슨스의 특성요인이론에 관한 설명으로 옳은 것은?

① 개인의 특성과 직업의 요구가 일치할수록 직업적 성공가능성이 크다.
② 특성은 특정 직무의 수행에서 요구하는 조건을 의미한다.
③ 개인의 진로발달 과정을 설명하고 있다.
④ 심리검사를 통해 가변적인 특성을 측정한다.

31 다음에 해당하는 규준은?

> 학교에서 실시하는 성취도검사나 적성검사의 점수를 정해진 범주에 집어넣어 학생들 간의 점수차가 작을 때 생길 수 있는 지나친 확대 해석을 미연에 방지할 수 있다.

① 백분위 점수 ② 표준점수
③ 표준등급 ④ 학년규준

32 "어떤 흥미검사(A)의 신뢰도가 높다"고 하는 말의 의미는?

① 어떤 사람이 흥미검사(A)를 처음 치렀을 때 받은 점수가 얼마 후 다시 치렀을 때의 점수와 비슷하다.
② 흥미검사(A)가 원래 재고자 했던 흥미영역을 재고 있다.
③ 그 흥미검사(A)와 그와 유사한 목적을 가진 다른 종류의 흥미검사(B)의 점수가 유사하다.
④ 흥미검사(A)가 흥미에 대해 가장 포괄적으로 측정하고 있다.

33 직업선택문제들 중 '비현실성의 문제'와 가장 거리가 먼 것은?

① 흥미나 적성의 유형이나 수준과 관계없이 어떤 직업을 선택해야 할지 결정하지 못한다.
② 자신의 적성수준보다 높은 적성을 요구하는 직업을 선택한다.
③ 자신의 흥미와는 일치하지만, 자신의 적성수준보다는 낮은 적성을 요구하는 직업을 선택한다.
④ 자신의 적성수준에서 선택을 하지만, 자신의 흥미와는 일치하지 않는 직업을 선택한다.

34 소외 양상의 개념에 관한 설명 중 틀린 것은?

① 무기력감(powerlessness): 자유와 통제의 결핍상태
② 무의미감(meaninglessness): 경영정책이나 생산목적 등의 목적으로부터의 단절
③ 자기소원감(self-estrangement): 직무에 자신이 몰두할 수 없는 상태
④ 고립감(isolation): 지루함이나 단조로움을 느끼는 심리적 상태

35 다음은 어떤 학자와 가장 관련이 있는가?

> • 학습경험을 강조하는 동시에 개인의 타고난 재능의 영향을 강조하였다.
> • 이 이론에 따라 개발된 진로신념검사는 개인의 진로를 방해하는 사고를 평가하는 데 목적이 있다.

① 오하라(R. O'Hara)
② 스키너(B. Skinner)
③ 반두라(A. Bandura)
④ 크럼볼츠(J. Krumboltz)

36 홀랜드(Holland)가 제시한 육각형 모델과 대표적인 직업유형을 바르게 짝 지은 것은?

① 현실적(R) 유형 – 비행기조종사
② 탐구적(I) 유형 – 종교지도자
③ 관습적(C) 유형 – 정치가
④ 사회적(S) 유형 – 배우

37 다음은 무엇에 관한 설명인가?

> 한 검사가 그 준거로 사용된 현재의 어떤 행동이나 특성과 관련된 정도를 나타내는 타당도

① 공인타당도   ② 구성타당도
③ 내용타당도   ④ 예언타당도

38 진로나 적성을 측정하는 검사로 적합하지 않은 것은?

① 진로사고검사   ② 자기탐색검사
③ 안전운전검사   ④ 주제통각검사

39 직무분석 자료의 분석 시 고려해야 할 사항으로 가장 거리가 먼 것은?

① 논리적으로 체계화되어야 한다.
② 여러 가지 목적으로 활용될 수 있어야 한다.
③ 필요에 따라 가공된 정보로 구성해야 한다.
④ 가장 최신의 정보를 반영하고 있어야 한다.

40 경력개발을 위한 교육훈련을 실시할 때 가장 먼저 고려해야 하는 사항은?

① 사용 가능한 훈련방법에는 어떤 것들이 있는지에 대한 고찰
② 현 시점에서 어떤 훈련이 필요한지에 대한 요구분석
③ 훈련프로그램의 효과를 평가하고 개선할 수 있는 방안을 계획하고 수립
④ 훈련방법에 따른 구체적인 프로그램 개발

제3과목 직업정보론

41 고용노동통계조사의 각 항목별 조사대상의 연결이 틀린 것은?

① 시도별 임금 및 근로시간조사: 상용 5인 이상 사업체
② 임금체계, 정년제, 임금피크 제조사: 상용 1인 이상 사업체
③ 직종별사업체 노동력조사: 근로자 1인 이상 33천 개 사업체
④ 지역별사업체 노동력조사: 종사자 1인 이상 200천 개 사업체

42 한국표준직업분류(제8차)의 특정 직종의 분류요령에 관한 설명으로 틀린 것은?

① 행정 관리 및 입법기능을 수행하는 자는 '대분류 1 관리자'에 분류된다.
② 자영업주 및 고용주는 수행되는 일의 형태나 직무내용에 따라 정의된 개념이다.
③ 연구 및 개발업무 종사자는 '대분류 2 전문가 및 관련 종사자'에서 그 전문 분야에 따라 분류된다.
④ 군인은 별도로 '대분류 A 군인'에 분류된다.

43 직업정보에 대한 설명으로 틀린 것은?

① 직업정보는 경험이 부족한 내담자들에게 다양한 직업을 접할 기회를 제공한다.
② 직업정보는 수집 → 체계화 → 분석 → 가공 → 제공 → 축적 → 평가 등의 단계를 거쳐 처리된다.
③ 직업정보를 수집할 때는 항상 최신의 자료인지 확인한다.
④ 동일한 정보라 할지라도 다각적인 분석을 시도하여 해석을 풍부하게 한다.

44 민간직업정보의 일반적인 특징과 가장 거리가 먼 것은?

① 한시적으로 정보가 수집 및 가공되어 제공된다.
② 객관적인 기준을 가지고 전체 직업에 관한 일반적인 정보를 제공한다.
③ 직업정보 제공자의 특정한 목적에 따라 직업을 분류한다.
④ 통상적으로 직업정보를 유료로 제공한다.

45 다음은 한국표준산업분류(제11차)의 분류 정의 중 무엇에 관한 설명인가?

> 각 생산단위가 노동, 자본, 원료 등 자원을 투입하여, 재화 또는 서비스를 생산 또는 제공하는 일련의 활동과정

① 산업
② 산업활동
③ 생산활동
④ 산업분류

46 국가직무능력표준(NCS)에 관한 설명으로 틀린 것은?

① 산업현장에서 직무를 수행하기 위해 요구되는 지식·기술·태도 등의 내용을 국가가 표준화한 것이다.
② 한국고용직업분류 등을 참고하여 분류하였으며, 대분류 → 중분류 → 소분류 → 세분류 순으로 구성되어 있다.
③ 능력단위는 NCS분류의 하위 단위로서 능력단위요소, 직업기초능력 등으로 구성되어 있다.
④ 직무는 NCS분류의 중분류를 의미하고, 원칙상 중분류 단위에서 표준이 개발된다.

47 한국표준산업분류(제11차)의 적용 원칙으로 틀린 것은?

① 생산단위는 산출물뿐만 아니라 투입물과 생산공정 등을 함께 고려하여 그들의 활동을 가장 정확하게 설명된 항목에 분류해야 한다.
② 산업활동이 결합되어 있는 경우에는 그 활동단위의 주된 활동에 따라서 분류해야 한다.
③ 수수료 또는 계약에 의하여 활동을 수행하는 단위는 동일한 산업활동을 자기계정과 자기책임하에서 생산하는 단위와 같은 항목에 분류해야 한다.
④ 공식적 생산물과 비공식적 생산물, 합법적 생산물과 불법적인 생산물을 달리 분류해야 한다.

48 국가기술자격 중 한국산업인력공단에서 시행하지 않는 것은?

① 3D프린터개발산업기사
② 빅데이터분석기사
③ 로봇기구개발기사
④ 반도체설계산업기사

49 직업정보를 제공하는 유형별 방식의 설명이다. ( )에 가장 알맞은 것은?

종류	비용	학습자 참여도	접근성
인쇄물	(A)	수동	용이
면접	저	(B)	제한적
직업경험	고	적극	(C)

① A: 고, B: 적극, C: 용이
② A: 고, B: 수동, C: 제한적
③ A: 저, B: 적극, C: 제한적
④ A: 저, B: 수동, C: 용이

50 경제활동인구조사의 주요 산식으로 틀린 것은?

① 잠재경제활동인구 = 잠재취업가능자 + 잠재구직자
② 경제활동참가율 = (경제활동인구 ÷ 15세 이상 인구) × 100
③ 고용률 = (취업자 ÷ 15세 이상 인구) × 100
④ 실업률 = (실업자 ÷ 15세 이상 인구) × 100

51 고용24에서 제공하는 직업선호도검사 L형의 하위검사가 아닌 것은?

① 흥미검사
② 성격검사
③ 생활사검사
④ 문제해결능력검사

52 질문지를 사용한 조사를 통해 직업정보를 수집하고자 한다. 질문지 문항 작성 방법에 대한 설명으로 틀린 것은?

① 객관식 문항의 응답 항목은 상호배타적이어야 한다.
② 응답하기 쉬운 문항일수록 설문지의 앞에 배치하는 것이 좋다.
③ 신뢰도 측정을 위해 짝(pair)으로 된 문항들은 함께 배치하는 것이 좋다.
④ 이중(double-barreled)질문과 유도질문은 피하는 것이 좋다.

53 한국표준산업분류(제11차)의 분류구조 및 부호체계에 대한 설명으로 틀린 것은?

① 분류구조는 대분류(알파벳 문자 사용), 중분류(2자리 숫자 사용), 소분류(3자리 숫자 사용), 세분류(4자리 숫자 사용)의 4단계로 구성된다.
② 부호처리를 할 경우에는 아라비아 숫자만을 사용토록 했다.
③ 권고된 국제분류 ISIC Rev.4를 기본체계로 하였으나, 국내실정을 고려하여 국제분류의 각 단계 항목을 분할, 통합 또는 재그룹화하여 독자적으로 분류 항목과 분류부호를 설정하였다.
④ 중분류의 번호는 01부터 99까지 부여하였으며, 대분류별 중분류 추가 여지를 남겨 놓기 위하여 대분류 사이에 번호 여백을 두었다.

54 국민내일배움카드의 적용을 받는 자에 해당하는 것은?

① 「공무원연금법」을 적용받고 현재 재직 중인 사람
② 만 75세인 사람
③ HRD-Net을 통하여 직업능력개발훈련 동영상 교육을 이수하지 아니하는 사람
④ 대학교 4학년에 재학 중인 졸업예정자

55 국가기술자격 산업기사 등급의 응시자격 기준으로 틀린 것은?

① 고용노동부령으로 정하는 기능경기대회 입상자
② 동일 및 유사 직무분야의 산업기사 수준 기술훈련과정 이수자 또는 그 이수 예정자
③ 응시하려는 종목이 속하는 동일 및 유사 직무분야의 다른 종목의 산업기사 등급 이상의 자격을 취득한 사람
④ 응시하려는 종목이 속하는 동일 및 유사 직무분야에서 1년 이상 실무에 종사한 사람

내용 개정으로 더 이상 유효하지 않은 문제입니다.

56 2022년도에 신설되어 시행되는 국가기술자격 종목은?

① 방재기사
② 신발산업기사
③ 보석감정산업기사
④ 정밀화학기사

내용 개정으로 더 이상 유효하지 않은 문제입니다.

57 한국표준직업분류(제7차)의 대분류별 주요 개정 내용으로 틀린 것은?

① 대분류 1: '방송·출판 및 영상 관련 관리자'를 '영상 관련 관리자'로 항목명을 변경
② 대분류 2: '한의사'를 '전문 한의사'와 '일반 한의사'로 세분
③ 대분류 4: '문화 관광 및 숲·자연환경 해설사'를 신설
④ 대분류 5: '자동차 영업원'을 신차와 중고차 영업원으로 세분

58 한국직업사전(2020)의 부가직업정보 중 정규교육에 관한 설명으로 틀린 것은?

① 우리나라 정규교육과정의 연한을 고려하여 6단계로 분류하였다.
② 4수준은 12년 초과~14년 이하(전문대졸 정도)이다.
③ 독학, 검정고시 등을 통해 정규교육과정을 이수하였다고 판단되는 기간도 포함된다.
④ 해당 직업 종사자의 평균 학력을 나타내는 것이다.

빈출
59 고용24에서 제공하는 학과정보 중 공학계열에 해당하는 학과가 아닌 것은?

① 생명공학과   ② 건축학과
③ 안경광학과   ④ 해양공학과

빈출
60 고용24에서 채용정보 상세검색 시 선택할 수 있는 기업형태가 아닌 것은?

① 대기업
② 일학습병행기업
③ 가족친화인증기업
④ 다문화가정지원기업

제4과목 노동시장론

빈출
61 경기적 실업에 대한 대책으로 가장 적합한 것은?

① 지역 간 이동 촉진
② 총수요의 증대
③ 퇴직자 취업 알선
④ 구인·구직에 대한 전산망 확대

빈출
62 마찰적 실업의 원인에 해당하는 것을 모두 고른 것은?

> ㄱ. 노동자들이 자신에게 가장 잘 맞는 직장을 찾는 데 시간이 걸리기 때문이다.
> ㄴ. 기업이 생산성을 제고하기 위해 시장균형임금보다 높은 수준의 임금을 지불하는 경향이 있기 때문이다.
> ㄷ. 노동조합의 존재로 인해 조합원의 임금이 생산성보다 높게 설정되기 때문이다.

① ㄱ   ② ㄴ
③ ㄱ, ㄴ   ④ ㄴ, ㄷ

63 노동시장에 관한 설명으로 틀린 것은?

① 재화시장은 불완전경쟁이더라도 노동시장이 완전경쟁이면 개별기업의 한계요소비용은 일정하다.
② 재화시장과 노동시장이 모두 완전경쟁일 때 재화가격이 상승하면 노동수요곡선이 오른쪽으로 이동한다.
③ 재화시장과 노동시장이 모두 완전경쟁일 때 임금이 하락하면 노동수요량은 장기에 더 크게 증가한다.
④ 재화시장이 불완전경쟁이고 노동시장이 완전경쟁일 때 임금은 한계수입생산보다 낮은 수준으로 결정된다.

64 실업에 관한 설명으로 옳은 것은?
① 정부는 경기적 실업을 줄이기 위하여 기업의 설비투자를 억제시켜야 한다.
② 취업자가 존재하는 상황에서 구직포기자의 증가는 실업률을 감소시킨다.
③ 전업주부가 직장을 가지면 실업률과 경제활동참가율은 모두 낮아진다.
④ 실업급여의 확대는 탐색적 실업을 감소시킨다.

65 A국가의 경제활동참가율은 50%이고, 생산가능인구와 취업자가 각각 100만 명, 40만 명이라고 할 때, 이 국가의 실업률은?
① 5%
② 10%
③ 15%
④ 20%

66 임금의 보상격차에 관한 설명으로 틀린 것은?
① 근무조건이 열악한 곳으로 전출되면 임금이 상승한다.
② 성별격차도 일종의 보상격차이다.
③ 물가가 높은 곳에서 근무하면 임금이 상승한다.
④ 더 높은 비용이 소요되는 훈련을 요구하는 직종의 임금이 상대적으로 높다.

67 단체교섭에 관한 설명으로 틀린 것은?
① 단체협약은 노동조합과 사용자단체가 단체교섭 후 협의된 사항을 문서로 남긴 것으로 강제적 효력이 있다.
② 경영자가 정당한 사유 없이 단체교섭을 거부하는 행위는 불법행위에 해당한다.
③ 이익분쟁은 임금 및 근로조건 등에 합의하지 못해 발생하는 분쟁이다.
④ 노동자들이 하는 쟁의행위에는 파업, 태업, 직장폐쇄 등의 방법이 있다.

68 유니언 숍(union shop)에 대한 설명으로 옳은 것은?
① 조합원이 아닌 근로자는 채용 후 일정 기간 내에 조합에 가입해야 한다.
② 조합원이 아닌 자는 채용이 안 된다.
③ 노동조합의 노동공급원이 독점되며, 관련 노동시장에 강력한 영향을 미친다.
④ 채용 전후 근로자의 조합 가입이 완전히 자유롭다.

69 다음 중 직무급 임금체계의 장점이 아닌 것은?
① 개인별 임금격차에 대한 불만 해소
② 연공급에 비해 실시가 용이
③ 인건비의 효율적 관리
④ 능력위주의 인사풍토 조성

70 노동수요곡선이 이동하는 이유가 아닌 것은?
① 임금수준의 변화
② 생산방법의 변화
③ 자본의 가격변화
④ 생산물에 대한 수요의 변화

71 이원적 노사관계론의 구조를 바르게 나타낸 것은?

① 제1차 관계: 경영 대 노동조합관계
   제2차 관계: 경영 대 정부기관관계
② 제1차 관계: 경영 대 노동조합관계
   제2차 관계: 경영 대 종업원관계
③ 제1차 관계: 경영 대 종업원관계
   제2차 관계: 경영 대 노동조합관계
④ 제1차 관계: 경영 대 종업원관계
   제2차 관계: 정부기관 대 노동조합관계

72 산업별 노동조합의 특성과 가장 거리가 먼 것은?

① 기업별 특수성을 고려하기 어려워진다.
② 임시직, 일용직 근로자를 조직하기 용이해진다.
③ 해당 산업분야의 정보자료 수집·분석이 용이해진다.
④ 숙련공만의 이익옹호단체가 되기 쉽다.

[빈출]
73 노동의 수요탄력성이 0.5이고 다른 조건이 일정할 때 임금이 5% 상승한다면 고용량의 변화는?

① 0.5% 감소한다. ② 2.5% 감소한다.
③ 5% 감소한다.   ④ 5.5% 감소한다.

74 구인처에서 요구하는 기술을 갖춘 근로자가 없어서 발생하는 실업은?

① 구조적 실업   ② 잠재적 실업
③ 마찰적 실업   ④ 자발적 실업

75 다음 중 최저임금제가 고용에 미치는 부정적 효과가 가장 큰 상황은?

① 노동수요곡선과 노동공급곡선이 모두 탄력적일 때
② 노동수요곡선과 노동공급곡선이 모두 비탄력적일 때
③ 노동수요곡선이 탄력적이고 노동공급곡선이 비탄력적일 때
④ 노동수요곡선이 비탄력적이고 노동공급곡선이 탄력적일 때

76 유보임금(reservation wage)에 관한 설명으로 옳은 것을 모두 고른 것은?

> ㄱ. 유보임금의 상승은 실업기간을 연장한다.
> ㄴ. 유보임금의 상승은 기대임금을 하락시킨다.
> ㄷ. 유보임금은 기업이 근로자에게 제시한 최고의 임금이다.
> ㄹ. 유보임금은 근로자가 받고자 하는 최저의 임금이다.

① ㄱ, ㄷ   ② ㄱ, ㄹ
③ ㄴ, ㄷ   ④ ㄴ, ㄹ

77 완전경쟁적인 노동시장에서 노동의 한계생산을 증가시키는 기술진보와 함께 보다 많은 노동자들이 노동시장에 참여하는 변화가 발생할 때 노동시장에서 발생하는 변화로 옳은 것은? (단, 다른 조건들은 일정하다고 가정한다.)

① 균형노동고용량은 반드시 증가하지만 균형임금의 변화는 불명확하다.
② 균형임금은 반드시 상승하지만 균형노동고용량의 변화는 불명확하다.
③ 임금과 균형노동고용량 모두 반드시 증가한다.
④ 임금과 균형노동고용량의 변화는 모두 불명확하다.

78 연봉제의 장점과 가장 거리가 먼 것은?

① 전문성의 촉진
② 개인의 능력에 기초한 생산성 향상
③ 구성원 상호 간의 친밀감 증진
④ 임금 관리 용이

79 경제적 조합주의(economic unionism)에 대한 설명으로 틀린 것은?

① 노동조합운동과 정치와의 연합을 특징으로 한다.
② 경영전권을 인정하며 경영참여를 회피해 온 노선이다.
③ 노동조합운동의 목적은 노동자들의 근로조건을 포함한 생활조건의 개선과 유지에 있다.
④ 노사관계를 기본적으로 이해대립의 관계로 보고 있으나 이해조정이 가능한 비적대적 관계로 이해한다.

80 개인의 후방굴절형(상단부분에서 좌상향으로 굽어짐) 노동공급곡선에 대한 설명으로 옳은 것은?

① 임금이 상승함에 따라 노동시간을 증가시키려고 한다.
② 소득 – 여가 간의 선호체계분석에서 소득효과가 대체효과를 압도한 결과이다.
③ 소득 – 여가 간의 선호체계분석에서 대체효과가 소득효과를 압도한 결과이다.
④ 임금이 하락함에 따라 노동시간을 줄이려는 의지를 강력하게 표현하고 있다.

제5과목 노동관계법규

81 고용보험법령상 (   ) 안에 들어갈 숫자의 연결이 옳은 것은?

> 육아휴직 시작일부터 3개월까지는 육아휴직 시작일을 기준으로 한 월 통상임금에 해당하는 금액을 지급한다. 다만, 해당 금액이 (ㄱ)만 원을 넘는 경우에는 (ㄱ)만 원으로 하고, 해당 금액이 70만 원보다 적은 경우에는 70만 원으로 한다.
> 육아휴직 4개월째부터 6개월째까지는 육아휴직 시작일을 기준으로 한 월 통상임금에 해당하는 금액을 지급한다. 다만, 해당 금액이 (ㄴ)만 원을 넘는 경우에는 (ㄴ)만 원으로 하고, 해당 금액이 70만 원보다 적은 경우에는 70만 원으로 한다.
> 육아휴직 7개월째부터 종료일까지는 육아휴직 시작일을 기준으로 한 월 통상임금의 100분의 80에 해당하는 금액을 지급한다. 다만, 해당 금액이 (ㄷ)만 원을 넘는 경우에는 (ㄷ)만 원으로 하고, 해당 금액이 70만 원보다 적은 경우에는 70만 원으로 한다.

① ㄱ: 250, ㄴ: 200, ㄷ: 150
② ㄱ: 200, ㄴ: 160, ㄷ: 150
③ ㄱ: 250, ㄴ: 200, ㄷ: 160
④ ㄱ: 150, ㄴ: 150, ㄷ: 150

82 국민 평생 직업능력 개발법령에 관한 설명으로 틀린 것은?

①「제대군인지원에 관한 법률」에 따른 제대군인 및 전역예정자의 직업능력개발훈련은 중요시되어야 한다.
②「산업재해보상보험법」에 따른 근로복지공단은 직업능력개발훈련시설을 설치할 수 없다.
③ 이 법에서 "근로자"란 사업주에게 고용된 사람과 취업할 의사가 있는 사람을 말한다.
④ 직업능력개발훈련은 훈련의 목적에 따라 양성훈련, 향상훈련, 전직훈련으로 구분한다.

83 근로기준법령상 용어의 정의로 틀린 것은?

① "근로"란 정신노동과 육체노동을 말한다.
② "근로계약"이란 근로자가 사용자에게 근로를 제공하고 사용자는 이에 대하여 임금을 지급하는 것을 목적으로 체결된 계약을 말한다.
③ "단시간근로자"란 1일의 소정근로시간이 통상 근로자의 1일의 소정근로시간에 비하여 짧은 근로자를 말한다.
④ "사용자"란 사업주 또는 사업 경영 담당자, 그 밖에 근로자에 관한 사항에 대하여 사업주를 위하여 행위하는 자를 말한다.

84 근로기준법령상 여성의 보호에 관한 설명으로 옳은 것은?

① 사용자는 임신 중의 여성이 명시적으로 청구하는 경우 고용노동부장관의 인가를 받으면 휴일에 근로를 시킬 수 있다.
② 여성은 보건·의료, 보도·취재 등의 일시적 사유가 있더라도 갱내(坑內)에서 근로를 할 수 없다.
③ 사용자는 여성 근로자가 청구하면 월 3일의 유급생리휴가를 주어야 한다.
④ 사용자는 여성을 휴일에 근로시키려면 근로자대표의 서면 동의를 받아야 한다.

85 국민 평생 직업능력 개발법령상 원칙적으로 직업능력개발훈련의 대상 연령은?

① 13세 이상   ② 15세 이상
③ 18세 이상   ④ 20세 이상

86 근로자퇴직급여 보장법령상 퇴직금의 중간정산 사유에 해당하지 않는 것은?

① 무주택자인 근로자가 본인 명의로 주택을 구입하는 경우
② 중간정산 신청일부터 거꾸로 계산하여 10년 이내에 근로자가 「민법」에 따라 파산 선고를 받은 경우
③ 사용자가 기존의 정년을 보장하는 조건으로 단체협약 등을 통하여 근속시점을 기준으로 임금을 줄이는 제도를 시행하는 경우
④ 재난으로 피해를 입은 경우로서 고용노동부 장관이 정하여 고시하는 사유에 해당하는 경우

87 남녀고용평등과 일·가정 양립 지원에 관한 법령상 육아기 근로시간 단축에 관한 설명으로 틀린 것은?

① 사업주는 육아기 근로시간 단축을 하고 있는 근로자의 명시적 청구가 있으면 단축된 근로시간 외에 주 15시간 이내에서 연장근로를 시킬 수 있다.
② 원칙적으로 사업주는 근로자가 초등학교 6학년 이하의 자녀를 양육하기 위하여 근로시간의 단축을 신청하는 경우에 이를 허용하여야 한다.
③ 사업주가 근로자에게 육아기 근로시간 단축을 허용하는 경우 단축 후 근로시간은 주당 15시간 이상이어야 하고 35시간을 넘어서는 아니 된다.
④ 육아기 근로시간 단축을 한 근로자에 대하여 평균임금을 산정하는 경우에는 그 근로자의 육아기 근로시간 단축 기간을 평균임금 산정기간에서 제외한다.

88 채용절차의 공정화에 관한 법령상 500만 원 이하의 과태료 부과행위에 해당하는 것은?

① 채용서류 보관의무를 이행하지 아니한 구인자
② 구직자에 대한 고지의무를 이행하지 아니한 구인자
③ 시정명령을 이행하지 아니한 구인자
④ 지식재산권을 자신에게 귀속하도록 강요한 구인자

89 근로기준법의 기본원리와 가장 거리가 먼 것은?

① 강제 근로의 금지
② 근로자단결의 보장
③ 균등한 처우
④ 공민권 행사의 보장

90 기간제 및 단시간근로자 보호 등에 관한 법령상 2년을 초과하여 기간제 근로자로 사용할 수 있는 경우가 아닌 것은?

① 휴직 등으로 결원이 발생하여 해당 근로자가 복귀할 때까지 그 업무를 대신할 필요가 있는 경우
② 근로자가 학업 등을 이수함에 따라 그 이수에 필요한 기간을 정한 경우
③ 특정한 업무의 완성에 필요한 기간을 정한 경우
④ 「의료법」에 따른 간호사 자격을 소지하고 해당 분야에 종사한 경우

91 남녀고용평등과 일·가정 양립 지원에 관한 법령상 근로자의 가족돌봄 등을 위한 지원에 관한 설명으로 틀린 것은?

① 사업주는 대체인력 채용이 불가능한 경우 근로자가 신청한 가족돌봄휴직을 허용하지 않을 수 있다.
② 원칙적으로 가족돌봄휴가 기간은 연간 최장 10일로 하며, 일 단위로 사용할 수 있다.
③ 가족돌봄휴직 기간은 연간 최장 90일로 하며, 이를 나누어 사용할 수 있다.
④ 가족돌봄휴직 및 가족돌봄휴가 기간은 근속기간에서 제외한다.

92 직업안정법에 관한 설명으로 틀린 것은?

① 국외 무료직업소개사업을 하려는 자는 고용노동부장관의 허가를 받아야 한다.
② 국외 유료직업소개사업을 하려는 자는 고용노동부장관에게 등록하여야 한다.
③ 구인자가 직업안정기관에서 구직자를 소개받은 때에는 그 채용 여부를 직업안정기관의 장에게 통보하여야 한다.
④ 누구든지 국외에 취업할 근로자를 모집한 경우에는 고용노동부장관에게 신고하여야 한다.

93 고용보험법령상 고용보험기금의 용도에 해당하지 않는 것은?

① 일시 차입금의 상환금과 이자
② 실업급여의 지급
③ 보험료의 반환
④ 국민건강 보험료의 지원

94 고용보험법령상 자영업자인 피보험자의 실업급여의 종류에 해당하지 않는 것은?

① 이주비
② 광역구직활동비
③ 직업능력개발수당
④ 조기재취업수당

95 헌법 제32조에 명시된 내용이 아닌 것은?

① 연소자의 근로는 특별한 보호를 받는다.
② 근로조건의 기준은 인간의 존엄성을 보장하도록 법률로 정한다.
③ 여자의 근로는 특별한 보호를 받으며, 고용·임금 및 근로조건에 있어서 부당한 차별을 받지 아니한다.
④ 국가는 사회적·경제적 방법으로 근로자의 고용의 증진과 최저임금의 보장에 노력하여야 한다.

96 직업안정법령상 근로자공급사업의 허가를 받을 수 있는 자는?

① 파산선고를 받고 복권되지 아니한 자
② 미성년자, 피성년후견인 및 피한정후견인
③ 이 법을 위반한 자로서, 벌금형이 확정된 후 2년이 지나지 아니한 자
④ 근로자공급사업의 허가가 취소된 후 7년이 지난 자

97 고용상 연령차별금지 및 고령자고용촉진에 관한 법령상 (   ) 안에 알맞은 것은?

> 상시 (   )명 이상의 근로자를 사용하는 사업장의 사업주는 기준고용률 이상의 고령자를 고용하도록 노력하여야 한다.

① 50   ② 100
③ 200   ④ 300

98 고용정책기본법령상 지역고용심의회에 관한 설명으로 틀린 것은?

① 지역고용심의회는 위원장 1명을 포함한 30명 이내의 위원으로 구성한다.
② 위원장은 시·도지사가 된다.
③ 시·도의 고용촉진, 직업능력개발 및 실업대책에 관한 중요사항을 심의한다.
④ 지역고용심의회 전문위원회의 위원은 시·도지사가 임명하거나 위촉한다.

99 남녀고용평등과 일·가정 양립 지원에 관한 법령상 모성 보호에 관한 설명으로 틀린 것은?

① 국가는 출산전후휴가를 사용한 근로자에게 그 휴가기간에 대하여 평균임금에 상당하는 금액을 지급할 수 있다.
② 근로자가 사용한 배우자 출산휴가는 유급으로 한다.
③ 배우자 출산휴가는 근로자의 배우자가 출산한 날부터 120일이 지나면 사용할 수 없다.
④ 원칙적으로 사업주는 근로자가 난임치료 휴가를 청구하는 경우에 연간 6일 이내의 휴가를 주어야 한다.

100 고용정책기본법령상 고용정책심의회의 전문위원회에 명시되지 않은 것은?

① 지역고용전문위원회
② 고용보험전문위원회
③ 장애인고용촉진전문위원회
④ 건설근로자고용개선전문위원회

2022년 [1회] 빠른 정답 체크!

직업상담학		직업심리학		직업정보론		노동시장론		노동관계법규	
01	④	21	①	41	③	61	②	81	③
02	①	22	①	42	②	62	①	82	②
03	①	23	③	43	②	63	④	83	③
04	②	24	④	44	②	64	②	84	①
05	③	25	①	45	②	65	④	85	②
06	④	26	①	46	④	66	②	86	②
07	③	27	③	47	④	67	④	87	①
08	④	28	③	48	②	68	①	88	④
09	①	29	①	49	③	69	②	89	②
10	③	30	①	50	④	70	①	90	④
11	③	31	③	51	④	71	③	91	④
12	①	32	①	52	③	72	④	92	①
13	④	33	①	53	①	73	②	93	④
14	①	34	④	54	④	74	①	94	④
15	②	35	④	55	④	75	①	95	④
16	④	36	①	56	④	76	②	96	④
17	①	37	①	57	①	77	②	97	①
18	④	38	④	58	④	78	③	98	①
19	②	39	③	59	①	79	①	99	①
20	③	40	②	60	④	80	②	100	②

2022년 2회

정답과 해설 ▶ P. 140~153

제1과목 직업상담학

01 하렌(V. Harren)의 진로의사결정 유형에 해당하는 것은?

① 운명론적 – 계획적 – 지연적
② 합리적 – 의존적 – 직관적
③ 주장적 – 소극적 – 공격적
④ 계획적 – 직관적 – 순응적

02 행동주의적 상담기법 중 학습촉진기법이 아닌 것은?

① 강화
② 변별학습
③ 대리학습
④ 체계적 둔감화

03 진로수첩이 내담자에게 미치는 유용성이 아닌 것은?

① 자기평가를 통해 자신감과 자기인식을 증진시킨다.
② 일 관련 태도 및 흥미에 대한 지식을 증진시킨다.
③ 다양한 경험들이 어떻게 직무관련 태도나 기술로 전환될 수 있는지에 대해 이해를 발전시킨다.
④ 진로, 교육, 훈련 계획을 개발하기 위한 상담도구를 제공한다.

04 다음 상황에 가장 적합한 상담기법은?

> 상담사: 다른 회사들이 사용해 본 결과 많은 효과가 입증된 그런 투쟁 해결방법을 써보도록 하지요.
> 내담자: 매우 흥미로운 일이군요. 그러나 그 방법은 K 주식회사에서는 효과가 있었는지 몰라도 우리 회사에서는 안 될 것입니다.

① 가정 사용하기
② 전이된 오류 정정하기
③ 분류 및 재구성 기법 활용하기
④ 저항감 재인식 및 다루기

05 생애진로사정의 구조에서 중요 주제에 해당하지 않는 것은?

① 요약
② 평가
③ 강점과 장애
④ 전형적인 하루

06 집단상담의 특징에 관한 설명으로 틀린 것은?

① 집단상담은 상담사들이 제한된 시간 내에 적은 비용으로 보다 많은 내담자들에게 접근하는 것을 가능하게 한다.
② 효과적인 집단에는 언제나 직접적인 대인적 교류가 있으며 이것이 개인적 탐색을 도와 개인의 성장과 발달을 촉진시킨다.
③ 집단은 집단과정의 다양한 문제에 많은 시간을 사용하게 되어 내담자의 개인적인 문제를 등한시할 수 있다.
④ 집단에서는 구성원 각자의 사적인 경험을 구성원 모두가 공유하지 않기 때문에 비밀유지가 쉽다.

빈출
07 Williamson의 직업문제 분류범주에 포함되지 않는 것은?

① 진로 무선택
② 흥미와 적성의 차이
③ 진로선택에 대한 불안
④ 진로선택 불확실

08 다음에서 사용된 상담기법은?

A는 저조한 성적으로 인해 학교생활에 어려움을 겪고 있다. 상담사는 A가 평소 PC 게임하는 것을 매우 좋아한다는 사실을 알고 A가 계획한 일일 학습량을 달성하는 경우, PC 게임을 1시간 동안 하도록 개입하였다.

① 프리맥의 원리, 정적강화
② 정적강화, 자기교수훈련
③ 체계적 둔감법, 자기교수훈련
④ 부적강화, 자극통제

09 직업상담사가 지켜야 할 윤리사항으로 옳은 것은?

① 습득된 직업정보를 가지고 다니면서 직업을 찾아준다.
② 습득된 직업정보를 먼저 가까운 사람들에 알려준다.
③ 상담에 대한 이론적 지식보다는 경험적 훈련과 직관을 앞세워 구직활동을 도와준다.
④ 내담자가 자기로부터 도움을 받지 못하고 있음이 분명한 경우에는 상담을 종결하려고 노력한다.

10 직업상담사의 직무내용과 가장 거리가 먼 것은?

① 직업문제에 대한 심리치료
② 직업관련 임금평가
③ 직업상담 프로그램의 개발과 운영
④ 구인·구직상담, 직업적응, 직업전환, 은퇴후 등의 직업상담

11 발달적 직업상담에서 직업정보가 갖추어야 할 조건이 아닌 것은?

① 부모와 개인의 직업적 수준과 그 차이, 그리고 그들의 적성, 흥미, 가치들 간의 관계
② 사회경제적 측면에서 수준별 직업의 유형 및 그러한 직업들의 특성
③ 근로자의 이직 시 직업의 이동 방향과 비율을 결정하는 요인에 대한 정보
④ 특정 직업분야의 접근가능성과 개인의 적성, 가치관, 성격특성 등의 요인들 간의 관계

12 인지적 명확성 문제의 원인 중 경미한 정신건강 문제의 특성으로 옳은 것은?

① 심각한 약물남용 장애
② 잘못된 결정방식이 진지한 결정 방해
③ 경험 부족에서 오는 고정관념
④ 심한 가치관 고착에 따른 고정성

13 상담 시 상담사의 질문으로 바람직하지 않은 것은?

① "당신이 선호하는 직업이 있다면 무엇인가요? 그런 이유를 말씀해 주시겠어요?"
② "당신이 특별히 좋아하는 것이 있다면 말씀해 주시겠어요?"
③ "직업상담을 해야겠다고 결정했나요?"
④ "어떻게 생각해야 할지 이해가 잘 가지 않는군요. 잘 모르겠어요. 제가 좀 더 확실하게 이해할 수 있도록 도와주시겠어요?"

14 왜곡된 사고체계나 신념체계를 가진 내담자에게 실시하면 효과적인 상담기법은?

① 내담자 중심 상담 ② 인지치료
③ 정신분석 ④ 행동요법

15 상담을 효과적으로 진행하는 데 장애가 되는 면담 태도는?

① 내담자와 유사한 언어를 사용하는 태도
② 분석하고 충고하는 태도
③ 비방어적 태도로 내담자를 편안하게 만드는 태도
④ 경청하는 태도

16 직업상담에서 특성-요인이론에 관한 설명으로 옳은 것은?

① 대부분의 사람들은 여섯 가지 유형으로 성격 특성을 분류할 수 있다.
② 각각의 개인은 신뢰할 만하고 타당하게 측정될 수 있는 고유한 특성의 집합이다.
③ 개인은 일을 통해 개인적 욕구를 성취하도록 동기화되어 있다.
④ 직업적 선택은 개인의 발달적 특성이다.

17 아들러(Adler)의 개인심리학적 상담의 목표로 옳지 않은 것은?

① 사회적 관심을 갖도록 돕는다.
② 내담자의 잘못된 목표를 수정하도록 돕는다.
③ 패배감을 극복하고 열등감을 감소시킬 수 있도록 돕는다.
④ 전이해석을 통해 중요한 타인과의 관계 패턴을 알아차리도록 돕는다.

18 직업카드 분류법에 관한 설명으로 틀린 것은?

① 내담자의 흥미, 가치, 능력 등을 탐색하는 방법으로 활용된다.
② 내담자의 흥미나 능력 수준이 다른 사람에 비하여 얼마나 높은지 알 수 없다.
③ 다른 심리검사에 비하여 내담자가 자신을 탐색하는 과정에 보다 능동적으로 참여하게 하는 방법이다.
④ 표준화되어 있는 객관적 검사방법의 일종이다.

19 정신분석적 상담에서 훈습의 단계에 해당하지 않는 것은?

① 환자의 저항
② 분석의 시작
③ 분석자의 저항에 대한 해석
④ 환자의 해석에 대한 반응

빈출
20 내담자 중심 상담에서 사용되는 상담기법이 아닌 것은?

① 적극적 경청   ② 역할연기
③ 감정의 반영   ④ 공감적 이해

제2과목 직업심리학

21 직무분석에 관한 설명으로 옳은 것은?

① 직무 관련 정보를 수집하는 절차이다.
② 직무의 내용과 성질을 고려하여 직무들 간의 상대적 가치를 결정하는 절차이다.
③ 작업자의 직무수행 수준을 평가하는 절차이다.
④ 작업자의 직무기술과 지식을 개선하는 공식적 절차이다.

22 Maslow의 욕구단계 이론 중 자아실현과 존중의 욕구 수준에 상응하는 내용으로 적합한 것은?

① Alderfer의 ERG 이론 중 존재욕구
② Herzberg의 2요인 이론 중 위생요인
③ McClelland의 성취동기 이론 중 성취동기
④ Adams의 공정성 이론 중 인정동기

23 직업적성검사의 측정에 관한 설명으로 옳은 것은?

① 개인이 맡은 특정 직무를 성공적으로 수행할 수 있는지를 측정한다.
② 일반적인 지적 능력을 알아내어 광범위한 분야에서 그 사람이 성공적으로 수행할 수 있는지를 측정한다.
③ 직업과 관련된 흥미를 알아내어 직업에 관한 의사결정에 도움을 주기 위한 것이다.
④ 개인이 가지고 있는 기질이라든지 성향 등을 측정하는 것으로 개인에게 습관적으로 나타날 수 있는 어떤 특징을 측정한다.

24 솔직하고, 성실하며, 말이 적고, 고집이 세면서 직선적인 사람들은 홀랜드(Holland)의 어떤 작업환경에 잘 어울리는가?

① 탐구적(I) ② 예술적(A)
③ 현실적(R) ④ 관습적(C)

25 수퍼(D. Super)의 진로발달이론에 관한 설명으로 틀린 것은?

① 개인은 능력이나 흥미, 성격에 있어서 각각 차이점을 갖고 있다.
② 진로발달이란 진로에 관한 자아개념의 발달이다.
③ 진로발달단계의 과정에서 재순환은 일어날 수 없다.
④ 진로성숙도는 가설적인 구인이며 단일한 특질이 아니다.

26 파슨스(Parsons)의 특성-요인이론에 관한 설명으로 틀린 것은?

① 개인의 특성과 직업의 요구가 일치할수록 직업적 성공 가능성이 크다.
② 사람들은 신뢰할 수 있고 타당하게 측정될 수 있는 특성을 지니고 있다.
③ 특성은 특정 직무의 수행에서 요구하는 조건을 의미한다.
④ 직업선택은 직접적인 인지과정이기 때문에 개인은 자신의 특성과 직업이 요구하는 특성을 연결할 수 있다.

27 데이비스(R. Dawis)와 롭퀴스트(L. Lofquist)의 직업적응이론에 관한 설명으로 틀린 것은?

① 개인과 직업 환경의 조화를 6가지 유형으로 제안한다.
② 성격은 성격양식과 성격구조로 설명된다.
③ 개인이 직업 환경과의 조화를 이루기 위해 역동적 적응과정을 경험한다.
④ 지속성은 환경과의 상호작용을 얼마나 오랫동안 유지하는지를 의미한다.

28 스트레스에 관한 설명으로 옳은 것은?

① 스트레스에 대한 일반적응증후는 경계, 저항, 탈진 단계로 진행된다.
② 1년간 생활변동 단위(life change unit)의 합이 90인 사람은 대단히 심한 스트레스를 겪는 사람이다.
③ A유형의 사람은 B유형의 사람보다 스트레스에 더 인내력이 있다.
④ 사회적 지지가 스트레스의 대처와 극복에 미치는 영향력은 거의 없다.

29 신뢰도 계수에 관한 설명으로 틀린 것은?

① 신뢰도 계수는 점수 분포의 분산에 의해 영향을 받는다.
② 측정오차가 크면 신뢰도 계수는 작아진다.
③ 수검자들 간의 개인차가 크면 신뢰도 계수는 작아진다.
④ 추측해서 우연히 맞을 수 있는 문항이 많으면 신뢰도 계수가 작아진다.

30 규준점수에 관한 설명으로 <u>틀린</u> 것은?

① Z점수 0에 해당하는 웩슬러(Wechsler) 지능검사 편차 IQ는 100이다.
② 백분위 50과 59인 두 사람의 원점수 차이는 백분위 90과 99인 두 사람의 원점수 차이와 같다.
③ 평균과 표준편차가 60, 15인 규준집단에서 원점수 90의 T 점수는 70이다.
④ 백분위 50에 해당하는 스테나인(stanine)의 점수는 5이다.

31 크럼볼츠(J. Krumboltz)의 사회학습 진로이론에 관한 설명으로 <u>틀린</u> 것은?

① 도구적 학습경험이란 행동과 결과의 관계를 학습하게 되는 것을 의미한다.
② 과제접근기술이란 개인이 어떤 과제를 성취하기 위해 동원하는 기술이다.
③ 우연히 일어난 일들을 개인의 진로에 긍정적으로 활용하는 것이 중요하다.
④ 개인의 진로선택에 영향을 미치는 요인에서 유전적 재능이나 체력 등의 요소를 간과했다.

32 스트레스에 대처하기 위한 포괄적인 노력과 가장 거리가 먼 것은?

① 과정중심적 사고방식에서 목표지향적 초고속 사고로 전환해야 한다.
② 가치관을 전환해야 한다.
③ 스트레스에 정면으로 도전하는 마음가짐이 있어야 한다.
④ 균형 있는 생활을 해야 한다.

33 고트프레드슨(L. Gottfredson)의 진로발달이론에서 제시한 진로포부발달 단계가 <u>아닌</u> 것은?

① 내적 자아 확립단계
② 서열 획득단계
③ 안정성 확립단계
④ 사회적 가치 획득단계

34 적성검사에서 높은 점수를 받은 사람이 입사 후 업무수행이 우수한 것으로 나타났다면, 이 검사는 어떠한 타당도가 높은 것인가?

① 구성타당도(construct validity)
② 내용타당도(content validity)
③ 예언타당도(predictive validity)
④ 공인타당도(concurrent validity)

35 심리검사에 관한 설명으로 <u>틀린</u> 것은?

① 행동표본을 측정할 수 있다.
② 개인 간 비교가 가능하다.
③ 심리적 속성을 직접적으로 측정한다.
④ 심리평가의 근거자료 중 하나이다.

36 작업자 중심 직무분석에 관한 설명으로 틀린 것은?

① 직무를 수행하는 데 요구되는 인간의 재능들에 초점을 두어서 지식, 기술, 능력, 경험과 같은 작업자의 개인적 요건들에 의해 직무가 표현된다.
② 직책분석설문지(PAQ)를 통해 직무분석을 실시할 수 있다.
③ 각 직무에서 이루어지는 과제나 활동들이 서로 다르기 때문에 분석하고자 하는 직무 각각에 대해 표준화된 분석도구를 만들 수 없다.
④ 직무분석으로부터 얻어진 결과는 작업자 명세서를 작성할 때 중요한 정보를 제공한다.

37 경력개발 단계를 성장, 탐색, 확립, 유지, 쇠퇴의 5단계로 구분한 학자는?

① Bordin
② Colby
③ Super
④ Parsons

38 조직에서의 스트레스를 매개하거나 조절하는 요인들 중 개인 속성이 아닌 것은?

① Type A형과 같은 성격 유형
② 친구나 부모와 같은 주변인의 사회적 지지
③ 상황을 개인이 통제할 수 있느냐에 대한 신념
④ 부정적인 사건들에서 빨리 벗어나는 능력

39 직업지도 프로그램 선정 시 고려해야 할 사항과 가장 거리가 먼 것은?

① 활용하고자 하는 목적에 부합하여야 한다.
② 실시가 어렵더라도 효과가 뚜렷한 프로그램이어야 한다.
③ 프로그램의 효과를 평가할 수 있어야 한다.
④ 활용할 프로그램은 비용이 적게 드는 경제성을 지녀야 한다.

40 Strong 검사에 관한 설명으로 옳은 것은?

① 기본흥미척도(BIS)는 Holland의 6가지 유형을 제공한다.
② Strong 진로탐색검사는 진로성숙도 검사와 직업흥미검사로 구성되어 있다.
③ 업무, 학습, 리더십, 모험심을 알아보는 기본흥미척도(BIS)가 포함되어 있다.
④ 개인특성척도(PSS)는 일반직업분류(GOT)의 하위척도로서 특정흥미분야를 파악하는 데 도움이 된다.

제3과목　직업정보론

41 고용24에서 제공하는 성인용 직업적성검사의 적성요인과 하위검사의 연결로 틀린 것은?

① 언어력 – 어휘력 검사, 문장독해력 검사
② 수리력 – 계산능력 검사, 자료해석력 검사
③ 추리력 – 수열추리력 1, 2검사, 도형추리력 검사
④ 사물지각력 – 조각맞추기 검사, 그림맞추기 검사

42 한국직업사전(2020)의 작업강도 중 무엇에 관한 설명인가?

> 최고 20kg의 물건을 들어 올리고 10kg 정도의 물건을 빈번히 들어 올리거나 운반한다.

① 가벼운 작업　② 보통 작업
③ 힘든 작업　④ 아주 힘든 작업

43 고용24에서 채용정보 상세검색에 관한 설명으로 틀린 것은?

① 최대 10개의 직종 선택이 가능하다.
② 연령별 채용정보를 검색할 수 있다.
③ 재택근무 가능 여부를 검색할 수 있다.
④ 희망임금은 연봉, 월급, 일급, 시급별로 입력할 수 있다.

44 다음은 한국직업사전(2020)에 수록된 어떤 직업에 관한 설명인가?

> - 직무 개요: 기업을 구성하는 여러 요소(재무, 회계, 인사, 미래비전, 유통 등)에 대한 분석을 통하여 기업이 당면한 문제점과 해결방안을 제시한다.
> - 직무기능: 자료(분석)/사람(자문)/사물(관련없음)

① 직무분석가　② 시장조사분석가
③ 환경영향평가원　④ 경영컨설턴트

45 2026년 적용 최저임금은 얼마인가?

① 10,360원　② 9,980원
③ 9,780원　④ 10,320원

46 국민내일배움카드 제도를 지원받을 수 있는 자는?

① 만 65세인 사람
② 「사립학교교직원 연금법」을 적용받고 현재 재직 중인 사람
③ 「군인연금법」을 적용받고 현재 재직 중인 사람
④ 지방자치단체로부터 훈련비를 지원받는 훈련에 참여하는 사람

47 직업정보관리에 관한 설명으로 틀린 것은?

① 직업정보의 범위는 개인, 직업, 미래에 대한 정보 등으로 구성되어 있다.
② 직업정보원은 정부부처, 정부투자출연기관, 단체 및 협회, 연구소, 기업과 개인 등이 있다.
③ 직업정보 가공 시 전문적인 지식이 없어도 이해할 수 있도록 가급적 평이한 언어로 제공하여야 한다.
④ 개인의 정보는 보호되어야 하기 때문에 구직 시 연령, 학력 및 경력 등의 취업과 관련된 정보는 제한적으로 제공되어야 한다.

[빈출]
48 질문지를 활용한 면접조사를 통해 직업정보를 수집할 때, 면접자가 지켜야 할 일반적 원칙으로 틀린 것은?

① 질문지를 숙지하고 있어야 한다.
② 응답자와 친숙한 분위기를 형성해야 한다.
③ 개방형 질문인 경우에는 응답 내용을 해석·요약하여 기록해야 한다.
④ 면접자는 응답자가 이질감을 느끼지 않도록 복장이나 언어사용에 유의해야 한다.

[빈출]
49 고용24에서 제공하는 학과정보 중 사회계열에 해당하지 않는 학과는?

① 경찰행정학과　② 국제학부
③ 문헌정보학과　④ 지리학과

내용 개정으로 더 이상 유효하지 않은 문제입니다.
50 2022년 신규 정기검정으로 시행되는 국가기술자격 종목은?

① 방재기사
② 떡제조기능사
③ 가구제작산업기사
④ 정밀화학기사

[빈출]
51 다음은 국가기술자격 검정의 기준 중 어떤 등급에 관한 설명인가?

> 해당 국가기술자격의 종목에 관한 고도의 전문지식과 실무경험에 입각한 계획, 연구, 설계, 분석, 조사, 시험, 시공, 감리, 평가, 진단, 사업관리, 기술관리 등의 업무를 수행할 수 있는 능력 보유

① 기술사　　② 기사
③ 산업기사　④ 기능장

[빈출]
52 직업정보로서 갖추어야 할 요건에 대한 설명으로 틀린 것은?

① 직업정보는 객관성이 담보되어야 한다.
② 직업정보 활용의 효율성 측면에서 이용 대상자의 진로발달단계나 수준, 이용 목적에 적합한 직업정보를 개발하여 제공되는 것이 바람직하다.
③ 우연히 획득되거나 출처가 불명확한 직업정보라도 내용이 풍부하다면 직업정보로서 가치가 있다고 판단한다.
④ 직업정보는 개발연도를 명시하여 부적절한 과거의 직업세계나 노동시장 정보가 구직자나 청소년에게 제공되지 않도록 하는 것이 바람직하다.

빈출
53 다음은 한국표준산업분류(제11차)에서 산업분류 결정방법이다. (   )에 알맞은 것은?

> 계절에 따라 정기적으로 산업을 달리하는 사업체의 경우에는 조사시점에서 경영하는 사업과 관계없이 조사대상 기간 중 (   )이 많았던 활동에 의하여 분류

① 급여액 ② 근로소득세액
③ 산출액 ④ 부가가치액

54 분야별 고용정책 중 일자리창출 정책과 가장 거리가 먼 것은?
① 고용유지지원금
② 실업크레딧 지원
③ 일자리함께하기 지원
④ 사회적기업 육성

55 다음은 한국표준직업분류(제8차)에서 직업분류의 일반 원칙이다. (   )에 알맞은 것은?

> 동일하거나 유사한 직무는 어느 경우에든 같은 단위직업으로 분류되어야 한다는 점이다. 하나의 직무가 동일한 직업단위 수준에서 2개 혹은 그 이상의 직업으로 분류될 수 있다면 (   )의 원칙을 위반한 것이라 할 수 있다.

① 단일성 ② 배타성
③ 포괄성 ④ 경제성

내용 개정으로 더 이상 유효하지 않은 문제입니다.
56 한국표준산업분류(제10차)의 주요 개정내용으로 틀린 것은?
① 채소작물 재배업에 마늘, 딸기 작물 재배업을 포함
② 안경 및 안경렌즈 제조업을 의료용기기 제조업에서 사진장비 및 기타 광학기기 제조업으로 이동
③ 산업용 기계 및 장비 수리업은 국제표준산업분류(ISIC)에 맞춰 수리업에서 제조업 중 중분류를 신설하여 이동
④ 어업에서 해면은 해수면으로, 수산 종묘는 수산 종자로 명칭을 변경

빈출
57 한국표준산업분류(제11차)의 산업분류 적용원칙으로 틀린 것은?
① 자본재로 주로 사용되는 산업용 기계 및 장비의 전문적인 수리활동은 경상적인 유지·수리를 포함하여 "95 개인 및 소비용품 수리업"으로 분류
② 생산단위는 산출물뿐만 아니라 투입물과 생산공정 등을 함께 고려하여 그들의 활동을 가장 정확하게 설명한 항목에 분류
③ 산업활동이 결합되어 있는 경우에는 그 활동단위의 주된 활동에 따라 분류
④ 공식적인 생산물과 비공식적 생산물, 합법적 생산물과 불법적인 생산물을 달리 분류하지 않음

58 한국표준직업분류(제8차)의 대분류 항목과 직능수준과의 관계가 올바르게 연결된 것은?

① 전문가 및 관련 종사자 – 제4직능 수준 혹은 제3직능 수준 필요
② 사무 종사자 – 제3직능 수준 필요
③ 단순노무 종사자 – 제2직능 수준 필요
④ 군인 – 제1직능 수준 필요

59 직업정보의 처리에 대한 설명으로 틀린 것은?

① 직업정보는 전문가가 분석해야 한다.
② 직업정보 제공 시에는 이용자의 수준에 맞게 한다.
③ 직업정보 수집 시에는 명확한 목표를 세운다.
④ 직업정보 제공 시에는 직업의 장점만을 최대한 부각해서 제공한다.

60 Q-net(www.q-net.or.kr)에서 제공하는 국가별 자격제도 정보가 아닌 것은?

① 영국의 자격제도
② 프랑스의 자격제도
③ 호주의 자격제도
④ 스위스의 자격제도

제4과목 노동시장론

61 다음 중 사회적 비용이 상대적으로 가장 적게 유발되는 실업은?

① 경기적 실업   ② 계절적 실업
③ 마찰적 실업   ④ 구조적 실업

62 불경기에 발생하는 부가노동자효과(added worker effect)와 실망실업자효과(discouraged worker effect)에 따라 실업률이 변화한다. 실업률에 미치는 효과의 방향성이 옳은 것은? (단, +: 상승효과, -: 감소효과)

① 부가노동자효과: +, 실망실업자효과: -
② 부가노동자효과: -, 실망실업자효과: -
③ 부가노동자효과: +, 실망실업자효과: +
④ 부가노동자효과: -, 실망실업자효과: +

63 개별기업수준에서 노동에 대한 수요곡선을 이동시키는 요인을 모두 고른 것은?

| ㄱ. 기술의 변화 |
| ㄴ. 임금의 변화 |
| ㄷ. 최종생산물가격의 변화 |
| ㄹ. 자본의 가격 변화 |

① ㄱ, ㄴ, ㄷ   ② ㄱ, ㄴ, ㄹ
③ ㄱ, ㄷ, ㄹ   ④ ㄴ, ㄷ, ㄹ

64 노조가 임금인상 투쟁을 벌일 때, 고용량 감소 효과가 가장 적게 나타나는 경우는?

① 노동수요의 임금탄력성이 0.1일 때
② 노동수요의 임금탄력성이 1일 때
③ 노동수요의 임금탄력성이 2일 때
④ 노동수요의 임금탄력성이 5일 때

65 일부 사람들이 실업급여를 계속 받기 위해 채용될 가능성이 매우 낮은 곳에서만 일자리를 탐색하며 실업상태를 유지하고 있다. 다음 중 이러한 사람들이 실업자가 아니라 일할 의사가 없다는 이유로 비경제활동인구로 분류될 때 나타나는 현상으로 옳은 것은?

① 실업률과 경제활동참가율 모두 높아진다.
② 실업률과 경제활동참가율 모두 낮아진다.
③ 실업률은 낮아지는 반면, 경제활동참가율은 높아진다.
④ 실업률은 높아지는 반면, 경제활동참가율은 낮아진다.

66 노동조합측 쟁의수단에 해당하지 않는 것은?

① 태업 ② 보이콧
③ 피케팅 ④ 직장폐쇄

67 임금에 대한 설명으로 틀린 것은?

① 산업사회에서 사회적 신분의 기준이 되기도 한다.
② 임금수준은 인적자원의 효율적 배분과는 무관하다.
③ 가장 중요한 소득원천 중의 하나이다.
④ 유효수요에 영향을 미쳐 경제의 안정과 성장에 밀접한 관련이 있다.

68 2차 노동시장의 특징에 해당되는 것은?

① 높은 임금 ② 높은 안정성
③ 높은 이직률 ④ 높은 승진률

69 연공급의 특징과 가장 거리가 먼 것은?

① 기업에 대한 귀속의식 제고
② 전문기술인력 확보 곤란
③ 근로자에 대한 교육훈련의 효과 제고
④ 인건비 부담의 감소

70 A국의 취업자가 200만 명, 실업자가 10만 명, 비경제활동인구가 100만 명이라고 할 때, A국의 경제활동참가율은?

① 약 66.7% ② 약 67.7%
③ 약 69.2% ④ 약 70.4%

71 조합원 자격이 있는 노동자만을 채용하고 일단 고용된 노동자라도 조합원 자격을 상실하면 종업원이 될 수 없는 숍 제도는?

① 오픈 숍 ② 유니언 숍
③ 에이전시 숍 ④ 클로즈드 숍

72 기업별 노동조합에 관한 설명으로 틀린 것은?

① 노동자들의 횡단적 연대가 뚜렷하지 않고, 동종·동일산업이라도 기업 간의 시설규모, 지불능력의 차이가 큰 곳에서 조직된다.
② 노동조합이 회사의 사정에 정통하여 무리한 요구로 인한 노사분규의 가능성이 낮다.
③ 사용자와의 밀접한 관계로 공동체 의식을 통한 노사협력 관계를 유지할 수 있어 어용화의 가능성이 낮다.
④ 각 직종 간의 구체적 요구조건을 공평하게 처리하기 곤란하여 직종 간에 반목과 대립이 발생할 수 있다.

73 최저임금제도의 기대효과로 가장 거리가 먼 것은?

① 소득분배의 개선
② 기업 간 공정경쟁의 확보
③ 산업평화의 유지
④ 실업의 해소

74 임금격차의 원인을 모두 고른 것은?

| ㄱ. 인적자본 투자의 차이로 인한 생산성 격차 |
| ㄴ. 보상적 격차 |
| ㄷ. 차별 |

① ㄱ, ㄴ
② ㄱ, ㄷ
③ ㄴ, ㄷ
④ ㄱ, ㄴ, ㄷ

75 다음 중 가장 적극적인 근로자의 경영참가 형태는?

① 단체교섭에 의한 참가
② 단체행동에 의한 참가
③ 노사협의회에 의한 참가
④ 근로자중역, 감사역제에 의한 참가

76 선별가설(screening hypothesis)에 대한 설명과 가장 거리가 먼 것은?

① 교육훈련이 생산성을 직접 높이는 것은 아니고 유망한 근로자를 식별해주는 역할을 한다.
② 빈곤문제 해결을 위해서는 교육훈련 기회를 확대하는 것이 중요하다.
③ 학력이 높은 사람이 소득이 높은 것은 교육 때문이 아니고 원래 능력이 우수하기 때문이다.
④ 근로자들은 자신의 능력과 재능을 보여주기 위해 교육에 투자한다.

77 임금체계에 관한 설명으로 가장 적합한 것은?

① 정기승급에 의한 생활안정으로 근로자의 기업에 대한 귀속의식을 고양시킨다.
② 기업풍토, 업무내용 등에서 보수성이 강한 기업에 적합하다.
③ 근로자의 능력을 직능고과의 평가결과에 따라 임금을 결정한다.
④ 노동의 양뿐만 아니라 노동의 질을 동시에 평가하는 임금 결정 방식이다.

78 단체교섭에서 사용자의 교섭력에 관한 설명으로 가장 거리가 먼 것은?

① 기업의 재정능력이 좋으면 사용자의 교섭력이 높아진다.
② 사용자 교섭력의 원천 중 하나는 직장폐쇄(lockout)를 할 수 있는 권리이다.
③ 사용자는 쟁의행위 기간 중 그 쟁의행위로 중단된 업무를 원칙적으로 도급 또는 하도급을 줄 수 있다.
④ 비조합원이 조합원의 일을 대신할 수 있는 여지가 크다면, 그만큼 사용자의 교섭력이 높아진다.

79 실업에 관한 설명으로 옳은 것은?

① 마찰적 실업은 자연실업률 측정에 포함되지 않는다.
② 더 좋은 직장을 구하기 위해 잠시 직장을 그만둔 경우는 경기적 실업에 해당한다.
③ 경기적 실업은 자연실업률 측정에 포함된다.
④ 현재의 실업률에서 실망실업자가 많아지면 실업률은 하락한다.

80 내부노동시장의 형성요인과 가장 거리가 먼 것은?

① 관습
② 현장훈련
③ 임금수준
④ 숙련의 특수성

제5과목 노동관계법규

81 파견근로자 보호 등에 관한 법률상 사용사업주가 파견근로자를 직접 고용할 의무가 발생하는 경우가 아닌 것은?

① 고용노동부장관의 허가를 받지 않고 근로자파견 사업을 하는 자로부터 근로자파견의 역무를 제공받은 경우
② 제조업의 직접생산공정업무에서 일시적·간헐적으로 사용기간 내에 파견근로자를 사용한 경우
③ 건설공사현장에서 이루어지는 업무에서 부상으로 결원이 생겨 파견근로자를 사용한 경우
④ 건설공사현장에서 이루어지는 업무에서 연차 유급휴가로 결원이 생겨 파견근로자를 사용한 경우

82 국민 평생 직업능력 개발법령상 근로자의 정의로서 가장 적합한 것은?

① 1주 동안의 소정근로시간이 그 사업장에서 같은 종류의 업무에 종사하는 통상 근로자의 1주 동안의 소정근로시간에 비하여 짧은 자
② 직업의 종류와 관계없이 임금을 목적으로 사업이나 사업장에 근로를 제공하는 사람
③ 직업의 종류를 불문하고 임금·급료 기타 이에 준하는 수입에 의하여 생활하는 자
④ 사업주에게 고용된 사람과 취업할 의사가 있는 사람

83 고용보험법령상 다음 사례에서 구직급여의 소정 급여일수는?

> 장애인 근로자 A씨(40세)가 4년간 근무하던 회사를 퇴사하여 직업안정기관으로부터 구직급여 수급자격을 인정받았다.

① 120일　② 150일
③ 180일　④ 210일

84 고용보험법령상 용어의 정의로 옳은 것은?

① "피보험자"란 근로기준법상 근로자와 사업주를 말한다.
② "실업"이란 근로의 의사와 능력이 있음에도 불구하고 취업하지 못한 상태에 있는 것을 말한다.
③ "보수"란 사용자로부터 받는 일체의 금품을 말한다.
④ "일용근로자"란 3개월 미만 동안 고용된 자를 말한다.

빈출
85 국민 평생 직업능력 개발법령상 고용노동부장관이 반드시 지정직업훈련시설의 지정을 취소해야 하는 경우에 해당하는 것은?

① 시정명령에 따르지 아니한 경우
② 변경지정을 받지 아니하고 지정 내용을 변경하는 등 부정한 방법으로 지정직업훈련시설을 운영한 경우
③ 훈련생을 모집할 때 거짓 광고를 한 경우
④ 거짓으로 지정을 받은 경우

86 근로기준법상 미성년자의 근로계약에 관한 설명으로 틀린 것은?

① 원칙적으로 15세 이상 18세 미만인 사람의 근로시간은 1일에 7시간, 1주에 35시간을 초과하지 못한다.
② 미성년자는 독자적으로 임금을 청구할 수 없다.
③ 고용노동부장관은 근로계약이 미성년자에게 불리하다고 인정하는 경우에는 이를 해지할 수 있다.
④ 친권자나 후견인은 미성년자의 근로계약을 대리할 수 없다.

87 헌법상 노동기본권 등에 관한 설명으로 틀린 것은?

① 국가는 근로자의 고용의 증진과 적정임금의 보장에 노력하여야 한다.
② 여자의 근로는 특별한 보호를 받으며 고용·임금 및 근로조건에 있어서 부당한 차별을 받지 아니한다.
③ 국가는 법률이 정하는 바에 의하여 최저임금제를 시행하여야 한다.
④ 공무원인 근로자는 자주적인 단결권·단체교섭권 및 단체행동권을 가진다.

빈출
88 개인정보보호법령상 개인정보보호위원회(이하 "보호위원회"라 한다)에 관한 설명으로 틀린 것은?

① 대통령 소속으로 보호위원회를 둔다.
② 보호위원회는 상임위원 2명을 포함한 9명의 위원으로 구성한다.
③ 보호위원회의 회의는 재적위원 과반수의 출석으로 개의하고, 출석위원 과반수의 찬성으로 의결한다.
④ 「정당법」에 따른 당원은 보호위원회 위원이 될 수 없다.

89 고용상 연령차별금지 및 고령자고용촉진에 관한 법령상 고령자 고용정보센터의 업무로 명시되지 않은 것은?

① 고령자에 대한 구인·구직 등록
② 고령자 고용촉진을 위한 홍보
③ 고령자에 대한 직장 적응훈련 및 교육
④ 고령자의 실업급여 지급

90 직업안정법령상 신고를 하지 아니하고 할 수 있는 무료직업소개사업이 아닌 것은?

① 한국산업인력공단이 하는 직업소개
② 한국장애인고용공단이 장애인을 대상으로 하는 직업소개
③ 국민체육진흥공단이 체육인을 대상으로 하는 직업소개
④ 근로복지공단이 업무상 재해를 입은 근로자를 대상으로 하는 직업소개

91 고용보험법령상 실업급여에 관한 설명으로 틀린 것은?

① 실업급여로서 지급된 금품에 대하여는 국가나 지방자치단체의 공과금을 부과하지 아니한다.
② 실업급여를 받을 권리는 양도하거나 담보로 제공할 수 없다.
③ 실업급여수급계좌의 해당 금융기관은 이 법에 따른 실업급여만이 실업급여수급계좌에 입금되도록 관리하여야 한다.
④ 구직급여에는 조기재취업수당, 직업능력개발수당, 광역구직활동비, 이주비가 있다.

92 근로기준법령상 사용자가 3년간 보존하여야 하는 근로계약에 관한 중요한 서류로 명시되지 않은 것은?

① 임금대장
② 휴가에 관한 서류
③ 고용·해고·퇴직에 관한 서류
④ 퇴직금 중간정산에 관한 증명서류

93 직업안정법령상 직업소개사업을 겸업할 수 있는 자는?

① 식품접객업 중 유흥주점영업자
② 숙박업자
③ 경비용역업자
④ 결혼중개업자

94 근로기준법령상 이행강제금에 관한 설명으로 옳은 것은?

① 노동위원회는 구제명령을 받은 후 이행기한까지 구제명령을 이행하지 아니한 사용자에게 3천만 원 이하의 이행강제금을 부과한다.
② 노동위원회는 이행강제금 납부의무자가 납부기한까지 이행강제금을 내지 아니하면 즉시 국세 체납처분의 예에 따라 징수할 수 있다.
③ 노동위원회는 최초의 구제명령을 한 날을 기준으로 매년 4회의 범위에서 구제명령이 이행될 때까지 반복하여 이행강제금을 부과·징수할 수 있다.
④ 근로자는 구제명령을 받은 사용자가 이행기한까지 구제명령을 이행하지 아니하면 이행기한이 지난 때부터 30일 이내에 그 사실을 노동위원회에 알려줄 수 있다.

95 남녀고용평등과 일·가정 양립 지원에 관한 법령상 고용에 있어서 남녀의 평등한 기회와 대우를 보장하여야 할 사항으로 명시되지 않은 것은?

① 모집과 채용
② 임금
③ 근로시간
④ 교육·배치 및 승진

96 기간제 및 단시간근로자 보호 등에 관한 법률상 차별시정제도에 대한 설명으로 틀린 것은?

① 기간제근로자는 차별적 처우를 받은 경우 노동위원회에 차별적 처우가 있은 날부터 6개월이 경과하기 전에 그 시정을 신청할 수 있다.
② 기간제근로자가 차별적 처우의 시정신청을 하는 때에는 차별적 처우의 내용을 구체적으로 명시하여야 한다.
③ 노동위원회는 차별적 처우의 시정신청에 따른 심문의 과정에서 관계당사자 쌍방 또는 일방의 신청 또는 직권에 의하여 조정(調停)절차를 개시할 수 있다.
④ 시정신청을 한 근로자는 사용자가 확정된 시정명령을 이행하지 아니하는 경우 이를 중앙노동위원회에 신고하여야 한다.

97 다음 ( )에 알맞은 것은?

고용정책 기본법령상 상시 ( )명 이상의 근로자를 사용하는 사업주는 매년 근로자의 고용형태 현황을 공시하여야 한다.

① 50
② 100
③ 200
④ 300

98 남녀고용평등과 일·가정 양립 지원에 관한 법령상 다음 ( ) 안에 각각 알맞은 것은?

제18조의2(배우자 출산휴가) ① 사업주는 근로자가 배우자의 출산을 이유로 휴가(이하 "배우자 출산휴가"라 한다)를 청구하는 경우에 (ㄱ)일의 휴가를 주어야 한다.
(이하 생략)
③ 배우자 출산휴가는 근로자의 배우자가 출산한 날부터 (ㄴ)일이 지나면 사용할 수 없다.

① ㄱ: 5, ㄴ: 30
② ㄱ: 5, ㄴ: 90
③ ㄱ: 10, ㄴ: 30
④ ㄱ: 20, ㄴ: 120

99 남녀고용평등과 일·가정 양립 지원에 관한 법률에 명시되어 있는 내용이 아닌 것은?

① 직장 내 성희롱의 금지
② 배우자 출산휴가
③ 육아휴직
④ 생리휴가

100 고용정책 기본법상 근로자의 고용촉진 및 사업주의 인력확보 지원시책이 아닌 것은?

① 구직자와 구인자에 대한 지원
② 학생 등에 대한 직업지도
③ 취업취약계층의 고용촉진 지원
④ 업종별·지역별 고용조정의 지원

2022년 [2회]

빠른 정답 체크!

직업상담학		직업심리학		직업정보론		노동시장론		노동관계법규	
01	②	21	①	41	④	61	③	81	②
02	④	22	③	42	②	62	①	82	④
03	④	23	①	43	②	63	③	83	④
04	④	24	③	44	④	64	①	84	②
05	②	25	③	45	④	65	②	85	④
06	④	26	③	46	①	66	④	86	②
07	③	27	①	47	④	67	②	87	④
08	①	28	①	48	③	68	③	88	①
09	④	29	③	49	③	69	④	89	④
10	②	30	②	50	④	70	②	90	③
11	③	31	④	51	①	71	④	91	④
12	②	32	①	52	③	72	③	92	④
13	③	33	③	53	③	73	④	93	③
14	②	34	③	54	②	74	④	94	①
15	②	35	③	55	②	75	④	95	③
16	②	36	③	56	②	76	②	96	④
17	④	37	③	57	①	77	④	97	④
18	④	38	②	58	①	78	③	98	②
19	②	39	②	59	④	79	④	99	④
20	②	40	②	60	④	80	③	100	④

2022년 3회 복원문제

정답과 해설 ▶ P. 154~167

제1과목 직업상담학

01 상담자의 첫 면담 준비사항에 관한 설명으로 옳지 않은 것은?
① 상담자에 대한 첫인상이 중요하므로 복장에 신경을 쓴다.
② 개인적 걱정이나 감정으로부터 벗어나 내담자를 맞이할 수 있는 마음의 준비를 한다.
③ 접수면접에서 누락된 주요 정보를 확인한다.
④ 내담자에 대한 선입견을 줄이기 위해 상담신청서는 활용하지 않는다.

02 장애를 가진 내담자를 위한 집단상담 프로그램에서 가장 중요한 활동은?
① 심리검사 실시
② 취업동기 평가
③ 사회적응을 위한 상담
④ 가족관계 확인

03 일반적으로 상담자가 갖추어야 할 기법 중 내담자가 전달하려는 내용에서 한 걸음 더 나아가 그 내면적 감정에 대해 반영하는 것은?
① 직면   ② 수용
③ 공감   ④ 해석

04 상담이론과 직업상담사의 역할의 연결이 바르지 않은 것은?
① 인지상담 – 수동적이고 수용적인 태도
② 정신분석적 상담 – 텅 빈 스크린
③ 내담자중심의 상담 – 촉진적인 관계형성 분위기 조성
④ 행동주의상담 – 능동적이고 지시적인 역할

05 다음 중 행동수정 방법에 대한 설명으로 틀린 것은?
① 정적강화의 효과를 높이려면 내담자가 바람직한 행동을 할 때 즉각적으로 강화해 주어야 한다.
② 부적강화는 내담자가 어떤 행동을 할 때 혐오적인 성질을 띤 부적강화물을 제공하는 것을 말한다.
③ 내담자가 한 번도 해본 적이 없는 새로운 행동을 가르치는 데에는 행동형성(shaping, 조성)의 방법이 효과적이다.
④ 어떤 행동을 유지시키기 위해서는 일반적으로 연속강화보다 부분강화(간헐강화)가 더 많이 사용된다.

06 다음 중 데시(Deci)의 자기결정 동기 중 내적 동기에 해당하는 것은?

① 기대 ② 금전적 보상
③ 위생요인 ④ 고유한 즐거움

07 직업상담에서 직업카드분류법은 무엇을 알아보기 위한 것인가?

① 직업선택 시 사용가능한 기술
② 가족 내 서열 및 직업가계도
③ 직업세계와 고용시장의 변화
④ 직업선택의 동기와 가치

08 Ginzberg가 제시한 진로발달단계로 옳은 것은?

① 현실기 – 환상기 – 잠정기
② 환상기 – 현실기 – 잠정기
③ 현실기 – 잠정기 – 환상기
④ 환상기 – 잠정기 – 현실기

09 6개의 생각하는 모자(six thinking hats)기법에서 사용하는 모자 색깔이 아닌 것은?

① 갈색 ② 녹색
③ 청색 ④ 흑색

10 정신역동적 집단상담의 장점이 아닌 것은?

① 자신의 방어와 저항에 대해 좀 더 극적인 통찰을 얻을 수 있다.
② 다른 집단원이나 상담자에게 전이감정을 느끼며 훈습할 기회가 많아 자기이해를 증진할 수 있다.
③ 다른 집단원의 작업을 관찰함으로써 자신이 의식하지 못했던 감정을 가지고 있음을 이해하게 된다.
④ 집단상담자의 분석은 상담자와 집단원의 독점적 관계에서 전이적 소망을 충족시켜 주므로 치료를 촉진시킨다.

11 Roe는 가정의 정서적 분위기, 즉 부모와 자녀 간의 상호작용을 세 가지 유형으로 구분하였는데, 이에 해당하지 않는 것은?

① 정서집중형 ② 반발형
③ 회피형 ④ 수용형

12 직업상담의 기법 중 비지시적 상담 규칙과 가장 거리가 먼 것은?

① 상담자는 내담자와 논쟁해서는 안 된다.
② 상담사는 내담자에게 질문 또는 이야기를 해서는 안 된다.
③ 상담사는 내담자에게 어떤 종류의 권위도 과시해서는 안 된다.
④ 상담사는 인내심을 가지고 우호적으로, 그러나 지적으로는 비판적인 태도로 내담자의 말을 경청해야 한다.

13 내담자에게 선정된 행동을 연습하거나 실천토록 함으로써 내담자가 계약을 실행하는 기회를 최대화하도록 도와주는 것은?
① 리허설　　② 계약
③ 감정이입　④ 유머

14 진로시간전망 검사지를 사용하는 주요 목적이 아닌 것은?
① 목표설정의 촉구　② 계획기술의 연습
③ 진로계획의 수정　④ 진로의식의 고취

15 직업상담사의 역할과 가장 거리가 먼 것은?
① 직업정보의 수집 및 분석
② 직업관련 이론의 개발과 강의
③ 직업관련 심리검사의 실시 및 해석
④ 구인, 구직, 직업적응, 경력개발 등 직업관련 상담

16 사이버 직업상담의 장점이 아닌 것은?
① 개인의 지위, 연령, 신분, 권력 등을 짐작할 수 있는 사회적 단서가 제공되지 않으므로 전달되는 내용 자체에 많은 주의를 기울이고 의미를 부여할 수 있다.
② 내담자의 자발적 참여로 상담이 진행되는 경우가 대면상담에 비해 압도적으로 많으므로 내담자들의 문제해결에 대한 동기가 높다고 할 수 있다.
③ 내담자 자신의 정보를 선택적으로 공개할 수 있고 언제든지 상담을 중단할 수 있어 매우 편리하다.
④ 상담자와 직접 얼굴을 마주하지 않기 때문에 자신의 행동이나 감정에 대한 즉각적인 판단이나 비판을 염려하지 않아도 된다.

17 상담사가 비밀유지를 파기할 수 있는 경우와 거리가 가장 먼 것은?
① 내담자가 자살을 시도할 계획이 있는 경우
② 비밀을 유지하지 않는 것이 효과적이라고 슈퍼바이저가 말하는 경우
③ 내담자가 타인을 해칠 가능성이 있는 경우
④ 아동학대와 관련된 경우

18 정신분석적 상담에서 내담자가 통찰한 것을 실제 생활로 옮겨서 변화를 일으키는 단계는?

① 저항　　② 해석
③ 훈습　　④ 전이

19 생애진로사정(Life Career Assessment)에 관한 설명으로 옳은 것은?

① 3세대에 걸친 내담자 가족의 윤곽을 평가한다.
② 양적인 평가방법으로 다양한 생애역할을 평가한다.
③ 내담자의 일, 사랑, 우정에 대한 접근방식을 평가한다.
④ 내담자의 아동기 부모 – 자녀 간 상호작용 경험을 평가한다.

20 실존주의 상담의 주요 개념에 해당되지 않는 것은?

① 보상　　② 죽음
③ 고립　　④ 책임

제2과목　직업심리학

21 다음의 특성을 가진 직무분석기법은?

- 미국 퍼듀대학교의 매코믹(McCormick)이 개발했다.
- 행동중심적 직무분석기법(behavior-oriented job analysis method)이다.
- 6가지의 범주 및 187개 항목으로 구성되었다.
- 개별직무에 대해 풍부한 정보를 획득할 수 있는 장점이 있으나, 성과표준을 직접 산출하는 데는 무리가 따른다는 단점을 지니고 있다.

① 직무과제분석(JTA)
② 기능적 직무분석(FJA)
③ 직위분석질문지(PAQ)
④ 관리직기술질문지(MPDQ)

22 스트레스의 원인 중 역할갈등은 어디에 해당하는가?

① 직무관련 스트레스원
② 개인관련 스트레스원
③ 조직관련 스트레스원
④ 물리적 환경관련 스트레스원

23 심리검사의 유형 중 객관적 검사의 장점이 아닌 것은?

① 검사실시의 간편성
② 객관성의 증대
③ 반응의 풍부함
④ 높은 신뢰도

24 데이비스와 롭퀴스트(Dawis & Lofquist)의 직업적응이론에서 적응양식의 차원에 해당하지 않는 것은?

① 의존성(dependence)
② 적극성(activeness)
③ 반응성(reactiveness)
④ 인내(perseverance)

25 동기의 강도는 어떤 결과에 부여하는 가치와 특정한 행동이 그 결과를 가져다줄 것이라고 믿는 것을 곱한 값과 같다고 설명하는 이론은?

① 형평이론   ② 강화이론
③ 욕구이론   ④ 기대이론

26 직무 스트레스를 조절하는 변인과 가장 거리가 먼 것은?

① 성격유형   ② 역할 모호성
③ 통제 소재   ④ 사회적 지원

27 적성검사의 결과에서 중앙값이 의미하는 것은?

① 100점 만점에서 50점을 획득하였다.
② 자신이 얻을 수 있는 최고 점수를 얻었다.
③ 적성검사에서 도달해야 할 준거점수를 얻었다.
④ 같은 또래 집단의 점수분포에서 평균점수를 얻었다.

28 성인용 웩슬러 지능검사(K-WAIS-Ⅳ)의 처리속도지수에 포함되지 않는 소검사는?

① 동형 찾기   ② 퍼즐
③ 기호 쓰기   ④ 지우기

29 다음 설명에 해당하는 행동특성을 바르게 나타낸 것은?

ㄱ	• 점심을 먹으면서도 서류를 본다. • 아무것도 하지 않고 쉬면 견딜 수 없다. • 주말이나 휴일에도 쉴 수가 없다.
ㄴ	• 열심히 일을 했지만 성취감보다는 허탈감을 느낀다. • 인생에 환멸을 느낀다. • 불면증이 생긴다.

① ㄱ: 일 중독증, ㄴ: 소진
② ㄱ: A형성격, ㄴ: B형성격
③ ㄱ: 내적 통제소재, ㄴ: 외적 통제소재
④ ㄱ: 과다 과업지향성, ㄴ: 과다 인간관계 지향성

30 다음과 같은 유형의 직업세계에 가장 적합한 Holland의 성격유형은?

- 사서, 은행원, 행정관료
- 정확성과 꼼꼼함을 요구함
- 융통성과 상상력이 부족함

① 사회적 유형(S)　② 현실적 유형(R)
③ 탐구적 유형(I)　④ 관습적 유형(C)

31 Ginzberg의 진로발달단계 중 현실기의 하위단계가 아닌 것은?

① 탐색　② 구체화
③ 전환　④ 정교화

32 Krumboltz의 사회학습이론에서 개인의 진로에 영향을 미치는 요인에 해당하지 않는 것은?

① 유전적 요인
② 부모 특성
③ 환경 조건과 사건
④ 과제접근기술

33 다음 사례에서 검사-재검사 신뢰도 계수는?

100명의 학생들이 특정 심리검사를 받고 한 달 후에 동일한 검사를 다시 받았는데 두 번의 검사에서 각 학생들의 점수는 동일했다.

① −1.00　② 0.00
③ +0.50　④ +1.00

34 경력진단검사에 관한 설명으로 틀린 것은?

① 경력결정검사(CDS)는 경력관련 의사결정 실패에 관한 정보를 제공하기 위해 개발되었다.
② 개인직업상황검사(MVS)는 직업적 정체성 형성 여부를 파악하기 위한 것이다.
③ 경력개발검사(CDI)는 경력관련 의사결정에 대한 참여 준비도를 측정하기 위한 것이다.
④ 경력태도검사(CBI)는 직업선택에 필요한 정보 및 환경, 개인적인 장애가 무엇인지를 알려준다.

35 다음과 같은 정의를 가진 직업선택 문제는?

- 자신의 적성 수준보다 높은 적성을 요구하는 직업을 선택한다.
- 자신이 선택한 직업이 흥미와 일치할 수도 있고, 일치하지 않을 수도 있다.

① 부적응된(maladjusted)
② 우유부단한(undecided)
③ 비현실적인(unrealistic)
④ 강요된(forced)

36 직업탐색, 직업준비, 직업적응·전환 및 퇴직 등을 도와주기 위해 특별히 구조화된 조직적인 상담 체제는?

① 스트레스관리 프로그램
② 직업지도 프로그램
③ 인간관계훈련 프로그램
④ 갈등관리 프로그램

37 진로이론에 대한 설명으로 옳은 것은?

> ㄱ. 사회인지적 진로이론 – 진로발달과 선택에서 진로와 관련된 자신에 대한 평가와 믿음을 강조한다.
> ㄴ. 인지적 정보처리이론 – 내담자가 욕구를 분류하고 지식을 획득하여, 자신의 욕구가 무엇인지 알 수 있도록 돕는다.
> ㄷ. 인지적 정보처리이론 – 학습경험을 형성하고 진로행동에 단계적으로 영향을 주는 구체적인 매개변인을 찾는 데 목표를 둔다.
> ㄹ. 가치중심적 진로이론 – 흥미와 가치가 진로결정 과정에서 가장 중요한 작용을 한다.

① ㄱ, ㄴ ② ㄱ, ㄷ
③ ㄴ, ㄹ ④ ㄷ, ㄹ

38 검사의 신뢰도 중의 하나인 Cronbach's α(크론바흐 알파계수)가 크다는 것이 나타내는 의미는?

① 검사 문항들이 동질적이라는 것을 의미한다.
② 검사의 예언력이 높다는 것을 의미한다.
③ 시간이 흐르더라도 검사점수가 변하지 않는다는 것을 의미한다.
④ 검사의 채점 과정을 신뢰할 수 있다는 것을 의미한다.

39 미네소타 직업가치 질문지에서 측정하는 6개의 가치요인이 아닌 것은?

① 성취 ② 지위
③ 권력 ④ 이타주의

40 미국에서 알코올중독자나 퇴역군인의 사회적 응을 돕기 위해 만들어진 직업 프로그램은?

① 직업재활 및 고용 프로그램
② 직업적응상담 프로그램
③ 자신에 대한 탐구 프로그램
④ 직장 스트레스대처 프로그램

제3과목 직업정보론

41 다음은 고용24에서 제공하는 성인을 위한 직업적응검사 중 무엇에 관한 설명인가?

> • 개발연도: 2013년
> • 실시시간: 20분
> • 측정내용: 문제해결능력 등 12개 요인
> • 실시방법: 인터넷/지필

① 구직준비도검사
② 직업전환검사
③ 중장년 직업역량검사
④ 창업적성검사

42 한국표준산업분류(제11차)에서 하나 이상의 장소에서 이루어지는 단일 산업활동의 통계단위는?

① 기업집단 단위 ② 기업체 단위
③ 지역 단위 ④ 활동유형 단위

43 한국표준산업분류(제11차)의 적용원칙으로 틀린 것은?

① 생산단위는 산출물뿐만 아니라 투입물과 생산공정 등을 함께 고려하여 그들의 활동을 가장 정확하게 설명한 항목으로 분류해야 한다.
② 복합적인 활동단위는 우선적으로 세세분류를 정확히 결정하고, 순차적으로 세·소·중·대분류 단계 항목을 결정하여야 한다.
③ 산업활동이 결합되어 있는 경우에는 그 활동단위의 주된 활동에 따라서 분류해야 한다.
④ 수수료 또는 계약에 의하여 활동을 수행하는 단위는 동일한 산업활동을 자기계정과 자기책임하에서 생산하는 단위와 같은 항목에 분류하여야 한다.

44 국가기술자격 중 응시자격의 제한이 없는 서비스분야는?

① 스포츠경영관리사
② 임상심리사 2급
③ 컨벤션기획사 1급
④ 국제의료관광코디네이터

45 한국표준산업분류(제11차) 주요 개정내용으로 틀린 것은?

① 어업에서 해수면은 해면으로, 수산 종자는 수산 종묘로 명칭을 변경
② 수도업은 국내 산업 연관성을 고려하고 국제표준산업분류(ISIC)에 맞춰 대분류 E로 이동
③ 산업 성장세를 고려하여 태양력 발전업을 신설
④ 세분류에서 종이 원지·판지·종이상자 도매업, 면세점, 의복 소매업을 신설

46 다음은 어떤 국가기술자격 중 어떤 등급의 검정기준에 해당하는가?

> 해당 국가기술자격의 종목에 관한 숙련기능을 가지고 제작·제조·조작·운전·보수·정비·채취·검사 또는 작업관리 및 이에 관련되는 업무를 수행할 수 있는 능력 보유

① 기능사 ② 산업기사
③ 기사 ④ 기능장

47 고용24에서 제공하는 채용정보 상세검색 중 기업형태별 검색에 해당하지 않는 것은?

① 벤처기업 ② 강소기업
③ 장애친화기업 ④ 일학습병행기업

48 직업정보 처리과정을 바르게 나열한 것은?

① 수집-분석-가공-체계화-제공-평가
② 수집-제공-분석-가공-평가-체계화
③ 수집-분석-평가-가공-제공-체계화
④ 수집-분석-체계화-제공-가공-평가

49 민간직업정보의 일반적인 특성에 관한 설명으로 옳은 것은?

① 특정한 목적에 맞게 해당 분야 및 직종을 제한적으로 제시하는 경향이 있다.
② 특정 시기에 국한되지 않고 지속적으로 제공된다.
③ 무료로 제공된다.
④ 다른 정보에 미치는 영향이 크며 연관성이 높은 편이다.

50 한국표준직업분류(제8차)의 대분류와 직능수준이 틀리게 연결된 것은?

① 관리자 - 제4직능 수준 혹은 제3직능 수준 필요
② 판매 종사자 - 제2직능 수준 필요
③ 농림·어업 숙련 종사자 - 제3직능 수준 필요
④ 단순노무 종사자 - 제1직능 수준 필요

51 '4차 산업혁명에 따른 새로운 직업'에 대한 국내 일간지의 사설을 내용분석하기 위해 가능한 표본추출방법을 모두 고른 것은?

> ㄱ. 무작위표본추출
> ㄴ. 층화표본추출
> ㄷ. 체계적표본추출
> ㄹ. 군집(집락)표본추출

① ㄱ, ㄴ
② ㄱ, ㄷ
③ ㄴ, ㄷ, ㄹ
④ ㄱ, ㄴ, ㄷ, ㄹ

52 한국직업사전의 직무기능 자료(data) 항목 중 무엇에 관한 설명인가?

> • 데이터의 분석에 기초하여 시간, 장소, 작업 순서, 활동 등을 결정한다.
> • 결정을 실행하거나 상황을 보고한다.

① 종합
② 조정
③ 계산
④ 수집

53 직업선택 결정모형을 기술적 직업결정모형과 처방적 직업결정모형으로 분류할 때 기술적 직업결정모형에 해당하지 않는 것은?

① 브룸(Vroom)의 모형
② 플레처(Fletcher)의 모형
③ 겔라트(Gelatt)의 모형
④ 타이드만과 오하라(Tiedeman & O'Hara)의 모형

54 고용정보의 가공·분석에 관한 설명으로 <u>틀린</u> 것은?

① 정보의 가공 및 분석 목적을 명확히 해야 한다.
② 변화 동향에 유의해야 한다.
③ 숫자로 표현할 수 없는 정보는 배제해야 한다.
④ 다른 통계와의 관련성 및 여러 측면을 고려해야 한다.

55 실기능력이 중요하여 고용노동부령이 정하는 필기시험이 면제되는 국가기술자격 기능사 종목이 <u>아닌</u> 것은?

① 석공기능사   ② 항공사진기능사
③ 한복기능사   ④ 조적기능사

56 고용24에서 제공하는 학과정보 중 의약계열에 해당하지 <u>않는</u> 것은?

① 임상병리학과   ② 치기공과
③ 응급구조과   ④ 의생명과학과

57 한국표준직업분류(제8차)에서 직업으로 인정받기 위해 갖추어야 할 일반요건과 가장 거리가 먼 것은?

① 윤리성   ② 경제성
③ 계속성   ④ 사회보장성

58 국가직무능력표준(NCS) 수준에 대한 설명에 알맞은 X와 Y의 값을 더한 숫자는 무엇인가?

수준	내용
(X)수준	일반적인 지시 및 감독하에 해당 분야의 일반지식을 사용하여 절차화되고 일상적인 과업을 수행하는 수준
(Y)수준	독립적인 권한 내에서 해당 분야의 이론 및 지식을 자유롭게 활용하고, 일반적인 숙련으로 다양한 과업을 수행하고, 타인에게 해당 분야의 지식 및 노하우를 전달할 수 있는 수준

① 6   ② 7
③ 8   ④ 9

59 국민취업지원제도는 참여자의 소득과 재산 등에 따라 Ⅰ유형과 Ⅱ유형으로 구분하여 지원을 달리하고 있다. 다음 중 이에 대한 설명으로 <u>틀린</u> 것은?

① Ⅰ유형에 속하는 대상자에게는 구직촉진수당과 취업지원서비스를 제공한다.
② Ⅰ유형에 해당하지 않는 특정계층, 청년, 중장년 등은 Ⅱ유형으로, 취업활동비용과 취업지원서비스를 제공한다.
③ 상급학교 진학 및 전문자격증 취득을 목적으로 각종 학교에 재학 또는 학원 등에서 수강 중인 사람은 Ⅰ유형에 참여할 수 있다.
④ 국민취업지원제도 참여자는 1년간 취업지원서비스를 받을 수 있으며, 참여자가 희망하는 경우 6개월 범위 내에서 기간을 연장할 수 있다.

60 질병·사고, 훈련기관 사정, 천재지변 등 불가피한 사유 없이 중도에 훈련 수강을 그만둔 경우 국민내일배움카드 계좌잔액의 차감액은 얼마인가? (단, 3회 이상)

① 20만 원　　② 50만 원
③ 100만 원　　④ 전액

63 유보임금(reservation wage)에 관한 설명으로 옳은 것은?

> ㄱ. 유보임금의 상승은 실업기간을 연장한다.
> ㄴ. 유보임금의 상승은 기대임금을 하락시킨다.
> ㄷ. 유보임금은 기업이 근로자에게 제시한 최고의 임금이다.
> ㄹ. 유보임금은 근로자가 받고자 하는 최저의 임금이다.

① ㄱ, ㄷ　　② ㄱ, ㄹ
③ ㄴ, ㄷ　　④ ㄴ, ㄹ

제4과목　노동시장론

61 임금격차의 원인을 모두 고른 것은?

> ㄱ. 인적자본 투자의 차이로 인한 생산성 격차
> ㄴ. 보상적 격차
> ㄷ. 차별

① ㄱ, ㄴ　　② ㄱ, ㄷ
③ ㄴ, ㄷ　　④ ㄱ, ㄴ, ㄷ

62 다음 중 실업률에 관한 설명으로 틀린 것은?

① 다른 조건이 일정한 경우 실망노동자 효과가 발생하면 실업률은 줄어든다.
② 다른 조건이 일정한 경우 부가노동자 효과가 발생하면 실업률은 늘어난다.
③ 실망노동자 효과는 실업률이 낮은 경우에 더 크게 나타난다.
④ 실업률은 실업자 수를 경제활동인구로 나눈 후 이에 100을 곱하여 구한다.

64 기업 A가 생산하는 재화에 투입하는 노동의 양을 L이라 하면, 노동의 한계생산은 $27-5L$이다. 이 재화의 가격이 20이고 임금이 40이라면, 이윤을 극대로 하는 기업 A의 노동수요량은?

① 1　　② 3
③ 5　　④ 7

65 실업률과 물가상승률 간 역의 상관관계를 나타내는 곡선은?

① 래퍼곡선　　② 필립스곡선
③ 로렌츠곡선　　④ 테일러곡선

66 근로자의 근속연수에 따라 임금을 결정하는 임금체계는?

① 연공급　　② 직무급
③ 직능급　　④ 성과급

67 다음 힉스(Hicks, J. R.)의 교섭모형에 대한 설명으로 **틀린** 것은?

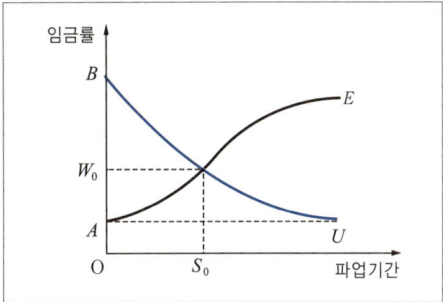

① AE 곡선은 사용자의 양보곡선이다.
② BU 곡선은 노동조합의 저항곡선이다.
③ A는 노동조합이 없거나 노동조합이 파업을 하기 이전 사용자들이 지불하려고 하는 임금수준이다.
④ 노동조합이 W_0보다 더 높은 임금을 요구하면 사용자는 쉽게 수락하겠지만, 그때는 노동조합 내부에서 교섭대표자들과 일반 조합원 간의 마찰이 불가피하다.

68 임금체계에 대한 설명으로 **틀린** 것은?
① 직무급은 조직의 안정화에 따른 위계질서 확립이 용이하다는 장점이 있다.
② 연공급의 단점 중 하나는 직무성과와 관련 없는 비합리적인 인건비 지출이 생긴다는 점이다.
③ 직능급은 직무수행능력을 기준으로 하여 각 근로자의 임금을 결정하는 임금체계이다.
④ 연공급의 기본적인 구조는 연령, 근속, 학력, 남녀별 요소에 따라 임금을 결정하는 것으로 정기승급의 축적에 따라 연령별로 필요생계비를 보장해주는 원리에 기초하고 있다.

69 사회민주주의형 정치조직이 무력하여 국가차원보다 개별 기업단위의 복지제도가 광범위하게 시행되고 있는 마이크로 코포라티즘(micro-corporatism)이 특징인 국가는?
① 스페인
② 핀란드
③ 일본
④ 독일

70 다음 중 최저임금제가 고용에 미치는 부정적 효과가 가장 큰 상황은?
① 노동수요곡선과 노동공급곡선이 모두 탄력적일 때
② 노동수요곡선과 노동공급곡선이 모두 비탄력적일 때
③ 노동수요곡선이 탄력적이고 노동공급곡선이 비탄력적일 때
④ 노동수요곡선이 비탄력적이고 노동공급곡선이 탄력적일 때

71 다음 중 분단노동시장 이론과 가장 거리가 먼 것은?
① 빈곤퇴치를 위한 정책적인 노력이 쉽게 성공하지 못하고 있다.
② 내부노동시장과 외부노동시장은 현격하게 다른 특성을 갖는다.
③ 근로자는 임금을 중심으로 경쟁하는 것이 아니라 직무를 중심으로 경쟁하기도 한다.
④ 고학력 실업자가 증가하면 단순노무직의 임금도 하락한다.

72 A국의 생산가능인구는 500만 명, 취업자 수는 285만 명, 실업률이 5%일 때 A국의 경제활동 참가율은?

① 48%   ② 50%
③ 57%   ④ 60%

73 노동조합의 단체교섭 결과가 비조합원에게도 혜택이 돌아가는 현실에서 노동조합의 조합원이 아닌 비조합원에게도 단체교섭의 당사자인 노동조합이 회비를 징수하는 숍(shop) 제도는?

① 유니언 숍(union shop)
② 에이전시 숍(agency shop)
③ 클로즈드 숍(closed shop)
④ 오픈 숍(open shop)

74 노동수요탄력성의 크기에 영향을 미치는 요인과 거리가 가장 먼 것은?

① 생산물 수요의 가격탄력성
② 총생산비에 대한 노동비용의 비중
③ 노동의 대체곤란성
④ 대체생산요소의 수요탄력성

75 이윤극대화를 추구하는 기업이 이직률을 낮추기 위해 효율성 임금(efficiency wage)을 지불할 경우 발생할 수 있는 실업은?

① 마찰적 실업   ② 구조적 실업
③ 경기적 실업   ④ 지역적 실업

76 단체교섭에서 사용자의 교섭력에 대한 설명으로 가장 거리가 먼 것은?

① 기업의 재정능력이 좋으면 사용자의 교섭력이 높아진다.
② 사용자 교섭력의 원천 중 하나는 직장폐쇄(lockout)를 할 수 있는 권리이다.
③ 사용자는 쟁의행위기간 중 그 쟁의행위로 중단된 업무를 원칙적으로 도급 또는 하도급을 줄 수 있다.
④ 비조합원이 조합원의 일을 대신할 수 있는 여지가 크다면, 그만큼 사용자의 교섭력이 높아진다.

77 노사관계의 주체를 사용자 및 단체, 노동자 및 단체, 정부로 규정하고 이들 간의 관계는 기술, 시장 또는 예산상의 제약, 권력구조에 의해 결정된다는 노사관계이론은?

① 시스템이론   ② 수렴이론
③ 분산이론   ④ 단체교섭이론

78 개인의 후방굴절형 노동공급곡선(상단 부분에서 좌상향으로 굽어짐)에 설명으로 옳은 것은?

① 임금이 상승함에 따라 노동시간을 증가시키려고 한다.
② 소득 – 여가 간의 선호체계 분석에서 소득효과가 대체효과를 압도한 결과이다.
③ 소득 – 여가 간의 선호체계 분석에서 대체효과가 소득효과를 압도한 결과이다.
④ 임금이 하락함에 따라 노동시간을 줄이려는 의지를 강력하게 표현하고 있다.

79 다음 중 노동의 수요곡선을 좌측으로 이동시키는 경우로 볼 수 없는 것은?

① 노동생산성의 감소
② 다른 생산요소의 가격 하락
③ 생산물 수요의 감소
④ 인구의 증가

80 이중노동시장에서 2차 노동시장의 특징으로 가장 적합한 것은?

① 기업 내부의 승진가능성이 높다.
② 종사자의 결근율이 낮다.
③ 종사자의 고용기간이 짧다.
④ 자신의 인적자본을 높이려는 열의가 강하다.

제5과목 노동관계법규

81 근로기준법상 사용하는 용어에 관한 설명으로 틀린 것은?

① "임금"이란 사용자가 근로의 대가로 근로자에게 임금, 봉급, 그 밖에 어떠한 명칭으로든지 지급하는 일체의 금품을 말한다.
② "사용자"란 사업주 또는 사업 경영 담당자, 그 밖에 근로자에 관한 사항에 대하여 사업주를 위하여 행위하는 자를 말한다.
③ "근로자"란 사업주에게 고용된 자와 취업할 의사를 가진 자를 말한다.
④ "근로"란 정신노동과 육체노동을 말한다.

82 근로기준법령상 상시 4명 이하의 근로자를 사용하는 사업 또는 사업장에 적용하는 법 규정을 모두 고른 것은?

ㄱ. 근로기준법 제9조(중간착취의 배제)
ㄴ. 근로기준법 제18조(단시간근로자의 근로조건)
ㄷ. 근로기준법 제21조(전차금 상계의 금지)
ㄹ. 근로기준법 제60조(연차 유급휴가)
ㅁ. 제70조(야간근로와 휴일근로의 제한)

① ㄴ, ㄹ
② ㄷ, ㅁ
③ ㄱ, ㄷ, ㄹ
④ ㄱ, ㄴ, ㄷ, ㅁ

83 근로기준법령상 임금에 관한 설명으로 <u>틀린</u> 것은?

① 고용노동부장관은 체불사업주의 명단을 공개할 경우 체불사업주에게 3개월 이상의 기간을 정하여 소명 기회를 주어야 한다.
② 단체협약에 특별한 규정이 있는 경우에는 임금의 일부를 공제하거나 통화 이외의 것으로 지급할 수 있다.
③ 사용자는 도급으로 사용하는 근로자에게 근로시간에 따라 일정액의 임금을 보장하여야 한다.
④ 사용자는 고용노동부장관의 승인을 받은 경우 통상임금의 100분의 70에 못 미치는 휴업수당을 지급할 수 있다.

84 남녀고용평등과 일·가정 양립 지원에 관한 법령상 육아기 근로시간 단축에 관한 설명이다. ( )에 들어갈 내용으로 옳은 것은?

> 사업주가 근로자에게 육아기 근로시간 단축을 허용하는 경우 단축 후 근로시간은 주간 (ㄱ)시간 이상이어야 하고 (ㄴ)시간을 넘어서는 아니 된다.

① ㄱ: 10, ㄴ: 15
② ㄱ: 10, ㄴ: 20
③ ㄱ: 15, ㄴ: 30
④ ㄱ: 15, ㄴ: 35

85 남녀고용평등과 일·가정 양립 지원에 관한 법령상 1천만 원 이하의 과태료 부과행위에 해당하는 것은?

① 난임치료휴가를 주지 아니한 경우
② 성희롱 예방교육을 하지 아니한 경우
③ 직장 내 성희롱 발생 사실 조사 과정에서 알게 된 비밀을 다른 사람에게 누설한 경우
④ 사업주가 직장 내 성희롱을 한 경우

86 남녀고용평등과 일·가정 양립 지원에 관한 법령상 배우자 출산휴가에 관한 설명으로 <u>틀린</u> 것은?

① 사업주는 근로자가 배우자 출산휴가를 청구하는 경우에 20일의 휴가를 주어야 한다.
② 사용한 배우자 출산휴가기간은 유급으로 한다.
③ 배우자 출산휴가는 근로자의 배우자가 출산한 날부터 30일이 지나면 사용할 수 없다.
④ 배우자 출산휴가는 3회에 한정하여 나누어 사용할 수 있다.

87 고용상 연령차별금지 및 고령자고용촉진에 관한 법령상 정년에 대한 설명으로 <u>틀린</u> 것은?

① 사업주는 정년에 도달한 사람이 그 사업장에 다시 취업하기를 희망할 때 그 직무수행 능력에 맞는 직종에 재고용하도록 노력하여야 한다.
② 사업주는 근로자의 정년을 60세 이상으로 정하여야 한다.
③ 사업주는 고령자인 정년퇴직자를 재고용할 때 임금의 결정을 종전과 달리할 수 없다.
④ 상시 300명 이상의 근로자를 사용하는 사업주는 매년 정년제도의 운영현황을 고용노동부장관에게 제출하여야 한다.

88 파견근로자보호 등에 관한 법률상 근로자파견 대상업무가 <u>아닌</u> 것은?

① 주유원의 업무
② 행정, 경영 및 재정 전문가의 업무
③ 음식조리 종사자의 업무
④ 「선원법」에 따른 선원의 업무

89 근로자퇴직급여 보장법령상 퇴직금의 중간정산 사유에 해당하지 않는 것은?

① 무주택자인 근로자가 본인 명의로 주택을 구입하는 경우
② 중간정산을 신청하는 날부터 거꾸로 계산하여 10년 이내에 근로자가 「민법」에 따라 파산 선고를 받은 경우
③ 사용자가 기존의 정년을 보장하는 조건으로 단체협약 등을 통하여 근속시점을 기준으로 임금을 줄이는 제도를 시행하는 경우
④ 재난으로 피해를 입은 경우로서 고용노동부 장관이 정하여 고시하는 사유에 해당하는 경우

90 고용정책 기본법령상 사업주의 대량고용변동 신고 시 이직하는 근로자 수에 포함되는 자는?

① 수습 채용된 날부터 3개월 이내의 사람
② 자기의 사정 또는 자기에게 책임이 있는 사유로 이직하는 사람
③ 상시 근무가 필요하지 않은 업무에 고용된 사람
④ 6개월을 초과하는 기간을 정하여 고용된 사람으로서 해당 기간을 초과하여 계속 고용되고 있는 사람

91 고용정책 기본법상 다음 ( )에 알맞은 것은?

> 고용정책 기본법령상 상시 ( ) 이상의 근로자를 사용하는 사업주는 매년 근로자의 고용형태 현황을 공시하여야 한다.

① 50명   ② 100명
③ 200명 ④ 300명

92 직업안정법상 직업소개사업을 겸업할 수 있는 자는?

① 「공중위생관리법」에 따른 이용업 사업을 경영하는 자
② 「결혼중개업의 관리에 관한 법률」에 따른 결혼중개업 사업을 경영하는 자
③ 「식품위생법 시행령」에 따른 단란주점영업 사업을 경영하는 자
④ 「식품위생법 시행령」에 따른 유흥주점영업 사업을 경영하는 자

93 직업안정법령상 직업정보제공사업자의 준수사항에 해당하지 않는 것은?

① 구직자의 이력서 발송을 대행하지 아니할 것
② 직업정보제공사업의 광고문에 "취업지원" 등의 표현을 사용하지 아니할 것
③ 구인자의 신원이 확실하지 아니한 구인광고를 게재하지 아니할 것
④ 직업정보제공매체의 구인·구직의 광고에는 구인·구직자의 주소 또는 전화번호를 기재하지 아니할 것

94 고용보험법령상 다음 사례에서 구직급여의 소정급여일수는?

> 피보험기간이 3~5년 사이인 근로자 A씨 (40세)가 퇴사하여 직업안정기관으로부터 구직급여 수급자격을 인정받았다.

① 120일   ② 150일
③ 180일   ④ 210일

95 고용보험법상 피보험자격의 취득일과 상실일에 관한 설명으로 틀린 것은?

① 피보험자가 사망한 경우에는 사망한 날의 다음 날에 피보험자격을 상실한다.
② 적용제외 근로자였던 사람이 이 법의 적용을 받게 된 경우 그 사업에 고용된 날에 피보험자격을 취득한 것으로 본다.
③ 「고용산재보험료징수법」에 따른 보험관계 성립일 전에 고용된 근로자의 경우에는 그 보험관계가 성립한 날 피보험자격을 취득한 것으로 본다.
④ 피보험자가 적용제외 근로자에 해당하게 된 경우 그 적용제외 대상자가 된 날에 피보험자격을 상실한다.

96 고용보험법상 실업급여에 관한 처분에 대한 심사 및 재심사의 청구에 관한 설명으로 틀린 것은?

① 심사의 청구는 확인 또는 처분이 있음을 안 날부터 90일 이내에 제기하여야 한다.
② 심사 및 재심사의 청구는 시효중단에 관하여 재판상의 청구로 본다.
③ 심사관에 대한 기피신청은 그 사유를 구체적으로 밝힌 서면으로 하여야 한다.
④ 심사청구인은 법정대리인 외에 청구인의 배우자는 대리인으로 선임할 수 없다.

97 국민 평생 직업능력 개발법령상 훈련방법에 따른 구분에 해당하지 않는 것은?

① 집체훈련   ② 현장훈련
③ 양성훈련   ④ 원격훈련

98 국민 평생 직업능력 개발법령상 고용노동부장관이 반드시 지정직업훈련시설의 지정을 취소해야 하는 경우에 해당하는 것은?

① 시정명령에 따르지 아니한 경우
② 변경지정을 받지 아니하고 지정 내용을 변경하는 등 부정한 방법으로 지정직업훈련시설을 운영한 경우
③ 훈련생을 모집할 때 거짓 광고를 한 경우
④ 거짓으로 지정을 받은 경우

99 채용절차의 공정화에 관한 법률에 관한 설명으로 틀린 것은?

① 고용노동부장관은 입증자료의 표준양식을 정하여 구인자에게 그 사용을 권장할 수 있다.
② 원칙적으로 상시 30명 이상의 근로자를 사용하는 사업장의 채용절차에 적용한다.
③ '채용서류'란 기초심사자료, 입증자료, 심층심사자료를 말한다.
④ '심층심사자료'란 작품집, 연구실적물 등 구직자의 실력을 알아볼 수 있는 모든 물건 및 자료를 말한다.

100 다음 중 헌법상 보장된 쟁의행위로 볼 수 없는 것은?

① 파업   ② 태업
③ 직장폐쇄   ④ 보이콧

2022년 [3회 복원문제]

빠른 정답 체크!

직업상담학		직업심리학		직업정보론		노동시장론		노동관계법규	
01	④	21	③	41	④	61	④	81	③
02	③	22	①	42	④	62	③	82	④
03	③	23	③	43	②	63	②	83	④
04	①	24	①	44	①	64	③	84	④
05	②	25	④	45	①	65	②	85	④
06	④	26	②	46	①	66	①	86	③
07	④	27	④	47	③	67	④	87	③
08	④	28	②	48	①	68	①	88	④
09	①	29	①	49	①	69	③	89	②
10	④	30	④	50	③	70	①	90	④
11	②	31	③	51	④	71	④	91	④
12	②	32	②	52	②	72	④	92	①
13	①	33	④	53	③	73	②	93	④
14	③	34	④	54	③	74	①	94	③
15	②	35	③	55	③	75	②	95	②
16	③	36	②	56	④	76	③	96	④
17	②	37	①	57	④	77	①	97	③
18	③	38	①	58	③	78	②	98	④
19	③	39	③	59	③	79	④	99	①
20	①	40	①	60	③	80	③	100	③

2022 REVIEW & REPORT

 응시 18,059명    합격 8,788명    합격률 48.6%

2022년 3회부터는 CBT 방식으로 시험이 치러졌습니다.
1, 2과목에서 신유형 문제가 출제되기도 했지만, 최근 5개년 기출문제 출제 비중이 80% 이상 높았습니다.

제1과목 직업상담학

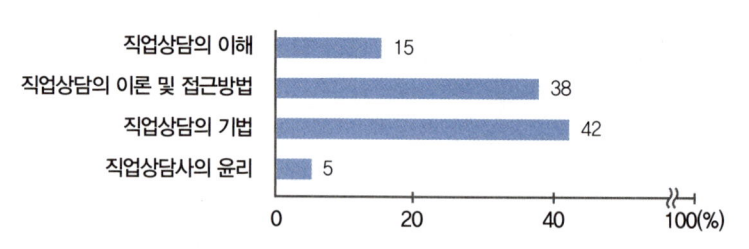

» 본 듯한 기출문제지만 선택지가 변형되어 출제되어 혼란을 일으킬 만한 문제들이 다수 있었다. 관련 항목에 대한 명확한 학습이 필요하다.

제2과목 직업심리학

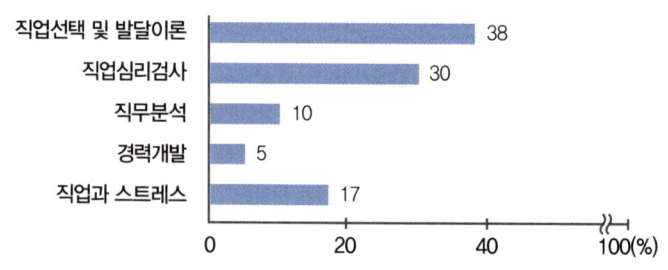

» CBT 시험으로의 개정을 앞두고 새로 등장한 문제들이 많았다. 단순암기식 학습보다는 심층적 학습이 바람직하다.

제3과목
직업정보론

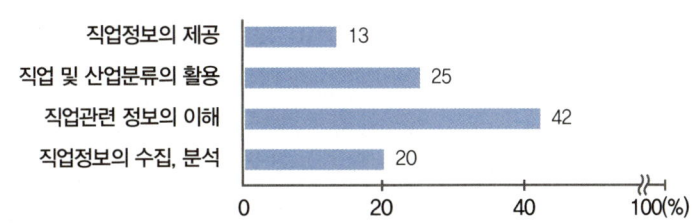

>> 국민취업지원제도 등 새로 개편된 내용이 일부 출제되기도 하였으나 이전에 자주 출제되었던 내용이 반복하여 그대로 출제되고 있다.

제4과목
노동시장론

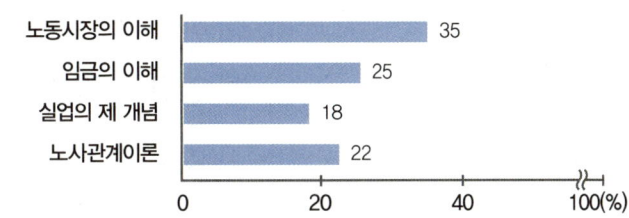

>> 대부분 이전의 기출문제가 그대로 반복되어 출제되었다. 기본 내용을 학습한 후 기출문제를 확인하면 충분히 고득점할 수 있다.

제5과목
노동관계법규

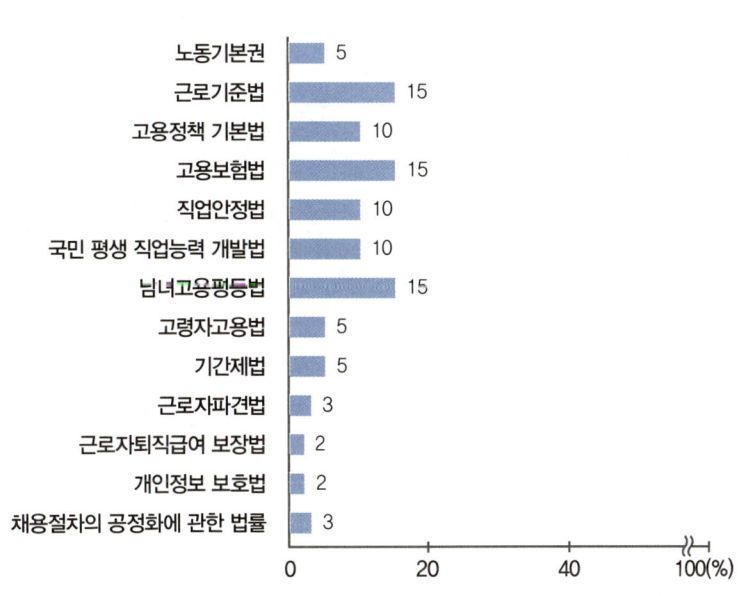

>> 관련 법규 전체에서 골고루 출제되고 있으므로 기출문제 위주로 학습한다.

에듀윌이 너를 지지할게

ENERGY

늘 하던 것만 하면,
늘 얻던 것만 얻는다.

– 프란시스 베이컨(Francis Bacon)

2021년

1회

2회

3회

2021년 1회

정답과 해설 ▶ P. 168~180

제1과목 직업상담학

빈출

01 Williamson이 분류한 직업선택의 주요 문제영역이 아닌 것은?

① 직업 무선택
② 직업선택의 확신 부족
③ 정보의 부족
④ 현명하지 못한 직업선택

02 실존주의 상담에 관한 설명으로 옳은 것은?

① 인간은 과거와 환경에 의해 결정되는 것이 아니라 현재의 사고, 감정, 느낌, 행동의 전체성과 통합을 추구하는 존재이다.
② 인간은 자신의 삶 속에서 스스로를 불행하게 만드는 요인이 무엇인가를 이해할 수 있을 뿐만 아니라 자신의 나아갈 방향을 찾고 건설적인 변화를 이끌 수 있다.
③ 치료가 상담목표가 아니라 내담자로 하여금 자신의 현재 상태에 대해 인식하고 피해자적 역할로부터 벗어날 수 있도록 돕는 것이다.
④ 과거 사건에 대한 개인의 지각과 해석이 현재의 행동에 어떠한 영향을 미치는가에 중점을 두고 개인의 선택과 책임, 삶의 의미, 성공추구 등을 강조한다.

03 상담과정에서 상담자가 내담자에게 질문하는 형식에 관한 설명으로 옳지 않은 것은?

① 간접적 질문보다는 직접적 질문이 더 효과적이다.
② 폐쇄적 질문보다는 개방적 질문이 더 효과적이다.
③ 이중질문은 상담에서 도움이 되지 않는다.
④ "왜"라는 질문은 가능하면 피해야 한다.

빈출

04 자기인식이 부족한 내담자를 사정할 때 인지에 대한 통찰을 재구조화하거나 발달시키는 데 적합한 방법은?

① 직면이나 논리적 분석을 해준다.
② 불안에 대처하도록 심호흡을 시킨다.
③ 은유나 비유를 사용한다.
④ 사고를 재구조화한다.

05 직업상담의 기초기법에 관한 설명으로 틀린 것은?

① 적극적 경청: 내담자의 내면적 감정을 반영하는 것으로 이를 통해 내담자의 감정을 충분히 이해하고 수용할 수 있다.
② 명료화: 내담자의 말 속에 포함되어 있는 불분명한 측면을 상담자가 분명하게 밝히는 반응이다.
③ 수용: 상담자가 내담자의 이야기에 주의를 집중하고 있고, 내담자를 인격적으로 존중하고 있음을 보여주는 기법이다.
④ 해석: 내담자가 새로운 방식으로 자신의 문제들을 볼 수 있도록 사건들의 의미를 설정해 주는 것이다.

06 정신역동적 직업상담에서 Bordin이 제시한 상담자의 반응범주에 해당하지 <u>않는</u> 것은?

① 소망-방어체계 ② 비교
③ 명료화   ④ 진단

07 생애진로사정의 구조 중 전형적인 하루에서 검토되어야 할 성격차원은?

① 의존적-독립적 성격차원
② 판단적-인식적 성격차원
③ 외향적-내성적 성격차원
④ 감각적-직관적 성격차원

08 직업상담의 기본원리에 대한 설명으로 <u>틀린</u> 것은?

① 직업상담은 개인의 특성을 객관적으로 파악한 후, 직업상담자와 내담자 간의 신뢰관계(rapport)를 형성한 뒤에 실시하여야 한다.
② 직업상담에 있어서 가장 핵심적인 요소는 개인의 심리적·정서적 문제의 해결이다.
③ 직업상담은 진로발달이론에 근거하여야 한다.
④ 직업상담은 각종 심리검사를 활용하여 그 결과를 기초로 합리적인 결과를 끌어낼 수 있어야 한다.

09 다음은 무엇에 관한 설명인가?

> 행동주의 직업상담에서 내담자가 직업선택에 대해서 무력감을 느끼게 되고, 그로 인해 발생된 불안 때문에 직업결정을 못 하게 되는 것

① 무결단성   ② 우유부단
③ 미결정성   ④ 부적응성

10 발달적 직업상담에 관한 설명으로 <u>틀린</u> 것은?

① 내담자의 직업 의사결정문제와 직업 성숙도 사이의 일치성에 초점을 둔다.
② 내담자의 진로발달과 함께 일반적 발달 모두를 향상시키는 것을 목표로 하고 있다.
③ 정밀검사는 특성-요인 직업상담처럼 직업상담의 초기에 내담자에게 종합진단을 실시하는 것이다.
④ 직업상담사가 사용할 수 있는 기법에는 진로 자서전과 의사결정 일기가 있다.

11 다음은 어떤 직업상담 접근방법에 관한 설명인가?

> 모든 내담자는 공통적으로 자기와 경험의 불일치로 인해서 고통을 받고 있기 때문에 직업상담 과정에서 내담자가 지니고 있는 직업문제를 진단하는 것 자체가 불필요하다고 본다.

① 내담자중심 직업상담
② 특성-요인 직업상담
③ 정신역동적 직업상담
④ 행동주의 직업상담

12 성공적인 상담결과를 위한 상담목표의 특징으로 옳지 <u>않은</u> 것은?

① 변화될 수 없으며 구체적이어야 한다.
② 실현가능해야 한다.
③ 내담자가 원하고 바라는 것이어야 한다.
④ 상담자의 기술과 양립 가능해야만 한다.

13 자기보고식 가치사정법이 <u>아닌</u> 것은?

① 과거의 선택 회상하기
② 존경하는 사람 기술하기
③ 난관을 극복한 경험 기술하기
④ 백일몽 말하기

14 Herr가 제시한 직업상담사의 직무내용에 해당되지 <u>않는</u> 것은?

① 상담자는 특수한 상담기법을 통해서 내담자의 문제를 확인하도록 한다.
② 상담자는 좋은 결정을 가져오기 위한 예비행동을 설명한다.
③ 직업선택이 근본적인 관심사인 내담자에 대해서는 직업상담 실시를 보류하도록 한다.
④ 내담자에 관한 부가적 정보를 종합한다.

15 포괄적 직업상담에 관한 설명으로 <u>틀린</u> 것은?

① 논리적인 것과 경험적인 것을 의미 있게 절충시킨 모형이다.
② 진단은 변별적이고 역동적인 성격을 가지고 있다.
③ 상담의 진단단계에서는 주로 특성-요인 이론과 행동주의 이론으로 접근한다.
④ 문제해결 단계에서는 도구적(조작적) 학습에 초점을 맞춘다.

16 대안개발과 의사결정 시 사용하는 인지적 기법으로 다음 설명에 해당하는 인지치료 과정의 단계는?

> 상담자는 두 부분의 개입을 하게 된다. 첫 번째는 낡은 사고에 대한 평가이며, 두 번째는 낡은 사고나 새로운 사고의 적절성을 검증하는 실험을 해보는 것이다. 의문문 형태의 개입은 상담자가 정답을 제시하기보다는 내담자 스스로 해결방법에 다가가도록 유도한다.

① 2단계 ② 3단계
③ 4단계 ④ 5단계

17 직업상담사의 윤리에 관한 설명으로 옳은 것은?

① 내담자 개인 및 사회에 임박한 위험이 있다고 판단되더라도 개인정보와 상담내용에 대한 비밀을 유지해야 한다.
② 자기의 능력 및 기법의 한계를 넘어서는 문제에 대해서는 다른 전문가에게 의뢰해야 한다.
③ 심층적인 심리상담이 아니므로 직업상담은 비밀 유지 의무가 없다.
④ 상담을 통해 내담자가 도움을 받지 못하더라도 내담자보다 먼저 종결을 제안해서는 안 된다.

18 다음 상담 장면에서 나타난 진로상담에 대한 내담자의 잘못된 인식은?

> 내담자: 진로선택에 대해서 도움을 받고자 합니다.
> 상담사: 당신이 현재 생각하고 있는 것부터 이야기를 하시지요.
> 내담자: 저는 올바르게 선택하고 싶습니다. 아시겠지만, 저는 실수를 저지르고 싶지 않습니다. 선생님은 제가 틀림없이 올바르게 선택할 수 있도록 도와주실 것으로 생각합니다.

① 진로상담의 정확성에 대한 오해
② 일회성 결정에 대한 편견
③ 적성·심리검사에 대한 과잉신뢰
④ 흥미와 능력개념의 혼동

빈출
19 엘리스(Ellis)가 개발한 인지적-정서적 상담에서 정서적이고 행동적인 결과를 야기하는 것은?

① 선행사건 ② 논박
③ 신념   ④ 효과

20 특성-요인 상담의 특징으로 옳지 않은 것은?

① 상담자 중심의 상담방법이다.
② 문제의 객관적 이해보다는 내담자에 대한 정서적 이해에 중점을 둔다.
③ 내담자에게 정보를 제공하고 학습기술과 사회적 적응기술을 알려주는 것을 중요시한다.
④ 사례연구를 상담의 중요한 자료로 삼는다.

제2과목 직업심리학

21 검사의 구성타당도 분석방법으로 적합하지 않은 것은?

① 기대표 작성
② 확인적 요인분석
③ 관련 없는 개념을 측정하는 검사와의 상관계수 분석
④ 유사한 특성을 측정하는 기존 검사와의 상관계수 분석

22 직무수행 관련 성격 5요인(Big 5) 모델의 요인이 아닌 것은?

① 외향성   ② 친화성
③ 성실성   ④ 지배성

23 탈진(burnout)에 관한 설명으로 옳지 않은 것은?

① 종업원들이 일정 기간 동안 직무를 수행한 후 경험하는 지친 심리적 상태를 의미한다.
② 탈진검사는 정서적 고갈, 인격상실, 개인적 성취감 감소 등의 세 가지 구성요소로 측정한다.
③ 탈진에 대한 연구는 대부분 면접과 관찰을 통해 이루어졌다.
④ 탈진경험은 다양한 직무 스트레스 요인과 직무 스트레스 반응 변인과 상관이 있다.

24 미네소타 직업분류체계 Ⅲ와 관련하여 발전한 직업발달 이론은?

① Krumboltz의 사회학습이론
② Super의 평생발달이론
③ Ginzberg의 발달이론
④ Lofquist와 Dawis의 직업적응이론

25 홀랜드(Holland) 이론의 직업환경 유형과 대표 직업 간 연결이 틀린 것은?

① 현실형(R) – 목수, 트럭운전사
② 탐구형(I) – 심리학자, 분자공학자
③ 사회형(S) – 정치가, 사업가
④ 관습형(C) – 사무원, 도서관 사서

26 경력개발 프로그램 중 종업원 역량개발 프로그램과 가장 거리가 먼 것은?

① 훈련 프로그램   ② 사내공모제
③ 후견인 프로그램   ④ 직무순환

27 직무분석을 통해 작성되는 결과물로서, 해당 직무를 수행하는 작업자가 갖추어야 할 자격요건을 기록한 것은?

① 직무 기술서(job description)
② 직무 명세서(job specification)
③ 직무 프로파일(job profile)
④ 직책 기술서(position description)

28 파슨스(Parsons)가 강조하는 현명한 직업선택을 위한 필수 요인이 아닌 것은?

① 자신의 흥미, 적성, 능력, 가치관 등 내면적인 자신에 대한 명확한 이해
② 현대사회가 필요로 하는 전망이 밝은 분야에서의 취업을 위한 구체적인 준비
③ 직업에서의 성공, 이점, 보상, 자격요건, 기회 등 직업세계에 대한 지식
④ 개인적인 요인과 직업관련 자격요건, 보수 등의 정보를 기초로 한 현명한 선택

29 다운사이징(downsizing)과 조직구조의 수평화로 대변되는 최근의 조직변화에 적합한 종업원 경력개발 프로그램에 관한 설명으로 가장 거리가 먼 것은?

① 직무를 통해서 다양한 능력을 본인 스스로 학습할 수 있도록 많은 프로젝트에 참여시킨다.
② 표준화된 작업규칙, 고정된 작업시간, 엄격한 직무기술을 강화한 학습 프로그램에 참여시킨다.
③ 불가피하게 퇴직한 사람들을 위한 퇴직자 관리 프로그램을 운영한다.
④ 새로운 직무를 수행하는 데 요구되는 능력 및 지식과 관련된 재교육을 실시한다.

30 과업지향적 직무분석방법 중 기능적 직무분석의 세 가지 차원이 아닌 것은?

① 기술(skill)   ② 자료(data)
③ 사람(people)   ④ 사물(things)

31 신뢰도의 종류 중 검사 내 문항들 간의 동질성을 나타내는 것은?

① 동등형 신뢰도
② 내적일치 신뢰도
③ 검사-재검사 신뢰도
④ 평가자 간 신뢰도

32 조직에서 자신이 생각하는 역할과 상급자가 생각하는 역할 간 차이에 기인한 스트레스원은?

① 역할과다
② 역할 모호성
③ 역할갈등
④ 과제 곤란도

33 직업상담 장면에서 활용 가능한 성격검사에 관한 설명으로 옳은 것은?

① 특정 분야에 대한 흥미를 측정한다.
② 어떤 특정 분야나 영역의 숙달에 필요한 적응능력을 측정한다.
③ 대개 자기보고식 검사이며, 널리 이용되는 검사는 다면적 인성검사, 성격유형 검사 등이 있다.
④ 비구조적 과제를 제시하고 자유롭게 응답하도록 하여 분석하는 방식으로 웩슬러 검사가 있다.

34 로(Roe)의 욕구이론에 관한 설명으로 옳은 것은?

① 부모-자녀 간의 상호작용을 자녀에 대한 정서집중형, 회피형, 수용형의 유형으로 구분한다.
② 청소년기 부모-자녀 간의 관계에서 생긴 욕구가 직업선택에 영향을 미친다는 이론이다.
③ 부모의 사랑을 제대로 받지 못하고 거부적인 분위기에서 성장한 사람은 다른 사람들과 함께 일하고 접촉하는 서비스 직종의 직업을 선호한다.
④ 직업군을 10가지로 분류한다.

35 홀랜드(Holland)의 성격이론에서 제시한 유형 중 일관성이 가장 낮은 것은?

① 현실적(R) - 탐구적(I)
② 예술적(A) - 관습적(C)
③ 설득적(E) - 사회적(S)
④ 사회적(S) - 예술적(A)

36 인지적 정보처리이론에서 제시하는 의사결정 과정의 절차를 바르게 나열한 것은?

ㄱ. 분석단계	ㄴ. 종합단계
ㄷ. 실행단계	ㄹ. 가치평가단계
ㅁ. 의사소통단계	

① ㄱ → ㄴ → ㄷ → ㄹ → ㅁ
② ㄴ → ㄹ → ㄱ → ㄷ → ㅁ
③ ㄷ → ㄱ → ㄴ → ㅁ → ㄹ
④ ㅁ → ㄱ → ㄴ → ㄹ → ㄷ

37 수퍼(Super)의 발달이론에 관한 설명으로 옳은 것은?

① 대부분의 사람들을 여섯 가지 유형 중 하나로 분류한다.
② 개인분석, 직업분석, 과학적 조언의 조화를 주장한다.
③ 생애역할의 중요성과 직업적 자아개념을 강조한다.
④ 부모의 자녀양육방식을 발달적으로 전개한다.

38 다음 중 규준의 범주에 포함될 수 없는 점수는?

① 표준점수　② Stanine 점수
③ 백분위 점수　④ 표집점수

39 직무 및 일반 스트레스에 관한 설명으로 옳지 않은 것은?

① 17-OHCS라는 당류부신피질 호르몬은 스트레스의 생리적 지표로서 매우 중요하게 사용된다.
② A성격유형이 B성격유형보다 더 높은 스트레스 수준을 유지한다.
③ Yerkes와 Dodson의 역U자형 가설은 스트레스 수준이 적당하면 작업능률도 최대가 된다고 한다.
④ 일반적응증후군(GAS)에 따르면 저항단계, 경고단계, 탈진단계를 거치면서 사람에게 나쁜 결과를 가져다준다.

40 심리검사의 유형 중 객관적 검사의 장점이 아닌 것은?

① 검사실시의 간편성
② 객관성의 증대
③ 반응의 풍부함
④ 높은 신뢰도

제3과목　직업정보론

41 고용24에서 제공하는 청소년 직업흥미검사의 하위척도가 아닌 것은?

① 활동척도　② 자신감척도
③ 직업척도　④ 가치관척도

42 한국표준직업분류(제8차)에서 표준직업분류와 직능수준과의 관계가 옳지 않은 것은?

① 관리자: 제4직능 수준 혹은 제3직능 수준 필요
② 전문가 및 관련 종사자: 제4직능 수준 혹은 제3직능 수준 필요
③ 군인: 제1직능 수준 이상 필요
④ 단순노무 종사자 : 제1직능 수준 필요

43 직업정보를 제공하는 유형별 방식의 설명이다. ( )에 알맞은 것은?

종류	비용	학습자 참여도	접근성
인쇄물	(ㄱ)	수동	용이
면접	저	(ㄴ)	제한적
직업경험	고	적극	(ㄷ)

① ㄱ: 고, ㄴ: 적극, ㄷ: 용이
② ㄱ: 고, ㄴ: 수동, ㄷ: 제한적
③ ㄱ: 저, ㄴ: 적극, ㄷ: 제한적
④ ㄱ: 저, ㄴ: 수동, ㄷ: 용이

44 국민내일배움카드의 지원대상에 해당하지 않는 것은?
① 「한부모가족지원법」에 따른 지원대상자
② 「고용보험법 시행령」에 따른 기간제 근로자인 피보험자
③ 「수산업·어촌 발전 기본법」에 따른 어업인으로서 어업 이외의 직업에 취업하려는 사람
④ 만 75세 이상인 사람

45 한국표준산업분류(제11차)의 적용원칙에 관한 설명으로 틀린 것은?
① 산업활동이 결합되어 있는 경우에는 그 활동단위의 주된 활동에 따라서 분류
② 생산단위는 산출물만을 토대로 가장 정확하게 설명된 항목에 분류
③ 복합적인 활동단위는 우선적으로 최상급 분류단계(대분류)를 정확히 결정하고, 순차적으로 중, 소, 세, 세세분류 단계 항목을 결정
④ 수수료 또는 계약에 의하여 활동을 수행하는 단위는 자기계정과 자기책임하에서 생산하는 단위와 동일항목으로 분류

46 직업정보 수집방법으로서 면접법에 관한 설명으로 가장 적합하지 않은 것은?
① 표준화 면접은 비표준화 면접보다 타당도가 높다.
② 면접법은 질문지법보다 응답범주의 표준화가 어렵다.
③ 면접법은 질문지법보다 제3자의 영향을 배제할 수 있다.
④ 표준화 면접에는 개방형 및 폐쇄형 질문을 모두 사용할 수 있다.

[빈출]
47 한국표준산업분류(제11차)의 산업결정방법에 관한 설명으로 틀린 것은?

① 생산단위의 산업활동은 그 생산단위가 수행하는 주된 산업활동의 종류에 따라 결정된다.
② 계절에 따라 정기적으로 산업을 달리하는 사업체의 경우에는 조사시점에 경영하는 사업과는 관계없이 조사대상기간 중 산출액이 많았던 활동에 의하여 분류된다.
③ 단일사업체의 보조단위는 그 사업체의 일개 부서로 포함하지 않고 별도의 사업체로 처리한다.
④ 휴업 중 또는 자산을 청산 중인 사업체의 산업은 영업 중 또는 청산을 시작하기 이전의 산업활동에 의하여 결정한다.

[빈출]
48 공공직업정보와 비교한 민간직업정보의 일반적 특성에 관한 설명으로 틀린 것은?

① 필요한 시기에 최대한 활용되도록 한시적으로 신속하게 생산되어 운영된다.
② 국제적으로 인정되는 객관적인 기준에 근거하여 직업을 분류한다.
③ 특정한 목적에 맞게 해당 분야 및 직종을 제한적으로 선택한다.
④ 시사적인 관심이나 흥미를 유도할 수 있도록 해당 직업을 분류한다.

49 국가기술자격 직업상담사 1급 응시자격으로 옳은 것은?

① 해당 실무에 2년 이상 종사한 사람
② 해당 실무에 3년 이상 종사한 사람
③ 관련학과 대학졸업자 및 졸업예정자
④ 해당 종목의 2급 자격을 취득한 후 해당 실무에 1년 이상 종사한 사람

내용 개정으로 더 이상 유효하지 않은 문제입니다.
50 한국표준산업분류(제10차) 주요 개정내용으로 틀린 것은?

① 어업에서 해수면은 해면으로, 수산 종자는 수산 종묘로 명칭을 변경
② 수도업은 국내 산업 연관성을 고려하고 국제표준산업분류(ISIC)에 맞춰 대분류 E로 이동
③ 산업 성장세를 고려하여 태양력 발전업을 신설
④ 세분류에서 종이 원지·판지·종이상자 도매업, 면세점, 의복 소매업을 신설

51 다음은 어떤 국가기술자격 등급의 검정기준에 해당하는가?

> 해당 국가기술자격의 종목에 관한 공학적 기술이론지식을 가지고 설계·시공·분석 등의 업무를 수행할 수 있는 능력의 유무

① 기능장　　② 기사
③ 산업기사　④ 기능사

52 직업정보 수집·제공 시 고려해야 할 사항과 가장 거리가 먼 것은?

① 명확한 목표를 가지고 계획적으로 수집한다.
② 최신의 자료를 수집한다.
③ 자료를 수집할 때 자료출처와 일자를 기록한다.
④ 직업정보는 전문성이 있으므로 전문용어를 사용하여 제공한다.

53 직업훈련의 강화에 따른 효과로 가장 거리가 먼 것은?

① 인력부족 직종의 구인난을 완화시킬 수 있다.
② 재직근로자의 직무능력을 높일 수 있다.
③ 산업구조의 변화에 대응할 수 있다.
④ 마찰적인 실업을 줄일 수 있다.

54 국가기술자격 종목과 그 직무분야의 연결이 틀린 것은?

① 직업상담사 2급 – 사회복지·종교
② 소비자전문상담사 2급 – 경영·회계·사무
③ 임상심리사 2급 – 보건·의료
④ 컨벤션기획사 2급 – 이용·숙박·여행·오락·스포츠

55 한국직업사전(2020)의 부가정보 중 '자료'에 관한 설명으로 틀린 것은?

① 종합: 사실을 발견하고 지식개념 또는 해석을 개발하기 위해 자료를 종합적으로 분석한다.
② 분석: 조사하고 평가한다. 평가와 관련된 대안적 행위의 제시가 빈번하게 포함된다.
③ 계산: 사칙연산을 실시하고 사칙연산과 관련하여 규정된 활동을 수행하거나 보고한다. 수를 세는 것도 포함된다.
④ 기록: 데이터를 옮겨 적거나 입력하거나 표시한다.

56 다음은 무엇에 대한 설명인가?

> 근로자를 감원하지 않고 고용을 유지하거나 실직자를 채용하여 고용을 늘리는 사업주를 지원하여 근로자의 고용안정 및 취업취약계층의 고용촉진을 지원한다.

① 실업급여사업 ② 고용안정사업
③ 취업알선사업 ④ 직업상담사업

57 직업정보 조사를 위한 설문지 작성법과 거리가 가장 먼 것은?

① 이중질문은 피한다.
② 조사주제와 직접 관련이 없는 문항은 줄인다.
③ 응답률을 높이기 위해 민감한 질문은 앞에 배치한다.
④ 응답의 고정반응을 피하도록 질문형식을 다양화한다.

58 한국표준직업분류(제8차)에서 포괄적인 업무에 대한 직업분류원칙에 해당하는 것은?

① 최상급 직능수준 우선 원칙
② 포괄성의 원칙
③ 취업시간 우선의 원칙
④ 조사 시 최근의 직업 원칙

59 고용24 직업정보시스템에서 제공하는 정보가 아닌 것은?

① 학과정보
② 직업동영상
③ 직업심리검사
④ 국가직무능력표준(NCS)

60 직업정보의 처리단계를 옳게 나열한 것은?

① 분석 – 가공 – 수집 – 체계화 – 제공 – 축적 – 평가
② 수집 – 분석 – 체계화 – 가공 – 축적 – 제공 – 평가
③ 분석 – 수집 – 가공 – 체계화 – 축적 – 제공 – 평가
④ 수집 – 분석 – 가공 – 체계화 – 제공 – 축적 – 평가

제4과목 노동시장론

61 다음은 어떤 숍 제도에 관한 설명인가?

> 기업이 노동자를 채용할 때는 노동조합에 가입하지 않은 노동자를 채용할 수 있지만 일단 채용된 노동자는 일정 기간 내에 노동조합에 가입하여야 하며 또한 조합에서 탈퇴하거나 제명되는 경우 종업원자격을 상실하도록 되어 있는 제도

① 클로즈드 숍(closed shop)
② 오픈 숍(open shop)
③ 에이전시 숍(agency shop)
④ 유니언 숍(union shop)

62 노동수요 측면에서 비정규직 증가의 원인과 가장 거리가 먼 것은?

① 세계화에 따른 기업 간 경쟁 환경의 변화
② 정규직 근로자 해고의 어려움
③ 고학력 취업자의 증가
④ 정규노동자 고용비용의 증가

63 시장경제를 채택하고 있는 국가의 노동시장에서 직종별 임금격차가 존재하는 이유와 가장 거리가 먼 것은?

① 직종 간 정보의 흐름이 원활하기 때문이다.
② 직종에 따라 근로환경의 차이가 존재하기 때문이다.
③ 직종에 따라 노동조합 조직률의 차이가 존재하기 때문이다.
④ 노동자들의 특정 직종에 대한 회피와 선호가 다르기 때문이다.

64 다음 중 산업민주화 정도가 가장 높은 형태의 기업은?

① 노동자 자주관리 기업
② 노동자 경영참여 기업
③ 전문경영인 경영 기업
④ 중앙집권적 기업

65 내국인들이 취업하기를 기피하는 3D 직종에 대해, 외국 인력의 수입 또는 불법이민이 국내 내국인 노동시장에 미치는 영향으로 옳은 것은?

① 임금과 고용이 높아진다.
② 임금과 고용이 낮아진다.
③ 임금은 높아지고 고용은 낮아진다.
④ 임금과 고용의 변화가 없다.

66 다음 중 수요부족실업에 해당되는 것은?

① 마찰적 실업 ② 구조적 실업
③ 계절적 실업 ④ 경기적 실업

67 케인즈(Keynes)의 실업이론에 관한 설명으로 틀린 것은?

① 노동의 공급은 실질임금의 함수이며, 노동에 대한 수요는 명목임금의 함수이다.
② 노동자들은 화폐환상을 갖고 있어 명목임금의 하락에 저항하므로 명목임금은 하방경직성을 갖는다.
③ 비자발적 실업의 원인을 유효수요의 부족으로 설명하였다.
④ 실업의 해소방안으로 재정투·융자의 확대, 통화량의 증대 등을 주장하였다.

68 파업의 경제적 비용과 기능에 관한 설명으로 옳은 것은?

① 사적 비용과 사회적 비용은 동일하다.
② 사용자의 사적 비용은 직접적인 생산중단에서 오는 이윤의 순감소분과 같다.
③ 사적 비용이란 경제의 한 부문에서 발생한 파업으로 인한 타 부문에서의 생산 및 소비의 감소를 의미한다.
④ 서비스 산업부문은 파업에 따른 사회적 비용이 상대적으로 큰 분야이다.

69 임금-물가 악순환설, 지불능력설, 한계생산력설 등에 영향을 미친 임금결정이론은?

① 임금생존비설   ② 임금철칙설
③ 노동가치설   ④ 임금기금설

70 임금체계에 대한 설명으로 틀린 것은?

① 직무급은 조직의 안정화에 따른 위계질서 확립이 용이하다는 장점이 있다.
② 연공급의 단점 중 하나는 직무성과와 관련 없는 비합리적인 인건비 지출이 생긴다는 점이다.
③ 직능급은 직무수행능력을 기준으로 하여 각 근로자의 임금을 결정하는 임금체계이다.
④ 연공급의 기본적인 구조는 연령, 근속, 학력, 남녀별 요소에 따라 임금을 결정하는 것으로 정기승급의 축적에 따라 연령별로 필요생계비를 보장해주는 원리에 기초하고 있다.

71 노동조합의 기능에 대한 설명으로 <u>틀린</u> 것은?

① 임금을 인상시키는 기능을 수행한다.
② 근로조건을 개선하는 기능을 한다.
③ 각종 공제활동 및 복지활동을 할 수 있다.
④ 특정 정당과 연계하여 정치적 영향력을 발휘할 수 없다.

72 다음 중 분단노동시장 이론과 가장 거리가 <u>먼</u> 것은? [빈출]

① 빈곤퇴치를 위한 정책적인 노력이 쉽게 성공하지 못하고 있다.
② 내부노동시장과 외부노동시장은 현격하게 다른 특성을 갖는다.
③ 근로자는 임금을 중심으로 경쟁하는 것이 아니라 직무를 중심으로 경쟁하기도 한다.
④ 고학력 실업자가 증가하면 단순노무직의 임금도 하락한다.

73 다음 중 성과급 제도의 장점에 해당하는 것은? [빈출]

① 직원 간 화합이 용이하다.
② 근로의 능률을 자극할 수 있다.
③ 임금의 계산이 간편하다.
④ 확정적 임금이 보장된다.

74 이윤극대화를 추구하는 어떤 커피숍 종업원의 임금은 시간당 6,000원이고, 커피 1잔의 가격은 3,000원일 때 이 종업원의 한계생산은?

① 커피 1잔 ② 커피 2잔
③ 커피 3잔 ④ 커피 4잔

75 기혼여성의 경제활동참가율은 60%이고 실업률은 20%일 때, 기혼여성의 고용률은? [빈출]

① 12% ② 48%
③ 56% ④ 86%

76 숙련 노동시장과 비숙련 노동시장이 완전히 단절되어 있다고 할 때 비숙련 외국근로자의 유입에 따라 가장 큰 피해를 입는 집단은?

① 국내 소비자
② 국내 비숙련공
③ 노동집약적 기업주
④ 기술집약적 기업주

77 임금이 하방경직적인 이유와 가장 거리가 <u>먼</u> 것은?

① 장기노동계약
② 물가의 지속적 상승
③ 강력한 노동조합의 존재
④ 노동자의 역선택 발생 가능성

78 만일 여가(leisure)가 열등재라면, 임금이 증가할 때 노동공급은 어떻게 변하는가?

① 임금수준에 상관없이 임금이 증가할 때 노동공급은 감소한다.
② 임금수준에 상관없이 임금이 증가할 때 노동공급은 증가한다.
③ 낮은 임금수준에서 임금이 증가할 때는 노동공급이 증가하다가 임금수준이 높아지면 임금증가는 노동공급을 감소시킨다.
④ 낮은 임금수준에서 임금이 증가할 때는 노동공급이 감소하다가 임금수준이 높아지면 임금증가는 노동공급을 증가시킨다.

79 기업특수적 인적자본형성의 원인이 아닌 것은?

① 기업 간 차별화된 제품생산
② 생산공정의 특유성
③ 생산장비의 특유성
④ 일반적 직업훈련의 차이

80 마찰적 실업을 해소하기 위한 정책이 아닌 것은?

① 구인 및 구직에 대한 전국적 전산망 연결
② 직업안내와 직업상담 등 직업알선기관에 의한 효과적인 알선
③ 고용실태 및 전망에 관한 자료제공
④ 노동자의 전직과 관련된 재훈련 실시

제5과목 노동관계법규

81 다음 ( )에 알맞은 것은?

> 헌법상 국가는 ( )으로 근로자의 고용의 증진과 적정임금의 보장에 노력하여야 한다.

① 법률적 방법
② 사회적 방법
③ 경제적 방법
④ 사회적 · 경제적 방법

82 국민 평생 직업능력 개발법상 직업능력개발훈련의 기본원칙으로 명시되지 않은 것은?

① 직업능력개발훈련은 국민 개개인의 희망 · 적성 · 능력에 맞게 국민의 생애에 걸쳐 체계적으로 실시되어야 한다.
② 직업능력개발훈련은 민간의 자율과 창의성이 존중되도록 하여야 하며, 노사의 참여와 협력을 바탕으로 실시되어야 한다.
③ 제조업의 생산직에 종사하는 근로자의 직업능력개발훈련은 중요시되어야 한다.
④ 직업능력개발훈련은 국민의 직무능력과 고용가능성을 높일 수 있도록 지역 · 산업현장의 수요가 반영되어야 한다.

83 근로기준법령상 고용노동부장관에게 경영상의 이유에 의한 해고계획의 신고를 할 때 포함해야 하는 사항이 아닌 것은?

① 퇴직금
② 해고사유
③ 해고일정
④ 근로자대표와 협의한 내용

84 고용상 연령차별금지 및 고령자고용촉진에 관한 법령상 제조업의 고령자 기준고용률은?

① 그 사업장의 상시 근로자 수의 100분의 2
② 그 사업장의 상시 근로자 수의 100분의 3
③ 그 사업장의 상시 근로자 수의 100분의 4
④ 그 사업장의 상시 근로자 수의 100분의 6

85 남녀고용평등과 일·가정 양립 지원에 관한 법령상 육아휴직에 관한 설명으로 틀린 것은?

① 육아휴직의 기간은 1년 이내로 한다.
② 육아휴직기간은 근속기간에 포함한다.
③ 기간제 근로자의 육아휴직기간은 사용기간에 포함된다.
④ 육아휴직기간에는 그 근로자를 해고하지 못한다.

86 근로자퇴직급여 보장법령상 퇴직금의 중간정산사유에 해당하지 않는 것은?

① 무주택자인 근로자가 본인 명의로 주택을 구입하는 경우
② 사용자가 기존의 정년을 보장하는 조건으로 단체협약을 통하여 일정 나이를 기준으로 임금을 줄이는 제도를 시행하는 경우
③ 3개월 이상 요양을 필요로 하는 근로자 배우자의 질병에 대한 의료비를 해당 근로자가 본인 연간 임금총액의 1천분의 115를 초과하여 부담하는 경우
④ 퇴직금 중간정산을 신청하는 날부터 거꾸로 계산하여 5년 이내에 근로자가 「채무자 회생 및 파산에 관한 법률」에 따라 파산선고를 받은 경우

87 고용보험법상 육아휴직급여에 관한 설명이다. ( ) 안에 들어갈 내용이 옳게 연결된 것은?

> 육아휴직 시작일부터 3개월까지는 육아휴직 시작일을 기준으로 한 월 통상임금에 해당하는 금액을 지급한다. 다만, 해당 금액이 (ㄱ)만 원을 넘는 경우에는 (ㄱ)만 원으로 하고, 해당 금액이 70만 원보다 적은 경우에는 70만 원으로 한다.
> 육아휴직 4개월째부터 6개월째까지는 육아휴직 시작일을 기준으로 한 월 통상임금에 해당하는 금액을 지급한다. 다만, 해당 금액이 (ㄴ)만 원을 넘는 경우에는 (ㄴ)만 원으로 하고, 해당 금액이 70만 원보다 적은 경우에는 70만 원으로 한다.
> 육아휴직 7개월째부터 종료일까지는 육아휴직 시작일을 기준으로 한 월 통상임금의 100분의 80에 해당하는 금액을 지급한다. 다만, 해당 금액이 (ㄷ)만 원을 넘는 경우에는 (ㄷ)만 원으로 하고, 해당 금액이 70만 원보다 적은 경우에는 70만 원으로 한다.

① ㄱ: 250, ㄴ: 150, ㄷ: 200
② ㄱ: 200, ㄴ: 160, ㄷ: 150
③ ㄱ: 250, ㄴ: 200, ㄷ: 160
④ ㄱ: 150, ㄴ: 200, ㄷ: 250

88 직업안정법령상 근로자공급사업에 관한 설명으로 틀린 것은?

① 누구든지 고용노동부장관의 허가를 받지 아니하고는 근로자공급사업을 하지 못한다.
② 국내 근로자공급사업은 「노동조합 및 노동관계조정법」에 따른 노동조합만이 허가를 받을 수 있다.
③ 국외 근로자공급사업을 하려는 자는 1천만 원 이상의 자본금만 갖추면 된다.
④ 근로자공급사업 허가의 유효기간은 3년으로 한다.

89 남녀고용평등과 일·가정 양립 지원에 관한 법령상 배우자 출산휴가에 관한 설명으로 틀린 것은?

① 사업주는 근로자가 배우자 출산휴가를 청구하는 경우에 20일의 휴가를 주어야 한다.
② 사용한 배우자 출산휴가기간은 유급으로 한다.
③ 배우자 출산휴가는 근로자의 배우자가 출산한 날부터 30일이 지나면 사용할 수 없다.
④ 배우자 출산휴가는 3회에 한정하여 나누어 사용할 수 있다.

90 [빈출] 고용보험법령상 심사 및 재심사 청구에 관한 설명으로 옳지 않은 것은?

① 실업급여에 관한 처분에 이의가 있는 자는 고용보험심사관에게 심사를 청구할 수 있다.
② 심사 및 재심사의 청구는 시효중단에 관하여 재판상의 청구로 본다.
③ 재심사청구인은 법정대리인 외에 자신의 형제자매를 대리인으로 선임할 수 없다.
④ 고용보험심사관은 원칙적으로 심사청구를 받으면 30일 이내에 그 심사청구에 대한 결정을 하여야 한다.

91 고용보험법령상 취업촉진수당의 종류가 아닌 것은?

① 특별연장급여 ② 조기재취업수당
③ 광역구직활동비 ④ 이주비

92 직업안정법령상 유료직업소개사업의 등록을 할 수 있는 자에 해당되지 않는 것은?

① 지방공무원으로 2년 이상 근무한 경력이 있는 자
② 조합원이 100인 이상인 단위노동조합에서 노동조합 업무전담자로 2년 이상 근무한 경력이 있는 자
③ 상시 사용근로자 300인 이상인 사업장에서 노무관리 업무전담자로 1년 이상 근무한 경력이 있는 자
④ 「공인노무사법」에 의한 공인노무사 자격을 가진 자

93 근로기준법령상 임금채권의 소멸시효기간은?

① 1년 ② 2년
③ 3년 ④ 5년

94 파견근로자보호 등에 관한 법률상 근로자파견 대상업무가 아닌 것은?

① 주유원의 업무
② 행정, 경영 및 재정 전문가의 업무
③ 음식조리 종사자의 업무
④ 「선원법」에 따른 선원의 업무

95 [빈출] 고용정책 기본법령상 근로자의 정의로 옳은 것은?

① 직업의 종류를 불문하고 임금, 급료 기타 이에 준하는 수입에 의하여 생활하는 사람
② 직업의 종류와 관계없이 임금을 목적으로 사업이나 사업장에 근로를 제공하는 사람
③ 사업주에게 고용된 사람과 취업할 의사를 가진 사람
④ 기간의 정함이 있는 근로계약을 체결한 사람

96 채용절차의 공정화에 관한 법률에 관한 설명으로 틀린 것은?

① '기초심사자료'란 구직자의 응시원서, 이력서 및 자기소개서를 말한다.
② 고용노동부장관은 기초심사자료의 표준양식을 정하여 구인자에게 그 사용을 권장할 수 있다.
③ 구직자는 구인자에게 제출하는 채용서류를 거짓으로 작성하여서는 아니 된다.
④ 이 법은 지방자치단체가 공무원을 채용하는 경우에도 적용한다.

97 근로기준법령상 취업규칙에 관한 설명으로 틀린 것은?

① 상시 10명 이상의 근로자를 사용하는 사용자는 취업규칙을 작성하여 고용노동부장관에게 신고하여야 한다.
② 사용자는 취업규칙의 작성 시 해당 사업장에 근로자의 과반수로 조직된 노동조합이 있는 경우에는 그 노동조합의 동의를 받아야 한다.
③ 고용노동부장관은 법령이나 단체협약에 어긋나는 취업규칙의 변경을 명할 수 있다.
④ 취업규칙에서 정한 기준에 미달하는 근로조건을 정한 근로계약은 그 부분에 관하여는 무효로 한다.

98 고용정책 기본법령상 고용정보시스템 구축·운영을 위해 수집해야 할 정보로 명시되지 않은 것은?

① 사업자등록증
② 주민등록등본·초본
③ 장애 정도
④ 부동산등기부등본

99 남녀고용평등과 일·가정 양립 지원에 관한 법령상 적용범위에 관한 설명으로 틀린 것은?

① 근로자를 사용하는 모든 사업 또는 사업장에 적용하는 것이 원칙이다.
② 동거하는 친족만으로 이루어지는 사업장에 대하여는 법의 전부를 적용하지 아니한다.
③ 가사사용인에 대하여는 법의 전부를 적용하지 아니한다.
④ 「선원법」이 적용되는 사업 또는 사업장에는 모든 규정이 적용되지 아니한다.

100 국민 평생 직업능력 개발법령상 훈련의 목적에 따라 구분한 직업능력개발훈련에 해당하지 않는 것은?

① 집체훈련
② 양성훈련
③ 향상훈련
④ 전직훈련

2021년 [1회]

빠른 정답 체크!

직업상담학		직업심리학		직업정보론		노동시장론		노동관계법규	
01	③	21	①	41	④	61	④	81	④
02	③	22	④	42	③	62	③	82	③
03	①	23	③	43	③	63	①	83	①
04	③	24	④	44	④	64	①	84	①
05	①	25	③	45	②	65	②	85	③
06	④	26	②	46	①	66	④	86	③
07	①	27	②	47	③	67	①	87	③
08	②	28	②	48	②	68	④	88	③
09	①	29	②	49	②	69	④	89	③
10	③	30	①	50	①	70	①	90	③
11	①	31	②	51	②	71	④	91	①
12	①	32	③	52	④	72	④	92	③
13	③	33	③	53	④	73	②	93	③
14	③	34	①	54	④	74	②	94	④
15	③	35	②	55	③	75	②	95	③
16	③	36	④	56	②	76	②	96	④
17	②	37	③	57	③	77	②	97	②
18	①	38	④	58	①	78	②	98	④
19	③	39	④	59	④	79	④	99	④
20	②	40	③	60	④	80	④	100	①

2021년 2회

정답과 해설 ▶ P. 181~193

제1과목 직업상담학

01 심리상담과 비교하여 진로상담 과정의 특징으로 옳지 않은 것은?

① 진로검사결과에만 의지하는 태도에서 벗어나 보다 유연한 관점에서 진로선택에 임하려는 융통성이 요구된다.
② 내담자가 놓인 경제 현실 및 진로상황에 따라 개인의 진로선택 및 의사결정이 상당히 변화될 수 있다.
③ 진로상담은 인지적 통찰이나 결정 이외에 행동차원에서의 실행능력 배양 및 기술함양을 더욱 중시한다.
④ 실제 진로상담에서는 내담자의 심리적인 특성과 진로문제가 얽혀 있는 경우는 많지 않다.

[빈출]
02 생애진로사정에 관한 설명으로 틀린 것은?

① 상담사와 내담자가 처음 만났을 때 이용할 수 있는 비구조화된 면접기법이며 표준화된 진로사정 도구의 사용이 필수적이다.
② Adler의 심리학이론에 기초하여 내담자와 환경과의 관계를 이해하는 데 도움을 주는 면접기법이다.
③ 비판단적이고 비위협적인 대화 분위기로써 내담자와 긍정적인 관계를 형성하는 데 도움이 된다.
④ 생애진로사정에서는 작업자, 학습자, 개인의 역할 등을 포함한 다양한 생애역할에 대한 정보를 탐색해간다.

03 직업상담에서 의사결정 상태에 따라 내담자를 분류할 때 의사결정자의 유형에 해당하지 <u>않는</u> 것은?

① 확정적 결정형   ② 종속적 결정형
③ 수행적 결정형   ④ 회피적 결정형

04 실업충격을 완화시키기 위한 프로그램이 <u>아닌</u> 것은?

① 실업스트레스 대처 프로그램
② 취업동기 증진 프로그램
③ 진로개발 프로그램
④ 구직활동 증진 프로그램

05 진로상담에서 내담자의 목표가 현실적으로 가능한지를 묻는 '목표 실현 가능성'에 관한 상담자의 질문으로 적절하지 <u>않은</u> 것은?

① 목표를 성취하기 위해 현재 처한 상황을 당신은 얼마나 통제할 수 있나요?
② 당신이 이 목표를 성취하지 못하도록 방해하는 것은 무엇인가요?
③ 언제까지 목표를 성취해야 한다고 느끼며, 마음속에 어떤 시간계획을 가지고 있나요?
④ 당신이 목표하는 직업에서 의사결정은 어디서 누가 내리나요?

06 내담자의 세계를 상담자 자신의 세계인 것처럼 경험하지만 객관적인 위치에서 벗어나지 않는 상담대화의 기법은?

① 수용　　　　② 전이
③ 공감　　　　④ 동정

07 다음 면담에서 인지적 명확성이 부족한 내담자의 유형과 상담자의 개입방법이 바르게 짝지어진 것은?

> 내담자: 난 사업을 할까 생각 중이에요. 그런데 그 분야에서 일하는 여성들은 대부분 이혼을 한대요.
> 상담자: 선생님은 사업을 하면 이혼을 할까봐 두려워하시는군요. 직장여성들의 이혼율과 다른 분야에 종사하는 여성들에 대한 통계를 알아보도록 하죠.

① 구체성의 결여 – 구체화시키기
② 파행적 의사소통 – 저항에 다시 초점 맞추기
③ 강박적 사고 – RET 기법
④ 원인과 결과 착오 – 논리적 분석

08 다음은 내담자의 무엇을 사정하기 위한 것인가?

> 내담자에게 과거에 했던 선택의 회상, 절정 경험, 자유시간, 그리고 금전 사용계획 등을 조사하고, 존경하는 사람을 쓰게 하는 등의 상담행위

① 내담자의 동기　　② 내담자의 생애역할
③ 내담자의 가치　　④ 내담자의 흥미

09 특성-요인 직업상담에서 상담사가 지켜야 할 상담원칙으로 틀린 것은?

① 내담자에게 강의하려 하거나 거만한 자세로 말하지 않는다.
② 전문적인 어휘를 사용하고, 상담 초기에는 내담자에게 제공하는 정보를 비교적 큰 범위로 확대한다.
③ 어떤 정보나 해답을 제공하기 전에 내담자가 정말로 그것을 알고 싶어 하는지 확인한다.
④ 상담사는 자신이 내담자가 지니고 있는 여러 가지 태도를 제대로 파악하고 있는지 확인한다.

10 상담과정의 본질과 제한조건 및 목적에 대하여 상담자가 정의를 내려주는 것은?

① 촉진화　　　　② 관계형성
③ 문제해결　　　④ 구조화

11 직업선택을 위한 마지막 과정인 선택할 직업에 대한 평가과정 중 요스트(Yost)가 제시한 방법이 아닌 것은?

① 원하는 성과연습 ② 확률추정연습
③ 대차대조표연습 ④ 동기추정연습

12 수퍼(Super)의 전 생애 발달과업의 순환 및 재순환에서 '새로운 과업 찾기'가 중요한 시기는 언제인가?

① 청소년기(14~24세)
② 성인초기(25~45세)
③ 성인중기(46~65세)
④ 성인후기(65세 이상)

13 인간중심 진로상담의 개념에 관한 설명으로 옳지 않은 것은?

① 일의 세계 및 자아와 관련된 정보의 부족에 관심을 둔다.
② 자아 및 직업과 관련된 정보를 거부하거나 왜곡하는 문제를 찾고자 한다.
③ 진로선택과 관련된 내담자의 불안을 줄이고 자기의 책임을 수용하도록 한다.
④ 상담자의 객관적 이해를 내담자에 대한 자아 명료화의 근거로 삼는다.

14 보딘(Bordin)의 정신역동적 직업상담에서 사용하는 기법이 아닌 것은?

① 명료화
② 비교
③ 소망-방어체계
④ 준지시적 반응 범주화

15 포괄적 직업상담에서 초기, 중간, 마지막 단계 중 중간단계에서 주로 사용하는 접근법은?

① 발달적 접근법
② 정신역동적 접근법
③ 내담자 중심 접근법
④ 행동주의적 접근법

16 직업상담에서 직업카드분류법은 무엇을 알아보기 위한 것인가?

① 직업선택 시 사용가능한 기술
② 가족 내 서열 및 직업가계도
③ 직업세계와 고용시장의 변화
④ 직업흥미의 탐색

17 상담이론과 그와 관련된 상담기법을 바르게 짝지은 것은?

① 정신분석적 상담 – 인지적 재구성
② 행동치료 – 저항의 해석
③ 인지적 상담 – 이완기법
④ 형태치료 – 역할연기, 감정에 머무르기

18 아들러(Adler) 이론의 주요개념인 초기기억에 관한 설명을 모두 고른 것은?

> ㄱ. 중요한 기억은 내담자가 '마치 지금 일어나고 있는 것처럼' 기술할 수 있다.
> ㄴ. 초기기억에 대한 내담자의 지각보다는 경험을 객관적으로 파악하는 것이 중요하다.
> ㄷ. 초기기억은 삶, 자기, 타인에 대한 내담자의 현재 세계관과 일치하는 경향이 있다.
> ㄹ. 초기기억을 통해 상담자는 내담자의 삶의 목표를 파악하는 데 도움을 받을 수 있다.

① ㄱ, ㄴ
② ㄴ, ㄷ
③ ㄱ, ㄷ, ㄹ
④ ㄴ, ㄷ, ㄹ

19 행동수정에서 상담자의 역할은?

① 내담자가 사랑하고, 일하고, 노는 자유를 획득하도록 돕는다.
② 내담자의 가족 구성에 대한 정보를 수집한다.
③ 내담자의 주관적 세계를 이해하여 새로운 이해나 선택을 할 수 있도록 돕는다.
④ 내담자의 상황적 단서와 문제행동, 그 결과에 대한 정보를 얻기 위하여 노력한다.

20 직업상담사의 윤리강령으로 옳지 않은 것은?

① 직업상담사는 개인이나 사회에 임박한 위험이 있더라도 개인정보의 보호를 위하여 내담자의 정보를 누설하지 말아야 한다.
② 직업상담사는 내담자에 대한 정보를 교육 장면이나 연구에 사용할 경우에는 내담자와 합의 후 사용하되 정보가 노출되지 않도록 해야 한다.
③ 직업상담사는 소속 기관과의 갈등이 있을 경우 내담자의 복지를 우선적으로 고려해야 한다.
④ 직업상담사는 상담관계의 형식, 방법, 목적을 설정하고 그 결과에 대하여 내담자와 협의해야 한다.

제2과목　직업심리학

21 다음의 내용을 주장한 학자는?

> 특정한 직업을 갖게 되는 것은 단순한 선호나 선택의 기능이 아니고 개인이 통제할 수 없는 복잡한 환경적 요인의 결과이다.

① Krumboltz　② Dawis
③ Gelatt　④ Peterson

22 다음 중 전직을 예방하기 위해 퇴직의사 보유자에게 실시하는 직업상담 프로그램으로 가장 적합한 것은?

① 직업복귀 프로그램
② 실업충격완화 프로그램
③ 조기퇴직계획 프로그램
④ 직업적응 프로그램

23 Super의 직업발달이론에 대한 중심개념으로 볼 수 없는 것은?

① 개인은 각기 적합한 직업군의 적격성이 있다.
② 직업발달 과정은 본질적으로 자아개념의 발달 보완과정이다.
③ 개인의 직업기호와 생애는 자아실현의 과정으로 현실과 타협하지 않는 활동과정이다.
④ 직업과 인생의 만족은 자기의 능력, 흥미, 성격특성 및 가치가 충분히 실현되는 정도이다.

24 다음은 어떤 타당도에 관한 설명인가?

> 측정도구가 실제로 무엇을 측정했는가 또는 조사자가 측정하고자 하는 추상적인 개념이 실제로 측정도구에 의해서 적절하게 측정되었는가에 관한 문제로서, 이론적 연구를 하는 데 가장 중요한 타당도

① 내용타당도(content validity)
② 개념타당도(construct validity)
③ 공인타당도(concurrent validity)
④ 예언타당도(predictive validity)

25 신뢰도 추정에 관한 설명으로 옳지 않은 것은?

① 속도검사의 경우 기우양분법으로 반분신뢰도를 추정하면 신뢰도 계수가 과대 추정되는 경향이 있다.
② 신뢰도 추정에 영향을 미치는 요인은 상관계수에 영향을 미치는 요인과 유사하다.
③ 신뢰도 추정에 영향을 미치는 요인 중 가장 중요한 요인은 표본의 동질성이다.
④ 정서반응과 같은 불안정한 심리적 특성의 신뢰도를 정확히 추정하기 위해서는 검사-재검사의 기간을 충분히 두어야 한다.

26 신입사원이 조직에 쉽게 적응하도록 상사가 후견인이 되어 도와주는 경력개발 프로그램은?

① 종업원지원 시스템
② 멘토십 시스템
③ 경력지원 시스템
④ 조기발탁 시스템

27 성인용 웩슬러 지능검사(K-WAIS-IV)의 처리속도 지수에 포함되지 않는 소검사는?
① 동형 찾기　② 퍼즐
③ 기호 쓰기　④ 지우기

28 직무분석 자료의 특성과 가장 거리가 먼 것은?
① 최신의 정보를 반영해야 한다.
② 논리적으로 체계화되어야 한다.
③ 진로상담 목적으로만 사용되어야 한다.
④ 가공하지 않은 원상태의 정보이어야 한다.

29 특정 집단의 점수분포에서 한 개인의 상대적 위치를 나타내는 점수는?
① 표준점수　② 표준등급
③ 백분위 점수　④ 규준점수

30 Holland의 성격유형 중 구조화된 환경을 선호하고, 질서정연하고 체계적인 자료정리를 좋아하는 것은?
① 실제형　② 탐구형
③ 사회형　④ 관습형

31 개인의 진로발달 과정에서 초기의 가정환경이 그 후의 직업선택에 중요한 영향을 미친다고 보는 이론은?
① 파슨스(Parsons)의 특성이론
② 겔라트(Gelatt)의 의사결정이론
③ 로(Roe)의 욕구이론
④ 수퍼(Super)의 발달이론

32 셀리에(Selye)의 스트레스에서의 일반적응증후군에 관한 설명으로 옳지 않은 것은?
① 스트레스의 결과가 신체부위에 영향을 준다는 뜻에서 일반적이라 명명했다.
② 스트레스의 원인으로부터 신체가 대처하도록 한다는 의미에서 적응이라 명명했다.
③ 경계단계는 정신적 혹은 육체적 위험에 노출되었을 때 즉각적인 반응을 보이는 단계이다.
④ 탈진단계에서 심장병을 잘 유발하는 성격의 B유형은 흥분을 가라앉히지 않는다.

33 심리검사를 선택하고 해석하는 과정에 관한 설명으로 틀린 것은?

① 검사는 진행 중인 상담과정의 한 구성요소로만 보아야 한다.
② 검사는 내담자의 의사결정을 돕기 위한 정보를 얻는 하나의 도구이다.
③ 검사는 내담자와 함께 협조해서 선택하는 것이 좋다.
④ 검사의 결과는 가능한 한 내담자에게 제공해서는 안 된다.

34 윌리암슨(Williamson)이 제시한 상담의 과정을 바르게 나열한 것은?

    ㄱ. 분석   ㄴ. 종합
    ㄷ. 상담   ㄹ. 진단
    ㅁ. 추수지도   ㅂ. 처방

① ㄱ → ㄴ → ㄹ → ㅂ → ㄷ → ㅁ
② ㄱ → ㄴ → ㄹ → ㄷ → ㅁ → ㅂ
③ ㄱ → ㄹ → ㅂ → ㄷ → ㅁ → ㄴ
④ ㄹ → ㅂ → ㄴ → ㄱ → ㄷ → ㅁ

35 다음의 특성을 가진 직무분석기법은?

- 미국 퍼듀대학교의 매코믹(McCormick)이 개발했다.
- 행동중심적 직무분석기법(behavior-oriented job analysis method)이다.
- 6가지의 범주 및 187개 항목으로 구성되었다.
- 개별직무에 대해 풍부한 정보를 획득할 수 있는 장점이 있으나, 성과표준을 직접 산출하는 데는 무리가 따른다는 단점을 지니고 있다.

① 직무과제분석(JTA)
② 기능적직무분석(FJA)
③ 직위분석질문지(PAQ)
④ 관리직기술질문지(MPDQ)

36 직업적성검사(GATB)에서 사무지각 적성(clerical perception)을 측정하기 위한 검사는?

① 표식검사   ② 계수검사
③ 명칭비교검사   ④ 평면도 판단검사

37 스트레스와 직무수행 간의 관계에 관한 설명으로 옳은 것은?

① 스트레스가 많을수록 직무수행이 떨어지는 일차함수 관계이다.
② 어느 수준까지만 스트레스가 많을수록 직무수행이 떨어진다.
③ 일정 시점 이후에 스트레스 수준이 증가하면 수행실적은 오히려 감소하는 역U형 관계이다.
④ 스트레스와 직무수행은 관계가 없다.

38 스트레스에 대한 방어적 대처 중 직장상사에게 야단맞은 사람이 부하직원이나 식구들에게 트집을 잡아 화풀이를 하는 것은?

① 합리화(rationalization)
② 동일시(identification)
③ 보상(compensation)
④ 전위(displacement)

39 다음 (   ) 안에 알맞은 것은?

> Levinson의 발달이론에서 성인은 연령에 따라 (   )의 계속적인 과정을 거쳐 발달하게 되며, 이러한 과정단계는 남녀나 문화에 상관없이 적용 가능하다.

① 안정과 변화   ② 주요 사건
③ 과제와 도전   ④ 위기

빈출
40 Lofquist와 Dawis의 직업적응이론에 나오는 4가지 성격양식 차원에 해당하지 않는 것은?

① 민첩성   ② 역량
③ 친화성   ④ 지구력

제3과목 직업정보론

41 다음 중 국가기술자격 종목에 해당하지 않는 것은?

① 임상심리사 2급
② 컨벤션기획사 2급
③ 그린전동자동차기사
④ 자동차관리사 2급

42 한국표준산업분류(제11차)의 분류목적에 해당하지 않는 것은?

① 기본적으로 산업활동 관련 통계자료 수집, 제표, 분석 등을 위해서 활동 분류 및 범위를 제공하기 위한 것
② 산업관련 통계자료 정확성, 비교성을 확보하기 위하여 모든 통계작성기관은 한국표준산업분류를 의무적으로 사용하도록 규정
③ 일반 행정 및 산업정책 관련 다수 법령에서 적용대상 산업영역을 규정하는 기준으로 준용
④ 취업알선을 위한 구인·구직안내 기준

43 다음은 한국직업사전(2020) 직무기능 '사물' 항목 중 무엇에 관한 설명인가?

> 다양한 목적을 수행하고자 사물 또는 사람의 움직임을 통제하는 데 있어 일정한 경로를 따라 조작되고 안내되어야 하는 기계 또는 설비를 시동, 정지하고 그 움직임을 제어한다.

① 조작운전   ② 정밀작업
③ 제어조작   ④ 수동조작

44 직업정보 분석 시 유의점으로 <u>틀린</u> 것은?

① 전문적인 시각에서 분석한다.
② 직업정보원과 제공원에 대해 제시한다.
③ 동일한 정보에 대해서는 한 가지 측면으로만 분석한다.
④ 원자료의 생산일, 자료표집방법, 대상 등을 검토해야 한다.

45 인간이 복잡한 정보에 접근하게 되는 구조에 근거를 둔 이론으로 직업선택결정 단계를 전제단계, 계획단계, 인지부조화단계로 구분한 직업결정모형은?

① 타이드만과 오하라(Tiedeman & O'Hara)의 모형
② 힐튼(Hilton)의 모형
③ 브룸(Vroom)의 모형
④ 수(Hsu)의 모형

내용 개정으로 더 이상 유효하지 않은 문제입니다.

46 한국표준직업분류(제7차)의 개정 특징으로 <u>틀린</u> 것은?

① 전문 기술직의 직무영역 확장 등 지식정보화 사회 변화상 반영
② 사회 서비스 일자리 직종 세분 및 신설
③ 고용규모 대비 분류항목이 적은 사무 및 판매·서비스직 세분
④ 자동화·기계화 진전에 따른 기능직 및 기계 조작직 직종 세분 및 신설

47 다음은 국가기술자격 중 어떤 등급의 검정기준에 해당하는가?

> 해당 국가기술자격의 종목에 관한 숙련기능을 가지고 제작·제조·조작·운전·보수·정비·채취·검사 또는 작업관리 및 이에 관련되는 업무를 수행할 수 있는 능력 보유

① 기능사　　② 산업기사
③ 기사　　　④ 기능장

48 한국표준산업분류(제11차) 분류 정의가 <u>틀린</u> 것은?

① 산업은 유사한 성질을 갖는 산업활동에 주로 종사하는 생산단위의 집합이다.
② 각 생산단위가 노동, 자본, 원료 등 자원을 투입하여, 재화 또는 서비스를 생산 또는 제공하는 일련의 활동과정은 산업활동이다.
③ 산업활동 범위에는 영리적, 비영리적 활동이 모두 포함되며, 가정 내 가사활동도 포함된다.
④ 산업분류는 생산단위가 주로 수행하는 산업활동을 분류 기준과 원칙에 맞춰 그 유사성에 따라 체계적으로 유형화한 것이다.

49 고용노동통계조사의 각 항목별 조사주기의 연결이 <u>틀린</u> 것은?

① 사업체 노동력 조사: 연 1회
② 시도별 임금 및 근로시간 조사: 연 1회
③ 지역별 사업체 노동력 조사: 연 2회
④ 기업체 노동비용 조사: 연 1회

50 다음은 어떤 직업훈련 지원제도에 관한 설명인가?

> 급격한 기술발전에 적응하고 노동시장 변화에 대응하는 사회안전망 차원에서 생애에 걸친 역량개발 향상 등을 위해 국민 스스로 직업능력개발훈련을 실시할 수 있도록 훈련비 등을 지원

① 국가기간·전략산업직종훈련
② 사업주 직업능력개발훈련
③ 국민내일배움카드
④ 일학습병행

51 한국표준산업분류(제11차)의 산업분류 결정방법에 관한 설명으로 틀린 것은?

① 생산단위 산업활동은 그 생산단위가 수행하는 주된 산업활동 종류에 따라 결정
② 계절에 따라 정기적으로 산업활동을 달리하는 사업체의 경우엔 조사대상기간 중 산출액이 많았던 활동에 의하여 분류
③ 설립 중인 사업체는 개시하는 산업활동에 따라 결정
④ 단일사업체 보조단위는 별도의 사업체로 처리

52 평생학습계좌제(www.all.go.kr)에 관한 설명으로 <u>틀린</u> 것은?

① 개인의 다양한 학습경험을 온라인 학습이력관리시스템에 누적·관리하여 체계적인 학습설계를 지원한다.
② 개인의 학습결과를 학력이나 자격인정과 연계하거나 고용정보로 활용할 수 있게 한다.
③ 전 국민을 대상으로 실시하는 제도로서, 원하는 누구나 이용이 가능하다.
④ 온라인으로 계좌개설이 가능하며 방문신청은 전국 고용센터에 방문하여 개설한다.

53 고용24에서 제공하는 채용정보 중 기업형태별 검색에 해당하지 <u>않는</u> 것은?

① 벤처기업   ② 외국계기업
③ 환경친화기업   ④ 일학습병행기업

54 직업정보의 가공에 대한 설명으로 틀린 것은?

① 정보를 공유하는 방법을 강구하는 단계이다.
② 정보의 생명력을 측정하여 활용방법을 선정하고 이용자에게 동기를 부여할 수 있도록 구상한다.
③ 정보를 제공하는 것은 긍정적인 입장에서 출발하여야 한다.
④ 시각적 효과를 부가한다.

55 고용24 직업정보시스템에서 '직업정보 찾기'의 하위 메뉴가 아닌 것은?

① 신직업·창직 찾기
② 업무수행능력별 찾기
③ 통합 찾기(지식, 능력, 흥미)
④ 지역별 찾기

56 고용24에서 제공하는 학과정보 중 자연계열의 '생명과학과'와 관련이 없는 학과는?

① 의생명과학과　② 해양생명과학과
③ 분자생물학과　④ 바이오산업공학과

57 민간직업정보와 비교한 공공직업정보의 특성에 관한 설명과 가장 거리가 먼 것은?

① 필요한 시기에 최대한 활용되도록 한시적으로 신속하게 생산 및 운영된다.
② 광범위한 이용가능성에 따라 공공직업정보체계에 대한 직접적이며 객관적인 평가가 가능하다.
③ 특정 분야 및 대상에 국한되지 않고 전체 산업 및 업종에 걸친 직종 등을 대상으로 한다.
④ 직업별로 특정한 정보만을 강조하지 않고 보편적인 항목으로 이루어진 기초적인 직업정보체계로 구성되어 있다.

내용 개정으로 더 이상 유효하지 않은 문제입니다.

58 한국표준직업분류(제7차) 개정 시 대분류 3 '사무 종사자'에 신설된 것은?

① 행정사
② 신용카드 모집인
③ 로봇공학 기술자 및 연구원
④ 문화관광 및 숲·자연환경 해설사

59 Q-net(www.q-net.or.kr)에서 제공하는 국가기술자격 종목별 정보를 모두 고른 것은?

| ㄱ. 자격취득자에 대한 법령상 우대현황 |
| ㄴ. 수험자 동향(응시목적별, 연령별 등) |
| ㄷ. 연도별 검정현황(응시자 수, 합격률 등) |
| ㄹ. 시험정보(수수료, 취득방법 등) |

① ㄱ, ㄴ　　　② ㄷ, ㄹ
③ ㄱ, ㄴ, ㄹ　④ ㄱ, ㄴ, ㄷ, ㄹ

60 직업정보의 일반적인 평가기준과 가장 거리가 먼 것은?

① 어떤 목적으로 만든 것인가
② 얼마나 비싼 정보인가
③ 누가 만든 것인가
④ 언제 만들어진 것인가

제4과목 노동시장론

61 노동조합에 관한 설명으로 옳은 것은?
① 노조부문과 비노조부문 간의 임금격차를 해소시킨다.
② 집단적 소리로서의 기능을 하여 비효율을 제거하고 생산성을 증진시킬 수 있다.
③ 시장기능에 의해 결정된 임금수준을 반드시 수용한다.
④ 노동조합의 임금수준은 일반적으로 비노조부문의 임금수준에 비해 낮게 책정되어 있다.

62 1960년대 선진국에서 실업률과 물가상승률 간의 상충관계를 개선하고자 실시했던 정책은?
① 재정정책 ② 금융정책
③ 인력정책 ④ 소득정책

63 경기침체로 실업자가 직장을 구하는 것이 더욱 어렵게 되어 구직활동을 단념함으로써 비경제활동인구가 늘어나고 경제활동인구가 감소하는 것은?
① 실망노동자효과 ② 부가노동자효과
③ 대기실업효과   ④ 추가실업효과

64 한국 노동시장에서 인력난과 유휴인력이 공존하는 이유로 가장 적합한 것은?
① 근로자의 학력격차의 확대
② 외국인고용허가제 도입
③ 기업규모별 임금격차의 확대
④ 미숙련 노동력의 무제한적 공급

65 노사관계의 주체를 사용자 및 단체, 노동자 및 단체, 정부로 규정하고 이들 간의 관계는 기술, 시장 또는 예산상의 제약, 권력구조에 의해 결정된다는 노사관계이론은?
① 시스템이론   ② 수렴이론
③ 분산이론   ④ 단체교섭이론

66 다음 중 내부노동시장의 특징에 관한 설명으로 옳은 것은?
① 신규채용이나 복직 그리고 능력 있는 자의 초빙 시에만 외부노동시장과 연결된다.
② 승진이나 직무배치 그리고 임금 등은 외부노동시장과 연계하여 결정된다.
③ 임금은 근로자의 단기적 생산성과 관련된다.
④ 내부와 외부노동시장 간에 임금격차가 없다.

67 개인이 노동시장에서의 노동공급을 포기하는 경우에 관한 설명으로 <u>틀린</u> 것은?

① 개인의 여가-소득 간의 무차별곡선이 수평에 가까운 경우이다.
② 개인의 여가-소득 간의 무차별곡선과 예산제약선 간의 접점이 존재하지 않거나, X축 코너(corner)점에서만 접점이 이루어질 경우이다.
③ 일정 수준의 효용을 유지하기 위해 1시간 추가적으로 더 일하는 것을 보상하는 데 요구되는 소득이 시장임금률보다 더 큰 경우이다.
④ 소득에 비해 여가의 효용이 매우 큰 경우이다.

68 노사 간에 공동결정(co-determination)이라는 광범위한 합의관행이 존재하고 있는 국가는?

① 영국   ② 프랑스
③ 미국   ④ 독일

69 다음 중 최저임금제도의 기대효과가 <u>아닌</u> 것은?

① 소득분배 개선
② 기업 간 공정경쟁 유도
③ 고용 확대
④ 산업구조의 고도화

70 다음 중 노동공급의 감소로 발생되는 현상은?

① 사용자의 경쟁심화로 임금수준의 하락을 초래한다.
② 고용수준의 증가를 가져온다.
③ 임금수준의 상승을 초래한다.
④ 일시적인 초과 노동공급현상을 유발한다.

빈출
71 노동조합 조직의 유지 및 확대에 유리한 순서대로 숍 제도를 나열한 것은?

① 클로즈드 숍 > 유니언 숍 > 오픈 숍
② 유니언 숍 > 클로즈드 숍 > 오픈 숍
③ 오픈 숍 > 유니언 숍 > 클로즈드 숍
④ 오픈 숍 > 클로즈드 숍 > 유니언 숍

72 통상임금과 평균임금에 관한 설명으로 <u>틀린</u> 것은?

① 통상임금에는 기본급, 직무관련 직책, 직급, 직무수당을 포함한다.
② 초과급여, 특별급여 등은 통상임금 산정에서 제외된다.
③ 평균임금은 고용기간 중에서 근로자가 지급받고 있던 평균적인 임금수준을 말한다.
④ 평균임금은 연장근로, 야간근로, 휴일근로 등의 산출 기준임금이다.

73 정보의 유통장애와 가장 관련이 높은 실업은?

① 마찰적 실업 ② 경기적 실업
③ 구조적 실업 ④ 잠재적 실업

74 1998~1999년의 경제위기 기간에 나타난 우리 노동시장의 특징과 가장 거리가 먼 것은?

① 해고분쟁의 증가
② 외국인 노동자 대량유입
③ 근로자의 평균근속기간 감소
④ 임시직·일용직 고용비중의 증가

75 임금상승이 한 개인의 여가와 노동시간에 미치는 효과 중 소득효과가 대체효과보다 클 경우 나타나는 것은?

① 여가시간은 감소하지만 노동시간이 증가한다.
② 여가시간과 노동시간이 함께 증가한다.
③ 여가시간과 노동시간이 함께 감소한다.
④ 여가시간은 증가하지만 노동시간은 감소한다.

76 근로자의 근속연수에 따라 임금을 결정하는 임금체계는?

① 연공급 ② 직무급
③ 직능급 ④ 성과급

77 노동조합으로 인해 비노조부문의 임금이 하락하고 있다면 이는 어떤 경우인가?

① 이전효과(spillover effect)만 나타나는 경우
② 위협효과(threat effect)만 나타나는 경우
③ 대기실업효과만 나타나는 경우
④ 비노동조합부문에서 노동수요곡선을 좌측으로 이동하는 효과가 나타나는 경우

78 임금이 10,000원에서 12,000원으로 증가할 때 고용량이 120명에서 108명으로 감소한 경우 노동수요의 탄력성은?

① 0.06 ② 0.5
③ 1.0   ④ 2.0

79 K회사는 4번째 직원을 채용할 때 모든 근로자의 시간당 임금을 8천 원에서 9천 원으로 인상할 것이다. 만약 4번째 직원의 시간당 한계수입생산이 1만 원이라면 K기업이 4번째 직원을 새로 고용함에 따라 얻을 수 있는 시간당 이윤은?

① 1천 원 증가 ② 2천 원 증가
③ 1천 원 감소 ④ 2천 원 감소

80 다음 중 임금수준의 결정원칙이 아닌 것은?

① 사회적 균형의 원칙
② 생계비 보장의 원칙
③ 소비욕구 반영의 원칙
④ 기업 지불 능력의 원칙

82 고용보험법령상 취업촉진수당에 해당하지 않는 것은?

① 구직급여　　② 조기재취업수당
③ 광역구직활동비　④ 직업능력개발수당

[빈출]
83 헌법상 근로의 권리로서 명시되어 있지 않은 것은?

① 최저임금제 시행
② 여성근로자의 특별보호
③ 연소근로자의 특별보호
④ 장애인근로자의 특별보호

제5과목　노동관계법규

81 직업안정법령상 근로자의 모집에 관한 설명으로 틀린 것은?

① 누구든지 국외에 취업할 근로자를 모집한 경우에는 고용노동부장관에게 신고하여야 한다.
② 고용노동부장관은 건전한 모집질서를 확립하기 위하여 필요하다고 인정하는 경우에는 근로자 모집방법 등의 개선을 권고할 수 있다.
③ 고용노동부장관은 근로자의 모집을 원활하게 하기 위하여 필요하다고 인정할 때에는 국외취업을 희망하는 근로자를 미리 등록하게 할 수 있다.
④ 근로자를 모집하려는 자가 응모자로부터 그 모집과 관련하여 금품을 받은 경우 7년 이하의 징역 또는 7천만 원 이하의 벌금에 처한다.

84 남녀고용평등과 일·가정 양립 지원에 관한 법령상 육아기 근로시간 단축에 관한 설명이다. ( )에 들어갈 내용으로 옳은 것은?

> 사업주가 근로자에게 육아기 근로시간 단축을 허용하는 경우 단축 후 근로시간은 주당 (ㄱ)시간 이상이어야 하고 (ㄴ)시간을 넘어서는 아니 된다.

① ㄱ: 10, ㄴ: 15　② ㄱ: 10, ㄴ: 20
③ ㄱ: 15, ㄴ: 30　④ ㄱ: 15, ㄴ: 35

85 개인정보 보호법령에 관한 설명으로 틀린 것은?

① '정보주체'란 처리되는 정보에 의하여 알아볼 수 있는 사람으로서 그 정보의 주체가 되는 사람을 말한다.
② 개인정보처리자는 개인정보의 처리목적에 필요한 범위에서 개인정보의 정확성, 완전성 및 최신성이 보장되도록 하여야 한다.
③ 개인정보 보호에 관한 사무를 독립적으로 수행하기 위하여 국무총리 소속으로 개인정보 보호위원회를 둔다.
④ 위원의 임기는 2년으로 하되, 연임할 수 없다.

86 근로기준법령상 이행강제금에 관한 설명으로 틀린 것은?

① 노동위원회는 부당해고 구제명령(구제명령을 내용으로 하는 재심판정 포함)을 받은 후 이행기한까지 구제명령을 이행하지 아니한 사용자에게 3천만 원 이하의 이행강제금을 부과한다.
② 노동위원회는 이행강세금을 부과하기 30일 전까지 이행강제금을 부과·징수한다는 뜻을 사용자에게 미리 문서로써 알려주어야 한다.
③ 근로자는 구제명령을 받은 사용자가 이행기한까지 구제명령을 이행하지 아니하면 이행기한이 지난 때부터 30일 이내에 그 사실을 노동위원회에 알려줄 수 있다.
④ 노동위원회는 이행강제금 납부의무자가 납부기한까지 이행강제금을 내지 아니하면 기간을 정하여 독촉을 하고 지정된 기간에 이행강제금을 내지 아니하면 국세 체납처분의 예에 따라 징수할 수 있다.

87 고용정책 기본법령상 고용정책기본계획에 포함되는 내용으로 명시되지 않은 것은?

① 고용동향과 인력의 수급전망에 관한 사항
② 고용에 관한 중장기 정책목표 및 방향
③ 인력의 수급동향 및 전망을 반영한 직업능력개발훈련의 수급에 관한 사항
④ 인력의 수요와 공급에 영향을 미치는 산업정책 등의 동향에 관한 사항

88 국민 평생 직업능력 개발법령상 실시방법에 따라 구분한 직업능력개발훈련에 해당하지 않는 것은?

① 집체훈련　② 향상훈련
③ 현장훈련　④ 원격훈련

빈출
89 고용보험법령상 구직급여의 수급자격이 인정되기 위해서는 이직일 이전 18개월의 기준기간 중에 피보험 단위기간이 통산하여 며칠 이상 되어야 하는가?

① 60일　② 90일
③ 120일　④ 180일

90 고용정책 기본법령상 고용재난지역에 관한 설명으로 틀린 것은?

① 고용재난지역으로 선포할 것을 대통령에게 건의할 수 있는 자는 기획재정부장관이다.
② 고용재난지역의 선포를 건의받은 대통령은 국무회의 심의를 거쳐 해당 지역을 고용재난지역으로 선포할 수 있다.
③ 고용재난지역으로 선포하는 경우 정부는 행정상·재정상·금융상의 특별지원이 포함된 종합대책을 수립·시행할 수 있다.
④ 고용재난조사단은 단장 1명을 포함하여 15명 이하의 단원으로 구성한다.

91 국민 평생 직업능력 개발법령상 직업능력개발훈련에 관한 설명으로 옳은 것은?

① 직업능력개발훈련은 18세 미만인 자에게는 실시할 수 없다.
② 직업능력개발훈련의 대상에는 취업할 의사가 있는 사람뿐만 아니라 사업주에게 고용된 사람도 포함된다.
③ 직업능력개발훈련 시설의 장은 직업능력개발훈련과 관련된 기술 등에 관한 표준을 정할 수 있다.
④ 「산업재해보상보험법」을 적용받는 사람도 재해위로금을 받을 수 있다.

92 고용보험법령상 고용안정·직업능력개발 사업의 내용에 해당하지 않는 것은?

① 조기재취업수당 지원
② 고용창출의 지원
③ 지역 고용의 촉진
④ 임금피크제 지원금의 지급

93 근로기준법령상 용어의 정의에 관한 설명으로 틀린 것은?

① '근로'란 정신노동과 육체노동을 말한다.
② '사용자'란 사업주 또는 사업경영담당자, 그 밖에 근로자에 관한 사항에 대하여 사업주를 위하여 행위하는 자를 말한다.
③ '통상임금'이란 이를 산정하여야 할 사유가 발생한 날 이전 3개월 동안에 그 근로자에게 지급된 임금의 총액을 그 기간의 총일수로 나눈 금액을 말한다.
④ '단시간근로자'란 1주 동안의 소정근로시간이 그 사업장에서 같은 종류의 업무에 종사하는 통상 근로자의 1주 동안의 소정근로시간에 비하여 짧은 근로자를 말한다.

94 남녀고용평등과 일·가정 양립 지원에 관한 법령상 과태료를 부과하는 위반행위는?

① 근로자의 교육·배치 및 승진에서 남녀를 차별한 경우
② 성희롱 예방교육을 하지 아니한 경우
③ 동일한 사업 내의 동일가치의 노동에 대하여 동일한 임금을 지급하지 아니한 경우
④ 육아기 근로시간 단축을 이유로 해당 근로자에 대하여 해고나 그 밖의 불리한 처우를 한 경우

95 근로기준법령상 근로계약에 관한 설명으로 틀린 것은?

① 「근로기준법」에서 정하는 기준에 미치지 못하는 근로조건을 정한 근로계약은 그 부분에 한하여 무효로 한다.
② 사용자는 근로계약 불이행에 대한 위약금 또는 손해배상액을 예정하는 계약을 체결할 수 있다.
③ 사용자는 근로계약을 체결할 때에 근로자에게 임금, 소정근로시간, 휴일, 연차유급휴가 등의 사항을 명시하여야 한다.
④ 명시된 근로조건이 사실과 다를 경우에 근로자는 근로조건 위반을 이유로 손해의 배상을 청구할 수 있으며 즉시 근로계약을 해제할 수 있다.

96 남녀고용평등과 일·가정 양립 지원에 관한 법령상 직장 내 성희롱의 금지 및 예방에 관한 설명으로 틀린 것은?

① 사업주, 상급자 또는 근로자는 직장 내 성희롱을 하여서는 아니 된다.
② 사업주는 성희롱 예방교육을 고용노동부장관이 지정하는 기관에 위탁하여 실시할 수 있다.
③ 누구든지 직장 내 성희롱 발생 사실을 알게 된 경우 그 사실을 해당 사업주에게 신고할 수 있다.
④ 사업주는 직장 내 성희롱 예방교육을 연 2회 이상 하여야 한다.

97 근로자퇴직급여 보장법에 관한 설명으로 틀린 것은?

① 이 법은 상시 5명 미만의 근로자를 사용하는 사업장에는 적용하지 아니한다.
② 퇴직금제도를 설정하려는 사용자는 계속근로기간 1년에 대하여 30일분 이상의 평균임금을 퇴직금으로 퇴직 근로자에게 지급할 수 있는 제도를 설정하여야 한다.
③ 퇴직금을 받을 권리는 3년간 행사하지 아니하면 시효로 인하여 소멸한다.
④ 확정급여형 퇴직연금제도란 근로자가 받을 급여의 수준이 사전에 결정되어 있는 퇴직연금제도를 말한다.

98 직업안정법령상 근로자공급사업에 관한 설명으로 틀린 것은?

① 근로자공급사업 연장허가의 유효기간은 연장 전 허가의 유효기간이 끝나는 날부터 5년으로 한다.
② 누구든지 고용노동부장관의 허가를 받지 아니하고는 근로자공급사업을 하지 못한다.
③ 연예인을 대상으로 하는 국외 근로자공급사업의 허가를 받을 수 있는 자는 민법상 비영리법인으로 한다.
④ 국내 근로자공급사업 허가를 받을 수 있는 자는 「노동조합 및 노동관계조정법」에 따른 노동조합이다.

99 파견근로자 보호 등에 관한 법령에 대한 설명으로 틀린 것은?

① 근로자파견사업의 허가의 유효기간은 3년으로 한다.
② 파견사업주는 그가 고용한 근로자 중 파견근로자로 고용하지 아니한 자를 근로자파견의 대상으로 하려는 경우에는 고용노동부장관의 승인을 받아야 한다.
③ 파견사업주는 쟁의행위 중인 사업장에 그 쟁의행위로 중단된 업무의 수행을 위하여 근로자를 파견하여서는 아니 된다.
④ 파견사업주는 근로자파견을 할 경우에는 파견근로자의 성명·성별·연령·학력·자격 기타 직업능력에 관한 사항을 사용사업주에게 통지하여야 한다.

100 고용상 연령차별금지 및 고령자고용촉진에 관한 법령상 운수업에서의 고령자 기준 고용률은?

① 그 사업장의 상시 근로자 수의 100분의 2
② 그 사업장의 상시 근로자 수의 100분의 3
③ 그 사업장의 상시 근로자 수의 100분의 6
④ 그 사업장의 상시 근로자 수의 100분의 10

2021년 [2회]

직업상담학		직업심리학		직업정보론		노동시장론		노동관계법규	
01	④	21	①	41	④	61	②	81	④
02	①	22	④	42	④	62	④	82	①
03	②	23	③	43	①	63	①	83	④
04	③	24	②	44	③	64	③	84	④
05	④	25	④	45	②	65	①	85	④
06	③	26	②	46	④	66	①	86	③
07	④	27	②	47	①	67	①	87	③
08	③	28	③	48	③	68	④	88	②
09	②	29	③	49	①	69	③	89	④
10	④	30	④	50	③	70	③	90	①
11	④	31	③	51	④	71	①	91	②
12	③	32	④	52	④	72	④	92	①
13	④	33	④	53	③	73	①	93	③
14	①	34	①	54	③	74	②	94	②
15	②	35	③	55	④	75	④	95	②
16	④	36	③	56	②	76	①	96	④
17	④	37	③	57	①	77	①	97	①
18	③	38	④	58	①	78	②	98	①
19	④	39	①	59	④	79	④	99	②
20	①	40	③	60	②	80	③	100	③

2021년 3회

정답과 해설 ▶ P. 194~206

제1과목 직업상담학

01 진로선택과 관련된 이론으로 인생초기의 발달 과정을 중시하는 이론은?

① 인지적 정보처리이론
② 정신분석이론
③ 사회학습이론
④ 진로발달이론

02 상담이론과 직업상담사의 역할의 연결이 바르지 <u>않은</u> 것은?

① 인지상담 - 수동적이고 수용적인 태도
② 정신분석적 상담 - 텅 빈 스크린
③ 내담자중심의 상담 - 촉진적인 관계형성 분위기 조성
④ 행동주의 상담 - 능동적이고 지시적인 역할

03 Williamson의 특성-요인 직업상담의 단계를 바르게 나열한 것은?

ㄱ. 분석	ㄴ. 종합
ㄷ. 진단	ㄹ. 예측
ㅁ. 상담	ㅂ. 추수지도

① ㄱ → ㄴ → ㄷ → ㄹ → ㅁ → ㅂ
② ㄷ → ㄱ → ㄴ → ㅁ → ㄹ → ㅂ
③ ㄴ → ㄱ → ㄹ → ㄷ → ㅁ → ㅂ
④ ㄱ → ㄷ → ㅁ → ㄴ → ㄹ → ㅂ

04 6개의 생각하는 모자(six thinking hats)기법에서 모자의 색상별 역할에 관한 설명으로 옳은 것은?

① 청색 - 낙관적이며, 모든 일이 잘될 것이라고 생각한다.
② 적색 - 직관에 의존하고, 직감에 따라 행동한다.
③ 흑색 - 본인과 직업들에 대한 사실들만을 고려한다.
④ 황색 - 새로운 대안들을 찾으려 노력하고, 문제들을 다른 각도에서 바라본다.

05 Super가 제시한 흥미사정기법에 해당하지 <u>않는</u> 것은?

① 표현된 흥미   ② 선호된 흥미
③ 조작된 흥미   ④ 조사된 흥미

06 교류분석 상담의 상담과정에서 내담자 자신의 부모자아, 성인자아, 어린이자아의 내용이나 기능을 이해하는 방법은?

① 구조분석   ② 의사교류분석
③ 게임분석   ④ 생활각본분석

07 인지·정서·행동치료(REBT)의 상담기법 중 정서기법에 해당하지 <u>않는</u> 것은?
① 역할연기 ② 수치공격 연습
③ 자기관리 ④ 무조건적 수용

08 상담사가 비밀유지를 파기할 수 있는 경우와 거리가 가장 <u>먼</u> 것은?
① 내담자가 자살을 시도할 계획이 있는 경우
② 비밀을 유지하지 않는 것이 효과적이라고 슈퍼바이저가 말하는 경우
③ 내담자가 타인을 해칠 가능성이 있는 경우
④ 아동학대와 관련된 경우

09 직업상담을 위한 면담에 대한 설명으로 옳은 것은?
① 내담자의 모든 행동은 이유와 목적이 있음을 분명하게 인지한다.
② 상담과정의 원만한 전개를 위해 내담자에게 태도변화를 요구한다.
③ 침묵에 빠지지 않도록 상담자는 항상 먼저 이야기를 해야 한다.
④ 초기면담에서 내담자에 대한 기준을 부여한다.

10 사이버 직업상담기법으로 적합하지 <u>않은</u> 것은?
① 질문내용 구상하기
② 핵심 진로논점 분석하기
③ 진로논점 유형 정하기
④ 직업정보 가공하기

11 내담자가 자기지시적인 삶을 영위하고 상담사에게 의존하지 않게 하기 위해 상담사가 내담자와 지식을 공유하며 자기강화 기법을 적극적으로 활용하는 행동주의 상담기법은?
① 모델링 ② 과잉교정
③ 내현적 가감법 ④ 자기관리 프로그램

12 상담사의 기본기술 중 내담자가 전달하려는 내용에서 한 걸음 더 나아가 그 내면적 감정에 대해 반영하는 것은?
① 해석 ② 공감
③ 명료화 ④ 적극적 경청

13 아들러(A. Adler)의 개인주의 상담에 관한 설명으로 맞는 것을 모두 고른 것은?

> ㄱ. 범인류적 유대감을 중시한다.
> ㄴ. 인간을 전체적 존재로 본다.
> ㄷ. 사회 및 교육문제에 관심을 갖는다.

① ㄱ, ㄴ ② ㄱ, ㄷ
③ ㄴ, ㄷ ④ ㄱ, ㄴ, ㄷ

14 다음은 어떤 상담이론에 관한 설명인가?

> 부모의 가치조건을 강요하여 긍정적 존중의 욕구가 좌절되고, 부정적 자아개념이 형성되면서 심리적 어려움이 발생된다고 본다.

① 행동주의 상담 ② 게슈탈트 상담
③ 실존주의 상담 ④ 인간중심 상담

15 직업상담 과정에서 내담자 목표나 문제의 확인·명료·상세단계의 내용으로 적절하지 않은 것은?

① 내담자와 상담자 간의 상호 간 관계 수립
② 내담자의 현재 상태와 환경적 정보 수집
③ 진단에 근거한 개입의 선정
④ 내담자 자신의 정보수집

16 Super의 생애진로발달 이론에서 상담목표로 옳은 것을 모두 고른 것은?

> ㄱ. 자기개념 분석하기
> ㄴ. 진로성숙 수준 확인하기
> ㄷ. 수행결과에 대한 비현실적 기대 확인하기
> ㄹ. 진로발달과제를 수행하는 데 필요한 지식, 태도, 기술 익히기

① ㄱ, ㄷ ② ㄱ, ㄴ, ㄹ
③ ㄴ, ㄷ, ㄹ ④ ㄱ, ㄴ, ㄷ, ㄹ

17 생애진로사정의 구조에 포함되지 않는 것은?

① 진로사정 ② 강점과 장애
③ 훈련 및 평가 ④ 전형적인 하루

18 다음 사례에서 면담사정 시 사정단계에서 확인해야 하는 내용으로 가장 적합한 것은?

> 중2 남학생인 내담자는 소극적인 성격으로 대인관계에 어려움을 겪고 있고 진로에 대한 고민을 한 적이 없고 학업도 게을리하고 있다.

① 내담자의 잠재력, 내담자의 자기진단
② 인지적 명확성, 정신건강 문제, 내담자의 동기
③ 내담자의 자기진단, 상담자의 정보제공
④ 동기문제 해결, 상담자의 견해 수용

19 비구조화 집단에 관한 설명으로 틀린 것은?

① 감수성 훈련, T집단이 해당된다.
② 폭넓고 깊은 상호작용이 이루어질 수 있다.
③ 구조화 집단보다 지도자의 전문성이 더욱 요구된다.
④ 비구조화가 중요하기에 지도자가 어떤 계획을 세울 필요는 없다.

20 [빈출] 직업상담의 문제유형 중 Bordin의 분류에 해당하지 않는 것은?

① 의존성
② 확신의 결여
③ 선택에 대한 불안
④ 흥미와 적성의 모순

제2과목 직업심리학

21 다음 중 진로 의사결정 모델(이론)에 해당하는 것은?

① Holland의 진로선택이론
② Vroom의 기대이론
③ Super의 발달이론
④ Krumboltz의 사회학습이론

22 진로발달이론 중 인지적 정보처리이론의 핵심적인 가정으로 옳지 않은 것은?

① 직업 문제해결능력은 지식과 마찬가지로 인지적인 기능에 따라 달라진다.
② 직업발달은 지식구조의 지속적인 성장과 변화를 내포한다.
③ 직업 문제해결과 의사결정은 인지적인 과정을 내포하고 있고 정서적인 과정은 포함되지 않는다.
④ 직업 문제해결과 의사결정기술의 발전은 정보처리 능력을 강화함으로써 이루어진다.

23 다음에 해당하는 직무 및 조직 관련 스트레스 요인은?

> 직장 내 요구들 간의 모순 혹은 직장의 요구와 직장 밖 요구 사이의 모순이 있을 때 발생한다.

① 역할갈등 ② 역할과다
③ 과제특성 ④ 역할 모호성

24 진로성숙도 검사(CMI)의 태도척도 영역과 이를 측정하는 문항의 예가 바르게 짝지어진 것은?

① 결정성 – 나는 선호하는 진로를 자주 바꾸고 있다.
② 독립성 – 나는 졸업할 때까지는 진로선택 문제에 별로 신경을 쓰지 않겠다.
③ 타협성 – 일하는 것이 무엇인지에 대해 생각한 바가 거의 없다.
④ 성향 – 나는 하고 싶기는 하나 할 수 없는 일을 생각하느라 시간을 보내곤 한다.

25 호손(Hawthorne) 연구에 관한 설명으로 <u>틀린</u> 것은?

① 인간이 조직에서 중요한 요소의 하나라는 사실을 강조하였다.
② 개인과 집단의 사회적·심리적 요소가 조직성과에 영향을 미친다는 사실을 인식하였다.
③ 비공식조직이 조직성과에 영향을 미치는 것을 확인하였다.
④ 작업의 과학화, 객관화, 분업화의 중요성을 강조하였다.

26 직무 스트레스에 관한 설명으로 옳은 것은?

① 17-OHCS라는 당류부신피질 호르몬은 스트레스의 생리적 지표로서 매우 중요하게 사용된다.
② B형 행동유형이 A형 행동유형보다 높은 스트레스 수준을 유지한다.
③ Yerkes와 Dodson의 U자형 가설은 스트레스 수준이 낮으면 작업능률이 높아진다는 가설이다.
④ 일반적응증후군(GAS)은 저항단계, 경계단계, 소진단계 순으로 진행되면서 사람에게 나쁜 결과를 가져다준다.

27 다음 중 일반적으로 가장 높은 신뢰도 계수를 기대할 수 있는 검사는?

① 표준화된 성취검사
② 표준화된 지능검사
③ 자기보고식 검사
④ 투사식 성격검사

28 신입사원을 대상으로 부서 배치 후 6개월 이내에 자신이 도달하고 싶은 미래의 모습을 경력목표로 정하고 목표에 도달하기 위한 계획을 작성, 제출하도록 하여 자율적으로 경력목표를 달성할 수 있도록 지원하는 것은?

① 경력워크숍
② 직무순환
③ 사내공모제
④ 조기발탁제

29 개인의 변화를 목표로 하는 이차적 스트레스 관리전략에 해당하지 <u>않는</u> 것은?

① 이완훈련
② 바이오피드백
③ 직무 재설계
④ 스트레스관리 훈련

30 심리검사를 실시할 때 지켜야 할 사항과 가장 거리가 <u>먼</u> 것은?

① 검사의 구두 지시사항을 미리 충분히 숙지한다.
② 지나친 소음과 방해자극이 없는 곳에서 검사를 실시한다.
③ 수검자에 대한 관심과 협조, 격려를 통해 수검자로 하여금 검사를 성실히 하도록 한다.
④ 수검자에게 검사결과를 통보할 때는 일상적인 용어보다 통계적인 숫자나 용어를 중심으로 전달해야 한다.

31 홀랜드(Holland)의 육각형 모델에서 창의성을 지향하는 아이디어와 자료를 사용해서 자신을 새로운 방식으로 표현하는 유형은?

① 현실형(R)   ② 탐구형(I)
③ 예술형(A)   ④ 사회형(S)

32 직업상담사 자격시험 문항 중 대학수학능력을 측정하는 문항이 섞여 있을 경우 가장 문제가 되는 것은?

① 타당도   ② 신뢰도
③ 객관도   ④ 오답지 매력도

33 직무분석에 필요한 직무정보를 얻는 출처와 가장 거리가 먼 것은?

① 직무 현직자   ② 현직자의 상사
③ 직무 분석가   ④ 과거 직무 수행자

34 특성-요인이론에 관한 설명으로 맞는 것을 모두 고른 것은?

> ㄱ. 대표적인 학자로 파슨스, 윌리엄슨 등이 있다.
> ㄴ. 직업선택은 인지적인 과정으로 개인의 특성과 직업의 특성을 짝짓는 것이 가능하다고 본다.
> ㄷ. 개인차에 관한 연구에서 시작하였고, 심리측정을 중요하게 다루지 않는다.

① ㄱ, ㄴ   ② ㄱ, ㄷ
③ ㄴ, ㄷ   ④ ㄱ, ㄴ, ㄷ

35 2차 세계대전 중에 미국 공군이 개발한 것으로 모든 원점수를 1~9까지의 한 자리 숫자체계로 전환한 것은?

① 스테나인 척도   ② 서스톤 척도
③ 서열척도   ④ T점수

36 직업지도 시 '직업적응' 단계에서 이루어지는 것이 아닌 것은?

① 직업생활에 적응하기 위하여 노력한다.
② 여러 가지 직업 중에서 장단점을 비교한다.
③ 직업전환 및 실업위기에 대응하기 위한 자기만의 계획을 갖는다.
④ 은퇴 후의 생애설계를 한다.

37 스트롱-캠벨 흥미검사(SVIB-SCII)에 관한 설명으로 옳지 않은 것은?

① 직업전환에 관심이 있는 사람들에게 활용될 수 있다.
② 207개 직업별 흥미척도가 제시된다.
③ 반응관련 자료 및 특수척도 점수 등과 같은 자료가 제공된다.
④ 사회·경제구조와 직업형태에 적합한 18개 영역의 직업흥미를 분류하여 구성하였다.

38 직업발달이란 직업 자아정체감을 형성해 나가는 계속적 과정이라고 간주하는 진로발달이론은?

① Ginzberg의 발달이론
② Super의 발달이론
③ Tiedeman과 O'Hara의 발달이론
④ Tuckman의 발달이론

39 종업원 평가방법 중 다양한 직무과업을 모방하여 설계한 여러 가지 모의과제로 구성된 것은?

① 평가센터(assessment center)
② 경력자원센터(career resource center)
③ 경력워크숍(career workshop)
④ 경력연습책자(career workbook)

40 직무분석 정보를 수집하는 기법 중 다음과 같은 장점을 지닌 것은?

- 효율적이고 비용이 적게 든다.
- 동일한 직무의 재직자 간의 차이를 보여 준다.
- 공통적인 직무차원 상에서 상이한 직무들을 비교하기가 쉽다.

① 관찰법 ② 면접법
③ 설문지법 ④ 작업일지법

제3과목 직업정보론

빈출 최신 개정 내용에 맞게 변형한 기출문제입니다.
41 2026년 적용 최저임금은 얼마인가?

① 10,010원   ② 9,620원
③ 10,320원   ④ 9,980원

내용 개정으로 더 이상 유효하지 않은 문제입니다.
42 한국표준산업분류(제10차)의 대분류별 개정내용으로 틀린 것은?

① 채소작물 재배업에 마늘, 딸기작물 재배업을 포함하였다.
② 전기자동차 판매 증가 등 관련 산업 전망을 감안하여 전기 판매업 세분류를 신설하였다.
③ 항공운송업을 항공여객과 화물운송업으로 변경하였다.
④ 행정부문은 정부 직제 및 기능 등을 고려하여 전면 재분류하였다.

빈출
43 공공직업정보의 일반적인 특성을 모두 고른 것은?

ㄱ. 필요한 시기에 최대한 활용되도록 한시적으로 신속하게 생산되어 운영한다.
ㄴ. 특정 분야 및 대상에 국한하지 않고 전체 산업 및 업종에 걸친 직종을 대상으로 한다.
ㄷ. 특정 시기에 국한하지 않고 지속적으로 조사·분석하여 제공된다.
ㄹ. 관련 직업정보 간의 비교·활용이 용이하다.

① ㄱ, ㄴ, ㄷ   ② ㄱ, ㄴ, ㄹ
③ ㄱ, ㄷ, ㄹ   ④ ㄴ, ㄷ, ㄹ

> 내용 개정으로 더 이상 유효하지 않은 문제입니다.

44 한국표준산업분류(제10차)의 'A 농업, 임업 및 어업' 분야 분류 시 유의사항으로 **틀린** 것은?

① 구입한 농·임·수산물을 가공하여 특정 제품을 제조하는 경우에는 '제조업'으로 분류
② 농·임·수산업 관련 조합은 각각의 사업 부문별로 그 주된 활동에 따라 분류
③ 농업생산성을 높이기 위한 지도·조언 등을 수행하는 정부기관은 '경영컨설팅업'에 분류
④ 수상오락 목적의 낚시장 및 관련시설 운영 활동은 '낚시장 운영업'에 분류

45 취업성공패키지I에 해당하지 **않는** 것은?

① 니트족
② 북한이탈주민
③ 생계급여수급자
④ 실업급여수급자

46 한국직업사전(2020)의 부가직업정보 중 작업환경에 대한 설명으로 **틀린** 것은?

① 작업환경은 해당 직업의 직무를 수행하는 작업원에게 직접적으로 물리적, 신체적 영향을 미치는 작업장의 환경요인을 나타낸 것이다.
② 작업환경의 측정은 작업자의 반응을 배제하고 조사자가 느끼는 신체적 반응으로 판단한다.
③ 작업환경은 저온·고온, 다습, 소음·진동, 위험내재, 대기환경미흡으로 구분한다.
④ 작업환경은 산업체 및 작업장에 따라 달라질 수 있으므로 절대적인 기준이 될 수 없다.

47 한국표준산업분류(제11차)의 통계단위는 생산활동과 장소의 동질성의 차이에 따라 다음과 같이 구분된다. ( )에 알맞은 것은?

구분	하나 이상 장소	단일 장소
하나 이상 산업활동	XXX	XXX
	XXX	
단일 산업활동	( )	XXX

① 기업집단 단위
② 지역 단위
③ 기업체 단위
④ 활동유형 단위

48 고용24 직업정보시스템에서 학과정보를 계열별로 검색하고자 할 때 선택할 수 있는 계열이 **아닌** 것은?

① 문화관광계열
② 교육계열
③ 자연계열
④ 예체능계열

49 다음 설명에 해당하는 직업훈련지원제도는?

> 훈련인프라 부족 등으로 인해 자체적으로 직업훈련을 실시하기 어려운 중소기업들을 위해, 대기업 등이 자체 보유한 우수 훈련인프라를 활용하여 중소기업이 필요로 하는 기술인력을 양성·공급하고 중소기업 재직자의 직무능력향상을 지원하는 제도이다.

① 국가인적자원개발컨소시엄
② 사업주지원훈련
③ 국가기간·전략산업직종훈련
④ 청년취업아카데미

50 한국표준직업분류(제8차)에서 직업분류의 목적이 아닌 것은?

① 각종 사회·경제통계조사의 직업단위 기준으로 활용
② 취업알선을 위한 구인·구직안내 기준으로 활용
③ 직종별 급여 및 수당지급 결정기준으로 활용
④ 산업활동 유형을 분류하는 기준으로 활용

51 국가기술자격 종목과 그 직무분야의 연결이 틀린 것은?

① 가스산업기사 – 환경·에너지
② 건설안전산업기사 – 안전관리
③ 광학기기산업기사 – 전기·전자
④ 방수산업기사 – 건설

52 다음 중 비경제활동인구에 해당하는 것은?

① 수입목적으로 1시간 일한 자
② 일시휴직자
③ 신규실업자
④ 전업학생

빈출

53 실기능력이 중요하여 고용노동부령이 정하는 필기시험이 면제되는 기능사 종목이 아닌 것은?

① 측량기능사
② 도화기능사
③ 도배기능사
④ 방수기능사

내용 개정으로 더 이상 유효하지 않은 문제입니다.

54 워크넷에 대한 설명으로 틀린 것은?

① 직업심리검사, 취업가이드, 취업지원 프로그램 등 각종 취업지원 서비스를 제공한다.
② 기업회원은 허위구인 방지를 위해 고용센터에 방문하여 구인신청서를 작성해야 한다.
③ 청년친화강소기업, 공공기관, 시간선택제 일자리, 기업공채 등의 채용정보를 제공한다.
④ 직종별, 근무지역별, 기업형태별 채용정보를 제공한다.

55 직업정보 수집 시 2차 자료의 원천에 해당하지 않는 것은?

① 대중매체
② 공문서와 공식기록
③ 직접 수행한 심층면접자료
④ 민간부문 문서

56 한국표준직업분류(제8차)에서 직업분류의 개념과 기준에 관한 설명이다. (   ) 안에 알맞은 직업분류 단위는?

> 직무 범주화 기준에는 직무별 고용의 크기 또한 현실적인 기준이 된다. 한국표준직업분류에서는 (   ) 단위에서 최소 1,000명의 고용을 기준으로 설정하였다.

① 대분류　　② 중분류
③ 소분류　　④ 세분류

57 직업성립의 일반요건과 가장 거리가 먼 것은?
① 윤리성　　② 경제성
③ 계속성　　④ 사회보장성

58 국가기술자격 서비스 분야 종목 중 응시자격에 제한이 없는 것으로만 짝지어진 것은?
① 직업상담사 2급 - 임상심리사 2급 - 스포츠경영관리사
② 사회조사분석사 2급 - 소비자전문상담사 2급 - 텔레마케팅관리사
③ 직업상담사 2급 - 컨벤션기획사 2급 - 국제의료관광코디네이터
④ 컨벤션기획사 2급 - 스포츠경영관리사 - 국제의료관광코디네이터

59 직업정보 수집을 위한 서베이 조사에 관한 설명으로 틀린 것은?
① 면접조사는 우편조사에 비해 비언어적 행위의 관찰이 가능하다.
② 일반적으로 전화조사는 면접조사에 비해 면접시간이 길다.
③ 질문의 순서는 응답률에 영향을 줄 수 있다.
④ 폐쇄형 질문의 응답범주는 상호배타적이어야 한다.

60 고용24의 채용정보 검색조건에 해당하지 않는 것은?
① 희망임금　　② 학력
③ 경력　　　　④ 연령

제4과목　노동시장론

61 생산성 임금제를 따를 때 실질 생산성 증가율이 5%이고 물가상승률이 2%라고 하면 명목임금의 인상분은?
① 3%　　② 5%
③ 7%　　④ 10%

62 다음 중 통상임금에 포함되지 않는 것은?

① 기본급　　② 직급수당
③ 직무수당　　④ 특별급여

63 효율임금정책이 높은 생산성을 가져오는 원인에 관한 설명으로 틀린 것은?

① 고임금은 노동자의 직장상실비용을 증대시켜서 작업 중에 태만하지 않게 한다.
② 고임금 지불기업은 그렇지 않은 기업에 비해 신규노동자의 훈련에 많은 비용을 지출한다.
③ 고임금은 노동자의 기업에 대한 충성심과 귀속감을 증대시킨다.
④ 고임금 지불기업은 신규채용 시 지원노동자의 평균자질이 높아져 보다 양질의 노동자를 고용할 수 있다.

64 임금격차의 원인으로서 통계적 차별(statistical discrimination)이 일어나는 경우는?

① 비숙련 외국인노동자에게 낮은 임금을 설정할 때
② 임금이 개별 노동자의 한계생산성에 근거하여 설정될 때
③ 사용자가 자신의 경험을 기준으로 근로자의 임금을 결정할 때
④ 사용자가 근로자의 생산성에 대해 불완전한 정보를 갖고 있어 평균적인 인식을 근거로 임금을 결정할 때

65 실업조사 등에 관한 설명으로 옳은 것은?

① 경제가 완전고용 상태일 때 실업률은 0이다.
② 실업률은 실업자 수를 생산가능인구로 나눈 것이다.
③ 일기불순 등의 이유로 일하지 않고 있는 일시적 휴직자는 실업자로 본다.
④ 실업률 조사대상주간에 수입을 목적으로 1시간 이상 일한 경우 취업자로 분류된다.

66 임금관리의 주요 구성요소와 가장 거리가 먼 것은?

① 기본급과 수당 등의 임금체계
② 임금지급 시기
③ 노동생산성 수준에 따른 임금수준
④ 고정급제와 성과급제 등의 임금형태

빈출
67 노동자가 자신에게 가장 유리한 직장을 찾기 위해서 정보수집활동에 종사하고 있을 동안의 실업상태로 정보의 불완전성에 기인하는 실업은?

① 계절적 실업　　② 마찰적 실업
③ 경기적 실업　　④ 구조적 실업

68 직업이나 직종의 여하를 불문하고 동일산업에 종사하는 노동자가 조직하는 노동조합의 형태는?

① 직업별 노동조합　② 산업별 노동조합
③ 기업별 노동조합　④ 일반 노동조합

69 사용자의 부당해고로부터 근로자보호를 강화하는 정책을 실시할 때 발생되는 효과로 옳은 것은?

① 고용수준 감소, 근로시간 증가
② 고용수준 증가, 근로시간 감소
③ 고용수준 증가, 근로시간 증가
④ 고용수준 감소, 근로시간 감소

70 노동수요탄력성의 크기에 영향을 미치는 요인과 거리가 가장 먼 것은?

① 생산물 수요의 가격탄력성
② 총생산비에 대한 노동비용의 비중
③ 노동의 대체곤란성
④ 대체생산요소의 수요탄력성

71 실업에 관한 설명으로 틀린 것은?

① 실업급여의 확대는 탐색적 실업을 증가시킬 수 있다.
② 경기변동 때문에 발생하는 실업은 경기적 실업이다.
③ 구직단념자는 비경제활동인구로 분류된다.
④ 비수요부족실업은 경기적 실업을 의미한다.

72 노사관계의 3주체(tripartite)를 바르게 짝지은 것은?

① 노동자 - 사용자 - 정부
② 노동자 - 사용자 - 국회
③ 노동자 - 사용자 - 정당
④ 노동자 - 사용자 - 사회단체

73 노동자 7명의 평균생산량이 20단위일 때, 노동자를 추가로 1명 더 고용하여 평균생산량이 18단위로 감소하였다면, 이때 추가로 고용된 노동자의 한계생산량은?

① 4단위　② 5단위
③ 6단위　④ 7단위

74 노동조합의 단체교섭 결과가 비조합원에게도 혜택이 돌아가는 현실에서 노동조합의 조합원이 아닌 비조합원에게도 단체교섭의 당사자인 노동조합이 회비를 징수하는 숍(shop) 제도는?

① 유니언 숍(union shop)
② 에이전시 숍(agency shop)
③ 클로즈드 숍(closed shop)
④ 오픈 숍(open shop)

75 정부가 임금을 인상시킬 때 오히려 고용이 증대되는 경우는?

① 공급독점의 노동시장
② 수요독점의 노동시장
③ 완전경쟁의 노동시장
④ 복점의 노동시장

76 노동공급 탄력성이 무한대인 경우 노동공급곡선 형태는?

① 수평이다. ② 수직이다.
③ 우상향이다. ④ 우하향이다.

77 소득정책의 효과에 대한 설명으로 틀린 것은?

① 성장산업의 위축을 초래할 수 있다.
② 행정적 관리비용을 절감할 수 있다.
③ 임금억제에 이용될 가능성이 크다.
④ 급격한 물가상승기에 일시적으로 사용하면 효과를 거둘 수 있다.

78 노동공급곡선이 그림과 같을 때 임금이 W_0 이상으로 상승한 경우의 설명으로 옳은 것은?

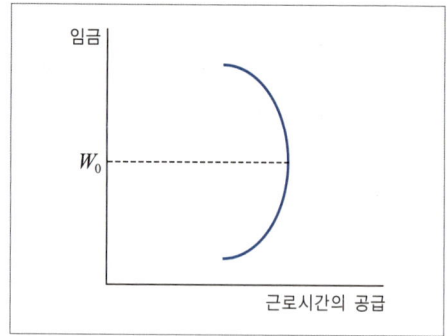

① 대체효과가 소득효과를 압도한다.
② 소득효과가 대체효과를 압도한다.
③ 대체효과가 규모효과를 압도한다.
④ 규모효과가 대체효과를 압도한다.

79 기업별 노동조합의 장점이 아닌 것은?

① 조합 구성이 용이하다.
② 단체교섭 타결이 용이하다.
③ 노동시장 분단을 완화시킬 수 있다.
④ 조합원 간의 친밀감이 높고 강한 연대감을 가질 수 있다.

80 파업이론에 대한 설명이 옳은 것을 모두 고른 것은?

> ㄱ. 힉스의 파업이론에 의하면, 사용자의 양보곡선과 노조의 저항곡선이 만나는 곳에서 파업기간이 결정된다.
> ㄴ. 카터-체임벌린 모형에 따르면, 노조의 요구를 거부할 때 발생하는 사용자의 비용이 노조의 요구를 수락했을 때 발생하는 사용자의 비용보다 클 때 노조의 교섭력이 커진다.
> ㄷ. 매브리 이론에 따르면, 노조의 최종수락조건이 사용자의 최종수락조건보다 작을 때 파업이 발생한다.

① ㄱ, ㄴ ② ㄴ, ㄷ
③ ㄱ, ㄷ ④ ㄱ, ㄴ, ㄷ

제5과목 노동관계법규

81 직업안정법령상 직업정보제공사업자의 준수사항으로 틀린 것은?

① 구인자의 업체명이 표시되어 있지 아니한 구인광고를 게재하지 아니할 것
② 직업정보제공매체의 구인·구직의 광고에는 구인·구직자의 주소 또는 전화번호를 기재하지 아니할 것
③ 구직자의 이력서 발송을 대행하거나 구직자에게 취업추천서를 발부하지 아니할 것
④ 직업정보제공사업의 광고문에 '취업추천'·'취업지원' 등의 표현을 사용하지 아니할 것

82 남녀고용평등과 일·가정 양립 지원에 관한 법령상 1천만 원 이하의 과태료 부과행위에 해당하는 것은?

① 난임치료휴가를 주지 아니한 경우
② 성희롱 예방교육을 하지 아니한 경우
③ 직장 내 성희롱 발생 사실 조사과정에서 알게 된 비밀을 다른 사람에게 누설한 경우
④ 사업주가 직장 내 성희롱을 한 경우

83 기간제 및 단시간근로자 보호 등에 관한 법률상 사용자가 기간제 근로자와 근로계약을 체결하는 때에 서면으로 명시하여야 하는 사항을 모두 고른 것은?

> ㄱ. 근로계약기간에 관한 사항
> ㄴ. 근로시간·휴게에 관한 사항
> ㄷ. 휴일·휴가에 관한 사항
> ㄹ. 취업의 장소와 종사하여야 할 업무에 관한 사항

① ㄱ, ㄴ ② ㄴ, ㄷ, ㄹ
③ ㄱ, ㄷ, ㄹ ④ ㄱ, ㄴ, ㄷ, ㄹ

84 고용정책 기본법상 명시된 목적이 아닌 것은?

① 근로자의 고용안정 지원
② 실업의 예방 및 고용의 촉진
③ 노동시장의 효율성과 인력수급의 균형 도모
④ 기업의 일자리 창출과 원활한 인력확보 지원

85 고용보험법령상 피보험자격의 신고에 관한 설명으로 틀린 것은?

① 사업주가 피보험자격에 관한 사항을 신고하지 아니하면 근로자가 신고할 수 있다.
② 사업주는 그 사업에 고용된 근로자의 피보험자격의 취득 및 상실 등에 관한 사항을 고용노동부장관에게 신고하여야 한다.
③ 자영업자인 피보험자는 피보험자격의 취득 및 상실에 관한 신고를 하지 아니한다.
④ 피보험자격의 취득 및 상실 등에 관한 신고는 그 사유가 발생한 날로부터 14일 이내에 하여야 한다.

86 고용보험법상 구직급여의 수급요건에 해당하지 않는 것은?

① 이직일 이전 18개월간 피보험 단위기간이 합산하여 180일 이상일 것
② 근로의 의사와 능력이 있음에도 불구하고 취업하지 못한 상태에 있을 것
③ 전직 또는 자영업을 하기 위하여 이직한 경우
④ 재취업을 위한 노력을 적극적으로 할 것

87 남녀고용평등과 일·가정 양립 지원에 관한 법률에 대한 설명으로 틀린 것은?

① 근로자란 사업주에게 고용된 자와 취업할 의사를 가진 자를 말한다.
② 사업주가 임금차별을 목적으로 설립한 별개의 사업은 동일한 사업으로 본다.
③ 사업주는 육아기 근로시간 단축을 하고 있는 근로자의 명시적 청구가 있으면 단축된 근로시간 외에 주 12시간 이내에서 연장근로를 시킬 수 있다.
④ 사업주는 사업을 계속할 수 없는 경우에도 육아휴직 중인 근로자를 육아휴직기간에 해고하지 못한다.

88 고용상 연령차별금지 및 고령자고용촉진에 관한 법령상 준고령자의 정의로 옳은 것은?

① 40세 이상 45세 미만인 사람
② 45세 이상 50세 미만인 사람
③ 50세 이상 55세 미만인 사람
④ 55세 이상 60세 미만인 사람

89 고용정책 기본법령상 실업대책사업에 관한 설명으로 틀린 것은?

① 실업자에 대한 공공근로사업은 실업대책사업에 해당한다.
② 6개월 이상 기간을 정하여 무급으로 휴직하는 사람은 실업자로 본다.
③ 실업대책사업의 일부를 한국산업인력공단에 위탁할 수 있다.
④ 실업대책사업에는 많은 인력을 사용하는 사업이 포함되어야 한다.

90 남녀고용평등과 일·가정 양립 지원에 관한 법령상 (   ) 안에 들어갈 숫자의 연결이 옳은 것은?

제19조의4(육아휴직과 육아기 근로시간 단축의 사용형태)
① 근로자는 육아휴직을 (ㄱ)회에 한정하여 나누어 사용할 수 있다.
② 근로자는 육아기 근로시간 단축을 나누어 사용할 수 있다. 이 경우 나누어 사용하는 (ㄴ)회의 기간은 (ㄷ)개월 이상이 되어야 한다.

① ㄱ: 1, ㄴ: 2, ㄷ: 2
② ㄱ: 2, ㄴ: 1, ㄷ: 2
③ ㄱ: 1, ㄴ: 2, ㄷ: 3
④ ㄱ: 3, ㄴ: 1, ㄷ: 1

91 근로기준법령상 근로시간 및 휴게시간의 특례 사업에 해당하지 않는 것은?

① 수상운송업
② 항공운송업
③ 육상운송 및 파이프라인 운송업
④ 노선(路線) 여객자동차운송사업

92 국민 평생 직업능력 개발법상 직업능력개발훈련이 중요시되어야 할 대상으로 명시되지 않은 것은?

① 「국민기초생활 보장법」에 따른 수급권자
② 「국가유공자 등 예우 및 지원에 관한 법률」에 따른 국가유공자
③ 「제대군인지원에 관한 법률」에 따른 제대군인
④ 「한부모가족지원법」에 따른 지원대상자

93 직업안정법상 직업소개사업을 겸업할 수 있는 것은?

① 「결혼중개업의 관리에 관한 법률」상 결혼중개업
② 「공중위생관리법」상 숙박업
③ 「식품위생법」상 식품접객업 중 유흥주점영업
④ 「식품위생법」상 식품접객업 중 일반음식점영업

94 고용보험법상 ( )에 알맞은 것은?

> 육아휴직 급여를 지급받으려는 사람은 육아휴직을 시작한 날 이후 1개월부터 육아휴직이 끝난 날 이후 ( )개월 이내에 신청하여야 한다.

① 1   ② 3
③ 6   ④ 12

95 근로자퇴직급여 보장법령상 용어의 정의에 관한 설명으로 틀린 것은?

① 퇴직급여제도란 확정급여형 퇴직연금제도, 확정기여형 퇴직연금제도 및 개인형 퇴직연금제도를 말한다.
② 사용자란 사업주 또는 사업의 경영담당자 또는 그 밖에 근로자에 관한 사항에 대하여 사업주를 위하여 행위하는 자를 말한다.
③ 임금이란 사용자가 근로의 대가로 근로자에게 임금, 봉급, 그 밖에 어떠한 명칭으로든지 지급하는 일체의 금품을 말한다.
④ 확정급여형 퇴직연금제도란 근로자가 받을 급여의 수준이 사전에 결정되어 있는 퇴직연금제도를 말한다.

96 국민 평생 직업능력 개발법령상 고용노동부장관이 직업능력개발사업을 하는 사업주에게 지원할 수 있는 비용이 아닌 것은?

① 근로자를 대상으로 하는 자격검정사업비용
② 직업능력개발훈련을 위해 필요한 시설의 설치 사업비용
③ 근로자의 경력개발관리를 위하여 실시하는 사업비용
④ 고용노동부장관의 인정을 받은 직업능력개발훈련과정의 수강비용

97 근로기준법령상 경영상의 이유에 의한 해고에 관한 설명으로 옳은 것은?

① 사용자는 근로자대표에게 해고를 하려는 날의 60일 전까지 해고의 기준을 통보하여야 한다.
② 경영 악화를 방지하기 위한 사업의 합병은 긴박한 경영상의 필요가 있는 것으로 볼 수 없다.
③ 사용자는 근로자를 해고하려면 해고사유와 해고시기를 서면으로 통지하여야 한다.
④ 사용자는 경영상 이유에 의하여 해고된 근로자에 대하여 재취업 등 필요한 조치를 우선적으로 취하여야 한다.

98 근로기준법령상 임금에 관한 설명으로 틀린 것은?

① 고용노동부장관은 체불사업주의 명단을 공개할 경우 체불사업주에게 3개월 이상의 기간을 정하여 소명 기회를 주어야 한다.
② 단체협약에 특별한 규정이 있는 경우에는 임금의 일부를 공제하거나 통화 이외의 것으로 지급할 수 있다.
③ 사용자는 도급으로 사용하는 근로자에게 근로시간에 따라 일정액의 임금을 보장하여야 한다.
④ 사용자는 고용노동부장관의 승인을 받은 경우 통상임금의 100분의 70에 못 미치는 휴업수당을 지급할 수 있다.

99 채용절차의 공정화에 관한 법률에 관한 설명으로 틀린 것은?

① 고용노동부장관은 입증자료의 표준양식을 정하여 구인자에게 그 사용을 권장할 수 있다.
② 원칙적으로 상시 30명 이상의 근로자를 사용하는 사업장의 채용절차에 적용한다.
③ 채용서류란 기초심사자료, 입증자료, 심층심사자료를 말한다.
④ 심층심사자료란 작품집, 연구실적물 등 구직자의 실력을 알아볼 수 있는 모든 물건 및 자료를 말한다.

100 헌법상 노동3권과 관련이 있는 것은?

① 법률에 의해 최저임금제 보장
② 자주적인 단체교섭권의 보장
③ 연소근로자 특별한 보호
④ 국가유공자의 우선근로 기회 부여

2021년 [3회]

직업상담학		직업심리학		직업정보론		노동시장론		노동관계법규	
01	②	21	②	41	③	61	③	81	②
02	①	22	③	42	④	62	④	82	④
03	①	23	①	43	④	63	②	83	④
04	②	24	①	44	③	64	④	84	②
05	②	25	④	45	④	65	④	85	④
06	①	26	①	46	②	66	②	86	③
07	③	27	②	47	④	67	②	87	④
08	②	28	①	48	①	68	②	88	③
09	①	29	③	49	①	69	①	89	③
10	①	30	④	50	④	70	④	90	④
11	④	31	③	51	①	71	④	91	④
12	②	32	①	52	④	72	①	92	④
13	④	33	④	53	①	73	①	93	④
14	④	34	①	54	②	74	②	94	④
15	③	35	①	55	③	75	②	95	①
16	②	36	②	56	④	76	①	96	④
17	③	37	④	57	④	77	④	97	③
18	②	38	③	58	②	78	②	98	④
19	④	39	①	59	②	79	③	99	①
20	④	40	③	60	④	80	①	100	②

2021 REVIEW & REPORT

응시 24,155명 | 합격 13,364명 | 합격률 55.3%

60%가 넘는 높은 합격률을 보였던 2020년에 비해 2021년은 매우 오래된 문제나 새로 출제된 문제들로 인해 합격률이 전년보다 다소 떨어진 55.9%를 기록하였다.

제1과목 직업상담학

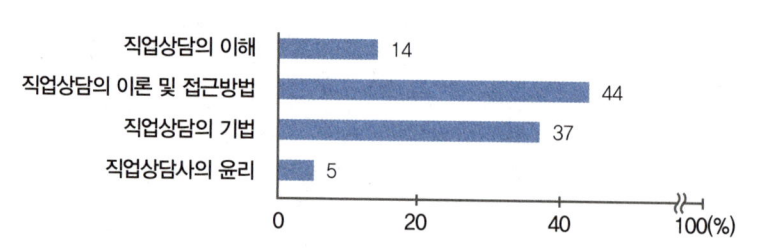

- 직업상담의 이해: 14
- 직업상담의 이론 및 접근방법: 44
- 직업상담의 기법: 37
- 직업상담사의 윤리: 5

» 2020년에 이례적으로 직업상담의 기법이 직업상담의 이론 및 접근방법보다 많이 출제되었다면, 2021년에는 예년과 비슷한 출제분포를 보였다. 1회 시험에서는 새로 출제되는 문제의 빈도가 높아 수험생들이 어려움을 겪었다.

제2과목 직업심리학

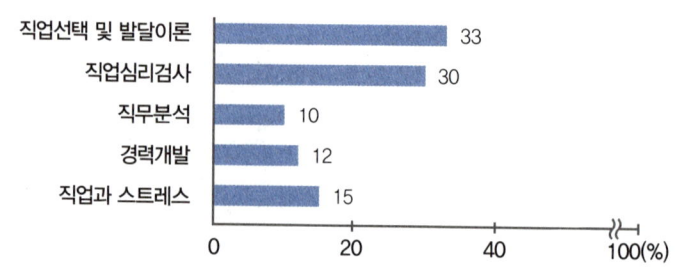

- 직업선택 및 발달이론: 33
- 직업심리검사: 30
- 직무분석: 10
- 경력개발: 12
- 직업과 스트레스: 15

» 여전히 직업선택과 발달에 관한 문제가 제일 많이 출제되었으나, 직업심리검사 문제도 그에 못지않게 출제되었음을 알 수 있다. 2회, 3회의 경우 매우 오래전 기출 문제들이 출제되어 체감 난도가 높았을 것이다.

제3과목 직업정보론

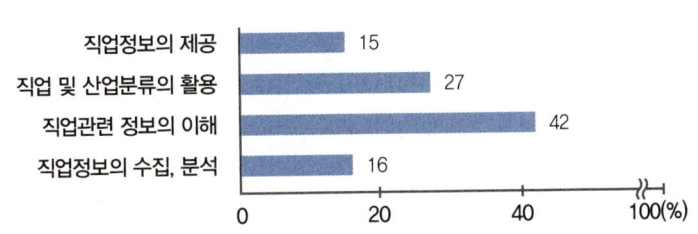

>> 1, 2회의 경우 대체로 평이하게 출제되었으나 3회 시험에서는 새로운 문제가 상당수 출제되었고, 지엽적인 문제도 많이 출제되었다.

제4과목 노동시장론

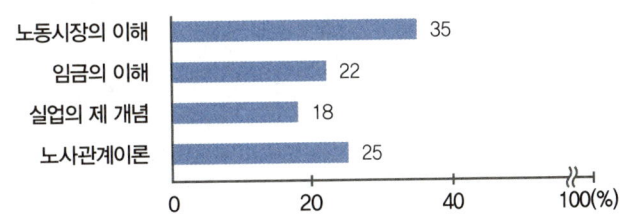

>> 새로운 문제가 출제되기도 하였지만, 대체로 기본적인 내용을 충실히 학습한 수험생이라면 어렵지 않게 느꼈을 것이다.

제5과목 노동관계법규

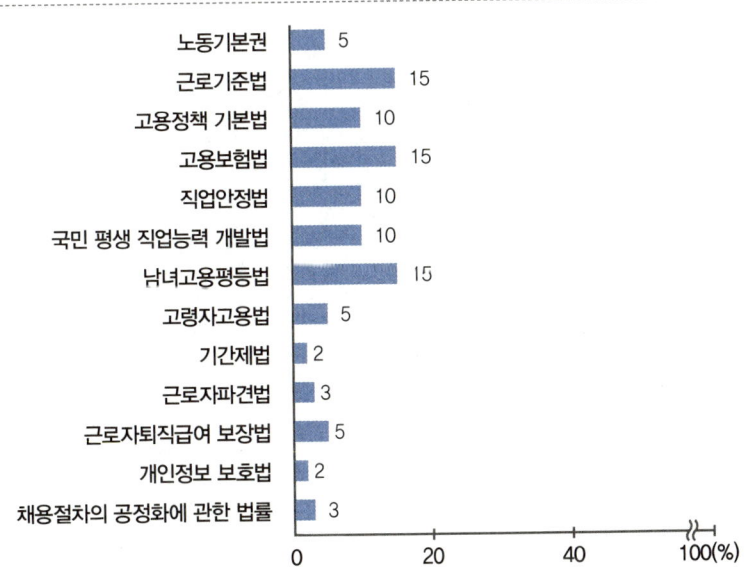

>> 비교적 골고루 출제되는 편으로, 새롭게 출제된 문제도 다수 있었으나 기본 이론을 충실히 학습한 수험생이라면 충분히 풀 수 있었을 것이다. 개정사항은 반드시 숙지하도록 하자.

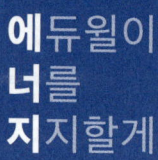

우리는 모두 별이고, 반짝일 권리가 있다.

– 마릴린 먼로

2020년

1·2회

3회

4회

2020년 1·2회

정답과 해설 ▶ P. 207~221

제1과목 직업상담학

01 직업상담 과정에서의 사정단계를 바르게 나열한 것은?

> ㄱ. 내담자의 동기 파악
> ㄴ. 내담자의 자기진단 탐색
> ㄷ. 내담자의 자기진단
> ㄹ. 인지적 명확성 파악

① ㄷ → ㄱ → ㄴ → ㄹ
② ㄷ → ㄴ → ㄹ → ㄱ
③ ㄹ → ㄷ → ㄱ → ㄴ
④ ㄹ → ㄱ → ㄷ → ㄴ

02 Super의 진로발달이론에 대한 설명으로 틀린 것은?

① 진로발달은 성장기, 탐색기, 확립기, 유지기, 쇠퇴기를 거쳐 이루어진다.
② 진로선택은 자아개념의 실현과정이다.
③ 진로발달에 있어서 환경의 영향보다는 개인의 흥미, 적성, 가치가 더 중요하다.
④ 자아개념은 직업적 선호와 환경과의 상호작용을 통해 계속 변화한다.

03 내담자와 관련된 정보를 수집하여 내담자의 행동을 이해하고 해석하는 데 기본이 되는 상담기법으로 가장 거리가 먼 것은?

① 한정된 오류 정정하기
② 왜곡된 사고 확인하기
③ 반성의 장 마련하기
④ 변명에 초점 맞추기

04 Yalom이 제시한 실존주의 상담에서의 4가지 궁극적 관심사에 해당하지 않는 것은?

① 죽음
② 자유
③ 고립
④ 공허

05 상담관계의 틀을 구조화하기 위해서 다루어야 할 요소와 가장 거리가 먼 것은?

① 상담자의 역할과 책임
② 내담자의 성격
③ 상담의 목표
④ 상담시간과 장소

06 생애진로사정에 관한 설명으로 옳은 것은?

① 직업상담에서 생애진로사정은 초기단계보다 중·말기단계 면접법으로 사용된다.
② 생애진로사정은 Adler의 개인심리학에 부분적으로 기초를 둔다.
③ 생애진로사정은 객관적인 사실 확인에만 중점을 둔다.
④ 생애진로사정에서는 여가생활, 친구관계 등과 같이 일과 직접적으로 관련이 없는 주제는 제외된다.

07 상담기법 중 내담자가 전달하는 이야기의 표면적 의미를 상담자가 다른 말로 바꾸어서 말하는 것은?
① 탐색적 질문
② 요약과 재진술
③ 명료화
④ 적극적 경청

08 내담자의 낮은 자기효능감을 증진시키기 위한 방법으로 적합하지 않은 것은?
① 내담자의 장점을 강조하며 격려하기
② 긍정적인 단계를 강화하기
③ 내담자와 비슷한 인물이나 관련자료 보여주기
④ 직업대안 규명하기

09 상담 중기 과정의 활동으로 가장 거리가 먼 것은?
① 내담자에게 문제를 직면시키고 도전하게 한다.
② 내담자가 가진 문제의 심각도를 평가한다.
③ 내담자가 실천할 수 있도록 동기를 조성한다.
④ 문제에 대한 대안을 현실 생활에 적용하고 실천하도록 돕는다.

빈출
10 Williamson의 특성-요인 진로상담 과정을 바르게 나열한 것은?

ㄱ. 진단단계	ㄴ. 분석단계
ㄷ. 예측단계	ㄹ. 종합단계
ㅁ. 상담단계	ㅂ. 추수지도단계

① ㄱ → ㄴ → ㄷ → ㄹ → ㅂ → ㅁ
② ㄱ → ㄷ → ㄴ → ㄹ → ㅁ → ㅂ
③ ㄴ → ㄱ → ㄹ → ㄷ → ㅂ → ㅁ
④ ㄴ → ㄹ → ㄱ → ㄷ → ㅁ → ㅂ

빈출
11 Butcher가 제시한 집단직업상담을 위한 3단계 모델에 해당하지 않는 것은?
① 탐색단계
② 전환단계
③ 평가단계
④ 행동단계

12 행동주의 상담에서 부적응행동을 감소시키는 데 주로 사용되는 기법은?
① 행동조성법
② 모델링
③ 노출법
④ 토큰법

빈출
13 Bordin이 제시한 직업문제의 심리적 원인에 해당하지 않는 것은?
① 인지적 갈등
② 확신의 결여
③ 정보의 부족
④ 내적갈등

14 직업상담 시 활용할 수 있는 측정도구에 관한 설명으로 틀린 것은?

① 자기 효능감 척도는 어떤 과제를 어느 정도 수준으로 수행할 수 있는 능력을 갖추었다고 스스로 판단하는지의 정도를 측정한다.
② 소시오그램은 원래 가족치료에 활용하기 위해 개발되었는데, 기본적으로 경력상담 시 먼저 내담자의 가족이나 선조들의 직업 특징에 대한 시각적 표상을 얻기 위해 도표를 만드는 것이다.
③ 역할놀이에서는 내담자의 수행행동을 나타낼 수 있는 업무상황을 제시해 준다.
④ 카드분류는 내담자의 가치관, 흥미, 직무기술, 라이프스타일 등의 선호형태를 측정하는 데 유용하다.

15 다음은 무엇에 관한 설명인가?

> 원형검사에 기초한 시간전망 개입의 세 가지 국면 중 미래를 현실처럼 느끼게 하고 미래계획에 대한 긍정적 태도를 강화시키며 목표설정을 신속하게 하는 데 목표를 두는 것

① 방향성 ② 변별성
③ 주관성 ④ 통합성

16 내담자의 부적절한 행동을 변화하는 데 자주 사용하는 체계적 둔감화의 주요 원리는?

① 상호억제 ② 변별과 일반화
③ 소거 ④ 조성

17 다음은 직업상담모형 중 어떤 직업상담에 관한 설명인가?

> • 직업선택에 미치는 내적 요인의 영향을 강조한다.
> • 특성-요인 접근법과 마찬가지로 '사람과 직업을 연결시키는 것'에 기초를 두고 있다.
> • 상담과 검사해석의 기법들은 내담자중심 접근을 많이 따르고 있지만 비지시적 및 반영적 태도 외에도 다양한 접근방법들을 포함하고 있다.

① 정신역동적 직업상담
② 포괄적 직업상담
③ 발달적 직업상담
④ 행동주의 직업상담

18 직업상담사의 윤리강령에 관한 설명으로 가장 거리가 먼 것은?

① 상담자는 상담에 대한 이론적, 경험적 훈련과 지식을 갖춘 것을 전제로 한다.
② 상담자는 내담자의 성장, 촉진과 문제 해결 및 방안을 위해 시간과 노력상의 최선을 다한다.
③ 상담자는 자신의 능력 및 기법의 한계 때문에 내담자의 문제를 다른 전문직 동료나 기관에 의뢰해서는 안 된다.
④ 상담자는 내담자가 이해, 수용할 수 있는 한도 내에서 기법을 활용한다.

19 직업상담의 목적에 대한 설명으로 틀린 것은?

① 직업상담은 내담자가 이미 결정한 직업계획과 직업선택을 확신·확인하는 과정이다.
② 직업상담은 개인의 직업적 목표를 명확히 해주는 과정이다.
③ 직업상담은 내담자에게 진로관련 의사결정 능력을 길러주는 과정은 아니다.
④ 직업상담은 직업선택과 직업생활에서의 능동적인 태도를 함양하는 과정이다.

20 어떤 문제의 밑바닥에 깔려 있는 혼란스러운 감정과 갈등을 가려내어 분명히 해주는 것은?

① 명료화
② 경청
③ 반영
④ 직면

제2과목 직업심리학

21 다음은 Holland의 어떤 직업환경에 관한 설명인가?

- 노동자, 농부, 트럭운전수, 목수, 중장비 운전공 등 근육을 이용하는 직업
- 체력을 필요로 하는 활동을 즐기며 공격적이고 운동신경이 잘 발달되어 있음

① 지적 환경
② 사회적 환경
③ 현실적 환경
④ 심미적 환경

22 크럼볼츠(Krumboltz)의 사회학습이론에서 진로선택에 영향을 미치는 요인을 모두 고른 것은?

| ㄱ. 유전적 요인 | ㄴ. 학습경험 |
| ㄷ. 과제접근 기술 | ㄹ. 환경조건과 사건 |

① ㄱ, ㄴ
② ㄱ, ㄷ, ㄹ
③ ㄴ, ㄷ, ㄹ
④ ㄱ, ㄴ, ㄷ, ㄹ

23 다음에 해당하는 스트레스 관리전략은?

예전에는 은행원들이 창구에 줄을 서서 기다리는 고객들에게 가능한 한 빨리 서비스를 제공하고자 스트레스를 많이 받았었는데, 고객 대기표(번호표) 시스템을 도입한 이후 이러한 스트레스를 많이 줄일 수 있게 되었다.

① 반응지향적 관리전략
② 증후지향적 관리전략
③ 평가지향적 관리전략
④ 출처지향적 관리전략

24 인간의 진로발달단계를 성장기, 탐색기, 확립기, 유지기, 쇠퇴기로 나누고 각 단계의 특징을 설명한 학자는?

① 긴즈버그(Ginzberg)
② 에릭슨(Ericson)
③ 수퍼(Super)
④ 고트프레드슨(Gottfredson)

25 직무분석 방법에 관한 설명으로 옳은 것은?

① 관찰법은 실제 업무를 직접적으로 관찰함으로써 정신적인 활동까지 알아볼 수 있다.
② 면접법을 사용하려면 면접의 목적을 미리 알려주고 편안한 분위기를 조성해야 한다.
③ 설문조사법은 많은 사람에 대한 정보를 얻을 수 있지만 시간이 오래 걸린다.
④ 작업일지법은 정해진 양식에 따라 업무 담당자가 직접 작성하므로 정확한 정보를 준다.

26 조직 구성원에게 다양한 직무를 경험하게 함으로써 여러 분야의 능력을 개발시키는 경력개발 프로그램은?

① 직무확충(job enrichment)
② 직무순환(job rotation)
③ 직무확대(job enlargement)
④ 직무재분류(job reclassification)

27 진로발달에서 맥락주의(contextualism)에 관한 설명으로 틀린 것은?

① 행위는 맥락주의의 주요 관심대상이다.
② 개인보다는 환경의 영향을 강조한다.
③ 행위는 인지적·사회적으로 결정되며 일상의 경험을 반영하는 것이다.
④ 진로연구와 진로상담에 대한 맥락상의 행위 설명을 확립하기 위하여 고안된 방법이다.

28 직업적응 이론과 관련하여 개발된 검사도구가 아닌 것은?

① MIQ(Minnesota Importance Questionnaire)
② JDQ(Job Description Questionnaire)
③ MSQ(Minnesota Satisfaction Questionnaire)
④ CMI(Career Maturity Inventory)

29 스트레스로 인해 나타날 수 있는 신체의 변화로 옳지 않은 것은?

① 호흡과 심장박동이 빨라지고 혈압도 높아진다.
② 부신선과 부신피질을 자극해 에피네프린(아드레날린)을 생성한다.
③ 부교감신경계가 활성화되어 각성이 일어난다.
④ 부신피질 호르몬인 코티졸이 분비된다.

30 Roe의 직업분류체계에 관한 설명으로 틀린 것은?

① 일의 세계를 8가지 장(field)과 6가지 수준(level)으로 구성된 2차원의 체계로 조직화했다.
② 원주상의 순서대로 8가지 장(field)은 서비스, 사업상 접촉, 조직, 기술, 옥외, 과학, 예술과 연예, 일반문화이다.
③ 서비스 장(field)들은 사람지향적이며 교육, 사회봉사, 임상심리 및 의술이 포함된다.
④ 6가지 수준(level)은 근로자의 직업과 관련된 정교화 책임, 보수, 훈련의 정도를 묘사하며 수준 1이 가장 낮고, 수준 6이 가장 높다.

31 타당도에 관한 설명으로 틀린 것은?
① 안면타당도는 전문가가 문항을 읽고 얼마나 타당해 보이는지를 평가하는 방법이다.
② 검사의 신뢰도는 타당도 계수의 크기에 영향을 준다.
③ 구성타당도를 평가하는 방법으로 요인분석 방법이 있다.
④ 예언타당도는 타당도를 구하는 데 시간이 많이 걸린다는 단점이 있다.

32 직무에 대한 하위개념 중 특정 목적을 수행하는 작업활동으로 직무분석의 가장 작은 단위가 되는 것은?
① 임무   ② 과제
③ 직위   ④ 직군

33 직업선택과정에 관한 설명으로 옳은 것은?
① 직업에 대해 정확한 정보만 가지고 있으면 직업을 효과적으로 선택할 수 있다.
② 주로 성년기에 이루어지기 때문에 어릴 때 경험은 영향력이 없다.
③ 개인적인 문제이기 때문에 가족이나 환경의 영향은 관련이 없다.
④ 일생 동안 계속 이루어지는 과정이기 때문에 다양한 시기에서 도움이 필요하다.

34 고용노동부에서 실시하는 일반직업적성검사가 측정하는 영역이 아닌 것은?
① 형태지각력   ② 공간판단력
③ 상황판단력   ④ 언어능력

35 특성-요인이론에 관한 설명으로 가장 적합한 것은?
① 자신이 선택한 투자에 최대한의 보상을 받을 수 있는 직업을 선택한다.
② 개인적 흥미나 능력 등을 심리검사나 객관적 수단을 통해 밝혀낸다.
③ 사회·문화적 환경 또는 사회구조와 같은 요인이 직업선택에 영향을 준다.
④ 동기, 인성, 욕구와 같은 개인의 심리적 수단에 의해 직업을 선택한다.

36 셀리에(Selye)가 제시한 스트레스 반응 단계(일반적응증후군)를 순서대로 바르게 나열한 것은?
① 소진 – 저항 – 경고
② 저항 – 경고 – 소진
③ 소진 – 경고 – 저항
④ 경고 – 저항 – 소진

37 기초통계치 중 명명척도로 측정된 자료에서는 파악할 수 없고, 서열척도 이상의 척도로 측정된 자료에서만 파악할 수 있는 것은?
① 중앙치   ② 최빈치
③ 표준편차   ④ 평균

38 경력진단검사에 관한 설명으로 틀린 것은?

① 경력결정검사(CDS)는 경력관련 의사결정 실패에 관한 정보를 제공하기 위해 개발되었다.
② 개인직업상황검사(MVS)는 직업적 정체성 형성 여부를 파악하기 위한 것이다.
③ 경력개발검사(CDI)는 경력관련 의사결정에 대한 참여 준비도를 측정하기 위한 것이다.
④ 경력태도검사(CBI)는 직업선택에 필요한 정보 및 환경, 개인적인 장애가 무엇인지를 알려준다.

39 다음 중 동일한 검사를 동일한 피검자 집단에 일정 시간 간격을 두고 두 번 실시하여 얻은 두 검사점수의 상관계수에 의하여 신뢰도를 측정하는 방법은?

① 동형검사 신뢰도
② 검사-재검사 신뢰도
③ 반분검사 신뢰도
④ 문항 내적 일관성 신뢰도

40 다음은 질적 측정도구 중 무엇에 관한 설명인가?

> 원래 가족치료에 활용하기 위해 개발되었는데, 기본적으로 경력상담 시 먼저 내담자의 가족이나 선조들의 직업 특징에 대한 시각적 표상을 얻기 위해 도표를 만드는 것

① 자기 효능감 척도   ② 역할놀이
③ 제노그램   ④ 카드분류

제3과목 직업정보론

41 직업정보 분석에 관한 설명으로 틀린 것은?

① 직업정보는 직업전문가에 의해 분석되어야 한다.
② 수집된 정보에 대하여는 목적에 맞도록 몇 번이고 분석하여 가장 최신의 객관적이며 정확한 자료를 선정한다.
③ 동일한 정보라 할지라도 다각적인 분석을 시도하여 해석을 풍부히 한다.
④ 직업정보원과 제공원에 관한 정보는 알 필요가 없다.

42 한국직업전망에서 제공하는 정보에 대한 설명으로 틀린 것은?

① '하는 일'은 해당 직업 종사자가 일반적으로 수행하는 업무내용과 과정에 대해 서술하였다.
② '관련학과'는 일반적 입직조건을 고려하여 대학에 개설된 대표 학과명만을 수록하였다.
③ '적성과 흥미'는 해당 직업에 취업하거나 업무를 수행하는 데 유리한 적성, 성격, 흥미, 지식 및 기술 등을 수록하였다.
④ '학력'은 '고졸 이하', '전문대졸', '대졸', '대학원졸 이상'으로 구분하여 제시하였다.

43 내용분석법을 통해 직업정보를 수집할 때의 장점이 아닌 것은?

① 정보제공자의 반응성이 높다.
② 장기간의 종단연구가 가능하다.
③ 필요한 경우 재조사가 가능하다.
④ 역사연구 등 소급조사가 가능하다.

44 제11차 한국표준산업분류의 산업분류에 관한 설명으로 틀린 것은?

① 산업은 유사한 성질을 갖는 산업활동에 주로 종사하는 생산단위의 집합이다.
② 각 생산단위가 노동, 자본, 원료 등 자원을 투입하여, 재화 또는 서비스를 생산·제공하는 일련의 활동과정이 산업활동이다.
③ 산업활동의 범위에는 가정 내 가사활동도 포함된다.
④ 산업분류는 생산단위가 주로 수행하는 산업활동을 분류기준과 원칙에 맞춰 그 유사성에 따라 체계적으로 유형화한 것이다.

45 다음은 고용24에서 제공하는 성인 대상 심리검사 중 무엇에 관한 설명인가?

- 검사대상: 만 18세 이상
- 주요내용: 개인의 흥미유형 및 적합직업 탐색
- 측정요인: 현실형, 탐구형, 예술형, 사회형, 진취형, 관습형

① 구직준비도검사
② 직업가치관검사
③ 직업선호도검사 S형
④ 성인용 직업적성검사

46 실업급여 중 취업촉진 수당이 아닌 것은?

① 직업능력개발 수당
② 광역 구직활동비
③ 훈련연장급여
④ 이주비

47 국가기술자격 산업기사의 응시요건으로 틀린 것은?

① 응시하려는 종목이 속하는 동일 및 유사직무 분야에서 1년 이상 실무에 종사한 사람
② 관련학과의 2년제 또는 3년제 전문대학졸업자 등 또는 그 졸업예정자
③ 고용노동부령이 정하는 기능경기대회 입상자
④ 응시하려는 종목이 속하는 동일 및 유사직무 분야의 다른 종목의 산업기사 등급 이상의 자격을 취득한 사람

48 제11차 한국표준산업분류의 산업분류 적용원칙에 관한 설명으로 틀린 것은?

① 생산단위는 산출물뿐만 아니라 투입물과 생산공정 등을 함께 고려하여 그들의 활동을 가장 정확하게 설명된 항목에 분류
② 생산단위 소유형태, 법적 조직유형 또는 운영방식도 산업분류에 영향을 미침
③ 산업활동이 결합되어 있는 경우에는 그 활동단위의 주된 활동에 따라 분류
④ 공식적·비공식적 생산물, 합법적·불법적인 생산은 달리 분류하지 않음

49 국민내일배움카드에 관한 설명으로 틀린 것은?

① 특수형태근로종사자도 신청이 가능하다.
② 실업, 재직, 자영업 여부에 관계없이 카드 발급이 가능하다.
③ 국가기간·전략산업직종 등 특화과정은 훈련비 전액을 지원한다.
④ 직업능력개발 훈련이력을 종합적으로 관리하는 제도이다.

빈출
50 직업정보의 가공에 대한 설명으로 가장 적합하지 않은 것은?

① 효율적인 정보제공을 위해 시각적 효과를 부가한다.
② 정보를 공유하는 방법과도 연관되어 있다.
③ 긍정적인 정보를 제공하는 입장에서 출발해야 한다.
④ 정보의 생명력을 측정하여 활용방법을 선정하고 이용자에게 동기를 부여할 수 있도록 구상한다.

빈출
51 제8차 한국표준직업분류의 포괄적인 업무에 대한 직업분류원칙에 해당되지 않는 것은?

① 주된 직무 우선 원칙
② 최상급 직능수준 우선 원칙
③ 생산업무 우선 원칙
④ 수입 우선의 원칙

52 고용24에서 제공하는 학과정보 중 자연계열에 해당하지 않는 것은?

① 안경광학과　② 생명과학과
③ 수학과　　　④ 지구과학과

53 국가기술자격 중 실기시험만 시행할 수 있는 종목이 아닌 것은?

① 금속재창호기능사
② 항공사진기능사
③ 로더운전기능사
④ 미장기능사

54 제8차 한국표준직업분류의 직무능력수준 중 제2직능 수준이 요구되는 대분류는?

① 관리자
② 전문가 및 관련 종사자
③ 단순노무 종사자
④ 농림어업 숙련 종사자

55 한국직업정보시스템(고용24)의 직업정보 찾기 중 조건별 검색의 검색 항목으로 옳은 것은?

① 평균학력, 근로시간
② 근로시간, 평균연봉
③ 평균연봉, 직업전망
④ 직업전망, 평균학력

56 직업안정법령상 직업안정기관의 장이 수집·제공하여야 할 고용정보에 해당하지 않는 것은?

① 직무분석의 방법과 절차
② 경제 및 산업동향
③ 구인·구직에 관한 정보
④ 직업에 관한 정보

57 다음은 제11차 한국표준산업분류 중 어떤 산업분류에 관한 설명인가?

> 작물재배활동과 축산활동을 복합적으로 수행하면서 그중 한편의 전문화율이 66% 미만인 경우

① 작물재배업
② 축산업
③ 작물재배 및 축산 복합농업
④ 작물재배 및 축산관련 서비스업

58 한국직업사전의 직무기능 자료(data) 항목 중 무엇에 관한 설명인가?

> • 데이터의 분석에 기초하여 시간, 장소, 작업순서, 활동 등을 결정한다.
> • 결정을 실행하거나 상황을 보고한다.

① 종합 ② 조정
③ 계산 ④ 수집

59 제8차 한국표준직업분류상 다음 개념에 해당하는 대분류는?

> • 일반적으로 단순하고 반복적이며 때로는 육체적인 힘을 요하는 과업을 수행한다.
> • 간단한 수작업 공구나 진공청소기, 전기장비들을 이용한다.
> • 제1직능 수준의 일부 직업에서는 초등교육이나 기초적인 교육(ISCED 수준 1)을 필요로 한다.

① 단순노무 종사자
② 장치·기계 조작 및 조립종사자
③ 기능원 및 관련 기능 종사자
④ 판매 종사자

60 국민 평생 직업능력 개발법령상 직업능력개발훈련시설을 설치할 수 있는 공공단체가 아닌 것은?

① 한국산업인력공단(한국산업인력공단이 출연하여 설립한 학교법인을 포함)
② 안전보건공단
③ 한국장애인고용공단
④ 근로복지공단

제4과목 노동시장론

61 다음 중 분단노동시장가설이 암시하는 정책적 시사점과 가장 거리가 먼 것은?

① 노동시장의 공급 측면에 대한 정부개입 또는 지원을 지나치게 강조하는 것에 대해 부정적이다.
② 공공적인 고용기회의 확대나 임금보조, 차별대우 철폐를 주장한다.
③ 외부노동시장의 중요성을 강조한다.
④ 노동의 인간화를 도모하기 위한 의식적인 정책노력이 필요하다.

62 노동력의 10%가 매년 구직활동을 하고 구직에 평균 3개월이 소요되는 경우 연간 몇 %의 실업률이 나타나게 되는가?

① 2.5%　② 2.7%
③ 3.0%　④ 3.3%

63 미국에서 1935년에 제정된 전국노사관계법(National Labor Relation Act ; NLRA, 일명 와그너법) 이후에 확립된 노사관계는?

① 뉴딜적 노사관계
② 온건주의적 노사관계
③ 바이마르적 노사관계
④ 태프트-하트리적 노사관계

64 노동시장에서의 차별로 인해 발생하는 임금격차에 대한 설명으로 틀린 것은?

① 직장 경력의 차이에 따른 인적자본 축적의 차이로는 임금격차를 설명할 수 없다.
② 경쟁적인 시장경제에서는 고용주에 의한 차별이 장기간 지속될 수 없다.
③ 소비자의 차별적인 선호가 있다면 차별적인 임금격차가 지속될 수 있다.
④ 정부가 차별적 임금을 지급하도록 강제하는 경우에는 경쟁시장에서도 임금격차가 지속될 수 있다.

65 성과급 제도를 채택하기 어려운 경우는?

① 근로자의 노력과 생산량과의 관계가 명확한 경우
② 생산원가 중에서 노동비용에 대한 통제가 필요하지 않은 경우
③ 생산물의 질(quality)이 일정한 경우
④ 생산량이 객관적으로 측정 가능한 경우

빈출
66 구조적 실업에 대한 설명으로 틀린 것은?

① 노동시장에 대한 정보 부족에 기인한다.
② 구인처에서 요구하는 자격을 갖춘 근로자가 없는 경우에 발생한다.
③ 산업구조 변화에 노동력 공급이 적절히 대응하지 못해서 발생한다.
④ 적절한 직업훈련 기회를 제공하는 것이 구조적 실업을 완화하는 데 중요하다.

67 신고전학파가 주장하는 노동조합의 사회적 비용의 증가 요인이 아닌 것은?

① 비노조와의 임금격차와 고용저하에 따른 비효율 배분
② 경직적 인사제도에 의한 기술적 비효율
③ 파업으로 인한 생산중단에 따른 생산적 비효율
④ 작업방해에 의한 구조적 비효율

68 다음은 무엇에 관한 설명인가?

> 경제학자 스펜스(Spence)는 고학력자의 임금이 높은 것은 교육이 생산성을 높이는 역할을 하는 것이 아니라 처음부터 생산성이 높다는 것을 교육을 통해 보여주는 것이라는 견해를 제시했다.

① 인적자본 이론
② 혼잡가설
③ 고학력자의 맹목적 우대
④ 교육의 신호모형

69 마찰적 실업을 해소하기 위한 가장 효과적인 정책은?

① 성과급제를 도입한다.
② 근로자 파견업을 활성화한다.
③ 협력적 노사관계를 구축한다.
④ 구인·구직 정보제공시스템의 효율성을 제고한다.

70 노동조합이 노동공급을 제한함으로써 발생할 수 있는 효과로 옳은 것은?

① 노동조합이 조직화된 노동시장의 임금이 하락할 것이다.
② 노동조합이 조직화되지 않은 노동시장의 공급곡선이 좌상향으로 이동할 것이다.
③ 노동조합이 조직화된 노동시장의 노동수요곡선이 우상향으로 이동할 것이다.
④ 노동조합이 조직화되지 않은 노동시장의 임금이 하락할 것이다.

71 시간당 임금이 5,000원에서 6,000원으로 인상될 때, 노동수요량이 10,000에서 9,000으로 감소한다면 노동수요의 임금탄력성은? (단, 노동수요의 임금탄력성은 절댓값이다.)

① 0.2　　② 0.5
③ 1　　　④ 2

72 생산물시장과 노동시장이 완전경쟁일 때 노동의 한계생산량이 10개이고, 생산물 가격이 500원이며 시간당 임금이 4,000원이라면 이윤을 극대화하기 위한 기업의 반응으로 옳은 것은?

① 임금을 올린다.
② 노동을 자본으로 대체한다.
③ 노동의 고용량을 증대시킨다.
④ 고용량을 줄이고 생산을 감축한다.

73 노동조합을 다음과 같이 설명한 학자는?

> 노동조합이란 임금근로자들이 그들의 근로조건을 유지하고 개선할 목적으로 조직한 영속적 단체이며, 그와 같은 목적을 실현하기 위한 수단으로는 노동시장의 조절, 표준근로조건의 설정 및 유지와 공제제도 등이 있다.

① S. Perlman
② L. Brentano
③ F. Tannenbaum
④ Sidney and Beatrice Webb

74 만일 여가가 열등재라면 개인의 노동공급곡선의 형태는?

① 후방굴절한다.
② 완전비탄력적이다.
③ 완전탄력적이다.
④ 우상향한다.

75 노동조합의 형태 중 노동시장의 지배력과 조직으로서의 역량이 극히 약하다고 볼 수 있는 것은?

① 기업별 노동조합
② 산업별 노동조합
③ 일반 노동조합
④ 직업별 노동조합

76 실업대책에 관한 설명으로 틀린 것은?

① 일반적으로 실업대책은 고용안정정책, 고용창출정책, 사회안전망 형성정책으로 구분된다.
② 직업훈련의 효율성 제고는 고용안정정책에 해당한다.
③ 고용창출정책은 실업률로부터 탈출을 촉진하는 정책이다.
④ 공공부문 유연성 확립은 사회안전망 형성정책에 해당한다.

77 임금의 법적 성격에 관한 학설의 하나인 노동대가설로 설명할 수 있는 임금은?

① 직무수당   ② 휴업수당
③ 휴직수당   ④ 가족수당

78 노동력의 동질성을 가정하고 있는 이론은?

① 신고전학파이론
② 직무경쟁론
③ 내부노동시장론
④ 이중노동시장론

79 다음은 후방굴절형의 노동공급곡선을 나타낸 것이다. 이때 노동공급곡선상의 a, b구간에 대한 설명으로 옳은 것은?

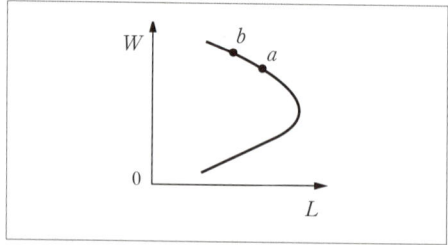

① 소득효과 = 0
② 대체효과 = 0
③ 소득효과 < 대체효과
④ 소득효과 > 대체효과

80 연봉제 성공을 위한 조건과 가장 거리가 먼 것은?

① 직무분석 ② 인사고과
③ 목표관리제도 ④ 품질관리제도

제5과목 노동관계법규

81 근로기준법령상 근로계약에 관한 설명으로 틀린 것은?

① 이 법에서 정하는 기준에 미치지 못하는 근로조건을 정한 근로계약은 그 부분에 한정하여 무효로 한다.
② 근로계약은 기간을 정하지 아니한 것과 일정한 사업의 완료에 필요한 기간을 정한 것 외에는 그 기간은 1년을 초과하지 못한다.
③ 단시간근로자의 근로조건은 그 사업장의 같은 종류의 업무에 종사하는 통상근로자의 근로시간을 기준으로 산정한 비율에 따라 결정되어야 한다.
④ 사용자는 근로계약 불이행에 대한 위약금을 예정하는 계약을 체결할 경우 300만 원 이하의 과태료에 처한다.

82 고용보험법령상 육아휴직 급여 신청기간의 연장사유가 아닌 것은?

① 범죄혐의로 인한 형의 집행
② 배우자의 질병
③ 천재지변
④ 자매의 부상

83 근로기준법령상 근로자 명부의 기재사항에 해당하지 않는 것은?

① 성명 ② 주소
③ 이력 ④ 재산

84 파견근로자 보호 등에 관한 법령상 근로자파견사업에 관한 설명으로 틀린 것은?

① 건설공사현장에서 이루어지는 업무에 대하여는 근로자파견사업을 하여서는 아니 된다.
② 파견사업주, 사용사업주, 파견근로자 간의 합의가 있는 경우에는 파견기간을 연장할 수 있다.
③ 고용상 연령차별금지 및 고령자고용촉진에 관한 법률의 고령자인 파견근로자에 대하여는 2년을 초과하여 근로자파견기간을 연장할 수 있다.
④ 근로자파견사업 허가의 유효기간은 2년으로 한다.

85 남녀고용평등과 일·가정 양립 지원에 관한 법률상 사업주가 동일한 사업 내의 동일가치의 노동에 대하여 동일한 임금을 지급하지 아니한 경우 벌칙규정은?

① 5년 이하의 징역 또는 3천만 원 이하의 벌금
② 3년 이하의 징역 또는 3천만 원 이하의 벌금
③ 1천만 원 이하의 벌금
④ 500만 원 이하의 벌금

86 국민 평생 직업능력 개발법령상 직업능력개발 훈련이 중요시되어야 하는 대상에 해당하는 것을 모두 고른 것은?

> ㄱ. 국민기초생활 보장법에 따른 수급권자
> ㄴ. 고령자
> ㄷ. 단시간근로자
> ㄹ. 제조업에 종사하는 근로자

① ㄱ, ㄴ, ㄹ
② ㄱ, ㄴ, ㄷ
③ ㄱ, ㄷ, ㄹ
④ ㄴ, ㄷ, ㄹ

87 국민 평생 직업능력 개발법령상 훈련의 목적에 따라 구분한 직업능력개발훈련에 해당하지 않는 것은?

① 양성훈련
② 집체훈련
③ 향상훈련
④ 전직훈련

88 고용보험법령상 구직급여의 수급요건으로 틀린 것은? (단, 기타사항은 고려하지 않음)

① 근로의 의사와 능력이 있음에도 불구하고 취업하지 못한 상태에 있을 것
② 이직사유가 수급자격의 제한사유에 해당하지 아니할 것
③ 재취업을 위한 노력을 적극적으로 할 것
④ 건설일용근로자로서 수급자격 인정신청일 이전 7일간 연속하여 근로내역이 없을 것

89 고용정책 기본법령상 고용정책심의회의 전문위원회에 해당하는 것을 모두 고른 것은?

> ㄱ. 지역고용전문위원회
> ㄴ. 고용서비스전문위원회
> ㄷ. 장애인고용촉진전문위원회

① ㄱ, ㄴ
② ㄱ, ㄷ
③ ㄴ, ㄷ
④ ㄱ, ㄴ, ㄷ

90 고용보험법령상 용어 정의에 관한 설명으로 틀린 것은?

① '이직'이란 피보험자와 사업주 사이의 고용관계가 끝나게 되는 것을 말한다.
② '실업'이란 근로의 의사와 능력이 있음에도 불구하고 취업하지 못한 상태에 있는 것을 말한다.
③ '실업의 인정'이란 직업안정기관의 장이 수급자격자가 실업한 상태에서 적극적으로 직업을 구하기 위하여 노력하고 있다고 인정하는 것을 말한다.
④ '일용근로자'란 1일 단위로 근로계약을 체결하여 고용되는 자를 말한다.

91 헌법상 노동3권에 해당되지 않는 것은?

① 단체교섭권
② 평등권
③ 단결권
④ 단체행동권

92 고용정책 기본법상 고용정책심의회의 위원으로 명시되지 않은 자는?

① 문화체육관광부 제1차관
② 기획재정부 제1차관
③ 교육부차관
④ 과학기술정보통신부 제1차관

93 채용절차의 공정화에 관한 법령에 대한 설명으로 틀린 것은?

① 기초심사자료란 구직자의 응시원서, 이력서 및 자기소개서를 말한다.
② 이 법은 국가 및 지방자치단체가 공무원을 채용하는 경우에도 적용한다.
③ 직종의 특수성으로 인하여 불가피한 사정이 있는 경우 고용노동부장관의 승인을 받아 구직자에게 채용심사비용의 일부를 부담하게 할 수 있다.
④ 구인자는 구직자 본인의 재산 정보를 기초심사자료에 기재하도록 요구하여서는 아니 된다.

94 직업안정법령상 (   )에 들어갈 공통적인 숫자는?

> 근로자공급사업 허가의 유효기간은 (   )년으로 하되, 유효기간이 끝난 후 계속하여 근로자공급사업을 하려는 자는 연장허가를 받아야 하며, 이 경우 연장허가의 유효기간은 연장 전 허가의 유효기간이 끝나는 날부터 (   )년으로 한다.

① 1   ② 2
③ 3   ④ 5

95 남녀고용평등과 일·가정 양립 지원에 관한 법령상 (   )에 들어갈 숫자가 순서대로 나열된 것은?

> • 사업주는 근로자가 배우자 출산휴가를 고지하는 경우에 (   )일의 휴가를 주어야 한다.
> • 배우자 출산휴가는 근로자의 배우자가 출산한 날부터 (   )일이 지나면 사용할 수 없다.

① 10, 60   ② 20, 120
③ 15, 60   ④ 15, 90

96 근로자퇴직급여 보장법령상 (   )에 들어갈 숫자로 옳은 것은?

> 이 법에 따른 퇴직금을 받을 권리는 (   )년간 행사하지 아니하면 시효로 인하여 소멸한다.

① 1   ② 3
③ 5   ④ 10

97 남녀고용평등과 일·가정 양립 지원에 관한 법률에 관한 설명으로 틀린 것은?

① 고용노동부장관은 남녀고용평등 실현과 일·가정 양립에 관한 기본계획을 5년마다 수립하여야 한다.
② 사업주는 동일한 사업 내의 동일가치노동에 대하여는 동일한 임금을 지급하여야 한다.
③ 사업주가 임금차별을 목적으로 설립한 별개의 사업은 동일한 사업으로 본다.
④ 사업주는 직장 내 성희롱 예방을 위한 교육을 분기별 1회 이상 하여야 한다.

98 고용상 연령차별금지 및 고령자고용촉진에 관한 법령상 제조업의 기준고용률은?

① 그 사업장의 상시 근로자 수의 100분의 2
② 그 사업장의 상시 근로자 수의 100분의 3
③ 그 사업장의 상시 근로자 수의 100분의 6
④ 그 사업장의 상시 근로자 수의 100분의 7

99 근로기준법령상 휴게·휴일에 관한 설명으로 틀린 것은?

① 사용자는 근로시간이 8시간인 경우에는 1시간 이상의 휴게시간을 근로시간 도중에 주어야 한다.
② 사용자는 근로자에게 1주에 평균 1회 이상의 유급휴일을 보장하여야 한다.
③ 사용자는 연장근로에 대하여는 통상임금의 100분의 50 이상을 가산하여 근로자에게 지급하여야 한다.
④ 사용자는 8시간 이내의 휴일근로에 대하여는 통상임금의 100분의 100 이상을 가산하여 근로자에게 지급하여야 한다.

100 직업안정법령상 직업소개사업에 대한 설명으로 틀린 것은?

① 국내 무료직업소개사업을 하려는 자는 주된 사업소의 소재지를 관할하는 특별자치도지사·시장·군수 및 구청장에게 신고하여야 한다.
② 국외 무료직업소개사업을 하려는 자는 고용노동부장관에게 신고하여야 한다.
③ 국내 유료직업소개사업을 하려는 자는 주된 사업소의 소재지를 관할하는 특별자치도지사·시장·군수 및 구청장에게 등록하여야 한다.
④ 국외 유료직업소개사업을 하려는 자는 고용노동부장관에게 신고하여야 한다.

2020년 [1·2회]

직업상담학		직업심리학		직업정보론		노동시장론		노동관계법규	
01	④	21	③	41	④	61	③	81	④
02	③	22	④	42	②	62	①	82	④
03	①	23	④	43	①	63	①	83	④
04	④	24	③	44	③	64	①	84	④
05	②	25	②	45	③	65	②	85	②
06	②	26	②	46	③	66	①	86	②
07	②	27	②	47	①	67	④	87	②
08	④	28	④	48	②	68	④	88	④
09	②	29	③	49	①	69	④	89	④
10	④	30	④	50	③	70	④	90	④
11	③	31	①	51	④	71	②	91	②
12	③	32	②	52	①	72	③	92	①
13	①	33	④	53	③	73	④	93	②
14	②	34	③	54	④	74	④	94	③
15	②	35	②	55	③	75	①	95	②
16	①	36	④	56	①	76	④	96	②
17	①	37	①	57	③	77	②	97	④
18	③	38	④	58	②	78	①	98	①
19	③	39	②	59	①	79	④	99	④
20	①	40	③	60	②	80	④	100	④

2020년 3회

정답과 해설 ▶ P. 222~234

제1과목 직업상담학

01 융(Jung)이 제안한 4단계 치료과정을 순서대로 나열한 것은?

① 고백 → 교육 → 명료화 → 변형
② 고백 → 명료화 → 교육 → 변형
③ 고백 → 변형 → 명료화 → 교육
④ 명료화 → 고백 → 교육 → 변형

02 직업상담의 과정 중 역할사정에서 상호역할관계를 사정하는 방법이 아닌 것은?

① 질문을 통해 사정하기
② 동그라미로 역할관계 그리기
③ 역할의 위계적 구조 작성하기
④ 생애-계획연습으로 전환시키기

03 직업상담사와 내담자 사이에 직업상담관계를 협의하는 내용에 대한 설명으로 틀린 것은?

① 내담자와의 라포형성을 위해서 내담자가 존중받는 분위기를 만들어 주어야 한다.
② 내담자가 직업상담을 받는 것에 대해서 저항을 보일 때는 다른 상담자에게 의뢰해야 한다.
③ 상담자와 내담자가 직업상담에 대한 기대가 서로 다를 수 있기 때문에 서로의 역할을 명확히 해야 한다.
④ 상담자는 내담자가 직업상담을 통해서 얻고자 하는 것이 무엇인지 분명하게 확인해야 한다.

04 수퍼(Super)의 발달적 직업상담에서 의사결정에 이르는 단계를 바르게 나열한 것은?

ㄱ. 문제 탐색
ㄴ. 태도와 감정의 탐색과 처리
ㄷ. 심층적 탐색
ㄹ. 현실검증
ㅁ. 자아수용
ㅂ. 의사결정

① ㄱ → ㄴ → ㄷ → ㄹ → ㅂ → ㅁ
② ㄱ → ㄷ → ㄴ → ㄹ → ㅂ → ㅁ
③ ㄱ → ㄷ → ㅁ → ㄹ → ㄴ → ㅂ
④ ㄱ → ㄷ → ㄹ → ㅁ → ㄴ → ㅂ

05 직업상담사의 역할이 아닌 것은?

① 내담자에게 적합한 직업 결정
② 내담자의 능력, 흥미 및 적성의 평가
③ 직무스트레스, 직무 상실 등으로 인한 내담자 지지
④ 내담자의 삶과 직업목표 명료화

06 특성-요인 직업상담에서 일련의 관련 있는 또는 관련 없는 사실들로부터 일관된 의미를 논리적으로 파악하여 문제를 하나씩 해결하는 과정은?

① 다중진단   ② 선택진단
③ 변별진단   ④ 범주진단

07 직업상담을 위해 면담을 하는 중 즉시성(immediacy)을 사용하기에 적합하지 않은 경우는?

① 방향감이 없는 경우
② 신뢰성에 의문이 제기되는 경우
③ 내담자가 독립성이 있는 경우
④ 상담자와 내담자 간에 사회적 거리감이 있는 경우

08 게슈탈트 이론에 관한 설명으로 옳은 것을 모두 고른 것은?

ㄱ. 지금 여기서 무엇을 어떻게 경험하느냐와 각성을 중요시한다.
ㄴ. 성격은 생물학적 요구 및 충동에 의해 결정된다.
ㄷ. 인간은 신체, 정서, 사고, 감각, 지각 등 모든 부분이 서로 관련을 갖고 있는 전체로서 완성되려는 경향이 있다.
ㄹ. 인간의 행동은 외부의 환경조건에 의해 좌우된다.

① ㄱ, ㄴ
② ㄱ, ㄷ
③ ㄱ, ㄴ, ㄷ
④ ㄴ, ㄷ, ㄹ

09 직업카드분류로 살펴보기에 가장 적합한 개인의 특성은?

① 가치
② 성격
③ 흥미
④ 적성

10 6개의 생각하는 모자(six thinking hats)기법에서 사용하는 모자 색깔이 아닌 것은?

① 갈색
② 녹색
③ 청색
④ 흑색

11 상담사의 윤리적 태도와 행동으로 옳은 것은?

① 내담자와 상담관계 외에도 사적으로 친밀한 관계를 형성한다.
② 과거 상담사와 성적 관계가 있었던 내담자라도 상담관계를 맺을 수 있다.
③ 내담자의 사생활과 비밀보호를 위해 상담 종결 즉시 상담기록을 폐기한다.
④ 비밀보호의 예외 및 한계에 관한 갈등상황에서는 동료 전문가의 자문을 구한다.

빈출
12 실존주의 상담에 관한 설명으로 틀린 것은?

① 실존주의 상담의 궁극적 목적은 치료이다.
② 실존주의 상담은 대면적 관계를 중시한다.
③ 인간에게 자기지각의 능력이 있다고 가정한다.
④ 자유와 책임의 양면성에 대한 지각을 중시한다.

13 개방적 질문의 형태와 가장 거리가 먼 것은?

① 시험이 끝나고서 기분이 어떠했습니까?
② 지난주에 무슨 일이 있었습니까?
③ 당신은 학교를 좋아하지요?
④ 당신은 누이동생을 어떻게 생각하는지요?

14 일반적으로 상담자가 갖추어야 할 기법 중 내담자가 전달하려는 내용에서 한 걸음 더 나아가 그 내면적 감정에 대해 반영하는 것은?
① 해석　　　② 공감
③ 명료화　　④ 직면

15 현실치료적 집단상담의 절차와 가장 거리가 먼 것은?
① 숙련된 질문의 사용
② 유머의 사용
③ 개인적인 성장계획을 위한 자기조력
④ 조작기법의 사용

16 체계적 둔감화를 주로 사용하는 상담기법은?
① 정신역동적 직업상담
② 특성-요인 직업상담
③ 발달적 직업상담
④ 행동주의 직업상담

17 사이버 직업상담에서 답변을 작성할 때 고려해야 할 사항으로 가장 거리가 먼 것은?
① 추수상담의 가능성과 전문기관에 대한 안내를 한다.
② 친숙한 표현으로 답변을 작성하여 내담자가 친근감을 느끼게 한다.
③ 답변은 장시간이 소요되더라도 정확하게 하도록 노력한다.
④ 청소년이라 할지라도 반드시 존칭을 사용하여 호칭한다.

18 콜브(Kolb)의 학습형태검사(LSI)에서 사람에 대한 관심은 적은 반면 추상적 개념에 많은 관심을 두는 사고형은?
① 집중적　　② 확산적
③ 동화적　　④ 적응적

19 상담이론과 상담목표가 잘못 짝지어진 것은?
① 행동주의 상담이론 - 내담자의 문제행동을 증가시켜 왔던 강화요인을 탐색하고 제거한다.
② 인지행동주의 상담이론 - 내담자가 가지고 있는 비합리적인 신념을 확인하고 이를 수정한다.
③ 현실치료이론 - 내담자가 원하는 것이 무엇인지 확인하고 이를 달성할 수 있는 적절한 방법을 탐색한다.
④ 게슈탈트 상담이론 - 내담자의 생활양식을 확인하고 바람직한 방향으로 생활양식을 바꾸도록 한다.

20 직업상담의 목적에 해당하지 않는 것은?
① 개인의 직업적 목표를 명확히 해주는 과정이다.
② 진로관련 의사결정 능력을 길러주는 과정이다.
③ 직업선택과 직업생활에서 수동적인 태도를 함양하는 과정이다.
④ 이미 결정한 직업계획과 직업선택을 확신, 확인하는 과정이다.

제2과목 직업심리학

21 직업상담에 사용되는 질적 측정도구가 아닌 것은?

① 역할놀이
② 제노그램
③ 카드분류
④ 욕구 및 근로가치 설문

22 직무 스트레스를 조절하는 변인과 가장 거리가 먼 것은?

① 성격유형
② 역할 모호성
③ 통제 소재
④ 사회적 지원

23 검사점수의 오차를 발생시키는 수검자요인과 가장 거리가 먼 것은?

① 수행 능력
② 수행 경험
③ 평가 불안
④ 수검 당일의 생리적 조건

24 어떤 직업적성검사의 신뢰도 계수가 1.0이면 그 검사의 타당도 계수는?

① 1.0
② 0
③ 0.5
④ 알 수 없다.

25 직업발달에 관한 특성-요인이론의 종합적인 결과를 토대로 Klein과 Weiner 등이 내린 결론과 가장 거리가 먼 것은?

① 개개인은 신뢰할 만하고 타당하게 측정될 수 있는 고유한 특성의 집합이다.
② 직업의 선택은 직선적인 과정이며 연결이 가능하다.
③ 개인의 직업선호는 부모의 양육환경 특성에 의해 좌우된다.
④ 개인의 특성과 직업의 요구사항 간에 상관이 높을수록 직업적 성공의 가능성이 커진다.

26 직업흥미검사에 대한 설명으로 틀린 것은?

① 직업흥미검사 결과는 변화하므로 일정기간이 지나면 다시 실시하는 것이 좋다.
② 정서적 문제를 가지고 있는 내담자에게 직업흥미검사를 사용하는 것은 부적절하다.
③ 직업흥미검사는 진로분야에서 내담자가 만족할 수 있는 분야뿐만 아니라 성공가능성에 대한 정보도 제공해 준다.
④ 직업흥미검사 결과는 내담자의 능력, 가치, 고용가능성 등 내담자의 상황에 대한 다른 정보들을 고려하여 의사결정에 활용되어야 한다.

27 심리검사 해석 시 주의사항으로 틀린 것은?

① 검사결과를 내담자에게 이야기해 줄 때 가능한 한 이해하기 쉽게 해주어야 한다.
② 내담자에게 검사의 점수보다는 진점수의 범위를 말해 주는 것이 좋다.
③ 검사결과를 내담자와 함께 해석하는 것은 검사전문가로서 해서는 안 되는 일이다.
④ 내담자의 방어를 최소화하기 위해 상담자는 중립적이고 무비판적이어야 한다.

최종 정답이 2개로 발표된 문제입니다.

28 작업자 중심의 직무분석에 관한 설명으로 옳지 않은 것을 모두 고르면? (정답 2개)

① 직무를 수행하기 위한 구체적인 인적 요건들을 밝히는 직무기술서로 나타난다.
② 직무에서 수행하는 과제나 활동이 어떤 것들인지를 파악하는 데 초점을 둔다.
③ 어떠한 직무에서나 사용할 수 있는 표준화된 직무분석 질문지를 제작해서 사용할 수 있다.
④ 지식, 기술, 능력, 경험 등 작업자 개인 요건들로 직무를 표현한다.

29 직업적응이론의 적응유형 변인 중 적응행동과정에서 나타나는 적응의 시작과 종료의 지속기간을 나타내는 것은?

① 유연성   ② 능동성
③ 수동성   ④ 인내

30 사회학습이론에 기반한 진로발달 과정의 요인으로 다음 사례와 밀접하게 관련 있는 것은?

> 신입사원 A는 직무 매뉴얼을 참고하여 업무수행을 한다. 그러나 이런 방법을 통해 신입사원 때는 좋은 결과를 얻더라도, 승진하여 새로운 업무를 수행할 때는 기존의 업무수행 방법을 수정해야 할지도 모른다.

① 유전적 요인과 특별한 능력
② 직무적성
③ 학습경험
④ 과제접근 기술

31 직무 스트레스에 관한 설명으로 틀린 것은?

① 지루하게 반복되는 과업의 단조로움은 매우 위험한 스트레스 요인이 될 수 있다.
② 복잡한 과제는 정보 과부하를 일으켜 스트레스를 높인다.
③ 공식적이고 구조적인 조직에서 주로 인간관계 변수 때문에 역할갈등이 발생한다.
④ 역할모호성은 개인의 역할이 명확하지 않을 때 발생한다.

32 성격의 5요인(Big Five)에 해당하지 않는 것은?

① 정서적 불안정성
② 정확성
③ 성실성
④ 호감성

33 다음 사례에서 A에게 해당하는 홀랜드(Holland)의 직업성격 유형은?

> A는 분명하고 질서정연한 것을 좋아하며, 체계적으로 기계를 조작하는 활동을 좋아한다. 성격은 솔직하고, 말이 적으며, 고집이 있는 편이고, 단순하다는 얘기를 많이 듣는다.

① 탐구적(I) ② 사회적(S)
③ 실제적(R) ④ 관습적(C)

34 데이비스와 롭퀴스트(Dawis & Lofquist)의 직업적응이론에서 적응양식의 차원에 해당하지 않는 것은?

① 의존성(dependence)
② 적극성(activeness)
③ 반응성(reactiveness)
④ 인내(perseverance)

35 Super의 진로발달단계 중 결정화, 구체화, 실행 등과 같은 과업이 수행되는 단계는?

① 성장기 ② 탐색기
③ 확립기 ④ 유지기

36 로(Roe)의 욕구이론에 관한 설명으로 옳지 않은 것은?

① 아동기에 형성된 욕구에 대한 반응으로 직업선택이 이루어진다고 본다.
② 가정 분위기의 유형을 회피형, 정서집중형, 통제형으로 구분하였다.
③ 직업군을 8가지로 분류하였다.
④ 매슬로우가 제시한 욕구의 단계를 기초로 해서 초기의 인생경험과 직업선택의 관계에 관한 가정을 발전시켰다.

37 자신의 직무나 직무경험에 대한 평가로부터 비롯되는 유쾌하거나 정적인 감정 상태는?

① 직무만족 ② 직업적응
③ 작업동기 ④ 직무몰입

38 다음 설명에 해당하는 행동특성을 바르게 나타낸 것은?

ㄱ	• 점심을 먹으면서도 서류를 본다. • 아무것도 하지 않고 쉬면 견딜 수 없다. • 주말이나 휴일에도 쉴 수가 없다.
ㄴ	• 열심히 일을 했지만 성취감보다는 허탈감을 느낀다. • 인생에 환멸을 느낀다. • 불면증이 생긴다.

① ㄱ: 일중독증, ㄴ: 소진
② ㄱ: A형성격, ㄴ: B형성격
③ ㄱ: 내적 통제소재, ㄴ: 외적 통제소재
④ ㄱ: 과다 과업지향성, ㄴ: 과다 인간관계 지향성

빈출

39 가치중심적 진로접근모형의 명제에 관한 설명으로 틀린 것은?

① 개인이 우선권을 부여하는 가치들은 얼마 되지 않는다.
② 가치는 환경 속에서 가치를 담은 정보를 획득함으로써 학습된다.
③ 생애만족은 중요한 모든 가치들을 만족시키는 생애역할들에 의존한다.
④ 생애역할에서의 성공은 개인적 요인보다는 외적 요인들에 의해 주로 결정된다.

40 다음 중 조직에서 직원의 경력개발을 위해 사용하는 프로그램과 가장 거리가 먼 것은?

① 사내 공모제
② 후견인(mentoring) 프로그램
③ 직무평가
④ 직무순환

제3과목 직업정보론

41 다음은 고용24에서 제공하는 성인을 위한 직업적응검사 중 무엇에 관한 설명인가?

- 개발연도: 2013년
- 실시시간: 20분
- 측정내용: 문제해결능력 등 12개 요인
- 실시방법: 인터넷/지필

① 구직준비도검사
② 직업전환검사
③ 중장년 직업역량검사
④ 창업적성검사

42 직업상담 시 제공하는 직업정보의 기능과 역할에 대한 설명으로 틀린 것은?

① 여러 가지 직업적 대안들의 정보를 제공한다.
② 내담자의 흥미, 적성, 가치 등을 파악하는 것이 직업정보의 주기능이다.
③ 경험이 부족한 내담자에게 다양한 직업들을 간접적으로 접할 기회를 제공한다.
④ 내담자가 자신의 선택이 현실에 비추어 부적당한 선택이었는지를 점검하고 재조정해 볼 수 있는 기초를 제공한다.

43 고용24에서 제공하는 채용정보 중 기업형태별 검색에 해당하지 않는 것은?

① 대기업
② 가족친화인증기업
③ 외국계기업
④ 금융권기업

44 제11차 한국표준산업분류의 산업결정방법에 관한 설명으로 틀린 것은?

① 생산단위의 산업활동은 그 생산단위가 수행하는 주된 산업활동의 종류에 따라 결정된다.
② 계절에 따라 정기적으로 산업을 달리하는 사업체의 경우에는 조사시점에서 경영하는 산업에 의해 결정된다.
③ 휴업 중 또는 자산을 청산 중인 사업체의 산업은 영업 중 또는 청산을 시작하기 이전의 산업활동에 의해 결정된다.
④ 단일사업체 보조단위는 그 사업체의 일개 부서로 포함한다.

45 고용안정장려금(워라밸일자리 장려금)에 관한 설명으로 틀린 것은?

① 근로자의 계속고용을 위해 근로시간 단축, 근로시간 유연화 제도 등을 시행하면 지급한다.
② 사업주의 배우자, 4촌 이내의 혈족·인척은 지원대상자에서 제외된다.
③ 근로시간 단축 개시일이 속하는 다음 달부터 1년의 범위 내에서 1개월 단위로 지급한다.
④ 임신 근로자의 임금감소 보전금은 월 최대 24만 원이다.

46 한국표준직업분류(2025)에서 포괄적인 업무에 대해 적용하는 직업분류원칙을 순서대로 나열한 것은?

① 주된 직무 → 최상급 직능수준 → 생산업무
② 최상급 직능수준 → 주된 직무 → 생산업무
③ 최상급 직능수준 → 생산업무 → 주된 직무
④ 생산업무 → 최상급 직능수준 → 주된 직무

47 사업주 직업능력개발훈련 수행기관 중 '전국고용복지플러스센터'의 업무에 해당하지 않는 것은?

① HRD-Net 사용인증
② 지정 훈련 시설 인·지정
③ 훈련과정 지도·점검
④ 위탁훈련(상시심사 제외) 과정 심사

48 공공직업정보의 일반적인 특성에 대한 설명으로 틀린 것은?

① 전 산업 및 직종을 대상으로 지속적으로 조사·분석한다.
② 보편적 항목으로 이루어진 기초정보가 많다.
③ 관련 직업 간 비교가 용이하다.
④ 단시간에 조사하고 특정 목적에 맞게 직종을 제한적으로 선택한다.

49 다음은 한국직업사전의 부가직업정보(작업강도) 중 무엇에 관한 설명인가?

> 최고 20kg의 물건을 들어올리고 10kg 정도의 물건을 빈번히 들어올리거나 운반한다.

① 아주 가벼운 작업
② 가벼운 작업
③ 보통 작업
④ 힘든 작업

50 국민내일배움카드제의 직업능력개발계좌의 발급대상에 해당하는 자는?

① 사립학교교직원 연금법을 적용받고 현재 재직 중인 사람
② 만 65세인 사람
③ 중앙행정기관으로부터 훈련비를 지원받는 훈련에 참여하는 사람
④ HRD-Net을 통하여 직업능력개발훈련 동영상 교육을 이수하지 아니하는 사람

51 직업정보를 가공할 때 유의해야 할 사항으로 틀린 것은?

① 시청각적 효과를 첨가한다.
② 직업에 대한 장단점을 편견 없이 제공한다.
③ 가장 최신의 자료를 활용하되, 표준화된 정보를 활용한다.
④ 직업은 전문적인 것이므로 가능하면 전문적인 용어를 사용하여 가공한다.

내용 개정으로 더 이상 유효하지 않은 문제입니다.

52 한국직업전망(2019)의 향후 10년간 직업별 일자리 전망 결과 '증가'가 예상되는 직업에 해당하지 않는 것은?

① 어업 종사자 ② 사회복지사
③ 간병인 ④ 간호사

53 건설기계설비기사, 공조냉동기계기사, 승강기기사 자격이 공통으로 해당되는 직무분야는?

① 건설분야 ② 재료분야
③ 기계분야 ④ 안전관리분야

54 고용24에서 제공하는 학과정보 중 공학계열에 해당하는 것은?

① 생명과학과 ② 조경학과
③ 통계학과 ④ 응용물리학과

빈출

55 직업정보의 일반적인 정보관리순서로 가장 적합한 것은?

① 수집 → 분석 → 가공 → 체계화 → 제공 → 평가
② 수집 → 제공 → 분석 → 가공 → 평가 → 체계화
③ 수집 → 분석 → 평가 → 가공 → 제공 → 체계화
④ 수집 → 분석 → 체계화 → 제공 → 가공 → 평가

56 제11차 한국표준산업분류의 대분류 중 제조업 정의에 관한 설명으로 틀린 것은?

① 원재료(물질 또는 구성요소)에 물리적, 화학적 작용을 가하여 투입된 원재료를 성질이 다른 새로운 제품으로 전환시키는 산업활동이다.
② 단순히 상품을 선별·정리·분할·포장·재포장하는 경우 등과 같이 그 상품의 본질적 성질을 변화시키지 않는 처리활동은 제조 활동으로 보지 않는다.
③ 제조활동은 공장이나 가내에서 동력기계 및 수공으로 이루어질 수 있으며, 생산된 제품은 도매나 소매형태로 판매될 수도 있다.
④ 자본재(고정자본 형성)로 사용되는 산업용 기계와 장비를 전문적으로 수리하는 경우는 수리업으로 분류한다.

57 직업정보 제공에 관한 설명으로 옳은 것은?

① 모든 내담자에게 직업정보를 우선적으로 제공한다.
② 직업상담사는 다양한 직업정보를 제공하기 위해 지속적으로 노력한다.
③ 진로정보 제공은 직업상담의 초기단계에서 이루어지며, 이 경우 내담자의 피드백은 고려하지 않는다.
④ 내담자가 속한 가족, 문화보다는 표준화된 정보를 우선적으로 고려하여 정보를 제공한다.

58 국가기술자격 중 응시자격의 제한이 없는 서비스분야는?

① 스포츠경영관리사
② 임상심리사 2급
③ 컨벤션기획사 1급
④ 국제의료관광코디네이터

59 한국표준직업분류(2025)의 대분류 9에 해당하는 것은?

① 사무 종사자
② 단순노무 종사자
③ 서비스 종사자
④ 기능원 및 관련 기능 종사자

빈출
60 제11차 한국표준산업분류의 적용원칙에 관한 설명으로 틀린 것은?

① 생산단위는 산출물뿐만 아니라 투입물과 생산공정 등을 함께 고려하여 그들의 활동을 가장 정확하게 설명된 항목에 분류한다.
② 복합적인 활동단위는 우선적으로 최상급 분류단계(대분류)를 정확히 결정하고, 순차적으로 중, 소, 세, 세세분류 단계 항목을 결정한다.
③ 산업활동이 결합되어 있는 경우에는 그 활동단위의 주된 활동에 따라 분류한다.
④ 계약에 의하여 활동을 수행하는 단위는 자기계정과 자기책임하에서 생산하는 단위와 별도항목으로 분류되어야 한다.

제4과목 노동시장론

61 우리나라 기업의 노사협의회에서 다루고 있지 않은 사항은?

① 생산성 향상과 성과 배분
② 근로자의 채용·배치 및 교육훈련
③ 임금 및 근로조건의 교섭
④ 안전, 보건, 그 밖의 작업환경 개선과 근로자의 건강증진

62 실업률을 낮추기 위한 대책과 가장 거리가 먼 것은?

① 직업훈련 기회의 제공
② 재정지출의 축소
③ 금리 인하
④ 법인세 인하

63 우리나라에 10개의 야구공 생산업체가 있다. 야구공은 개당 1,000원에 거래되고 있다. 각 기업의 야구공 생산함수와 노동의 한계생산은 다음과 같다.

$$Q = 600L - 3L^2$$
$$MP_L = 600 - 6L$$

(단, Q는 야구공 생산량, L은 근로자의 수, MP_L은 노동의 한계생산이다)

우리나라에 야구공을 만드는 기술을 가진 근로자가 500명 있으며, 이들의 노동공급이 완전 비탄력적이고 야구공의 가격은 일정하다고 할 때, 균형임금수준은 얼마인가?

① 100,000원 ② 200,000원
③ 300,000원 ④ 400,000원

64 최종생산물이 수요자에 의하여 수요되기 때문에 그 최종생산물을 생산하는 데 투입되는 노동이 수요된다고 할 때 이러한 수요를 무엇이라고 하는가?

① 유효수요 ② 잠재수요
③ 파생수요 ④ 실질수요

65 합리적인 임금체계가 갖추어야 할 기능과 가장 거리가 먼 것은?

① 종업원에 대한 동기유발 기능
② 유능한 인재확보 기능
③ 보상의 공정성 기능
④ 생존권보장 기능

66 던롭(Dunlop)이 노사관계를 규제하는 여건 혹은 환경으로 지적한 사항이 아닌 것은?

① 시민의식
② 기술적 특성
③ 시장 또는 예산제약
④ 각 주체의 세력관계

67 다음 표에서 실업률은?

총인구	생산가능인구	취업자	실업자
100만 명	60만 명	36만 명	4만 명

① 4.0% ② 6.7%
③ 10.0% ④ 12.5%

68 필립스곡선은 어떤 변수 간의 관계를 설명하는 것인가?

① 임금상승률과 노동참여율
② 경제성장률과 실업률
③ 환율과 실업률
④ 임금상승률과 실업률

69 다음 중 최저임금제 도입의 직접적인 목적과 가장 거리가 먼 것은?

① 고용 확대 ② 구매력 증대
③ 생계비 보장 ④ 경영합리화 유도

70 다음 중 기업들이 기업 내의 승진정체에 대응하여 도입하고 있는 제도와 가장 거리가 먼 것은?

① 정년단축
② 자회사에의 파견
③ 조기퇴직 유도
④ 연봉제의 강화

71 다음 중 내부노동시장의 특징과 가장 거리가 먼 것은?

① 제1차 노동자로 구성되어진다.
② 장기근로자로 구성되어진다.
③ 승진제도가 중요한 역할을 한다.
④ 고용계약 형태가 다양하다.

72 A산업의 평균임금이 B산업보다 높을 경우 그 이유와 가장 거리가 먼 것은?

① A산업의 노동조합이 B산업보다 약하다.
② A산업 근로자의 생산성이 B산업 근로자보다 높다.
③ A산업 근로자의 숙련도 수준이 B산업 근로자의 숙련도 수준보다 높다.
④ A산업은 최근 급속히 성장하고 있어 노동수요에 노동공급이 충분히 대응하지 못하고 있다.

73 노동공급에 관한 설명으로 틀린 것은?

① 노동공급의 임금탄력성은 $\frac{노동공급량의 변화율}{임금의 변화율}$ 이다.
② 노동공급을 결정하는 요인으로서 인구는 양적인 규모뿐만 아니라 연령별, 지역별, 질적 구조도 중요한 의미를 갖는다.
③ 효용극대화에 기초한 노동공급모형에서 대체효과가 소득효과보다 클 경우 임금의 상승은 노동공급을 감소시키고 노동공급곡선은 후방으로 굴절된다.
④ 사회보장급여의 수준이 지나치게 높을 경우 노동공급에 대한 동기유발이 저해되어 총노동공급이 감소된다.

74 다음의 현상을 설명하는 개념은?

> 경제성장과 더불어 시간외 근무수당이 증가함에도 불구하고 근로자들이 휴일근무나 잔업처리 등을 기피하는 현상이 늘고 있다.

① 임금의 하방경직성
② 후방굴절형 노동공급곡선
③ 노동의 이력현상(hysteresis)
④ 임금의 화폐적 현상

75 임금체계의 공평성(equity)에 관한 설명으로 옳은 것은?

① 승자일체 취득의 원칙을 말한다.
② 최저생활을 보장해 주는 임금원칙을 말한다.
③ 근로자의 공헌도에 비례하여 임금을 지급한다.
④ 연령, 근속연수가 같으면 동일한 임금을 지급한다.

76 다음 중 마찰적 실업에 관한 설명으로 옳은 것은?

① 경기침체로부터 오는 실업이다.
② 구인자와 구직자 간의 정보의 불일치로 인해 발생한다.
③ 기업이 요구하는 기술수준과 노동자가 공급하는 기술수준의 불합치에 의해 발생한다.
④ 노동절약적 기술 도입으로 해고가 이루어짐으로써 발생한다.

77 다음 중 노동조합의 조직률을 하락시키는 요인과 가장 거리가 먼 것은?

① 외국인 근로자 비율의 증가
② 국내 산업 보호를 위한 수입관세 인상
③ 서비스업으로의 산업구조 변화
④ 노동자의 기호와 가치관의 변화

78 파업을 설명하는 힉스(J. R. Hicks)의 단체교섭 모형에 관한 설명으로 틀린 것은?

① 노사 양측의 대칭적 정보 때문에 파업이 일어나지 않고 적정수준에서 임금타결이 이루어진다.
② 노동조합의 요구임금과 사용자 측의 제의 임금은 파업기간의 함수이다.
③ 사용자의 양보곡선(concession curve)은 우상향한다.
④ 노동조합의 저항곡선(resistance curve)은 우하향한다.

79 노동수요의 탄력성 결정요인이 아닌 것은?

① 다른 요소와의 대체가능성
② 총생산비에 대한 노동비용의 비중
③ 다른 생산요소의 수요의 가격탄력성
④ 상품에 대한 수요의 탄력성

80 다음 중 노동조합이 조합원의 확대와 사용자와의 교섭에서 가장 불리하다고 볼 수 있는 숍(shop)제도는?

① closed shop   ② open shop
③ union shop   ④ agency shop

제5과목 노동관계법규

81 근로기준법령상 상시 10명 이상의 근로자를 사용하는 사용자가 취업규칙을 작성하여 고용노동부장관에게 신고해야 하는 사항이 아닌 것은?

① 업무의 시작시각
② 임금의 산정기간
③ 근로자의 식비 부담
④ 근로계약기간

82 헌법 제32조에 관한 설명으로 옳지 않은 것은?

① 근로조건의 기준은 인간의 존엄성을 보장하도록 법률로 정한다.
② 국가는 법률이 정하는 바에 의하여 최저임금제를 시행하여야 한다.
③ 고령자의 근로는 특별한 보호를 받는다.
④ 여자의 근로는 특별한 보호를 받는다.

83 연령차별금지 및 고령자고용촉진에 관한 법령상 용어 정의에 관한 설명으로 **틀린** 것은?

① '고령자'란 인구와 취업자의 구성 등을 고려하여 55세 이상인 자를 말한다.
② '준고령자'는 50세 이상 55세 미만인 사람으로 고령자가 아닌 자를 말한다.
③ '근로자'란 노동조합 및 노동관계 조정법에 따른 근로자를 말한다.
④ '사업주'란 근로자를 사용하여 사업을 하는 자를 말한다.

84 남녀고용평등과 일·가정 양립 지원에 관한 법률상 남녀고용평등 실현과 일·가정의 양립에 관한 기본계획에 포함되어야 할 사항을 모두 고른 것은?

> ㄱ. 여성취업의 촉진에 관한 사항
> ㄴ. 여성의 직업능력개발에 관한 사항
> ㄷ. 여성근로자의 모성 보호에 관한 사항
> ㄹ. 직전 기본계획에 대한 평가

① ㄱ, ㄴ
② ㄷ, ㄹ
③ ㄱ, ㄴ, ㄷ
④ ㄱ, ㄴ, ㄷ, ㄹ

85 근로기준법령상 용어 정의에 관한 설명으로 **틀린** 것은?

① '근로자'란 직업의 종류와 관계없이 임금을 목적으로 사업이나 사업장에 근로를 제공하는 자를 말한다.
② '근로'란 정신노동과 육체노동을 말한다.
③ '통상임금'이란 이를 산정하여야 할 사유가 발생한 날 이전 3개월 동안에 그 근로자에게 지급된 임금의 총액을 그 기간의 총일수로 나눈 금액을 말한다.
④ '사용자'란 사업주 또는 사업경영담당자, 그 밖에 근로자에 관한 사항에 대하여 사업주를 위하여 행위하는 자를 말한다.

86 국민 평생 직업능력 개발법령상 직업능력개발훈련이 중요시되어야 할 대상으로 명시되지 **않은** 것은?

① 고령자·장애인
② 여성근로자
③ 일용근로자
④ 제조업의 생산직에 종사하는 근로자

87 국민 평생 직업능력 개발법령상 다음은 어떤 훈련방법에 관한 설명인가?

> 직업능력개발훈련을 실시하기 위하여 설치한 훈련전용시설이나 그 밖에 훈련을 실시하기에 적합한 시설(산업체의 생산시설 및 근무장소는 제외한다)에서 실시하는 방법

① 현장훈련
② 집체훈련
③ 원격훈련
④ 혼합훈련

88 고용보험법령상 ( )에 들어갈 숫자로 옳은 것은?

> 배우자의 질병으로 육아휴직 급여를 신청할 수 없었던 사람은 그 사유가 끝난 후 ( )일 이내에 신청하여야 한다.

① 10 ② 30
③ 60 ④ 90

89 근로기준법상 임금에 관한 설명으로 틀린 것은?
① 임금은 원칙적으로 통화로 직접 근로자에게 그 전액을 지급하여야 한다.
② 사용자의 귀책사유로 휴업하는 경우 휴업기간 동안 근로자에게 통상임금의 100분의 60 이상의 수당을 지급하여야 한다.
③ 임금채권은 3년간 행사하지 아니하면 시효로 소멸한다.
④ 임금은 원칙적으로 매월 1회 이상 일정한 날짜를 정하여 지급하는 것이 원칙이다.

90 고용정책 기본법에 대한 설명으로 틀린 것은?
① 고용서비스를 제공하는 자는 그 업무를 수행할 때에 합리적인 이유 없이 성별 등을 이유로 구직자를 차별하여서는 아니 된다.
② 고용노동부장관은 5년마다 국가의 고용정책에 관한 기본계획을 수립하여야 한다.
③ 상시 100명 이상의 근로자를 사용하는 사업주는 매년 근로자의 고용형태 현황을 공시하여야 한다.
④ '근로자'란 사업주에게 고용된 사람과 취업할 의사를 가진 사람을 말한다.

91 기간제 및 단시간근로자 보호 등에 관한 법령상 적용범위에 관한 설명으로 틀린 것은?
① 상시 5인 이상의 근로자를 사용하는 모든 사업 또는 사업장에 적용한다.
② 동거의 친족만을 사용하는 사업장에는 적용하지 아니한다.
③ 상시 4인 이하의 근로자를 사용하는 사업 또는 사업장에 대하여는 이 법의 일부 규정을 적용할 수 있다.
④ 국가 및 지방자치단체의 기관에 대하여는 이 법을 적용하지 않는다.

92 남녀고용평등과 일·가정 양립 지원에 관한 법령에 규정된 내용으로 틀린 것은?
① 사업주는 근로자를 모집할 때 남녀를 차별하여서는 아니 된다.
② 사업주는 동일한 사업 내의 동일가치노동에 대하여는 동일한 임금을 지급하여야 한다.
③ 사업주는 직장 내 성희롱 예방을 위한 교육을 연 2회 이상 하여야 한다.
④ 고용노동부장관은 남녀고용평등 실현과 일·가정의 양립에 관한 기본계획을 5년마다 수립하여야 한다.

93 개인정보 보호법령상 개인정보 보호위원회(이하 '보호위원회'라 한다.)에 관한 설명으로 틀린 것은?

① 보호위원회는 상임위원 2명(위원장 1명, 부위원장 1명)을 포함한 9명의 위원으로 구성한다.
② 위원장과 위원의 임기는 2년으로 하되, 1차에 한하여 연임할 수 있다.
③ 보호위원회의 회의는 위원장이 필요하다고 인정하거나 재적위원 4분의 1 이상의 요구가 있는 경우에 위원장이 소집한다.
④ 보호위원회는 재적위원 과반수의 출석과 출석위원 과반수의 찬성으로 의결한다.

94 고용상 연령차별금지 및 고령자고용촉진에 관한 법령상 정년에 대한 설명으로 틀린 것은?

① 사업주는 정년에 도달한 자가 그 사업장에 다시 취업하기를 희망할 때 그 직무수행 능력에 맞는 직종에 재고용하도록 노력하여야 한다.
② 사업주는 근로자의 정년을 60세 이상으로 정하여야 한다.
③ 사업주는 고령자인 정년퇴직자를 재고용함에 있어 임금의 결정을 종전과 달리할 수 없다.
④ 상시 300명 이상의 근로자를 사용하는 사업주는 매년 정년제도의 운영현황을 고용노동부장관에게 제출하여야 한다.

95 고용보험법령상 피보험자격의 상실일에 해당하지 않는 것은?

① 피보험자가 적용제외 근로자에 해당하게 된 경우에는 그 적용제외 대상자가 된 날
② 피보험자가 이직한 경우에는 이직한 날의 다음 날
③ 피보험자가 사망한 경우에는 사망한 날의 다음 날
④ 보험관계가 소멸한 경우에는 그 보험관계가 소멸한 날의 다음 날

96 고용정책 기본법령상 고용정책심의회에 관한 설명으로 틀린 것은?

① 정책심의회는 위원장 1명을 포함한 20명 이내의 위원으로 구성한다.
② 근로자와 사업주를 대표하는 자는 심의위원으로 참여할 수 있다.
③ 특별시·광역시·특별자치시·도 및 특별자치도에 지역고용심의회를 둔다.
④ 고용정책심의회를 효율적으로 운영하기 위하여 분야별 전문위원회를 둘 수 있다.

97 남녀고용평등과 일·가정 양립 지원에 관한 법령상 육아휴직 기간에 대한 설명으로 **틀린** 것은?

① 육아휴직의 기간은 2년 이내로 한다.
② 사업주는 육아휴직 기간에는 근로자를 해고하지 못한다.
③ 육아휴직 기간은 근속기간에 포함한다.
④ 기간제근로자의 육아휴직 기간은 기간제 및 단시간근로자 보호 등에 관한 법률에 따른 사용기간에 산입하지 아니한다.

98 직업안정법령상 직업소개업과 겸업이 금지되는 사업이 **아닌** 것은?

① 결혼중개업의 관리에 관한 법률상 결혼중개업
② 파견근로자보호 등에 관한 법률상 근로자파견사업
③ 식품위생법상 식품접객업 중 단란주점영업
④ 공중위생관리법상 숙박업

99 고용보험법령상 용어 정의에 관한 설명으로 **틀린** 것은?

① '실업의 인정'이란 직업안정기관의 장이 수급자격자가 실업한 상태에서 적극적으로 직업을 구하기 위하여 노력하고 있다고 인정하는 것을 말한다.
② 3개월 동안 고용된 자는 '일용근로자'에 해당한다.
③ '이직'은 피보험자와 사업주 사이의 고용관계가 끝나게 되는 것을 말한다.
④ '실업'은 근로의 의사와 능력이 있음에도 불구하고 취업하지 못한 상태에 있는 것을 말한다.

100 직업안정법에 관한 설명으로 **틀린** 것은?

① 누구든지 어떠한 명목으로든 구인자로부터 그 모집과 관련하여 금품을 받거나 그 밖의 이익을 취하여서는 아니 된다.
② 누구든지 국외에 취업할 근로자를 모집한 경우에는 고용노동부장관에게 신고하여야 한다.
③ 누구든지 고용노동부장관의 허가를 받지 아니하고는 근로자공급사업을 하지 못한다.
④ 누구든지 성별, 연령 등을 이유로 직업소개를 할 때 차별대우를 받지 아니한다.

2020년 [3회]

직업상담학		직업심리학		직업정보론		노동시장론		노동관계법규	
01	②	21	④	41	④	61	③	81	④
02	③	22	②	42	②	62	②	82	③
03	②	23	①	43	④	63	③	83	③
04	③	24	④	44	②	64	③	84	④
05	①	25	③	45	④	65	④	85	③
06	③	26	③	46	①	66	①	86	④
07	③	27	③	47	④	67	③	87	②
08	②	28	①, ②	48	④	68	④	88	②
09	③	29	④	49	③	69	①	89	②
10	①	30	④	50	②	70	④	90	③
11	④	31	③	51	④	71	④	91	④
12	①	32	②	52	①	72	①	92	③
13	③	33	③	53	③	73	③	93	②
14	②	34	①	54	②	74	②	94	③
15	④	35	②	55	①	75	③	95	④
16	④	36	②	56	④	76	②	96	①
17	③	37	①	57	②	77	②	97	①
18	③	38	①	58	①	78	①	98	②
19	④	39	④	59	②	79	③	99	②
20	③	40	③	60	④	80	②	100	①

2020년 4회

정답과 해설 ▶ P. 235~248

제1과목 직업상담학

01 행동적 상담기법 중 불안을 감소시키는 방법으로 이완법과 함께 쓰이는 것은?

① 강화
② 변별학습
③ 사회적 모델링
④ 체계적 둔감화

02 내담자의 인지적 명확성을 사정할 때 고려할 사항이 아닌 것은?

① 직장을 처음 구하는 사람과 직업전환을 하는 사람의 직업상담에 관한 접근은 동일하게 해야 한다.
② 직장인으로서의 역할이 다른 생애역할과 복잡하게 얽혀 있는 경우 생애역할을 함께 고려한다.
③ 직업상담에서는 내담자의 동기를 고려하여 상담이 이루어져야 한다.
④ 우울증과 같은 심리적 문제로 인지적 명확성이 부족한 경우 진로문제에 대한 결정은 당분간 보류하는 것이 좋다.

03 6개의 생각하는 모자(six thinking hats)는 직업상담의 중재와 관련된 단계들 중 무엇을 위한 것인가?

① 직업정보의 수집
② 의사결정의 촉진
③ 보유기술의 파악
④ 시간관의 개선

빈출
04 정신역동적 진로상담에서 보딘(Bordin)이 제시한 진단범주에 포함되지 않는 것은?

① 독립성
② 자아갈등
③ 정보의 부족
④ 진로선택에 따르는 불안

05 레벤슨(Levenson)이 제시한 직업상담사의 반윤리적 행동에 해당하는 것은?

① 상담사의 능력 내에서 내담자의 문제를 다룬다.
② 내담자에게 부당한 광고를 하지 않는다.
③ 적절한 상담비용을 청구한다.
④ 직업상담사에 대한 내담자의 의존성을 최대화한다.

06 내담자의 정보를 수집하고 행동을 이해하여 해석할 때 내담자가 다음과 같은 반응을 보일 경우 사용하는 상담기법은?

> • 이야기 삭제하기
> • 불확실한 인물 인용하기
> • 불분명한 동사 사용하기
> • 제한적 어투 사용하기

① 전이된 오류 정정하기
② 분류 및 재구성하기
③ 왜곡된 사고 확인하기
④ 저항감 재인식하기

07 수퍼(Super)의 여성 진로유형 중 학교졸업 후에도 직업을 갖지 않는 진로유형은?

① 안정적인 가사 진로유형
② 전통적인 진로유형
③ 단절 진로유형
④ 불안정 진로유형

08 패터슨(Patterson) 등의 진로정보처리이론에서 제시된 진로상담 과정에 포함되지 않는 것은?

① 준비
② 분석
③ 종합
④ 실행

빈출
09 다음 중 부처(Butcher)가 제안한 집단직업상담을 위한 3단계 모형에 해당하지 않는 것은?

① 탐색단계
② 계획단계
③ 전환단계
④ 행동단계

10 포괄적 직업상담에서 내담자가 지닌 직업상의 문제를 가려내기 위해 실시하는 변별적 진단검사와 가장 거리가 먼 것은?

① 직업성숙도검사
② 직업적성검사
③ 직업흥미검사
④ 경력개발검사

빈출
11 다음 중 윌리암슨(Williamson)이 분류한 진로선택의 문제에 해당하지 않는 것은?

① 직업선택의 확신 부족
② 현명하지 못한 직업선택
③ 가치와 흥미의 불일치
④ 직업 무선택

12 직업카드분류(OCS)는 내담자의 어떤 특성을 사정하기 위한 도구인가?

① 흥미사정
② 가치사정
③ 동기사정
④ 성격사정

13 게슈탈트 상담이론에서 주장하는 접촉-경계의 혼란을 일으키는 현상에 대한 설명으로 옳지 않은 것은?

① 투사(projection)는 자신의 생각이나 요구, 감정 등을 타인의 것으로 지각하는 것을 말한다.
② 반전(retroflection)은 다른 사람이나 환경에 대하여 하고 싶은 행동을 자기 자신에게 하는 것을 말한다.
③ 융합(confluence)은 밀접한 관계에 있는 사람들의 어떤 갈등이나 불일치도 용납하지 않는 의존적 관계를 말한다.
④ 편향(deflection)은 외고집으로 다른 사람의 의견을 전혀 받아들이지 않고 자기 틀에서만 사고하고 행동하는 것을 말한다.

14 내담자중심 상담이론에 관한 설명으로 틀린 것은?

① Rogers의 상담경험에서 비롯된 이론이다.
② 상담의 기본목표는 개인이 일관된 자아개념을 가지고 자신의 기능을 최대로 발휘하는 사람이 되도록 도울 수 있는 환경을 제공하는 것이다.
③ 특정 기법을 사용하기보다는 내담자와 상담자 간의 안전하고 허용적인 '나와 너'의 관계를 중시한다.
④ 상담기법으로 적극적 경청, 감정의 반영, 명료화, 공감적 이해, 내담자 정보탐색, 조언, 설득, 가르치기 등이 이용된다.

15 내담자의 정보와 행동을 이해하고 해석할 때 기본이 되는 상담기법 중 '가정 사용하기'에 해당하는 질문이 아닌 것은?

① 당신은 자신의 일이 마음에 듭니까?
② 당신의 직업에서 마음에 드는 것은 어떤 것들입니까?
③ 당신의 직업에서 좋아하지 않는 것은 무엇입니까?
④ 어떤 사람이 상사가 되었으면 좋겠습니까?

16 상담 및 심리치료적 관계 형성에 방해되는 상담자의 행동은?

① 수용   ② 감정의 반영
③ 도덕적 판단 ④ 일관성

빈출
17 진로시간전망 검사 중 코틀(Cottle)이 제시한 원형검사에서 원의 크기가 나타내는 것은?

① 과거, 현재, 미래
② 방향성, 변별성, 통합성
③ 시간차원에 대한 상대적 친밀감
④ 시간차원의 연결 구조

빈출
18 아들러(Adler)의 개인주의 상담에 관한 설명으로 옳은 것은?

① 내담자의 잘못된 가치보다는 잘못된 행동을 수정하는 데 초점을 둔다.
② 상담자는 조력자의 역할을 하며 내담자가 상담을 주도적으로 이끈다.
③ 상담과정은 사건의 객관성보다는 주관적 지각과 해석을 중시한다.
④ 내담자의 사회적 관심보다는 개인적 열등감의 극복을 궁극적 목표로 삼는다.

19 정신분석에서 제시하는 불안의 유형을 모두 고른 것은?

ㄱ. 사회적 불안	ㄴ. 현실적 불안
ㄷ. 신경증적 불안	ㄹ. 도덕적 불안
ㅁ. 행동적 불안	

① ㄱ, ㄴ, ㄷ   ② ㄱ, ㄴ, ㅁ
③ ㄱ, ㄹ, ㅁ   ④ ㄴ, ㄷ, ㄹ

20 다음 설명에 해당하는 집단상담 기법은?

- 말하고 있는 집단원이 자신이 무엇을 말하는가를 잘 알 수 있게 돕는 것
- 말하고 있는 집단원의 말의 내용과 감정을 이해하고 있음을 알리며 의사소통하는 것

① 해석하기　② 연결짓기
③ 반영하기　④ 명료화하기

제2과목 직업심리학

21 다음의 내용이 포함된 직무분석의 방법은?

- 직무를 잘 수행하기 위하여 과업이 필수적인 정도
- 과업 학습의 난이도
- 과업의 중요도

① 직무요소 질문지
② 기능적 직무분석
③ 직책분석 질문지
④ 과업 질문지

22 긴즈버그(Ginzberg)가 제시한 진로발달단계가 아닌 것은?

① 환상기　② 잠정기
③ 현실기　④ 적응기

23 적성검사의 결과에서 중앙값이 의미하는 것은?

① 100점 만점에서 50점을 획득하였다.
② 자신이 얻을 수 있는 최고 점수를 얻었다.
③ 적성검사에서 도달해야 할 준거점수를 얻었다.
④ 같은 또래 집단의 점수분포에서 평균점수를 얻었다.

24 홀랜드(Holland)의 진로발달이론이 기초하고 있는 가정에 관한 설명 중 틀린 것은?

① 사람들의 성격은 6가지 유형 중의 하나로 분류될 수 있다.
② 직업 환경은 6가지 유형 중의 하나로 분류될 수 있다.
③ 개인의 행동은 성격에 의해 결정된다.
④ 사람들은 자신의 능력을 발휘하고 태도와 가치를 표현할 수 있는 환경을 찾는다.

25 셀리에(Selye)가 제시한 스트레스 반응 단계를 순서대로 바르게 나열한 것은?

① 소진 → 저항 → 경고
② 저항 → 경고 → 소진
③ 소진 → 경고 → 저항
④ 경고 → 저항 → 소진

26 사회인지적 관점의 진로이론(SCCT)의 세 가지 중심적인 변인이 아닌 것은?

① 자기효능감　② 자기 보호
③ 결과 기대　④ 개인적 목표

27 직업적응이론에서 개인의 만족, 조직의 만족, 적응을 매개하는 적응유형 변인은?

① 우연(happenstance)
② 타협(compromise)
③ 적응도(adaptability)
④ 인내력(perseverance)

28 직업에 관련된 흥미를 측정하는 직업흥미검사가 아닌 것은?

① Strong Interest Inventory
② Vocational Preference Inventory
③ Kuder Interest Inventory
④ California Psychological Inventory

29 스트레스의 예방 및 대처 방안으로 틀린 것은?

① 가치관을 전환해야 한다.
② 과정중심적 사고방식에서 목표지향적 초고속 심리로 전환해야 한다.
③ 균형 있는 생활을 해야 한다.
④ 취미·오락을 통해 생활 장면을 전환하는 활동을 규칙적으로 해야 한다.

30 개인의 욕구와 능력을 환경의 요구사항과 관련시켜 진로행동을 설명하고, 개인과 환경 간의 상호작용을 통한 욕구충족을 강조하는 이론은?

① 가치중심이론
② 특성요인이론
③ 사회학습이론
④ 직업적응이론

31 미네소타 직업가치 질문지에서 측정하는 6개의 가치요인이 아닌 것은?

① 성취   ② 지위
③ 권력   ④ 이타주의

32 다음과 같은 정의를 가진 직업선택 문제는?

- 자신의 적성 수준보다 높은 적성을 요구하는 직업을 선택한다.
- 자신이 선택한 직업이 흥미와 일치할 수도 있고, 일치하지 않을 수도 있다.

① 부적응된(maladjusted)
② 우유부단한(undecided)
③ 비현실적인(unrealistic)
④ 강요된(forced)

33 다음 중 질문지법의 장점이 아닌 것은?

① 부가적인 정보를 얻을 수 있다.
② 시간과 비용이 적게 든다.
③ 다수의 응답자가 참여할 수 있다.
④ 자료 수집이 용이하다.

34 조직 감축에서 살아남은 구성원들이 조직에 대해 보이는 전형적인 반응은?

① 살아남은 구성원들은 조직에 대해 높은 신뢰감을 가지고 있다.
② 더 많은 일을 해야 하고, 종종 불이익도 감수한다.
③ 살아남은 구성원들은 다른 직무나 낮은 수준의 직무로 이동하는 것을 거부한다.
④ 조직 감축에서 살아남은 데 만족하며 조직 몰입을 더 많이 한다.

35 다음 설명에 해당하는 타당도의 종류는?

> 검사의 문항들이 그 검사가 측정하고자 하는 내용영역을 얼마나 잘 반영하고 있는가를 의미하며, 흔히 성취도 검사의 타당도를 평가하는 방법으로 많이 사용된다.

① 준거타당도 ② 내용타당도
③ 예언타당도 ④ 공인타당도

36 톨버트(Tolbert)가 제시한 개인의 진로발달에 영향을 주는 요인이 아닌 것은?

① 교육 정도(educational degree)
② 직업 흥미(occupational interest)
③ 직업 전망(occupational prospective)
④ 가정·성별·인종(family·sex·race)

37 일반적성검사(GATB)에서 측정하는 직업적성이 아닌 것은?

① 손가락 정교성 ② 언어 적성
③ 사무 지각   ④ 과학 적성

빈출
38 경력개발 프로그램 중 종업원 개발 프로그램에 해당하지 않는 것은?

① 훈련 프로그램
② 평가 프로그램
③ 후견인 프로그램
④ 직무순환

39 신뢰도 계수에 관한 설명으로 틀린 것은?

① 신뢰도 계수는 개인차가 클수록 커진다.
② 신뢰도 계수는 문항 수가 증가함에 따라 정비례하여 커진다.
③ 신뢰도 계수는 신뢰도 추정방법에 따라서 달라질 수 있다.
④ 신뢰도 계수는 검사의 일관성을 보여주는 값이다.

40 직업발달이론 중 매슬로우(Maslow)의 욕구위계이론에 기초하여 유아기의 경험과 직업선택에 관한 5가지 가설을 수립한 학자는?

① 로(Roe)
② 고트프레드슨(Gottfredson)
③ 홀랜드(Holland)
④ 터크만(Tuckman)

제3과목 직업정보론

빈출
41 한국표준산업분류(제11차)에서 통계단위의 산업결정방법에 관한 설명으로 **틀린** 것은?

① 생산단위의 산업활동은 그 생산단위가 수행하는 주된 산업활동의 종류에 따라 결정된다.
② 단일사업체의 보조단위는 그 사업체의 일개부서로 포함한다.
③ 계절에 따라 정기적으로 산업을 달리하는 사업체의 경우에는 조사시점에 경영하는 사업으로 분류된다.
④ 설립 중인 사업체는 개시하는 산업활동에 따라 결정한다.

42 다음의 주요 업무를 수행하는 사업주 직업능력개발훈련기관은?

- 훈련과정 인정
- 실시신고 접수 및 수료자 확정
- 비용신청서 접수 및 지원
- 훈련과정 모니터링

① 전국고용센터
② 한국고용정보원
③ 근로복지공단
④ 한국산업인력공단

43 직업선택 결정모형을 기술적 직업결정모형과 처방적 직업결정모형으로 분류할 때 기술적 직업결정모형에 해당하지 않는 것은?

① 브룸(Vroom)의 모형
② 플레처(Fletcher)의 모형
③ 겔라트(Gelatt)의 모형
④ 타이드만과 오하라(Tiedeman & O'Hara)의 모형

44 한국표준산업분류(제11차)에서 산업분류의 적용원칙에 관한 설명으로 틀린 것은?

① 생산단위는 산출물뿐만 아니라 투입물과 생산공정 등을 함께 고려하여 그들의 활동을 가장 정확하게 설명된 항목으로 분류해야 한다.
② 복합적인 활동단위는 우선적으로 최상급 분류단계(대분류)를 정확히 결정하고, 순차적으로 중, 소, 세, 세세분류 단계 항목을 결정해야 한다.
③ 공식적 생산물과 비공식적 생산물, 합법적 생산물과 불법적인 생산물을 달리 분류해야 한다.
④ 산업활동이 결합되어 있는 경우에는 그 활동단위의 주된 활동에 따라서 분류해야 한다.

45 다음은 직업정보 수집을 위한 자료수집방법을 비교한 표이다. ( )에 알맞은 것은?

기준	(ㄱ)	(ㄴ)	(ㄷ)
비용	높음	보통	보통
응답자료의 정확성	높음	보통	낮음
응답률	높음	보통	낮음
대규모 표본 관리	곤란	보통	용이

① ㄱ: 전화조사, ㄴ: 우편조사, ㄷ: 면접조사
② ㄱ: 면접조사, ㄴ: 우편조사, ㄷ: 전화조사
③ ㄱ: 면접조사, ㄴ: 전화조사, ㄷ: 우편조사
④ ㄱ: 전화조사, ㄴ: 면접조사, ㄷ: 우편조사

46 한국표준산업분류(제11차)의 분류기준이 아닌 것은?

① 산출물의 특성
② 투입물의 특성
③ 생산단위의 활동형태
④ 생산활동의 일반적인 결합형태

47 한국표준직업분류(제8차)의 직업분류원칙 중 다수직업 종사자의 분류원칙에 해당하지 않는 것은?

① 수입 우선의 원칙
② 취업시간 우선의 원칙
③ 조사 시 최근의 직업 원칙
④ 생산업무 우선 원칙

48 통계청 경제활동인구조사의 주요 용어에 관한 설명으로 틀린 것은?

① 경제활동인구: 만 15세 이상 인구 중 취업자와 실업자를 말한다.
② 육아: 조사대상주간에 주로 미취학자녀(초등학교 입학 전)를 돌보기 위하여 집에 있는 경우가 해당된다.
③ 취업준비: 학교나 학원에 가지 않고 혼자 집이나 도서실에서 취업을 준비하는 경우가 해당된다.
④ 자영업자: 고용원이 없는 자영업자를 제외한 고용원이 있는 자영업자를 말한다.

49 국가기술자격 국제의료관광코디네이터의 응시자격으로 틀린 것은? (단, 공인어학성적 기준요건을 충족한 것으로 가정한다.)

① 보건의료 또는 관광분야의 관련학과로서 대학졸업자 또는 졸업예정자
② 2년제 전문대학 관련학과 졸업자 등으로서 졸업 후 보건의료 또는 관광분야에서 2년 이상 실무에 종사한 사람
③ 관련 자격증(의사, 간호사, 보건교육사, 관광통역안내사, 컨벤션기획사 1·2급)을 취득한 사람
④ 보건의료 또는 관광분야에서 3년 이상 실무에 종사한 사람

빈출
50 한국표준직업분류(제8차)에서 직업의 성립조건에 대한 설명으로 옳은 것은?

① 사회복지시설 수용자의 시설 내 경제활동은 직업으로 보지 않는다.
② 이자나 주식배당으로 자산 수입이 있는 경우는 직업으로 본다.
③ 자기 집의 가사 활동도 직업으로 본다.
④ 속박된 상태에서의 제반활동이 경제성이나 계속성이 있으면 직업으로 본다.

51 한국직업사전에서 사람과 관련된 직무기능 중 "정책을 수립하거나 의사결정을 하기 위해 생각이나 정보, 의견 등을 교환한다."와 관련 있는 것은?

① 자문　　② 협의
③ 설득　　④ 감독

52 다음에 해당하는 고용 관련 지원제도는?

- 기간제·파견·사내하도급근로자 또는 특수형태업무종사자를 정규직으로 전환
- 전일제 근로자의 소정근로시간 단축을 허용
- 시차출퇴근제, 재택근무제 등 유연근무제를 도입하여 활용

① 고용창출장려금
② 고용안정장려금
③ 고용유지지원금
④ 고용환경개선지원

53 구직자에게 일정한 금액을 지원하여 그 범위 이내에서 직업능력개발훈련에 참여할 수 있도록 하고, 훈련이력 등을 개인별로 통합관리하는 제도는?

① 사업주훈련
② 일학습병행제
③ 국민내일배움카드
④ 청년취업아카데미

54 공공직업정보의 일반적인 특성에 해당되는 것은?

① 필요한 시기에 최대한 활용되도록 한시적으로 신속하게 생산·제공된다.
② 특정 분야 및 대상에 국한되지 않고 전체 산업의 직종을 대상으로 한다.
③ 정보 생산자의 임의적 기준에 따라 관심이나 흥미를 유도할 수 있도록 해당 직업을 분류한다.
④ 유료로 제공된다.

55 직업정보를 사용하는 목적과 가장 거리가 먼 것은?

① 직업정보를 통해 근로생애를 설계할 수 있다.
② 직업정보를 통해 전에 알지 못했던 직업세계와 직업비전에 대해 인식할 수 있다.
③ 직업정보를 통해 과거의 직업탐색, 은퇴 후 취미활동 등에 필요한 정보를 얻을 수 있다.
④ 직업정보를 통해 일을 하려는 동기를 부여받을 수 있다.

56 국가 직업훈련에 관한 정보를 검색할 수 있는 정보망은?

① JT-Net   ② HRD-Net
③ T-Net   ④ Training-Net

57 고용24의 청소년 대상 심리검사의 종류 중 지필방법으로 실시할 수 없는 것은?

① 청소년 직업흥미검사
② 고교계열 흥미검사
③ 고등학생 적성검사
④ 청소년 진로발달검사

※ 내용 개정으로 더 이상 유효하지 않은 문제입니다.

58 2019 한국직업전망의 직업별 일자리전망 결과에서 '다소 증가'로 전망되지 않은 것은?

① 항공기조종사   ② 경찰관
③ 기자   ④ 손해사정사

59 고용24에서 제공하는 학과정보 중 자연계열에 해당하는 학과는?

① 도시공학과
② 지능로봇과
③ 바이오산업공학과
④ 바이오섬유소재학과

60 국가기술자격 종목과 해당 직무분야의 연결이 옳지 않은 것은?

① 임상심리사 1급 – 보건·의료
② 텔레마케팅관리사 – 경영·회계·사무
③ 직업상담사 1급 – 사회복지·종교
④ 어로산업기사 – 농림어업

제4과목 노동시장론

61 완전경쟁시장의 치킨매장에서 치킨 1마리를 14,000원에 팔고 있다. 그리고 종업원을 시간당 7,000원에 고용하고 있다. 이 매장이 이윤을 극대화하기 위해서는 노동의 한계생산이 무엇과 같아질 때까지 고용을 늘려야 하는가?

① 시간당 치킨 1/2마리
② 시간당 치킨 1마리
③ 시간당 치킨 2마리
④ 시간당 치킨 4마리

62 다음 중 생산성을 향상시키는 요인과 가장 거리가 먼 것은?

① 노동조합 조합원 수의 증가
② 자본 절약적 기술혁신
③ 자본의 질적 증가
④ 노동의 질적 향상

63 기업은 조합원이 아닌 노동자를 채용할 수 있고 채용된 근로자가 노동조합 가입 여부에 상관없이 기업의 종업원으로 근무하는 데 아무 제약이 없는 숍제도는?

① 클로즈드 숍
② 유니언 숍
③ 에이전시 숍
④ 오픈 숍

64 준고정적 노동비용에 해당하지 않는 것은?

① 퇴직금
② 건강보험
③ 유급휴가
④ 초과근무수당

65 성과급제도의 장점으로 가장 적합한 것은?

① 직원 간 화합이 용이하다.
② 근로의 능률을 자극할 수 있다.
③ 임금의 계산이 간편하다.
④ 확정적 임금이 보장된다.

66 파업의 경제적 손실에 대한 설명으로 틀린 것은?

① 노동조합 측 노동소득의 순상실분은 해당 기업에서의 임금소득의 상실보다 훨씬 적을 수 있다.
② 사용자 이윤의 순감소분은 직접적인 생산 중단에서 오는 것보다 항상 더 크다.
③ 파업에 따르는 사회적 비용은 제조업보다 서비스업에서 더 큰 것이 보통이다.
④ 파업에 따르는 생산량 감소는 타산업의 생산량 증가로 보충하기도 한다.

67 근로기준법에 경영상 이유에 의한 해고, 탄력적 근로시간제 등의 조항이 등장하고 파견근로자 보호 등에 관한 법률이 제정된 이유로 가장 타당한 것은?

① 획일화되는 사회에 적응하기 위함이다.
② 노동조합의 전투성을 진정시키기 위함이다.
③ 외부자보다는 내부자를 보호하기 위함이다.
④ 불확실한 시장상황에 기업이 신속하게 대응할 수 있도록 하기 위함이다.

68 기업의 종업원주식소유제 또는 종업원지주제 도입의 목적이 아닌 것은?

① 새로운 일자리 창출
② 기업재무구조의 건전화
③ 종업원에 의한 기업인수로 고용안정 도모
④ 공격적 기업인수 및 합병에 대한 효과적 방어수단으로 활용

69 효율임금가설에 대한 설명으로 틀린 것은?

① 효율임금은 생산의 임금탄력성이 1이 되는 점에서 결정된다.
② 효율임금은 전문직과 같이 노동자들의 생산성을 관측하기 어려운 경우 채택될 가능성이 높다.
③ 효율임금은 경쟁임금수준보다 높으므로 개별기업의 이윤극대화를 가져다 주는 임금이라 할 수 없다.
④ 효율임금은 임금인상에 따른 한계생산이 임금의 평균생산과 일치하는 점에서 결정된다.

70 마르크스(K. Marx)에 의하면 기술진보로 인하여 상대적 과잉인구가 발생하게 되는데 이를 무슨 실업이라 하는가?

① 마찰적 실업 ② 구조적 실업
③ 기술적 실업 ④ 경기적 실업

71 노동의 공급곡선에 대한 설명 중 틀린 것은?

① 일정 임금수준 이상이 될 때 노동의 공급곡선은 후방굴절부분을 가진다.
② 임금과 노동시간 사이에 음(-)의 관계가 존재할 경우 임금률의 변화 시 소득효과가 대체효과보다 작다.
③ 임금과 노동시간과의 관계이다.
④ 노동공급의 증가율이 임금상승률보다 높다면 노동공급은 탄력적이다.

72 노동시장과 실업에 관한 설명으로 틀린 것은?

① 최저임금제는 비숙련 노동자에게 해당된다.
② 해고자, 취업대기자, 구직포기자는 실업자에 포함된다.
③ 효율성임금은 노동자의 이직을 막기 위해 시장균형임금보다 높다.
④ 최저임금, 노동조합 또는 직업탐색 등이 실업의 원인에 포함된다.

73 내부노동시장의 형성요인이 아닌 것은?

① 기술변화에 따른 산업구조 변화
② 장기근속 가능성
③ 위계적 직무서열
④ 기능의 특수성

74 임금의 경제적 기능에 대한 설명으로 틀린 것은?

① 임금결정에서 기업주는 동일노동 동일임금을 선호하고 노동자는 동일노동 차등임금을 선호한다.
② 기업주에게는 명목임금이 중요성을 가지나 노동자에게는 실질임금이 중요하다.
③ 기업주 입장에서 본 임금과 노동자 입장에서 본 임금의 성격상 상호배반적인 관계를 갖는다.
④ 임금은 인적자본에 대한 투자수요결정의 변수로서 중요한 역할을 한다.

75 분단노동시장(segmented labor market) 가설의 출현배경과 가장 거리가 먼 것은?

① 능력분포와 소득분포의 상이
② 교육개선에 의한 빈곤퇴치 실패
③ 소수인종에 대한 현실적 차별
④ 동질의 노동에 대한 동일한 임금

76 경제활동인구조사에서 취업자로 분류되는 사람은?

① 명예퇴직을 하여 연금을 받고 있는 전직 공무원
② 하루 3시간씩 구직활동을 하고 있는 전직 은행원
③ 하루 1시간씩 학교 부근 식당에서 아르바이트를 하고 있는 대학생
④ 하루 2시간씩 남편의 상점에서 무급으로 일하는 기혼여성

77 다음 중 구조적 실업에 대한 대책과 가장 거리가 먼 것은?

① 경기활성화
② 직업전환교육
③ 이주에 대한 보조금
④ 산업구조 변화 예측에 따른 인력수급정책

78 임금상승의 소득효과가 대체효과보다 클 경우, 노동공급곡선의 형태는?

① 우상승한다. ② 수평이다.
③ 좌상승한다. ④ 변함없다.

79 외국인 노동자들의 모든 근로가 합법화되었을 때 외국인 노동수요의 임금탄력성이 0.6이고 임금이 15% 상승하면, 외국인 노동자들에 대한 수요는 몇 % 감소하는가?

① 6%   ② 9%
③ 12% ④ 15%

80 다음 중 시장균형임금보다 임금수준이 높게 유지되는 경우에 해당되지 않는 것은?

① 인력의 부족
② 노동조합의 존재
③ 최저임금제의 시행
④ 효율성임금 정책 도입

제5과목 노동관계법규

81 고용상 연령차별금지 및 고령자고용촉진에 관한 법령상 고령자와 준고령자의 정의에 관한 설명으로 옳은 것은?

① 고령자는 55세 이상인 사람이며, 준고령자는 50세 이상 55세 미만인 사람으로 한다.
② 고령자는 60세 이상인 사람이며, 준고령자는 55세 이상 60세 미만인 사람으로 한다.
③ 고령자는 58세 이상인 사람이며, 준고령자는 55세 이상 58세 미만인 사람으로 한다.
④ 고령자는 65세 이상인 사람이며, 준고령자는 60세 이상 65세 미만인 사람으로 한다.

82 직업안정법령상 일용근로자 이외의 직업소개를 하는 유료직업소개사업자의 장부 및 서류의 비치기간으로 옳은 것은?

① 종사자 명부: 3년
② 구인신청서: 2년
③ 구직신청서: 1년
④ 금전출납부 및 금전출납명세서: 1년

83 고용보험법령상 취업촉진 수당에 해당하지 않는 것은?

① 여성고용촉진장려금
② 광역 구직활동비
③ 이주비
④ 직업능력개발 수당

84 남녀고용평등과 일·가정 양립 지원에 관한 법률상 직장 내 성희롱에 관한 설명으로 <u>틀린</u> 것은?

① 사업주, 상급자 또는 근로자는 직장 내 성희롱을 하여서는 아니 된다.
② 사업주는 직장 내 성희롱 예방 교육을 매년 실시하여야 한다.
③ 고용노동부장관은 성희롱 예방 교육기관이 1년 동안 교육 실적이 없는 경우 그 지정을 취소할 수 있다.
④ 사업주는 직장 내 성희롱 발생 사실을 알게 된 경우에는 지체 없이 그 사실 확인을 위한 조사를 하여야 한다.

85 근로기준법령상 정의 규정에 관한 설명으로 옳게 명시되지 <u>않은</u> 것은?

① 근로자라 함은 직업의 종류를 불문하고 임금·급료 기타 이에 준하는 수입에 의하여 생활하는 자를 말한다.
② 근로계약이란 근로자가 사용자에게 근로를 제공하고 사용자는 이에 대하여 임금을 지급하는 것을 목적으로 체결된 계약을 말한다.
③ 임금이란 사용자가 근로의 대가로 근로자에게 임금, 봉급, 그 밖에 어떠한 명칭으로든지 지급하는 일체의 금품을 말한다.
④ 사용자란 사업주 또는 사업경영담당자, 그 밖에 근로자에 관한 사항에 대하여 사업주를 위하여 행위하는 자를 말한다.

86 고용보험법의 적용제외 대상이 <u>아닌</u> 자는? (단, 기타사항은 고려하지 않음)

① 3개월 이상 계속하여 근로를 제공하는 자
② 지방공무원법에 따른 공무원
③ 사립학교교직원 연금법의 적용을 받는 자
④ 별정우체국법에 따른 별정우체국 직원

87 남녀고용평등과 일·가정 양립 지원에 관한 법령상 남녀의 평등한 기회보장 및 대우에 관한 설명으로 틀린 것은?

① 사업주는 동일한 사업 내의 동일가치노동에 대하여는 동일한 임금을 지급하여야 한다.
② 사업주가 임금차별을 목적으로 설립한 별개의 사업은 별개의 사업으로 본다.
③ 사업주는 근로자를 모집하거나 채용할 때 남녀를 차별하여서는 아니 된다.
④ 사업주는 여성근로자의 출산을 퇴직사유로 예정하는 근로계약을 체결하여서는 아니 된다.

88 고용정책 기본법령상 대량고용변동의 신고기준 중 ( )에 들어갈 숫자의 연결이 옳은 것은?

> 1. 상시 근로자 300명 미만을 사용하는 사업 또는 사업장: ( )명 이상
> 2. 상시 근로자 300명 이상을 사용하는 사업 또는 사업장: 상시 근로자 총수의 100분의 ( ) 이상

① 10, 20   ② 10, 30
③ 30, 10   ④ 30, 20

89 국민 평생 직업능력 개발법령상 다음 ( )에 알맞은 숫자를 옳게 연결한 것은?

> 사업주는 훈련계약을 체결할 때에는 해당 직업능력개발훈련을 받는 사람이 직업능력개발훈련을 이수한 후에 사업주가 지정하는 업무에 일정 기간 종사하도록 할 수 있다.
> 이 경우 그 기간은 ( )년 이내로 하되, 직업능력개발훈련 기간의 ( )배를 초과할 수 없다.

① 3, 2   ② 3, 3
③ 5, 2   ④ 5, 3

90 다음 중 근로기준법상 1순위로 변제되어야 하는 채권은?

① 우선권이 없는 조세·공과금
② 최종 3개월분의 임금
③ 질권·저당권에 의해 담보된 채권
④ 최종 3개월분의 임금을 제외한 임금채권 전액

91 헌법이 보장하는 근로3권의 설명으로 틀린 것은?

① 단결권은 근로조건의 향상을 도모하기 위하여 근로자와 그 단체에게 부여된 단결체 조직 및 활동, 가입, 존립보호 등을 위한 포괄적 개념이다.
② 단결권이 근로자 집단의 근로조건의 향상을 추구하는 주체라면, 단체교섭권은 그 목적 활동이고, 단체협약은 그 결실이라고 본다.
③ 단체교섭의 범위는 근로자들의 경제적·사회적 지위향상에 관한 것으로 단체교섭의 주체는 원칙적으로 근로자 개인이 된다.
④ 단체행동권의 보장은 개개 근로자와 노동조합의 민·형사상 책임을 면제시키는 것이므로 시민법에 대한 중대한 수정을 의미한다.

92 남녀고용평등과 일·가정 양립 지원에 관한 법령상 상시 300명 미만의 근로자를 사용하는 사업 또는 사업장에서의 배우자 출산휴가에 관한 설명으로 틀린 것은?

① 사업주는 근로자가 배우자 출산휴가를 청구하는 경우에 20일의 휴가를 주어야 한다.
② 사용한 배우자 출산휴가기간은 무급으로 한다.
③ 배우자 출산휴가는 근로자의 배우자가 출산한 날부터 90일이 지나면 사용할 수 없다.
④ 배우자 출산휴가는 3회에 한정하여 나누어 사용할 수 있다.

93 파견근로자 보호 등에 관한 법령상 근로자파견사업을 하여서는 아니 되는 업무에 해당하는 것을 모두 고른 것은?

> ㄱ. 건설공사현장에서 이루어지는 업무
> ㄴ. 산업안전보건법상 유해하거나 위험한 업무
> ㄷ. 의료기사 등에 관한 법률상 의료기사의 업무
> ㄹ. 여객자동차 운수사업법상 여객자동차 운송사업에서의 운전업무

① ㄱ, ㄹ
② ㄱ, ㄴ, ㄷ
③ ㄴ, ㄷ, ㄹ
④ ㄱ, ㄴ, ㄷ, ㄹ

94 고용정책 기본법상 고용노동부장관이 실시하는 실업대책사업에 해당하지 않는 것은?

① 실업자 가족의 의료비 지원
② 고용촉진과 관련된 사업을 하는 자에 대한 대부(貸付)
③ 고용재난지역의 선포
④ 실업자에 대한 공공근로사업

95 직업안정법령상 용어 정의로 틀린 것은?

① '고용서비스'란 구인자 또는 구직자에 대한 고용정보의 제공, 직업소개, 직업지도 또는 직업능력개발 등 고용을 지원하는 서비스를 말한다.
② '직업안정기관'이란 직업소개, 직업지도 등 직업안정업무를 수행하는 지방고용노동 행정기관을 말한다.
③ '모집'이란 근로자를 고용하려는 자가 취업하려는 사람에게 피고용인이 되도록 권유하거나 다른 사람으로 하여금 권유하게 하는 것을 말한다.
④ '근로자공급사업'이란 공급계약에 따라 근로자를 타인에게 사용하게 하는 사업을 말하는 것으로서, 파견근로자 보호 등에 관한 법률에 의한 근로자파견사업도 포함한다.

96 국민 평생 직업능력 개발법령상 훈련방법에 따른 구분에 해당하지 않는 것은?

① 집체훈련　② 현장훈련
③ 양성훈련　④ 원격훈련

97 근로자퇴직급여 보장법령의 내용으로 옳지 않은 것은?

① 상시 4명 이하의 근로자를 사용하는 사업 또는 사업장에는 퇴직급여제도를 설정하지 않아도 된다.
② 퇴직연금제도란 확정급여형 퇴직연금제도, 확정기여형 퇴직연금제도 및 개인형 퇴직연금제도를 말한다.
③ 4주간을 평균하여 1주간의 소정근로시간이 15시간 미만인 근로자는 퇴직급여제도를 설정하지 않아도 된다.
④ 퇴직급여제도를 설정하는 경우에 하나의 사업에서 급여 및 부담금 산정방법의 적용 등에 관하여 차등을 두어서는 아니 된다.

98 고용보험법상 고용보험심사위원회의 재심사 청구에서 재심사 청구인의 대리인이 될 수 없는 자는?

① 청구인인 법인의 직원
② 청구인의 배우자
③ 청구인이 가입한 노동조합의 위원장
④ 변호사

99 근로기준법령상 임금에 관한 설명으로 틀린 것은?

① 사용자의 귀책사유로 휴업하는 경우에 사용자는 휴업기간 동안 그 근로자에게 평균임금의 100분의 80 이상의 수당을 지급하여야 한다.
② 단체협약에 특별한 규정이 있는 경우에는 임금의 일부를 공제할 수 있다.
③ 임금은 매월 1회 이상 일정한 날짜를 정하여 지급하는 것이 원칙이다.
④ 임금채권은 3년간 행사하지 아니하면 시효로 소멸한다.

100 채용절차의 공정화에 관한 법령상 500만 원 이하의 과태료 부과사항에 해당하지 않는 것은?

① 채용광고의 내용 또는 근로조건을 변경한 구인자
② 지식재산권을 자신에게 귀속하도록 강요한 구인자
③ 채용서류 보관의무를 이행하지 아니한 구인자
④ 그 직무의 수행에 필요하지 아니한 개인정보를 기초심사자료에 기재하도록 요구하거나 입증자료로 수집한 구인자

2020년 [4회]

빠른 정답 체크!

직업상담학		직업심리학		직업정보론		노동시장론		노동관계법규	
01	④	21	④	41	③	61	①	81	①
02	①	22	④	42	④	62	①	82	②
03	②	23	④	43	③	63	④	83	①
04	①	24	③	44	③	64	④	84	③
05	④	25	④	45	③	65	②	85	①
06	①	26	②	46	③	66	②	86	①
07	①	27	④	47	④	67	④	87	②
08	①	28	④	48	④	68	①	88	③
09	②	29	②	49	④	69	③	89	④
10	④	30	④	50	①	70	③	90	②
11	③	31	③	51	②	71	②	91	③
12	①	32	③	52	②	72	②	92	②
13	④	33	①	53	③	73	①	93	④
14	④	34	②	54	②	74	①	94	③
15	①	35	②	55	③	75	④	95	④
16	③	36	③	56	②	76	③	96	③
17	③	37	④	57	③	77	①	97	①
18	③	38	②	58	①	78	③	98	③
19	④	39	②	59	③	79	②	99	①
20	③	40	①	60	②	80	①	100	③

2020 REVIEW & REPORT

응시 19,074명 | 합격 11,827명 | 합격률 62%

코로나19로 인해 전년도에 비해 응시자 수가 많이 줄어들었지만, 합격률은 높았다.
단, 4회 시험의 합격률은 1·2회, 3회 시험보다 부쩍 낮았다.

제1과목 직업상담학

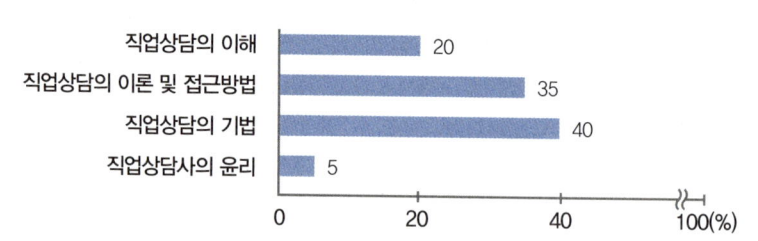

항목	%
직업상담의 이해	20
직업상담의 이론 및 접근방법	35
직업상담의 기법	40
직업상담사의 윤리	5

» 직업상담의 기본개념, 여러 가지 이론 및 기법과 관련된 문제가 출제되었다. 전반적으로 기초적인 개념을 묻는 문제가 많았기 때문에 쉽게 풀 수 있었지만, 4회 시험에서는 다소 난도가 높은 문제가 출제되기도 하였다.

제2과목 직업심리학

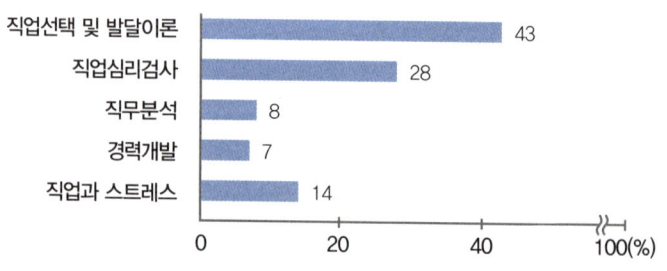

항목	%
직업선택 및 발달이론	43
직업심리검사	28
직무분석	8
경력개발	7
직업과 스트레스	14

» 직업선택과 발달에 대한 여러 이론들이 문제로 출제되었다. 예년과 마찬가지로 평이한 난도로 출제된 문제가 많았지만, 직업상담학과 마찬가지로 4회 시험에서는 난도가 높은 문제가 출제되기도 하였다.

제3과목 직업정보론

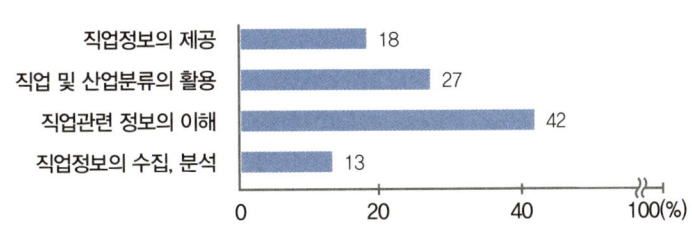

- 직업정보의 제공: 18
- 직업 및 산업분류의 활용: 27
- 직업관련 정보의 이해: 42
- 직업정보의 수집, 분석: 13

》 『2020 한국직업사전』, 국민내일배움카드 등 크게 개편된 내용이 있었으나 기본적인 수준에서 묻는 평이한 문제들이 출제되었고, 직업능력개발훈련 수행기관의 업무를 묻는 문제가 새롭게 출제되기도 하였다.

제4과목 노동시장론

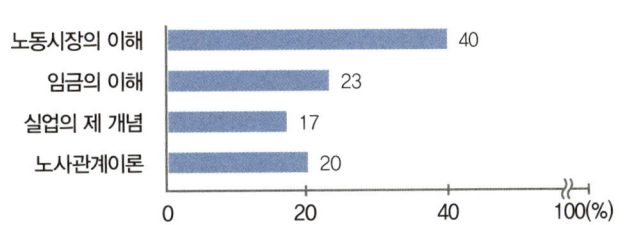

- 노동시장의 이해: 40
- 임금의 이해: 23
- 실업의 제 개념: 17
- 노사관계이론: 20

》 빈출 공식 및 이론을 중심으로 공부한 수험생이라면 큰 어려움 없이 풀었을 난도로 출제되었다.

제5과목 노동관계법규

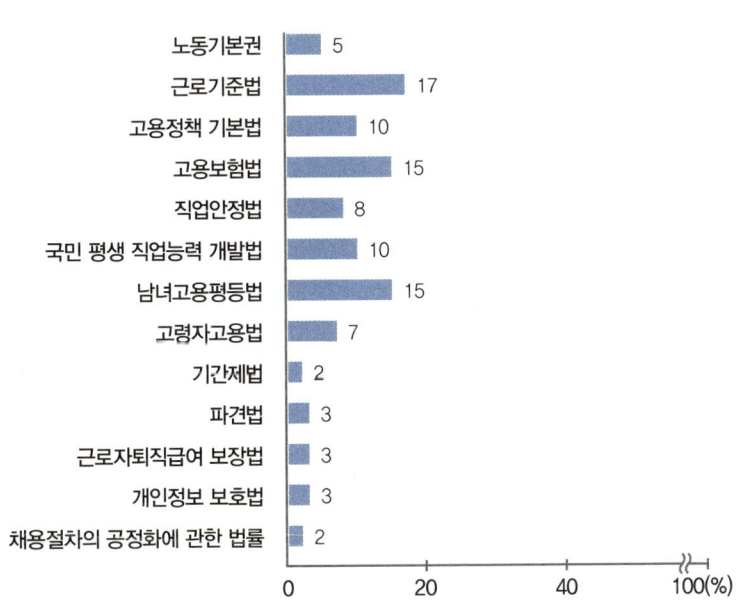

- 노동기본권: 5
- 근로기준법: 17
- 고용정책 기본법: 10
- 고용보험법: 15
- 직업안정법: 8
- 국민 평생 직업능력 개발법: 10
- 남녀고용평등법: 15
- 고령자고용법: 7
- 기간제법: 2
- 파견법: 3
- 근로자퇴직급여 보장법: 3
- 개인정보 보호법: 3
- 채용절차의 공정화에 관한 법률: 2

》 전체적으로 평이한 난도였으나, 2020년부터 개인정보 보호법과 채용절차의 공정화에 관한 법률 내용이 추가되어 기존의 기출문제만 풀었던 수험생들은 정답을 찾기 다소 곤란했을 것이다.

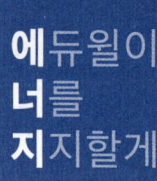

에듀윌이
너를
지지할게
ENERGY

한 글자로는 '꿈'

두 글자로는 '희망'

세 글자로는 '가능성'

네 글자로는 '할 수 있어'

– 정철, 『머리를 구하라』, 리더스북

2019년

1회

2회

3회

2019년 1회

정답과 해설 ▶ P. 249~261

제1과목 직업상담학

01 사회인지적 직업상담이론의 기반이 되는 Bandura의 상호적 결정론의 세 가지 요인이 아닌 것은?

① 개인과 신체적 속성
② 모범이 되는 모델
③ 외부 환경
④ 외형적 행동

02 직업상담의 초기면담을 마친 후에 상담사가 면담을 정리하기 위해 검토해야 할 사항과 가장 거리가 먼 것은?

① 사전자료를 토대로 내렸던 내담자에 대한 결론은 얼마나 정확했는가?
② 상담에 대한 내담자의 기대와 상담사의 기대는 얼마나 일치했는가?
③ 내담자에 대하여 어떤 점들을 추가적으로 평가해야 할 것인가?
④ 내담자에게 적절한 직업을 추천하였는가?

03 상담의 비밀보장 원칙에 대한 예외사항이 아닌 것은?

① 상담사가 내담자의 정보를 학문적 목적에만 사용하려고 하는 경우
② 미성년 내담자가 학대를 받고 있다는 사실이 보고되는 경우
③ 내담자가 타인의 생명을 위협할 가능성이 있다고 판단되는 경우
④ 내담자가 자기의 생명을 위협할 가능성이 있다고 판단되는 경우

04 Super가 제시한 흥미사정 기법에 해당하지 않는 것은?

① 표현된 흥미
② 선호된 흥미
③ 조작된 흥미
④ 조사된 흥미

05 정신역동적 직업상담에서 Bordin이 제시한 진단범주가 아닌 것은?

① 의존성
② 자아 갈등
③ 정보의 부족
④ 개인의 흥미

06 내담자가 빈 의자를 앞에 놓고 어떤 사람이 실제 앉아 있는 것처럼 상상하면서 이야기를 하는 치료기법을 사용하는 상담이론은?

① 게슈탈트 상담
② 현실요법적 상담
③ 동양적 상담
④ 역설적 상담

07 행동주의 상담의 모델링 기법에 관한 설명으로 틀린 것은?

① 적응적 행동이 어떤 것인지 가르칠 수 있다.
② 적응적 행동을 실제로 행하도록 촉진할 수 있다.
③ 내담자가 두려워하는 행동을 하는 모델을 관찰함으로써 불안이 감소될 수 있다.
④ 문제행동에서 벗어나도록 둔감화를 적용할 수 있다.

08 직업상담의 문제유형에 대한 Crites의 분류 중 '부적응형'에 대한 설명으로 옳은 것은?

① 적성에 따라 직업을 선택했지만 그 직업에 흥미를 느끼지 못하는 사람
② 흥미를 느끼는 분야는 있지만 그 분야에 필요한 적성을 가지고 있지 못하는 사람
③ 흥미나 적성의 유형이나 수준과는 상관없이 어떤 분야를 선택할지 결정하지 못하는 사람
④ 흥미를 느끼는 분야도 없고 적성에 맞는 분야도 없는 사람

09 Parsons가 제안한 특성-요인이론에 관한 설명으로 틀린 것은?

① 고도로 개별적이고 과학적인 방법을 통해 개인과 직업을 연결하는 것이 핵심이다.
② 사람들은 누구나 신뢰할 수 있고 타당하게 측정될 수 있는 독특한 특성을 가지고 있다.
③ 특성이란 숨어 있는 특징이나 원인이 아니라 기술적인 범주이다.
④ 직업선택은 직접적인 인지과정이기 때문에 개인의 특성과 직업의 특성을 연결하는 것이 가능하다.

10 구성주의 진로발달이론의 진로양식면접에서 선호하는 직무와 근로환경을 파악하기 위한 질문으로 가장 적합한 것은?

① 중학교 때나 고등학교 때 좋아하는 교과목이 무엇이었나요?
② 좋아하는 책이나 영화에 대해 이야기해 주세요.
③ 어떤 사람의 삶을 따라서 살고 싶은가요?
④ 좋아하는 명언이나 좌우명이 있나요?

11 직업상담의 기본 원리와 가장 거리가 먼 것은?

① 윤리적인 범위 내에서 상담을 전개하여야 한다.
② 산업구조 변화, 직업정보, 훈련정보 등 변화하는 직업세계에 대한 이해를 토대로 이루어져야 한다.
③ 각종 심리검사 결과를 기초로 합리적인 판단을 이끌어 낼 수 있어야 하지만 심리검사에 대해 과잉의존해서는 안 된다.
④ 개인의 진로 혹은 직업결정에 대한 상담으로 전개되어야 하며, 자칫 의사결정 능력에 대한 훈련으로 전환되지 않도록 유의한다.

12 내담자가 수집한 직업목록의 내용이 실현 불가능할 때, 상담사의 개입 방안으로 옳지 않은 것은?

① 브레인스토밍 과정을 통해 내담자의 부적절한 직업목록 내용을 명확히 한다.
② 최종 의사결정은 내담자가 해야 함을 확실히 한다.
③ 내담자가 그 직업들을 시도해 본 후 어려움을 겪게 되면 개입한다.
④ 객관적인 증거나 논리로 추출한 것에 대해서 대화해야 한다.

13 다음 설명에 해당하는 상담이론은?

> 인간은 합리적인 사고를 할 수 있는 동시에 비합리적인 사고의 가능성도 가지고 있는 존재이며, 따라서 내담자의 모든 행동적/정서적 문제는 경험적으로 타당성이 없는 비논리적이고 비합리적인 사고로 인해 발생한 것이라고 보았다.

① 합리적 정서행동 상담
② 현실치료적 상담
③ 형태주의 상담
④ 정신분석적 상담

14 생애주기에 관한 연구결과들의 시사점과 가장 거리가 먼 것은?

① 모든 연령수준별로 일에 대한 이해, 일을 수행하기 위한 훈련과 자격, 원하는 직업을 얻는 방법, 생활과 직업의 관계를 인식해야 한다.
② 10대에게는 직업에 필요한 적당한 기술과 훈련이 필요하다.
③ 한번 얻은 직업정보는 시간과 상황에 관계없이 계속 유지되어야 한다.
④ 여성과 노인들을 위한 취업정보체계가 필요하다.

15 직업상담사의 요건 중 '상담업무를 수행하는 데 가급적 결함이 없는 성격을 갖춘 자'에 대한 사례와 가장 거리가 먼 것은?

① 지나칠 정도의 동정심
② 순수한 이해심을 가진 신중한 태도
③ 건설적인 냉철함
④ 두려움이나 충격에 대한 공감적 이해력

16 직업상담의 기법 중 비지시적 상담 규칙과 가장 거리가 먼 것은?

① 상담사는 내담자와 논쟁해서는 안 된다.
② 상담사는 내담자에게 질문 또는 이야기를 해서는 안 된다.
③ 상담사는 내담자에게 어떤 종류의 권위도 과시해서는 안 된다.
④ 상담사는 인내심을 가지고 우호적으로, 그러나 지적으로는 비판적인 태도로 내담자의 말을 경청해야 한다.

17 진로시간전망을 측정하는 원형검사에서 시간차원 내 사건의 강도와 확장의 원리를 기초로 수행되는 차원은?

① 방향성 ② 통합성
③ 변별성 ④ 포괄성

18 초기 상담과정에서 상담사가 수행해야 할 내용으로 옳지 않은 것은?

① 상담사의 개입을 시도한다.
② 상담과정에서 필요한 과제물을 부여한다.
③ 조급하게 내담자에 대한 결론을 내리지 않는다.
④ 상담과정과 역할에 대한 서로의 기대를 명확히 한다.

19 상담 종결 단계에서 다루어야 할 사항이 아닌 것은?

① 상담 종결 단계에 대한 내담자의 준비도를 평가하고 상담을 통해 얻은 학습을 강화시킨다.
② 남아 있는 정서적 문제를 해결하고 내담자와 상담자 간의 의미 있고 밀접했던 관계를 적절하게 끝맺는다.
③ 상담사와 내담자가 협력하여 앞으로 나아갈 방향과 상담목표를 설정하고 확인해 나간다.
④ 학습의 전이를 극대화하고 내담자의 자기 신뢰 및 변화를 유지할 수 있는 자신감을 증가시킨다.

20 다음 사례에서 면담 사정 시 사정 단계에서 확인해야 하는 내용으로 가장 적합한 것은?

> 중2 남학생인 내담자는 소극적인 성격으로 대인관계에 어려움을 겪고 있고 진로에 대한 고민을 한 적이 없고 학업도 게을리하고 있다.

① 내담자의 잠재력, 내담자의 자기진단
② 인지적 명확성, 정신건강 문제, 내담자의 동기
③ 내담자의 자기진단, 상담자의 정보제공
④ 동기문제 해결, 상담자의 견해 수용

제2과목 직업심리학

빈출
21 직무특성 양식 중 개인이 환경과의 상호작용에 있어 반응을 계속하는 시간의 길이는?

① 신속성　② 속도
③ 인내심　④ 리듬

22 Holland가 분류한 성격유형 중 기계, 도구에 관한 체계적인 조작활동을 좋아하나 사회적 기술이 부족한 유형은?

① 예술적 유형(A)
② 현실적 유형(R)
③ 기업가적 유형(E)
④ 관습적 유형(C)

23 다음 중 Maslow의 욕구위계이론과 가장 유사성이 많은 직무동기이론은?

① 기대-유인가이론
② Adams의 형평이론
③ Locke의 목표설정이론
④ Alderfer의 존재-관계-성장이론

24 Holland의 흥미이론에서 개인의 흥미 유형과 개인이 몸담고 있거나 소속되고자 하는 환경의 유형이 서로 부합하는 정도는?

① 일치성(congruence)
② 일관성(consistency)
③ 변별성(differentiation)
④ 정체성(identity)

25 조직에 영향을 미치는 직무스트레스의 결과와 가장 거리가 먼 것은?

① 직무수행 감소
② 직무 불만족
③ 상사의 부당한 지시
④ 결근 및 이직

빈출
26 Gottfredson이 제시한 직업포부의 발달 단계가 아닌 것은?

① 성역할 지향성
② 힘과 크기 지향성
③ 사회적 가치 지향성
④ 직업 지향성

27 다음 중 일반적인 직무분석의 3단계에 포함되지 않는 것은?

① 직업분석(occupational analysis)
② 직무분석(job analysis)
③ 직업수준분석(job level analysis)
④ 작업분석(task analysis)

28 직업전환을 원하는 내담자를 상담할 때, 고려해야 할 사항과 가장 거리가 먼 것은?

① 나이와 건강을 고려해야 한다.
② 부모의 기대와 아동기 경험을 분석한다.
③ 직업을 전환하는 데 동기화가 되어 있는지 알아본다.
④ 직업을 전환하는 데 필요한 기술을 가지고 있는지 평가해야 한다.

29 직무분석을 실시할 때 분석할 대상직업에 대한 자료가 부족하여 실시하는 최초분석법의 분석방법이 아닌 것은?

① 면담법   ② 체험법
③ 비교확인법   ④ 설문법

30 직업발달을 탐색-구체화-선택-명료화-순응-개혁-통합의 직업정체감 형성과정으로 설명한 것은?

① Super의 발달이론
② Ginzberg의 발달이론
③ Tiedeman과 O'Hara의 발달이론
④ Gottfredson의 발달이론

31 Krumboltz의 사회학습 진로이론에서 삶에서 일어나는 우연한 일들을 자신의 진로에 유리하게 활용하는 데 도움되는 기술이 아닌 것은?

① 호기심(curiosity)
② 독립심(independence)
③ 낙관성(optimism)
④ 위험 감수(risk taking)

32 신뢰도가 높은 검사의 특성으로 옳은 것은?

① 공부를 잘하는 학생이 못하는 학생보다 더 좋은 점수를 받는다.
② 검사점수들이 정상분포를 이룬다.
③ 한 피검사자가 동일한 검사를 반복해서 받을 때 유사한 점수를 받는다.
④ 검사 문항의 난이도가 낮은 것부터 높은 것까지 골고루 분포되어 있다.

33 직업적성검사의 측정에 대한 설명으로 옳은 것은?

① 개인이 맡은 특정 직무를 성공적으로 수행할 수 있는지를 측정한다.
② 일반적인 지적 능력을 알아내어 광범위한 분야에서 그 사람이 성공적으로 수행할 수 있는지를 측정한다.
③ 직업과 관련된 흥미를 알아내어 직업에 관한 의사결정에 도움을 주기 위한 것이다.
④ 개인이 가지고 있는 기질이라든지 성향 등을 측정하는 것으로 개인에게 습관적으로 나타날 수 있는 어떤 특징을 측정한다.

34 문항분석에서 다음의 P는 무엇인가?

$$P = \frac{R}{N} \times 100$$

단, R: 어떤 문항에 정답을 한 수
N: 총 사례 수

① 문항 난이도   ② 문항 변별도
③ 오답 능률도   ④ 문항 오답률

35 승진을 하려면 지방근무를 해야만 하고, 서울 근무를 계속하려면 승진기회를 잃는 경우에 겪는 갈등의 유형은?

① 접근-접근 갈등 ② 회피-회피 갈등
③ 접근-회피 갈등 ④ 이중접근 갈등

36 다음은 무엇에 관한 설명인가?

> 실제로 무엇을 재는가의 문제가 아니라 검사가 잰다고 말하는 것을 재는 것처럼 보이는가의 문제이다. 즉, 검사를 받는 사람들에게 그 검사가 타당한 것처럼 보이는가를 뜻한다.

① 내용 타당도(content validity)
② 준거관련 타당도(criterion-related validity)
③ 예언 타당도(predictive validity)
④ 안면 타당도(face validity)

37 Crites가 개발한 직업성숙도검사(CMI)에서 태도척도에 해당되지 않는 것은?

① 성실성 ② 독립성
③ 지향성 ④ 결정성

38 심리검사의 표준화를 통해 통제하고자 하는 변인이 아닌 것은?

① 검사자 변인 ② 피검자 변인
③ 채점자 변인 ④ 실시상황 변인

39 스트레스에 관한 설명으로 옳은 것은?

① 스트레스에 대한 일반적응증후는 경계, 저항, 탈진 단계로 진행된다.
② 1년간 생활변동 단위(life change unit)의 합이 90인 사람은 대단히 심한 스트레스를 겪는 사람이다.
③ A유형의 사람은 B유형의 사람보다 스트레스에 더 인내력이 있다.
④ 사회적 지지가 스트레스의 대처와 극복에 미치는 영향력은 거의 없다.

40 신입사원이 조직에 쉽게 적응하도록 상사가 후견인이 되어 도와주는 경력개발 프로그램은?

① 종업원 지원 시스템
② 멘토십 시스템
③ 경력지원 시스템
④ 조기발탁 시스템

제3과목 직업정보론

41 다음은 무엇에 관한 정의인가?

> 유사한 성질을 갖는 산업활동에 주로 종사하는 생산단위의 집합

① 직업
② 산업
③ 일(task)
④ 요소작업

42 [빈출] 국가기술자격 기사 등급의 응시자격으로 틀린 것은?

① 응시하려는 종목이 속하는 동일 및 유사 직무분야에서 4년 이상 실무에 종사한 사람
② 동일 및 유사 직무분야의 기사 수준 기술훈련과정 이수자 또는 그 이수예정자
③ 응시하려는 종목이 속하는 동일 및 유사 직무분야의 다른 종목의 기사 등급 이상의 자격을 취득한 사람
④ 기능사 자격을 취득한 후 응시하려는 종목이 속하는 동일 및 유사 직무분야에서 2년 이상 실무에 종사한 사람

43 국가기술자격 서비스 분야 종목 중 응시자격에 제한이 없는 것으로만 짝지어진 것은?

① 직업상담사 2급 - 임상심리사 2급 - 스포츠경영관리사
② 사회조사분석사 2급 - 소비자전문상담사 2급 - 텔레마케팅관리사
③ 직업상담사 2급 - 컨벤션기획사 2급 - 국제의료관광코디네이터
④ 컨벤션기획사 2급 - 스포츠경영관리사 - 국제의료관광코디네이터

44 [빈출] 한국표준산업분류의 통계단위는 생산활동과 장소의 동질성의 차이에 따라 다음과 같이 구분된다. ( )에 알맞은 것은?

구분	하나 이상의 장소	단일 장소
하나 이상의 산업활동	XXX	XXX
	XXX	
단일 산업활동	( )	XXX

① 기업집단 단위
② 지역 단위
③ 기업체 단위
④ 활동유형 단위

내용 개정으로 더 이상 유효하지 않은 문제입니다.

45 워크넷에 대한 설명으로 틀린 것은?

① 워크넷은 개인구직자와 구인기업을 위한 취업지원 또는 채용지원 서비스를 제공할 뿐만 아니라, 고용센터 직업상담원이나 지자체 취업알선담당자 등의 취업알선업무 수행을 지원하기 위한 내부 취업알선시스템이기도 하다.
② 워크넷은 여성, 장년, 장애인, 청년 등 취약계층을 위한 우대채용정보를 제공한다.
③ 워크넷은 구인·구직 관련 서비스 외에 직업 및 진로 정보도 제공한다.
④ 워크넷은 정부에서 운영하는 취업정보사이트이기 때문에 고용센터 등 공공직업안정기관에서 생산한 구인·구직 정보만 제공한다.

46 다음 설명에 해당하는 직업훈련지원제도는?

> 훈련인프라 부족 등으로 인해 자체적으로 직업훈련을 실시하기 어려운 중소기업들을 위해, 대기업 등이 자체 보유한 우수 훈련인프라를 활용하여 중소기업이 필요로 하는 기술인력을 양성·공급하고 중소기업 재직자의 직무능력 향상을 지원하는 제도이다.

① 국가인적자원개발컨소시엄
② 사업주지원훈련
③ 국가기간전략산업직종훈련
④ 청년취업아카데미

47 다음은 한국직업사전에서 해당 직업의 직무를 수행하는 데 필요한 일반적인 정규교육 수준에 대한 설명이다. ( )에 알맞은 것은?

> (ㄱ): 9년 초과 ~ 12년 이하(고졸 정도)
> (ㄴ): 14년 초과 ~ 16년 이하(대졸 정도)

① ㄱ: 수준 2, ㄴ: 수준 4
② ㄱ: 수준 3, ㄴ: 수준 5
③ ㄱ: 수준 4, ㄴ: 수준 6
④ ㄱ: 수준 5, ㄴ: 수준 7

48 고용24에서 제공하는 채용정보 중 기업형태별 검색에 해당하지 <u>않는</u> 것은?

① 벤처기업
② 외국계기업
③ 환경친화기업
④ 일학습병행기업

49 한국표준직업분류의 대분류와 직능수준과의 관계로 틀린 것은?

① 관리자 - 제4직능 수준 혹은 제3직능 수준 필요
② 사무 종사자 - 제2직능 수준 필요
③ 판매 종사자 - 제2직능 수준 필요
④ 군인 - 제1직능 수준 필요

50 직업정보를 전달하는 유형별 특징에 관한 다음 표의 ( )에 알맞은 것은?

유형	비용	학습자 참여도	접근성
인쇄물	저	(ㄱ)	용이
시청각자료	(ㄴ)	수동	제한
직업경험	고	적극	(ㄷ)

① ㄱ - 수동, ㄴ - 고, ㄷ - 제한
② ㄱ - 수동, ㄴ - 고, ㄷ - 적극
③ ㄱ - 적극, ㄴ - 저, ㄷ - 제한
④ ㄱ - 적극, ㄴ - 저, ㄷ - 적극

51 한국표준직업분류에서 포괄적인 업무에 대한 직업분류원칙에 해당하지 <u>않는</u> 것은?

① 주된 직무 우선 원칙
② 최상급 직능수준 우선 원칙
③ 생산업무 우선 원칙
④ 조사 시 최근의 직업 원칙

52 한국표준산업분류의 적용원칙에 관한 설명으로 틀린 것은?

① 생산단위는 산출물뿐만 아니라 투입물과 생산공정 등을 함께 고려하여 그들의 활동을 가장 정확하게 설명된 항목에 분류해야 한다.
② 산업활동이 결합되어 있는 경우에는 그 활동단위의 주된 활동에 따라서 분류해야 한다.
③ 수수료 또는 계약에 의하여 활동을 수행하는 단위는 동일한 산업활동을 자기계정과 자기책임하에서 생산하는 단위와 같은 항목에 분류해야 한다.
④ 공식적 생산물과 비공식적 생산물, 합법적 생산물과 불법적인 생산물을 달리 분류해야 한다.

53 청년내일채움공제 사업에 관한 설명으로 틀린 것은?

① 중소·중견기업에 정규직으로 취업한 청년들의 장기근속을 위하여 고용노동부와 중소벤처기업부가 공동으로 운영하는 사업이다.
② 청년·기업·정부가 공동으로 공제금을 적립하여 성과보상금 형태로 만기공제금을 지급한다.
③ 온라인 신청방법은 중소기업진흥공단(sbcplan.or.kr) 참여신청 → 운영기관 승인 완료 후 워크넷 청약신청 순으로 이루어진다.
④ 근속기간을 기준으로 2년형, 3년형으로 구분한다.

54 공공직업정보의 일반적인 특성을 모두 고른 것은?

> ㄱ. 필요한 시기에 최대한 활용되도록 한시적으로 신속하게 생산되어 운영한다.
> ㄴ. 특정분야 및 대상에 국한하지 않고, 전체 산업 및 업종에 걸친 직종을 대상으로 한다.
> ㄷ. 특정시기에 국한하지 않고 지속적으로 조사·분석하여 제공된다.
> ㄹ. 관련 직업정보 간의 비교·활용이 용이하다.

① ㄱ, ㄴ, ㄷ ② ㄱ, ㄴ, ㄹ
③ ㄱ, ㄷ, ㄹ ④ ㄴ, ㄷ, ㄹ

55 구인·구직 통계가 다음과 같을 때 구인배수는?

구분	신규구인인원	신규구직건수	취업건수
2018년 5월	210,000	324,000	143,000

① 0.44 ② 0.65
③ 1.54 ④ 3.73

56 고용24 직업정보시스템에서 제공하는 학과정보 중 공학계열에 해당하는 학과가 아닌 것은?

① 생명과학과   ② 건축학과
③ 안경광학과   ④ 해양공학과

최신 개정 내용에 맞게 변형한 기출문제입니다.

57 다음 ( )에 알맞은 것은?

> 2026년 적용 최저임금은 전년대비 2.9% 상승한 시급 ( )원이다.

① 10,010원 ② 9,620원
③ 10,320원 ④ 10,030원

58 한국직업전망의 직업별 정보 구성체계에 해당하지 않는 것은?

① 하는 일   ② 경력 개발
③ 산업전망 ④ 관련 정보처

59 질문지를 사용한 조사를 통해 직업정보를 수집하고자 한다. 질문지 문항 작성방법에 대한 설명으로 틀린 것은?

① 객관식 문항의 응답 항목은 상호배타적이어야 한다.
② 응답하기 쉬운 문항일수록 질문지의 앞에 배치하는 것이 좋다.
③ 신뢰도 측정을 위해 짝(pair)으로 된 문항들은 함께 배치하는 것이 좋다.
④ 이중(double-barreled)질문과 유도질문은 피하는 것이 좋다.

빈출

60 실기능력이 중요하여 고용노동부령으로 정하는 필기시험이 면제되는 국가기술자격 기능사 종목이 아닌 것은?

① 도화기능사
② 항공사진기능사
③ 유리시공기능사
④ 사진기능사

제4과목 노동시장론

61 노동공급의 탄력성 값이 0인 경우 노동공급곡선의 형태는?

① 수평이다.
② 수직이다.
③ 우상향이다.
④ 후방굴절형이다.

62 다음은 근로자의 노동투입량, 시간당 임금 및 노동의 한계수입생산을 나타낸 것이다. 기업이 노동투입량을 5,000시간에서 6,000시간으로 증가시킬 때 노동의 한계비용은?

노동투입량(시간)	시간당 임금(원)	한계수입생산(원)
3,000	4,000	20,000
4,000	5,000	18,000
5,000	6,000	17,000
6,000	7,000	15,000
7,000	8,000	14,000
8,000	9,000	12,000
9,000	10,000	11,000

① 42,000원 ② 12,000원
③ 6,000원   ④ 2,800원

63 완전경쟁하에서 노동의 수요곡선을 우하향하게 하는 주된 요인은 무엇인가?

① 노동의 한계생산력
② 노동의 가격
③ 생산물의 가격
④ 한계비용

64 인적자본론의 노동이동에 관한 설명으로 틀린 것은?

① 임금률이 높을수록 해고율은 높다.
② 사직률과 해고율은 경기변동에 따라 상반되는 관련성을 갖고 있다.
③ 사직률과 해고율은 기업특수적 인적자본과 음(−)의 상관관계를 갖는다.
④ 인적자본론에서는 장기근속자일수록 기업특수적 인적자본량이 많아져 해고율이 낮아진다고 주장한다.

65 다음은 어떤 형태의 능률급인가?

- 1886년 미국의 토웬(Henry R. Towen)이 제창
- 경영활동에 의해 발생한 이익을 그 이익에 관여한 정도에 따라 배분하는 제도
- 기본취지는 작업비용으로 달성된 이익을 노동자에게 환원하자는 것

① 표준시간제
② 이익분배제
③ 할시제
④ 테일러제

66 개인의 가용시간이 일정할 때 작업장까지의 통근시간 증가가 경제활동참가율과 총근로시간에 미치는 효과로 옳은 것은?

① 경제활동참가율 증가, 총근로시간 증가
② 경제활동참가율 감소, 총근로시간 증가
③ 경제활동참가율 증가, 총근로시간 감소
④ 경제활동참가율 감소, 총근로시간 감소

67 다음 중 직무급 임금체계에 관한 설명으로 가장 적합한 것은?

① 정기승급에 의한 생활안정으로 근로자의 기업에 대한 귀속의식을 고양시킨다.
② 기업풍토, 업무내용 등에서 보수성이 강한 기업에 적합하다.
③ 근로자의 능력을 직능고과의 평가결과에 따라 임금을 결정한다.
④ 노동의 양뿐만 아니라 노동의 질을 동시에 평가하는 임금결정방식이다.

68 다음 중 직종별 임금격차의 발생원인과 가장 거리가 먼 것은?

① 비경쟁집단
② 보상적 임금격차
③ 과도적 임금격차
④ 직종 간 자유로운 노동이동

69 파업이론에 관한 설명이 옳은 것으로 짝지어진 것은?

> ㄱ. 힉스의 파업이론에 의하면, 사용자의 양보곡선과 노조의 저항곡선이 만나는 곳에서 파업기간이 결정된다.
> ㄴ. 카터-체임벌린 모형에 따르면, 노조의 요구를 거부할 때 발생하는 사용자의 비용이 노조의 요구를 수락했을 때 발생하는 사용자의 비용보다 클 때 노조의 교섭력이 커진다.
> ㄷ. 매브리 이론에 따르면, 노조의 최종수락조건이 사용자의 최종수락조건보다 작을 때 파업이 발생한다.

① ㄱ, ㄴ
② ㄴ, ㄷ
③ ㄱ, ㄷ
④ ㄱ, ㄴ, ㄷ

70 직업이나 직종의 여하를 불문하고 동일산업에 종사하는 노동자가 조직하는 노동조합의 형태는?

① 직업별 노동조합
② 산업별 노동조합
③ 기업별 노동조합
④ 일반 노동조합

71 노사관계의 3주체(tripartite)를 바르게 짝지은 것은?

① 노동자 - 사용자 - 정부
② 노동자 - 사용자 - 국회
③ 노동자 - 사용자 - 정당
④ 노동자 - 사용자 - 사회단체

72 유니언 숍(union shop)에 대한 설명으로 옳은 것은?

① 조합원이 아닌 근로자는 채용 후 일정기간 내에 조합에 가입해야 한다.
② 조합원이 아닌 자는 채용이 안 된다.
③ 노동조합의 노동공급원이 독점되며, 관련 노동시장에 강력한 영향을 미친다.
④ 채용 전후 근로자의 조합 가입이 완전히 자유롭다.

73 실업률과 물가상승률 간 역의 상관관계를 나타내는 곡선은?

① 래퍼곡선
② 필립스곡선
③ 로렌츠곡선
④ 테일러곡선

74 다음 중 임금교섭 이전 노동조합의 전략을 바르게 짝지은 것은?

> ㄱ. 재고의 비축
> ㄴ. 파업투표(strike votes)
> ㄷ. 파업기금의 비축
> ㄹ. 생산공장의 이전(협상에 영향을 주지 않는 곳으로)
> ㅁ. 임금 이외의 수입원 확보

① ㄱ, ㄴ, ㄹ
② ㄱ, ㄷ, ㅁ
③ ㄴ, ㄷ, ㄹ
④ ㄴ, ㄷ, ㅁ

75 최저임금제도의 기본취지 및 기대효과와 가장 거리가 먼 것은?

① 저임금 노동자의 생활보호
② 산업 평화의 유지
③ 유효수요의 억제
④ 산업 간·직업 간 임금격차의 축소

76 다음 중 사회적 비용이 가장 적은 실업은?

① 마찰적 실업　② 경기적 실업
③ 구조적 실업　④ 기술적 실업

77 노동시장이 초과공급을 경험하고 있을 때 나타나는 현상은?

① 임금이 하락압력을 받는다.
② 임금상승으로 공급량은 증가한다.
③ 최종 산출물가격은 상승한다.
④ 노동에 대한 수요는 감소한다.

78 실업-결원곡선(beveridge curve)에 관한 설명으로 틀린 것은?

① 종축에는 결원 수, 횡축에는 실업자 수를 표시한다.
② 원점에서 멀어질수록 구조적 실업자 수가 증가함을 의미한다.
③ 마찰적 실업과 구조적 실업을 구분하는 것이 가능하다.
④ 현재의 실업자 수에서 현재의 결원 수를 뺀 것이 수요부족 실업자 수이다.

79 어느 국가의 생산가능인구의 구성비가 다음과 같을 때 이 국가의 실업률은?

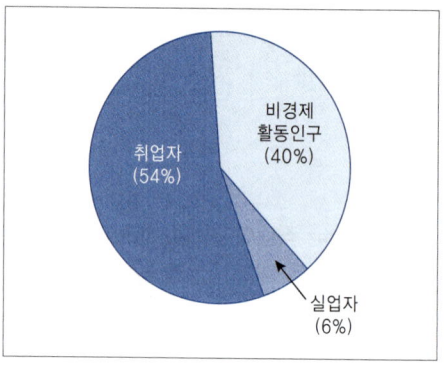

① 6.0%　② 10.0%
③ 11.1%　④ 13.2%

80 노동수요의 탄력성에 관한 설명으로 틀린 것은?

① 생산물에 대한 수요가 탄력적일수록 노동수요는 더욱 비탄력적이 된다.
② 총생산비 중 노동비용이 차지하는 비중이 클수록 노동수요는 더 탄력적이 된다.
③ 노동을 다른 생산요소로 대체할 가능성이 낮으면 노동수요는 더 비탄력적이 된다.
④ 노동 이외 생산요소의 공급탄력성이 클수록 노동수요는 더 탄력적이 된다.

제5과목　노동관계법규

81 고용정책 기본법령상 고용재난지역에 대한 행정상·재정상·금융상의 특별지원 내용을 모두 고른 것은?

> ㄱ. 국가재정법에 따른 예비비의 사용
> ㄴ. 소상공인을 대상으로 한 조세 관련 법령에 따른 조세감면
> ㄷ. 고용보험·산업재해보상보험 보험료 또는 징수금 체납처분의 유예
> ㄹ. 중앙행정기관 및 지방자치단체가 실시하는 일자리사업에 대한 특별지원

① ㄱ, ㄴ, ㄷ
② ㄱ, ㄷ, ㄹ
③ ㄴ, ㄹ
④ ㄱ, ㄴ, ㄷ, ㄹ

82 남녀고용평등과 일·가정 양립 지원에 관한 법률의 목적으로 명시되어 있지 않은 것은?

① 여성 고용촉진
② 가사노동 가치의 존중
③ 모성 보호 촉진
④ 고용에서 남녀의 평등한 기회와 대우 보장

83 다음 사례에서 구직급여의 소정급여일수는?

> 장애인 근로자 A씨(40세)가 4년간 근무하던 회사를 퇴사하여 직업안정기관으로부터 구직급여 수급자격을 인정받았다.

① 120일　② 150일
③ 180일　④ 210일

84 직업안정법상 고용서비스 우수기관 인증에 대한 설명으로 틀린 것은?

① 고용노동부장관은 고용서비스 우수기관 인증업무를 대통령령으로 정하는 전문기관에 위탁할 수 있다.
② 고용서비스 우수기관으로 인증을 받은 자가 인증의 유효기간이 지나기 전에 다시 인증을 받으려면 직업안정기관의 장에게 재인증을 신청하여야 한다.
③ 고용노동부장관은 고용서비스 우수기관으로 인증을 받은 자가 정당한 사유 없이 1년 이상 계속 사업실적이 없는 경우 인증을 취소할 수 있다.
④ 고용서비스 우수기관 인증의 유효기간은 인증일로부터 3년으로 한다.

85 남녀고용평등과 일·가정 양립 지원에 관한 법률상 육아휴직에 관한 설명으로 틀린 것은?

① 육아휴직 기간은 1년 이내로 한다.
② 육아휴직 기간은 근속기간에 포함하지 아니한다.
③ 기간제근로자의 육아휴직 기간은 기간제 및 단시간근로자 보호 등에 관한 법률에 따른 사용기간에서 제외한다.
④ 사업주는 육아휴직을 마친 후에는 휴직 전과 같은 업무 또는 같은 수준의 임금을 지급하는 직무에 복귀시켜야 한다.

86 국민 평생 직업능력 개발법상 직업능력개발훈련의 기본원칙에 대한 설명으로 틀린 것은?
① 직업능력개발훈련은 정부 주도로 노사의 참여와 협력을 바탕으로 실시되어야 한다.
② 직업능력개발훈련은 국민 개개인의 희망·적성·능력에 맞게 국민의 생애에 걸쳐 체계적으로 실시되어야 한다.
③ 직업능력개발훈련은 성별, 연령, 신체적 조건, 고용형태, 신앙 또는 사회적 신분 등에 따라 차별하여 실시되어서는 아니 된다.
④ 직업능력개발훈련은 국민의 직무능력과 고용가능성을 높일 수 있도록 지역·산업현장의 수요가 반영되어야 한다.

87 다음 ( )에 알맞은 것은?

근로자퇴직급여 보장법상 퇴직금제도를 설정하려는 사용자는 계속근로기간 (ㄱ)에 대하여 (ㄴ)의 (ㄷ)을 퇴직금으로 퇴직 근로자에게 지급할 수 있는 제도를 설정하여야 한다.

① ㄱ: 2년, ㄴ: 45일분 이상, ㄷ: 평균임금
② ㄱ: 1년, ㄴ: 15일분 이상, ㄷ: 통상임금
③ ㄱ: 1년, ㄴ: 30일분 이상, ㄷ: 평균임금
④ ㄱ: 2년, ㄴ: 60일분 이상, ㄷ: 통상임금

88 다음 ( )에 알맞은 것은?

고용정책 기본법령상 (ㄱ) 이상의 근로자를 사용하는 사업주는 매년 근로자의 고용형태 현황을 작성하여 해당 연도 (ㄴ)까지 공시하여야 한다.

① ㄱ: 100명, ㄴ: 3월 31일
② ㄱ: 100명, ㄴ: 4월 30일
③ ㄱ: 300명, ㄴ: 3월 31일
④ ㄱ: 300명, ㄴ: 4월 30일

89 고용상 연령차별금지 및 고령자고용촉진에 관한 법률상 고령자 고용촉진 기본계획에 관한 설명으로 틀린 것은?
① 고용노동부장관은 관계 중앙기관의 장과 협의하여 5년마다 수립하여야 한다.
② 고령자의 직업능력개발에 관한 사항이 포함되어야 한다.
③ 고용노동부장관은 기본계획을 수립할 때에는 국회 소관 상임위원회의 심의를 거쳐야 한다.
④ 고용노동부장관은 필요하다고 인정하면 관계 행정기관 또는 공공기관의 장에게 기본계획의 수립에 필요한 자료의 제출을 요청할 수 있다.

90 국민 평생 직업능력 개발법령상 직업능력개발훈련교사의 양성을 위한 훈련과정 구분에 해당하지 않는 것은?
① 양성훈련과정 ② 향상훈련과정
③ 전직훈련과정 ④ 교직훈련과정

91 다음 ( )에 알맞은 것은?

근로기준법상 야간근로는 (ㄱ)부터 다음 날 (ㄴ) 사이의 근로를 말한다.

① ㄱ: 오후 8시, ㄴ: 오전 4시
② ㄱ: 오후 10시, ㄴ: 오전 6시
③ ㄱ: 오후 12시, ㄴ: 오전 6시
④ ㄱ: 오후 6시, ㄴ: 오전 4시

92 국민 평생 직업능력 개발법상 훈련계약에 관한 설명으로 틀린 것은?

① 사업주와 직업능력개발훈련을 받으려는 근로자는 직업능력개발훈련에 따른 권리·의무 등에 관하여 훈련계약을 체결하여야 한다.
② 기준근로시간 외의 훈련시간에 대하여는 생산시설을 이용하거나 근무장소에서 하는 직업능력개발훈련의 경우를 제외하고는 연장근로와 야간근로에 해당하는 임금을 지급하지 아니할 수 있다.
③ 훈련계약을 체결할 때에는 해당 직업능력개발훈련을 받는 사람이 직업능력개발훈련을 이수한 후에 사업주가 지정하는 업무에 일정 기간 종사하도록 할 수 있다. 이 경우 그 기간은 5년 이내로 하되, 직업능력개발훈련기간의 3배를 초과할 수 없다.
④ 훈련계약을 체결하지 아니한 경우에 고용근로자가 받은 직업능력개발훈련에 대하여는 그 근로자가 근로를 제공한 것으로 본다.

93 다음 중 헌법상 보장된 쟁의행위로 볼 수 없는 것은?

① 파업　　② 태업
③ 직장폐쇄　　④ 보이콧

94 다음 (　　)에 알맞은 것은?

> 고용상 연령차별금지 및 고령자고용촉진에 관한 법률상 상시 (　　)명 이상의 근로자를 사용하는 사업주는 기준고용률 이상의 고령자를 고용하도록 노력하여야 한다.

① 50　　② 100
③ 200　　④ 300

95 고용보험법상 피보험자격의 취득일 및 상실일에 관한 설명으로 옳은 것은?

① 피보험자는 고용보험법이 적용되는 사업에 고용된 날의 다음 날에 피보험자격을 취득한다.
② 적용제외 근로자였던 자가 고용보험법의 적용을 받게 된 경우에는 그 적용을 받게 된 날의 다음 날에 피보험자격을 취득한 것으로 본다.
③ 피보험자가 사망한 경우에는 사망한 날의 다음 날에 피보험자격을 상실한다.
④ 보험관계가 소멸한 경우에는 그 보험관계가 소멸한 날의 다음 날에 피보험자격을 상실한다.

96 남녀고용평등과 일·가정 양립 지원에 관한 법령상 직장 내 성희롱 예방 교육에 대한 설명으로 틀린 것은?

① 사업주는 연 1회 이상 직장 내 성희롱 예방을 위한 교육을 하여야 한다.
② 성희롱 예방 교육에는 관련 법령, 직장 내 성희롱 발생 시 처리절차와 조치기준, 피해 근로자의 고충상담 및 구제절차 등이 포함되어야 한다.
③ 사업주 및 근로자 모두가 남성 또는 여성 중 어느 한 성으로 구성된 사업장은 성희롱 예방 교육을 하지 않아도 상관없다.
④ 단순히 교육자료 등을 배포·게시하거나 게시판에 공지하는 데 그치는 등 근로자에게 교육내용이 제대로 전달되었는지 확인하기 곤란한 경우에는 예방 교육을 한 것으로 보지 아니한다.

97 근로기준법령상 평균임금의 계산에서 제외되는 기간이 아닌 것은?

① 사용자의 귀책사유로 휴업한 기간
② 출산전후휴가 기간
③ 남성 근로자가 신생아의 양육을 위하여 육아휴직한 기간
④ 병역의무 이행을 위하여 유급으로 휴직한 기간

98 직업안정법상 근로자의 모집 및 근로자공급사업에 관한 설명으로 틀린 것은?

① 근로자를 고용하려는 자는 광고, 문서 또는 정보통신망 등 다양한 매체를 활용하여 자유롭게 근로자를 모집할 수 있다.
② 누구든지 국외에 취업할 근로자를 모집한 경우에는 고용노동부장관에게 신고하여야 한다.
③ 국내 근로자공급사업의 경우 그 사업의 허가를 받을 수 있는 자는 노동조합 및 노동관계조정법에 따른 노동조합이다.
④ 근로자공급사업에는 파견근로자 보호 등에 관한 법률에 따른 근로자파견사업을 포함한다.

99 근로기준법상 경영상 이유에 의한 해고에 대한 설명으로 틀린 것은?

① 사용자가 경영상 이유에 의하여 근로자를 해고하려면 긴박한 경영상의 필요가 있어야 한다.
② 사용자는 해고를 피하기 위한 노력을 다하여야 하며, 합리적이고 공정한 해고의 기준을 정하고 이에 따라 그 대상자를 선정하여야 한다.
③ 사용자는 해고를 피하기 위한 방법과 해고의 기준 등에 관하여 그 사업 또는 사업장에 근로자의 과반수로 조직된 노동조합이 있는 경우에는 그 노동조합에 해고를 하려는 날의 50일 전까지 통보하고 성실하게 협의하여야 한다.
④ 사용자는 대통령령으로 정하는 일정한 규모 이상의 인원을 해고하려면 고용노동부장관의 승인을 얻어야 한다.

100 헌법에 명시된 노동기본권으로만 짝지어진 것은?

① 근로권, 단결권, 단체교섭권, 단체행동권
② 근로권, 노사공동결정권, 단체교섭권, 단체행동권
③ 근로권, 단결권, 경영참가권, 단체행동권
④ 근로의 의무, 단결권, 단체교섭권, 이익균점권

2019년 [1회]

직업상담학		직업심리학		직업정보론		노동시장론		노동관계법규	
01	②	21	③	41	②	61	②	81	④
02	④	22	②	42	④	62	②	82	②
03	①	23	④	43	②	63	①	83	④
04	②	24	①	44	④	64	①	84	②
05	④	25	③	45	④	65	②	85	②
06	①	26	④	46	①	66	④	86	①
07	④	27	③	47	②	67	④	87	③
08	④	28	②	48	③	68	④	88	④
09	③	29	③	49	④	69	①	89	③
10	①	30	③	50	①	70	②	90	②
11	④	31	②	51	④	71	①	91	②
12	③	32	③	52	④	72	①	92	①
13	①	33	①	53	③	73	②	93	③
14	③	34	①	54	④	74	④	94	④
15	①	35	③	55	②	75	③	95	③
16	②	36	④	56	①	76	①	96	③
17	③	37	①	57	④	77	④	97	④
18	①	38	②	58	③	78	③	98	④
19	③	39	①	59	③	79	②	99	④
20	②	40	②	60	④	80	①	100	①

2019년 2회

제1과목 직업상담학

01 Perls의 형태주의 상담이론에서 제시한 기본 가정으로 옳은 것은?
① 인간은 전체로서 현상적 장을 경험하고 지각한다.
② 인간의 행동은 행동이 일어난 상황과 관련해서 의미 있게 이해될 수 있다.
③ 인간은 자기의 환경조건과 아동기의 조건을 개선할 수 있는 능력이 있다.
④ 인간은 결코 고정되어 있지 않으며 계속적으로 재창조한다.

02 다음은 어떤 상담기법에 대한 설명인가?

> 내담자가 직접 진술하지 않은 내용이나 개념을 그의 과거 경험이나 진술을 토대로 하여 추론해서 말하는 것

① 수용 ② 요약
③ 직면 ④ 해석

03 Super가 제시한 발달적 직업상담 단계에서 다음 (   )에 알맞은 것은?

> 1단계: 문제 탐색 및 자아개념 묘사
> 2단계: 심층적 탐색
> 3단계: (ㄱ)
> 4단계: (ㄴ)
> 5단계: (ㄷ)
> 6단계: 의사결정

① ㄱ: 태도와 감정의 탐색과 처리
  ㄴ: 현실검증
  ㄷ: 자아수용 및 자아통찰
② ㄱ: 현실검증
  ㄴ: 태도와 감정의 탐색과 처리
  ㄷ: 자아수용 및 자아통찰
③ ㄱ: 현실검증
  ㄴ: 자아수용 및 자아통찰
  ㄷ: 태도와 감정의 탐색과 처리
④ ㄱ: 자아수용 및 자아통찰
  ㄴ: 현실검증
  ㄷ: 태도와 감정의 탐색과 처리

04 인간중심 상담에서 중요하게 요구되는 상담자의 태도로 옳은 것은?

ㄱ. 해석   ㄴ. 진솔성
ㄷ. 공감적 이해 ㄹ. 무조건적 수용
ㅁ. 맞닥뜨림

① ㄱ, ㄴ, ㄷ   ② ㄴ, ㄷ, ㄹ
③ ㄱ, ㄹ, ㅁ   ④ ㄴ, ㄷ, ㅁ

05 다음 중 상담의 초기 단계와 가장 거리가 먼 것은?

① 상담의 구조화
② 목표설정
③ 상담관계 형성
④ 내담자의 자기탐색과 통찰

06 Harren이 제시한 진로의사결정 유형 중 의사결정에 대한 개인적 책임을 부정하고 외부로 책임을 돌리는 경향이 높은 유형은?

① 합리적 유형
② 투사적 유형
③ 직관적 유형
④ 의존적 유형

07 행동주의 직업상담 프로그램의 문제점에 해당하는 것은?

① 직업결정 문제의 원인으로 불안에 대한 이해와 불안을 규명하는 방법이 결여되어 있다.
② 진학상담과 취업상담에 적합하지만 취업 후 직업적응 문제들을 깊이 있게 다루지 못하고 있다.
③ 직업선택에 미치는 내적 요인의 영향을 지나치게 강조한 나머지 외적 요인의 영향에 대해서는 충분하게 고려하고 있지 못하다.
④ 직업상담사가 교훈적 역할이나 내담자의 자아를 명료화하고 자아실현을 시킬 수 있는 적극적 태도를 취하지 않는다면 내담자에게 직업에 대한 정보를 효과적으로 알려줄 수 없다.

08 진로시간전망 검사지를 사용하는 주요 목적과 가장 거리가 먼 것은?

① 목표설정 촉구
② 계획기술 연습
③ 진로계획 수정
④ 진로의식 고취

09 특성-요인 직업상담 과정의 단계를 순서대로 나열한 것은?

ㄱ. 종합	ㄴ. 진단
ㄷ. 분석	ㄹ. 상담 또는 치료
ㅁ. 사후지도	ㅂ. 예측

① ㄷ → ㄱ → ㄴ → ㅂ → ㄹ → ㅁ
② ㄷ → ㄴ → ㅂ → ㄱ → ㄹ → ㅁ
③ ㄷ → ㄹ → ㄴ → ㄱ → ㅂ → ㅁ
④ ㄷ → ㅂ → ㄴ → ㄱ → ㄹ → ㅁ

10 Butcher의 집단직업상담을 위한 3단계 모델 중 전환단계의 내용으로 옳은 것은?

① 흥미와 적성에 대한 측정
② 내담자의 자아상과 피드백 간의 불일치의 해결
③ 목표 달성 촉진을 위한 자원의 탐색
④ 자기 지식과 직업세계의 연결

11 행동주의 상담에서 외적인 행동변화를 촉진시키는 방법은?

① 체계적 둔감법
② 근육이완훈련
③ 인지적 모델링과 사고정지
④ 상표제도

12 다음 내용에 대한 상담자의 반응 중 공감적 이해 수준이 가장 높은 것은?

> 일단 저에게 맡겨주신 업무에 대해서는 너무 간섭하지 마세요. 제 소신껏 창의적으로 일하고 싶습니다.

① "네가 알아서 할 일을 내가 부당하게 간섭한다고 생각하지 않았으면 좋겠어."
② "네가 지난번에 처리했던 일이 아마 잘못됐었지?"
③ "믿고 맡겨준다면 잘 할 수 있을 것 같은데, 간섭받는다는 기분이 들어 불쾌했구나."
④ "네 기분이 나쁘더라도 상사의 지시대로 하는 게 좋을 것 같아."

빈출

13 정신역동적 직업상담을 구체화한 Bordin이 제시한 직업상담의 3단계 과정이 아닌 것은?

① 관계설정
② 탐색과 계약설정
③ 핵심결정
④ 변화를 위한 노력

14 상담 윤리강령의 역할 및 기능과 가장 거리가 먼 것은?

① 내담자의 복리 증진
② 지역사회의 경제적 기대 부응
③ 상담자 자신의 사생활과 인격 보호
④ 직무수행 중의 갈등 해결 지침 제공

15 역할사정에서 상호역할관계를 사정하는 방법이 아닌 것은?

① 질문을 통해 사정하기
② 동그라미로 역할관계 그리기
③ 역할의 위계적 구조 작성하기
④ 생애-계획 연습으로 전환시키기

16 다음 상담과정에서 필요한 상담기법은?

> 내담자: 전 의사가 될 거예요. 저희 집안은 모두 의사들이거든요.
> 상담자: 학생은 의사가 될 것으로 확신하고 있네요.
> 내담자: 예. 물론이지요.
> 상담자: 의사가 되지 못한다면 어떻게 되나요?
> 내담자: 한 번도 그런 경우를 생각해 보지 못했습니다. 의사가 안 된다면 내 인생은 매우 끔찍할 것입니다.

① 재구조화   ② 합리적 논박
③ 정보제공   ④ 직면

17 상담사의 기본 기술 중 내담자가 전달하려는 내용에서 한 걸음 더 나아가 그 내면적 감정에 대해 반영하는 것은?

① 해석   ② 공감
③ 명료화   ④ 적극적 경청

18 생애진로사정의 구조에 해당되지 않는 것은?

① 적성과 특기 ② 강점과 장애
③ 진로사정   ④ 전형적인 하루

19 자기인식이 부족한 내담자를 사정할 때 인지에 대한 통찰을 재구조화하거나 발달시키는 데 적합한 방법은?

① 직면이나 논리적 분석을 해준다.
② 불안에 대처하도록 심호흡을 시킨다.
③ 은유나 비유를 사용한다.
④ 사고를 재구조화한다.

20 진로상담의 원리에 관한 설명으로 틀린 것은?

① 진로상담은 진학과 직업선택, 직업적응에 초점을 맞추어 전개되어야 한다.
② 진로상담은 상담사와 내담자 간의 라포가 형성된 관계 속에서 이루어져야 한다.
③ 진로상담은 항상 집단적인 진단과 처치의 자세를 견지해야 한다.
④ 진로상담은 상담 윤리강령에 따라 전개되어야 한다.

제2과목 직업심리학

21 직업선택 문제들 중 비현실성의 문제와 가장 거리가 먼 것은?

① 흥미나 적성의 유형이나 수준과 관계없이 어떤 직업을 선택해야 할지 결정하지 못한다.
② 자신의 적성수준보다 높은 적성을 요구하는 직업을 선택한다.
③ 자신의 흥미와는 일치하지만, 자신의 적성 수준보다는 낮은 적성을 요구하는 직업을 선택한다.
④ 자신의 적성수준에서 선택을 하지만, 자신의 흥미와는 일치하지 않는 직업을 선택한다.

22 직업적응과 관련된 개념 중 조화의 내적 지표로, 직업환경이 개인의 욕구를 얼마나 채워주고 있는지에 대한 개인의 평가를 뜻하는 것은?

① 반응(response)
② 만족(satisfaction)
③ 적응(adjustment)
④ 충족(satisfactoriness)

23 다음 사례에서 검사-재검사 신뢰도 계수는?

> 100명의 학생들이 특정 심리검사를 받고 한 달 후에 동일한 검사를 다시 받았는데 두 번의 검사에서 각 학생들의 점수는 동일했다.

① -1.00   ② 0.00
③ +0.50   ④ +1.00

24 종업원의 경력개발 프로그램과 가장 거리가 먼 것은?

① 후견인 제도　② 직무순환
③ 직무평가　　④ 훈련 프로그램

25 직무스트레스를 촉진시키거나 완화하는 조절 요인이 아닌 것은?

① A/B 성격유형
② 통제 소재
③ 사회적 지원
④ 반복적이고 단조로운 직무

26 직무분석의 방법과 가장 거리가 먼 것은?

① 요소비교법　② 면접법
③ 중요사건법　④ 질문지법

27 가치 중심적 진로접근 모형의 기본 명제와 가장 거리가 먼 것은?

① 개인이 우선권을 부여하는 가치들은 얼마 되지 않는다.
② 가치는 환경 속에서 가치를 담은 정보를 획득함으로써 학습된다.
③ 한 역할의 특이성은 역할 안에 있는 필수적인 가치들의 만족 정도와 관련된다.
④ 생애역할에서의 성공은 학습된 기술과 인지적·정의적·신체적 적성을 제외한 요인에 의해 결정된다.

28 Parsons가 제시한 특성-요인이론의 기본 가정이 아닌 것은?

① 인간은 신뢰할 수 있고 타당하게 측정할 수 있는 독특한 특성을 지니고 있다.
② 직업은 그 직업에서의 성공을 위한 매우 구체적인 특성을 지닐 것을 요구한다.
③ 진로선택은 다소 직접적인 인지과정이므로 개인의 특성과 직업의 특성을 짝짓는 것이 가능하다.
④ 인성과 동일한 직업 환경이 있으며, 각 환경은 각 개인과 연결되어 있는 성격유형에 의해 결정된다.

29 스트레스에 관한 설명 중 Ellis와 관련이 없는 것은?

① 정서장애는 생활사건 자체를 통해 일어난다.
② 행동에 대한 과거의 영향보다는 현재에 초점을 둔다.
③ 역기능적 사고는 정서장애의 중요한 결정 요인이다.
④ 부정적 감정을 유발하는 스트레스는 비합리적 신념에서 나온다.

30 점수유형 중 그 의미가 모든 사람에게 단순하고 직접적이며, 한 집단 내에서 개인의 상대적인 위치를 살펴보는 데 적합한 것은?

① 원점수　　② T점수
③ 표준점수　④ 백분위점수

31 다음은 심리검사의 타당도 중 어떤 것을 설명한 것인가?

> • 논리적 사고에 입각한 논리적인 분석과정으로 판단하는 주관적 타당도이다.
> • 본질적으로 해당 분야 전문가의 판단에 의존한다.

① 구성타당도　② 예언타당도
③ 내용타당도　④ 동시타당도

32 직위분석질문지(PAQ)에 관한 설명으로 틀린 것은?

① 작업자 중심 직무분석의 대표적인 예이다.
② 직무수행에 요구되는 인간의 특성들을 기술하는 데 사용되는 194개의 문항으로 구성되어 있다.
③ 직무수행에 관한 6가지 주요 범주는 정보입력, 정신과정, 작업결과, 타인들과의 관계, 직무맥락, 직무요건 등이다.
④ 비표준화된 분석도구이다.

33 Holland의 유형학에 기초한 진로관련 검사는?

① 마이어스-브릭스 유형지표(MBTI)
② 스트롱-캠벨 흥미검사(SCII)
③ 다면적 인성검사(MMPI)
④ 진로개발검사(CDI)

34 인터넷을 통해 온라인으로 실시하는 심리검사에 대한 설명과 가장 거리가 먼 것은?

① 직업적성검사, 직업흥미검사 등 다양한 진로심리검사 서비스가 제공되고 있다.
② 검사 결과를 즉시 알 수 있어 편리하다.
③ 상담 장면에서 활용하기에는 부적합하다.
④ 검사를 치르는 상황이 다양하므로 검사 점수의 신뢰도가 낮아질 가능성이 있다.

35 미네소타 욕구 중요도 검사(MIQ)에 관한 설명으로 틀린 것은?

① 특질 및 요인론적 접근을 배경으로 개발되었다.
② 20개의 근로자 욕구를 측정한다.
③ 주 대상은 13세 이상의 남녀이며 초등학교 고학년 이상의 독해력이 필요하다.
④ 6개의 가치요인을 측정한다.

36 사람들이 어떤 상황에 기여한 정도에 따라 보상을 받아야 한다는 법칙은?

① 평등분배 법칙　② 형평분배 법칙
③ 필요분배 법칙　④ 요구분배 법칙

37 Super의 직업발달 단계를 바르게 나열한 것은?

① 성장기 → 확립기 → 탐색기 → 유지기 → 쇠퇴기
② 탐색기 → 성장기 → 유지기 → 확립기 → 쇠퇴기
③ 성장기 → 탐색기 → 확립기 → 유지기 → 쇠퇴기
④ 탐색기 → 유지기 → 성장기 → 확립기 → 쇠퇴기

38 다음은 Williamson이 분류한 진로선택 문제 중 어떤 유형에 해당하는가?

> 동기나 능력이 부족한 사람이 고도의 능력이나 특수한 재능을 요구하는 직업을 선택하거나, 흥미가 없고 자신의 성격에 맞지 않는 직업을 선택하는 경우 또는 자신의 능력보다 훨씬 낮은 능력을 요구하는 직업을 선택하거나 안정된 직업만을 추구하는 경우

① 직업선택의 확신 부족
② 현명하지 않은 직업선택
③ 직업 무선택
④ 흥미와 적성의 모순

39 팀 생산성을 높이기 위해서 부하들을 철저히 감독하라는 사장의 요구와 작업능률을 높이려면 자발적으로 일할 수 있는 분위기를 만들어 주어야 한다는 부하들의 요구 사이에서 고민하는 팀장의 스트레스 원인은?

① 송신자 내 갈등
② 개인 간 역할갈등
③ 개인 내 역할갈등
④ 송신자 간 갈등

40 직업지도 프로그램 선정 시 고려해야 할 사항과 가장 거리가 먼 것은?

① 활용하고자 하는 목적에 부합하여야 한다.
② 실시가 어렵더라도 효과가 뚜렷한 프로그램이어야 한다.
③ 프로그램의 효과를 평가할 수 있어야 한다.
④ 활용할 프로그램은 비용이 적게 드는 경제성을 지녀야 한다.

제3과목 직업정보론

41 직업정보 수집 시 2차 자료(secondary data) 유형을 모두 고른 것은?

> ㄱ. 한국고용정보원에서 발행하는 직종별 직업사전
> ㄴ. 통계청에서 실시한 지역별 고용조사 결과
> ㄷ. 한국산업인력공단에서 제공하는 국가기술자격통계연보
> ㄹ. 워크넷에서 제공하는 직업별 탐방기(테마별 직업여행)

① ㄱ, ㄷ
② ㄱ, ㄴ, ㄹ
③ ㄴ, ㄷ, ㄹ
④ ㄱ, ㄴ, ㄷ, ㄹ

42 한국표준산업분류(2024)에서 하나 이상의 장소에서 이루어지는 단일 산업활동의 통계단위는?

① 기업집단 단위
② 기업체 단위
③ 활동유형 단위
④ 지역 단위

43 일반적인 직업정보 처리과정을 바르게 나열한 것은?

① 수집 → 제공 → 분석 → 가공 → 평가
② 수집 → 가공 → 제공 → 분석 → 평가
③ 수집 → 평가 → 가공 → 제공 → 분석
④ 수집 → 분석 → 가공 → 제공 → 평가

44 한국표준산업분류(2024)의 산업결정방법에 대한 설명으로 틀린 것은?

① 생산단위의 산업활동은 그 생산단위가 수행하는 주된 산업활동(판매 또는 제공되는 재화와 서비스)의 종류에 따라 결정된다.
② 생산단위가 수행하는 주된 산업활동에 따라 결정하는 것이 적합하지 않을 경우에는 그 해당 활동의 종업원 수 및 노동시간, 임금 및 급여액 또는 설비의 정도에 의하여 결정한다.
③ 계절에 따라 정기적으로 산업을 달리하는 사업체의 경우에는 조사시점에서 경영하는 사업에서 산출액이 많았던 활동에 의하여 분류된다.
④ 휴업 중 또는 자산을 청산 중인 사업체의 산업은 영업 중 또는 청산을 시작하기 전의 산업활동에 의하여 결정하며, 설립 중인 사업체는 개시하는 산업활동에 따라 결정한다.

45 국가기술자격 기능장 등급의 응시자격으로 틀린 것은?

① 응시하려는 종목이 속하는 동일 및 유사 직무분야의 산업기사 또는 기능사 자격을 취득한 후 기능대학의 기능장과정을 마친 이수자 또는 그 이수예정자
② 산업기사 등급 이상의 자격을 취득한 후 동일 및 유사 직무분야에서 7년 이상 실무에 종사한 사람
③ 응시하려는 종목이 속하는 동일 및 유사 직무분야에서 9년 이상 실무에 종사한 사람
④ 응시하려는 종목이 속하는 동일 및 유사 직무분야의 다른 종목의 기능장 등급의 자격을 취득한 사람

내용 개정으로 더 이상 유효하지 않은 문제입니다.

46 한국직업전망에서 정의한 고용변동 요인 중 불확실성 요인에 해당하는 것은?

① 인구구조 및 노동인구 변화
② 정부정책 및 법·제도 변화
③ 과학기술 발전
④ 가치관과 라이프스타일 변화

47 한국직업사전에 대한 설명으로 틀린 것은?

① 수록된 직업들은 직무분석을 바탕으로 조사된 정보들로서 유사한 직무를 기준으로 분류한 것이다.
② 본 직업정보는 직업코드, 본직업명, 직무개요, 수행직무 등이 해당한다.
③ 수록된 각종 정보는 사업체 표본조사를 통해 조사된 내용으로 근로자의 직업(직무) 평가 자료로서의 절대적 기준을 제시한다.
④ 급속한 과학기술 발전과 산업구조 변화 등에 따라 변동하는 직업세계를 체계적으로 조사 분석하여 표준화된 직업명과 기초직업정보를 제공할 목적으로 발간된다.

빈출
내용 개정으로 더 이상 유효하지 않은 문제입니다.

48 워크넷(직업·진로)에서 '직업정보 찾기'의 하위 메뉴가 아닌 것은?

① 신직업·창직 찾기
② 업무수행능력별 찾기
③ 통합 찾기(지식, 능력, 흥미)
④ 지역별 찾기

49 다음 중 국가기술자격 종목을 모두 고른 것은?

> ㄱ. 전산회계운용사 1급
> ㄴ. 감정평가사
> ㄷ. 국제의료관광코디네이터
> ㄹ. 문화재수리기능자

① ㄱ, ㄴ, ㄹ   ② ㄱ, ㄷ
③ ㄴ   ④ ㄷ, ㄹ

50 국가기술자격 종목 중 임산가공기사, 임업종묘기사, 산림기사가 공통으로 해당하는 직무분야는?

① 농림어업   ② 건설
③ 안전관리   ④ 환경·에너지

빈출

51 민간직업정보의 일반적인 특성에 관한 설명으로 옳은 것은?

① 특정한 목적에 맞게 해당 분야 및 직종을 제한적으로 제시하는 경향이 있다.
② 특정시기에 국한되지 않고 지속적으로 제공된다.
③ 무료로 제공된다.
④ 다른 정보에 미치는 영향이 크며 연관성이 높은 편이다.

빈출

52 한국표준직업분류(2025)에서 직업으로 보지 않는 활동을 모두 고른 것은?

> ㄱ. 이자, 주식배당 등과 같은 자산 수입이 있는 경우
> ㄴ. 예·적금 인출, 보험금 수취, 차용 또는 토지나 금융자산을 매각하여 수입이 있는 경우
> ㄷ. 사회복지시설 수용자의 시설 내 경제활동
> ㄹ. 수형자의 활동과 같이 법률에 의한 강제 노동을 하는 경우

① ㄱ, ㄷ   ② ㄴ, ㄹ
③ ㄱ, ㄴ, ㄷ   ④ ㄱ, ㄴ, ㄷ, ㄹ

53 직업정보 제공과 관련된 인터넷 사이트 연결이 틀린 것은?

① 직업훈련정보: HRD-Net(hrd.go.kr)
② 자격정보: Q-Net(q-net.or.kr)
③ 외국인고용관리정보: EI넷(ei.go.kr)
④ 해외취업정보: 월드잡플러스(worldjob.or.kr)

54 한국직업사전의 부가직업정보에 대한 설명으로 옳은 것은?

① 정규교육: 해당 직업 종사자의 평균 학력을 나타낸다.
② 조사연도: 해당 직업의 직무조사가 실시된 연도를 나타낸다.
③ 작업강도: 해당 직업의 직무를 수행하는 데 필요한 육체적·심리적·정신적 힘의 강도를 나타낸다.
④ 유사명칭: 본직업명과 기본적인 직무에 있어서는 공통점이 있으나 직무의 범위, 대상 등에 따라 나누어지는 직업이다.

55 직업정보 수집을 위한 서베이 조사에 관한 설명으로 틀린 것은?

① 면접조사는 우편조사에 비해 비언어적 행위의 관찰이 가능하다.
② 일반적으로 전화조사는 면접조사에 비해 면접시간이 길다.
③ 질문의 순서는 응답률에 영향을 줄 수 있다.
④ 폐쇄형 질문의 응답범주는 상호배타적이어야 한다.

56 평생학습계좌제(www.all.go.kr)에 관한 설명으로 틀린 것은?

① 개인의 다양한 학습경험을 온라인 학습이력관리시스템에 누적·관리하여 체계적인 학습설계를 지원한다.
② 개인의 학습결과를 학력이나 자격인정과 연계하거나 고용정보로 활용할 수 있게 한다.
③ 전 국민을 대상으로 실시하는 제도로서 원하는 누구나 이용이 가능하다.
④ 온라인으로 계좌개설이 가능하며 방문 신청은 전국 고용센터에 방문하여 개설한다.

57 한국표준산업분류(2024)의 적용원칙에 관한 설명으로 틀린 것은?

① 생산단위는 산출물뿐만 아니라 투입물과 생산공정 등을 함께 고려하여 그들의 활동을 가장 정확하게 설명된 항목에 분류해야 한다.
② 복합적인 활동단위는 우선적으로 세세분류를 정확히 결정하고, 순차적으로 세, 소, 중, 대분류 단계 항목을 결정하여야 한다.
③ 산업활동이 결합되어 있는 경우에는 그 활동단위의 주된 활동에 따라서 분류하여야 한다.
④ 공식적 생산물과 비공식적 생산물, 합법적 생산물과 불법적인 생산물을 달리 분류하지 않는다.

58 고용24에서 채용정보 검색조건에 해당하지 않는 것은?

① 희망임금　② 학력
③ 경력　　　④ 연령

59 직업정보 분석 시 유의점으로 틀린 것은?

① 전문적인 시각에서 분석한다.
② 직업정보원과 제공원에 대해 제시한다.
③ 동일한 정보에 대해서는 한 가지 측면으로만 분석한다.
④ 원자료의 생산일, 자료표집방법, 대상 등을 검토해야 한다.

60 한국고용직업분류(2025)의 대분류에 해당하지 않는 것은?

① 군인
② 건설·채굴직
③ 설치·정비·생산직
④ 연구직 및 공학기술직

제4과목　노동시장론

61 효율임금(efficiency wage) 가설에 대한 설명으로 옳은 것은?

① 기업이 생산의 효율성을 달성하기 위해 적정임금을 책정한다.
② 기업이 시장임금보다 높은 임금을 유지해 노동생산성 증가를 도모한다.
③ 기업이 노동생산성에 맞춰 임금을 책정한다.
④ 기업이 생산비 최소화 원리에 따라 임금을 책정한다.

62 경제적 조합주의(economic unionism)에 대한 설명으로 틀린 것은?

① 노동조합운동과 정치와의 연합을 특징으로 한다.
② 경영전권을 인정하며 경영참여를 회피해 온 노선이다.
③ 노동조합운동의 목적은 노동자들의 근로조건을 포함한 생활조건의 개선과 유지에 있다.
④ 노사관계를 기본적으로 이해대립의 관계로 보고 있으나 이해조정이 가능한 비적대적 관계로 이해한다.

63 인력수요 예측의 근거와 가장 거리가 먼 것은?

① 고용전망　　② 성장률
③ 출생률　　　④ 취업계수

64 다음 ( ) 안에 알맞은 것은?

> 아담 스미스(A. Smith)는 노동조건의 차이, 소득안정성의 차이, 직업훈련비용의 차이 등 각종 직업상의 비금전적 불이익을 견딜 수 있기에 필요한 정도의 임금프리미엄을 ( )(이)라고 하였다.

① 직종별 임금격차　② 균등화 임금격차
③ 생산성임금　　　④ 헤도닉임금

65 불경기에 발생하는 부가노동자 효과(added worker effect)와 실망실업자 효과(discouraged worker effect)에 따라 실업률이 변화한다. 다음 중 실업률에 미치는 효과의 방향성이 옳은 것은? (단, +: 상승 효과, -: 감소 효과)

① 부가노동자 효과: +, 실망실업자 효과: -
② 부가노동자 효과: -, 실망실업자 효과: -
③ 부가노동자 효과: +, 실망실업자 효과: +
④ 부가노동자 효과: -, 실망실업자 효과: +

66 다음 중 최저임금제가 고용에 미치는 부정적 효과가 가장 큰 상황은?

① 노동수요곡선과 노동공급곡선이 모두 탄력적일 때
② 노동수요곡선과 노동공급곡선이 모두 비탄력적일 때
③ 노동수요곡선이 탄력적이고 노동공급곡선이 비탄력적일 때
④ 노동수요곡선이 비탄력적이고 노동공급곡선이 탄력적일 때

67 개별기업수준에서 노동에 대한 수요곡선을 이동시키는 요인이 아닌 것은?

① 기술의 변화
② 임금의 변화
③ 자본의 가격 변화
④ 최종생산물가격의 변화

68 어느 지역의 노동공급상태를 조사해 본 결과 시간당 임금이 3,000원일 때 노동공급량은 270이었고, 임금이 5,000원으로 상승했을 때 노동공급량은 540이었다. 이때 노동공급의 탄력성은?

① 1.28 ② 1.50
③ 1.00 ④ 0.82

69 임금체계에 관한 설명으로 틀린 것은?
① 직능급은 개인의 직무수행능력을 고려하여 임금을 관리하는 체계이다.
② 속인급은 연령, 근속, 학력에 따라 임금을 결정하는 체계이다.
③ 직무급은 직무분석과 직무평가를 기초로 직무의 상대적 가치에 따라 임금을 결정하는 체계이다.
④ 연공급은 근로자의 생산성에 바탕을 둔 임금체계이다.

70 기업별 조합의 상부조합(산업별 또는 지역별)과 개별 사용자 간, 또는 사용자단체와 기업별 조합과의 사이에서 행해지는 단체교섭은?
① 기업별교섭 ② 대각선교섭
③ 통일교섭 ④ 방사선교섭

71 조합원 자격이 있는 노동자만을 채용하고 일단 고용된 노동자라도 조합원 자격을 상실하면 종업원이 될 수 없는 숍 제도는?
① 오픈 숍 ② 유니언 숍
③ 에이전시 숍 ④ 클로즈드 숍

72 노동조합 조직부문과 비조직부문 간의 임금격차를 축소시키는 효과를 모두 짝지은 것은?

> ㄱ. 이전효과(spillover effect)
> ㄴ. 위협효과(threat effect)
> ㄷ. 대기실업효과(wait unemployment effect)
> ㄹ. 해고효과(displacement effect)

① ㄱ, ㄴ ② ㄴ, ㄷ
③ ㄷ, ㄹ ④ ㄱ, ㄹ

73 다음 중 경제활동참가에 영향을 주는 요인을 모두 고른 것은?

> ㄱ. 여가에 대한 상대적 가치
> ㄴ. 비근로소득의 발생
> ㄷ. 단시간 노동의 기회

① ㄱ, ㄴ ② ㄱ, ㄷ
③ ㄴ, ㄷ ④ ㄱ, ㄴ, ㄷ

74 A국의 취업자가 200만 명, 실업자가 10만 명, 비경제활동인구가 100만 명이라고 할 때, A국의 경제활동참가율은?

① 약 66.7% ② 약 67.7%
③ 약 69.2% ④ 약 70.4%

75 실업급여의 효과에 대한 설명으로 가장 적합한 것은?

① 노동시간을 늘리고 경제활동참가도 증대시킨다.
② 노동시간을 단축시키고 경제활동참가도 감소시킨다.
③ 노동시간의 증·감은 불분명하지만 경제활동참가는 증대시킨다.
④ 노동시간, 경제활동참가 모두 불분명하다.

76 기업 내부노동시장의 형성 요인과 가장 거리가 먼 것은?

① 노동조합의 존재
② 기업 특수적 숙련기능
③ 직장 내 훈련
④ 노동관련 관습

77 노동조합의 역사에서 가장 오래된 조합의 형태는?

① 산업별 노동조합(industrial union)
② 기업별 노동조합(company union)
③ 직업별 노동조합(craft union)
④ 일반 노동조합(general union)

78 다음 중 연봉제의 장점과 가장 거리가 먼 것은?

① 능력주의, 성과주의를 실현할 수 있다.
② 과감한 인재기용에 용이하다.
③ 종업원 상호 간의 협조성이 높아진다.
④ 종업원들의 동기를 부여할 수 있다.

79 근로자의 귀책사유 없이 기업의 가동률 저하로 인하여 근로자가 기업으로부터 떠나는 것으로 미국 등에서 잘 발달되어 있는 것은?

① 사직(quits)   ② 해고(discharges)
③ 이직(separations) ④ 일시해고(layoffs)

80 실업을 수요부족 실업과 비수요부족 실업으로 구분할 때 비수요부족 실업을 모두 고른 것은?

> ㄱ. 경기적 실업
> ㄴ. 마찰적 실업
> ㄷ. 구조적 실업
> ㄹ. 계절적 실업

① ㄱ   ② ㄴ, ㄷ
③ ㄱ, ㄴ, ㄹ   ④ ㄴ, ㄷ, ㄹ

제5과목 노동관계법규

81 근로3권에 관한 설명으로 옳은 것은?
① 근로자는 자주적인 단결권, 단체교섭권, 단체행동권을 가진다.
② 공무원도 근로자이므로 근로3권을 당연히 갖는다.
③ 주요방위산업체의 근로자는 국가안보를 위해 당연히 단체행동권이 인정되지 않는다.
④ 미취업근로자 개개인에게 주어지는 구체적 권리이다.

82 국민 평생 직업능력 개발법에 명시된 직업능력개발훈련이 중요시되어야 하는 사람에 해당하지 <u>않는</u> 것은?
① 일용근로자
② 여성근로자
③ 제조업의 생산직에 종사하는 근로자
④ 중소기업기본법에 따른 중소기업의 근로자

83 국민 평생 직업능력 개발법령상 고용노동부장관이 직업능력개발사업을 하는 사업주에게 지원할 수 있는 비용이 <u>아닌</u> 것은?
① 근로자를 대상으로 하는 자격검정사업비용
② 직업능력개발훈련을 위해 필요한 시설의 설치 사업비용
③ 근로자의 경력개발관리를 위하여 실시하는 사업비용
④ 고용노동부장관의 인정을 받은 직업능력개발훈련과정 수강비용

84 고용정책 기본법상 고용노동부장관이 실시할 수 있는 실업대책사업에 해당되지 <u>않는</u> 것은?
① 고용촉진과 관련된 사업을 하는 자에 대한 대부(貸付)
② 실업자에 대한 생계비, 의료비(가족의 의료비 포함), 주택매입자금 등의 지원
③ 실업자의 취업촉진을 위한 훈련의 실시와 훈련에 대한 지원
④ 실업의 예방, 실업자의 재취업 촉진, 그 밖에 고용안정을 위한 사업을 하는 자에 대한 지원

85 다음 ( )에 알맞은 것은?

> 국민 평생 직업능력 개발법상 사업주는 근로자와 훈련계약을 체결할 때에는 해당 직업능력 개발훈련을 받는 사람이 직업능력개발훈련을 이수한 후에 사업주가 지정하는 업무에 일정 기간 종사하도록 할 수 있다. 이 경우 그 기간은 (ㄱ)년 이내로 하되, 직업능력개발훈련기간의 (ㄴ)배를 초과할 수 없다.

① ㄱ: 5, ㄴ: 5
② ㄱ: 3, ㄴ: 3
③ ㄱ: 5, ㄴ: 3
④ ㄱ: 3, ㄴ: 5

86 다음 중 노동법의 성격에 가장 적합한 원칙은?
① 계약자유의 원칙
② 자기책임의 원칙
③ 소유권 절대의 원칙
④ 당사자의 실질적 대등의 원칙

87 직업안정법상 직업안정기관의 장이 구인신청의 수리(受理)를 거부할 수 있는 경우가 <u>아닌</u> 것은?

① 구인신청의 내용이 법령을 위반한 경우
② 구인자가 구인조건을 밝히기를 거부하는 경우
③ 구직자에게 제공할 선급금을 제공하지 않는 경우
④ 구인신청의 내용 중 임금·근로시간 기타 근로조건이 통상의 근로조건에 비하여 현저하게 부적당하다고 인정되는 경우

88 근로기준법상 임금에 대한 설명으로 <u>틀린</u> 것은?

① 임금이란 사용자가 근로의 대가로 근로자에게 임금, 봉급, 그 밖에 어떠한 명칭으로든지 지급하는 일체의 금품을 말한다.
② 평균임금이란 이를 산정하여야 할 사유가 발생한 날 이전 3개월 동안에 그 근로자에게 지급된 임금의 총액을 말한다.
③ 사용자는 도급이나 그 밖에 이에 준하는 제도로 사용하는 근로자에게 근로시간에 따라 일정액의 임금을 보장하여야 한다.
④ 근로기준법에 따른 임금채권은 3년간 행사하지 아니하면 시효로 소멸한다.

89 고용상 연령차별금지 및 고령자고용촉진에 관한 법령상 운수업의 고령자 기준고용률은?

① 그 사업장의 상시 근로자 수의 100분의 2
② 그 사업장의 상시 근로자 수의 100분의 3
③ 그 사업장의 상시 근로자 수의 100분의 5
④ 그 사업장의 상시 근로자 수의 100분의 6

90 고용정책 기본법령상 사업주의 대량고용변동 신고 시 이직하는 근로자 수에 포함되는 자는?

① 수습 사용된 날부터 3개월 이내의 사람
② 자기의 사정 또는 귀책사유로 이직하는 사람
③ 상시 근무를 요하지 아니하는 사람으로 고용된 사람
④ 6개월을 초과하는 기간을 정하여 고용된 사람으로서 해당 기간을 초과하여 계속 고용되고 있는 사람

91 다음 ( )에 알맞은 것은?

> 남녀고용평등과 일·가정 양립 지원에 관한 법률상 사업주가 근로자에게 육아기 근로시간 단축을 허용하는 경우 단축 후 근로시간은 주당 (ㄱ)시간 이상이어야 하고 (ㄴ)시간을 넘어서는 아니 된다.

① ㄱ: 10, ㄴ: 15   ② ㄱ: 10, ㄴ: 20
③ ㄱ: 15, ㄴ: 20   ④ ㄱ: 15, ㄴ: 35

92 파견근로자 보호 등에 관한 법률에 대한 설명으로 <u>틀린</u> 것은?

① 근로자파견사업의 허가의 유효기간은 2년으로 한다.
② 사용 사업주는 파견근로자를 사용하고 있는 업무에 근로자를 직접 고용하려는 경우에는 해당 파견근로자를 우선적으로 고용하도록 노력하여야 한다.
③ 근로자파견이라 함은 파견 사업주가 근로자를 고용한 후 그 고용관계를 유지하면서 근로자파견계약의 내용에 따라 사용 사업주의 지휘·명령을 받아 사용 사업주를 위한 근로에 종사하게 하는 것을 말한다.
④ 사용 사업주는 고용노동부장관의 허가를 받지 않고 근로자파견사업을 행하는 자로부터 근로자파견의 역무를 제공받은 경우에 해당 파견근로자를 직접 고용하여야 한다.

93 근로기준법령상 상시 4명 이하의 근로자를 사용하는 사업 또는 사업장에 적용하는 법 규정을 모두 고른 것은?

> ㄱ. 근로기준법 제9조(중간착취의 배제)
> ㄴ. 근로기준법 제18조(단시간근로자의 근로조건)
> ㄷ. 근로기준법 제21조(전차금 상계의 금지)
> ㄹ. 근로기준법 제60조(연차 유급휴가)
> ㅁ. 근로기준법 제72조(갱내근로의 금지)

① ㄱ, ㄷ, ㄹ
② ㄴ, ㄹ
③ ㄷ, ㅁ
④ ㄱ, ㄴ, ㄷ, ㅁ

94 직업안정법령상 직업정보제공사업자의 준수사항에 해당하지 않는 것은?

① 구직자의 이력서 발송을 대행하지 아니할 것
② 직업정보제공사업의 광고문에 '취업지원' 등의 표현을 사용하지 아니할 것
③ 구인자의 신원이 확실하지 아니한 구인광고를 게재하지 아니할 것
④ 직업정보제공매체의 구인·구직의 광고에는 구인·구직자의 주소 또는 전화번호를 기재하지 아니할 것

95 근로자퇴직급여 보장법에 관한 설명으로 틀린 것은?

① 퇴직급여제도의 일시금을 수령한 사람은 개인형 퇴직연금제도를 설정할 수 있다.
② 사용자는 계속근로기간이 1년 미만인 근로자, 4주간을 평균하여 1주간의 소정근로시간이 15시간 미만인 근로자에 대하여는 퇴직급여제도를 설정하지 않아도 된다.
③ 확정급여형 퇴직연금제도 또는 확정기여형 퇴직연금제도의 가입자는 개인형 퇴직연금제도를 추가로 설정할 수 없다.
④ 상시 10명 미만의 근로자를 사용하는 사업의 경우 사용자가 개별근로자의 동의를 받거나 근로자의 요구에 따라 개인형 퇴직연금제도를 설정하는 경우에는 해당 근로자에 대하여 퇴직급여제도를 설정한 것으로 본다.

96 근로기준법상 근로감독관에 관한 설명으로 틀린 것은?

① 근로조건의 기준을 확보하기 위하여 고용노동부와 그 소속 기관에 근로감독관을 둔다.
② 근로감독관의 직무에 관한 범죄의 수사는 검사와 근로감독관이 전담하여 수행한다.
③ 근로감독관은 사업장, 기숙사, 그 밖의 부속 건물을 현장조사하고 장부와 서류의 제출을 요구할 수 있다.
④ 의사인 근로감독관이나 근로감독관의 위촉을 받은 의사는 취업을 금지하여야 할 질병에 걸릴 의심이 있는 근로자에 대하여 검진할 수 있다.

97 고용보험법상 피보험기간이 5년 이상 10년 미만이고, 이직일 현재 연령이 30세 미만인 경우의 구직급여 소정급여일수는? (단, 장애인이 아님)

① 150일 ② 180일
③ 210일 ④ 240일

98 남녀고용평등과 일·가정 양립 지원에 관한 법률상 육아휴직에 관한 설명으로 옳은 것은?

① 사업주는 근로자가 만 6세 이하의 초등학교 취학 전 자녀(입양한 자녀는 제외한다)를 양육하기 위하여 휴직을 신청하는 경우에 이를 허용하여야 한다.
② 사업주는 육아휴직을 이유로 해고나 그 밖의 불리한 처우를 하여서는 아니 되며, 육아휴직 기간에는 그 근로자를 해고하지 못하지만 사업을 계속할 수 없는 경우에는 그러하지 아니한다.
③ 사업주는 근로자가 육아휴직을 마친 후에는 휴직 전과 같은 업무 또는 같은 수준의 임금을 지급하는 직무에 복귀할 수 있도록 노력하여야 한다.
④ 육아휴직의 기간은 1년 이상으로 하며, 육아휴직 기간은 근속기간에 포함하지 아니한다.

99 남녀고용평등과 일·가정 양립 지원에 관한 법률상 직장 내 성희롱의 금지 및 예방에 대한 설명으로 틀린 것은?

① 사업주는 직장 내 성희롱 예방을 위한 교육을 분기별 1회 이상 하여야 한다.
② 사업주는 성희롱 예방 교육의 내용을 근로자가 자유롭게 열람할 수 있는 장소에 항상 게시하거나 갖추어 두어 근로자에게 널리 알려야 한다.
③ 누구든지 직장 내 성희롱 발생 사실을 알게 된 경우 그 사실을 해당 사업주에게 신고할 수 있다.
④ 사업주는 직장 내 성희롱 발생 사실이 확인된 때에는 피해 근로자가 요청하면 근무장소의 변경, 배치전환, 유급휴가 명령 등 적절한 조치를 하여야 한다.

100 고용보험법상 실업급여에 해당하지 않는 것은?

① 구직급여
② 조기(早期)재취업 수당
③ 정리해고 수당
④ 이주비

2019년 [2회]

빠른 정답 체크!

직업상담학		직업심리학		직업정보론		노동시장론		노동관계법규	
01	②	21	①	41	④	61	②	81	①
02	④	22	②	42	③	62	①	82	③
03	④	23	④	43	④	63	③	83	④
04	②	24	③	44	③	64	②	84	②
05	④	25	④	45	②	65	①	85	③
06	④	26	①	46	②	66	①	86	④
07	①	27	④	47	③	67	②	87	③
08	③	28	④	48	④	68	②	88	②
09	①	29	①	49	②	69	④	89	④
10	④	30	④	50	①	70	②	90	④
11	④	31	③	51	①	71	④	91	④
12	③	32	④	52	④	72	②	92	①
13	①	33	②	53	③	73	④	93	④
14	②	34	③	54	②	74	②	94	④
15	③	35	③	55	②	75	③	95	③
16	②	36	②	56	④	76	①	96	②
17	②	37	④	57	②	77	③	97	③
18	①	38	②	58	④	78	③	98	②
19	③	39	④	59	③	79	④	99	①
20	③	40	②	60	①	80	④	100	③

2019년 3회

정답과 해설 ▶ P. 274~286

제1과목 직업상담학

01 Bordin의 정신역동적 진로상담기법과 가장 거리가 먼 것은?
① 비교
② 순수성
③ 명료화
④ 소망-방어체계에 대한 해석

02 진로시간전망 검사지의 사용목적과 가장 거리가 먼 것은?
① 진로 태도를 인식하기 위해
② 미래의 방향을 이끌어내기 위해
③ 계획에 대해 긍정적 태도를 강화하기 위해
④ 현재의 행동을 미래의 결과와 연계시키기 위해

03 Dagley가 제시한 직업가계도를 그릴 때 관심을 가져야 할 요인과 가장 거리가 먼 것은?
① 가족구성원들의 진로선택 형태와 방법
② 내담자가 성장할 때의 또래집단 상황
③ 가족의 경제적 기대와 압력
④ 특정 직업에 대한 가계 유전적 장애

04 직업상담사의 역할과 가장 거리가 먼 것은?
① 직업정보의 수집 및 분석
② 직업관련 이론의 개발과 강의
③ 직업관련 심리검사의 실시 및 해석
④ 구인, 구직, 직업적응, 경력개발 등 직업관련 상담

05 상담에서 비밀보장 예외의 원칙과 가장 거리가 먼 것은?
① 상담자가 슈퍼비전을 받아야 하는 경우
② 심각한 범죄 실행의 가능성이 있는 경우
③ 내담자가 자살을 실행할 가능성이 있는 경우
④ 상담을 의뢰한 교사가 내담자의 상담자료를 요청하는 경우

06 Mitchell과 Krumboltz가 제시한 진로발달과정의 요인에 해당하지 않는 것은?
① 특별한 능력
② 환경 조건
③ 사회성 기술
④ 과제접근 기술

07 Williamson의 변별진단에서 4가지 결과에 해당하지 않는 것은?
① 직업선택에 대한 확신 부족
② 직업 무선택
③ 정보의 부족
④ 흥미와 적성의 모순

08 포괄적 직업상담 과정에 대한 설명으로 틀린 것은?

① 내담자가 직업선택에서 가졌던 문제들을 상담한다.
② 내담자가 자신의 내부와 주변에서 일어나는 일들을 충분히 자각하게 한다.
③ 직업심리검사를 통해 내담자의 문제를 명료화한다.
④ 상담과 검사를 통해 얻어진 자료를 바탕으로 직업정보를 제공한다.

09 다음 중 내담자의 동기와 역할을 사정함에 있어서 자기보고법이 적합한 내담자는?

① 인지적 명확성이 낮은 내담자
② 인지적 명확성이 높은 내담자
③ 흥미가치가 낮은 내담자
④ 흥미가치가 높은 내담자

10 초기면담의 유형 중 정보지향적 면담을 위한 상담기법과 가장 거리가 먼 것은?

① 재진술   ② 탐색해 보기
③ 폐쇄형 질문 ④ 개방형 질문

빈출
11 상담 장면에서 인지적 명확성이 부족한 내담자를 위한 개입방법이 아닌 것은?

① 잘못된 정보를 바로잡아줌
② 구체적인 정보를 제공함
③ 원인과 결과의 착오를 바로잡아줌
④ 가정된 불가피성에 대해 지지적 상상을 제공함

12 Williamson의 특성-요인 직업상담에서 검사의 해석 단계에 이용할 수 있다고 제시한 상담기법은?

① 가정   ② 반영
③ 변명   ④ 설명

13 다음 대화는 교류분석이론의 어떤 유형에 해당하는가?

A: 철수야, 우리 눈썰매 타러 갈래?
B: 나이에 맞는 행동 좀 해라. 난 그런 쓸데없는 짓으로 낭비할 시간이 없어!

① 암시적 교류   ② 직접적 교류
③ 이차적 교류   ④ 교차적 교류

14 상담사가 길을 전혀 잃어버리지 않고 마치 자신이 내담자의 세계에서 경험을 하는 듯한 능력을 의미하는 상담기법은?

① 직면   ② 즉시성
③ 리허설   ④ 감정이입

빈출
15 다음에서 설명하고 있는 생애진로사정의 구조는?

개인이 자신의 생활을 어떻게 조직하는지를 발견하는 것이다. 내담자가 그들 자신의 생활을 체계적으로 조직하는지 아니면 매일 자발적으로 반응하는지 결정하는 데 도움을 준다.

① 진로사정   ② 전형적인 하루
③ 강점과 장애   ④ 요약

16 직업카드 분류에 관한 설명으로 틀린 것은?

① 내담자를 능동적으로 참여하도록 한다.
② 즉각적인 피드백을 제공한다.
③ 내담자가 제한적으로 반응하도록 구성되어 있다.
④ 상담사가 내담자에 대한 의미 있는 여러 정보를 얻을 수 있다.

17 행동주의 상담기법 중 내담자가 긍정적 강화를 받을 기회를 박탈시키는 것은?

① 타임아웃   ② 혐오치료
③ 자극통제   ④ 토큰경제

[빈출]
18 Crites가 제시한 직업상담 과정에 포함되지 않는 것은?

① 진단   ② 문제분류
③ 정보제공   ④ 문제구체화

19 인간중심 상담이론에서 상담사의 역할과 가장 거리가 먼 것은?

① 조력관계를 통해 성장을 촉진한다.
② 내담자 문제를 진단하여 분류한다.
③ 내담자가 자신의 깊은 감정을 깨닫게 돕는다.
④ 내담자로 하여금 존중받고 있음을 느끼게 한다.

20 Jung이 언급한 원형들 중 환경의 요구에 조화를 이루려고 하는 적응의 원형은?

① 페르소나   ② 아니마
③ 그림자   ④ 아니무스

제2과목 직업심리학

21 다음 중 직무분석 결과의 활용 용도와 가장 거리가 먼 것은?

① 신규 작업자의 모집
② 종업원의 교육훈련
③ 인력수급계획 수립
④ 종업원의 사기조사

[빈출]
22 진로성숙도검사(CMI) 중 태도척도의 하위영역과 문항의 예가 틀리게 연결된 것은?

① 결정성(decisiveness) – 나는 선호하는 진로를 자주 바꾸고 있다.
② 관여도(involvement) – 나는 졸업할 때까지는 진로선택 문제에 별로 신경을 쓰지 않을 것이다.
③ 타협성(compromise) – 나는 부모님이 정해 주시는 직업을 선택하겠다.
④ 지향성(orientation) – 일하는 것이 무엇인지에 대해 생각한 바가 거의 없다.

23 다음은 Holland의 6가지 성격유형 중 무엇에 해당하는가?

> - 다른 사람과 함께 일하거나 다른 사람을 돕는 것을 즐기지만 도구와 기계를 포함하는 질서정연하고 조직적인 활동을 싫어한다.
> - 기계적이고 과학적인 능력이 부족하며 카운슬러, 바텐더 등이 해당한다.

① 현실적 유형(R)
② 탐구적 유형(I)
③ 사회적 유형(S)
④ 관습적 유형(C)

24 직무스트레스 매개변인으로 개인 속성에 해당하는 것은?

① 통제 소재　② 역할 과부하
③ 역할 모호성　④ 조직 풍토

25 내담자의 적성과 흥미 또는 성격이 직업적 요구와 달라 생긴 직업적응문제를 해결하는 데 가장 적합한 방법은?

① 스트레스 관리 방안 모색
② 직업전환
③ 인간관계 개선 프로그램 제공
④ 갈등관리 프로그램 제공

26 직업적응이론에서 개인의 가치와 직업 환경의 강화인 간의 조화를 측정하는 데 사용되는 검사는?

① 미네소타 중요도검사(MIQ)
② 미네소타 만족 질문지(MSQ)
③ 미네소타 충족 척도(MSS)
④ 미네소타 직업평가 척도(MORS)

27 특성요인이론의 기본적인 가정이 아닌 것은?

① 인간은 신뢰롭고 타당하게 측정할 수 없는 독특한 특성을 지니고 있다.
② 직업에서의 성공을 위해 매우 구체적인 특성을 각 개인이 지닐 것을 요구한다.
③ 진로선택은 다소 직접적인 인지과정이기 때문에 개인의 특성과 직업의 특성을 짝짓는 것이 가능하다.
④ 개인의 특성과 직업의 요구사항이 서로 밀접하게 관련을 맺을수록 직업적 성공의 가능성은 커진다.

28 Selye가 제시한 일반적응증후군의 3가지 단계가 아닌 것은?

① 경계 단계　② 도피 단계
③ 저항 단계　④ 탈진 단계

29 Wechsler 지능검사에서 결정적 지능과 관련이 있는 소검사는?

① 이해, 공통성
② 어휘, 토막 짜기
③ 기본지식, 모양 맞추기
④ 바꿔 쓰기, 숫자 외우기

30 심리검사의 유형과 그 예를 짝지은 것으로 틀린 것은?
① 직업흥미검사 – VPI
② 직업적성검사 – AGCT
③ 성격검사 – CPI
④ 직업가치검사 – MIQ

31 직무분석 자료의 특성과 가장 거리가 먼 것은?
① 직무분석 자료는 사실 그대로를 반영하여야 한다.
② 직무분석 자료는 가공하지 않은 원상태의 자료이어야 한다.
③ 직무분석 자료는 과거와 현재의 정보를 모두 활용해야 한다.
④ 직무분석 자료는 논리적으로 체계화해야 한다.

32 직무만족에 관한 2요인이론의 설명으로 틀린 것은?
① 낮은 수준의 욕구를 만족하지 못하면 직무 불만족이 생기나 그 역은 성립되지 않는다.
② 자아실현에 의해서만 욕구만족이 생기나 자아실현의 실패로 직무 불만족이 생기는 것은 아니다.
③ 동기 요인은 높은 수준의 성과를 얻도록 자극하는 요인이다.
④ 위생 요인은 직무 불만족을 가져오는 것이며 만족감을 산출할 힘도 갖고 있는 것이다.

33 스트레스에 대처하기 위한 포괄적인 노력과 가장 거리가 먼 것은?
① 과정 중심적 사고방식에서 목표 지향적 초고속 사고로 전환해야 한다.
② 가치관을 전환해야 한다.
③ 스트레스에 정면으로 도전하는 마음가짐이 있어야 한다.
④ 균형 있는 생활을 해야 한다.

34 이미 신뢰성이 입증된 유사한 검사점수와의 상관계수로 검증하는 신뢰도는?
① 검사 – 재검사 신뢰도
② 동형검사 신뢰도
③ 반분 신뢰도
④ 채점자 간 신뢰도

35 Ginzberg의 진로발달 3단계가 아닌 것은?
① 잠정기(tentative phase)
② 환상기(fantasy phase)
③ 현실기(realistic phase)
④ 탐색기(exploring phase)

36 심리검사에서 규준에 대한 설명으로 옳은 것은?

① 한 집단의 특성을 가장 간편하게 표현하기 위한 개념으로 그 집단의 대푯값을 말한다.
② 한 집단의 수치가 얼마나 동질적인지를 표현하기 위한 개념으로 점수들이 그 집단의 평균치로부터 벗어난 평균거리를 말한다.
③ 서로 다른 체계로 측정한 점수들을 동일한 조건에서 비교하기 위한 개념으로 원점수에서 평균을 뺀 후 표준편차로 나눈 값을 말한다.
④ 원점수를 표준화된 집단의 검사점수와 비교하기 위한 개념으로 대표집단의 검사점수 분포도를 작성하여 개인의 점수를 해석하기 위한 것이다.

37 반분 신뢰도(split-half reliability)를 추정하는 방법과 가장 거리가 먼 것은?

① 사후양분법
② 전후절반법
③ 기우절반법
④ 짝진 임의배치법

38 다음은 어떤 경력개발 프로그램 개발 과정에 해당하는가?

- 특정 경력개발 프로그램을 대규모로 적용하기 전에 소규모 집단에 시범적으로 실시하는 과정을 말한다.
- 프로그램 참여자로부터 프로그램에 대한 평가와 피드백을 받은 후, 그에 대한 대책을 마련하여 개발된 경력개발 프로그램을 본격적으로 정착시키는 데 활용된다.

① 요구 조사(need assessment)
② 자문(consulting)
③ 팀-빌딩(team-building)
④ 파일럿 연구(pilot study)

빈출

39 진로선택에 관한 사회학습이론에서 개인의 진로발달 과정과 관련이 없는 요인은?

① 유전 요인과 특별한 능력
② 환경 조건과 사건
③ 학습경험
④ 인간관계 기술

40 Bandura가 제시한 사회인지이론의 인과적 모형에 해당하지 않는 변인은?

① 외형적 행동
② 개인적 기대와 목표
③ 외부 환경 요인
④ 개인과 신체적 속성

제3과목 직업정보론

41 직업정보 수집을 위한 실문지 작성에 관한 설명으로 틀린 것은?

① 폐쇄형 질문의 응답범주는 포괄적(exhaustive)이어야 한다.
② 응답자의 이해능력을 고려하여 설문문항이 작성되어야 한다.
③ 폐쇄형 질문의 응답범주는 상호배타적(mutually exclusive)이지 않아야 된다.
④ 이중질문(double-barreled question)은 배제되어야 한다.

빈출

42 고용24에서 채용정보 상세검색 시 선택할 수 있는 기업형태가 아닌 것은?

① 대기업
② 일학습병행기업
③ 가족친화인증기업
④ 다문화가정지원기업

내용 개정으로 더 이상 유효하지 않은 문제입니다.

43 고용노동부에서 실시하는 직업상담(취업지원) 프로그램 중 취업을 원하는 결혼이민여성(한국어 소통 가능자)을 대상으로 하는 것은?

① Wici 취업지원 프로그램
② CAP+ 프로그램
③ allA 프로그램
④ Hi 프로그램

44 다음에 해당하는 NCS 수준 체계는?

• 정의: 독립적인 권한 내에서 해당 분야의 이론 및 지식을 자유롭게 활용하고, 일반적인 숙련으로 다양한 과업을 수행하고, 타인에게 해당분야의 지식 및 노하우를 전달할 수 있는 수준
• 지식기술: 해당 분야의 이론 및 지식을 자유롭게 활용할 수 있는 수준 / 일반적인 숙련으로 다양한 과업을 수행할 수 있는 수준
• 역량: 타인의 결과에 대하여 의무와 책임이 필요한 수준 / 독립적인 권한 내에서 과업을 수행할 수 있는 수준

① 8수준　② 7수준
③ 6수준　④ 5수준

최신 개정 내용에 맞게 변형한 기출문제입니다.

45 최저임금에 관한 설명으로 틀린 것은?

① 2026년의 최저임금은 전년대비 2.9% 인상된 10,320원이다.
② 최저임금은 최저임금위원회의 심의·의결을 거쳐 기획재정부장관이 결정한다.
③ 임금의 최저수준을 정하고, 사용자에게 이 수준 이상의 임금을 지급하도록 법으로 강제함으로써 저임금 근로자를 보호한다.
④ 최저임금 적용을 받는 사용자는 최저임금액을 근로자가 쉽게 볼 수 있는 장소에 게시하거나 그 외 적당한 방법으로 근로자에게 널리 알려야 한다.

빈출

46 다음은 국가기술자격 검정의 기준 중 어떤 등급에 관한 것인가?

해당 국가기술자격의 종목에 관한 고도의 전문지식과 실무경험에 입각한 계획·연구·설계·분석·조사·시험·시공·감리·평가·진단·사업관리·기술관리 등의 기술업무를 수행할 수 있는 능력의 보유

① 기술사　② 기사
③ 산업기사　④ 기능장

47 한국직업사전의 부가직업정보 중 숙련기간에 대한 설명으로 틀린 것은?

① 정규교육과정을 이수한 후 해당 직업의 직무를 평균적인 수준으로 스스로 수행하기 위하여 필요한 각종 교육기간, 훈련기간 등을 의미한다.
② 해당 직업에 필요한 자격·면허를 취득하는 취업 전 교육 및 훈련기간뿐만 아니라 취업 후에 이루어지는 관련 자격·면허 취득 교육 및 훈련기간도 포함된다.
③ 자격·면허가 요구되는 직업은 아니지만 해당 직무를 평균적으로 수행하기 위한 각종 교육·훈련, 수습교육, 기타 사내교육, 현장훈련 등의 기간이 포함된다.
④ 5수준의 숙련기간은 4년 초과~10년 이하이다.

48 국가기술자격법에 의한 국가기술자격 종목이 아닌 것은?

① 제강기능사
② 주택관리사보
③ 사회조사분석사 1급
④ 스포츠경영관리사

49 직업정보의 관리과정에 대한 설명으로 틀린 것은?

① 직업정보 수집 시에는 명확한 목표를 세운다.
② 직업정보 분석 시에는 하나의 항목에 초점을 맞춰 집중적으로 분석해야 한다.
③ 직업정보 가공 시에는 전문적인 지식이 없어도 이해할 수 있도록 가공해야 한다.
④ 직업정보 가공 시에는 직업이 가지고 있는 장단점을 편견 없이 제공해야 한다.

50 공공직업정보의 일반적인 특성이 아닌 것은?

① 전체 산업이나 직종을 대상으로 한다.
② 조사 분석 및 정리, 제공에 상당한 시간 및 비용이 소요되므로 유료제공이 원칙이다.
③ 지속적으로 조사 분석하여 제공되며 장기적인 계획 및 목표에 따라 정보체계의 개선작업 수행이 가능하다.
④ 직업별로 특정한 정보만을 강조하지 않고 보편적인 항목으로 이루어진 기초적인 직업정보체계로 구성된다.

51 직업정보의 수집 이후 일반적인 직업정보 처리과정을 바르게 나열한 것은?

ㄱ. 분석	ㄴ. 체계화
ㄷ. 가공	ㄹ. 제공
ㅁ. 축적	ㅂ. 평가

① ㄱ → ㄴ → ㄷ → ㄹ → ㅁ → ㅂ
② ㄱ → ㄷ → ㄴ → ㄹ → ㅁ → ㅂ
③ ㄴ → ㄷ → ㅁ → ㄱ → ㄹ → ㅂ
④ ㄴ → ㄹ → ㄷ → ㄱ → ㅁ → ㅂ

52 다음에서 설명하고 있는 것은?

한국표준산업분류상 통계단위 중 하나로 "재화 및 서비스를 생산하는 법적 또는 제도적 단위의 최소결합체로서 자원배분에 관한 의사결정에서 자율성을 갖고 있으며 재무 관련 통계작성에 가장 유용하다."

① 산업
② 기업체
③ 산업활동
④ 사업체

53 '4차 산업혁명에 따른 새로운 직업'에 대한 국내 일간지의 사설을 내용분석하기 위해 가능한 표본추출방법을 모두 고른 것은?

> ㄱ. 무작위표본추출
> ㄴ. 층화표본추출
> ㄷ. 체계적표본추출
> ㄹ. 군집(집락)표본추출

① ㄱ, ㄴ
② ㄱ, ㄷ
③ ㄴ, ㄷ, ㄹ
④ ㄱ, ㄴ, ㄷ, ㄹ

빈출

54 한국표준산업분류의 분류구조 및 부호체계에 관한 설명으로 틀린 것은?

① 부호 처리를 할 경우에는 아라비아숫자만을 사용하도록 하였다.
② 권고된 국제분류 ISIC Rev.4를 기본체계로 하였으나, 국내 실정을 고려하여 국제분류의 각 단계 항목을 분할, 통합 또는 재그룹화하여 독자적으로 분류 항목과 분류 부호를 설정하였다.
③ 분류 항목 간에 산업 내용의 이동을 가능한 억제하였으나 일부 이동 내용에 대한 연계분석 및 시계열 연계를 위하여 부록에 수록된 신구 연계표를 활용하도록 하였다.
④ 중분류의 번호는 001부터 999까지 부여하였으며, 대분류별 중분류 추가여지를 남겨놓기 위하여 대분류 사이에 번호 여백을 두었다.

내용 개정으로 더 이상 유효하지 않은 문제입니다.

55 2021 한국직업전망에서 세분류 수준의 일자리 전망 결과가 '증가' 및 '다소 증가'에 해당하는 직업명을 모두 고른 것은?

> ㄱ. 연예인 매니저
> ㄴ. 요양보호사 및 간병인
> ㄷ. 게임그래픽 디자이너
> ㄹ. 직업상담사
> ㅁ. 임상심리사
> ㅂ. 음식배달원

① ㄱ, ㄴ, ㄷ, ㅁ, ㅂ
② ㄴ, ㄹ, ㅂ
③ ㄱ, ㄷ, ㄹ, ㅁ
④ ㄱ, ㄴ, ㄷ, ㄹ, ㅁ, ㅂ

56 직업, 훈련, 자격정보를 제공하는 사이트 또는 정보서와 제공내용이 틀리게 연결된 것은?

① 한국직업사전 – 직업별 제시임금과 희망임금 정보
② 고용24 – 직업심리검사 실시
③ 한국직업전망 – 직업별 적성 및 흥미 정보
④ 자격정보시스템(Q-NET) – 국가기술자격별 합격률 정보

내용 개정으로 더 이상 유효하지 않은 문제입니다.

57 한국고용정보원에서 제공하는 '워크넷 구인·구직 및 취업동향'에 관한 설명으로 **틀린** 것은?

① 수록된 통계는 전국 고용센터, 한국산업인력공단, 시·군·구 등에서 입력한 자료를 워크넷 DB로 집계한 것이다.
② 통계표에 수록된 단위가 반올림되어 표기되어 전체 수치와 표 내의 합계가 일치하지 않을 수 있다.
③ 워크넷을 이용한 구인·구직자들만을 대상으로 하므로 통계자료가 노동시장 전체의 수급상황과 정확히 일치한다.
④ 공공고용안정기관의 취업지원서비스를 통해 산출되는 구직자, 구인업체 등에 관한 통계를 제공하여, 취업지원사업 성과분석 등의 국가고용정책사업 수행을 위한 기초자료를 제공하는 데 목적이 있다.

빈출

58 한국표준직업분류에서 다음에 해당하는 직업분류원칙은?

> 교육과 진료를 겸하는 의과대학 교수는 강의, 평가, 연구 등과 진료, 처치, 환자상담 등의 직무내용을 파악하여 관련 항목이 많은 분야로 분류한다.

① 취업시간 우선의 원칙
② 최상급 직능수준 우선의 원칙
③ 조사 시 최근의 직업 원칙
④ 주된 직무 우선의 원칙

빈출

59 한국표준산업분류의 산업분류 적용원칙에 관한 설명으로 **틀린** 것은?

① 생산단위는 투입물과 생산공정을 제외한 산출물을 고려하여 그들의 활동을 가장 정확하게 설명된 항목에 분류해야 한다.
② 복합적인 활동단위는 우선적으로 최상급 분류 단계를 정확히 결정하고, 순차적으로 중, 소, 세, 세세분류 단계 항목을 결정하여야 한다.
③ 산업활동이 결합되어 있는 경우에는 그 활동단위의 주된 활동에 따라서 분류하여야 한다.
④ 공식적 생산물과 비공식적 생산물, 합법적 생산물과 불법적인 생산물을 달리 분류하지 않는다.

내용 개정으로 더 이상 유효하지 않은 문제입니다.

60 한국표준직업분류의 주요 개정(제7차) 방향 및 특징에 대한 설명으로 **틀린** 것은?

① 지난 개정 이후 시간 경과를 고려하여 전면 개정 방식으로 추진하되, 중분류 이하 단위 분류 체계를 중심으로 개정을 추진하였다.
② 대형재난 대응 및 예방의 사회적 중요성을 고려하여 방재 기술자 및 연구원을 신설하였다.
③ 포괄적 직무로 분류되어 온 사무직의 대학 행정 조교, 증권 사무원, 기타 금융 사무원, 행정사, 중개 사무원을 신설하였다.
④ 제조 관련 기능 종사원, 과실 및 채소 가공 관련 기계 조작원, 섬유 제조 기계 조작원 등은 복합·다기능 기계의 발전에 따라 통합되었던 직종을 세분하였다.

제4과목 노동시장론

61 이윤극대화를 추구하는 기업이 이직률을 낮추기 위해 효율성 임금(efficiency wage)을 지불할 경우 발생할 수 있는 실업은?

① 마찰적 실업 ② 구조적 실업
③ 경기적 실업 ④ 지역적 실업

62 노동시장에 관한 신고전학파의 주장이 아닌 것은?

① 경쟁적 노동시장
② 노동시장의 분단
③ 동일노동 – 동일임금
④ 노동의 자유로운 이동

63 성별 임금격차의 발생 원인과 가장 거리가 먼 것은?

① 여성이 저임금 직종에 몰려 있어서
② 여성의 학력이 남성보다 낮기 때문에
③ 여성의 직장 내 승진 기회가 남성보다 적어서
④ 여성의 노조가입률이 높아서

64 고정급제 임금형태가 아닌 것은?

① 시급제   ② 연봉제
③ 성과급제 ④ 일당제

65 사회적 합의주의의 구체적인 제도적 장치인 경제사회노동위원회의 구성집단에 속하지 않는 것은?

① 사용자단체 ② 국가
③ 대학   ④ 노동조합

66 정부가 노동시장에서 구인·구직 정보의 흐름을 원활하게 하면 직접적으로 줄어드는 실업의 유형은?

① 마찰적 실업 ② 경기적 실업
③ 구조적 실업 ④ 계절적 실업

67 육아보조금 지급이 기혼여성들의 노동공급에 미치는 효과로 옳은 것은?

① 근로시간 증가와 경제활동참가율 증가
② 근로시간 증가와 경제활동참가율 감소
③ 근로시간 감소와 경제활동참가율 증가
④ 근로시간 감소와 경제활동참가율 감소

68 노동조합의 임금 효과에 관한 설명으로 틀린 것은?

① 노동조합 조직부문과 비조직부문 간의 임금격차는 불경기 시에 감소한다.
② 노동조합 조직부문에서 해고된 근로자들이 비조직부문에 몰려 비조직부문의 임금을 떨어뜨릴 수 있다.
③ 노동조합이 조직될 것을 우려하여 비조직부문의 기업이 이전보다 임금을 더 많이 인상시킬 수 있다.
④ 노조조직부문에 입사하기 위해 비조직부문 근로자들이 사직하는 경우가 많아 비조직부문의 임금이 상승할 수 있다.

69 전체 근로자의 20%가 매년 새로운 일자리를 찾고 있으며 직업탐색기간이 평균 3개월이라면 마찰적 실업률은?

① 1% ② 5%
③ 6% ④ 10%

70 노동수요곡선을 이동(shift)시키는 요인이 아닌 것은?

① 임금의 변화
② 생산성의 변화
③ 제품 생산기술의 발전
④ 최종상품에 대한 수요의 변화

71 다음 힉스(Hicks, J. R.)의 교섭모형에 대한 설명으로 틀린 것은?

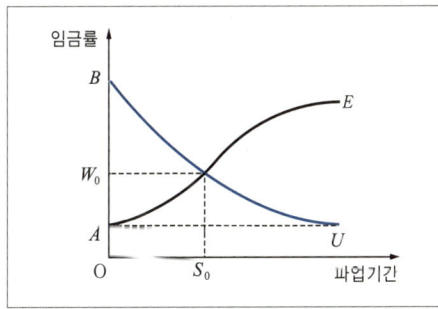

① AE 곡선은 사용자의 양보곡선이다.
② BU 곡선은 노동조합의 저항곡선이다.
③ A는 노동조합이 없거나 노동조합이 파업을 하기 이전 사용자들이 지불하려고 하는 임금수준이다.
④ 노동조합이 W_0보다 더 높은 임금을 요구하면 사용자는 쉽게 수락하겠지만, 그때는 노동조합 내부에서 교섭대표자들과 일반 조합원 간의 마찰이 불가피하다.

72 다음 표에서 어떤 도시 근로자의 실질임금을 구할 경우 ㄱ, ㄴ, ㄷ, ㄹ의 크기를 바르게 나타낸 것은?

구분	'09년	'12년	'15년	'18년
도매물가지수	95	100	100	120
소비자물가지수	90	100	115	125
명목임금(만 원)	130	140	160	180
실질임금(만 원)	ㄱ	ㄴ	ㄷ	ㄹ

① ㄱ > ㄷ > ㄴ > ㄹ
② ㄱ > ㄹ > ㄴ > ㄷ
③ ㄹ > ㄷ > ㄱ > ㄴ
④ ㄹ > ㄴ > ㄷ > ㄱ

73 다음 중 노동조합의 조직력을 가장 강화시킬 수 있는 shop 제도는?

① 클로즈드 숍(closed shop)
② 에이전시 숍(agency shop)
③ 오픈 숍(open shop)
④ 메인터넌스 숍(maintenance shop)

74 프리만(Freeman)과 메도프(Medoff)가 지적한 노동조합의 두 얼굴에 해당하는 것은?

① 결사와 교섭
② 자율과 규제
③ 독점과 집단적 목소리
④ 자치와 대등

75 노동공급의 탄력성 결정 요인이 아닌 것은?
① 산업구조의 변화
② 노동이동의 용이성 정도
③ 여성 취업기회의 창출가능성 여부
④ 다른 생산요소로의 노동의 대체 가능성

76 직능급 임금체계의 특징에 관한 설명으로 옳은 것은?
① 조직의 안정화에 따른 위계질서 확립이 용이하다.
② 직무에 상응하는 임금을 지급한다.
③ 학력과 직종에 관계없이 능력에 따라 임금을 지급한다.
④ 무사안일주의 및 적당주의를 초래할 수 있다.

77 연장근로 등 일정량 이상의 노동을 기피하는 풍조가 확산된다면 이러한 현상에 대한 분석도구로 가장 적합한 것은?
① 최저임금제
② 후방굴절형 노동공급곡선
③ 화폐적 환상
④ 노동의 수요독점

78 다음 중 적극적 노동시장정책(ALMP)에 해당하는 것은?
① 실업급여 지급
② 취업알선
③ 실업자 대부
④ 실직자 자녀 학자금 지원

79 다음 중 실망노동력인구(discouraged labor force)는 어디에 해당하는가?
① 취업자
② 실업자
③ 경제활동인구
④ 비경제활동인구

80 고전학파의 임금이론인 임금생존비설과 마르크스의 노동력 재생산비설의 유사점은?
① 노동수요측면의 역할을 중요시한다는 점
② 임금수준은 노동자와 그 가족의 생활필수품의 가치에 의해 결정된다는 점
③ 맬서스의 인구법칙에 따른 인구의 증감에 의해 임금이 생존비수준에 수렴한다는 점
④ 임금의 상대적 저하경향과 자본에 의한 노동의 착취를 설명하는 점

제5과목 노동관계법규

81 근로기준법상 임산부의 보호에 관한 설명으로 틀린 것은?
① 사용자는 임신 중의 여성에게 출산 전과 출산 후를 통하여 90일(한 번에 둘 이상 자녀를 임신한 경우에는 120일)의 출산전후휴가를 주어야 한다.
② 휴가기간의 배정은 출산 후에 30일(한 번에 둘 이상 자녀를 임신한 경우에는 45일) 이상이 되어야 한다.
③ 사용자는 임신 중의 여성근로자에게 시간외근로를 하게 하여서는 아니 되며, 그 근로자의 요구가 있는 경우에는 쉬운 종류의 근로로 전환하여야 한다.
④ 사업주는 출산전후휴가 종료 후에는 휴가 전과 동일한 업무 또는 동등한 수준의 임금을 지급하는 직무에 복귀시켜야 한다.

82 다음 ( )에 알맞은 것은?

> 남녀고용평등과 일·가정 양립 지원에 관한 법률상 사업주는 근로자가 배우자의 출산을 이유로 휴가를 고지하는 경우에 (ㄱ)일의 휴가를 주어야 한다. 배우자 출산휴가는 근로자의 배우자가 출산한 날로부터 (ㄴ)일이 지나면 사용할 수 없다.

① ㄱ: 5, ㄴ: 15
② ㄱ: 5, ㄴ: 30
③ ㄱ: 10, ㄴ: 30
④ ㄱ: 20, ㄴ: 120

83 직업안정법상 직업소개사업을 겸업할 수 있는 자는?

① 공중위생관리법에 따른 이용업 사업을 경영하는 자
② 결혼중개업의 관리에 관한 법률에 따른 결혼중개업 사업을 경영하는 자
③ 식품위생법 시행령에 따른 단란주점영업 사업을 경영하는 자
④ 식품위생법 시행령에 따른 유흥주점영업 사업을 경영하는 자

84 고용정책 기본법상 다수의 실업자가 발생하거나 발생할 우려가 있는 경우나 실업자의 고용안정이 필요하다고 인정되는 경우 고용노동부장관이 실시할 수 있는 실업대책사업이 아닌 것은?

① 실업자에 대한 창업점포 구입자금 지원
② 실업자의 취업촉진을 위한 훈련의 실시와 훈련에 대한 지원
③ 고용촉진과 관련된 사업을 하는 자에 대한 대부(貸付)
④ 실업자에 대한 공공근로사업

85 직업안정법령상 직업정보제공사업자의 준수사항에 해당되지 않는 것은?

① 구인자의 업체명(또는 성명)이 표시되어 있지 아니하거나 구인자의 연락처가 사서함 등으로 표시되어 구인자의 신원이 확실하지 아니한 구인광고를 게재하지 아니할 것
② 직업정보제공매체의 구인·구직광고에는 구인·구직자 및 직업정보제공사업자의 주소 또는 전화번호를 기재할 것
③ 직업정보제공사업의 광고문에 '(무료)취업상담', '취업추천', '취업지원' 등의 표현을 사용하지 아니할 것
④ 구직자의 이력서 발송을 대행하거나 구직자에게 취업추천서를 발부하지 아니할 것

86 헌법상 근로에 관한 설명으로 틀린 것은?

① 모든 국민은 근로의 권리를 가진다.
② 모든 국민은 근로의 의무를 진다.
③ 연소자의 근로는 특별한 보호를 받는다.
④ 근로기회의 제공을 통하여 생활무능력자에 대한 국가적 보호의무를 증가시킨다.

87 근로기준법상 경영상 이유에 의한 해고에 관한 설명으로 틀린 것은?

① 경영 악화를 방지하기 위한 사업의 양도·인수·합병은 긴박한 경영상의 필요가 있는 것으로 본다.
② 사용자는 해고를 피하기 위한 노력을 다하여야 한다.
③ 사용자는 합리적이고 공정한 해고의 기준을 정하고 이에 따라 그 대상자를 선정하여야 한다.
④ 사용자는 해고를 피하기 위한 방법과 해고의 기준 등에 관하여 해고를 하려는 날의 60일 전까지 고용노동부장관의 승인을 받아야 한다.

88 국민 평생 직업능력 개발법상 직업능력개발훈련의 기본원칙에 대한 설명으로 틀린 것은?

① 직업능력개발훈련은 국민 개개인의 희망·적성·능력에 맞게 실시되어야 한다.
② 직업능력개발훈련은 국민의 생애에 걸쳐 체계적으로 실시되어야 한다.
③ 직업능력개발훈련은 모든 국민에게 균등한 기회가 보장되도록 하여야 한다.
④ 직업능력개발훈련은 학교교육과 관계없이 산업현장과 긴밀하게 연계될 수 있도록 하여야 한다.

빈출

89 국민 평생 직업능력 개발법상 재해위로금에 관한 설명으로 틀린 것은?

① 직업능력개발훈련을 받는 국민이 직업능력개발훈련 중에 그 직업능력개발훈련으로 인하여 재해를 입은 경우에는 재해위로금을 지급하여야 한다.
② 위탁에 의한 직업능력개발훈련을 받는 국민에 대하여는 그 위탁자가 재해위로금을 부담한다.
③ 위탁받은 자의 훈련시설의 결함이나 그 밖에 위탁받은 자에게 책임이 있는 사유로 인하여 재해가 발생한 경우에는 위탁받은 자가 재해위로금을 지급하여야 한다.
④ 재해위로금의 산정기준이 되는 평균임금은 산업재해보상보험법에 따라 고용노동부장관이 매년 정하여 고시하는 최고보상기준금액을 상한으로 하고 최저보상기준금액은 적용하지 아니한다.

90 국민 평생 직업능력 개발법령상 직업능력개발훈련의 구분 및 실시방법에 관한 설명으로 옳은 것은?

① 직업능력개발훈련은 훈련의 목적에 따라 현장훈련과 원격훈련으로 구분한다.
② 양성훈련은 작업에 필요한 기초적 직무수행능력을 습득시키기 위하여 실시하는 직업능력개발훈련이다.
③ 혼합훈련은 전직훈련과 향상훈련을 병행하여 직업능력개발훈련을 실시하는 방법이다.
④ 집체훈련은 산업체의 생산시설 및 근무장소에서 직업능력개발훈련을 실시하는 방법이다.

91 남녀고용평등과 일·가정 양립 지원에 관한 법령상 직장 내 성희롱의 금지 및 예방에 관한 설명으로 틀린 것은?

① 사업주는 직장 내 성희롱 예방을 위한 교육을 연 1회 이상 하여야 한다.
② 사업주 및 근로자 모두가 여성으로 구성된 사업의 사업주는 직장 내 성희롱 예방 교육을 생략할 수 있다.
③ 사업주는 성희롱 예방 교육을 고용노동부장관이 지정하는 기관에 위탁하여 실시할 수 있다.
④ 사업주는 근로자가 고객에 의한 성희롱의 피해를 주장하는 것을 이유로 해고나 그 밖의 불이익한 조치를 하여서는 아니 된다.

92 [빈출] 고용보험법상 구직급여의 산정기초가 되는 임금일액의 산정방법으로 틀린 것은?

① 수급자격의 인정과 관련된 마지막 이직 당시 산정된 평균임금을 기초일액으로 한다.
② 마지막 사업에서 이직 당시 일용근로자였던 자의 경우에는 산정된 금액이 근로기준법에 따른 그 근로자의 통상임금보다 적을 경우에는 그 통상임금액을 기초일액으로 한다.
③ 기초일액을 산정하는 것이 곤란한 경우와 보험료를 보험료징수법에 따른 기준보수를 기준으로 낸 경우에는 기준보수를 기초일액으로 한다.
④ 산정된 기초일액이 그 수급자격자의 이직전 1일 소정근로시간에 이직일 당시 적용되던 최저임금법에 따른 시간 단위에 해당하는 최저임금액을 곱한 금액보다 낮은 경우에는 최저기초일액을 기초일액으로 한다.

93 근로기준법령상 근로자의 청구에 따라 사용자가 지급기일 전이라도 이미 제공한 근로에 대한 임금을 지급하여야 하는 비상(非常)한 경우에 해당하지 않는 것은?

① 근로자가 혼인한 경우
② 근로자의 수입으로 생계를 유지하는 자가 사망한 경우
③ 근로자나 그의 수입으로 생계를 유지하는 자가 출산하거나 질병에 걸린 경우
④ 근로자나 그의 수입으로 생계를 유지하는 자가 부득이한 사유로 3일 이상 귀향하게 되는 경우

94 고용정책 기본법상 기본원칙으로 틀린 것은?

① 근로의 권리 확보
② 근로자의 직업선택의 자유 존중
③ 사업주의 고용관리에 관한 통제
④ 구직자(求職者)의 자발적인 취업노력 촉진

95 고용보험법상 취업촉진 수당을 지급받을 권리는 몇 년간 행사하지 아니하면 시효로 소멸하는가?

① 1년 ② 2년
③ 3년 ④ 5년

96 고용상 연령차별금지 및 고령자고용촉진에 관한 법령상 고령자(ㄱ)와 준고령자(ㄴ)의 기준연령으로 옳은 것은?

① ㄱ: 50세 이상, ㄴ: 45세 이상 50세 미만
② ㄱ: 55세 이상, ㄴ: 50세 이상 55세 미만
③ ㄱ: 60세 이상, ㄴ: 55세 이상 60세 미만
④ ㄱ: 65세 이상, ㄴ: 60세 이상 65세 미만

97 근로자퇴직급여 보장법상 개인형 퇴직연금제도를 설정할 수 있는 사람을 모두 고른 것은?

> ㄱ. 자영업자
> ㄴ. 공무원연금법의 적용을 받는 공무원
> ㄷ. 군인연금법의 적용을 받는 군인
> ㄹ. 사립학교교직원 연금법의 적용을 받는 교직원
> ㅁ. 별정우체국법의 적용을 받는 별정우체국직원

① ㄱ
② ㄱ, ㅁ
③ ㄴ, ㄷ, ㄹ
④ ㄱ, ㄴ, ㄷ, ㄹ, ㅁ

98 남녀고용평등과 일·가정 양립 지원에 관한 법률상 고용에 있어서 남녀의 평등한 기회와 대우를 보장하여야 할 사항으로 명시되어 있지 않은 것은?

① 모집과 채용
② 임금
③ 근로시간
④ 교육·배치 및 승진

99 기간제 및 단시간근로자 보호 등에 관한 법률상 기간제근로자의 차별적 처우의 금지에 관한 설명으로 틀린 것은?

① 사용자는 기간제근로자임을 이유로 해당 사업 또는 사업장에서 동종 또는 유사한 업무에 종사하는 기간의 정함이 없는 근로계약을 체결한 근로자에 비하여 차별적 처우를 하여서는 아니 된다.
② 기간제근로자는 차별적 처우를 받은 경우 차별적 처우가 있는 날부터 6개월 이내에 노동위원회에 시정을 신청할 수 있다.
③ 기간제근로자가 노동위원회에 차별시정을 신청할 경우 관련한 분쟁에 있어 입증책임은 사용자가 부담한다.
④ 차별적 처우가 인정될 경우 노동위원회는 시정명령을 내릴 수 있다. 이 경우 사용자의 차별적 처우에 명백한 고의가 인정되면 기간제근로자의 손해액을 기준으로 2배를 넘지 아니하는 범위에서 배상명령을 내릴 수 있다.

100 노동기본권에 관하여 헌법에 명시된 내용으로 틀린 것은?

① 공무원인 근로자는 법률이 정하는 자에 한하여 단결권·단체교섭권 및 단체행동권을 가진다.
② 근로자는 근로조건의 향상을 위하여 자주적인 단결권·단체교섭권 및 단체행동권을 가진다.
③ 공익사업에 종사하는 근로자의 단체행동권은 법률이 정하는 바에 의하여 이를 제한하거나 인정하지 아니할 수 있다.
④ 법률이 정하는 주요 방위산업에 종사하는 근로자의 단체행동권은 법률이 정하는 바에 의하여 이를 제한하거나 인정하지 아니할 수 있다.

2019년 [3회]

직업상담학		직업심리학		직업정보론		노동시장론		노동관계법규	
01	②	21	④	41	③	61	②	81	②
02	①	22	③	42	④	62	②	82	④
03	④	23	③	43	①	63	④	83	①
04	②	24	①	44	③	64	③	84	①
05	④	25	②	45	②	65	③	85	②
06	③	26	①	46	①	66	①	86	④
07	③	27	①	47	④	67	③	87	④
08	②	28	②	48	②	68	①	88	④
09	②	29	①	49	②	69	②	89	④
10	①	30	②	50	②	70	①	90	②
11	④	31	③	51	②	71	④	91	②
12	④	32	④	52	②	72	②	92	②
13	④	33	①	53	④	73	①	93	④
14	④	34	②	54	④	74	③	94	③
15	②	35	④	55	④	75	④	95	③
16	③	36	④	56	①	76	③	96	②
17	①	37	①	57	③	77	③	97	③
18	③	38	④	58	④	78	②	98	③
19	②	39	④	59	①	79	④	99	④
20	①	40	②	60	④	80	②	100	③

2019 REVIEW & REPORT

응시 22,283명

합격 11,690명

합격률 52.5%

합격률은 예년과 같지만, 2회 시험의 합격률이 부쩍 낮았다.

제1과목 직업상담학

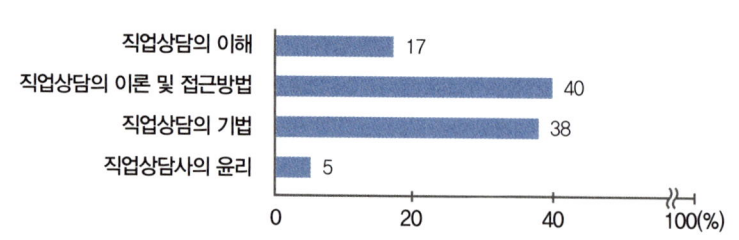

>> 전반적으로 직업상담학의 이론을 제대로 알고 있는지를 묻는 문제가 대다수였지만, 드물게 기존 출제 경향과는 다른 문제가 등장하기도 하여 수험생들이 느끼는 난도는 다소 높았을 것이다.

제2과목 직업심리학

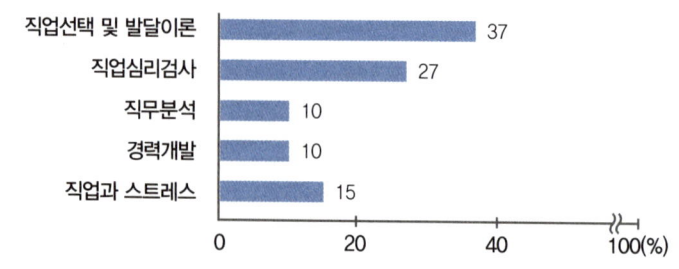

>> 전반적으로 문제의 난도가 높지 않았다. 이전 회차에서 등장했던 문제가 다시 출제되는 경우가 많아 평이한 난도였다.

제3과목
직업정보론

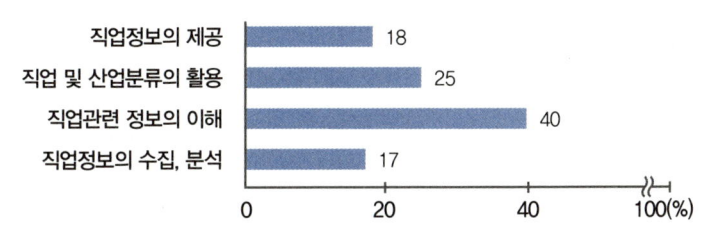

» 다소 생소한 문제가 출제되어 기출문제만 풀었던 수험생들은 어려움을 겪기도 하였을 난도로 출제되었다.

제4과목
노동시장론

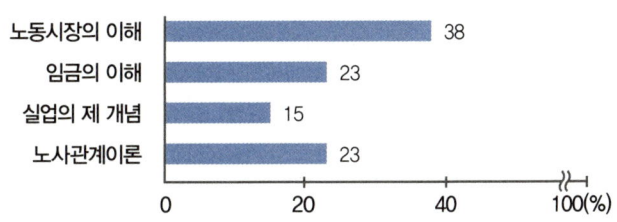

» 새로운 유형이 출제되기는 하였으나, 전반적인 시험의 난도는 낮은 편이었다.

제5과목
노동관계법규

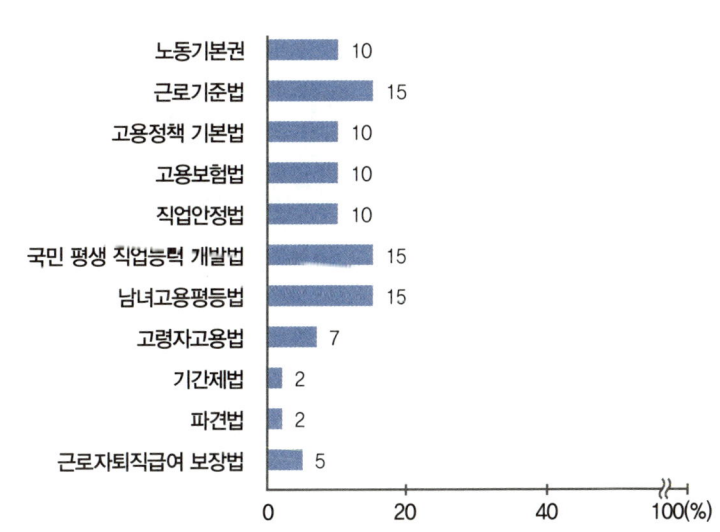

» 난도 '중' 이하의 문제가 출제되었기 때문에, 복잡하고 법률적인 지식을 요구하는 문제가 적었다.

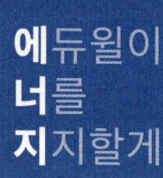

내가 꿈을 이루면
나는 누군가의 꿈이 된다.

— 이도준

여러분의 작은 소리
에듀윌은 크게 듣겠습니다.

본 교재에 대한 여러분의 목소리를 들려주세요.
공부하시면서 어려웠던 점, 궁금한 점,
칭찬하고 싶은 점, 개선할 점, 어떤 것이라도 좋습니다.
에듀윌은 여러분께서 나누어 주신 의견을
통해 끊임없이 발전하고 있습니다.

에듀윌 도서몰 book.eduwill.net
• 부가학습자료 및 정오표: 에듀윌 도서몰 → 도서자료실
• 교재 문의: 에듀윌 도서몰 → 문의하기 → 교재(내용, 출간) / 주문 및 배송

**에듀윌이
너를
지지할게**
ENERGY

처음에는 당신이 원하는 곳으로
갈 수는 없겠지만,
당신이 지금 있는 곳에서
출발할 수는 있을 것이다.

– 작자 미상

에듀윌 직업상담사 2급
1차 필기 기출문제집
7개년 기출해설

정답과 해설

2025년 1회 복원문제

본문 P 12~28

[제1과목] 직업심리

01	②	02	③	03	④	04	③	05	③
06	③	07	①	08	②	09	④	10	①
11	②	12	④	13	②	14	④	15	②
16	④	17	④	18	③	19	④	20	②

[제2과목] 직업상담 및 취업지원

21	④	22	①	23	②	24	②	25	③
26	①	27	①	28	③	29	①	30	③
31	③	32	③	33	④	34	②	35	②
36	②	37	②	38	①	39	②	40	②

[제3과목] 직업정보

41	④	42	②	43	①	44	②	45	①
46	②	47	④	48	③	49	③	50	④
51	④	52	②	53	②	54	①	55	④
56	②	57	④	58	③	59	①	60	②

[제4과목] 노동시장

61	②	62	①	63	②	64	②	65	②
66	④	67	①	68	②	69	②	70	②
71	②	72	④	73	④	74	②	75	①
76	②	77	④	78	②	79	②	80	①

[제5과목] 고용노동관계법규

81	④	82	②	83	③	84	①	85	②
86	②	87	②	88	④	89	②	90	②
91	④	92	②	93	②	94	②	95	④
96	④	97	③	98	④	99	②	100	④

01 ②

기출키워드 Strong 진로탐색검사

정답풀이 스트롱(Strong) 진로탐색검사는 진로성숙도 검사와 흥미유형검사로 구성되어 있다.

오답풀이 ① 일반직업분류(GOT)에 관한 설명이다.
③ 개인특성척도(PSS)에 관한 설명이다.
④ 기본흥미척도(BIS)에 관한 설명이다.

02 ③

기출키워드 Gottfredson의 직업포부발달 단계

정답풀이 진로포부 발달 단계(4단계)

- 힘과 크기 지향성(Orientation to size and power, 3~5세, 서열 획득 단계): 사고과정이 구체화되며 어른이 된다는 것의 의미를 알게 된다.
- 성역할 지향성(Orientation to sex roles, 6~8세, 성역할 획득 단계): 자아개념이 성(gender)의 발달에 의해 영향을 받게 된다. 남녀 역할에 바탕을 둔 직업을 선호한다.
- 사회적 가치 지향성(Orientation to social valuation, 9~13세, 사회적 가치 획득 단계): 사회계층에 대한 개념이 생기면서 상황 속의 자아를 인식하게 되고, 일의 수준에 대한 이해를 확장시킨다.
- 내적 고유한 자아 지향성(Orientation to internal, unique self, 14세 이후, 내적 자아 확립 단계): 타인에 대한 개념이 생기고, 자아성찰과 사회계층의 맥락에서 직업적 포부가 더욱 발달한다.

03 ④

기출키워드 특성-요인 상담과정

정답풀이 윌리암슨(Williamson)의 특성-요인 상담과정은 분석 → 종합 → 진단 → 예측 → 상담 → 추수지도 단계 순으로 진행된다.

04 ③

기출키워드 직업가계도(제노그램)

정답풀이 직업가계도(제노그램)는 내담자의 가족 내 직업적 계보를 통해 내담자의 직업에 대한 고정관념이나 직업가치 및 흥미 등의 근본 원인을 파악한다. 직업가계도는 가족치료에 활용하기 위해 개발된 도구로, 기본적으로 경력상담 시 먼저 내담자의 가족이나 선조들의 직업 특징에 대한 시각적 표상을 얻기 위해 도표를 만든다.

05 ③

기출키워드 Super의 직업발달 단계

정답풀이 수퍼(Super)의 직업발달 단계는 성장기 → 탐색기 → 확립기 → 유지기 → 쇠퇴기의 순서이다.

06 ③

기출키워드 규준점수

정답풀이 Z점수와 T점수 공식은 다음과 같다.

$$Z점수 = \frac{원점수 - 평균}{표준편차} \times 100$$
$$T점수 = (10 \times Z) + 50$$

따라서 원점수인 75점을 Z점수 공식에 대입한다면 $\frac{75-60}{10} = 1.5$이다.

Z점수인 1.5를 T점수 공식에 대입하면 $(10 \times 1.5) + 50 = 65$이다.

따라서 Z점수는 1.5, T점수는 65이다.

07 ①

기출키워드 검사 점수의 오차를 발생시키는 수검자 요인

정답풀이 검사 점수의 오차를 발생시키는 수검자 요인은 다음과 같다.
- 수행 경험(검사받은 경험)
- 수행 불안(평가 불안, 정서적 불안, 긴장)
- 수검 당일의 생리적 조건(건강정도, 피로 등)
- 검사에 대한 동기
- 검사에 대한 훈련정도

08 ②

기출키워드 요약과 재진술

오답풀이 ③ 명료화는 내담자의 말 속에 포함되어 있는 생각과 감정의 불분명한 표현을 상담자가 분명하게 밝히는 것이다.
④ 적극적 경청은 내담자에게 항상 세심하게 주목하는 것을 말한다. 내담자가 표현하는 언어적 의미 외에 비언어적인 의미까지 이해하는 능력으로, 언어적·비언어적 반응을 수반한다.

09 ③

기출키워드 스트레스 이론

정답풀이 교감신경은 신체를 긴장시키는 역할을 하며 부교감신경은 신체를 안정시키는 역할을 한다. 스트레스 상황에서는 교감 신경계가 활성화된다.

10 ①

기출키워드 스트레스 이론

정답풀이 공인(동시)타당도는 한 검사가 그 준거로 사용된 '현재'의 어떤 행동이나 특성과 관련된 정도를 확인한다.

오답풀이 예언타당도는 '미래'를 예언하는 것이다.

꿀팁 준거타당도는 어떤 심리검사가 특정 준거와 어느 정도 관련성이 있는지를 알아보는 것으로 공인타당도(동시타당도)와 예언타당도(예측타당도)로 구분된다.

11 ②

기출키워드 편차지능지수(IQ)

정답풀이 ②는 비율지능지수에 대한 설명이다.

⊕ 꿀팁 비율지능지수는 개인의 지적능력을 정신연령(MA; Mental Age)과 생활연령 또는 신체연령(CA; Chronological Age)의 비율로써 나타낸다.

$$비율지능지수(RIQ) = \frac{정신연령(MA)}{신체연령(CA)} \times 100$$

12 ④

기출키워드 일반적응증후군

정답풀이 셀리에(Selye)가 제시한 스트레스에 의한 일반적응증후군(GAS)의 3단계는 '경고단계 → 저항단계 → 탈진단계(소진단계)' 순으로 전개된다.

13 ③

기출키워드 직무관련 스트레스 요인

정답풀이 ①, ②, ④는 직무 스트레스의 '결과'로 볼 수 있지만, ③ 상사의 부당한 지시는 스트레스의 '원인'이 될 수 있다.

14 ④

기출키워드 Ellis의 인지·정서·행동 상담

정답풀이 엘리스의 인지정서행동 상담(REBT)에서 상담자는 내담자의 비합리적 신념을 논박하여 사고와 감정을 합리적 신념으로 변화시키고자 하였다.

15 ②

기출키워드 수퍼(Super)의 생애진로발달 이론에서 상담 목표

정답풀이 수퍼(Super)의 생애진로발달이론에서 진로상담의 주요 목표

- 자아개념(자기개념) 분석하기
- 진로성숙 수준 확인하기
- 진로발달과제를 수행하는 데 필요한 지식, 태도, 기술 익히기
- 자신의 흥미, 능력, 가치를 확인하고 생애역할과 연계하여 이해하기

수행결과에 대한 비현실적 기대를 확인하는 것은 사회인지적 진로이론(SCCT)의 개입 전략에 해당한다.

16 ④

기출키워드 1차적 관리전략(출처지향적 관리전략)

정답풀이 출처지향적 관리전략(1차적 관리)에 해당되며, 직무 스트레스의 직접적인 원인을 수정한다. 출처지향적 관리전략으로는 직무재설계, 직무확대, 참여적 관리 등이 있다.

오답풀이 ① 반응지향적 관리전략은 개인수준의 스트레스 관리전략으로, 직무스트레스로 인한 다양한 증상을 완화한다.
② 증후지향적 관리전략은 직무스트레스로 인해 발생한 각종 장애를 치료하는 것으로, 약물치료나 심리치료 등이 있다.

17 ④

기출키워드 스트롱-캠벨 흥미검사(SVIB-SCII)

정답풀이 스트롱-캠벨 흥미검사는 근본적으로 홀랜드 이론을 바탕으로 두고 있음으로 일반직업분류에서 6가지 영역의 직업흥미를 분류하고 있다.

18 ③
기출키워드 예언타당도

정답풀이 예언타당도란 그 검사의 점수를 가지고 다른 준거점수들을 얼마나 잘 예측해 낼 수 있는가 하는 정도를 말한다. 예컨대, 적성검사에서 높은 점수를 받은 사람들일수록 입사 후 업무 수행이 우수한 것으로 나타났다면, 이 검사는 예언 타당도가 높은 것으로 볼 수 있다.

19 ②
기출키워드 Holland의 육각 모형

정답풀이 Holland의 육각 모형에서 사회형(S)의 대각선 위치에 있는 것은 현실형(R)이고, 예술형(A)의 대각선 위치에 있는 것은 관습형(C)이다.

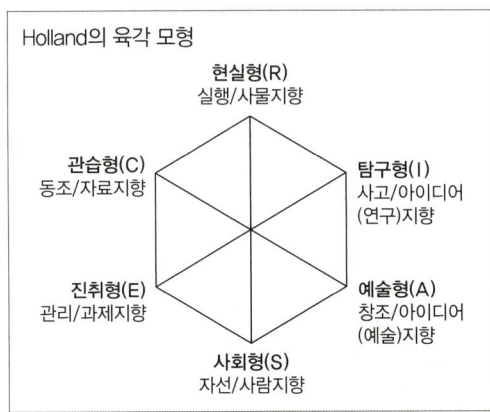

20 ②
기출키워드 타이드만(Tiedman)의 진로발달이론

정답풀이 타이드만과 오하라의 진로발달이론은 에릭슨의 심리사회적 발달이론에 기초를 두었으며, 연령보다는 문제의 성질이 중요하다고 보고 진로발달을 직업 정체감을 형성해가는 과정으로 보았다.

21 ④
기출키워드 상담의 초기면접 단계

정답풀이 내담자의 문제행동에 대한 대안을 찾아보는 것은 상담 중기과정의 활동이다.

> **상담 초기과정의 활동**
> - 내담자와 라포 형성
> - 내담자의 심리상태 평가
> - 상담의 목표설정 및 전략 수립
> - 상담의 구조화 등

22 ①
기출키워드 내담자중심 상담이론

정답풀이 로저스(Rogers)는 내담자중심 상담이론에서 내담자를 변화시킬 수 있는 상담자의 기본적 태도 3가지를 공감적 이해, 무조건적인 수용, 일치성(또는 진실성)이라고 주장하였다.

23 ②
기출키워드 생애진로사정

정답풀이 생애진로사정의 구조의 중요주제는 진로사정, 전형적인 하루, 강점과 장애 및 요약으로 이루어진다.

24 ②
기출키워드 내담자가 성공에 대해 낮은 동기를 가지고 있을 때 대처방안

정답풀이 낮은 수준이 아닌 '높은 수준의 수행'을 강화시켜 수행기준의 필요성을 인식시켜야 한다.

25 ③
기출키워드 자기인식이 부족한 내담자 사정

정답풀이 자기인식이 부족한 내담자의 경우 은유나 비유를 통하여 스스로 인식하게 만들 수 있다.

26 ①
기출키워드 Jung의 원형

정답풀이 ① 페르소나(가면을 쓴 공적 얼굴): 페르소나는 개인의 공적 얼굴로 환경의 요구에 조화를 이루려고 하는 적응의 원형이다.
오답풀이 ②, ④ 아니마(남성 내부의 여성성), 아니무스(여성 내부의 남성성): 융은 인간이 태어날 때 본질적으로 양성을 가지고 태어난다는 양성론적 입장을 취했다.
③ 그림자(인간의 부정적인 어두운 측면): 인간의 원초적인 동물적 욕망에 기여하는 원형이다.

27 ①
기출키워드 직업상담사의 윤리강령

정답풀이 직업상담사는 개인이나 사회에 임박한 위험이 있을 경우 내담자의 정보를 관계기관 등에 알릴 필요가 있다.

28 ③
기출키워드 사이버 직업상담

정답풀이 사이버 상담의 경우 신속성을 요구하기 때문에 답변은 되도록 신속하고 정확하게 하도록 한다.

29 ①
기출키워드 진로개발 프로그램의 학생 대상 집단진로상담

정답풀이 ① 진로개발프로그램의 집단진로상담은 참여하고자 하는 학생들 중 사전조사를 통해서 책임의식이 있는 학생들로 선발하는 것이 좋다.
오답풀이 ② 참여하는 학생들은 목표와 기대가 다르기 때문에 개인차를 고려하여야 한다.
③ 프로그램 단계별로 나타나는 집단의 역동성을 고려하여야 한다.
④ 청소년기에는 동질집단이 성인의 경우에는 이질집단이 새로운 것을 받아들이는 데 더 효과적이다.

30 ③
기출키워드 탈진(Burnout)

정답풀이 탈진연구는 대부분 설문연구를 통해 이루어진다. 대표적으로 매슬랙(Maslach)이 개발한 탈진척도(MBI; Maslach Burnout Inventory)를 사용한다. MBI의 하위요인에서는 정서적 고갈, 인격상실, 개인적 성취감 감소를 측정한다.

31 ③
기출키워드 장애를 가진 내담자를 위한 집단상담

정답풀이 장애를 가진 사람들은 우리나라에서 적응하는 데 많은 어려움을 겪고 있기 때문에 사회적응을 위한 상담이 가장 우선시된다.

32 ④
기출키워드 개인주의 상담의 목표

정답풀이 개인주의 상담의 목표는 내담자의 생활양식을 확인하고 바람직한 방향으로 생활양식을 바꾸도록 하는 것이다.
오답풀이 ④ 정신분석이론에 대한 설명이다.

개인주의 상담의 목표
- 사회적 관심을 갖도록 돕는다.
- 패배감을 극복하고 열등감을 감소시킬 수 있도록 돕는다.
- 내담자의 잘못된 가치와 목표를 수정하도록 돕는다.
- 행동수정보다는 동기수정에 초점을 두고 잘못된 동기를 바꾸도록 돕는다.
- 사회의 구성원으로 기여하도록 돕는다.
- 기본목표는 사회적 관심, 즉 잘못된 사회적 가치를 바꾸는 것이다.

33 ④
기출키워드 상담목표 설정 시 고려사항 및 기본원칙

정답풀이 인격성장을 돕는 것은 내담자에 대한 상담목표의 특성이 아니다.

> **내담자가 가져야 할 목표의 특성**
> - 목표는 구체적이어야 한다.(내담자가 바라는 구체적이고 긍정적인 변화를 상담목표로 삼는다.)
> - 목표는 실현 가능해야 한다.
> - 목표는 내담자가 원하고 바라는 것이어야 한다.
> - 내담자의 목표는 상담자의 기술과 양립 가능해야 한다.

34 ②
기출키워드 직업상담사의 직무내용

정답풀이 직업관련 임금평가는 직무분석자의 업무이다. 직업상담사의 업무로는 내담자에 대한 심리치료능력, 직업상담 프로그램의 개발과 운영, 구인·구직상담, 직업적응, 직업전환, 은퇴 후 등의 직업상담, 직업관련 정보의 흐름을 이해하는 능력이 필요하다.

35 ②
기출키워드 상담에서의 충고

정답풀이 상담자의 임무는 내담자가 스스로 해결책을 찾을 수 있도록 도와주는 것이다. 도움이 되지 않는 면담행동 중에서 대표적인 것은 분석하고 충고하는 것이다.

36 ②
기출키워드 비밀보장의 한계

정답풀이 비밀을 유지하지 않는 것이 효과적이라고 슈퍼바이저가 말하는 경우라도 ①, ③, ④와 같이 위급한 상황이 아니라면 비밀 유지를 파기해서는 안 된다.

37 ①
기출키워드 수퍼(Super)의 여성 진로유형

정답풀이 ① 안정된 가정주부유형: 여성이 학교를 졸업하고 신부수업을 받은 다음 곧바로 결혼하여 가정생활을 영위하는 진로유형이다.
② 전통적인 진로유형: 여성이 학교를 졸업하고 결혼하기 전까지 직업을 갖다가 결혼과 동시에 직장을 그만두고 가정생활을 영위하는 진로유형이다.
③ 단절 진로유형: 여성이 학교를 졸업하고 일을 하다가 결혼을 하면 직장을 그만두고 자녀교육에 전념하고, 자녀가 어느 정도 성장하면 재취업해서 자아실현과 사회봉사를 하는 유형이다.
④ 불안정한 진로유형: 여성이 가정생활과 직장생활을 번갈아가며 시행하는 진로유형이다.

38 ①
기출키워드 미네소타 중요도검사(MIQ)

정답풀이 개인의 가치와 직업 환경의 강화인 간의 조화를 측정하는 데 사용되는 검사는 미네소타 중요도검사(MIQ)이다. 이는 개인이 일의 환경에 대해 지니는 20가지 욕구와 6가지 가치관을 측정하는 질문지로, 190개의 문항으로 구성되어 있다.

39 ②
기출키워드 Snyder가 제시한 내담자의 변명의 종류

정답풀이 내담자의 변명의 종류에는 책임을 회피하기, 결과를 다르게 하기, 책임을 변형시키기가 있다. 축소, 정당화, 훼손은 결과를 다르게 하기에 속하지만, 비난은 책임을 회피하기에 속한다.

꿀팁 책임을 회피하기에는 부정, 알리바이, 비난이 해당합니다.

40 ②
기출키워드 미네소타 다면적 인성검사(MMPI)

정답풀이 MMPI(미네소타 다면적 인성검사)의 1차 기능은 정신과적 진단과 분류를 위한 것이고 일반적 성격특성에 관한 유추도 어느 정도 가능하다. 특히 정신건강에 문제가 있는 사람을 측정하고 구별하기 위해 사용한다.

41 ④
기출키워드 고용24 기업형태별 검색

정답풀이 고용24(구 워크넷) 채용정보의 상세검색에서 기업형태별 검색의 메뉴는 대기업, 공무원·공기업·공공기관, 외국계기업, 코스피, 코스닥, 일학습병행기업, 청년친화강소기업, 가족친화인증기업 및 중견기업 등 9가지로 구분하고 있다.

42 ②
기출키워드 국가기술자격 서비스 분야 응시자격

정답풀이 서비스 분야 종목 중 스포츠경영관리사, 직업상담사 2급, 사회조사분석사 2급, 전자상거래관리사 2급, 텔레마케팅관리사, 컨벤션기획사 2급, 소비자전문상담사 2급 등은 응시자격의 제한이 없다.

오답풀이 ① 임상심리사 2급의 응시자격은 1년 이상 실습수련 또는 2년 이상 실무에 종사한 자로서 대학졸업자 및 그 졸업예정자이다.
③, ④ 국제의료관광코디네이터는 공인어학성적 기준요건을 충족하고 ㉠ 보건의료 또는 관광분야 관련 학과의 대학졸업자, 2년제 후 2년 실무, 3년제 후 1년 실무, 4년 실무, ㉡ 관련 자격증(의사, 간호사, 보건교육사, 관광통역안내사, 컨벤션기획사 1·2급)을 취득한 사람이다.

43 ①
기출키워드 민간직업정보의 특징

정답풀이 필요한 시기에 최대한 활용되도록 한시적으로 신속하게 생산 및 운영되는 것은 민간직업정보 특징이다.

44 ②
기출키워드 직업정보의 평가기준

정답풀이 직업정보를 평가할 때 중요한 기준은 정보의 정확성, 신뢰성 등이다. 따라서 누가 만들었는지, 어떤 목적으로 누구의 자금지원을 받아 만들었는지를 파악해야 한다. 또한 정보는 시간이 흐르면 가치가 없어지는 경우가 많기 때문에 언제 만들어진 것인지도 파악해야 한다.

45 ①
기출키워드 한국표준직업분류(제8차)

정답풀이 제8차 한국표준직업분류에서 대분류 1 관리자와 대분류 2 전문가 및 관련 종사자는 제4직능 수준 혹은 제3직능 수준이 요구된다.

오답풀이 ②, ③ 대분류 3~8까지는 제2직능 수준, 대분류 9 단순노무 종사자는 제1직능 수준을 필요로 한다.
④ 군인은 제2직능 수준 이상 필요하다.

46 ②
기출키워드 한국표준직업분류 특정 직종의 분류요령

정답풀이 자영업주 및 고용주는 수행되는 일의 형태에 따른 구분이 아니라 고용상태에 따라 구분된 개념이다.

47 ④
기출키워드 직업정보관리

정답풀이 구직 시 연령, 학력 및 경력 등의 취업과 관련된 모든 정보는 정확하게 제공되어야 한다. 물론 구인업체에서는 이러한 정보를 철저하게 보호하여야 한다.

48 ③
기출키워드 고용24

정답풀이 문헌정보학과는 인문계열에 해당한다.

> 고용24(워크넷) 한국직업정보시스템의 학과정보에서는 인문계열, 사회계열, 자연계열, 교육계열, 공학계열, 의학계열, 예체능계열 및 자율전공(무전공) 등 8개의 계열로 구분하고 각 계열에 속하는 180여개의 학과에 대한 정보를 제공하고 있다.

49 ①
기출키워드 직업정보의 정보관리 순서

정답풀이 직업정보 시스템의 정보관리는 수집 → 분석 → 가공 → 체계화 → 제공 → 축적 → 평가의 순서로 이루어진다.

50 ④
기출키워드 한국표준산업분류의 통계단위

정답풀이 한국표준산업분류의 통계단위에서 단일 산업활동이 하나 이상의 장소에서 이루어지는 경우는 활동유형 단위이다.

개념 체크 산업활동의 통계단위 구분 산업활동과 장소의 동질성의 차이에 따라 통계단위는 다음과 같이 구분된다.

구분	하나 이상의 장소	단일 장소
하나 이상의 산업활동	기업집단 단위	지역 단위
	기업체 단위	
단일 산업활동	활동유형 단위	사업체 단위

51 ②
기출키워드 직업정보의 기능과 역할

정답풀이 직업정보는 내담자에게 내담자가 원하는 분야에 대한 다양한 직업적 대안에 대한 정보를 제공하는 것이지 내담자의 흥미, 적성, 가치 등을 파악하는 것은 아니다.

52 ④
기출키워드 한국직업사전 > 부가직업정보 > 직무기능

정답풀이 직무기능 중 자문(mentoring)은 사람(people)과 관련된 기능이다. 자료(data)와 관련된 기능은 종합, 조정, 분석, 수집, 계산, 기록, 비교 등이 있다.

53 ②
기출키워드 일자리 창출정책의 종류

정답풀이 실업크레딧은 국민연금공단이 2016년 8월부터 도입한 실업자안전망이다. 구직급여를 받는 동안 국가에서 국민연금 보험료의 75%를 지원하여 실직 중 보험료 납부 부담을 덜어주고 향후 지급받는 국민연금 금액을 늘려주는 제도이다. 따라서 실업 크레딧은 일자리 창출과는 거리가 멀다.

54 ①
기출키워드 국가기술자격종목과 직무분야

정답풀이 가스산업기사는 안전관리 분야의 자격이다. 안전관리 분야의 자격으로는 가스, 건설안전, 전기안전, 소방설비, 인간공학 등이 있다.

55 ③
기출키워드 국가직무능력표준의 수준체계

정답풀이 국가직무능력표준의 8개 수준에서 X는 2수준, Y는 6수준에 해당한다.
NCS의 수준체계는 산업현장 직무의 수준을 체계화한 것으로, 산업현장·교육훈련·자격 연계, 평생학습능력 성취 단계 제시, 자격의 수준체계 구성에서 활용한다. (www.ncs.go.kr)

56 ②
기출키워드 한국표준직업분류 용어의 정의

정답풀이 각 생산단위가 노동, 자본, 원료 등 자원을 투입하여, 재화 또는 서비스를 생산 또는 제공하는 일련의 활동 과정은 산업 활동이다.

57 ④
기출키워드 한국표준산업분류의 적용원칙

정답풀이 공식적 생산물과 비공식적 생산물, 합법적 생산물과 불법적인 생산물을 달리 분류하지 않는다.

58 ③
기출키워드 직업정보의 제공유형별 특징

정답풀이 인쇄물은 저비용, 면접의 학습자 참여도는 적극적이다.
그리고 직업경험의 접근성은 일부만이 참여하므로 제한적이다.

59 ①
기출키워드 한국표준직업분류의 직업의 성립조건

정답풀이 사회복지시설 수용자의 시설 내 경제활동은 속박된 상태에서의 활동으로 직업으로 보지 않는다. 직업은 일의 계속성, 경제성, 사회성과 윤리성, 속박된 상태에서의 활동이 아닐 것 등의 조건이 갖추어져야 한다.

> **한국표준직업분류(제8차)에서 직업으로 보지 않는 활동 (10가지)**
> - 이자, 주식배당, 임대료(전세금, 월세금) 등과 같은 자산 수입이 있는 경우
> - 연금법, 국민기초생활보장법, 국민연금법 및 고용보험법 등의 사회보장이나 민간보험에 의한 수입이 있는 경우
> - 경마, 경륜, 경정, 복권 등에 의한 배당금이나 주식투자에 의한 시세차익이 있는 경우
> - 예·적금 인출, 보험금 수취, 차용 또는 토지나 금융자산을 매각하여 수입이 있는 경우
> - 자기 집의 가사활동에 전념하는 경우
> - 교육기관에 재학하며 학습에만 전념하는 경우
> - 시민봉사활동 등에 의한 무급 봉사적인 일에 종사하는 경우
> - 사회복지시설 수용자의 시설 내 경제활동
> - 수형자의 활동과 같이 법률에 의한 강제노동을 하는 경우
> - 도박, 강도, 절도, 사기, 매춘, 밀수와 같은 불법적인 활동

60 ②
기출키워드 제10차 한국표준산업분류의 주요 개정내용

정답풀이 제10차 한국표준산업분류에서는 'C 제조업'의 안경 및 안경렌즈 제조업을 사진장비 및 기타 광학기기 제조업에서 의료용기기 제조업으로 이동하였다.

61 ②
기출키워드 임금의 보상격차

정답풀이 성별 임금격차는 차별에 의한 임금격차이므로 임금의 보상격차와는 관련이 없다.

> **임금의 보상격차**
> 임금의 보상격차는 애덤 스미스(A. Smith)에 의해 주장되었다.
> 스미스는 노동자들의 직업선택 및 전직이 자유로운 사회에서는 각 직업의 좋은 점과 나쁜 점을 모두 고려한 순이익이 한 사회의 여러 가지 대체적인 직업 사이에서 균등하게 된다고 보고, 이를 균등화 격차(equalizing wage differentials)라고 하였다.

62 ①
기출키워드 구조적 실업의 원인

정답풀이 구조적 실업은 구조적 실업은 구인처에서 요구하는 기술을 갖춘 근로자가 없어서 산업간·지역 간 노동의 이동성이 부족하기 때문에 발생하는 실업이다. 따라서 노동의 이동성을 높이는 대책이 필요하다. 즉, 직업전환 교육 등 인력정책, 지역 간 이동을 촉진하기 위한 이주 보조금, 산업구조의 변화 예측에 따른 인력수급정책 등이 필요하다.

63 ②
기출키워드 노동수요의 임금탄력성

정답풀이 노동수요의 임금탄력성이 1보다 크면 임금이 상승할 때 임금 상승률 〈 노동수요량의 감소율이 되어 임금 상승으로 인한 소득 증가보다 노동수요량 감소로 인한 소득 감소가 더 크게 되므로 노동자의 총 노동소득은 감소한다.

오답풀이 ① 노동수요의 임금탄력성이란 임금이 1% 증가할 때 노동수요는 몇 % 감소하는지를 나타낸다.
③ 단기보다는 장기로 갈수록 노동수요의 임금 탄력성이 크고, 따라서 노동수요곡선은 완만해진다.
④ 다른 생산요소의 공급탄력성은 노동수요의 임금탄력성에 영향을 미치는 요인이다. 노동공급의 임금탄력성은 산업구조의 변화, 노동공급 시간의 선택, 여러 부문들 간의 노동이동의 정도, 노동조합의 교섭력 등에 의해 그 크기가 결정된다.

64 ②
기출키워드 최저임금제가 고용을 증가시키는 경우

정답풀이 정부가 임금을 인상시키는 것은 최저임금제의 경우이다. 일반적으로 최저임금제가 시행되면 기업의 노동수요량이 감소하므로 근로자는 실업자가 될 가능성이 있다. 그러나 노동시장이 수요독점(monopsony)인 경우에는 최저임금제로 임금이 상승해도 고용량(노동수요량)이 증가할 수 있다.
노동시장이 수요독점인 경우 고용량은 노동의 수요곡선과 공급곡선에 의해 결정되는 것이 아니라 노동의 수요곡선과 우상향하는 한계요소비용(MFC)에 의해 결정된다. 그리고 이 경우 임금의 상승에도 불구하고 고용량(노동수요량)은 이전보다 증가하게 된다.

> 최저임금제가 고용을 증가시키는 것은 ⊙ 노동시장이 수요독점 노동시장인 경우, ⓒ 생산성 증대효과가 있는 경우, ⓒ 유효수요 증대효과가 있는 경우 등이다.

65 ②
기출키워드 필립스 곡선의 의의

정답풀이 영국의 경제학자인 필립스(A. Phillips)는 1861~1957년간 영국경제를 대상으로 실증분석을 행한 결과 실업률과 명목임금 상승률 간에 안정적인 음(−)의 관계가 있다는 사실을 발견하였는데 이 관계를 회귀곡선으로 표시한 것을 필립스곡선이라고 한다. 오늘날에는 필립스곡선을 물가상승률과 실업률 간의 역(−)관계로 파악하는 것이 일반적이다.

66 ④
기출키워드 실업률 계산

정답풀이 실업률을 계산하면 다음과 같다.
경제활동참가율(%) = $\frac{경제활동인구}{생산가능인구}$ × 100 = 50%
이므로 생산가능인구를 100만 명으로 보면 경제활동인구는 50만 명이다.
따라서 실업자 = 경제활동인구 − 취업자 수
= 50만 명 − 40만 명 = 10만 명이다.
따라서 실업률(%) = $\frac{실업자 수}{경제활동인구}$ × 100
= $\frac{10만 명}{50만 명}$ × 100 = 20%이다.

67 ①
기출키워드 최저임금제의 부정적 효과

정답풀이 시장임금보다 높은 수준에서 최저임금을 정하면, 즉 정부가 개입하여 임금을 올리면 노동수요량은 감소하고 노동공급량은 증가하여 실업이 증가하는 부정적 효과가 있다.
이 경우 추가 노동수요곡선과 노동공급곡선이 모두 탄력적이면(즉, 노동수요곡선과 노동공급곡선이 모두 완만하면) 노동수요량은 크게 감소하고, 노동공급량은 크게 증가하므로 실업이 크게 발생한다.

68 ②
기출키워드 노동의 공급곡선

정답풀이 임금과 노동시간 사이에 음(−)의 상관관계가 존재할 경우는 노동공급곡선이 후방굴절하는 영역으로 임금이 상승할 때 임금상승의 소득효과가 대체효과보다 크다.

69 ③
기출키워드 효율임금가설

정답풀이 ① 효율임금은 임금의 증가율(%)보다 생산량(금액으로 계산)의 증가율(%)이 커야만 도입할 수 있다. 따라서 효율임금은 생산의 임금탄력성(= 생산량의 증가율% / 임금의 증가율%)이 1이 되는 점에서 결정된다.
③ 효율임금(efficiency wage)은 시장의 균형임금보다 높은 고임금을 지급함으로써 높은 생산성을 얻고자 하는 것이다. 이 경우 높은 임금을 지급하면 이 임금은 기업의 생산비에 반영되고 이 생산비를 기초로 이윤을 극대화하는 생산량과 가격을 결정하게 된다.
④ 임금인상에 따른 한계생산이 임금의 평균생산과 일치하는 점에서는 평균생산이 극대가 되므로 이 점에서 효율임금이 결정된다.

70 ②

기출키워드 이윤극대화 고용량(노동수요량) 조건

정답풀이 기업의 이윤극대화 고용량(5명)은 시간당 임금률 = 노동의 한계생산가치에서 결정된다.
- 시간당 임금(12,000) = $MP_L \cdot 2,000$이므로, 노동의 한계생산(MP_L) = 6이다.
- 노동의 한계생산가치(VMP_L) = $P \cdot MP_L$이므로 VMP_L = 3,000 · 6 = 18,000이다.
- 노동의 한계생산가치 > 임금률이므로 고용량을 증가시켜야 이윤을 증대시킬 수 있다.

71 ②

기출키워드 성과급제의 장점

정답풀이 성과급제(piece-rate plan)는 노동성과를 측정하여 측정된 성과에 따라 임금을 계산·지급하는 제도이다. 성과급제의 가장 큰 장점은 작업능률을 크게 자극할 수 있다는 것이다.

오답풀이 ①, ③, ④ 시간급 임금형태의 장점이다.

72 ②

기출키워드 경기적 실업의 대책

정답풀이 경기적 실업(cyclical unemployment)은 경제 전체의 총수요(유효수요)가 부족하여 발생하는 실업이다. 따라서 경기적 실업은 총수요(유효수요)의 증대를 통해 해결할 수 있다.
즉, 정부가 공공투자를 확대하여 정부지출을 늘리고 조세를 감면해주는 확장적 재정정책을 실시한다든가, 중앙은행이 통화량을 늘리는 확장적 통화정책을 실시하여 총수요를 늘리면 생산의 증가와 함께 고용이 증가하므로 경기적 실업을 해결할 수 있다.

73 ②

기출키워드 단체교섭의 의의와 특징

정답풀이 직장폐쇄(lock out)는 조업계속과 함께 노동자들의 쟁의행위에 대한 사용자의 대응행위에 해당한다.

74 ①

기출키워드 유니언 숍

정답풀이 유니언 숍(union shop)은 사용자가 자유롭게 채용할 수 있으나 채용 후 일정 기간이 지나면 반드시 조합에 가입하여야 하는 제도이다. 또한 조합으로부터 탈퇴하거나 조합에서 제명되어 조합원 자격을 상실할 때에는 해고된다는 노사 간의 협약을 의미한다.

오답풀이 ②, ③은 클로즈드 숍(closed shop), ④는 오픈 숍(open shop)에 대한 설명이다.

75 ①

기출키워드 노동수요곡선의 이동요인

정답풀이 수요함수에서 내생변수인 임금수준이 변화하면 노동수요곡선 상에서의 이동이 나타나고 노동수요곡선 자체는 이동하지 않는다.

오답풀이 ② 생산기술(생산방법)의 진보, ③ 자본가격의 상승, ④ 생산물에 대한 수요가 증가하면 노동수요곡선은 오른쪽으로 이동한다.

76 ②

기출키워드 효율임금과 구조적 실업

정답풀이 효율성 임금을 지급하면 시장임금보다 임금이 높아지므로 노동의 초과공급, 즉 실업이 발생하는데 이는 구조적 실업에 해당한다.
맨큐(N. G. Mankiw)는 구조적 실업은 노동시장에서 제공되는 일자리의 수가 직장을 찾고 있는 노동자들의 수에 비해 적기 때문에 발생하는 실업으로 설명한다. 일자리의 수가 적은 이유는 어떤 이유로 임금이 노동의 수요와 공급이 같아지는 임금(균형임금)보다 높기 때문이다.
그리고 임금이 균형임금보다 높아지게 되는 이유로 최저임금제, 노동조합의 임금인상 압력, 효율임금(efficiency wage) 등 3가지를 제시한다.

77 ④
기출키워드 산업별 노동조합의 특징

정답풀이 ④는 직업별 노동조합(craft union)의 단점이다. 직업별 노동조합은 역사적으로는 가장 오래된 형태의 노동조합으로 숙련공 중심의 배타적·폐쇄적이고 독점적인 조직형태이다.
산업별 노동조합(industrial union)은 동일한 산업에 종사하는 모든 노동자가 하나의 노동조합을 구성하는 형태이다. 산업 전체의 이익을 고려하므로 기업별 특수성은 고려하기 어렵지만, 해당 산업에 종사하는 모든 노동자가 가입하므로 임시직이나 일용직 노동자의 조직이 용이해진다는 장점이 있다.

78 ②
기출키워드 유보임금(요구임금)의 개념

정답풀이 ㄱ. 유보임금이 상승하면 직업탐색기간이 길어지므로 실업(탐색적 실업)기간이 길어진다.
ㄹ. 유보임금(reservation wage)은 노동자가 노동을 공급하기 위해 받기를 원하는 최소한의 임금을 말한다. 이는 요구임금(또는 희망임금, 의중임금, 눈높이임금)이라고도 하는데 여가의 기회비용이 된다. 즉 노동시간만큼 여가를 즐긴다고 할 때 여가를 통해서 얻는 주관적 효용에 해당하는 임금이다.

79 ①
기출키워드 노동수요와 노동공급의 증가 결과

정답풀이 노동의 한계생산을 증가시키는 기술진보는 노동수요곡선을 오른쪽으로 이동시키고, 많은 노동자들의 노동시장 참여는 노동공급곡선을 오른쪽으로 이동시킨다.
① 두 곡선 모두 오른쪽으로 이동하므로 균형노동고용량은 반드시 증가한다. 그러나 균형임금은 두 곡선이 이동하는 정도(이동의 크기)에 따라 달라지므로 불명확하다.

80 ①
기출키워드 노동조합운동의 이념 > 경제적 조합주의

정답풀이 경제적 조합주의는 노동조합운동은 정치로부터 독립되어야 한다고 본다. 즉, 노동조합운동의 독자성·자주성 확보 및 조합 내 민주주의의 실현이 중요한 조직원리이며 운동의 기본원칙이다.

[참고] 지금까지 산업화 사회에 나타난 여러 나라의 노동조합 운동의 이념들을 크게 구분하면 세 가지로 나누어 볼 수 있다. 정치적 조합주의(정치주의), 경제적 조합주의(경제주의), 국민적 조합주의(국민주의)이다.

81 ④
기출키워드 배우자 출산휴가

정답풀이 사업주는 근로자가 배우자의 출산을 이유로 휴가를 고지하는 경우에 20일의 휴가를 주어야 한다. 배우자 출산휴가는 근로자의 배우자가 출산한 날부터 120일이 지나면 사용할 수 없다.

82 ②
기출키워드 실업급여

정답풀이 실업급여는 구직급여와 취업촉진수당(조기재취업수당, 직업능력개발수당, 광역구직활동비, 이주비)으로 구분된다.

83 ③
기출키워드 유료직업소개사업

정답풀이 상시 사용근로자 300인 이상인 사업 또는 사업장에서 노무관리 업무전담자로 2년 이상 근무한 경력이 있어야 한다(「직업안정법」 시행령 제21조).

84 ①
기출키워드 고용정책심의회

정답풀이 고용정책심의회는 위원장 1명을 포함한 30명 이내의 위원으로 구성한다(「고용정책 기본법」 제10조).

85 ②
기출키워드 임금의 의미

정답풀이 평균임금이란 이를 산정하여야 할 사유가 발생한 날 이전 3개월 동안에 그 근로자에게 지급된 임금의 총액을 그 기간의 총일수로 나눈 금액을 말한다.

86 ③
기출키워드 직업능력개발훈련의 기본원칙

정답풀이 다음의 사람을 대상으로 하는 직업능력개발훈련은 중요시되어야 한다.
- 고령자, 장애인
- 국민기초생활 수급권자
- 국가유공자와 그 유족 또는 가족이나 보훈보상대상자와 그 유족 또는 가족
- 18 민주유공자와 그 유족 또는 가족
- 제대군인 및 전역예정자
- 여성근로자
- 중소기업의 근로자
- 일용직근로자, 단시간근로자, 기간을 정하여 근로계약을 체결한 근로자, 일시적 사업에 고용된 근로자
- 파견근로자
- 학교 밖 청소년

87 ②
기출키워드 직업능력개발훈련의 대상 연령

정답풀이 취업최저연령은 15세 이상이므로 직업능력개발훈련의 대상 연령도 15세 이상이다.

88 ④
기출키워드 과태료 부과 대상

정답풀이 500만 원 이하의 과태료 대상
- 채용광고의 내용 또는 근로조건을 변경한 구인자
- 지식재산권을 자신에게 귀속하도록 강요한 구인자
- 그 직무의 수행에 필요하지 아니한 개인정보를 기초심사자료에 기재하도록 요구하거나 입증자료로 수집한 구인자

오답풀이 ①, ②, ③은 300만 원 이하의 과태료 부과 대상이다.

89 ④
기출키워드 기간제 근로자의 기간제한의 예외

정답풀이 「의료법」에 따라 간호사는 2년 기간제한의 예외대상에 해당하지 않는다.

90 ④
기출키워드 근로계약에 관한 중요한 서류

정답풀이 근로계약에 관한 중요한 서류는 다음과 같다.
- 근로계약서
- 임금대장
- 임금의 결정·지급방법과 임금계산의 기초에 관한 서류
- 고용·해고·퇴직에 관한 서류
- 승급·감급에 관한 서류
- 휴가에 관한 서류
- 연소자의 증명에 관한 서류 등

91 ④
기출키워드 육아기 근로시간 단축

정답풀이 육아기 근로시간 단축 후 근로시간은 주당 15시간 이상 35시간 이내에서 해야 한다.

- 육아기 근로시간 단축을 허용하는 경우 단축 후 근로시간은 주당 15시간 이상이어야 하고 35시간을 넘어서는 아니 된다(「남녀고용평등과 일·가정 양립 지원에 관한 법률」 제19조의2).
- 가족돌봄 등을 위한 근로시간 단축을 허용하는 경우 단축 후 근로시간은 주당 15시간 이상이어야 하고 30시간을 넘어서는 아니 된다(「남녀고용평등과 일·가정 양립 지원에 관한 법률」 제22조의3).

92 ③
기출키워드 근로기준법령상 통상임금의 정의

정답풀이 ③은 통상임금이 아닌 평균임금에 대한 설명이다. 「근로기준법」상 '평균임금'이란 산정사유 발생일 이전 3개월간에 그 근로자에게 지급된 임금 총액을 그 기간의 총일수로 나눈 금액을 말한다.

> **통상임금**
> 근로자에게 정기적·일률적으로 소정근로 또는 총근로에 대하여 지급하기로 정하여진 시간급금액·일급금액·주급금액·월급금액 또는 도급금액을 말한다.

93 ②
기출키워드 육아휴직급여 신청

정답풀이 육아휴직급여를 지급받으려는 사람은 육아휴직을 시작한 날 이후 1개월부터 육아휴직이 끝난 날 이후 12개월 이내에 신청해야 한다. 다만, 해당 기간에 다음 사유로 육아휴직급여를 신청할 수 없었던 사람은 그 사유가 끝난 후 30일 이내에 신청해야 한다.

94 ②
기출키워드 휴업수당

정답풀이 휴업수당은 평균임금의 100분의 70 이상의 수당을 지급하여야 한다.

95 ④
기출키워드 재해위로금

정답풀이 재해위로금의 산정기준이 되는 평균임금은 산업재해보상 보험법에 따라 고용노동부장관이 매년 정하여 고시하는 최고 보상기준 금액 및 최저 보상기준 금액을 각각 그 상한 및 하한으로 한다.

96 ④
기출키워드 직장 내 성희롱 예방교육의 실시

정답풀이 사업주는 직장 내 성희롱 예방을 위한 교육을 연 1회 이상 실시하여야 한다.

97 ③
기출키워드 고용형태 현황 공시

정답풀이 상시 300명 이상의 근로자를 사용하는 사업주는 매년 4월 30일까지 근로자의 고용형태 현황을 공시해야 한다.

98 ④
기출키워드 근로권

정답풀이 모든 국민은 근로의 권리를 가진다. 국가는 사회적·경제적 방법으로 근로자의 고용증진과 적정임금의 보장에 노력하여야 하며, 법률이 정하는 바에 의하여 최저임금제를 시행하여야 한다(「헌법」 제32조 제1항).

99 ③
기출키워드 근로자공급사업

정답풀이 국외 근로자공급사업은 1억원 이상의 자본금(비영리법인의 경우에는 재무상태표의 자본총계를 말한다.)이 필요하다.

100 ④
기출키워드 피보험자격의 신고

정답풀이 사업주나 하수급인 고용노동부장관에게 그 사업에 고용된 근로자의 피보험자격 취득 및 상실에 관한 사항을 신고하려는 경우에는 그 사유가 발생한 날이 속하는 달의 다음 달 15일까지(근로자가 그 기일 이전에 신고할 것을 요구하는 경우에는 지체 없이) 신고해야 한다.

2025년 2회 복원문제

본문 30~46

[제1과목] 직업심리

01	④	02	①	03	③	04	①	05	④
06	③	07	④	08	②	09	④	10	③
11	③	12	②	13	③	14	①	15	④
16	②	17	③	18	②	19	④	20	①

[제2과목] 직업상담 및 취업지원

21	③	22	①	23	④	24	④	25	④
26	②	27	④	28	④	29	②	30	④
31	②	32	①	33	④	34	①	35	②
36	②	37	③	38	②	39	③	40	④

[제3과목] 직업정보

41	④	42	①	43	②	44	④	45	③
46	②	47	②	48	②	49	①	50	①
51	④	52	②	53	②	54	③	55	④
56	②	57	④	58	②	59	③	60	③

[제4과목] 노동시장

61	④	62	④	63	③	64	②	65	②
66	①	67	③	68	②	69	③	70	②
71	④	72	④	73	④	74	②	75	①
76	④	77	②	78	③	79	①	80	③

[제5과목] 고용노동관계법규

81	②	82	①	83	③	84	③	85	④
86	④	87	②	88	①	89	④	90	④
91	④	92	④	93	④	94	③	95	④
96	②	97	③	98	④	99	④	100	③

01 ④

기출키워드 로(Roe)의 직업군

정답풀이 기업이나 단체의 조직과 효율적인 기능에 관련된 직업군은 단체직이다. 일반문화직은 인류의 활동에 흥미를 가지며, 문화유산의 보존 및 전수에 관련된 직업군이다.

02 ①

기출키워드 상담의 초기면접 단계

정답풀이 통찰의 확대는 상담의 중기단계에 해당한다.

> 상담의 초기면접 단계에서 고려되는 사항은 상담의 구조화, 상담자와 내담자 간의 상담관계(라포)형성, 내담자의 심리적 문제 파악(심리평가), 상담목표의 설정 등이 있다. 그중 상담자와 내담자 간의 상담관계형성은 상담의 초기면접 단계에서 가장 중요한 사항이다.

03 ③

기출키워드 집단상담

정답풀이 집단 구성원 10명을 기준으로 상담사 1인을 두되, 구성원이 10명이 넘어 혼자서 관리하기 어려울 때에는 협동상담자를 추가로 둘 수 있다.

04 ①

기출키워드 특성-요인 상담

정답풀이 내담자가 잠재적인 모든 개성을 발달시키는 데 주력하는 것은 내담자 중심 상담의 목표이다.

05 ④
기출 키워드 상담목표 설정 시 고려사항 및 기본원칙

정답풀이 인격성장을 돕는 것은 내담자에 대한 상담목표의 특성이 아니다.

> **내담자가 가져야 할 목표의 특성**
> - 목표는 구체적이어야 한다(내담자가 바라는 구체적이고 긍정적인 변화를 상담목표로 삼는다).
> - 목표는 실현 가능해야 한다.
> - 목표는 내담자가 원하고 바라는 것이어야 한다.
> - 내담자의 목표는 상담자의 기술과 양립 가능해야 한다.

06 ③
기출 키워드 자기보고식 가치사정기법

정답풀이
- 체크목록 가치에 순위 매기기
- 과거의 선택 회상하기
- 절정 경험 조사하기
- 자유시간과 금전 사용계획 조사하기
- 백일몽 말하기
- 존경하는 사람 기술하기

07 ④
기출 키워드 Adler의 개인주의 상담

정답풀이 개인주의 상담의 목표는 내담자의 생활양식을 확인하고 바람직한 방향으로 생활양식을 바꾸도록 하는 것이다.
①는 정신분석이론에 대한 설명이다.

> **개인주의 상담의 목표**
> - 사회적 관심을 갖도록 돕는다.
> - 패배감을 극복하고 열등감을 감소시킬 수 있도록 돕는다.
> - 내담자의 잘못된 가치와 목표를 수정하도록 돕는다.
> - 행동수정보다는 동기수정에 초점을 두고 잘못된 동기를 바꾸도록 돕는다.
> - 사회의 구성원으로 기여하도록 돕는다.
> - 기본목표는 사회적 관심, 즉 잘못된 사회적 가치를 바꾸는 것이다.

08 ③
기출 키워드 상호역할관계의 사정방법

오답풀이 역할의 위계적 구조를 작성하는 것은 상호역할관계를 사정하는 방법이 아니다.

> **상호역할관계의 사정방법**
> - 질문을 통해 역할관계 사정하기
> - 동그라미로 역할관계 그리기
> - 생애-계획연습으로 전환시키기

09 ④
기출 키워드 집단 내 규준

정답풀이 집단 내 규준에는 묻는 문제로 집단 내 규준에는 표준점수, 백분위점수, 스테나인(Stanine)점수 등이 있다.

10 ③
기출 키워드 Ginzberg의 진로발달 단계

정답풀이 긴즈버그(Ginzberg)의 진로발달단계 중 현실기의 하위 단계는 탐색 단계, 구체화 단계, 정교화 단계이다. 전환 단계는 잠정기의 하위 단계이다.

11 ③
기출 키워드 인지적 명확성 사정

정답풀이 내담자의 인지적 명확성 사정을 위한 직업상담은 '내담자와의 관계 → 인지적 명확성/동기에 대한 사정 → 예/아니요 → 직업상담/개인상담' 순으로 이루어진다.

12 ②
기출키워드 사정 단계

정답풀이 제시된 사례의 내담자는 자신이 의사가 되지 못한다면 자신의 인생이 끔찍해질 것이라는 강박적 사고에 사로잡혀 있다. 이러한 강박적 사고는 비합리적 신념에서 비롯된 것이므로 인지·정서·행동 상담 기법(REBT)의 합리적 논박을 사용해야 한다.

13 ③
기출키워드 Cottle의 원형검사

정답풀이 원형검사에서 시간차원 내 사건의 강도와 확장의 원리를 기초로 하는 것은 변별성이다. 변별성은 변별된 미래를 통해 내담자가 자신의 공간을 미래 속에서 그려 볼 수 있기 때문에 미래에 대한 불안을 감소시킬 수 있게 함으로써, 미래를 현실처럼 느끼게 하고 미래계획에 대한 긍정적 태도를 강화시키며 목표설정을 신속하게 하는 데 목표를 둔다.

14 ①
기출키워드 직업상담사의 역할

정답풀이 상담의 목표설정을 비롯한 내담자의 진로결정은 궁극적으로 내담자의 의사를 중심으로 한다. 직업상담사는 설정된 목표를 검토하고 내담자에게 적절한 조언을 할 수는 있으나, 목표의 수용 및 수정, 진로에 대한 결정은 내담자 스스로 내리도록 해야 한다.

15 ④
기출키워드 현실치료 상담

정답풀이 현실치료 집단상담의 절차에서 사용될 수 있는 기법에는 숙련된 질문, 유머, 역설적 방법, 직면 등이 있다.

오답풀이 ④ 조작기법은 행동주의 이론과 관련이 있다.

16 ②
기출키워드 Bandura의 상호적 결정론

정답풀이 반두라(Bandura)는 개인 발달의 인과적 모형을 이루는 세 가지 요인을 개인과 신체적 속성, 외부환경, 외형적 행동으로 보고 이를 3축 호혜성이라 하였다. 반두라의 상호적 결정론이란 이 세 가지 요인이 서로 영향을 주며 상호작용한다는 것을 뜻한다.

오답풀이 ② 모범이 되는 모델은 상호적 결정론의 요인에 해당하지 않는다.

17 ③
기출키워드 직업대안

정답풀이 내담자의 직업대안들이 실현 불가능한 것으로 여겨질 경우, 상담사는 내담자가 그와 같은 직업들에 정서적 열정을 소모하기 전에 신속히 개입하는 것이 바람직하다.

18 ③
기출키워드 직업정보

정답풀이 직업정보는 시간과 상황에 따라 적절하게 유지 및 변화되어야 하며, 최신의 정보를 영하여야 한다.

19 ④
기출키워드 스트롱–캠벨 흥미검사(SVIB–SCII)

정답풀이 스트롱–캠벨 흥미검사는 근본적으로 홀랜드 이론을 바탕으로 두고 있음으로 일반직업분류에서 6가지 영역의 직업흥미를 분류하고 있다.

20 ①
기출키워드 Holland의 흥미이론

정답풀이 홀랜드(Holland)의 흥미이론에서 개인의 흥미유형과 개인이 몸담고 있거나 소속되고자 하는 환경의 유형이 서로 부합되는 정도를 의미하는 것은 일치성이다. 즉, 일치성은 개인의 선호가 현재 일하고 있는 환경과 일치하는 정도를 말한다.

21 ③
기출키워드 **인지치료(Cognitive Therapy)**

정답풀이 인지치료는 자신과 세계에 관한 개인의 사고과정에서 나타나는 인지적 오류와 왜곡을 문제의 핵심으로 간주한다. 역기능적 신념이 행동에 미치는 영향력을 강조하며, 이를 수정하여 내담자의 정서나 행동을 변화시키는 데 역점을 둔다.

22 ①
기출키워드 **상담목표를 설정할 때 고려해야 할 특성**

정답풀이 내담자가 가져야 할 목표의 특성
- 목표는 구체적이어야 한다(내담자가 바라는 구체적이고 긍정적인 변화를 상담목표로 삼는다).
- 목표는 실현 가능해야 한다.
- 목표는 내담자가 원하고 바라는 것이어야 한다.
- 내담자의 목표는 상담자의 기술과 양립 가능해야 한다.

23 ④
기출키워드 **셀리에(Selye)의 일반적응 증후군**

정답풀이 탈진단계에서 심장병을 잘 유발하는 성격의 A유형은 스트레스 상황에서 좀처럼 흥분을 가라앉히지 않는다. 반면, B유형은 같은 상황에서 차분한 모습을 보인다.

24 ④
기출키워드 **특성 – 요인 상담과정**

정답풀이 윌리암슨(Williamson)의 특성 – 요인 상담과정은 분석 → 종합 → 진단 → 예후 → 상담 → 추수 단계 순으로 진행된다.

25 ④
기출키워드 **스트레스**

정답풀이 셀리에(Selye)가 제시한 스트레스에 의한 일반적응증후군(GAS)의 3단계는 '경고단계 → 저항단계 → 탈진단계(소진단계)' 순으로 전개된다.

26 ③
기출키워드 **Super의 발달단계**

정답풀이 수퍼(Super)는 인간의 직업적 특성, 선호 및 자아개념이 계속적인 선택적 적응의 과정을 통해 발달한다고 보았다. 이 과정은 일련의 생애단계로서 성장기, 탐색기, 확립기, 유지기, 쇠퇴기로 구분할 수 있다.

27 ④
기출키워드 **직업적응이론과 관련하여 개발된 검사도구**

정답풀이 직업적응이론 검사도구의 하위척도에는 MIQ, JDQ, MSQ가 있다.
④ CMI(Career Maturity Inventory)는 크릿츠(Crites)가 개발한 진로성숙도검사이다.

28 ④
기출키워드 **CPI(California Psychological Inventory)**

정답풀이 CPI(California Psychological Inventory)는 성격검사의 일종이다. MMPI 검사가 임상장면에서 정신병리를 가진 이상행동을 평가하기 위해 고안되었다면, CPI는 보통 사람들의 행동을 설명하기 위해 고안되어 일반인을 위한 MMPI라고 불리기도 한다.

29 ②
기출키워드 **스트레스의 대처방안**

정답풀이 목표지향적 초고속 사고에서 과정중심적 사고방식으로 선환해야 한다.

> **스트레스 대처 전략**
> - 가치관을 전환시켜야 한다.
> - 목표지향적 사고방식에서 과정지향적 사고방식으로 전환해야 한다.
> - 스트레스에 정면으로 도전해야 한다.
> - 균형 있는 생활을 해야 한다.
> - 가슴속 한을 털어내야 한다.
> - 취미·오락을 통해 생활장면을 전환하는 활동을 규칙적으로 해야 한다.
> - 자신에게 적합한 운동으로 스트레스를 해소한다.

30 ④
기출키워드 백분위 점수

정답풀이 백분위 점수는 개인이 표준화된 집단에서 차지하는 상대적 위치를 가리키는 것으로, 개인의 점수에 대해 100개의 동일한 구간에서 순위를 정하는 것이다. 이는 점수유형 중 그 의미가 모든 사람에게 단순하고 직접적이며, 한 집단 내에서 개인의 상대적인 위치를 살펴보는 데 적합하다.

31 ②
기출키워드 상담의 구조화

정답풀이 상담의 구조화는 상담자와 내담자가 상담 목표를 성취하기 위해 상담의 기본성격, 상담자 및 내담자의 역할한계, 바람직한 태도 등을 설명하고 인식시켜 주는 작업이다.
즉, 상담자 및 내담자의 역할과 책임에 대해 미리 알려주며, 비밀은 지켜진다는 것을 미리 알려주어 불안을 제거하고 상담장소, 시간 비용 등에 대해 미리 설명해 준다.

32 ①
기출키워드 직업상담을 위한 면담

정답풀이 직업상담을 위한 면담에서 상담자는 내담자의 모든 행동은 이유와 목적이 있음을 분명히 인지해야 한다.

오답풀이 ② 내담자에게 태도변화를 요구하는 것은 극도로 신중해야 한다. 즉 상담과정의 전개를 위해 요구해서는 안된다.
③ 상담자가 항상 먼저 이야기를 할 필요는 없으며, 내담자 침묵에 주목하여야 한다.
④ 초기면담에서는 관계형성과 상담의 구조화가 필요하다.

33 ④
기출키워드 정신역동적 집단상담

정답풀이 집단상담에서 상담자와 집단원의 관계는 독점적인 관계가 아니므로 집단상담에서는 특정 개인의 문제가 충분히 다루어지지 않을 가능성이 많다.

34 ①
기출키워드 인간중심(내담자중심) 상담에서 상담자의 태도

정답풀이 일치성 또는 진실성은 내담자와의 관계에서 상담자의 감정이나 생각을 있는 그대로 인정하고 일치화시키되, 있는 그대로 솔직하게 표현하는 것을 말한다.
상담자의 내면적인 경험과 내담자 경험에 대한 인식, 인식된 경험의 표현 등이 일치해야 한다는 것으로 상담자는 내담자와의 상담관계에 있어 진실해야 한다는 것이다.
상담자의 이러한 태도는 내담자로 하여금 개방적인 자기탐색을 촉진하여 그가 지금-여기에서 경험하는 감정을 지각하도록 하는 요인이다.

35 ②
기출키워드 비지시적 상담 규칙

정답풀이 비지시적 상담에서 상담사는 특수한 경우에 한해 내담자에게 질문 또는 이야기를 할 수 있다.

36 ②
기출키워드 내담자의 저항을 다루는 방법

정답풀이 긴장이완법은 불안을 감소시키는 방법으로 행동주의 상담의 기법에 해당한다.

37 ③
기출키워드 인지·정서·행동치료(REBT)의 상담기법

정답풀이 인지·정서·행동치료(REBT)의 상담기법 중 정서적 기법으로는 무조건적 수용, 합리적-정서적 이미지, 역할놀이, 수치(부끄러움)공격 연습 등이 있다. 자기관리는 행동적 기법에 속한다.

38 ④
기출키워드 실존주의 상담

정답풀이 실존주의 상담에서 가정하는 인간의 궁극적 관심사는 무의미성이다. 무의식적 자각은 정신분석 이론에 해당하는 개념이다.

39 ③
기출키워드 공감

정답풀이 공감이란 상담자가 자신이 직접 경험하지 않고도 내담자의 감정을 거의 같은 수준으로 이해하는 능력을 말하는 것으로 상담자는 내담자의 세계를 상담자 자신의 세계인 것처럼 경험하지만 객관적인 위치에서 벗어나지 말아야 한다.

40 ④
기출키워드 Levenson이 제시한 직업상담사의 반윤리적 행동

정답풀이 내담자에게 상담자의 의존성 심기는 삼가해야 한다. 즉, 내담자 스스로 합리적이고 최종적인 의사결정에 이를 수 있어야 한다.

오답풀이 ①, ②, ③은 직업상담사의 윤리적 행동에 해당한다.

41 ④
기출키워드 직업능력개발훈련기관

정답풀이 훈련과정 인정 및 모니터링, 실시신고 접수 및 수료자 확정, 비용신청서 접수 및 지원 등의 업무는 한국산업인력공단(hrdkorea.or.kr)의 주요 업무이다.

오답풀이 ① 전국고용센터의 업무는 HRD-Net 사용인증, 지정 훈련시설 인·지정, HRD-Net 회원가입 승인, 훈련과정 지도·점검, 행정처분, 부정수급액 반환·징수 등이다.
② 한국고용정보원(keis.or.kr)은 HRD-Net 시스템 운영 및 관리를 수행하고, 근로복지공단(kcomwel.or.kr)은 기업규모 결정(대규모기업, 우선지원대상기업 등), 보험료 부과(징수는 국민건강보험공단) 등의 업무를 수행한다.

42 ①
기출키워드 민간직업정보의 특징

정답풀이 필요한 시기에 최대한 활용되도록 한시적으로 신속하게 생산 및 운영되는 것은 민간직업정보의 특징이다.

43 ②
기출키워드 한국표준직업분류 특정 직종의 분류요령

정답풀이 자영업주 및 고용주는 수행되는 일의 형태에 따른 구분이 아니라 고용상태에 따라 구분된 개념이다.

44 ④
기출키워드 고용24 직업적응검사 > 창업적성검사

정답풀이 제시된 내용은 고용24에서 제공하는 성인을 위한 직업적응검사 중 창업적성검사에 대한 설명이다.

> 고용24 직업심리검사 중 성인을 위한 직업적응검사는 구직준비도검사, 창업적성검사, 직업전환검사, 이주민 취업준비도검사 및 중장년 직업역량검사 등 5개 검사로 구성되어 있다.
> 그중 창업적성검사는 사업지향성, 문제해결, 효율적 처리, 주도성, 자신감, 목표설정, 설득력, 대인관계, 자기개발노력, 책임감수, 업무완결성 및 성실성 등 12개 요인을 측정한다.

45 ③
기출키워드 직업정보 가공 시 유의사항

정답풀이 직업정보의 가공에서는 중립적인 입장에서 직업에 대한 장·단점을 편견 없이 제공해야 한다.

46 ②
기출키워드 고용24 학과정보

정답풀이 해양생명과학과는 자연계열의 "수산학과"의 관련학과이다.
고용24 학과정보 중 자연계열의 "생명과학과"와 관련학과는 생명공학과, 의생명과학과, 의생명공학과, 미생물학과, 분자생물학과, 분자생명과학과, 유전공학과, 생물학과, 분자생물학과, 생명시스템학과, 바이오산업공학과 등이다.

47 ②
기출키워드 국가기술자격

정답풀이 응시하고자 하는 종목에 관한 최상급 숙련기능을 가지고 현장관리 등의 업무를 수행할 수 있는 능력의 유무는 기능장의 검정기준이다.

국가기술자격의 등급
㉠ 기술사: 고도의 전문지식과 실무경험에 입각한 기술업무의 수행능력
㉡ 기능장: 최상급 숙련기능을 가지고 현장관리 업무의 수행능력
㉢ 기사: 공학적 기술이론 지식
㉣ 산업기사: 기술기초이론지식 또는 숙련기능
㉤ 기능사: 숙련기능

48 ③
기출키워드 한국표준산업분류(제11차)의 적용원칙

정답풀이 복합적인 활동단위는 우선적으로 최상급 분류단계(대분류)를 정확히 결정하고, 순차적으로 중, 소, 세, 세세분류 단계 항목을 결정하여야 한다.

49 ①
기출키워드 직업정보의 처리과정

정답풀이 직업정보 시스템의 정보관리는 수집 → 분석 → 가공 → 체계화 → 제공 → 축적 → 평가의 순서로 이루어진다.

50 ①
기출키워드 국민내일배움카드의 지원대상

정답풀이 만 75세 이상인 사람은 국민내일배움카드 운영규정에 따른 훈련비 등을 지원하지 아니한다. 따라서 만 65세인 사람은 지원대상에 해당한다.

51 ④
기출키워드 국가직무능력표준(NCS)의 개념체계

정답풀이 직무는 국가직무능력표준(NCS) 분류체계의 세분류를 의미하고, 원칙상 세분류 단위에서 표준이 개발된다.

52 ②
기출키워드 국가기술자격 시행기관

정답풀이 빅데이터분석기사 자격은 한국데이터산업진흥원이 시행한다.

빅데이터분석기사는 대용량의 데이터 집합으로부터 유용한 정보를 찾고 결과를 예측하기 위해 목적에 따라 분석기술과 방법론을 기반으로 정형·비정형 대용량 데이터를 구축, 탐색, 분석하고 시각화를 수행하는 업무를 수행한다.

53 ②
기출키워드 한국직업사전 > 부가직업정보 > 작업강도

정답풀이 최고 20kg의 물건을 들어올리고 10kg 정도의 물건을 빈번히 들어올리거나 운반하는 것은 보통작업이다.

한국직업사전(2020)의 「부가작업정보」 중 작업강도는 해당 직업의 직무를 수행하는 데 필요한 육체적 힘의 강도를 나타낸 것으로 5단계로 분류한다.
- 아주 가벼운 작업: 최고 4kg의 물건을 들어올리고, 때때로 장부, 대장, 소도구 등을 들어올리거나 운반한다.
- 가벼운 작업: 최고 8kg의 물건을 들어올리고, 4kg 정도의 물건을 빈번히 들어올리거나 운반한다.
- 보통 작업: 최고 20kg의 물건을 들어올리고, 10kg 정도의 물건을 빈번히 들어올리거나 운반한다.
- 힘든 작업: 최고 40kg의 물건을 들어올리고, 20kg 정도의 물건을 빈번히 들어올리거나 운반한다.
- 아주 힘든 작업: 40kg 이상의 물건을 들어올리고, 20kg 이상의 물건을 빈번히 들어올리거나 운반한다.

54 ③
기출키워드 면접조사에서 면접자가 지켜야 할 원칙

정답풀이 개방형 질문(open-ended questions)인 경우에는 응답내용을 그대로 기록한 후 차후에 전문가들에 의해 해석되어야 한다.

55 ④
기출키워드 한국표준직업분류에서 직업으로 보지 않는 활동

정답풀이 제시된 내용 모두 한국표준직업분류에서 직업으로 보지 않는 활동이다. 직업은 일의 계속성, 경제성, 사회성과 윤리성, 속박된 상태에서의 활동이 아닐 것 등의 조건이 갖추어져야 한다.

한국표준직업분류(제8차)에서 직업으로 보지 않는 활동 (10가지)
- 이자, 주식배당, 임대료(전세금, 월세금) 등과 같은 자산 수입이 있는 경우
- 연금법, 국민기초생활보장법, 국민연금법 및 고용보험법 등의 사회보장이나 민간보험에 의한 수입이 있는 경우
- 경마, 경륜, 경정, 복권 등에 의한 배당금이나 주식투자에 의한 시세차익이 있는 경우
- 예·적금 인출, 보험금 수취, 차용 또는 토지나 금융자산을 매각하여 수입이 있는 경우
- 자기 집의 가사활동에 전념하는 경우
- 교육기관에 재학하며 학습에만 전념하는 경우
- 시민봉사활동 등에 의한 무급 봉사적인 일에 종사하는 경우
- 사회복지시설 수용자의 시설 내 경제활동
- 수형자의 활동과 같이 법률에 의한 강제노동을 하는 경우
- 도박, 강도, 절도, 사기, 매춘, 밀수와 같은 불법적인 활동

---

56 ④
기출키워드 제11차 한국표준산업분류

정답풀이 자본재(고정자본 형성)로 사용되는 산업용 기계와 장비를 전문적으로 수리하는 경우도 제조업으로 분류한다. 단, 컴퓨터 및 주변기기, 개인 및 가정용품 등과 자동차를 수리하는 경우는 수리업(95)으로 분류한다.

57 ④
기출키워드 표본추출방법

정답풀이 국내 일간지의 사설을 내용분석하는 경우 분석하려는 목적과 내용에 따라 그에 적합한 표본추출방법을 모두 활용할 수 있다.
내용분석법(content analysis)은 문헌연구법의 일종으로 인간이 남긴 모든 형태의 이용 가능한 자료의 성질 및 대상인물의 성질을 탐구함으로써 전체 상황에 관한 통찰을 하여 어떤 가설을 설정하고, 그 가설을 검증할 수도 있도록 하기 위해 개발된 방법이다.

58 ②
기출키워드 한국직업사전 > 부가직업정보 > 직무기능

정답풀이 데이터의 분석에 기초하여 시간, 장소, 작업순서, 활동 등을 결정하고, 결정을 실행하거나 상황을 보고하는 것은 자료(data)와 관련된 기능 중 조정(coordinating)에 해당한다.

59 ③
기출키워드 기술적 직업결정모형의 종류

정답풀이 직업선택 결정모형은 기술적 결정모형과 처방적 결정모형으로 분류된다. 이 중 기술적 직업결정모형으로는 타이드만과 오하라(Tiedeman & O'hara)의 모형, 힐튼(Hilton)의 모형, 브룸(Vroom)의 모형, 플레처(Fletcher)의 모형 및 수(Hsu)의 모형이 있다.
그리고 처방적 결정모형으로는 카츠(Katz)의 모형과 칼도와 쥐토우스키(Kaldor & Zytowski)의 모형 및 겔라트(Gelatt)의 모형 등이 있다.

60 ③
기출키워드 국민취업지원제도의 내용

정답풀이 상급학교 진학 및 전문자격증 취득을 목적으로 각종 학교에 재학 또는 학원 등에서 수강 중인 사람은 Ⅰ유형에 참여할 수 없다.
Ⅰ유형은 가구단위 중위소득이 60% 이하이고 재산 4억 원(18~34세 청년은 5억 원) 이하이면서, 최근 2년 안에 100일 또는 800시간 이상의 취업경험이 있는 사람을 중심으로 한다.
고용노동부 한국고용정보원은 2021년부터 저소득 구직자, 청년 신규실업자, 경력단절여성 등 취업취약계층을 대상으로 취업지원서비스와 생계지원을 함께 제공하는 '한국형 실업부조' 제도로 국민취업지원제도를 운영하고 있다.

61 ④
기출키워드 실업률 계산

정답풀이 경제활동참가율 = $\dfrac{경제활동인구}{생산가능인구} \times 100$

$= \dfrac{경제활동인구}{100만\ 명} \times 100 = 50\%$이므로 경제활동인구는 50만 명이므로

실업자 = 경제활동인구 − 취업자 = 50만 명 − 40만 명 = 10만 명이다.

실업률 = $\dfrac{실업자}{경제활동인구} \times 100 = \dfrac{10만\ 명}{50만\ 명} \times 100 = 20\%$이다.

62 ④
기출키워드 여가가 열등재인 경우 개인의 노동공급곡선

정답풀이 열등재(inferior goods)는 소득이 증가할 때 수요가 감소하는 재화를 말한다. 여가가 열등재라면 임금상승으로 소득수준이 높아져도 여가의 수요는 감소한다. 임금상승에 따른 여가의 수요 감소는 노동공급량의 증가를 의미하므로 노동의 공급곡선은 우상향한다.

63 ③
기출키워드 비정규직 증가의 원인

정답풀이 비정규직 고용은 임시직 고용, 시간제 고용 등을 포함하는데, 주로 저학력 취업자에게 적용된다. 기업이 비정규직 고용을 선호하는 이유는 인건비 절감, 고용조정 유연성의 제고, 노동조합의 약화 등이 있다.

> 비정규직 고용의 증가 이유
> 내부노동시장 제도에서는 경기상황에 따른 기업의 고용 조정이 어려워지고 이로 인해 임금은 고정비용(fixed cost)의 성격을 띠게 된다. 오늘날처럼 세계화로 인해 기업 간 경쟁이 심화되는 상황에서 기업이 고용조정 능력을 갖지 못하게 되면 기업은 생존이 어려워진다. 이러한 상황에서 기업들이 고용과 임금의 유연성을 높이기 위해 비정규직 고용을 확대하고 있다.

64 ②
기출키워드 최저임금제가 고용을 증가시키는 경우

정답풀이 정부가 임금을 인상시키는 것은 최저임금제의 경우이다.
일반적으로 최저임금제가 시행되면 기업의 노동수요량이 감소하므로 근로자는 실업자가 될 가능성이 있다. 그러나 노동시장이 수요독점(monopsony)인 경우에는 최저임금제로 임금이 상승해도 고용량이 증가할 수 있다.
노동시장이 수요독점인 경우 고용량은 노동의 수요곡선과 공급곡선에 의해 결정되는 것이 아니라 노동의 수요곡선과 우상향하는 한계요소비용(MFC)에 의해 결정된다. 그리고 이 경우 임금의 상승에도 불구하고 고용량은 이전보다 증가하게 된다.

> 최저임금제가 고용을 증가시키는 것은 ㉠ 노동시장이 수요독점 노동시장인 경우, ㉡ 생산성 증대효과가 있는 경우, ㉢ 유효수요 증대효과가 있는 경우 등이다.

65 ②

기출키워드 **선별가설과 신호가설의 특징**

정답풀이 ② 빈곤문제 해결을 위해서는 교육훈련 기회를 확대하는 것이 중요하다는 것은 인적자본이론에 근거한 설명이다.
④의 내용은 선별가설과 함께 스펜스에 의해 주장된 신호가설(signaling hypothesis)의 주장이다.

66 ①

기출키워드 **노동의 한계생산성**

정답풀이 완전경쟁 노동시장에서 이윤을 극대화하기 위해서는 '노동의 한계생산가치(VMP_L) = 임금(W)'에서 고용량을 결정해야 한다.
$VMP_L = P \cdot MP_L = W$
따라서 7,000원 = 14,000원 × MP_L이므로, 노동의 한계생산 $MP_L = \dfrac{7,000원}{14,000원} = \dfrac{1}{2}$
따라서 시간당 치킨 $\dfrac{1}{2}$ 마리가 될 때까지 고용을 늘려야 한다.

67 ③

기출키워드 **취업자**

정답풀이 하루 1시간씩 학교 부근 식당에서 아르바이트를 하고 있는 대학생은 조사대상주간에 한 시간 이상 일을 했으므로 취업자로 분류된다.

취업자
- 최근 지정된 1주일 동안 수입이 있는 일에 1시간 이상 일한 자
- 가족이 경영하는 기업이나 농장에서 수입을 높이는데 도움을 준 무급가족종사자로서 18시간 이상 일한 자
- 일시적인 질병, 일기불순, 휴가 또는 연가, 노동쟁의 등의 이유로 일하지 않고 있는 일시적인 휴직자

68 ②

기출키워드 **실업률 계산**

정답풀이 생산가능인구가 100이라면 경제활동인구 = 취업자 수 + 실업자 수 = 54 + 6 = 60이다.
따라서 실업률 = $\dfrac{실업자}{경제활동인구} \times 100 = \dfrac{6}{60} \times 100 = 10.0\%$이다.

69 ③

기출키워드 **노동공급곡선의 형태**

정답풀이 효용극대화에 기초한 노동공급 모형인 소득-여가 선택모형에서 임금상승의 대체효과는 노동공급량을 증가시키고 소득효과는 노동공급량을 감소시킨다. 따라서 대체효과가 소득효과보다 크면 임금상승 시 노동공급량은 증가하므로 노동공급곡선은 우상향한다. 반면 대체효과보다 소득효과가 크면 노동공급곡선은 우하향(좌상향)하므로 노동공급곡선은 후방으로 굴절된다.

임금상승의 대체효과와 소득효과
- 임금상승의 대체효과: 임금이 상승하면 여가의 기회비용(임금)이 커지기 때문에 여가를 줄이고 노동공급량을 증가시키는 효과이다.
- 임금상승의 소득효과: 임금이 상승하면 전보다 적은 노동을 공급해도 전과 동일한 소득을 얻게 되므로 노동공급량을 감소시키는 효과이다.

70 ④

기출키워드 **노동수요 탄력성의 크기 결정요인**

정답풀이 ④는 대체생산요소의 공급탄력성이 노동수요의 임금탄력성에 영향을 미친다.
노동수요의 (임금)탄력성을 결정하는 네 가지 요인을 힉스-마셜(Hicks-Marshall)법칙이라고 한다.
노동수요의 탄력성은 ㉠ 생산물에 대한 수요가 탄력적일수록, ㉡ 총생산비에 대한 노동비용의 비중이 클수록, ㉢ 노동을 다른 생산요소로 대체하는 것이 용이할수록, ㉣ 노동 이외의 다른 생산요소의 공급 탄력성이 클수록 커진다.

71 ④
기출키워드 소득정책

정답풀이 실업률과 물가상승률 간의 상충관계, 즉 스태그플레이션(stagflation)을 해결하기 위해 실시했던 정책은 소득정책(income policy)이다. 이는 1960년대 과도한 임금상승과 두 차례 석유파동을 계기로 스태그플레이션 현상이 나타나자 이를 해결하기 위해 도입된 것으로 과도한 임금인상을 억제하는 것(임금가이드라인 정책)을 주요 내용으로 한다.

72 ④
기출키워드 임금격차의 원인

정답풀이 임금격차의 경쟁적 요인으로는 ㉠ 노동자의 생산성 격차, ㉡ 임금의 보상격차(균등화 격차), ㉢ 시장의 단기적 불균형 등을 들 수 있다.
경쟁외적 요인으로는 ㉠ 차별화, ㉡ 노동시장의 분단, ㉢ 근로자에 대한 독점지대 배당, ㉣ 기업주의 효율임금 정책(고임금 정책), ㉤ 노동조합의 역할 등을 들 수 있다.

73 ④
기출키워드 Hicks의 파업이론

정답풀이 힉스(Hicks)의 파업이론에 따르면 노동조합이 W_0보다 더 낮은 임금을 요구하면 사용자는 쉽게 수락하겠지만, 그때는 노동조합 내부에서 교섭대표자들과 일반조합원 간의 마찰이 불가피하다.

74 ②
기출키워드 숍(shop) 제도

정답풀이 에이전시 숍(agency shop)은 조합원이 아니더라도 모든 종업원에게 노동조합이 조합비를 징수하는 제도이다.

75 ①
기출키워드 임금체계의 특징

정답풀이 조직의 안정화에 따른 위계질서 확립이 용이하다는 장점이 있는 것은 연공급이다.

> 연공급(seniority-based pay)은 임금이 개인의 근속연수·학력·연령 등 인적요소기준을 중심으로 변화하는 임금체계이다.
> 전문기술인력의 확보 곤란, 기업의 인건비 부담 증가, 종업원들의 소극적·무사안일주의적인 근무태도 야기 등의 단점도 있다.

76 ④
기출키워드 경제활동참가율

정답풀이 경제활동참가율을 계산하기 위해서는 경제활동인구를 알아야 한다.
실업자 수를 X라고 할 때, $\frac{X}{285만 명 + X} = 0.05$이다.
이 때 X는 15만명이 된다.
경제활동인구(취업자 수 + 실업자 수)
= 285만 명 + 15만 명 = 300만 명이다.
따라서 경제활동참가율 = $\frac{경제활동인구}{생산가능인구} \times 100$
= $\frac{300만 명}{500만 명} \times 100 = 60\%$이다.

77 ②
기출키워드 효율임금과 구조적 실업

정답풀이 효율성 임금을 지급하면 시장임금보다 임금이 높아지므로 노동의 초과공급, 즉 실업이 발생하는 데 이는 구조적 실업에 해당한다.
맨큐(N. G. Mankiw)는 구조적 실업은 노동시장에서 제공되는 일자리의 수가 직장을 찾고 있는 노동자들의 수에 비해 적기 때문에 발생하는 실업으로 설명한다. 여기서 일자리의 수가 적은 이유는 어떤 이유로 임금이 노동의 수요와 공급이 같아지는 임금(균형임금)보다 높기 때문이다. 그리고 임금이 균형임금보다 높아지게 되는 이유로 최저임금제, 노동조합의 임금인상 압력, 효율임금(efficiency wage) 등 세 가지를 제시한다.

78 ③
기출키워드 사용자의 교섭력 원천

정답풀이 사용자는 쟁의행위 기간 중 그 쟁의행위로 중단된 업무를 도급 또는 하도급 줄 수 없다.

79 ①
기출키워드 마찰적 실업의 원인

정답풀이 마찰적 실업(frictional unemployment)은 노동자가 자신에게 가장 유리한 직장을 찾기 위하여 정보수집활동에 종사하고 있을 동안의 실업상태를 말한다. 즉, 정보의 불완전성에 기인하는 실업이다.

오답풀이 ㄴ과 ㄷ은 구조적 실업의 원인이다. ㄴ은 기업의 효율임금(efficiency wage)정책을 의미하는 것으로, 효율임금을 지급하면 시장임금보다 임금이 높아지므로 노동의 초과공급, 즉 실업이 발생하는데 이는 구조적 실업에 해당한다.

[참고] 구조적 실업의 다른 해석
1. 맨큐(N. G. Mankiw)는 구조적 실업은 노동시장에서 제공되는 일자리의 수가 직장을 찾고 있는 노동자들의 수에 비해 적기 때문에 발생하는 실업으로 설명한다.
2. 여기서 일자리의 수가 적은 이유는 어떤 이유로 임금이 노동의 수요와 공급이 같아지는 임금(균형임금)보다 높기 때문이다.
3. 임금이 균형임금보다 높아지게 되는 이유로 최저임금제, 노동조합의 임금인상 압력, 효율임금 등 세 가지를 제시한다.

80 ③
기출키워드 수요곡선의 이동요인

정답풀이 임금(률)을 제외한 최종생산물의 수요변화, 다른 생산요소(자본 등)의 가격변화, 생산기술의 변화, 노동생산성의 변화 등은 노동에 대한 수요곡선을 이동시킨다.
노동수요곡선 모형에서 세로축에 표시되는 임금(률)이 변화하면 노동수요곡선 자체는 이동하지 않고 노동수요곡선상에서의 이동을 가져온다. 반면 모형에 표시되지 않는 외생변수가 변화하면 노동수요곡선 자체가 이동한다.

81 ②
기출키워드 임금차별의 벌칙

정답풀이 사업주가 동일한 사업 내의 동일가치의 노동에 대하여 동일한 임금을 지급하지 아니한 경우 벌칙은 3년 이하의 징역 또는 3천만 원 이하의 벌금이다.

82 ①
기출키워드 고용보험법의 적용제외 대상

정답풀이 3개월 이상 계속하여 근로를 제공하는 자는 고용보험 적용대상이다.

83 ③
기출키워드 재해보상

정답풀이 근로자가 업무상 사망한 경우에는 사용자는 근로자가 사망한 후 지체 없이 그 유족에게 평균임금 1,000일분의 유족보상을 하여야 한다.

84 ③
기출키워드 채용절차법의 과태료 부과사항

정답풀이 채용서류 보관의무를 이행하지 아니한 구인자는 300만 원 이하의 과태료 부과 대상이다.

85 ④
기출키워드 임금채권 소멸시효

정답풀이 「근로기준법」에 따른 임금채권은 3년간 행사하지 아니하면 시효로 소멸한다.

86 ④
기출키워드 겸업금지업종

정답풀이 다음 어느 하나에 해당하는 사업을 경영하는 자는 직업소개사업을 하거나 직업소개사업을 하는 법인의 임원이 될 수 없다.
1. 「결혼중개업의 관리에 관한 법률」의 결혼중개업
2. 「공중위생관리법」의 숙박업
3. 「식품위생법」의 식품접객업 중 대통령령으로 정하는 영업
   - 「식품위생법 시행령」상의 휴게음식점영업 중 주로 다류(茶類)를 조리·판매하는 영업(영업자 또는 종업원의 영업장을 벗어나 다류를 배달·판매하면서 소요시간에 따라 대가를 받는 형태로 운영하는 경우로 한정)
   - 「식품위생법 시행령」상의 단란주점영업, 유흥주점영업

87 ②
기출키워드 노동기본권

정답풀이 노동기본권은 헌법 제32조 근로권과 제33조 노동3권(단결권, 단체교섭권, 단체행동권)을 말한다.

88 ①
기출키워드 개인정보보호위원회

정답풀이 개인정보보호위원회는 국무총리실 소속이다.

89 ④
기출키워드 직업소개사업

정답풀이 국외 유료직업소개사업을 하려는 자는 고용노동부장관에게 등록하여야 한다.

90 ④
기출키워드 근로자공급사업

정답풀이 허가가 취소된 후 5년이 경과되지 않은 경우이므로, 7년이 지난 자는 허가를 받을 수 있는 자이다.

91 ③
기출키워드 훈련방법에 따른 훈련종류

정답풀이 양성훈련은 훈련목적에 따른 훈련종류에 해당한다.

92 ④
기출키워드 법의 적용

정답풀이 이 법은 국가 및 지방자치단체가 공무원을 채용하는 경우에는 적용하지 않는다.

93 ③
기출키워드 육아휴직

정답풀이 기간제 근로자의 육아휴직기간은 사용기간에 포함되지 않는다. 파견근로자의 육아휴직기간은 파견기간에서 제외된다.

94 ③
기출키워드 심사·재심사 청구

정답풀이 본인의 형제자매도 대리인으로 선임할 수 있다.

95 ④
기출키워드 육아휴직급여

정답풀이 육아휴직급여를 지급받으려는 사람은 육아휴직을 시작한 날 이후 1개월부터 육아휴직이 끝난 날 이후 12개월 이내에 신청해야 한다.

96 ②
기출키워드 위약금 또는 손해배상액 예정 금지

정답풀이 사용자는 근로계약 불이행에 대한 위약금 또는 손해배상액을 예정하는 계약을 체결할 수 없다.

97 ③
기출키워드 직업능력개발훈련의 기본원칙

정답풀이 제조업의 생산직이 아니라 중소기업의 근로자가 중요시 대상이다.

98 ②
기출키워드 직업능력개발훈련

정답풀이 취업할 의사가 있는 사람뿐만 아니라 사업주에게 고용된 사람도 직업능력개발의 대상에 포함된다.
오답풀이 ① 직업능력개발훈련은 15세 이상인 사람에게 실시할 수 있다.
③ 고용노동부장관은 직업능력개발훈련과 관련된 기술 등에 관한 표준을 정할 수 있다.
④ 「산업재해보상보험법」을 적용받는 사람은 재해위로금을 받을 수 없다.

99 ④
기출키워드 최저임금법의 적용제외대상

정답풀이 「최저임금법」은 모든 사업 또는 사업장에 적용한다.

100 ③
기출키워드 취업촉진수당

정답풀이 ③은 '취업촉진수당'이 아닌 '구직촉진수당'에 대한 설명이다. '취업촉진수당'은 고용보험법상의 실업급여에 해당한다.

2025년 3회 복원문제

본문 ❷ 48~64

[제1과목] 직업심리

01	①	02	③	03	①	04	④	05	④
06	①	07	③	08	③	09	②	10	②
11	①	12	①	13	①	14	③	15	③
16	④	17	②	18	①	19	④	20	②

[제2과목] 직업상담 및 취업지원

21	②	22	②	23	①	24	④	25	②
26	④	27	④	28	③	29	①	30	①
31	①	32	③	33	①	34	①	35	②
36	③	37	③	38	③	39	②	40	②

[제3과목] 직업정보

41	②	42	②	43	①	44	③	45	④
46	④	47	③	48	③	49	④	50	③
51	④	52	①	53	③	54	③	55	①
56	④	57	④	58	②	59	③	60	③

[제4과목] 노동시장

61	①	62	④	63	①	64	④	65	②
66	④	67	④	68	①	69	③	70	③
71	①	72	②	73	③	74	③	75	①
76	③	77	③	78	②	79	①	80	①

[제5과목] 고용노동관계법규

81	③	82	③	83	④	84	④	85	①
86	③	87	①	88	④	89	③	90	①
91	④	92	④	93	②	94	④	95	①
96	④	97	④	98	④	99	④	100	①

---

01 ①

기출키워드 상담의 초기면접 단계

정답풀이 상담의 초기면접 단계에 이루어지는 사항은 상담관계 형성, 심리적 문제파악(내담자의 문제평가), 상담목표 및 전략수립, 상담의 구조화 등이 있다. 통찰의 확대는 상담의 중기단계에 해당한다.

02 ③

기출키워드 현실치료 상담

정답풀이 현실치료는 WDEP체계, 각 단계에서 숙련된 질문, 유머, 역설적방법, 직면 등이 사용될 수 있다.

03 ①

기출키워드 구인타당도

오답풀이 ② 내용타당도에 대한 설명이다.
③ 안면타당도에 대한 설명이다.
④ 준거타당도에 대한 설명이다.

04 ④

기출키워드 특성-요인 상담과정

정답풀이 윌리암슨(Williamson)의 특성-요인 상담과정은 분석 → 종합 → 진단 → 예측 → 상담 → 추수단계 순으로 진행된다.

05 ④
기출 키워드 Ginzberg의 진로발달 단계

정답풀이 긴즈버그의 발달단계는 환상기, 잠정기, 현실기로 구분되며, 현실기는 탐색단계(탐색), 구체화단계(결정성), 특수화단계(특수성)로 구분된다. 가치는 잠정기의 가치단계에서 고려되는 요인이다.

06 ①
기출 키워드 직무 스트레스

정답풀이 17-OHCS라는 당류부신피질 호르몬은 스트레스의 생리적 지표로서 매우 중요하게 사용된다. 대표적으로 코티졸(Cortisol)이 이에 포함된다.

오답풀이 ② A형 행동유형이 B형 행동유형보다 높은 스트레스 수준을 유지한다.
③ 여키스와 도슨(Yerkes & Dodson)의 역U자형 가설은 스트레스 수준이 낮거나 높을 경우 작업능률이 낮아진다는 가설이다.
④ 일반적응증후(GAS)는 경계 단계 – 저항 단계 – 탈진 단계를 거치면서 사람에게 나쁜 결과를 가져다 준다.

07 ③
기출 키워드 진로시간전망 검사지의 사용목적

정답풀이 진로계획 수정은 진로시간전망 검사지를 사용하는 목적과 거리가 멀다.

> **진로시간전망 검사지의 사용 목적**
> • 미래의 방향 설정을 가능하게 한다.
> • 미래에 대한 희망을 갖도록 한다.
> • 미래가 실제인 것처럼 느끼게 한다.
> • 현재의 행동을 미래의 결과와 연계시킨다.
> • 목표설정을 촉구한다.
> • 진로계획에 대한 긍정적 태도를 강화한다.
> • 진로계획의 기술을 연습시킨다.
> • 진로의식을 높여준다.

08 ③
기출 키워드 직업대안

오답풀이 내담자의 직업대안들이 실현 불가능한 것으로 여겨질 경우, 상담사는 내담자가 그와 같은 직업들에 정서적 열정을 소모하기 전에 신속히 개입하는 것이 바람직하다.

09 ②
기출 키워드 인지치료(Cognitive Therapy)

정답풀이 인지치료는 자신과 세계에 관한 개인의 사고과정에서 나타나는 인지적 오류와 왜곡을 문제의 핵심으로 간주한다. 역기능적 신념이 행동에 미치는 영향력을 강조하며, 이를 수정하여 내담자의 정서나 행동을 변화시키는 데 역점을 둔다.

10 ②
기출 키워드 인지적 오류

정답풀이 ②는 흑백논리의 예시이다.
선택적 추상은 부정적인 일부 세부사항(실패 또는 부족한 점)만을 기초로 결론을 내리고 전체를 보려 하는 오류이다.

11 ①
기출 키워드 심리검사의 유형

정답풀이 GATB는 직업적성검사로 특정 직무를 성공적으로 수행할 수 있는지를 측정한다.

오답풀이 ④ AGCT(군대 일반 분류검사; Army General Classification Test)는 군대인력의 선발과 배치를 위한 능력검사이다.

12 ①
기출키워드 미네소타 중요도검사(MIQ)

정답풀이 개인의 가치와 직업 환경의 강화인 간의 조화를 측정하는 데 사용되는 검사는 미네소타 중요도검사(MIQ)이다. 이는 개인이 일의 환경에 대해 지니는 20가지 욕구와 6가지 가치관을 측정하는 질문지로, 190개의 문항으로 구성되어 있다.

13 ①
기출키워드 Cronbach's α

정답풀이 크론바흐 알파(Cronbach's α)계수는 문항들 간의 동질성을 나타내는 지수로 크론바흐 알파값은 '0~1'의 값을 가지며, 값이 클수록 검사 문항들이 동질적이라는 것을 의미한다.

14 ③
기출키워드 방어기제

정답풀이 합리화란 수용할 수 없는 행동을 그럴듯한 변명으로 정당화하는 것으로, 좌절된 욕구를 합리화하는 것이다.

꿀팁 프로이트의 방어기제와 직무스트레스를 연관지은 복합적인 문제입니다.

15 ③
기출키워드 생애진로사정

정답풀이 생애진로사정의 구조는 진로사정, 전형적인 하루, 강점과 장애 및 요약으로 이루어진다.

16 ④
기출키워드 심리검사 실시

정답풀이 수검자에게 검사결과를 통보할 때는 통계적인 숫자나 용어보다 일상적인 용어를 중심으로 전달하여야 한다.

17 ②
기출키워드 직무스트레스 조절변인

정답풀이 직무관련 스트레스의 조절변인에는 성격 유형, 통제의 위치(통제 소재), 사회적 지원이 있다.

> **직무 스트레스 조절 변인**
> - 성격 유형(A형·B형 성격 유형): A형 성격 유형의 사람은 스트레스 상황에 노출되면 B형 성격 유형의 사람보다 훨씬 많은 스트레스를 받는다.
> - 통제의 위치(통제 소재): 어떤 사건의 발생이나 결과가 자기 자신의 행위에서 비롯된 것으로 간주하여 스스로 통제 가능한 것으로 인식한다. 내적 통제자는 외적 통제자보다 스트레스에 적절하게 대처하므로 스트레스 위협을 덜 느낀다.
> - 사회적 지원: 사회적 지원은 스트레스 상황에서의 심리적·신체적 적응에 도움을 준다.

18 ③
기출키워드 Gottfredson의 직업포부발달 단계

정답풀이 안정성 확립 단계는 진로포부 발달 단계에 해당하지 않는다.

> **진로포부 발달 단계(4단계)**
> - 힘과 크기 지향성(Orientation to size and power, 3~5세, 서열 획득 단계): 사고과정이 구체화되며 어른이 된다는 것의 의미를 알게 된다.
> - 성역할 지향성(Orientation to sex roles, 6~8세, 성역할 획득 단계): 자아개념이 성(gender)의 발달에 의해 영향을 받게 된다. 남녀 역할에 바탕을 둔 직업을 선호한다.
> - 사회적 가치 지향성(Orientation to social valuation, 9~13세, 사회적 가치 획득 단계): 사회계층에 대한 개념이 생기면서 상황 속의 자아를 인식하게 되고, 일의 수준에 대한 이해를 확장시킨다.
> - 내적 고유한 자아 지향성(Orientation to internal, unique self, 14세 이후, 내적 자아 확립 단계): 타인에 대한 개념이 생기고, 자아성찰과 사회계층의 맥락에서 직업적 포부가 더욱 발달한다.

19 ④
기출 키워드 Holland의 성격유형

정답풀이 홀랜드(Holland) 성격의 6유형은 현실형(R), 탐구형(I), 예술형(A), 사회형(S), 진취형(E), 관습형(C)으로 구분된다.

20 ②
기출 키워드 Roe의 부모와 자녀 간의 상호작용

정답풀이 로(Roe)는 가정의 정서적 분위기, 즉 부모와 자녀 간의 상호작용을 정서집중형, 회피형, 수용형으로 구분하였다.

로(Roe)의 부모유형
• 정서집중형 – 과보호형: 자녀를 과보호함으로써 의존적으로 만든다. – 과요구형: 자녀에게 엄격한 훈련을 시키고 무리한 요구를 한다. • 수용형 – 무관심형: 수용적으로 대하지만 부모 – 자녀 간의 친밀감이 형성되지 않은 관계이다. – 애정형: 수용적으로 대하며 부모 – 자녀 간의 친밀감을 형성하고 독립심을 길러준다. • 회피형 – 무시적 회피형: 자녀와 그다지 접촉하지 않으며, 부모로서의 책임을 회피한다. – 거부적 회피형: 자녀의 의견을 전적으로 무시하고 감정적으로까지 거부한다.

21 ②
기출 키워드 하렌(Harren)이 제시한 진로의사결정 유형

정답풀이 하렌이 제시한 진로의사결정 유형에는 합리적 유형, 의존적 유형, 직관적 유형이 있다.

하렌(Harren)이 제시한 진로의사결정 유형
• 합리적 유형: 의사결정과정에 자신과 상황에 대한 정확한 정보를 수집하고, 논리적이고 체계적으로 접근하는 유형이다. • 직관적 유형: 의사결정의 기초로 상상을 사용하고 현재의 감정에 주의를 기울이며 정서적 자각을 사용한다. • 의존적 유형: 의사결정에 대한 개인적 책임을 부정하고, 그 책임을 외부로 돌리는 경향이 있다.

22 ②
기출 키워드 개인주의 상담

정답풀이 아들러(Adler)의 개인주의 상담과정에서는 사건의 객관성보다는 주관적 지각과 해석을 중시한다.
오답풀이 ① 궁극적 목표는 내담자의 사회적 관심, 즉 잘못된 사회적 가치를 바꾸는 것이다.
③ 내담자중심 상담에 대한 설명이다.
④ 행동수정보다는 내담자의 동기수정에 초점을 둔다.

23 ①
기출 키워드 6개의 생각하는 모자(six thinking hats)

정답풀이 6개의 생각하는 모자(six thinking hats)는 청색, 백색, 적색, 흑색, 황색, 녹색이다.

24 ④
기출 키워드 Herzberg의 2요인이론(동기 – 위생이론)

정답풀이 허츠버그(Herzberg)의 2요인이론(동기-위생이론)에서는 위생 요인을 아무리 개선하거나 자극한다고 하여도 동기부여는 일어나지 않으며, 또한 동기 요인을 제거하거나 감소시킨다고 하여도 불만족이 유발되는 것은 아니라고 하였다.
오답풀이 ④ 위생 요인이 만족감을 산출할 힘을 갖고 있다는 설명은 적절하지 않다.

25 ②
기출키워드 Krumboltz의 사회학습이론

정답풀이 크럼볼츠(Krumboltz)는 진로결정과정에 영향을 미치는 요인으로 유전적 요인과 특별한 능력, 환경적 조건과 사건, 학습경험, 과제접근기술을 제시하였다.

오답풀이 ② 부모 특성은 사회학습이론에서 진로결정과정에 영향을 미치는 요인에 해당하지 않는다.

26 ④
기출키워드 Parsons의 특성-요인이론의 기본 가정

정답풀이 인성과 동일한 직업 환경이 있으며, 각 환경은 각 개인과 연결되어 있는 성격유형에 의해 결정된다는 것은 홀랜드(Holland)의 성격이론에 대한 설명이다.

오답풀이 파슨스(Parsons)의 직업선택 3요인 중 ①은 자신에 대한 이해, ②는 직업세계에 대한 이해, ③은 자신과 직업세계와의 합리적 연결에 대한 설명이다.

27 ④
기출키워드 Ginzberg의 진로발달단계

정답풀이 긴즈버그(Ginzberg)의 진로발달 3단계는 '환상기 – 잠정기 – 현실기'의 순서이다.

28 ③
기출키워드 포괄적 직업상담

정답풀이 포괄적 직업상담은 여러 이론들의 다양한 기법들을 절충한 것이다. 상담의 초기단계에서는 진단 및 탐색이 이루어지므로 인간중심 접근법과 발달적 접근법이 주로 활용된다. 중간단계에서는 내담자의 문제에서 원인이 되는 요인들을 명료하게 밝혀 이를 제거하는 한편, 긍정적·촉진적 요인을 찾아 이를 격려하기 위해 주로 정신 역동적 접근법을 활용한다. 마지막 단계에서는 상담자가 내담자의 문제해결에 보다 능동적이고 지시적인 태도로 개입하기 위해 특성-요인 및 행동주의적 접근법을 활용한다.

29 ①
기출키워드 Dawis와 Lofquist의 적응양식 차원

정답풀이 이 의존성은 직업적응이론의 적응양식 차원에 해당하지 않는다.

> **Dawis와 Lofquist의 적응양식 차원**
> - 융통성: 수행해야 할 다양한 작업들 간의 부조화를 참아내는 정도
> - 끈기 또는 인내: 환경이 자신에게 맞지 않아도 개인이 얼마나 오랫동안 견뎌낼 수 있는지의 정도
> - 적극성: 개인이 작업환경을 개인적 방식과 좀 더 조화롭게 만들어가려고 노력하는 정도
> - 반응성: 개인이 작업성격의 변화로 인해 작업환경에 반응하는 정도

30 ①
기출키워드 행동주의 직업상담에서 내담자 유형

정답풀이 무결단성은 내담자의 진로결정상의 무력감에 기인하여 부모의 지시나 강압에 의한 직업선택 등 환경에 의한 요구나 압력이 원인이다. 이 경우 정보가 주어지고 직업상담이 끝난 후에도 내담자는 진로결정을 내리지 못한다.

31 ①
기출키워드 인지적 명확성

정답풀이 직장을 처음 구하는 사람과 직업전환을 하는 사람의 직업상담에 관한 접근은 다르게 해야 한다. 직장을 처음 구하는 사람에게 상담자가 가장 먼저 탐색해야 할 것은 내담자의 자기인식수준이고, 직업전환을 하는 사람에게 상담자가 가장 먼저 탐색해야 할 것은 내담자의 변화에 대한 인지능력이다.

32 ③
기출키워드 Super의 진로발달 이론

정답풀이 Super는 진로발달이 순환과 재순환의 단계를 거친다고 보았다. 진로발달 과정은 전 생애에 걸쳐 계속되며 '성장-탐색-확립-유지-쇠퇴' 등의 대순환(maxi cycle)을 거치는 동시에, 대순환 외에 각 단계마다 같은 '성장-탐색-확립-유지-쇠퇴'로 구성된 재순환(mini cycle)이 있다고 가정하였다.

33 ①

기출키워드 **직업상담사의 윤리강령**

정답풀이 직업상담사는 개인이나 사회에 임박한 위험이 있을 경우 관계기관 등에 내담자의 정보를 공개할 수 있다.

34 ①

기출키워드 **진로상담**

정답풀이 진로상담의 정확성에 대한 오해는 내담자가 상담자의 조언이 장래 직업선택과 결정이 매우 과학적이고, 정확할 것이라고 생각하는 것으로 이 경우 내담자가 잘못된 맹신이나 착오를 일으킬 수 있다.

35 ②

기출키워드 **Williamson의 직업문제 영역**

정답풀이 진로(직업) 무선택은 내담자가 직접 직업을 결정한 경험이 없거나, 선호하는 몇 가지 진로가 있지만, 어느 것을 선택할지 모르는 경우로 자신이 무엇을 원하는지 모르며 심지어 진로에 대한 인식이 부족한 상태이다.

오답풀이 ① 불확실한 선택에 관한 설명이다.
③ 흥미와 적성의 모순에 관한 설명이다.
④ 어리석은 선택에 관한 설명이다.

36 ③

기출키워드 **Crites의 직업상담 과정**

정답풀이 크릿츠(Crites)는 직업상담의 과정에는 진단, 문제 분류, 문제 구체화, 문제해결의 단계가 있다고 보았다.
③ 정보 제공은 직업상담의 과정에서 필요한 경우 제공할 수 있다.

37 ③

기출키워드 **미네소타 중요도 질문지(MIQ)의 가치요인**

정답풀이 미네소타 중요도 질문지(MIQ)의 6가지 가치요인은 성취, 지위, 편안함, 이타심(이타주의), 자율성, 안정성이 있다.

> 미네소타 중요도 질문지(MIQ)의 6가지 가치요인
> - 성취(Achievement): 자신의 능력을 발휘하고 성취감을 얻는 일을 하려는 욕구
> - 지위(Status): 타인에 의해 자신이 어떻게 지각되는지와 사회적 명성에 대한 욕구
> - 편안함(Comfort): 직무에 대해 스트레스를 받지 않고, 편안한 직업 환경을 바라는 욕구
> - 이타심(Altruism): 타인을 돕고 그들과 함께 일하고자 하는 욕구
> - 자율성(Autonomy): 자신의 의사대로 일할 기회를 가지고 자유롭게 생각하고 결정하고자 하는 욕구
> - 안정성(Safety): 불규칙적이거나 혼란스러운 조건이나 환경을 피하고 정돈되고 예측 가능한 환경에서 일하고자 하는 욕구

38 ①

기출키워드 **전이된 오류 정정하기**

정답풀이 한정된 오류 정정하기가 아닌 전이된 오류 정정하기이다. 전이된 오류 정정하기는 내담자가 가지고 있는 정보, 한계, 논리적 오류를 정정하는 것을 말한다.

39 ②

기출키워드 **Cottle의 원형검사**

정답풀이 변별성은 미래를 현실처럼 느끼게 하고 미래계획에 대한 긍정적 태도를 강화시키며 목표설정을 신속하게 하는 데 목표를 둔다. 시간변별은 시간차원 내의 사건의 강화와 확장을 의미한다. 변별된 미래는 개인의 목표설정에 의미 있는 맥락을 제공한다. 내담자는 자신의 공간을 미래 속에서 그려 볼 수 있기 때문에 미래에 대한 불안을 감소시킬 수 있다.

오답풀이 ① 방향성의 목표는 미래지향성을 증진시키기 위한 것으로, 미래에 대한 낙관적인 입장을 구성한다.
④ 통합성의 목표는 현재 행동과 미래의 결과를 연결하고 계획한 기법을 실습하여 미래에 대한 인식을 증진시키는 것이다.

40 ②

기출키워드 내담자 중심 상담기법

정답풀이 내담자 중심 상담에서 사용되는 상담기법은 비지시적 방법으로 내담자에 대한 적극적 경청, 감정의 반영, 공감적 이해가 주로 사용된다.

오답풀이 ② 역할연기는 형태주의 상담기법에 해당한다.

41 ②

기출키워드 힐튼(Hilton)의 직업결정모형

정답풀이 인간이 복잡한 정보에 접근하게 되는 구조에 근거를 둔 이론은 기술적 직업선택 모형의 하나인 힐튼(Hilton)의 모형이다.

> 힐튼의 모형은 직업선택을 결정하기까지의 단계를 전제단계(직업선택 이전의 조사 시기), 계획단계(특정직업에서 요구하는 행동을 상상하는 시기), 인지부조화단계(자신이 가지고 있는 특성과 반대되는 직업을 갖게 됨으로써 생겨나는 행동을 시험해보는 시기) 등으로 구분한다.
> 힐튼은 직업결정 과정은 자신이 세운 계획과 전제 간의 불일치점 또는 불균형점을 조사·시험해 보고, 이들 간의 부조화가 없다면 현재 계획을 행위화시키는 과정으로 보고 있다.

42 ②

기출키워드 한국직업사전의 직무기능 중 자료(data)

정답풀이 직무기능 중 자문(mentoring)은 사람(People)과 관련된 기능이다. 자료(Data)와 관련된 기능은 종합, 조정, 분석, 수집, 계산, 기록, 비교 등이 있다.

43 ①

기출키워드 민간직업정보의 특징

정답풀이 필요한 시기에 최대한 활용되도록 한시적으로 신속하게 생산 및 운영되는 것은 민간직업정보의 특징이다.

44 ③

기출키워드 한국표준직업분류(제8차)

정답풀이 제8차 한국표준직업분류에서 대분류 1 관리자와 대분류 2 전문가 및 관련 종사자는 제4직능 수준 혹은 제3직능 수준이 요구된다.

오답풀이 ②, ③ 대분류 3~8까지는 제2직능 수준, 대분류 9 단순노무 종사자는 제1직능 수준을 필요로 한다.
④ 군인은 제2직능 수준 이상 필요하다.

45 ④

기출키워드 한국표준직업분류의 다수직업 종사자의 분류 원칙

정답풀이 생산업무 우선 원칙은 주된 직무 우선의 원칙, 최상급 직능수준 우선의 원칙과 함께 포괄적인 업무에 대한 직업분류 원칙이다.

46 ④

기출키워드 한국표준산업분류의 통계단위

정답풀이 한국표준산업분류의 통계단위에서 단일 산업활동이 하나 이상의 장소에서 이루어지는 경우는 활동유형 단위이다.

> 산업활동과 장소의 동질성 차이에 따라 통계단위는 다음과 같이 구분된다.
>
> | 구분 | 하나 이상의 장소 | 단일 장소 |
> |---|---|---|
> | 하나 이상의 산업활동 | 기업집단 단위 | 지역 단위 |
> | | 기업체 단위 | |
> | 단일 산업활동 | 활동유형 단위 | 사업체 단위 |

47 ③

기출키워드 한국표준산업분류(제11차)의 적용원칙

정답풀이 최상급 분류단계(대분류)를 정확히 결정하고, 순차적으로 중, 소, 세, 세세분류 단계 항목을 결정하여야 한다.

48 ③
기출키워드 국민내일배움카드 운영규정

정답풀이 질병·사고, 훈련기관 사정, 천재지변 등 불가피한 사유 없이 중도에 훈련 수강을 그만 둔 경우가 1회이면 20만 원, 2회이면 50만 원, 3회 이상이면 100만 원을 계좌잔액에서 차감한다.

49 ④
기출키워드 고용24 학과정보

정답풀이 의생명과학과, 생명과학과, 생명공학과, 수의예과, 수의학과 등은 자연계열로 분류한다.

50 ③
기출키워드 고용24 채용정보 중 기업형태별 검색

정답풀이 고용24(구 워크넷) 채용정보의 상세검색에서 기업형태별 검색의 메뉴는 대기업, 공무원·공기업·공공기관, 외국계기업, 코스피, 코스닥, 일학습병행기업, 청년친화강소기업, 가족친화인증기업 및 중견기업 등 9가지로 구분하고 있다.

51 ④
기출키워드 고용24 직업적응검사 〉 창업적성검사

정답풀이 ④에서 제시된 내용은 고용24의 직업심리검사에서 제공하는 성인을 위한 직업적응검사 중 창업적성검사에 대한 설명이다.

> **창업적성검사**
> 창업적성검사는 사업지향성, 문제해결, 효율적 처리, 주도성, 자신감, 목표설정, 설득력, 대인관계, 자기개발노력, 책임감수, 업무완결성 및 성실성 등 12개 요인을 측정한다.

52 ①
기출키워드 국가기술자격 검정기준

정답풀이 해당 국가기술자격의 종목에 관한 숙련기능을 가지고 제작·제조·조작·운전·보수·정비·채취·검사 또는 작업관리 및 이에 관련되는 업무를 수행할 수 있는 능력 보유는 기능사의 검정기준이다.

> **국가기술자격 검정기준의 키워드**
> - 기술사: 고도의 전문지식과 실무경험에 입각한 기술업무의 수행능력
> - 기능장: 최상급 숙련기능을 가지고 현장관리 업무의 수행능력
> - 기사: 공학적 기술이론지식
> - 산업기사: 기술기초이론지식 또는 숙련기능
> - 기능사: 숙련기능

53 ③
기출키워드 실기시험만 실시할 수 있는 종목

정답풀이 국가기술자격법 시행규칙(고용노동부령)에서 규정한 실기시험만 실시할 수 있는 종목은 다음과 같다.
㉠ 토목분야: 석공기능사, 지도제작기능사, 도화기능사, 항공사진기능사
㉡ 건축분야: 조적기능사, 미장기능사, 타일기능사, 온수온돌기능사, 유리시공기능사, 비계기능사, 건축목공기능사, 거푸집기능사, 건축도장기능사, 도배기능사, 철근기능사, 방수기능사
㉢ 판금·제관·새시분야: 금속재창호기능사

54 ③
기출키워드 국가직무능력표준의 수준체계

정답풀이 국가직무능력표준의 8개 수준에서 X는 2수준, Y는 6수준에 해당한다.
NCS의 수준체계는 산업현장 직무의 수준을 체계화한 것으로, 산업현장·교육훈련·자격 연계, 평생학습능력 성취 단계 제시, 자격의 수준체계 구성에서 활용한다.

55 ①
기출키워드 직업정보의 처리과정

정답풀이 직업정보 시스템의 정보관리는 수집 → 분석 → 가공 → 체계화 → 제공 → 축적 → 평가의 순서로 이루어진다.

56 ④
기출키워드 직업정보관리

정답풀이 구직 시에 연령, 학력 및 경력 등의 취업과 관련된 모든 정보는 정확하게 제공되어야 한다. 물론 구인업체는 이러한 정보를 철저하게 보호하여야 한다.

57 ④
기출키워드 표본추출방법

정답풀이 국내 일간지의 사설을 내용분석하는 경우 분석하려는 목적과 내용에 따라 그에 적합한 표본추출방법을 모두 활용할 수 있다.
내용분석법(content analysis)은 문헌연구법의 일종으로 인간이 남긴 모든 형태의 이용 가능한 자료의 성질 및 대상인물의 성질을 탐구함으로써 전체 상황에 관한 통찰을 하여 어떤 가설을 설정하고, 그 가설을 검증할 수도 있도록 하기 위해 개발된 방법이다.

58 ②
기출키워드 직업정보의 기능과 역할

정답풀이 직업정보는 내담자에게 내담자가 원하는 분야에 대한 다양한 직업적 대안에 대한 정보를 제공하는 것이지, 내담자의 흥미, 적성, 가치 등을 파악하는 것이 주기능은 아니다.

59 ③
기출키워드 고용정보의 가공·분석 시 유의사항

정답풀이 고용정보는 숫자로 표현할 수 있는 정보만을 의미하는 것은 아니다. 사진이나 책자, 동영상 등도 고용정보로 분석·가공되어 제공된다.

60 ③
기출키워드 직업정보 사용 목적

정답풀이 직업정보를 사용하는 목적은 일에 대한 동기부여·흥미 유발·태도변화, 직업에 대한 지식의 전달, 여러 직업의 비교·분석, 구직자(청소년)에 대한 역할모형을 제공하는 데 있다.
오답풀이 ③ 은퇴 후 취미활동에 대한 정보는 직업정보와는 아무 관련이 없다.

61 ①
기출키워드 노동수요 탄력성

정답풀이 생산물에 대한 수요가 탄력적일수록 노동수요는 탄력적이 되고, 노동수요곡선은 완만해진다.

62 ④
기출키워드 노동수요 탄력성 계산

정답풀이 노동수요의 탄력성을 계산하면 다음과 같다.
$$-\frac{\text{노동수요량의 변화율(\%)}}{\text{임금의 변화율(\%)}} = -\frac{-20\%}{10\%} = 2.0$$이다.
노동수요의 탄력성은 크기만 고려하므로 앞에 마이너스(−)를 붙여 플러스(+) 값으로 만들어야 한다.

63 ①
기출키워드 여가−소득 모형과 노동의 공급

정답풀이 여가−소득 모형에서 개인의 우하향하는 무차별곡선과 예산제약선이 접하는 수준에서 노동자의 효용극대화가 이루어지므로 여가시간과 노동시간을 결정한다.
오답풀이 ① 예산제약선이 우하향하므로 개인의 여가−소득 간의 무차별곡선이 수평에 가까운 경우에는 소득을 나타내는 Y축 코너에서 노동자의 선택이 이루어진다. 따라서 이 경우 여가시간은 0이 되고 주어진 시간 전부를 노동에 투입하게 된다.

64 ④
기출키워드 소득−여가 선택모형에서 임금상승의 효과

정답풀이 노동공급 모형인 소득−여가 선택모형에서 임금상승의 대체효과는 노동공급량(노동시간)을 증가시키고 소득효과는 노동공급량을 감소시킨다. 따라서 대체효과가 소득효과보다 크면 임금상승 시 노동공급량(노동시간)은 증가하므로 노동공급곡선은 우상향한다. 반면 대체효과보다 소득효과가 크면 임금상승 시 노동공급량은 감소한다. 따라서 여가시간은 증가한다. 이 경우 노동공급곡선은 우하향(좌상향)하므로 전체적으로 노동 공급곡선은 후방으로 굴절된다.

임금상승의 대체효과와 소득효과
- 임금상승의 대체효과는 임금이 상승하면 여가의 기회비용(임금)이 커지기 때문에 여가를 줄이고 노동공급량을 증가시키는 효과이다.
- 임금상승의 소득효과는 임금이 상승하면 전보다 적은 노동을 공급해도 전과 동일한 소득을 얻게 되므로 노동공급량을 감소시키는 효과이다.

65 ②
기출 키워드 노동공급 탄력성의 크기와 노동공급곡선의 형태

정답풀이 노동공급곡선은 노동공급의 탄력성이 0이면 수직선, 무한대(∞)이면 수평이고, 탄력성이 클수록 완만한 형태를 보인다.

66 ④
기출 키워드 이윤극대화 고용량(노동수요량) 조건

정답풀이 완전경쟁 노동시장에서 이윤을 극대화하기 위해서는
노동의 한계생산가치(VMP_L) = 임금(W)에서 고용량을 결정해야 한다.
$VMP_L = P \cdot MP_L = W$이다.
$VMP_L = (27 - 5L) \times 20 = 40$이므로 $L = 5$이다.

67 ④
기출 키워드 기업특수적 인적자본형성 원인

정답풀이 일반적 직업훈련은 어느 기업이나 어느 산업에서나 공통적으로 이용할 수 있는 기술의 훈련이므로 일반적 인적자본의 형성요인이다.
반면 기업특수적 인적자원은 해당 기업에서만 활용할 수 있는 인적자원이다. 기업 간 제품생산의 차별화나 생산공정 및 생산장비가 다른 기업과 다른 경우 기업특수적 인적자원이 형성된다.

68 ①
기출 키워드 내부노동시장의 형성요인

정답풀이 도린저와 피오르(Doeringer & Piore)는 내부노동시장이 형성되는 요인으로 숙련의 특수성, 현장훈련, 관습 등 세 가지를 제시한다. 이 밖에도 장기근속의 가능성, 기업의 대규모성, 기업 내의 위계적인 직무서열 등을 제시하는 학자들도 있다.

69 ③
기출 키워드 분단노동시장가설

정답풀이 분단노동시장가설에서는 내부노동시장이 형성되면 외부노동시장과 단절되므로 내부노동시장의 중요성을 강조한다.

분단노동시장가설
- 분단노동시장(segmented labor market) 가설은 노동시장에는 자유로운 노동력의 이동을 저해하는 제도적인 요인이 있고, 따라서 노동시장을 하나의 경쟁적인 시장으로 파악하기는 어렵다고 보는 견해이다.
- 분단 노동시장 가설에서는 경쟁시장 가설에서 소홀히 다루기 쉬운 측면을 부각시키고 중요시한다는 점에서 정책적 의의가 있다. 즉, 노동시장 정책을 수립하거나 저임금층의 시장적응을 도와주기 위한 정책을 실시하려고 할 때 직업훈련의 확충이나 공공 직업소개소의 확대와 같은 노동공급 측면의 정책만으로는 불충분하다는 결론을 도출할 수 있다. 따라서 기업이 노동자 고용에 있어서 제도적 차별을 철폐하도록 유도하고, 공공투자에 의해 고용기회를 확대하는 등 수요측면의 정책도 매우 중요하다는 결론이 제시된다.

70 ③
기출 키워드 최저임금제 기대효과

정답풀이 최저임금제를 도입하면 시장임금보다 임금이 높아지므로 기업의 노동수요량은 감소하고 노동공급량은 증가하여 노동의 초과공급, 즉 실업이 증가한다. 즉 최저임금제는 고용을 감소시키고 실업을 증대시키는 부정적 효과도 있다.

71 ①

기출키워드 임금 패리티 지수의 의미

정답풀이 임금 패리티(parity) 지수는 전체 국민경제 대비 노동자의 상대적 지위를 의미하는 것으로, 임금의 단순비교가 아닌 국민소득을 고려한 임금수준을 의미한다.

한국의 임금 패리티 지수가 일본보다 높다는 것은 국민소득을 감안한 한국의 임금수준이 일본보다 높다는 것을 의미한다.

$$임금패리티지수 = \frac{(피용자요수/요수국민소득)}{(노동자수/취업자수)} \times 100$$
$$= \frac{노동자\ 1인당\ 임금}{취업자\ 1인당\ 요소국민소득}$$

72 ②

기출키워드 마찰적 실업률

정답풀이 직업탐색기간이 3개월, 즉 $\frac{1}{4}$년이므로,

마찰적 실업률 = $20\% \times \frac{1}{4} = 5\%$이다.

73 ③

기출키워드 마찰적 실업의 특징

정답풀이 마찰적 실업(frictional unemployment)은 노동시장의 정보의 부족 또는 불완전으로 인해 발생되는 실업이다. 마찰적 실업은 자발적이고 불가피하게 존재하는 실업이기 때문에 사회적 비용이 가장 적다고 할 수 있다.

74 ③

기출키워드 실업률에 영향을 미치는 요인

정답풀이 실업률이 높을 때는 일부 실업자들이 취업가능성이 줄어들어 실망한 나머지 구직활동을 포기하는 경우가 있는데 이들을 실망노동자(discouraged worker)라고 한다. 경기침체의 장기화로 실망노동자가 증가하여 실업률이 낮아지는 효과를 실망노동자 효과(discouraged worker effect)라고 한다.

75 ①

기출키워드 임금체계의 특징

정답풀이 조직의 안정화에 따른 위계질서 확립이 용이하다는 장점이 있는 것은 연공급이다.

연공급(seniority-based pay)은 임금이 개인의 근속연수·학력·연령 등 인적요소기준을 중심으로 변화하는 임금체계이다. 전문기술인력의 확보 곤란, 기업의 인건비 부담 증가, 종업원들의 소극적·무사안일주의적인 근무태도 야기 등의 단점도 있다.

76 ③

기출키워드 실업-결원곡선

정답풀이 실업-결원곡선(Beveridge Curve)은 영국의 경제학자인 윌리엄 비버리지(William Beveridge)가 제시한 것으로, 실업의 구조(수요부족 실업자와 비수요부족 실업자)와 완전고용 실업률에 대해 설명하고 있다.
③ 실업 - 결원곡선에 의하여 수요부족 실업자와 마찰적 실업과 구조적 실업을 합한 비수요부족 실업자를 구분할 수 있다. 그러나 이 곡선에 의하여 마찰적 실업과 구조적 실업을 구별할 방법은 없다.

77 ②

기출키워드 고용률 계산

정답풀이 고용률을 계산하면 다음과 같다.

경제활동참가율(%) = $\frac{경제활동인구}{15세\ 이상\ 인구} \times 100 = 60\%$

이므로 15세 이상 인구를 100명으로 보면 경제활동인구는 60명이다.

또한 실업률(%) = $\frac{실업자\ 수}{경제활동인구} \times 100 = 20\%$

이므로 실업자 수는 12명, 취업자 수는 48명이다.

따라서 고용률(%) = $\frac{취업자\ 수}{15세\ 이상\ 인구} \times 100$

$= \frac{48명}{100명} \times 100 = 48\%$이다.

78 ②
기출키워드 임금의 하방경직성

정답풀이 시장임금이 하락할 요인이 발생해도 임금이 하락하지 않는 현상을 임금의 하방경직성이라고 한다.

> **명목임금이 하방경직적인 이유**
> 케인즈(J. M. Keynes) 이후 새케인즈학파(new-Keynesian) 경제학자들은 명목임금이 하방경직적인 이유를 주로 연구했다. 명목임금이 하방경직적인 이유는 다음과 같다.
> ㉠ 통상의 고용계약이 2~3년의 장기계약이므로 그 기간 동안에는 임금이 경직적이다.
> ㉡ 강력한 노동조합이 존재하면 명목임금은 하락하지 않는다.
> ㉢ 최저임금제가 시행되는 경우에는 그 아래로 임금이 떨어지지 않는다.
> ㉣ 노동자의 역선택이 발생하면 명목임금은 떨어지지 않는다.

79 ①
기출키워드 던롭(J. T. Dunlop)의 노사관계 시스템이론

정답풀이 던롭의 노사관계 시스템이론에 대한 내용이다. 던롭의 노사관계 시스템이론은 하나의 노사관계가 3주체로 구성되어 있다고 가정한다. 그리고 이들 주체가 직간접으로 영향을 받으면서 행동하게 되는 환경조건 내지 노사관계를 규제하는 여건으로 기술적 특성, 시장 또는 예산제약, 각 주체의 세력관계(또는 권력구조)를 제시한다.

80 ①
기출키워드 노동조합의 파급효과와 위협효과

정답풀이 노동조합에 의해 임금이 인상되어 발생한 실업자가 노조 비조직부문으로 이동하여 비조직부문의 노동공급이 증가하면 임금이 하락하는 데 이를 이전효과라고 한다.

> **파급효과와 위협효과**
> 노동조합이 있는 조직된 부문이 조직되지 않은 부문의 임금에 미치는 영향은 두 가지가 있다.
> 1. 이전효과(spillover effect) 또는 파급효과, 해고효과(displacement effect)는 노동조합이 조직되면 교섭력에 의하여 임금을 상승시키기 때문에 고용이 감소하게 되고, 해고된 근로자가 비조직부문으로 이동하면 비조직부문의 임금이 하락하게 되는 효과이다.
> 2. 위협효과(threat effect)는 같은 산업의 일부기업에 노동조합이 조직되면 노동조합이 조직되지 않은 기업의 임금을 올리게 되는 효과이다.

81 ③
기출키워드 육아기 근로시간 단축

정답풀이 사업주는 육아휴직을 신청할 수 있는 근로자가 육아휴직 대신 근로시간의 단축을 신청하는 경우에 이를 허용하여야 한다. 다만, 대체인력 채용이 불가능한 경우, 정상적인 사업운영에 중대한 지장을 초래하는 경우 등 대통령령으로 정하는 경우에는 그러하지 아니하다(남녀고용평등과 일·가정 양립 지원에 관한 법률 제19조의2).

82 ③
기출키워드 훈련계약

정답풀이 사업주는 훈련계약을 체결할 때에는 해당 직업능력개발훈련을 받는 사람이 직업능력개발훈련을 이수한 후에 사업주가 지정하는 업무에 일정 기간 종사하도록 할 수 있다. 이 경우 그 기간은 5년 이내로 하되, 직업능력개발훈련 기간의 3배를 초과할 수 없다.

83 ④
기출키워드 직장 내 성희롱

정답풀이 사업주는 직장 내 성희롱 예방교육을 연 1회 이상 하여야 한다.

84 ④
기출키워드 겸업금지업종

정답풀이 다음 어느 하나에 해당하는 사업을 경영하는 자는 직업소개사업을 하거나 직업소개사업을 하는 법인의 임원이 될 수 없다.
- 「결혼중개업의 관리에 관한 법률」의 결혼중개업
- 「공중위생관리법」의 숙박업
- 「식품위생법」의 식품접객업 중 대통령령으로 정하는 영업
  - 「식품위생법 시행령」상의 휴게음식점영업 중 주로 다류(茶類)를 조리·판매하는 영업(영업자 또는 종업원의 영업장을 벗어나 다류를 배달·판매하면서 소요시간에 따라 대가를 받는 형태로 운영하는 경우로 한정)
  - 「식품위생법 시행령」상의 단란주점영업, 유흥주점영업

85 ①
기출키워드 여성의 보호

오답풀이 ② 보건, 의료, 보도, 취재 등을 위해서는 일시적으로 갱내근로가 가능하다.
③ 생리휴가는 월 1일(무급)이다.
④ 사용자는 여성을 휴일에 근로시키려면 근로자의 동의를 받아야 한다. 임산부와 18세 미만자인 경우에는 18세 미만자의 동의가 있는 경우, 산후 1년이 지나지 아니한 여성의 동의가 있는 경우, 임신 중의 여성이 명시적으로 청구하는 경우에 고용노동부장관의 인가를 받으면 휴일근로가 가능하다.

86 ③
기출키워드 직업능력개발훈련의 기본원칙

정답풀이 다음의 사람을 대상으로 하는 직업능력개발훈련은 중요시 되어야 한다.
- 고령자, 장애인
- 국민기초생활 수급권자
- 그 유족 또는 가족이나 보훈보상대상자와 그 유족 또는 가족
- 5·18 민주유공자와 그 유족 또는 가족
- 제대군인 및 전역예정자
- 여성근로자
- 중소기업의 근로자
- 일용직근로자, 단시간근로자, 기간을 정하여 근로계약을 체결한 근로자, 일시적 사업에 고용된 근로자
- 파견근로자
- 학교 밖 청소년

87 ①
기출키워드 휴업수당

정답풀이 휴업수당은 평균임금의 100분의 70 이상의 수당을 지급하여야 한다.

88 ④
기출키워드 근로자

정답풀이 「국민평생직업능력개발법」, 「남녀고용평등법」, 「고용정책기본법」상의 근로자는 사업주에게 고용된 사람과 취업할 의사가 있는 사람이다.

오답풀이 ①은 단시간근로자, ②는 「근로기준법」, 「고령자고용촉진법」, 「근로자퇴직급여보장법」상의 근로자, ③은 「노동조합법」상의 근로자 정의이다.

89 ③
기출키워드 직업능력개발훈련이 중요시되어야 하는 대상

정답풀이 '제조업의 생산직 근로자'는 법령 개정으로 직업능력개발훈련이 중요시되어야 할 대상에서 제외되었다.

90 ①
기출키워드 개인정보보호위원회

정답풀이 개인정보보호위원회는 국무총리실 소속이다.

91 ④
기출키워드 법의 적용범위

정답풀이 「선원법」이 적용되는 사업 또는 사업장은 「남녀고용평등과 일·가정 양립 지원에 관한 법률」의 적용대상에 해당한다.

92 ④
기출키워드 근로권

정답풀이 근로의 기회가 제공되면 될수록 국가적 보호의무는 감소하게 된다.

93 ②
기출키워드 직업정보제공사업자의 준수사항

정답풀이 직업정보제공매체의 구인·구직광고에는 구인·구직자의 주소·전화번호는 기재하고, 직업정보제공사업자의 주소·전화번호는 기재하지 않아야 한다.

94 ④
기출키워드 법의 적용

정답풀이 이 법은 국가 및 지방자치단체가 공무원을 채용하는 경우에는 적용하지 않는다.

95 ①
기출키워드 고용보험 피보험단위기간

정답풀이 이직일 이전 18개월의 기준기간 중에 피보험 단위기간이 통산하여 180일 이상이어야 한다.

96 ④
기출키워드 고용보험기금의 용도

정답풀이 고용보험기금의 용도는 다음과 같다.
- 고용안정·직업능력개발사업에 필요한 경비
- 실업급여의 지급
- 국민연금보험료의 지원
- 육아휴직급여 및 출산전후휴가급여 등의 지급
- 보험료의 반환
- 일시 차입금의 상환금과 이자
- 이 법과 「고용산재보험료징수법」에 따른 업무를 대행하거나 위탁받은 자에 대한 출연금
- 보험사업의 관리·운영에 드는 경비
- 기금의 관리·운용에 드는 경비
- 「고용산재보험료징수법」에 따른 보험사무대행기관에 대한 교부금
- 법과 「고용산재보험료징수법」에 따른 사업이나 업무의 위탁수수료 지급금

97 ④
기출키워드 근로자공급사업

정답풀이 허가가 취소된 후 5년이 지나지 아니한 자는 근로자공급사업의 허가를 받을 수 없으므로, 7년이 지난 자는 허가를 받을 수 있는 자이다.

98 ④
기출키워드 생리휴가

정답풀이 '생리휴가'는 「근로기준법」에서 규정하고 있다.

꿀팁 '생리휴가, 출산휴가, 연차휴가'는 「근로기준법」에서 규정하고 있으며, '배우자 출산휴가'는 「남녀고용평등법」에서 규정하고 있습니다.

99 ④
기출키워드 이익균형의 원칙

정답풀이 구인자와 구직자의 이익이 충돌할 경우에는 서로의 이익이 균형되도록 소개해야 한다. 구직자의 이익이 우선하도록 하는 것이 아니다.

100 ①
기출키워드 자영업자인 피보험자의 실업급여 종류

정답풀이 자영업자인 피보험자에게는 실업급여 중 훈련연장급여와 조기재취업 수당은 지급되지 않는다.

2024년 1회 복원문제

[제1과목] 직업심리

01	④	02	①	03	③	04	④	05	④
06	③	07	①	08	①	09	②	10	①
11	③	12	①	13	③	14	④	15	④
16	④	17	②	18	③	19	①	20	①

[제2과목] 직업상담 및 취업지원

21	①	22	③	23	④	24	④	25	④
26	②	27	②	28	③	29	①	30	③
31	①	32	①	33	④	34	①	35	②
36	④	37	④	38	①	39	②	40	③

[제3과목] 직업정보

41	④	42	③	43	②	44	①	45	①
46	①	47	②	48	②	49	③	50	①
51	④	52	④	53	④	54	③	55	①
56	④	57	④	58	④	59	②	60	④

[제4과목] 노동시장

61	②	62	④	63	③	64	②	65	①
66	④	67	②	68	④	69	②	70	①
71	④	72	①	73	②	74	④	75	③
76	①	77	③	78	②	79	②	80	④

[제5과목] 고용노동관계법규

81	③	82	②	83	①	84	④	85	④
86	①	87	④	88	④	89	②	90	④
91	④	92	④	93	③	94	②	95	①
96	②	97	④	98	④	99	②	100	①

01 ④

기출키워드 체계적 둔감화

정답풀이 체계적 둔감화는 불안과 공포증이 있는 환자에게 불안 조건을 점차적으로 노출시켜 둔감화시키는 치료법으로, 불안감소기법에 해당한다.

> **학습촉진기법**
> - 강화: 학습자에게 강화물을 제공하여 특정행동의 빈도가 높아지도록 하는 행동수정방법이다.
> - 대리학습: 개인의 직접 경험이 아니라 타인의 경험을 관찰함으로써 행동이 강화될 수 있다.
> - 변별학습: 강화와 학습의 원리를 이용하여 자신의 능력과 태도를 변별하고 비교하게 하는 방법이다.

02 ①

기출키워드 상담의 초기면접 단계

정답풀이 상담의 초기면접 단계에 이루어지는 사항은 상담관계 형성, 심리적 문제파악(내담자의 문제평가), 상담목표 및 전략수립, 상담의 구조화 등이 있다. 통찰의 확대는 상담의 중기단계에 해당한다.

03 ③

기출키워드 상호역할관계의 사정방법

정답풀이 역할의 위계적 구조를 작성하는 것은 상호역할관계를 사정하는 방법이 아니다.

> **상호역할관계의 사정방법**
> - 질문을 통해 역할관계 사정하기
> - 동그라미로 역할관계 그리기
> - 생애-계획연습으로 전환시키기

04 ④
기출키워드 상담목표 설정 시 고려사항 및 기본원칙

정답풀이 인격성장을 돕는 것은 내담자에 대한 상담목표의 특성이 아니다.

> **내담자가 가져야 할 목표의 특성**
> - 목표는 구체적이어야 한다(내담자가 바라는 구체적이고 긍정적인 변화를 상담 목표로 삼는다).
> - 목표는 실현 가능해야 한다.
> - 목표는 내담자가 원하고 바라는 것이어야 한다.
> - 내담자의 목표는 상담자의 기술과 양립 가능해야 한다.

05 ④
기출키워드 실존주의 상담

정답풀이 실존주의 상담에서 가정하는 인간의 궁극적 관심사는 '무의미성'이다. '무의식적 자각'은 정신분석 이론에 해당하는 개념이다.

06 ③
기출키워드 자기인식이 부족한 내담자 사정

정답풀이 자기인식이 부족한 내담자의 경우 은유나 비유를 통하여 스스로를 인식하게 만들 수 있다.

07 ①
기출키워드 생애진로사정의 구조

정답풀이 생애진로사정 중 진로사정은 내담자가 일의 경험 또는 훈련 및 학습 과정에서 가장 좋았던 것과 싫었던 것에 대해 질문하며, 여가시간의 활용, 우정관계 등을 탐색한다.

오답풀이 ② 전형적인 하루: 내담자가 생활을 어떻게 조직하는지를 시간의 흐름에 따라 체계적으로 기술한다.
③ 강점과 장애: 내담자가 스스로 생각하는 3가지 주요 강점 및 장애에 대해 질문한다.
④ 요약: 내담자 스스로 자신에 대해 알게 된 내용을 요약해 보도록 함으로써 자기인식을 증진시킨다.

08 ①
기출키워드 Gysbers가 제시한 직업상담의 목적

정답풀이 ①은 Gysbers가 제시한 직업상담의 목적 중 처치와 자극에 해당한다.

> **Gysbers가 제시한 직업상담의 목적**
> Gysbers가 제시한 직업상담의 목적으로는 예언과 발달(미래 행동을 예측하고 발달을 촉구), 처치와 자극(직업문제를 처치하고 지식과 기능을 자극), 결함과 유능(재능과 유능을 개발하고 사용하는 데 도움)이 있다.

09 ②
기출키워드 Crites의 문제유형

오답풀이 ① 강압형에 대한 설명이다.
③ 우유부단형에 대한 설명이다.
④ 부적응형에 대한 설명이다.

10 ①
기출키워드 실존주의 상담의 주요 개념

정답풀이 실존주의는 인간 존재의 의미에 관심을 두는 철학의 개념으로, 삶의 의미(무의미성), 인간의 자유와 선택, 그리고 책임, 소외(고립)와 죽음을 주요 개념으로 다룬다.

11 ③
기출키워드 사이버 직업상담

정답풀이 사이버 직업상담에서 답변은 되도록 신속하고 정확하게 하도록 한다.

12 ①
기출키워드 정신역동적 진로상담

정답풀이 보딘(Bordin)이 제시한 진단범주에 포함되는 것은 내적(자아)갈등, 정보의 부족, 의존성, 확신의 결여, 진로선택의 불안이다.

13 ③
기출키워드 진로상담의 기본원리

정답풀이 진로상담은 차별적인 진단과 처치의 자세를 견지해야 한다.

14 ④
기출키워드 정신역동적 집단상담

정답풀이 집단상담에서 상담자와 집단원의 관계는 독점적인 관계가 아니므로 집단상담에서는 특정 개인의 문제가 충분히 다루어지지 않을 가능성이 많다.

15 ④
기출키워드 상담에서의 침묵

정답풀이 반영은 주로 관계 지향적 면담에서 사용하는 기법이다. 생각의 반영은 내담자의 생각을 거울에 비추어 주듯이 되돌려 주는 것으로 '공감'에 더 가까운 의미를 지니고 있다.

16 ④
기출키워드 Ginzberg의 진로발달 단계

정답풀이 긴즈버그의 발달단계는 환상기, 잠정기, 현실기로 구분되며, 현실기는 탐색단계(탐색), 구체화단계(결정성), 특수화단계(특수성)로 구분된다. 가치는 잠정기의 가치단계에서 고려되는 요인이다.

17 ②
기출키워드 생애진로사정

정답풀이 생애진로사정의 구조의 중요 주제는 진로사정, 전형적인 하루, 강점과 장애 및 요약으로 이루어진다.

18 ③
기출키워드 진로시간전망 검사지의 사용목적

정답풀이 진로계획 수정은 진로시간전망 검사지를 사용하는 목적과 거리가 멀다.

진로시간전망 검사지의 사용 목적
- 미래의 방향 설정을 가능하게 한다.
- 미래에 대한 희망을 갖도록 한다.
- 미래가 실제인 것처럼 느끼게 한다.
- 현재의 행동을 미래의 결과와 연계시킨다.
- 목표설정을 촉구한다.
- 진로계획에 대한 긍정적 태도를 강화한다.
- 진로계획의 기술을 연습시킨다.
- 진로의식을 높여준다.

19 ①
기출키워드 행동주의 직업상담에서 내담자 유형

정답풀이 무결단성은 내담자의 진로결정 상의 무력감에 기인하여 부모의 지시나 강압에 의한 직업 선택 등 환경에 의한 요구나 압력이 원인이다. 이 경우 정보가 주어지고 직업 상담이 끝난 후에도 내담자는 진로결정을 내리지 못한다.

20 ①
기출키워드 상담목표를 설정할 때 고려해야 할 특성

정답풀이 내담자가 가져야 할 목표의 특성
- 목표는 구체적이어야 한다(내담자가 바라는 구체적이고 긍정적인 변화를 상담목표로 삼는다).
- 목표는 실현 가능해야 한다.
- 목표는 내담자가 원하고 바라는 것이어야 한다.
- 내담자의 목표는 상담자의 기술과 양립 가능해야 한다.

21 ①
기출키워드 Dawis와 Lofquist의 적응양식 차원

정답풀이 의존성은 직업적응이론의 적응양식 차원에 해당하지 않는다.

Dawis와 Lofquist의 적응양식 차원
- 융통성: 수행해야 할 다양한 작업들 간의 부조화를 참아내는 정도
- 끈기 또는 인내: 환경이 자신에게 맞지 않아도 개인이 얼마나 오랫동안 견뎌낼 수 있는지의 정도
- 적극성: 개인이 작업환경을 개인적 방식과 좀 더 조화롭게 만들어가려고 노력하는 정도
- 반응성: 개인이 작업성격의 변화로 인해 작업환경에 반응하는 정도

22 ③
기출키워드 Gottfredson의 직업포부발달 단계

정답풀이 안정성 확립 단계는 진로포부 발달 단계에 해당하지 않는다.

> **진로포부 발달 단계(4단계)**
> - 힘과 크기 지향성(Orientation to size ade power, 3~5세, 서열 획득 단계): 사고과정이 구체화되며 어른이 된다는 것의 의미를 알게 된다.
> - 성역할 지향성(Orientation to sex roles, 6~8세, 성역할 획득 단계): 자아개념이 성(gender)의 발달에 의해 영향을 받게 된다. 남녀 역할에 바탕을 둔 직업을 선호한다.
> - 사회적 가치 지향성(Orientation to social valuation, 9~13세, 사회적 가치 획득 단계): 사회계층에 대한 개념이 생기면서 상황 속의 자아를 인식하게 되고, 일의 수준에 대한 이해를 확장시킨다.
> - 내적 고유한 자아 지향성(Orientation to internal, unique self, 14세 이후, 내적 자아 확립 단계): 타인에 대한 개념이 생기고, 자아성찰과 사회계층의 맥락에서 직업적 포부가 더욱 발달한다.

23 ④
기출키워드 로(Roe)의 직업군

정답풀이 기업이나 단체의 조직과 효율적인 기능에 관련된 직업군은 단체직이다. 일반문화직은 인류의 활동에 흥미를 가지며, 문화유산의 보존 및 전수에 관련된 직업군이다.

24 ④
기출키워드 집단 내 규준

정답풀이 집단 내 규준에는 표준점수, 백분위점수, 스테나인(Stanine)점수 등이 있다.

25 ④
기출키워드 특성-요인 상담과정

정답풀이 윌리암슨(Williamson)의 특성-요인 상담 과정은 분석 → 종합 → 진단 → 예후 → 상담 → 추수 단계 순으로 진행된다.

26 ②
기출키워드 진로발달의 맥락주의(구성주의)

정답풀이 진로발달에서 맥락주의는 진로연구와 진로 상담에 대한 맥락상의 행위설명을 확립하기 위하여 고안된 방법으로, 구성주의 철학을 토대로 하며 개인과 환경의 상호작용을 강조한다.

27 ②
기출키워드 Krumboltz의 사회학습이론

정답풀이 크럼볼츠(Krumboltz)의 사회학습이론에서 삶에서 일어나는 우연한 일들을 자신의 진로에 유리하게 활용하는 데 도움을 주는 기술로는 호기심, 인내심, 융통성, 낙관성, 위험 감수 등이 있다.

28 ③
기출키워드 직업가계도(제노그램)

정답풀이 직업가계도(제노그램)는 내담자의 가족 내 직업적 계보를 통해 내담자의 직업에 대한 고정관념이나 직업가치 및 흥미 등의 근본 원인을 파악한다. 직업가계도는 가족치료에 활용하기 위해 개발된 도구로, 기본적으로 경력상담 시 먼저 내담자의 가족이나 선조들의 직업 특징에 대한 시각적 표상을 얻기 위해 도표를 만든다.

29 ①
기출키워드 직무관련 스트레스 요인

정답풀이 직무관련 스트레스원으로는 과제특성, 역할갈등, 역할과다 또는 역할과소, 역할모호성, 산업의 조직문화와 풍토 등이 있다.

30 ③
기출키워드 홀랜드(Holland) 성격유형

정답풀이 홀랜드(Holland) 성격유형 중 실제적 유형은 솔직하고 실제적이며 성실하고, 지구력이 있고 건강하다. 또한 소박하고 말이 적으며, 고집이 세고 직선적이며 단순한 성격의 유형이다. 대표적인 직업으로는 기술자, 운전사, 농부, 운동선수 등이 있다.

31 ①
기출키워드 작업자 중심 직무분석

정답풀이 작업자 중심 직무분석은 사람의 속성을 기준으로 하기 때문에 표준화된 분석도구의 개발이 쉽다. 반면, 과제 중심 직무분석은 각 직무들의 복잡하고 상이한 직무구조 때문에 표준화된 분석도구의 개발이 어렵다.

32 ①
기출키워드 과업지향적 직무분석방법

정답풀이 직업정보론과 관련 있는 내용으로, 작업자의 과업지향적 직무분석방법에서는 직무에 대한 판단이 자료(data), 사람(people), 사물(things)의 관점에서 이루어진다.

33 ④
기출키워드 셀리에(Selye)의 일반적응 증후군

정답풀이 탈진단계에서 심장병을 잘 유발하는 성격의 A유형은 스트레스 상황에서 좀처럼 흥분을 가라앉히지 않는다. 반면, B유형은 같은 상황에서 차분한 모습을 보인다.

34 ①
기출키워드 GATB 일반직업적성검사

정답풀이 일반직업적성검사(GATB; General Aptitude Test Battery)의 9가지 적성요인은 형태지각, 사무지각, 운동반응, 공간적성, 지능, 언어능력, 수리능력, 손 재치, 손가락 재치이다.

35 ②
기출키워드 다운사이징(downsizing) 시대 경력개발

정답풀이 다운사이징 시대에는 표준화된 작업규칙, 고정된 작업시간, 엄격한 직무기술 등에서 벗어나 자신이 해야 할 일을 스스로 설계할 수 있어야 한다. 따라서 자신의 일을 조직화하고 업무의 우선순위를 정하며, 자신의 일을 감독하는 능력과 자기를 조절할 수 있는 능력 등이 요구된다.

36 ④
기출키워드 구성타당도

정답풀이 요인분석법은 검사의 구성타당도를 알아보기 위해 가장 많이 사용하는 것으로, 검사 문항이나 변인들 간의 상관관계를 분석하여 상관이 높은 문항이나 변인들을 묶어주는 통계적 방법이다.

37 ④
기출키워드 Holland의 성격유형

정답풀이 홀랜드(Holland)가 제시한 성격유형 중 정확성과 꼼꼼함을 요구하면서 융통성과 상상력이 부족한 성격유형은 관습적 유형(C)이다.

38 ②
기출키워드 신뢰도 계수에 영향을 미치는 요인

정답풀이 신뢰도 계수는 검사 문항의 수가 증가할수록 커진다. 다만, 정비례하여 커지는 것은 아니다.

39 ②
기출키워드 후견인 프로그램

정답풀이 신입사원이 조직에 쉽게 적응하도록 상사가 후견인이 되어 도와주는 프로그램은 후견인 프로그램(멘토십 시스템)이다.

40 ③
기출키워드 수퍼(Super)의 발달단계

정답풀이 Super의 발달단계에서 유지기(45~64세)는 직업에서 자신의 위치가 공고(확고)해지고 자신의 자리를 유지하기 위해 노력하며 안정된 삶을 살아가는 시기이다. 지금까지 성취한 것들을 계속 유지하면서도 익숙했던 지식과 기술을 새로운 내용으로 갱신하거나 새로운 도전 과제를 발견(새로운 과업 찾기)해내는 혁신적인 과업을 이행하기도 한다.

41 ④
기출키워드 고용24 채용정보

정답풀이 고용24 채용정보의 상세검색에서 기업형태별 검색의 메뉴는 대기업, 공무원·공기업·공공기관, 강소기업, 코스피·코스닥, 중견기업, 외국계기업, 일학습병행기업, 벤처기업, 청년친화강소기업 및 가족친화인증기업 등 10가지로 구분하고 있다.

※ 24년 9월 기준 '워크넷' 사이트가 '고용24'로 개편되어 현행에 맞게 문제를 수정하였습니다.

42 ③
기출키워드 직업훈련 정보망

정답풀이 훈련기관, 훈련과정정보 등 국가 직업훈련에 관한 정보를 검색할 수 있는 정보망은 한국고용정보원이 운영하는 직업능력지식포털 HRD-Net(www.hrd.go.kr)이다. HRD-Net에서는 한 번의 검색으로 '훈련-자격증 일자리' 정보를 한 눈에 조회할 수 있다.

43 ②
기출키워드 국가기술자격 서비스 분야 응시자격

정답풀이 서비스 분야 종목 중 스포츠경영관리사, 직업상담사 2급, 사회조사분석사 2급, 전자상거래관리사 2급, 텔레마케팅관리사, 컨벤션기획사 2급, 소비자전문상담사 2급 등은 응시자격의 제한이 없다.

오답풀이 ① 임상심리사 2급의 응시자격은 1년 이상 실습수련 또는 2년 이상 실무에 종사한 자로서 대학졸업자 및 그 졸업예정자이다.

③, ④ 국제의료관광코디네이터는 공인어학성적 기준 요건을 충족하고 ㉠ 보건의료 또는 관광분야 관련 학과의 대학졸업자, 2년제 후 2년 실무, 3년제 후 1년 실무, 4년 실무, ㉡ 관련자격증(의사, 간호사, 보건교육사, 관광통역안내사, 컨벤션기획사1·2급)을 취득한 사람이다.

44 ①
기출키워드 한국표준산업분류(제10차)

정답풀이 대분류 A 농업, 임업 및 어업 중 어업에서 해면은 해수면으로, 수산 종묘는 수산 종자로 명칭을 변경하였다.

45 ①
기출키워드 고용노동통계조사의 조사주기

정답풀이 사업체 노동력 조사는 고용노동부가 매월 사업체를 대상으로 수요 측면의 사업체 내 종사자 총량, 근로자의 전체 임금 총량 단위로 파악하는 조사이다. 매월 노동수요측(사업체)의 관점에서 근로자 수, 입직자 및 이직자 수와 임금 및 근로시간에 관한 사항을 조사하여 노동정책의 기초자료 활용 및 경기전망 등을 위한 경기지표를 생산하기 위한 조사이다.

46 ①
기출키워드 민간직업정보의 특징

정답풀이 필요한 시기에 최대한 활용되도록 한시적으로 신속하게 생산 및 운영되는 것은 민간직업정보의 특징이다.

47 ②
기출키워드 직업정보의 평가기준

정답풀이 직업정보를 평가할 때 중요한 기준은 정보의 정확성, 신뢰성 등이다. 따라서 누가 만들었는지, 어떤 목적으로, 누구의 자금지원을 받아 만들었는지를 파악해야 한다. 또한 정보는 시간이 흐르면 가치가 없어지는 경우가 많기 때문에 언제 만들어진 것인지도 파악해야 한다.

48 ②
기출키워드 한국표준직업분류 특정 직종의 분류요령

정답풀이 자영업주 및 고용주는 수행되는 일의 형태에 따른 구분이 아니라 고용상태에 따라 구분된 개념이다.

49 ③
기출키워드 고용24(구 워크넷)

정답풀이 문헌정보학과는 인문계열에 해당한다. 고용24 직업정보시스템의 학과정보에서는 인문계열, 사회계열, 자연계열, 교육계열, 공학계열, 의학계열 및 예체능계열 등 7개의 계열로 구분하고 각 계열에 속하는 180여개의 학과에 대한 정보를 제공하고 있다.

50 ①
기출키워드 한국표준직업분류(제8차)

정답풀이 제8차 한국표준직업분류에서 대분류 1 관리자와 대분류 2 전문가 및 관련 종사자는 제4직능수준 혹은 제3직능 수준이 요구된다.

오답풀이 ②, ③ 대분류 3~8까지는 제2직능 수준, 대분류 9 단순노무 종사자는 제1직능 수준을 필요로 한다.
④ 군인은 제2직능 수준 이상 필요하다.

51 ④
기출키워드 직업정보관리

정답풀이 구직 시 연령, 학력 및 경력 등 취업과 관련된 모든 정보는 정확하게 제공되어야 한다. 물론 구인업체에서는 이러한 정보를 철저하게 보호하여야 한다.

52 ④
기출키워드 한국표준산업분류의 통계단위

정답풀이 한국표준산업분류의 통계단위에서 단일 산업활동이 하나 이상의 장소에서 이루어지는 경우는 활동유형 단위이다.

산업활동과 장소의 동질성 차이에 따라 통계단위는 다음과 같이 구분된다.

구분	하나 이상의 장소	단일 장소
하나 이상의 산업활동	기업집단 단위	지역 단위
	기업체 단위	
단일 산업활동	활동유형 단위	사업체 단위

53 ④
기출키워드 고용24 직업적응검사 > 창업적성검사

정답풀이 제시된 내용은 고용24에서 제공하는 성인을 위한 직업적응검사 중 창업적성검사에 대한 설명이다.

워크넷 직업심리검사 중 성인을 위한 직업적응검사는 구직준비도검사, 창업적성검사, 직업전환검사, 이주민 취업준비도검사 및 중장년 직업역량검사 등 5개 검사로 구성되어 있다.
그중 창업적성검사는 사업지향성, 문제해결, 효율적 처리, 주도성, 자신감, 목표설정, 설득력, 대인관계, 자기개발노력, 책임감수, 업무완결성 및 성실성 등 12개 요인을 측정한다.

54 ③
기출키워드 한국표준산업분류(제11차)의 적용원칙

정답풀이 복합적인 활동단위는 우선적으로 최상급 분류단계(대분류)를 정확히 결정하고, 순차적으로 중, 소, 세, 세세분류 단계 항목을 결정하여야 한다.

55 ①
기출키워드 국가기술자격 검정기준

정답풀이 해당 국가기술자격의 종목에 관한 숙련기능을 가지고 제작·제조·조작·운전·보수·정비·채취·검사 또는 작업관리 및 이에 관련되는 업무를 수행할 수 있는 능력 보유는 기능사의 검정기준이다.

국가기술자격 등급
㉠ 기술사: 고도의 전문지식과 실무경험에 입각한 기술업무의 수행능력
㉡ 기능장: 최상급 숙련기능을 가지고 현장관리 업무의 수행능력
㉢ 기사: 공학적 기술이론 지식
㉣ 산업기사: 기술기초이론지식 또는 숙련기능
㉤ 기능사: 숙련기능

56 ①

기출키워드 실기시험만 실시할 수 있는 종목

정답풀이 「국가기술자격법 시행규칙」(고용노동부령)에서 규정한 실기시험만 실시할 수 있는 종목은 다음과 같다.
㉠ 토목분야: 석공기능사, 지도제작기능사, 도화기능사, 항공사진기능사
㉡ 건축분야: 조적기능사, 미장기능사, 타일기능사, 온수온돌기능사, 유리시공기능사, 비계기능사, 건축목공기능사, 거푸집기능사, 건축도장기능사, 도배기능사, 철근기능사, 방수기능사
㉢ 판금·제관·새시분야: 금속재창호기능사

57 ③

기출키워드 국민취업지원제도의 내용

정답풀이 상급학교 진학 및 전문자격증 취득을 목적으로 각종 학교에 재학 또는 학원 등에서 수강 중인 사람은 I유형에 참여할 수 없다.
I유형은 가구단위 중위소득이 60% 이하이고 재산 4억원(18~34세 청년은 5억원) 이하이면서, 최근 2년 안에 100일 또는 800시간 이상의 취업경험이 있는 사람을 중심으로 한다.

> 고용노동부 한국고용정보원은 2021년부터 저소득 구직자, 청년 신규실업자, 경력단절여성 등 취업취약계층을 대상으로 취업지원서비스와 생계지원을 함께 제공하는 '한국형 실업부조' 제도로 국민취업지원제도를 운영하고 있다.

58 ①

기출키워드 포괄적인 업무에 대한 직업분류 원칙의 적용순서

정답풀이 한국표준직업분류(2025)에서 포괄적인 업무에 대해 적용하는 직업분류 원칙은 주된 직무 우선의 원칙 → 최상급 직능수준 우선의 원칙 → 생산업무 우선의 원칙이다.

59 ②

기출키워드 한국직업사전 > 부가직업정보 > 작업강도

정답풀이 최고 20kg의 물건을 들어올리고 10kg 정도의 물건을 빈번히 들어올리거나 운반하는 것은 보통 작업이다.

> 한국직업사전(2020)의 부가직업정보 중 작업강도는 해당 직업의 직무를 수행하는 데 필요한 육체적 힘의 강도를 나타낸 것으로, 5단계로 분류한다.
> ㉠ 아주 가벼운 작업: 최고 4kg의 물건을 들어올리고, 때때로 장부, 대장, 소도구 등을 들어올리거나 운반한다.
> ㉡ 가벼운 작업: 최고 8kg의 물건을 들어올리고, 4kg 정도의 물건을 빈번히 들어올리거나 운반한다.
> ㉢ 보통 작업: 최고 20kg의 물건을 들어올리고, 10kg 정도의 물건을 빈번히 들어올리거나 운반한다.
> ㉣ 힘든 작업: 최고 40kg의 물건을 들어올리고, 20kg 정도의 물건을 빈번히 들어올리거나 운반한다.
> ㉤ 아주 힘든 작업: 40kg 이상의 물건을 들어올리고, 20kg 이상의 물건을 빈번히 들어올리거나 운반한다.

60 ④

기출키워드 고용24 채용정보의 검색조건

정답풀이 현재 「고용상 연령차별금지 및 고령자 고용촉진에 관한 법률」이 시행됨에 따라 채용정보 검색조건에서 연령이 삭제되었다.

> 고용24의 채용정보의 검색조건은 근무지역, 희망직종, 고용형태, 희망임금, 경력 및 학력, 고용형태, 우대조건(청년층, 장년, 여성), 장애인 희망채용 등이다. 이와 함께 근무형태, 교대근무여부, 식사(비)제공, 복리후생(통근버스, 기숙사, 교육비 지원, 자녀학자금 지원 등), 채용구분(상용직, 일용직) 등의 조건을 입력하여 채용정보를 검색할 수 있다.

※ 24년 9월 기준 '워크넷' 사이트가 '고용24'로 개편되어 현행에 맞게 문제를 수정하였습니다.

61 ②

기출키워드 **마찰적 실업**

정답풀이 마찰적 실업(frictional unemployment)은 새로 직장을 구하거나 직장을 옮길 때 발생하는 자발적이고 일시적인 실업이다. 주로 노동시장의 정보 부족으로 발생한다. 따라서 마찰적 실업은 워크-넷(work-net)을 구축하는 등의 방법으로 노동시장 정보를 효율적으로 제공함으로써 줄일 수 있다.

오답풀이 ①은 경기적 실업, ③은 구조적 실업, ④는 기술적 실업에 대한 설명이다.

62 ④

기출키워드 **여가가 열등재인 경우 개인의 노동공급곡선**

정답풀이 열등재(inferior goods)는 소득이 증가할 때 수요가 감소하는 재화를 말한다. 여가가 열등재라면 임금상승으로 소득수준이 높아져도 여가의 수요는 감소한다. 임금상승에 따른 여가의 수요 감소는 노동공급량의 증가를 의미하므로 노동의 공급곡선은 우상향한다.

63 ③

기출키워드 **수요곡선의 이동요인**

정답풀이 임금(률)을 제외한 최종생산물의 수요변화, 다른 생산요소(자본 등)의 가격변화, 생산기술의 변화, 노동생산성의 변화 등은 노동에 대한 수요곡선을 이동시킨다. 노동수요곡선 모형에서 세로축에 표시되는 임금(률)이 변화하면 노동수요곡선 자체는 이동하지 않고 노동수요곡선상에서의 이동을 가져온다. 반면 모형에 표시되지 않는 외생변수가 변화하면 노동수요곡선 자체가 이동한다.

64 ②

기출키워드 **임금의 보상격차**

정답풀이 성별 임금격차는 차별에 의한 임금격차이므로 임금의 보상격차와는 관련이 없다.

> **임금의 보상격차**
> 임금의 보상격차는 애덤 스미스(A. Smith)에 의해 주장되었다. 스미스는 노동자들의 직업선택 및 전직이 자유로운 사회에서는 각 직업의 좋은 점과 나쁜 점을 모두 고려한 순이익이 한 사회의 여러 가지 대체적인 직업 사이에서 균등하게 된다고 보고, 이를 균등화 격차(equalizing wage differentials)라고 하였다.

65 ①

기출키워드 **구조적 실업의 원인**

정답풀이 구조적 실업은 구인처에서 요구하는 기술을 갖춘 근로자가 없어서 산업 간·지역 간 노동의 이동성이 부족하기 때문에 발생하는 실업이다. 따라서 노동의 이동성을 높이는 대책이 필요하다.
즉 직업전환 교육 등 인력정책, 지역 간 이동을 촉진하기 위한 이주보조금, 산업구조의 변화 예측에 따른 인력수급정책 등이 필요하다.

66 ④

기출키워드 **노동조합의 숍(shop) 제도**

정답풀이 유니온 숍(union shop)은 사용자가 자유롭게 채용할 수 있으나 채용 후 일정 기간이 지나면 반드시 조합에 가입하여야 하는 제도이다. 또한 조합으로부터 탈퇴하거나 제명되어 조합원 자격을 상실할 때에는 해고된다는 노사 간의 협약을 의미한다.

67 ②
기출키워드 유보임금(요구임금)의 의미와 특징

정답풀이 ㄱ. 유보임금이 상승하면 직업탐색기간이 길어지므로 실업(탐색적 실업)기간이 길어진다.
ㄹ. 유보임금(reservation wage)은 노동자가 노동을 공급하기 위해 받기를 원하는 최소한의 임금을 말한다. 이는 요구임금(또는 희망임금, 의중임금, 눈높이임금)이라고도 하는데, 여가의 기회비용이 된다. 즉, 노동시간만큼 여가를 즐긴다고 할 때 여가를 통해서 얻는 주관적 효용에 해당하는 임금이다.

68 ④
기출키워드 실업과 실업률

정답풀이 실망실업자(구직단념자, 실망노동자)가 되기 이전 구직 활동을 하고 있을 때에는 실업자로 분류되지만 구직활동을 쉬고 실망실업자가 되면 비경제활동인구로 분류되어 통계상으로 실업자 수는 감소한다. 따라서 실망실업자가 많아지면 실업률은 하락한다.
오답풀이 ① 마찰적 실업만 있는 경우의 실업률을 자연실업률이라고 하고, 이 상태를 완전고용으로 파악한다.
② 더 좋은 직장을 구하기 위해 잠시 직장을 그만둔 경우는 마찰적 실업에 해당한다.

69 ②
기출키워드 필립스 곡선의 의의

정답풀이 영국의 경제학자인 필립스(A. Phillips)는 1861~1957년간 영국경제를 대상으로 실증분석을 행한 결과 실업률과 명목임금 상승률 간에 안정적인 음(−)의 관계가 있다는 사실을 발견하였는데, 이 관계를 회귀곡선으로 표시한 것을 필립스곡선이라고 한다.
오늘날에는 필립스곡선을 물가상승률과 실업률 간의 역(−)관계로 파악하는 것이 일반적이다.

70 ③
기출키워드 2차 노동시장의 특징

정답풀이 도린져와 피요르의 이중노동시장이론에서 2차 부문(secondary sector) 또는 2차 노동시장은 고용기간이 짧고, 승진 가능성이 적으며, 직장 내에서 숙련이 향상될 기회도 없으며, 임금과 근로조건이 열악한 상태에 있다.

71 ④
기출키워드 임금격차의 원인

정답풀이 제시된 내용 모두 임금격차의 원인에 해당한다.

> **임금격차의 요인**
> 임금격차의 경쟁적 요인으로는 ㉠ 노동자의 생산성 격차, ㉡ 임금의 보상격차(균등화 격차), ㉢ 시장의 단기적 불균형 등을 들 수 있다. 한편 임금격차의 경쟁외적 요인으로는 ㉠ 차별화, ㉡ 노동시장의 분단, ㉢ 근로자에 대한 독점지대 배당 ㉣ 기업주의 효율임금 정책(고임금 정책), ㉤ 노동조합의 역할 등을 들 수 있다.

72 ①
기출키워드 던롭의 노사관계 시스템이론

정답풀이 문제의 내용은 던롭의 노사관계 시스템이론을 의미한다.
던롭(J. T. Dunlop)의 노사관계 시스템이론은 하나의 노사관계가 3주체로 구성되어 있다고 가정한다. 그리고 이들 주체가 직접·간접으로 영향을 받으면서 행동하게 되는 환경조건 내지 노사관계를 규제하는 여건으로 기술적 특성, 시장 또는 예산제약, 각 주체 세력관계(또는 권력구조)를 제시한다.

73 ②
기출키워드 임금체계의 유형

정답풀이 근로자의 직무수행능력을 기준으로 하여 각 근로자의 임금을 결정하는 것은 직능급 임금체계이다. 직능급 체계는 직무의 내용과 종업원의 직무수행능력에 따라 기본급을 산정하는 방식이다.

74 ④
기출키워드 힉스의 단체교섭 모형

정답풀이 노동조합이 W_0보다 더 낮은 임금을 요구하면 사용자는 쉽게 수락하겠지만, 그때는 노동조합 내부에서 교섭대표자들과 일반조합원 간의 마찰이 불가피하다.

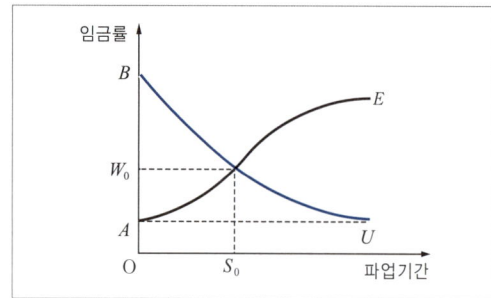

75 ③
기출키워드 마이크로 코포라티즘

정답풀이 코포라티즘은 사회적 합의제를 의미하는 것으로 조직수준을 기준으로 거시적 코포라티즘(macro-corporatism), 중위 코포라티즘(meso-corporatism), 미시적 코포라티즘(micro-corporatism)으로 구분할 수 있다. 미시적 코포라티즘은 개별기업 및 작업장 단위의 사회적 합의제를 의미하는 것으로, 일본이 대표적이다.

76 ①
기출키워드 최저임금제의 부정적 효과

정답풀이 시장임금보다 높은 수준에서 최저임금을 정하면, 즉 정부가 개입하여 임금을 올리면 노동수요량은 감소하고 노동공급량은 증가하여 실업이 증가하는 부정적 효과가 있다.
노동수요곡선과 노동공급곡선이 모두 탄력적이면(즉, 노동수요곡선과 노동공급곡선이 모두 완만하면) 노동수요량은 크게 감소하고, 노동공급량은 크게 증가하므로 실업이 크게 발생한다.

77 ③
기출키워드 비정규직 증가의 원인

정답풀이 비정규직 고용은 임시직 고용, 시간제 고용 등을 포함하는데, 주로 저학력 취업자에게 적용된다. 기업이 비정규직 고용을 선호하는 이유는 인건비 절감, 고용조정 유연성의 제고, 노동조합의 약화 등이 있다.

> **비정규직 고용의 증가 이유**
> 내부노동시장 제도에서는 경기상황에 따른 기업의 고용조정이 어려워지고 이로 인해 임금은 고정비용(fixed cost)의 성격을 띠게 된다. 오늘날처럼 세계화로 인해 기업 간 경쟁이 심화되는 상황에서 기업이 고용조정 능력을 갖지 못하게 되면 기업은 생존이 어려워진다. 이러한 상황에서 기업들이 고용과 임금의 유연성을 높이기 위해 비정규직 고용을 확대하고 있다.

78 ②
기출키워드 성과급 임금형태의 장점

정답풀이 성과급제(piece-rate plan)는 노동성과를 측정하여 측정된 성과에 따라 임금을 계산·지급하는 제도이다. 성과급제의 가장 큰 장점은 작업능률을 크게 자극할 수 있다는 것이다.

오답풀이 ①, ③, ④ 시간급 임금형태의 장점이다.

79 ②
기출키워드 실망노동자효과와 부가노동자효과

정답풀이 실망노동자효과는 경제활동인구(실업자)가 비경제활동인구로 됨에 따라 실업률은 감소한다. 반면 부가노동자효과는 비경제활동인구가 경제활동인구(실업자)로 되기 때문에 실업률을 증가시킨다. 따라서 경기침체에도 불구하고 실업률이 높아지지 않았다면 이는 실망노동자효과가 부가노동자효과보다 크기 때문이다.

80 ④
기출키워드 실업률 계산

정답풀이 경제활동참가율 $= \dfrac{경제활동인구}{생산가능인구} \times 100$

$= \dfrac{경제활동인구}{100만\ 명} \times 100 = 50\%$이므로 경제활동인구는 50만 명이므로

실업자 $=$ 경제활동인구 $-$ 취업자 $=$ 50만 명 $-$ 40만 명 $=$ 10만 명이다.

실업률 $= \dfrac{실업자}{경제활동인구} \times 100 = \dfrac{10만\ 명}{50만\ 명} \times 100 = 20\%$이다.

81 ③
기출키워드 재해보상

정답풀이 근로자가 업무상 사망한 경우에는 사용자는 근로자가 사망한 후 지체 없이 그 유족에게 평균임금 1,000일분의 유족보상을 하여야 한다.

82 ②
기출키워드 임금의 의미

정답풀이 평균임금이란 이를 산정하여야 할 사유가 발생한 날 이전 3개월 동안에 그 근로자에게 지급된 임금의 총액을 그 기간의 총일수로 나눈 금액이다.

83 ①
기출키워드 고용정책심의회

정답풀이 고용정책심의회는 위원장 1명을 포함한 30명 이내의 위원으로 구성한다(「고용정책 기본법」 제10조).

84 ④
기출키워드 자영업자인 피보험자 실업급여

정답풀이 자영업자의 경우 조기재취업수당은 실업급여의 종류에 해당하지 않는다.

85 ④
기출키워드 재해위로금의 산정기준이 되는 임금

정답풀이 재해위로금의 산정기준이 되는 평균임금은 산업재해보상보험법에 따라 고용노동부장관이 매년 정하여 고시하는 최고 보상기준 금액 및 최저 보상기준 금액을 각각 그 상한 및 하한으로 한다.

86 ③
기출키워드 육아기 근로시간 단축

정답풀이 사업주는 육아휴직을 신청할 수 있는 근로자가 육아휴직 대신 근로시간의 단축을 신청하는 경우에 이를 허용하여야 한다. 다만, 대체인력 채용이 불가능한 경우, 정상적인 사업운영에 중대한 지장을 초래하는 경우 등 대통령령으로 정하는 경우에는 그러하지 아니하다(「남녀고용평등과 일·가정 양립 지원에 관한 법률」 제19조의2).

87 ④
기출키워드 직장 내 성희롱

정답풀이 사업주는 직장 내 성희롱 예방교육을 연 1회 이상 하여야 한다.

88 ④
기출키워드 배우자 출산휴가

정답풀이 배우자 출산휴가는 20일이며, 출산한 날부터 120일 이내에 신청해야 한다.

※ 최신 개정 내용에 맞게 변형한 기출문제입니다.

89 ②
기출키워드 직업능력개발훈련의 대상 연령

정답풀이 취업최저연령은 15세 이상이므로 직업능력개발훈련의 대상 연령도 15세 이상이다.

90 ④
기출키워드 과태료 부과 대상

정답풀이 500만 원 이하의 과태료 대상
- 채용광고의 내용 또는 근로조건을 변경한 구인자
- 지식재산권을 자신에게 귀속하도록 강요한 구인자
- 그 직무의 수행에 필요하지 아니한 개인정보를 기초심사자료에 기재하도록 요구하거나 입증자료로 수집한 구인자

91 ④
기출키워드 기간제 근로자의 기간제한의 예외

정답풀이 간호사는 2년 기간 제한의 예외 대상에 해당하지 않는다.

92 ④
기출키워드 자영업자의 실업급여 종류

정답풀이 자영업자에 대해서는 구직급여의 연장급여와 조기재취업수당이 적용되지 않는다.

93 ③
기출키워드 임금채권의 소멸시효

정답풀이 임금채권의 소멸시효는 3년이다.

94 ②
기출키워드 직업능력개발훈련

정답풀이 취업할 의사가 있는 사람뿐만 아니라 사업주에게 고용된 사람도 직업능력개발훈련의 대상에 포함된다.

95 ①
기출키워드 실업대책사업

정답풀이 창업점포 구입자금은 지원대상에 해당하지 않는다.

96 ②
기출키워드 구인·구직의 신청

오답풀이
① 구직신청의 유효기간은 3개월(국외 취업희망자는 6개월)이다.
③ 구인신청서와 구직신청서는 1년간 보관한다.
④ 수리된 구인신청의 유효기간은 15일 이상 2개월 이내에서 구인업체가 정한다.

97 ④
기출키워드 노동기본권

정답풀이 공무원인 근로자는 법률이 정하는 자에 한하여 노동3권을 가진다.

98 ④
기출키워드 근로계약에 관한 중요한 서류

정답풀이 근로계약에 관한 중요한 서류
- 근로계약서
- 임금대장
- 임금의 결정·지급방법과 임금계산의 기초에 관한 서류
- 고용·해고·퇴직에 관한 서류
- 승급·감급에 관한 서류
- 휴가에 관한 서류
- 연소자의 증명에 관한 서류 등

99 ②
기출키워드 퇴직금 중간정산 사유

정답풀이 퇴직금 중간정산을 신청하는 날부터 거꾸로 계산하여 5년 이내에 근로자가 「채무자 회생 및 파산에 관한 법률」에 따라 파산선고를 받은 경우 퇴직금의 중간정산 사유에 해당한다.

100 ①
기출키워드 실업급여

정답풀이 연장급여는 취업촉진수당에 해당하지 않고, 구직급여에 해당한다.

2024년 2회 복원문제

본문 ❷ 86~102

[제1과목] 직업심리

01	②	02	①	03	②	04	②	05	①
06	②	07	②	08	④	09	①	10	③
11	①	12	②	13	②	14	④	15	①
16	④	17	①	18	②	19	③	20	②

[제2과목] 직업상담 및 취업지원

21	①	22	③	23	②	24	③	25	①
26	④	27	④	28	②	29	①	30	①
31	②	32	④	33	④	34	③	35	②
36	①	37	①	38	①	39	④	40	②

[제3과목] 직업정보

41	①	42	①	43	④	44	①	45	①
46	④	47	②	48	④	49	④	50	④
51	②	52	①	53	②	54	③	55	③
56	④	57	②	58	②	59	②	60	④

[제4과목] 노동시장

61	④	62	②	63	③	64	②	65	①
66	①	67	①	68	④	69	④	70	②
71	①	72	③	73	②	74	②	75	③
76	④	77	②	78	③	79	①	80	②

[제5과목] 고용노동관계법규

81	③	82	④	83	④	84	①	85	③
86	④	87	③	88	④	89	④	90	④
91	②	92	④	93	①	94	②	95	④
96	③	97	③	98	②	99	④	100	④

01 ②

기출키워드 인지적 명확성의 범위

정답풀이 잘못된 결정방식이 진지한 결정 방해, 낮은 효능감으로 인한 선택의 방해, 공포증이나 말더듬증 등의 문제가 다른 직업선택을 방해하는 경우는 경미한 정신건강 문제에 해당한다.

오답풀이 ① 심각한 약물남용 장애는 심각한 정신건강 문제이다.
③, ④ 경험 부족에서 오는 고정관념과 심한 가치관 고착에 따른 고정성은 고정관념의 문제이다.

02 ①

기출키워드 직업상담사의 윤리강령

정답풀이 직업상담사는 개인이나 사회에 임박한 위험이 있을 경우 관계기관 등에 내담자의 정보를 공개할 수 있다.

03 ②

기출키워드 6개의 생각하는 모자(six thinking hats)

정답풀이 6개의 생각하는 모자에서 적색(빨강)은 직관에 의한 감정이나 느낌을 반영하는 상징색이다. 즉, 직관에 의존하고 직감에 따라 행동한다.
오답풀이 | ① 황색에 대한 설명이다.
③ 백색에 대한 설명이다.
④ 녹색에 대한 설명이다.

04 ②

기출키워드 크릿츠(Crites)의 직업문제유형

오답풀이 ① 강압형에 대한 설명이다.
③ 우유부단형에 대한 설명이다.
④ 부적응형에 대한 설명이다.

05 ①
기출키워드 행동주의 직업상담에서 내담자 유형

정답풀이 무결단성은 내담자의 진로결정상의 무력감에 기인하여 부모의 지시나 강압에 의한 직업선택 등 환경에 의한 요구나 압력이 원인이다. 이 경우 정보가 주어지고 직업상담이 끝난 후에도 내담자는 진로결정을 내리지 못한다.

06 ②
기출키워드 훈습 단계의 절차

정답풀이 정신분석적 상담에서 훈습 단계의 절차는 환자의 저항 → 분석자의 저항에 대한 해석 → 환자의 해석에 대한 반응 순이다.

07 ②
기출키워드 인간중심 상담

정답풀이 ②는 융(C. Jung)의 분석심리학 이론에 관한 개념이다.

> 인간중심 상담이론은 인간은 자기를 보전, 유지하고 향상시키고자 하는 실현화 경향성을 타고난 존재이며, 어린 시절 부모 등 주요 타자로부터 긍정적 존중을 받기 위해 가치의 조건화가 일어날 수 있다고 보았다. 또한 개인마다 주관적 경험의 세계가 있다고 보고 이를 현상학적 장이라고 지칭한다.

08 ④
기출키워드 Ginzberg의 진로발달단계

정답풀이 긴즈버그(Ginzberg)의 진로발달 3단계는 '환상기 – 잠정기 – 현실기'의 순서이다.

09 ①
기출키워드 실존주의 상담의 주요 개념

정답풀이 빅터 프랭클은 인간의 가장 중요한 동기는 자기 삶의 의미를 찾는 것이라고 보고, 그러지 못할 때, 인간은 좌절하고 공허하고 낙담한다고 보았다. 또한 얄롬(Yalom)은 인간의 궁극적 관심사로 죽음, 자유, 소외(고립), 무의미성을 제시하였다.

10 ③
기출키워드 직업상담의 목적

정답풀이 직업상담의 목적 중 가장 중요한 요소는 합리적인 직업의 결정이므로 내담자의 의사결정 능력을 길러주어야 한다.

11 ①
기출키워드 진로상담

정답풀이 진로상담의 정확성에 대한 오해는 내담자가 상담자의 조언으로 장래 직업선택과 결정이 매우 과학적이고 정확할 것이라고 생각하는 것이다. 이 경우 내담자가 잘못된 맹신이나 착오를 일으킬 수 있다.

12 ②
기출키워드 과잉교정

정답풀이 과잉(과다)교정은 문제행동의 결과를 지나칠 정도로 과잉하여 교정하는 것이다. 문제행동에 대한 대안행동이 거의 없거나 효과적인 강화인자가 없을 때 유용한 기법으로, 파괴적이고 폭력적인 행동을 수정하는 데 효과적인 방법이다.

13 ②
기출키워드 요약과 재진술

오답풀이 ③ 명료화는 내담자의 말 속에 포함되어 있는 생각과 감정의 불분명한 표현을 상담자가 분명하게 밝히는 것이다.
④ 적극적 경청은 내담자에게 항상 세심하게 주목하는 것을 말한다. 내담자가 표현하는 언어적 의미 외에 비언어적인 의미까지 이해하는 능력으로, 언어적·비언어적 반응을 수반한다.

14 ④
기출키워드 포괄적 직업상담

정답풀이 포괄적 직업상담에서 진단은 변별적이고 역동적인 성격을 가지고 있고, 검사의 역할을 중시하며 검사를 효율적으로 사용한다. 변별 진단에서는 직업적성검사, 직업흥미검사 등의 검사를 활용하여 내담자의 문제를 분류하며, 직업성숙도검사(CMI)를 통해 내담자의 직업선택에 대한 능력과 태도를 검토한다.

15 ①
기출키워드 상담의 초기면접 단계

정답풀이 통찰의 확대는 상담의 중기단계에 해당한다.

> 상담의 초기면접 단계에서 고려되는 사항은 상담의 구조화, 상담자와 내담자 간의 상담관계(라포)형성, 내담자의 심리적 문제 파악(심리평가), 상담목표의 설정 등이 있다. 그중 상담자와 내담자 간의 상담관계형성은 상담의 초기면접 단계에서 가장 중요한 사항이다.

16 ④
기출키워드 보딘(Bordin)의 정신역동적 직업상담

정답풀이 정신역동적 직업상담의 기법에서 반응 범주(면담기법)는 명료화, 비교, 소망-방어체계의 해석이다.

17 ①
기출키워드 교류분석 상담

정답풀이 교류분석 상담과정의 구조분석은 자아 상태를 부모자아, 성인자아(어른자아), 어린이자아로 구분하여 그에 대한 내용을 통찰함으로써 부적절한 사고를 변화시키며, 세 가지 자아 상태를 적절히 활용할 수 있도록 돕는 과정이다.

18 ④
기출키워드 Adler의 개인주의 상담

정답풀이 개인주의 상담의 목표는 내담자의 생활양식을 확인하고 바람직한 방향으로 생활양식을 바꾸도록 하는 것이다.
④는 정신분석이론에 대한 설명이다.

> 개인주의 상담의 목표
> - 사회적 관심을 갖도록 돕는다.
> - 패배감을 극복하고 열등감을 감소시킬 수 있도록 돕는다.
> - 내담자의 잘못된 가치와 목표를 수정하도록 돕는다.
> - 행동수정보다는 동기수정에 초점을 두고 잘못된 동기를 바꾸도록 돕는다.
> - 사회의 구성원으로 기여하도록 돕는다.
> - 기본 목표는 사회적 관심, 즉 잘못된 사회적 가치를 바꾸는 것이다.

19 ③
기출키워드 체계적 둔감법

정답풀이 체계적 둔감법은 불안이나 공포로 인해 야기되는 부적응행동을 치료하는 데 매우 효과적이다.

> 체계적 둔감법
> - 불안과 같은 긴장된 정서반응과 편안함과 같은 정서적 반응이 양립할 수 없다는 상호제지의 원리에서 시작된다.
> - 불안자극을 점차적으로 위계목록 순으로 완화시키는 기법이다.
> - 이완훈련, 불안위계목록의 작성, 단계적 둔감의 순서로 진행된다.

20 ②
기출키워드 인지치료(Cognitive Therapy)

정답풀이 인지치료는 자신과 세계에 관한 개인의 사고과정에서 나타나는 인지적 오류와 왜곡을 문제의 핵심으로 간주한다. 역기능적 신념이 행동에 미치는 영향력을 강조하며, 이를 수정하여 내담자의 정서나 행동을 변화시키는 데 역점을 둔다.

21 ①
기출키워드 직무관련 스트레스 요인

정답풀이 직무관련 스트레스 요인으로는 과제특성, 역할갈등과 역할모호성, 산업의 조직문화와 풍토 등이 있다.

22 ③
기출키워드 직위분석질문지(PAQ)

정답풀이 직위분석질문지(PAQ)는 미국 퍼듀대학교의 매코믹(McCormick)과 동료들이 개발하였고 직무분석 분야에 상당한 공헌을 하였다. PAQ는 194개 문항을 포함하고 있는 구조화된 표준화 직무분석 질문지이며, 187항목은 작업활동과 작업상황에 관련된 질문이고 7항목은 보수와 관련된 질문이다.

23 ②
기출키워드 직무스트레스 조절변인

정답풀이 직무관련 스트레스의 조절변인에는 성격유형, 통제의 위치(통제 소재), 사회적 지원이 있다.

> **직무 스트레스 조절 변인**
> - 성격 유형(A형·B형 성격 유형): A형 성격 유형의 사람은 스트레스 상황에 노출되면 B형 성격 유형의 사람보다 훨씬 많은 스트레스를 받는다.
> - 통제의 위치(통제 소재): 어떤 사건의 발생이나 결과가 자기 자신의 행위에서 비롯된 것으로 간주하여 스스로 통제 가능한 것으로 인식한다. 내적 통제자는 외적 통제자보다 스트레스에 적절하게 대처하므로 스트레스 위협을 덜 느낀다.
> - 사회적 지원: 사회적 지원은 스트레스 상황에서의 심리적·신체적 적응에 도움을 준다.

24 ③
기출키워드 투사적 검사의 장점

정답풀이 반응의 풍부함은 투사적 검사의 장점이다. 이외에도 투사적 검사의 장점에는 수검자의 반응의 독특성, 방어의 어려움, 무의식적 반응을 들 수 있다.

25 ①
기출키워드 Dawis와 Lofquist의 적응양식 차원

정답풀이 의존성이 아니라 융통성이 데이비스와 롭퀴스트(Dawis & Lofquist)의 직업적응양식 차원에 해당한다.

> **Dawis와 Lofquist의 적응양식 차원**
> - 융통성: 수행해야 할 다양한 작업들 간의 부조화를 참아내는 정도
> - 끈기 또는 인내: 환경이 자신에게 맞지 않아도 개인이 얼마나 오랫동안 견뎌낼 수 있는지의 정도
> - 적극성: 개인이 작업환경을 개인적 방식과 좀 더 조화롭게 만들어가려고 노력하는 정도
> - 반응성: 개인이 작업성격의 변화로 인해 작업환경에 반응하는 정도

26 ④
기출키워드 브룸(Vroom)의 기대이론

정답풀이 기대이론은 자신의 노력에 따른 결과를 기대하고 선택한다는 의사결정이론이다. 노력은 1차 산출물인 성과에 대한 기대감을 갖게 하고 보상에 대한 믿음인 수단성이 2차 산출물인 보상을 가져오며, 보상은 보상의 만족도인 유인가를 갖게 한다.

27 ④
기출키워드 평균

정답풀이 중앙값이란 점수를 가장 작은 값부터 가장 큰 값까지 크기에 따라 나열하였을 경우 중앙에 위치하는 사례의 값을 말하는 것으로, 한 집단의 점수분포에서 백분위 50에 해당하는 원점수를 말한다. 점수분포가 정상분포(정규분포)를 따를 때에는 중앙값은 평균과 일치하므로 같은 또래집단의 점수분포에서 평균점수를 얻었다는 것을 의미한다.

28 ②

기출키워드 한국판 웩슬러 성인용 지능검사 제4판(K-WAIS-Ⅳ)

정답풀이 퍼즐은 지각추론 지수척도이다.

한국판 웩슬러 성인용 지능검사 제4판(K-WAIS-Ⅳ)의 구성은 다음과 같다.

구조	핵심검사	보충검사
언어이해 지수척도 (Verbal Comprehension Index Scale)	• 공통성 • 어휘 • 상식	이해
지각추론 지수척도 (Perceptual reasoning index scale)	• 토막 짜기 • 행렬추론 • 퍼즐	• 무게 비교 • 빠진 곳 찾기
작업기억 지수척도 (Working memory index scale)	• 숫자 • 산수	순서화
처리속도 지수척도 (Processing speed index scale)	• 동형 찾기 • 기호 쓰기	지우기

29 ①

기출키워드 번아웃 증후군(Burnout syndrome)

정답풀이 제시된 행동특성은 일종의 일 중독증(ㄱ)에 따른 소진(ㄴ)의 상태로, 번아웃 증후군(Burnout syndrome)에 해당하다

30 ①

기출키워드 과업지향적 직무분석방법

정답풀이 직업정보론과 관련있는 내용으로 작업자의 과업지향적 직무분석 방법에서는 직무에 대한 판단이 자료(data), 사람(people), 사물(things)의 관점에서 이루어진다.

31 ②

기출키워드 Krumboltz의 사회학습이론

정답풀이 크럼볼츠(Krumboltz)는 진로결정과정에 영향을 미치는 요인으로 유전적 요인과 특별한 능력, 환경적 조건과 사건, 학습경험, 과제접근기술을 제시하였다.

32 ④

기출키워드 신뢰도 계수

정답풀이 검사-재검사 신뢰도는 동일한 검사를 동일한 수검자에게 일정 시간 간격을 두고 두 번 실시하여 얻은 두 검사 점수의 상관계수에 의해 신뢰도를 추정하는 방법이다. 이때 두 번의 검사에서 각 학생들의 점수가 동일했다면 두 점수 간의 일관성이 높은 것이므로 상관계수는 1이다.

33 ④

기출키워드 로(Roe)의 욕구이론

정답풀이 경력태도검사(CBI)는 내담자로 하여금 자아인식 및 세계관에 대한 문제를 확인하도록 하기 위한 것이다. 직업선택에 필요한 정보 및 환경, 개인적인 장애가 무엇인지를 알려주는 검사는 자기직업상황검사(MVS)이다.

34 ③

기출키워드 크릿츠(Crites)의 직업문제유형

정답풀이 크릿츠(Crites)는 직업문제 유형을 적응성, 결정성, 현실성의 측면에서 나누었다. 제시된 직업선택문제는 현실성 중 비현실형(비현실적인)에 해당한다.

오답풀이 ① 부적응형(부적응된): 흥미를 느끼는 분야도 없고 적성에 맞는 분야도 없는 경우
② 우유부단형(우유부단한): 흥미나 적성의 유형이나 수준과는 상관없이 성격적으로 어떤 분야를 선택할지 결정하지 못하는 경우
④ 강압형(강요된): 적성에 따라 어쩔 수 없이 선택하였지만 그 직업에 대하여 흥미가 없는 경우

35 ②
기출키워드 직업지도 프로그램

정답풀이 직업탐색, 직업준비, 직업선택, 취업준비, 직업적응·전환 및 퇴직 등을 도와주기 위해 특별히 구조화된 조직적인 상담 체제는 직업지도 프로그램이다. 직업지도 프로그램에는 실업 관련 프로그램, 직장스트레스 대처 프로그램, 자신에 대한 탐구 프로그램 등이 있다.

36 ①
기출키워드 진로이론

오답풀이 ㄷ. 학습경험을 형성하고 진로행동에 단계적으로 영향을 주는 구체적인 매개변인을 찾는 데 목표를 두는 것은 사회학습이론에 대한 설명이다.
ㄹ. 가치중심적 진로이론에서는 가치가 진로결정 과정에서 가장 중요한 작용을 하며, 상대적으로 흥미가 무시된다.

37 ①
기출키워드 크론바흐 알파(Cronbach's α)계수

정답풀이 크론바흐 알파(Cronbach's α)계수는 문항들 간의 동질성을 나타내는 지수이다. 크론바흐 알파계수는 '0~1'의 값을 가지며, 값이 클수록 검사 문항들이 동질적이라는 것을 의미한다.

38 ①
기출키워드 직업지도 프로그램

정답풀이 직업재활 및 고용(Vocational Rehabilitation and Employment, VR&E) 프로그램은 복무관련 상이 제대군인의 훈련 및 재활, 직업교육상담, 피부양자 교육지원을 목적으로 하고 있으며, 알코올·약물중독 등이 있을 경우에도 심각한 고용 상이에 해당할 수 있다.

오답풀이 ② 직업적응상담 프로그램: 신규 입직자나 직업인을 대상으로 조직문화, 인간관계, 직업예절, 직업의식과 직업관 등에 관한 정보를 제공한다.
③ 자신에 대한 탐구 프로그램: 진로 미결정자에게 유용한 프로그램이다.
④ 직장스트레스 대처 프로그램: 전직을 예방하기 위해 퇴직의사 보유자에게 실시하는 직업 상담 프로그램이다.

39 ④
기출키워드 Holland의 성격유형

정답풀이 홀랜드(Holland)가 제시한 성격유형 중 정확성과 꼼꼼함을 요구하면서 융통성과 상상력이 부족한 성격유형은 관습적 유형(C)이다.

40 ②
기출키워드 Holland의 육각 모형

정답풀이 Holland의 육각 모형에서 사회형(S)의 대각선 위치에 있는 것은 현실형(R)이고, 예술형(A)의 대각선 위치에 있는 것은 관습형(C)이다.

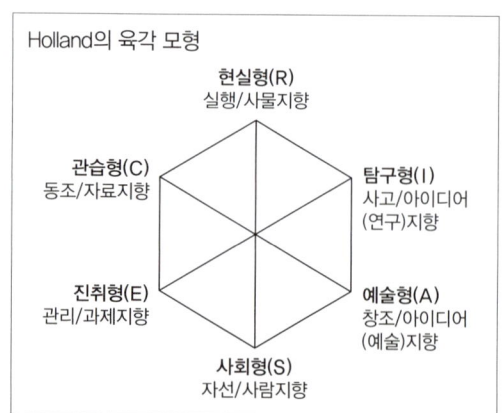

41 ①
기출 키워드 직업정보의 처리과정(처리단계)

정답풀이 직업정보 시스템의 정보관리는 수집 → 분석 → 가공 → 체계화 → 제공 → 축적 → 평가의 순서로 이루어진다.

42 ①
기출 키워드 민간직업정보의 특징

정답풀이 필요한 시기에 최대한 활용되도록 한시적으로 신속하게 생산 및 운영되는 것은 민간직업정보의 특징이다.

43 ④
기출 키워드 한국표준산업분류의 분류목적

정답풀이 취업알선을 위한 구인·구직 안내기준으로 사용하는 것은 직업분류(취업알선직업분류)이다. 취업알선과 산업분류는 관계 없다.

1. 한국표준산업분류(KSIC)는 생산단위(사업체단위, 기업체단위 등)가 주로 수행하는 산업활동을 그 유사성에 따라 체계적으로 유형화한 것이다.
2. 한국표준산업분류는 산업활동에 의한 통계자료의 수집, 제표, 분석 등을 위해서 활동 카테고리를 제공하기 위한 것으로, 「통계법」에서는 산업통계자료의 정확성 및 비교성을 위하여 모든 통계기관이 이를 의무적으로 사용하도록 규정하고 있다.
3. 한국표준산업분류는 통계목적 이외에도 일반 행정 및 산업정책 관련 법령에서 그 법령의 적용대상 산업영역을 결정하는 기준으로 준용되고 있다.

44 ①
기출 키워드 국민내일배움카드의 지원대상

정답풀이 만 75세 이상인 사람은 국민내일배움카드 운영규정에 따른 훈련비 등을 지원하지 아니한다. 따라서 만 65세 이상인 사람은 지원대상에 해당한다.

45 ①
기출 키워드 고용노동통계조사의 조사주기

정답풀이 사업체 노동력 조사는 고용노동부가 매월 사업체를 대상으로 수요 측면의 사업체 내 종사자 총량, 근로자의 전체 임금 총량 단위로 파악하는 조사이다. 매월 노동수요측(사업체)의 관점에서 근로자 수, 입직자 및 이직자 수와 임금 및 근로시간에 관한 사항을 조사하여 노동정책의 기초자료 활용 및 경기전망 등을 위한 경기지표를 생산하기 위한 조사이다.

46 ④
기출 키워드 국가직무능력표준(NCS)의 개념체계

정답풀이 직무는 국가직무능력표준(NCS) 분류체계의 세분류를 의미하고, 원칙상 세분류 단위에서 표준이 개발된다.

47 ②
기출 키워드 국가기술자격 시행기관

정답풀이 빅데이터분석기사 자격은 한국데이터산업진흥원이 시행한다.

빅데이터분석기사는 대용량의 데이터 집합으로부터 유용한 정보를 찾고 결과를 예측하기 위해 목적에 따라 분석기술과 방법론을 기반으로 정형·비정형 대용량 데이터를 구축, 탐색, 분석하고 시각화를 수행하는 업무를 수행한다.

48 ②

기출키워드 한국직업사전 > 부가직업정보 > 작업강도

정답풀이 최고 20kg의 물건을 들어올리고 10kg 정도의 물건을 빈번히 들어올리거나 운반하는 것은 보통 작업이다.

> 한국직업사전(2020)의 부가직업정보 중 작업강도는 해당 직업의 직무를 수행하는 데 필요한 육체적 힘의 강도를 나타낸 것으로 5단계로 분류한다.
> ㉠ 아주 가벼운 작업: 최고 4kg의 물건을 들어올리고, 때때로 장부, 대장, 소도구 등을 들어올리거나 운반한다.
> ㉡ 가벼운 작업: 최고 8kg의 물건을 들어올리고, 4kg 정도의 물건을 빈번히 들어올리거나 운반한다.
> ㉢ 보통 작업: 최고 20kg의 물건을 들어올리고, 10kg 정도의 물건을 빈번히 들어올리거나 운반한다.
> ㉣ 힘든 작업: 최고 40kg의 물건을 들어올리고, 20kg 정도의 물건을 빈번히 들어올리거나 운반한다.
> ㉤ 아주 힘든 작업: 40kg 이상의 물건을 들어올리고, 20kg 이상의 물건을 빈번히 들어올리거나 운반한다.

49 ④

기출키워드 각 연도의 최저임금액

정답풀이 고용노동부장관이 2026년의 최저임금은 2025년의 최저임금에 비해 2.9% 인상된 10,320원이다. 월 환산액은 주 소정근로 40시간을 근무할 경우, 월 환산 기준시간 수 209시간(주당 유급주휴 8시간 포함) 기준 2,156,880원이다.

※ 최신 개정 내용에 맞게 변형한 기출문제입니다.

50 ③

기출키워드 면접조사에서 면접자가 지켜야 할 원칙

정답풀이 개방형 질문(open-ended questions)인 경우에는 응답내용을 그대로 기록한 후 차후에 전문가들에 의해 해석되어야 한다.

51 ②

기출키워드 고용24 학과정보

정답풀이 해양생명과학과는 자연계열의 '수산학과'의 관련학과이다. 고용24 학과정보 중 자연계열의 '생명과학과'의 관련학과는 생명공학과, 의생명과학과, 의생명공학과, 미생물학과, 분자생물학과, 분자생명과학과, 유전공학과, 생물학과, 분자생물학과, 생명시스템학과, 바이오산업공학과 등이다.

※ 24년 9월 기준 '워크넷' 사이트가 '고용24'로 개편되어 현행에 맞게 문제를 수정하였습니다.

52 ①

기출키워드 한국표준직업분류(2025)의 신설 직업

정답풀이 제8차 한국표준직업분류에서 대분류 3 '사무 종사자'에 신설된 분류는 행정사, 대학 행정조교, 증권사무원, 의료 서비스 상담 종사원 등이다.

53 ②

기출키워드 직업정보의 기능과 역할

정답풀이 직업정보는 내담자에게 내담자가 원하는 분야에 대한 다양한 직업적 대안에 대한 정보를 제공하는 것이지, 내담자의 흥미, 적성, 가치 등을 파악하는 것이 주기능은 아니다.

54 ③

기출키워드 직업정보의 제공유형별 특징

정답풀이 인쇄물은 저비용, 면접의 학습자 참여도는 적극적이다. 그리고 직업경험의 접근성은 일부만이 참여하므로 제한적이다.

55 ③

기출키워드 한국표준산업분류(제11차)의 적용원칙

정답풀이 복합적인 활동단위는 우선적으로 최상급 분류단계(대분류)를 정확히 결정하고, 순차적으로 중, 소, 세, 세세분류 단계 항목을 결정하여야 한다.

56 ④
기출키워드 한국표준직업분류에서 직업으로 보지 않는 활동

정답풀이 제시된 내용은 모두 한국표준직업분류에서 직업으로 보지 않는 활동이다. 직업은 일의 계속성, 경제성, 사회성과 윤리성, 속박된 상태에서의 활동이 아닐 것 등의 조건이 갖추어져야 한다.

한국표준직업분류(제8차)에서 직업으로 보지 않는 활동 (10가지)
- 이자, 주식배당, 임대료(전세금, 월세금) 등과 같은 자산 수입이 있는 경우
- 연금법, 국민기초생활보장법, 국민연금법 및 고용보험법 등의 사회보장이나 민간보험에 의한 수입이 있는 경우
- 경마, 경륜, 경정, 복권 등에 의한 배당금이나 주식 투자에 의한 시세차익이 있는 경우
- 예·적금 인출, 보험금 수취, 차용 또는 토지나 금융자산을 매각하여 수입이 있는 경우
- 자기 집의 가사활동에 전념하는 경우
- 교육기관에 재학하며 학습에만 전념하는 경우
- 시민봉사활동 등에 의한 무급 봉사적인 일에 종사하는 경우
- 사회복지시설 수용자의 시설 내 경제활동
- 수형자의 활동과 같이 법률에 의한 강제노동을 하는 경우

57 ②
기출키워드 국가기술자격과 국가전문자격

정답풀이 주택관리사보는 전문자격 종목이다. 공인중개사, 사회복지사1급, 청소년상담사, 행정사 등이 전문자격 종목에 해당한다.

58 ②
기출키워드 한국직업사전 > 부가직업정보 > 직무기능

정답풀이 데이터의 분석에 기초하여 시간, 장소, 작업순서, 활동 등을 결정하고, 결정을 실행하거나 상황을 보고하는 것은 자료(data)와 관련된 기능 중 조정(coordinating)에 해당한다.

59 ②
기출키워드 국가기술자격 검정기준

정답풀이 응시하고자 하는 종목에 관한 최상급 숙련기능을 가지고 현장관리 등의 업무를 수행할 수 있는 능력의 유무는 기능장의 검정기준이다.

국가기술자격의 등급
㉠ 기술사: 고도의 전문지식과 실무경험에 입각한 기술업무의 수행능력
㉡ 기능장: 최상급 숙련기능을 가지고 현장관리 업무의 수행능력
㉢ 기사: 공학적 기술이론 지식
㉣ 산업기사: 기술기초이론지식 또는 숙련기능
㉤ 기능사: 숙련기능

60 ④
기출키워드 직업성립의 일반요건

정답풀이 한국표준직업분류(KSCO-18)에서 직업이 되기 위해서는 일의 계속성, 경제성, 윤리성 및 사회성 등의 조건을 갖추어야 한다. 또한 속박된 상태에서의 활동은 직업이 될 수 없다.

61 ④
기출키워드 여가가 열등재인 경우 개인의 노동공급곡선

정답풀이 열등재(inferior goods)는 소득이 증가할 때 수요가 감소하는 재화를 말한다. 여가가 열등재라면 임금상승으로 소득수준이 높아져도 여가의 수요는 감소한다. 임금상승에 따른 여가의 수요 감소는 노동공급량의 증가를 의미하므로 노동의 공급곡선은 우상향한다.

62 ②
기출키워드 최저임금제가 고용을 증가시키는 경우

정답풀이 정부가 임금을 인상시키는 것은 최저임금제의 경우이다. 일반적으로 최저임금제가 시행되면 기업의 노동수요량이 감소하므로 근로자는 실업자가 될 가능성이 있다. 그러나 노동시장이 수요독점(monopsony)인 경우에는 최저임금제로 임금이 상승해도 고용량이 증가할 수 있다.

개념체크 최저임금제가 고용을 증가시키는 것은 ㉠ 노동시장이 수요독점 노동시장인 경우, ㉡ 생산성 증대효과가 있는 경우, ㉢ 유효수요 증대효과가 있는 경우 등이다.

63 ③
기출키워드 1차 및 2차 노동시장의 특징

정답풀이 2차 노동시장(secondary labor market)은 낮은 임금, 열악한 근로조건과 고용불안정으로 인한 높은 이직률, 교육훈련과 승진기회의 부재 등의 특징을 지닌 노동시장이다.

64 ②
기출키워드 선별가설과 신호가설의 특징

정답풀이 빈곤문제 해결을 위해 교육훈련 기회를 확대하는 것이 중요하다는 것은 인적자본이론에 근거한 설명이다.

65 ①
기출키워드 유니언 숍

정답풀이 유니언 숍(union shop)은 사용자가 자유롭게 채용할 수 있으나 채용 후 일정 기간이 지나면 반드시 조합에 가입하여야 하는 제도이다. 또한 조합으로부터 탈퇴하거나 조합에서 제명되어 조합원 자격을 상실할 때에는 해고된다는 노사 간의 협약을 의미한다.

오답풀이 ②, ③은 클로즈드 숍(closed shop), ④는 오픈 숍(open shop)에 대한 설명이다.

66 ①
기출키워드 노동수요곡선의 이동요인

정답풀이 수요함수에서 내생변수인 임금수준이 변화하면 노동수요곡선 상에서의 이동이 나타나고 노동수요곡선 자체는 이동하지 않는다.

오답풀이 ② 생산기술(생산방법)의 진보, ③ 자본가격의 상승, ④ 생산물에 대한 수요가 증가하면 노동수요곡선은 오른쪽으로 이동한다.

67 ①
기출키워드 최저임금제의 부정적 효과

정답풀이 시장임금보다 높은 수준에서 최저임금을 정하면, 즉 정부가 개입하여 임금을 올리면 노동수요량은 감소하고 노동공급량은 증가하여 실업이 증가하는 부정적 효과가 있다.
노동수요곡선과 노동공급곡선이 모두 탄력적이면(즉, 노동수요곡선과 노동공급곡선이 모두 완만하면) 노동수요량은 크게 감소하고, 노동공급량은 크게 증가하므로 실업이 크게 발생한다.

68 ④
기출키워드 근로자의 경영참가

정답풀이 근로자의 경영참가에는 자본참가, 이익참가 등이 있으나, 가장 적극적인 참가는 경영의사결정에 직접 참여하거나 경영을 감시하는 것이다. 대표적인 예로 근로자중역 또는 감사역제에 의한 참가를 들 수 있다.

69 ④
기출키워드 소득정책

정답풀이 실업률과 물가상승률 간의 상충관계, 즉 스태그플레이션(stagflation)을 해결하기 위해 실시했던 정책은 소득정책(income policy)이다. 이는 1960년대 과도한 임금상승과 두 차례 석유파동을 계기로 스태그플레이션 현상이 나타나자 이를 해결하기 위해 도입된 것으로 과도한 임금인상을 억제하는 것(임금가이드라인 정책)을 주요 내용으로 한다.

70 ①

기출키워드 **노동시장 차별**

정답풀이 직장 경력의 차이에 따른 인적자본 축적의 차이로 인한 임금의 차이는 생산성의 차이에 의한 임금격차로, 임금격차의 경쟁적 요인에 해당한다. 노동시장에서의 차별과는 관련이 없다.

> **노동시장 차별**
> 1. 노동시장 차별(labor market discrimination)은 생산성에 차이가 없는(생산성이 동일한) 노동자가 인종, 성, 학력, 나이, 민족, 그리고 그들의 업무수행과 관련이 없는 특성 때문에 고용, 임금, 승진 등에 있어 다른 대우를 받는 것이다.
> 2. 노동시장 차별에 관한 이론은 베커(G. S. Becker)에 의해 처음 제시되었다. 베커는 개인편견이론(personal prejudice theory)에서 노동시장의 개인편견 차별의 주요 근원으로 고용주, 고용인, 그리고 소비자를 들고 있다. 또 다른 차별이론은 통계적 차별이론과 붐빔모형(crowding model) 또는 쇄도모형이 있다.

71 ①

기출키워드 **노동의 한계생산성**

정답풀이 완전경쟁 노동시장에서 이윤을 극대화하기 위해서는 노동의 한계생산가치($VMPL$) = 임금(W)에서 고용량을 결정해야 한다.
$VMPL = P \cdot MPL = W$이다.
따라서 7,000원 = 14,000원 × MPL이므로 노동의 한계생산 $MPL = \dfrac{7,000원}{14,000원}$ = 치킨 1/2마리가 될 때까지 고용을 늘려야 한다.

72 ③

기출키워드 **취업자**

정답풀이 하루 1시간씩 학교 부근 식당에서 아르바이트를 하고 있는 대학생은 조사대상주간에 한 시간 이상 일을 했으므로 취업자로 분류된다.

> **취업자**
> 취업자는 ⊙ 최근 지정된 1주일 동안 수입이 있는 일에 1시간 이상 일한 자, ⓒ 가족이 경영하는 기업이나 농장에서 수입을 높이는 데 도움을 준 무급 가족 종사자로서 18시간 이상 일한 자, ⓒ 일시적인 질병, 일기불순, 휴가 또는 연가, 노동쟁의 등의 이유로 일하지 않고 있는 일시적인 휴직자이다.

73 ②

기출키워드 **실업률 계산**

정답풀이 생산가능인구가 100이라면 경제활동인구 = 취업자 + 실업자 = 54 + 6 = 60이다.
따라서 실업률 = $\dfrac{실업자}{경제활동인구} \times 100 = \dfrac{6}{60} \times 100$
= 10.0%이다.

74 ②

기출키워드 **경기적 실업의 대책**

정답풀이 경기적 실업(cyclical unemployment)은 경제 전체의 총수요(유효수요)가 부족하여 발생하는 실업이다. 따라서 경기적 실업은 총수요(유효수요)의 증대를 통해 해결할 수 있다. 즉, 정부가 공공투자를 확대하여 정부지출을 늘리고 조세를 감면해주는 확장적 재정정책을 실시하거나, 중앙은행이 통화량을 늘리는 확장적 통화정책을 실시하여 총수요를 늘리면 생산의 증가와 함께 고용이 증가하므로 경기적 실업을 해결할 수 있다.

75 ③
기출키워드 역사가 가장 오래된 노동조합

정답풀이 직업별 노동조합(craft union)은 같은 직종 또는 직업에 종사하는 노동자가 조직하는 노동조합을 말한다. 직종별 조합 또는 직능별 조합이라고도 한다. 역사적으로는 가장 오래된 형태의 노동조합으로 영국을 중심으로 발전해 왔다. 숙련공 중심의 배타적·폐쇄적이고 독점적인 조직 형태로, 철도나 항만에서 하역작업을 하는 항운노조와 인쇄공 조합·목공 조합 등을 예로 들 수 있다.

76 ④
기출키워드 직무급 임금체계

정답풀이 직무급(base rate for job class)은 기업 내 각자가 담당하는 직무의 상대적 가치(질과 양의 양면)를 기초로 하여 지급되는 임금이므로 먼저 직무의 가치서열이 확립되어야 하고, 이 가치서열의 확립을 위하여 직무평가가 이루어져야 한다. 이는 동일한 직무에 대하여는 동일한 임금을 지급한다는 원칙(equal pay for equal work)에 입각한 것으로, 적정한 임금수준의 책정과 더불어 각 직무 간에 공정한 임금격차를 유지할 수 있는 기반이 된다.

오답풀이 ①, ②는 연공급, ③은 직능급 임금체계에 대한 설명이다.

77 ②
기출키워드 유보임금(요구임금)의 의미와 특징

정답풀이 ㄱ. 유보임금이 상승하면 직업탐색기간이 길어지므로 실업(탐색적 실업)기간이 길어진다.
ㄹ. 유보임금(reservation wage)은 노동자가 노동을 공급하기 위해 받기를 원하는 최소한의 임금을 말한다. 이는 요구임금(또는 희망임금, 의중임금, 눈높이임금)이라고도 하는데, 여가의 기회비용이 된다. 즉, 노동시간만큼 여가를 즐긴다고 할 때 여가를 통해서 얻는 주관적 효용에 해당하는 임금이다.

78 ③
기출키워드 사용자의 교섭력 원천

정답풀이 사용자는 쟁의행위 기간 중 그 쟁의행위로 중단된 업무를 도급 또는 하도급 줄 수 없다.

79 ①
기출키워드 노동정책과 제도

정답풀이 소득정책(income policy)은 과도한 임금인상을 억제하여 경기회복과 물가안정을 동시에 달성하려는 정책이다. 소득정책은 급격한 물가상승기에 일시적으로 사용하면 효과를 거둘 수 있지만 성장산업의 위축을 초래할 수 있고, 행정적 관리비용이 증가할 수 있으며 노동자의 임금인상 억제에 이용될 가능성도 있다.

80 ②
기출키워드 필립스 곡선의 의의

정답풀이 영국의 경제학자인 필립스(A. Phillips)는 1861~1957년간 영국경제를 대상으로 실증분석을 행한 결과 실업률과 명목임금 상승률 간에 안정적인 음(−)의 관계가 있다는 사실을 발견하였는데, 이 관계를 회귀곡선으로 표시한 것을 필립스곡선이라고 한다. 오늘날에는 필립스곡선을 물가상승률과 실업률 간의 역(−)관계로 파악하는 것이 일반적이다.

81 ③
기출키워드 고령자고용촉진

오답풀이 ① 상시근로자 300명 이상 사업주는 법령에서 정한 기준고용률 이상의 고령자를 고용하도록 노력하여야 한다.
② 기준고용률은 강제사항이 아니므로 미달한다고 해서 고용부담금을 납부하지는 않는다.
④ 국가 및 지방자치단체, 정부투자기관과 정부출연기관의 장은 그 기관의 우선고용직종에 고령자와 준고령자를 우선적으로 채용하여야 한다.

82 ④

기출 키워드 임금차별

오답풀이 ① 사업주는 동일한 사업 내의 동일가치노동에 대하여는 동일한 임금을 지급하여야 한다.
② 임금차별을 목적으로 사업주에 의하여 설립된 별개의 사업은 동일한 사업으로 본다.
③ 동일가치노동의 기준은 직무수행에서 요구되는 기술·노력·책임 및 작업조건 등으로 한다.

83 ④

기출 키워드 과태료 부과 대상

정답풀이 500만 원 이하 과태료 대상
- 채용광고의 내용 또는 근로조건을 변경한 구인자
- 지식재산권을 자신에게 귀속하도록 강요한 구인자
- 그 직무의 수행에 필요하지 아니한 개인정보를 기초심사자료에 기재하도록 요구하거나 입증자료를 수집한 구인자

84 ①

기출 키워드 지역고용심의회

정답풀이 지역고용심의회는 위원장 1명을 포함한 20명 이내의 위원으로 구성한다.

85 ③

기출 키워드 용어 정의

정답풀이 근로기준법상 '근로자'란 직업의 종류와 관계없이 임금을 목적으로 사업이나 사업장에 근로를 제공하는 사람을 말한다.

오답풀이 ③ 남녀고용평등법과 고용정책기본법에서 '근로자'의 정의로 명시하고 있는 내용이다.

86 ④

기출 키워드 육아기 근로시간 단축

정답풀이 육아기 근로시간 단축 후 근로시간은 주당 15시간 이상 35시간 이내에서 해야 한다.

> **근로시간 단축**
> - 육아기 근로시간 단축을 허용하는 경우 단축 후 근로시간은 주당 15시간 이상이어야 하고 35시간을 넘어서는 아니 된다(「남녀고용평등과 일·가정 양립 지원에 관한 법률」 제19조의2).
> - 가족돌봄 등을 위한 근로시간 단축을 허용하는 경우 단축 후 근로시간은 주당 15시간 이상이어야 하고 30시간을 넘어서는 아니 된다(「남녀고용평등과 일·가정 양립 지원에 관한 법률」 제22조의3).

87 ③

기출 키워드 용어 정의

정답풀이 「근로기준법령」상 '평균임금'이란 이를 산정하여야 할 사유가 발생한 날 이전 3개월 동안에 그 근로자에게 지급된 임금의 총액을 그 기간의 총일수로 나눈 금액을 말한다.

88 ②

기출 키워드 퇴직금 청구권 소멸시효

정답풀이 「근로자퇴직급여 보장법」에 따른 퇴직금을 받을 권리는 3년간 행사하지 아니하면 시효로 인하여 소멸한다.

89 ④

기출 키워드 직장 내 성희롱 예방교육의 실시

정답풀이 사업주는 직장 내 성희롱 예방을 위한 교육을 연 1회 이상 실시하여야 한다.

90 ②
기출키워드 육아휴직급여 신청

정답풀이 육아휴직급여를 지급받으려는 사람은 육아휴직을 시작한 날 이후 1개월부터 육아휴직이 끝난 날 이후 12개월 이내에 신청해야 한다. 다만, 해당 기간에 「고용보험법 시행령」 제94조에 정하는 사유로 육아휴직급여를 신청할 수 없었던 사람은 그 사유가 끝난 후 30일 이내에 신청해야 한다.

91 ②
기출키워드 휴업수당

정답풀이 휴업수당은 평균임금의 100분의 70 이상이다.

92 ③
기출키워드 고용형태 현황 공시

정답풀이 상시 300명 이상의 근로자를 사용하는 사업주는 매년 4월 30일까지 근로자의 고용형태 현황을 공시해야 한다.

93 ①
기출키워드 고용정책심의회

정답풀이 고용정책심의회는 위원장 1명을 포함한 30명 이내의 위원으로 구성한다.

94 ②
기출키워드 유료직업소개사업자의 장부 및 서류 비치기간

정답풀이 종사자 명부, 구인신청서 및 구직신청서, 금전출납부 및 금전출납명세서 모두 비치기간은 2년이다.

95 ③
기출키워드 실업대책사업

정답풀이 고용재난지역의 선포는 실업대책사업에 해당하지 않는다.

96 ③
기출키워드 채용절차법의 과태료 부과사항

정답풀이 채용서류 보관의무를 이행하지 아니한 구인자는 300만 원 이하의 과태료 부과 대상이다.

97 ③
기출키워드 직업능력개발훈련이 중요시되어야 하는 대상

정답풀이 '제조업의 생산직 근로자'는 법령 개정으로 직업능력개발훈련이 중요시되어야 할 대상에서 제외되었다.

98 ②
기출키워드 임금의 의미

정답풀이 평균임금이란 이를 산정하여야 할 사유가 발생한 날 이전 3개월 동안에 그 근로자에게 지급된 임금의 총액을 그 기간의 총일수로 나눈 금액이다.

99 ④
기출키워드 임금채권 소멸시효

정답풀이 「근로기준법」에 따른 임금채권은 3년간 행사하지 아니하면 시효로 소멸한다.

100 ④
기출키워드 고용정책 기본법상 근로자 개념

정답풀이 「고용정책 기본법」에서 '근로자'란 사업주에게 고용된 자와 취업할 의사를 가진 자이다.
④의 '근로자'는 「근로기준법」, 「기간제 및 단시간근로자 보호 등에 관한 법률」, 「파견근로자 보호 등에 관한 법률」, 「고용상 연령차별금지 및 고령자고용촉진에 관한 법률」에서 '근로자'의 정의로 명시하고 있는 내용이다.

2024년 3회 복원문제

[제1과목] 직업심리

번호	답	번호	답	번호	답	번호	답	번호	답
01	③	02	①	03	③	04	③	05	③
06	①	07	③	08	③	09	③	10	②
11	③	12	①	13	④	14	③	15	①
16	①	17	③	18	①	19	④	20	④

[제2과목] 직업상담 및 취업지원

번호	답	번호	답	번호	답	번호	답	번호	답
21	④	22	③	23	①	24	③	25	④
26	①	27	①	28	③	29	④	30	②
31	③	32	④	33	④	34	①	35	②
36	②	37	③	38	①	39	①	40	④

[제3과목] 직업정보

번호	답	번호	답	번호	답	번호	답	번호	답
41	①	42	①	43	③	44	②	45	①
46	③	47	②	48	①	49	④	50	②
51	①	52	②	53	②	54	②	55	④
56	②	57	④	58	②	59	①	60	①

[제4과목] 노동시장

번호	답	번호	답	번호	답	번호	답	번호	답
61	②	62	②	63	①	64	③	65	④
66	③	67	③	68	④	69	②	70	①
71	②	72	④	73	②	74	②	75	④
76	①	77	②	78	②	79	③	80	④

[제5과목] 고용노동관계법규

번호	답	번호	답	번호	답	번호	답	번호	답
81	④	82	④	83	④	84	④	85	③
86	③	87	③	88	③	89	③	90	①
91	①	92	③	93	④	94	④	95	③
96	①	97	②	98	①	99	④	100	④

---

01 ③

기출 키워드 생애진로사정

정답풀이 생애진로사정의 구조는 진로사정, 전형적인 하루, 강점과 장애 및 요약으로 이루어진다.

02 ①

기출 키워드 가치조건화

정답풀이 가치의 조건화란 인간중심 상담의 개념들 중 하나로 타인의 기대와 바람에 의해 만들어진 자신의 모습을 말한다. 주요 타자(부모 등)로부터 긍정적 존중과 인정을 받기 위해 그들이 원하는 가치와 기준을 내면화하는 것이다.

03 ③

기출 키워드 Parsons가 제안한 특성·요인 이론

정답풀이 특성이란 숨어 있는 특징이나 원인이 아니라 기술적인 범주라고 주장한 사람은 아나스타시(Anastasi)이다.

04 ③

기출 키워드 한계의 오류

정답풀이 왜곡되게 판단하는 것은 직업상담 시 한계의 오류를 가진 내담자들이 자신의 견해를 제한하는 방법에 해당하지 않는다.

> **전이된 오류의 유형 중 한계의 오류**
> • 예외를 인정하지 않는 것
> • 불가능을 가정하는 것
> • 어쩔 수 없음을 가정하는 것

05 ③
기출키워드 직업상담의 과정

정답풀이 직업상담의 일반적인 과정은 관계형성 – 진단 및 측정 – 목표설정 – 개입 – 평가 순으로 진행된다.

06 ①
기출키워드 상담의 초기면접 단계

정답풀이 통찰의 확대는 상담의 중기단계에 해당한다.

> 상담의 초기면접 단계에서 고려되는 사항은 상담의 구조화, 상담자와 내담자 간의 상담관계(라포)형성, 내담자의 심리적 문제 파악(심리평가), 상담목표의 설정 등이 있다. 그중 상담자와 내담자 간의 상담관계형성은 상담의 초기면접 단계에서 가장 중요한 사항이다.

07 ③
기출키워드 직업상담사의 직무내용

정답풀이 직업선택이 근본적인 관심사인 내담자에 대해서는 즉시 직업상담 실시를 확정해야 한다.

08 ③
기출키워드 자기보고식 가치사정기법

정답풀이 난관을 극복한 경험 기술하기는 자기보고식 가치사정법에 해당하지 않는다.

> **자기보고식 가치사정기법**
> - 체크목록 가치에 순위 매기기
> - 과거의 선택 회상하기
> - 절정 경험 조사하기
> - 자유시간과 금전 사용계획 조사하기
> - 백일몽 말하기
> - 존경하는 사람 기술하기

09 ③
기출키워드 진로시간전망 검사지의 사용목적

정답풀이 진로계획 수정은 진로시간전망 검사지를 사용하는 목적과 거리가 멀다.

> **진로시간전망 검사지의 사용 목적**
> - 미래의 방향 설정을 가능하게 한다.
> - 미래에 대한 희망을 갖도록 한다.
> - 미래가 실제인 것처럼 느끼게 한다.
> - 현재의 행동을 미래의 결과와 연계시킨다.
> - 목표 설정을 촉구한다.
> - 진로계획에 대한 긍정적 태도를 강화한다.
> - 진로계획의 기술을 연습시킨다.
> - 진로의식을 높여준다.

10 ②
기출키워드 타이드만(Tiedman)의 진로발달이론

정답풀이 타이드만과 오하라의 진로발달이론은 에릭슨의 심리사회적 발달이론에 기초를 두었으며, 연령보다는 문제의 성질이 중요하다고 보고 진로발달을 직업 정체감을 형성해가는 과정으로 보았다.

11 ③
기출키워드 인지·정서·행동치료(REBT)의 상담기법

정답풀이 인지·정서·행동치료(REBT)의 상담기법 중 정서적 기법으로는 무조건적 수용, 합리적-정서적 이미지, 역할놀이, 수치(부끄러움)공격 연습 등이 있다. 자기관리는 행동적 기법에 속한다.

12 ①
기출키워드 인지적 명확성

정답풀이 직장을 처음 구하는 사람과 직업전환을 하는 사람의 직업상담에 관한 접근은 다르게 해야 한다. 직장을 처음 구하는 사람에게 상담자가 가장 먼저 탐색해야 할 것은 내담자의 자기인식수준이고, 직업전환을 하는 사람에게 상담자가 가장 먼저 탐색해야 할 것은 내담자의 변화에 대한 인지능력이다.

13 ④
기출키워드 비밀보장 원칙의 예외사항

정답풀이 상담을 의뢰한 교사가 내담자의 상담자료를 요청하는 경우일지라도 상담자는 비밀을 누설해서는 안 된다.

14 ③
기출키워드 진로결정에 영향을 미치는 요인

정답풀이 미첼과 크럼볼츠(Mitchell & Krumboltz)는 개인의 진로결정에 영향을 미치는 요인으로 유전적 요인과 특별한 능력, 환경적 조건과 사건, 학습경험, 과제접근 기술을 제시하였다.

오답풀이 ③ 사회성 기술은 진로발달과정의 요인에 해당하지 않는다.

15 ①
기출키워드 정보지향적 면담과 관계지향적 면담

정답풀이 초기면담은 정보지향적 면담과 관계지향적 면담으로 나누어진다. 정보지향적 면담에서는 내담자에 대한 정보수집을 위해 탐색해 보기, 폐쇄형 질문, 개방형 질문 등의 상담기법을 수행한다.

오답풀이 ① 재진술은 관계지향적 면담에서 사용되는 상담기법으로, 내담자의 메시지에 초점을 두고 내담자가 말한 바를 반사적 반응으로 재진술하는 것이다.

16 ①
기출키워드 질문을 통해 역할관계 사정하기

정답풀이 상호역할관계 사정방법에는 크게 질문을 통해 역할관계 사정하기, 동그라미로 역할관계 그리기, 생애-계획 연습으로 전환하기가 있다. 내담자에게 삶에서의 역할들을 원으로 그리도록 하는 방법은 상호역할관계 사정방법 중 '동그라미로 역할관계 그리기'에 해당한다.

> 질문을 통해 역할관계를 사정하는 방법에는 내담자가 개입하고 있는 생애역할들을 나열하기, 개개의 역할에 소요되는 시간의 양을 추정하기, 내담자의 가치들을 이용해서 순위 정하기, 상충적·보상적·보완적 역할들을 찾아내기 등이 있다.

17 ③
기출키워드 집단상담

정답풀이 집단 구성원 10명을 기준으로 상담사 1인을 두되, 구성원이 10명이 넘어 혼자서 관리하기 어려울 때에는 협동상담자를 추가로 둘 수 있다.

18 ①
기출키워드 특성-요인 상담

정답풀이 내담자가 잠재적인 모든 개성을 발달시키는 데 주력하는 것은 내담자 중심 상담의 목표이다.

19 ④
기출키워드 6개의 생각하는 모자기법

정답풀이 6개의 생각하는 모자기법은 의사결정 촉진 기법이다.

20 ④
기출키워드 Ellis의 인지·정서·행동 상담

정답풀이 엘리스(Ellis)에 의해 개발된 인지·정서·행동 상담은 인간을 합리적인 사고를 할 수 있는 존재로 가정하고, 과학적 사고를 통하여 깊게 느끼고 구체적으로 행동할 수 있는 존재라고 본다.

21 ④
기출키워드 셀리에(Selye)의 일반적응 증후군

정답풀이 탈진단계에서 심장병을 잘 유발하는 성격의 A유형은 스트레스 상황에서 좀처럼 흥분을 가라앉히지 않는다. 반면, B유형은 같은 상황에서 차분한 모습을 보인다.

22 ③
기출키워드 스트레스를 유발하는 동기 갈등

정답풀이 개인이 한 목표를 선택할 경우 그 목표에 정적 그리고 부적 측면이 있어서 생기는 갈등은 접근 – 회피 갈등이다.

오답풀이 ① 접근 – 접근 갈등: 목표가 모두 정적인 두 개의 대안들 중 한 개만을 선택해야 하는 경우이다.
② 회피 – 회피 갈등: 두 개의 부적 측면을 가진 목표를 수행해야 하는 경우이다.
④ 이중접근 – 회피 갈등: 두 개의 접근 – 회피 갈등을 보이는 목표 중 어느 하나만을 선택할 수밖에 없는 경우 발생한다.

23 ①
기출키워드 편차 지능지수

정답풀이 지능지수(IQ)의 계산방법은 Z점수에 일정 수의 편차를 곱하고 평균치를 100으로 정하여 더한 것으로, 편차지능지수의 경우 표준편차는 15이다.

24 ③
기출키워드 Super의 직업발달 단계

정답풀이 수퍼(Super)의 직업발달 단계는 성장기 → 탐색기 → 확립기 → 유지기 → 쇠퇴기의 순서이다.

25 ④
기출키워드 Bandura의 자기효능감이론

정답풀이 자기효능감 이론은 반두라(Bandura)가 제시한 이론으로, 어떤 과제를 수행하는 데 있어서 자신의 능력에 대한 믿음이 과제 시도의 여부와 과제를 어떻게 수행하는지를 결정한다는 것이다.

26 ①
기출키워드 로(Roe)의 욕구이론

오답풀이 ② 아동기 부모–자녀 간의 관계에서 생긴 욕구가 직업선택에 영향을 미친다는 이론이다.
③ 부모의 사랑을 제대로 받지 못하고 거부적인 분위기에서 성장한 사람은 다른 사람들과 함께 일하고 접촉하는 서비스 직종의 직업을 선호하지 않는다.
④ 직업군을 8가지로 분류한다.

27 ①
기출키워드 GATB 일반직업적성검사

정답풀이 일반직업적성검사(GATB: General Aptitude Test Battery)의 9가지 적성요인은 형태지각, 사무지각, 운동반응, 공간적성, 지능, 언어능력, 수리능력, 손 재치, 손가락 재치이다.

28 ③
기출키워드 직위분석질문지(PAQ)

정답풀이 직위분석질문지(PAQ)는 매코믹(McCormick)과 동료들에 의해 개발되었고 직무분석 분야에 상당한 공헌을 하였다. PAQ는 194개 문항을 포함하고 있는 구조화된 표준화 직무분석 질문지이며, 187항목은 작업활동과 작업상황에 관련된 질문이고 7항목은 보수와 관련된 질문이다.

29 ④
기출키워드 평균

정답풀이 중앙값이란 점수를 가장 작은 값부터 가장 큰 값까지 크기에 따라 나열하였을 경우 중앙에 위치하는 사례의 값을 말하는 것으로, 한 집단의 점수분포에서 백분위 50에 해당하는 원점수를 말한다. 점수분포가 정상분포(정규분포)를 따를 때에는 중앙값은 평균과 일치하므로 같은 또래집단의 점수분포에서 평균점수를 얻었다는 것을 의미한다.

30 ②
기출 키워드 조직 감축에서 살아남은 구성원

정답풀이 조직 감축에서 살아남은 구성원들이 조직에 대해 보이는 전형적인 반응 중 하나는 과로하며 종종 불이익도 감수하는 것이다.

오답풀이 ① 살아남은 구성원들은 종종 조직에 대해 신뢰감을 상실한다.
③ 일부 구성원들은 다른 직무나 낮은 수준의 직무로 이동하는 것을 감수한다.
④ 자신도 언제 감축대상이 될지 모른다는 불안감으로 인해 조직 몰입에 어려움을 겪는다.

31 ③
기출 키워드 설문지법

정답풀이 설문지법(질문지법)은 많은 사람들로부터 짧은 시간 내에 정보를 얻을 수 있어 양적인 정보를 얻는 데 적합하며, 직무 간 비교를 하기가 쉽다.

32 ④
기출 키워드 사회인지진로이론(SCCT)

정답풀이 사회인지진로이론(SCCT)은 진로발달의 기본이 되는 핵심 개념으로 자아효능감과 결과기대(성과기대), 개인적 목표를 들고 있다.

오답풀이 ④ 수행결과는 진로발달의 핵심 개념과 거리가 멀다.

33 ④
기출 키워드 Ginzberg의 진로발달단계

정답풀이 긴즈버그(Ginzberg)의 진로발달 3단계는 '환상기 → 잠정기 → 현실기' 순이다.

34 ①
기출 키워드 Dawis & Lofquist의 직업적응방식 차원

정답풀이 의존성이 아니라 융통성이 데이비스와 롭퀴스트(Dawis & Lofquist)의 직업적응양식 차원에 해당한다.

> **Dawis와 Lofquist의 적응양식 차원**
> - 융통성: 수행해야 할 다양한 작업들 간의 부조화를 참아내는 정도
> - 끈기 또는 인내: 환경이 자신에게 맞지 않아도 개인이 얼마나 오랫동안 견뎌낼 수 있는지의 정도
> - 적극성: 개인이 작업환경을 개인적 방식과 좀 더 조화롭게 만들어가려고 노력하는 정도
> - 반응성: 개인이 작업성격의 변화로 인해 작업환경에 반응하는 정도

35 ②
기출 키워드 인지능력검사의 종류

정답풀이 웩슬러 성인 지능검사(WAIS)는 인지능력을 평가하는 검사이다.

오답풀이 ①, ③, ④ 성격검사로서 정서적 검사에 해당한다.

36 ②
기출 키워드 요구분석

정답풀이 경력개발을 위한 교육훈련을 실시할 때 가장 먼저 고려하는 과정은 누구를 대상으로 어떤 경력평가 프로그램을 만들지 알아보는 니즈평가 또는 요구분석이다.

37 ④
기출 키워드 직업선택과정

정답풀이 직업선택 과정은 일생 동안 계속 이루어지는 과정이기 때문에 다양한 단계에서 도움이 필요하다.

오답풀이 ①, ③ 직업의 선택은 직업에 대한 정확한 정보뿐 아니라, 개인적 특성과 가족이나 환경의 영향 등을 종합적으로 고려해야 한다.
② 발달이론에 따르면 직업선택은 어린 시절부터 이루어지는 발달과정으로 설명하고 있다.

38 ①
기출키워드 역할갈등

정답풀이 역할갈등이란 역할담당자가 자신의 지위와 역할전달자의 역할 기대가 상충되는 상황에서 지각하는 심리적 상태로, 직장 내 요구들 간의 모순 혹은 직장의 요구와 직장 밖 요구 사이에 모순이 있을 때 발생한다.

39 ①
기출키워드 신뢰도의 개념

정답풀이 신뢰도란 측정하고자 하는 대상이나 속성을 일관성 있게 측정하고 있는가의 개념이다. 즉, 검사의 신뢰도란 동일한 응답자에게 반복해서 적용했을 때 일관성 있는 결과가 나온다면 신뢰도가 높은 것이다. ③의 경우 동형검사 신뢰도의 개념과 유사하지만 문제가 신뢰도에 대한 '본질적 정의'를 묻는 것임으로 ③보다 ①을 정답으로 보는 것이 타당하다.

40 ④
기출키워드 심리검사 실시

정답풀이 수검자에게 검사결과를 통보할 때는 통계적인 숫자나 용어보다 일상적인 용어를 중심으로 전달하여야 한다.

41 ①
기출키워드 고용노동통계조사의 조사주기

정답풀이 사업체 노동력 조사는 고용노동부가 매월 사업체를 대상으로 수요 측면의 사업체 내 종사자 총량, 근로자의 전체 임금 총량 단위로 파악하는 조사이다.
매월 노동수요측(사업체)의 관점에서 근로자 수, 입직자 및 이직자 수와 임금 및 근로시간에 관한 사항을 조사하여 노동정책의 기초자료 활용 및 경기전망 등을 위한 경기지표를 생산하기 위한 조사이다.

42 ①
기출키워드 민간직업정보의 특징

정답풀이 필요한 시기에 최대한 활용되도록 한시적으로 신속하게 생산 및 운영되는 것은 민간직업정보의 특징이다.

43 ③
기출키워드 직업정보의 제공유형별 특징

정답풀이 인쇄물은 저비용, 면접의 학습자 참여도는 적극적이다. 그리고 직업경험의 접근성은 일부만이 참여하므로 제한적이다.

44 ②
기출키워드 한국표준직업분류

정답풀이 직업분류의 일반원칙으로 배타성의 원칙은 동일하거나 유사한 직무는 어느 경우에든 같은 단위직업으로 분류되어야 한다는 것이다.

45 ①
기출키워드 실기시험만 실시할 수 있는 종목

정답풀이 「국가기술자격법 시행규칙」(고용노동부령)에서 규정한 실기시험만 실시할 수 있는 종목은 다음과 같다.
㉠ 토목분야: 석공기능사, 지도제작기능사, 도화기능사, 항공사진기능사
㉡ 건축분야: 조적기능사, 미장기능사, 타일기능사, 온수온돌기능사, 유리시공기능사, 비계기능사, 건축목공기능사, 거푸집기능사, 건축도장기능사, 도배기능사, 철근기능사, 방수기능사
㉢ 판금·제관·새시분야: 금속재창호기능사

46 ③
기출키워드 한국표준산업분류의 산업결정방법

정답풀이 단일사업체의 보조단위는 그 사업체의 일개 부서로 포함하며, 여러 사업체를 관리하는 중앙보조단위(본부)는 별도의 사업체로 처리한다.

47 ②
기출키워드 한국표준직업분류 용어의 정의

정답풀이 각 생산단위가 노동, 자본, 원료 등 자원을 투입하여, 재화 또는 서비스를 생산 또는 제공하는 일련의 활동 과정은 산업활동이다.

48 ①
기출키워드 국민내일배움카드의 지원대상

정답풀이 만 75세 이상인 사람은 국민내일배움카드 운영규정에 따른 훈련비 등을 지원하지 아니한다. 따라서 만 65세 이상인 사람은 지원대상에 해당한다.

49 ④
기출키워드 고용24의 제공정보

정답풀이 고용24 직업정보시스템에서 제공하는 정보는 직업심리검사, 직업정보, 학과정보, 직업·취업 동영상 등이 있다. 국가직무능력표준(NCS) 정보는 현재 워크넷에서 제공되지 않고 있다.
※ 24년 9월 기준 '워크넷' 사이트가 '고용24'로 개편되어 현행에 맞게 문제를 수정하였습니다.

50 ②
기출키워드 한국직업사전 > 부가직업정보 > 직무기능

정답풀이 데이터의 분석에 기초하여 시간, 장소, 작업순서, 활동 등을 결정하고, 결정을 실행하거나 상황을 보고하는 것은 자료(data)와 관련된 기능 중 조정(coordinating)에 해당한다.

51 ①
기출키워드 포괄적인 업무에 대한 직업분류 원칙의 적용 순서

정답풀이 한국표준직업분류(2025)에서 포괄적인 업무에 대해 적용하는 직업분류 원칙은 주된 직무 우선의 원칙 → 최상급 직능수준 우선의 원칙 → 생산업무 우선의 원칙이다.

52 ②
기출키워드 작업강도

정답풀이 최고 20kg의 물건을 들어올리고 10kg 정도의 물건을 빈번히 들어올리거나 운반하는 것은 보통작업이다.
힘든 작업은 최고 40kg의 물건을 들어올리고, 20kg 정도의 물건을 빈번히 들어올리거나 운반하는 수준이다.

53 ③
기출키워드 직무분야

정답풀이 한국산업인력공단(q-net.or.kr)이 시행하는 국가기술자격은 크게 기계, 전자, 전기, 토목, 건축, 통신 등 22개 분야로 구분된다. 건설기계설비기사, 공조냉동기계기사, 승강기기사는 기계분야에 해당한다.

54 ②
기출키워드 고용24 학과정보의 분류

정답풀이 조경학과는 공학계열이고, 나머지는 자연계열에 해당하는 학과이다.
학과정보에서 공학계열은 대부분 ○○공학과라는 명칭으로 되어있지만 농공학과, 식품공학과, 임산공학과, 생명공학과, 동물공학과, 환경공학과 등은 자연계열로 분류된다. 그리고 건축학과, 건축설비학과, 조경학과도 공학계열에 포함시키고 있다.
※ 24년 9월 기준 '워크넷' 사이트가 '고용24'로 개편되어 현행에 맞게 문제를 수정하였습니다.

55 ④
기출키워드 서비스분야 국가기술자격의 등급

정답풀이 대한상공회의소가 주관하는 전자상거래관리사는 1급과 2급이 있다. 전자상거래관리사 1급은 해당 실무에 3년 이상 종사한 사람이나 해당 종목의 2급 자격을 취득한 후 해당 실무에 2년 이상 종사한 자에게 1급 시험의 응시자격이 주어진다.

오답풀이 ①, ②, ③ 단일 등급이다.

56 ②
기출키워드 고용24 채용정보 검색방법

정답풀이 현재는 「고용상 연령차별금지 및 고령자 고용촉진에 관한 법률」이 시행됨에 따라 채용정보 검색 조건에서 연령이 삭제되었다.

> 고용24의 채용정보의 검색조건은 근무지역, 희망직종, 고용형태, 희망임금, 경력 및 학력, 고용형태, 우대조건(청년층, 장년, 여성), 장애인 희망채용 등이다. 이와 함께 근무형태, 교대근무여부, 식사(비)제공, 복리후생(통근버스, 기숙사, 교육비 지원, 자녀학자금 지원 등), 채용구분(상용직, 일용직) 등의 조건을 입력하여 채용정보를 검색할 수 있다.

※ 24년 9월 기준 '워크넷' 사이트가 '고용24'로 개편되어 현행에 맞게 문제를 수정하였습니다.

57 ④
기출키워드 직업정보관리

정답풀이 구직 시에 연령, 학력 및 경력 등의 취업과 관련된 모든 정보는 정확하게 제공되어야 한다. 물론 구인업체는 이러한 정보를 철저하게 보호하여야 한다.

58 ②
기출키워드 일자리 창출정책의 종류

정답풀이 실업크레딧은 국민연금공단이 2016년 8월부터 도입한 실업자안전망이다. 구직급여를 받는 동안 국가에서 국민연금 보험료의 75%를 지원하여 실직 중 보험료 납부 부담을 덜어주고 향후 지급받는 국민연금 금액을 늘려주는 제도이다. 이는 일자리 창출 정책과 거리가 멀다.

59 ①
기출키워드 한국표준직업분류의 직업의 성립조건

정답풀이 사회복지시설 수용자의 시설 내 경제활동은 속박된 상태에서의 활동으로 직업으로 보지 않는다. 직업은 일의 계속성, 경제성, 사회성과 윤리성, 속박된 상태에서의 활동이 아닐 것 등의 조건이 갖추어져야 한다.

> 한국표준직업분류(제8차)에서 직업으로 보지 않는 활동 (10가지)
> - 이자, 주식배당, 임대료(전세금, 월세금) 등과 같은 자산 수입이 있는 경우
> - 연금법, 국민기초생활보장법, 국민연금법 및 고용보험법 등의 사회보장이나 민간보험에 의한 수입이 있는 경우
> - 경마, 경륜, 경정, 복권 등에 의한 배당금이나 주식투자에 의한 시세차익이 있는 경우
> - 예·적금 인출, 보험금 수취, 차용 또는 토지나 금융자산을 매각하여 수입이 있는 경우
> - 자기 집의 가사활동에 전념하는 경우
> - 교육기관에 재학하며 학습에만 전념하는 경우
> - 시민봉사활동 등에 의한 무급 봉사적인 일에 종사하는 경우
> - 사회복지시설 수용자의 시설 내 경제활동
> - 수형자의 활동과 같이 법률에 의한 강제노동을 하는 경우
> - 도박, 강도, 절도, 사기, 매춘, 밀수와 같은 불법적인 활동

60 ①
기출키워드 설문지의 질문 순서

정답풀이 질문지의 문항을 배열할 때에는 일반적인 것을 먼저 묻고 난 후 특수한 것을 묻는 것이 바람직하다.

61 ②
기출키워드 노동조합의 숍(shop)제도

정답풀이 에이전시 숍(agency shop)은 조합원이 아니더라도 모든 종업원에게 노동조합이 조합비를 징수하는 제도이다.

62 ②

기출키워드 임금의 보상격차

정답풀이 성별 임금격차는 차별에 의한 임금격차이므로 임금의 보상격차와 관련이 없다.

> **임금의 보상격차**
> 임금의 보상격차는 애덤 스미스(A. Smith)에 의해 주장되었다. 스미스는 노동자들의 직업선택 및 전직이 자유로운 사회에서는 각 직업의 좋은 점과 나쁜 점을 모두 고려한 순이익이 한 사회의 여러 가지 대체적인 직업 사이에서 균등하게 된다고 보고, 이를 균등화 격차(equalizing wage differentials)라고 하였다.

61 ①

기출키워드 구조적 실업의 원인

정답풀이 구조적 실업은 구인처에서 요구하는 기술을 갖춘 근로자가 없어서 산업 간·지역 간 노동의 이동성이 부족하기 때문에 발생하는 실업이다. 따라서 노동의 이동성을 높이는 대책이 필요하다. 즉, 직업전환 교육 등 인력정책, 지역간 이동을 촉진하기 위한 이주보조금, 산업구조의 변화 예측에 따른 인력수급정책 등이 필요하다.

64 ③

기출키워드 1차 및 2차 노동시장의 특징

정답풀이 이중노동시장이론에서 2차 노동시장(secondary labor market)은 낮은 임금, 열악한 근로조건과 고용불안정으로 인한 높은 이직률, 교육훈련과 승진기회의 부재 등의 특징을 지닌 노동시장이다.

65 ④

기출키워드 연공급의 특징

정답풀이 연공급 임금체계에서는 임금이 매년 상승하므로 인건비 부담이 증가한다.

> 연공급(seniority-based pay)은 임금이 개인의 근속연수·학력·연령 등 인적요소기준을 중심으로 변화하는 임금체계이다. 연공급의 단점으로는 전문기술인력의 확보 곤란, 기업의 인건비 부담 증가, 종업원들의 소극적·무사안일주의적인 근무태도 야기 등을 들 수 있다.

66 ③

기출키워드 비정규직 증가의 원인

정답풀이 비정규직 고용은 임시직 고용, 시간제 고용 등을 포함하는데 주로 저학력 취업자에게 적용된다. 기업이 비정규직 고용을 선호하는 이유로는 인건비 절감, 고용조정 유연성의 제고, 노동조합의 약화 등이 있다.

67 ②

기출키워드 임금이 하방경직적인 이유

정답풀이 명목임금이 하방경직적인 이유
케인즈(J. M. Keynes) 이후 새케인즈학파(new-Keynesian) 경제학자들은 명목임금이 하방경직적인 이유를 주로 연구했다. 명목임금이 하방경직적인 이유는 다음과 같다. ㉠ 통상의 고용계약이 2~3년의 장기계약이므로 그 기간 동안에는 임금이 경직적이다. ㉡ 강력한 노동조합이 존재하면 명목임금은 하락하지 않는다. ㉢ 최저임금제가 시행되는 경우에는 그 아래로 임금이 떨어지지 않는다. ㉣ 노동자의 역선택이 발생하면 명목임금은 떨어지지 않는다.

68 ④

기출키워드 이윤극대화 고용량 결정 조건

정답풀이 3명 고용 시 시간당 임금총액=3명×8,000원=24,000원이고, 4명 고용 시 시간당 임금총액=4명×9,000원=36,000원으로 12,000원 증가한다. 그러나 이 경우 시간당 한계수입생산이 10,000원이므로 이윤은 2천 원 감소한다.

69 ②

기출키워드 성과급 임금형태의 도입요건

정답풀이 생산원가 중에서 노동비용(노무비)에 대한 통제가 불필요한 경우에는 시간급제가 유용하다.

> 성과급제(piece-rate plan)는 노동성과를 측정하여 측정된 성과에 따라 임금을 산정·지급하는 임금형태이다. 성과급제는 ⊙ 생산단위의 측정이 가능할 경우, ⓒ 작업자의 노력과 생산량과의 관계가 명확할 경우, ⓒ 직무가 표준화되어 있고 작업의 흐름이 정규적일 경우, ② 생산의 질이 생산량보다 덜 중요하거나 그 질이 일정할 경우, ⑩ 각 작업자에 대한 감독을 철저히 할 수 없는 경우, ⑪ 경쟁적이어서 사전에 단위생산비 중 노무비가 결정되어 있는 경우에 유용하게 실시할 수 있다.

70 ①

기출키워드 종업원지주제의 도입목적

정답풀이 종업원 지주제와 새로운 일자리 창출은 아무런 관련이 없다.

> 종업원 지주제(우리사주제)는 기업이 자사 종업원에게 특별한 조건과 방법으로 자사 주식을 배분·소유하게 하는 제도이다. 이 제도의 목적은 종업원의 공로에 대한 보수, 회사에의 귀속의식 고취, 회사와의 일체감 조성, 자본조달의 새로운 원천개발 등에 있다. 그러나 자본조달의 원천개발은 부차적인 목적이고, 주목적은 소유참여나 성과참여로써 근로의욕을 높이고, 노사관계의 안정을 꾀하는 데 있다.

71 ②

기출키워드 실망노동자효과와 부가노동자효과

정답풀이 실망노동자효과는 경제활동인구(실업자)가 비경제활동인구로 됨에 따라 실업률이 감소한다. 반면 부가노동자효과는 비경제활동인구가 경제활동인구(실업자)로 되기 때문에 실업률을 증가시킨다. 따라서 경기침체에도 불구하고 실업률이 높아지지 않았다면 이는 실망노동자효과가 부가노동자효과보다 크기 때문이다.

72 ④

기출키워드 단체교섭의 의의와 특징

정답풀이 직장폐쇄(lock out)는 조업계속과 함께 노동자들의 쟁의행위에 대한 사용자의 대응행위에 해당한다.

73 ②

기출키워드 실업통계의 이해

정답풀이 사실상 실업자가 비경제활동인구로 분류되므로 실업자 수와 경제활동인구 모두 감소한다.

따라서 실업률$\left(=\dfrac{\text{실업자 수}}{\text{경제활동인구}}\times 100\right)$과

경제활동참가율$\left(=\dfrac{\text{경제활동인구}}{\text{15세 이상 인구}}\times 100\right)$이 모두 낮아진다.

실업급여가 확대되면 실업자들은 일자리가 나와도 계속하여 실업을 선택하는 실업함정(unemployment trap)이 나타난다. 높은 수준의 임금을 주는 기업을 탐색하며 구직을 위한 노력을 게을리하고 실업을 택하므로 탐색적 실업은 증가하지만 사실상 실업자인 이들은 비경제활동인구로 분류된다.

74 ②

기출키워드 경제활동참가율 계산

정답풀이 경제활동인구 = 취업자 수 + 실업자 수 = 200만 명 + 10만 명 = 210만 명이다. 그리고 15세 이상 인구(노동가능인구) = 경제활동인구 + 비경제활동인구 = 210만 명 + 100만 명 = 310만 명이다.

따라서 경제활동참가율 = $\dfrac{\text{경제활동인구}}{\text{15세 이상 인구}} = \dfrac{210만 명}{310만 명}$

× 100 = 67.7%이다.

75 ④
기출키워드 실업률 계산

정답풀이
경제활동참가율
$= \dfrac{경제활동인구}{15세 \ 이상 \ 인구(생산가능인구)} \times 100$
$= \dfrac{경제활동인구}{100만 \ 명} \times 100 = 50\%$

이므로 경제활동인구는 50만 명이다.
실업자 = 경제활동인구 − 취업자 수 = 50만 명 − 40만 명 = 10만 명이므로
실업률 $= \dfrac{실업자}{경제활동인구} \times 100 = \dfrac{10만 \ 명}{50만 \ 명} \times 100 = 20\%$
이다.

76 ①
기출키워드 임금체계의 특징

정답풀이 조직의 안정화에 따른 위계질서 확립이 용이하다는 장점이 있는 것은 연공급이다.

> 연공급(seniority-based pay)은 임금이 개인의 근속연수·학력·연령 등 인적요소기준을 중심으로 변화하는 임금체계로, 전문기술인력의 확보 곤란, 기업의 인건비 부담 증가, 종업원들의 소극적·무사안일주의적인 근무태도 야기 등의 단점도 있다.

77 ②
기출키워드 임금상승의 효과

정답풀이 임금 상승의 대체효과는 여가의 기회비용을 증가시키므로 여가 대신 노동공급량을 증가시킨다. 임금 상승의 소득효과는 전보다 일을 적게 해도 전과 같은 소득을 얻게 하므로 임금 상승은 노동공급을 감소시킨다. 따라서 임금 상승에 의한 소득효과가 대체효과보다 크다면 임금이 상승할 때 노동공급량은 감소하므로 노동의 공급곡선은 우하향하여 후방굴절인 모습을 보인다.

78 ③
기출키워드 분단노동시장가설

정답풀이 분단노동시장 가설에서는 내부노동시장이 형성되면 외부노동시장과 단절되므로 내부노동시장의 중요성을 강조한다.

> **분단노동시장 가설**
> 1. 분단노동시장(segmented labor market) 가설은 노동시장에는 자유로운 노동력의 이동을 저해하는 제도적인 요인이 있고, 따라서 노동시장을 하나의 경쟁적인 시장으로 파악하기는 어렵다고 보는 견해이다.
> 2. 분단노동시장 가설에서는 경쟁시장 가설에서 소홀히 다루기 쉬운 측면을 부각시키고 중요시한다는 점에서 정책적 의의가 있다. 즉, ① 노동시장 정책을 수립하거나 저임금층의 시장 적응을 도와주기 위한 정책을 실시하려고 할 때 직업훈련의 확충이나 공공직업소개소의 확대와 같은 노동공급 측면의 정책만으로는 불충분하다는 결론을 도출할 수 있다. ② 따라서 기업이 노동자 고용에 있어서 제도적 차별을 철폐하도록 유도하고, 공공투자에 의해 고용기회를 확대하는 등 수요측면의 정책도 매우 중요하다는 결론이 제시된다.

79 ③
기출키워드 균형임금

정답풀이 생산함수 $Q = 600L - 3L^2$을 미분하면 노동의 한계생산 $MP_L = 600 - 6L$이 도출된다.
따라서 노동수요곡선은 $VMP_L = P \times MP_L = 1,000 \times (600 - 6L) = 600,000 - 6,000L$이다.
노동공급이 완전 비탄력적이고 노동공급함수는 $L = 500$에서 수직선이므로 균형고용량(L)은 500명이다. 10개의 생산업체가 있으므로 개별기업의 고용량은 50명이다.
이윤극대화는 $W = VMP_L = P \times MP_L$에서 이루어진다.
따라서 개별기업의 균형고용량 $L = 50$을 노동수요함수(VMP_L)에 대입하면 균형임금 $W = 1,000 \times (600 - 6 \times 50) = 300,000$원이다.

80 ②
기출키워드 직업별 노동조합

정답풀이 ②는 일반 노동조합(general union)에 대한 설명이다. 일반 노동조합은 모든 노동자들을 대상으로 하고 있으며, 주로 미숙련 노동자들과 잡 노동자가 중심이 되어 전국에 걸쳐 만든 단일 노동조합이다. 입법 활동을 중시하였고, 영국의 경우 일반 노동조합은 직업별 노동조합에 뒤이어 일찍부터 발달했다.

> 직업별 노동조합(craft union)은 같은 직종 또는 직업에 종사하는 노동자가 조직하는 노동조합을 말한다. 직종별 조합 또는 직능별 조합이라고도 한다. 역사적으로는 가장 오래된 형태의 노동조합으로, 영국을 중심으로 발전해 왔다. 숙련공 중심의 배타적·폐쇄적이고 독점적인 조직 형태로, 철도나 항만에서 하역작업을 하는 항운노조와 인쇄공 조합·목공 조합 등을 예로 들 수 있다.

81 ④
기출키워드 직장 내 성희롱

정답풀이 직장 내 성희롱 예방교육은 연 1회 이상 실시해야 한다.

82 ④
기출키워드 근로권

정답풀이 국민에게 근로의 기회가 제공될수록 국가의 보호 의무는 그만큼 감소하게 된다.

83 ④
기출키워드 겸업금지업종

정답풀이 다음 어느 하나에 해당하는 사업을 경영하는 자는 직업소개사업을 하거나 직업소개사업을 하는 법인의 임원이 될 수 없다.
1. 「결혼중개업의 관리에 관한 법률」의 결혼중개업
2. 「공중위생관리법」의 숙박업
3. 「식품위생법」의 식품접객업 중 대통령령으로 정하는 영업
   - 「식품위생법 시행령」상의 휴게음식점영업 중 주로 다류(茶類)를 조리·판매하는 영업(영업자 또는 종업원의 영업장을 벗어나 다류를 배달·판매하면서 소요시간에 따라 대가를 받는 형태로 운영하는 경우로 한정)
   - 「식품위생법 시행령」상의 단란주점영업, 유흥주점영업

84 ④
기출키워드 배우자 출산휴가

정답풀이 배우자 출산휴가는 20일이며, 출산한 날부터 120일 이내에 사용해야 한다.
※ 최신 개정 내용에 맞게 변형한 기출문제입니다.

85 ③
기출키워드 심사·재심사 청구

정답풀이 심사청구인 또는 재심사청구인은 법정대리인 외에 다음에 해당하는 자를 대리인으로 선임할 수 있다.
- 청구인의 배우자, 직계존속·비속 또는 형제자매
- 청구인인 법인의 임원 또는 직원
- 변호사나 공인노무사
- 고용보험심사위원회의 허가를 받은 자

86 ③
기출키워드 근로자의 개념

정답풀이 고령자고용법에서의 '근로자'란 「근로기준법」에 따른 근로자를 말한다.

87 ④
기출키워드 근로권(헌법 제32조)

정답풀이 국가는 사회적·경제적 방법으로 근로자의 고용증진과 적정임금의 보장에 노력해야 하며, 법률이 정하는 바에 의하여 최저임금제를 시행해야 한다.

88 ③
기출키워드 구직급여 수급요건

정답풀이 전직 또는 자영업을 하기 위하여 이직한 경우에는 구직급여 수급자격을 인정하지 않는다.

89 ③
기출키워드 임금채권의 소멸시효

정답풀이 「근로기준법」에 따른 임금채권은 3년간 행사하지 아니하면 시효로 소멸한다.

90 ①
기출키워드 여성의 보호

오답풀이 ② 보건, 의료, 보도, 취재 등을 위해서는 일시적으로 갱내근로가 가능하다.
③ 생리휴가는 월 1일(무급)이다.

91 ①
기출키워드 지역고용심의회

정답풀이 지역고용심의회 위원은 위원장 1명을 포함한 20명 이내의 위원으로 구성한다.

92 ③
기출키워드 직업능력개발훈련의 기본원칙

정답풀이 다음의 사람을 대상으로 하는 직업능력개발훈련은 중요시되어야 한다.
1. 고령자, 장애인
2. 국민기초생활 수급권자
3. 국가유공자와 그 유족 또는 가족이나 보훈보상대상자와 그 유족 또는 가족
4. 5·18 민주유공자와 그 유족 또는 가족
5. 제대군인 및 전역예정자
6. 여성근로자
7. 중소기업의 근로자
8. 일용직근로자, 단시간근로자, 기간을 정하여 근로계약을 체결한 근로자, 일시적 사업에 고용된 근로자
9. 파견근로자
10. 학교 밖 청소년

93 ④
기출키워드 고용정보시스템

정답풀이 부동산등기부등본은 고용정보시스템 구축·운영을 위한 정보에 포함되지 않는다.

94 ④
기출키워드 기간제 근로자 근로계약 체결 시 서면명시 사항

정답풀이 기간제근로자 채용 시 서면으로 명시하여야 하는 사항
- 근로계약기간에 관한 사항
- 근로시간·휴게에 관한 사항
- 임금의 구성항목·계산방법 및 지불방법에 관한 사항
- 휴일·휴가에 관한 사항
- 취업의 장소와 종사 업무에 관한 사항

95 ③
기출 키워드 실업대책사업

정답풀이 실업대책사업에는 다음의 사업이 포함된다.
- 실업자의 취업촉진을 위한 훈련의 실시와 훈련에 대한 지원
- 실업자에 대한 생계비, 생업자금, 「국민건강보험법」에 따른 보험료 등 사회보험료, 의료비(가족 의료비 포함), 학자금(자녀학자금포함), 주택전세자금 및 창업점포 임대 등의 지원
- 실업예방, 실업자의 재취업촉진, 그밖에 고용안정을 위한 사업을 하는 자에 대한 지원
- 고용 촉진과 관련된 사업을 하는 자에 대한 대부
- 실업자에 대한 공공근로사업
- 그밖에 실업의 해소에 필요한 사업

96 ①
기출 키워드 휴업수당

정답풀이 휴업수당은 평균임금의 100분의 70 이상의 수당을 지급하여야 한다.

97 ②
기출 키워드 피보험자격의 취득일과 상실일

정답풀이 고용보험 피보험자격 취득일
- 근로자인 피보험자는 이 법이 적용되는 사업에 고용된 날에 피보험자격을 취득
- 적용제외 근로자였던 자가 이 법의 적용을 받게 된 경우에는 그 적용을 받게 된 날
- 보험관계 성립일 전에 고용된 근로자의 경우에는 그 보험관계가 성립한 날

98 ①
기출 키워드 개인정보보호위원회

정답풀이 개인정보보호위원회는 국무총리실 소속이다.

99 ④
기출 키워드 대량고용변동 신고기준 제외 대상

정답풀이 이직하는 근로자 수 산정에서 제외되는 대상
- 일용직근로자 또는 기간을 정하여 고용된 사람(일용근로자 또는 6개월 미만의 기간을 정하여 고용된 사람으로서 6개월을 초과하여 계속 고용되고 있는 사람 또는 6개월을 초과하는 기간을 정하여 고용된 사람으로서 해당 기간을 초과하여 계속 고용되고 있는 사람은 제외)
- 수습으로 채용된 날부터 3개월 이내의 사람
- 자기의 사정 또는 자기에게 책임이 있는 사유로 이직하는 사람
- 상시 근무가 필요하지 않는 업무에 고용된 사람
- 천재지변이나 그 밖의 부득이한 사유로 사업을 계속할 수 없게 되어 이직하는 사람

100 ④
기출 키워드 고용재난지역에 대한 지원

정답풀이 고용재난지역 지원내용
- 「국가재정법」에 따른 예비비의 사용 및 「지방재정법」에 따른 특별지원
- 「중소기업진흥에 관한 법률」에 따른 중소벤처기업창업 및 진흥기금에서의 융자 요청
- 「소상공인기본법」에 따른 소상공인을 대상으로 한 조세 관련 법령에 따른 조세 감면
- 「고용보험 및 산업재해보상보험의 보험료 징수 등에 관한 법률」에 따른 고용보험·산업재해보상보험 보험료 또는 징수금 체납처분의 유예 및 납부기한의 연장
- 중앙행정기관 및 지방자치단체가 실시하는 일자리 사업에 대한 특별지원
- 그 밖에 고용재난지역의 고용안정 및 일자리 창출 등을 위하여 필요한 지원

2023년 1회 복원문제

본문 P 124~140

[제1과목] 직업심리

01	③	02	④	03	②	04	④	05	①
06	②	07	①	08	③	09	④	10	①
11	④	12	①	13	③	14	①	15	①
16	③	17	①	18	③	19	③	20	①

[제2과목] 직업상담 및 취업지원

21	①	22	③	23	④	24	①	25	④
26	①	27	①	28	①	29	③	30	④
31	②	32	③	33	①	34	③	35	③
36	②	37	②	38	③	39	③	40	③

[제3과목] 직업정보

41	④	42	①	43	①	44	①	45	①
46	①	47	②	48	④	49	④	50	②
51	②	52	④	53	③	54	①	55	④
56	④	57	③	58	③	59	③	60	④

[제4과목] 노동시장

61	③	62	④	63	①	64	①	65	④
66	①	67	②	68	③	69	④	70	②
71	④	72	③	73	②	74	④	75	④
76	②	77	③	78	④	79	③	80	③

[제5과목] 고용노동관계법규

81	③	82	④	83	④	84	②	85	③
86	②	87	①	88	②	89	②	90	④
91	④	92	②	93	④	94	③	95	④
96	②	97	③	98	①	99	③	100	④

01 ③

기출 키워드 자기인식이 부족한 내담자

정답풀이 자기인식이 부족한 내담자의 경우 은유나 비유를 통하여 스스로 자신을 인식하게 만들 수 있다.

02 ④

기출 키워드 진로의사결정 유형

정답풀이 하렌(Harren)이 제시한 진로의사결정 유형에는 합리적 유형, 직관적 유형, 의존적 유형이 있으며, 그 중 의존적 유형에 해당한다.

오답풀이 ① 합리적 유형: 의사결정과정에 자신과 상황에 대한 정확한 정보를 수집하고, 논리적이고 체계적으로 접근하는 유형이다.
② 투사적 유형: 하렌의 진로의사결정 유형에 해당하지 않는다.
③ 직관적 유형: 의사결정의 기초로 상상을 사용하고 현재의 감정에 주의를 기울이며 정서적 자각을 사용한다.

03 ②

기출 키워드 인지적 명확성의 범위

정답풀이 잘못된 결정방식이 진지한 결정 방해, 낮은 효능감으로 인한 선택의 방해, 공포증이나 말더듬증 등의 문제가 다른 직업선택을 방해하는 경우는 경미한 정신건강 문제에 해당한다.

오답풀이 ① 심각한 약물남용 장애는 심각한 정신건강문제이다.
③, ④ 경험부족에서 오는 고정관념과 심한 가치관 고착에 따른 고정성은 고정관념의 문제이다.

04 ④
기출키워드 행동주의 상담

정답풀이 행동주의 상담의 목적은 잘못 학습된 행동의 소거와 바람직하고 효과적인 행동의 학습에 도움이 되는 조건을 찾거나 조성하는 것으로 상담자는 내담자의 상황적 단서와 문제행동, 그 결과에 대한 정보를 얻기 위하여 노력해야 한다.

05 ①
기출키워드 직업상담사의 윤리강령

정답풀이 직업상담사는 개인이나 사회에 임박한 위험이 있을 경우 관계기관 등에 내담자의 정보를 공개할 수 있다.

06 ②
기출키워드 특성-요인 상담

정답풀이 특성-요인 상담에서는 내담자의 정서적 이해보다 객관적 사실에 중점을 둔다.
문제의 객관적 이해보다는 내담자에 대한 정서적 이해에 중점을 두는 것은 내담자중심 상담이다.

07 ②
기출키워드 6개의 생각하는 모자(six thinking hats)

정답풀이 6개의 생각하는 모자에서 적색은 직관에 의한 감정이나 느낌을 반영하는 상징색이다. 즉, 직관에 의존하고 직감에 따라 행동한다.
오답풀이 ① 황색에 대한 설명이다.
③ 흰색에 대한 설명이다.
④ 녹색에 대한 설명이다.

08 ③
기출키워드 생애진로사정

정답풀이 생애진로사정의 구조는 진로사정, 전형적인 하루, 강점과 장애 및 요약으로 이루어진다.

09 ③
기출키워드 교류분석 시간구조화

정답풀이 교류분석 이론에서는 인간은 환경과의 스트로크를 얻기 위해 시간을 구조화 한다고 한다. 시간의 구조화 프로그램의 6가지는 폐쇄(withdrawal, 철수/차단), 의식(ritual, 의례적 행동), 소일(pastime, 여흥), 활동(activity), 게임(game), 친밀(intimacy)이다.

10 ①
기출키워드 가치조건화

정답풀이 가치의 조건화란 인간중심 상담의 개념들 중 하나로 타인의 기대와 바람에 의해 만들어진 자신의 모습을 말하는 것으로 주요 타자(부모 등)로부터 긍정적 존중과 인정을 받기 위해 그들이 원하는 가치와 기준을 내면화하는 것이다.

11 ④
기출키워드 실존주의 상담

정답풀이 실존주의 상담에서 가정하는 인간의 궁극적 관심사는 '무의미성'이다. '무의식적 자각'은 정신분석이론에 해당하는 개념이다.

12 ③
기출키워드 Parsons가 제안한 특성·요인 이론

정답풀이 특성이란 숨어 있는 특징이나 원인이 아니라 기술적인 범주라고 주장한 사람은 아나스타시(Anastasi)이다.

13 ③
기출키워드 한계의 오류

정답풀이 전이된 오류의 유형 중 한계의 오류
- 예외를 인정하지 않는 것
- 불가능을 가정하는 것
- 어쩔 수 없음을 가정하는 것

14 ③
기출키워드 직업상담의 과정

정답풀이 직업상담의 일반적인 과정의 순서는 관계형성-진단 및 측정-목표설정-개입-평가 순으로 진행된다.

15 ①
기출키워드 상담의 초기면접 단계

정답풀이 통찰의 확대는 상담의 중기 단계에 해당된다.
상담의 초기면접 단계에 이루어지는 사항은 상담관계 형성, 심리적 문제 파악(내담자의 문제 평가), 상담목표 및 전략수립, 상담의 구조화 등이 있다.

16 ③
기출키워드 레빈슨의 성인 발달이론

정답풀이 레빈슨(Levinson)은 발달이론에서 성인은 연령에 따라 안정과 변화의 계속적인 과정을 거쳐 발달하게 되며 '안정기'는 자신의 삶의 가치를 추구하는 시기이고 '변화기'는 삶을 침체시키거나 새롭게 만드는 시기로 현재 생애구조를 재평가하면서 삶의 변화를 추구한다고 보았다.

17 ①
기출키워드 프리맥의 원리

정답풀이 프리맥의 원리는 낮은 비율로 발생하는 행동을 증가시키기 위해 높은 비율의 행동을 낮은 비율의 행동과 연관시키는 강화의 한 형태이다. 즉, 높은 비율의 PC 게임을 통해 낮은 비율의 학습량을 증가시키는 것으로 일종의 정적강화에 해당한다.

18 ③
기출키워드 직업상담사의 직무내용

정답풀이 직업선택이 근본적인 관심사인 내담자에 대해서는 즉시 직업상담 실시를 확정해야 한다.

19 ③
기출키워드 자기보고식 가치사정기법

정답풀이
- 체크목록 가치에 순위 매기기
- 과거의 선택 회상하기
- 절정 경험 조사하기
- 자유시간과 금전 사용계획 조사하기
- 백일몽 말하기
- 존경하는 사람 기술하기

20 ①
기출키워드 생애진로사정의 구조

정답풀이 생애진로사정 중 진로사정은 내담자가 일의 경험 또는 훈련 및 학습 과정에서 가장 좋았던 것과 싫었던 것에 대해 질문하며, 여가시간의 활용, 우정관계 등을 탐색한다.

오답풀이
② 전형적인 하루: 내담자가 생활을 어떻게 조직하는지를 시간의 흐름에 따라 체계적으로 기술한다.
③ 강점과 장애: 내담자가 스스로 생각하는 3가지 주요 강점 및 장애에 대해 질문한다.
④ 요약: 내담자 스스로 자신에 대해 알게 된 내용을 요약해 보도록 함으로써 자기인식을 증진시킨다.

21 ①
기출키워드 과업지향적 직무분석방법

정답풀이 직업정보론과 관련 있는 내용으로 작업자의 과업지향적 직무분석방법에서는 직무에 대한 판단이 자료(data), 사람(people), 사물(things)의 관점에서 이루어진다.

22 ③
기출키워드 자기보고식 검사

정답풀이 자기보고식 검사는 객관적 검사라고도 하며, 구조화된 검사과제를 사용한다. 자기보고식 검사에는 다면적 인성검사(MMPI), 성격유형검사(MBTI) 등이 있다.

오답풀이 ① 흥미검사에 대한 설명이다.
② 적성검사에 대한 설명이다.
④ 웩슬러 검사는 구조적 과제를 제시하고 응답하도록 하여 분석하는 방식이다.

23 ④
기출키워드 셀리에(Selye)의 일반적응 증후군

정답풀이 ④는 A형 성격의 특징이다. 탈진단계에서 심장병을 잘 유발하는 성격의 A유형은 스트레스 상황에서 좀처럼 흥분을 가라앉히지 않는다. 반면, B유형은 같은 상황에서 차분한 모습을 보인다.

24 ④
기출키워드 특성-요인 상담과정

정답풀이 윌리암슨(Williamson)의 특성-요인 상담과정은 분석 → 종합 → 진단 → 예후(예측) → 상담 → 추수단계 순으로 진행된다.

25 ④
기출키워드 GATB에서 검출되는 적성

정답풀이 GATB에서 검출되는 9가지 적성은 지능(G), 언어능력(V), 수리능력(N), 사무지각(Q), 형태지각(P), 공간적성(S), 운동반응(K), 손 재치(M), 손가락 재치(F)이다.

26 ①
기출키워드 작업자 중심 직무분석

정답풀이 작업자 중심 직무분석은 사람의 속성을 기준으로 하기 때문에 표준화된 분석도구의 개발이 쉽다. 반면, 과제 중심 직무분석은 각 직무들의 복잡하고 상이한 직무구조 때문에 표준화된 분석도구의 개발이 어렵다.

27 ①
기출키워드 직무관련 스트레스 요인

정답풀이 직무관련 스트레스 요인으로는 과제특성, 역할갈등과 역할모호성, 산업의 조직문화와 풍토 등이 있다.

28 ①
기출키워드 신뢰도의 개념

정답풀이 신뢰도란 측정하고자 하는 대상이나 속성을 일관성 있게 측정하고 있는가의 개념이다. 즉, 검사의 신뢰도란 동일한 응답자에게 반복해서 적용했을 때 일관성 있는 결과가 나온다면 신뢰도가 높은 것이다.

오답풀이 ② 내용 타당도의 개념이다.
③의 경우 동형검사 신뢰도의 개념과 유사하지만 문제가 신뢰도에 대한 기본적 정의를 묻는 것이므로 ③보다 ①을 정답으로 보는 것이 타당하다.
④ 구성 타당도의 개념이다.

29 ③
기출키워드 직위분석질문지(PAQ)

정답풀이 직위분석질문지(PAQ)는 매코믹(McCormick)과 동료들에 의해서 개발되었고 직무분석 분야에 상당한 공헌을 하였다. PAQ는 194개 항목을 포함하고 있는 구조화된 표준화 직무분석 질문지이다. 그 중 187문항은 작업활동과 작업상황에 관련된 질문이고 7문항은 보수와 관련된 질문이다.

30 ④
기출키워드 다운사이징 시대의 경력개발

정답풀이 다운사이징 시대에는 장기고용이 어려워지기 때문에 이직 등의 경력변화의 기회가 많아지며, 조직 내 수평적 이동이 이루어진다.

31 ②
기출키워드 Holland의 육각 모형

정답풀이 Holland의 육각 모형에서 사회형(S)의 대각선 위치에 있는 것은 현실형(R)이고, 예술형(A)의 대각선 위치에 있는 것은 관습형(C)이다.

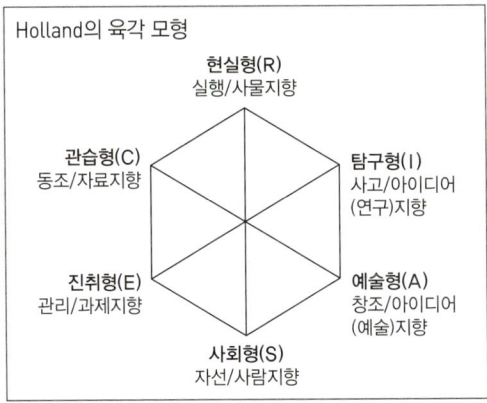

32 ③
기출키워드 스트레스를 유발하는 동기 갈등

정답풀이 제시된 내용처럼 개인이 한 목표를 선택할 경우, 그 목표에 정적 그리고 부적 측면이 있어서 생기는 갈등은 접근-회피 갈등이다.

오답풀이 ① 접근-접근 갈등: 모두가 정적인 두 개의 대안들 중 한 개만을 선택해야 하는 경우이다.
② 회피-회피 갈등: 두 개의 부적 측면을 가진 목표를 수행해야 하는 경우이다.
④ 이중접근-회피 갈등: 두 개의 접근-회피 갈등을 보이는 목표 중 어느 하나만을 선택할 수밖에 없는 경우 발생한다.

33 ①
기출키워드 편차 지능지수

정답풀이 지능지수(IQ)의 계산방법은 Z점수에 일정 수의 편차를 곱하고 평균치를 100으로 정하여 더한 것으로 편차 지능지수의 경우 표준편차는 15이다.

34 ④
기출키워드 사회학습 진로이론

정답풀이 크롬볼츠(Krumboltz)의 사회학습 진로이론에서 개인의 진로선택에 영향을 미치는 요인으로 유전적 요인과 특별한 능력, 환경적 조건과 사건, 학습경험, 과제접근 기술을 제시하였다.

35 ③
기출키워드 Super의 직업발달 단계

정답풀이 수퍼(Super)의 직업발달 단계
성장기 → 탐색기 → 확립기 → 유지기 → 쇠퇴기

36 ②
기출키워드 타이드만(Tiedman)의 진로발달이론

정답풀이 타이드만과 오하라의 진로발달이론은 에릭슨의 심리사회적 발달이론에 기초를 두었으며, 연령보다는 문제의 성질이 중요하다고 보고 진로발달을 직업정체감을 형성해가는 과정으로 보았다.

37 ②
기출키워드 스트레스의 대처방안

정답풀이 스트레스의 대처방안으로 목표지향적 초고속심리에서 과정중심적 사고방식으로 전환해야 한다.

38 ③
기출키워드 예언타당도

정답풀이 예언타당도란 그 검사의 점수를 가지고 다른 준거점수들을 얼마나 잘 예측해 낼 수 있는가 하는 정도를 말한다. 예를 들어 적성검사에서 높은 점수를 받은 사람들일수록 입사 후 업무 수행이 우수한 것으로 나타났다면, 이 검사는 예언 타당도가 높은 것으로 볼 수 있다.

39 ③
기출키워드 Super의 경력발달 단계

정답풀이 수퍼(Super)는 직업(경력)발달 단계를 성장기 → 탐색기 → 확립기 → 유지기 → 쇠퇴기의 5단계로 구분하였다.

40 ④
기출키워드 소외 양상

정답풀이 고립감(isolation)은 자신이 속한 조직의 사회적 협동의 결핍 상태를 의미한다.

41 ④
기출키워드 청소년 직업흥미검사

정답풀이 고용24에서 제공하는 청소년 직업흥미검사의 하위척도는 활동, 자신감, 직업 등 3가지로 구성되어 있다.
청소년 직업흥미검사는 6개의 일반흥미유형(현실형, 탐구형, 예술형, 사회형, 진취형, 관습형)과 13개 기초흥미분야를 측정하여 흥미유형에 적합한 학과와 직업을 추천해준다.
※ 24년 9월 기준 '워크넷' 사이트가 '고용24'로 개편되어 현행에 맞게 문제를 수정하였습니다.

42 ①
기출키워드 직업정보 수집방법

정답풀이 표준화 면접은 질문의 내용이 표준화되어 정해진 내용을 질문하는 것이고, 비표준화 면접은 면접자가 자유롭게 질문하는 방법이다. 따라서 표준화 면접은 비표준화 면접보다 타당도(validity)는 낮고 신뢰도(reliability)는 높다.

43 ①
기출키워드 한국표준산업분류(제10차)

정답풀이 대분류 A 농업, 임업 및 어업 중 어업에서 해면은 해수면으로, 수산 종묘는 수산 종자로 명칭을 변경하였다.

44 ①
기출키워드 직업정보의 처리과정(처리단계)

정답풀이 직업정보 시스템의 정보관리는 수집 → 분석 → 가공 → 체계화 → 제공 → 축적 → 평가의 순서로 이루어진다.

45 ①
기출키워드 고용노동통계조사의 조사주기

정답풀이 사업체 노동력 조사는 고용노동부가 매월 사업체를 대상으로 수요 측면의 사업체 내 종사자 총량, 근로자의 전체 임금 총량 단위로 파악하는 조사이다.

> 고용노동통계조사란 매월 노동수요측(사업체)의 관점에서 근로자 수, 입직자 및 이직자 수와 임금 및 근로시간에 관한 사항을 조사하여 노동정책의 기초자료 활용 및 경기전망 등을 위한 경기지표를 생산하기 위한 조사이다.

46 ①
기출키워드 민간직업정보의 특징

정답풀이 필요한 시기에 최대한 활용되도록 한시적으로 신속하게 생산 및 운영되는 것은 민간직업정보의 특징이다.

47 ②
기출키워드 직업정보의 평가기준

정답풀이 직업정보를 평가할 때 중요한 기준은 정보의 정확성, 신뢰성 등이다. 따라서 누가 만들었는지, 어떤 목적으로 누구의 자금지원을 받아 만들었는지를 파악해야 한다.
또한 정보는 시간이 흐르면 가치가 없어지는 경우가 많기 때문에 언제 만들어진 것인지도 파악해야 한다.

48 ④
기출키워드 한국표준산업분류의 통계단위

정답풀이 한국표준산업분류의 통계단위에서 단일 산업활동이 하나 이상의 장소에서 이루어지는 경우는 활동유형 단위이다. 산업활동과 장소의 동질성의 차이에 따라 통계단위는 다음과 같이 구분된다.

구분	하나 이상의 장소	단일 장소
하나 이상의 산업활동	기업집단 단위	지역 단위
	기업체 단위	
단일 산업활동	활동유형 단위	사업체 단위

49 ④
기출키워드 직업성립의 일반요건

정답풀이 한국표준직업분류에서 직업이 되기 위해서는 일의 계속성, 경제성, 윤리성 및 사회성 등의 조건을 갖추어야 한다. 또한 속박된 상태에서의 활동은 직업이 될 수 없다.

50 ②
기출키워드 국가기술자격 서비스 분야 응시자격

정답풀이 스포츠경영관리사, 직업상담사 2급, 사회조사분석사 2급, 전자상거래관리사 2급, 컨벤션기획사 2급, 소비자전문상담사 2급, 텔레마케팅관리사 등은 응시자격의 제한이 없다.

- 임상심리사 2급: 1년 이상 실습수련 또는 2년 이상 실무에 종사한 자로서 대학졸업자 및 그 졸업예정자
- 컨벤션기획사 1급: 2급 자격 취득 후 실무 3년이거나 실무 4년 이상 실무에 종사한 자
- 국제의료관광코디네이터: 공인어학성적 기준요건을 충족하고 ㉠보건의료 또는 관광분야 관련학과의 대학졸업자, 2년제 후 2년 실무, 3년제 후 1년 실무, 4년 실무, ㉡ 관련자격증(의사, 간호사, 보건교육사, 관광통역안내사, 컨벤션기획사1·2급)을 취득한 사람

51 ②
기출키워드 한국표준직업분류 특정 직종의 분류요령

정답풀이 자영업주 및 고용주는 수행되는 일의 형태에 따른 구분이 아니라 고용상태에 따라 구분된 개념이다.

52 ④
기출키워드 직업정보관리

정답풀이 구직 시에 연령, 학력 및 경력 등의 취업과 관련된 모든 정보는 정확하게 제공되어야 한다. 물론 구인업체에서는 이러한 정보는 철저하게 보호하여야 한다.

53 ③
기출키워드 고용24

정답풀이 문헌정보학과는 인문계열에 해당한다.

> 고용-24 직업정보시스템의 학과정보에서는 인문계열, 사회계열, 자연계열, 교육계열, 공학계열, 의학계열 및 예체능계열 등 7개의 계열로 구분하고 각 계열에 속하는 180여개의 학과에 대한 정보를 제공하고 있다.

※ 24년 9월 기준 '워크넷' 사이트가 '고용24'로 개편되어 현행에 맞게 문제를 수정하였습니다.

54 ①
기출키워드 한국표준직업분류(제8차)

정답풀이 제8차 한국표준직업분류에서 대분류 1 관리자와 대분류 2 전문가 및 관련 종사자는 제4직능 수준 혹은 제3직능 수준이 요구된다.
대분류 3~8까지는 제2직능 수준, 대분류 9 단순노무 종사자는 제1직능 수준을 필요로 한다. 군인은 제2직능 수준 이상 필요하다.

55 ④
기출키워드 고용24 채용정보

정답풀이 고용24 채용정보의 상세검색에서 기업형태별 검색의 메뉴는 대기업, 공무원·공기업·공공기관, 강소기업, 코스피·코스닥, 중견기업, 외국계기업, 일학습병행기업, 벤처기업, 청년친화강소기업 및 가족친화인증기업 등 10가지로 구분하고 있다.

※ 워크넷은 2024년 9월 23일에 '고용24'로 개편되었으며, 기존 워크넷의 주요 기능은 고용24로 통합되었습니다.

56 ④
기출키워드 한국표준산업분류의 적용원칙

정답풀이 공식적 생산물과 비공식적 생산물, 합법적 생산물과 불법적인 생산물을 달리 분류하지 않는다.

57 ③
기출키워드 직업정보의 제공유형별 특징

정답풀이 인쇄물은 저비용, 면접의 학습자 참여도는 적극적이다. 그리고 직업경험의 접근성은 일부만이 참여하므로 제한적이다.

58 ②
기출키워드 한국표준직업분류

정답풀이 직업분류의 일반원칙으로 배타성의 원칙은 동일하거나 유사한 직무는 어느 경우에든 같은 단위직업으로 분류되어야 한다는 것이다.

59 ③
기출키워드 국가직무능력표준의 수준체계

정답풀이 국가직무능력표준의 8개 수준에서 X는 2수준, Y는 6수준에 해당한다.
NCS의 수준체계는 산업현장 직무의 수준을 체계화한 것으로, 산업현장·교육훈련·자격 연계, 평생학습능력 성취 단계 제시, 자격의 수준체계 구성에서 활용한다.(www.ncs.go.kr)

60 ④
기출키워드 경제활동인구조사의 주요 산식

정답풀이 실업률은 경제활동인구에서 차지하는 실업자의 비율이다.
즉, 실업률 = (실업자÷경제활동인구)×100이다.

> 고용보조지표의 하나인 잠재경제활동인구는 구직활동을 하지 않았거나 현실적으로 취업이 불가능하여 비경제활동인구로 분류되지만 잠재적으로 취업이나 구직이 가능한 자이다. (잠재경제활동인구=잠재취업가능자+잠재구직자)
> 한편 이를 반영한 확장경제활동인구=경제활동인구+잠재경제활동인구이다.

61 ③
기출키워드 직종별 임금격차의 존재이유

정답풀이 직종 간 정보의 흐름이 원활하면 직종 간 노동의 이동이 증가하여 임금격차는 줄어든다.

62 ④
기출키워드 분단노동시장 이론의 특징

정답풀이 고학력 실업자는 1차 노동시장, 단순노무직은 2차 노동시장에 존재하고 두 시장은 분단되어 있으므로 고학력 실업자가 증가한다고 해서 단순노무직의 임금이 하락하는 것은 아니다.
분단시장 가설은 노동시장에는 자유로운 노동력의 이동을 저해하는 제도적인 요인이 있고, 따라서 노동시장을 하나의 경쟁적인 시장으로 파악하기는 어렵다고 보는 견해이다.

63 ①
기출키워드 던롭의 노사관계 시스템이론

정답풀이 문제의 내용은 던롭의 노사관계 시스템이론을 의미한다.

> 던롭(J. T. Dunlop)의 노사관계 시스템이론은 하나의 노사관계가 3주체로 구성되어 있다고 가정한다. 그리고 이들 주체가 직접·간접으로 영향을 받으면서 행동하게 되는 환경조건 내지 노사관계를 규제하는 여건으로 기술적 특성, 시장 또는 예산제약, 각 주체의 세력관계(또는 권력구조)를 제시한다.

64 ①
기출키워드 연공급 임금체계

정답풀이 임금체계 중 근로자의 근속연수에 따라 임금을 결정하는 것을 연공급(seniority-based pay)이라고 한다.

> 연공급이란 임금이 개인의 근속연수·학력·연령 등 인적요소기준을 중심으로 변화하는 것이다. 직능급은 근로자의 직무수행능력에 따라, 직무급은 직무의 상대적 가치에 따라 임금을 결정하는 체계이다.

65 ④
기출키워드 경제활동인구조사 내용

정답풀이 경제활동인구조사에서 조사 대상 주간(15일이 포함된 1주일)에 수입을 목적으로 1시간 이상 일한 경우 취업자로 분류한다.

오답풀이
① 완전고용은 자발적 실업(마찰적 실업)만이 있는 상태를 의미하므로 실업률은 0이 아니다.
② 실업률은 실업자 수를 경제활동인구로 나눈 것이다.
③ 일기불순 등의 이유로 일하지 않고 있는 일시적 휴직자는 취업자로 본다.

66 ①
기출키워드 최저임금제의 부정적 효과

정답풀이 시장임금보다 높은 수준에서 최저임금을 정하면 노동수요량은 감소하고 노동공급량은 증가하여 실업이 증가하는 부정적 효과가 있다. 이 경우 노동수요곡선과 노동공급곡선이 모두 탄력적이면 노동수요량은 크게 감소하고, 노동공급량은 크게 증가하므로 실업이 크게 발생한다.

67 ②
기출키워드 유보임금(요구임금)의 의미와 특징

정답풀이
ㄱ. 유보임금이 상승하면 직업탐색기간이 길어지므로 실업(탐색적 실업)기간이 길어진다.
ㄹ. 유보임금(reservation wage)은 노동자가 노동을 공급하기 위해 받기를 원하는 최소한의 임금을 말한다. 이는 요구임금(또는 희망임금, 의중임금, 눈높이임금)이라고도 하는데 여가의 기회비용이 된다. 즉 노동시간만큼 여가를 즐긴다고 할 때 여가를 통해서 얻는 주관적 효용에 해당하는 임금이다.

68 ③
기출 키워드 1차 및 2차 노동시장의 특징

정답풀이 2차 노동시장(secondary labor market)은 낮은 임금, 열악한 근로조건과 고용불안정으로 인한 높은 이직률, 교육훈련과 승진기회의 부재 등의 특징을 지닌 노동시장이다.

69 ④
기출 키워드 임금격차의 원인

정답풀이 임금격차의 경쟁적 요인은 다음과 같다.
- 노동자의 생산성 격차
- 임금의 보상격차(균등화 격차)
- 시장의 단기적 불균형 등

임금격차의 경쟁외적 요인은 다음과 같다.
- 차별화
- 노동시장의 분단
- 근로자에 대한 독점지대 배당
- 기업주의 효율임금 정책(고임금 정책)
- 노동조합의 역할 등

70 ③
기출 키워드 사용자의 교섭력 원천

정답풀이 사용자는 쟁의행위 기간 중 그 쟁의행위로 중단된 업무를 도급 또는 하도급 줄 수 없다.

71 ④
기출 키워드 여가가 열등재인 경우 개인의 노동공급곡선

정답풀이 열등재(inferior goods)는 소득이 증가할 때 수요가 감소하는 재화를 말한다. 여가가 열등재라면 임금상승으로 소득수준이 높아져도 여가의 수요는 감소한다. 임금상승에 따른 여가의 수요 감소는 노동공급량의 증가를 의미하므로 노동의 공급곡선은 우상향한다.

72 ③
기출 키워드 마이크로 코포라티즘

정답풀이 코포라티즘은 사회적 합의제를 의미하는 것으로 조직수준을 기준으로 거시적 코포라티즘(macro-corporatism), 중위적 코포라티즘(meso-corporatism), 미시적 코포라티즘(micro-corporatism)으로 구분할 수 있다.
미시적 코포라티즘은 개별기업 및 작업장 단위의 사회적 합의제를 의미하는 것으로 일본이 대표적이다.

73 ②
기출 키워드 노동조합의 숍(shop)제도

정답풀이 에이전시 숍(agency shop)은 조합원이 아니더라도 모든 종업원에게 노동조합이 조합비를 징수하는 제도이다.

74 ④
기출 키워드 경제활동참가율

정답풀이 경제활동참가율을 계산하기 위해서는 경제활동인구를 알아야 한다.

실업자 수를 X라고 할 때, $\frac{X}{285만\ 명 + X} = 0.05$이다.

이 때 X는 15만명이 된다.
경제활동인구(취업자 수 + 실업자 수)
= 285만 명 + 15만 명 = 300만 명이다.

따라서 경제활동참가율 = $\frac{경제활동인구}{생산가능인구} \times 100$

= $\frac{300만\ 명}{500만\ 명} \times 100 = 60\%$이다.

75 ④
기출 키워드 이윤극대화 고용량(노동수요량) 조건

정답풀이 완전경쟁 노동시장에서 이윤을 극대화하기 위해서는
노동의 한계생산가치(VMP_L) = 임금(W)에서 고용량을 결정해야 한다.
$VMP_L = P \cdot MP_L = W$이다.
$VMP_L = (27 - 5L) \times 20 = 40$이므로 L = 5이다.

76 ②

기출키워드 이윤극대화 고용량(노동수요량) 조건

정답풀이 기업의 이윤극대화 고용량(5명)은 시간당 임금률 = 노동의 한계생산가치에서 결정된다.
- 시간당 임금(12,000) = $MP_L \cdot 2,000$이므로, 노동의 한계생산(MP_L) = 6이다.
- 노동의 한계생산가치(VMP_L) = $P \cdot MP_L$이므로 $VMP_L = 3,000 \cdot 6 = 18,000$이다.
- 노동의 한계생산가치 > 임금률이므로 고용량을 증가시켜야 이윤을 증대시킬 수 있다.

77 ①

기출키워드 임금 패리티 지수의 의미

정답풀이 임금 패리티(parity) 지수는 전체 국민경제 대비 노동자의 상대적 지위를 의미하는 것으로, 임금의 단순비교가 아닌 국민소득을 고려한 임금수준을 의미한다.
한국의 임금 패리티 지수가 일본보다 높다는 것은 국민소득을 감안한 한국의 임금수준이 일본보다 높다는 것을 의미한다.

$$\text{임금패리티지수} = \frac{(\text{피용자요소}/\text{요수국민소득})}{(\text{노동자수}/\text{취업자수})} \times 100$$

$$= \frac{\text{노동자 1인당 임금}}{\text{취업자 1인당 요소국민소득}}$$

78 ④

기출키워드 노동수요 탄력성의 크기 결정요인

정답풀이 ④는 대체생산요소의 공급탄력성이 노동수요의 임금탄력성에 영향을 미친다.

노동수요의 (임금)탄력성을 결정하는 네 가지 요인을 힉스-마셜(Hicks-Marshall)법칙이라고 한다.
노동수요의 탄력성은 다음의 경우에 커진다.
- 생산물에 대한 수요가 탄력적일수록
- 총 생산비에 대한 노동비용의 비중이 클수록
- 노동을 다른 생산요소로 대체하는 것이 용이할수록
- 노동 이외의 다른 생산요소의 공급 탄력성이 클수록

79 ②

기출키워드 경기적 실업의 대책

정답풀이 경기적 실업(cyclical unemployment)은 경제 전체의 총수요(유효수요)가 부족하여 발생하는 실업이다. 따라서 경기적 실업은 총수요(유효수요)의 증대를 통해 해결할 수 있다.
즉, 정부가 공공투자를 확대하여 정부지출을 늘리고 조세를 감면해주는 확장적 재정정책을 실시한다든가, 중앙은행이 통화량을 늘리는 확장적 통화정책을 실시하여 총수요를 늘리면 생산의 증가와 함께 고용이 증가하므로 경기적 실업을 해결할 수 있다.

80 ③

기출키워드 생산성 임금제

정답풀이 명목임금 인상률 = 물가상승률 + 노동생산성의 증가율 = 2% + 5% = 7%이다.
생산성 임금제란 매년의 실질임금 인상률을 노동생산성의 증가율과 일치시키거나 연계시키는 임금제도로, 신고전학파의 임금, 물가 및 노동생산성의 관계에 바탕을 두고 있다.

81 ③

기출키워드 취업규칙

정답풀이 취업규칙에 미달하는 근로조건을 정한 근로계약은 그 부분에 관해서는 무효이며, 이 경우 무효로 된 부분은 취업규칙의 기준에 의한다.

82 ④
기출키워드 직장 내 성희롱

정답풀이 사업주는 직장 내 성희롱 예방교육을 연 1회 이상 하여야 한다.

83 ④
기출키워드 근로권

정답풀이 근로의 기회가 제공되면 될수록 국가적 보호의무는 감소하게 된다.

84 ②
기출키워드 고용서비스 우수기관 인증

정답풀이 고용서비스 우수기관으로 인증을 받은 자가 재인증을 받으려면 유효기간 만료 60일 전까지 고용노동부장관에게 신청하여야 한다.

85 ③
기출키워드 고령자고용촉진

오답풀이 ① 상시근로자 300명 이상 사업주는 법령에서 정한 기준고용률 이상의 고령자를 고용하도록 노력하여야 한다.
② 기준고용률은 강제사항이 아니므로 미달한다고 해서 고용부담금을 납부하지는 않는다.
④ 국가 및 지방자치단체, 정부투자기관과 정부출연기관의 장은 그 기관의 우선고용직종에 고령자와 준고령자를 우선적으로 채용하여야 한다.

86 ②
기출키워드 임산부 보호

정답풀이 휴가기간의 배정은 출산 후에 45일(다태아 출산인 경우는 60일) 이상이 되어야 한다.

87 ①
기출키워드 실업대책사업

정답풀이 창업점포 구입자금이 아닌 창업점포임대가 지원대상이다.

88 ②
기출키워드 직업정보제공사업자의 준수사항

정답풀이 직업정보제공매체의 구인·구직광고에는 구인·구직자의 주소·전화번호는 기재하고, 직업정보제공사업자의 주소·전화번호는 기재하지 않아야 한다.

89 ②
기출키워드 용어의 정의

정답풀이 입증자료란 학위증명서, 경력증명서, 자격증명서 등 기초심사자료에 기재한 사항을 증명하는 모든 자료를 말한다.

90 ④
기출키워드 재해위로금

정답풀이 재해위로금의 지급에 관하여는 「근로기준법」 제8장(재해보상)을 준용한다. 이 경우 재해위로금의 산정기준이 되는 평균임금은 「산업재해보상보험법」에 따라 고용노동부장관이 매년 정하여 고시하는 최고보상기준금액 및 최저보상기준금액을 각각 그 상한 및 하한으로 한다.

91 ④
기출키워드 차별적 처우

정답풀이 배상액은 차별적 처우로 인하여 기간제 근로자 또는 단시간 근로자에게 발생한 손해액을 기준으로 정한다. 다만, 노동위원회는 사용자의 차별적 처우에 명백한 고의가 인정되거나 차별적 처우가 반복되는 경우에는 손해액을 기준으로 3배를 넘지 아니하는 범위에서 배상을 명령할 수 있다.

92 ②
기출키워드 구직급여 산정

정답풀이 산정된 금액이 그 근로자의 통상임금보다 적을 경우에는 그 통상임금액을 기초일액으로 한다. 다만, 마지막 사업에서 이직 당시 일용근로자였던 자의 경우에는 그러하지 아니하다.

93 ④
기출키워드 비상시 임금지급

정답풀이 대통령령으로 정한 비상(非常)한 경우란 근로자나 그의 수입으로 생계를 유지하는 자가 혼인 또는 사망한 경우, 혼인 또는 사망한 경우, 부득이한 사유로 1주일 이상 귀향하게 되는 경우를 말한다.

94 ③
기출키워드 소멸시효

정답풀이 구직급여, 취업촉진수당 등의 실업급여채권의 소멸시효기간은 3년이다.

95 ④
기출키워드 개인형퇴직연금제도

정답풀이 보기의 모든 사람이 개인형퇴직연금제도를 설정할 수 있다.

96 ④
기출키워드 임금차별

오답풀이 ① 사업주는 동일한 사업 내의 동일가치노동에 대하여는 동일한 임금을 지급하여야 한다.
② 임금차별을 목적으로 사업주에 의하여 설립된 별개의 사업은 동일한 사업으로 본다.
③ 동일가치노동의 기준은 직무수행에서 요구되는 기술·노력·책임 및 작업조건 등으로 한다.

97 ③
기출키워드 훈련 이수 후 종사기간

정답풀이 국민 평생 직업능력 개발법상 사업주는 근로자와 훈련계약을 체결할 때에는 해당 직업능력개발훈련을 받는 사람이 직업능력개발훈련을 이수한 후에 사업주가 지정하는 업무에 일정 기간 종사하도록 할 수 있다. 이 경우 그 기간은 5년 이내로 하되, 직업능력개발훈련기간의 3배를 초과할 수 없다.

98 ①
기출키워드 파견근로

정답풀이 근로자파견사업의 허가의 유효기간은 3년이다. 참고로 근로자파견기간은 2년을 초과할 수 없다.

99 ③
기출키워드 근로자퇴직급여보장법 내용

정답풀이 퇴직연금제도 가입자라 하더라도 개인형퇴직연금제도를 추가로 설정할 수 있다.

100 ④
기출키워드 공공기관

정답풀이 「초·중등교육법」, 「고등교육법」에 따른 학교 외에 그 밖의 다른 법률에 따라 설치된 각급 학교도 포함한다.

2023년 2회 복원문제

본문 ❶ 142~158

[제1과목] 직업심리

01	②	02	①	03	③	04	③	05	③
06	②	07	④	08	①	09	④	10	②
11	④	12	④	13	①	14	①	15	④
16	③	17	②	18	③	19	③	20	①

[제2과목] 직업상담 및 취업지원

21	③	22	③	23	④	24	③	25	④
26	④	27	①	28	④	29	②	30	②
31	③	32	④	33	②	34	③	35	①
36	②	37	③	38	④	39	①	40	②

[제3과목] 직업정보

41	①	42	③	43	④	44	③	45	④
46	④	47	①	48	②	49	③	50	④
51	①	52	①	53	④	54	②	55	①
56	③	57	③	58	③	59	③	60	④

[제4과목] 노동시장

61	③	62	①	63	③	64	③	65	④
66	④	67	③	68	①	69	③	70	③
71	③	72	④	73	①	74	①	75	④
76	②	77	②	78	④	79	③	80	②

[제5과목] 고용노동관계법규

81	④	82	④	83	②	84	③	85	④
86	④	87	②	88	④	89	③	90	①
91	④	92	③	93	①	94	②	95	③
96	④	97	④	98	①	99	③	100	④

01 ②

기출키워드 하렌(Harren)이 제시한 진로의사결정 유형

정답풀이 하렌이 제시한 진로의사결정 유형에는 합리적 유형, 직관적 유형, 의존적 유형이 있다.

> 하렌(Harren)이 제시한 진로의사결정 유형
> - 합리적 유형: 의사결정과정에 자신과 상황에 대한 정확한 정보를 수집하고, 논리적이고 체계적으로 접근하는 유형이다.
> - 직관적 유형: 의사결정의 기초로 상상을 사용하고 현재의 감정에 주의를 기울이며 정서적 자각을 사용한다.
> - 의존적 유형: 의사결정에 대한 개인적 책임을 부정하고, 그 책임을 외부로 돌리는 경향이 있다.

02 ①

기출키워드 Williamson의 특성-요인 상담과정

정답풀이 A에 해당하는 과정은 Williamson의 특성-요인 상담과정 중 진단과정으로, 문제를 사실적으로 확인하고 원인을 발견한다.

오답풀이 ② 추수지도에 대한 설명이다.
③ 종합에 대한 설명이다.
④ 상담에 대한 설명이다.

03 ③

기출키워드 특성·요인이론

정답풀이 특정 직무의 수행에서 요구하는 조건을 의미하는 것은 요인에 대한 설명이다. 특성은 개인의 성격, 흥미, 적성 등의 속성을 의미한다.

04 ③

기출키워드 자기보고식 가치사정기법

정답풀이 난관을 극복한 경험 기술하기는 자기보고식 가치사정법에 해당하지 않는다.

자기보고식 가치사정기법
- 체크목록 가치에 순위 매기기
- 과거의 선택 회상하기
- 절정 경험 조사하기
- 자유시간과 금전 사용계획 조사하기
- 백일몽 말하기
- 존경하는 사람 기술하기

05 ③
기출키워드 집단상담 프로그램

정답풀이 장애를 가진 사람들은 우리나라에서 적응하는 데 많은 어려움을 겪고 있기 때문에 사회적응을 위한 상담이 가장 우선시 된다.

06 ②
기출키워드 직업상담사의 역할

정답풀이 직무분석 수행, 새로운 직무의 개발, 지시적인 직업선택, 직업관련 이론개발 및 강의 등은 직업상담사의 역할과 거리가 멀다.

07 ④
기출키워드 크릿츠의 문제유형

정답풀이 크릿츠의 문제유형 중 부적응형은 흥미가 일치하는 분야도 없고, 적성이 일치하는 분야도 없는 경우이다.

오답풀이 ① 적성에 따라 직업을 선택했지만 그 직업에 흥미를 느끼지 못하는 사람: 강압형
② 흥미를 느끼는 분야는 있지만 그 분야에 필요한 적성을 가지고 있지 못하는 사람: 비현실형
③ 흥미나 적성의 유형이나 수준과는 상관없이 어떤 분야를 선택할지 결정하지 못하는 사람: 우유부단형

08 ①
기출키워드 인지적 상담

정답풀이 인지치료(상담)의 상담자는 내담자의 비합리적 신념을 논박하고 합리적 신념으로 변화시키기 위하여 능동적이고 적극적 태도를 지닌다. 반면, 수용적인 태도는 내담자 중심 상담에서 상담자의 역할이다.

09 ④
기출키워드 실존주의 상담

정답풀이 실존주의 상담에서 가정하는 인간의 궁극적 관심사는 무의미성이다. 무의식적 자각은 정신분석이론에 해당하는 개념이다.

10 ②
기출키워드 인간중심 상담

정답풀이 자아는 성격의 조화와 통합을 위해 노력하는 원형이라는 개념은 융(C.Jung)의 분석심리학 이론에 관한 개념이다.

인간중심 상담이론
인간중심 상담은 인간은 자기를 보전, 유지하고 향상시키고자 하는 실현화 경향성을 타고난 존재로 보고 어린 시절 부모 등 주요 타자로부터 긍정적 존중을 받기 위해 가치의 조건화가 일어날 수 있다고 보았다. 또한 개인마다 주관적 경험의 세계가 있고 이를 현상학적 장이라 지칭한다.

11 ④
기출키워드 상담의 초기면접

정답풀이 상담의 초기면접 단계에서는 관계형성 및 구조화, 측정, 목표 설정 등이 이루어진다. 내담자가 말하는 내용 중 모호한 부분을 자세하게 설명하도록 요구하는 것(명료화)은 초기면접 단계에서 적절하지 않다.

12 ④
기출키워드 직업상담의 기본 원리

정답풀이 직업상담의 가장 중요한 요소는 합리적인 직업의 결정이므로, 의사결정능력에 대한 훈련이 포함되어야 한다.

13 ①
기출키워드 생애진로 주제

정답풀이 내담자의 생애진로 주제의 이해는 매우 중요한 요소인데, 그 이유는 내담자의 사고과정을 이해하고 행동을 통찰하도록 도와주기 때문이다. 이러한 생애진로 주제는 개인의 생각, 가치, 태도 등 자신의 신념과 다른 사람에 대한 신념, 세상에 대한 신념 등을 표현하기 위해 사용되는 개념으로서, 생애진로 주제의 분석을 위해 내담자의 생애 역할들을 고려한다.

14 ①
기출키워드 6개의 생각하는 모자(six thinking hats)

정답풀이 6개의 생각하는 모자(six thinking hats)는 청색, 백색, 적색, 흑색, 황색, 녹색이다.

15 ④
기출키워드 진로시간전망 검사지

정답풀이 미래직업에 대한 지식 확장은 진로시간전망 검사지의 사용목적이 아니다.

16 ③
기출키워드 자기감찰

정답풀이 자기감찰은 관찰자 스스로 자신의 행동을 관찰하고 기록함으로써 자신의 문제행동에 대한 피드백을 통하여 문제의 행동을 통제할 수 있다.

17 ②
기출키워드 전이된 오류 정정하기

정답풀이 한정된 오류 정정하기가 아닌 전이된 오류 정정하기이다. 전이된 오류 정정하기는 내담자가 가지고 있는 정보, 한계, 논리적 오류를 정정하는 것을 말한다.

18 ③
기출키워드 즉시성

정답풀이 즉시성이란 상담자가 상담자의 바람은 물론 내담자의 느낌, 인상, 기대 등에 대해 깨닫고 대화를 나누는 것을 말한다.

19 ②
기출키워드 명료화

정답풀이 명료화란 내담자의 말 속에 포함되어 있는 불분명한 측면을 상담자가 분명히 해주는 것을 말한다.

20 ①
기출키워드 정보의 오류

정답풀이 정보의 오류란 이야기 삭제, 불확실한 인물의 인용, 불분명한 동사의 사용, 참고자료의 불충분한 사용 시 나타난다.

21 ③
기출키워드 스트레스 이론

정답풀이 교감신경은 신체를 긴장시키는 역할을 하며 부교감신경은 신체를 안정시키는 역할을 한다. 스트레스 상황에서는 교감 신경계가 활성화되어 각성이 일어난다.

22 ③

기출 키워드 작업자 중심 직무분석

정답풀이 작업자 중심 직무분석에서는 직위(직책)분석 질문지와 같은 표준화된 분석도구를 사용한다.
각 직무에서 이루어지는 과제나 활동들이 서로 다르기 때문에 분석하고자 하는 직무 각각에 대해 표준화된 분석도구를 만들 수 없는 것은 과제 중심 직무분석이다.

23 ④

기출 키워드 표준점수

정답풀이 T점수 공식은 다음과 같다.
T점수 = (10 × Z점수) + 50
이 때, T점수가 75이므로,
75 = 10Z + 50
∴ Z점수는 2.5이다.

24 ③

기출 키워드 홀랜드(Holland) 성격유형

정답풀이 홀랜드(Holland) 성격유형 중 실제적 유형은 솔직하고 실제적이며 성실하고, 지구력이 있고 건강하다. 또한 소박하고 말이 적으며, 고집이 세고 직선적이며 단순한 성격의 유형이다. 대표적인 직업은 기술자, 운전사, 농부, 운동선수 등이 있다.

25 ④

기출 키워드 직업적응이론(TWA)

정답풀이 직업적응이론(TWA)에서는 '인내력'과 '유연성'의 두 적응유형 변인이 개인의 만족, 조직의 만족(충족), 적응을 매개한다고 가정한다. 그 중에서도 적응의 가장 중요한 변인은 '인내(끈기)'이다.

26 ④

기출 키워드 Ginzberg의 진로발달단계

정답풀이 긴즈버그(Ginzberg)의 진로발달 3단계는 환상기 – 잠정기 – 현실기 순으로 구성되어 있다.

27 ①

기출 키워드 로(Roe)의 욕구이론

정답풀이 로(Roe)는 가정의 정서적 분위기, 즉 부모와 자녀 간의 상호작용을 정서집중형, 회피형, 수용형으로 구분하였다.

오답풀이 ② 아동기 부모-자녀 간의 관계에서 생긴 욕구가 직업선택에 영향을 미친다는 이론이다.
③ 부모의 사랑을 제대로 받지 못하고 거부적인 분위기에서 성장한 사람은 다른 사람들과 함께 일하고 접촉하는 서비스 직종의 직업을 선호하지 않는다.
④ 직업군을 8가지로 분류한다.

28 ④

기출 키워드 인지적 정보처리(CIP) 이론의 의사결정 과정

정답풀이 인지적 정보처리이론에서 제시하는 의사결정 과정은 의사소통단계–분석단계–종합단계–가치평가단계–실행단계 순이다.

> 인지적 정보처리(CIP)이론의 의사결정 과정
> 1. 의사소통단계: 의문점을 듣고, 부호화하고, 표현하는 의사소통이 이루어진다.
> 2. 분석단계: 개념적 틀 안에서 문제를 규명하고 정하는 분석단계이다.
> 3. 종합(통합)단계: 행동의 과정을 만들어 내는 종합(통합)단계이다.
> 4. 가치평가단계: 성공과 실패의 가능성과 타인에 대한 영향력으로 행동을 판단하는 가치평가단계이다.
> 5. 실행단계: 계획을 수행할 전략들의 이행인 실행단계이다.

29 ②

기출 키워드 직업적성검사(GATB)

정답풀이 직업적성검사는 GATB(General Aptitude Test Battery)가 대표적이다.
AGCT(Army General Classification Test, 군대 일반 분류검사)는 군대인력의 선발과 배치를 위한 능력검사이다.

30 ②
기출키워드 표준점수

정답풀이 표준점수는 분포의 표준편차를 이용하여 개인의 점수가 평균으로부터 벗어난 거리를 표시한 것이다.

31 ③
기출키워드 신뢰도가 높은 검사

정답풀이 신뢰도란 동일한 피검사자에게 반복해서 검사를 실시하였을 때 검사 조건이나 검사 시기에 관계없이 얼마나 점수들이 일관성이 있는가, 비슷한 것을 측정하는 검사의 점수와 얼마나 일관성이 있는가를 의미한다.

32 ④
기출키워드 구성타당도

정답풀이 요인분석법은 구성타당도를 확인하기 위한 것이다. 구성타당도를 분석하는 방법에는 수렴타당도, 변별타당도, 요인분석법이 있다.

33 ②
기출키워드 신뢰도 계수에 영향을 미치는 요인

정답풀이 신뢰도 계수는 검사 문항의 수가 증가할수록 신뢰도는 커진다. 다만 정비례하여 커지는 것은 아니다.

34 ③
기출키워드 직무분석의 용도

정답풀이 조직진단은 직무분석의 용도 즉, 목적이 될 수 없다.

> **직무분석 자료의 용도**
> - 종업원 채용·배치·승진 등 인사관리의 효율화에 활용된다.
> - 조직의 합리화에 활용된다.
> - 직무평가, 직무설계에 활용된다.
> - 교육·훈련 및 경력개발에 활용된다.
> - 산업안전관리에 활용된다.
> - 작업방법 및 작업공정, 작업환경의 개선에 활용된다.

35 ①
기출키워드 평가기관제도

정답풀이 평가기관은 조직 구성원의 경력개발을 위하여 전문가로부터 개인의 능력, 성격, 기술 등에 대해 종합적인 평가를 받는 프로그램이다. 이는 미국의 AT&T사에서 처음 운영한 것으로, 기업의 새로운 인재를 선발하기 위해 직원들의 관리능력을 평가하는 제도이다.

36 ②
기출키워드 직업전환

정답풀이 직업전환을 원하는 내담자를 상담할 때 고려해야 할 사항은 나이와 건강, 직업을 전환하는 데 필요한 기술, 내담자에 대한 이해 등이며, 가장 우선적으로 탐색해야 할 것은 내담자의 변화에 대한 인지능력이다.

37 ③
기출키워드 직업정체감

정답풀이 타이드만(Tiedeman)과 오하라(O'Hara)의 진로발달이론에서 개인은 분화와 통합의 과정을 거치면서 직업정체감을 형성한다고 본다.

38 ④
기출키워드 직업적응이론

정답풀이 롭퀴스트(Lofquist)와 데이비스(Dawis)의 직업적응이론은 미네소타 대학의 직업적응계획의 일환으로 연구되었으며, 심리학적인 직업분류체계인 미네소타 직업분류체계Ⅲ와 관련하여 발전한 이론이다.

39 ①
기출키워드 GATB 일반직업적성검사

정답풀이 일반직업적성검사(GATB; General Aptitude Test Battery)의 9가지 적성요인은 형태지각, 사무지각, 운동반응, 공간적성, 지능, 언어능력, 수리능력, 손 재치, 손가락 재치 이다.

40 ②
기출키워드 **직무스트레스 조절변인**

정답풀이 직무관련 스트레스의 조절변인에는 성격유형, 통제의 위치(통제 소재), 사회적 지원이 있다.

오답풀이 ① 성격 유형(A·B 성격 유형): A 성격 유형의 사람은 스트레스 상황에 노출되면 B성격 유형의 사람보다 훨씬 많은 스트레스를 받는다.
③ 통제의 위치(통제 소재): 어떤 사건의 발생이나 결과가 자기 자신의 행위에서 비롯된 것으로 간주하여 스스로 통제 가능한 것으로 인식한다. 내적 통제자는 외적 통제자보다 스트레스에 적절하게 대처함으로 스트레스 위협을 덜 느낀다.
④ 사회적 지원: 사회적 지원은 스트레스 상황에서의 심리적·신체적 적응에 도움을 준다.

41 ①
기출키워드 **민간직업정보의 특징**

정답풀이 민간직업정보는 특정한 목적에 맞게 해당 분야 및 직종을 제한적으로 제시하는 경향이 있다.

> 기타 민간직업정보의 특징
> - 단시간에 조사되어 집중적으로 제공된다.
> - 정보 자체의 효과는 큰 반면 부가적인 파급효과는 적다.
> - 다른 직업정보와의 비교가 어렵고 활용성이 낮다.
> - 조사·분석 및 정리, 제공에 상당한 시간 및 비용이 소요되므로 유료로 제공된다.

42 ③
기출키워드 **직업정보의 요건**

정답풀이 직업정보는 명확한 목표를 세우고 계획적으로 수집하여야 한다. 우연히 획득되거나 출처가 불명확한 직업정보라면 내용이 풍부하다고 해도 직업정보로서 가치가 없다고 판단한다.

43 ④
기출키워드 **직업선호도검사의 구성**

정답풀이 고용24의 직업선호도 검사는 L형(60분)과 S형(25분) 두 가지 유형이 있다.
L형은 흥미검사, 성격검사, 생활사검사로 구성되어 있고 S형은 흥미검사만으로 이루어져 있다.

※ 24년 9월 기준 '워크넷' 사이트가 '고용24'로 개편되어 현행에 맞게 문제를 수정하 습니다.

44 ③
기출키워드 **한국직업사전(2020)의 부가직업정보**

정답풀이 정규교육은 해당 직업종사자의 평균학력을 나타내는 것은 아니다.

> 한국직업사전(2020)의 부가직업정보 중 정규교육은 해당직업의 직무를 수행하는데 필요한 일반적인 정규교육수준을 의미하는 것으로 해당직업 종사자의 평균 학력을 나타내는 것은 아니다.
> 현행 우리나라 정규교육과정의 연한을 고려하여 그 수준을 6개로 분류하였으며 독학, 검정고시 등을 통해 정규교육과정을 이수하였다고 판단되는 기간도 포함된다.

45 ④
기출키워드 **한국표준산업분류(2024) 개정 내용**

정답풀이 대분류별 주요 개정 내용 중 공공행정, 국방 및 사회보장 행정에서는 포괄범위를 고려하여 통신행정을 우편 및 통신행정으로 변경하였으며, 나머지 행정 부문은 정부 직제 및 기능 등을 고려하여 기존 분류를 유지하였다.

46 ④
기출키워드 **취업성공패키지의 지원대상**

정답풀이 취업성공패키지 I의 지원대상은 만18~69세(단 위기청소년의 경우 만15세~만24세)로서 생계급여 수급자, 중위소득 60% 이하 가구원, 여성가장, 위기청소년, 니트족, 북한이탈주민, 결혼 이민자, 결혼이민자의 외국인 자녀 등이다.

47 ①

기출키워드 고용24 직업정보시스템에서 학과정보

정답풀이 고용-24 직업정보시스템의 학과정보에서는 학과를 인문계열, 사회계열, 교육계열, 자연계열, 공학계열, 의약계열 및 예체능계열 등 7개 계열로 구분하여 정보를 제공한다.
또한 각 학과별로 학과소개(학과영역, 적성과 흥미), 관련학과·교과목(주요교과목, 취득자격), 개설대학, 취득자격, 진출직업, 취업현황(취업률) 등의 정보를 제공한다.

※ 24년 9월 기준 '워크넷' 사이트가 '고용24'로 개편되어 현행에 맞게 문제를 수정하였습니다.

48 ②

기출키워드 국가기술자격 서비스 분야 응시자격

정답풀이 국가기술자격 서비스 분야 종목 중 스포츠경영관리사, 직업상담사 2급, 사회조사분석사 2급, 전자상거래관리사 2급, 텔레마케팅관리사, 컨벤션기획사 2급, 소비자전문상담사 2급 등은 응시자격의 제한이 없다.

오답풀이 ① 임상심리사 2급의 응시자격은 1년 이상 실습수련 또는 2년 이상 실무에 종사한 자로서 대학졸업자 및 그 졸업예정자이다.
③, ④ 국제의료관광코디네이터는 공인어학성적 기준 요건을 충족하고 ㉠보건의료 또는 관광분야 관련학과의 대학졸업자, 2년제 후 2년 실무, 3년제 후 1년 실무, 4년 실무, ㉡ 관련자격증(의사, 간호사, 보건교육사, 관광통역안내사, 컨벤션기획사1·2급)을 취득한 사람이다.

49 ④

기출키워드 한국표준산업분류의 통계단위

정답풀이 한국표준산업분류의 통계단위에서 단일 산업활동이 하나 이상의 장소에서 이루어지는 경우는 활동유형 단위이다. 산업활동과 장소의 동질성의 차이에 따라 통계단위는 다음과 같이 구분된다.

구분	하나 이상의 장소	단일 장소
하나 이상의 산업활동	기업집단 단위	지역 단위
	기업체 단위	
단일 산업활동	활동유형 단위	사업체 단위

50 ④

기출키워드 직업성립의 일반요건

정답풀이 한국표준직업분류에서 직업이 되기 위해서는 일의 계속성, 경제성, 윤리성 및 사회성 등의 조건을 갖추어야 한다. 또한 속박된 상태에서의 활동은 직업이 될 수 없다.

51 ①

기출키워드 국가기술자격종목과 직무분야

정답풀이 가스산업기사는 안전관리 분야의 자격이다. 안전관리 분야의 자격으로는 가스, 건설안전, 전기안전, 소방설비, 인간공학 등이 있다.

52 ①

기출키워드 실기시험만 실시할 수 있는 종목

정답풀이 국가기술자격법 시행규칙(고용노동부령)에서 규정한 실기시험만 실시할 수 있는 종목은 다음과 같다.
- 토목분야: 석공기능사, 지도제작기능사, 도화기능사, 항공사진기능사
- 건축분야: 조적기능사, 미장기능사, 타일기능사, 온수온돌기능사, 유리시공기능사, 비계기능사, 건축목공기능사, 거푸집기능사, 건축도장기능사, 도배기능사, 철근기능사, 방수기능사
- 판금·제관·새시분야: 금속재창호기능사

53 ④

기출키워드 국가기술자격 중 등급별 응시자격

정답풀이 산업기사의 응시조건은 응시하려는 종목이 속하는 동일 및 유사직무 분야에서 2년 이상 실무에 종사한 사람이다. 또는 기능사 등급 이상의 자격을 취득한 후 동일 및 유사 직무분야에서 1년 이상 실무에 종사한 사람이다.

54 ②

기출키워드 직업선택모형 중 힐튼의 모형

정답풀이 인간이 복잡한 정보에 접근하게 되는 구조에 근거를 둔 이론은 기술적 직업선택 모형의 하나인 힐튼(Hilton)의 모형이다.

힐튼의 모형은 직업선택을 결정하기까지의 단계를 전제단계(직업선택 이전의 조사 시기), 계획단계(특정직업에서 요구하는 행동을 상상하는 시기), 인지부조화 단계(자신이 가지고 있는 특성과 반대되는 직업을 갖게 됨으로써 생겨나는 행동을 시험해 보는 시기) 등으로 구분한다.

힐튼은 직업결정 과정은 자신이 세운 계획과 전제 간의 불일치점 또는 불균형점을 조사·시험해 보고, 이들 간의 부조화가 없다면 현재 계획을 행위화시키는 과정으로 보고 있다.

55 ①
기출키워드 **국가기술자격 검정기준**

정답풀이 해당 국가기술자격의 종목에 관한 숙련기능을 가지고 제작·제조·조작·운전·보수·정비·채취·검사 또는 작업관리 및 이에 관련되는 업무를 수행할 수 있는 능력 보유는 기능사의 검정기준이다.

국가기술자격 검정기준의 키워드
- 기술사: 고도의 전문지식과 실무경험에 입각한 기술업무의 수행능력
- 기능장: 최상급 숙련기능을 가지고 현장관리 업무의 수행능력
- 기사: 공학적 기술이론 지식
- 산업기사: 기술기초이론지식 또는 숙련기능
- 기능사: 숙련기능

56 ③
기출키워드 **한국표준산업분류 용어의 정의**

정답풀이 산업활동의 범위에는 영리적·비영리적 활동이 모두 포함되나, 가정 내의 가사활동은 제외된다. 산업활동이란 "각 생산단위가 노동, 자본, 원료 등 자원을 투입하여, 재화 또는 서비스를 생산 또는 제공하는 일련의 활동과정"으로 정의된다.

57 ①
기출키워드 **한국표준직업분류 중 대분류 항목과 직능수준의 관계**

정답풀이 제8차 한국표준직업분류에서 대분류 1 관리자와 대분류 2 전문가 및 관련 종사자는 제4직능 수준 혹은 제3직능 수준이 요구된다.

대분류 3~8까지는 제2직능 수준, 대분류 9 단순노무 종사자는 제1직능 수준을 필요로 한다. 군인은 제2직능 수준 이상 필요하다.

58 ③
기출키워드 **국민내일배움카드**

정답풀이 구직자에게 일정한 금액을 지원하여 그 범위 이내에서 직업능력개발훈련에 참여할 수 있도록 하고, 훈련이력 등을 개인별로 통합관리하는 제도는 국민내일배움카드(직업능력개발계좌제)이다.

59 ③
기출키워드 **한국표준산업분류의 산업결정방법**

정답풀이 단일사업체의 보조단위는 그 사업체의 일개 부서로 포함하며, 여러 사업체를 관리하는 중앙보조단위(본부)는 별도의 사업체로 처리한다.

60 ④
기출키워드 **직업정보 수집·제공 시 고려사항**

정답풀이 직업정보의 가공·제공 시 직업정보의 이용자는 일반인이므로 이용자의 수준에 맞는 평이한 언어로 가공한다.

61 ③
기출키워드 **직종별 임금격차의 존재이유**

정답풀이 직종 간 정보의 흐름이 원활하면 직종 간 노동의 이동이 증가하여 임금격차는 줄어든다.

62 ①
기출키워드 **실망실업자 효과와 부가노동자 효과**

정답풀이 실망실업자 효과는 사실상 실업자가 비경제활동인구로 분류되므로 실업자 수가 감소하여 실업률이 감소한다. 반면 부가노동자효과는 비경제활동인구가 경제활동인구(실업자)로 되기 때문에 실업률을 증가시킨다.

63 ③
기출키워드 수요곡선의 이동요인

정답풀이 임금(률)을 제외한 생산기술의 변화, 최종생산물의 가격 변화, 다른 생산요소(자본 등)의 가격변화, 노동생산성의 변화 등은 노동에 대한 수요곡선을 이동시킨다.
노동수요곡선 모형에서 세로축에 표시되는 임금(률)이 변화하면 노동수요곡선 자체는 이동하지 않고 노동수요곡선상에서의 이동을 가져온다. 반면 모형에 표시되지 않는 외생변수가 변화하면 노동수요곡선 자체가 이동한다.

64 ①
기출키워드 노동수요의 임금탄력성 적용

정답풀이 노조의 임금인상 투쟁으로 임금을 인상하더라도 기업의 고용량 감소가 적다는 것은 노동수요의 임금탄력성이 비탄력적, 즉 작다는 것을 의미한다.

65 ④
기출키워드 클로즈드 숍

정답풀이 조합원 자격이 있는 노동자만을 채용하고 일단 고용된 노동자라도 조합원 자격을 상실하면 종업원이 될 수 없는 숍 제도는 클로즈드 숍(closed shop)이다. 이 방법은 조합이 노동의 공급을 통제할 수 있어 임금수준과는 관계없이 노동의 공급이 고정되어 있으므로 노동의 공급곡선은 수직형태이다.
클로즈드 숍은 미국의 태프트-하틀리 법(Taft-Hartley Act)에 의해 불법화 되었으나 건설업, 해운업, 인쇄업 등에서 현실적으로 인정되고 있다.

66 ④
기출키워드 직무급 임금체계

정답풀이 직무급 임금체계는 기업 내 각자가 담당하는 직무의 상대적 가치(질과 양의 양면)를 기초로 하여 지급되는 임금이므로 먼저 직무의 가치서열이 확립되어야 하고, 이 가치서열의 확립을 위하여 직무평가가 이루어져야 한다.

이는 동일한 직무에 대하여는 동일한 임금을 지급한다는 원칙(equal pay for equal work)에 입각한 것으로서 적정한 임금수준의 책정과 더불어 각 직무간에 공정한 임금격차를 유지할 수 있는 기반이 된다.

오답풀이 ①과 ②는 연공급, ③은 직능급 임금체계에 대한 설명이다.

67 ③
기출키워드 내부노동시장의 형성요인

정답풀이 도린저와 피요르는 내부노동시장이 형성되는 요인으로 숙련의 특수성, 현장훈련, 관습의 세 가지를 제시한다. 이외에도 장기근속의 가능성, 기업의 대규모성, 기업 내의 위계적인 직무서열 등을 제시하는 학자들도 있다.

68 ①
기출키워드 마찰적 실업의 원인

정답풀이 마찰적 실업(frictional unemployment)은 노동자가 자신에게 가장 유리한 직장을 찾기 위하여 정보수집활동에 종사하고 있을 동안의 실업상태를 말한다. 즉, 정보의 불완전성에 기인하는 실업이다.
ㄴ과 ㄷ은 구조적 실업의 원인이다. ㄴ은 기업의 효율임금(efficiency wage)정책을 의미하는 것으로, 효율임금을 지급하면 시장임금보다 임금이 높아지므로 노동의 초과공급, 즉 실업이 발생하는데 이는 구조적 실업에 해당한다.

구조적 실업의 다른 해석
1. 맨큐(N. G. Mankiw)는 구조적 실업은 노동시장에서 제공되는 일자리의 수가 직장을 찾고 있는 노동자들의 수에 비해 적기 때문에 발생하는 실업으로 설명한다.
2. 여기서 일자리의 수가 적은 이유는 어떤 이유로 임금이 노동의 수요와 공급이 같아지는 임금(균형임금)보다 높기 때문이다.
3. 그리고 임금이 균형임금보다 높아지게 되는 이유로 최저임금제, 노동조합의 임금인상 압력, 효율임금 등 세 가지를 제시한다.

69 ④
기출키워드 이윤극대화 고용량(노동수요량) 조건

정답풀이 완전경쟁 노동시장에서 기업이 이윤을 극대화하기 위해서는 노동의 한계생산가치(VMP_L) = 임금(W)에서 고용량을 결정해야 한다.
따라서 $W = VMP_L = P \cdot MP_L$이다.
그런데 재화시장이 불완전경쟁이므로 $P > MR$이고, 따라서 $VMP_L > MRP_L$이다. 따라서 주어진 조건에서 임금은 한계수입생산(MRP_L)보다 높은 수준으로 결정된다.

70 ④
기출키워드 실업률 계산

경제활동참가율 = $\dfrac{\text{경제활동인구}}{\text{생산가능인구}} \times 100$
= $\dfrac{\text{경제활동인구}}{100\text{만 명}} \times 100 = 50\%$

이므로 경제활동인구는 50만 명이다.
실업자 = 경제활동인구 − 취업자
= 50만 명 − 40만 명 = 10만 명이다.
따라서 실업률 = $\dfrac{\text{실업자}}{\text{경제활동인구}} \times 100$
= $\dfrac{10\text{만 명}}{50\text{만 명}} \times 100 = 20\%$이다.

71 ③
기출키워드 이원적 노사관계

정답풀이 노사관계를 개별적 노사관계와 집단적 노사관계로 나누어 파악하는 것을 이원적 노사관계(dualistic industrial relations)라고 한다. 즉 이원적 노사관계에서 제1차 관계는 사용자(경영) 대 근로자(종업원) 관계이고, 제2차 관계는 사용자(경영) 대 노동조합 관계이다.
제1차 관계는 노사의 친화, 우호, 협력의 관계이다. 이에 대해 제2차 관계는 임금 및 기타 근로조건의 유지·개선을 중심으로 파악되는 관계이다.

72 ④
기출키워드 산업별 노동조합의 특징

정답풀이 ④는 직업별 노동조합(craft union)의 단점이다. 직업별 노동조합은 역사적으로는 가장 오래된 형태의 노동조합으로 숙련공 중심의 배타적·폐쇄적이고 독점적인 조직형태이다.
산업별 노동조합(industrial union)은 동일한 산업에 종사하는 모든 노동자가 하나의 노동조합을 구성하는 형태이다. 산업전체의 이익을 고려하므로 기업별 특수성은 고려하기 어렵지만, 해당 산업에 종사하는 모든 노동자가 가입하므로 임시직이나 일용직 노동자의 조직이 용이해진다는 장점이 있다.

73 ①
기출키워드 노동수요와 노동공급의 증가 결과

정답풀이 노동의 한계생산을 증가시키는 기술진보는 노동수요곡선을 오른쪽으로 이동시키고, 많은 노동자들의 노동시장 참여는 노동공급곡선을 오른쪽으로 이동시킨다.
두 곡선 모두 오른쪽으로 이동하므로 균형노동고용량은 반드시 증가한다. 그러나 균형임금은 두 곡선이 이동하는 정도(이동의 크기)에 따라 달라지므로 불명확하다.

74 ①
기출키워드 경제적 조합주의

정답풀이 경제적 조합주의는 노동조합운동은 정치로부터 독립되어야 한다고 본다. 즉, 노동조합운동의 독자성·자주성 확보 및 조합 내 민주주의의 실현이 중요한 조직원리이며 운동의 기본원칙이다.

> 지금까지 산업화 사회에 나타난 여러 나라의 노동조합 운동의 이념들을 크게 구분하면 정치적 조합주의(정치주의), 경제적 조합주의(경제주의), 국민적 조합주의(국민주의)의 세 가지로 나누어 볼 수 있다.

75 ④

기출키워드 이윤극대화 고용량(노동수요량) 조건

정답풀이 완전경쟁 노동시장에서 이윤을 극대화하기 위해서는 노동의 한계생산가치(VMP_L) = 임금(W)에서 고용량을 결정해야 한다.
$VMP_L = P \cdot MP_L = W$이다.
$VMP_L = (27 - 5L) \times 20 = 40$이므로 $L = 5$이다.

76 ②

기출키워드 후방굴절형 노동공급곡선의 원인

정답풀이 소득 – 여가 간의 선호체계 분석에서 임금수준이 높지 않은 경우에는 임금상승의 대체효과 > 소득효과이므로 임금이 상승하는 경우 노동공급량은 증가한다. 그러나 임금수준이 높은 경우에는 임금상승의 소득효과 > 대체효과가 되어 임금이 상승해도 노동공급량은 감소하여 노동의 공급곡선은 뒤로 구부러지는 후방굴절형이 된다. 이러한 현상은 최근 연장근로 등 일정량 이상의 노동을 기피하는 풍조와 관련이 있다.

> **임금상승의 대체효과와 소득효과**
> - 임금상승의 대체효과는 임금이 상승하면 여가의 기회비용(임금)이 커지기 때문에 여가를 줄이고 노동공급량을 증가시키는 효과이다.
> - 임금상승의 소득효과는 임금이 상승하면 전보다 적은 노동을 공급해도 전과 동일한 소득을 얻게 되므로 노동공급량을 감소시키는 효과이다.

77 ②

기출키워드 효율임금정책이 높은 생산성을 가져오는 원인

정답풀이 고임금을 지급하는 경우 기업의 명성이 높아져 상대적으로 우수한 노동자를 채용할 수 있으므로 다른 기업에 비해 신규노동자의 훈련비용을 줄일 수 있다.

> 효율임금정책(efficiency wage policy) 또는 고임금정책은 기업이 시장임금보다 높은 임금을 지급함으로써 노동의 생산성을 높이려는 것이다.

78 ④

기출키워드 통계적 차별이 일어나는 경우

정답풀이 통계적 차별이 발생하는 경우는 다음과 같다.
- 사용자가 근로자의 생산성에 대해 불완전한 정보를 갖고 있어 평균적인 인식을 근거로 임금을 결정하는 경우
- 근로자가 동질적이지 않아 각자의 능력, 적성, 소질, 육체적인 힘 등 개인적인 특성이 달라 고용해 보지 않고서는 미리 알 수 없는 경우
- 근로자의 생산성과 능력을 일일이 확인하는 채용·선별비용이 상당히 높은 경우
- 잘못 판단되어 채용된 근로자 때문에 생산의 손실이 있거나 현장훈련비용이 추가로 많이 드는 경우

> **통계적 차별(statistical discrimination)**
> 근로자의 생산성에 관한 충분한 정보를 갖고 있지 못한 상황에서 고용주는 생산성과 상관관계가 있다고 통계적으로 밝혀진 학력·성·연령 등과 같은 특성을 근거로 임금수준이나 채용여부를 결정하는 경우 이를 통계적 차별이라고 한다.

79 ②

기출키워드 최저임금제가 고용을 증가시키는 경우

정답풀이 정부가 임금을 인상시키는 것은 최저임금제의 경우이다. 최저임금제가 고용을 증가시키는 경우는 다음과 같다.
- 노동시장이 수요독점 노동시장인 경우
- 생산성 증대효과가 있는 경우
- 유효수요 증대효과가 있는 경우 등

일반적으로 최저임금제가 시행되면 기업의 노동수요량이 감소하므로 근로자는 실업자가 될 가능성이 있다. 그러나 노동시장이 수요독점(monopsony)인 경우에는 최저임금제로 임금이 상승해도 고용량이 증가할 수 있다.
노동시장이 수요독점인 경우 고용량은 노동의 수요곡선과 공급곡선에 의해 결정되는 것이 아니라 노동의 수요곡선과 우상향하는 한계요소비용(MFC)에 의해 결정된다. 그리고 이 경우 임금의 상승에도 불구하고 고용량은 이전보다 증가하게 된다.

80 ②
기출키워드 소득정책의 효과

정답풀이 민간기업들의 과도한 임금인상을 규제하고 감시하기 위한 행정관리비용이 증가할 수 있다.
소득정책은 1970년대 말~1980년대 초에 발생한 세계적인 스태그플레이션을 해결하기 위해 제안된 정책이다. 경기를 회복시키면서 물가안정을 이루기 위한 것으로, 과도한 임금인상을 억제하는 임금가이드라인 정책이 대표적이다.

81 ④
기출키워드 겸업금지업종

정답풀이 「직업안정법」상 다음의 어느 하나에 해당하는 사업을 경영하는 자는 직업소개사업을 하거나 직업소개사업을 하는 법인의 임원이 될 수 없다.
- 「결혼중개업의 관리에 관한 법률」상의 결혼중개업
- 「공중위생관리법」상의 숙박업
- 「식품위생법」상의 식품접객업 중 대통령령으로 정하는 영업

「식품위생법」상의 식품접객업 중 대통령령으로 정하는 영업에서 대통령령으로 정하는 영업이란 다음을 의미한다.
- 휴게음식점영업 중 주로 다류를 조리·판매하는 영업(영업자 또는 종업원이 영업장을 벗어나 다류를 배달·판매하면서 소요 시간에 따라 대가를 받는 형태로 운영하는 경우로 한정)
- 「식품위생법시행령」상의 단란주점영업, 유흥주점영업

82 ④
기출키워드 배우자 출산휴가

정답풀이 배우자 출산휴가는 20일이며, 출산한 날부터 120일 이내에 사용해야 한다.
※ 최신 개정 내용에 맞게 변형한 기출문제입니다.

83 ②
기출키워드 미성년자의 근로계약

정답풀이 미성년자는 독자적으로 임금을 청구할 수 있다.

84 ③
기출키워드 심사·재심사 청구

정답풀이 형제자매도 대리인으로 선임할 수 있다.

85 ④
기출키워드 실업의 신고 및 인정

오답풀이 ① 이직 후 지체없이 신고해야 한다.
② 실업의 인정을 '받은 날로부터'가 아니라 '받은 날에 대하여' 지급한다.
③ 10개월이 아니라 12개월이다.

86 ④
기출키워드 근로권

정답풀이 「헌법」 제32조 근로권의 보호대상에 장애인은 포함되지 않는다.

87 ②
기출키워드 용어의 정의

정답풀이 일용근로자란 1개월 미만 동안 고용되는 자를 말한다.

88 ④
기출키워드 법외 적용

정답풀이 이 법은 국가 및 지방자치단체가 공무원을 채용하는 경우에는 적용하지 않는다.

89 ③
기출키워드 근로자의 개념

정답풀이 고용상 연령차별금지 및 고령자고용촉진에 관한 법률에서의 근로자는 「근로기준법」 제2조에 따른 근로자를 말한다.

90 ①
기출키워드 근로자파견사업의 허가

정답풀이 근로자파견사업은 고용노동부장관의 허가를 받아야 한다.

91 ④
기출키워드 고용재난지역에 대한 지원

정답풀이 ㉠, ㉡, ㉢, ㉣ 모두 고용정책 기본법령상 고용재난지역에 대한 행정상·재정상·금융상의 특별지원의 내용에 해당한다.

92 ③
기출키워드 훈련의 종류

정답풀이 직업능력개발훈련은 훈련목적에 따라 양성훈련, 향상훈련, 전직훈련으로 구분되고, 훈련방법에 따라 집체훈련, 현장훈련, 원격훈련, 혼합훈련으로 구분된다.

93 ①
기출키워드 경영상 해고

정답풀이 사용자는 경영상 이유에 의하여 근로자를 해고하려면 긴박한 경영상의 필요가 있어야 한다. 이 경우 경영악화를 방지하기 위한 사업의 양도·인수·합병은 긴박한 경영상의 필요가 있는 것으로 본다.

94 ②
기출키워드 직장 내 성희롱

정답풀이 다음에 해당하는 사업은 성희롱 예방교육 내용을 근로자가 알 수 있도록 홍보물을 게시하거나 배포하는 방법으로 직장내 성희롱 예방교육을 대신할 수 있다.(즉, 생략할 수 있는 것이 아니다)
- 상시 10명 미만의 근로자를 고용하는 사업
- 사업주 및 근로자 모두가 남성 또는 여성 중 어느 한 성(性)으로 구성된 사업

95 ③
기출키워드 퇴직금 제도

정답풀이 퇴직급여는 계속근로기간 1년에 30일분 이상의 평균임금을 지급해야 한다.

96 ④
기출키워드 용어 정의

정답풀이 근로자공급사업은 지방자치단체장의 허가가 아닌 고용노동부장관의 허가사항이다.

97 ④
기출키워드 법 적용범위

정답풀이 국가 및 지방자치단체의 기관에 대하여는 상시 사용하는 근로자의 수와 관계없이 이 법을 적용한다.

98 ①
기출키워드 근로자 모집

정답풀이 국외에 취업할 근로자를 모집한 자는 모집한 후 15일 이내에 고용노동부장관에게 신고해야 하는 것으로, 허가의 대상은 아니다. 고용노동부장관은 국외취업자의 모집을 원활하게 하기 위하여 필요하다고 인정할 때에는 국외취업을 희망하는 근로자를 미리 등록하게 할 수 있다.

99 ④
기출키워드 직업능력개발훈련의 기본원칙

정답풀이 직업능력개발훈련은 교육관계법에 따른 학교교육 및 산업현장과 긴밀하게 연계될 수 있도록 해야 한다.

100 ④
기출키워드 우선변제 임금채권

정답풀이 근로기준법상 최우선 변제되는 임금채권은 최종 3개월분의 임금, 재해보상금이다.

2023년 3회 복원문제

[제1과목] 직업심리

01	①	02	③	03	④	04	③	05	③
06	③	07	③	08	①	09	③	10	②
11	④	12	④	13	②	14	④	15	①
16	①	17	③	18	④	19	③	20	③

[제2과목] 직업상담 및 취업지원

21	①	22	③	23	②	24	②	25	③
26	①	27	④	28	①	29	④	30	②
31	③	32	④	33	④	34	③	35	①
36	②	37	④	38	④	39	①	40	②

[제3과목] 직업정보

41	②	42	②	43	③	44	②	45	②
46	①	47	④	48	③	49	②	50	②
51	④	52	②	53	④	54	②	55	①
56	①	57	②	58	③	59	②	60	④

[제4과목] 노동시장

61	②	62	②	63	①	64	③	65	④
66	④	67	③	68	②	69	④	70	④
71	②	72	①	73	②	74	②	75	④
76	①	77	④	78	②	79	②	80	①

[제5과목] 고용노동관계법규

81	②	82	④	83	④	84	④	85	④
86	①	87	①	88	③	89	③	90	③
91	①	92	①	93	④	94	④	95	②
96	③	97	③	98	④	99	④	100	③

01 ①

기출키워드 기본 상담기법

정답풀이 명료화란 내담자의 말 속에 포함되어 있는 불분명한 측면을 상담자가 분명히 해주는 것을 말한다.

02 ③

기출키워드 폐쇄형 질문

정답풀이 폐쇄형 질문은 대답할 수 있는 범위를 '예/아니요' 또는 단답식 답변으로 제한한다.
③은 폐쇄형 질문으로, "직업상담을 해야겠다고 생각하신 이유가 있으시다면 말씀해 주시겠어요?"라는 등의 응답의 범위를 열어놓는 공손한 개방적 질문을 사용하는 것이 바람직하다.

03 ④

기출키워드 Adler의 개인주의 상담

정답풀이 개인주의 상담의 목표는 내담자의 생활양식을 확인하고 바람직한 방향으로 생활양식을 바꾸도록 하는 것이다.
④는 정신분석이론에 대한 설명이다.

> **개인주의 상담의 목표**
> - 사회적 관심을 갖도록 돕는다.
> - 패배감을 극복하고 열등감을 감소시킬 수 있도록 돕는다.
> - 내담자의 잘못된 가치와 목표를 수정하도록 돕는다.
> - 행동수정보다는 동기수정에 초점을 두고 잘못된 동기를 바꾸도록 돕는다.
> - 사회의 구성원으로 기여하도록 돕는다.
> - 기본목표는 사회적 관심, 즉 잘못된 사회적 가치를 바꾸는 것이다.

04 ③
기출키워드 사이버 직업상담

정답풀이 ③은 사이버 직업상담의 단점에 해당된다. 즉 상담을 할 때는 내담자의 정보가 충분히 확보되어야 하며 상담의 종결 시 상담의 목적과 목표가 충분히 완결되어야 한다.

05 ③
기출키워드 생애진로사정

정답풀이 생애진로사정은 상담자와 내담자가 처음 만났을 때 사용해볼 수 있는 구조화된 면접기법으로, 내담자의 정보와 행동을 이해하는 데 도움을 주는 질적 평가절차이다.

오답풀이 ① 직업가계도에 대한 설명이다.
② 생애진로사정은 질적인 평가방법이다.
④ Roe의 욕구이론에 대한 설명이다.

06 ③
기출키워드 포괄적 직업상담

정답풀이 포괄적 직업상담은 여러 이론들의 다양한 기법들을 절충한 것이다. 상담의 초기단계에서는 진단 및 탐색이 이루어지므로 인간중심 접근법과 발달적 접근법이 주로 활용된다. 중간단계에서는 내담자의 문제에서 원인이 되는 요인들을 명료하게 밝혀 이를 제거하는 한편, 긍정적·촉진적 요인을 찾아 이를 격려하기 위해 주로 정신 역동적 접근법을 활용한다. 마지막 단계에서는 상담자가 내담자의 문제해결에 보다 능동적이고 지시적인 태도로 개입하기 위해 특성-요인 및 행동주의적 접근법을 활용한다.

07 ③
기출키워드 탈진(Burnout)

정답풀이 탈진연구는 대부분 설문연구를 통해 이루어진다. 대표적으로 매슬랙(Maslach)이 개발한 탈진척도(MBI; Maslach Burnout Inventory)를 사용한다. MBI의 하위요인에서는 정서적 고갈, 인격상실, 개인적 성취감 감소를 측정한다.

08 ①
기출키워드 전이된 오류 정정하기

정답풀이 한정된 오류 정정하기가 아닌 전이된 오류 정정하기이다. 전이된 오류 정정하기는 내담자가 가지고 있는 정보, 한계, 논리적 오류를 정정하는 것을 말한다.

09 ③
기출키워드 직업상담사의 윤리강령

정답풀이 상담자는 자신의 능력 및 기법의 한계로 내담자를 도울 수 없을 때, 내담자의 문제를 다른 전문직 동료나 기관에 의뢰해야 한다.

10 ②
기출키워드 6개의 생각하는 모자(six thinking hats)

정답풀이 6개의 생각하는 모자(six thinking hats)기법은 6개의 모자가 상징하는 사고를 통해 의사결정을 촉진하는 방법이다.

11 ④
기출키워드 특성-요인 직업상담의 단계

정답풀이 종합단계는 내담자의 다양한 측면에 대한 이해를 얻기 위해 수집된 내담자의 정보와 유사한 사례를 비교·분석하여 종합한다.

오답풀이 ① 분석단계에 해당한다.
② 진단단계에 해당한다.
③ 예측·처방단계에 해당한다.

12 ④
기출키워드 감정이입

정답풀이 상담사가 길을 전혀 잃어버리지 않고 마치 자신이 내담자의 세계에서 경험을 하는 듯한 능력을 의미하는 상담기법은 감정이입이다. 이는 상담사가 객관적인 중립성을 유지하면서 내담자의 입장에서 공감을 갖는 것이다.

13 ②

기출키워드 형태주의 상담

정답풀이 형태주의 상담은 인간을 과거나 환경에 의해 결정되는 존재가 아니라 현재의 사고, 감정, 행동의 전체성과 통합을 추구하는 존재로 보는 상담접근법이다. 형태주의 상담은 여기-지금의 현재 상황에 대한 인간의 자각에 초점을 두었다.

14 ②

기출키워드 정신분석적 상담의 주요 기법

정답풀이 전이는 내담자가 과거 어린 시절 중요한 타인(부모 또는 가족)에게 느꼈던 무의식적 감정이나 생각을 상담자에게 옮기는 것으로, 정신분석적 상담의 주요 기법이다.

15 ①

기출키워드 인지적 상담

정답풀이 인지치료(상담)의 상담자는 내담자의 비합리적 신념을 논박하고 합리적 신념으로 변화시키기 위하여 능동적이고 적극적 태도를 지닌다. 수용적인 태도는 내담자중심 상담에서 상담자의 역할이다.

16 ①

기출키워드 행동주의 직업상담에서 내담자 유형

정답풀이 무결단성은 내담자의 진로결정상의 무력감에 기인하여 부모의 지시나 강압에 의한 직업선택 등 환경에 의한 요구나 압력이 원인이다. 이 경우 정보가 주어지고 직업상담이 끝난 후에도 내담자는 진로결정을 내리지 못한다.

17 ③

기출키워드 자기인식이 부족한 내담자 사정

정답풀이 자기인식이 부족한 내담자의 경우 은유나 비유를 통하여 스스로를 인식하게 만들 수 있다.

18 ④

기출키워드 상담목표 설정 시 고려사항 및 기본원칙

정답풀이 인격성장을 돕는 것은 내담자에 대한 상담목표의 특성이 아니다.

내담자가 가져야 할 목표의 특성
- 목표는 구체적이어야 한다.(내담자가 바라는 구체적이고 긍정적인 변화를 상담목표로 삼는다.)
- 목표는 실현가능해야 한다.
- 목표는 내담자가 원하고 바라는 것이어야 한다.
- 내담자의 목표는 상담자의 기술과 양립 가능해야 한다.

19 ③

기출키워드 진로시간전망 검사지의 사용목적

정답풀이 진로계획 수정은 진로시간전망 검사지를 사용하는 목적과 거리가 멀다.

진로시간전망 검사지의 사용목적
- 미래의 방향 설정을 가능하게 한다.
- 미래에 대한 희망을 갖도록 한다.
- 미래가 실제인 것처럼 느끼게 한다.
- 현재의 행동을 미래의 결과와 연계시킨다.
- 목표 설정을 촉구한다.
- 진로계획에 대한 긍정적 태도를 강화한다.
- 진로계획의 기술을 연습시킨다.
- 진로의식을 높여준다.

20 ③

기출키워드 진로상담의 기본원리

정답풀이 진로상담은 항상 차별적인 진단과 처치의 자세를 견지한다.

21 ①
기출키워드 공인타당도(동시타당도)

정답풀이 공인(동시)타당도는 한 검사가 그 준거로 사용된 '현재'의 어떤 행동이나 특성과 관련된 정도를 확인한다.

오답풀이 예언타당도는 '미래'를 예언하는 것이다.

22 ③
기출키워드 직위분석질문지(PAQ)

정답풀이 매코믹(McCormick)과 동료들에 의해서 개발된 직위분석질문지(PAQ)는 직무분석 분야에 상당한 공헌을 하였다. PAQ는 194개 항목을 포함하고 있는 구조화된 표준화 직무분석 질문지이며, 187문항은 작업활동과 작업상황에 관련된 질문이고 7문항은 보수와 관련된 질문이다.

23 ②
기출키워드 직무관련 스트레스의 조절요인

정답풀이 직무관련 스트레스의 조절요인에는 성격유형, 통제의 위치(통제 소재), 사회적 지원이 있다.

오답풀이 ① A/B 성격 유형: A 성격 유형의 사람은 스트레스 상황에 노출되면 B 성격 유형의 사람보다 훨씬 많은 스트레스를 받는다.
③ 통제의 위치(통제 소재): 어떤 사건의 발생이나 결과가 자기 자신의 행위에서 비롯된 것으로 간주하여 스스로 통제 가능한 것으로 인식한다. 내적 통제자는 외적 통제자보다 스트레스에 적절하게 대처하므로 스트레스 위협을 덜 느낀다.
④ 사회적 지원: 사회적 지원은 스트레스 상황에서의 심리적·신체적 적응에 도움을 준다.

24 ②
기출키워드 진로발달의 맥락주의(구성주의)

정답풀이 진로발달에서 맥락주의는 진로연구와 진로상담에 대한 맥락상의 행위설명을 확립하기 위하여 고안된 방법으로, 구성주의 철학을 토대로 하며 개인과 환경의 상호작용을 강조한다.

25 ③
기출키워드 스트레스 이론

정답풀이 교감신경은 신체를 긴장시키는 역할을 하며 부교감신경은 신체를 안정시키는 역할을 한다. 스트레스 상황에서는 교감 신경계가 활성화되어 각성이 일어난다.

26 ①
기출키워드 검사 점수의 오차를 발생시키는 수검자 요인

정답풀이 검사 점수의 오차를 발생시키는 수검자 요인은 다음과 같다.

- 수행 경험(검사받은 경험)
- 수행 불안(평가 불안, 정서적 불안, 긴장)
- 수검 당일의 생리적 조건(건강정도, 피로 등)
- 검사에 대한 동기
- 검사에 대한 훈련정도

27 ④
기출키워드 직업적응방식 측면(적응행동방식)

정답풀이 인내(끈기)는 환경이 자신에게 맞지 않아도 얼마나 오랫동안 견뎌낼 수 있는지의 정도이다.

28 ①
기출키워드 미네소타 중요도검사(MIQ)

정답풀이 개인의 가치와 직업 환경의 강화인 간의조화를 측정하는 데 사용되는 검사는 미네소타 중요도검사(MIQ)이다. 이는 개인이 일의 환경에 대해 지니는 20가지 욕구와 6가지 가치관을 측정하는 질문지로, 190개의 문항으로 구성되어 있다.

29 ②
기출키워드 Super의 직업발달 단계

정답풀이 수퍼(Super)의 직업발달 단계
성장기 → 탐색기 → 확립기 → 유지기 → 쇠퇴기

30 ②
기출키워드 Strong 검사

오답풀이 ① 일반직업분류(GOT)에 관한 설명이다.
③ 개인특성척도(PSS)에 관한 설명이다.
④ 기본흥미척도(BIS)에 관한 설명이다.

31 ③
기출키워드 규준점수

정답풀이 Z점수와 T점수 공식은 다음과 같다.

$$Z점수 = \frac{원점수 - 평균}{표준편차} \times 100$$
$$T점수 = (10 \times Z) + 50$$

따라서 원점수인 75점을 Z점수 공식에 대입한다면
$\frac{75-60}{10} = 1.5$ 이다.
Z점수인 1.5를 T점수 공식에 대입하면
$(10 \times 1.5) + 50 = 65$ 이다.
따라서 Z점수는 1.5, T점수는 65이다.

32 ②
기출키워드 니즈평가(요구분석)

정답풀이 니즈평가(요구분석)는 경력개발 프로그램을 설계할 때 누구를 대상으로 어떤 경력평가 프로그램을 만들지 알아보는 평가를 말한다. 해당 조직의 가장 중요한 문제점이 무엇인지 파악하게 되며, 이 과정을 통해 누구를 대상으로 어떠한 경력개발 프로그램을 만들 것인지를 결정하게 된다.

33 ④
기출키워드 데시(Deci)의 자기결정 동기

정답풀이 내적 동기는 외적 보상이나 가치를 따지지 않고 단순히 성공적으로 해내고 싶은 내적 욕구 때문에 어떤 활동을 하는 것으로, 그 활동 자체의 고유한 즐거움을 위해 활동을 하는 것을 의미한다.
반면 외적동기는 과제와 별다른 관계가 없거나 어느 정도만 관련된 결과로 인해 동기화되는 것을 말한다. 즉 금전적 보상 같은 목표달성을 위한 수단으로 어떤 활동을 하려는 동기이다.

34 ①
기출키워드 로(Roe)의 욕구이론

오답풀이 ② 아동기 부모-자녀 간의 관계에서 생긴 욕구가 직업선택에 영향을 미친다.
③ 부모의 사랑을 제대로 받지 못하고 거부적인 분위기에서 성장한 사람은 다른 사람들과 함께 일하고 접촉하는 서비스 직종의 직업을 선호하지 않는다.
④ 직업군을 8가지로 분류한다.

35 ①
기출키워드 중요사건기록법

정답풀이 중요사건기록법(결정적 사건법)은 종업원이 직무에서 매우 성공적으로 수행한 경우나 실패한 경우들에 대한 자료를 수집한 후 그 사건들의 구체적인 행동을 알아내고, 이 행동으로부터 지식, 기술, 능력을 수집하는 직무분석 방법이다.

36 ②
기출키워드 다운사이징(downsizing) 시대 경력개발

정답풀이 다운사이징 시대에는 표준화된 작업규칙, 고정된 작업시간, 엄격한 직무기술 등에서 벗어나 자신이 해야 할 일을 스스로 설계할 수 있어야 한다. 따라서 자신의 일을 조직화하고 업무의 우선순위를 정하며, 자신의 일을 감독하는 능력과 자기를 조절할 수 있는 능력 등이 요구된다.

37 ④
기출 키워드 요인분석법

정답풀이 요인분석법은 구성타당도를 확인하기 위한 것이다. 구성타당도를 분석하는 방법에는 수렴타당도, 변별타당도, 요인분석법이 있다.

38 ④
기출 키워드 Holland의 인성이론

정답풀이 일치성은 한 개인이 자기 자신의 인성유형과 동일하거나 유사한 환경에서 일하고 생활할 때를 의미하는 개념이다.

39 ①
기출 키워드 카텔(Cattell)의 결정적 지능

정답풀이 카텔(Cattell)은 지능을 유동성 지능과 결정적(결정성) 지능으로 구분하였다. 결정적 지능은 연령이 높아짐에 따라 증가하는 지능이다. 즉, 환경적·문화적·경험적 영향에 의해 발달하는 지능이다. 유동성 지능은 연령의 초기에 많이 형성되어 있다가 연령이 많아짐에 따라 감소하는 지능이다.

40 ②
기출 키워드 일반직업적성검사(GATB)

정답풀이 GATB 직업적성검사는 지능, 언어능력, 수리능력, 사무지각, 형태지각, 공간적성, 운동반응, 손 재치, 손가락 재치 등 모두 9개 영역의 적성을 검출한다.

41 ②
기출 키워드 공공직업정보의 특징

정답풀이 객관적인 기준을 가지고 전체 직업에 관한 일반적인 정보를 제공하는 것은 공공직업정보이다.

42 ②
기출 키워드 한국표준직업분류 용어의 정의

정답풀이 각 생산단위가 노동, 자본, 원료 등 자원을 투입하여, 재화 또는 서비스를 생산 또는 제공하는 일련의 활동과정은 산업활동이다.

43 ③
기출 키워드 한국표준산업분류(제11차)의 적용원칙

정답풀이 복합적인 활동단위는 우선적으로 최상급 분류단계(대분류)를 정확히 결정하고, 순차적으로 중, 소, 세, 세세분류 단계 항목을 결정하여야 한다.

44 ②
기출 키워드 직업정보의 제공유형별 특징

정답풀이 인쇄물은 저비용, 면접의 학습자 참여도는 적극적이다. 그리고 직업경험의 접근성은 일부만이 참여하므로 제한적이다.

45 ②
기출 키워드 고용24 채용정보 검색방법

정답풀이 현재는 『고용상 연령차별금지 및 고령자 고용촉진에 관한 법률』이 시행됨에 따라 채용정보 검색조건에서 연령이 삭제되었다.
고용24의 채용정보의 검색조건은 근무지역, 희망직종, 고용형태, 희망임금, 경력 및 학력, 고용형태, 우대조건(청년층, 장년, 여성), 장애인 희망채용 등이다. 이와 함께 근무형태, 교대근무여부, 식사(비)제공, 복리후생(통근버스, 기숙사, 교육비 지원, 자녀학자금 지원 등), 채용구분(상용직, 일용직) 등의 조건을 입력하여 채용정보를 검색할 수 있다.

※ 24년 9월 기준 '워크넷' 사이트가 '고용24'로 개편되어 현행에 맞게 문제를 수정하였습니다.

46 ①
기출 키워드 국민내일배움카드의 지원대상

정답풀이 만 75세 이상인 사람은 국민내일배움카드 운영규정에 따른 훈련비 등을 지원하지 아니한다. 따라서 만 65세 이상인 사람은 지원대상에 해당한다.

47 ④
기출키워드 **직업정보관리**

정답풀이 구직 시에 연령, 학력 및 경력 등의 취업과 관련된 모든 정보는 정확하게 제공되어야 하며 구인업체에서도 해당 정보는 철저하게 보호하여야 한다.

48 ③
기출키워드 **직업정보의 요건**

정답풀이 직업정보는 명확한 목표를 세우고 계획적으로 수집하여야 한다. 우연히 획득되거나 출처가 불명확한 직업정보라면 내용이 풍부하다고 해도 직업정보로서 가치가 없다고 판단한다.

49 ②
기출키워드 **일자리 창출정책의 종류**

정답풀이 실업크레딧은 일자리 창출과는 거리가 멀다. 실업크레딧은 국민연금공단이 2016년 8월부터 도입한 실업자안전망으로, 구직급여를 받는 동안 국가에서 국민연금 보험료의 75%를 지원하여 실직 중 보험료 납부 부담을 덜어주고 향후 지급받는 국민연금금액을 늘려주는 제도이다.

50 ②
기출키워드 **한국표준직업분류**

정답풀이 직업분류의 일반원칙으로 배타성이 원칙은 동일하거나 유사한 직무는 어느 경우에든 같은 단위직업으로 분류되어야 한다는 것이다.

51 ④
기출키워드 **국가직무능력표준(NCS)의 개념체계**

정답풀이 직무는 국가직무능력표준(NCS) 분류체계의 세분류를 의미하고, 원칙상 세분류 단위에서 표준이 개발된다.

52 ②
기출키워드 **한국표준산업분류의 산업결정방법**

정답풀이 계절에 따라 정기적으로 산업을 달리하는 사업체의 경우에는 조사 시점에 경영하는 사업과는 관계없이 조사 대상 기간 중 산출액이 많았던 활동에 의해 분류된다.

53 ④
기출키워드 **고용24의 제공정보**

정답풀이 고용24 직업정보시스템에서 제공하는 정보는 직업심리검사, 직업정보, 학과정보, 직업·취업 동영상 등이 있다. 국가직무능력표준(NCS, NCS 기반 능력중심 채용)은 워크넷의 취업의 모든 것에서 제공하는 정보이다. 국가직무능력표준(NCS)에 대한 자세한 정보는 관련 홈페이지(https://www.ncs.go.kr)에서 확인 가능하다.

※ 24년 9월 기준 '워크넷' 사이트가 '고용24'로 개편되어 현행에 맞게 문제를 수정하였습니다.

54 ①
기출키워드 **고용노동통계조사의 비교**

정답풀이 사업체 노동력 조사는 고용노동부가 매월 사업체를 대상으로 수요 측면의 사업체 내 종사자 총량, 근로자의 전체 임금 총량 단위로 파악하는 조사이다. 매월 노동수요측(사업체)의 관점에서 근로자 수, 입직자 및 이직자 수와 임금 및 근로시간에 관한 사항을 조사하여 노동정책의 기초자료 활용 및 경기전망 등을 위한 경기지표를 생산하기 위해 시행한다.

55 ①
기출키워드 **실기시험만 실시할 수 있는 종목**

정답풀이 국가기술자격법 시행규칙(고용노동부령)에서 규정한 실기시험만 실시할 수 있는 종목은 다음과 같다.

- 토목분야: 석공기능사, 지도제작기능사, 도화기능사, 항공사진기능사
- 건축분야: 조적기능사, 미장기능사, 타일기능사, 온수온돌기능사, 유리시공기능사, 비계기능사, 건축목공기능사, 거푸집기능사, 건축도장기능사, 도배기능사, 철근기능사, 방수기능사
- 판금·제관·새시분야: 금속재창호기능사

56 ①
기출키워드 포괄적인 업무에 대한 직업분류 원칙의 적용 순서

정답풀이 한국표준직업분류(2025)에서 포괄적인 업무에 대해 적용하는 직업분류 원칙은 주된 직무 우선의 원칙 → 최상급 직능수준 우선의 원칙 → 생산업무 우선의 원칙이다.

57 ②
기출키워드 작업강도

정답풀이 최고 20kg의 물건을 들어올리고 10kg 정도의 물건을 빈번히 들어 올리거나 운반하는 것은 보통작업이다.
힘든 작업은 최고 40kg의 물건을 들어올리고, 20kg 정도의 물건을 빈번히 들어올리거나 운반하는 작업이다.

58 ③
기출키워드 직무분야

정답풀이 한국산업인력공단(q-net.or.kr)이 시행하는 국가기술자격은 크게 기계, 전자, 전기, 토목, 건축, 통신 등 26개 분야이다. 그 중 건설기계설비기사, 공조냉동기계기사, 승강기기사는 기계분야에 해당된다.

59 ②
기출키워드 고용24 학과정보의 분류

정답풀이 문제의 학과정보 중 조경학과는 공학계열이고, 나머지는 자연계열에 해당한다.
학과정보에서 공학계열은 대부분 ㅇㅇ공학과라는 명칭으로 되어있지만 건축학과, 건축설비학과, 조경학과도 공학계열에 포함되고, 농공학과, 식품공학과, 임산공학과, 생명공학과, 동물공학과, 환경공학과 등은 자연계열로 분류된다.

※ 24년 9월 기준 '워크넷' 사이트가 '고용24'로 개편되어 현행에 맞게 문제를 수정하였습니다.

60 ④
기출키워드 서비스분야 국가기술자격의 등급

정답풀이 대한상공회의소가 주관하는 전자상거래관리사는 1급과 2급이 있다. 나머지는 단일 등급이다.

61 ②
기출키워드 실업통계의 이해

정답풀이 실업자는 비경제활동인구로 분류되므로, 일할 의사가 없다는 이유로 비경제활동인구로 분류되는 경우 실업자 수와 경제활동인구 모두 감소한다.
따라서 실업률(= $\frac{실업자\ 수}{경제활동인구} \times 100$)과 경제활동참가율(= $\frac{경제활동인구}{15세\ 이상\ 인구} \times 100$) 모두 낮아진다.
실업급여가 확대되면 실업자들은 일자리가 있음에도 계속하여 실업을 선택하는 실업함정(unemployment trap)이 나타난다. 높은 수준의 임금을 주는 기업을 탐색하며 구직을 위한 노력을 게을리하고 실업을 택하므로 탐색적 실업은 증가하지만 사실상 실업자인 이들은 비경제활동인구로 분류된다.

62 ②
기출키워드 임금의 보상격차

정답풀이 성별 임금격차는 차별에 의한 임금격차이므로 임금의 보상격차와는 관계가 없다. 임금의 보상격차(compensating wage differentials)는 애덤 스미스(A. Smith)에 의해 주장되었다. 스미스는 노동자들의 직업선택 및 전직이 자유로운 사회에서는 각 직업의 좋은 점과 나쁜 점을 모두 고려한 순이익이 한 사회의 여러 가지 대체적인 직업 사이에서 균등하게 된다고 보고, 이를 균등화 격차(equalizing wage differentials)라고 하였다.
스미스는 임금격차를 가져오는 직업의 성격으로 ㉠ 고용의 안정성 여부, ㉡ 작업의 쾌적성 여부, ㉢ 교육 및 훈련비용, ㉣ 책임의 정도, ㉤ 성공 또는 실패의 가능성 등을 제시하였다.

63 ①
기출키워드 구조적 실업의 원인

정답풀이 구조적 실업은 구인처에서 요구하는 기술을 갖춘 근로자가 없어서 산업간·지역간 노동의 이동성이 부족하기 때문에 발생하는 실업이다.
따라서 노동의 이동성을 높이는 대책이 필요하다. 즉 직업전환 교육 등 인력정책, 지역간 이동을 촉진하기 위한 이주 보조금, 산업구조의 변화 예측에 따른 인력수급정책 등이 필요하다.

64 ③
기출키워드 1차 및 2차 노동시장의 특징

정답풀이 2차 노동시장(secondary labor market)은 낮은 임금, 열악한 근로조건과 고용불안정으로 인한 높은 이직률, 교육훈련과 승진기회의 부재 등의 특징을 지닌 노동시장이다.

65 ④
기출키워드 연공급의 특징

정답풀이 연공급 임금체계에서는 임금이 매년 상승하므로 인건비 부담이 증가한다.
연공급(seniority-based pay)은 임금이 개인의 근속연수·학력·연령 등 인적요소기준을 중심으로 변화하는 임금체계이다. 문제에서 제시하는 장점이 있지만 전문기술인력의 확보 곤란, 기업의 인건비 부담 증가, 종업원들의 소극적·무사안일주의적인 근무태도 야기 등의 단점도 있다.

66 ④
기출키워드 체크 오프 시스템

정답풀이 위의 내용은 체크 오프 시스템(check off system)으로, 조합비 일괄공제제도라고 한다. 조합비의 확보를 통해 노동조합의 안정성을 유지하기 위한 제도이다.

67 ③
기출키워드 비정규직 증가의 원인

정답풀이 비정규적 고용은 임시직 고용, 시간제 고용 등을 포함하는데 주로 저학력 취업자에게 적용된다. 기업이 비정규적 고용을 선호하는 이유는 인건비 절감, 고용조정 유연성의 제고, 노동조합의 약화 등이 있다.

> **비정규직 고용의 증가 이유**
> 내부노동시장 제도에서는 경기상황에 따른 기업의 고용조정이 어려워지고 이로 인해 임금은 고정비용(fixed cost)의 성격을 띠게 된다. 오늘날처럼 세계화로 인해 기업간 경쟁이 심화되는 상황에서 기업이 고용조정 능력을 갖지 못하게 되면 기업은 생존이 어려워진다. 이러한 상황에서 기업들이 고용과 임금의 유연성을 높이기 위해 비정규적 고용이 확대되고 있다.

68 ②
기출키워드 외국인 취업자가 국내노동시장에 미치는 영향

정답풀이 외국 인력은 내국인들이 취업하기를 기피하는 직종에 취업하므로 내국인 노동시장에는 임금이나 고용에 큰 영향을 미치지는 못하지만 어느 정도 임금과 고용이 낮아진다.

69 ④
기출 키워드 임금이론

정답풀이 임금-물가 악순환설, 신고전학파의 한계생산력설 등에 영향을 미친 임금결정이론은 임금기금설이다.
밀(J. S. Mill)의 임금기금설은 일정한 사회 내에서 일정한 시기에 임금으로 지불되는 총액, 즉 임금기금(wage fund)의 규모는 시간이 흐름에 따라 변화되지만 주어진 시기에는 고정되어 있기 때문에, 이를 노동자 수로 나누면 평균임금이 결정된다는 것이다.
임금 생존비설이 임금결정에 있어서 노동공급의 역할을 중요시한데 비하여 밀의 임금 기금설은 수요의 역할을 중요시한다.

70 ④
기출 키워드 이윤극대화 고용량 결정 조건

정답풀이 3명 고용시 시간당 임금총액
= 3명 × 8,000원 = 24,000원이며,
4명 고용시 시간당 임금총액
= 4명 × 9,000원 = 36,000으로 12,000원 증가한다. 그러나 이 경우 시간당 한계수입생산이 10,000원이므로 이윤은 2천원 감소하게 된다.

71 ②
기출 키워드 성과급 임금형태의 도입요건

정답풀이 생산원가 중에서 노동비용(노무비)에 대한 통제가 불필요한 경우에는 시간급제가 유용하다.
성과급제(output payment, piece-rate plan)는 노동성과를 측정하여 측정된 성과에 따라 임금을 산정·지급하는 임금형태이다.

성과급제를 유용하게 실시할 수 있는 경우
- 생산단위의 측정이 가능할 경우
- 작업자의 노력과 생산량과의 관계가 명확할 경우
- 직무가 표준화되어 있고 작업의 흐름이 정규적일 경우
- 생산의 질이 생산량보다 덜 중요하거나 그 질이 일정할 경우
- 각 작업자에 대한 감독을 철저히 할 수 없는 경우
- 경쟁적이어서 사전에 단위생산비 중 노무비가 결정되어 있는 경우

72 ①
기출 키워드 종업원지주제의 도입목적

정답풀이 종업원지주제와 새로운 일자리 창출은 관계가 없다.
종업원지주제(우리사주제)는 기업이 자사 종업원에게 특별한 조건과 방법으로 자사 주식을 배분·소유하게 하는 제도이다. 이 제도의 목적은 종업원의 공로에 대한 보수, 회사에의 귀속의식 고취, 회사와의 일체감 조성, 자본조달의 새로운 원천개발 등에 있다.
그러나 자본조달의 원천개발은 부차적인 목적이고, 주 목적은 소유참여나 성과참여로써 근로의욕을 높이고, 노사관계의 안정을 꾀하는 데 있다.

73 ②
기출 키워드 경제활동참가율 계산

정답풀이 경제활동인구 = 취업자 수 + 실업자 수
= 200만 명 + 10만 명 = 210만 명이다. 그리고 15세 이상 인구(노동가능인구) = 경제활동인구 + 비경제활동인구 = 210만 명 + 100만 명 = 310만 명이다.

따라서 경제활동참가율 = $\dfrac{경제활동인구}{15세\ 이상\ 인구} \times 100$

$= \dfrac{210만\ 명}{310만\ 명} \times 100 ≒ 67.7\%$이다.

74 ②
기출 키워드 실망노동자효과와 부가노동자효과

정답풀이 실망노동자 효과는 경제활동인구(실업자)가 비경제활동인구로 됨에 따라 실업률은 감소한다. 반면 부가노동자효과는 비경제활동인구가 경제활동인구(실업자)로 되기 때문에 실업률을 증가시킨다. 따라서 경기침체에도 불구하고 실업률이 높아지지 않았다면 이는 실망노동자효과가 부가노동자효과보다 크기 때문이다.

75 ④
기출키워드 단체교섭의 의의와 특징

정답풀이 직장폐쇄(lock out)는 조업계속과 함께 노동자들의 쟁의행위에 대한 사용자의 대응행위에 해당한다.

76 ①
기출키워드 헤도닉 임금이론의 가정

정답풀이 헤도닉 임금이론에서는 직장의 다른 특성은 전부 동일한데, 산업재해의 위험도만 다르다고 가정한다. 이러한 산업재해 위험도의 차이가 보상적 임금격차를 가져오게 된다.

77 ②
기출키워드 필립스 곡선의 의의

정답풀이 영국의 경제학자인 필립스(A. Phillips)는 1861~1957년간 영국경제를 대상으로 실증분석을 행한 결과 실업률과 명목임금 상승률 간에 안정적인 음(−)의 관계가 있다는 사실을 발견하였는데 이 관계를 회귀곡선으로 표시한 것을 필립스곡선이라고 한다.
오늘날에는 필립스곡선을 물가상승률과 실업률 간의 역(−)관계로 파악하는 것이 일반적이다.

78 ②
기출키워드 효율임금과 구조적 실업

정답풀이 효율성 임금을 지급하면 시장임금보다 임금이 높아지므로 노동의 초과공급, 즉 실업이 발생하는데 이는 구조적 실업에 해당한다.
맨큐(N. G. Mankiw)는 구조적 실업은 노동시장에서 제공되는 일자리의 수가 직장을 찾고 있는 노동자들의 수에 비해 적기 때문에 발생하는 실업으로 설명한다. 여기서 일자리의 수가 적은 이유는 어떤 이유로 임금이 노동의 수요와 공급이 같아지는 임금(균형임금)보다 높기 때문이다. 그리고 임금이 균형임금보다 높아지게 되는 이유로 최저임금제, 노동조합의 임금인상 압력, 효율임금(efficiency wage) 등 세 가지를 제시한다.

79 ②
기출키워드 선별가설과 신호가설의 특징

정답풀이 빈곤문제 해결을 위해서 교육훈련 기회를 확대하는 것이 중요하다는 것은 인적자본이론에 근거한 설명이다.
④의 내용은 선별가설과 함께 스펜스에 의해 주장된 신호가설(signaling hypothesis)의 주장이다.

80 ①
기출키워드 실망노동자효과와 부가노동자효과

정답풀이 실업자가 구직활동을 단념하게 되면 경제활동인구(실업자)가 비경제활동인구로 전환된다. 즉 경제활동인구가 감소하고 비경제활동인구가 증가하므로 경제활동참가율과 실업률이 낮아지는데 이를 실망노동자효과라고 한다.

81 ②
기출키워드 고용정책심의회의 전문위원회

정답풀이 전문위원회에는 지역고용전문위원회, 고용서비스전문위원회, 사회적기업육성전문위원회, 적극적고용개선전문위원회, 장애인고용촉진전문위원회, 가사근로자고용개선전문위원회, 건설근로자고용개선전문위원회, 직업능력개발전문위원회가 있다.

82 ④
기출키워드 근로자

정답풀이 국민 평생 직업능력 개발법, 남녀고용평등법, 고용정책기본법상의 근로자는 사업주에게 고용된 사람과 취업할 의사가 있는 사람이다.
오답풀이 ①은 단시간근로자, ②는 근로기준법, 고령자고용촉진법, 근로자퇴직급여보장법상의 근로자, ③은 노동조합법상의 근로자 정의이다.

83 ④
기출키워드 구직급여 소정급여일수

정답풀이 장애인의 경우 가입기간이 3년 이상 5년 미만인 경우 나이에 관계없이 210일이다.

84 ④
기출키워드 실업급여

정답풀이 실업급여에는 구직급여와 취업촉진수당(조기재취업수당, 직업능력개발수당, 광역구직활동비, 이주비)이 있다.

85 ④
기출키워드 근로계약에 관한 중요한 서류

정답풀이 근로계약에 관한 중요한 서류는 다음과 같다.
- 근로계약서
- 임금대장
- 임금의 결정·지급방법과 임금계산의 기초에 관한 서류
- 고용·해고·퇴직에 관한 서류
- 승급·감급에 관한 서류
- 휴가에 관한 서류
- 연소자의 증명에 관한 서류 등

86 ①
기출키워드 이행강제금

오답풀이 ② 노동위원회는 이행강제금 납부의무자가 납부기한까지 이행강제금을 내지 아니하면 기간을 정하여 독촉을 하고 지정된 기간에 제1항에 따른 이행강제금을 내지 아니하면 국세 체납처분의 예에 따라 징수할 수 있다.
③ 노동위원회는 최초의 구제명령을 한 날을 기준으로 매년 2회의 범위에서 구제명령이 이행될 때까지 반복하여 이행강제금을 부과·징수할 수 있다.
④ 근로자는 구제명령을 받은 사용자가 이행기한까지 구제명령을 이행하지 아니하면 이행기한이 지난 때부터 15일 이내에 그 사실을 노동위원회에 알려줄 수 있다.

87 ①
기출키워드 육아휴직 기간

정답풀이 육아휴직의 기간은 1년 이내로 한다.

88 ③
기출키워드 유료직업소개사업

정답풀이 상시 사용근로자 300인 이상인 사업장에서 노무관리 업무전담자로 2년 이상 근무한 경력이 있는 자는 유료직업소개사업의 등록을 할 수 있다.

89 ③
기출키워드 근로자

정답풀이 국민평생직업능력개발법, 남녀고용평등법, 고용정책기본법상의 근로자는 사업주에게 고용된 사람과 취업할 의사가 있는 사람이다.

90 ③
기출키워드 고령자 기준고용률

정답풀이
- 제조업: 상시근로자 수의 100분의 2
- 운수업, 부동산 및 임대업: 상시근로자 수의 100분의 6
- 기타 산업: 상시근로자 수의 100분의 3

91 ①
기출키워드 퇴직급여제도

정답풀이 퇴직급여제도란 확정급여형 퇴직연금제도, 확정기여형 퇴직연금제도 및 퇴직금제도를 말한다.

92 ①
기출키워드 근로자공급사업

정답풀이 근로자공급사업 연장허가의 유효기간은 연장 전 허가의 유효기간이 끝나는 날부터 3년으로 한다.

93 ④
기출키워드 육아기 근로시간 단축 사용형태

정답풀이 근로자는 육아휴직을 3회에 한정하여 나누어 사용할 수 있으며, 육아기 근로시간 단축을 나누어 사용하는 경우 1회의 기간은 1개월 이상이 되어야 한다.
※ 최신 개정 내용에 맞게 변형한 기출문제입니다.

94 ④
기출키워드 직업능력개발사업

정답풀이 직업능력개발훈련과정의 수강비용은 사업주가 아닌 근로자에 대한 지원비용이다.

95 ③
기출키워드 근로권

정답풀이 특별한 보호를 받는 대상은 여자와 연소자이다.

96 ③
기출키워드 구직급여 수급요건

정답풀이 전직 또는 자영업을 하기 위하여 이직한 경우에는 구직급여 수급대상에 해당하지 않는다.

97 ③
기출키워드 임금채권의 소멸시효

정답풀이 임금채권 소멸시효는 3년이다.

98 ④
기출키워드 겸업금지업종

정답풀이 「직업안정법」상 다음의 어느 하나에 해당하는 사업을 경영하는 자는 직업소개사업을 하거나 직업소개사업을 하는 법인의 임원이 될 수 없다.
- 「결혼중개업의 관리에 관한 법률」상의 결혼중개업
- 「공중위생관리법」상의 숙박업
- 「식품위생법」상의 식품접객업 중 대통령령으로 정하는 영업

> 「식품위생법」상의 식품접객업 중 대통령령으로 정하는 영업에서 대통령령으로 정하는 영업이란 다음을 의미한다.
> - 휴게음식점영업 중 주로 다류를 조리·판매하는 영업(영업자 또는 종업원이 영업장을 벗어나 다류를 배달·판매하면서 소요 시간에 따라 대가를 받는 형태로 운영하는 경우로 한정)
> - 「식품위생법시행령」상의 단란주점영업, 유흥주점영업

99 ④
기출키워드 직업소개사업

정답풀이 국외 유료직업소개사업을 하려는 자는 고용노동부장관에게 등록하여야 한다.

100 ③
기출키워드 심사·재심사 청구

정답풀이 형제자매도 대리인으로 선임할 수 있다.

2022년 1회

본문 P 180~196

[제1과목] 직업심리

01	④	02	①	03	①	04	②	05	③
06	④	07	③	08	④	09	①	10	③
11	③	12	①	13	④	14	①	15	②
16	④	17	①	18	①	19	①	20	①

[제2과목] 직업상담 및 취업지원

21	①	22	①	23	③	24	④	25	①
26	①	27	①	28	③	29	①	30	①
31	③	32	①	33	①	34	④	35	④
36	①	37	①	38	④	39	③	40	①

[제3과목] 직업정보

41	③	42	②	43	②	44	②	45	②
46	④	47	①	48	②	49	③	50	④
51	④	52	①	53	①	54	④	55	④
56	④	57	①	58	④	59	①	60	①

[제4과목] 노동시장

61	②	62	①	63	④	64	②	65	④
66	②	67	①	68	①	69	①	70	①
71	③	72	④	73	②	74	①	75	①
76	②	77	①	78	①	79	①	80	②

[제5과목] 고용노동관계법규

81	①	82	②	83	③	84	①	85	②
86	①	87	①	88	④	89	②	90	①
91	④	92	①	93	④	94	④	95	④
96	④	97	②	98	①	99	①	100	②

01 ④

기출 키워드 실존주의 상담

정답 풀이 실존주의 상담에서 가정하는 인간의 궁극적 관심사는 무의미성이다. 무의식적 자각은 정신분석 이론에 해당하는 개념이다.

> **얄롬(Yalom)의 실존주의의 궁극적 관심사**
> - 죽음: 죽음의 불가피성이 삶의 유한성을 더욱 가치 있게 만든다.
> - 자유: 인간은 자기결정적인 존재로서 선택할 능력과 책임이 있다.
> - 소외(고립): 인간은 자신의 실존적 고립에 직면함으로써 타인과 성숙한 관계를 맺을 수 있다.
> - 무의미성: 인간은 인생을 살아가면서 끊임없이 삶의 의미를 추구한다.

02 ①

기출 키워드 상담의 초기면접 단계

정답 풀이 상담 초기단계에서 고려되는 사항은 상담의 구조화, 상담자와 내담자 간의 상담관계(라포) 형성, 내담자의 심리적 문제 파악(심리 평가), 상담목표의 설정 등이 있다. 그중 내담자와 상담자 간의 상담관계 형성은 상담 초기단계에서 가장 중요한 사항이다.

03 ①

기출 키워드 Gysbers가 제시한 직업상담의 목적

정답 풀이 Gysbers가 제시한 직업상담의 목적으로는 예언과 발달(미래 행동을 예측하고 발달을 촉구), 처치와 자극(직업문제를 처치하고 지식과 기능을 자극), 결함과 유능(재능과 유능을 개발하고 사용하는 데 도움)이 있다.

04 ②
기출키워드 인간중심 상담이론

정답 풀이 인간중심 상담은 인간은 자기를 보전, 유지하고 향상시키고자 하는 실현화 경향성을 타고난 존재이며, 어린 시절 부모 등 주요 타자로부터 긍정적 존중을 받기 위해 가치의 조건화가 일어날 수 있다고 보았다. 또한 개인마다 주관적 경험의 세계가 있다고 보고 이를 현상학적 장이라 지칭한다.

오답 풀이 ②는 융(C. Jung)의 분석심리학 이론에 관한 개념이다.

05 ③
기출키워드 자기인식이 부족한 내담자

정답 풀이 자기인식이 부족한 내담자의 경우 은유나 비유를 통하여 스스로를 인식하게 만들 수 있다.

06 ④
기출키워드 Crites의 문제유형

정답 풀이 ④ 부적응형: 흥미가 일치하는 분야도 없고, 적성이 일치하는 분야도 없는 경우

오답 풀이 ① 강압형: 적성에 따라 어쩔 수 없이 선택하지만 그 직업에 흥미가 없는 경우
② 비현실형: 흥미를 느끼지만 그 분야에 적성을 가지지 못한 경우
③ 우유부단형: 흥미, 적성과 관계없이 어떤 분야를 선택할지 결정하지 못하는 경우

07 ③
기출키워드 한계의 오류

정답 풀이 전이된 오류의 유형 중 한계의 오류
- 예외를 인정하지 않는 것
- 불가능을 가정하는 것
- 어쩔 수 없음을 가정하는 것

08 ④
기출키워드 흥미사정의 목적

정답 풀이
- 여가선호와 직업선호 구별하기
- 자기인식 발전시키기
- 직업, 교육상 불만족 원인 규명하기
- 직업대안 규명하기
- 직업탐색을 조장하기

09 ①
기출키워드 특성-요인 진로상담

정답 풀이 특성-요인 진로상담과정은 '분석 → 종합 → 진단 → 예측(예후) → 상담 → 추수지도' 순이다.

10 ③
기출키워드 체계적 둔감법

정답 풀이 체계적 둔감법은 불안이나 공포로 인해 야기되는 부적응행동을 치료하는 데 매우 효과적이다.

체계적 둔감법
- 불안과 같은 긴장된 정서반응과 편안함과 같은 정서적 반응이 양립할 수 없다는 상호제지의 원리에서 시작된다.
- 불안자극을 점차적으로 위계목록 순으로 완화시키는 기법이다.
- 체계적 둔감법은 이완훈련, 불안위계목록의 작성, 단계적 둔감의 순서로 진행된다.

11 ③
기출키워드 Levinson의 성인 발달이론

정답 풀이 레빈슨의 발달이론에서 성인은 연령에 따라 안정과 변화의 과정을 반복하며 발달하게 된다. '안정기'는 자신의 삶의 가치를 추구하는 시기이고 '변화기'는 삶을 침체시키거나 새롭게 만드는 시기로 현재 생애구조를 재평가하면서 삶의 변화를 추구한다.

12 ①
기출키워드 생애진로 주제

정답풀이 생애진로 주제는 사람들이 그들 자신과 타인 그리고 세계관에 관한 생각, 가치, 태도, 신념을 나타낸다. 즉 내담자의 사고과정을 이해하고 행동을 통찰하도록 도와주고, 표상적 체계에 대한 이미지를 제공한다.

13 ④
기출키워드 상담목표를 설정할 때 고려해야 할 특성

정답풀이 내담자가 가져야 할 목표의 특성
- 목표는 구체적이어야 한다(내담자가 바라는 구체적이고 긍정적인 변화를 상담목표로 삼는다).
- 목표는 실현가능해야 한다.
- 목표는 내담자가 원하고 바라는 것이어야 한다.
- 내담자의 목표는 상담자의 기술과 양립 가능해야 한다.

14 ①
기출키워드 Krumboltz의 사회학습진로이론

정답풀이 ① 진로의사결정 과정에서 자기효능감과 결과기대를 중요시하는 것은 사회인지이론(SCCT)으로, 하케트와 베츠(Hackett & Betz)에 의해 발전된 이론이다.

오답풀이 ②, ③, ④ 크럼볼츠의 사회학습이론은 개인의 학습경험과 진로신념 그리고 우연한 사건을 중요시한다.

15 ②
기출키워드 Tiedeman의 진로발달이론

정답풀이 타이드만과 오하라의 진로발달이론은 에릭슨의 심리사회적 발달이론에 기초를 두었으며, 연령보다는 문제의 성질이 중요하다고 보고 진로발달을 직업정체감을 형성해가는 과정으로 보았다.

16 ④
기출키워드 상담 윤리강령

정답풀이 모두 상담 윤리강령의 역할과 기능에 해당되는 내용이다.

> **상담 윤리강령의 역할과 기능**
> - 내담자의 복리 증진
> - 지역사회의 도덕적 기대 존중
> - 전문직으로서의 상담기능 보장
> - 상담자 자신의 사생활과 인격 보호
> - 직무수행 중의 갈등 해결 지침 제공

17 ③
기출키워드 인지적-정서적 상담

정답풀이 인지적-정서적 상담은 Ellis에 의해 개발되었으며, 내담자의 행동적-정서적 문제는 비논리적이고 비합리적인 사고에서 발생한 것으로, A-B-C-D-E 모형을 적용하여 치료하고자 하였다.

오답풀이 ③ 교류분석이론에 관한 설명이다.

18 ④
기출키워드 진로의사결정 유형

정답풀이 하렌(Harren)이 제시한 진로의사결정 유형 중 의사결정에 대한 개인적 책임을 부정하고 외부로 책임을 돌리는 경향이 높은 유형은 의존적 유형이다.

> **Harren의 진로의사결정 유형**
> - 합리적 유형: 의사결정 과정에 자신과 상황에 대한 정확한 정보를 수집하고, 논리적이고 체계적으로 접근하는 유형이다.
> - 직관적 유형: 의사결정의 기초로 상상을 사용하고 현재의 감정에 주의를 기울이며 정서적 자각을 사용한다.
> - 의존적 유형: 의사결정에 대한 개인적 책임을 부정하고 책임을 외부로 돌리는 경향이 있다.

19 ②
기출 키워드 적극적 경청

정답 풀이 내담자에게 초점을 유지하면서 내담자의 표현하는 행동, 생각과 감정을 이해하려고 노력하는 것이 적극적 경청이다. 사실 중심으로 경청하는 것은 효과적인 경청과는 거리가 멀다.

20 ③
기출 키워드 진로시간전망 검사지

정답 풀이 진로시간전망 검사지의 사용 목적
- 미래의 방향 설정을 가능하게 한다.
- 미래에 대한 희망을 갖도록 한다.
- 미래의 모습을 실재하는 것으로 느끼게 한다.
- 현재의 행동을 미래의 결과와 연계시킨다.
- 목표 설정을 촉구한다.
- 진로계획에 대한 긍정적 태도를 강화한다.
- 진로계획의 기술을 연습시킨다.
- 진로의식을 높여준다.

21 ①
기출 키워드 Roe의 직업군

정답 풀이 ① 기술직: 상품과 재화의 생산·유지·운송과 관련된 직업을 포함하는 직업군이다.
오답 풀이 ② 서비스직: 기본적으로 다른 사람의 욕구와 복지에 관련된 직업군이다.
③ 비즈니스직(사업직): 상대방을 설득하여 거래를 성사시키는 직업군이다.
④ 옥외활동직: 농산물, 수산자원, 지하자원, 임산물, 기타의 천연자원을 개발 보존·수확하는 것과 축산업에 관련된 직업이 해당된다.

22 ①
기출 키워드 GATB에서 측정하는 적성요인

정답 풀이 일반직업적성검사(GATB ; General Aptitude Test Battery)에서 측정하는 9가지 적성요인은 형태지각, 사무지각, 운동반응, 공간적성, 지능, 언어능력, 수리능력, 손재치, 손가락 재치이다.

23 ③
기출 키워드 직업적응이론의 직무특성 양식

정답 풀이 ③ 인내심(끈기)은 개인이 환경과의 상호작용에 반응하는 시간의 길이를 의미하며, 환경이 자신에게 맞지 않아도 개인이 얼마나 오랫동안 견디낼 수 있는지를 말한다. 즉 환경과의 상호작용에서 반응을 계속하는 것으로, 적응행동 과정에서 나타나는 적응의 시작과 종료의 지속기간이다.
오답 풀이 ① 신속성: 개인과 환경의 상호작용에서 작업활동을 얼마나 빨리 또는 늦게 하는가를 의미한다.
② 속도: 작업자의 작업과제에 대한 에너지 수준으로 속도는 반응하는 개인의 노력을 의미한다.
④ 리듬: 작업활동에 대한 노력의 패턴(규칙 또는 불규칙)이나 다양성을 의미한다.

24 ④
기출 키워드 스트레스의 효과

정답 풀이 스트레스는 주의력 부족, 불안, 우울 등 부정적인 정서를 유발하여 합리적 의사결정과 행동을 저해하기도 하지만 동기부여의 긍정적 효과도 있다. 적당한 수준의 스트레스는 성숙, 발전이 이루어지는 원동력으로 셀리에(Selye)는 스트레스를 '인생의 조미료'라 표현했다.

25 ①
기출 키워드 진로심리검사

정답 풀이 검사결과는 확실성보다 가능성의 관점에서 제시되어야 한다.
오답 풀이 심리검사만으로 한 개인의 특성을 확정 짓는 것은 바람직하지 못하므로 상담자는 심리검사결과를 통해 내담자를 규정지어서는 안 된다. 심리검사결과는 가능성의 관점에서 바라보아야 하며, 신중하고 조심스럽게 내담자와 함께 해석하는 것이 좋다.

26 ①
기출키워드 작업자 중심 직무분석

정답 풀이 작업자 중심 직무분석은 직무를 수행하는 데 요구되는 지식, 기술, 능력, 경험 등 작업자의 재능에 초점을 두는 것으로, 표준화된 분석도구의 개발이 쉽다.

27 ③
기출키워드 Super의 진로발달이론

정답 풀이 수퍼(Super)는 진로발달이 인간의 전 생애에 걸쳐 이루어지고 변화되는 것이라고 보았으며, 유아기에서부터 성인 초기까지로 국한된 과정이라고 한 Ginzberg의 진로발달이론을 비판하였다.

28 ③
기출키워드 직무 스트레스

정답 풀이 상사의 부당한 지시는 스트레스의 '결과'가 아닌 '원인'에 해당한다.

29 ①
기출키워드 직무관련 스트레스 요인

정답 풀이 직무관련 스트레스 요인으로는 과제특성, 역할갈등과 역할모호성, 산업의 조직문화와 풍토 등이 있다.

30 ①
기출키워드 Parsons의 특성요인이론

정답 풀이 ① 개인의 특성과 직업의 요구 간의 매칭(연결)이 잘될수록 개인의 만족과 성공가능성은 커진다.
오답 풀이 ② 요인은 특정 직무의 수행에서 요구하는 조건을 의미한다.
③ 개인의 진로발달 과정을 설명하는 것이 아닌, 인생의 특정한 시기에서 의사결정을 하려고 할 때에 도움을 줄 수 있다.
④ 심리검사를 통해 가변적인 특성이 아닌 개인의 고유한 특성을 측정하고자 하였다.

31 ③
기출키워드 표준등급

정답 풀이 표준등급(9등급) 또는 스테나인 점수라고 하며, 원점수를 1~9등급까지 범주로 나누는 것이다. 학교에서 실시하는 성취도검사나 적성검사의 결과를 나타낼 때 주로 사용되며, 이 방법은 학생들의 점수를 정해진 범주에 집어넣음으로써 학생들 간의 점수차가 작을 때 생길 수 있는 지나친 확대해석을 미연에 방지할 수 있다.

32 ①
기출키워드 신뢰도

정답 풀이 신뢰도란 측정하고자 하는 대상이나 속성을 일관성 있게 측정하고 있는가의 개념이다. 즉 검사의 신뢰도란 동일한 응답자에게 반복해서 적용했을 때 일관성 있는 결과가 나온다면 신뢰도가 높은 것이다.
오답 풀이 ② 내용타당도의 개념이다.
③ 동형검사 신뢰도의 개념과 유사하지만 문제가 신뢰도에 대한 기본적 정의를 묻는 것이므로 ③보다 ①을 정답으로 보는 것이 타당하다.
④ 구성타당도의 개념이다.

33 ①
기출키워드 Crites의 직업선택문제 유형

정답 풀이 ① 결정성의 우유부단형의 설명이다.
오답 풀이 ② 현실성의 비현실성의 설명이다.
③ 현실성의 불충족형의 설명이다.
④ 현실성의 강압형의 설명이다.
꿀팁 크릿츠의 직업선택문제 유형 분류와 관련된 문제로 직업상담학에서 출제되던 문제이다.

34 ④
기출키워드 소외 양상

정답 풀이 고립감(isolation)은 자신이 속한 조직의 사회적 협동의 결핍 상태를 의미한다.

35 ④
기출키워드 J. Krumboltz

정답풀이 크럼볼츠는 인생에서 각 개인의 독특한 학습경험과 개인의 유전적 재능이 진로에 영향을 미친다고 보았다. 이러한 진로결정 요인들이 상호작용하여 자기관찰 일반화와 세계관 일반화를 형성하며, 개인의 신념과 일반화는 사회학습 모형에서 매우 중요하다고 보았다.

36 ①
기출키워드 Holland의 육각형 모델

정답풀이 ① 현실형은 현장에서 수행하는 도구나 기계적 활동을 선호하며 엔지니어, 기술자, 비행기조종사, 운전자, 농부, 운동선수 등이 대표적인 직업이다.
오답풀이 ② 탐구형의 대표 직업: 과학자, 생물학자, 물리학자, 인류학자, 지질학자, 의료기술자, 약사, 의사, 연구원, 대학교수, 환경분석가 등
③ 관습형의 대표 직업: 공인회계사, 경제분석가, 은행원, 세무사, 경리사원, 감사원, 안전관리사, 사서, 법무사, 회계원, 일반공무원 등
④ 사회형의 대표 직업: 사회복지가, 교육자, 간호사, 교사, 종교지도자, 상담사, 임상치료사, 언어치료사, 사회사업가, 물리치료사, 서비스직 등

37 ①
기출키워드 공인타당도(동시타당도)

정답풀이 공인(동시)타당도는 한 검사가 그 준거로 사용된 '현재'의 어떤 행동이나 특성과 관련된 정도를 확인한다.
오답풀이 예언타당도는 '미래'를 예언하는 것이다.
꿀팁 준거타당도는 어떤 심리검사가 특정 준거와 어느 정도 관련성이 있는지를 알아보는 것으로 동시타당도(공인타당도)와 예언타당도(예측타당도)로 구분된다.

38 ④
기출키워드 주제통각검사

정답풀이 주제통각검사는 인간 내면의 무의식적 심리를 투사하는 비구조화된 검사로 불분명하고 모호한 자극을 제시하여 해석하는 검사이다. 표준화된 해석을 요구하는 진로나 적성검사로 바람직하지 않다.

39 ③
기출키워드 직무분석 자료

정답풀이 직무분석 자료는 사실 그대로를 나타내어야 하며, 가공하지 않은 원상태의 정보이어야 한다.

40 ②
기출키워드 요구분석

정답풀이 경력개발을 위한 교육훈련을 실시할 때 가장 먼저 고려되는 과정은 누구를 대상으로 어떤 경력평가 프로그램을 만들지 알아보는 니즈평가(Need Assessment) 또는 요구분석이다.

41 ③
기출키워드 고용노동통계조사의 조사대상

정답풀이 직종별 사업체 노동력조사는 고용노동부가 반기별(연 2회)로 실시하는 조사이다. 근로자 5인 이상 약 32천 개 사업체를 대상으로 현원, 부족인원 및 채용계획인원을 조사한다.

42 ②
기출키워드 한국표준직업분류 특정 직종의 분류요령

정답풀이 자영업주 및 고용주는 수행되는 일의 형태가 아니라 고용상태에 따라 구분된 개념이다.

43 ②
기출키워드 직업정보의 정보관리 순서

정답풀이 직업정보시스템의 정보관리는 직업정보의 수집 → 분석 → 가공 → 체계화 → 제공 → 축적 → 평가의 순서로 이루어진다.

44 ②
기출키워드 민간직업정보의 특징

정답풀이 객관적인 기준을 가지고 전체 직업에 관한 일반적인 정보를 제공하는 것은 공공직업정보이다.

45 ②
기출키워드 한국표준산업분류 용어의 정의

정답풀이 각 생산단위가 노동, 자본, 원료 등 자원을 투입하여, 재화 또는 서비스를 생산 또는 제공하는 일련의 활동과정은 산업활동이다.

46 ④
기출키워드 국가직무능력표준(NCS)의 개념체계

정답풀이 직무는 국가직무능력표준(NCS) 분류체계의 세분류를 의미하고, 원칙상 세분류 단위에서 표준이 개발된다.

47 ④
기출키워드 한국표준산업분류의 적용원칙

정답풀이 공식적 생산물과 비공식적 생산물, 합법적 생산물과 불법적인 생산물을 달리 분류하지 않는다.

48 ②
기출키워드 국가기술자격 시행기관

정답풀이 빅데이터분석기사 자격은 한국데이터산업진흥원이 시행한다. 빅데이터분석기사는 대용량의 데이터 집합으로부터 유용한 정보를 찾고 결과를 예측하기 위해 목적에 따라 분석기술과 방법론을 기반으로 정형·비정형 대용량 데이터를 구축, 탐색, 분석하고 시각화를 수행하는 업무를 수행한다.

49 ③
기출키워드 직업정보의 제공유형별 특징

정답풀이 인쇄물은 저비용, 면접의 학습자 참여도는 적극적이다. 그리고 직업경험의 접근성은 일부만이 참여하므로 제한적이다.

50 ④
기출키워드 경제활동인구조사의 주요 산식

정답풀이 실업률은 경제활동인구에서 차지하는 실업자의 비율이다. 즉 '실업률=(실업자÷경제활동인구)×100'이다.

오답풀이 ① 고용보조지표의 하나인 잠재경제활동인구는 구직활동을 하지 않았거나 현실적으로 취업이 불가능하여 비경제활동인구로 분류되지만 잠재적으로 취업이나 구직이 가능한 자이다.
따라서 '잠재경제활동인구=잠재취업가능자+잠재구직자'이다. 한편 이를 반영한 '확장경제활동인구=경제활동인구+잠재경제활동인구'이다.

51 ④
기출키워드 직업선호도검사의 구성

정답풀이 고용24의 직업선호도 검사는 L형(60분)과 S형(25분) 2가지 유형이 있다. 이 중 L형은 흥미검사, 성격검사, 생활사검사로 구성되어 있고 S형은 흥미검사만으로 이루어져 있다. 직업선호도 검사 L형과 S형의 공통적인 하위검사는 흥미검사이다.

※ 24년 9월 기준 '워크넷' 사이트가 '고용24'로 개편되어 현행에 맞게 문제를 수정하였습니다.

52 ③
기출키워드 **질문지의 문항 작성 방법**

정답 풀이 객관식 문항의 응답 항목은 상호배타적이어야 한다. 따라서 짝(pair)으로 된 문항들은 함께 배치하지 않아야 바람직하다.

53 ①
기출키워드 **한국표준산업분류의 분류구조 및 부호체계**

정답 풀이 한국표준산업분류의 분류구조는 알파벳 문자를 사용하는 대분류(sections), 2자리 숫자를 사용하는 중분류(divisions), 3자리 숫자를 사용하는 소분류(groups), 4자리 숫자를 사용하는 세분류(classes), 5자리 숫자를 사용하는 세세분류(sub-classes)의 5단계로 구성된다.

54 ④
기출키워드 **국민내일배움카드의 적용대상**

정답 풀이 재학생은 발급 제외대상이다. 다만, 졸업까지 남은 수업연한이 2년 이내인 대학생 및 최종 학년에 재학 중인 고등학생은 지원 가능하다. 따라서 대학교 4학년에 재학 중인 졸업예정자는 적용대상이다.

> **국민내일배움카드**
> 국민내일배움카드(hrd.go.kr)는 구직자에게 일정한 금액을 지원하여 그 범위 이내에서 직업능력개발훈련에 참여할 수 있도록 하고, 훈련이력 등을 개인별로 통합 관리하는 제도이다.
> 실업, 재직, 자영업 여부에 관계없이 카드발급이 가능하지만 공무원, 사립학교 교직원, 졸업예정자 이외 재학생, 연매출액 1억 5천만 원 이상의 자영업자, 월 임금 300만 원 이상인 대기업근로자(45세 미만) · 특수형태근로 종사자는 제외한다.

55 ④
기출키워드 **국가기술자격 > 등급별 응시자격**

정답 풀이 산업기사의 응시조건
- 응시하려는 종목이 속하는 동일 및 유사직무 분야에서 2년 이상 실무에 종사한 사람
- 기능사 등급 이상의 자격을 취득한 후 동일 및 유사 직무분야에서 1년 이상 실무에 종사한 사람

56 ④
기출키워드 **국가기술자격 신설종목**

정답 풀이 2022년도에 신설되어 시행되는 국가기술자격종목은 정밀화학기사, 제빵산업기사, 제과산업기사이다.

57 ①
기출키워드 **한국표준직업분류(제7차)의 개정 내용**

정답 풀이 대분류 1 관리자에서는 '영상관련 관리자'를 '방송 · 출판 및 영상 관련 관리자'로 항목명을 변경하여 분류명과 포괄범위를 일치시켰다.

58 ④
기출키워드 **한국직업사전(2020)의 부가직업정보 > 정규교육**

정답 풀이 정규교육은 해당 직업종사자의 평균학력을 나타내는 것은 아니다.

> 한국직업사전(2020)의 부가직업정보 중 '정규교육'은 해당 직업의 직무를 수행하는 데 필요한 일반적인 정규교육수준을 의미하는 것으로 해당 직업 종사자의 평균학력을 나타내는 것은 아니다.
> 현행 우리나라 정규교육과정의 연한을 고려하여 그 수준을 6개로 분류하였으며 독학, 검정고시 등을 통해 정규교육과정을 이수하였다고 판단되는 기간도 포함된다.

59 ①
기출키워드 **고용24 직업정보시스템 > 계열별 학과정보**

정답 풀이 학과정보에서 공학계열은 대부분 ○○공학과라는 명칭으로 되어있지만 농공학과, 식품공학과, 임산공학과, 생명공학과(생명과학과), 동물공학과, 환경공학과 등은 자연계열로 분류된다.

고용24 직업정보시스템의 학과정보
학과를 인문계열, 사회계열, 자연계열, 교육계열, 공학계열, 의학계열 및 예체능계열 등 7개의 계열로 구분하고 각 계열에 속하는 180여 개의 학과에 대한 정보를 제공하고 있다.

※ 24년 9월 기준 '워크넷' 사이트가 '고용24'로 개편되어 현행에 맞게 문제를 수정하였습니다.

60 ④
기출 키워드 **고용24의 채용정보**

정답 풀이 고용24 채용정보의 상세검색에서 기업형태별 검색의 메뉴는 대기업, 공무원·공기업·공공기관, 강소기업, 코스피·코스닥, 중견기업, 외국계기업, 일학습병행기업, 벤처기업, 청년친화강소기업 및 가족친화인증기업 등 10가지로 구분하고 있다.

※ 24년 9월 기준 '워크넷' 사이트가 '고용24'로 개편되어 현행에 맞게 문제를 수정하였습니다.

61 ②
기출 키워드 **경기적 실업의 대책**

정답 풀이 경기적 실업(cyclical unemployment)은 경제 전체의 총수요(유효수요)가 부족하여 발생하는 실업이다. 따라서 경기적 실업은 총수요(유효수요)의 증대를 통해 해결할 수 있다.
즉 정부가 공공투자를 확대하여 정부지출을 늘리고 조세를 감면해주는 확장적 재정정책을 실시한다든가, 중앙은행이 통화량을 늘리는 확장적 통화정책을 실시하여 총수요를 늘리면 생산의 증가와 함께 고용이 증가하므로 경기적 실업을 해결할 수 있다.

62 ①
기출 키워드 **마찰적 실업의 원인**

정답 풀이 마찰적 실업은 노동자가 자신에게 가장 유리한 직장을 찾기 위하여 정보수집활동에 종사하고 있을 동안의 실업상태를 말한다. 정보의 불완전성에 기인하는 실업이다.

오답 풀이 ㄴ과 ㄷ은 구조적 실업의 원인이다. ㄴ은 기업의 효율임금(efficiency wage)정책을 의미하는 것으로, 효율임금을 지급하면 시장임금보다 임금이 높아지므로 노동의 초과공급, 즉 실업이 발생하는데 이는 구조적 실업에 해당한다.

[참고] 구조적 실업의 다른 해석
1. 맨큐(N. G. Mankiw)는 구조적 실업은 노동시장에서 제공되는 일자리의 수가 직장을 찾고 있는 노동자들의 수에 비해 적기 때문에 발생하는 실업으로 설명한다.
2. 여기서 일자리의 수가 적은 이유는 어떤 이유로 임금이 노동의 수요와 공급이 같아지는 임금(균형임금)보다 높기 때문이다.
3. 그리고 임금이 균형임금보다 높아지게 되는 이유로 최저임금제, 노동조합의 임금인상 압력, 효율임금 등 3가지를 제시한다.

63 ④
기출 키워드 **경쟁노동시장과 불완전노동시장의 특징**

정답 풀이 재화시장이 완전경쟁이고 노동시장이 불완전경쟁(수요독점)일 때 임금은 한계수입생산보다 낮은 수준으로 결정된다.

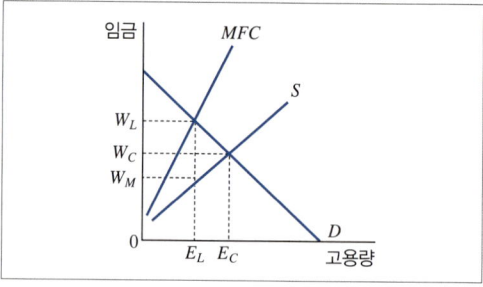

수요독점인 불완전경쟁 노동시장에서 수요독점자인 기업은 이윤극대화를 위해 노동수요곡선(= 노동의 한계수입생산곡선 MRP_L)과 노동의 한계요소비용곡선 MFC가 일치하는 수준에서 고용량 E_L을 결정한다. 그리고 임금은 한계수입생산과 같은 W_L이 아니라 고용량 E_L에서 노동의 공급곡선과 만나는 수준인 W_M에서 결정한다.

64 ②
기출 키워드 **실망노동자 효과**

정답 풀이 구직포기자(실망노동자, 실망실업자)의 증가 효과를 실망노동자 효과라고 한다. 이는 경제활동인구인 실업자가 비경제활동인구로 전환되는 것이기 때문에 경제활동참가율과 실업률 모두 감소시키는 결과를 가져온다.

오답 풀이 ① 경기적 실업을 감소시키려면 총수요를 증대시켜야 한다. '총수요 = 소비 + 투자 + 정부지출 + 순수출'로 구성되므로 기업의 설비투자를 장려하여야 경기적 실업을 감소시킬 수 있다.
③ 전업주부가 직장을 가지면 비경제활동인구가 경제활동인구인 취업자로 전환되는 것이다. 따라서 경제활동참가율은 높아지고 실업률은 낮아진다.
④ 실업급여가 확대되면 실업자들은 일자리가 나와도 계속하여 실업을 선택하는 실업함정(unemployment trap)이 나타난다. 높은 수준의 임금을 주는 기업을 탐색하며 구직을 위한 노력을 게을리하고 실업을 택하므로 탐색적 실업은 증가한다.

65 ④
기출 키워드 실업률 계산

정답 풀이
'경제활동참가율 = $\frac{경제활동인구}{생산가능인구} \times 100$

= $\frac{경제활동인구}{100만 명} \times 100 = 50\%$'이므로 경제활동인구는 50만 명이다. '실업자 = 경제활동인구 - 취업자 = 50만 명 - 40만 명 = 10만 명'이다.

따라서 '실업률 = $\frac{실업자}{경제활동인구} \times 100$

= $\frac{10만 명}{50만 명} \times 100 = 20\%$'이다.

66 ②
기출 키워드 보상적 임금격차

정답 풀이 성별 임금격차는 차별에 의한 임금격차이므로 임금의 보상격차와는 관계가 없다. 임금의 보상격차(compensating wage differentials)는 애덤 스미스(A. Smith)가 주장하였다. 스미스는 노동자들의 직업선택 및 전직이 자유로운 사회에서는 각 직업의 좋은 점과 나쁜 점을 모두 고려한 순이익이 한 사회의 여러 가지 대체적인 직업 사이에서 균등하게 된다고 보고, 이를 균등화 격차(equalizing wage differentials)라고 하였다. 스미스는 임금격차를 가져오는 직업의 성격으로 ⊙ 고용의 안정성 여부, ⓒ 작업의 쾌적성 여부, ⓒ 교육 및 훈련비용, ⓔ 책임의 정도, ⓜ 성공 또는 실패의 가능성 등을 제시하였다.

67 ④
기출 키워드 노동자들의 쟁의행위

정답 풀이 직장폐쇄(lockout)는 조업계속과 함께 노동자들의 쟁의행위에 대한 사용자의 대응행위에 해당한다.

68 ①
기출 키워드 유니언 숍

정답 풀이 유니언 숍(union shop)은 사용자가 자유롭게 채용할 수 있으나 채용 후 일정기간이 지나면 반드시 조합에 가입하여야 하는 제도이다. 또한 조합으로부터 탈퇴하거나 조합에서 제명되어 조합원 자격을 상실할 때에는 해고된다는 노사 간의 협약을 의미한다.
오답 풀이 ②, ③은 클로즈드 숍(closed shop), ④는 오픈 숍(open shop)에 대한 설명이다.

69 ②
기출 키워드 직무급 임금체계의 장단점

정답 풀이 직무급은 직무의 상대적 가치를 평가하는 직무평가가 쉽지 않기 때문에 연공급에 비해 실시하기가 어렵다.
직무급이란 직무의 중요성과 곤란도 등에 따라서 각 직무의 상대적 가치를 평가하고, 그 결과에 의거하여 임금액을 결정하는 체계이다.

[참고] 직무급의 장단점	
장점	• 동일직무에 동일임금을 지급 • 개인별 임금격차에 대한 불만 해소 • 전문기술인력의 확보가 용이 • 능력 위주의 인사풍토 조성 • 불합리한 노무비 상승을 방지
단점	• 공정하고 철저한 직무분석과 직무평가의 실시가 곤란 • 연공중심의 풍토에서 오는 저항감이 강한 경우에는 적용 곤란 • 인적자원관리의 융통성 결여

70 ①
기출 키워드 노동수요곡선의 이동요인

정답 풀이 수요함수에서 내생변수인 임금수준이 변화하면 노동수요곡선상에서의 이동이 나타나고 노동수요곡선 자체는 이동하지 않는다.

오답 풀이 ② 생산기술(생산방법)의 진보, ③ 자본가격의 상승, ④ 생산물에 대한 수요가 증가하면 노동수요곡선은 오른쪽으로 이동한다.

71 ③
기출 키워드 이원적 노사관계

정답 풀이 노사관계를 개별적 노사관계와 집단적 노사관계로 나누어 파악하는 것을 이원적 노사관계(dualistic industrial relations)라고 한다. 즉 이원적 노사관계에서 제1차 관계는 사용자(경영) 대 근로자(종업원) 관계이고, 제2차 관계는 사용자(경영) 대 노동조합 관계이다.
제1차 관계는 노사의 친화, 우호, 협력의 관계이며, 제2차 관계는 임금 및 기타 근로조건의 유지·개선을 중심으로 파악되는 관계이다.

72 ④
기출 키워드 산업별 노동조합의 특징

정답 풀이 산업별 노동조합(industrial union)은 동일한 산업에 종사하는 모든 노동자가 하나의 노동조합을 구성하는 형태이다. 산업 전체의 이익을 고려하므로 기업별 특수성은 고려하기 어렵지만, 해당 산업에 종사하는 모든 노동자가 가입하므로 임시직이나 일용직 노동자의 조직이 용이해진다는 장점이 있다.

오답 풀이 ④ 직업별 노동조합(craft union)의 단점이다. 직업별 노동조합은 역사적으로는 가장 오래된 형태의 노동조합으로 숙련공 중심의 배타적·폐쇄적이고 독점적인 조직형태이다.

73 ②
기출 키워드 노동수요의 임금탄력성 계산

정답 풀이 '노동의 수요 탄력성 = 수요량(고용량)의 변화율 ÷ 임금 변화율 = 0.5'이므로 임금이 5% 상승하면 수요량은 2.5% 감소한다.

74 ①
기출 키워드 구조적 실업의 원인

정답 풀이 구조적 실업은 구인처에서 요구하는 기술을 갖춘 근로자가 없어서 산업 간·지역 간 노동의 이동성이 부족하기 때문에 발생하는 실업이다.
따라서 노동의 이동성을 높이는 대책이 필요하다. 즉 직업전환 교육 등 인력정책, 지역 간 이동을 촉진하기 위한 이주 보조금, 산업구조의 변화 예측에 따른 인력수급정책 등이 필요하다.

75 ①
기출 키워드 최저임금제의 부정적 효과

정답 풀이 시장임금보다 높은 수준에서 최저임금을 정하면 노동수요량은 감소하고 노동공급량은 증가하여 실업이 증가하는 부정적 효과가 있다.
① 노동수요곡선과 노동공급곡선이 모두 탄력적이면 노동수요량은 크게 감소하고, 노동공급량은 크게 증가하므로 실업이 크게 발생한다.

76 ②
기출 키워드 유보임금(요구임금)의 개념

정답 풀이 ㄹ. 유보임금(reservation wage)은 노동자가 노동을 공급하기 위해 받기를 원하는 최소한의 임금을 말한다. 이는 요구임금(또는 희망임금, 의중임금, 눈높이임금)이라고도 하는데 여가의 기회비용이 된다. 즉 노동시간만큼 여가를 즐긴다고 할 때 여가를 통해서 얻는 주관적 효용에 해당하는 임금이다.
ㄱ. 유보임금이 상승하면 직업탐색기간이 길어지므로 실업(탐색적 실업)기간이 길어진다.

77 ①
기출키워드 **노동수요와 노동공급의 증가 결과**

정답풀이 노동의 한계생산을 증가시키는 기술진보는 노동수요곡선을 오른쪽으로 이동시키고, 많은 노동자들의 노동시장 참여는 노동공급곡선을 오른쪽으로 이동시킨다.
① 두 곡선 모두 오른쪽으로 이동하므로 균형노동고용량은 반드시 증가한다. 그러나 균형임금은 두 곡선이 이동하는 정도(이동의 크기)에 따라 달라지므로 불명확하다.

78 ③
기출키워드 **연봉제의 장단점**

정답풀이 연봉제를 실시하는 경우 종업원 상호 간의 불필요한 경쟁심이나 위화감의 조성, 불안감 증대 등의 문제를 야기할 수 있다. 연봉제(annual salary system)는 개개인의 능력·실적 및 공헌도에 대한 평가를 바탕으로 계약을 통해 연간 임금액을 결정하는 실적 중심형의 임금형태이다.

79 ①
기출키워드 **노동조합운동의 이념 > 경제적 조합주의**

정답풀이 경제적 조합주의는 노동조합운동은 정치로부터 독립되어야 한다고 본다. 즉 노동조합운동의 독자성·자주성 확보 및 조합 내 민주주의의 실현이 중요한 조직원리이며 운동의 기본원칙이다.

[참고] 지금까지 산업화 사회에 나타난 여러 나라의 노동조합 운동의 이념들을 크게 구분하면 세 가지로 나누어 볼 수 있다. 정치적 조합주의(정치주의), 경제적 조합주의(경제주의), 국민적 조합주의(국민주의)이다(박일규, 『노동경제학』, 박영사, 1993, pp. 508~511 참조).

80 ②
기출키워드 **후방굴절형 노동공급곡선의 원인**

정답풀이 소득-여가 간의 선호체계 분석에서 임금수준이 높지 않은 경우에는 임금상승의 '대체효과 > 소득효과'이므로 임금이 상승하는 경우 노동공급량은 증가한다.

② 그러나 임금수준이 높은 경우에는 임금상승의 '소득효과 > 대체효과'가 되어 임금이 상승해도 노동공급량은 감소하여 노동의 공급곡선은 뒤로 구부러지는 후방굴절형이 된다.

[참고] 임금상승의 대체효과와 소득효과
- 임금상승의 대체효과는 임금이 상승하면 여가의 기회비용(임금)이 커지기 때문에 여가를 줄이고 노동공급량을 증가시키는 효과이다.
- 임금상승의 소득효과는 임금이 상승하면 전보다 적은 노동을 공급해도 전과 동일한 소득을 얻게 되므로 노동공급량을 감소시키는 효과이다.

81 ①
기출키워드 **육아휴직 급여**

정답풀이 육아휴직급여는 다음 구분에 따른 금액을 월별 지급액으로 한다(제95조).
1. 육아휴직 시작일부터 3개월까지 – 육아휴직 시작일을 기준으로 한 월 통상임금에 해당하는 금액. 다만, 해당 금액이 250만 원을 넘는 경우에는 250만 원으로 하고, 해당 금액이 70만 원보다 적은 경우에는 70만 원으로 한다.
2. 육아휴직 4개월째부터 6개월째까지 – 육아휴직 시작일을 기준으로 한 월 통상임금에 해당하는 금액. 다만, 해당 금액이 200만 원을 넘는 경우에는 200만 원으로 하고, 해당 금액이 70만 원보다 적은 경우에는 70만 원으로 한다.
3. 육아휴직 7개월째부터 종료일까지 – 육아휴직 시작일을 기준으로 한 월 통상임금의 100분의 80에 해당하는 금액. 다만, 해당 금액이 160만 원을 넘는 경우에는 160만 원으로 하고, 해당 금액이 70만 원보다 적은 경우에는 70만 원으로 한다.

※ 최신 개정 내용에 맞게 변형한 기출문제입니다.

82 ②
기출키워드 **직업훈련시설을 설치할 수 있는 공공단체**

정답풀이 직업훈련시설을 설치할 수 있는 공공단체
- 한국산업인력공단(한국산업인력공단이 출연하여 설립한 학교법인 포함)
- 한국장애인고용공단
- 근로복지공단

83 ③
기출키워드 단시간근로자

정답 풀이 "단시간근로자"란 1주 동안의 소정근로시간이 그 사업장에서 같은 종류의 업무에 종사하는 통상 근로자의 1주 동안의 소정근로시간에 비하여 짧은 근로자를 말한다.

84 ①
기출키워드 여성의 보호

오답 풀이 ② 다음의 업무에 대해서는 여성과 18세 미만인 사람을 일시적으로 갱내에서 근로시킬 수 있다.
1. 보건, 의료 또는 복지 업무
2. 신문·출판·방송프로그램 제작 등을 위한 보도·취재업무
3. 학술연구를 위한 조사 업무
4. 관리·감독 업무
5. 제1호부터 제4호까지의 규정의 업무와 관련된 분야에서 하는 실습 업무

③ 생리휴가는 월 1일, 무급휴가이다.
④ 18세 이상 여성은 근로자의 동의, 18세 미만 여성은 근로자의 동의와 고용노동부장관의 인가를 받아야 한다.

꿀팁 임신한 여성 근로자는 연장근로는 금지, 야간근로·휴일근로는 가능
※ 최신 개정 내용에 맞게 변형한 기출문제입니다.

85 ②
기출키워드 직업능력개발훈련의 대상 연령

정답 풀이 취업최저연령은 15세 이상이므로, 직업능력개발훈련의 대상연령도 15세 이상이다.

86 ②
기출키워드 퇴직금 중간정산 사유

정답 풀이 중간정산 신청일부터 거꾸로 계산하여 5년 이내에 채무자회생법에 따라 파산선고를 받은 경우이다.

87 ①
기출키워드 육아기 근로시간 단축

정답 풀이 육아기 근로시간 단축 시 연장근로 한도는 1주 12시간 이내이다.

꿀팁 임신기 근로시간 단축은 연장근로 금지, 육아기 및 가족돌봄 근로시간 단축은 1주 12시간 이내에서 연장근로 가능
※ 최신 개정 내용에 맞게 변형한 기출문제입니다.

88 ④
기출키워드 과태료 부과 대상

정답 풀이 500만 원 이하 과태료 대상
- 채용광고의 내용 또는 근로조건을 변경한 구인자
- 지식재산권을 자신에게 귀속하도록 강요한 구인자
- 그 직무의 수행에 필요하지 아니한 개인정보를 기초심사자료에 기재하도록 요구하거나 입증자료로 수집한 구인자

89 ②
기출키워드 근로기준법의 기본원리

정답 풀이 근로자의 단결권 보장은 헌법 제33조에 근거한 노동3권에 관한 권리이다.

90 ④
기출키워드 기간제 근로자의 기간제한의 예외

정답 풀이 간호사는 2년 기간제한의 예외대상에 해당하지 않는다.

91 ④
기출키워드 가족돌봄휴직, 가족돌봄휴가

정답 풀이 가족돌봄휴직 및 가족돌봄휴가 기간은 근속기간에 포함한다.

꿀팁 육아휴직, 가족돌봄휴직 모두 근속기간에 포함

92 ①
기출키워드 직업안정사업 실시요건

정답풀이 무료직업소개사업은 허가대상이 아니라 신고대상이다.

꿀팁 무료직업소개사업은 신고, 유료직업소개사업은 등록

93 ④
기출키워드 고용보험기금의 용도

정답풀이 고용보험기금의 용도는 다음과 같다.
- 고용안정·직업능력개발사업에 필요한 경비
- 실업급여의 지급
- 국민연금보험료의 지원
- 육아휴직급여 및 출산전후휴가급여 등의 지급
- 보험료의 반환
- 일시 차입금의 상환금과 이자
- 이 법과 「고용산재보험료징수법」에 따른 업무를 대행하거나 위탁받은 자에 대한 출연금
- 보험사업의 관리·운영에 드는 경비
- 기금의 관리·운용에 드는 경비
- 「고용산재보험료징수법」에 따른 보험사무대행기관에 대한 교부금
- 법과 「고용산재보험료징수법」에 따른 사업이나 업무의 위탁수수료 지급금

94 ④
기출키워드 자영업자의 실업급여 종류

정답풀이 자영업자에 대해서는 구직급여의 연장급여와 조기재취업수당이 적용되지 않는다.

95 ④
기출키워드 근로권(헌법 제32조)

정답풀이 국가는 사회적·경제적 방법으로 근로자의 고용의 증진과 적정임금의 보장에 노력하여야 한다.

꿀팁 적정임금은 보장하도록 노력, 최저임금은 시행

96 ④
기출키워드 근로자공급사업

정답풀이 허가가 취소된 후 5년이 경과되지 않은 경우이므로, 7년이 지난 자는 허가를 받을 수 있는 자이다.

97 ④
기출키워드 고령자 기준고용률

정답풀이 상시 300명 이상의 근로자를 사용하는 사업장의 사업주는 기준고용률 이상의 고령자를 고용하도록 노력하여야 한다.

꿀팁 정년연장 권고대상, 고령자고용현황 제출대상, 기준고용률 이상 고령자 고용노력 대상은 전부 상시 근로자 300명 이상

98 ①
기출키워드 지역고용심의회

정답풀이 지역고용심의회는 위원장 1명을 포함한 20명 이내의 위원으로 구성한다.

꿀팁 고용정책심의회는 30명 이내, 지역고용심의회는 20명 이내

99 ①
기출키워드 모성보호제도

정답풀이 출산휴가급여, 육아휴직급여는 통상임금으로 지급한다.

100 ②
기출키워드 고용정책심의회의 전문위원회

정답풀이 고용정책심의회의 전문위원회는 다음과 같다.
지역고용전문위원회, 고용서비스전문위원회, 사회적기업육성전문위원회, 적극적고용개선전문위원회, 장애인고용촉진전문위원회, 가사근로자고용개선전문위원회, 건설근로자고용개선전문위원회, 직업능력개발전문위원회

2022년 2회

[제1과목] 직업심리

01	②	02	④	03	④	04	④	05	②
06	④	07	③	08	①	09	④	10	②
11	③	12	②	13	③	14	②	15	②
16	②	17	④	18	④	19	③	20	②

[제2과목] 직업상담 및 취업지원

21	①	22	③	23	①	24	③	25	③
26	③	27	①	28	①	29	③	30	②
31	④	32	①	33	③	34	③	35	③
36	③	37	③	38	②	39	④	40	②

[제3과목] 직업정보

41	④	42	②	43	②	44	④	45	④
46	①	47	③	48	③	49	③	50	④
51	①	52	③	53	③	54	③	55	②
56	②	57	①	58	①	59	③	60	④

[제4과목] 노동시장

61	③	62	①	63	③	64	①	65	②
66	④	67	②	68	③	69	④	70	②
71	④	72	③	73	②	74	②	75	④
76	②	77	④	78	③	79	④	80	③

[제5과목] 고용노동관계법규

81	②	82	④	83	④	84	②	85	④
86	②	87	④	88	①	89	④	90	③
91	④	92	④	93	④	94	①	95	③
96	④	97	④	98	④	99	④	100	④

01 ②

기출키워드 Harren이 제시한 진로의사결정 유형

정답 풀이 하렌(Harren)이 제시한 진로의사결정 유형에는 합리적 유형, 직관적 유형, 의존적 유형이 있다.
- 합리적 유형: 의사결정과정에 자신과 상황에 대한 정확한 정보를 수집하고, 논리적이고 체계적으로 접근하는 유형이다.
- 직관적 유형: 의사결정의 기초로 상상을 사용하고 현재의 감정에 주의를 기울이며 정서적 자각을 사용한다.
- 의존적 유형: 의사결정에 대한 개인적 책임을 부정하고, 그 책임을 외부로 돌리는 경향이 있다.

02 ④

기출키워드 체계적 둔감화

정답 풀이 체계적 둔감화는 불안과 공포증이 있는 환자에게 불안 조건을 점차로 노출시켜 둔감화시키는 치료법으로 불안감소기법에 해당한다.

오답 풀이 ① 강화: 학습자에게 강화물을 제공하여 특정 행동의 빈도가 높아지도록 하는 행동수정방법이다.
② 변별학습: 강화와 학습의 원리를 이용하여 자신의 능력과 태도를 변별하고 비교하게 하는 방법이다.
③ 대리학습: 개인의 직접 경험이 아니라 타인의 경험을 관찰함으로써 행동이 강화될 수 있다.

03 ④

기출키워드 진로수첩

정답 풀이 진로수첩은 진로, 교육, 훈련 계획을 개발하기 위한 상담도구가 아닌 '교육 및 진로계획을 향상'시키기 위한 도구이다.

진로수첩

내담자, 고용주, 상담자 모두에게 유용한 도구이며, 내담자의 입장에서는 다음과 같은 유용성이 있다.
- 자기평가를 통해 자신감과 자기인식을 증진시킨다.
- 일 관련 태도 및 흥미에 대한 지식을 증진시킨다.
- 다양한 경험들이 어떻게 직무관련 태도나 기술로 전환될 수 있는지에 대해 이해를 발전시킨다.
- 교육 및 진로계획을 향상시킨다.
- 고용주에게 자신을 소개하는 방편이 될 수 있다.

04 ④
기출키워드 저항감 재인식 및 다루기

정답 풀이 제시된 사례는 직업상담 시 상담에 동기화되지 않거나 저항을 보이는 경우로, 내담자는 불신의 태도로 의도적으로 의사소통을 방해하고 있다. 상담사는 저항의 목적이 무엇인지 이해하고 재인식시켜줌으로써 내담자로 하여금 자기인식을 돕도록 하는 것이 바람직하다.

05 ②
기출키워드 생애진로사정

정답 풀이 생애진로사정의 구조의 중요 주제는 진로사정, 전형적인 하루, 강점과 장애 및 요약으로 이루어진다.

06 ④
기출키워드 집단상담의 특징

정답 풀이 집단상담은 구성원 간의 사적인 경험을 공유하는 등의 경우가 있어 비밀유지가 어려울 수 있다.
오답 풀이 ③ 집단상담의 단점에 해당한다.
①, ② 집단상담의 장점에 해당한다.

07 ③
기출키워드 Williamson의 직업문제 영역

정답 풀이 진로선택에 대한 불안은 보딘(Bordin)의 직업문제 분류범주인 심리적 원인에 해당한다.

Williamson의 직업문제 영역
1. 무선택(선택하지 않음)
2. 불확실한 선택
3. 흥미와 적성의 불일치
4. 현명하지 못한 선택

08 ①
기출키워드 프리맥(premack)의 원리

정답 풀이 프리맥의 원리는 낮은 비율로 발생하는 행동을 증가시키기 위해 높은 비율의 행동을 낮은 비율의 행동과 연관시키는 강화의 한 형태이다. 제시된 사례에서 높은 비율의 PC 게임을 통해 낮은 비율의 학습량을 증가시키는 것은 일종의 정적강화에 해당한다.

09 ④
기출키워드 직업상담사의 윤리

정답 풀이 내담자가 자기로부터 도움을 받지 못하고 있음이 분명한 경우에는 상담을 종결하려고 노력해야 한다.
오답 풀이 ①, ② 최종 직업을 선택하는 것은 내담자의 몫이며, 습득된 직업정보는 공정하게 널리 알리는 것이 바람직하다.
③ 경험적 훈련과 직관을 앞세우기보다 상담에 대한 이론적 지식을 바탕으로 구직활동을 도와준다.

10 ②
기출키워드 직업상담사의 직무내용

정답 풀이 직업관련 임금평가는 직무분석자의 업무이다. 직업상담사의 업무로는 내담자에 대한 심리치료능력, 직업상담 프로그램의 개발과 운영, 구인·구직상담, 직업적응, 직업전환, 은퇴 후 등의 직업상담, 직업관련 정보의 흐름을 이해하는 능력이 필요하다.

11 ③
기출키워드 발달적 직업상담의 직업정보

정답 풀이 근로자들의 이직 양상이 아니라, 일반적인 사람들이 주로 어떤 직업에서 어떤 직업으로 옮겨가고 있으며, 그 비율은 어느 정도이고, 이러한 직업의 이동 방향과 비율을 결정하는 요인에는 어떤 것들이 있는가에 대한 정보이다.

12 ②
기출키워드 인지적 명확성의 범위

정답 풀이 경미한 정신건강 문제는 잘못된 결정방식이 진지한 결정을 방해하거나, 낮은 효능감으로 인한 선택을 방해하거나, 공포증이나 말더듬증 등의 문제가 다른 직업선택을 방해한다.

오답 풀이 ① 심각한 약물남용 장애는 심각한 정신건강 문제이다.
③, ④ 경험부족에서 오는 고정관념과 심한 가치관 고착에 따른 고정성은 고정관념의 문제이다.

13 ③
기출키워드 폐쇄형 질문

정답 풀이 폐쇄형 질문은 대답할 수 있는 범위를 '예/아니요' 또는 단답식 답변으로 제한한다.
③은 폐쇄형 질문으로, "직업상담을 해야겠다고 생각하신 이유가 있으시다면 말씀해 주시겠어요?"라는 등의 응답의 범위를 열어놓는 공손한 개방적 질문을 사용하는 것이 바람직하다.

14 ②
기출키워드 인지치료(Cognitive Therapy)

정답 풀이 인지치료는 자신과 세계에 관한 개인의 사고과정에서 나타나는 인지적 오류와 왜곡을 문제의 핵심으로 간주한다. 역기능적 신념이 행동에 미치는 영향력을 강조하며, 이를 수정하여 내담자의 정서나 행동을 변화시키는 데 역점을 둔다.

15 ②
기출키워드 상담에서의 충고

정답 풀이 상담자의 임무는 내담자가 스스로 해결책을 찾을 수 있도록 도와주는 것이다. 도움이 되지 않는 면담행동 중에서 대표적인 것이 충고하는 태도이다.

16 ②
기출키워드 특성-요인 이론

정답 풀이 특성-요인 이론에서는 각각의 개인은 신뢰할 만하고 타당하게 측정될 수 있는 고유한 특성의 집합으로 본다.

오답 풀이 ① 홀랜드 이론에 관한 설명이다.
③ 욕구중심적 진로이론에 관한 설명이다.
④ 발달적 진로이론에 관한 설명이다.

17 ④
기출키워드 개인주의 상담의 목표

정답 풀이 개인주의 상담의 목표는 내담자의 생활양식을 확인하고 바람직한 방향으로 생활양식을 바꾸도록 하는 것이다.

오답 풀이 ④ 정신분석이론에 대한 설명이다.

> **개인주의 상담의 목표**
> - 사회적 관심을 갖도록 돕는다.
> - 패배감을 극복하고 열등감을 감소시킬 수 있도록 돕는다.
> - 내담자의 잘못된 가치와 목표를 수정하도록 돕는다.
> - 행동수정보다는 동기수정에 초점을 두고 잘못된 동기를 바꾸도록 돕는다.
> - 사회의 구성원으로 기여하도록 돕는다.
> - 기본목표는 사회적 관심, 즉 잘못된 사회적 가치를 바꾸는 것이다.

18 ④
기출 키워드 직업카드분류법

정답 풀이 직업선택의 동기와 가치를 알아보기 위한 것으로 직업카드를 선호군(선택하고 싶은 직업), 혐오군(선택하고 싶지 않은 직업), 미결정중성군(잘 모르겠거나 확신이 가지 않는 직업)으로 분류하여 흥미를 사정하는 기법이며, 표준화되어 있는 객관적 검사방법이 아닌 정서적 기법이다.

19 ②
기출 키워드 훈습 단계의 절차

정답 풀이 정신분석적 상담에서 훈습 단계의 절차는 '환자의 저항 → 분석자의 저항에 대한 해석 → 환자의 해석에 대한 반응' 순이다.

20 ②
기출 키워드 내담자 중심 상담기법

정답 풀이 내담자 중심 상담에서 사용되는 상담기법은 비지시적 방법으로 내담자에 대한 적극적 경청, 감정의 반영, 공감적 이해가 주로 사용된다.

오답 풀이 ② 역할연기는 형태주의 상담기법에 해당한다.

21 ①
기출 키워드 직무분석

정답 풀이 직무분석은 직무를 구성하는 내용 및 직무수행을 위해 요구되는 조건들을 조직적으로 밝히는 과정이다. 즉 직무에 관련된 제반 정보를 수집 분석하는 절차이다.

22 ③
기출 키워드 맥클리랜드(McClelland)의 성취동기 이론

정답 풀이 맥클리랜드(McClelland)의 성취동기 이론 중 성취욕구에 상응한다.
- 성취욕구 – 자아실현과 존중
- 권력욕구 – 권력
- 친교욕구 – 애정과 소속욕구

23 ①
기출 키워드 직업적성검사

정답 풀이 직업적성검사는 개인이 맡은 특정 직무를 성공적으로 수행할 수 있는지를 측정한다.

오답 풀이 ② 지능검사의 설명에 해당된다.
③ 직업흥미검사의 설명이다.
④ 성격검사의 설명에 해당된다.

24 ③
기출 키워드 Holland의 성격유형

정답 풀이 ③ 현실적(R): 솔직하고 실제적이며 성실하고, 지구력이 있고 건강하며, 소박하고 말이 적으며, 고집이 세고 직선적이며 단순하다.

오답 풀이 ① 탐구적(I): 논리적이며, 분석적이고 합리적이며, 정확하고 지적 호기심이 많아 비판적이고 내성적이며 신중하다.
② 예술적(A): 상상력이 풍부하고 감수성이 예민하며, 자유분방하고 개방적이다. 또한 감정이 풍부하고 독창적이며, 개성이 강해 비순응적이고, 직관적이다.
④ 관습적(C): 정확하고 빈틈이 없으며 조심성이 있고 세밀하며 계획성이 있고 변화를 좋아하지 않으며, 완고하고 책임감이 강하다. 사무적이고 계산적이며 회계 정리 능력이 있다.

25 ③
기출 키워드 Super의 진로발달 이론

정답 풀이 ③ Super는 진로발달이 순환과 재순환의 단계를 거친다고 보았다. 진로발달 과정은 전 생애에 걸쳐 계속되며 '성장 – 탐색 – 확립 – 유지 – 쇠퇴' 등의 대순환(maxi cycle)을 거치는 동시에, 대순환 외에 각 단계마다 같은 '성장 – 탐색 – 확립 – 유지 – 쇠퇴'로 구성된 재순환(mini cycle)이 있다고 가정하였다.

26 ③
기출키워드 Parsons의 특성-요인 이론

정답 풀이 ③ 요인(factor)에 대한 설명으로 특정 직무의 수행에서 요구하는 조건을 의미한다.

오답 풀이 특성(trait)은 개인의 흥미, 적성, 성격, 가치관 등 검사에 의해 측정 가능한 개인의 특징을 말한다.

27 ①
기출키워드 직업적응 이론

정답 풀이 ① 홀랜드(J. Holland) 인성(성격) 이론에 관한 설명에 해당한다.

28 ①
기출키워드 스트레스

정답 풀이 스트레스의 일반적응징후는 경계, 저항, 탈진 단계로 진행된다.

오답 풀이 ② 1년간 생활변동 단위(life change unit)의 합이 0~150 미만은 스트레스가 거의 없다(질병의 발생가능성 없음).
③ B유형의 사람은 A유형의 사람보다 스트레스에 더 인내력이 있다.
④ 사회적 지지는 스트레스의 대처와 극복에 영향을 미친다.

> **생활변화단위(LCU)**
> ㉠ 0~150 미만: 스트레스 거의 없음(질병발생가능성 없음)
> ㉡ 150~199: 경도의 생활위기(35% 질병발생가능)
> ㉢ 200~299: 중등도의 생활위기(50% 질병발생가능)
> ㉣ 300 이상: 심한 정도의 생활위기(80% 질병발생가능)

29 ③
기출키워드 신뢰도 계수에 영향을 미치는 요인

정답 풀이 신뢰도 계수는 개인차가 클수록 커진다.

> **신뢰도 계수에 영향을 미치는 요인**
> • 신뢰도 계수는 개인차가 클수록 커진다.
> • 신뢰도 계수는 검사 문항의 수가 증가할수록 신뢰도는 증가한다. 다만 정비례하여 커지는 것은 아니다.
> • 신뢰도 계수는 신뢰도 측정방법에 따라서 달라질 수 있다.
> • 신뢰도 계수는 결과의 일관성을 보여주는 값이다.

30 ②
기출키워드 규준점수

정답 풀이 백분위는 한 집단에서의 개인의 상대적인 위치를 알려줄 뿐, 개인 간의 점수 차를 알려주지는 않으므로 원점수의 차이가 같은지는 알 수 없다.

오답 풀이 ① Z점수 0에 해당하는 웩슬러(Wechsler) 지능검사 편차 IQ는 100이다.
③ 평균과 표준편차가 60, 15인 규준집단에서 원점수 90의 Z점수는 'Z점수 = $\frac{원점수 - 평균}{표준편차}$'이므로, $\frac{90-60}{15}$ = 2이다. 따라서 T점수는 'T점수 = 10 × Z + 50'이므로, 10 × 2 + 50 = 70이다.
④ 스테나인 점수는 원점수 분포를 평균 5, 표준편차가 2인 점수분포로 전환한 점수이다. 스테나인 점수의 최고점수는 9, 최저점수는 1이다. 그리고 평균에 해당하는 중간점수는 5이다. 따라서 백분위 50에 해당하는 스테나인 점수는 5이다.

31 ④
기출키워드 Krumboltz의 사회학습이론

정답 풀이 크럼볼츠의 진로선택의 사회학습이론에서 개인의 진로결정요인으로 유전적 요인과 특별한 능력, 환경적 조건과 사건, 학습경험, 과제접근 기술 등 4가지를 제시하였다.

32 ①
기출키워드 스트레스의 대처방안

정답 풀이 목표지향적 초고속 사고에서 과정중심적 사고방식으로 전환해야 한다.

> **스트레스 대처 전략**
> - 가치관을 전환시켜야 한다.
> - 목표지향적 사고방식에서 과정지향적 사고방식으로 전환해야 한다.
> - 스트레스에 정면으로 도전해야 한다.
> - 균형 있는 생활을 해야 한다.
> - 가슴속 한을 털어내야 한다.
> - 취미·오락을 통해 생활장면을 전환하는 활동을 규칙적으로 해야 한다.
> - 자신에게 적합한 운동으로 스트레스를 해소한다.

33 ③
기출키워드 Gottfredson의 직업포부발달 단계

정답 풀이 고트프레드슨(Gottfredson)이 제시한 직업(진로)포부의 발달 단계는 '힘과 크기 지향성(3~5세) – 성역할 지향성(6~8세) – 사회적 가치 지향성(9~13세) – 내적, 고유한 자아 지향성(14세 이후)'이다.

1. 힘과 크기 지향성(3~5세, 서열 획득 단계): 사고과정이 구체화되며 어른이 된다는 것의 의미를 알게 된다.
2. 성역할 지향성(6~8세, 성역할 획득 단계): 자아개념이 성(gender)의 발달에 의해 영향을 받게 된다. 남녀 역할에 바탕을 둔 직업을 선호한다.
3. 사회적 가치 지향성(9~13세, 사회적 가치 획득 단계): 사회계층에 대한 개념이 생기면서 상황 속의 자아를 인식하게 되고, 일의 수준에 대한 이해를 확장시킨다.
4. 내적, 고유한 자아 지향성(14세 이후, 내적 자아확립 단계): 타인에 대한 개념이 생기고, 자아성찰과 사회계층의 맥락에서 직업적 포부가 더욱 발달한다.

34 ③
기출키워드 예언타당도(predictive validity)

정답 풀이 예언타당도란 해당 검사의 점수를 가지고 다른 준거점수들을 얼마나 잘 예측해낼 수 있는가 하는 정도를 말한다. 즉 수검자의 미래행동에 대한 예측으로 새로이 개발한 검사 점수와 미래 그 사람이 실제로 수행을 할 때의 수행수준 간의 상관정도에 의해 결정된다. 예컨대 적성검사에서 높은 점수를 받은 사람들일수록 입사 후 업무 수행이 우수한 것으로 나타났다면, 이 검사는 예언타당도가 높은 것으로 볼 수 있다.

35 ③
기출키워드 심리검사의 특성

정답 풀이 심리검사는 심리적 속성을 간접적으로 측정한다. 인간의 심리적 속성은 추상적인 개념으로 직접 측정하기 어렵다. 이러한 추상적 개념은 구성개념 등의 조작적 정의를 통해 측정할 수 있다. 예를 들어 추상적 개념인 지능을 측정하기 위하여 조작적 정의를 통해 수리력, 언어력, 추리력 등으로 구성개념화하는 것이다.

36 ③
기출키워드 작업자 중심 직무분석

정답 풀이 작업자 중심 직무분석에서는 직위(직책) 분석질문지(PAQ)와 같은 표준화된 분석도구를 사용한다.

37 ③
기출키워드 Super의 경력발달 단계

정답 풀이 Super는 경력발달(개발) 단계를 '성장–탐색–확립–유지–쇠퇴'의 5단계로 구분지었다.

38 ②

기출 키워드 직무관련 스트레스의 조절요인(매개변인)

정답 풀이 친구나 부모와 같은 주변 인물의 사회적지지 정도, 즉 사회적 지원은 개인 속성이 아닌 상황적 속성에 해당한다.

39 ②

기출 키워드 직업지도 프로그램 선정 시 고려해야 할 사항

정답 풀이 직업지도 프로그램 선정 시 고려해야 할 사항
- 활용하고자 하는 목적에 부합하여야 한다.
- 프로그램 실시가 용이해야 한다.
- 프로그램의 효과를 평가할 수 있어야 한다.
- 활용할 프로그램은 비용이 적게 드는 경제성을 지녀야 한다.

40 ②

기출 키워드 Strong 진로탐색검사

정답 풀이 스트롱(Strong) 진로탐색검사는 진로성숙도 검사와 흥미유형검사로 구성되어 있다.

오답 풀이 ① 일반직업분류(GOT)에 관한 설명이다.
③ 개인특성척도(PSS)에 관한 설명이다.
④ 기본흥미척도(BIS)에 관한 설명이다.

41 ④

기출 키워드 고용24 성인용 직업적성검사의 하위검사

정답 풀이 성인용 직업적성검사는 12개 적성요인과 27개 하위검사로 구성되어 있다. 사물지각력의 하위검사는 지각속도 검사이다. 조각맞추기 검사와 그림맞추기 검사는 공간지각력의 하위검사이다.

※ 24년 9월 기준 '워크넷' 사이트가 '고용24'로 개편되어 현행에 맞게 문제를 수정하였습니다.

42 ②

기출 키워드 한국직업사전 > 부가직업정보 > 작업강도

정답 풀이 최고 20kg의 물건을 들어올리고 10kg 정도의 물건을 빈번히 들어올리거나 운반하는 것은 보통작업이다.

[참고] 한국직업사전(2020)의 「부가직업정보」 중 「작업강도」는 해당 직업의 직무를 수행하는 필요한 육체적 힘의 강도를 나타낸 것으로 5단계로 분류한다. 작업강도를 구분하면 다음과 같다.
㉠ 아주 가벼운 작업: 최고 4kg의 물건을 들어올리고, 때때로 장부, 소도구 등을 들어올리거나 운반한다.
㉡ 가벼운 작업: 최고 8kg의 물건을 들어올리고, 4kg 정도의 물건을 빈번히 들어올리거나 운반한다.
㉢ 보통 작업: 최고 20kg의 물건을 들어올리고, 10kg 정도의 물건을 빈번히 들어올리거나 운반한다.
㉣ 힘든 작업: 최고 40kg의 물건을 들어올리고, 20kg 정도의 물건을 빈번히 들어올리거나 운반한다.
㉤ 아주 힘든 작업: 40kg 이상의 물건을 들어올리고, 20kg 이상의 물건을 빈번히 들어올리거나 운반한다.

43 ②

기출 키워드 고용24 채용정보 검색방법

정답 풀이 현재는 「고용상 연령차별금지 및 고령자 고용촉진에 관한 법률」이 시행됨에 따라 채용정보 검색조건에서 연령이 삭제되었다.

- 고용24의 채용정보의 검색조건은 근무지역, 희망직종, 고용형태, 희망임금, 경력 및 학력, 고용형태, 우대조건(청년층, 장년, 여성), 장애인 희망채용 등이다.
- 이와 함께 근무형태, 교대근무여부, 식사(비)제공, 복리후생(통근버스, 기숙사, 교육비 지원, 자녀학자금 지원 등), 채용구분(상용직, 일용직) 등의 조건을 입력하여 채용정보를 검색할 수 있다.

※ 24년 9월 기준 '워크넷' 사이트가 '고용24'로 개편되어 현행에 맞게 문제를 수정하였습니다.

44 ④

기출 키워드 경영컨설턴트의 직무

정답 풀이 기업을 구성하는 여러 요소에 대한 분석을 통하여 기업이 당면한 문제점과 해결방안을 제시하는 직무에 해당하는 직업은 경영컨설턴트이다.

45 ④
기출키워드 각 연도의 최저임금액

정답 풀이 2026년의 최저임금은 2025년의 최저임금에 비해 2.9% 인상된 10,320원이다.
월 환산액은 주 소정근로 40시간을 근무할 경우, 월 환산 기준시간 수 209시간(주당 유급주휴 8시간 포함) 기준 2,156,880원이다.
※ 최신 개정 내용에 맞게 변형한 기출문제입니다.

46 ①
기출키워드 국민내일배움카드의 지원대상

정답 풀이 만 75세 이상인 사람은 국민내일배움카드 운영규정에 따른 훈련비 등을 지원하지 아니한다. 따라서 ① 만 65세인 사람은 지원대상에 해당한다.

47 ④
기출키워드 직업정보관리

정답 풀이 구직 시에 연령, 학력 및 경력 등의 취업과 관련된 모든 정보는 정확하게 제공되어야 한다. 물론 구인업체에서 이러한 정보는 철저하게 보호하여야 한다.

48 ③
기출키워드 면접조사에서 면접자가 지켜야 할 원칙

정답 풀이 ③ 개방형 질문(open-ended questions)인 경우에는 응답 내용을 그대로 기록한 후 차후에 전문가들에 의해 해석되어야 한다.

49 ③
기출키워드 고용24 직업정보시스템 > 학과정보

정답 풀이 문헌정보학과는 인문계열에 해당한다.
고용24 직업정보시스템의 학과정보에서는 인문계열, 사회계열, 자연계열, 교육계열, 공학계열, 의학계열 및 예체능계열 등 7개의 계열로 구분하고 각 계열에 속하는 180여 개의 학과에 대한 정보를 제공하고 있다.
※ 최신 개정 내용에 맞게 변형한 기출문제입니다.

50 ④
기출키워드 신규 시행 국가기술자격 종목

정답 풀이 2022년 신규 시행되는 자격종목은 정밀화학기사, 제과산업기사, 제빵산업기사 등이다.

51 ①
기출키워드 국가기술자격 검정기준

정답 풀이 응시하고자 하는 종목에 관한 고도의 전문지식과 실무경험이 필요한 국가기술자격 등급은 기술사이다.
⊕ **꿀팁** 기술사는 고도의 전문지식과 실무경험, 기능장은 최상급 숙련기능, 기사는 공학적 기술이론 지식, 산업기사는 기술 기초이론 지식 또는 숙련기능, 기능사는 숙련기능 등이 검정기준의 포인트이다.

52 ③
기출키워드 직업정보의 요건

정답 풀이 직업정보는 명확한 목표를 세우고 계획적으로 수집하여야 한다. 우연히 획득되거나 출처가 불명확한 직업정보라면 내용이 풍부하다고 해도 직업정보로서 가치가 없다고 판단한다.

53 ③
기출키워드 한국표준산업분류의 산업분류 결정방법

정답 풀이 계절에 따라 정기적으로 산업을 달리하는 사업체의 경우에는 조사시점에 경영하는 사업과는 관계없이 조사대상 기간 중 산출액이 많았던 활동에 의하여 분류된다.

54 ②
기출키워드 일자리 창출정책의 종류

정답 풀이 실업크레딧은 국민연금공단이 2016년 8월부터 도입한 실업자안전망이다. 구직급여를 받는 동안 국가에서 국민연금 보험료의 75%를 지원하여 실직 중 보험료 납부 부담을 덜어주고 향후 지급받는 국민연금 금액을 늘려주는 제도이다. 일자리 창출과는 거리가 멀다.

55 ②
기출키워드 한국표준직업분류 > 직업분류의 일반원칙

정답 풀이 직업분류의 일반원칙으로 배타성의 원칙은 동일하거나 유사한 직무는 어느 경우에든 같은 단위직업으로 분류되어야 한다는 것이다.

56 ②
기출키워드 제10차 한국표준산업분류의 주요 개정내용

정답 풀이 제10차 한국표준산업분류에서는 'C 제조업'의 안경 및 안경렌즈 제조업을 사진장비 및 기타 광학기기 제조업에서 의료용기기 제조업으로 이동하였다.

57 ①
기출키워드 한국표준산업분류(제11차)의 적용원칙

정답 풀이 자본재로 주로 사용되는 산업용 기계 및 장비의 전문적인 수리활동은 경상적인 유지·수리를 포함하여 "34 산업용 기계 장비 수리업"으로 분류한다.

58 ①
기출키워드 한국표준직업분류(제8차) > 대분류 항목과 직능수준의 관계

정답 풀이 제8차 한국표준직업분류에서 대분류 1 관리자와 대분류 2 전문가 및 관련 종사자는 제4직능 수준 혹은 제3직능 수준이 요구된다.
대분류 3~8까지는 제2직능 수준, 대분류 9 단순노무 종사자는 제1직능 수준을 필요로 한다. 군인은 제2직능 수준 이상 필요이다.

59 ④
기출키워드 직업정보의 관리

정답 풀이 직업정보를 제공할 때는 직업에 대한 장단점을 편견 없이 제공하여야 한다.

60 ④
기출키워드 Q-net의 국가별 자격제도

정답 풀이 한국산업인력공단이 운영하는 자격정보시스템인 Q-net은 국가자격과 민간자격 및 외국자격에 관한 정보를 제공하고 있다. Q-net은 미국, 영국, 프랑스, 독일, 일본, 호주 등 6개국의 대표적인 자격정보를 제공하고 있다.

61 ③
기출키워드 마찰적 실업의 특징

정답 풀이 마찰적 실업(frictional unemployment)은 노동시장의 정보의 부족 또는 불완전으로 인해 발생되는 실업이다. 마찰적 실업은 자발적이고 불가피하게 존재하는 실업이기 때문에 사회적 비용이 가장 적다고 할 수 있다.

62 ①
기출키워드 실망노동자 효과와 부가노동자 효과

정답 풀이 실망노동자 효과는 사실상 실업자가 비경제활동인구로 분류되므로 실업자 수가 감소하여 실업률이 감소한다. 반면 부가노동자효과는 비경제활동인구가 경제활동인구(실업자)로 되기 때문에 실업률을 증가시킨다.

63 ③
기출키워드 수요곡선의 이동요인

정답 풀이 노동수요곡선 모형에서 세로축에 표시되는 임금이 변화하면 노동수요곡선 자체는 이동하지 않고 노동수요곡선상에서의 이동을 가져온다. 반면 모형에 표시되지 않는 외생변수가 변화하면 노동수요곡선 자체가 이동한다.

64 ①
기출키워드 노동수요의 임금탄력성 적용

정답 풀이 임금을 인상하더라도 기업의 고용량 감소가 적다는 것은 노동수요의 임금탄력성이 비탄력적, 즉 작다는 것을 의미한다.

65 ②

기출 키워드 실업통계의 이해

정답 풀이 실업자가 비경제활동인구로 분류되므로 실업자 수와 경제활동인구 모두 감소하여 실업률과 경제활동참가율 모두 낮아진다.

실업급여가 확대되면 실업자들은 일자리가 나와도 계속하여 실업을 선택하는 실업함정(unemployment trap)이 나타난다. 높은 수준의 임금을 주는 기업을 탐색하며 구직을 위한 노력을 게을리하고 실업을 택하므로 탐색적 실업은 증가하지만 사실상 실업자인 이들은 비경제활동인구로 분류된다.

66 ④

기출 키워드 쟁의행위 수단 구분

정답 풀이 직장폐쇄(lockout)는 조업계속과 함께 노동자들의 쟁의행위에 대한 사용자의 대응행위에 해당한다.

67 ②

기출 키워드 임금의 기능

정답 풀이 인적자원의 배분은 노동시장에서 결정되는 임금수준을 매개로 이루어진다. 노동시장에서 노동의 한계생산가치(VMP_L)에 따라 임금이 결정되어 동일노동에 대해 동일임금이 지급되면 인적자원의 효율적 배분이 이루어진다.

68 ③

기출 키워드 1차 및 2차 노동시장의 특징

정답 풀이 2차 노동시장(secondary labor market)은 낮은 임금, 열악한 근로조건과 고용불안정으로 인한 높은 이직률, 교육훈련과 승진기회의 부재 등의 특징을 지닌 노동시장이다.

69 ④

기출 키워드 연공급의 특징

정답 풀이 연공급 임금체계에서는 임금이 매년 상승하므로 인건비 부담이 증가한다.

연공급(seniority-based pay)은 임금이 개인의 근속연수·학력·연령 등 인적요소기준을 중심으로 변화하는 임금체계이다.

기업에 대한 귀속의식 제고 같은 장점이 있지만 전문기술인력의 확보 곤란, 기업의 인건비 부담 증가, 종업원들의 소극적·무사안일주의적인 근무태도 야기 등의 단점도 있다.

70 ②

기출 키워드 경제활동참가율 계산

정답 풀이 경제활동인구 = 취업자 수 + 실업자 수 = 200만 명 + 10만 명 = 210만 명이다. 그리고 15세 이상 인구(노동가능인구) = 경제활동인구 + 비경제활동인구 = 210만 명 + 100만 명 = 310만 명이다.

따라서 경제활동참가율 = $\frac{경제활동인구}{15세 이상 인구} \times 100$

$= \frac{210만\ 명}{310만\ 명} \times 100 = 67.7\%$이다.

71 ④

기출 키워드 클로즈드 숍의 이해

정답 풀이 조합원 자격이 있는 노동자만을 채용하고 일단 고용된 노동자라도 조합원 자격을 상실하면 종업원이 될 수 없는 숍 제도는 클로즈드 숍(closed shop)이다. 이 방법은 조합이 노동의 공급을 통제할 수 있어 임금수준과는 관계없이 노동의 공급이 고정되어 있으므로 노동의 공급곡선은 수직형태이다. 미국의 태프트-하틀리 법(Taft-Hartley Act)에 의해 불법화되었으나 건설업, 해운업, 인쇄업 등에서 현실적으로 인정되고 있다.

72 ③
기출키워드 기업별 노동조합의 특징

정답 풀이 기업별 노동조합은 사용자와의 밀접한 관계로 공동체 의식을 통한 노사협력 관계를 유지할 수 있다. 그러나 사용자가 노동조합의 조직을 지원하면 사용자의 편을 들 가능성, 즉 어용화의 가능성이 크다.

73 ④
기출키워드 최저임금제 기대효과

정답 풀이 최저임금제를 도입하면 시장임금보다 임금이 높아지므로 기업의 수요량은 감소하고 노동공급량은 증가하여 노동의 초과공급, 즉 실업은 증가한다.

74 ④
기출키워드 임금격차의 원인

정답 풀이 임금격차의 경쟁적 요인으로는 ㉠ 노동자의 생산성 격차, ㉡ 임금의 보상격차(균등화 격차), ㉢ 시장의 단기적 불균형 등을 들 수 있다.
경쟁외적 요인으로는 ㉠ 차별화, ㉡ 노동시장의 분단, ㉢ 근로자에 대한 독점지대 배당, ㉣ 기업주의 효율임금 정책(고임금 정책), ㉤ 노동조합의 역할 등을 들 수 있다.

75 ④
기출키워드 근로자의 경영참가

정답 풀이 근로자의 경영참가에는 자본참가, 이익참가 등이 있으나 가장 적극적인 참가는 경영의사결정에 직접 참여하거나 경영을 감시하는 것이다.

76 ②
기출키워드 선별가설의 특징

정답 풀이 빈곤문제 해결을 위해서는 교육훈련 기회를 확대하는 것이 중요하다는 것은 인적자본이론에 근거한 설명이다.
오답 풀이 ④ 선별가설과 함께 스펜스(M. Spence)에 의해 주장된 신호가설(signaling hypothesis)의 주장이다.

77 ④
기출키워드 직무급 임금체계

정답 풀이 직무급 임금체계는 기업 내 각자가 담당하는 직무의 상대적 가치(질과 양의 양면)를 기초로 하여 지급되는 임금이므로 먼저 직무의 가치서열이 확립되어야 하고, 이 가치서열의 확립을 위하여 직무평가가 이루어져야 한다.
이는 동일한 직무에 대하여는 동일한 임금을 지급한다는 원칙(equal pay for equal work)에 입각한 것으로써 적정한 임금수준의 책정과 더불어 각 직무 간에 공정한 임금격차를 유지할 수 있는 기반이 된다.
오답 풀이 ①, ② 연공급에 관한 설명이다.
③ 직능급 임금체계에 관한 설명이다.

78 ③
기출키워드 사용자의 교섭력 원천

정답 풀이 사용자는 쟁의행위 기간 중 그 쟁의행위로 중단된 업무를 도급 또는 하도급 줄 수 없다.

79 ④
기출키워드 실업과 실업률

정답 풀이 실망실업자(구직단념자, 실망노동자)가 되기 이전 구직활동을 하고 있을 때는 실업자로 분류되지만, 구직활동을 쉬고 실망실업자가 되면 비경제활동인구로 분류되어 통계상으로 실업자 수는 감소한다. 따라서 실망실업자가 많아지면 실업률은 하락한다.
오답 풀이 ① 마찰적 실업만이 있는 경우의 실업률을 자연실업률이라고 하고, 이 상태를 완전고용으로 파악한다.
② 더 좋은 직장을 구하기 위해 잠시 직장을 그만둔 경우는 마찰적 실업에 해당한다.

80 ③
기출 키워드 내부노동시장의 형성요인

정답 풀이 도린저와 피오르는 내부노동시장이 형성되는 요인으로 숙련의 특수성, 현장훈련, 관습 등 3가지를 제시한다. 이 외에도 장기근속의 가능성, 기업의 대규모성, 기업 내의 위계적인 직무서열 등을 제시하는 학자들도 있다.

81 ②
기출 키워드 파견근로자 직접 고용의무

정답 풀이 제조업의 직접생산공정업무는 파견대상업무가 아니지만, 일시적·간헐적으로 인력을 확보할 필요가 있는 경우에는 3개월 이내의 기간 내에서 파견근로자를 사용할 수 있다.

82 ④
기출 키워드 근로자의 정의

정답 풀이 국민 평생 직업능력 개발법상의 근로자는 사업주에게 고용된 사람과 취업할 의사가 있는 사람이다.

꿀팁 남녀고용평등법, 고용정책기본법에서도 사업주에게 고용된 사람과 취업할 의사가 있는 사람을 근로자로 본다.

83 ④
기출 키워드 구직급여의 소정급여일수

정답 풀이 장애인은 50세 이상인 것으로 보아 소정급여일수가 정해진다. 4년인 경우 3년 이상 5년 미만에 해당하므로, 소정급여일수는 210일이다.

84 ②
기출 키워드 용어 정의

오답 풀이 ① "피보험자"란 보험에 가입되거나 가입된 것으로 보는 근로자, 예술인, 노무제공자, 자영업자를 말한다.
③ "보수"란 「소득세법」 제20조에 따른 근로소득에서 대통령령으로 정하는 금품을 뺀 금액을 말한다. 다만, 휴직이나 그 밖에 이와 비슷한 상태에 있는 기간 중에 사업주 외의 자로부터 지급받는 금품 중 고용노동부장관이 정하여 고시하는 금품은 보수로 본다.
④ "일용근로자"란 1개월 미만 동안 고용되는 사람을 말한다.

85 ④
기출 키워드 지정직업훈련시설의 지정취소

정답 풀이 거짓이나 그 밖의 부정한 방법으로 지정을 받은 경우에는 반드시 그 지정을 취소해야 한다.

86 ②
기출 키워드 미성년자의 근로계약

정답 풀이 미성년자는 독자적으로 임금을 청구할 수 있다.

87 ④
기출 키워드 노동기본권

정답 풀이 공무원인 근로자는 법률이 정하는 자에 한하여 노동3권을 가진다.

88 ①
기출 키워드 개인정보보호위원회

정답 풀이 개인정보보호위원회는 국무총리실 소속이다.

89 ④
기출 키워드 고령자 고용정보센터의 업무

정답 풀이 실업급여 지급은 고령자고용정보센터가 아닌 고용센터의 업무이다.

90 ③
기출 키워드 무료직업소개사업

정답 풀이 신고 없이 무료직업소개사업을 할 수 있는 경우는 다음과 같다.
- 한국산업인력공단이 하는 직업소개
- 한국장애인고용공단이 장애인을 대상으로 하는 직업소개
- 교육관계법에 따른 각급 학교의 장, 「국민 평생 직업 능력 개발법」에 따른 공공직업훈련시설의 장이 재학생·졸업생 또는 훈련생·수료생을 대상으로 하는 직업소개
- 근로복지공단이 업무상 재해를 입은 근로자를 대상으로 하는 직업소개

91 ④
기출 키워드 실업급여

정답 풀이 실업급여는 구직급여와 취업촉진수당(조기재취업수당, 직업능력개발수당, 광역구직활동비, 이주비)으로 구분된다.

92 ④
기출 키워드 근로계약에 관한 중요한 서류

정답 풀이 근로계약에 관한 중요한 서류는 다음과 같다.
- 근로계약서
- 임금대장
- 임금의 결정·지급방법과 임금계산의 기초에 관한 서류
- 고용·해고·퇴직에 관한 서류
- 승급·감급에 관한 서류
- 휴가에 관한 서류
- 연소자의 증명에 관한 서류 등

93 ③
기출 키워드 겸업금지

정답 풀이 겸업금지대상은 다음과 같다.
- 「결혼중개업의 관리에 관한 법률」상의 결혼중개업
- 「공중위생관리법」상의 숙박업
- 「식품위생법」상의 식품접객업 중 대통령령으로 정하는 영업
  - 휴게음식점영업 중 주로 다류를 조리·판매하는 영업(영업자 또는 종업원이 영업장을 벗어나 다류를 배달·판매하면서 소요 시간에 따라 대가를 받는 형태로 운영하는 경우로 한정)
  - 「식품위생법시행령」상의 단란주점영업, 유흥주점영업

94 ①
기출 키워드 이행강제금

오답 풀이 ② 노동위원회는 이행강제금 납부의무자가 납부기한까지 이행강제금을 내지 아니하면 기간을 정하여 독촉을 하고, 지정된 기간에 제1항에 따른 이행강제금을 내지 아니하면 국세 체납처분의 예에 따라 징수할 수 있다.
③ 노동위원회는 최초의 구제명령을 한 날을 기준으로 매년 2회의 범위에서 구제명령이 이행될 때까지 반복하여 제1항에 따른 이행강제금을 부과·징수할 수 있다. 이 경우 이행강제금은 2년을 초과하여 부과·징수하지 못한다.
④ 근로자는 구제명령을 받은 사용자가 이행기한까지 구제명령을 이행하지 아니하면 이행기간이 지난 때부터 15일 이내에 그 사실을 노동위원회에 알려줄 수 있다.

95 ③
기출 키워드 남녀차별 금지

정답 풀이 근로시간은 남녀차별 판단대상에 해당하지 않는다.

96 ④
기출키워드 **차별시정제도**

정답풀이 시정신청을 한 근로자는 사용자가 확정된 시정명령을 이행하지 아니하는 경우 이를 고용노동부장관에게 신고할 수 있다.

97 ④
기출키워드 **고용형태 현황**

정답풀이 고용형태 현황을 공시해야 하는 대상은 상시 근로자 300명 이상인 사업이다.

⊕꿀팁 정년연장 권고대상, 고령자고용현황 제출대상, 기준고용률 이상 고령자 고용노력 대상은 전부 상시 근로자 300명 이상

98 ④
기출키워드 **배우자 출산휴가**

정답풀이 배우자 출산휴가는 20일이며, 출산한 날부터 120일 이내에 사용해야 한다.

※ 최신 개정 내용에 맞게 변형한 기출문제입니다.

99 ④
기출키워드 **생리휴가**

정답풀이 생리휴가는 근로기준법에 명시되어 있다.

⊕꿀팁 생리휴가, 출산휴가, 연차휴가는 근로기준법에 명시

100 ④
기출키워드 **근로자의 고용촉진 및 사업주의 인력확보 지원시책**

정답풀이 고용노동부장관은 국내외 경제사정의 변화 등으로 고용사정이 급격히 악화되거나 악화될 우려가 있는 업종 또는 지역에 대하여 사업주의 고용조정 등을 지원할 수 있는데, 이는 사업주에 대한 인력확보 지원대책에는 해당하지 않는다.

2022년 3회 복원문제

본문 216~232

[제1과목] 직업심리

01	④	02	③	03	③	04	①	05	②
06	④	07	④	08	④	09	①	10	④
11	②	12	②	13	①	14	③	15	②
16	③	17	②	18	③	19	③	20	①

[제2과목] 직업상담 및 취업지원

21	③	22	①	23	③	24	①	25	④
26	②	27	④	28	③	29	③	30	④
31	③	32	②	33	④	34	④	35	③
36	②	37	①	38	①	39	③	40	①

[제3과목] 직업정보

41	④	42	④	43	②	44	①	45	①
46	①	47	③	48	①	49	③	50	③
51	④	52	②	53	③	54	③	55	①
56	④	57	④	58	③	59	③	60	③

[제4과목] 노동시장

61	④	62	③	63	②	64	③	65	②
66	①	67	④	68	①	69	③	70	①
71	④	72	④	73	①	74	④	75	②
76	③	77	①	78	②	79	④	80	③

[제5과목] 고용노동관계법규

81	③	82	④	83	④	84	④	85	④
86	③	87	④	88	④	89	②	90	④
91	④	92	①	93	④	94	③	95	②
96	④	97	③	98	④	99	①	100	③

01 ④

기출 키워드 **첫 면담 준비사항**

정답 풀이 상담신청서를 통해 시작한 면담은 내담자 대 상담자 솔선수범 면담에서 내담자가 요청한 면담으로, 상담자는 내담자의 목적을 파악하기 위해 경청해야 한다. 즉 내담자에 대한 선입견을 줄이기 위해 상담신청서는 활용하지 않는 것은 바람직하지 않다.

02 ③

기출 키워드 **장애를 가진 내담자를 위한 집단상담**

정답 풀이 장애를 가진 내담자의 경우는 우선 장애를 극복하는 정상화의 기반을 두고 활동을 해야 한다. 즉 장애인의 사회적응을 통해 일반 시민과의 융합과 평등을 보장해야 한다.

03 ③

기출 키워드 **공감**

정답 풀이 공감은 내담자가 전달하려는 내용에서 한 걸음 더 나아가 그 내면적 감정에 대해 반영하는 것이다. 이때 상담자는 내담자의 세계를 상담자 자신의 세계인 것처럼 경험하되, 객관적인 위치에서 벗어나지 말아야 한다.

04 ①

기출 키워드 **인지적 상담**

정답 풀이 인지치료(상담)의 상담자는 내담자의 비합리적 신념을 논박하고 합리적 신념으로 변화시키기 위하여 능동적이고 적극적 태도를 지닌다. 수용적인 태도는 내담자중심 상담에서 상담자의 역할이다.

05 ②
기출키워드 **부적강화**

정답 풀이   부적강화는 불쾌자극을 제거하여 긍정적인 행동의 빈도를 증가시키는 것이다. 부적강화의 예로는 숙제를 해온 학생에게 보충수업을 면제해주는 등의 보상을 들 수 있다.

06 ④
기출키워드 **데시(Deci)의 자기결정 동기**

정답 풀이   내적 동기는 외적 보상이나 가치를 따지지 않고 단순히 성공적으로 해내고 싶은 내적 욕구 때문에 어떤 활동을 하는 것으로, 그 활동 자체의 고유한 즐거움을 위해 활동을 하는 것을 의미한다. 반면 외적 동기는 과제와 별다른 관계가 없거나 어느 정도만 관련된 결과로 인해 동기화되는 것을 말한다. 즉 금전적 보상 같은 목표달성을 위한 수단으로 어떤 활동을 하려는 동기이다.

07 ④
기출키워드 **직업카드분류법**

정답 풀이   직업선택의 동기와 가치를 알아보기 위한 것으로 직업카드를 선호군(선택하고 싶은 직업), 혐오군(선택하고 싶지 않은 직업), 미결정중성군(잘 모르거나 확신이 가지 않는 직업)으로 분류하여 내담자의 흥미를 사정하는 기법이다.

08 ④
기출키워드 **Ginzberg의 진로발달단계**

정답 풀이   긴즈버그(Ginzberg)의 진로발달 3단계는 '환상기 - 잠정기 - 현실기'의 순서이다.

09 ①
기출키워드 **6개의 생각하는 모자(six thinking hats)**

정답 풀이   6개의 생각하는 모자(six thinking hats)는 청색, 백색, 적색, 흑색, 황색, 녹색이다.

10 ④
기출키워드 **정신역동적 집단상담**

정답 풀이   집단상담에서 상담자와 집단원의 관계는 독점적인 관계가 아니다. 그러므로 집단상담에서는 특정 개인의 문제가 충분히 다루어지지 않을 가능성이 많다.

11 ②
기출키워드 **부모와 자녀 간의 상호작용**

정답 풀이   로(Roe)는 가정의 정서적 분위기, 즉 부모와 자녀 간의 상호작용을 정서집중형, 회피형, 수용형으로 구분하였다.

12 ②
기출키워드 **비지시적 상담 규칙**

정답 풀이   비지시적 상담에서 상담사는 특수한 경우에 한해 내담자에게 질문 또는 이야기를 할 수 있다.

13 ①
기출키워드 **리허설**

정답 풀이   리허설(연습)은 계약이 설정되면 상담자가 내담자에게 선정된 행동을 연습하거나 실천하도록 함으로써 내담자가 계약을 실행하는 기회를 최대화할 수 있도록 도와주는 것이다.

14 ③

기출키워드 진로시간전망 검사지의 사용목적

정답 풀이 진로시간전망 검사지의 사용목적은 진로계획에 대한 긍정적인 태도를 강화하고 진로계획의 기술을 연습시키는 것이다. 진로계획 수정은 진로시간전망 검사지를 사용하는 목적과 거리가 멀다.

> 진로시간전망 검사지의 사용목적
> - 미래의 방향 설정을 가능하게 한다.
> - 미래에 대한 희망을 갖도록 한다.
> - 미래의 모습을 실재하는 것으로 느끼게 한다.
> - 현재의 행동을 미래의 결과와 연계시킨다.
> - 목표설정을 촉구한다.
> - 진로계획에 대한 긍정적 태도를 강화한다.
> - 진로계획의 기술을 연습시킨다.
> - 진로의식을 높여준다.

15 ②

기출키워드 직업상담사의 역할

정답 풀이 직업관련 이론의 개발 및 강의는 직업상담사의 역할로 보기 어렵다.

꿀팁 새로운 직무의 개발, 지시적인 직업선택, 직무분석 수행 역시 직업상담사의 역할이 아님을 기억하세요.

16 ③

기출키워드 사이버 직업상담

정답 풀이 ③은 사이버 직업상담의 단점에 해당된다. 즉 상담을 할 때는 내담자의 정보가 충분히 확보되어야 하며 상담의 종결 시 상담의 목적과 목표가 충분히 완결되어야 한다.

17 ②

기출키워드 비밀보장의 한계

정답 풀이 비밀을 유지하지 않는 것이 효과적이라고 슈퍼바이저가 말하는 경우라도 ①, ③, ④와 같이 위급한 상황이 아니라면 비밀유지를 파기해서는 안 된다.

18 ③

기출키워드 훈습

정답 풀이 훈습은 내담자가 통찰한 것을 실제 생활로 옮겨서 변화를 일으키는 단계로, 내담자의 통찰을 변화로 이끄는 것을 방해하는 저항에 대해 반복적이고 점진적으로 정교하게 탐색하는 과정이다.

오답 풀이 ① 저항은 내담자의 현 상태를 유지시키고 변화를 막는 모든 생각, 태도, 감정, 행동을 의미한다.
② 해석은 상담자가 내담자의 저항 등에서 나타나는 행동의 무의식적인 의미를 내담자에게 지적하고 설명하는 것이다.
④ 전이는 내담자들의 과거에 중요하고 의미 있는 사람과의 관계에서 발생했으나 억압되어 무의식에 묻어두었던 감정이나 생각을 상담자에게 표현하는 현상을 말한다.

19 ③

기출키워드 생애진로사정

정답 풀이 생애진로사정은 상담자와 내담자가 처음 만났을 때 사용해볼 수 있는 구조화된 면접기법으로, 내담자의 정보와 행동을 이해하는 데 도움을 주는 질적 평가절차이다.

오답 풀이 ① 직업가계도에 대한 설명이다.
② 생애진로사정은 질적인 평가방법이다.
④ Roe의 욕구이론에 대한 설명이다.

20 ①

기출키워드 실존주의 상담의 주요 개념

정답 풀이 실존주의는 인간존재의 의미에 관심을 두는 철학의 개념으로 삶의 의미(무의미)성, 인간의 자유와 선택, 그리고 책임, 소외(고립)와 죽음을 주요 개념으로 다루고 있다.

21 ③
기출키워드 직위분석질문지(PAQ)

정답 풀이 직위분석질문지(PAQ)는 미국 퍼듀대학교의 매코믹(McCormick)과 동료들이 개발하였고 직무분석 분야에 상당한 공헌을 하였다. PAQ는 194개 항목을 포함하고 있는 구조화된 표준화 직무분석 질문지이며, 187문항은 작업활동과 작업상황에 관련된 질문이고 7문항은 보수와 관련된 질문이다.

22 ①
기출키워드 직무관련 스트레스원

정답 풀이 직무관련 스트레스원은 과제특성, 역할갈등, 역할과다 또는 역할과소, 역할모호성, 산업의 조직문화와 풍토 등이 있다.

23 ③
기출키워드 투사적 검사의 장점

정답 풀이 ③은 투사적 검사의 장점이다. 이 외에도 투사적 검사의 장점에는 수검자의 반응의 독특성, 방어의 어려움, 무의식적 반응을 들 수 있다.

24 ①
기출키워드 Dawis와 Lofquist의 적응양식 차원

정답 풀이 의존성이 아니라 융통성이 데이비스와 롭퀴스트(Dawis & Lofquist)의 직업적응양식 차원에 해당한다.

> **Dawis와 Lofquist의 적응양식 차원**
> - 융통성: 수행해야 할 다양한 작업들 간의 부조화를 참아내는 정도
> - 끈기 또는 인내: 환경이 자신에게 맞지 않아도 개인이 얼마나 오랫동안 견뎌낼 수 있는지의 정도
> - 적극성: 개인이 작업환경을 개인적 방식과 좀 더 조화롭게 만들어가려고 노력하는 정도
> - 반응성: 개인이 작업성격의 변화로 인해 작업환경에 반응하는 정도

25 ④
기출키워드 브룸(Vroom)의 기대이론

정답 풀이 기대이론은 자신의 노력에 따른 결과를 기대하고 선택한다는 의사결정이론이다. 노력은 1차 산출물인 성과에 대한 기대감을 갖게 하고 보상에 대한 믿음인 수단성이 2차 산출물인 보상을 가져오며 보상은 보상의 만족도인 유인가를 갖게 한다.

26 ②
기출키워드 역할 모호성

정답 풀이 역할 모호성은 스트레스원에 해당하는 것으로 개인의 책임한계와 목표가 명확하지 않아서 역할이 분명하지 않을 때 발생한다. 역할 모호성은 비교적 직무내용이 단순하고 명확한 하위계층보다는 중·상위 계층에서 보다 높은 수준으로 지각된다.

27 ④
기출키워드 평균

정답 풀이 중앙값이란 점수를 가장 작은 값부터 가장 큰 값까지 크기에 따라 나열하였을 경우 중앙에 위치하는 사례의 값을 말하는 것으로, 한 집단의 점수분포에서 백분위 50에 해당하는 원점수를 말한다. 점수분포가 정상분포(정규분포)를 따를 때에는 중앙값은 평균과 일치하므로 같은 또래 집단의 점수분포에서 평균 점수를 얻었다는 것을 의미한다.

28 ②
기출키워드 한국판 웩슬러 성인용 지능검사 제4판(K-WAIS-Ⅳ)

정답 풀이 퍼즐은 지각추론 지수척도이다.
한국판 웩슬러 성인용 지능검사 제4판(K-WAIS-Ⅳ)의 구성은 다음과 같다.

구조	핵심검사	보충검사
언어이해 지수척도 (Verbal Comprehension Index Scale)	• 공통성 • 어휘 • 상식	이해
지각추론 지수척도 (Perceptual reasoning index scale)	• 토막 짜기 • 행렬추론 • 퍼즐	• 무게비교 • 빠진 곳 찾기
작업기억 지수척도 (Working memory index scale)	• 숫자 • 산수	순서화
처리속도 지수척도 (Processing speed index scale)	• 동형 찾기 • 기호 쓰기	지우기

29 ①

기출 키워드 번아웃 증후군(Burnout syndrome)

정답 풀이 제시된 행동특성은 일종의 일 중독증(ㄱ)에 따른 소진(ㄴ)의 상태로 번아웃 증후군(Burnout syndrome)에 해당된다.

30 ④

기출 키워드 Holland의 성격유형

정답 풀이 정확성과 꼼꼼함을 요구함은 관습형(C)의 장점인 반면, 융통성과 상상력이 있는 것은 예술형(A)의 장점이다.

31 ③

기출 키워드 Ginzberg의 진로발달단계

정답 풀이 긴즈버그(Ginzberg)의 진로발달단계 중 현실기의 하위 단계는 탐색 단계, 구체화 단계, 정교화 단계이다. 전환 단계는 잠정기의 하위 단계이다.

32 ②

기출 키워드 Krumboltz의 사회학습이론

정답 풀이 크럼볼츠(Krumboltz)는 진로결정과정에 영향을 미치는 요인으로 유전적 요인과 특별한 능력, 환경적 조건과 사건, 학습경험, 과제접근기술을 제시하였다.

33 ④

기출 키워드 신뢰도 계수

정답 풀이 검사 – 재검사 신뢰도는 동일한 검사를 동일한 수검자에게 일정 시간 간격을 두고 두 번 실시하여 얻은 두 검사점수의 상관계수에 의해 신뢰도를 추정하는 방법이다. 이때 두 번의 검사에서 각 학생들의 점수가 동일했다면 두 점수 간의 일관성이 높은 것임으로 상관계수는 1이다.

34 ④

기출 키워드 경력태도검사(CBI)

정답 풀이 경력태도검사(CBI)는 내담자로 하여금 자아인식 및 세계관에 대한 문제를 확인하도록 하기 위한 것이다. 직업선택에 필요한 정보 및 환경, 개인적인 장애가 무엇인지를 알려주는 검사는 자기직업상황검사(MVS)이다.

35 ③

기출 키워드 크릿츠(Crites)의 직업문제유형

정답 풀이 크릿츠(Crites)는 직업문제유형을 적응성, 결정성, 현실성의 측면에서 나누었다. 제시된 직업선택 문제는 현실성 중 비현실형(비현실적인)에 해당한다.

오답 풀이 ① 부적응형(부적응된): 흥미와 일치하는 분야가 없거나, 적성이 일치하는 분야가 없는 경우
② 우유부단형(우유부단한): 흥미와 적성에 관계없이 성격적으로 어떤 분야를 결정하지 못하는 경우
④ 강압형(강요된): 적성에 따라 어쩔 수 없이 선택하였지만 그 직업에 대하여 흥미가 없는 경우

36 ②

기출 키워드 직업지도 프로그램

정답 풀이 직업탐색, 직업준비, 직업선택, 취업준비, 직업적응·전환 및 퇴직 등을 도와주기 위해 특별히 구조화된 조직적인 상담 체제는 직업지도 프로그램이다. 직업지도 프로그램에는 실업관련 프로그램, 직장스트레스 대처 프로그램, 자신에 대한 탐구 프로그램 등이 있다.

37 ①

기출 키워드 진로이론

오답 풀이 ㄷ. 학습경험을 형성하고 진로행동에 단계적으로 영향을 주는 구체적인 매개변인을 찾는 데 목표를 두는 것은 사회학습이론의 설명이다.
ㄹ. 가치중심적 진로이론에서는 가치가 진로결정 과정에서 가장 중요한 작용을 하며, 상대적으로 흥미가 무시된다.

38 ①

기출 키워드 크론바흐 알파(Cronbach's α)계수

정답 풀이 크론바흐 알파(Cronbach's α)계수는 문항들 간의 동질성을 나타내는 지수로 크론바흐 알파값은 '0~1'의 값을 가지며, 값이 클수록 검사 문항들이 동질적이라는 것을 의미한다.

39 ③

기출 키워드 미네소타 중요도 질문지(MIQ)의 가치요인

정답 풀이 미네소타 중요도 질문지(MIQ)의 6가지 가치요인은 성취, 지위, 편안함, 이타심(이타주의), 자율성, 안정성이 있다.

> **미네소타 중요도 질문지(MIQ)의 6가지 가치요인**
> - 성취(Achievement): 자신의 능력을 발휘하고 성취감을 얻는 일을 하려는 욕구
> - 지위(Status): 타인에 의해 자신이 어떻게 지각되는지와 사회적 명성에 대한 욕구
> - 편안함(Comfort): 직무에 대해 스트레스를 받지 않고, 편안한 직업 환경을 바라는 욕구
> - 이타심(Altruism): 타인을 돕고 그들과 함께 일하고자 하는 욕구
> - 자율성(Autonomy): 자신의 의사대로 일할 기회를 가지고 자유롭게 생각하고 결정하고자 하는 욕구
> - 안정성(Safety): 불규칙적이거나 혼란스러운 조건이나 환경을 피하고 정돈되고 예측 가능한 환경에서 일하고자 하는 욕구

40 ①

기출 키워드 직업지도 프로그램

정답 풀이 직업재활 및 고용(Vocational Rehabilitation and Employment, VR&E) 프로그램은 복무관련 상이 제대군인의 훈련 및 재활, 직업 교육 상담, 피부양자 교육지원을 목적으로 하고 있으며, 알코올·약물 중독 등이 있을 경우에도 심각한 고용 상이에 해당할 수 있다.

오답 풀이 ② 직업적응상담 프로그램: 신규 입직자나 직업인을 대상으로 조직 문화, 인간관계, 직업예절, 직업의식과 직업관 등에 관한 정보를 제공한다.
③ 자신에 대한 탐구 프로그램: 자신에 대한 탐구 프로그램은 진로미결정자에게 유용한 프로그램이다.
④ 직장스트레스 대처 프로그램: 전직을 예방하기 위해 퇴직의사 보유자에게 실시하는 직업 상담 프로그램이다.

41 ④

기출 키워드 고용24 직업적응검사 > 창업적성검사

정답 풀이 제시된 내용은 고용24 직업정보시스템 > 직업심리검사에서 제공하는 성인을 위한 직업적응검사 중 창업적성검사에 대한 설명이다.

> **[참고] 창업적성검사**
> 창업적성검사는 사업지향성, 문제해결, 효율적 처리, 주도성, 자신감, 목표설정, 설득력, 대인관계, 자기개발노력, 책임감수, 업무완결성 및 성실성 등 12개 요인을 측정한다.

※ 24년 9월 기준 '워크넷' 사이트가 '고용24'로 개편되어 현행에 맞게 문제를 수정하였습니다.

42 ④
기출키워드 한국표준산업분류의 통계단위

정답 풀이 한국표준산업분류의 통계단위에서 단일 산업활동이 하나 이상의 장소에서 이루어지는 경우는 활동유형 단위이다. 산업활동과 장소의 동질성의 차이에 따라 통계단위는 다음과 같이 구분된다.

구분	하나 이상의 장소	단일 장소
하나 이상의 산업활동	기업집단 단위	지역 단위
	기업체 단위	
단일 산업활동	활동유형 단위	사업체 단위

43 ②
기출키워드 한국표준산업분류(제11차)의 적용원칙

정답 풀이 복합적인 활동단위는 우선적으로 최상급 분류단계(대분류)를 정확히 결정하고, 순차적으로 중, 소, 세, 세세분류 단계 항목을 결정하여야 한다.

44 ①
기출키워드 국가기술자격 서비스분야 응시자격

정답 풀이 스포츠경영관리사, 직업상담사 2급, 사회조사분석사 2급, 전자상거래관리사 2급, 컨벤션기획사 2급, 소비자전문상담사 2급 등은 응시자격의 제한이 없다.

[참고]
1. 임상심리사 2급: 1년 이상 실습수련 또는 2년 이상 실무에 종사한 자로서 대학졸업자 및 그 졸업예정자
2. 컨벤션기획사 1급: 2급 자격 취득 후 실무 3년이거나 실무 4년 이상 실무에 종사한 자
3. 국제의료관광코디네이터: 공인어학성적 기준요건을 충족하고 ⊙ 보건의료 또는 관광분야 관련학과의 대학졸업자, 2년제 후 2년 실무, 3년제 후 1년 실무, 4년 실무, ⓒ 관련자격증(의사, 간호사, 보건교육사, 관광통역안내사, 컨벤션기획사1·2급)을 취득한 사람

45 ①
기출키워드 한국표준산업분류(제11차)의 개정내용

정답 풀이 대분류 A 농업, 임업 및 어업 중 어업에서 해면은 해수면으로, 수산 종묘는 수산 종자로 명칭을 변경하였다.

46 ①
기출키워드 국가기술자격 검정기준

정답 풀이 해당 국가기술자격의 종목에 관한 숙련기능을 가지고 제작·제조·조작·운전·보수·정비·채취·검사 또는 작업관리 및 이에 관련되는 업무를 수행할 수 있는 능력 보유는 기능사의 검정기준이다.

[정리] 국가기술자격 검정기준의 키워드
⊙ 기술사: 고도의 전문지식과 실무경험에 입각한 기술업무의 수행능력
ⓒ 기능장: 최상급 숙련기능을 가지고 현장관리 업무의 수행능력
ⓒ 기사: 공학적 기술이론지식
② 산업기사: 기술기초이론지식 또는 숙련기능
◎ 기능사: 숙련기능

47 ③
기출키워드 고용24 채용정보 > 기업형태 구분

정답 풀이 고용24 채용정보의 상세검색에서 기업형태별 검색의 메뉴는 대기업, 공무원·공기업·공공기관, 강소기업, 코스피·코스닥, 중견기업, 외국계기업, 일학습병행기업, 벤처기업, 청년친화강소기업 및 가족친화인증기업 등 10가지로 구분하고 있다.

※ 24년 9월 기준 '워크넷' 사이트가 '고용24'로 개편되어 현행에 맞게 문제를 수정하였습니다.

48 ①
기출키워드 직업정보의 처리과정

정답 풀이 직업정보 시스템의 정보관리는 수집 → 분석 → 가공 → 체계화 → 제공 → 축적 → 평가의 순서로 이루어진다.

49 ①
기출키워드 민간직업정보의 특징

정답 풀이 민간직업정보는 특정한 목적에 맞게 해당 분야 및 직종을 제한적으로 제시하는 경향이 있다.

[참고] 기타 민간직업정보의 특징
1. 단시간에 조사되어 집중적으로 제공된다.
2. 정보 자체의 효과는 큰 반면 부가적인 파급효과는 적다.
3. 다른 직업정보와의 비교가 어렵고 활용성이 낮다.
4. 조사·분석 및 정리, 제공에 상당한 시간 및 비용이 소요되므로 유료로 제공된다.

50 ③
기출키워드 한국표준직업분류(제8차) > 대분류 항목과 직능수준의 관계

정답 풀이 농림·어업 숙련 종사자는 제2직능 수준 필요이다.

오답 풀이 ① 대분류 1 관리자와 대분류 2 전문가 및 관련 종사자는 제4직능 수준 혹은 제3직능 수준이 요구된다.
②, ④ 대분류 3~8까지는 제2직능 수준, 대분류 9 단순노무 종사자는 제1직능 수준을 필요로 한다.

51 ④
기출키워드 표본추출방법

정답 풀이 국내 일간지의 사설을 내용분석하는 경우 분석하려는 목적과 내용에 따라 그에 적합한 표본추출 방법을 모두 활용할 수 있다.
내용분석법(content analysis)은 문헌연구법의 일종으로 인간이 남긴 모든 형태의 이용 가능한 자료의 성질 및 대상인물의 성질을 탐구함으로써 전체 상황에 관한 통찰을 하여 어떤 가설을 설정하고, 그 가설을 검증할 수도 있도록 하기 위해 개발된 방법이다.

52 ②
기출키워드 한국직업사전 > 부가직업정보 > 직무기능

정답 풀이 데이터의 분석에 기초하여 시간, 장소, 작업순서, 활동 등을 결정하고, 결정을 실행하거나 상황을 보고하는 것은 자료(data)와 관련된 기능 중 조정(coordinating)에 해당한다.

53 ③
기출키워드 기술적 직업결정모형의 종류

정답 풀이 직업선택 결정모형은 기술적 결정모형과 처방적 결정모형으로 분류된다. 이 중 기술적 직업결정모형으로는 타이드만과 오하라(Tiedeman & O'hara)의 모형, 힐튼(Hilton)의 모형, 브룸(Vroom)의 모형, 플레처(Fletcher)의 모형 및 수(Hsu)의 모형이 있다.
그리고 처방적 결정모형으로는 카츠(Katz)의 모형과 칼도와 쥐토우스키(Kaldor & Zytowski)의 모형 및 겔라트(Gelatt)의 모형 등이 있다.

54 ③
기출키워드 고용정보의 가공·분석 시 유의사항

정답 풀이 고용정보는 숫자로 표현할 수 있는 정보만을 의미하는 것은 아니다. 사진이나 책자, 동영상 등도 고용정보로 분석·가공되어 제공된다.

55 ③
기출키워드 실기시험만 실시할 수 있는 국가기술자격 종목

정답 풀이 국가기술자격법 시행규칙(고용노동부령)에서 규정한 실기시험만 실시할 수 있는 종목은 다음과 같다.
- 토목분야: 석공기능사, 지도제작기능사, 도화기능사, 항공사진기능사
- 건축분야: 조적기능사, 미장기능사, 타일기능사, 온수온돌기능사, 유리시공기능사, 비계기능사, 건축목공기능사, 거푸집기능사, 금속재창호기능사, 건축도장기능사, 도배기능사, 철근기능사, 방수기능사 등

56 ④
기출키워드 고용24 직업정보시스템 > 학과정보

정답풀이 의생명과학과, 생명과학과, 생명공학과, 수의예과, 수의학과 등은 자연계열로 분류한다.

※ 24년 9월 기준 '워크넷' 사이트가 '고용24'로 개편되어 현행에 맞게 문제를 수정하였습니다.

57 ④
기출키워드 직업성립의 일반요건

정답풀이 한국표준직업분류에서 직업이 되기 위해서는 일의 계속성, 경제성, 윤리성 및 사회성 등의 조건을 갖추어야 한다. 또한 속박된 상태에서의 활동은 직업이 될 수 없다.

58 ③
기출키워드 국가직무능력표준의 수준체계

정답풀이 국가직무능력표준의 8개 수준에서 X는 2수준, Y는 6수준에 해당한다.
NCS의 수준체계는 산업현장 직무의 수준을 체계화한 것으로, 산업현장·교육훈련·자격 연계, 평생학습능력 성취 단계 제시, 자격의 수준체계 구성에서 활용한다(www.ncs.go.kr).

59 ③
기출키워드 국민취업지원제도의 내용

정답풀이 상급학교 진학 및 전문자격증 취득을 목적으로 각종 학교에 재학 또는 학원 등에서 수강 중인 사람은 I유형에 참여할 수 없다.
I유형은 가구단위 중위소득이 60% 이하이고 재산 4억 원(18~34세 청년은 5억 원) 이하이면서, 최근 2년 안에 100일 또는 800시간 이상의 취업경험이 있는 사람을 중심으로 한다.
고용노동부 한국고용정보원은 2021년부터 저소득 구직자, 청년 신규실업자, 경력단절여성 등 취업취약계층을 대상으로 취업지원서비스와 생계지원을 함께 제공하는 '한국형 실업부조' 제도로 국민취업지원제도를 운영하고 있다.

60 ③
기출키워드 국민내일배움카드 운영규정

정답풀이 질병·사고, 훈련기관 사정, 천재지변 등 불가피한 사유 없이 중도에 훈련 수강을 그만둔 경우가 1회이면 20만 원, 2회이면 50만 원, 3회 이상이면 100만 원을 계좌잔액에서 차감한다.

61 ④
기출키워드 임금격차의 원인

정답풀이 임금격차의 경쟁적 요인으로는 노동자의 생산성 격차, 임금의 보상격차(균등화 격차), 시장의 단기적 불균형 등을 들 수 있다.
경쟁외적 요인으로는 차별화, 노동시장의 분단, 근로자에 대한 독점지대 배당, 기업주의 효율임금 정책(고임금 정책), 노동조합의 역할 등을 들 수 있다.

62 ③
기출키워드 실업률에 영향을 미치는 요인

정답풀이 실업률이 높을 때는 일부 실업자들이 취업 가능성이 줄어들어 실망한 나머지 구직활동을 포기하는 경우가 있는데 이들을 실망노동자(discouraged worker)라고 한다. 경기침체의 장기화로 실망노동자가 증가하여 실업률이 낮아지는 효과를 실망노동자 효과(discouraged worker effect)라고 한다.

63 ②
기출키워드 유보임금(요구임금)의 의미와 특징

정답풀이 ㄹ. 유보임금(reservation wage)은 노동자가 노동을 공급하기 위해 받기를 원하는 최소한의 임금을 말한다. 이는 요구임금(또는 희망임금, 의중임금, 눈높이임금)이라고도 하는데 여가의 기회비용이 된다. 즉 노동시간만큼 여가를 즐긴다고 할 때 여가를 통해서 얻는 주관적 효용에 해당하는 임금이다.
ㄱ. 유보임금이 상승하면 직업탐색기간이 길어지므로 실업(탐색적 실업)기간이 길어진다.

64 ③
기출 키워드 이윤극대화 고용량(노동수요량) 조건

정답 풀이 완전경쟁 노동시장에서 이윤을 극대화하기 위해서는 노동의 한계생산가치(VMP_L) = 임금(W)에서 고용량을 결정해야 한다.
$VMP_L = P \cdot MP_L = W = (27 - 5L) \times 20 = 40$이다. 따라서 L = 5이다.

65 ②
기출 키워드 필립스곡선

정답 풀이 영국의 경제학자인 필립스(A. Phillips)는 1861~1957년 사이에 영국경제를 대상으로 실증분석을 행한 결과 실업률과 명목임금 상승률 간에 안정적인 음(−)의 관계가 있다는 사실을 발견하였는데, 이 관계를 회귀곡선으로 표시한 것을 필립스곡선이라고 한다.
오늘날에는 필립스곡선을 물가상승률과 실업률 간의 역(−)관계로 파악하는 것이 일반적이다.

66 ①
기출 키워드 연공급 임금체계

정답 풀이 임금체계 중 근로자의 근속연수에 따라 임금을 결정하는 것을 연공급이라고 한다. 즉 연공급(seniority-based pay)이란 임금이 개인의 근속연수·학력·연령 등 인적요소기준을 중심으로 변화하는 것이다. 직능급은 근로자의 직무수행능력에 따라, 직무급은 직무의 상대적 가치에 따라 임금을 결정하는 체계이다.

67 ④
기출 키워드 힉스의 단체교섭 모형

정답 풀이 노동조합이 W_0보다 더 낮은 임금을 요구하면 사용자는 쉽게 수락하겠지만, 노동조합 내부에서 교섭대표들과 일반조합원 간의 마찰이 불가피하다.

68 ①
기출 키워드 임금체계의 특징

정답 풀이 조직의 안정화에 따른 위계질서 확립이 용이하다는 장점이 있는 것은 연공급이다.
연공급(seniority-based pay)은 임금이 개인의 근속연수·학력·연령 등 인적요소기준을 중심으로 변화하는 임금체계이다. 전문기술인력의 확보 곤란, 기업의 인건비 부담 증가, 종업원들의 소극적·무사안일주의적인 근무태도 야기 등의 단점도 있다.

69 ③
기출 키워드 마이크로 코포라티즘

정답 풀이 코포라티즘은 사회적 합의제를 의미하는 것으로 조직수준을 기준으로 거시적 코포라티즘(macro-corporatism), 중위적 코포라티즘(meso-corporatism), 미시적 코포라티즘(micro-corporatism)으로 구분할 수 있다. 미시적 코포라티즘은 개별기업 및 작업장 단위의 사회적 합의제를 의미하며, 일본이 대표적이다.

70 ①
기출 키워드 최저임금제의 부정적 효과

정답 풀이 시장임금보다 높은 수준에서 최저임금을 정하면 노동수요량은 감소하고 노동공급량은 증가하여 실업이 증가하는 부정적 효과가 있다.
① 노동수요곡선과 노동공급곡선이 모두 탄력적이면 노동수요량은 크게 감소하고, 노동공급량은 크게 증가하므로 실업이 크게 발생한다.

71 ④
기출 키워드 분단노동시장 이론의 특징

정답 풀이 분단노동시장 이론은 노동시장에는 자유로운 노동력의 이동을 저해하는 제도적인 요인이 있고, 따라서 노동시장을 하나의 경쟁적인 시장으로 파악하기는 어렵다고 보는 견해이다.

고학력 실업자는 1차 노동시장, 단순노무직은 2차 노동시장에 존재하고 두 시장은 분단되어 있으므로 고학력 실업자가 증가한다고 해서 단순노무직의 임금이 하락하는 것은 아니다.

72 ④
기출 키워드 **경제활동참가율 계산**

정답 풀이 경제활동참가율을 계산하기 위해서는 경제활동인구를 알아야 한다. 실업자 수를 X라고 하면 $\frac{X}{285만 명 + X} = 0.05$이고, X의 값은 15만 명이다.
경제활동인구 = 취업자 수 + 실업자 수 = 285만 명 + 15만 명 = 300만 명이다.
따라서 경제활동참가율 = $\frac{경제활동인구}{생산가능인구} \times 100$
= $\frac{300만 명}{500만 명} \times 100 = 60\%$이다.

73 ②
기출 키워드 **노동조합의 숍(shop) 제도**

정답 풀이 에이전시 숍(agency shop)은 조합원이 아니더라도 모든 종업원에게 노동조합이 조합비를 징수하는 제도이다.

74 ④
기출 키워드 **노동수요 탄력성의 크기 결정요인**

정답 풀이 대체생산요소의 공급탄력성이 노동수요의 임금탄력성에 영향을 미친다.
노동수요의 (임금)탄력성을 결정하는 4가지 요인을 힉스-마셜(Hicks-Marshall)법칙이라고 한다.
노동수요의 탄력성은 ㉠ 생산물에 대한 수요가 탄력적일수록, ㉡ 총생산비에 대한 노동비용의 비중이 클수록, ㉢ 노동을 다른 생산요소로 대체하는 것이 용이할수록, ㉣ 노동 이외의 다른 생산요소의 공급 탄력성이 클수록 커진다.

75 ②
기출 키워드 **효율임금과 구조적 실업**

정답 풀이 효율성 임금을 지급하면 시장임금보다 임금이 높아지므로 노동의 초과공급, 즉 실업이 발생하는데 이는 구조적 실업에 해당한다.
맨큐(N. G. Mankiw)는 구조적 실업은 노동시장에서 제공되는 일자리의 수가 직장을 찾고 있는 노동자들의 수에 비해 적기 때문에 발생하는 실업으로 설명한다. 일자리의 수가 적은 이유는 어떤 이유로 임금이 노동의 수요와 공급이 같아지는 임금(균형임금)보다 높기 때문이다.
그리고 임금이 균형임금보다 높아지게 되는 이유로 최저임금제, 노동조합의 임금인상 압력, 효율임금(efficiency wage) 등 3가지를 제시한다.

76 ③
기출 키워드 **사용자의 교섭력**

정답 풀이 사용자는 쟁의행위 기간 중 그 쟁의행위로 중단된 업무를 도급 또는 하도급 줄 수 없다.

77 ①
기출 키워드 **던롭의 노사관계 시스템이론**

정답 풀이 문제에서 설명하는 것은 던롭의 노사관계 시스템이론의 내용이다.
던롭(J. T. Dunlop)의 노사관계 시스템이론은 하나의 노사관계가 3주체로 구성되어 있다고 가정한다. 그리고 이들 주체가 직간접적으로 영향을 받으면서 행동하게 되는 환경조건 내지 노사관계를 규제하는 여건으로 기술적 특성, 시장 또는 예산제약, 각 주체의 세력관계(또는 권력구조)를 제시한다.

78 ②
기출키워드 후방굴절 노동공급곡선

정답풀이 소득 – 여가 간의 선호체계 분석에서 임금수준이 높지 않은 경우에는 임금상승의 대체효과 > 소득효과이므로 임금이 상승하는 경우 노동공급량은 증가한다.
② 그러나 임금수준이 높은 경우에는 임금상승의 소득효과 > 대체효과가 되어 임금이 상승해도 노동공급량은 감소하여 노동의 공급곡선은 뒤로 구부러지는 후방굴절형이 된다.

[참고] 임금상승의 대체효과와 소득효과
- 임금상승의 대체효과는 임금이 상승하면 여가의 기회비용(임금)이 커지기 때문에 여가를 줄이고 노동공급량을 증가시키는 효과이다.
- 임금상승의 소득효과는 임금이 상승하면 전보다 적은 노동을 공급해도 전과 동일한 소득을 얻게 되므로 노동공급량을 감소시키는 효과이다.

79 ④
기출키워드 노동수요곡선의 이동요인

정답풀이 인구의 증가는 생산물 수요를 증가시키고, 이로 인해 노동수요가 증가하여 노동의 수요곡선을 오른쪽으로 이동시킨다

80 ③
기출키워드 2차 노동시장의 특징

정답풀이 도린저와 피요르의 이중노동시장 이론에서 2차 부문(secondary sector) 또는 2차 노동시장은 고용기간이 짧고, 승진 가능성이 적으며, 직장 내에서 숙련이 향상될 기회도 없으며, 임금과 근로조건이 열악한 상태에 있다.

81 ③
기출키워드 용어 정의

정답풀이 근로기준법상 "근로자"란 직업의 종류와 관계없이 임금을 목적으로 사업이나 사업장에 근로를 제공하는 사람을 말한다.

오답풀이 ③ 남녀고용평등법과 고용정책기본법에서 "근로자"의 정의로 명시하고 있는 내용이다.

82 ④
기출키워드 상시 4명 이하 사업장 근로기준법 적용규정

정답풀이 연차 유급휴가, 정당한 이유 없는 해고금지, 근로시간 제한, 연장·야간·휴일근로 시 가산수당 지급, 생리휴가 등은 상시 4명 이하의 근로자를 사용하는 사업장에는 적용되지 않는다.

83 ④
기출키워드 휴업수당

정답풀이 부득이한 사유로 사업을 계속하는 것이 불가능하여 노동위원회의 승인을 받은 경우에는 평균임금의 100분의 70에 못 미치는 휴업수당을 지급할 수 있다.

84 ④
기출키워드 육아기 근로시간 단축

정답풀이 사업주가 근로자에게 육아기 근로시간 단축을 허용하는 경우 단축 후 근로시간은 주당 15시간 이상이어야 하고 35시간을 넘어서는 안 된다.

꿀팁 육아기 근로시간 단축은 주당 15시간 이상 35시간 이내에서, 가족돌봄을 위한 근로시간 단축은 주당 15시간 이상 30시간 이내에서 시행

85 ④
기출키워드 과태료 부과행위

정답풀이 ④를 제외한 나머지는 500만 원 이하의 과태료 부과행위에 해당한다.

꿀팁 1천만 원 이하의 과태료 부과행위는 사업주가 직장 내 성희롱을 한 경우에만 해당

86 ③
기출키워드 배우자 출산휴가

정답풀이 배우자 출산휴가는 근로자의 배우자가 출산한 날부터 120일이 지나면 사용할 수 없다.

※ 최신 개정 내용에 맞게 변형한 기출문제입니다.

87 ③
기출키워드 정년퇴직자의 재고용

정답풀이 사업주는 고령자인 정년퇴직자를 재고용할 때 임금의 결정을 종전과 달리할 수 있다.

88 ④
기출키워드 근로자파견 대상업무

정답풀이 선원법에 따른 선원의 업무는 근로자파견 금지업무에 해당한다.

89 ②
기출키워드 퇴직금 중간정산 사유

정답풀이 퇴직금 중간정산을 신청하는 날부터 거꾸로 계산하여 5년 이내에 근로자가 「채무자 회생 및 파산에 관한 법률」에 따라 파산선고를 받은 경우이다.

90 ④
기출키워드 대량고용변동 신고기준 제외 대상

정답풀이 6개월을 초과하는 기간을 정하여 고용된 사람으로서 해당 기간을 초과하여 계속 고용되고 있는 사람은 신고기준 제외 대상이 아니므로 이직하는 근로자 수에 포함된다.

91 ④
기출키워드 고용형태 현황 공시

정답풀이 상시 300명 이상의 근로자를 사용하는 사업주는 매년 4월 30일까지 근로자의 고용형태 현황을 공시해야 한다.

92 ①
기출키워드 직업소개사업 겸업금지

정답풀이 결혼중개업, 숙박업, 휴게음식점영업 중 주로 다류를 조리·판매하는 영업(영업자 또는 종업원이 영업장을 벗어나 다류를 배달·판매하면서 소요 시간에 따라 대가를 받는 형태로 운영하는 경우로 한정), 단란주점영업, 유흥주점영업은 겸업금지대상이다.

93 ④
기출키워드 직업정보제공사업자의 준수사항

정답풀이 직업정보제공매체의 구인·구직광고에는 구인·구직자의 주소 또는 전화번호를 기재하고, 직업정보제공사업자의 주소 또는 전화번호는 기재하지 아니하여야 한다.

94 ③
기출키워드 구직급여 소정급여일수

정답풀이 피보험기간이 3년 이상 5년 미만이고 40세인 경우 구직급여 소정급여일수는 180일이다.

95 ②
기출키워드 피보험자격의 취득일과 상실일

정답풀이 적용제외 근로자였던 사람이 이 법(고용보험법)의 적용을 받게 된 경우에는 그 적용을 받게 된 날에 피보험자격을 취득한 것으로 본다.

96 ④
기출키워드 심사 및 재심사의 청구

정답풀이 청구인의 배우자도 대리인으로 선임할 수 있다.

97 ③
기출키워드 훈련방법에 따른 훈련종류

정답풀이 양성훈련은 훈련목적에 따른 훈련종류에 해당한다.

98 ④
기출키워드 지정직업훈련시설의 지정취소 사유

정답풀이 거짓이나 그 밖의 부정한 방법으로 지정을 받은 경우에는 반드시 그 지정을 취소해야 한다.

99 ①
기출키워드 채용절차

정답풀이 고용노동부장관은 기초심사자료의 표준양식을 정하여 구인자에게 그 사용을 권장할 수 있다.

100 ③
기출키워드 쟁의행위

정답풀이 직장폐쇄는 사용자의 쟁의행위로서, 헌법이 아닌 노동조합 및 노동관계조정법에서 규정하고 있다.

2021년 1회

[제1과목] 직업심리

01	③	02	③	03	①	04	③	05	①
06	④	07	①	08	②	09	①	10	③
11	①	12	①	13	③	14	③	15	③
16	③	17	②	18	①	19	③	20	②

[제2과목] 직업상담 및 취업지원

21	①	22	④	23	③	24	④	25	③
26	②	27	②	28	②	29	②	30	①
31	②	32	③	33	②	34	①	35	②
36	④	37	②	38	④	39	④	40	③

[제3과목] 직업정보

41	④	42	③	43	③	44	④	45	②
46	①	47	③	48	③	49	②	50	①
51	②	52	④	53	④	54	④	55	③
56	②	57	③	58	①	59	④	60	④

[제4과목] 노동시장

61	④	62	③	63	①	64	①	65	②
66	④	67	①	68	④	69	④	70	①
71	④	72	④	73	②	74	②	75	②
76	②	77	④	78	②	79	④	80	④

[제5과목] 고용노동관계법규

81	④	82	③	83	①	84	①	85	③
86	③	87	③	88	③	89	③	90	③
91	①	92	③	93	③	94	④	95	③
96	④	97	②	98	④	99	④	100	①

01 ③

기출키워드 Williamson의 직업선택의 문제영역

정답 풀이 Williamson이 분류한 직업선택의 주요 문제영역에는 무선택(선택하지 않음), 불확실한 선택, 흥미와 적성의 불일치, 현명하지 못한 선택이 있다.

02 ③

기출키워드 실존주의 상담

정답 풀이 실존주의 상담은 치료를 상담목표로 두지 않는다. 실존주의 상담의 궁극적 목적은 내담자로 하여금 자신의 현재 상태에 대해 인식하고 피해자적 역할로부터 벗어날 수 있도록 돕는 것이다. 또한 대면적 관계를 중시하고 인간에게 자기지각의 능력이 있다고 보며 자유와 책임을 강조한다.

03 ①

기출키워드 직업상담 기초기법

정답 풀이 간접질문은 직접질문에 비해 내담자에게 즉각적인 답변에 대한 강요가 느껴지지 않으며, 반응의 다양성을 열어 놓을 수 있어 내담자의 부담을 줄일 수 있는 장점이 있다.

04 ③

기출키워드 자기인식이 부족한 내담자

정답 풀이 자기인식이 부족한 내담자의 경우 은유나 비유를 통하여 스스로를 인식하게 만들 수 있다.

05 ①

기출키워드 직업상담의 기초기법

정답 풀이 내담자의 내면적 감정을 반영하는 것은 '공감'에 해당한다. '적극적 경청'은 내담자의 말과 행동에 주목하여, 내담자가 표현하는 언어적인 의미 이외에 비언어적인 의미까지 이해하고자 하는 것이다.

06 ④
기출키워드 보딘(Bordin)의 정신역동적 직업상담

정답풀이 정신역동적 직업상담의 반응범주(면담기법)에는 소망-방어체계, 비교, 명료화의 해석이 있다.

07 ①
기출키워드 전형적인 하루

정답풀이 전형적인 하루에서 검토되어야 할 사항은 내담자가 의존적인지 또는 독립적인지, 자발적(임의적)인지 또는 체계적인지 등 자신의 성격차원을 파악하도록 돕는 것이다.

08 ②
기출키워드 직업상담의 기본원리

정답풀이 직업상담의 가장 핵심적인 요소는 의사결정이다. 따라서 모든 직업상담의 최종적인 목표는 내담자 의사결정능력의 배양에 중점을 두어야 한다.

09 ①
기출키워드 행동주의 직업상담에서 내담자 유형

정답풀이 무결단성은 내담자의 진로결정상의 무력감에 기인하여 부모의 지시나 강압에 의한 직업선택 등 환경에 의한 요구나 압력이 원인이다. 이 경우 정보가 주어지고 직업상담이 끝난 후에도 내담자는 진로결정을 내리지 못한다.

10 ③
기출키워드 발달적 직업상담

정답풀이 정밀검사는 개별검사를 말하는 것이며, 직업상담 초기에는 집중검사를 통하여 종합진단을 실시하고, 상담 진행과정 중에는 개별검사 즉 정밀검사를 통해 평가가 이루어진다.

11 ①
기출키워드 내담자중심 직업상담

정답풀이 내담자중심 직업상담에서는 내담자는 자아와 경험의 불일치로 인해 현재 어려움을 경험하기 때문에 일시적으로 직업의사결정에 어려움이 있다고 보았다. 따라서 문제보다는 개인 그 자체를 중시하였다. 즉 내담자의 직업문제를 진단하기보다 개인이 경험하는 현상의 세계를 중시하였다.

12 ①
기출키워드 상담목표를 설정할 때 고려해야 할 특성

정답풀이 내담자가 가져야 할 목표의 특성은 다음과 같다.
1. 목표는 구체적이어야 한다(내담자가 바라는 구체적이고 긍정적인 변화를 상담목표로 삼는다).
2. 목표는 실현가능해야 한다.
3. 목표는 내담자가 원하고 바라는 것이어야 한다.
4. 내담자의 목표는 상담자의 기술과 양립 가능해야 한다.

13 ③
기출키워드 자기보고식 가치사정기법

정답풀이 자기보고식 가치사정기법에는 체크목록 가치에 순위 매기기, 과거의 선택 회상하기, 절정 경험 조사하기, 자유시간과 금전 사용계획 조사하기, 백일몽 말하기, 존경하는 사람 기술하기 등이 있다.

14 ③
기출키워드 직업상담사의 직무내용

정답풀이 직업선택이 근본적인 관심사인 내담자에 대해서는 즉시 직업상담 실시를 확정해야 한다.

15 ③
기출키워드 포괄적 직업상담

정답풀이 포괄적 직업상담은 여러 이론들의 다양한 기법들을 절충한 것이다. 상담의 초기단계에서는 진단

및 탐색이 이루어지므로 인간중심 접근법과 발달적 접근법이 주로 활용된다. 중간단계에서는 내담자의 문제에서 원인이 되는 요인들을 명료하게 밝혀 이를 제거하는 한편, 긍정적·촉진적 요인을 찾아 이를 격려하기 위해 주로 정신역동적 접근법을 활용한다. 마지막 단계에서는 상담자가 내담자의 문제해결에 보다 능동적이고 지시적인 태도로 개입하기 위해 특성-요인 및 행동주의적 접근법을 활용한다.

16 ③
기출키워드 대안개발과 의사결정 시 사용하는 인지치료 과정

정답 풀이 대안개발과 의사결정 시 사용하는 인지치료 과정의 단계는 다음과 같다.
- 1단계: 내담자 감정의 속성을 확인한다.
- 2단계: 감정과 연합된 사고, 신념, 태도를 확인한다.
- 3단계: 내담자의 사고를 요약하고 정리한다.
- 4단계: 내담자가 스스로 현실과 사고구조를 알 수 있도록 개입한다.
- 5단계: 과제 부여를 통해 사고와 신념의 적절성을 검증한다.

17 ②
기출키워드 직업상담사의 윤리

정답 풀이 상담사 자신의 능력이나 한계를 넘어서는 문제에 대해서는 내담자를 다른 전문가에게 의뢰하여 도움을 주어야 한다.

18 ①
기출키워드 진로상담

정답 풀이 진로상담의 정확성에 대한 오해는, 내담자가 상담자의 조언이 장래 직업선택과 결정이 매우 과학적이고 정확할 것이라고 생각하는 것으로 이 경우 내담자가 잘못된 맹신이나 착오를 일으킬 수 있다.

19 ③
기출키워드 ABCDE모형

정답 풀이 선행사건에 의해 경험하게 되는 내담자의 비합리적 신념에 의해서 정서 및 행동의 결과로 불안, 초조, 우울, 분노, 죄책감이 나타난다.

20 ②
기출키워드 특성-요인 상담

정답 풀이 문제의 객관적 이해보다는 내담자에 대한 정서적 이해에 중점을 두는 것은 내담자중심 상담이다. 반면, 특성-요인 상담에서는 내담자의 정서적 이해보다 객관적 사실에 중점을 둔다.

21 ①
기출키워드 기대표 작성

정답 풀이 기대표 작성은 준거타당도 분석방법으로, 기대표는 가로에는 준거 점수의 범주를, 세로에는 연구도구 점수의 범주를 분류한 표를 말한다.

22 ④
기출키워드 성격 5요인 검사(Big5 성격검사)

정답 풀이 성격 5요인 검사(Big5)의 하위요인으로는 외향성, 호감성(친화성), 성실성, 정서적 불안정성, 경험에 대한 개방성 등이 있다.

23 ③
기출키워드 탈진(Burnout)

정답 풀이 탈진연구는 대부분 설문연구를 통해 이루어진다. 대표적으로 매슬랙(Maslach)이 개발한 탈진척도(MBI ; Maslach Burnout Inventory)를 사용한다. MBI의 하위요인에서는 정서적 고갈, 인격상실, 개인적 성취감 감소를 측정한다.

24 ④
기출키워드 **직업적응이론**

정답 풀이   데이비스(Dawis)와 롭퀴스트(Lofquist)의 직업적응이론은 미네소타대학의 직업적응 프로젝트의 일환으로 연구되었고, 심리학적 직업분류체계인 미네소타 직업분류체계Ⅲ와 관련하여 발전한 이론이다.

25 ③
기출키워드 **홀랜드 이론의 유형**

정답 풀이   사회형의 대표적인 직업군은 상담사, 교사 등이고, 정치가, 사업가는 진취형의 대표적인 직업군에 해당한다.

26 ②
기출키워드 **종업원 (역량)개발 프로그램**

정답 풀이   종업원 (역량)개발 프로그램에는 훈련 프로그램, 후견인 프로그램, 직무순환 프로그램 등이 있다. 사내공모제는 경력개발 프로그램 중 정보제공 프로그램에 속한다.

27 ②
기출키워드 **직무 명세서**

정답 풀이   직무 명세서(작업자 명세서)는 직무를 수행하는 사람에게 요구되는 요건을 상세하게 기술한 문서로, 직무수행사에게 요구되는 지식, 기술(스킬), 능력, 성격, 적성, 흥미, 가치, 태도, 작업경험, 자격요건 등을 기술한 문서이다.

28 ②
기출키워드 **파슨스(Parsons)의 3요인 이론**

정답 풀이   파슨스(Parsons)가 강조하는 현명한 직업선택을 위한 요인은 자신(개인)에 대한 이해, 직업(직업세계)에 대한 이해, 개인과 적업의 합리적 매칭(연결)이며, 이를 3요인이라 지칭한다. 전망이 밝은 분야는 여기에 해당하지 않는다.

29 ②
기출키워드 **다운사이징(downsizing) 시대 경력개발**

정답 풀이   다운사이징 시대에는 표준화된 작업규칙, 고정된 작업시간, 엄격한 직무기술 등에서 벗어나 자신이 해야 할 일을 스스로 설계할 수 있어야 한다. 따라서 자신의 일을 조직화하고 업무의 우선순위를 정하며, 자신의 일을 감독하는 능력과 자기를 조절할 수 있는 능력 등이 요구된다.

30 ①
기출키워드 **과업지향적 직무분석방법**

정답 풀이   직업정보론과 관련 있는 내용으로, 작업자의 과업지향적 직무분석방법에서는 직무에 대한 판단이 자료(data), 사람(people), 사물(things)의 관점에서 이루어진다.

31 ②
기출키워드 **내적일치 신뢰도**

정답 풀이   내적일치 신뢰도(문항 내적 합치도)는 한 검사 내의 문항 하나하나를 각각의 독립된 검사로 보고 이들 간의 일치성, 동질성, 합치성의 상관계수를 구하는 방법이다.

32 ③
기출키워드 **역할갈등**

정답 풀이   역할갈등이란 역할담당자가 사신의 직위와 역할전달자(상급자, 고객 등)의 역할기대가 상충되는 상황에서 지각하는 심리적 상태를 말한다.

33 ③
기출키워드 **자기보고식 성격검사**

정답 풀이   성격검사는 객관적(자기보고식) 검사와 투사검사로 나누어지며, 미네소타 다면적 인성검사(MMPI)와 마이어스-브릭스 성격유형 검사(MBTI)는 대표적인 자기보고식 성격검사에 해당한다.

34 ①
기출키워드 로(Roe)의 욕구이론

정답풀이 로(Roe)는 가정의 정서적 분위기, 즉 부모와 자녀 간의 상호작용을 정서집중형, 회피형, 수용형으로 구분하였다.

오답풀이 ② 아동기 부모-자녀 간의 관계에서 생긴 욕구가 직업선택에 영향을 미친다는 이론이다.
③ 부모의 사랑을 제대로 받지 못하고 거부적인 분위기에서 성장한 사람은 다른 사람들과 함께 일하고 접촉하는 서비스 직종의 직업을 선호하지 않는다.
④ 직업군을 8가지로 분류한다.

35 ②
기출키워드 홀랜드(Holland) 모형의 주요개념

정답풀이 일관성은 6개 유형에서 거리가 가까울수록 공통점을 많이 가지고 있다. 예를 들면 현실적(R) 유형과 탐구적(I) 유형의 쌍은 예술적(A) 유형과 관습적(C) 유형의 쌍보다 더 많은 공통점을 가지고 있다.

36 ④
기출키워드 인지적 정보처리(CIP ; Cognitive Information Processing)이론의 의사결정과정

정답풀이 1. 의사소통단계: 의문점을 듣고, 부호화하고, 표현하는 의사소통이 이루어진다.
2. 분석단계: 개념적 틀 안에서 문제를 규명하고 정하는 분석하는 단계이다.
3. 통합(종합)단계: 행동의 과정을 만들어내고 통합(종합)하는 단계이다.
4. 가치평가단계: 성공과 실패의 가능성과 타인에 대한 영향력으로 행동을 판단하는 등 가치를 평가하는 단계이다.
5. 실행단계: 계획을 수행할 전략들을 실행하는 단계이다.

37 ③
기출키워드 수퍼(Super)의 발달이론

정답풀이 수퍼의 발달이론은 전 생애를 걸쳐 진로가 발달한다는 이론이다. 자아개념은 수퍼의 진로발달이론에서 가장 중심이 되는 개념이다.

오답풀이
① 홀랜드(Holland) 이론에 대한 설명이다.
② 특성-요인 이론에 대한 설명이다.
④ 로(Roe)의 이론에 대한 설명이다.

38 ④
기출키워드 집단 내 규준

정답풀이 집단 내 규준에는 표준점수, 백분위 점수, 스테나인(Stanine) 등이 있다.

39 ④
기출키워드 스트레스

정답풀이 셀리에(Selye)가 제시한 스트레스에 의한 일반적응증후군(GAS)의 3단계는 '경고단계(경고반응단계) → 저항단계(저항반응단계) → 탈진단계(소진단계)' 순으로 전개된다.

40 ③
기출키워드 투사적 검사의 장점

정답풀이 ③ 반응의 풍부함은 투사적 검사의 장점이다. 이 밖에도 투사적 검사의 장점에는 수검자의 반응의 독특성, 방어의 어려움, 무의식적 반응을 들 수 있다.

41 ④

기출키워드 **고용24 청소년 직업흥미검사의 하위척도**

정답 풀이 청소년 직업흥미검사의 하위척도는 활동, 자신감, 직업 등 3가지이다.
청소년 직업흥미검사는 6개의 일반흥미유형(현실형, 탐구형, 예술형, 사회형, 진취형, 관습형)과 13개 기초흥미분야를 측정하여 흥미유형에 적합한 학과와 직업을 추천해준다.

※ 24년 9월 기준 '워크넷' 사이트가 '고용24'로 개편되어 현행에 맞게 문제를 수정하였습니다.

42 ③

기출키워드 **직업 대분류와 직능수준**

정답 풀이 한국표준직업분류 대분류 A 군인은 제2직능 수준 이상이 필요하다.

43 ③

기출키워드 **직업정보제공 유형별 특징 비교**

정답 풀이 인쇄물은 저비용, 면접의 학습자 참여도는 적극적이다. 그리고 직업경험의 접근성은 일부만이 참여하므로 제한적이다.

44 ④

기출키워드 **국민내일배움카드의 지원대상**

정답 풀이 만 75세 이상인 사람은 국민내일배움카드 운영규정에 따른 훈련비 등을 지원하지 아니한다.

국민내일배움카드 훈련비 지원제외
• 「공무원연금법」을 적용받고 현재 재직 중인 사람
• 「외국인근로자의 고용 등에 관한 법률」을 적용받는 외국인(단, 고용보험 피보험자는 제외)
• 「고용보험법 시행령」에 따라 부정행위에 따른 지원금 등의 반환명령을 받고 그 납부의 의무를 이행하지 아니하는 사람
• 이 고시 시행일 이전에 직업능력개발훈련을 3회 지원받았음에도 불구하고, 훈련개시일 이후 취업한 기간이 180일 미만이거나 자영업자로서 피보험기간이 180일 미만인 사람

45 ②

기출키워드 **한국표준산업분류의 적용원칙**

정답 풀이 생산단위는 산출물뿐만 아니라 투입물과 생산공정 등을 함께 고려하여 그들의 활동을 가장 정확하게 설명된 항목으로 분류해야 한다. 또한 공식적 생산물과 비공식적 생산물, 합법적 생산물과 불법적인 생산물을 달리 분류하지 않는다.

46 ①

기출키워드 **면접법의 특징**

정답 풀이 표준화 면접은 질문의 내용이 표준화되어 정해진 내용을 질문하는 것이고, 비표준화 면접은 면접자가 자유롭게 질문하는 방법이다. 따라서 표준화 면접은 비표준화 면접보다 타당도(validity)는 낮고 신뢰도(reliability)는 높다.

47 ③

기출키워드 **한국표준산업분류의 산업결정방법**

정답 풀이 단일사업체의 보조단위는 그 사업체의 일개 부서로 포함하며, 여러 사업체를 관리하는 중앙보조단위(본부)는 별도의 사업체로 처리한다.

48 ②

기출키워드 **민간직업정보의 특징**

정답 풀이 국제적으로 인정되는 객관적인 기준에 근거하여 직업을 분류하는 것은 공공직업정보의 특성이다.

기타 민간직업정보의 특징
• 단시간에 조사하여 집중적으로 제공된다.
• 정보 자체의 효과는 큰 반면, 부가적인 파급효과는 적다.
• 다른 직업정보와의 비교가 어렵고 활용성이 낮다.
• 조사·분석 및 정리, 제공에 상당한 시간 및 비용이 소요되므로 유료로 제공된다.

49 ②

기출키워드 직업상담사 1급 응시자격

정답 풀이 직업상담사 1급의 응시자격은 2급 자격을 취득한 후 해당 실무에 2년 이상 종사한 자 또는 해당 실무에 3년 이상 종사한 자이다.

50 ①

기출키워드 2017 한국표준산업분류의 주요 개정내용

정답 풀이 어업에서 해면은 해수면으로, 수산 종묘는 수산 종자로 명칭을 변경하였다.

51 ②

기출키워드 국가기술자격 검정기준

정답 풀이 응시하고자 하는 종목에 관한 공학적 기술이론지식을 가지고 설계·시공·분석 등의 기술업무를 수행할 수 있는 능력의 유무는 기사의 검정기준이다.

오답 풀이 고도의 전문지식과 실무경험에 입각한 기술업무의 수행능력은 기술사, 최상급 숙련기능을 가지고 현장관리 업무의 수행능력은 기능장, 공학적 기술이론 지식은 기사, 기술기초이론지식 또는 숙련기능은 산업기사, 숙련기능은 기능사의 검정기준이다.

52 ④

기출키워드 직업정보 수집·제공 시 고려사항

정답 풀이 직업정보의 수집·제공 시 직업정보의 이용자는 일반인이므로 이용자의 수준에 맞는 평이한 언어로 가공한다.

53 ④

기출키워드 직업훈련 강화의 효과

정답 풀이 직업훈련을 강화하여 줄일 수 있는 실업은 구조적 실업이다. 구조적 실업은 지역 간, 직종 간 노동의 이동성이 부족하여 발생하므로 실업자에 대한 훈련·재훈련·취업알선 등 인력정책을 통해 해결할 수 있다.

마찰적 실업은 노동시장의 정보부족으로 발생하는 실업이므로, 취업정보 등 노동시장 정보를 효율적으로 제공함으로써 줄일 수 있다.

54 ④

기출키워드 국가기술자격 종목과 직무분야

정답 풀이 컨벤션기획사 2급의 직무분야는 경영·회계·사무이다. 이용·숙박·여행·오락·스포츠 직무분야의 자격종목으로는 이용기능사, 미용기능사, 스포츠경영관리사 등이 있다.

오답 풀이 ② 경영·회계·사무에 해당하는 자격종목에는 소비자전문상담사, 사회조사분석사, 컨벤션기획사 및 전산회계운용사 등이 있다.

55 ③

기출키워드 한국직업사전 부가직업정보의 직무기능

정답 풀이 계산은 사칙연산을 실시하고 사칙연산과 관련하여 규정된 활동을 수행하거나 보고하는 것으로, 수를 세는 것은 포함되지 않는다.

56 ②

기출키워드 고용보험의 고용안정사업

정답 풀이 제시된 내용은 이전의(2017년 중반까지 시행) 고용안정사업이다. 고용보험사업 중 실업급여와 직업능력개발사업을 제외한 나머지가 고용안정사업이다. 즉 고용창출지원, 고용유지지원, 고용촉진지원 등이 고용안정사업에 해당한다.

2017년 하반기부터는 기존에 시행되던 고용보험 기업혜택을 통합하고 재구성하여 고용장려금(통합장려금) 지원제도가 시행되고 있다(ei.go.kr 참조).

57 ③

기출키워드 설문지 작성법

정답풀이 직업정보 조사를 위해 설문지를 작성하는 경우 응답률을 높이기 위해 개인의 사생활에 관한 질문과 같이 민감한 질문은 가급적 뒤로 배치하는 것이 좋다.

58 ①

기출키워드 한국표준직업분류의 포괄적인 업무에 대한 직업분류원칙

정답풀이 한국표준직업분류의 포괄적인 업무에 대한 직업분류원칙은 주된 직무 우선의 원칙, 최상급 직능수준 우선의 원칙, 생산업무 우선의 원칙 등이다.

오답풀이 ② 포괄성의 원칙은 배타성의 원칙과 함께 직업분류의 일반원칙이다.

다수 직업 종사자의 분류원칙
- 취업시간 우선의 원칙
- 수입 우선의 원칙
- 조사 시 최근 직업 우선의 원칙 등

59 ④

기출키워드 고용24 직업정보시스템의 제공 정보

정답풀이 고용24 직업정보시스템에서 제공하는 정보는 직업심리검사, 학과정보, 식업동영상 등이 있다.

※ 24년 9월 기준 '워크넷' 사이트가 '고용24'로 개편되어 현행에 맞게 문제를 수정하였습니다.

60 ④

기출키워드 직업정보의 처리과정

정답풀이 직업정보 시스템의 정보처리 단계는 수집 → 분석 → 가공 → 체계화 → 제공 → 축적 → 평가의 순서로 이루어진다.

61 ④

기출키워드 노동조합의 숍(shop) 제도

정답풀이 유니언 숍(union shop)은 사용자가 자유롭게 채용할 수 있으나 채용 후 일정 기간이 지나면 반드시 조합에 가입하여야 하는 제도이다. 또한 조합으로부터 탈퇴하거나 제명되어 조합원 자격을 상실할 때에는 해고된다는 노사 간의 협약을 의미한다.

62 ③

기출키워드 노동수요 측면에서 비정규직 증가의 원인

정답풀이 비정규적 고용은 임시직 고용, 시간제 고용 등을 포함하는데, 주로 저학력 취업자에게 적용된다. 기업이 비정규적 고용을 선호하는 이유는 인건비 절감, 고용조정 유연성의 제고, 노동조합의 약화 등이다.

비정규직 고용의 증가 이유
내부노동시장 제도에서는 경기상황에 따른 기업의 고용조정이 어려워지고 이로 인해 임금은 고정비용(fixed cost)의 성격을 띠게 된다. 오늘날처럼 세계화로 인해 기업 간 경쟁이 심화되는 상황에서 기업이 고용조정능력을 갖추지 못하게 되면 기업은 생존이 어려워진다. 이러한 상황에서 기업들이 고용과 임금의 유연성을 높이기 위해 비정규적 고용이 확대되고 있다.

63 ①

기출키워드 직종별 임금격차의 원인

정답풀이 직종 간 정보의 흐름이 원활하면 직종 간 노동의 이동이 증가하여 임금격차는 줄어든다.

64 ①

기출키워드 경영참가제도

정답풀이 산업민주화의 정도가 가장 높은 기업은 노동자 자주관리 기업이다. 노동자 자주관리(workers' self-management)는 기업 등의 경영권이 자본이나 국가에 있지 않고 노동자 집단에 귀속되어 있는 상태를 의미한다.

65 ②
기출키워드 노동시장 균형의 변화

정답 풀이 외국 인력은 내국인들이 취업하기를 기피하는 직종에 취업하므로 내국인 노동시장에는 임금이나 고용에 영향을 큰 영향을 미치지는 못하지만 어느 정도 임금과 고용이 낮아진다.

66 ④
기출키워드 수요부족실업

정답 풀이 실업을 수요부족실업과 비수요부족실업으로 구분하는 것은 실업에 대한 대책이 다르기 때문이다.
수요부족실업으로는 케인즈(J. M. Keynes)가 설명하는 경기적 실업이 있다. 경기적 실업은 유효수요(총수요)의 부족으로 생산과 고용이 감소하여 발생하는 실업이다.

67 ①
기출키워드 케인즈(J. M. Keynes)의 실업이론

정답 풀이 케인즈(J. M. Keynes)는 노동자들은 물가에 대한 정보가 부족하여 실질임금의 크기를 모르기 때문에 노동공급은 명목임금의 함수이고, 화폐환상을 갖고 있다고 주장한다. 한편 기업들은 물가에 대해 완전한 정보를 가지므로 노동수요는 실질임금의 함수라고 본다. 한편, 고전학파는 임금의 완전신축성(flexibility) 가정에 근거하여 노동의 수요와 공급이 모두 실질임금의 함수라고 보았다.

68 ④
기출키워드 파업의 경제적 비용과 기능

정답 풀이 파업에 따르는 사회적 비용이 가장 큰 분야는 서비스 산업이다. 전력·통신·운수·의료 등의 서비스 산업에서는 재고의 조절이 있을 수 없으므로 파업이 발생하면 경제 전체의 서비스 소비수준은 크게 하락한다.

오답 풀이 ① 사적 비용과 사회적 비용은 다르다. 사적 비용은 파업으로 인해 노동자나 사용자 개인이 입게 되는 손실이고, 사회적 비용은 상품이나 서비스의 생산량 감소로 사회적으로 소비 내지는 투자가 감소함으로써 나타나는 손실을 말한다.
② 사용자 측의 사적 비용은 생산의 중단에 따른 이윤의 감소를 들 수 있다. 그러나 이 경우 사용자의 이윤의 순감소분은 생산중단에서 오는 것보다 적을 수도 있다.
③ 사회적 비용에 대한 설명이다.

69 ④
기출키워드 임금기금설

정답 풀이 임금-물가 악순환설, 신고전학파의 한계생산력설 등에 영향을 미친 임금결정이론은 임금기금설이다.

> 밀(J. S. Mill)의 임금기금설
> 1. 임금기금설은 일정한 사회 내에서 일정한 시기에 임금으로 지불되는 총액, 즉 임금기금(wage fund)의 규모는 시간이 흐름에 따라 변화되지만 주어진 시기에는 고정되어 있기 때문에, 이를 노동자 수로 나누면 평균임금이 결정된다는 것이다.
> 2. 임금생존비설이 임금결정에 있어서 노동공급의 역할을 중시한 데 비하여, 밀의 임금기금설은 수요의 역할을 중요시한다.

70 ①
기출키워드 연공급, 직무급 및 직능급의 비교

정답 풀이 조직의 안정화에 따른 위계질서 확립이 용이하다는 장점이 있는 것은 연공급이다.

71 ④
기출키워드 노동조합의 기능

정답 풀이 노동조합의 기능은 크게 노동조합을 조직하고 유지하는 기본적 기능(조직기능), 조합원의 근로조건의 유지·향상을 위한 집행기능, 앞의 두 기능을 보조하는 참모기능으로 분류한다.
이 중 집행기능은 ㉠ 단체교섭을 통하여 근로조건의 유지·개선을 꾀하는 단체교섭 기능, ㉡ 공제기능과 협동기능을 포함하는 경제활동 기능, ㉢ 노동운동에 불리한 법률을 개정·폐지하기 위해서 정당에 대한 지지 및 반대를 표명하는 정치활동 기능을 포함한다.

72 ④
기출키워드 분단노동시장 이론

정답 풀이 고학력 실업자는 1차 노동시장, 단순노무직은 2차 노동시장에 존재하고 두 시장은 분단되어 있으므로, 고학력 실업자가 증가한다고 해서 단순노무직의 임금이 하락하는 것은 아니다.

> **분단시장 가설**
> 1. 분단시장 가설은 노동시장에는 자유로운 노동력의 이동을 저해하는 제도적인 요인이 있고, 따라서 노동시장을 하나의 경쟁적인 시장으로 파악하기는 어렵다고 보는 견해이다.
> 2. 직무경쟁이론(job competition theory)에서는 노동시장에서 의미가 있는 경쟁은 임금경쟁이 아니라 자리(직무)를 차지하기 위한 경쟁이라고 보고 기업과 노동자의 시장행동을 설명한다.
> 3. 2중 노동시장론(dual labor market theory)은 노동시장이 1차부문과 2차부문으로 구조적으로 분단되어 있다고 본다.

73 ②
기출키워드 성과급 임금형태의 장점

정답 풀이 성과급제(piece-rate plan)는 노동성과를 측정하여 측정된 성과에 따라 임금을 계산·지급하는 제도이다. 성과급제의 가장 큰 장점은 작업능률을 크게 자극할 수 있다는 것이다. 나머지 내용은 시간급 임금형태의 장점이다.

74 ②
기출키워드 노동의 한계생산 계산

정답 풀이 이윤극대화를 위해서는 임금 = 노동의 한계생산가치 = 가격×노동의 한계생산에서 고용량을 결정해야 한다. 6,000원 = 3,000원×노동의 한계생산이다. 따라서 노동의 한계생산 = 6,000원/3,000원 = 커피 2잔이다.

75 ②
기출키워드 고용률 계산

정답 풀이 경제활동참가율 = $\dfrac{\text{경제활동인구}}{\text{15세 이상 인구}} \times 100$

= 60%이므로, 15세 이상 인구를 100명으로 보면 경제활동인구는 60명이다.

또한 실업률 = $\dfrac{\text{실업자 수}}{\text{경제활동인구}} \times 100 = 20\%$이므로

실업자 수는 12명이고, 취업자 수는 48명이다.

따라서 고용률 = $\dfrac{\text{취업자 수}}{\text{15세 이상 인구}} \times 100 = \dfrac{48\text{명}}{100\text{명}} \times 100$
= 48%이다.

76 ②
기출키워드 노동시장의 균형 변화

정답 풀이 비숙련 외국근로자가 유입되면 비숙련 근로자의 공급이 증가하므로 이 분야의 임금이 하락하고, 국내 비숙련공의 일자리가 줄어들게 된다. 따라서 국내 비숙련공이 가장 큰 피해를 보게 된다.

77 ②
기출키워드 임금이 하방경직적인 이유

정답 풀이 케인즈(J. M. Keynes) 이후 새케인즈학파(new-Keynesian) 경제학자들은 명목임금이 하방경직적인 이유를 주로 연구했다. 명목임금이 하방경직적인 이유는 다음과 같다.

1. 통상의 고용계약이 2~3년의 장기계약이므로 그 기간 동안에는 임금이 경직적이다.
2. 강력한 노동조합이 존재하면 명목임금은 하락하지 않는다.
3. 최저임금제가 시행되는 경우에는 그 아래로 임금이 떨어지지 않는다.
4. 노동자의 역선택이 발생하면 명목임금은 떨어지지 않는다.

78 ②
기출키워드 소득-여가 모형과 노동공급

정답 풀이 여가가 열등재라면 임금수준에 상관없이 임금이 상승할 때 노동공급은 증가한다. 임금수준이 높아져도 여가를 위해 노동공급을 줄이지 않기 때문이다. 그러나 여가가 정상재라면 후방굴절형 노동공급곡선의 형태를 보이게 된다.

79 ④
기출키워드 기업특수적 인적자본형성 원인

정답 풀이 기업특수적 인적자원은 해당 기업에서만 활용할 수 있는 인적자원이다. 기업 간 제품생산의 차별화되어 있거나 생산공정 및 생산장비가 다른 기업과 다른 경우 기업특수적 인적자원이 형성된다.

80 ④
기출키워드 마찰적 실업의 대책

정답 풀이 노동자의 전직과 관련된 재훈련 실시는 구조적 실업에 대한 대책이다.
오답 풀이 ③ 마찰적 실업은 노동시장의 정보부족으로 인한 자발적이고 일시적인 실업이다. 따라서 노동시장의 정보를 효율적으로 제공함으로써 줄일 수 있다.

81 ④
기출키워드 근로권

정답 풀이 모든 국민은 근로의 권리를 가진다. 국가는 사회적·경제적 방법으로 근로자의 고용증진과 적정임금의 보장에 노력하여야 하며, 법률이 정하는 바에 의하여 최저임금제를 시행하여야 한다.

82 ③
기출키워드 직업능력개발훈련의 기본원칙

정답 풀이 제조업의 생산직이 아니라 중소기업의 근로자가 중요시되어야 한다.
※ 최신 개정 내용에 맞게 변형한 기출문제입니다.

83 ①
기출키워드 경영상 해고

정답 풀이 경영상의 이유로 해고계획을 신고할 때는 해고인원, 해고사유, 해고일정, 근로자대표와의 협의 내용이 필요하다.

84 ①
기출키워드 고령자 기준고용률

정답 풀이 고령자 기준고용률은 제조업은 상시 근로자 수의 100분의 2, 운수업·부동산 및 임대업은 상시 근로자 수의 100분의 6, 기타 산업은 상시 근로자 수의 100분의 3이다.

85 ③
기출키워드 육아휴직

정답 풀이 기간제 근로자의 육아휴직기간은 사용기간에 포함되지 않는다. 파견근로자의 육아휴직기간은 파견기간에서 제외된다.

86 ③
기출키워드 **퇴직금 중간정산사유**

정답 풀이 ③의 경우 6개월 이상 요양을 필요로 하는 경우이어야 하고, 질병이나 부상에 대한 의료비를 해당 근로자가 본인 연간 임금총액의 1천분의 125를 초과하여 부담하는 경우이어야 한다.

87 ④
기출키워드 **육아휴직 급여**

정답 풀이 육아휴직급여는 다음 구분에 따른 금액을 월별 지급액으로 한다(제95조).
1. 육아휴직 시작일부터 3개월까지 – 육아휴직 시작일을 기준으로 한 월 통상임금에 해당하는 금액. 다만, 해당 금액이 250만 원을 넘는 경우에는 250만 원으로 하고, 해당 금액이 70만 원보다 적은 경우에는 70만 원으로 한다.
2. 육아휴직 4개월째부터 6개월째까지 – 육아휴직 시작일을 기준으로 한 월 통상임금에 해당하는 금액. 다만, 해당 금액이 200만 원을 넘는 경우에는 200만 원으로 하고, 해당 금액이 70만 원보다 적은 경우에는 70만 원으로 한다.
3. 육아휴직 7개월째부터 종료일까지 – 육아휴직 시작일을 기준으로 한 월 통상임금의 100분의 80에 해당하는 금액. 다만, 해당 금액이 160만 원을 넘는 경우에는 160만 원으로 하고, 해당 금액이 70만 원보다 적은 경우에는 70만 원으로 한다.

※ 최신 개정 내용에 맞게 변형한 기출문제입니다.

88 ③
기출키워드 **근로자공급사업**

정답 풀이 국외 근로자공급사업은 1억 원 이상의 자본금(비영리법인의 경우에는 재무상태표의 자본총계를 말한다)이 필요하다.

89 ③
기출키워드 **배우자출산휴가**

정답 풀이 배우자 출산휴가는 근로자의 배우자가 출산한 날부터 120일이 지나면 사용할 수 없다.

※ 최신 개정 내용에 맞게 변형한 기출문제입니다.

90 ③
기출키워드 **심사·재심사 청구**

정답 풀이 형제자매도 대리인으로 선임할 수 있다.

91 ①
기출키워드 **실업급여**

정답 풀이 연장급여는 취업촉진수당에 해당하지 않고 구직급여에 해당한다.

92 ③
기출키워드 **유료직업소개사업의 등록**

정답 풀이 상시 사용근로자 300인 이상인 사업 또는 사업장에서 노무관리 업무전담자로 근무경력이 2년 이상이어야 한다.

> **유료직업소개사업의 등록을 할 수 있는 자**
> - 직업상담사 1급 또는 2급의 국가기술자격이 있는 자
> - 직업소개사업의 사업소, 직업능력개발훈련시설, 초·중·고등학교, 청소년단체에서 직업상담·직업지도·직업훈련 기타 직업소개와 관련이 있는 상담업무에 2년 이상 종사한 경력이 있는 자
> - 공인노무사 자격을 가진 자
> - 조합원이 100인 이상인 단위노동조합, 산업별 연합단체인 노동조합 또는 총연합단체인 노동조합에서 노동조합 업무전담자로 2년 이상 근무한 경력이 있는 자
> - 상시 사용근로자 300인 이상인 사업 또는 사업장에서 노무관리 업무전담자로 2년 이상 근무한 경력이 있는 자
> - 국가공무원 또는 지방공무원으로서 2년 이상 근무한 경력이 있는 자
> - 교원자격증을 가지고 있는 자로서 교사근무경력이 2년 이상인 자
> - 사회복지사자격증을 가진 사람

93 ③
기출키워드 임금채권의 소멸시효

정답 풀이 임금채권 소멸시효는 3년이다.

94 ④
기출키워드 근로자파견 대상업무

정답 풀이 선원업무는 파견금지업무이다.

95 ③
기출키워드 근로자의 정의

정답 풀이 고용정책 기본법, 국민 평생 직업능력 개발법, 남녀고용지원법상의 근로자: 사업주에게 고용된 사람과 취업할 의사를 가진 사람

96 ④
기출키워드 법의 적용범위

정답 풀이 「채용절차의 공정화에 관한 법률」은 국가 및 지방자치단체가 공무원을 채용하는 경우에는 적용하지 않는다.

97 ②
기출키워드 취업규칙 작성·변경 절차

정답 풀이 취업규칙을 불이익하게 변경할 경우에만 노동조합의 동의를 받는다.

98 ④
기출키워드 고용정보시스템

정답 풀이 부동산등기부등본은 포함되지 않는다.

99 ④
기출키워드 법의 적용범위

정답 풀이 「선원법」이 적용되는 사업 또는 사업장은 「남녀고용평등과 일·가정 양립 지원에 관한 법률」의 적용대상에 해당한다.

100 ①
기출키워드 직업능력개발훈련의 종류

정답 풀이 집체훈련은 훈련방법에 따른 구분이다.
※ 최신 개정 내용에 맞게 변형한 기출문제입니다.

2021년 2회

[제1과목] 직업심리

01	④	02	①	03	②	04	③	05	④
06	③	07	④	08	④	09	②	10	④
11	④	12	③	13	④	14	④	15	④
16	④	17	④	18	④	19	④	20	①

[제2과목] 직업상담 및 취업지원

21	①	22	④	23	③	24	②	25	④
26	②	27	②	28	③	29	③	30	②
31	③	32	④	33	④	34	①	35	②
36	④	37	③	38	③	39	①	40	③

[제3과목] 직업정보

41	④	42	④	43	①	44	③	45	②
46	④	47	①	48	④	49	①	50	②
51	④	52	④	53	②	54	③	55	④
56	②	57	①	58	④	59	④	60	②

[제4과목] 노동시장

61	②	62	④	63	①	64	③	65	①
66	①	67	①	68	②	69	③	70	②
71	①	72	②	73	①	74	②	75	④
76	①	77	①	78	②	79	④	80	③

[제5과목] 고용노동관계법규

81	④	82	①	83	④	84	④	85	④
86	③	87	③	88	②	89	③	90	①
91	②	92	①	93	③	94	②	95	②
96	④	97	①	98	①	99	②	100	③

01 ④
기출 키워드 진로상담

정답 풀이 개인의 심리적 특성은 인지영역과 정서영역을 모두 아우르는 것으로, 일반적인 성격부터 흥미, 적성, 지능, 성취도, 태도 등이 포함되기 때문에 진로문제와 관련성이 높다.

02 ①
기출 키워드 생애진로사정

정답 풀이 생애진로사정은 면담초기 내담자에 대한 기초적인 정보를 수집하기 위한 사정으로, 일종의 구조화된 면접기법이며, 표준화된 진로사정 도구는 가급적 사용을 하지 않는다.

03 ②
기출 키워드 진로정보처리이론의 내담자의 의사결정 상태 진단

정답 풀이 진로 의사결정 수준에 따라 내담자는 크게 진로 결정자와 진로 미결정자로 구분할 수 있다. 그중 진로결정자는 다시 확정적 결정형, 수행적 결정형, 회피적 결정형으로 구분된다.

1. 진로 결정자
   - 확정적 결정형: 스스로 명확한 선택을 할 수 있고, 다른 가능한 선택대안과 비교하여 자신이 선택이 적절한지를 점검하려는 사람
   - 수행적 결정형: 어떠한 선택을 할 수 있지만, 선택을 실행하는 데 있어서 도움이 필요한 사람
   - 회피적 결정형: 주변 사람들과의 대립을 피하기 위해 선택을 하지만 실제로는 진로를 정하지 않은 사람
2. 진로 미결정자
   - 지연적 미결정형: 지금 시점에서 당장 진로를 선택을 해야 할 필요가 없는 사람
   - 발달형 미결정형: 진로선택 시 정보가 충분하지 못해 결정을 하지 못하는 사람
   - 다기능적 미결정형: 지식이나 경험이 너무 다양하고 풍부해서 결정하기 힘든 사람

04 ③
기출키워드 실업관련 프로그램

정답 풀이 실업충격완화 프로그램은 실업에 의한 스트레스의 완화, 취업동기 증진, 구직활동 증진, 직장복귀 등 실업에 의한 구직활동 지원을 목적으로 하고 있는 반면, 진로개발 프로그램은 실업과 관련 없이 생애진로차원에서 새로운 진로개발을 목적으로 두고 있다.

05 ④
기출키워드 내담자 목표설정

정답 풀이 내담자의 목표 실현 가능성은 내담자가 목표에 대하여 주도적으로 의사결정을 하고, 내담자가 원하는 것이어야 하며, 통제가 가능하고 실현 가능성이 있으며 구체적인 것이어야 한다.

06 ③
기출키워드 공감

정답 풀이 공감이란 상담자가 자신이 직접 경험하지 않고도 내담자의 감정을 거의 같은 수준으로 이해하는 능력을 말하는 것으로, 상담자는 내담자의 세계를 상담자 자신의 세계인 것처럼 경험하지만 객관적인 위치에서 벗어나지 말아야 한다.

07 ④
기출키워드 인지적 명확성 부족

정답 풀이 원인(사업)과 결과(이혼)의 착오 유형에 해당된다. 즉 사업과 이혼과는 서로 연관성이 있다고 볼 수 없기 때문에 논리적 분석으로 개입하여야 한다.

08 ③
기출키워드 자기보고식 가치사정기법

정답 풀이 자기보고식 가치사정기법에는 체크목록 가치에 순위 매기기, 과거의 선택 회상하기, 절정 경험 조사하기, 자유시간과 금전 사용계획 조사하기, 백일몽 말하기, 존경하는 사람 기술하기 등이 있다.

09 ②
기출키워드 특성–요인 직업상담에서 상담원칙

정답 풀이 특성–요인 상담에서 달리(Darley)가 제시한 상담자의 상담원칙을 응용한 문제로, ①, ③, ④는 해당하나 ②의 내용은 해당하지 않는다.

> **특성–요인 상담에서 달리(Darley)가 제시한 상담원칙**
> - 내담자에게 강의하듯 거만한 자세를 자제한다.
> - 간단한 어휘를 사용하고 내담자에게 제공하는 정보는 범위를 좁힌다.
> - 정보나 해답을 제공하기 전에 내담자가 정말 원하고 있는지 확인한다.

10 ④
기출키워드 상담의 구조화

정답 풀이 상담의 구조화는 상담자와 내담자가 상담목표를 성취하기 위해 상담의 기본성격, 상담자 및 내담자의 역할한계, 바람직한 태도 등을 설명하고 인식시켜주는 작업이다.

11 ④
기출키워드 직업선택의 평가과정

정답 풀이 요스트(Yost)가 제시한 직업선택을 위한 평가과정은 찬반연습, 원하는 성과연습, 대차대조표연습, 확률추정연습, 미래를 내다보는 연습이다.

12 ③
기출키워드 수퍼(Super)의 발달단계

정답 풀이 Super의 발달단계에서 유지기(45~64세)는 직업에서 자신의 위치가 공고(확고)해지고 자신의 자리를 유지하기 위해 노력하며 안정된 삶을 살아가는 시기이다. 지금까지 성취한 것들을 계속 유지하면서도 익숙했던 지식과 기술을 새로운 내용으로 갱신하거나 새로운 도전 과제를 발견(새로운 과업 찾기)해 내는 혁신적인 과업을 이행하기도 한다.

13 ④
기출 키워드 인간중심 상담

정답 풀이 인간중심 진로상담에서는 상담자의 객관적 이해가 아닌 주관적이고 정서적인 이해를 통해 내담자에 대한 자아 명료화의 근거로 삼는다.

14 ④
기출 키워드 보딘(Bordin)의 정신역동적 직업상담

정답 풀이 정신역동적 직업상담의 기법에서 반응범주(면담기법)는 명료화, 비교, 소망-방어체계의 해석이다.

15 ②
기출 키워드 포괄적 직업상담

정답 풀이 상담의 초기단계에서는 진단 및 탐색이 이루어지므로 인간중심 접근법과 발달적 접근법이 주로 활용된다. 중간단계에서는 내담자의 문제에서 원인이 되는 요인들을 명료하게 밝혀 이를 제거하는 한편, 긍정적·촉진적 요인을 찾아 이를 격려하기 위해 주로 정신역동적 접근법을 활용한다. 마지막 단계에서는 상담자가 내담자의 문제해결에 보다 능동적이고 지시적인 태도로 개입하기 위해 특성-요인 및 행동주의적 접근법이 활용된다.

16 ④
기출 키워드 직업카드분류법

정답 풀이 직업선택의 동기와 가치를 알아보기 위한 것으로 직업카드를 선호군(선택하고 싶은 직업), 혐오군(선택하고 싶지 않은 직업), 미결정중성군(잘 모르거나 확신이 가지 않는 직업)으로 분류하여 흥미를 사정하는 기법이다.

17 ④
기출 키워드 상담이론과 기법

정답 풀이 형태주의 상담기법에는 역할놀이, 감정에 머무르기, 직면, 미해결과제 재경험 등이 있다.

오답 풀이 ① 인지적 재구성 - 인지적 상담
② 저항의 해석 - 정신분석적 상담
③ 이완기법 - 행동치료

18 ③
기출 키워드 초기기억

정답 풀이 ㄴ. 초기기억은 내담자의 경험에 대한 주관적 감정에 초점을 맞추어 파악하여야 한다.

19 ④
기출 키워드 행동주의 상담

정답 풀이 행동주의 상담의 목적은 잘못 학습된 행동의 소거와 바람직하고 효과적인 행동의 학습에 도움이 되는 조건을 찾거나 조성하는 것이므로 내담자의 상황적 단서와 문제행동, 그 결과에 대한 정보를 얻기 위하여 노력해야 한다.

20 ①
기출 키워드 직업상담사의 윤리강령

정답 풀이 직업상담사는 개인이나 사회에 임박한 위험이 있을 경우 관계기관 등에 내담자의 정보를 공개할 수 있다.

21 ①
기출 키워드 크럼볼츠(Krumboltz)의 사회학습이론

정답 풀이 Krumboltz는 특정한 직업을 갖게 되는 것은 단순한 선호나 선택의 기능이 아니고 개인이 통제할 수 없는 복잡한 환경적 요인의 결과이며, 진로선택 과정에서 개인이 환경과 상호작용을 통해 어떠한 학습을 했는지에 중점을 두고 있다.

22 ④
기출키워드 직업적응 프로그램

정답 풀이 직업적응 프로그램은 전직을 예방하기 위한 적합한 프로그램으로, 신규 입직자나 직업인을 대상으로 조직문화, 인간관계, 직업예절, 직업의식과 직업관 등에 관한 정보를 제공하고 필요 시 상담을 지원하는 프로그램이다.

23 ③
기출키워드 수퍼(Super)의 기본가정(명제)

정답 풀이 진로발달 과정은 본질적으로 직업적 자아(자기)개념을 발달시키는 과정이다. 수퍼(Super)는 발달이론의 14가지 가정에서 개인과 사회적 요소 간, 자아개념과 현실 간의 종합과 타협의 과정을 개인의 역할수행의 과정으로 제시하였다.

24 ②
기출키워드 개념타당도(construct validity)

정답 풀이 개념타당도(구성타당도 또는 구인타당도)는 측정하고자 하는 추상적 개념인자들이 실제로 측정도구에 의해 제대로 측정되었는지의 정도를 말하는 타당도이다.

25 ④
기출키워드 신뢰도 추정

정답 풀이 정서반응과 같은 불안정한 심리적 특성의 신뢰도를 정확히 추정하기 위해서는 검사-재검사의 기간을 되도록 짧게 해야 한다.

26 ②
기출키워드 후견인 프로그램

정답 풀이 후견인 프로그램(멘토십 시스템, Mentorship System)은 종업원 특히 새로 일을 시작하는 신입사원이 조직에 쉽게 적응하도록 상사가 후견인이 되어 도와주는 프로그램이다.

27 ②
기출키워드 한국판 웩슬러 성인용 지능검사 제4판(K-WAIS-Ⅳ)의 구성

정답 풀이 한국 웩슬러 성인용 지능검사 4판은 16세 0개월부터 69세 11개월까지의 청소년과 성인의 인지능력을 개인적으로 평가할 수 있도록 만들어진 임상도구이다.

구조	핵심검사	보충검사
언어이해 지수척도 (Verbal Comprehension Index Scale)	・공통성 ・어휘 ・상식	이해
지각추론 지수척도 (Perceptual reasoning index scale)	・토막 짜기 ・행렬추론 ・퍼즐	・무게비교 ・빠진 곳 찾기
작업기억 지수척도 (Working memory index scale)	・숫자 ・산수	순서화
처리속도 지수척도 (Processing speed index scale)	・동형 찾기 ・기호 쓰기	지우기

28 ③
기출키워드 직무분석 자료

정답 풀이 직무분석 자료의 특징(특성)은 다음과 같다.
- 가장 최신의 정보를 반영해야 한다.
- 사실 그대로를 나타내어야 한다. 즉, 가공하지 않은 원상태의 정보이어야 한다.
- 논리적으로 체계화되어야 한다.
- 여러 가지 목적으로 활용될 수 있어야 한다.

29 ③
기출키워드 백분위 점수

정답 풀이 백분위 점수는 개인이 표준화된 집단에서 차지하는 상대적 위치를 가리키는 것으로 한 개인의 점수를 100개의 동일한 구간에서 순위를 정한 것이다.

30 ④
기출키워드 홀랜드(Holland)의 성격유형 중 관습형(C)

정답풀이 관습형의 사람은 정확하고 빈틈이 없으며 조심성이 있고 세밀하며 계획성이 있고 변화를 좋아하지 않으며 완고하고 책임감이 강하다. 사무적이고 계산적이며 회계 정리 능력이 있다.

31 ③
기출키워드 로(Roe)의 욕구이론

정답풀이 로(Roe)는 직업흥미가 아동기 초기 경험으로부터 결정된다는 관점에서 출발하며, 12세 이전 아동기의 부모-자녀 간의 관계에서 생긴 욕구가 직업선택에 영향을 미친다고 주장하였다.

32 ④
기출키워드 셀리에(Selye)의 일반적응증후군

정답풀이 ④의 설명은 A유형 성격의 특징이다. 탈진 단계에서 심장병을 잘 유발하는 성격의 A유형은 스트레스 상황에서 좀처럼 흥분을 가라앉히지 않는다.

33 ④
기출키워드 심리검사의 선택과 해석

정답풀이 심리검사는 내담자와 함께 선택하여, 상담의 한 구성요소로 내담자의 특정 문제해결을 위한 의사결정의 도구로 사용할 수 있다. 따라서 검사의 결과를 내담자에게 제공하고 해석의 경우에도 내담자와 함께 하는 것이 좋다.

34 ①
기출키워드 특성-요인 상담과정

정답풀이 윌리암슨(Williamson)의 특성-요인 상담과정은 분석 → 종합 → 진단 → 예후(처방) → 상담 → 추수지도 단계로 진행된다.

35 ③
기출키워드 직위분석질문지(PAQ)

정답풀이 직위분석질문지(PAQ; Position Analysis Questionnaire)는 매코믹(McCormick)과 동료들에 의해서 개발되었고 직무분석 분야에 상당한 공헌을 하였다. PAQ는 194개 항목을 포함하고 있는 구조화된 표준화 직무분석 질문지이며, 187문항은 작업활동과 작업상황에 관련된 질문이고 7문항은 보수와 관련된 질문이다.

36 ③
기출키워드 사무지각 적성

정답풀이 사무지각 적성의 하위검사는 명칭비교검사로, 사무지각 적성은 문자나 인쇄물, 전표 등의 세부를 식별하는 능력, 잘못된 문자나 숫자를 찾아 교정하고 대조하는 능력, 직관적인 인지능력의 정확도나 비교·판별하는 능력을 말한다.

오답풀이 ① 표식검사 - 운동반응
② 계수검사 - 수리능력
④ 평면도 판단검사 - 공간적성

37 ③
기출키워드 여크스와 도슨(Yerkes & Dodson)의 역U자형

정답풀이 Yerkes & Dodson의 역U자형 가설은 스트레스 수준이 너무 낮거나 높으면 건강이나 작업능률이 그만큼 낮아진다고 주장하였다. 반면, 스트레스 수준이 적당하면 건강도 최적 수준으로 유지되고 작업능률도 최대가 된다는 가설이다.

38 ④
기출키워드 방어기제

정답풀이 전위(전치)란 원래 실제로 있던 어떤 대상에게 향했던 감정이 대치물(substitute)로 향하는 것이다. 예컨대, 직장상사에게 야단맞은 사람이 부하직원이나 식구들에게 트집을 잡아 화풀이를 하는 것은 전치에 해당한다.

39 ①

기출 키워드 레빈슨(Levinson)의 발달이론

정답 풀이 Levinson의 발달이론에서 성인은 연령에 따라 변화와 안정의 계속적인 과정을 거쳐 발달하게 되며, 이러한 과정단계는 남녀와 문화에 상관없이 적용 가능하다고 보았다.

40 ③

기출 키워드 롭퀴스트(Lofquist)와 데이비스(Dawis)의 직업적응이론에서 성격양식 차원

정답 풀이 데이비스와 롭퀴스트의 직업적응이론에 나오는 성격양식은 민첩성, 역량, 리듬, 지구력이 있다.
- 민첩성: 정확성보다는 속도를 중시한다.
- 역량: 근로자들의 평균 활동수준을 의미한다.
- 리듬: 활동에 대한 다양성을 의미한다.
- 지구력: 다양한 활동수준의 기간을 의미한다.

41 ④

기출 키워드 국가기술자격 종목 내용

정답 풀이 자동차관리사라는 종목은 국가기술자격 종목에 없다. 자동차와 관련분야는 차량기술사, 그린전동자동차기사, 자동차정비(기술사·기능장·기사·산업기사·기능사), 자동차보수도장기능사 등이 있다.

42 ④

기출 키워드 한국표준산업분류의 분류목적

정답 풀이 취업알선을 위한 구인·구직안내 기준으로 사용하는 것은 직업분류(취업알선직업분류)이다. 취업알선과 산업분류는 관계가 없다.

> 한국표준산업분류
> 1. 한국표준산업분류(KSIC)는 생산단위(사업체단위, 기업체단위 등)가 주로 수행하는 산업활동을 그 유사성에 따라 체계적으로 유형화한 것이다.
> 2. 한국표준산업분류는 산업활동에 의한 통계자료의 수집, 제표, 분석 등을 위해서 활동 카테고리를 제공하기 위한 것으로, 「통계법」에서는 산업통계자료의 정확성 및 비교성을 위하여 모든 통계기관이 이를 의무적으로 사용하도록 규정하고 있다.
> 3. 한국표준산업분류는 통계목적 이외에도 일반 행정 및 산업정책 관련 법령에서 그 법령의 적용대상 산업영역을 결정하는 기준으로 준용되고 있다.

43 ①

기출 키워드 한국직업사전 직무기능

정답 풀이 제시된 내용은 직무기능의 사물(thing) 중 조작운전(driving-operating)에 대한 내용이다.

> - 한국직업사전의 부가직업정보 중 직무기능은 해당 직업 종사자가 직무를 수행하는 과정에서 자료(data), 사람(people), 사물(thing)과 맺는 관계를 나타내는 것이다.
> - 사물과 관련된 기능은 0 설치(setting up), 1 정밀작업(precision working), 2 제어조작(operating-controlling), 3 조작운전(driving-operating), 4 수동조작(manipulating), 5 유지(tending), 6 투입-인출(feeding-off bearing) 및 7 단순작업(handling) 등 계층적 관계를 지니고 있다.

44 ③

기출 키워드 직업정보 분석 시 유의점

정답 풀이 직업정보 분석 시 동일한 정보라도 다각적인 분석을 시도하여, 해석을 풍부히 해야 한다.

45 ②
기출키워드 힐튼(Hilton)의 직업결정모형

정답 풀이 인간이 복잡한 정보에 접근하게 되는 구조에 근거를 둔 이론은 기술적 직업선택 모형의 하나인 힐튼(Hilton)의 모형이다.

- 힐튼의 모형은 직업선택을 결정하기까지의 단계를 전제단계(직업선택 이전의 조사 시기), 계획단계(특정 직업에서 요구하는 행동을 상상하는 시기), 인지부조화 단계(자신이 가지고 있는 특성과 반대되는 직업을 갖게 됨으로써 생겨나는 행동을 시험해보는 시기) 등으로 구분한다.
- 힐튼은 직업결정 과정은 자신이 세운 계획과 전제 간의 불일치점 또는 불균형점을 조사·시험해보고, 이들 간의 부조화가 없다면 현재 계획을 행위화시키는 과정으로 보고 있다.

46 ④
기출키워드 한국표준직업분류(2018)의 개정 특징

정답 풀이 2018년에 개정된 한국표준직업분류(제7차)에서는 자동화·기계화 진전에 따른 기능직 및 기계조작직 직종을 통합하였다. 즉 제조관련 기능 종사원, 과실 및 채소 가공관련 기계 조작원, 섬유 제조 기계 조작원 등은 복합·다기능 기계의 발전에 따라 세분화된 직종을 통합하였다.

47 ①
기출키워드 국가기술자격 검정기준

정답 풀이 해당 국가기술자격의 종목에 관한 숙련기능을 가지고 제작·제조·조작·운전·보수·정비·채취·검사 또는 작업관리 및 이에 관련되는 업무를 수행할 수 있는 능력 보유는 기능사의 검정기준이다.

국가기술자격 검정기준의 키워드
- 기술사: 고도의 전문지식과 실무경험에 입각한 기술업무의 수행능력
- 기능장: 최상급 숙련기능을 가지고 현장관리업무의 수행능력
- 기사: 공학적 기술이론지식
- 산업기사: 기술기초이론지식 또는 숙련기능
- 기능사: 숙련기능

48 ③
기출키워드 한국표준산업분류의 산업분류 정의

정답 풀이 산업활동의 범위에는 영리적·비영리적 활동이 모두 포함되나, 가정 내의 가사활동은 제외된다. 산업활동이란 "각 생산단위가 노동, 자본, 원료 등 자원을 투입하여, 재화 또는 서비스를 생산 또는 제공하는 일련의 활동과정"으로 정의된다.

49 ①
기출키워드 고용노동통계조사의 조사주기

정답 풀이 사업체 노동력 조사는 고용노동부가 매월 사업체를 대상으로 수요 측면의 사업체 내 종사자 총량, 근로자의 전체 임금 총량 단위로 파악하는 조사이다.
이는 매월 노동수요 측(사업체)의 관점에서 근로자 수, 입직자 및 이직자 수와 임금 및 근로시간에 관한 사항을 조사하여 노동정책의 기초자료 활용 및 경기전망 등을 위한 경기지표를 생산하기 위한 조사이다.

50 ③
기출키워드 국민내일배움카드

정답 풀이 구직자에게 일정한 금액을 지원하여 그 범위 이내에서 직업능력개발훈련에 참여할 수 있도록 하고, 훈련이력 등을 개인별로 통합 관리하는 제도는 국민내일배움카드(직업능력개발계좌제)이다(hrd.go.kr). 국민내일배움카드는 실업, 재직, 자영업 여부에 관계없이 카드발급이 가능하지만 공무원, 사립학교 교직원, 졸업예정자 이외 재학생, 연 매출액 1억 5천만 원 이상의 자영업자, 월 임금 300만 원 이상인 대기업근로자(45세 미만)·특수형태 근로종사자는 제외한다.

51 ④
기출키워드 한국표준산업분류의 산업분류 결정방법

정답 풀이 단일사업체의 보조단위는 그 사업체의 일개 부서로 포함하며, 여러 사업체를 관리하는 중앙보조단위(본부)는 별도의 사업체로 처리한다.

52 ④
기출키워드 평생교육진흥원의 평생학습계좌제

정답 풀이 계좌개설은 온라인신청, 방문신청, 대리신청 모두 가능하다. 방문신청의 경우 평생교육진흥원을 방문하여 개설한다.

> **평생학습계좌제**
> 교육과학기술부 평생교육진흥원이 운영하는 것으로, 평생교육법(제23조)에 근거하여 개인의 다양한 학습경험을 학습계좌(온라인 학습이력관리시스템)에 기록·누적하여 체계적인 학습설계를 지원하고 학습결과를 학력이나 자격인정과 연계하거나 고용정보로 활용할 수 있게 하는 제도이다.

53 ③
기출키워드 고용24 채용정보 중 기업형태별 검색

정답 풀이 고용24 채용정보의 상세검색에서 기업형태별 검색 메뉴는 대기업, 공무원·공기업·공공기관, 강소기업, 코스피·코스닥, 중견기업, 외국계기업, 일학습병행기업, 벤처기업, 청년친화강소기업 및 가족친화인증기업 등 10가지로 구분하고 있다.

※ 24년 9월 기준 '워크넷' 사이트가 '고용24'로 개편되어 현행에 맞게 문제를 수정하였습니다.

54 ③
기출키워드 직업정보 가공 시 유의사항

정답 풀이 직업정보의 가공에서는 중립적인 입장에서 직업에 대한 장단점을 편견 없이 제공해야 한다.

55 ④
기출키워드 고용24 직업정보시스템 '직업정보 찾기'의 하위 메뉴

정답 풀이 고용24 직업정보시스템의 '직업정보 찾기'에서는 분류별 찾기, 지식별 찾기, 업무수행능력별 찾기, 통합 찾기(지식, 능력, 흥미), 신직업·창직 찾기, 대상별 찾기, 이색직업별 찾기 및 테마별 찾기 등의 하위 메뉴를 제공하고 있다.

56 ②
기출키워드 고용24 학과정보

정답 풀이 해양생명과학과는 자연계열의 '수산학과'의 관련학과이다.
고용24 학과정보 중 자연계열의 '생명과학과'의 관련학과는 생명공학과, 의생명과학과, 의생명공학과, 미생물학과, 분자생물학과, 분자생명과학과, 유전공학과, 생물학과, 분자생물학과, 생명시스템학과, 바이오산업공학과 등이다.

※ 24년 9월 기준 '워크넷' 사이트가 '고용24'로 개편되어 현행에 맞게 문제를 수정하였습니다.

57 ①
기출키워드 공공직업정보의 특성

정답 풀이 필요한 시기에 최대한 활용되도록 한시적으로 신속하게 생산 및 운영되는 것은 민간직업정보의 특징이다.

58 ①
기출키워드 한국표준직업분류(2018)의 신설 직업

정답 풀이 2018년 개정된 7차 한국표준직업분류에서 대분류 3 '사무 종사자'에 신설된 분류는 행정사, 대학 행정조교, 증권사무원, 의료서비스 상담종사원 등이다.

59 ④
기출키워드 국가기술자격 종목별 정보

정답 풀이 큐넷(Q-net)에서는 각 자격종목마다 시험정보(수수료, 출제경향, 출제기준, 취득방법 등), 기본정보(수행직무, 실시기관, 진로 및 전망), 자격취득자에 대한 법령상 우대현황, 훈련·취업정보, 연도별 검정현황(응시자 수, 합격률) 및 수험자 동향(응시목적별, 연령별 등)에 대한 정보를 제공하고 있다.

60 ②

기출키워드 직업정보의 일반적인 평가기준

정답풀이 직업정보를 평가할 때 중요한 기준은 정보의 정확성, 신뢰성 등이다. 따라서 누가 만들었는지, 어떤 목적으로 누구의 자금지원을 받아 만들었는지를 파악해야 한다. 또한 정보는 시간이 흐르면 가치가 없어지는 경우가 많기 때문에 언제 만들어진 것인지도 파악해야 한다.

61 ②

기출키워드 노동조합의 기능

정답풀이 노동조합은 이해의 갈등 또는 노동자의 불만을 제도적으로 표출시키고 이를 해결하기 위해 노력하는 집단적 발언(collective voice)기구이다. 집단적 발언으로 인해 노동조합은 노동생산성의 증대에 기여한다.

오답풀이 ① 노동조합이 결성되면 파급효과로 인해 노조 조직부문과 비조직부문 간의 임금격차는 확대된다.
③ 노동조합이 결성되면 시장임금보다 높은 수준의 임금을 요구한다.
④ 노조부문의 임금수준은 비노조부문의 임금수준에 비해 높게 책정되는 것이 일반적이다.

62 ④

기출키워드 소득정책

정답풀이 실업률과 물가상승률 간의 상충관계, 즉 스태그플레이션(stagflation)을 해결하기 위해 실시했던 정책은 소득정책(income policy)이다.
이는 주로 1960년대부터 과도한 임금상승과 두 차례 석유파동을 계기로 스태그플레이션 현상이 나타나자 이를 해결하기 위해 도입된 것으로, 과도한 임금인상을 억제하는 것(임금 가이드라인 정책)을 주요 내용으로 한다.

63 ①

기출키워드 실망노동자효과

정답풀이 실업자가 구직활동을 단념하게 되면 경제활동인구(실업자)가 비경제활동인구로 전환된 것이다. 즉 경제활동인구가 감소하고 비경제활동인구가 증가하므로 경제활동참가율과 실업률이 낮아지는데, 이를 실망노동자효과라고 한다.

64 ③

기출키워드 한국 노동시장의 특징

정답풀이 대기업과 중소기업 간 임금격차가 확대되면 저임금을 지급하는 중소기업은 필요한 인력을 구하지 못하고(인력난), 구직자는 대기업에 취업하기 위해 실업을 택하기 때문에 유휴인력 또한 존재하게 된다.

65 ①

기출키워드 던롭(J. T. Dunlop)의 노사관계 시스템이론

정답풀이 던롭의 노사관계 시스템이론에 대한 내용이다. 던롭의 노사관계 시스템이론은 하나의 노사관계가 3주체로 구성되어 있다고 가정한다. 그리고 이들 주체가 직간접으로 영향을 받으면서 행동하게 되는 환경조건 내지 노사관계를 규제하는 여건으로 기술적 특성, 시장 또는 예산제약, 각 주체의 세력관계(또는 권력구조)를 제시한다.

66 ①

기출키워드 내부노동시장의 특징

정답풀이 내부노동시장(internal labor market)이란 하나의 기업 또는 사업장 내에서 이루어지는 노동시장을 말한다.
내부노동시장에서의 임금, 직무배치 및 승진은 외부노동시장의 작용으로부터 단절된 채로 기업 내부에서 정해진 규칙과 절차에 의해 결정된다. 다만 입직문(ports of entry), 즉 기업으로 들어오는 통로는 외부노동시장과 연결되어 외부노동시장에서 신규채용이 이루어진다.

67 ①
기출키워드 여가-소득 모형과 노동의 공급

정답풀이 개인의 여가-소득 간의 무차별곡선이 수평에 가까운 경우에는 예산제약선이 우하향하므로 소득을 나타내는 Y축 코너에서 노동자의 선택이 이루어진다. 따라서 이 경우 여가시간은 0이 되고 주어진 시간 전부를 노동에 투입하게 된다.
여가-소득 모형에서 개인의 우하향하는 무차별곡선과 예산제약선이 접하는 수준에서 노동자의 효용극대화가 이루어지므로 여가시간과 노동시간을 결정한다.

68 ④
기출키워드 경영참가제도

정답풀이 노사 공동결정(co-determination)은 노동자·종업원 또는 노동조합의 대표가 기업의 의사결정기관에 직접 참가하여 기업경영의 여러 문제를 노사 공동으로 결정하는 제도를 의미한다.
따라서 공동결정은 '경영참가제도' 또는 '노사협의제'의 한 형태라고 할 수 있다. 공동결정의 가장 전형적인 예로는 독일의 공동결정법(1976)에 의한 경영참가제도가 있다.

69 ③
기출키워드 최저임금제의 기대효과

정답풀이 최저임금제는 정부가 시장의 균형임금을 무시하고 그보다 높은 수준으로 임금을 올리는 것이다. 따라서 기업의 노동수요량은 감소하고 노동공급량은 증가하여 노동의 초과공급, 즉 실업을 발생시키는 결과를 초래한다.

70 ③
기출키워드 노동시장의 균형 변화

정답풀이 노동공급이 감소하면 노동공급곡선이 왼쪽으로 이동하고, 이에 따라 고용수준은 감소하고 임금은 상승한다.

71 ①
기출키워드 노동조합의 숍(shop) 제도

정답풀이 조합원 자격이 있는 노동자만을 채용하고 일단 고용된 노동자라도 조합원 자격을 상실하면 종업원이 될 수 없도록 한 클로즈드 숍(closed shop)이 노동조합 조직의 유지·확대에 가장 유리하고, 그다음은 유니언 숍(union shop)이다. 노동조합의 조직력 유지·확대에 가장 불리한 것은 오픈 숍(open shop)이다.

72 ④
기출키워드 통상임금과 평균임금

정답풀이 평균임금은 퇴직금, 휴업수당, 산재보상 등의 산출 기준임금이고, 통상임금(ordinary wage)은 시간외근로·야간근로·휴일근로와 유급휴일에 대한 가산임금과 유급휴가 시에 지급될 임금 또는 유급휴가일에 근로한 경우에 대해 임금을 산출하는 기준이 된다. 통상임금은 기본급뿐만 아니라, 단체협약이나 근로계약에 의하여 근로의 대가로 근로자에게 지급하여야 할 임금을 말한다. 즉 기본급 외의 직무수당·기술수당·물가수당 등 명칭 여하를 불문하고 통상의 근로에 대한 대가로 지급되는 모든 금품을 말한다(근로기준법 시행령 6조).

73 ①
기출키워드 마찰적 실업의 원인

정답풀이 노동시장의 정보의 불완전 때문에 발생되는 실업을 마찰적 실업(frictional unemployment)이라고 한다. 마찰적 실업은 자발적이고 불가피한 실업이고, 또한 대부분의 경우에는 자연적인 실업이므로 인위적으로 줄이기가 매우 어렵다.

74 ②
기출키워드 한국노동시장의 특징

정답풀이 외국인 노동자의 대량유입이 이루어진 것은 2005년 외국인에 대한 고용허가제가 시행된 이후이다.

75 ④
기출키워드 소득-여가 선택모형에서 임금상승의 효과

정답 풀이 노동공급 모형인 소득-여가 선택모형에서 임금상승의 대체효과는 노동공급량을 증가시키고 소득효과는 노동공급량을 감소시킨다. 따라서 대체효과가 소득효과보다 크면 임금상승 시 노동공급량이 증가하므로 노동공급곡선은 우상향한다. 반면 대체효과보다 소득효과가 크면 임금상승 시 노동공급량은 감소한다. 따라서 여가시간은 증가한다. 이 경우 노동공급곡선은 우하향(좌상향)하므로 노동공급곡선은 후방으로 굴절된다.

> **임금상승의 대체효과와 소득효과**
> - 임금상승의 대체효과는 임금이 상승하면 여가의 기회비용(임금)이 커지기 때문에 여가를 줄이고 노동공급량을 증가시키는 효과이다.
> - 임금상승의 소득효과는 임금이 상승하면 전보다 적은 노동을 공급해도 전과 동일한 소득을 얻게 되므로 노동공급량을 감소시키는 효과이다.

76 ①
기출키워드 연공급 임금체계

정답 풀이 임금체계 중 근로자의 근속연수에 따라 임금을 결정하는 것을 연공급이라고 한다. 연공급(seniority-based pay)이란 임금이 개인의 근속연수·학력·연령 등 인적요소기준을 중심으로 변화하는 것이다. 직능급은 근로자의 직무수행능력에 따라, 직무급은 직무의 상대적 가치에 따라 임금을 결정하는 체계이다.

77 ①
기출키워드 노동조합의 파급효과와 위협효과

정답 풀이 노동조합에 의해 임금이 인상되어 생긴 실업자가 노조 비조직부문으로 이동하여 비조직부문의 노동공급이 증가하면 임금이 하락하는데 이를 이전효과라고 한다.

> **파급효과와 위협효과**
> 노동조합이 있는 조직된 부문이 조직되지 않은 부문의 임금에 미치는 영향은 두 가지가 있다.
> 1. 이전효과(spillover effect) 또는 파급효과, 해고효과(displacement effect)는 노동조합이 조직되면 교섭력에 의하여 임금을 상승시키기 때문에 고용이 감소하게 되고, 해고된 근로자가 비조직부문으로 이동하면 비조직부문의 임금이 하락하게 되는 효과이다.
> 2. 위협효과(threat effect)는 같은 산업의 일부기업에 노동조합이 조직되면 노동조합이 조직되지 않은 기업의 임금을 올리게 되는 효과이다.

78 ②
기출키워드 노동수요의 임금탄력성

정답 풀이 노동수요의 임금탄력성
$$= -\frac{\text{노동수요량의 변화율\%}}{\text{임금의 변화율\%}} = -\frac{-10\%}{20\%} = 0.5\text{이다.}$$

79 ④
기출키워드 기업의 이윤극대화

정답 풀이 3명 고용 시 시간당 임금총액 = 3명 × 8,000원 = 24,000원이다. 4명 고용 시 시간당 임금총액 = 4명 × 9,000원 = 36,000으로 12,000원 증가하였다. 그러나 이 경우 시간당 한계수입생산이 10,000원이므로 이윤은 2천 원 감소하였다.

80 ③
기출키워드 임금수준의 결정원칙

정답 풀이 임금수준을 어떻게 결정할 것인가 하는 문제는 임금수준을 결정해주는 여러 요인들을 합리적으로 고려함으로써 해결할 수 있다.
상한선을 기업의 지불능력으로 하되 종업원의 생계비 수준이 하한선이 되고, 타사 수준 등의 사회적 균형의 문제가 양자의 조정요인으로 그 중간에 위치하는 것이 가장 바람직한 임금수준 결정의 구조라고 할 수 있다.

81 ④
기출 키워드 근로자의 모집

정답 풀이 근로자를 모집하려는 자가 응모자로부터 그 모집과 관련하여 금품을 받은 경우 5년 이하의 징역 또는 5천만 원 이하의 벌금에 해당한다.

82 ①
기출 키워드 실업급여

정답 풀이 실업급여는 구직급여와 취업촉진수당(조기재취업수당, 직업능력개발수당, 광역구직활동비)으로 구분된다.

83 ④
기출 키워드 근로권

정답 풀이 헌법 제32조 근로권의 보호대상에 장애인은 포함되지 않는다.

84 ④
기출 키워드 육아기 근로시간 단축

정답 풀이 육아기 근로시간 단축 후 근로시간은 주당 15시간 이상 35시간 이내에서 해야 한다.

- 육아기 근로시간 단축을 허용하는 경우 단축 후 근로시간은 주당 15시간 이상이어야 하고 35시간을 넘어서는 아니 된다(남녀고용평등과 일·가정 양립 지원에 관한 법률 제19조의2).
- 가족돌봄 등을 위한 근로시간 단축을 허용하는 경우 단축 후 근로시간은 주당 15시간 이상이어야 하고 30시간을 넘어서는 아니 된다(제22조의3).

85 ④
기출 키워드 개인정보 보호

정답 풀이 위원의 임기는 3년으로 하되, 연임할 수 있다.

86 ③
기출 키워드 이행강제금

정답 풀이 근로자는 구제명령을 받은 사용자가 이행기한까지 구제명령을 이행하지 아니하면 이행기한이 지난 때부터 15일 이내에 그 사실을 노동위원회에 알려줄 수 있다.

※ 최신 개정 내용에 맞게 변형한 기출문제입니다.

87 ③
기출 키워드 고용정책기본계획

정답 풀이 인력의 수급동향 및 전망을 반영한 직업능력개발훈련의 수급에 관한 사항은 직업능력개발훈련계획에 해당하는 사항이다.

88 ②
기출 키워드 직업능력개발훈련의 종류

정답 풀이 향상훈련은 훈련목적에 따른 훈련의 종류에 해당한다.

※ 최신 개정 내용에 맞게 변형한 기출문제입니다.

89 ④
기출 키워드 고용보험 피보험단위기간

정답 풀이 이직일 이전 18개월의 기준기간 중에 피보험 단위기간이 통산하여 180일 이상이어야 한다.

90 ①
기출 키워드 고용재난지역

정답 풀이 고용재난지역으로 선포할 것을 대통령에게 건의할 수 있는 자는 고용노동부장관이다.

91 ②
기출 키워드 직업능력개발훈련

정답 풀이 취업할 의사가 있는 사람뿐만 아니라 사업주에게 고용된 사람도 직업능력개발훈련의 대상에 포함된다.

※ 최신 개정 내용에 맞게 변형한 기출문제입니다.

오답 풀이 ① 직업능력개발훈련은 15세 이상인 사람에게 실시할 수 있다.
③ 고용노동부장관은 직업능력개발훈련과 관련된 기술 등에 관한 표준을 정할 수 있다.
④ 「산업재해보상보험법」을 적용받는 사람은 재해위로금을 받을 수 없다.

92 ①
기출 키워드 고용안정·직업능력개발 사업의 내용

정답 풀이 조기재취업수당은 고용보험사업 중 실업급여에 해당한다.

93 ③
기출 키워드 용어 정의

정답 풀이 평균임금이란 평균임금 산정사유 발생일 이전 3개월간에 그 근로자에게 지급된 임금총액을 그 기간의 총일수로 나눈 금액을 말한다.

94 ②
기출 키워드 과태료 부과대상

정답 풀이 성희롱 예방교육을 하지 아니한 경우는 과태료 처분대상이다. ①, ③, ④는 모두 벌금대상이다.
오답 풀이 ① 근로자의 교육·배치 및 승진에서 남녀를 차별한 경우: 500만 원 이하의 벌금
③ 동일한 사업 내의 동일가치의 노동에 대하여 동일한 임금을 지급하지 아니한 경우: 3년 이하의 징역 또는 3천만 원 이하의 벌금
④ 육아기 근로시간 단축을 이유로 해당 근로자에 대하여 해고나 그 밖의 불리한 처우를 한 경우: 3년 이하의 징역 또는 3천만 원 이하의 벌금

95 ②
기출 키워드 근로계약체결 시 보호내용

정답 풀이 사용자는 근로계약 불이행에 대한 위약금 또는 손해배상액을 예정하는 계약을 체결할 수 없다.

96 ④
기출 키워드 직장 내 성희롱

정답 풀이 사업주는 직장 내 성희롱 예방교육을 연 1회 이상하여야 한다.

97 ①
기출 키워드 퇴직급여제도

정답 풀이 「근로자퇴직급여보장법」은 상시 1명 이상의 근로자를 사용하는 모든 사업장에 적용한다.

98 ①
기출 키워드 근로자공급사업

정답 풀이 근로자공급사업 연장허가의 유효기간은 연장 전 허가의 유효기간이 끝나는 날부터 3년으로 한다.

99 ②
기출 키워드 파견근로자 보호

정답 풀이 파견사업주는 그가 고용한 근로자 중 파견근로자로 고용하지 아니한 자를 근로자파견의 대상으로 하려는 경우에는 해당 근로자의 동의를 받아야 한다.

100 ③
기출 키워드 고령자 기준고용률

정답 풀이 고령자 기준고용률은 제조업은 상시 근로자 수의 100분의 2, 운수업·부동산 및 임대업은 상시 근로자 수의 100분의 6, 기타 산업은 상시 근로자 수의 100분의 3이다.

2021년 3회

[제1과목] 직업심리

01	②	02	①	03	①	04	②	05	②
06	①	07	③	08	②	09	①	10	①
11	④	12	②	13	④	14	④	15	③
16	②	17	③	18	②	19	④	20	④

[제2과목] 직업상담 및 취업지원

21	②	22	③	23	①	24	②	25	④
26	①	27	②	28	①	29	③	30	④
31	③	32	①	33	④	34	③	35	①
36	②	37	④	38	③	39	①	40	③

[제3과목] 직업정보

41	③	42	②	43	④	44	③	45	④
46	②	47	④	48	①	49	①	50	④
51	①	52	④	53	①	54	④	55	③
56	④	57	④	58	②	59	②	60	④

[제4과목] 노동시장

61	③	62	④	63	②	64	②	65	④
66	②	67	②	68	②	69	②	70	④
71	④	72	①	73	①	74	④	75	②
76	①	77	②	78	②	79	③	80	①

[제5과목] 고용노동관계법규

81	②	82	④	83	④	84	②	85	④
86	③	87	④	88	③	89	③	90	④
91	④	92	④	93	④	94	③	95	①
96	④	97	③	98	④	99	③	100	②

01 ②
기출키워드 정신분석이론

정답 풀이 인생 초기의 아동기의 경험을 중시하는 것은 정신분석 상담이론의 특징이다.

오답 풀이 ① 인지적 정보처리이론은 진로선택에 있어 개인의 인지영역을 중시하며, 개인의 정보처리능력을 진로선택과 연관시킨다.
③ 사회학습이론은 진로결정에 있어 유전적 요인과 특별한 능력, 환경적 조건과 사건, 학습경험, 과제접근기술을 중시한다.
④ 진로발달이론은 진로선택에 있어 개인의 발달과정을 중시한다. 즉 진로선택이 발달과정의 일부로서 진로성숙과 함께 이루어진다.

02 ①
기출키워드 인지적 상담

정답 풀이 인지치료(상담)의 상담자는 내담자의 비합리적 신념을 논박하고 합리적 신념으로 변화시키기 위하여 능동적이고 적극적 태도를 지닌다. 수용적인 태도는 내담자중심 상담에서 상담자의 역할이다.

03 ①
기출키워드 특성-요인 상담과정

정답 풀이 윌리암슨(Williamson)이 제시한 특성-요인 상담과정은 과학적이고 합리적 절차를 강조하며, 분석 → 종합 → 진단 → 예후(예측) → 상담 → 추수지도 단계로 진행된다.

04 ②

기출 키워드 6개의 생각하는 모자(six thinking hats)

정답 풀이 6개의 생각하는 모자에서 적색(빨강)은 직관에 의한 감정이나 느낌을 반영하는 상징색이다. 즉 직관에 의존하고 직감에 따라 행동한다.

오답 풀이 ① 황색에 대한 설명이다.
③ 흰색에 대한 설명이다.
④ 녹색에 대한 설명이다.

05 ②

기출 키워드 수퍼(Super)의 흥미사정기법

정답 풀이 수퍼의 흥미사정기법에는 조사된 흥미, 표현된 흥미, 조작된 흥미가 있다.
- 조사된 흥미: 심리검사를 통해 흥미를 파악
- 표현된 흥미: 질문을 통해 흥미를 파악
- 조작된 흥미: 관찰을 통해 흥미를 파악

06 ①

기출 키워드 교류분석 상담

정답 풀이 교류분석 상담과정의 구조분석은 자아 상태를 부모자아, 성인자아(어른자아), 어린이자아로 구분하여 그에 대한 내용을 통찰함으로써 부적절한 사고를 변화시키며, 세 가지 자아상태를 적절히 활용할 수 있도록 돕는 과정이다.

07 ③

기출 키워드 인지·정서·행동치료(REBT)의 상담기법

정답 풀이 인지·정서·행동치료(REBT)의 상담기법 중 정서적 기법으로는 무조건적 수용, 합리적-정서적 이미지, 역할놀이, 수치(부끄러움) 공격 연습 등이 있다. 자기관리는 행동적 기법에 속한다.

08 ②

기출 키워드 비밀보장의 한계

정답 풀이 ①, ③, ④의 경우 상담사는 비밀유지를 파기할 수 있다. 비밀을 유지하지 않는 것이 효과적이라고 슈퍼바이저가 말하는 경우라도 비밀유지를 파기해서는 안 된다.

09 ①

기출 키워드 직업상담을 위한 면담

정답 풀이 직업상담을 위한 면담에서 상담자는 내담자의 모든 행동은 이유와 목적이 있음을 분명히 인지해야 한다.

오답 풀이 ② 내담자에게 태도변화를 요구하는 것은 극도로 신중해야 한다. 즉 상담과정의 전개를 위해 태도 변화를 요구해서는 안 된다.
③ 상담자가 항상 먼저 이야기할 필요는 없으며, 내담자의 침묵에 주목하여야 한다.
④ 초기면담에서는 관계형성과 상담의 구조화가 필요하다.

10 ①

기출 키워드 사이버 직업상담기법(단계)

정답 풀이 질문내용 구상하기는 내담자에게 해당되는 내용이다.

11 ④

기출 키워드 자기관리 프로그램

정답 풀이 자기관리 프로그램은 자신의 문제를 내담자 스스로 조정하고 해결할 수 있도록 돕는 과정으로, 내담자가 자기지시적인 삶을 영위하고 상담자에게 의존하지 않게 하기 위해 상담자가 내담자와 지식을 공유하며 자기강화 기법을 적극적으로 활용하는 행동주의 상담기법이다.

12 ②

기출키워드 공감

정답풀이 공감은 내담자가 전달하려는 내용에서 한 걸음 더 나아가 그 내면적 감정에 대해 반영하는 것으로, 이때 상담자는 내담자의 세계를 상담자 자신의 세계인 것처럼 경험하지만 객관적인 위치에서 벗어나지 말아야 한다.

13 ④

기출키워드 아들러(Adler)의 개인주의 상담

정답풀이 아들러의 상담이론에서는 개인을 사회라는 범인류적 공동체의 요소로서 사회에 기여 가능한 목적 지향적인 전체적 존재로 바라보기 때문에, 개인의 열등감 극복을 위한 광범위한 격려와 교육문제에 관심을 갖는다.

14 ④

기출키워드 가치조건화

정답풀이 가치조건화란 부모의 기대와 바람에 의해 만들어진 자신의 모습을 말하는데, 자신과 타인의 기대 불일치는 참다운 자신을 찾는 것을 방해하며 부정적 자아개념이 형성되게 만든다. 즉, 가치조건화는 자기 스스로 형성해나가는 '자기실현화'의 반대되는 의미라 할 수 있다. 인간중심적 상담(내담자중심 상담)에서는 인간을 자기실현의 경향성을 가진 존재로 보고, 자기 자신의 일들을 스스로 결정하고 해결할 수 있는 능력을 지니고 있다고 보았다.

15 ③

기출키워드 직업상담의 과정(단계)

정답풀이 직업상담 과정에서 내담자 목표나 문제의 확인·명료·상세단계는 상담의 초기단계에 해당되며, 진단에 근거한 개입은 목표설정 이후의 절차로 상담의 중기단계에 해당된다.

16 ②

기출키워드 수퍼(Super)의 생애진로발달 이론에서 상담목표

정답풀이 Super의 생애진로발달 이론의 상담목표
- 자기개념 분석하기
- 진로성숙 수준 확인하기
- 진로발달과제를 수행하는 데 필요한 지식, 태도, 기술 익히기
- 자신의 흥미, 능력, 가치를 확인하고 생애역할과 연계하기

17 ③

기출키워드 생애진로사정의 구조

정답풀이 생애진로사정의 구조는 진로사정, 전형적인 하루, 강점과 장애 및 요약으로 이루어진다. 생애진로사정은 상담자와 내담자가 처음 만났을 때 사용해 볼 수 있는 구조화된 면접기법으로 내담자의 정보와 행동을 이해하는 데 도움을 주는 질적 평가절차이다.

18 ②

기출키워드 직업상담 과정에서의 사정단계

정답풀이 사례 속 내담자의 경우 생활 전반적으로 부적응 상태에 있으므로, 인지적 명확성, 정신건강 문제, 내담자의 동기에 대한 사정이 우선적으로 이루어져야 한다.

19 ④

기출키워드 비구조화 집단

정답풀이 비구조화 집단은 특정한 프로그램을 사용하지 않고, 구성원들의 자유로운 상호작용에 근간을 두고 진행하는 집단이다. 비구조화 집단은 구조화 집단에 비해 자유로우나 지도자의 높은 전문성이 요구되며 경우에 따라서 계획을 세울 수 있다.

20 ④
기출키워드 Bordin의 직업문제의 심리적 원인

정답 풀이 보딘(Bordin)이 제시한 직업문제의 심리적 원인에는 내적갈등, 정보의 부족, 의존성, 확신의 결여, 진로선택의 불안이 있다. 흥미와 적성의 모순은 윌리암슨(Williamson)의 문제유형이다.

21 ②
기출키워드 브룸(Vroom)의 기대이론

정답 풀이 브룸(Vroom)의 기대이론은 개인은 자신의 행동결정과정에서 여러 대안을 평가하며 자신의 노력에 따른 결과를 기대하고 선택한다는 동기부여이론이자 의사결정이론이다.

오답 풀이 ①, ③, ④ 의사결정이론보다는 진로발달이론 측면의 성격을 지니고 있다.

22 ③
기출키워드 인지적 정보처리이론

정답 풀이 인지적 정보처리이론의 가정에서 진로선택은 인지와 정서의 상호작용에 의한 결과이며, 진로의사결정은 하나의 문제해결활동으로 보고 있다.

23 ①
기출키워드 역할갈등

정답 풀이 역할갈등은 역할담당자가 자신의 지위와 역할전담자의 역할기대가 상충되는 상황에서 지각하는 심리적 상태로, 직장 내 요구들 간의 모순 혹은 직장의 요구와 직장 밖 요구 사이의 모순이 있을 때 발생한다.

24 ①
기출키워드 진로성숙도검사(CMI)의 태도척도

정답 풀이 태도척도(상담척도)의 하위영역으로는 진로 결정성, 참여도, 독립성, 성향, 타협성 등이 있다.

오답 풀이 ②는 참여도, ③은 성향, ④는 타협성에 대한 설명이다.

25 ④
기출키워드 호손효과

정답 풀이 호손효과란 작업 장면의 사회적 환경, 조직 구성원의 사회적·심리적 욕구, 비공식집단이 생산성의 영향을 미친다는 이론으로, 근로자의 생산성에 있어 작업장의 물리적 환경보다는 작업장의 사회적 환경, 즉 인간관계 측면이 중요하다는 것이다.

26 ①
기출키워드 직무 스트레스

정답 풀이 17-OHCS라는 당류부신피질 호르몬은 스트레스의 생리적 지표로서 매우 중요하게 사용된다. 대표적 호르몬으로는 코티졸(Cortisol)이 포함된다.

오답 풀이 ② A성격유형이 B성격유형보다 높은 스트레스 수준을 유지한다.
③ 역U자형 가설은 스트레스 수준이 낮거나 높을 경우 작업능률이 낮아진다는 가설이다.
④ 일반적응증후군(GAS)은 경계단계, 저항단계, 탈진단계를 거치면서 사람에게 나쁜 결과를 가져다준다.

27 ②
기출키워드 신뢰도

정답 풀이 검사의 신뢰도란 동일한 사람에게 검사를 실시했을 때 그 점수가 얼마나 일관성 있게 나오느냐 하는 것이다. 높은 신뢰도 계수를 기대하려면 우선적으로 검사도구가 표준화 되어 있어야 하며, 보통 지능검사가 성취검사나 직무수행평가보다 안정성과 신뢰도가 높다.

28 ①
기출키워드 경력워크숍

정답 풀이 경력워크숍은 신입사원을 대상으로 부서 배치 후 6개월 이내에 자신이 도달하고 싶은 미래의 모습을 경력목표로 정하고 목표에 도달하기 위한 계획을 작성, 제출하도록 하여 자율적으로 경력목표를 달성할 수 있도록 지원하는 제도이다.

29 ③
기출키워드 스트레스 관리전략

정답 풀이 2차적 스트레스 관리전략은 반응지향적 관리로서 개인수준의 스트레스 관리전략이다. 이완훈련, 바이오피드백, 대처기술, 시간관리, 스트레스관리 훈련, 생활스타일관리 등이 있다. 직무 재설계는 출처지향적인 1차적 스트레스 관리전략에 해당된다.

30 ④
기출키워드 심리검사 실시

정답 풀이 수검자에게 검사결과를 통보할 때는 통계적인 숫자나 용어보다 일상적인 용어를 중심으로 전달하여야 한다.

31 ③
기출키워드 홀랜드(Holland) 6각형 모델 중 예술형(A)

정답 풀이 예술형(A)은 창의성을 지향하는 아이디어와 자료를 사용해서 자신을 새로운 방식으로 표현하는 작업을 하고, 예술적 창조와 표현, 변화와 다양성을 좋아하고 틀에 박힌 것을 싫어한다. 또 모호하고 자유롭고 상징적인 활동을 좋아하지만 명쾌하고 체계적이고 구조화된 활동에는 흥미가 없다.

32 ①
기출키워드 타당도

정답 풀이 타당도는 연구자가 측정하고자 하는 개념이 실제로 측정되었는가와 그러한 측정이 얼마나 정확하게 이루어졌는가의 문제이다. 예컨대 직업상담사 자격시험 문항 중 대학수학능력을 측정하는 문항이 섞여 있을 경우 타당도에 문제가 된다.

33 ④
기출키워드 직무정보 출처

정답 풀이 직무정보는 최신의 것을 반영해야 하므로 정보의 출처는 현재 직무관련자에게 얻어야 한다. 따라서 현재 직무를 수행하는 사람(현직자)과 현직자의 상사 그리고 직무 분석가로 부터 얻을 수 있다.

34 ①
기출키워드 특성-요인이론

정답 풀이 ㄷ. 특성-요인이론에서 사람은 각기 다른 개인적 특질이 있다고 가정하기 때문에 개인차 측정과 진단을 위한 심리검사를 중시한다.

35 ①
기출키워드 스테나인(Stanine) 척도

정답 풀이 스테나인(Stanine) 척도는 2차 세계대전 중에 미국 공군에서 개발한 것으로 모든 원점수를 1~9까지의 한 자리 숫자체계로 전환하였다. 표준등급으로도 불린다.

36 ②
기출키워드 직업지도

정답 풀이 여러 가지 직업 중에서 장단점을 비교하는 것은 직업선택 단계에 해당한다.

37 ④
기출키워드 스트롱-캠벨 흥미검사(SVIB-SCII)

정답 풀이 스트롱-캠벨 흥미검사는 근본적으로 홀랜드 이론을 바탕으로 두고 있으므로, 일반직업분류에서 6가지 영역의 직업흥미를 분류하고 있다.

38 ③
기출키워드 타이드만(Tiedeman) 진로발달이론

정답 풀이 타이드만의 이론에 따르면 진로발달은 직업정체감을 형성해 나가는 연속적 과정이며, 자아정체감은 직업정체감을 형성하는 중요한 요인이다. 진로발달이란 직업정체성을 구체화하고 직업기회를 발전시키는 것이다.

39 ①
기출키워드 평가센터(assessment center)

정답 풀이 평가기관(assessment center)제도는 조직 구성원의 경력개발을 위하여 전문가로부터 개인의 능력, 성격, 기술 등에 대해 종합적인 평가를 받는 프로그램이다. 미국의 AT&T사에서 처음 운영한 것으로, 다양한 직무과업을 모방하여 설계한 여러 가지 모의과제로 구성되어 있다.

40 ③
기출키워드 설문지법

정답 풀이 설문지법(질문지법)은 많은 사람들로부터 짧은 시간 내에 정보를 얻을 수 있어 양적인 정보를 얻는 데 적합하며, 직무 간의 비교를 하기가 쉽다.

41 ③
기출키워드 각 연도의 최저임금액

정답 풀이 2026년의 최저임금은 2025년의 최저임금에 비해 2.9% 인상된 10,320원이다.
월 환산액은 주 소정근로 40시간을 근무할 경우, 월 환산 기준시간 수 209시간(주당 유급주휴 8시간 포함) 기준 2,156,880원이다.

42 ④
기출키워드 한국표준산업분류(2024) 개정내용

정답 풀이 대분류 'O 공공행정, 국방 및 사회보장 행정'에서는 포괄범위를 고려하여 통신행정을 우편 및 통신행정으로 변경하였으며, 나머지 행정부문은 정부직제 및 기능 등을 고려하여 기존 분류를 유지하였다.

43 ④
기출키워드 공공직업정보의 특성

정답 풀이 ㄱ. 필요한 시기에 최대한 활용되도록 한시적으로 신속하게 생산되어 운영되는 것은 민간직업정보의 특징이다. 공공직업정보는 특정한 시기에 국한되지 않고 지속적으로 조사·분석하여 제공된다.

44 ③
기출키워드 한국표준산업분류의 분류 시 유의사항

정답 풀이 농업생산성을 높이기 위한 지도·조언·감독 등의 활동을 수행하는 정부기관은 '공공행정, 국방 및 사회보장 행정'의 적합한 항목에 분류한다.

45 ④
기출키워드 취업성공패키지의 지원대상

정답 풀이 취업성공패키지I의 지원대상은 만 18~69세로서(단 위기청소년의 경우 만 15세~만 24세) 생계급여수급자, 중위소득 60% 이하 가구원, 여성가장, 위기청소년, 니트족, 북한이탈주민, 결혼 이민자, 결혼 이민자의 외국인 자녀 등이다(워크넷 > 고용복지정책 > 취업성공패키지 참조).

46 ②
기출키워드 한국직업사전의 작업환경

정답 풀이 작업환경의 측정은 조사자가 느끼는 신체적 반응 및 작업자의 반응을 듣고 판단한다.

47 ④
기출키워드 한국표준산업분류의 통계단위

정답 풀이 한국표준산업분류의 통계단위에서 단일 산업활동이 하나 이상의 장소에서 이루어지는 경우는 활동유형 단위이다. 산업활동과 장소의 동질성의 차이에 따라 통계단위는 다음과 같이 구분된다.

구분	하나 이상의 장소	단일 장소
하나 이상의 산업활동	기업집단 단위	지역 단위
	기업체 단위	
단일 산업활동	활동유형 단위	사업체 단위

48 ①
기출키워드 고용24 직업정보시스템에서 학과정보

정답 풀이 고용24 직업정보시스템의 학과정보에서는 학과를 인문계열, 사회계열, 교육계열, 자연계열, 공학계열, 의약계열 및 예체능계열 등 7개 계열로 구분하여 정보를 제공한다. 또한 학과별로 학과소개(학과영역, 적성과 흥미), 관련학과·교과목(주요교과목, 취득자격면허), 개설대학, 진출직업, 취업현황(취업률) 등의 정보를 제공한다.

※ 24년 9월 기준 '워크넷' 사이트가 '고용24'로 개편되어 현행에 맞게 문제를 수정하였습니다.

49 ①
기출키워드 국가인적자원개발컨소시엄

정답 풀이 국가인적자원개발컨소시엄(CHAMP) 사업은 중소기업 재직근로자의 직업훈련 참여 확대와 신성장동력분야, 융복합분야 등의 전략산업 전문인력육성, 산업계 주도의 지역별 직업훈련기반 조성 등을 위해 복수의 중소기업과 인적자원개발컨소시엄(협약)을 구성한 기업 등에게 공동훈련에 필요한 훈련 인프라와 훈련비 등을 지원하는 대한민국의 대표적인 직업능력개발훈련 사업이다(www.c-hrd.net).

50 ④
기출키워드 한국표준직업분류의 직업분류 목적

정답 풀이 한국표준직업분류는 ㉠ 각종 사회·경제통계조사의 직업단위 기준, ㉡ 취업알선을 위한 구인·구직안내 기준, ㉢ 직종별 급여 및 수당지급 결정기준, ㉣ 직종별 특정질병의 이환율, 사망률과 생명표 작성 기준, ㉤ 산재보험률, 생명보험률 또는 산재보상액, 교통사고 보상액 등의 결정기준으로 활용된다.

51 ①
기출키워드 국가기술자격 종목과 직무분야

정답 풀이 가스산업기사는 안전관리 분야의 자격이다. 안전관리 분야의 자격으로는 가스, 건설안전, 전기안전, 소방설비, 인간공학 등이 있다.

52 ④
기출키워드 경제활동인구조사 내용

정답 풀이 비경제활동인구는 15세 이상 인구 중 조사대상주간(15일이 포함된 1주일)에 일할 의사가 없어 구직활동을 하지 않은 자를 의미한다. 전업학생(통학), 전업주부, 연로자, 심신장애인, 자원봉사자, 구직단념자(실망노동자), 취업준비자 등이 포함된다.

오답 풀이 ①, ② 수입목적으로 1시간 일한 자와 일시휴직자는 취업자이다.
③ 신규실업자는 실업자로 분류된다.

53 ①
기출키워드 실기시험만 실시할 수 있는 종목

정답 풀이 국가기술자격법 시행규칙(고용노동부령)에서 규정한 실기시험만 실시할 수 있는 종목은 다음과 같다.

- 토목분야: 석공기능사, 지도제작기능사, 도화기능사, 항공사진기능사
- 건축분야: 조적기능사, 미장기능사, 타일기능사, 온수온돌기능사, 유리시공기능사, 비계기능사, 건축목공기능사, 거푸집기능사, 금속재창호기능사, 건축도장기능사, 도배기능사, 철근기능사, 방수기능사 등

54 ②

기출 키워드 워크넷의 특징

정답 풀이 워크넷 기업회원은 워크넷에서 인재정보를 검색하고 기업에 알맞은 인재채용을 위해 온라인상으로 구인신청서를 작성한다. 구인신청 후 고용센터 담당자의 인증을 받은 구인신청서는 워크넷 채용정보에 공개된다. 고용센터를 방문하여 구인신청서를 작성하는 것이 아니다.

55 ③

기출 키워드 직업정보 수집 시 2차 자료의 원천

정답 풀이 직접 수행한 심층면접자료는 현재 당면한 문제를 해결하기 위해 조사하여 수집하는 1차 자료(primary data)이다.

> 2차 자료(secondary data)는 과거에 다른 문제를 해결하기 위해 이미 수집되어 있는 자료를 말한다. 정부나 각 연구기관 및 언론기관이 수집하여 제공하는 각종 통계자료 등이 2차 자료이다.

56 ④

기출 키워드 한국표준직업분류의 직업분류의 개념과 기준

정답 풀이 한국표준직업분류에서는 세분류 단위에서 최소 1,000명의 고용을 기준으로 설정하였으며, 고용자 수가 많은 세분류에는 5,000~10,000명이 분포되어 있을 것으로 판단된다.

57 ④

기출 키워드 직업성립의 일반요건

정답 풀이 한국표준직업분류(KSCO-18)에서 직업이 되기 위해서는 일의 계속성, 경제성, 윤리성 및 사회성 등의 조건을 갖추어야 한다. 또한 속박된 상태에서의 활동은 직업이 될 수 없다.

58 ②

기출 키워드 국가기술자격 서비스 분야 응시자격

정답 풀이 서비스 분야 종목 중 스포츠경영관리사, 직업상담사 2급, 사회조사분석사 2급, 전자상거래관리사 2급, 텔레마케팅관리사, 컨벤션기획사 2급, 소비자전문상담사 2급 등은 응시자격의 제한이 없다.

오답 풀이 ① 임상심리사 2급의 응시자격은 1년 이상 실습수련 또는 2년 이상 실무에 종사한 자로서 대학졸업자 및 그 졸업예정자이다.

③, ④ 국제의료관광코디네이터는 공인어학성적 기준 요건을 충족하고 ㉠ 보건의료 또는 관광분야 관련 학과의 대학졸업자, 2년제 후 2년 실무, 3년제 후 1년 실무, 4년 실무, ㉡ 관련자격증(의사, 간호사, 보건교육사, 관광통역안내사, 컨벤션기획사1·2급)을 취득한 사람이다.

59 ②

기출 키워드 서베이 조사의 특징

정답 풀이 서베이 조사는 모집단의 특성을 파악하기 위해 일정 수의 표본을 추출하여 설문조사를 실시하는 것이다. 우편이나 전화, 면접 등의 방법을 이용하여 설문에 답하도록 하는 방법이다. 이때 면접조사에 비해 전화조사가 면접시간이 짧은 것이 일반적이다.

60 ④

기출 키워드 고용24 채용정보의 검색조건

정답 풀이 현재 「고용상 연령차별금지 및 고령자 고용촉진에 관한 법률」이 시행됨에 따라 채용정보 검색조건에서 연령이 삭제되었다.

고용24 채용정보의 검색조건은 근무지역, 희망직종, 고용형태, 희망임금, 경력 및 학력, 고용형태, 우대조건(청년층, 장년, 여성), 장애인 희망채용 등이다. 이와 함께 근무형태, 교대근무여부, 식사(비)제공, 복리후생(통근버스, 기숙사, 교육비 지원, 자녀학자금 지원 등), 채용구분(상용직, 일용직) 등의 조건을 입력하여 채용정보를 검색할 수 있다.

※ 24년 9월 기준 '워크넷' 사이트가 '고용24'로 개편되어 현행에 맞게 문제를 수정하였습니다.

61 ③
기출키워드 생산성 임금제

정답 풀이 명목임금 인상률 = 물가상승률 + 노동생산성의 증가율 = 2% + 5% = 7%이다.
생산성 임금제란 매년의 실질임금 인상률을 노동생산성의 증가율과 일치시키거나 연계시키는 임금제도로, 신고전학파의 임금, 물가 및 노동생산성의 관계에 바탕을 두고 있다.

62 ④
기출키워드 통상임금의 범위

정답 풀이 특별급여(special payment)는 상여금이나 성과급 등 정기 또는 비정기적으로 근로자에게 지급되는 특별한 급여를 말하는 것으로, 통상임금에 포함되지 않는다.
통상임금은 기본급과 통상적 수당으로 구성되는데, 통상적 수당은 일정한 요건을 갖춘 노동자 모두에게 정기적·일률적으로 지급하는 직책·직급·직무수당 등이 포함된다. 통상임금에는 초과급여, 특별급여, 부정기적으로 지급되는 업적수당과 생활보조수당은 제외된다.

63 ②
기출키워드 효율임금정책이 높은 생산성을 가져오는 원인

정답 풀이 효율임금정책(efficiency wage policy) 또는 고임금정책은 기업이 시장임금보다 높은 임금을 지급함으로써 노동의 생산성을 높이려는 것이다. 고임금을 지급하는 경우 기업의 명성이 높아져 상대적으로 우수한 노동자를 채용할 수 있으므로 다른 기업에 비해 신규노동자의 훈련비용을 줄일 수 있다.

64 ④
기출키워드 통계적 차별이 일어나는 경우

정답 풀이 근로자의 생산성에 관한 충분한 정보를 갖고 있지 못한 상황에서 고용주가 생산성과 상관관계가 있다고 통계적으로 밝혀진 학력·성·연령 등과 같은 특성을 근거로 임금수준이나 채용 여부를 결정하는 경우 이를 통계적 차별(statistical discrimination)이라고 한다.

> **통계적 차별이 발생하는 경우**
> - 사용자가 근로자의 생산성에 대해 불완전한 정보를 갖고 있어 평균적인 인식을 근거로 임금을 결정하는 경우
> - 근로자가 동질적이지 않아 각자의 능력, 적성, 소질, 육체적인 힘 등 개인적인 특성이 달라 고용해보지 않고서는 미리 알 수 없는 경우
> - 근로자의 생산성과 능력을 일일이 확인하는 채용·선별비용이 상당히 높은 경우
> - 잘못 판단되어 채용된 근로자 때문에 생산의 손실이 있거나 현장훈련비용이 추가로 많이 드는 경우

65 ④
기출키워드 경제활동인구조사 내용

정답 풀이 경제활동인구조사에서 조사대상주간(15일이 포함된 1주일)에 수입을 목적으로 1시간 이상 일한 경우 취업자로 분류한다.

오답 풀이 ① 완전고용은 자발적 실업(마찰적 실업)만이 있는 상태를 의미하므로 실업률은 0이 아니다.
② 실업률은 실업자 수를 경제활동인구로 나눈 것이다.
③ 일기불순 등의 이유로 일하지 않고 있는 일시적 휴직자는 취업자로 본다.

66 ②
기출키워드 임금관리의 3측면

정답 풀이 임금관리의 3측면(3대 지주)은 임금수준, 임금체계, 임금형태이다. 임금지급 시기는 임금관리에서 관심을 두는 주요 구성요소가 아니다.
임금수준(wage level)은 임금의 높낮이, 임금체계는 임금의 구성내용, 임금형태는 임금의 계산 및 지급방식과 관련이 있다.

67 ②

기출키워드 마찰적 실업의 원인

정답 풀이 노동시장의 정보의 불완전으로 발생되는 실업을 마찰적 실업(frictional unemployment)이라고 한다. 마찰적 실업은 자발적이고 불가피한 실업이고, 대부분의 경우에는 자연적인 실업이므로 인위적으로 줄이기가 매우 어렵다.

68 ②

기출키워드 노동조합의 유형

정답 풀이 산업별 노동조합(industrial union)은 동일한 산업에 종사하는 모든 노동자가 하나의 노동조합을 구성하는 형태이다. 산업 전체의 이익을 고려하므로 기업별 특수성은 고려하기 어렵지만, 해당 산업에 종사하는 모든 노동자가 가입하므로 임시직이나 일용직 노동자의 조직이 용이해진다는 장점이 있다.

69 ①

기출키워드 노동조합의 효과

정답 풀이 사용자의 부당해고로부터 근로자보호를 강화하는 정책을 실시하면 부당해고가 감소하므로 신규고용수준은 감소한다. 신규고용수준의 감소는 기존 노동자의 근로시간을 증가시킨다.

70 ④

기출키워드 노동수요 탄력성의 크기 결정요인

정답 풀이 대체생산요소의 공급탄력성이 노동수요의 임금탄력성에 영향을 미친다.
노동수요의 (임금)탄력성을 결정하는 네 가지 요인을 힉스-마셜(Hicks - Marshall)법칙이라고 한다.
노동수요의 탄력성은 ㉠ 생산물에 대한 수요가 탄력적일수록, ㉡ 총생산비에 대한 노동비용의 비중이 클수록, ㉢ 노동을 다른 생산요소로 대체하는 것이 용이할수록, ㉣ 노동 이외의 다른 생산요소의 공급탄력성이 클수록 커진다.

71 ④

기출키워드 실업의 원인과 대책

정답 풀이 경기적 실업은 대표적인 수요부족실업이다. 경기적 실업은 케인즈(J. M. Keynes)의 설명에 따르면 유효수요(총수요)의 부족으로 생산과 고용이 감소하여 경기침체와 함께 발생하는 실업이다.

오답 풀이 ① 실업급여가 확대되면 실업자들은 일자리가 나와도 계속하여 실업을 선택하는 실업함정(unemployment trap)이 나타난다. 높은 수준의 임금을 주는 기업을 탐색하며 실업을 택하므로 탐색적 실업이 증가할 수 있다.

72 ①

기출키워드 노사관계의 3주체

정답 풀이 던롭(J.T. Dunlop)이 제시하는 노사관계의 3주체는 첫째, 근로자와 그 조직(노동조합), 둘째는 경영자와 그 조직(협회, 경제단체, 협동조합 등)이고, 셋째는 노동문제와 관련이 있는 정부기구 및 기관이다.

73 ①

기출키워드 노동의 한계생산 계산

정답 풀이 노동의 한계생산(MP_L)은 노동 1단위를 추가로 투입할 때 그로 인한 생산량의 증가분이다. 노동 7명 투입 시 총생산량은 7명×20단위 = 140단위이다. 1명 더 고용하여 노동 8명 투입 시 총생산량은 8명×18단위 = 144단위이다. 따라서 노동의 한계생산(MP_L) = 144단위 - 140단위 = 4단위이다.

74 ②

기출키워드 노동조합의 숍(shop) 제도

정답 풀이 에이전시 숍(agency shop)은 조합원이 아니더라도 모든 종업원에게 노동조합이 조합비를 징수하는 제도이다.

75 ②
기출키워드 최저임금제가 고용을 증가시키는 경우

정답 풀이 정부가 임금을 인상시키는 것은 최저임금제이다. 일반적으로 최저임금제가 시행되면 기업의 노동수요량이 감소하므로 근로자는 실업자가 될 가능성이 있다. 그러나 노동시장이 수요독점(monopsony)인 경우에는 최저임금제로 임금이 상승해도 고용량이 증가할 수 있다.
노동시장이 수요독점인 경우 고용량은 노동의 수요곡선과 공급곡선에 의해 결정되는 것이 아니라 노동의 수요곡선과 우상향하는 한계요소비용(MFC)에 의해 결정된다. 그리고 이 경우 임금의 상승에도 불구하고 고용량은 이전보다 증가하게 된다.

76 ①
기출키워드 노동공급 탄력성의 크기

정답 풀이 노동공급 탄력성이 무한대이면 임금의 변화가 없어도 노동공급량이 변화한다는 것을 의미한다. 따라서 이런 경우 노동공급곡선은 수평이 된다. 한편 노동공급 탄력성이 0이면 노동공급곡선은 수직이 된다.

77 ②
기출키워드 소득정책의 효과

정답 풀이 소득정책에 따라 민간기업들의 과도한 임금인상을 규제하고 감시하기 위한 행정관리비용이 증가할 수 있다.
소득정책은 1970년대 말~1980년대 초에 발생한 세계적인 스태그플레이션을 해결하기 위해 제안된 정책이다. 경기를 회복시키면서 물가안정을 이루기 위한 것으로, 과도한 임금인상을 억제하는 임금 가이드라인 정책이 대표적이다.

78 ②
기출키워드 임금상승의 효과

정답 풀이 임금상승의 대체효과는 여가의 기회비용을 증가시키므로 여가 대신 노동공급량을 증가시킨다. 임금상승의 소득효과는 전보다 일을 적게 해도 전과 같은 소득을 얻게 하므로 노동공급을 감소시킨다. 임금상승에 의한 소득효과가 대체효과보다 크다면 임금이 상승할 때 노동공급량은 감소한다. 따라서 노동의 공급곡선은 우하향하여 후방굴절인 모습을 보인다.

79 ③
기출키워드 기업별 노동조합의 장단점

정답 풀이 기업별 노동조합(company union)은 동일한 기업에 종사하는 노동자로 구성되는 노동조합의 형태이다. 따라서 대기업과 중소기업의 노동조합은 교섭력에서 큰 차이가 있으므로 임금격차가 커져 노동시장의 분단이 심화될 수 있다.

80 ①
기출키워드 파업에 관한 이론

정답 풀이 매브리(B.D. Mabry)의 이론은 노사 양측이 단체교섭에 임할 때 최종적으로 수락할 용의가 있는 자신의 조건과 교섭과정에서 겉으로 제안하는 조건과의 사이에 차이가 있다는 점에 주목하여 파업을 설명한다.
ㄷ. 매브리 이론에 따르면, 노조의 최종수락조건이 사용자의 최종수락조건보다 클 때 파업이 발생한다.

81 ②
기출키워드 직업정보제공사업자의 준수사항

정답 풀이 직업정보제공매체의 구인·구직광고에는 구인·구직자의 주소 또는 전화번호를 기재하고, 직업정보제공사업자의 주소 또는 전화번호는 기재하지 아니한다.

82 ④
기출키워드 과태료 부과행위

정답 풀이 사업주가 직장 내 성희롱을 한 경우에는 1천만 원 이하의 과태료를 부과한다.

83 ④
기출키워드 기간제 근로자 근로계약 체결 시 서면명시 사항

정답 풀이 기간제 근로자 근로계약 체결 시 서면명시 사항은 다음과 같다.
- 근로계약기간에 관한 사항
- 근로시간·휴게에 관한 사항
- 임금의 구성항목·계산방법 및 지불방법에 관한 사항
- 휴일·휴가에 관한 사항
- 취업장소와 종사업무에 관한 사항

> **무기계약 근로자의 근로계약 체결 시 서면명시 사항**
> 무기계약 근로자의 경우에는 소정근로시간, 임금, 휴일(주휴일, 공휴일), 연차휴가에 관한 사항이 서면명시 교부대상이다.

84 ②
기출키워드 고용정책 기본법의 목적

정답 풀이 실업의 예방 및 고용의 촉진은 고용보험법의 목적에 해당한다.

85 ④
기출키워드 피보험자격의 신고

정답 풀이 사업주나 하수급인 고용노동부장관에게 그 사업에 고용된 근로자의 피보험자격 취득 및 상실에 관한 사항을 신고하려는 경우에는 그 사유가 발생한 날이 속하는 달의 다음 달 15일까지(근보사가 그 기일 이전에 신고할 것을 요구하는 경우에는 지체 없이) 신고해야 한다.

86 ③
기출키워드 구직급여 수급요건

정답 풀이 전직이나 자영업을 하기 위하여 이직한 경우에는 자발적 이직으로 보아 실업급여가 지급되지 않는다.

87 ④
기출키워드 육아휴직

정답 풀이 사업주는 육아휴직을 이유로 해고나 그 밖의 불리한 처우를 하여서는 안 되며, 육아휴직기간에는 그 근로자를 해고하지 못한다. 다만, 사업을 계속할 수 없는 경우에는 그러하지 아니하다.

88 ③
기출키워드 고령자, 준고령자

정답 풀이 고령자는 55세 이상, 준고령자는 50세 이상 55세 미만을 의미한다.

89 ③
기출키워드 실업대책사업

정답 풀이 실업대책사업의 위탁은 근로복지공단에 할 수 있다.

90 ④
기출키워드 육아휴직, 육아기 근로시간 단축 사용횟수

정답 풀이 육아휴직은 3회에 걸쳐 나누어 사용할 수 있으며, 육아기 근로시간 단축은 1회에 1개월 이상 신청하여 사용할 수 있다.
※ 최신 개정 내용에 맞게 변형한 기출문제입니다.

91 ④
기출키워드 근로시간 및 휴게시간의 특례사업

정답 풀이 1. 육상운송 및 파이프라인 운송업(다만 노선(路線)여객자동차운송사업은 제외), 2. 수상운송업, 3. 항공운송업, 4. 기타 운송관련 서비스업, 5. 보건업에 해당하는 사업에 대하여 사용자가 근로자대표와 서면으로 합의한 경우에는 주 12시간을 초과하여 연장근로를 하게 하거나 휴게시간을 변경할 수 있다(근로기준법 제59조).

92 ④
기출키워드 직업능력개발훈련이 중요시되어야 할 대상

정답 풀이 직업능력개발훈련이 중요시되어야 할 대상과 직업능력개발훈련을 실시할 수 있는 대상자를 구분해야 한다. 「한부모가족지원법」에 따른 지원대상자는 국가와 지방자치단체가 직업능력개발훈련을 실시할 수 있는 대상자이다.
※ 최신 개정 내용에 맞게 변형한 기출문제입니다.

93 ④
기출키워드 겸업금지업종

정답 풀이 「직업안정법」상 다음의 어느 하나에 해당하는 사업을 경영하는 자는 직업소개사업을 하거나 직업소개사업을 하는 법인의 임원이 될 수 없다.
1. 「결혼중개업의 관리에 관한 법률」상의 결혼중개업
2. 「공중위생관리법」상의 숙박업
3. 「식품위생법」상의 식품접객업 중 대통령령으로 정하는 영업
   - 휴게음식점영업 중 주로 다류를 조리·판매하는 영업(영업자 또는 종업원이 영업장을 벗어나 다류를 배달·판매하면서 소요 시간에 따라 대가를 받는 형태로 운영하는 경우로 한정)
   - 「식품위생법시행령」상의 단란주점영업, 유흥주점영업

94 ④
기출키워드 육아휴직급여

정답 풀이 육아휴직급여를 지급받으려는 사람은 육아휴직을 시작한 날 이후 1개월부터 육아휴직이 끝난 날 이후 12개월 이내에 신청해야 한다.

95 ①
기출키워드 퇴직급여제도

정답 풀이 퇴직급여제도란 확정급여형 퇴직연금제도, 확정기여형 퇴직연금제도, 중소기업퇴직연금기금제도 및 퇴직금제도를 말한다.

96 ④
기출키워드 직업능력개발사업을 하는 사업주에게 지원할 수 있는 비용

정답 풀이 고용노동부장관의 인정을 받은 직업능력개발훈련과정 수강비용은 사업주가 아니라 근로자에게 지급하는 것이다.
※ 최신 개정 내용에 맞게 변형한 기출문제입니다.

97 ③
기출키워드 경영상 해고

정답 풀이 사용자는 근로자를 해고하려면 해고사유와 해고시기를 서면으로 통지해야 한다(근로기준법 제27조 제1항).

오답 풀이 ① 사용자는 근로자대표에게 해고를 하려는 날의 50일 전까지 해고의 기준을 통보하여야 한다.
② 경영 악화를 방지하기 위한 사업의 합병은 긴박한 경영상의 필요가 있는 것으로 본다.
④ 정부는 해고된 근로자에 대하여 생계안정·재취업·직업훈련 등 필요한 조치를 우선적으로 취해야 한다.

98 ④
기출키워드 휴업수당

정답 풀이 휴업수당을 감액하여 지급하기 위해서는 노동위원회의 승인을 받아야 한다.

99 ①
기출키워드 채용절차의 공정화

정답 풀이 고용노동부장관은 기초심사자료의 표준양식을 정하여 구인자에게 그 사용을 권장할 수 있다.

100 ②
기출키워드 노동3권

정답 풀이 헌법 제33조에 규정된 노동3권은 단결권, 단체교섭권, 단체행동권이다.

오답 풀이 최저임금, 연소자 보호, 국가유공자 보호는 헌법 제32조 근로권의 보호내용이다.

2020년 1·2회

[제1과목] 직업심리

01	④	02	③	03	①	04	④	05	②
06	②	07	②	08	④	09	②	10	④
11	③	12	②	13	①	14	②	15	②
16	①	17	②	18	③	19	③	20	①

[제2과목] 직업상담 및 취업지원

21	③	22	④	23	④	24	③	25	②
26	②	27	②	28	④	29	③	30	④
31	①	32	③	33	④	34	③	35	②
36	④	37	①	38	④	39	②	40	③

[제3과목] 직업정보

41	④	42	③	43	①	44	③	45	④
46	③	47	②	48	②	49	③	50	③
51	④	52	②	53	③	54	③	55	③
56	①	57	③	58	②	59	③	60	②

[제4과목] 노동시장

61	③	62	①	63	①	64	①	65	②
66	①	67	④	68	④	69	②	70	④
71	②	72	④	73	④	74	④	75	①
76	④	77	①	78	②	79	②	80	④

[제5과목] 고용노동관계법규

81	④	82	④	83	④	84	④	85	②
86	②	87	②	88	②	89	②	90	②
91	②	92	①	93	②	94	③	95	②
96	②	97	④	98	①	99	④	100	④

01 ④
기출키워드 내담자의 인지적 명확성에 따른 직업상담 과정

정답풀이 내담자의 인지적 명확성에 따른 직업상담 과정은 다음과 같다.
- 1단계 – 인지적 명확성 파악(ㄹ): 인지적 명확성이 있는가?
- 2단계 – 내담자의 동기 파악(ㄱ): 동기가 있는가?
- 3단계 – 내담자의 자기진단(ㄷ): 자기진단을 통해 자신을 노출하고 있는가?
- 4단계 – 내담자의 자기진단 탐색(ㄴ): 자기진단을 확인했는가 혹은 하지 않았는가?

02 ③
기출키워드 Super의 진로발달이론

정답풀이 진로발달에 따른 자아개념의 형성은 환경(사회정책 측면)과 개인의 성격 측면(흥미, 적성, 가치)의 상호작용에 의해 발달한다.

03 ①
기출키워드 전이된 오류 정정하기

정답풀이 한정된 오류 정정하기가 아니라 전이된 오류 정정하기이다. 전이된 오류 정정하기란 내담자가 가지고 있는 정보, 한계, 논리적 오류를 정정하는 것을 말한다.

04 ④
기출키워드 Yalom이 제시한 실존주의의 궁극적 관심사

정답풀이 얄롬(Yalom)은 실존주의의 궁극적 관심사로 죽음, 자유, 소외(고립), 무의미성을 제시하였다.
④ 공허는 해당하지 않는다.

오답 풀이 ① 죽음의 불가피성이 유한한 삶을 더욱 가치 있게 만들게 된다.
② 인간은 자기결정적 존재로서 선택할 능력과 책임이 있다.
③ 인간은 자신의 실존적 고립에 직면함으로써 타인과 성숙한 관계를 맺을 수 있다.

05 ②
기출 키워드 상담의 구조화

정답 풀이 상담의 구조화란 내담자가 상담목표를 성취할 수 있도록 상담자가 상담의 기본성격, 상담자 및 내담자의 역할 한계, 바람직한 태도 등을 설명하고 인식시켜 주는 작업이다.
② 내담자의 성격은 다루어야 할 요소와 거리가 멀다.
오답 풀이 ① 상담자는 내담자에게 상담자의 역할과 책임에 대해서 미리 알리고, 상담자와 내담자의 역할을 구조화한다.
③ 상담자는 상담의 목표와 성질에 대해 구조화한다.
④ 상담자는 상담시간과 장소 및 비용, 상담의 지속 등에 대해 미리 합의하고 구조화한다.

06 ②
기출 키워드 생애진로사정

정답 풀이 생애진로사정은 아들러(Adler)의 개인심리학 이론에 기초하여 내담자와 환경과의 관계를 이해하는 데 도움을 준다. 생애진로사정의 구조는 아들러의 개인과 세계의 관계를 '일, 성, 사회'의 3가지로 구분한 인생과제와 서로 긴밀히 연결되어 있다.
오답 풀이 ① 직업상담에서 생애진로사정은 직업상담의 초기단계에서 내담자의 정보나 행동을 효과적으로 이해하고 해석할 수 있는 대표적인 기법이다.
③ 생애진로사정은 질적인 평가절차로, 내담자가 자신의 생애에 대한 근본적인 접근 즉, 태도, 신념, 가치관을 통해 그들의 생애를 이해하도록 돕는다.
④ 생애진로사정에서는 여가생활, 친구관계 등과 같이 일과 직접적으로 관련이 없는 주제도 포함한다.

07 ②
기출 키워드 요약과 재진술

정답 풀이 요약과 재진술은 내담자가 전달하는 이야기의 표면적 의미를 상담자가 다른 말로 바꾸어서 말하는 것이다. 상담자는 내담자가 전달하려는 내용을 다른 말과 용어를 사용하여 내담자에게 되돌려 줌으로써 상담자가 내담자의 이야기에 귀를 기울이면서 그를 이해하려 노력하고 있음을 내담자에게 전달할 수 있다.
오답 풀이 ③ 명료화는 내담자의 말 속에 포함되어 있는 생각과 감정의 불분명한 표현을 상담자가 분명하게 밝히는 것이다.
④ 적극적 경청은 내담자에게 항상 세심하게 주목하는 것을 말한다. 내담자가 표현하는 언어적 의미 외에 비언어적인 의미까지 이해하는 능력으로, 언어적·비언어적 반응을 수반한다.

08 ④
기출 키워드 내담자의 낮은 자기효능감을 증진시키는 방법

정답 풀이 직업대안 규명하기는 흥미사정의 목적에 해당한다.
오답 풀이 ①, ②, ③은 높은 수준의 수행을 강화시켜 수행기준의 필요성을 인식시키기에 해당한다.

09 ②
기출 키워드 직업상담의 단계

정답 풀이 내담자가 가진 문제의 심각도를 평가(문제의 진단)하는 것은 상담초기 과정의 활동이다. 직업상담의 초기는 상담자와 내담자가 협력하여 문제해결을 위해 앞으로 나아갈 방향과 상담목표를 설정하고 확인해 나가는 단계이다. 내담자와 상담자 간의 상담관계(라포) 형성을 주요 활동으로 한다.

10 ④
기출키워드 **특성-요인 상담과정**

정답 풀이 윌리암슨(Williamson)의 특성-요인 진로상담의 과정은 '분석단계(ㄴ) → 종합단계(ㄹ) → 진단단계(ㄱ) → 예측단계(처치와 처방)(ㄷ) → 상담단계(ㅁ) → 추수지도단계(ㅂ)'의 순서로 이루어진다.

Williamson의 특성-요인 상담과정	
분석	내담자에 관한 자료수집, 적성·흥미·동기 등의 요소들과 관련된 표준화된 심리검사가 주로 사용된다.
종합	내담자의 다양한 측면(성격, 욕구, 태도, 장단점) 등에 대한 이해를 얻기 위해 분석된 정보를 종합한다.
진단	내담자의 직업문제의 원인과 이를 해결하기 위한 변별적인 진단이 이루어진다.
예측 (처치와 처방)	내담자에 대한 진단을 통해 미래 진로의 예언이 이루어지며, 처치와 처방적 시도가 일어난다.
상담	지금까지의 자료를 바탕으로 직업문제를 해결하고 적용할 수 있도록 조력이 이루어진다.
추수지도	내담자가 상담에서 학습했던 것들을 일상생활에 적용할 수 있도록 지속적인 진전을 강화하고 재평가 및 점검한다.

11 ③
기출키워드 **Butcher의 집단직업상담**

정답 풀이 부처(Butcher)의 집단직업상담 3단계 모델은 '탐색단계 → 전환단계 → 행동단계' 순이다.
③ 평가단계는 해당하지 않는다.

12 ③
기출키워드 **행동주의 상담기법**

정답 풀이 ③ 행동주의 상담에서 부적응행동을 감소시키는 데 주로 사용되는 기법은 노출법이다.

오답 풀이 ① 행동조성법(조형법)은 학습해야 할 최종의 목표행동에 도달하기 위해 순서적이며 단계적으로 학습하는 방법이다. 목표행동에 도달하기 위해 하위과정의 행동들을 단계적으로 강화하면서 최종의 목표행동을 학습시키는 행동수정 전략이다. 처음에는 목표행동과 관련된 간단한 행동만을 강화하지만, 강화할 행동기준을 단계적으로 높여가면서 결국 최종의 복잡한 행동을 학습시킨다.
② 모델링은 타인의 행동에 대한 관찰 및 모방에 의한 학습을 통해 내담자의 문제행동을 수정하거나 학습을 촉진하는 기법이다.
④ 토큰법(상표법)은 물리적 강화물(토큰)을 이용함으로써 내적동기의 가치를 학습하도록 한다. 여기서 토큰은 일차적 강화물과 교환할 수 있는 이차적 강화물을 의미하는데, 직접적인 강화의 효과는 없지만 일정량을 누적한 뒤 일차적 강화물과 교환할 수 있기 때문에 강화물의 역할을 한다.

13 ①
기출키워드 **Bordin의 직업문제의 심리적 원인**

정답 풀이 보딘(Bordin)이 제시한 직업문제의 심리적 원인에는 내적갈등, 정보의 부족, 의존성, 확신의 결여, 진로선택의 불안이 있다.
① 인지적 갈등은 합리성을 기초로 하므로 내적갈등 또는 자아갈등과는 다른 개념이다.

14 ②
기출키워드 **직업상담 시 측정도구**

정답 풀이 ②는 질적 측정도구 중 하나인 직업가계도(제노그램)에 대한 설명이다. 소시오그램은 사회집단에서 개인 사이의 대인 관계를 그림으로 나타낸 것으로, 소규모 집단에서 활용된다. 모레노와 제닝스(Moreno & Jennings)가 개발한 사정도구이다.

15 ②

기출 키워드 Cottle의 원형검사

정답 풀이 변별성은 미래를 현실처럼 느끼게 하고 미래계획에 대한 긍정적 태도를 강화시키며 목표설정을 신속하게 하는 데 목표를 둔다. 시간변별은 시간차원 내의 사건의 강화와 확장을 의미한다. 변별된 미래는 개인의 목표설정에 의미 있는 맥락을 제공한다. 내담자는 자신의 공간을 미래 속에서 그려 볼 수 있기 때문에 미래에 대한 불안을 감소시킬 수 있다.

오답 풀이 ① 방향성의 목표는 미래지향성을 증진시키기 위한 것으로, 미래에 대한 낙관적인 입장을 구성한다.
④ 통합성의 목표는 현재 행동과 미래의 결과를 연결하고 계획한 기법을 실습하여 미래에 대한 인식을 증진시키는 것이다.

16 ①

기출 키워드 상호억제의 원리

정답 풀이 내담자의 부적절한 행동을 변화시키는 데 자주 사용하는 체계적 둔감화의 주요 원리는 이완상태와 긴장상태가 공존할 수 없다는 '상호억제의 원리'이다.

17 ①

기출 키워드 Bordin의 정신역동적 직업상담

정답 풀이 보딘(Bordin)의 정신역동적 직업상담은 정신분석적 상담과 마찬가지로 직업선택에 미치는 내적 요인의 영향을 강조하며, 특성-요인 상담과 마찬가지로 사람과 직업을 연결시키는 것에 기초를 두고 있다.

18 ③

기출 키워드 직업상담사의 윤리강령

정답 풀이 상담자는 자신의 능력 및 기법의 한계로 내담자를 도울 수 없을 때, 내담자의 문제를 다른 전문직 동료나 기관에 의뢰해야 한다.

19 ③

기출 키워드 직업상담의 목적

정답 풀이 직업상담의 목적 중 가장 중요한 요소는 합리적인 직업의 결정이므로, 내담자의 의사결정 능력을 길러주어야 한다.

20 ①

기출 키워드 기본 상담기법

정답 풀이 명료화란 내담자의 말 속에 포함되어 있는 생각과 감정의 불분명한 표현을 상담자가 분명하게 밝히는 것이다.

21 ③

기출 키워드 현실형 유형(R ; Realistic type)

정답 풀이 현실형 유형은 솔직하고 실제적이며, 성실하고 지구력이 있으며 건강하다. 또한 소박하고 말이 적으며, 고집이 세고 직선적이며 단순하다. 관련 직업으로는 기술자, 자동기계 및 항공기조종사, 정비사, 농부, 엔지니어, 전기·기계기사, 운동선수, 경찰, 건축사, 생산직, 운전자 등이 있다.

22 ④

기출 키워드 Krumboltz의 사회학습이론에서 개인의 진로선택에 영향을 미치는 요인

정답 풀이 진로선택에 영향을 미치는 요인은 개인의 통제 여부에 따라 크게 환경적 요인과 심리적 요인으로 구분된다. 환경적 요인은 유전적 요인과 특별한 능력, 환경조건과 사건 등 개인이 통제하기 어려워 상담을 통해 변화시키는 것이 불가능한 영역이다. 반면, 심리적 요인은 학습경험, 과제접근기술 등 개인의 생각과 감정에 의해서 행동을 결정하기 때문에 상담을 통해 변화가 가능한 영역이다.

23 ④
기출 키워드 1차적 관리전략(출처지향적 관리전략)

정답 풀이 출처지향적 관리전략은 조직수준의 스트레스 관리전략으로, 직무스트레스의 직접적인 원인을 수정한다. 스트레스 자체를 없애기는 어렵기 때문에 스트레스의 출처를 예측하는 것이 스트레스를 완화하는 데 중요한 역할을 한다. 출처지향적 관리전략에는 직무재설계, 직무확대, 참여적 관리 등이 있다.

오답 풀이 ① 반응지향적 관리전략은 개인수준의 스트레스 관리전략으로, 직무스트레스로 인한 다양한 증상을 완화한다.
② 증후지향적 관리전략은 직무스트레스로 인해 발생한 각종 장애를 치료하는 것으로, 약물치료나 심리치료 등이 있다.

24 ③
기출 키워드 Super의 발달단계

정답 풀이 수퍼(Super)는 인간의 직업적 특성, 선호 및 자아개념이 계속적인 선택적 적응의 과정을 통해 발달한다고 보았다. 이 과정은 일련의 생애단계로서 성장기, 탐색기, 확립기, 유지기, 쇠퇴기로 구분할 수 있다.

25 ②
기출 키워드 직무분석방법

오답 풀이 ① 관찰법은 직무를 수행하는 사람들을 현장에서 직접 관찰함으로써 육체적인 활동을 확인할 수 있지만, 작업자의 정신적인 활동까지 파악하기는 힘들다.
③ 설문조사법은 짧은 시간 안에 많은 사람들로부터 정보를 얻을 수 있지만 회수율이 낮을 수 있다.
④ 작업일지법은 작업자가 의도적으로 왜곡하여 일지를 작성할 수 있으며, 작업자들의 문장력에 개인차가 있기 때문에 가장 사용 빈도가 낮다.

26 ②
기출 키워드 직무순환

정답 풀이 ② 직무순환(job rotation)은 종업원에게 다양한 직무를 경험하게 함으로써 여러 분야의 능력을 개발시키는 경력개발 프로그램이다.

오답 풀이 ① 직무확충(job enrichment)은 단조롭고 낮은 직무를 수행하는 작업자를 동기화시키기 위해 상위 직책의 직무내용 일부를 하위 직책의 직무로 이관시키는 방법이다.
③ 직무확대(job enlargement)는 직무내용의 다양성을 살리기 위하여 기존직무에 다른 과제를 부과함으로써 직무구조의 변화를 꾀하는 것으로, 직무의 양적 확대를 의미한다. 수평적 직무부하방법이라고도 한다.
④ 직무재분류(job reclassification)는 조직진단과 직무분석을 통해 직무내용과 직무수행요건을 구체적으로 조사한 후, 이를 토대로 직무의 종류 및 중요도에 따라 단위 직무를 재분류하는 것이다.

27 ②
기출 키워드 진로발달의 맥락주의(구성주의)

정답 풀이 진로발달에서 맥락주의는 진로연구와 진로상담에 대한 맥락상의 행위설명을 확립하기 위하여 고안된 방법으로, 구성주의 철학을 토대로 하며 개인과 환경의 상호작용을 강조한다.

28 ④
기출 키워드 직업적응이론과 관련하여 개발된 검사도구

정답 풀이 직업적응이론 검사도구의 하위척도에는 MIQ, JDQ, MSQ가 있다.
④ CMI(Career Maturity Inventory)는 크릿츠(Crites)가 개발한 진로성숙도검사이다.

29 ③
기출키워드 스트레스 이론

정답 풀이 교감신경은 신체를 긴장시키는 역할을 하고, 부교감신경은 신체를 안정시키는 역할을 한다. 따라서 스트레스 상황에서는 교감신경계가 활성화된다.

30 ④
기출키워드 Roe의 직업분류

정답 풀이 6가지 수준(level)은 근로자의 직업과 관련된 정교화 책임, 보수, 훈련의 정도를 묘사하며 수준 1이 가장 높고, 수준 6이 가장 낮다.

31 ①
기출키워드 안면타당도

정답 풀이 안면타당도는 실제로 무엇을 측정하는가의 문제가 아니라, 검사가 측정한다고 말한 것을 측정하는 것처럼 보이는가의 문제이다. 이는 그 검사 문항이 재고자 하는 것이 무엇인지 명료하게 판단될 수 있는가의 문제이다. 검사를 받는 사람들에게 타당도를 묻는 것으로, 즉 일반인에게 그 검사가 타당한 것처럼 보이는가를 뜻한다.

32 ②
기출키워드 직무분석

정답 풀이 '직업 > 직무(임무) > 과업(과제)'의 순으로, 직무분석의 가장 작은 단위는 과제이다.

오답 풀이 ③ 직위(직책)란 직무를 수행함에 있어 그에 따른 의무나 책임의 총체를 말한다.
④ 직군은 조직 내 직무의 성질이 유사한 직업을 한데 묶은 것이다.

33 ④
기출키워드 직업선택과정

오답 풀이 ① 직업에 대한 정확한 정보뿐 아니라 자신에 대한 올바른 이해가 있어야 직업을 효과적으로 선택할 수 있다.
② 직업선택은 일생의 과정이므로 성년기뿐 아니라 어릴 때 경험도 영향을 미친다.
③ 직업선택은 직업의 가계도나 산업의 변화 등 사회정책적 측면, 즉 가족이나 환경의 영향을 받게 된다.

34 ③
기출키워드 일반직업적성검사(GATB)

정답 풀이 일반직업적성검사(GATB)가 측정하는 적성영역은 지능(G), 언어능력(V), 수리능력(N), 사무지각(Q), 형태지각(P), 공간적성(S), 운동반응(K), 손 재치(M), 손가락 재치(F)이다.

35 ②
기출키워드 특성-요인 직업상담의 특징

정답 풀이 특성-요인이론에서는 내담자를 객관적으로 진단하기 위해 사례나 사례연구를 상담의 중요한 자료로 삼는다. 또한 개인적 흥미나 능력 등을 심리검사나 객관적 수단을 통해 밝혀낸다.

36 ④
기출키워드 일반적응증후군

정답 풀이 셀리에(Selye)는 스트레스에 대한 유기체의 생리적 반응을 일반적응증후군에 의해 3단계로 나타냈다. 이 3단계는 '경고(경계)단계 → 저항단계 → 탈진(소진)단계' 순으로 진행된다.

37 ①
기출키워드 척도

정답 풀이 중앙치는 서열척도 이상의 척도로 측정된 자료에서만, 평균이나 표준편차는 등간척도 이상의 척도로 측정된 자료에서만 파악할 수 있다.

38 ④
기출키워드 경력태도검사(CBI)

정답 풀이 경력태도검사(CBI)는 내담자로 하여금 자아인식 및 세계관에 대한 문제를 확인하도록 돕는 것이다. 한편, 직업선택에 필요한 정보 및 환경, 개인적인 장애가 무엇인지를 알려주는 검사는 자기직업상황검사(MVS)이다.

39 ②
기출키워드 검사 – 재검사 신뢰도

정답 풀이 동일한 사람에게 동일한 검사를 서로 다른 시기에 두 번 실시하여 검사점수 간의 상관관계를 알아보는 것으로 신뢰도를 추정하는 방법은 검사-재검사 신뢰도이다.

40 ③
기출키워드 직업가계도(제노그램)

정답 풀이 직업가계도(제노그램)는 내담자의 가족 내 직업적 계보를 통해 내담자의 직업에 대한 고정관념이나 직업가치 및 흥미 등의 근본 원인을 파악한다. 직업가계도는 가족치료에 활용하기 위해 개발된 도구로, 기본적으로 경력상담 시 먼저 내담자의 가족이나 선조들의 직업 특징에 대한 시각적 표상을 얻기 위해 도표를 만든다.

41 ④
기출키워드 직업정보 분석

정답 풀이 직업정보 분석 시에는 정보의 신뢰성을 확인하기 위해, 또한 이용자가 분석된 자료에 대한 2차적 정보를 얻기를 원하는 경우가 있으므로 각 정보에 대한 직업정보원과 제공원을 분명히 밝혀야 한다.

42 ②
기출키워드 한국직업전망에서 제공하는 정보

정답 풀이 한국직업전망에서 '관련학과'는 일반적 입직 조건을 고려하여 대학에 개설된 대표 학과명을 수록하거나 특성화고등학교, 직업훈련기관, 직업전문학교의 학과명을 수록하였다.

43 ①
기출키워드 내용분석법

정답 풀이 내용분석법(content analysis)은 연구대상에 영향을 미치지 않고 정보제공자의 반응성이 낮다. 내용분석법은 문헌연구법의 일종으로, 인간이 남기는 모든 형태의 이용 가능한 자료의 성질 및 대상인물의 성질을 탐구함으로써 전체 상황에 관한 통찰을 하여 어떤 가설을 설정하고, 그 가설을 검증할 수 있도록 하기 위해 개발된 방법이다.

44 ③
기출키워드 한국표준산업분류의 산업분류

정답 풀이 산업활동의 범위에는 영리적·비영리적 활동이 모두 포함되나, 가정 내의 가사활동은 제외된다. 산업활동이란 '각 생산단위가 노동, 자본, 원료 등 자원을 투입하여 재화 또는 서비스를 생산 또는 제공하는 일련의 활동과정'으로 정의된다.

45 ③
기출 키워드 직업선호도 검사 S형

정답 풀이 직업선호도 검사 S형(25분 소요)은 성인이 좋아하는 활동, 관심 있는 직업, 선호분야 선택을 파악하기 위한 검사이다. 하위검사인 흥미검사를 통해 홀랜드(Holland)가 제시하는 현실형(R), 탐구형(I), 예술형(A), 사회형(S), 진취형(E), 관습형(C) 등 6가지 측정요인을 확인하게 된다.

46 ③
기출 키워드 취업촉진수당

정답 풀이 훈련연장급여는 연장급여에 해당한다. 실업급여는 크게 구직급여, 취업촉진수당, 연장급여 및 상병급여로 구분할 수 있다. 이 중 취업촉진수당으로는 조기재취업수당, 직업능력개발수당, 광역구직활동비 및 이주비 등이 있다.

47 ①
기출 키워드 국가기술자격 산업기사의 응시요건

정답 풀이 산업기사의 응시요건은 응시하려는 종목이 속하는 동일 및 유사직무 분야에서 2년 이상 실무에 종사한 사람 또는 기능사 등급 이상의 자격을 취득한 후 동일 및 유사직무 분야에서 1년 이상 실무에 종사한 사람이다.

48 ②
기출 키워드 한국표준산업분류의 적용원칙

정답 풀이 생산단위 소유형태, 법적 조직유형 또는 운영방식은 산업분류에 영향을 미치지 않는다. 한국표준산업분류의 산업분류기준은 산출물과 투입물의 특성, 생산활동의 일반적인 결합형태이다.

49 ①
기출 키워드 국민내일배움카드

정답 풀이 실업, 재직, 자영업 여부에 관계없이 카드 발급이 가능하지만 공무원, 사립학교 교직원, 졸업예정자 이외 재학생, 연 매출액 1억 5천만 원 이상의 자영업자, 월 임금 300만 원 이상인 대기업근로자(45세 미만), 월 임금 300만 원 이상인 특수형태근로종사자는 제외한다.

> **국민내일배움카드**
> 2008년에 도입한 직업능력개발계좌제(2011년부터 '내일배움카드제'라는 별칭 사용)에서 분리하여 운영해 온 실업자와 재직자 내일배움카드를 통합·개편하여 '국민내일배움카드'를 도입하여 2020년 1월 1일부터 시행하고 있다.

50 ③
기출 키워드 직업정보의 가공

정답 풀이 직업정보를 가공할 때는 중립적인 입장에서 직업의 장단점을 편견 없이 제공해야 한다.

51 ④
기출 키워드 한국표준직업분류의 포괄적인 업무에 대한 분류원칙

정답 풀이 수입 우선의 원칙은 다수 직업 종사자의 직업분류원칙이다. 다수 직업 종사자의 분류원칙은 '취업시간 우선의 원칙 → 수입 우선의 원칙 → 조사 시 최근직업 우선의 원칙' 순서이다.

52 ①
기출 키워드 고용24 직업정보시스템의 학과정보

정답 풀이 고용24 직업정보시스템의 학과정보에서는 학과를 인문계열, 사회계열, 자연계열, 교육계열, 공학계열, 의약계열 및 예체능계열 등 7개의 계열로 구분하고, 각 계열에 속하는 180여 개의 학과에 대한 정보를 제공하고 있다.
① 안경광학과는 고용24 직업정보시스템의 학과정보에서 7개 계열 중 공학계열에 해당한다.

※ 24년 9월 기준 '워크넷' 사이트가 '고용24'로 개편되어 현행에 맞게 문제를 수정하였습니다.

53 ③
기출키워드 실기시험만 시행할 수 있는 국가기술자격

정답 풀이 로더운전기능사는 필기시험에 합격한 후 실기시험에 응시할 수 있다.

> **실기시험만 실시할 수 있는 종목**
> - 토목분야의 석공기능사, 지도제작기능사, 도화기능사, 항공사진기능사
> - 건축분야의 조적기능사, 미장기능사, 타일기능사, 온수온돌기능사, 유리시공기능사, 비계기능사, 건축목공기능사, 거푸집기능사, 금속재창호기능사, 건축도장기능사, 도배기능사, 철근기능사, 방수기능사 등

54 ④
기출키워드 제2직능 수준

정답 풀이 제8차 한국표준직업분류에서 대분류 1 관리자와 대분류 2 전문가 및 관련 종사자는 제4직능 수준 혹은 제3직능 수준이 요구된다. 대분류 3~8까지는 제2직능 수준, 대분류 9 단순노무 종사자는 제1직능 수준을 필요로 한다.

55 ③
기출키워드 조건별 검색

정답 풀이 한국직업정보시스템의 직업정보는 조건별 검색과 키워드 검색의 2가지 방법으로 검색서비스를 제공하고 있다. 이 중 조건별 검색에서는 '평균연봉'과 '직업전망'으로 구분하여 검색할 수 있다.
평균연봉은 3,000만 원 미만, 3,000~4,000만 원 미만, 4,000~5,000만 원 미만, 5,000만 원 이상 등 4가지로 구분하여 검색할 수 있다. 직업전망은 매우 밝음(상위 10% 이상), 밝음(상위 20% 이상), 보통(중간 이상), 전망 안 좋음(감소예상직업) 등 4가지로 구분하여 검색할 수 있다.

56 ①
기출키워드 직업안정기관의 장이 수집·제공하여야 할 고용정보

정답 풀이 직무분석의 방법이나 절차는 한국직업사전에서 각 직업에 대해 조사할 때 필요한 것으로, 고용정보와는 관련이 없다.

> **직업안정기관의 장이 수집·제공하여야 할 고용정보**
> - 경제 및 산업동향
> - 노동시장, 고용·실업동향
> - 임금, 근로시간 등 근로조건
> - 직업에 관한 정보
> - 채용·승진 등 고용관리에 관한 정보
> - 직업능력개발훈련에 관한 정보
> - 고용관련 각종 지원 및 보조제도
> - 구인·구직에 관한 정보

57 ③
기출키워드 한국표준산업분류의 산업분류

정답 풀이 제11차 한국표준산업분류에서 작물재배활동과 축산활동을 복합적으로 운영하는 산업활동으로서, 그중 한편의 전문화율이 66% 미만으로 운영되는 산업활동은 대분류 A 농업, 임업 및 어업에 속하는 작물재배 및 축산 복합농업이다.

58 ②
기출키워드 한국직업사전의 직무기능 중 자료(data)

정답 풀이 데이터의 분석에 기초하여 시간, 장소, 작업순서, 활동 등을 결정하고, 결정을 실행하거나 상황을 보고하는 것은 자료(data)와 관련된 기능 중 조정(coordinating)에 해당한다.

59 ①
기출키워드 제1직능 수준

정답 풀이 제시된 내용은 제1직능 수준에 대한 설명으로, 대분류 9 단순노무 종사자에게 요구되는 직능수준이다.

오답 풀이 대분류 3 사무 종사자~대분류 8 장치·기계 조작 및 조립종사자에게는 제2직능 수준이 요구된다.

60 ②
기출키워드 직업능력개발훈련시설을 설치할 수 있는 공공단체

정답 풀이 직업능력개발훈련시설을 설치할 수 있는 공공단체는 한국산업인력공단, 한국장애인고용공단 및 근로복지공단 등이 규정되어 있다(시행령 제2조).
※ 최신 개정 내용에 맞게 변형한 기출문제입니다.

61 ③
기출키워드 분단노동시장가설

정답 풀이 분단노동시장가설에서는 내부노동시장이 형성되면 외부노동시장과 단절되므로 내부노동시장의 중요성을 강조한다.

> **분단노동시장가설(segmented labor market)**
> - 분단노동시장가설은 노동시장에는 자유로운 노동력의 이동을 저해하는 제도적인 요인이 있고, 따라서 노동시장을 하나의 경쟁적인 시장으로 파악하기는 어렵다고 보는 견해이다.
> - 분단노동시장가설은 경쟁시장가설에서 소홀히 다루기 쉬운 측면을 부각시키고 중요시한다는 점에서 정책적 의의가 있다. 즉, 노동시장 정책을 수립하거나 저임금층의 시장적응을 도와주기 위한 정책을 실시하려고 할 때 직업훈련의 확충이나 공공 직업소개소의 확대와 같은 노동공급 측면의 정책만으로는 불충분하며 기업이 노동자 고용에 있어서 제도적 차별을 철폐하도록 유도하고, 공공투자에 의해 고용기회를 확대하는 등 수요 측면의 정책도 매우 중요하다는 결론이 제시된다.

62 ①
기출키워드 연간 실업률

정답 풀이 구직에 평균 3개월$\left(\frac{1}{4}년\right)$이 소요되므로 연간 실업률은 $10\% \times \frac{1}{4}년 = 2.5\%$이다.

63 ①
기출키워드 뉴딜적 노사관계

정답 풀이 1930년대 세계대공황을 극복하기 위해 1933년부터 미국의 루즈벨트 대통령에 의해 추진된 정책을 뉴딜(New Deal)정책이라고 한다. 이 정책에 기초하여 1935년에 와그너법이 제정되었고, 이 법에 기초한 노사관계를 민주적 노사관계 또는 뉴딜적 노사관계라고 한다.

64 ①
기출키워드 노동시장 차별

정답 풀이 직장 경력의 차이에 따른 인적자본 축적의 차이로 인한 임금의 차이는 생산성의 차이에 의한 임금격차로, 임금격차의 경쟁적 요인에 해당한다. 이는 노동시장에서의 차별과는 관계가 없다.

> **노동시장 차별(labor market discrimination)**
> - 노동시장 차별은 생산성에 차이가 없는(생산성이 동일한) 노동자가 인종, 성, 학력, 나이, 민족, 그리고 그들의 업무수행과 관련이 없는 특성 때문에 고용, 임금, 승진 등에 있어서 다른 대우를 받는 것이다.
> - 노동시장 차별에 관한 이론은 베커(G. S. Becker)에 의해 처음 제시되었다. 베커는 개인편견이론(personal prejudice theory)에서 노동시장의 개인편견 차별의 주요 근원으로 고용주, 고용인, 그리고 소비자를 들고 있다.
> - 또 다른 차별이론에는 통계적 차별이론과 붐빔모형(crowding model) 또는 쇄도모형이 있다.

65 ②

기출 키워드 성과급제

정답 풀이 생산원가 중에서 노동비용(노무비)에 대한 통제가 불필요한 경우에는 시간급제가 유용하다.
성과급제(output payment, piece-rate plan)는 노동성과를 측정하여 측정된 성과에 따라 임금을 산정·지급하는 임금형태이다. 성과급제는 생산단위의 측정이 가능할 경우, 작업자의 노력과 생산량과의 관계가 명확할 경우, 직무가 표준화되어 있고 작업의 흐름이 정규적일 경우, 생산의 질이 생산량보다 덜 중요하거나 그 질이 일정할 경우, 각 작업자에 대한 감독을 철저히 할 수 없는 경우, 경쟁적이어서 사전에 단위생산비 중 노무비가 결정되어 있는 경우에 유용하게 실시할 수 있다.

노동조합의 사회적 비용을 증가시키는 3가지 측면

- **배분적 비효율**: 노동조합은 고임금의 조직부문과 저임금의 비조직부문 간의 임금격차를 발생시키고 조직부문의 고용감소를 가져와 노동력의 비효율적 배분(배분적 비효율, allocative inefficiency)을 야기한다.
- **기술적 비효율**: 노조에 의한 경직적인 인력배치 등이 노동의 가동률을 저하시키고 노동의 자본으로의 대체를 어렵게 하며 새로운 기술의 도입을 지연시켜 기술적 비효율(technical inefficiency)을 야기한다.
- **생산적 비효율**: 노동조합에 의한 파업행위는 생산활동을 중단시킴으로써 생산에서의 손실(생산적 비효율)을 야기한다.

---

66 ①

기출 키워드 구조적 실업

정답 풀이 노동시장에 대한 정보의 부족으로 구직자와 구인처가 잘 연결되지 않아 발생하는 실업은 마찰적 실업(frictional unemployment)이다.
구조적 실업(structural unemployment)은 구인처에서 요구하는 기술을 갖춘 근로자가 없어서 산업 간·지역 간 노동의 이동성이 부족하기 때문에 발생하는 실업이다. 따라서 노동의 이동성을 높이는 대책이 필요하다. 즉, 직업전환 교육 등 인력정책, 지역 간 이동을 촉진하기 위한 이주 보조금, 산업구조의 변화 예측에 따른 인력수급정책 등이 필요하다.

67 ④

기출 키워드 신고전학파가 주장하는 노동조합

정답 풀이 신고전학파의 견해에 의하면 노동조합은 사회적 수익을 증대시키기보다는 배분적·기술적·생산적 비효율의 세 가지 측면에서 사회적 비용을 증가시킨다.
④ 쟁의행위에 따른 작업방해에 의해서 발생하는 비효율은 구조적 비효율이 아니라 생산적 비효율에 해당한다.

68 ④

기출 키워드 신호모형(신호가설)

정답 풀이 마이클 스펜스(M. Spence)에 의해 주장된 신호모형(신호가설)은 교육이 노동자들의 선천적인 재능을 보여주거나 숨겨져 있는 생산성을 시그널(signal) 혹은 신호로 나타내 줄 뿐, 직접적으로 생산성을 높이는 것은 아니라고 본다. 신호모형(신호가설)은 선별가설과 함께 인적자본 이론에 대한 비판적인 견해로, 이 견해의 요지는 '교육이 과연 노동자의 생산성을 향상시키는가' 하는 것이다.

69 ④

기출 키워드 마찰적 실업

정답 풀이 마찰적 실업(frictional unemployment)은 노동시장의 정보 부족으로 인한 일시적인 실업이다. 따라서 구인·구직 정보시스템의 효율성을 높여 노동시장 정보를 충분히 제공하면 줄일 수 있다.

70 ④
기출키워드 노동조합의 노동공급 제한

정답 풀이 노동조합이 노동공급을 제한하면 조직화된 부분에서 발생한 실업자들이 비조직부문으로 이동하여 비조직부문의 노동공급이 증가하므로, 비조직부문의 임금이 하락한다.

오답 풀이 ① 노동조합이 노동공급을 제한하면 노동조합이 조직화된 노동시장의 임금이 상승한다.
② 노동조합이 조직화된 부분에서 발생한 실업자들이 조직화되지 않은 부분으로 이동하면 조직화되지 않은 노동시장의 노동공급은 증가한다(노동공급곡선은 우상향으로 이동한다). 이로 인해 노동조합이 조직화되지 않은 노동시장의 임금은 하락한다.
③ 노동조합이 조직화된 노동시장은 임금상승으로 노동수요가 감소한다(노동수요곡선이 좌상향으로 이동한다).

71 ②
기출키워드 노동수요의 임금탄력성

정답 풀이 노동수요의 임금탄력성
$$= - \frac{\text{노동수요량의 변화율(\%)}}{\text{임금의 변화율(\%)}}$$ 이므로
$$- \frac{\frac{-1,000}{10,000}}{\frac{1,000}{5,000}} = - \frac{-10}{20} = 0.5$$

72 ③
기출키워드 기업의 이윤극대화

정답 풀이 기업의 이윤극대화는 '노동의 한계생산 가치(VMP_L) = 시장임금(W)'에서 이루어진다. '$VMP_L > W$'이면 수요량(고용량)을 늘리고, 반대의 경우에는 수요량(고용량)을 줄여야 한다. $VMP_L = 500 \times 10$에서 5,000원이고 시장임금은 4,000원이므로, 노동의 고용량을 증가시켜야 한다.

73 ④
기출키워드 노동조합

정답 풀이 웹 부부(Sidney & Beatrice Webb)는 근로자가 스스로 단결하여 자신들의 근로조건과 근로생활의 질을 향상시키기 위한 노동조합을 조직해서 산업활동의 의사결정에 참가해야 한다는 산업민주주의(industrial democracy)를 주장하였다. 이들은 노동조합의 목적과 관련하여 노동자 생활의 제 조건을 유지하고 개선하는 방법으로 상호보험(mutual insurance), 단체교섭 및 입법활동(legal enactment)을 들었다.

74 ④
기출키워드 열등재

정답 풀이 열등재(inferior goods)는 소득이 증가할 때 수요가 감소하는 재화를 말한다. 여가가 열등재라면 임금상승으로 소득수준이 높아져도 여가의 수요는 감소한다. 임금상승에 따른 여가의 수요 감소는 노동공급량의 증가를 의미하므로 노동의 공급곡선은 우상향한다.

75 ①
기출키워드 기업별 노동조합

정답 풀이 기업별 노동조합은 개별 기업단위로 조직되어 해당 기업의 사용자에게만 영향을 미칠 수 있으므로, 조직으로서의 역량이 매우 약하다.

오답 풀이 직업별 노동조합, 일반 노동조합, 산업별 노동조합 등은 전국적인 조직으로 결성되어 노동시장의 지배력과 조직으로서의 역량이 매우 크다.

76 ④
기출키워드 실업대책

정답 풀이 사회안전망(social safety net)은 개인이 직장을 잃고 실업자가 된 뒤 다시 직장을 얻으려고 노력하는 대신 노숙자 같은 사회적 무기력층이 되는 것을 막기 위해 정부가 최소한의 생계를 유지할 수 있도록 해주는 제도를 말한다. 즉, 경제의 구조조정으로 불가피하게 발생한 실업자들에게 공공사업을 통해 일자리를 제공하거나 실업급여를 지급하여 생계비를 보조해주는 정책이다. 이는 유연성 확립과는 거리가 멀다.

77 ①
기출키워드 직무수당

정답 풀이 임금을 노동의 대가로 파악하는 것은 통상임금이다. 통상임금은 기본급과 통상적 수당으로 구성되는데, 통상적 수당은 일정한 요건을 갖춘 노동자 모두에게 정기적·일률적으로 지급되는 임금으로, 직무수당·특수작업수당·특수근무수당·기능수당 등이 포함된다.

78 ①
기출키워드 신고전학파이론

정답 풀이 노동의 동질성은 경쟁노동시장의 기본가정이다. 경쟁노동시장이론은 신고전학파의 이론이다.

경쟁노동시장의 기본가정
- 노동시장에는 수많은 노동자와 고용주가 있어, 누구도 시장임금에 아무런 영향력을 행사할 수 없다. 따라서 노동자와 고용주 모두 시장임금을 변화시킬 수 없고 시장에서 주어지는 임금을 받아들여야 하는 임금 수용자(wage taker)이다.
- 노동자와 고용주는 자유로이 노동시장에 진입하거나 시장을 떠날 수 있다.
- 노동자의 단결조직(노동조합)이나 사용자의 단결조직(사용자단체)은 없다.
- 정부는 노동시장에 개입(간섭)하지 않는다. 따라서 노동시장을 규제하는 법률도 없고, 최저임금제 등 정부에 의한 임금결정도 없다.
- 노동시장에는 완전한 정보가 주어진다.
- 직무, 즉 하는 일의 성격(위험, 직장의 안정성)은 모두 동일하다.
- 모든 가격과 임금은 완전 신축적이므로 임금의 경직성은 존재하지 않는다.
- 모든 직무의 빈자리는 외부노동시장을 통해서만 채워진다. 즉, 내부노동시장은 존재하지 않는다.

79 ④
기출키워드 후방굴절형의 노동공급곡선

정답 풀이 일반적인 경우에는 '임금상승의 대체효과 > 소득효과'이므로, 임금이 상승하는 경우 노동공급량은 증가한다. 그러나 소득수준이 높은 경우에는 '임금상승의 소득효과 > 대체효과'가 되어 임금이 상승해도 노동공급량은 감소하여 노동의 공급곡선이 뒤로 구부러지는 후방굴절형이 된다.

임금상승의 대체효과와 소득효과
- 임금상승의 대체효과는 임금이 상승하면 여가의 기회비용(임금)이 커지기 때문에 여가를 줄이고 노동공급량을 증가시키는 효과이다.
- 임금상승의 소득효과는 임금이 상승하면 전보다 적은 노동을 공급해도 전과 동일한 소득을 얻게 되므로 노동공급량을 감소시키는 효과이다.

80 ④
기출키워드 품질관리제도

정답 풀이 품질관리제도는 생산관리에 해당하는 것으로, 인적자원관리의 임금관리와는 전혀 관련이 없다. 연봉제를 도입하기 위해서는 정확한 직무평가와 인사고과가 전제되어야 한다. 그리고 이를 위해서는 직무분석이 철저하게 이루어져야 한다.

오답 풀이 ③ 목표관리제도(MBO)는 현대적 인사고과의 한 방법이나.

81 ④
기출키워드 위약금

정답 풀이 사용자가 근로계약 불이행에 대한 위약금을 예정하는 계약을 체결한 경우 500만 원 이하의 벌금에 처한다.

82 ④
기출키워드 육아휴직급여 신청기간 연장사유

정답 풀이 본인이나 배우자, 본인이나 배우자의 직계존속 및 직계비속의 질병·부상의 경우 신청기간 연장 사유에 해당한다.
④ 자매의 부상은 연장사유에 해당하지 않는다.

83 ④
기출키워드 근로자 명부 기재사항

정답 풀이 재산은 기재사항에 해당하지 않는다.

84 ④
기출키워드 근로자파견사업 허가 유효기간

정답 풀이 근로자파견사업 허가의 유효기간은 3년으로 한다.
꿀팁 근로자공급사업, 근로자파견사업 둘 다 허가 유효기간은 3년입니다.

85 ②
기출키워드 임금차별의 벌칙

정답 풀이 동일 사업장 내 동일 가치 노동에 대해 동일한 임금을 지급하지 아니한 경우는 3년 이하의 징역 또는 3천만 원 이하의 벌금에 해당한다.

86 ②
기출키워드 직업능력개발훈련이 중요시되어야 하는 대상

정답 풀이 제조업에 종사하는 근로자는 직업능력개발훈련이 중요시되어야 하는 대상이 아니다.
꿀팁 중소기업 근로자는 직업능력개발훈련이 중요시되어야 하는 대상이지만, 제조업 종사 근로자는 직업능력개발훈련이 중요시되어야 하는 대상이 아닙니다.
※ 최신 개정 내용에 맞게 변형한 기출문제입니다.

87 ②
기출키워드 직업능력개발훈련의 구분

정답 풀이 집체훈련은 훈련방법에 따른 구분이다.
꿀팁 훈련방법에 따른 구분에는 집체훈련, 현장훈련, 원격훈련, 혼합훈련이 있습니다.
※ 최신 개정 내용에 맞게 변형한 기출문제입니다.

88 ④
기출키워드 구직급여 수급요건

정답 풀이 건설일용근로자로서 수급자격 인정신청일 이전 14일간 연속하여 근로내역이 없어야 한다.

89 ④
기출키워드 고용정책심의회의 전문위원회

정답 풀이 ㄱ, ㄴ, ㄷ 모두 전문위원회에 해당한다.
꿀팁 이외에도 사회적기업육성전문위원회, 적극적고용개선전문위원회, 건설근로자고용개선전문위원회가 있습니다.

90 ④
기출키워드 고용보험법령상 용어 정의

정답 풀이 '일용근로자'란 1개월 미만 동안 고용되는 사람을 말한다.

91 ②
기출키워드 노동3권

정답 풀이 헌법 제33조에 규정된 노동3권은 단결권, 단체교섭권, 단체행동권이다.
꿀팁 평등권, 이익균점권, 단체요구권, 노사공동결정권, 경영참가권 등은 노동3권에 해당하지 않습니다.

92 ①
기출키워드 고용정책심의회의 위원

정답 풀이 문화체육관광부 제1차관은 위원 자격인 '관계 중앙행정기관의 차관 또는 차관급 공무원'에 해당하는 대상이 아니다.

93 ②
기출키워드 채용절차법 적용대상

정답 풀이 국가 및 지방자치단체가 공무원을 채용하는 경우에는 적용하지 아니한다.

94 ③
기출키워드 근로자공급사업 허가 유효기간

정답 풀이 근로자공급사업 허가 유효기간은 3년이다.

95 ②
기출키워드 배우자 출산휴가

정답 풀이 사업주는 근로자가 배우자 출산휴가를 고지하는 경우에 20일의 휴가를 주어야 한다. 배우자 출산휴가는 근로자의 배우자가 출산한 날부터 120일이 지나면 사용할 수 없다.
※ 최신 개정 내용에 맞게 변형한 기출문제입니다.

96 ②
기출키워드 퇴직금 청구권 소멸시효

정답 풀이 근로자퇴직급여 보장법에 따른 퇴직금을 받을 권리는 3년간 행사하지 아니하면 시효로 인하여 소멸한다.

97 ④
기출키워드 직장 내 성희롱 예방교육의 실시

정답 풀이 사업주는 직장 내 성희롱 예방을 위한 교육을 연 1회 이상 실시하여야 한다.

98 ①
기출키워드 제조업 기준고용률

정답 풀이 제조업의 기준고용률은 상시 근로자 수의 100분의 2이다.

99 ④
기출키워드 휴일근로 가산수당

정답 풀이 사용자는 8시간 이내의 휴일근로에 대하여는 통상임금의 100분의 50 이상을 가산하여 지급하여야 한다.

꿀팁 휴일근로를 할 경우 8시간 이내는 통상임금의 100분의 50, 8시간 초과는 통상임금의 100분의 100을 가산하여 지급하여야 합니다.

100 ④
기출키워드 직업소개사업

정답 풀이 국외 유료직업소개사업을 하려는 자는 고용노동부장관에게 등록하여야 한다.

꿀팁 무료는 신고 대상, 유료는 등록 대상임을 기억하세요.

2020년 3회

본문 ⓟ 316~332

[제1과목] 직업심리

01	②	02	③	03	②	04	③	05	①
06	③	07	③	08	②	09	②	10	①
11	④	12	①	13	③	14	②	15	④
16	④	17	①	18	③	19	④	20	③

[제2과목] 직업상담 및 취업지원

21	④	22	②	23	①	24	④	25	③
26	③	27	③	28	①,②	29	④	30	④
31	③	32	②	33	③	34	①	35	②
36	②	37	②	38	①	39	④	40	③

[제3과목] 직업정보

41	④	42	②	43	④	44	②	45	④
46	①	47	②	48	④	49	③	50	②
51	④	52	②	53	③	54	③	55	①
56	④	57	②	58	①	59	②	60	④

[제4과목] 노동시장

61	③	62	②	63	③	64	③	65	④
66	①	67	②	68	④	69	①	70	②
71	④	72	①	73	③	74	②	75	③
76	②	77	②	78	①	79	③	80	②

[제5과목] 고용노동관계법규

81	④	82	③	83	③	84	④	85	③
86	④	87	②	88	②	89	②	90	④
91	④	92	③	93	②	94	②	95	④
96	①	97	①	98	②	99	②	100	①

01 ②
기출키워드 Jung의 상담과정

정답풀이 융(Jung)의 상담과정 4단계는 '고백 → 명료화 → 교육 → 변형'의 순이다.

02 ③
기출키워드 상호역할관계의 사정방법

정답풀이 역할의 위계적 구조 작성하기는 상호역할관계의 사정방법이 아니다.

> 상호역할관계의 사정방법
> 1. 질문을 통해 역할관계 사정하기
>   • 내담자가 개입하고 있는 생애역할들을 나열한다.
>   • 개개 역할에 소요되는 시간의 양을 추정한다.
>   • 내담자의 가치들을 이용해서 순위를 정한다.
>   • 상충적·보상적·보완적 역할들을 찾아낸다.
> 2. 동그라미로 역할관계 그리기
>   • 내담자의 삶에서의 여러 가지 역할(예 작업자, 학생, 여가, 사회적 관계, 집안관계 등)을 내담자의 가치 순위에 따라 크기를 달리하여 그려 보게 한다.
>   • 원을 그린 후 내담자에게 역할들의 관계를 연결하여 표시하게 한다.
> 3. 생애-계획연습으로 전환하기
>   • 동그라미로 역할관계 그리기는 개인의 생애역할 관계를 조사하도록 도와주는 데 목표가 있다. 이를 통해 생애-계획연습으로 전환시킬 수 있다.
>   • 생애역할목록을 작성한다.
>   • 미래의 삶을 생각하고 생애역할목록으로부터 미래에 충족시킬 것으로 기대되는 것들을 선택한다.

03 ②
기출키워드 직업상담관계

정답풀이 상담의 중단 또는 내담자를 다른 상담자에게 의뢰하는 경우는 다음과 같다.

- 상담자 능력의 한계나 개인적인 문제로 내담자를 적절하게 도와줄 수 없는 경우
- 상담을 지속하는 것이 더 이상 내담자에게 도움이 될 가능성이 없는 등의 이유로 다른 전문가가 필요한 경우
- 상담자가 내담자에게 역전이가 일어나 상담을 지속할 수 없는 경우 등

04 ③
기출키워드 Super의 발달적 직업상담

정답풀이 Super의 발달적 직업상담 과정은 다음과 같다.
- 1단계 – 문제의 탐색 및 자아개념 묘사(ㄱ): 비지시적 방법으로 문제를 탐색하고 자아개념을 표출한다.
- 2단계 – 심층적 탐색(ㄷ): 지시적 방법으로 진로탐색의 문제를 설정한다.
- 3단계 – 자아수용 및 자아통찰(ㅁ): 비지시적 방법으로 사고와 감정을 명료화하여 자아수용과 자아통찰을 얻는다.
- 4단계 – 현실검증(ㄹ): 지시적 방법으로 심리검사, 직업정보, 과외활동 경험 등을 통해 수집된 사실적 자료들을 탐색하여 현실을 검증한다.
- 5단계 – 태도와 감정의 탐색과 처리(ㄴ): 비지시적 방법으로 현실검증에서 얻은 태도, 감정을 통하여 자신과 일의 세계를 탐색하고 처리한다.
- 6단계 – 의사결정(ㅂ): 비지시적인 방법으로 의사결정을 위한 대안과 행동을 검토한다.

05 ①
기출키워드 직업상담사의 역할

정답풀이 상담의 목표설정을 비롯한 내담자의 진로결정은 궁극적으로 내담자의 의사를 중심으로 한다. 직업상담사는 설정된 목표를 검토하고 내담자에게 적절한 조언을 할 수는 있으나, 목표의 수용 및 수정, 진로에 대한 결정은 <u>내담자 스스로 내리도록 해야 한다</u>.

06 ③
기출키워드 특성-요인 직업상담

정답풀이 변별진단이란 일련의 관련 있는 또는 관련 없는 사실들로부터 일관된 의미를 논리적으로 파악하여 문제를 하나씩 해결하는 과정을 말하며, 특성-요인 직업상담의 진단법이다.

07 ③
기출키워드 즉시성

정답풀이 즉시성(immediacy)은 내담자가 의존성이 있는 경우 필요하다. 즉시성은 상담자가 자신의 바람은 물론, 내담자의 느낌·인상·기대 등에 대해 깨닫고 대화를 나누는 것으로서, 상담과정의 주제로 삼게 된다. 즉시성은 상담이 생산적으로 전개되도록 하는 상담자의 기술이다.

08 ②
기출키워드 게슈탈트 이론

정답풀이 게슈탈트(형태주의)는 내담자가 지금 여기서 무엇을 어떻게 경험하느냐와 각성을 중요시하며, 인간의 인식이 전체로서 완성되려는 경향이 있다고 보았다.

오답풀이 ㄴ. 정신분석학 이론에 관한 설명이다.
ㄹ. 행동주의 이론에 관한 설명이다.

09 ③
기출키워드 직업카드분류

정답풀이 직업카드분류는 직업카드를 사용하여 직업을 선호군, 혐오군, 미결정중성군으로 분류하여 개인의 직업선택의 동기와 흥미 및 가치관을 탐색한다. 내담자의 가치관, 흥미, 직무기술, 라이프스타일 등의 선호형태를 측정하는 데 유용하다.

10 ①

기출키워드 6개의 생각하는 모자(six thinking hats)

정답 풀이 6개의 생각하는 모자(six thinking hats)는 청색, 백색, 적색, 흑색, 황색, 녹색을 사용한다.

11 ④

기출키워드 직업상담사의 윤리

오답 풀이 ① 내담자와 상담관계 외에 사적으로 친밀한 관계를 형성하는 것은 바람직하지 않다.
② 과거 상담사와 성적 관계가 있었던 사람을 내담자로 받지 않는다.
③ 내담자의 사생활과 비밀보호를 위한다고 하여 상담 종결 즉시 상담기록을 폐기해서는 안 된다. 법, 규제 혹은 제도적 절차에 따라 기록을 반드시 보존하여야 한다.

12 ①

기출키워드 실존주의 상담

정답 풀이 실존주의 상담은 치료를 상담목표로 두지 않는다. 실존주의 상담의 궁극적 목적은 내담자로 하여금 자신의 현재상태에 대해 인식하고 피해자적 역할로부터 벗어날 수 있도록 돕는 것이다.

13 ③

기출키워드 개방적 질문

정답 풀이 개방적 질문은 내담자에게 말할 수 있는 시간을 충분히 주고, 많은 대답을 선택할 기회를 주는 질문이다. ③은 폐쇄형 질문으로, '예/아니요'와 같이 제한된 응답을 요구하는 질문이다.

14 ②

기출키워드 공감

정답 풀이 공감이란 상담자가 자신이 직접 경험하지 않고도 내담자의 감정을 거의 같은 수준으로 이해하는 능력을 말한다. 상담자는 내담자의 세계를 상담자 자신의 세계인 것처럼 경험하지만 객관적인 위치에서 벗어나지 않는다.

15 ④

기출키워드 현실치료 상담

정답 풀이 현실치료 집단상담의 절차에서 사용될 수 있는 기법에는 숙련된 질문, 유머, 역설적 방법, 직면 등이 있다.
④ 조작기법은 행동주의 이론과 관련이 있다.

16 ④

기출키워드 체계적 둔감법

정답 풀이 체계적 둔감법은 행동주의 치료과정에서 가장 널리 활용되는 임상적 기법으로, 내담자의 불안을 없애기 위하여 불안반응을 체계적으로 증대시켜 둔감화한다.

17 ③

기출키워드 사이버 직업상담

정답 풀이 사이버 직업상담에서 답변은 되도록 신속하고 정확하게 하도록 한다.

18 ③

기출키워드 동화적 사고형

정답 풀이 동화적 사고형은 추상적 개념화와 사려 깊은 관찰에 유용하며, 이들의 가장 큰 강점은 확고한 이론적 모형에 대한 능력이다. 동화적 사고형은 귀납적인 이론을 끌어내는 데 유용하여 이론의 실제적 적용에 관한 응용과학보다는 기초과학과 수학 등에 더 적합하다. 사람에 대한 관심은 적은 반면 추상적 개념에 많은 관심을 두며, 연구나 기획 등의 일을 하는 사람에게서 많이 발견된다.

19 ④
기출키워드 **형태주의(게슈탈트) 상담**

정답 풀이 형태주의(게슈탈트) 상담에서는 인간을 전체적이고 현재중심적이며 선택의 자유에 의하여 잠재력을 각성시킬 수 있는 존재로 바라본다. 내담자로 하여금 자신의 행동결과에 대한 책임의식이 증진되도록 하여 변화와 성장을 도모하는 것을 목표로 한다. 한편, 내담자의 생활양식을 확인하고 바람직한 방향으로 생활양식을 바꾸도록 하는 것은 개인주의 상담에 대한 설명이다.

20 ③
기출키워드 **직업상담의 목적**

정답 풀이 직업상담은 직업선택과 직업생활에서 능동적인 태도를 함양하는 과정이다. 따라서 성숙한 직업의식을 확립하게 하고, 합리적인 의사결정과 함께 내담자의 능력을 향상시키고 성장시킨다.

21 ④
기출키워드 **주요 질적 측정도구**

정답 풀이 직업상담에 사용되는 주요 질적 측정도구에는 자기효능감 척도, 직업카드분류, 직업가계도(제노그램), 역할놀이 등이 있다.
④ 욕구 및 근로가치 설문은 질적 측정도구가 아니다.

22 ②
기출키워드 **직무관련 스트레스의 조절요인**

오답 풀이 직무관련 스트레스의 조절요인에는 성격유형, 통제 소재, 사회적 지원이 있다.
① 성격유형(A/B성격유형): A성격유형의 사람은 B성격유형의 사람보다 스트레스 상황에 노출되었을 때 훨씬 많은 스트레스를 받는다.
③ 통제 소재(통제 위치): 내적 통제자는 어떤 사건의 발생이나 행위의 결과가 자신의 행위에 달려 있다고 본다. 따라서 내적 통제자는 외적 통제자보다 스트레스에 적절하게 대처함으로써 스트레스 위협을 덜 느낀다.
④ 사회적 지원: 사회적 지원은 스트레스 상황에서의 심리적·신체적 적응에 도움을 주는 것으로, 직무수행자의 직무 스트레스를 완화할 수 있도록 해주는 조직 내적 혹은 조직 외적 요인을 의미한다.

23 ①
기출키워드 **검사점수의 오차를 발생시키는 수검자요인**

정답 풀이 검사점수의 오차를 발생시키는 수검자요인으로는 수검 당일의 생리적 조건(예 건강 정도, 피로 등), 수행 경험(예 검사받은 경험), 수행 불안(예 평가 불안, 정서적 불안, 긴장), 검사에 대한 동기, 검사에 대한 훈련 정도 등이 있다.

24 ④
기출키워드 **타당도와 신뢰도의 관계**

정답 풀이 신뢰도는 타당도를 높이기 위한 필요조건이다. 신뢰도가 높다고 해서 반드시 타당도가 높은 것은 아니지만, 타당도를 높이기 위해서는 신뢰도는 반드시 높아야 한다. 따라서 직업적성검사의 신뢰도 계수가 1.0으로서 최댓값에 해당하더라도 그 검사의 타당도 계수는 알 수 없다. 즉, 신뢰도가 높으면 타당도는 높을 수도 있고 낮을 수도 있다. 이는 신뢰롭지만 타당하지는 않은 검사가 있을 수 있음을 의미한다.

25 ③
기출키워드 **특성-요인이론의 가설**

정답 풀이 ③은 로(Roe)의 욕구이론에 대한 설명이다. 로(Roe)는 부모의 양육방식에 따라 자녀는 사람 지향적이거나 사람 회피적인 직업을 갖게 된다고 보았다.

26 ③
기출키워드 **직업흥미검사**

정답 풀이 진로분야에서 내담자의 성공가능성에 대한 정보를 제공하여 주는 검사는 적성검사이다.

27 ③
기출 키워드 심리검사 해석

정답 풀이 상담자가 일방적으로 심리검사 결과를 해석하기보다는 내담자 스스로 생각해서 자신의 진로를 결정하도록 도와주어야 한다. 즉, 내담자와 함께 해석해야 하며, 이 과정을 상담의 일부분으로 포함해야 한다.

28 ①, ②
기출 키워드 작업자 중심 직무분석

정답 풀이 직무에서 수행하는 과제나 활동이 어떤 것들인지를 파악하는 데 초점을 두는 것은 과제중심 직무분석이다. 과제중심 직무분석은 과제나 활동들이 서로 달라 분석도구들이 표준화되기 어렵다.

29 ④
기출 키워드 직업적응방식 측면(적응행동방식)

정답 풀이 끈기(인내)는 환경이 자신에게 맞지 않아도 얼마나 오랫동안 견뎌낼 수 있는지의 정도이다.

30 ④
기출 키워드 과제접근 기술

정답 풀이 과제접근 기술은 개인이 환경을 이해하고 이에 대처하며 미래를 예견하는 능력이나 경향을 의미한다. 과제접근 기술은 유전적 요인, 환경적 조건, 학습경험의 상호작용으로 나타나며 문제해결 기술, 일하는 습관, 정보수집 능력, 감성적 반응, 인지적 과정 등이 포함된다.

31 ③
기출 키워드 직무 스트레스 중 역할갈등

정답 풀이 ③ 공식적이고 구조적인 조직에서는 주로 구조적 변수(예 의사결정의 참여 등) 때문에 역할갈등이 발생하지만, 비공식적이고 비구조적인 조직에서는 주로 인간관계 변수(예 동료와의 관계 등) 때문에 역할갈등이 발생한다.

32 ②
기출 키워드 성격 5요인 검사(Big5 성격검사)

정답 풀이 성격 5요인 검사의 하위요인은 외향성, 호감성, 성실성, 정서적 불안정성, 경험에 대한 개방성이다.

33 ③
기출 키워드 Holland의 성격유형

정답 풀이 홀랜드(Holland)의 직업성격 유형 중 실제적(현실형) 성격유형은 솔직하고 실제적이며 성실하고, 지구력이 있고 건강하다. 또한 소박하고 말이 적으며, 고집이 세고 직선적이며 단순하다.

34 ①
기출 키워드 Dawis & Lofquist의 직업적응방식 차원

정답 풀이 의존성이 아니라 융통성이 데이비스와 롭퀴스트(Dawis & Lofquist)의 직업적응방식 차원에 해당한다. 융통성이란 개인이 작업환경과 개인환경 간의 부조화를 참아내는 정도를 말한다.

오답 풀이 ② 적극성은 개인이 작업환경을 개인적 방식과 좀 더 조화롭게 만들어 가려고 노력하는 정도이다.
③ 반응성은 개인이 작업성격의 변화로 인해 작업환경에 반응하는 정도이다.
④ 끈기(인내)란 환경이 자신에게 맞지 않아도 개인이 얼마나 오랫동안 견뎌낼 수 있는지의 정도이다.

35 ②
기출 키워드 Super의 진로발달과업

정답 풀이 수퍼(Super)의 진로발달단계 중 결정화, 구체화, 실행 등과 같은 과업이 수행되는 단계는 탐색기이다.

> Super의 진로발달단계 중 탐색기(15~24세)의 발달과업
> - 결정화: 자신과 직업에 대한 정보가 쌓이면 진로에 대한 선호가 점차 분명하게 나타난다.
> - 구체화: 특수한 직업에 대한 선호가 생겨난다.
> - 실행화: 선호하는 직업을 위해 노력을 기울인다.

36 ②
기출 키워드 Roe의 부모유형

정답 풀이 로(Roe)는 가정 분위기의 유형을 회피형, 정서집중형, 수용형으로 구분하였다. 회피형에는 무시적 회피형과 거부적 회피형이 있고, 정서집중형에는 과보호형과 과요구형이 있다. 수용형에는 무관심형과 애정형이 있다.

37 ①
기출 키워드 직무만족

정답 풀이 로크(Locke)는 자신의 직무나 직무경험에 대한 평가로부터 비롯되는 유쾌하거나 정적인 감정 상태를 직무만족으로 정의하였다.

38 ①
기출 키워드 번아웃 증후군

정답 풀이 제시된 행동특성은 일종의 일중독증(ㄱ)에 따른 소진(ㄴ)의 상태로, 번아웃 증후군(Burnout syndrome)에 해당한다.

39 ④
기출 키워드 가치중심적 진로접근모형

정답 풀이 생애역할에서의 성공은 학습된 기술, 인지적·정의적·신체적 적성 등 많은 요인들에 의해 결정된다.

40 ③
기출 키워드 직무평가

정답 풀이 직무평가는 직무의 내용과 성질을 고려하여 직무들 간의 상대적 가치를 결정하는 절차이다. 각 직무에 대하여 공정하고 적절한 임금수준을 결정하기 위하여 조직 내에서 직무들 간의 상대적인 가치를 결정하는 것이다.

41 ④
기출 키워드 창업적성검사

정답 풀이 제시된 내용은 고용24 직업정보시스템에서 제공하는 성인을 위한 직업적응검사 중 창업적성검사에 대한 설명이다. 고용24 직업심리검사 중 성인을 위한 직업적응검사는 구직준비도검사, 창업적성검사, 직업전환검사, 이주민 취업준비도검사 및 중장년 직업역량검사 등 5개 검사로 구성되어 있다.

그 외 직업적응검사의 종류	
구직준비도검사	3개의 하위검사(구직취약성 적응도 검사, 구직동기 진단검사, 구직기술 진단검사)와 13개의 하위척도로 구성된다.
직업전환검사	언어검사와 그림검사 2가지 형태로 측정하며, 추천직송과 비교 차원에서 6개의 성격차원을, 상담을 위한 참고 자원에서 2개의 성격차원을 측정한다.
이주민 취업준비도검사	생산직 및 단순서비스직 취업 희망 이주민 대상으로 하는 A형, 관리사무직 및 서비스직 취업 희망 이주민과 취업희망직종을 정하지 못한 이주민을 대상으로 하는 B형으로 구분하며, 6개의 하위요인으로 구성된다.
중장년 직업역량검사	경력활동, 직무태도, 직무능력, 개인특성, 기초자산 6개 하위요인으로 구성된다.

※ 24년 9월 기준 '워크넷' 사이트가 '고용24'로 개편되어 현황에 맞게 문제를 수정하였습니다.

42 ②
기출키워드 직업정보의 기능과 역할

정답 풀이 직업정보는 내담자에게 내담자가 원하는 분야에 대한 다양한 직업적 대안에 대한 정보를 제공하는 것이지, 내담자의 흥미, 적성, 가치 등을 파악하는 것은 아니다.

43 ④
기출키워드 고용24의 채용정보

정답 풀이 고용24 채용정보의 상세검색에서 기업형태별 검색의 메뉴는 대기업, 공무원·공기업·공공기관, 강소기업, 코스피·코스닥, 중견기업, 외국계기업, 일학습병행기업, 벤처기업, 청년친화강소기업 및 가족친화인증기업 등이다.
④ 금융권기업은 해당하지 않는다.
※ 24년 9월 기준 '워크넷' 사이트가 '고용24'로 개편되어 현행에 맞게 문제를 수정하였습니다.

44 ②
기출키워드 한국표준산업분류의 산업분류

정답 풀이 계절에 따라 정기적으로 산업을 달리하는 사업체의 경우에는 조사시점에서 경영하는 사업과는 관계없이 조사대상기간 중 산출액이 많았던 활동에 의하여 분류된다.

45 ④
기출키워드 고용안정장려금

정답 풀이 임신을 사유로 근로시간을 단축한 경우 임금감소액 보전 지원은 월 40만 원 한도로 지원한다[고용보험(ei.go.kr) > 고용보험제도 > 기업혜택 > 고용안정사업 > 고용안정장려금 > 워라밸일자리 장려금].

46 ①
기출키워드 한국표준직업분류의 포괄적인 업무에 대한 분류원칙

정답 풀이 한국표준직업분류(2025)에서 포괄적인 업무에 대해 적용하는 직업분류원칙은 '주된 직무 우선의 원칙 → 최상급 직능수준 우선의 원칙 → 생산업무 우선의 원칙' 순이다.

47 ④
기출키워드 전국고용복지플러스센터의 업무

정답 풀이 위탁훈련(상시심사 제외) 과정 심사는 한국기술교육대학교 직업능력심사평가원의 업무이다.

48 ④
기출키워드 공공직업정보의 일반적인 특성

정답 풀이 단시간에 조사하고 특정 목적에 맞게 직종을 제한적으로 선택하여 직업정보를 제공하는 것은 민간직업정보이다.

> **민간직업정보**
> 민간직업정보는 필요한 시기에 최대한 활용되도록 한시적으로 신속하게 생산 및 운영되고, 단시간에 조사되어 집중적으로 제공된다. 정보 자체의 효과는 큰 반면 부가적인 파급효과는 적으며, 다른 직업정보와의 비교가 어렵고 활용성이 낮다.

49 ③
기출키워드 부가직업정보(작업강도)

정답 풀이 최고 20kg의 물건을 들어올리고 10kg 정도의 물건을 빈번히 들어올리거나 운반하는 것은 보통작업이다.

오답 풀이 ① 아주 가벼운 작업은 최고 4kg의 물건을 들어올리고, 때때로 장부, 대장, 소도구 등을 들어올리거나 운반한다.
② 가벼운 작업은 최고 8kg의 물건을 들어올리고, 4kg 정도의 물건을 빈번히 들어올리거나 운반한다.
④ 힘든 작업은 최고 40kg의 물건을 들어올리고, 20kg 정도의 물건을 빈번히 들어올리거나 운반한다.

꿀팁 아주 힘든 작업은 40kg 이상의 물건을 들어올리고, 20kg 이상의 물건을 빈번히 들어올리거나 운반한다는 것도 기억하세요.

50 ②
기출키워드 국민내일배움카드

정답풀이 만 65세 이상인 사람은 발급대상에 해당되나, 만 75세 이상인 사람은 국민내일배움카드 운영규정에 따른 훈련비 등을 지원하지 아니한다. 이외에도 공무원연금법을 적용받고 현재 재직 중인 사람, 외국인근로자의 고용 등에 관한 법률을 적용받는 외국인(단, 고용보험 피보험자는 제외), 고용보험법 시행령에 따라 부정행위에 따른 지원금 등의 반환 명령을 받고 그 납부의 의무를 이행하지 아니하는 사람, 국민내일배움카드 시행일 이전에 직업능력개발훈련을 3회 지원받았음에도 불구하고, 훈련개시일 이후 취업한 기간이 180일 미만이거나 자영업자로서 피보험기간이 180일 미만인 사람은 지원제외대상에 해당한다.

51 ④
기출키워드 직업정보의 가공

정답풀이 직업정보의 이용자는 구직자, 청소년 등 일반인이므로 누구나 이해하기 쉬운 평이한 언어로 가공해야 한다.

52 ①
기출키워드 한국직업전망

정답풀이 어업 종사자는 직업별 일자리 전망 결과에 따르면 인쇄 및 사진현상관련 조작원과 함께 '감소'가 예상되는 직업으로 분류된다.

53 ③
기출키워드 국가기술자격 직무분야

정답풀이 한국산업인력공단(q-net.or.kr)이 시행하는 국가기술자격은 기계, 전기·전자, 건설, 정보통신 등 26개 분야로 구분된다. 건설기계설비기사, 공조냉동기계기사, 승강기기사는 기계분야에 해당된다.

54 ②
기출키워드 고용24의 학과정보

정답풀이 조경학과는 공학계열이고, 생명과학과, 통계학과, 응용물리학과는 자연계열에 해당하는 학과이다. 학과정보에서 공학계열은 대부분 ○○공학과라는 명칭으로 되어 있지만 식품공학과, 임산공학과, 생명공학과, 바이오산업공학과, 동물생명공학과 등은 자연계열로 분류된다. 한편, 건축학과, 건축설비학과는 공학계열에 포함된다.

※ 24년 9월 기준 '워크넷' 사이트가 '고용24'로 개편되어 현행에 맞게 문제를 수정하였습니다.

55 ①
기출키워드 직업정보 시스템의 정보관리

정답풀이 직업정보 시스템의 정보관리는 '수집 → 분석 → 가공(체계화) → 제공 → 축적 → 평가'의 순서로 이루어진다.

56 ④
기출키워드 제11차 한국표준산업분류

정답풀이 자본재(고정자본 형성)로 사용되는 산업용 기계와 장비를 전문적으로 수리하는 경우도 제조업으로 분류한다. 단, 컴퓨터 및 주변기기, 개인 및 가정용품 등과 자동차를 수리하는 경우는 수리업으로 분류한다.

57 ②
기출키워드 직업정보의 제공

정답풀이 직업상담사는 내담자에게 필요한 직업정보를 제공하기 위하여 지속적으로 다양한 정보를 수집하고 분석하여야 한다.

58 ①
기출키워드 국가기술자격 응시자격

정답풀이 스포츠경영관리사, 직업상담사 2급, 사회조사분석사 2급, 전자상거래관리사 2급, 컨벤션기획사 2급, 소비자전문상담사 2급 등은 응시자격의 제한이 없다.

59 ②
기출 키워드 한국표준직업분류의 대분류

정답 풀이 한국표준직업분류의 대분류 9는 단순노무 종사자이다.

한국표준직업분류의 대분류
• 1 관리자
• 2 전문가 및 관련 종사자
• 3 사무 종사자
• 4 서비스 종사자
• 5 판매 종사자
• 6 농림·어업 숙련 종사자
• 7 기능원 및 관련 기능 종사자
• 8 장치·기계 조작 및 조립 종사자
• 9 단순노무 종사자
• A 군인

60 ④
기출 키워드 한국표준산업분류의 적용원칙

정답 풀이 수수료 또는 계약에 의하여 활동을 수행하는 단위는 자기계정과 자기책임하에서 생산하는 단위와 동일항목으로 분류되어야 한다.

61 ③
기출 키워드 노사협의회

정답 풀이 노사협의회에서는 생산성 향상과 성과 배분, 근로자의 채용·배치 및 교육훈련, 근로자의 고충처리, 안전·보건 등의 작업환경 개선과 근로자의 건강증진, 인사·노무관리의 제도 개선, 경영상 또는 기술상의 사정으로 인한 인력의 배치전환·재훈련·해고 등 고용조정의 일반원칙, 작업과 휴게시간의 운용, 임금의 지불방법·체계·구조 등의 제도개선, 작업 수칙의 제정 또는 개정 종업원지주제와 그 밖에 근로자의 재산형성 지원에 관한 지원 등을 협의한다(근로자 참여 및 협력증진에 관한 법률 제20조).
③ 임금 및 근로조건의 교섭은 단체교섭 사항이다.

62 ②
기출 키워드 실업에 대한 대책

정답 풀이 실업률을 낮추기 위해서는 총수요(유효수요)를 증가시켜야 한다. 총수요의 증대를 위해서는 재정지출의 확대, 조세 감면(세율 인하), 통화량 증대, 금리 인하 등의 대책이 필요하다. 이러한 정책을 통해 경기적 실업을 줄일 수 있다. 또한 직업훈련 기회의 제공을 통해 구조적 실업을 줄일 수 있다.

63 ③
기출 키워드 균형임금

정답 풀이 생산함수 $Q = 600L - 3L^2$을 미분하면 노동의 한계생산 $MP_L = 600 - 6L$이 도출된다. 노동수요곡선은 $VMP_L = P \times MP_L = 1,000(600 - 6L) = 600,000 - 6,000L$이다. 근로자가 500명이고 10개의 야구공 생산업체가 있으므로 개별기업의 노동공급량은 50명이다. 노동공급이 완전비탄력적이므로 노동공급함수는 $L = 50$에서 수직선이고 균형고용량(L)은 50명이다. 균형고용량 $L = 50$을 노동수요함수에 대입하면 균형임금 $W = 600,000원 - 6,000원(50명) = 300,000원$이다.

64 ③
기출 키워드 파생수요

정답 풀이 노동을 비롯한 생산요소에 대한 수요를 유발수요(derived demand) 또는 파생수요, 간접수요라고 하는데, 그 이유는 노동을 비롯한 생산요소에 대한 수요는 최종재화에 대한 소비자의 수요에서 유발되기 때문이다.

65 ④
기출 키워드 합리적인 임금체계

정답 풀이 생존권보장은 최저임금의 기능으로, 합리적인 임금체계와는 관련이 없다. 임금체계(wage structure)는 임금의 구성내용 중 특히 기본급을 어떻게 결정할 것인가와 관련이 있다. 즉, 연공급, 직무급, 직능급 임금체계 중 어느 것을 선택하는가의 문제이다.

66 ①
기출키워드 Dunlop의 노사관계 시스템이론

정답 풀이 던롭(J.T. Dunlop)의 노사관계 시스템이론은 하나의 노사관계가 3주체로 구성되어 있다고 가정한다. 그리고 이들 주체가 직접·간접으로 영향을 받으면서 행동하게 되는 환경조건 내지 노사관계를 규제하는 여건으로 기술적 특성, 시장 또는 예산제약, 각 주체의 세력관계(또는 권력구조)를 제시한다.

67 ③
기출키워드 실업률

정답 풀이 실업률은 경제활동인구에서 차지하는 실업자의 비중이다.
경제활동인구 = 취업자 수 + 실업자 수
= 36(만 명) + 4(만 명) = 40(만 명)
따라서 실업률 = $\frac{실업자\ 수}{경제활동인구} \times 100(\%)$
= $\frac{4만\ 명}{40만\ 명} \times 100 = 10.0\%$이다.

68 ④
기출키워드 필립스곡선

정답 풀이 필립스곡선(phillips curve)은 영국의 경제학자인 아서 필립스(A. Phillips)가 1861~1957년 영국 경제를 대상으로 임금상승률과 실업률 간의 관계를 실증분석한 결과를 보여주는 곡선이다. 즉, 실업률과 임금상승률 간에는 역(−)의 상관관계가 있다는 것으로, 케인즈(J.M. Keynes)의 이론을 뒷받침해 준다. 필립스곡선은 후에 물가상승률과 실업률 간의 역(−)의 관계를 보여주는 것으로 정착되었다.

69 ①
기출키워드 최저임금제

정답 풀이 시장임금보다 높은 최저임금이 지급되면 기업은 노동수요를 감소시키므로 고용이 감소하여 실업이 증가한다.

70 ④
기출키워드 기업의 승진정책 대응 제도

정답 풀이 연봉제의 강화는 승진정체 해결과 아무런 관련이 없다. 기업 내의 승진정체에 대응하기 위해 도입할 수 있는 제도로는 정년의 단축이나 조기퇴직(명예퇴직) 유도, 자회사에의 파견, 임금피크제 등이 있다.

71 ④
기출키워드 내부노동시장

정답 풀이 고용계약 형태가 다양한 것은 외부노동시장이다.

> **내부노동시장(internal labor market)**
> - 내부노동시장이란 하나의 기업 또는 사업장 내에서 이루어지는 노동시장을 말한다. 내부노동시장에서의 임금, 직무배치 및 승진은 외부노동시장의 작용으로부터 단절된 채로 기업 내부에서 정해진 규칙과 절차에 의해 결정된다.
> - 내부노동시장은 주로 근대적인 기업 또는 대기업 등과 같이 일정수준의 임금 및 근로조건을 갖춘 사업장에서 발전하게 된다.
> - 도린저와 피요르(Doeringer & Piore)는 내부노동시장이 형성되는 요인으로 숙련의 특수성, 현장훈련, 관습 등 세 가지를 제시하고 있다. 이외에도 장기근속 가능성, 대규모기업, 기업 내의 위계적인 직무서열 등을 제시하는 학자들도 있다.

72 ①
기출키워드 평균임금

정답 풀이 강력한 노동조합이 존재하면 그렇지 않은 경우에 비해 임금이 높다. 즉, A산업의 노동조합이 B산업보다 강하다고 추론할 수 있다.

오답 풀이 ② 생산성 임금제에 따르면 생산성이 높으면 임금이 높다.
③ 생산성 임금제에 따르면 숙련도가 높으면 임금이 높다.
④ 빠르게 성장하는 산업에서는 노동공급이 원활하게 이루어지지 못해 임금이 높아진다.

73 ③
기출키워드 노동공급

정답풀이 효용극대화에 기초한 노동공급모형인 소득-여가 선택모형에서 임금상승의 대체효과는 노동공급량을 증가시키고 소득효과는 노동공급량을 감소시킨다. 따라서 대체효과가 소득효과보다 크면 임금상승 시 노동공급량이 증가하므로 노동공급곡선은 우상향한다. 반면, 대체효과보다 소득효과가 크면 노동공급곡선은 우하향하므로 노동공급곡선은 후방굴절된다.

74 ②
기출키워드 후방굴절형 노동공급곡선

정답풀이 경제성장으로 임금수준이 높아지면 임금이 더 올라도 노동공급량을 줄이므로 노동공급곡선이 우하향한다. 따라서 후방굴절형 노동공급곡선이 나타난다. 일반적인 경우에는 '임금상승의 대체효과 > 소득효과'이므로, 임금이 상승하는 경우 노동공급량이 증가한다. 그러나 소득수준이 높은 경우에는 '임금상승의 소득효과 > 대체효과'가 되어 임금이 상승해도 노동공급량이 감소하여 노동의 공급곡선은 뒤로 구부러지는 후방굴절형이 된다.

75 ③
기출키워드 임금체계의 공평성(equity)

정답풀이 임금체계(wage structure)란 임금의 구성내용을 의미하는 것으로, 임금체계의 적용원리는 근로자의 공헌도에 비례하여 임금을 지급하는 공평성(equity)이다. 공평성은 따라서 임금체계의 관리는 개인 간의 임금격차를 가장 공평하게 설정함으로써 종업원들이 이를 이해하고 만족하며 동기유발이 되도록 하는 데 중점을 둔다.

76 ②
기출키워드 마찰적 실업

정답풀이 마찰적 실업(frictional unemployment)은 새로 직장을 구하거나 직장을 옮길 때 발생하는 자발적이고 일시적인 실업으로, 주로 노동시장의 정보부족으로 발생한다. 따라서 마찰적 실업은 워크넷(work-net)을 구축하는 등의 방법으로 노동시장의 정보를 효율적으로 제공함으로써 줄일 수 있다.

오답풀이 ① 경기적 실업에 대한 설명이다.
③ 구조적 실업에 대한 설명이다.
④ 기술적 실업에 대한 설명이다.

77 ②
기출키워드 노동조합의 조직률

정답풀이 국내 산업 보호를 위한 수입관세 인상은 기업의 대외경쟁력을 높이는 요인이 된다. 기업의 경쟁력이 높아지면 노동조합의 조직률은 상승한다.

78 ①
기출키워드 Hicks의 단체교섭모형

정답풀이 노사 양측의 비대칭적 정보 때문에 요구임금과 제안임금의 차이가 크고, 이로 인해 파업이 시작된다. 파업기간 중 요구임금은 낮아지고 제안임금은 높아지므로 적정수준에서 임금의 타결이 이루어진다. 힉스(J. R. Hicks)는 노사 간의 비대칭적 정보로 인해 파업이 발생하면 파업의 기간에 따라 노사 양측의 요구임금 및 제안임금의 수준이 달라진다고 하였다. 즉, 노사 양측이 수락하는 임금수준은 그 임금수준에 도달되기까지 필요한 파업기간의 함수라고 보았다.

79 ③
기출키워드 노동수요의 탄력성

정답풀이 다른 생산요소의 수요의 가격탄력성은 노동수요의 탄력성과는 아무 관계가 없다.
힉스-마셜(Hicks-Marshall) 법칙에 따르면 생산물에 대한 수요가 탄력적일수록, 총생산비용에 대한 노동비용의 비중이 클수록, 노동의 대체가능성이 클수록, 노동 이외의 다른 생산요소의 공급 탄력성이 클수록 노동수요의 (임금)탄력성이 커진다.

80 ②
기출키워드 숍(shop)제도

정답 풀이 오픈 숍(open shop)은 조합원과 비조합원 모두 고용이 가능한 숍제도로, 조합에의 가입이 고용의 전제조건이 아니다. 따라서 노동조합의 조합원에 대한 통제력이 약하고 조직의 확대가 어려우므로 사용자와의 교섭에서도 가장 불리한 위치에 있게 된다.

81 ④
기출키워드 취업규칙의 작성 및 신고

정답 풀이 근로계약기간은 개별 근로자에 국한된 사항으로서, 취업규칙이 아닌 개별 근로계약에서 정할 사항이다.

82 ③
기출키워드 헌법 제32조 근로권

정답 풀이 헌법 제32조에 명시된 근로조건의 특별보호대상은 여성과 연소자이다. 고령자는 대상이 아니다.

꿀팁 헌법 제32조에서 근로조건의 특별보호대상에 실업자, 장애인, 고령자 등은 언급되지 않음에 유의하세요.

83 ③
기출키워드 근로자의 개념

정답 풀이 고용상 연령차별금지 및 고령자고용촉진에 관한 법률에서의 근로자는 근로기준법 제2조 제1항 제1호에 따른 근로자를 말한다.

84 ④
기출키워드 남녀고용평등 실현과 일·가정의 양립에 관한 기본계획

정답 풀이 ㄱ, ㄴ, ㄷ, ㄹ. 모두 기본계획에 포함되어야 하는 사항이다.

85 ③
기출키워드 통상임금

정답 풀이 '통상임금'이란 근로자에게 정기적·일률적으로 소정근로시간 또는 총근로시간에 대하여 지급하기로 정하여진 시간급금액·일급금액·주급금액·월급금액 또는 도급금액을 말한다.
③ 제시된 내용은 평균임금에 대한 설명이다.

86 ④
기출키워드 직업능력개발훈련이 중요시되어야 할 대상

정답 풀이 제조업의 생산직에 종사하는 근로자는 중요시 대상에 해당하지 않는다.
※ 최신 개정 내용에 맞게 변형한 기출문제입니다.

87 ②
기출키워드 직업능력개발훈련의 종류

정답 풀이 훈련방법에 따른 구분 중 집체훈련에 대한 설명이다.

오답 풀이 ① 현장훈련은 산업체 생산시설이나 사무실에서 직접 하는 훈련이다.

꿀팁 훈련시설에서 하면 집체훈련, 생산시설이나 근무장소에서 하면 현장훈련임을 알아 두세요.
※ 최신 개정 내용에 맞게 변형한 기출문제입니다.

88 ②
기출키워드 육아휴직급여 신청

정답 풀이 육아휴직급여를 지급받으려는 사람은 육아휴직을 시작한 날 이후 1개월부터 육아휴직이 끝난 날 이후 12개월 이내에 신청해야 한다. 다만, 해당 기간에 고용보험법 시행령 제94조에 정하는 사유로 육아휴직 급여를 신청할 수 없었던 사람은 그 사유가 끝난 후 30일 이내에 신청해야 한다.

89 ②
기출키워드 휴업수당

정답 풀이 휴업수당은 평균임금의 100분의 70 이상이다.

90 ③
기출키워드 고용형태 현황 공시

정답 풀이 상시 300명 이상의 근로자를 사용하는 사업주는 매년 4월 30일까지 근로자의 고용형태 현황을 공시해야 한다.

꿀팁 공시, 신고, 제출의무를 지는 사업장의 규모는 대부분 300명 이상입니다.

91 ④
기출키워드 기간제법 적용범위

정답 풀이 국가 및 지방자치단체의 기관에 대하여는 상시 사용하는 근로자의 수와 관계없이 이 법을 적용한다(제3조 제3항).

92 ③
기출키워드 직장 내 성희롱 예방교육의 실시

정답 풀이 직장 내 성희롱 예방교육은 연 1회 이상 실시해야 한다.

93 ②
기출키워드 개인정보 보호위원회

정답 풀이 위원의 임기는 3년으로 하되, 한 차례만 연임할 수 있다.

꿀팁 고용정책심의회 위원의 임기는 2년입니다.

※ 최신 개정 내용에 맞게 변형한 기출문제입니다.

94 ③
기출키워드 정년퇴직자의 재고용

정답 풀이 사업주는 고령자인 정년퇴직자를 재고용할 때 당사자 간의 합의에 의하여 퇴직금과 연차유급휴가 일수 계산을 위한 계속근로기간을 산정할 때 종전의 근로기간을 제외할 수 있으며, 임금의 결정을 종전과 달리할 수 있다.

95 ④
기출키워드 피보험자격의 상실일

정답 풀이 보험관계가 소멸한 경우에는 그 보험관계가 소멸한 날 피보험자격을 상실한다.

꿀팁 이직, 사망의 경우는 해당 일의 다음 날 상실됨을 꼭 기억하세요.

96 ①
기출키워드 고용정책심의회

정답 풀이 고용정책심의회는 위원장 1명을 포함한 30명 이내의 위원으로 구성한다.

꿀팁 고용정책심의회는 30명 이내, 지역고용심의회는 20명 이내입니다.

97 ①
기출키워드 육아휴직 기간

정답 풀이 육아휴직 기간은 1년 이내이다.

98 ②
기출키워드 겸업금지 사업

정답 풀이 근로자파견사업은 직업소개사업과의 겸업이 금지되는 사업이 아니다.

99 ②
기출키워드 일용근로자

정답 풀이 '일용근로자'란 1개월 미만 고용되는 근로자를 말한다.

100 ①
기출키워드 근로자 모집

정답 풀이 근로자를 모집하려는 자와 그 모집에 종사하는 자는 명목 여하를 불문하고 응모자로부터 그 모집과 관련하여 금품 기타 이익을 취해서는 안 된다. 따라서 응모자로부터 금품을 받을 수는 없지만, 모집대행자가 구인자로부터 대행수수료 등을 받을 수는 있다.

2020년 4회

본문 ☞ 334~348

[제1과목] 직업심리

01	④	02	①	03	②	04	①	05	④
06	①	07	①	08	①	09	②	10	④
11	③	12	①	13	④	14	④	15	①
16	③	17	③	18	③	19	④	20	③

[제2과목] 직업상담 및 취업지원

21	④	22	④	23	④	24	③	25	④
26	②	27	④	28	④	29	④	30	④
31	③	32	③	33	①	34	②	35	②
36	③	37	④	38	②	39	②	40	①

[제3과목] 직업정보

41	③	42	④	43	③	44	③	45	③
46	③	47	④	48	④	49	④	50	①
51	②	52	②	53	④	54	②	55	②
56	②	57	②	58	①	59	③	60	②

[제4과목] 노동시장

61	①	62	①	63	④	64	④	65	②
66	②	67	④	68	①	69	③	70	③
71	②	72	②	73	④	74	①	75	④
76	③	77	①	78	③	79	②	80	①

[제5과목] 고용노동관계법규

81	①	82	②	83	①	84	③	85	①
86	①	87	②	88	③	89	④	90	②
91	④	92	③	93	④	94	③	95	①
96	③	97	①	98	③	99	①	100	③

01 ④

기출키워드 체계적 둔감법

정답풀이 체계적 둔감법은 불안자극을 점차적으로 위계목록 순으로 완화시키는 행동주의 기법이다. 체계적 둔감법은 이완훈련, 불안위계목록의 작성, 단계적 둔감의 순서로 진행된다.

02 ①

기출키워드 인지적 명확성

정답풀이 직장을 처음 구하는 사람과 직업전환을 하는 사람의 직업상담에 관한 접근은 다르게 해야 한다. 직장을 처음 구하는 사람에게 상담자가 가장 먼저 탐색해야 할 것은 내담자의 자기인식수준이고, 직업전환을 하는 사람에게 상담자가 가장 먼저 탐색해야 할 것은 내담자의 변화에 대한 인지능력이다.

03 ②

기출키워드 6개의 생각하는 모자기법

정답풀이 6개의 생각하는 모자(six thinking hats)기법은 6개의 모자가 상징하는 사고를 통해 의사결정을 촉진하는 방법이다.

04 ①

기출키워드 정신역동적 진로상담

오답풀이 보딘(Bordin)이 제시한 진단범주에 포함되는 것은 내적(자아)갈등, 정보의 부족, 의존성, 확신의 결여, 진로선택의 불안이다.

05 ④
기출키워드 Levenson이 제시한 직업상담사의 반윤리적 행동

정답 풀이 내담자에게 의존성 심기는 삼가야 한다. 즉, 내담자 스스로 합리적이고 최종적인 의사결정에 이를 수 있도록 해야 한다.

오답 풀이 ①, ②, ③은 직업상담사의 윤리적 행동에 해당한다.

06 ①
기출키워드 전이된 오류 정정하기

정답 풀이 이야기 삭제하기, 불확실한 인물 인용하기, 불분명한 동사 사용하기, 제한적 어투 사용하기는 전이된 오류 정정하기 중 정보의 오류 정정하기에 속한다.

07 ①
기출키워드 여성의 진로유형

정답 풀이 안정적인 가사 진로유형은 여성이 학교를 졸업하고 신부수업을 받은 다음 곧바로 결혼하여 가정생활을 영위하는 진로유형이다.

오답 풀이 ② 전통적인 진로유형은 여성이 학교를 졸업하고 결혼하기 전까지 직업을 갖다가 결혼과 동시에 직장을 그만두고 가정생활을 영위하는 유형이다.
③ 단절 진로유형은 여성이 학교를 졸업하고 일을 하다가 결혼을 하면 직장을 그만두고 자녀교육에 전념하고, 자녀가 어느 정도 성장하면 재취업해서 자아실현과 사회봉사를 하는 유형이다.
④ 불안정 진로유형은 여성이 가정생활과 직장생활을 번갈아가며 시행하는 유형이다.

08 ①
기출키워드 진로문제해결의 과정

정답 풀이 준비는 진로상담 과정에 포함되지 않는다.

> 진로문제해결의 과정(CASVE)
> - 의사소통(C ; Communication): 질문들을 받아들여 부호화하며 이를 송출한다.
> - 분석(A ; Analysis): 하나의 개념적 틀 안에서 문제를 찾고 이를 분류한다.
> - 통합 또는 종합(S ; Synthesis): 일련의 행위를 형성한다.
> - 평가 또는 가치부여(V ; Valuning): 성공과 실패의 확률에 따라 각각의 행위를 판단하며, 다른 사람에게 미칠 파급효과를 평가한다.
> - 실행(E ; Execution): 책략을 통해 계획을 실시한다.

09 ②
기출키워드 Butcher의 집단직업상담

정답 풀이 부처(Butcher)의 집단직업상담 3단계 모델은 '탐색단계 → 전환단계 → 행동단계' 순으로 진행된다.

10 ④
기출키워드 포괄적 직업상담

정답 풀이 포괄적 직업상담에서 진단은 변별적이고 역동적인 성격을 가지고 있고, 검사의 역할을 중시하며 검사를 효율적으로 사용한다. 변별진단에서는 직업적성검사, 직업흥미검사 등의 검사를 활용하여 내담자의 문제를 분류하며, 직업성숙도검사(CMI)를 통해 내담자의 직업선택에 대한 능력과 태도를 검토한다.

11 ③
기출키워드 Williamson의 변별진단

정답 풀이 윌리암슨(Williamson)이 분류한 직업문제 유형(변별진단)은 흥미와 적성의 불일치, 어리석은 선택, 불확실한 직업선택(직업선택의 확신 부족), 직업(진로) 무선택이다.

12 ①
기출키워드 직업카드분류법

정답풀이 직업카드분류(OCS)는 직업선택의 동기와 가치를 알아보기 위한 것으로, 직업카드를 선호군(선택하고 싶은 직업), 혐오군(선택하고 싶지 않은 직업), 미결정중성군(잘 모르겠거나 확신이 가지 않는 직업)으로 분류하여 흥미를 사정하는 기법이다.

13 ④
기출키워드 게슈탈트 상담이론

정답풀이 편향(deflection)은 감당하기 힘든 내적갈등이나 외부 환경적 자극에 노출될 때, 자신의 감각을 둔화시킴으로써 환경과의 접촉을 약화시키는 것을 말한다. 예컨대, 말을 장황하게 하거나 초점을 흐리는 것, 말하면서 상대편을 쳐다보지 않거나 웃어버리는 것, 구체적으로 말하지 않고 추상적인 차원에서 맴도는 것으로 자신의 감각을 차단시키는 것이다.

14 ④
기출키워드 내담자중심 상담

정답풀이 내담자중심 상담기법으로는 적극적 경청, 감정의 반영, 명료화, 공감적 이해 등이 이용된다. ④에서 제시된 내담자 정보탐색, 조언, 설득, 가르치기와 같은 지시적 기법은 사용하지 않는다.

15 ①
기출키워드 가정 사용하기

정답풀이 '가정 사용하기'는 내담자의 행동을 예측하기 위해 내담자에게 그 행동이 존재했다는 것을 가정하고 이야기함으로써 내담자의 방어를 최소화하고 내담자의 행동을 추측하려는 기법이다.
①은 ②와 같이 "당신의 직업에서 마음에 드는 것은 어떤 것들입니까?"로 바꿔 질문하는 것이 바람직하다.

16 ③
기출키워드 상담 및 심리치료적 관계(라포) 형성

정답풀이 라포(rapport)는 상담자와 내담자 간의 친근감 및 신뢰감의 형성을 기초로 이루어진 인간관계이다. 라포를 형성하기 위해서는 내담자의 불안을 감소시키고 긴장감을 풀어주는 상호 긍정적인 친화관계를 형성하는 것이 중요하므로, 내담자에 대한 도덕적 판단은 잠시 유보하는 것이 좋다.

17 ③
기출키워드 Cottle의 원형검사

정답풀이 코틀(Cottle)의 원형검사에서 원의 크기는 시간차원에 대한 상대적 친밀감을 나타낸다.
오답풀이 ① 세 개의 원이 의미하는 시간차원이다.
② 시간차원의 국면을 의미한다.
④ 원의 배치가 나타내는 것이다.

18 ③
기출키워드 개인주의 상담

정답풀이 아들러(Adler)의 개인주의 상담과정에서는 사건의 객관성보다는 주관적 지각과 해석을 중시한다.
오답풀이 ① 행동수정보다는 내담자의 동기수정에 초점을 둔다.
② 내담자중심 상담에 대한 설명이다.
④ 궁극적 목표는 내담자의 사회적 관심, 즉 잘못된 사회적 가치를 바꾸는 것이다.

19 ④
기출키워드 Freud가 제시한 불안의 유형

정답풀이 프로이트(Freud)는 불안이 인간성격의 서로 다른 부분 사이에서 비롯된 갈등에 의한 불안에서 기인한다고 보고, 불안의 유형을 현실적 불안, 신경증적 불안, 도덕적 불안으로 나누었다.

20 ③
기출 키워드 반영하기

정답 풀이 '반영하기'는 상담면접의 기본방법으로서 내담자에 의해서 표현된 주요내용과 태도를 상담자가 다른 참신한 말로 부연해주는 것이다. 내담자의 말 바탕에 흐르는 감정을 파악하고 내담자의 자기이해를 도와줄 뿐만 아니라 내담자로 하여금 자기가 이해받고 있다는 인식을 주게 된다.

21 ④
기출 키워드 과업 질문지

정답 풀이 직무분석에서 과업 질문지는 분석대상 직무에서 수행될 수 있는 특정한 과업들의 목록을 담고 있는 질문지로, 사용이 가장 용이하다.

22 ④
기출 키워드 Ginzberg의 진로발달단계

정답 풀이 긴즈버그(Ginzberg)의 진로발달 3단계는 '환상기 → 잠정기 → 현실기' 순이다.

23 ④
기출 키워드 중앙값

정답 풀이 중앙값이란 점수를 가장 작은 값부터 가장 큰 값까지 크기에 따라 나열하였을 경우에 중앙에 위치하는 사례의 값을 말하는 것으로, 한 집단의 점수분포에서 백분위 50에 해당하는 원점수를 말한다. 점수분포가 정상분포(정규분포)를 따를 때에는 중앙값은 평균과 일치하므로 같은 또래 집단의 점수분포에서 평균점수를 얻었다는 것을 의미한다.

24 ③
기출 키워드 Holland의 진로발달이론

정답 풀이 개인의 행동은 성격과 환경이 상호작용하는 과정에서 형성된다고 보았다.

25 ④
기출 키워드 일반적응증후군

정답 풀이 셀리에(Selye)가 제시한 스트레스 반응 3단계(일반적응증후군)는 '경고(경계)단계 → 저항단계 → 소진(탈진)단계' 순이다.

26 ②
기출 키워드 사회인지 진로이론(SCCT)

정답 풀이 사회인지 진로이론(SCCT)은 진로발달의 기본이 되는 핵심개념(변인)으로 자아효능감과 결과기대(성과 기대), 개인적 목표를 들고 있다. 이론의 흥미모형에서 사람들은 자신이 성공적으로 이룰 수 있다고 느끼는 것에 지속적인 흥미를 느끼게 되고, 흥미는 결과기대, 자기효능감과 함께 목표를 예언하고, 이는 수행 결과로 이어진다고 보았다.

27 ④
기출 키워드 직업적응이론

정답 풀이 직업적응이론에서는 유연성(융통성)과 인내력(끈기)의 두 적응유형 변인이 개인의 만족, 조직의 만족, 적응을 매개한다고 가정한다. 이는 개인의 욕구와 조직의 보상 간의 불일치 정도가 어느 정도 수용될 때 적응단계로 넘어간다는 것이다.

28 ④
기출 키워드 CPI(California Psychological Inventory)

정답 풀이 CPI(California Psychological Inventory)는 성격검사의 일종이다. MMPI 검사가 임상장면에서 정신병리를 가진 이상행동을 평가하기 위해 고안되었다면, CPI는 보통 사람들의 행동을 설명하기 위해 고안되어 일반인을 위한 MMPI라고 불리기도 한다.

29 ②

기출키워드 스트레스의 대처 방안

정답 풀이 목표지향적 초고속 심리에서 과정중심적 사고방식으로 전환해야 한다.

30 ④

기출키워드 직업적응이론

정답 풀이 직업적응이론은 개인의 욕구와 능력을 환경의 요구사항과 관련시켜 진로행동을 설명하고, 개인과 환경 간의 상호작용을 통한 욕구충족을 강조하는 이론이다. 데이비스와 롭퀴스트(Dawis & Lofquist)는 이 체계를 개인-환경 조화상담이라고 지칭하였다.

31 ③

기출키워드 미네소타 직업가치 질문지(MIQ)의 가치요인

정답 풀이 ③ 권력은 미네소타 직업가치 질문지에서 측정하는 6개의 가치요인이 아니다.

오답 풀이 ① 성취(achievement)는 자신의 능력을 발휘하고 성취감을 얻는 일을 하려는 욕구이다.
② 지위(status)는 타인에 의해 자신이 어떻게 지각되는지와 사회적 명성에 대한 욕구이다.
④ 이타주의 혹은 이타심(altruism)은 타인을 돕고 그들과 함께 일하고자 하는 욕구이다.

> **그 밖의 가치요인**
> - 자율성(autonomy): 자신의 의사대로 일할 기회를 가지고 자유롭게 생각하고 결정하고자 하는 욕구이다.
> - 안정성(safety): 불규칙적·혼란스러운 조건이나 환경을 피하고, 정돈되고 예측 가능한 환경에서 일하고자 하는 욕구이다.
> - 편안함(comfort): 직무에 대해 스트레스를 받지 않고 편안한 작업환경을 바라는 욕구이다.

32 ③

기출키워드 Crites의 직업문제유형

정답 풀이 크릿츠(Crites)는 직업문제유형을 적응성, 결정성, 현실성의 측면에서 나누었다. 제시된 직업선택 문제는 현실성 중 비현실형(비현실적인)에 해당한다.

오답 풀이 ① 부적응형(부적응된)은 흥미와 일치하는 분야가 없거나, 적성이 일치하는 분야가 없는 경우이다.
② 우유부단형(우유부단한)은 흥미와 적성에 관계없이 성격적으로 어떤 분야를 결정하지 못하는 경우이다.
④ 강압형(강요된)은 적성에 따라 어쩔 수 없이 선택하였지만 그 직업에 대하여 흥미가 없는 경우이다.

33 ①

기출키워드 설문지(질문지)법

정답 풀이 설문지법은 질문지(설문지)를 배부해 직무담당자가 기록하도록 하여 정보를 얻는 방법으로, 관찰법이나 면접법에 비해 양적인 정보를 얻는 데 적합하며, 많은 사람들로부터 짧은 시간 내에 정보를 얻을 수 있다. 반면, 작성된 내용 이외의 부가적인 정보를 얻기 힘들고 질문지의 설계 및 작성이 어려우며, 응답자가 성실성이 부족할 경우 회수율이 낮을 수 있다.

34 ②

기출키워드 조직 감축에서 살아남은 구성원

정답 풀이 조직 감축에서 살아남은 구성원들이 조직에 대해 보이는 전형적인 반응 중 하나는 과로하며 종종 불이익도 감수하는 것이다.

오답 풀이 ① 살아남은 구성원들은 종종 조직에 대해 신뢰감을 상실한다.
③ 일부 구성원들은 다른 직무나 낮은 수준의 직무로 이동하는 것을 감수한다.
④ 자신도 언제 감축대상이 될지 모른다는 불안감으로 인해 조직 몰입에 어려움을 겪는다.

35 ②
기출키워드 내용타당도

정답풀이 내용타당도는 검사의 문항들이 그 검사가 측정하고자 하는 내용영역을 얼마나 잘 반영하고 있는가를 의미하며, 논리적 사고에 입각한 논리적인 분석과정으로 판단하는 주관적 타당도이다. 본질적으로 해당 분야 전문가의 판단에 의존한다.

36 ③
기출키워드 Tolbert가 제시한 개인의 진로발달에 영향을 주는 요인

정답풀이 톨버트(Tolbert)가 제시한 개인의 진로발달에 영향을 주는 요인에는 교육정도, 직업흥미, 가정·성별·인종 이외에도 직업적성, 인성, 직업성숙도와 발달, 성취도, 장애물, 경제적 조건 등이 있다.

37 ④
기출키워드 GATB에서 검출되는 적성

정답풀이 GATB에서 검출되는 9가지 적성은 지능(G), 언어능력(V), 수리능력(N), 사무지각(Q), 형태지각(P), 공간적성(S), 운동반응(K), 손 재치(M), 손가락 재치(F)이다.

38 ②
기출키워드 종업원 개발 프로그램

정답풀이 평가 프로그램은 종업원 개발 프로그램이 아니라 종업원 평가 프로그램이다.
오답풀이 종업원 개발 프로그램에는 훈련 프로그램, 후견인 프로그램, 직무순환제 등이 있다.

39 ②
기출키워드 신뢰도 계수에 영향을 미치는 요인

정답풀이 ② 신뢰도 계수는 검사 문항의 수가 증가할수록 커진다. 다만, 정비례하여 커지는 것은 아니다.

40 ①
기출키워드 Roe의 욕구이론

정답풀이 로(Roe)의 욕구이론은 개인의 진로발달과정에서 사회나 환경의 영향을 상대적으로 가장 많이 고려하는 이론으로, 직업발달이론 중 매슬로우(Maslow)의 욕구위계이론에 기초하여 유아기의 경험과 직업선택에 관한 5가지 가설을 수립하였다. 그에 따르면 욕구, 즉 심리적 에너지가 흥미를 결정하는 중요한 요소라고 보고, 직업흥미가 아동기 초기 경험으로부터 결정된다는 관점에서 출발하며, 12세 이전 아동기의 부모-자녀 간의 관계에서 생긴 욕구가 직업선택에 영향을 미친다고 본다.

41 ③
기출키워드 한국표준산업분류의 산업결정방법

정답풀이 계절에 따라 정기적으로 산업을 달리하는 사업체의 경우에는 조사시점에 경영하는 사업과는 관계없이 조사대상기간 중 산출액이 많았던 활동에 의하여 분류된다.
오답풀이 ① 생산단위의 산업활동은 그 생산단위가 수행하는 주된 산업활동에 따라 결정된다. 여기서 주된 산업활동을 결정하는 기준으로는 산출물에 대한 부가가치(액)의 크기, 부가가치(액)의 측정이 어려운 경우에는 산출액, 위 두 가지가 적합하지 않을 경우 그 해당 활동의 종업원 수, 임금 및 급여액 또는 설비의 정도를 제시하고 있다.

42 ④
기출키워드 직업능력개발훈련기관

정답풀이 훈련과정 인정 및 모니터링, 실시신고 접수 및 수료자 확정, 비용신청서 접수 및 지원 등의 업무는 한국산업인력공단(hrdkorea.or.kr)의 주요 업무이다.
오답풀이 ① 전국고용센터는 HRD-Net 사용인증, 지정 훈련시설 인·지정, HRD-Net 회원가입 승인, 훈련과정 지도·점검, 행정처분, 부정수급액 반환·징수 등의 업무를 수행한다.
② 한국고용정보원(keis.or.kr)은 HRD-Net 시스템 운영 및 관리 등의 업무를 수행한다.

③ 근로복지공단(kcomwel.or.kr)은 기업규모 결정(대규모기업, 우선지원대상기업 등), 보험료 부과(징수는 국민건강보험공단) 등의 업무를 수행한다.

43 ③

기출 키워드 기술적 직업결정모형

정답 풀이 직업선택 결정모형은 기술적 직업결정모형과 처방적 직업결정모형으로 분류된다. 이 중 기술적 직업결정모형으로는 타이드만과 오하라(Tiedeman & O'Hara)의 모형, 힐튼(Hilton)의 모형, 브룸(Vroom)의 모형, 플레처(Fletcher)의 모형 및 수(Hsu)의 모형이 있다. 한편, 처방적 직업결정모형으로는 카츠(Katz)의 모형, 칼도와 쥐토우스키(Kaldor & Zytowski)의 모형 및 겔라트(Gelatt)의 모형 등이 있다.

44 ③

기출 키워드 한국표준산업분류(제11차)의 적용원칙

정답 풀이 공식적 생산물과 비공식적 생산물, 합법적 생산물과 불법적인 생산물을 달리 분류하지 않는다.

45 ③

기출 키워드 직업정보 자료수집방법

정답 풀이 ㄱ. 면접조사는 비용 부담이 크지만 응답자료가 정확한 편이고 응답률이 높다. 그러나 비용이 많이 들기 때문에 대규모 표본관리는 어렵다.
ㄴ. 전화조사는 우편조사에 비해 응답자료의 정확성과 응답률이 높은 편이다.
ㄷ. 우편조사는 전화조사에 비해 비용이 적게 들어 대규모 표본관리가 용이한 편이다. 그러나 응답자료의 정확성과 응답률이 낮은 문제점이 있다.

46 ③

기출 키워드 한국표준산업분류의 산업분류기준

정답 풀이 한국표준산업분류(2024)의 산업분류기준은 산출물과 투입물의 특성, 생산활동의 일반적인 결합형태이다.

한국표준산업분류의 산업분류기준
- 산출물(생산된 재화 또는 제공된 서비스)의 특성: 산출물의 물리적 구성 및 가공단계, 산출물의 수요처, 산출물의 기능
- 투입물의 특성: 원재료, 생산공정, 생산기술 및 시설 등
- 생산활동의 일반적인 결합형태

47 ④

기출 키워드 한국표준직업분류의 다수직업 종사자의 분류원칙

정답 풀이 생산업무 우선 원칙은 주된 직무 우선의 원칙, 최상급 직능수준 우선의 원칙과 함께 포괄적인 업무에 대한 직업분류원칙이다.

48 ④

기출 키워드 경제활동인구조사의 주요 용어

정답 풀이 고용원이 있는 자영업자는 고용주이다. 자영업자는 사업규모에 상관없이 한 사람 이상의 유급 고용원을 두거나(고용주), 유급종업원 없이 자기 혼자 또는 무급가족종사자와 함께 일을 하는 자(자영업자)를 말한다.

49 ④

기출 키워드 국제의료관광코디네이터의 응시자격

정답 풀이 보건의료 또는 관광분야에서 4년 이상 실무에 종사한 사람에게 응시자격이 주어진다. 이 밖에도 2년제 전문대학 관련학과 졸업 후 2년 이상 실무에 종사한 사람, 3년제 전문대학 관련학과 졸업 후 1년 이상 실무에 종사한 사람, 4년 이상 실무경력이 있는 사람에게 응시자격이 주어진다.

국제의료관광코디네이터
국제의료관광코디네이터(international medical tour coordinator)는 보건의료, 관광, 마케팅, 의학용어 등 관련 지식을 가지고 의료관광 상담, 진료서비스 지원, 의료행위로 인한 리스크 관리, 관광서비스 지원, 통역, 의료관광 마케팅, 행정절차 관리 등 실무업무를 수행할 수 있는 능력을 평가한다(q-net.or.kr).

50 ①
기출 키워드 한국표준직업분류의 직업의 성립조건

정답 풀이 사회복지시설 수용자의 시설 내 경제활동은 속박된 상태에서의 활동이므로 직업으로 보지 않는다. 직업은 일의 계속성, 경제성, 사회성과 윤리성, 속박된 상태에서의 활동이 아닐 것 등의 조건이 갖추어져야 한다.

> **한국표준직업분류(2025)에서 직업으로 보지 않는 활동**
> - 이자, 주식배당, 임대료(전세금, 월세금) 등과 같은 자산 수입이 있는 경우
> - 연금법, 국민기초생활 보장법, 국민연금법 및 고용보험법 등의 사회보장이나 민간보험에 의한 수입이 있는 경우
> - 경마, 경륜, 경정, 복권 등에 의한 배당금이나 주식투자에 의한 시세차익이 있는 경우
> - 예·적금 인출, 보험금 수취, 차용 또는 토지나 금융자산을 매각하여 수입이 있는 경우
> - 자기 집의 가사활동에 전념하는 경우
> - 교육기관에 재학하며 학습에만 전념하는 경우
> - 시민봉사활동 등에 의한 무급 봉사적인 일에 종사하는 경우
> - 사회복지시설 수용자의 시설 내 경제활동
> - 수형자의 활동과 같이 법률에 의한 강제노동을 하는 경우
> - 도박, 강도, 절도, 사기, 매춘, 밀수와 같은 불법적인 활동

51 ②
기출 키워드 협의

정답 풀이 한국직업사전 부가직업정보의 직무기능에서 정책을 수립하거나 의사결정을 하기 위해 생각이나 정보, 의견 등을 교환하는 것은 '협의'에 해당한다. 이는 사람(people)과 관련된 기능이다.

⊕꿀팁 직무기능은 해당 직업종사자가 직무를 수행하는 과정에서 자료(data), 사람(people), 사물(thing)과 맺는 관련된 특성을 나타냅니다.

52 ②
기출 키워드 고용안정장려금

정답 풀이 고용보험의 고용안정장려금은 재직 근로자의 일자리 질을 높인 사업주를 지원하는 제도이다. 제시된 3가지 외에도 출산육아기 근로자의 고용안정을 위한 조치를 하여 기존 근로자의 고용을 안정시킨 경우에 지급된다.

※ 최신 개정 내용에 맞게 변형한 기출문제입니다.

53 ③
기출 키워드 국민내일배움카드

정답 풀이 구직자에게 일정한 금액을 지원하여 그 범위 이내에서 직업능력개발훈련에 참여할 수 있도록 하고, 훈련이력 등을 개인별로 통합관리하는 제도는 국민내일배움카드(직업능력개발계좌제)이다.

> **국민내일배움카드**
> 2008년에 도입한 직업능력개발계좌제(2011년부터 '내일배움카드제'라는 별칭 사용)에서 분리하여 운영해 온 실업자와 재직자 내일배움카드를 통합·개편하여 '국민내일배움카드'를 도입하여 2020년 1월 1일부터 시행하고 있다.

54 ②
기출 키워드 공공직업정보의 일반적인 특성

정답 풀이 한국고용정보원 등이 생산하여 제공하는 공공직업정보는 특정 분야 및 대상에 국한되지 않고 전체 산업의 직종을 대상으로 한다.

오답 풀이 ①, ③, ④ 잡코리아, 사람인, 리쿠르트 등 취업포털업체들이 영리를 목적으로 제공하는 민간직업정보의 특징이다. 민간직업정보는 필요한 시기에 최대한 활용되도록 한시적으로 신속하게 생산 및 운영되고, 단시간에 조사되어 집중적으로 제공된다. 또한 정보 자체의 효과는 큰 반면 부가적인 파급효과는 적으며, 특정한 목적에 맞게 해당 분야의 직종을 제한적으로 선택할 수 있다. 다른 직업정보와의 비교가 어렵고 활용성이 낮다.

55 ③
기출 키워드 직업정보 사용 목적

정답 풀이 직업정보를 사용하는 목적은 일에 대한 동기부여·흥미유발·태도변화, 직업에 대한 지식의 전달, 여러 직업의 비교·분석, 구직자(청소년)에 대한 역할모형의 제공에 있다.
③ 은퇴 후 취미활동에 대한 정보는 직업정보와는 아무 관련이 없다.

56 ②
기출 키워드 HRD-Net

정답 풀이 훈련기관, 훈련과정정보 등 국가 직업훈련에 관한 정보를 검색할 수 있는 정보망은 한국고용정보원이 운영하는 직업능력지식포털 HRD-Net(hrd.go.kr)이다. HRD-Net에서는 한 번의 검색으로 '훈련-자격증-일자리' 정보를 한눈에 조회할 수 있다.

57 ②
기출 키워드 고용24의 청소년 대상 직업심리검사

정답 풀이 고교계열 흥미검사는 2020년부터 서비스 제공이 중단되었기 때문에 현재는 고용24의 청소년 대상 직업심리검사 중 대학 전공(학과) 흥미검사만 인터넷으로 실시할 수 있다.

꿀팁 고교계열 흥미검사는 제외되었다는 점을 꼭 기억하세요.

※ 24년 9월 기준 '워크넷' 사이트가 '고용24'로 개편되어 현행에 맞게 문제를 수정하였습니다.

58 ①
기출 키워드 한국직업전망

정답 풀이 항공기조종사는 간병인, 간호사, 네트워크시스템개발자, 생명과학연구원, 산업안전 및 위험관리원, 수의사, 의사, 치과의사 등과 함께 '증가'로 전망된다.

59 ③
기출 키워드 고용24의 학과정보

정답 풀이 바이오산업공학과는 생명공학과, 유전공학과 등과 함께 생명과학과 계통의 자연계열로 분류된다.

오답 풀이 ①, ②, ④ 공학계열이다.

> **고용24의 학과정보**
> 고용24 직업정보시스템의 학과정보에서는 학과를 인문계열, 사회계열, 자연계열, 교육계열, 공학계열, 의약계열 및 예체능계열 등 7개의 계열로 구분하고 각 계열에 속하는 학과에 대한 정보를 제공하고 있다.

※ 24년 9월 기준 '워크넷' 사이트가 '고용24'로 개편되어 현행에 맞게 문제를 수정하였습니다.

60 ②
기출 키워드 국가기술자격 종목과 직무분야

정답 풀이 텔레마케팅관리사의 직무분야는 영업·판매이다. 경영·회계·사무에 해당하는 자격 종목에는 사회조사분석사, 소비자전문상담사, 컨벤션기획사, 전산회계운용사 등이 있다.

61 ①
기출 키워드 노동의 한계생산성

정답 풀이 완전경쟁 노동시장에서 이윤을 극대화하기 위해서는 '노동의 한계생산가치(VMP_L) = 임금(W)'에서 고용량을 결정해야 한다.
$VMP_L = P \cdot MP_L = W$
따라서 7,000원 = 14,000원 × MP_L이므로, 노동의 한계생산 $MP_L = \dfrac{7{,}000원}{14{,}000원} = \dfrac{1}{2}$
따라서 시간당 치킨 $\dfrac{1}{2}$ 마리가 될 때까지 고용을 늘려야 한다.

62 ①
기출 키워드 생산성 향상요인

정답 풀이 노동이나 자본 등 생산요소의 질적 향상, 기술진보 등이 생산성을 향상시키는 주요 요인이다. 그러나 노동조합 조합원 수의 증가가 생산성 향상에

미치는 영향은 불명확하다. 노사관계가 안정적인 경우에는 생산성을 향상시킬 수 있지만 노사관계가 대립적인 경우에는 생산성을 저하시킬 수 있기 때문이다.

63 ④

기출키워드 오픈 숍(open shop)

정답 풀이 오픈 숍(open shop)은 조합원과 비조합원 모두 고용이 가능한 숍제도로, 조합에의 가입이 고용의 전제조건이 아닌 숍제도이다. 오픈 숍(open shop) 제도하에서는 노동조합의 조합원에 대한 통제력이 약하고 조직의 확대가 어려우므로, 사용자와의 교섭에서도 노동조합이 가장 불리한 위치에 있게 된다.

64 ④

기출키워드 준고정적 노동비용

정답 풀이 준고정적 노동비용은 노동에 대한 대가이므로 엄밀하게는 가변비용이지만 고정비용의 성격이 있는 노동비용을 말한다. 노동자의 채용·선별비용, 채용 후 훈련비용, 회사가 부담하는 실업보험·퇴직금·유급휴가·건강보험 등 부가급여를 비임금비용이라고 하고, 이는 준고정적 노동비용에 해당한다.

> **준고정적 노동비용으로 인한 결과**
> 준고정적 노동비용 때문에 이윤극대화를 추구하는 사용자는 더 많은 근로자를 고용하는 경우의 한계생산과 기존 근로자들을 초과근무하도록 함으로써 발생하는 한계생산을 비교한다. 이 경우 기존 근로자의 초과근무로 인한 한계생산이 더 크다면 사용자는 근로자의 신규채용을 줄이고, 기존 근로자의 초과근무를 선택하게 된다.

65 ②

기출키워드 성과급제도의 장점

정답 풀이 성과급제는 노동성과를 측정하여 측정된 성과에 따라 임금을 계산·지급하는 제도이다. 성과급제의 가장 큰 장점은 작업능률을 크게 자극할 수 있다는 것이다.

오답 풀이 ①, ③, ④ 시간급제도의 장점이다.

성과급제의 장단점	
장점	• 성과급제에서는 작업성과와 임금이 정비례하므로 노동자에게 합리성과 공평감을 준다. • 작업능률을 크게 자극할 수 있으므로 생산성 제고·원가절감·노동자의 소득증대에 효과가 있다. • 직접노무비가 일정하므로 시간급제보다 원가계산이 용이하다.
단점	• 표준단가의 결정과 정확한 작업량의 측정이 어렵다. • 임금액을 올리려고 무리하게 노동한 결과 심신의 과로를 가져오기 쉽고, 조직적 태업을 유발할 가능성이 있다. • 임금액이 확정적이 아니므로 노동자의 수입이 불안정하고 미숙련자에게는 불리하다. • 작업량에만 치중하므로 제품의 품질이 조악해질 수 있다. • 기계설비의 소모가 심하다.

66 ②

기출키워드 파업의 경제적 손실

정답 풀이 사용자 이윤의 순감소분은 직접적인 생산 중단에서 오는 것보다 적을 수 있다. 그 이유는 생산이 중단되어도 어느 정도는 재고의 처분을 통해서 충당할 수 있고, 생산의 중단에 따라 가변비용의 지출을 절약할 수 있기 때문이다.

67 ④

기출키워드 노동시장 유연성

정답 풀이 근로기준법에 경영상 이유에 의한 해고, 탄력적 근로시간제 등의 조항이 등장하고 파견근로자 보호 등에 관한 법률이 제정된 이유는 '노동시장 유연성'과 관련된다. 노동시장 유연성은 불확실한 시장상황에 기업이 신속하게 대처할 수 있는 능력을 의미한다. 노동시장의 유연성을 높이기 위해서는 브룬헤스(B. Brunhes)가 제시하는 외부적 수량적 유연성(유연한 해고), 내부적 수량적 유연성(탄력적 근로시간제), 작업의 외부화, 기능적 유연성 및 임금 유연성 등이 필요하다.

68 ①
기출 키워드 종업원지주제

정답 풀이 종업원지주제와 새로운 일자리 창출은 아무런 관계가 없다. 종업원지주제(우리사주제)는 기업이 자사 종업원에게 특별한 조건과 방법으로 자사 주식을 배분·소유하게 하는 제도이다. 이 제도의 목적은 종업원의 공로에 대한 보수, 회사에의 귀속의식 고취, 회사와의 일체감 조성, 자본조달의 새로운 원천 개발 등에 있다. 여기서 자본조달의 원천 개발은 부차적인 목적이고, 주목적은 소유참여나 성과참여를 통해 근로의욕을 높이고 노사관계의 안정을 꾀하는 데 있다.

69 ③
기출 키워드 효율임금가설

정답 풀이 효율임금은 시장의 균형임금보다 높은 임금을 지급함으로써 높은 생산성을 얻고자 하는 것이다. 높은 임금을 지급하면 이 임금은 기업의 생산비에 반영되고, 이 생산비를 기초로 하여 이윤을 극대화하는 생산량과 가격을 결정하게 된다.

오답 풀이 ① 효율임금은 임금의 증가율보다 생산량(금액으로 계산)의 증가율이 커야만 도입할 수 있다. 따라서 효율임금은 생산의 임금탄력성(=생산량의 증가율/임금의 증가율)이 1이 되는 점에서 결정된다.
④ 임금인상에 따른 한계생산이 임금의 평균생산과 일치할 때 평균생산이 극대화되므로 이 점에서 효율임금이 결정된다.

70 ③
기출 키워드 기술적 실업

정답 풀이 마르크스가 주장한 기술적 실업에 대한 설명이다. 산업 간의 불균형을 초래하는 원인의 하나로 기술혁신과 기업의 노동절약적 신기술 도입을 들 수 있다. 산출량은 일정하면서 노동절약적 신기술이 도입되면 기업의 노동수요가 감소하므로 기존 취업자 중 일부는 일자리를 잃을 수밖에 없는데, 이로 인해 발생하는 실업을 마르크스적 실업 또는 기술적 실업이라고 한다. 마르크스는 기술적 실업으로 인해 발생한 실업자를 '상대적 과잉인구'로 표현하고 있다.

71 ②
기출 키워드 노동의 공급곡선

정답 풀이 임금과 노동시간 사이에 음(−)의 상관관계가 존재할 경우, 노동공급곡선이 후방굴절하는 영역으로 임금률이 상승할 때 소득효과가 대체효과보다 크다.

72 ②
기출 키워드 실업

정답 풀이 해고자가 적극적으로 구직활동을 하면 실업자이지만 구직활동을 하지 않으면 비경제활동인구에 포함된다. 따라서 해고자는 실업자로 분류하고, 취업대기자는 취업자로 분류하며, 구직포기자(구직단념자, 실망노동자)는 비경제활동인구로 분류한다.

73 ①
기출 키워드 내부노동시장의 형성요인

정답 풀이 도린저와 피요르(Doeringer & Piore)는 내부노동시장이 형성되는 요인으로 숙련의 특수성, 현장훈련, 관습 등 3가지를 제시하였다. 이외에도 장기근속의 가능성, 기업의 대규모성, 기업 내의 위계적인 직무서열 등을 제시하는 학자들도 있다.

74 ①
기출 키워드 임금의 경제적 기능

정답 풀이 기업주는 임금 총액을 줄이고 노동 생산성을 높이기 위해 노동자들 사이에 임금의 차이를 두지만, 노동자는 그들끼리의 단결을 위해 '동일노동 통일임금'을 선호한다.

75 ④
기출 키워드 분단노동시장 가설의 출현배경

정답 풀이 분단노동시장 가설이 등장한 배경으로는 빈곤퇴치를 위한 정책적 노력의 실패, 교육훈련 프로그램에 의한 빈곤퇴치의 실패, 개개인의 특성의 분포와 소득분포 간의 차이, 인구의 특정 부문의 사람들에게 실업의 집중 발생, 노동시장의 경쟁제한 등을 들 수 있다.

④ 동질의 노동에 대한 동일한 임금은 경쟁노동시장 가설의 내용이다. 분단노동시장 가설은 노동시장에는 자유로운 노동력의 이동을 저해하는 제도적인 요인이 있고, 따라서 노동시장을 하나의 경쟁적인 시장으로 파악하기는 어렵다고 본다.

76 ③
기출 키워드 취업자

정답 풀이 하루 1시간씩 학교 부근 식당에서 아르바이트를 하고 있는 대학생은 조사대상주간에 1시간 이상 일을 했으므로 취업자로 분류된다.

취업자
- 최근 지정된 1주일 동안 수입이 있는 일에 1시간 이상 일한 자
- 가족이 경영하는 기업이나 농장에서 수입을 높이는 데 도움을 준 무급가족종사자로서 18시간 이상 일한 자
- 일시적인 질병, 일기불순, 휴가 또는 연가, 노동쟁의 등의 이유로 일하지 않고 있는 일시적인 휴직자

77 ①
기출 키워드 구조적 실업

정답 풀이 구조적 실업이란 산업 간·지역 간 노동의 이동성이 부족하기 때문에 발생하는 실업이다. 따라서 노동의 이동성을 높이는 대책이 필요하다. 즉, 직업전환교육 등 인력정책, 지역 간 이동을 촉진하기 위한 이주 보조금, 산업구조의 변화 예측에 따른 인력수급정책 등이 필요하다.
① 경기활성화는 경기적 실업에 대한 대책이다.

78 ③
기출 키워드 노동공급곡선의 형태

정답 풀이 효용극대화에 기초한 노동공급모형인 소득-여가 선택모형에서 임금상승의 대체효과는 노동공급량을 증가시키고 소득효과는 노동공급량을 감소시킨다. 따라서 대체효과가 소득효과보다 크면 임금상승 시 노동공급량이 증가하므로 노동공급곡선은 우상향한다. 반면, 대체효과보다 소득효과가 크면 노동공급곡선은 우하향(좌상향)하므로 노동공급곡선은 후방으로 굴절된다.

임금상승의 대체효과와 소득효과
- 임금상승의 대체효과: 임금이 상승하면 여가의 기회비용(임금)이 커지기 때문에 여가를 줄이고 노동공급량을 증가시키는 효과이다.
- 임금상승의 소득효과: 임금이 상승하면 전보다 적은 노동을 공급해도 전과 동일한 소득을 얻게 되므로 노동공급량을 감소시키는 효과이다.

79 ②
기출 키워드 노동수요의 임금탄력성

정답 풀이

$$\text{노동수요의 임금탄력성} = -\frac{\text{노동수요량의 변동률}}{\text{임금의 변동률}}$$

$$= -\frac{\text{노동수요량의 변동률}}{15\%}$$

$$= 0.6$$

∴ 노동수요량의 변동률 = $-(15\% \times 0.6) = -9\%$

80 ①
기출 키워드 임금수준이 균형임금보다 높아지게 되는 이유

정답 풀이 임금수준이 시장균형임금보다 높게 유지되는 이유로는 노동조합의 압력, 최저임금제, 기업의 효율임금 정책 등을 들 수 있다.
① 인력의 부족은 해당하지 않는다.

맨큐와 크루그먼의 견해
맨큐(N. G. Mankiw), 크루그먼(P. Krugman) 등은 실업을 마찰적 실업과 구조적 실업으로 구분하고, 구조적 실업은 노동시장에서 제공되는 일자리의 수가 직장을 찾고 있는 노동자들의 수에 비해 적기 때문에 발생하는 실업으로 설명한다. 여기서 일자리의 수가 적은 이유는 어떤 이유로 임금이 노동의 수요와 공급이 같아지는 임금(균형임금)보다 높기 때문이다. 그리고 임금이 균형임금보다 높아지게 되는 이유로 최저임금제, 노동조합의 임금인상 압력, 효율임금의 세 가지를 제시한다.

81 ①
기출키워드 고령자와 준고령자의 정의

정답풀이 고령자는 55세 이상, 준고령자는 50세 이상 55세 미만인 사람을 말한다.

82 ②
기출키워드 유료직업소개사업자의 장부 및 서류 비치기간

정답풀이 종사자 명부, 구인신청서 및 구직신청서, 금전출납부 및 금전출납명세서 모두 비치기간은 2년이다.

83 ①
기출키워드 취업촉진 수당

정답풀이 취업촉진 수당에는 조기재취업 수당, 이주비, 광역 구직활동비, 직업능력개발 수당이 있다.

84 ③
기출키워드 직장 내 성희롱

정답풀이 2년 동안 직장 내 성희롱 예방 교육 실적이 없는 경우 고용노동부장관은 교육기관 지정을 취소할 수 있다.

85 ①
기출키워드 근로자의 정의

정답풀이 근로기준법상의 근로자란 '직업의 종류와 관계없이 임금을 목적으로 사업 또는 사업장에서 근로를 제공하는 자'를 말한다.
① 제시된 내용은 노동조합 및 노동관계조정법상의 근로자의 정의이다.

꿀팁 근로자에 대한 또 다른 정의에는 '사업주에게 고용된 자와 취업할 의사를 가진 자'가 있습니다. 이는 고용정책 기본법, 남녀고용평등법, 국민 평생 직업능력 개발법에 따른 정의입니다.

86 ①
기출키워드 고용보험법의 적용제외 대상

정답풀이 3개월 이상 계속하여 근로를 제공하는 자는 고용보험 적용대상이다.

87 ②
기출키워드 남녀고용평등과 일·가정 양립 지원에 관한 법률

정답풀이 사업주가 임금차별을 목적으로 설립한 별개의 사업은 동일한 사업으로 본다.

88 ③
기출키워드 대량고용변동의 신고기준

정답풀이
1. 상시 근로자 300명 미만을 사용하는 사업 또는 사업장: 30명 이상
2. 상시 근로자 300명 이상을 사용하는 사업 또는 사업장: 상시 근로자 총수의 100분의 10 이상

89 ④
기출키워드 훈련계약

정답풀이 사업주는 훈련계약을 체결할 때에는 해당 직업능력개발훈련을 받는 사람이 직업능력개발훈련을 이수한 후에 사업주가 지정하는 업무에 일정 기간 종사하도록 할 수 있다. 이 경우 그 기간은 5년 이내로 하되, 직업능력개발훈련 기간의 3배를 초과할 수 없다.
※ 최신 개정 내용에 맞게 변형한 기출문제입니다.

90 ②
기출키워드 1순위 변제 채권

정답풀이 우선변제 1순위 채권은 최종 3개월분의 임금, 최종 3년간의 퇴직금, 재해보상금(최우선변제)이다.

91 ③
기출키워드 노동3권(근로3권)

정답풀이 단체교섭의 행사주체는 노동조합이다. 단체교섭권은 개개인의 근로자가 직접 행사할 수 있는 권리가 아니다.

92 ②
기출키워드 배우자 출산휴가

정답풀이 배우자 출산휴가는 유급휴가이다.
※ 최신 개정 내용에 맞게 변형한 기출문제입니다.

93 ④
기출키워드 근로자파견사업을 해서는 안 되는 업무

정답풀이 ㄱ, ㄴ, ㄷ, ㄹ. 모두 근로자파견사업 금지 업무에 해당한다.

94 ③
기출키워드 실업대책사업

정답풀이 고용재난지역의 선포는 실업대책사업에 해당하지 않는다.

꿀팁 실업대책사업에서 주택전세자금 지원도 실시한다는 것을 함께 기억해 두면 좋습니다. 단, 주택매입자금은 지원하지 않습니다.

95 ④
기출키워드 근로자공급사업

정답풀이 근로자공급사업이란 공급계약에 따라 근로자를 타인에게 사용하게 하는 사업을 말한다. 다만, 파견근로자 보호 등에 관한 법률에 따른 근로자파견사업은 제외한다.

96 ③
기출키워드 직업능력개발훈련의 구분

정답풀이 양성훈련은 훈련방법이 아니라 훈련목적에 따른 구분에 해당한다.

꿀팁 훈련방법에 따른 구분에는 집체훈련, 현장훈련, 원격훈련, 혼합훈련이 있습니다.
※ 최신 개정 내용에 맞게 변형한 기출문제입니다.

97 ①
기출키워드 퇴직급여제도

정답풀이 퇴직급여제도는 1명 이상의 근로자를 사용하는 모든 사업장에 적용된다.

꿀팁 단, 동거하는 친족만을 사용하거나 가구 내 고용활동에는 퇴직급여제도가 적용되지 않습니다.

98 ③
기출키워드 재심사 청구인의 대리인

정답풀이 고용보험심사위원회의 재심사 청구에서 재심사 청구인의 대리인으로 선임할 수 있는 자는 청구인의 배우자, 직계존속·비속 또는 형제자매, 청구인인 법인의 임원 또는 직원, 변호사나 공인노무사, 고용보험심사위원회의 허가를 받은 자이다.
③ 노동조합의 위원장은 청구인의 대리인이 될 수 없다.

99 ①
기출키워드 휴업수당

정답풀이 휴업수당은 평균임금의 100분의 70 이상의 수당을 지급하여야 한다.

100 ③
기출키워드 채용절차법의 과태료 부과사항

정답풀이 채용서류 보관의무를 이행하지 아니한 구인자는 300만 원 이하의 과태료 부과 대상이다.

2019년 1회

[제1과목] 직업심리

01	②	02	④	03	①	04	②	05	④
06	①	07	④	08	④	09	③	10	①
11	④	12	③	13	①	14	③	15	①
16	②	17	③	18	①	19	③	20	②

[제2과목] 직업상담 및 취업지원

21	③	22	②	23	④	24	①	25	③
26	④	27	③	28	②	29	③	30	②
31	②	32	③	33	①	34	①	35	③
36	④	37	①	38	②	39	④	40	②

[제3과목] 직업정보

41	②	42	④	43	②	44	④	45	④
46	①	47	②	48	②	49	②	50	①
51	④	52	④	53	③	54	④	55	②
56	①	57	③	58	③	59	③	60	④

[제4과목] 노동시장

61	②	62	②	63	①	64	①	65	②
66	④	67	④	68	④	69	①	70	②
71	①	72	①	73	②	74	④	75	③
76	①	77	①	78	③	79	②	80	①

[제5과목] 고용노동관계법규

81	④	82	②	83	④	84	②	85	②
86	①	87	③	88	④	89	③	90	③
91	④	92	①	93	④	94	③	95	③
96	③	97	④	98	④	99	④	100	①

01 ②
기출키워드 Bandura의 상호적 결정론

정답풀이 반두라(Bandura)는 개인 발달의 인과적 모형을 이루는 세 가지 요인을 개인과 신체적 속성, 외부 환경, 외형적 행동으로 보고 이를 3축 호혜성이라 하였다. 반두라의 상호적 결정론이란 이 세 가지 요인이 서로 영향을 주며 상호작용한다는 것을 뜻한다.
② 모범이 되는 모델은 상호적 결정론의 요인에 해당하지 않는다.

02 ④
기출키워드 초기면담

정답풀이 초기면담을 마친 후에 상담사가 면담을 정리하기 위해 검토해야 할 사항으로 '내담자에게 적절한 직업을 추천하였는가?'는 거리가 멀다. 내담자의 최종적인 직업의 선택과 결정은 내담자 스스로 하는 것이 바람직하기 때문에 이는 초기면담에서 실시해야 할 사항이 아니다.

03 ①
기출키워드 비밀보장 원칙의 예외사항

정답풀이 상담사가 내담자의 정보를 학문적 목적에 사용하려고 하는 경우에는 내담자의 동의를 구해야 하며, 개인의 익명성이 보장되도록 신상 정보 삭제 등의 조치를 취하여야 한다.

04 ②
기출키워드 Super의 흥미사정기법

정답풀이 선호된 흥미는 수퍼(Super)의 흥미사정기법에 해당하지 않는다.
오답풀이 ① 표현된 흥미는 직업에 대한 질문을 통해 흥미를 파악하는 것이다.
③ 조작된 흥미는 관찰을 통해 흥미를 파악하는 것이다.
④ 조사된 흥미는 표준화된 심리검사를 통해 흥미를 파악하는 것이다.

05 ④
기출키워드 Bordin의 직업문제 진단범주

정답풀이 보딘(Bordin)이 제시한 직업문제의 진단범주에는 의존성, 자아갈등(내적갈등), 정보의 부족, 진로선택의 불안, 확신의 결여가 있다.
④ 개인의 흥미는 직업문제의 진단범주에 해당하지 않는다.

06 ①
기출키워드 빈 의자 기법

정답풀이 내담자가 빈 의자를 앞에 놓고 어떤 사람이 실제 앉아 있는 것처럼 상상하면서 이야기를 하는 치료기법은 빈 의자 기법이다. 이는 게슈탈트 상담(형태주의 상담)에서 사용하는 치료기법으로, 내담자가 현재 상담 장면에 와 있지 않은 사람과 상호작용을 할 필요가 있을 때 이를 빈 의자에 투사하여 자신의 감정을 표현함으로써 자각하도록 하는 것이다.

07 ④
기출키워드 모델링 기법

정답풀이 모델링 기법은 타인의 행동에 대한 관찰 및 모방에 의한 학습을 통해 내담자로 하여금 문제행동을 수정하거나 학습을 촉진하는 기법이다.
④ 문제행동에서 벗어나도록 둔감화를 적용하는 것은 체계적 둔감법에 해당한다.

08 ④
기출키워드 Crites의 문제유형

정답풀이 부적응형은 흥미를 느끼는 분야도 없고, 적성에 맞는 분야도 없는 경우이다.
오답풀이 ① 적성에 따라 직업을 선택했지만 그 직업에 흥미를 느끼지 못하는 경우는 강압형이다.
② 흥미를 느끼는 분야는 있지만 그 분야에 필요한 적성을 가지고 있지 못한 경우는 비현실형이다.
③ 흥미나 적성과는 상관없이 어떤 분야를 선택할지 결정하지 못하는 경우는 우유부단형이다.

09 ③
기출키워드 Parsons의 특성-요인이론

정답풀이 특성을 기술적 범주로 본 것은 파슨스(Parsons)가 아니라 아나스타시(Anastasi)이다.

10 ①
기출키워드 구성주의 진로발달이론

정답풀이 구성주의 진로발달이론의 상담방법 중 진로양식면접(진로유형면접)에서 내담자가 선호하는 직무와 근로환경을 파악하기 위해서는 좋아하는 교과목에 관한 질문을 하는 것이 적합하다.
오답풀이 ② 책, 영화에 관한 질문을 통해서는 내담자의 태도와 행동을 파악할 수 있다.
③ 역할모델에 관한 질문을 통해서는 내담자의 이상적인 자아를 파악할 수 있다.
④ 명언에 관한 질문을 통해서는 내담자의 인생 좌우명을 파악할 수 있다.

11 ④
기출키워드 직업상담의 기본원리

정답풀이 직업상담의 가장 핵심적 요소는 진로 혹은 직업의 결정이다. 따라서 직업상담의 과정 속에는 개인의 의사결정에 대한 과정이 포함되어야 하며, 궁극적으로 합리적인 의사결정 능력을 증진시키는 것을 목적으로 한다.

12 ③
기출키워드 직업대안

정답풀이 내담자의 직업대안들이 실현 불가능한 것으로 여겨질 경우, 상담사는 내담자가 그와 같은 직업들에 정서적 열정을 소모하기 전에 신속히 개입하는 것이 바람직하다.

13 ①
기출키워드 인지·정서·행동 상담(REBT)

정답풀이 인간은 합리적인 사고를 할 수 있는 동시에 비합리적인 사고를 가지고 있는 존재라고 가정하는 것은 엘리스(Ellis)의 인지·정서·행동 상담(합리적 정서행동 상담)에 관한 내용이다. 이 상담이론에서는 내담자의 행동적·정서적 문제는 비합리적인 사고로 인해 발생하는 것이라고 보고, 내담자의 비합리적 신념을 논박하여 합리적 신념으로 전환시키는 것을 상담의 목표로 삼는다.

14 ③
기출키워드 직업정보

정답풀이 직업정보는 시간과 상황에 따라 적절하게 유지 및 변화되어야 하며, 최신의 정보를 반영하여야 한다.

15 ①
기출키워드 직업상담사의 자질

정답풀이 상담업무를 수행하는 데 가급적 결함이 없는 성격을 갖춘 자의 사례로는 지나치지 않은 동정심을 가진 자가 적합하다.

16 ②
기출키워드 비지시적 상담 규칙

정답풀이 비지시적 상담에서 상담사는 특수한 경우에 한해 내담자에게 질문 또는 이야기를 할 수 있다.

17 ③
기출키워드 변별성

정답풀이 원형검사에서 시간차원 내 사건의 강도와 확장의 원리를 기초로 하는 것은 변별성이다. 변별성은 변별된 미래를 통해 내담자가 자신의 공간을 미래 속에서 그려 볼 수 있기 때문에 미래에 대한 불안을 감소시킬 수 있게 함으로써, 미래를 현실처럼 느끼게 하고 미래계획에 대한 긍정적 태도를 강화시키며 목표설정을 신속하게 하는 데 목표를 둔다.

18 ①
기출키워드 초기 상담과정

정답풀이 상담사의 개입 시도는 중기 상담과정에서 이루어진다. 초기 상담과정에서는 내담자와 상담사 간의 상담관계(라포) 형성, 내담자의 심리적 문제 파악, 상담의 구조화를 위한 활동을 한다.

19 ③
기출키워드 상담의 종결 단계

정답풀이 상담의 방향과 목표 설정은 상담의 초기 단계에서 이루어진다.

20 ②
기출키워드 사정 단계

정답풀이 제시된 사례의 내담자는 성격적인 이유로 대인관계에 어려움을 겪고 있으며, 진로문제에 대한 인식이 낮고 학업에 대한 동기도 떨어지므로 인지적 명확성이 낮다고 볼 수 있다. 따라서 인지적 명확성, 정신건강 문제, 내담자의 동기에 대한 사정이 먼저 이루어져야 한다.

21 ③
기출키워드 직업적응이론의 직무특성 양식

정답풀이 ③ 인내심(끈기)은 개인이 환경과의 상호작용에 반응하는 시간의 길이를 의미하며, 환경이 자신에게 맞지 않아도 개인이 얼마나 오랫동안 견뎌낼 수 있는지를 말한다. 즉 환경과의 상호작용에 있어 반응을 계속하는 것으로 적응행동 과정에서 나타나는 적응의 시작과 종료의 지속기간이다.

오답풀이 ① 신속성: 개인과 환경의 상호작용에서 작업활동을 얼마나 빨리 또는 늦게 하는가를 의미한다.
② 속도: 작업자의 작업과제에 대한 에너지 수준으로 속도는 반응하는 개인의 노력을 의미한다.
④ 리듬: 작업활동에 대한 노력의 패턴(규칙 또는 불규칙)이나 다양성을 의미한다.

22 ②
기출키워드 Holland의 성격유형

정답 풀이 홀랜드(Holland)가 분류한 성격유형 중 기계, 도구에 관한 체계적인 조작활동을 좋아하나 사회적 기술이 부족한 유형은 현실적 유형(R)이다. 기술자, 운전사, 농부, 운동선수 등이 대표적인 직업에 해당한다.

23 ④
기출키워드 Alderfer의 존재 – 관계 – 성장(ERG)이론

정답 풀이 알더퍼(Alderfer)의 존재–관계–성장(ERG)이론은 매슬로우(Maslow)의 욕구위계이론과 가장 유사성이 많은 직무동기이론으로, 매슬로우가 제시한 5단계 욕구를 존재의 욕구, 관계의 욕구, 성장의 욕구의 3가지 범주로 구분하였다.

24 ①
기출키워드 Holland의 흥미이론

정답 풀이 홀랜드(Holland)의 흥미이론에서 개인의 흥미유형과 개인이 몸담고 있거나 소속되고자 하는 환경의 유형이 서로 부합되는 정도를 의미하는 것은 일치성이다. 즉, 일치성은 개인의 선호가 현재 일하고 있는 환경과 일치하는 정도를 말한다.

25 ③
기출키워드 직무스트레스

정답 풀이 상사의 부당한 지시는 직무스트레스의 원인이 될 수 있다. 직무스트레스의 결과로 보기 어렵다.

26 ④
기출키워드 Gottfredson의 직업포부 발달 단계

정답 풀이 고트프레드슨(Gottfredson)이 제시한 직업포부의 발달 단계는 '힘과 크기 지향성(3~5세)–성역할 지향성(6~8세)–사회적 가치 지향성(9~13세)–내적, 고유한 자아 지향성(14세 이후)'이다.
④ 직업 지향성은 직업포부의 발달 단계에 해당하지 않는다.

27 ③
기출키워드 일반적인 직무분석의 3단계

정답 풀이 일반적인 직무분석의 3단계는 '직업분석–직무분석–작업분석'이다.
③ 직업수준분석은 직무분석의 3단계에 포함되지 않는다.

28 ②
기출키워드 직업전환

정답 풀이 직업전환을 원하는 내담자를 상담할 때는 내담자가 직업을 전환하는 데 동기화가 되어 있는지의 여부와 내담자의 나이와 건강을 고려해야 하며, 직업을 전환하는 데 필요한 기술을 가지고 있는지를 평가해야 한다.
② 부모의 기대와 아동기 경험 분석은 거리가 멀다.

29 ③
기출키워드 비교확인법

정답 풀이 최초분석법의 종류에는 관찰법, 면접법, 체험법, 설문지법, 작업일지법, 중요사건기록법 등이 있다.
③ 비교확인법은 지금까지 분석된 자료를 참고로 하여 현재의 직무 상태를 비교하여 확인하는 방법으로, 최초분석법에 해당하지 않는다.

30 ③
기출 키워드 Tiedeman과 O'Hara의 발달이론

정답 풀이 직업정체감 형성과정이 '탐색-구체화-선택-명료화-순응-개혁-통합' 순으로 진행된다고 본 것은 타이드만과 오하라(Tiedeman & O'Hara)의 발달이론에 해당한다.

오답 풀이 ① 수퍼(Super)의 직업발달 단계는 '성장기-탐색기-확립기-유지기-쇠퇴기' 순으로 이루어져 있다.
② 긴즈버그(Ginzberg)의 진로발달 3단계는 '환상기-잠정기-현실기' 순으로 이루어져 있다.
④ 고트프레드슨(Gottfredson)의 직업포부의 발달 단계는 '힘과 크기 지향성-성역할 지향성-사회적 가치 지향성-내적, 고유한 자아 지향성'으로 이루어져 있다.

31 ②
기출 키워드 Krumboltz의 사회학습이론

정답 풀이 크럼볼츠(Krumboltz)의 사회학습이론에서 삶에서 일어나는 우연한 일들을 자신의 진로에 유리하게 활용하는 데 도움을 주는 기술로는 호기심, 인내심, 융통성, 낙관성, 위험 감수 등이 있다.
② 독립심은 이와 관련이 없다.

32 ③
기출 키워드 신뢰도가 높은 검사

정답 풀이 신뢰도가 높은 검사란 측정하고자 하는 특성을 일관성 있게 측정하는 검사이나. 즉, 동일한 시람에게 검사를 반복하여 여러 번 실시했을 때 그 결과가 얼마나 일관성 있게 나오는가와 관련된다. 한 피검사자가 동일한 검사를 반복해서 받을 때 유사한 점수를 받는다면 신뢰도가 높은 검사라고 볼 수 있다.

33 ①
기출 키워드 일반직업적성검사(GATB)

오답 풀이 ② 지능검사에 대한 설명이다.
③ 직업흥미검사에 대한 설명이다.
④ 성격검사에 대한 설명이다.

34 ①
기출 키워드 문항 난이도

정답 풀이 문항분석이란 검사의 각 문항들에 대한 응답을 분석함으로써 문항의 난이도와 변별도, 오답 능률도 등에 관한 자료를 얻는 것이다. 이 중 문항의 난이도는 총사례 수(N) 중 어떤 문항에 정답을 한 수(R)의 비율로 나타낼 수 있으므로, 제시된 공식의 P는 문항 난이도이다.

35 ③
기출 키워드 스트레스를 유발하는 동기 갈등

정답 풀이 제시된 내용과 같이 개인이 한 목표를 선택할 경우, 그 목표에 정적 측면과 부적 측면이 있어서 생기는 갈등의 유형은 접근-회피 갈등이다.

오답 풀이 ① 접근-접근 갈등은 모두가 정적인 두 개의 대안 중 한 개만을 선택해야 하는 경우 발생한다.
② 회피-회피 갈등은 두 개의 부정적 측면을 가진 목표를 수행해야 하는 경우 발생한다.
④ 이중접근 갈등은 두 개의 접근-회피 갈등을 보이는 목표 중 어느 하나만을 선택할 수밖에 없는 경우 발생한다.

36 ④
기출 키워드 안면 타당도

정답 풀이 검사를 받는 사람들에게 타당도를 묻는 것으로, 일반인에게 그 검사가 타당한 것처럼 보이는가를 뜻하는 것은 안면 타당도이다.

37 ①
기출 키워드 Crites의 직업성숙도검사(CMI)의 태도척도

정답 풀이 크릿츠(Crites)가 개발한 직업성숙도검사(CMI)의 태도척도에는 진로 결정성, 참여도, 독립성, 성향(지향성), 타협성이 있다.

38 ②
기출키워드 통제변인

정답 풀이 표준화 검사는 검사 실시에 영향을 미치는 외적 변수들을 최소화하기 위해 검사자, 채점자, 실시 상황 변인 등 세부사항을 통제한다.
② 피검자 변인은 통제변인에 해당되지 않는다.

39 ①
기출키워드 스트레스

오답 풀이 ② 1년간 생활변동 단위의 합이 0~150 미만인 경우 스트레스가 거의 없다고 본다.
③ A성격유형의 사람은 B성격유형의 사람보다 스트레스 상황에서 훨씬 많은 스트레스를 받는다.
④ 사회적 지지가 제공되면 직무스트레스 반응이 감소하므로, 사회적 지지는 스트레스의 대처와 극복에 영향을 미친다고 할 수 있다.

40 ②
기출키워드 후견인 프로그램(멘토십 시스템)

정답 풀이 신입사원이 조직에 쉽게 적응하도록 상사가 후견인이 되어 도와주는 프로그램은 후견인 프로그램(멘토십 시스템)이다.

41 ②
기출키워드 산업의 정의

정답 풀이 한국표준산업분류에서 산업이란 '유사한 성질을 갖는 산업활동에 주로 종사하는 생산단위의 집합'으로 정의된다.
꿀팁 산업활동의 정의는 '각 생산단위가 노동, 자본, 원료 등 자원을 투입하여 재화 또는 서비스를 생산 또는 제공하는 일련의 활동과정'입니다. 산업의 정의와 혼동하지 않도록 유의하세요.

42 ④
기출키워드 국가기술자격 응시자격

정답 풀이 기사 등급의 응시자격은 기능사 자격을 취득한 후 응시하려는 종목이 속하는 동일 및 유사 직무분야에서 3년 이상 실무에 종사한 사람이다.

43 ②
기출키워드 국가기술자격 응시자격

정답 풀이 사회조사분석사 2급, 소비자전문상담사 2급, 텔레마케팅관리사, 스포츠경영관리사, 직업상담사 2급, 컨벤션기획사 2급, 전자상거래관리사 2급 등의 자격은 응시자격의 제한이 없다.
오답 풀이 ① 임상심리사 2급의 응시자격은 1년 이상 실습수련 또는 2년 이상 실무에 종사한 자로서 대학졸업자 및 그 졸업예정자이다.
③, ④ 국제의료관광코디네이터의 응시자격은 공인어학성적 기준요건을 충족하고 보건의료 또는 관광분야 관련학과의 대학졸업(예정)자, 2년제 전문대학 관련학과 졸업 후 2년 이상 실무, 3년제 전문대학 관련학과 졸업 후 1년 이상 실무, 보건의료 또는 관광분야에서 4년 이상 실무에 종사한 사람, 관련자격증(의사, 간호사, 보건교육사, 관광통역안내사, 컨벤션기획사 1·2급)을 취득한 사람이다.

44 ④
기출키워드 한국표준산업분류 통계단위

정답 풀이 한국표준산업분류 통계단위에서 하나 이상의 장소에서 단일 산업활동이 이루어지는 경우는 활동유형 단위이다. 통계단위의 구분은 다음과 같다.

구분	하나 이상의 장소	단일 장소
하나 이상의 산업활동	기업집단 단위	지역 단위
	기업체 단위	
단일 산업활동	활동유형 단위	사업체 단위

45 ④
기출키워드 워크넷의 특징

정답 풀이 워크넷은 2011년 7월부터 잡코리아·사람인·리크루트 등 민간취업포털과 지방자치단체의 일자리 정보를 한곳에서 쉽고 빠르게 검색할 수 있도록 통합 일자리 서비스를 제공하였으나 2024년 9월 기준으로 '고용24'로 개편되었다.

46 ①
기출키워드 국가인적자원개발컨소시엄

정답 풀이 국가인적자원개발컨소시엄(CHAMP) 사업은 중소기업 재직 근로자의 직업훈련 참여 확대와 신성장동력분야, 융복합분야 등의 전략산업 전문인력 육성, 산업계 주도의 지역별 직업훈련기반 조성 등을 위해 복수의 중소기업과 인적자원개발컨소시엄(협약)을 구성한 기업 등에 공동훈련에 필요한 훈련 인프라 및 훈련비 등을 지원하는 대한민국의 대표적인 직업능력개발훈련 사업이다.

47 ②
기출키워드 한국직업사전의 부가직업정보

정답 풀이 정규교육은 현행 우리나라 정규교육과정의 연한을 고려하여 그 수준을 6개로 분류한다.

수준	교육 정도
1	6년 이하(무학 또는 초졸 정도)
2	6년 초과 ~ 9년 이하(중졸 정도)
3	9년 초과 ~ 12년 이하(고졸 정도)
4	12년 초과 ~ 14년 이하(전문대졸 정도)
5	14년 초과 ~ 16년 이하(대졸 정도)
6	16년 초과(대학원 이상)

48 ③
기출키워드 기업형태별 채용정보

정답 풀이 고용24에서 제공하는 채용정보 중 기업형태별 검색의 메뉴는 대기업, 공무원·공기업·공공기관, 강소기업, 코스피·코스닥, 중견기업, 외국계기업, 일학습병행기업, 벤처기업, 청년친화강소기업, 가족친화인증기업 등이다.
③ 환경친화기업은 기업형태별 검색에 해당하지 않는다.
※ 24년 9월 기준 '워크넷' 사이트가 '고용24'로 개편되어 현행에 맞게 문제를 수정하였습니다.

49 ④
기출키워드 한국표준직업분류와 직능수준의 관계

정답 풀이 대분류 A 군인은 제2직능수준 이상 필요하다. 제1직능수준을 필요로 하는 직업분류는 대분류 9 단순노무 종사자의 직능수준이다.

50 ①
기출키워드 직업정보 제공 유형별 특징

정답 풀이 인쇄물의 학습자 참여도는 수동적이고, 시청각자료의 비용은 고비용이다. 또한 직업경험의 접근성은 제한적이다. 따라서 수동(ㄱ), 고(ㄴ), 제한(ㄷ)이 적절하다.

51 ④
기출키워드 포괄적인 업무에 대한 직업분류원칙

정답 풀이 '조사 시 최근의 직업 원칙'은 다수 직업 종사자의 분류원칙이다.

52 ④
기출키워드 한국표준산업분류의 적용원칙

정답 풀이 공식적 생산물과 비공식적 생산물, 합법적 생산물과 불법적인 생산물을 달리 분류하지 않는다.

53 ③
기출키워드 청년내일채움공제 사업

정답풀이 청년내일채움공제 온라인 신청방법은 '청년내일채움공제 홈페이지(work.go.kr/youngtomorrow)에서 참여신청 → 운영기관의 워크넷 승인 완료 후 청년공제 청약 홈페이지(sbcplan.or.kr)에서 청약신청' 순으로 이루어진다.

54 ④
기출키워드 공공직업정보의 특징

오답풀이 ㄱ. 필요한 시기에 최대한 활용되도록 한시적으로 신속하게 생산되어 운영하는 것은 민간직업정보의 특징이다. 공공직업정보는 특정한 시기에 국한되지 않고 지속적으로 조사·분석하여 제공된다.

55 ②
기출키워드 고용24 통계의 구인배수(구인배율)

정답풀이 구인배수(구인배율) = $\frac{신규구인인원}{신규구직건(자)수}$
= $\frac{210,000}{324,000}$ = 0.65이다. 구인배수가 1이면 기업이 필요로 하는 구인인원과 취업을 원하는 구직자 수가 같다는 의미이다. 그러므로 구인배수가 1 이하로 떨어질수록 일자리 구하기가 어려운 것을 의미한다.
※ 24년 9월 기준 '워크넷' 사이트가 '고용24'로 개편되어 현행에 맞게 문제를 수정하였습니다.

56 ①
기출키워드 고용24 학과정보의 공학계열

정답풀이 고용24 직업정보시스템에서 제공하는 학과정보는 모든 학과를 인문계열, 사회계열, 자연계열, 교육계열, 공학계열, 의약계열, 예체능계열의 7개 계열로 구분하고, 각 계열에 속하는 학과에 대한 정보를 제공하고 있다.
① 생명과학과는 자연계열에 해당한다.
※ 24년 9월 기준 '워크넷' 사이트가 '고용24'로 개편되어 현행에 맞게 문제를 수정하였습니다.

57 ③
기출키워드 최저임금 고시내용

정답풀이 2026년 적용 최저임금은 전년대비 2.9% 상승한 시급 10,320원이다. 월급으로 환산하면 주 40시간 기준 주휴수당을 포함해 2,156,880원이다.
※ 최신 개정 내용에 맞게 변형한 기출문제입니다.

58 ③
기출키워드 한국직업전망의 구성체계

정답풀이 2021 한국직업전망의 일반 정보는 대표직업명, 하는 일, 업무환경, 되는 길(교육 및 훈련, 관련학과, 관련 자격 및 면허), 적성 및 흥미, 경력 개발, 성별·연령·학력·임금 등으로 구성되어 있다. 또한 일자리전망으로 일자리 전망 결과와 일자리 전망 요인을 제시하며, 부가직업정보는 관련 직업, 분류코드, 관련 정보처 등을 제시하고 있다.
③ 산업전망은 이에 해당되지 않는다.
※ 최신 개정 내용에 맞게 변형한 기출문제입니다.

59 ③
기출키워드 질문지 작성방법

정답풀이 질문지의 신뢰도는 하나의 질문지를 사용하여 얻은 조사결과가 뒤따르는 조사자에 의해 용이하게 반복이 가능한 정도를 말한다. 한 질문지를 동일한 조사자와 응답자들에 대해 시간만을 달리하여 두 번 이상 적용했을 때 응답자들이 동일한 내용을 제시한다면 신뢰도가 높은 것이다.
③ 질문지 작성 시 신뢰도 측정을 위해 짝(pair)으로 된 문항들은 분리하여 배치하는 것이 좋다.

60 ④
기출키워드 국가기술자격 종목 중 필기시험 면제종목

정답풀이 국가기술자격법 시행규칙(고용노동부령)에서 규정한 실기시험만 실시할 수 있는 종목에 사진기능사는 해당되지 않는다.

61 ②
기출키워드 노동공급 탄력성의 크기와 노동공급곡선의 형태

정답 풀이 노동공급곡선은 노동공급의 탄력성이 0이면 수직선, 무한대(∞)이면 수평이고, 탄력성이 클수록 완만한 형태를 보인다.

62 ②
기출키워드 노동의 한계비용

정답 풀이 노동의 한계비용은 노동 1단위(시간)를 추가로 투입할 때 그로 인한 노동총비용의 증가분을 의미한다. 노동투입량이 5,000시간일 때 노동총비용은 $5,000 \times 6,000$원 = 3,000만 원, 노동투입량이 6,000시간일 때 노동총비용은 $6,000 \times 7,000$원 = 4,200만 원이다. 따라서 노동의 한계비용 = (4,200만 원 − 3,000만 원)/1,000시간 = 12,000원이다.

63 ①
기출키워드 노동수요곡선의 이동요인

정답 풀이 완전경쟁시장에서 노동수요자인 기업의 이윤극대화 조건은 '임금(W) = 노동의 한계생산가치($VMP_L = P \cdot MP_L$)'이다. 따라서 노동의 수요곡선은 노동의 한계생산가치 곡선이다. 여기서 노동의 한계생산(MP_L)이 체감하므로 노동의 수요곡선은 우하향한다.

64 ①
기출키워드 인적자본론의 노동이동

정답 풀이 인적자본론에서 임금률이 높은 것은 기업특수적 인적자본이 많이 축적되고 장기근속자라는 것을 의미한다. 따라서 임금률이 높은 경우 해고율은 낮다.

65 ②
기출키워드 이익분배제

정답 풀이 경영활동에 의해 발생한 이익을 그 이익에 관여한 정도에 따라 배분하는 제도는 이익분배제(profit-sharing plan)이다. 이익분배제는 기본적인 보상 이외에 각 영업기마다 결산이익의 일부를 종업원에게 부가적으로 지급하는 제도를 말한다. 그 목적은 노동관계의 개선, 작업능률의 증진, 노동자의 생활안정 등에 있다.

66 ④
기출키워드 경제활동참가율의 변화

정답 풀이 가용시간이 일정한 상태에서 통근시간이 증가하면 경제활동참가율과 총근로시간은 감소한다.

67 ④
기출키워드 직무급 임금체계의 장단점

정답 풀이 직무급은 기업 내 각자가 담당하는 직무의 상대적 가치(질과 양 모두)를 기초로 하여 지급되는 임금이므로 먼저 직무의 가치서열이 확립되어야 하고, 이 가치서열의 확립을 위하여 직무평가가 이루어져야 한다. 이는 동일한 직무에 대하여는 동일한 임금을 지급한다는 원칙(equal pay for equal work)에 입각한 것으로서 적정한 임금수준의 책정과 더불어 각 직무 간에 공정한 임금격차를 유지할 수 있는 기반이 된다.

오답 풀이 ①, ② 연공급 임금체계에 대한 설명이다.
③ 직능급 임금체계에 대한 설명이다.

68 ④
기출키워드 직종별 임금격차의 발생원인

정답 풀이 직종 간 자유로운 노동이동이 이루어지면 임금격차는 발생하지 않을 것이다.

69 ①

기출키워드 파업이론

정답 풀이 ㄱ. 힉스(Hicks)는 단체교섭이 결렬되어 파업이 발생하면 파업의 기간에 따라 노사 양측의 요구임금 및 제안임금의 수준이 달라진다고 하였다. 즉, 노사 양측이 수락하는 임금수준은 그 임금수준에 도달하기까지 필요한 파업기간의 함수라고 보았다.

ㄴ. 체임벌린(Chamberlin)은 단체교섭 과정에서 임금 등이 결정되는 과정을 교섭력이라는 개념으로 설명한다. 즉, 그의 이론은 한 교섭당사자의 교섭력의 크기가 교섭결과(임금률의 수준 등)를 결정하고 또한 각 당사자의 교섭력에 영향을 미치는 요인을 자기 측에 유리하도록 변화시키면 교섭력이 커지고 교섭결과가 더욱 유리하게 된다는 것이다. 즉, 단체교섭의 과정은 노조의 요구에 대한 거부 대 수락비용비율을 높이는 전략을 쓰는 것이다.

오답 풀이 ㄷ. 매브리(Mabry)의 이론은 노사 양측이 단체교섭에 임할 때 최종적으로 수락할 용의가 있는 자신의 조건과 교섭과정에서 겉으로 제안하는 조건과의 사이에 차이가 있다는 점에 주목하여 파업을 설명한다. 매브리 이론에 따르면, 노조의 최종수락조건이 사용자의 최종수락조건보다 클 때 파업이 발생한다.

70 ②

기출키워드 산업별 노동조합

정답 풀이 산업별 노동조합은 동일한 산업에 종사하는 모든 노동자가 하나의 노동조합을 구성하는 형태이다. 산업 전체의 이익을 고려하므로 기업별 특수성은 고려하기 어렵지만, 해당 산업에 종사하는 모든 노동자가 가입하므로 임시직이나 일용직 노동자의 조직이 용이해진다는 장점이 있다.

71 ①

기출키워드 노사관계의 3주체

정답 풀이 던롭(Dunlop)이 제시하는 노사관계의 3주체는 근로자와 그 조직(노동조합), 경영자와 그 조직(협회, 경제단체, 협동조합 등), 노사문제를 담당하는 정부 기구 및 기관이다.

72 ①

기출키워드 유니언 숍

정답 풀이 유니언 숍(union shop)은 사용자가 근로자를 자유롭게 채용할 수 있으나 채용 후 일정기간이 지난 근로자는 반드시 조합에 가입하여야 하는 제도이다. 또한 근로자가 조합에서 탈퇴하거나 제명되어 조합원 자격을 상실한 때에는 해고된다는 노사 간의 협약을 의미한다.

오답 풀이 ②, ③ 클로즈드 숍에 관한 설명이다.
④ 오픈 숍에 관한 설명이다.

73 ②

기출키워드 필립스곡선

정답 풀이 영국의 경제학자인 필립스(Phillips)는 1861~1957년간 영국 경제를 실증분석한 결과 실업률과 명목임금 상승률 간에 안정적인 음(−)의 관계가 있다는 사실을 발견하였다. 이 관계를 회귀곡선으로 표시한 것을 필립스곡선이라고 한다. 오늘날에는 필립스곡선을 물가상승률과 실업률 간 음(−)의 상관관계로 파악하는 것이 일반적이다.

74 ④

기출키워드 노동조합의 교섭전략

정답 풀이 임금교섭 이전 노동조합의 전략은 교섭이 결렬될 경우를 대비하여 파업찬반투표를 실시하고(ㄴ), 파업하는 경우를 대비하여 파업기금을 비축한다(ㄷ). 그리고 임금 이외의 수입원을 확보해야 한다(ㅁ).

오답 풀이 ㄱ, ㄹ. 재고의 비축이나 생산공장의 이전은 사용자의 대비전략이다.

75 ③

기출키워드 최저임금제의 기대효과

정답 풀이 최저임금제를 실시하면 시장임금보다 높은 임금을 지급하기 때문에 근로자들의 소득을 증대시켜 소비를 증가시키므로 유효수요가 증대된다. 따라서 총산출량(국민소득)과 고용이 증가하고 물가상승을 가져올 수 있다.

76 ①
기출키워드 **마찰적 실업의 특징**

정답풀이   마찰적 실업은 노동시장의 정보의 부족 또는 불완전으로 인해 발생하는 실업이다. 마찰적 실업은 자발적이고 불가피한 실업이고, 대부분의 경우에는 자연적인 실업이므로 인위적으로 줄이기가 어렵다. 마찰적 실업은 자발적 실업이기 때문에 사회적 비용이 가장 적다고 할 수 있다.

77 ①
기출키워드 **노동시장의 균형**

정답풀이   노동수요량보다 노동공급량이 많아 노동의 초과공급(공급과잉)이 나타나면, 즉 실업이 존재하면 노동시장의 임금이 하락하여 노동시장은 다시 균형을 이루게 된다.

78 ③
기출키워드 **실업-결원곡선**

정답풀이   실업-결원곡선(beveridge curve)은 영국의 경제학자인 윌리엄 베버리지(William Beveridge)가 제시한 것으로, 실업의 구조(수요부족 실업자와 비수요부족 실업자)와 완전고용 실업률에 대해 설명한다.
③ 실업-결원곡선에 의하여 수요부족 실업자와 마찰적 실업과 구조적 실업을 합한 비수요부족 실업자를 구분할 수 있지만, 마찰적 실업과 구조적 실업을 구분할 방법은 없다.

79 ②
기출키워드 **실업률 계산**

정답풀이   생산가능인구가 100이라면 경제활동인구 = 취업자 + 실업자 = 60이다. 따라서 실업률 = 실업자 수/경제활동인구 × 100 = 6/60 × 100 = 10.0%이다.

80 ①
기출키워드 **노동수요 탄력성의 크기 결정요인**

정답풀이   노동수요의 탄력성을 결정하는 4가지 요인을 힉스-마셜(Hicks-Marshall)법칙이라고 한다. 노동수요 탄력성은 생산물에 대한 수요가 탄력적일수록, 총생산비에 대한 노동비용의 비중이 클수록, 노동을 다른 생산요소로 대체하는 것이 용이할수록, 노동 이외의 다른 생산요소의 공급 탄력성이 클수록 커진다.
① 생산물에 대한 수요가 탄력적일수록 노동수요는 탄력적이 된다.

81 ④
기출키워드 **고용재난지역에 대한 지원**

정답풀이   ㄱ, ㄴ, ㄷ, ㄹ. 모두 고용정책 기본법령상 고용재난지역에 대한 행정상·재정상·금융상의 특별 지원의 내용에 해당한다.

82 ②
기출키워드 **남녀고용평등과 일·가정 양립 지원에 관한 법률의 목적**

정답풀이   남녀고용평등과 일·가정 양립 지원에 관한 법률의 목적에 가사노동 가치의 존중은 명시되어 있지 않다. '가사노동'은 노동법의 규율대상이 아니다.

83 ④
기출키워드 **구직급여의 소정급여일수**

정답풀이   장애인고용촉진 및 직업재활법에 따라 장애인 및 50세 이상에 해당하는 구직급여의 소정급여일수가 적용된다. A씨는 장애인 근로자로서 피보험기간이 4년이므로, 소정급여일수는 210일이다.

※ 최신 개정 내용에 맞게 변형한 기출문제입니다.

84 ②
기출키워드 고용서비스 우수기관 인증

정답 풀이 고용서비스 우수기관으로 인증을 받은 자가 재인증을 받으려면 유효기간 만료 60일 전까지 고용노동부장관에게 재인증을 신청하여야 한다.

85 ②
기출키워드 육아휴직

정답 풀이 육아휴직 기간은 근속기간에 포함한다.
꿀팁 기간제 근로자의 육아휴직 기간은 기간제 근로자의 사용기간에서 제외합니다.

86 ①
기출키워드 직업능력개발훈련의 기본원칙

정답 풀이 직업능력개발훈련은 '민간'의 자율과 창의성이 존중되도록 해야 하므로, '정부'가 주도하는 것이 아니다.
꿀팁 민간의 자율과 창의성이 존중되어야 하므로, '정부나 국가가 주도한다'라는 표현은 틀린 것입니다.
※ 최신 개정 내용에 맞게 변형한 기출문제입니다.

87 ③
기출키워드 퇴직금 제도

정답 풀이 퇴직급여는 계속근로기간 1년에 대하여 30일분 이상의 평균임금을 지급해야 한다.

88 ④
기출키워드 고용형태 현황 공시

정답 풀이 상시 300명 이상의 근로자를 사용하는 사업주는 매년 3월 31일(해당 일이 공휴일인 경우에는 그 직전 근무일을 말함)을 기준으로 근로자의 고용형태 현황을 작성하여 해당 연도 4월 30일까지 공시하여야 한다.

89 ③
기출키워드 고령자 고용촉진 기본계획

정답 풀이 고용노동부장관은 고용촉진 기본계획을 수립할 때에는 고용정책심의회의 심의를 거쳐야 한다. 국회 소관 상임위원회에는 보고하는 것이지, 심의를 거치는 것이 아니다.

90 ③
기출키워드 직업능력개발훈련교사의 훈련과정

정답 풀이 직업능력개발훈련교사의 훈련과정은 양성훈련과정, 향상훈련과정, 교직훈련과정으로 구분한다.
③ 전직훈련과정은 훈련목적에 따른 직업능력개발훈련의 종류에 해당한다.
꿀팁 일반적인 직업능력개발훈련과정과 훈련교사의 훈련과정을 구분해야 합니다.
※ 최신 개정 내용에 맞게 변형한 기출문제입니다.

91 ②
기출키워드 야간근로

정답 풀이 야간근로란 오후 10시부터 다음 날 오전 6시 사이의 근로를 말한다.

92 ①
기출키워드 훈련계약

정답 풀이 사업주와 직업능력개발훈련을 받으려는 근로자는 직업능력개발훈련에 따른 권리·의무 등에 관하여 훈련계약을 체결할 수 있다.
꿀팁 '체결할 수 있다'와 '체결해야 한다'를 구분해야 합니다.
※ 최신 개정 내용에 맞게 변형한 기출문제입니다.

93 ③
기출키워드 헌법상 보장된 쟁의행위

정답풀이 직장폐쇄는 사용자의 쟁의행위로서, 헌법이 아닌 노동조합 및 노동관계조정법에서 규정하고 있다.

⊕꿀팁 쟁의행위 중 노동조합의 쟁의행위(파업, 태업, 준법투쟁, 보이콧, 피케팅 등)와 사용자의 쟁의행위(직장폐쇄)를 구분해야 합니다.

94 ④
기출키워드 고령자 기준고용률 적용대상

정답풀이 기준고용률 이상의 고령자를 고용하도록 노력하여야 할 사업주는 상시 300명 이상의 근로자를 사용하는 사업장의 사업주로 한다.

95 ③
기출키워드 피보험자격의 취득일과 상실일

오답풀이 ① 고용된 날에 피보험자격을 취득한다.
② 적용을 받게 된 날에 피보험자격을 취득한다.
④ 소멸한 날에 피보험자격을 상실한다.

⊕꿀팁 '다음 날'에 피보험자격이 상실되는 경우는 '사망'한 경우와 '이직'한 경우입니다.

96 ③
기출키워드 직장 내 성희롱 예방 교육

정답풀이 상시 10명 미만의 근로자를 고용하는 사업, 사업주 및 근로자 모두가 남성 또는 여성 중 어느 한 성(性)으로 구성된 사업장은 성희롱 예방 교육내용을 근로자가 알 수 있도록 교육자료 또는 홍보물로 만들어 게시하거나 배포하는 방법으로 직장 내 성희롱 예방 교육을 대신할 수 있다.

⊕꿀팁 사용자 및 근로자 모두 한 성(性)으로 구성된 사업장은 성희롱 예방 교육을 간단하게 할 수 있다는 것이지, 아예 생략할 수 있다는 것이 아닙니다.

97 ④
기출키워드 평균임금 산정기간

정답풀이 병역의무기간이 유급인 경우에는 평균임금 산정기간에 포함된다.

98 ④
기출키워드 근로자공급사업

정답풀이 근로자공급사업에는 근로자파견사업이 제외된다. 근로자파견사업은 별도로 파견근로자 보호 등에 관한 법률에서 정하고 있다.

99 ④
기출키워드 경영상 해고

정답풀이 사용자는 일정한 규모 이상의 인원을 해고하려면 고용노동부장관에게 신고하여야 한다.

100 ①
기출키워드 노동기본권

정답풀이 노동기본권은 헌법 제32조 근로권과 제33조 노동3권(단결권, 단체교섭권, 단체행동권)을 말한다.

2019년 2회

[제1과목] 직업심리

01	②	02	④	03	④	04	②	05	④
06	④	07	①	08	③	09	①	10	④
11	④	12	③	13	①	14	②	15	③
16	①	17	②	18	①	19	③	20	③

[제2과목] 직업상담 및 취업지원

21	①	22	②	23	④	24	③	25	④
26	①	27	④	28	④	29	①	30	②
31	③	32	④	33	②	34	③	35	③
36	①	37	②	38	①	39	④	40	②

[제3과목] 직업정보

41	④	42	③	43	④	44	③	45	②
46	②	47	③	48	③	49	②	50	①
51	①	52	④	53	②	54	②	55	②
56	③	57	②	58	②	59	③	60	①

[제4과목] 노동시장

61	②	62	①	63	③	64	②	65	①
66	①	67	②	68	②	69	④	70	②
71	④	72	②	73	②	74	②	75	③
76	①	77	③	78	③	79	④	80	④

[제5과목] 고용노동관계법규

81	①	82	③	83	④	84	②	85	③
86	④	87	③	88	②	89	④	90	④
91	④	92	①	93	④	94	④	95	④
96	②	97	③	98	②	99	①	100	③

01 ②

기출키워드 Perls의 형태주의(게슈탈트) 상담

정답 풀이 펄스(Perls)의 형태주의 상담이론에서 인간은 자신의 현재 욕구에 따라 게슈탈트를 완성하며, 인간의 행동은 행동이 일어난 상황과 관련해서 의미 있게 이해될 수 있다고 본다.

02 ④

기출키워드 해석

정답 풀이 내담자가 직접 진술하지 않은 내용이나 개념을 그의 과거 경험이나 진술을 토대로 하여 추론해서 말하는 상담기법은 해석이다. 이는 상담자가 내담자로 하여금 자신의 문제를 새로운 각도에서 이해하도록 경험과 행동의 의미를 설명하는 것이다.

03 ④

기출키워드 Super의 발달적 직업상담 과정

정답 풀이 수퍼(Super)의 발달적 직업상담 과정은 '문제의 탐색 및 자아개념 묘사(1단계) - 심층적 탐색(2단계) - 자아수용 및 자아통찰(3단계) - 현실검증(4단계) - 태도와 감정의 탐색과 처리(5단계) - 의사결정(6단계)'의 단계를 거친다.

04 ②

기출키워드 인간중심(내담자중심) 상담에서 상담자의 태도

정답 풀이 인간중심(내담자중심) 상담에서 요구되는 상담자의 태도로는 일치성 또는 ㄴ. 진솔성(진실성), ㄷ. 공감적 이해, ㄹ. 무조건적 수용이 있다.

오답 풀이 ㄱ, ㅁ. 일반적인 상담기법에 해당한다.

05 ④

기출키워드 상담의 초기 단계

정답 풀이 내담자의 자기탐색과 통찰은 상담의 중기 단계에서 진행된다.

06 ④
기출키워드 Harren의 진로의사결정 유형

정답 풀이 하렌(Harren)이 제시한 진로의사결정 유형에는 합리적 유형, 직관적 유형, 의존적 유형이 있다. 이 중 의사결정에 대한 개인적 책임을 부정하고 그 책임을 외부로 돌리는 경향이 있는 유형은 의존적 유형이다.

오답 풀이 ① 합리적 유형은 의사결정과정에 자신과 상황에 대한 정확한 정보를 수집하고, 논리적이며 체계적으로 접근하는 유형이다.
② 투사적 유형은 하렌의 진로의사결정 유형에 해당하지 않는다.
③ 직관적 유형은 의사결정의 기초로 상상을 사용하고 현재의 감정에 주의를 기울이며 정서적 자각을 사용하는 유형이다.

07 ①
기출키워드 행동주의 직업상담

정답 풀이 행동주의 직업상담은 내담자의 정보획득 부족으로 인한 우유부단함을 치료하는 데는 효과적이지만, 직업결정 문제의 원인으로 불안에 대한 이해와 불안을 규명하는 방법은 결여되어 있다.

08 ③
기출키워드 진로시간전망 검사지의 사용 목적

정답 풀이 진로계획 수정은 진로시간전망 검사지를 사용하는 목적과 거리가 멀다.

09 ①
기출키워드 특성-요인 직업상담 과정

정답 풀이 특성-요인 직업상담 과정은 '분석(ㄷ) → 종합(ㄱ) → 진단(ㄴ) → 예측·예후(ㅂ) → 상담 또는 치료(ㄹ) → 사후지도·추수지도(ㅁ)' 순이다.

10 ④
기출키워드 Butcher의 집단직업상담 3단계 모델

정답 풀이 부처(Butcher)의 집단직업상담 3단계 모델 중 전환 단계에서는 자기 지식과 직업세계의 연결, 일과 삶의 가치에 대한 조사, 자신의 가치에 대한 피드백, 가치와 피드백 간의 불일치 해결 등이 이루어진다.

오답 풀이 ①, ② 탐색 단계의 활동에 해당한다.
③ 행동 단계의 활동에 해당한다.

11 ④
기출키워드 행동주의 상담의 외적인 행동변화기법

정답 풀이 외적인 행동변화를 촉진시키는 기법으로는 상표제도(토큰경제), 모델링, 자기주장훈련, 자기관리 프로그램이 있다.

오답 풀이 ①, ②, ③ 내적인 행동변화기법에 해당한다.

12 ③
기출키워드 공감적 이해의 5가지 수준

정답 풀이 상담자의 공감적 이해에서 그 수준이 가장 높은 것은 상대방의 표면적 감정은 물론 내면적인 감정에 대해 정확하게 이해하고 반응하는 '수준 5'이다. ③에서 상담자는 "간섭받는다는 기분이 들어 불쾌했구나."라면서, 상대방의 감정을 이해하며 반응하고 있으므로 '수준 5'에 해당한다고 볼 수 있다.

오답 풀이 ① 내담자가 표현한 것과 본질적으로 같은 정서와 의미를 표현하여 상호교류하지만, 보다 내면적인 감정에는 반응하지 못하는 '수준 3'에 해당한다.
② 내담자가 명백하게 표현한 감정조차도 제대로 인식하지 못하는 '수준 1'에 해당한다.
④ 내담자가 표현한 감정에 반응하기는 하나, 중요한 감정은 제외하고 의사소통을 하는 '수준 2'에 해당한다.

13 ①
기출키워드 정신역동적 직업상담의 3단계 과정

정답 풀이 보딘(Bordin)이 제시한 정신역동적 직업상담의 3단계 과정은 '탐색과 계약설정의 단계 → 중대한 (핵심) 결정의 단계 → 변화를 위한 노력의 단계'이다.
① 관계설정은 이와 관련이 없다.

14 ②
기출키워드 상담 윤리강령의 역할 및 기능

정답 풀이 상담 윤리강령의 역할 및 기능으로는 내담자의 복리 증진, 지역사회의 도덕적 기대 존중, 전문직으로서의 상담기능 보장, 상담자 자신의 사생활과 인격보호, 직무수행 중의 갈등 해결 지침 제공 등이 있다.
② 지역사회의 경제적 기대 부응은 이와 거리가 멀다.

15 ③
기출키워드 상호역할관계의 사정방법

정답 풀이 상호역할관계를 사정하는 방법으로는 질문을 통해 사정하기, 동그라미로 역할관계 그리기, 생애-계획 연습으로 전환시키기가 있다.
③ 역할의 위계적 구조 작성하기는 이와 거리가 멀다.

16 ②
기출키워드 인지적 명확성의 상담자 개입

정답 풀이 제시된 사례의 내담자는 자신이 의사가 되지 못한다면 자신의 인생이 끔찍해질 것이라는 강박적 사고에 사로잡혀 있다. 이러한 강박적 사고는 비합리적 신념에서 비롯된 것이므로 인지·정서·행동 상담기법(REBT)의 합리적 논박을 사용해야 한다.

17 ②
기출키워드 공감

정답 풀이 내담자가 전달하려는 내용에서 한 걸음 더 나아가 그 내면적 감정에 대해 반영하는 것은 공감이다. 이때 상담사는 내담자의 세계를 상담사 자신의 세계인 것처럼 경험하지만 객관적인 위치에서 벗어나지 않아야 한다.

18 ①
기출키워드 생애진로사정의 구조

정답 풀이 생애진로사정의 구조에는 진로사정, 전형적인 하루, 강점과 장애, 요약이 해당된다.
① 적성과 특기는 해당되지 않는다.

19 ③
기출키워드 자기인식이 부족한 내담자 사정

정답 풀이 자기인식이 부족한 내담자의 경우 은유나 비유를 사용하여 스스로를 인식하게 만들 수 있다.

20 ③
기출키워드 진로상담의 기본원리

정답 풀이 진로상담은 항상 차별적인 진단과 처치의 자세를 견지해야 한다.

21 ①
기출키워드 Crites의 문제유형

정답 풀이 흥미나 적성의 유형이나 수준과 관계없이 어떤 직업을 선택해야 할지 결정하지 못하는 경우는 결정성의 우유부단형에 해당하며, 비현실형(비현실성)과 거리가 멀다.
오답 풀이 직업선택 문제들 중 현실성과 관련된 유형에는 비현실형, 불충족형, 강압형이 있다. ②는 비현실형, ③은 불충족형, ④는 강압형에 해당한다.

22 ②
기출키워드 직업적응이론

정답 풀이 직업적응이론은 개인-환경 조화상담이라고도 하며, 개인의 욕구와 환경의 요구가 동시에 충족되는 경우를 '적응'의 상태라고 보았다. 이에 따라 직업환경이 개인의 욕구를 얼마나 채워주고 있는지에 대한 평가는 만족의 정도로 표시된다.

23 ④
기출키워드 신뢰도 계수

정답 풀이 검사-재검사 신뢰도는 동일한 검사를 동일한 수검자에게 일정 시간 간격을 두고 두 번 실시하여 얻은 두 검사점수의 상관계수에 의해 신뢰도를 추정하는 방법이다. 이때 두 번의 검사에서 각 학생들의 점수가 동일했다면 두 점수 간의 일관성이 높은 것이므로 상관계수는 +1.00이다.

24 ③
기출 키워드 직무 평가

정답 풀이 직무 평가는 직무의 내용과 성질을 고려하여 직무들 간의 상대적 가치를 결정하는 절차로, 종업원의 경력개발 프로그램과는 거리가 멀다.

25 ④
기출 키워드 직무관련 스트레스의 조절 요인

정답 풀이 반복적이고 단조로운 직무는 직무관련 스트레스원으로 볼 수 있다.

26 ①
기출 키워드 요소비교법

정답 풀이 요소비교법은 직무 평가의 방법 중 하나이다. 직무 평가의 방법으로는 서열법, 분류법, 점수법, 요소(요인)비교법의 4가지가 있다.

꿀팁 최초분석법이 아닌 것을 묻는 문제입니다.

27 ④
기출 키워드 가치 중심적 진로접근 모형의 기본 명제

정답 풀이 가치 중심적 진로접근 모형에서는 생애역할에서의 성공은 학습된 기술, 인지적·정의적·신체적 적성 등 많은 요인들에 의해 결정됨을 기본 명제로 한다.

28 ④
기출 키워드 Parsons의 특성-요인이론의 기본 가정

정답 풀이 인성과 동일한 직업 환경이 있으며, 각 환경은 각 개인과 연결되어 있는 성격유형에 의해 결정된다는 것은 홀랜드(Holland)의 성격이론에 대한 설명이다.

오답 풀이 파슨스(Parsons)의 직업선택 3요인 중 ①은 자신에 대한 이해, ②는 직업세계에 대한 이해, ③은 자신과 직업세계와의 합리적 연결에 대한 설명이다.

29 ①
기출 키워드 Ellis의 인지·정서·행동 상담(REBT)

정답 풀이 엘리스(Ellis)는 생활사건 자체보다는, 생활사건을 받아들이는 비합리적 사고(부정적 감정)에서 정서장애가 일어난다고 보았다.

30 ④
기출 키워드 백분위 점수

정답 풀이 백분위 점수는 개인이 표준화된 집단에서 차지하는 상대적 위치를 가리키는 것으로, 개인의 점수에 대해 100개의 동일한 구간에서 순위를 정하는 것이다. 이는 점수유형 중 그 의미가 모든 사람에게 단순하고 직접적이며, 한 집단 내에서 개인의 상대적인 위치를 살펴보는 데 적합하다.

31 ③
기출 키워드 내용타당도

정답 풀이 제시된 내용은 내용타당도에 대한 설명이다. 내용타당도는 검사의 문항들이 그 검사가 측정하고자 하는 내용의 영역을 얼마나 잘 반영하고 있는지를 의미하며, 본질적으로 해당 분야 전문가의 판단에 의존한다.

32 ④
기출 키워드 직위분석질문지(PAQ)

정답 풀이 직위분석질문지(PAQ)는 표준화된 분석도구이다.

33 ②
기출 키워드 직업(진로)관련 흥미검사

정답 풀이 홀랜드(Holland)의 유형학에 기초한 진로관련 검사에는 직업선호도검사(VPI), 자기방향탐색검사(SDS), 스트롱-캠벨 흥미검사(SCII), 쿠더 직업흥미검사(KOIS) 등이 있다.

34 ③
기출 키워드 워크넷 인터넷 심리검사

정답 풀이 온라인으로 실시하는 심리검사도 컴퓨터가 있는 환경에서 상담하거나 혹은 결과를 출력하여 사용함으로써 상담 장면에서 활용할 수 있다.

35 ③
기출 키워드 미네소타 욕구 중요도 검사(MIQ)

정답 풀이 미네소타 직업적응검사는 퇴직한 근로자들을 대상으로 한 근로자의 적응에 관한 연구에서 비롯되었다. 그중 미네소타 욕구 중요도 검사(MIQ)는 개인이 일의 환경에 대해 지니는 20개의 욕구와 6개의 가치요인을 측정하는 도구로, 190개의 문항으로 구성되어 있다.
③ 고학년 정도의 독해력은 필요하나, 일에 대한 가치가 아직 정립되지 않은 청소년 시기에는 부적합하다.

36 ②
기출 키워드 형평분배 법칙(공정성 법칙)

정답 풀이 형평분배 법칙(공정성 법칙)은 애덤스(Adams)의 공정성이론을 바탕으로 한 것으로, 사람들이 어떤 상황에 기여한 정도에 따라 보상을 받아야 한다고 본다.

37 ③
기출 키워드 Super의 직업발달 단계

정답 풀이 수퍼(Super)의 직업발달 단계는 '성장기 → 탐색기 → 확립기 → 유지기 → 쇠퇴기' 순이다.

38 ②
기출 키워드 Williamson의 진로선택 문제유형

정답 풀이 제시된 내용은 윌리암슨(Williamson)의 진로선택 문제유형 중 현명하지 않은 선택(어리석은 선택)에 관한 설명이다. 이 유형에 해당하는 내담자는 흥미가 별로 없는 분야를 선택하거나, 자신의 성격과 부합되지 않는 직업을 선택하려 하는 등의 모습을 보인다.

39 ④
기출 키워드 역할갈등의 유형

정답 풀이 개인에게 요구하는 두 사람 이상의 요구가 다를 때는 송신자 간 역할갈등이 발생한다.
오답 풀이 ① 송신자 내 갈등은 상급자가 개인에게 서로 양립할 수 없는 요구를 할 때 발생한다.
② 개인 간 역할갈등은 직업에서의 요구와 직업 이외의 요구가 다를 때 발생한다.
③ 개인 내 역할갈등은 개인이 수행하는 직무의 요구와 개인의 가치관이 다를 때 발생한다.

40 ②
기출 키워드 직업지도 프로그램 선정 시 고려해야 할 사항

정답 풀이 직업지도 프로그램은 실시가 용이해야 한다.

41 ④
기출 키워드 2차 자료

정답 풀이 2차 자료는 과거에 다른 문제를 해결하기 위해 이미 수집되어 있는 자료를 말하며, 정부나 각 기관이 수집하여 제공하는 각종 통계자료 등이 이에 속한다. 따라서 ㄱ, ㄴ, ㄷ, ㄹ 모두 2차 자료이다.
꿀팁 1차 자료는 현재 당면한 문제를 해결하기 위해 조사하여 수집하는 자료를 말합니다.

42 ③
기출 키워드 한국표준산업분류의 통계단위

정답 풀이 하나 이상의 장소에서 단일 산업활동이 이루어지는 경우의 통계단위는 활동유형 단위이다.

43 ④
기출 키워드 직업정보 처리과정

정답 풀이 직업정보의 처리과정은 '수집 → 분석 → 가공(체계화) → 제공 → 축적 → 평가'의 순서로 이루어진다.

44 ③
기출키워드 한국표준산업분류의 산업결정방법

정답 풀이 한국표준산업분류에서 생산단위의 산업활동은 그 생산단위가 수행하는 주된 산업활동에 따라 결정된다. 여기서 주된 산업활동을 결정하는 기준으로 산출물에 대한 부가가치(액)의 크기, 부가가치(액)의 측정이 어려운 경우에는 산출액, 위 두 가지가 적합하지 않을 경우 그 해당 활동의 종업원 수 및 노동시간, 임금 및 급여액 또는 설비의 정도를 제시하고 있다.
③ 계절에 따라 정기적으로 산업을 달리하는 사업체의 경우에는 조사시점에서 경영하는 사업과는 관계없이 조사대상기간 중 산출액이 많았던 활동에 의하여 분류된다.

45 ②
기출키워드 국가기술자격 응시자격

정답 풀이 기능장 등급의 응시자격은 산업기사 등급 이상의 자격을 취득한 후 동일 및 유사 직무분야에서 5년 이상 실무에 종사한 사람에게 주어진다.

46 ②
기출키워드 한국직업전망의 고용변동 요인(고용전망)

정답 풀이 한국직업전망에서는 고용변동 요인을 8가지 범주로 제시한다. 한국직업전망(2017)에서는 불확실성 요인으로 대내외 경제 상황 변화, 기업의 경영전략 변화, 정부정책 및 법·제도 변화를 제시하였다.
⊕ 꿀팁 한국직업전망(2019)에서는 고용변동 요인을 확실성 요인과 불확실성 요인으로 구분하고 있지 않습니다.

47 ③
기출키워드 한국직업사전의 특징

정답 풀이 한국직업사전에 수록된 각종 정보는 사업체 표본조사를 통해 조사된 내용으로 근로자의 직업(직무)평가 자료 등으로 사용하는 데 한계가 있다. 또한 직업세계 및 노동환경은 기술진보, 경제성장의 변화, 정부의 정책 등에 따라 달라질 수 있기 때문에 절대적인 자료가 될 수 없다.

48 ④
기출키워드 워크넷 직업정보 찾기의 하위 메뉴

정답 풀이 워크넷(직업·진로)의 '직업정보 찾기'에서는 신직업·창직 찾기, 업무수행능력별 찾기, 통합 찾기(지식, 능력, 흥미), 대상별 찾기, 분류별 찾기, 지식별 찾기, 이색직업별 찾기, 테마별 찾기 등의 하위 메뉴를 제공하고 있다.
④ 지역별 찾기는 직업정보 찾기의 하위 메뉴에 해당하지 않는다.

49 ②
기출키워드 국가기술자격과 국가전문자격

오답 풀이 감정평가사(ㄴ), 문화재수리기능자(ㄹ) 및 문화재수리기술자, 변리사, 세무사, 경영지도사 등은 국가전문자격종목에 해당된다.

50 ①
기출키워드 국가기술자격 직무분야

정답 풀이 임산가공기사, 임업종묘기사, 산림기사의 직무분야는 농림어업이다. 이들은 중직무분야인 임업에 해당하는 국가기술자격종목이다.

51 ①
기출키워드 민간직업정보의 특징

정답 풀이 민간직업정보는 특정한 목적에 맞게 해당 분야 및 직종을 제한적으로 제시하는 경향이 있다.
오답 풀이 ② 한시적으로 신속하게 생산되어 제공된다.
③ 유료로 제공된다.
④ 부가적인 파급효과가 작고, 다른 직업정보와의 관련성이 낮다.

52 ④

기출키워드 한국표준직업분류에서 직업으로 보지 않는 활동

정답 풀이 한국표준직업분류에서는 직업의 요건을 일의 계속성, 경제성, 사회성과 윤리성, 속박된 상태에서의 활동이 아닐 것 등의 조건이 갖추어져야 한다고 본다. 따라서 ㄱ, ㄴ, ㄷ, ㄹ은 모두 직업으로 보지 않는 활동에 해당한다.

> **그 밖의 한국표준직업분류에서 직업으로 보지 않는 활동**
> - 연금법, 국민기초생활보장법, 국민연금법 및 고용보험법 등의 사회보장이나 민간보험에 의한 수입이 있는 경우
> - 경마, 경륜, 경정, 복권 등에 의한 배당금이나 주식투자에 의한 시세차익이 있는 경우
> - 자기 집의 가사활동에 전념하는 경우
> - 교육기관에 재학하며 학습에만 전념하는 경우
> - 시민봉사활동 등에 의한 무급 봉사적인 일에 종사하는 경우
> - 도박, 강도, 절도, 사기, 매춘, 밀수와 같은 불법적인 활동

53 ③

기출키워드 직업정보 제공 인터넷 사이트

정답 풀이 외국인고용관리정보는 외국인고용관리시스템(eps.go.kr)에서 제공하고 있다.

54 ②

기출키워드 한국직업사전의 부가직업정보

오답 풀이 ① 정규교육은 해당 직업의 직무를 수행하는 데 필요한 일반적인 정규교육수준을 의미하는 것으로, 해당 직업 종사자의 평균 학력을 나타내는 것은 아니다.
③ 작업강도는 해당 직업의 직무를 수행하는 데 필요한 육체적 힘의 강도를 나타내며, 심리적·정신적 노동강도는 고려하지 않는다.

④ 유사명칭은 본직업명을 갖는 근로자가 수행하는 직무와 동일한 직무를 수행하지만 사업체에 따라 다르게 불리는 명칭을 말한다. 유사명칭은 본직업을 명칭만 다르게 부르는 것으로, 본직업과 사실상 동일하다. 본직업을 직무의 범위, 대상 등에 따라 나눈 것은 관련직업이다.

55 ②

기출키워드 직업정보 수집방법 중 서베이 조사

정답 풀이 서베이 조사는 모집단의 특성을 파악하기 위해 일정 수의 표본을 추출하여 설문조사를 실시하는 것으로, 우편이나 전화, 면접 등의 방법을 이용하여 설문에 답하도록 한다.
② 일반적으로 전화조사가 면접조사에 비해 면접시간이 짧다.

56 ④

기출키워드 평생학습계좌제

정답 풀이 계좌개설은 온라인 신청, 방문 신청, 대리 신청 모두 가능하다. 이 중 방문 신청의 경우 평생교육진흥원을 방문하여 개설한다.

57 ②

기출키워드 한국표준산업분류의 적용원칙

정답 풀이 복합적인 활동단위는 우선적으로 최상급 분류(대분류) 단계를 정확히 결정하고, 순차적으로 중, 소, 세, 세세분류 단계 항목을 결정하여야 한다.

58 ④

기출키워드 고용24 채용정보의 검색조건

정답 풀이 고용상 연령차별금지 및 고령자 고용촉진에 관한 법률이 시행됨에 따라 고용24 채용정보 검색조건에서 연령이 삭제되었다.
※ 24년 9월 기준 '워크넷' 사이트가 '고용24'로 개편되어 현행에 맞게 문제를 수정하였습니다.

59 ③
기출키워드 직업정보 분석 시 유의사항

정답 풀이 직업정보 분석 시 동일한 정보라도 다각적인 분석을 통해 해석을 풍부히 하여야 한다.

60 ①
기출키워드 한국고용직업분류의 대분류

정답 풀이 한국고용직업분류(2025)에서 군인은 '대분류 2 교육·법률·사회복지·경찰·소방직 및 군인'에 포함되고, '중분류 25 군인'으로 분류한다.

61 ②
기출키워드 효율임금 가설

정답 풀이 효율임금 가설이란 기업주가 노동자에게 시장임금 이상의 높은 임금을 지급함으로써 노동생산성의 향상을 꾀하려는 것을 말한다.

62 ①
기출키워드 경제적 조합주의와 노동조합운동

정답 풀이 경제적 조합주의는 노동조합운동이 정치로부터 독립되어야 한다고 본다. 즉, 노동조합운동의 독자성·자주성 확보 및 조합 내 민주주의의 실현이 중요한 조직원리이며, 운동의 기본 원칙이다.

꿀팁 지금까지 산업화 사회에 나타난 여러 나라의 노동조합운동의 이념들을 크게 구분하면 정치적 조합주의(정치주의), 경제적 조합주의(경제주의), 국민적 조합주의(국민주의)의 세 가지로 나누어 볼 수 있습니다.

63 ③
기출키워드 인력수요 예측 근거

정답 풀이 미래의 인력수요에 영향을 미치는 요인으로는 경제성장률, 고용전망, 취업탄력성, 취업유발계수 및 취업계수 등이 있다.

③ 출생률은 인력공급 예측의 근거로 볼 수 있다.

오답 풀이 ①, ②, ④는 인력수요 예측의 근거가 된다. 이 중 사회 전체의 인력수요에 가장 큰 영향을 주는 요인은 경제성장률(GDP 증가율)이다. 경제성장률에 따라 고용전망이 달라지고 인력수요에 영향을 미치게 된다.

64 ②
기출키워드 임금의 보상격차(균등화 격차)

정답 풀이 임금의 보상격차는 애덤 스미스(A. Smith)가 주장한 것으로, 그는 노동자들의 직업선택 및 전직이 자유로운 사회에서는 각 직업의 좋은 점과 나쁜 점을 모두 고려한 순이익이 한 사회의 여러 가지 대체적인 직업 사이에서 균등하게 된다고 보았다. 이를 균등화 격차라고 하는데, 스미스는 균등화 격차를 가져오는 직업의 성격으로 고용의 안정성 여부, 작업의 쾌적성 여부, 교육 및 훈련비용, 책임의 정도, 성공 또는 실패의 가능성을 제시하였다.

65 ①
기출키워드 부가노동자 효과와 실망실업자 효과

정답 풀이 부가노동자 효과는 불경기가 발생하는 경우 비경제활동인구가 경제활동인구(실업자)로 전환되기 때문에 실업률이 증가(상승)되는 효과를 말한다. 반면, 실망실업자(실망노동자) 효과는 경제활동인구(실업자)가 비경제활동인구로 전환됨에 따라 실업률이 감소하는 효과를 말한다.

66 ①
기출키워드 최저임금제의 실업 효과 크기

정답 풀이 시장임금보다 높은 수준에서 최저임금을 정하면 노동수요량은 감소하고 노동공급량은 증가하여 실업이 증가하는 부정적 효과가 나타난다. 이 경우 노동수요곡선과 노동공급곡선이 모두 탄력적이면, 노동수요량은 크게 감소하고 노동공급량은 크게 증가하므로 실업이 크게 발생한다.

67 ②
기출키워드 노동수요곡선의 이동 요인

정답 풀이 노동수요곡선의 세로축에 표시되는 임금, 즉 노동의 가격이 변화하면 노동수요곡선 자체는 이동하지 않고 노동수요곡선상에서의 이동을 가져온다.

오답 풀이 ①, ③, ④ 임금을 제외한 기타 요인(생산물에 대한 수요, 다른 생산요소의 가격, 노동생산성 및 생산기술의 변화 등)이 변화하면 노동수요곡선 자체가 이동한다.

68 ②
기출키워드 노동공급의 탄력성 계산

정답 풀이 노동공급의 탄력성

$$= \frac{\text{노동공급량의 변화율(\%)}}{\text{임금의 변화율(\%)}}$$

$$= \frac{\frac{\text{노동공급량의 변동분}}{\text{원래의 노동공급량}}}{\frac{\text{임금의 변동분}}{\text{원래의 임금}}}$$

$$= \frac{\frac{270명}{270명}}{\frac{2,000원}{3,000원}} = \frac{1}{\frac{2}{3}} = 1.50 \text{이다.}$$

69 ④
기출키워드 연공급의 특징

정답 풀이 연공급이란 임금이 개인의 근속연수·학력·연령 등 인적요소 기준을 중심으로 변화하는 것으로, 기본적으로는 생활급적 사고원리에 따른 임금체계라고 할 수 있다.

70 ②
기출키워드 대각선교섭

정답 풀이 대각선교섭이란 단위 노동조합이 소속된 상부단체와 각 단위 노동조합에 대응하는 개별기업의 사용자 간에 이루어지는 교섭을 말한다. 사용자단체가 조직되어 있지 않은 경우 또는 조직되어 있다고 할지라도 각 기업에 특수한 사정이 있는 경우에 행해진다.

71 ④
기출키워드 클로즈드 숍

정답 풀이 조합원 자격이 있는 노동자만을 채용하고 일단 고용된 노동자라도 조합원 자격을 상실하면 종업원이 될 수 없는 숍 제도는 클로즈드 숍이다.

72 ②
기출키워드 노동조합의 임금 효과

정답 풀이 ㄴ. 위협효과는 비조직부문의 임금을 상승시키므로 임금격차를 축소시킨다.
ㄷ. 대기실업효과는 엄밀하게는 임금격차를 설명하는 이론이라기보다는 두 부문(대기업과 중소기업)의 임금격차에 의하여 실업이 발생하는 과정을 설명하는 이론이다. 즉, 기대임금을 받을 수 있는 일자리를 찾을 때까지 실업을 택하며 기다리는 경우이며, 이로 인해 비조직부문의 노동공급은 감소하여 임금이 상승하게 된다.

오답 풀이 ㄱ, ㄹ. 이전효과(파급효과, 해고효과)는 비조직부문의 임금을 하락시키므로 임금격차를 크게 만든다.

73 ④
기출키워드 경제활동참가에 영향을 주는 요인

정답 풀이 ㄱ, ㄴ, ㄷ. 모두 경제활동참가에 영향을 준다. 여가에 대한 상대적 가치가 높아지거나, 비근로소득이 증가하거나, 단시간 노동의 기회가 감소하면 경제활동참가는 감소한다.

74 ②
기출키워드 경제활동참가율

정답 풀이 경제활동인구 = 취업자 수 + 실업자 수 = 200만 명 + 10만 명 = 210만 명이다. 그리고 생산가능인구(15세 이상 인구) = 210만 명 + 100만 명 = 310만 명이다. 따라서 경제활동참가율 = 경제활동인구 / 생산가능인구 × 100 = 210만 명 / 310만 명 × 100 = 약 67.7%이다.

75 ③
기출키워드 실업급여의 효과

정답풀이 실업급여의 중심을 이루는 구직급여는 근로의 의사 및 능력이 있고 적극적인 재취업 활동에도 불구하고 취업하지 못한 상태에 있을 때 지급된다. 따라서 실업급여를 지급받기 위해서는 적극적인 재취업 활동을 해야 하므로 경제활동참가를 증대시킨다. 그러나 노동시간의 증감에 미치는 영향은 불분명하다.

76 ①
기출키워드 내부노동시장의 형성 요인

정답풀이 도린저와 피요르(Doeringer & Piore)는 내부노동시장이 형성되는 요인으로 숙련의 특수성, 현장훈련, 관습 등 세 가지를 제시하였다.
① 노동조합의 존재는 내부노동시장의 형성 요인과 거리가 멀다.

77 ③
기출키워드 역사가 가장 오래된 노동조합

정답풀이 직업별 노동조합(직종별 조합, 직능별 조합)은 같은 직종 또는 직업에 종사하는 노동자가 조직하는 노동조합을 말한다. 이는 역사적으로 가장 오래된 형태의 노동조합으로, 영국을 중심으로 발전해 왔다. 직업별 노동조합은 숙련공 중심의 배타적·폐쇄적이고 독점적인 조직형태로, 철도나 항만에서 하역작업을 하는 항운노조와 인쇄공조합·목공조합 등을 예로 들 수 있다.

78 ③
기출키워드 연봉제의 장점

정답풀이 연봉제는 개개인의 능력·실적 및 공헌도에 대한 평가를 바탕으로 계약을 통해 연간 임금액을 결정하는 실적 중심형의 임금형태이다.
③ 종업원 상호 간의 협조성이 높아지는 것은 연공급 임금체계이다.
꿀팁 연봉제를 실시하는 경우 종업원 상호 간의 불필요한 경쟁심이나 위화감의 조성, 불안감 증대 등의 문제를 야기할 수 있습니다.

79 ④
기출키워드 노동이동의 종류 중 일시해고

정답풀이 근로자의 귀책사유 없이 기업의 가동률 저하로 인하여 근로자가 기업으로부터 떠나는 것은 노동이동(labor turnover)의 종류 중 일시해고(layoffs)이다.

80 ④
기출키워드 수요부족 실업과 비수요부족 실업

오답풀이 ㄱ. 실업을 수요부족 실업과 비수요부족 실업으로 구분하는 것은 실업에 대한 대책이 다르기 때문이다. 수요부족 실업으로는 케인즈(Keynes)가 제시한 경기적 실업이 있다. 경기적 실업은 유효수요(총수요)의 부족으로 생산과 고용이 감소하여 발생하는 실업이다.

81 ①
기출키워드 근로3권(노동3권)

오답풀이 ② 공무원은 법률이 정하는 자에 한하여 근로3권을 가진다.
③ 주요방위산업체 종사자 중 전력, 용수, 주로 방산물자 생산업무에 종사하는 자의 단체행동권이 제한된다.
④ 근로3권(노동3권)은 원칙적으로 취업한 근로자에게 주어지는 권리이다.

82 ③
기출키워드 직업능력개발훈련이 중요시되어야 하는 대상

정답 풀이 '제조업의 생산직 근로자'는 법령 개정으로 직업능력개발훈련이 중요시되어야 할 대상에서 제외되었다.
※ 최신 개정 내용에 맞게 변형한 기출문제입니다.

83 ④
기출키워드 사업주 지원대상

정답 풀이 직업능력개발훈련과정 수강비용의 지원은 사업주가 아닌 근로자에 대한 지원제도이다.
※ 최신 개정 내용에 맞게 변형한 기출문제입니다.

84 ②
기출키워드 실업대책사업

정답 풀이 주택매입자금 지원은 실업대책사업에 해당되지 않는다. 실업대책사업에 해당되는 것은 주택전세자금 지원이다.
꿀팁 임대나 전세자금은 지원대상이지만, 부동산을 구입하는 매입자금까지 지원하는 것은 아닙니다.

85 ③
기출키워드 훈련 이수 후 종사기간

정답 풀이 직업능력개발훈련 이수 후 사업주가 지정하는 업무에 일정 기간 종사하는 경우 5년 이내로 하되, 훈련기간의 3배를 초과할 수 없다.
※ 최신 개정 내용에 맞게 변형한 기출문제입니다.

86 ④
기출키워드 노동법의 성격

정답 풀이 노동법은 당사자의 실질적인 대등성을 확보하도록 도와준다.
오답 풀이 ①, ②, ③ 계약자유의 원칙, 자기책임의 원칙, 소유권 절대의 원칙은 노동법이 아닌 근대 시민법의 3대 원칙이다.

87 ③
기출키워드 구인신청서 수리 거부사유

정답 풀이 선급금은 인신구속의 우려가 있기 때문에 받을 수 없다.

88 ②
기출키워드 임금의 의미

정답 풀이 평균임금이란 이를 산정하여야 할 사유가 발생한 날 이전 3개월간의 임금총액을 그 기간의 총일수로 나눈 금액이다.

89 ④
기출키워드 고령자 기준고용률

정답 풀이 운수업의 고령자 기준고용률은 부동산 및 임대업과 마찬가지로 그 사업장의 상시 근로자 수의 100분의 6이다.

90 ④
기출키워드 대량고용변동 신고

정답 풀이 6개월을 초과하여 고용되는 자는 이직 근로자 수에 포함된다.
꿀팁 어떤 경우든 6개월을 초과한 자는 이직 근로자 수에 포함합니다.

91 ④
기출키워드 육아기 근로시간 단축

정답 풀이 육아기 근로시간 단축은 주당 15시간 이상 35시간 이내에서 정해진다.

꿀팁 육아기 근로시간 단축 후 근로시간은 30시간에서 법령이 개정되어 35시간으로 변경되었습니다.
※ 최신 개정 내용에 맞게 변형한 기출문제입니다.

92 ①
기출키워드 근로자파견

정답 풀이 근로자파견사업의 유효기간은 3년이다. 참고로, 근로자파견기간은 2년을 초과할 수 없다.

꿀팁 근로자파견사업, 근로자공급사업 등의 유효기간은 모두 3년입니다.

93 ④
기출키워드 4명 이하 사업장 근로기준법 적용범위

오답 풀이 ㄹ. 연차 유급휴가는 상시 4명 이하 근로자를 사용하는 사업장에는 적용제외 대상이다.

꿀팁 근로기준법은 5명 이상 사업장은 전면 적용, 4명 이하 사업장은 일부 적용제외됩니다.

94 ④
기출키워드 직업정보제공사업자의 준수사항

정답 풀이 구인·구직 광고에는 구인·구직자의 주소, 전화번호는 기재해야 하고, 직업정보제공사업자의 주소, 전화번호는 기재하지 않는다.

95 ③
기출키워드 근로자퇴직급여 보장법

정답 풀이 확정급여형 또는 확정기여형 퇴직연금제도 가입자라고 하더라도 개인형 퇴직연금제도를 추가로 설정할 수 있다.

96 ②
기출키워드 근로감독관

정답 풀이 근로감독관의 직무에 관한 범죄의 수사는 근로감독관이 담당할 수 없다.

97 ③
기출키워드 구직급여 소정급여일수

정답 풀이 장애인이 아닌 실업자의 피보험기간이 5년 이상 10년 미만이고, 이직일 현재 연령이 50세 미만인 경우 구직급여 소정급여일수는 210일이다.

98 ②
기출키워드 육아휴직

오답 풀이 ① 만 8세 이하 또는 초등학교 2학년 이하의 입양한 자녀도 포함한다.
③ 복귀하도록 '노력하여야 한다'가 아니라 복귀시켜야 한다.
④ 육아휴직의 기간은 1년 이내로 하며, 근속기간에 포함한다.

99 ①
기출키워드 직장 내 성희롱 예방 교육

정답 풀이 성희롱 예방 교육은 연 1회 이상 실시해야 한다.

100 ③
기출키워드 실업급여 종류

정답 풀이 실업급여는 구직급여와 취업촉진 수당(조기재취업 수당, 직업능력개발 수당, 이주비, 광역 구직활동비)으로 구분된다.
③ 정리해고 수당은 실업급여 유형에 해당하지 않는다.

2019년 3회

[제1과목] 직업심리

01	02	03	04	05
②	①	④	②	④
06	07	08	09	10
③	③	②	②	①
11	12	13	14	15
④	④	④	④	④
16	17	18	19	20
③	①	③	②	①

[제2과목] 직업상담 및 취업지원

21	22	23	24	25
④	③	③	①	②
26	27	28	29	30
①	①	②	①	②
31	32	33	34	35
②	②	③	②	④
36	37	38	39	40
④	①	③	④	④

[제3과목] 직업정보

41	42	43	44	45
③	④	①	③	②
46	47	48	49	50
①	④	③	②	④
51	52	53	54	55
②	②	③	④	④
56	57	58	59	60
①	③	③	①	④

[제4과목] 노동시장

61	62	63	64	65
②	②	④	③	③
66	67	68	69	70
①	③	③	②	①
71	72	73	74	75
④	②	③	③	④
76	77	78	79	80
③	③	④	④	②

[제5과목] 고용노동관계법규

81	82	83	84	85
②	④	①	①	②
86	87	88	89	90
④	④	④	④	②
91	92	93	94	95
②	②	③	③	③
96	97	98	99	100
②	④	④	④	③

01 ②

기출키워드 Bordin의 정신역동적 직업상담기법

정답풀이 보딘(Bordin)의 정신역동적 직업상담(진로상담)의 기법에는 비교, 명료화, 소망-방어체계에 대한 해석이 있다.
② 순수성은 정신역동적 직업상담기법과 거리가 멀다.

02 ①

기출키워드 진로시간전망 검사지의 사용목적

정답풀이 진로시간전망 검사지의 사용목적으로 '진로 태도를 인식하기 위함'은 거리가 멀다.

> 진로시간전망 검사지의 사용목적
> • 미래의 방향 설정을 가능하게 한다.
> • 미래에 대한 희망을 갖도록 한다.
> • 미래의 모습을 실재하는 것으로 느끼게 한다.
> • 현재의 행동을 미래의 결과와 연계시킨다.
> • 목표 설정을 촉구한다.
> • 진로계획에 대한 긍정적 태도를 강화한다.
> • 진로계획의 기술을 연습시킨다.
> • 진로의식을 높인다.

03 ④

기출키워드 직업가계도를 그릴 때 관심을 가져야 할 요인

정답풀이 대그리(Dagley)는 직업가계도를 그릴 때 관심을 가져야 할 요인으로 가족구성원들의 진로선택 형태와 방법, 내담자가 성장할 때의 또래집단 상황, 가족의 경제적 기대와 압력, 가족의 일의 가치 등을 제시하였다.
④ 특정 직업에 대한 가계 유전적 장애는 관심을 가져야 할 요인과는 거리가 멀다.

04 ②
기출키워드 직업상담사의 역할

정답 풀이 직업관련 이론의 개발 및 강의는 직업상담사의 역할로 보기 어렵다.

꿀팁 새로운 직무의 개발, 지시적인 직업선택, 직무분석 수행 역시 직업상담사의 역할이 아님을 기억하세요.

05 ④
기출키워드 비밀보장 원칙의 예외사항

정답 풀이 상담을 의뢰한 교사가 내담자의 상담자료를 요청하는 경우일지라도 상담자는 비밀을 누설해서는 안 된다.

06 ③
기출키워드 진로결정에 영향을 미치는 요인

정답 풀이 미첼과 크롬볼츠(Mitchell & Krumboltz)는 개인의 진로결정에 영향을 미치는 요인으로 유전적 요인과 특별한 능력, 환경적 조건과 사건, 학습경험, 과제접근 기술을 제시하였다.
③ 사회성 기술은 진로발달과정의 요인에 해당하지 않는다.

07 ③
기출키워드 Williamson의 변별진단(직업문제유형)

정답 풀이 윌리암슨(Williamson)의 변별진단에는 흥미와 적성의 모순, 어리석은 선택, 불확실한 선택(직업선택에 대한 확신 부족), 직업(진로) 무선택이 있다.
③ 정보의 부족은 이에 해당하지 않는다.

08 ②
기출키워드 포괄적 직업상담

정답 풀이 내담자가 자신의 내부와 주변에서 일어나는 일들을 충분히 자각하게 하는 것은 형태주의 상담(게슈탈트 상담)의 특징이다.

오답 풀이 ① 포괄적 직업상담 과정의 1단계(진단 단계)에 해당한다.
③ 포괄적 직업상담 과정의 2단계(명료화 또는 해석의 단계)에 해당한다.
④ 포괄적 직업상담 과정의 3단계(문제해결의 단계)에 해당한다.

09 ②
기출키워드 동기사정

정답 풀이 자기보고법은 동기와 역할을 사정하는 데 가장 많이 사용되며, 인지적 명확성이 있는 내담자에게 효과적이다. 따라서 인지적 명확성이 높은 내담자에게 적합하다고 할 수 있다.

10 ①
기출키워드 정보지향적 면담과 관계지향적 면담

정답 풀이 초기면담은 정보지향적 면담과 관계지향적 면담으로 나누어진다. 정보지향적 면담에서는 내담자에 대한 정보수집을 위해 탐색해 보기, 폐쇄형 질문, 개방형 질문 등의 상담기법을 수행한다.
① 재진술은 관계지향적 면담에서 사용되는 상담기법으로, 내담자의 메시지에 초점을 두고 내담자가 말한 바를 반사적 반응으로 재진술하는 것이다.

꿀팁 관계지향적 면담에서는 재진술과 더불어 감정의 반향 등의 상담기법이 사용됩니다.

11 ④
기출키워드 인지적 명확성이 낮은 내담자

정답 풀이 인지적 명확성이 낮은 내담자 중 가정된 불가피성(불가능)을 가진 내담자의 경우, 상담자는 논리적 분석 및 격려의 방법으로 개입하여야 한다.

12 ④
기출키워드 Williamson의 검사 해석 단계 상담기법

정답 풀이 윌리암슨(Williamson)이 제시한 검사 해석 단계에서 활용되는 상담기법에는 직접 충고, 설득, 설명이 있다.

13 ④
기출키워드 교차적 교류

정답 풀이 교차적 교류는 두 메시지의 교류가 기대하지 않은 반응으로 되돌아오는 경우로, 자극을 보낸 자아상태와 반응을 한 자아상태가 일치하지 않는 교류이다. 교류분석 상담의 구조분석에 따르면 제시된 대화의 A는 어린이자아, B는 비판적 부모자아이다.

14 ④
기출키워드 감정이입

정답 풀이 상담사가 길을 전혀 잃어버리지 않고 마치 자신이 내담자의 세계에서 경험을 하는 듯한 능력을 의미하는 상담기법은 감정이입이다. 이는 상담사가 객관적인 중립성을 유지하면서 내담자의 입장에서 공감을 갖는 것이다.

15 ②
기출키워드 생애진로사정의 구조

정답 풀이 개인이 자신의 생활을 어떻게 조직하는지 발견하는 것과 관련된 것은 전형적인 하루이다. 전형적인 하루는 내담자가 생활을 어떻게 조직하는지를 시간의 흐름에 따라 체계적으로 기술하는 것으로, 이를 통해 내담자가 의존적인지 또는 독립적인지, 자발적(임의적)인지 또는 체계적인지 자신의 성격차원을 파악하도록 돕는다.

16 ③
기출키워드 직업카드분류

정답 풀이 직업카드분류에서 상담사는 내담자가 능동적으로 참여하도록 도와야 하며, 즉각적인 피드백을 제공해야 한다. 이를 통해 내담자에 대한 의미 있는 여러 정보를 얻을 수 있다.
③ 내담자가 제한적으로 반응하도록 구성되어 있다는 설명은 적절하지 않다.

17 ①
기출키워드 타임아웃

정답 풀이 행동주의 상담기법 중 내담자가 긍정적 강화를 받을 기회를 박탈시키는 것은 타임아웃이다.

18 ③
기출키워드 Crites의 직업상담 과정

정답 풀이 크릿츠(Crites)는 직업상담의 과정에는 진단, 문제 분류, 문제 구체화, 문제해결의 단계가 있다고 보았다.
③ 정보 제공은 크릿츠(Crites)의 직업상담 과정에 포함되지 않는다.

19 ②
기출키워드 인간중심(내담자중심) 상담

정답 풀이 인간중심(내담자중심) 상담에서는 직업과 관련된 의사결정에서 검사를 통하여 내담자 문제를 진단할 필요는 없다고 하였다. 즉, 내담자의 문제를 진단하는 것보다는 내담자 개인을 중시한 것이다.
꿀팁 내담자 문제를 진단하여 분류하는 것을 중시하는 상담은 특성-요인 상담입니다.

20 ①
기출 키워드 Jung의 원형

정답 풀이 융(Jung)의 원형들 중 개인이 환경의 요구에 조화를 이루려고 하는 적응의 원형은 가면을 쓴 공적인 얼굴인 페르소나이다.
오답 풀이 ② 아니마는 남성 내부의 여성성이다.
③ 그림자는 인간의 부정적인 어두운 측면이다.
④ 아니무스는 여성 내부의 남성성이다.
꿀팁 융(Jung)은 인간이 태어날 때 본질적으로 양성을 가지고 태어난다는 양성론적 입장을 취했습니다.

21 ④
기출 키워드 직무분석의 활용

정답 풀이 종업원의 사기조사는 직무분석 결과의 활용 용도와 거리가 멀다.

22 ③
기출 키워드 진로성숙도검사(CMI)의 태도척도

정답 풀이 타협성은 진로선택 시에 욕구와 현실에 타협하는 정도로, '나는 하고 싶기는 하나 할 수 없는 일을 생각하느라 시간을 보내곤 한다.'와 같은 예를 들 수 있다.
③ '부모님이 정해 주시는 직업을 선택하겠다.'와 관련된 영역은 독립성이다.

23 ③
기출 키워드 Holland의 성격유형

정답 풀이 홀랜드(Holland)의 성격유형 중 다른 사람과 함께 일하거나 다른 사람을 돕는 것을 즐기지만, 기계적이고 과학적인 능력이 부족한 것은 사회적 유형(S)이다.

24 ①
기출 키워드 직무스트레스의 매개변인

정답 풀이 직무스트레스의 매개변인 중 개인 속성에 해당하는 것은 A/B 성격유형, 통제 소재이다.
오답 풀이 ②, ③, ④는 직무스트레스원에 해당한다.

25 ②
기출 키워드 직업전환

정답 풀이 내담자의 적성과 흥미 또는 성격이 직업적 요구와 달라 직업적응문제가 나타났다면 직업전환을 고려하는 것이 바람직하다.

26 ①
기출 키워드 미네소타 중요도검사(MIQ)

정답 풀이 개인의 가치와 직업 환경의 강화인 간의 조화를 측정하는 데 사용되는 검사는 미네소타 중요도검사(MIQ)이다. 이는 개인이 일의 환경에 대해 지니는 20가지 욕구와 6가지 가치관을 측정하는 질문지로, 190개의 문항으로 구성되어 있다.

27 ①
기출 키워드 특성-요인이론의 가정

정답 풀이 특성-요인이론에서는 인간을 신뢰할 만하고 타당하게 측정될 수 있는 고유한 특성들의 집합이라고 본다.

28 ②
기출 키워드 Selye의 일반적응증후군

정답 풀이 셀리에(Selye)가 제시한 스트레스 반응 단계(일반적응증후군)는 경계 단계(경고 단계), 저항 단계, 탈진 단계(소진 단계)이다.
② 도피 단계는 해당되지 않는다.

29 ①
기출 키워드 Wechsler 지능검사의 결정적 지능

정답 풀이 웩슬러(Wechsler) 지능검사에서 언어성 검사는 대체로 결정적 지능과 관련이 있으며, 언어성 검사의 소검사에는 기본지식, 공통성, 산수, 어휘, 이해, 숫자 외우기 등이 있다.

꿀팁 웩슬러(Wechsler) 지능검사에서 동작성 검사의 소검사에는 빠진 곳 찾기, 차례 맞추기, 토막 짜기, 모양 맞추기, 바꿔쓰기 등이 있습니다.

30 ②
기출 키워드 심리검사의 유형

정답 풀이 직업적성검사의 예로는 GATB(일반직업적성검사)가 대표적이다. AGCT(군대 일반 분류검사)는 군대 인력의 선발과 배치를 위한 능력검사이다.

31 ③
기출 키워드 직무분석 자료의 특성

정답 풀이 직무분석 자료는 가장 최신의 정보를 반영하고 있어야 한다. 즉, 오래된 자료는 활용하지 않는다.

32 ④
기출 키워드 Herzberg의 2요인이론(동기 – 위생이론)

정답 풀이 허츠버그(Herzberg)의 2요인이론(동기–위생이론)에서는 위생 요인을 아무리 개선하거나 자극한다고 하여도 동기부여는 일어나지 않으며, 또한 동기 요인을 제거하거나 감소시킨다고 하여도 불만족이 유발되는 것은 아니라고 하였다.
④ 위생 요인이 만족감을 산출할 힘을 갖고 있다는 설명은 적절하지 않다.

33 ①
기출 키워드 스트레스 대처 전략

정답 풀이 스트레스에 대처하기 위해서는 목표 지향적 초고속 사고방식에서 과정 중심적 사고방식으로 전환해야 한다.

34 ②
기출 키워드 동형검사 신뢰도

정답 풀이 동형검사 신뢰도는 동일한 수검자에게 첫 번째 실시한 검사와 동일한 유형의 검사를 실시하여 두 검사의 점수 간의 상관계수에 의해 신뢰도를 추정하는 방법이다. 즉, 이미 신뢰성이 입증된 유사한 검사점수와의 상관계수로 검증하는 신뢰도이다.

35 ④
기출 키워드 Ginzberg의 진로발달 3단계

정답 풀이 긴즈버그(Ginzberg)의 진로발달 3단계는 '환상기–잠정기–현실기'이다.
④ 탐색기는 수퍼(Super)의 진로발달 단계인 '성장기–탐색기–확립기–유지기–쇠퇴기'에 해당한다.

36 ④
기출 키워드 규준

정답 풀이 규준이란 대표집단의 사람들에게 실시한 검사점수를 일정한 분포도로 작성하여 특정 검사점수의 해석에 필요한 기준이 되는 자료이다. 규준은 다른 사람들의 검사점수를 참고로 하여 개인점수의 상대적 위치를 알아내고 검사점수의 상대적인 해석을 하기 위해서 필요하다.

37 ①
기출 키워드 반분 신뢰도

정답 풀이 반분 신뢰도란 하나의 검사를 두 부분으로 나누어 두 검사 간 동질성과 일치성을 비교하는 방법이다. 반분 신뢰도 추정 방법에는 전후반분법(전후절반법), 기우반분법(기우절반법), 짝진 임의배치법이 있다.
① 사후양분법은 반분 신뢰도를 추정하는 방법과 거리가 멀다.

38 ④
기출키워드 파일럿 연구

정답 풀이 특정 경력개발 프로그램을 대규모로 적용하기 전에 소규모 집단에 시범적으로 실시하는 과정은 파일럿 연구(pilot study)이다. 파일럿 연구는 프로그램 참여자로부터 프로그램에 대한 평가와 피드백을 받은 후 그에 대한 대책을 마련하여 개발된 경력개발 프로그램을 본격적으로 정착시키는 데 활용된다.

39 ④
기출키워드 사회학습이론

정답 풀이 사회학습이론은 진로결정에 영향을 미치는 요인으로 유전적 요인과 특별한 능력, 환경적 조건과 사건, 학습경험, 과제접근 기술을 제시한다.
④ 인간관계 기술은 이와 관련이 없다.

40 ②
기출키워드 Bandura의 상호적 결정론

정답 풀이 반두라(Bandura)는 개인과 신체적 속성, 외부 환경 요인, 외형적 행동(상황)의 3변인이 모두 개인 발전의 인과적 힘으로서 상호작용한다는 상호결정론 개념을 제안하였다.
② 개인적 기대와 목표는 이와 관련이 없다.

41 ③
기출키워드 설문지의 작성요령

정답 풀이 폐쇄형 질문의 응답범주는 포괄적이고 상호배타적이어야 한다.

42 ④
기출키워드 고용24 채용정보

정답 풀이 고용24 채용정보의 상세검색에서 기업형태별 검색의 메뉴는 대기업, 공무원·공기업·공공기관, 강소기업, 코스피·코스닥, 중견기업, 외국계기업, 일학습병행기업, 벤처기업, 청년친화강소기업 및 가족친화인증기업 등이다.

④ 다문화가정지원기업은 선택할 수 없다.
※ 24년 9월 기준 '워크넷' 사이트가 '고용24'로 개편되어 현행에 맞게 문제를 수정하였습니다.

43 ①
기출키워드 취업지원 프로그램

정답 풀이 Wici(Women Immigrant's Career Identity) 취업지원 프로그램은 결혼이민여성들에게 다양한 취업관련 정보를 제공함으로써, 한국사회에서 성공적으로 취업할 수 있도록 지원하는 교육 프로그램이다. 기존의 WIND(Women Immigrant's New Direction) 프로그램이 Wici 취업지원 프로그램으로 개편되었다.

오답 풀이 ② CAP+ 프로그램은 청년(만 34세 미만) 직업지도 프로그램이다.
③ allA 프로그램은 청년 진로역량강화 프로그램이다.
④ Hi 프로그램은 고졸자 취업지원 프로그램이다.

44 ③
기출키워드 NCS의 수준 체계

정답 풀이 NCS의 수준 체계는 산업현장 직무의 수준을 체계화한 것으로, 산업현장·교육훈련·자격 연계, 평생학습능력 성취단계 제시, 자격의 수준체계 구성에서 활용한다. 제시된 내용은 NCS의 8단계 수준 체계 중 6수준에 해당한다.

45 ②
기출키워드 최저임금

정답 풀이 최저임금은 매년 근로자위원, 사용자위원, 공익위원 각각 9명씩 합계 27명으로 구성된 최저임금위원회의 심의를 거쳐 고용노동부장관이 결정·고시한다.

꿀팁 고용노동부장관은 2026년의 최저임금을 2025년의 최저임금에 비해 2.9% 인상된 10,320원으로 고시하였습니다.
※ 최신 개정 내용에 맞게 변형한 기출문제입니다.

46 ①
기출키워드 국가기술자격

정답 풀이 응시하고자 하는 종목에 관한 고도의 전문지식과 실무경험이 필요한 국가기술자격 등급은 기술사이다.

⊕꿀팁 기술사는 '고도의 전문지식과 실무경험', 기능장은 '최상급 숙련기능', 기사는 '공학적 기술이론 지식', 산업기사는 '기술 기초이론 지식 또는 숙련기능', 기능사는 '숙련기능'이 검정기준의 핵심입니다.

47 ④
기출키워드 한국직업사전의 부가직업정보

정답 풀이 5수준의 숙련기간은 6개월 초과~1년 이하이다. 4년 초과 ~ 10년 이하는 8수준의 숙련기간에 해당한다.

숙련범주 및 숙련기간	
수준	숙련기간
1	약간의 시범 정도
2	시범 후 30일 이하
3	1개월 초과 ~ 3개월 이하
4	3개월 초과 ~ 6개월 이하
5	6개월 초과 ~ 1년 이하
6	1년 초과 ~ 2년 이하
7	2년 초과 ~ 4년 이하
8	4년 초과 ~ 10년 이하
9	10년 초과

단, 해당 직무를 평균적인 수준 이상으로 수행하기 위한 향상훈련은 숙련기간에 포함되지 않는다.

48 ②
기출키워드 국가기술자격과 국가전문자격

정답 풀이 주택관리사보는 국가전문자격 종목이다.

⊕꿀팁 이외에도 공인중개사, 사회복지사 1급, 청소년상담사, 행정사 등이 국가전문자격 종목에 포함됩니다.

49 ②
기출키워드 직업정보 관리과정

정답 풀이 직업정보 분석 시에는 동일한 정보일지라도 다각인 분석을 통해 해석을 풍부히 해야 한다. 정보는 여러 가지 측면에서 분석하면 다양한 의미를 갖게 된다.

50 ②
기출키워드 공공직업정보

정답 풀이 조사 분석 및 정리, 제공에 상당한 시간 및 비용이 소요되므로 유료로 제공되는 것은 민간직업정보이다. 공공직업정보는 무료로 제공된다.

51 ②
기출키워드 직업정보 처리과정

정답 풀이 직업정보의 처리과정은 '수집 → 분석(ㄱ) → 가공(ㄷ) → 체계화(ㄴ) → 제공(ㄹ) → 축적(ㅁ) → 평가(ㅂ)'의 순서로 이루어진다.

52 ②
기출키워드 한국표준산업분류상 통계단위

정답 풀이 통계단위 중 재화 및 서비스를 생산하는 법적 또는 제도적 단위의 최소결합체는 기업체 단위이다. 기업체 단위는 자원배분에 관한 의사결정에서 자율성을 갖고 있고, 하나 이상의 사업체로 구성될 수 있다는 점에서 사업체와 구분되며, 재무관련 통계작성에 가장 유용한 단위이다.

53 ④
기출 키워드 내용분석법

정답 풀이 내용분석법은 문헌연구법의 일종으로 인간이 남긴 모든 형태의 이용 가능한 자료의 성질 및 대상 인물의 성질을 탐구함으로써 전체 상황에 관한 통찰을 하여 어떤 가설을 설정하고, 그 가설을 검증할 수도 있도록 하기 위해 개발된 방법이다.
④ 국내 일간지의 사설을 내용분석하는 경우, 분석하려는 목적과 내용에 따라 그에 적합한 표본추출방법을 모두 활용할 수 있다.

54 ④
기출 키워드 한국표준산업분류

정답 풀이 중분류의 번호는 01부터 99까지 부여하였다.

55 ④
기출 키워드 한국직업전망

정답 풀이 2021 한국직업전망에서 요양보호사 및 간병인은 '증가', 나머지는 '다소 증가'로 전망하고 있다.

56 ①
기출 키워드 직업정보 관련 홈페이지

정답 풀이 한국직업사전의 직업정보는 직무분석기법을 통해 분석된 정보이므로, 대규모 조사를 통해 얻을 수 있는 임금정보나 직업의 향후 전망 등에 대한 정보는 얻을 수 없다는 한계가 있다.
※ 24년 9월 기준 '워크넷' 사이트가 '고용24'로 개편되어 현행에 맞게 문제를 수정하였습니다.

57 ③
기출 키워드 워크넷 구인·구직 및 취업동향

정답 풀이 '워크넷 구인·구직 및 취업동향'은 고용24를 이용한 구인·구직자들만을 대상으로 하므로 통계자료가 노동시장 전체의 수급상황과 정확히 일치하는 것은 아니다

58 ④
기출 키워드 한국표준직업분류의 직업분류원칙

정답 풀이 제시된 내용은 포괄적인 업무에 대한 직업분류원칙 중 '주된 직무 우선의 원칙'에 해당하는 사례이다. '주된 직무 우선의 원칙'은 2개 이상의 직무를 수행하는 경우에 수행되는 직무내용과 관련 분류 항목에 명시된 직무내용을 비교·평가하여 관련 직무내용상의 상관성이 가장 많은 항목에 분류하는 것이다.

59 ①
기출 키워드 한국표준산업분류의 적용원칙

정답 풀이 생산단위는 산출물뿐만 아니라 투입물과 생산공정 등을 함께 고려하여 그들의 활동을 가장 정확하게 설명된 항목에 분류하여야 한다.

60 ④
기출 키워드 한국표준직업분류(제7차) 개정의 특징

정답 풀이 제조 관련 기능 종사원, 과실 및 채소 가공 관련 기계 조작원, 섬유 제조 기계 조작원 등은 복합·다기능 기계의 발전에 따라 세분화된 직종을 통합하였다.

61 ②
기출 키워드 구조적 실업

정답 풀이 효율성 임금을 지급하면 시장임금보다 임금이 높아지므로 노동의 초과공급, 즉 실업이 발생하는데, 이는 구조적 실업에 해당한다.

62 ②
기출 키워드 노동시장을 바라보는 관점

정답 풀이 노동시장이 분단되어 있다는 주장(분단노동시장가설)은 신고전학파를 비판하면서 여러 가지 제도적 요인으로 현실의 노동시장은 경쟁시장이 아니라고 보는 제도학파의 주장과 관련이 있다.

63 ④
기출키워드 임금격차

정답풀이 일반적으로 여성의 노조가입률은 남성보다 낮은 편이지만, 특정 그룹의 노조가입률과 임금격차는 그다지 관계가 없다.

꿀팁 성별 임금격차의 원인으로는 노동생산성의 차이, 채용 시의 직종차별(혼잡 효과), 편견에 기초한 순수한 의미의 임금차별 등이 있습니다.

64 ③
기출키워드 임금형태

정답풀이 성과급제는 노동성과를 측정하여 측정된 성과에 따라 임금을 산정·지급하는 제도로, 변동급제에 해당한다.

오답풀이 ①, ②, ④ 일급, 주급, 월급, 연봉 등과 같이 수행한 작업의 양과 질에는 관계없이 단순히 근로시간을 기준으로 하여 임금을 산정·지불하는 방식은 시간급제로, 고정급제에 해당한다.

65 ③
기출키워드 경제사회노동위원회

정답풀이 노사정위원회는 근로자위원(한국노총과 민주노총), 사용자위원(한국경총과 대한상공회의소), 정부위원, 공익위원으로 구성되었으나, 최근에 확대 개편되어 청년·여성·비정규직 근로자대표, 소상공인·중소기업·중견기업 사용자대표가 추가되었다.
③ 대학은 위원회의 구성집단에 포함되지 않는다.

꿀팁 경제사회발전 노사정위원회는 2018년 11월에 경제사회노동위원회로 명칭이 변경되었음에 유의하세요.

※ 최신 개정 내용에 맞게 변형한 기출문제입니다.

66 ①
기출키워드 마찰적 실업

정답풀이 마찰적 실업은 새로 직장을 구하거나 직장을 옮길 때 노동시장의 정보 부족으로 인해 발생하는 자발적인 실업이다. 따라서 마찰적 실업은 정부가 워크넷을 구축하는 등의 방법으로 노동시장에서 구인·구직 정보의 흐름을 원활하게 하면 직접적으로 줄일 수 있다.

67 ③
기출키워드 육아보조금과 기혼여성의 노동공급의 관계

정답풀이 일정액의 육아보조금이 지급되면 이는 비노동소득에 해당하므로 예산선이 상방으로 이동하여 노동공급시간은 감소하게 된다. 또한 비경제활동인구로 존재하던 기혼여성에게 일정액의 육아보조금이 지급되면 경제활동에 참여하게 된다. 따라서 경제활동참가율은 증가한다.

68 ①
기출키워드 노동조합의 임금 효과

정답풀이 노동조합 조직부문과 비조직부문의 임금격차는 파급효과와 위협효과로 설명되는데, 이는 경기상황과는 관계가 없다. 파급효과는 노조부문의 임금 인상으로 실업이 발생하여 이들이 비노조부문으로 가는 경우 비노조부문의 임금이 하락하는 효과이다. 위협효과는 비노조부문에서 노조결성 움직임이 발생하여 임금이 상승하는 효과이다.

69 ②
기출키워드 마찰적 실업률

정답풀이 직업탐색기간이 3개월, 즉 $\frac{1}{4}$년이므로, 마찰적 실업률 = $20\% \times \frac{1}{4} = 5\%$이다.

70 ①
기출키워드 노동수요곡선의 이동 요인

정답풀이 노동수요곡선의 세로축에 표시되는 내생변수인 임금이 변화하면 노동수요곡선상에서 노동수요점이 이동한다. 반면, 외생변수인 나머지 요인들이 변화하면 노동수요곡선 자체가 이동(shift)한다.

71 ④
기출키워드 Hicks의 파업이론

정답풀이 힉스(Hicks)의 파업이론에 따르면 노동조합이 W_0보다 더 낮은 임금을 요구하면 사용자는 쉽게 수락하겠지만, 그때는 노동조합 내부에서 교섭대표자들과 일반조합원 간의 마찰이 불가피하다.

72 ②
기출키워드 실질임금

정답풀이 실질임금 = (명목임금 / 물가지수) × 100이다. 이 경우 물가지수는 소비자물가지수가 사용된다.

ㄱ = $\frac{130만 원}{90만 원}$ × 100 = 144.4만 원

ㄴ = $\frac{140만 원}{100만 원}$ × 100 = 140만 원

ㄷ = $\frac{160만 원}{115만 원}$ × 100 = 139만 원

ㄹ = $\frac{180만 원}{125만 원}$ × 100 = 144만 원

따라서 ㄱ > ㄹ > ㄴ > ㄷ 순이다.

꿀팁 도매물가지수는 생산자물가지수로 용어가 변경되었습니다.

73 ①
기출키워드 클로즈드 숍

정답풀이 클로즈드 숍은 조합에 가입한 노동자만을 채용하고, 일단 고용된 노동자라도 조합원 자격을 상실하면 종업원이 될 수 없는 숍 제도이다. 즉, 조합 가입이 고용의 전제조건이 되는 것으로, 노동조합의 노동공급권이 독점되는 제도이다. 노동조합의 조직력을 가장 강화시킬 수 있고, 조합의 노동 통제력이 가장 강력하다.

74 ③
기출키워드 노동조합의 두 얼굴

정답풀이 프리먼과 메도프(Freeman & Medoff)는 노동조합은 노동공급 독점자로서 부정적인 기능만 갖는 것이 아니라, 집단적 발언기구로서 노동자의 불만을 표출시키며 이를 집약하여 단체협약을 통해 그 불만을 해결할 때 노동생산성을 높이는 긍정적인 기능을 한다고 주장한다. 따라서 노동조합의 부정적인 측면과 긍정적인 측면을 함께 고려하여야 한다는 것으로, 이를 노동조합의 두 얼굴이라고 한다.

75 ④
기출키워드 노동공급의 탄력성 결정요인

정답풀이 노동공급의 탄력성은 산업구조의 변화, 노동공급 시간의 선택, 여러 부문들 간의 노동이동의 용이성, 노동조합의 결성 여부와 교섭력, 여성 취업기회의 용이성 등에 의해 그 크기가 결정된다.
④ 다른 생산요소로의 노동의 대체가능성은 노동수요의 탄력성에 영향을 미친다.

76 ③
기출키워드 직능급 임금체계

정답풀이 직능급 임금체계는 직무의 내용과 종업원의 직무수행능력에 따라 기본급을 산정하는 방식을 말한다. 이는 동기부여 효과를 높이기 위해 도입된다.
오답풀이 ①, ④ 연공급에 관한 설명이다.
② 직무급에 관한 설명이다.

77 ②
기출키워드 후방굴절형 노동공급곡선

정답풀이 전반적으로 소득이 높은 수준에 있는 경우에는 임금이 상승해도 노동보다는 여가를 더 선호하기 때문에 노동공급량은 감소한다. 이는 후방굴절형 노동공급곡선으로 설명할 수 있다.

78 ②
기출 키워드 적극적 노동시장정책(ALMP)

정답 풀이 적극적 노동시장정책(ALMP)은 정부가 노동력의 수요와 공급에 대한 정보서비스를 확대하고 취업알선을 하거나, 노동자를 훈련·재훈련시키며, 지역 간 이동을 할 때 보조금을 지급하여 산업 간·지역 간 이동을 촉진하는 대책을 말한다.

오답 풀이 ①, ③, ④ 실업급여의 지급이나 실업자 대부, 실직자 자녀 학자금 지원 등은 사후적·소극적 노동시장정책에 해당한다.

79 ④
기출 키워드 비경제활동인구

정답 풀이 실망노동자는 불경기에 구직활동을 하였으나 구직이 여의치 않아 구직활동을 포기하고 노동시장을 떠나는 노동자를 말한다. 실업률 통계에서는 취업준비자 및 실망노동자(구직단념자)가 비경제활동인구로 분류된다. 사실상 실업자인 실망노동자를 비경제활동인구로 분류하면 경제활동참가율과 실업률을 감소시키는데, 이를 실망노동자 효과라고 한다.

80 ②
기출 키워드 임금이론

정답 풀이 임금생존비설과 마르크스의 노동력 재생산비설은 임금수준이 노동자와 그 가족의 생활에 필요한 최저생계비 수준에서 결정된다는 점에서 유사하다.

오답 풀이 ① 고전학파의 임금생존비설은 노동공급 측면의 역할을 중요시하지만, 마르크스의 노동력 재생산비설은 노동수요 측면의 역할을 중시하는 이론이다.
③ 맬서스의 인구법칙에 기초하는 것은 고전학파의 임금생존비설이다.
④ 마르크스의 주장이다.

81 ②
기출 키워드 임산부 보호

정답 풀이 휴가기간의 배정은 출산 후에 45일(한 번에 둘 이상의 자녀를 임신한 경우는 60일) 이상이 되어야 한다.

82 ④
기출 키워드 배우자 출산휴가

정답 풀이 사업주는 근로자가 배우자의 출산을 이유로 휴가를 청구하는 경우에 20일의 휴가를 주어야 한다. 이 경우 사용한 휴가기간은 유급으로 한다. 배우자 출산휴가는 근로자의 배우자가 출산한 날부터 120일이 지나면 청구할 수 없다.

꿀팁 배우자 출산휴가는 3회에 한하여 나누어 사용할 수 있다는 것도 기억하세요.

※ 최신 개정 내용에 맞게 변형한 기출문제입니다.

83 ①
기출 키워드 직업소개사업 겸업금지업종

정답 풀이 이용업 사업은 직업안정법 제26조에 따른 겸업금지업종에 해당하지 않는다.

꿀팁 직업소개사업, 근로자파견사업에서 규정하고 있는 겸업금지업종은 동일합니다.

84 ①
기출 키워드 실업대책사업

정답 풀이 창업점포 구입자금은 지원대상에 해당하지 않는다.

꿀팁 창업점포임대와 주택전세자금은 지원대상이지만, 창업점포 구입자금은 지원대상이 아닙니다.

85 ②
기출 키워드 직업정보제공사업자의 준수사항

정답 풀이 직업정보제공매체의 구인·구직광고에는 구인·구직자의 주소·전화번호는 기재하고, 직업정보제공사업자의 주소·전화번호는 기재하지 않아야 한다.

86 ④
기출키워드 근로권

정답 풀이 근로의 기회가 제공되면 될수록 국가적 보호의무는 감소하게 된다.

87 ④
기출키워드 경영상 해고

정답 풀이 사용자는 해고를 피하기 위한 방법 및 해고기준 등에 관하여 당해 사업 또는 사업장에 근로자의 과반수로 조직된 노동조합이 있는 경우에는 그 노동조합(근로자의 과반수로 조직된 노동조합이 없는 경우에는 근로자의 과반수를 대표하는 자)에 대하여 해고를 하고자 하는 날의 50일 전까지 통보하고 성실하게 협의해야 한다. 또한, 경영상 해고를 하는 경우 사업주는 고용노동부장관에게 신고해야 하는 것이지, 승인을 받아야 하는 것은 아니다.

88 ④
기출키워드 직업능력개발훈련

정답 풀이 직업능력개발훈련은 교육관계법에 따른 학교교육 및 산업현장과 긴밀하게 연계될 수 있도록 해야 한다.

※ 최신 개정 내용에 맞게 변형한 기출문제입니다.

89 ④
기출키워드 재해위로금

정답 풀이 재해위로금의 지급에 관하여는 근로기준법 제8장(재해보상)을 준용한다. 이 경우 재해위로금의 산정기준이 되는 평균임금은 산업재해보상보험법에 따라 고용노동부장관이 매년 정하여 고시하는 최고보상기준금액 및 최저보상기준금액을 각각 그 상한 및 하한으로 한다.

※ 최신 개정 내용에 맞게 변형한 기출문제입니다.

90 ②
기출키워드 직업능력개발훈련

오답 풀이 ① '훈련목적'에 따라 양성훈련, 향상훈련, 전직훈련으로 구분한다.
③ '혼합훈련'은 훈련방법 중에서 2개 이상을 혼합한 훈련을 말한다.
④ '집체훈련'은 직업능력개발훈련을 실시하기 위하여 설치한 훈련전용시설이나 그 밖에 훈련을 실시하기에 적합한 시설(산업체의 생산시설 및 근무장소는 제외)에서 실시하는 훈련을 말한다.

꿀팁 '기초적'이라는 표현이 있으면 양성훈련, '기초적 훈련을 받은' 또는 '더 높은'이라는 표현이 있으면 향상훈련입니다.

※ 최신 개정 내용에 맞게 변형한 기출문제입니다.

91 ②
기출키워드 직장 내 성희롱

정답 풀이 사업주 및 근로자 모두가 남성 또는 여성 중 어느 한 성(性)으로 구성된 사업은 성희롱 예방 교육을 생략할 수 있는 것이 아니라, 성희롱 예방 교육 내용을 근로자가 알 수 있도록 교육자료 또는 홍보물을 게시하거나 배포하는 방법으로 직장 내 성희롱 예방 교육을 대신할 수 있다.

92 ②
기출키워드 구직급여 산정

정답 풀이 산정된 금액이 그 근로자의 통상임금보다 적을 경우에는 그 통상임금액을 기초일액으로 한다. 다만, 마지막 사업에서 이직 당시 일용근로자였던 자의 경우에는 그러하지 아니하다.

93 ④
기출키워드 비상시 임금지급

정답 풀이 사용자는 근로자나 그 수입으로 생계를 유지하는 자가 출산하거나 질병에 걸리거나 재해를 당한 경우, 혼인 또는 사망한 경우, 부득이한 사유로 1주일 이상 귀향하게 되는 경우 그 비용에 충당하기 위하여 임금지급을 청구하면 지급기일 전이라도 이미 제공한 근로에 대한 임금을 지급해야 한다.

94 ③
기출키워드 고용정책 기본법의 기본원칙

정답 풀이 국가는 고용정책을 수립·시행하는 경우 사업주의 자율적인 고용관리를 존중해야 한다. 즉, 사업주의 고용관리는 통제대상이 아니다.

95 ③
기출키워드 소멸시효

정답 풀이 구직급여, 취업촉진 수당 등의 실업급여 채권의 소멸시효기간은 3년이다.

⊕꿀팁 지원금, 실업급여, 육아휴직 급여, 출산전후휴가 급여의 소멸시효기간도 3년입니다.

96 ②
기출키워드 고령자와 준고령자

정답 풀이 고령자는 55세 이상, 준고령자는 50세 이상 55세 미만이다.

97 ④
기출키워드 개인형 퇴직연금제도

정답 풀이 ㄱ, ㄴ, ㄷ, ㄹ, ㅁ 모두 개인형 퇴직연금제도를 설정할 수 있다.

98 ③
기출키워드 남녀차별 금지

정답 풀이 고용에 있어 평등한 기회와 대우를 보장해야 할 사항으로 언급하고 있는 것은 모집과 채용, 임금, 임금 이외의 금품, 교육·배치·승진, 정년·퇴직·해고이다.
③ 근로시간은 근로자별로 달리할 수 있으므로, 차별 금지대상에 해당하지 않는다.

99 ④
기출키워드 기간제근로자 차별처우 금지

정답 풀이 배상액은 차별적 처우로 인하여 기간제근로자 또는 단시간근로자에게 발생한 손해액을 기준으로 정한다. 다만, 노동위원회는 사용자의 차별적 처우에 명백한 고의가 인정되거나 차별적 처우가 반복되는 경우에는 손해액을 기준으로 3배를 넘지 아니하는 범위에서 배상을 명령할 수 있다.

100 ③
기출키워드 노동기본권

정답 풀이 공무원·교원이 아닌 일반기업에서 근로자의 단체행동권을 제한할 수 있는 대상은 주요방위산업체 종사자 중 전력·용수 및 주로 방산물자 생산업무에 종사하는 자에 한하며, 공익사업은 이에 해당하지 않는다.

⊕꿀팁 공익사업, 국공영기업, 공공기관 등은 단체행동권 제한대상에 해당하지 않습니다.

에듀윌이
너를
지지할게

ENERGY

삶의 순간순간이
아름다운 마무리이며
새로운 시작이어야 한다.

– 법정 스님

여러분의 작은 소리 에듀윌은 크게 듣겠습니다.

본 교재에 대한 여러분의 목소리를 들려주세요.
공부하시면서 어려웠던 점, 궁금한 점,
칭찬하고 싶은 점, 개선할 점, 어떤 것이라도 좋습니다.

에듀윌은 여러분께서 나누어 주신 의견을
통해 끊임없이 발전하고 있습니다.

에듀윌 도서몰 book.eduwill.net
- 부가학습자료 및 정오표: 에듀윌 도서몰 → 도서자료실
- 교재 문의: 에듀윌 도서몰 → 문의하기 → 교재(내용, 출간) / 주문 및 배송

에듀윌 직업상담사 2급
1차 필기 기출문제집
최빈출 주제 200

이 책의 활용법

수험생들이 간절히 원했던 바로 그 핵심 요약노트!

7개년 기출문제를 완벽 분석한
"최빈출 주제 200"

7개년 최빈출 핵심 이론만 빠르게 학습하기

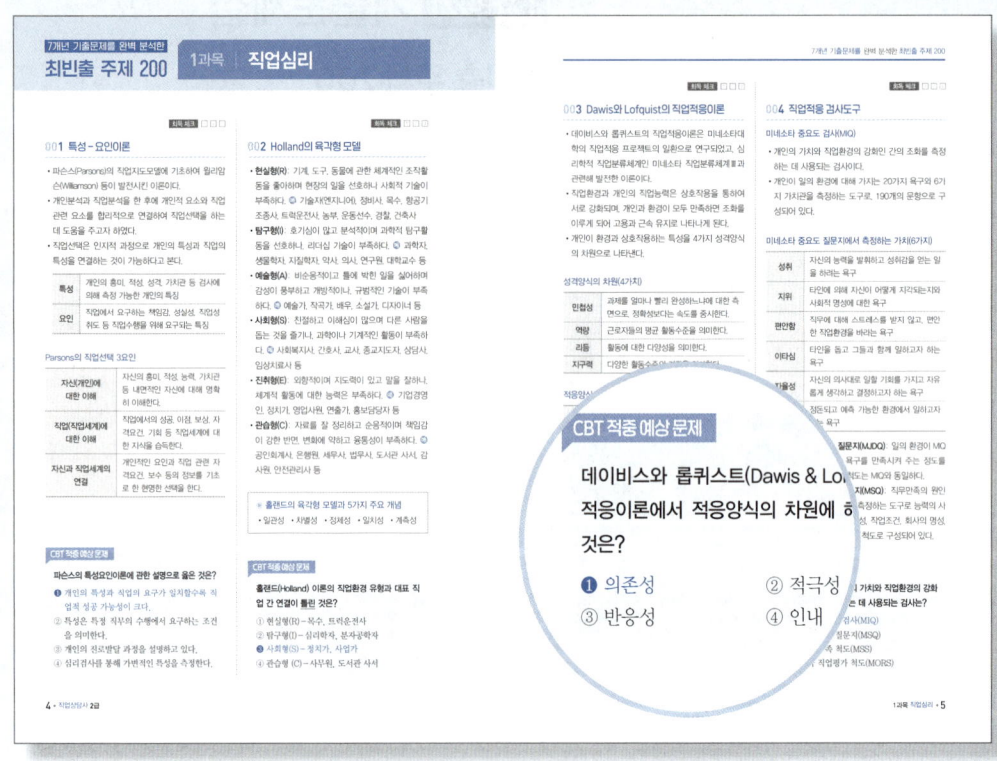

① 자주 틀리는 문제, 잘 모르는 개념을 외워야 할 때 3회독 체크표를 이용해 반복해서 집중적으로 읽으며 암기하세요.

② CBT 적중 예상 문제를 풀며 최신 출제경향을 파악하고 최빈출 주제를 완벽히 마스터하세요.

딱 한 권으로 빠르게 합격한다!

7개년 기출문제를 완벽 분석한
CBT 대비
최빈출 주제 200

1과목	직업심리	4
2과목	직업상담 및 취업지원	28
3과목	직업정보	46
4과목	노동시장	66
5과목	고용노동관계법규	86

7개년 기출문제를 완벽 분석한 최빈출 주제 200

1과목 | 직업심리

001 특성-요인이론

- 파슨스(Parsons)의 직업지도모델에 기초하여 윌리암슨(Williamson) 등이 발전시킨 이론이다.
- 개인분석과 직업분석을 한 후에 개인적 요소와 직업 관련 요소를 합리적으로 연결하여 직업선택을 하는 데 도움을 주고자 하였다.
- 직업선택은 인지적 과정으로 개인의 특성과 직업의 특성을 연결하는 것이 가능하다고 본다.

특성	개인의 흥미, 적성, 성격, 가치관 등 검사에 의해 측정 가능한 개인의 특징
요인	직업에서 요구하는 책임감, 성실성, 직업성취도 등 직업수행을 위해 요구되는 특징

Parsons의 직업선택 3요인

자신(개인)에 대한 이해	자신의 흥미, 적성, 능력, 가치관 등 내면적인 자신에 대해 명확히 이해한다.
직업(직업세계)에 대한 이해	직업에서의 성공, 이점, 보상, 자격요건, 기회 등 직업세계에 대한 지식을 습득한다.
자신과 직업세계의 연결	개인적인 요인과 직업 관련 자격요건, 보수 등의 정보를 기초로 한 현명한 선택을 한다.

CBT 적중 예상 문제

파슨스의 특성요인이론에 관한 설명으로 옳은 것은?

❶ 개인의 특성과 직업의 요구가 일치할수록 직업적 성공 가능성이 크다.
② 특성은 특정 직무의 수행에서 요구하는 조건을 의미한다.
③ 개인의 진로발달 과정을 설명하고 있다.
④ 심리검사를 통해 가변적인 특성을 측정한다.

002 Holland의 육각형 모델

- **현실형(R)**: 기계, 도구, 동물에 관한 체계적인 조작활동을 좋아하며 현장의 일을 선호하나 사회적 기술이 부족하다. 예 기술재(엔지니어), 정비사, 목수, 항공기 조종사, 트럭운전사, 농부, 운동선수, 경찰, 건축사
- **탐구형(I)**: 호기심이 많고 분석적이며 과학적 탐구활동을 선호하나, 리더십 기술이 부족하다. 예 과학자, 생물학자, 지질학자, 약사, 의사, 연구원, 대학교수 등
- **예술형(A)**: 비순응적이고 틀에 박힌 일을 싫어하며 감성이 풍부하고 개방적이나, 규범적인 기술이 부족하다. 예 예술가, 작곡가, 배우, 소설가, 디자이너 등
- **사회형(S)**: 친절하고 이해심이 많으며 다른 사람을 돕는 것을 즐기나, 과학이나 기계적인 활동이 부족하다. 예 사회복지사, 간호사, 교사, 종교지도자, 상담사, 임상치료사 등
- **진취형(E)**: 외향적이며 지도력이 있고 말을 잘하나, 체계적 활동에 대한 능력은 부족하다. 예 기업경영인, 정치가, 영업사원, 연출가, 홍보담당자 등
- **관습형(C)**: 자료를 잘 정리하고 순응적이며 책임감이 강한 반면, 변화에 약하고 융통성이 부족하다. 예 공인회계사, 은행원, 세무사, 법무사, 도서관 사서, 감사원, 안전관리사 등

▶ 홀랜드의 육각형 모델과 5가지 주요 개념
 • 일관성 • 차별성 • 정체성 • 일치성 • 계측성

CBT 적중 예상 문제

홀랜드(Holland) 이론의 직업환경 유형과 대표 직업 간 연결이 틀린 것은?

① 현실형(R)-목수, 트럭운전사
② 탐구형(I)-심리학자, 분자공학자
❸ 사회형(S)-정치가, 사업가
④ 관습형(C)-사무원, 도서관 사서

003 Dawis와 Lofquist의 직업적응이론

- 데이비스와 롭퀴스트의 직업적응이론은 미네소타대학의 직업적응 프로젝트의 일환으로 연구되었고, 심리학적 직업분류체계인 미네소타 직업분류체계Ⅲ과 관련해 발전한 이론이다.
- 직업환경과 개인의 직업능력은 상호작용을 통하여 서로 강화되며, 개인과 환경이 모두 만족하면 조화를 이루게 되어 고용과 근속 유지로 나타나게 된다.
- 개인이 환경과 상호작용하는 특성을 4가지 성격양식의 차원으로 나타낸다.

성격양식의 차원(4가지)

민첩성	과제를 얼마나 빨리 완성하느냐에 대한 측면으로, 정확성보다는 속도를 중시한다.
역량	근로자들의 평균 활동수준을 의미한다.
리듬	활동에 대한 다양성을 의미한다.
지구력	다양한 활동수준의 기간을 의미한다.

적응양식의 차원(4가지)

인내 (끈기)	환경이 자신에게 맞지 않아도 얼마나 오랫동안 견뎌낼 수 있는지의 정도이다.
적극성	작업환경을 개인적 방식과 좀 더 조화롭게 만들어 가려고 노력하는 정도이다.
반응성	작업성격의 변화로 인해 작업환경에 반응하는 정도이다.
융통성	작업환경과 개인환경 간의 부조화를 참아내는 정도이다.

➡ 직업적응은 직업생활에 있어서 개인적 주관적 요건과 사회적 객관적 요건을 능동적으로 통합해 나가는 과정이다.

CBT 적중 예상 문제

데이비스와 롭퀴스트(Dawis & Lofquist)의 직업적응이론에서 적응양식의 차원에 해당하지 않는 것은?

❶ 의존성 ② 적극성
③ 반응성 ④ 인내

004 직업적응 검사도구

미네소타 중요도 검사(MIQ)

- 개인의 가치와 직업환경의 강화인 간의 조화를 측정하는 데 사용되는 검사이다.
- 개인이 일의 환경에 대해 가지는 20가지 욕구와 6가지 가치관을 측정하는 도구로, 190개의 문항으로 구성되어 있다.

미네소타 중요도 질문지에서 측정하는 가치(6가지)

성취	자신의 능력을 발휘하고 성취감을 얻는 일을 하려는 욕구
지위	타인에 의해 자신이 어떻게 지각되는지와 사회적 명성에 대한 욕구
편안함	직무에 대해 스트레스를 받지 않고, 편안한 직업환경을 바라는 욕구
이타심	타인을 돕고 그들과 함께 일하고자 하는 욕구
자율성	자신의 의사대로 일할 기회를 가지고 자유롭게 생각하고 결정하고자 하는 욕구
안정성	정돈되고 예측 가능한 환경에서 일하고자 하는 욕구

- **미네소타 직무기술 질문지(MJDQ)**: 일의 환경이 MIQ에서 정의한 20개의 욕구를 만족시켜 주는 정도를 측정하는 도구로, 하위척도는 MIQ와 동일하다.
- **미네소타 직무만족 질문지(MSQ)**: 직무만족의 원인이 되는 일의 강화요인을 측정하는 도구로 능력의 사용, 성취, 승진, 활동, 다양성, 작업조건, 회사의 명성, 인간자원의 관리체계 등의 척도로 구성되어 있다.

CBT 적중 예상 문제

직업적응이론에서 개인의 가치와 직업환경의 강화인 간의 조화를 측정하는 데 사용되는 검사는?

❶ 미네소타 중요도 검사(MIQ)
② 미네소타 만족 질문지(MSQ)
③ 미네소타 충족 척도(MSS)
④ 미네소타 직업평가 척도(MORS)

005 Ginzberg의 진로발달이론

- 직업선택은 하나의 발달과정이며, 일련의 결정들이 계속적으로 이루어지는 과정이다.
- 각 단계의 결정은 전 단계의 결정 및 다음 단계의 결정과 밀접한 관계를 가진다. 즉 나중에 이루어지는 진로결정은 이전 진로결정의 영향을 받는다.
- 직업선택은 가치관, 정서적 요인, 교육의 양과 종류, 환경 영향 등의 상호작용으로 결정된다.
- 직업선택을 단일결정이 아닌 장기간에 걸친 일련의 발달과정으로 보고, 직업발달단계를 '환상기 – 잠정기 – 현실기'의 3단계로 구분하였다.

Ginzberg의 직업발달단계(3단계)

환상기 (6~10세)	직업에 대한 환상을 갖는 아동은 직업을 놀이 중심으로 간접적으로 체험하고 선호하게 된다.
잠정기 (11~17세)	• 직업선택 과정에서 흥미와 능력에 따라 직업을 선택하려는 경향을 보인다. • 하위 단계에는 흥미단계, 능력단계, 가치단계, 전환단계가 있다.
현실기 (18세~ 성인 초기)	• 자신의 흥미, 능력, 가치뿐만 아니라 직업의 요구조건, 기회 등과 같은 현실요인을 고려하고 타협해서 의사결정을 시도한다. • 하위 단계에는 탐색단계, 구체화단계, 특수화단계가 있다.

➡ Ginzberg는 처음으로 발달적 관점에서 직업선택이론을 제시하였다.

CBT 적중 예상 문제

긴즈버그(Ginzberg)가 제시한 진로발달단계가 아닌 것은?
① 환상기   ② 잠정기
③ 현실기   ❹ 적응기

006 Super의 발달이론

- 직업적 자아개념을 강조한다. 진로(직업)발달은 진로에 관한 자아개념의 발달이다.

> ▶ 자아개념
> 자아개념은 유아기부터 형성되어 사망에 이르기까지 계속하여 발달한다. 자아개념에 따른 진로결정은 "나는 이런 사람이다."라고 느끼며 생각하던 바를 이룰 수 있는 직업을 선택하는 것이다. 즉 인간은 자신의 이미지와 일치하는 직업을 선택한다고 본다.

- 개인의 전 생애를 걸쳐 진로가 발달하며, 직업발달은 '성장기 – 탐색기 – 확립기 – 유지기 – 쇠퇴기'의 순환과 재순환을 거친다.

직업발달단계(5단계)

성장기 (출생~14세)	가정이나 학교에서 주요 인물과 동일시하여 자아개념을 발달시키는 시기
탐색기 (15~24세)	학교, 여가활동, 시간제 일과 같은 활동을 통해 자아를 검증하고 역할을 수행하며 자신에게 적합한 직업을 탐색하는 시기 ➡ 결정화, 구체화, 실행화의 과업이 수행되는 단계
확립기 (25~44세)	자신에게 적합한 직업을 발견·종사하여 사회적인 기반을 다져 나가는 시기
유지기 (45~64세)	직업에서 자신의 위치가 확고해지고 안정된 삶을 살아가는 시기
쇠퇴기 (65세 이후)	직업에서 은퇴하고 새로운 역할과 활동을 찾는 시기

➡ Super는 사람은 동시에 여러 가지 역할을 함께 수행하며, 발달단계마다 다른 역할에 비해 중요한 역할이 있다고 하였다(발달단계별 특징 및 과제 강조).

CBT 적중 예상 문제

Super의 진로발단단계 중 결정화, 구체화, 실행 등과 같은 과업이 수행되는 단계는?
① 성장기   ❷ 탐색기
③ 확립기   ④ 유지기

007 Gottfredson의 직업포부 발달이론

- 진로발달 측면에서 사람이 어떻게 특정 직업에 매력을 느끼게 되는가를 설명하는 이론이다.
- 진로결정에 있어 제한(한계)과 타협(절충)의 원리를 제시하였다.

제한	직업선택 과정에서 자신의 자아개념과 맞지 않는 직업대안들을 사전에 배제하는 것이다.
타협	제한과정을 통해 선택된 직업대안들 중 자신이 극복할 수 없는 문제를 가진 직업을 어쩔 수 없이 포기하는 것이다.

Gottfredson의 직업포부 발달단계(4단계)

힘과 크기 지향성 (3~5세)	사고과정이 구체화되며, 어른이 된다는 것의 의미를 알게 된다.
성역할 지향성 (6~8세)	자아개념이 성의 발달(성역할)에 의해서 영향을 받게 된다.
사회적 가치 지향성 (9~13세)	사회적 명성, 능력 등을 통한 자아개념이 발달한다.
내적, 고유한 자아 지향성 (14세 이후)	자아성찰과 사회계층의 맥락에서 직업적 포부가 더욱 발달하게 된다.

CBT 적중 예상 문제

고트프레드슨(L. Gottfredson)의 진로발달이론에서 제시한 진로포부 발달단계가 아닌 것은?

① 내적 자아 확립단계
② 서열 획득단계
❸ 안정성 확립단계
④ 사회적 가치 획득단계

008 Tiedeman & O'Hara의 진로발달이론

- 타이드만과 오하라(Tiedeman & O'Hara)는 진로발달에 있어, 연령보다는 문제의 성질이 중요하다고 보고 진로발달을 직업정체감(직업 자아정체감)을 형성해 가는 과정으로 보았다.
- 에릭슨(Erikson)의 심리사회적 발달이론에 기초를 두었으며, 수퍼(Super)의 이론에도 영향을 받았다.
- 개인의 자아정체감은 분화와 통합의 과정을 거치면서 형성되어 가며, 자아정체감은 직업정체감을 형성시킨다.
- 진로발달이란 직업정체성을 구체화하고 직업기회를 발전시키는 것이다.

타이드만과 오하라의 진로발달과정

탐색기	잠정적인 진로목표를 설정하고, 다양한 직업대안들을 탐색한다.
구체화기	개인의 진로방향을 정하고 직업대안들을 구체화한다.
선택기	구체화된 대안 중 직업목표를 결정하고 명확한 의사결정이 이루어진다.
명료화기	선택한 의사결정을 분석하고 검토해본다.
순응기	사회적으로 인정을 받고 조직에 적응하고자 하며, 수용적인 자세를 취한다.
개혁기	자신의 주장을 조직에서 관철하고자 능동적 태도를 보인다.
통합기	조직의 요구에 자신의 욕구를 타협·조절하게 되고 통합을 이루게 된다.

CBT 적중 예상 문제

직업발달을 탐색-구체화-선택-명료화-순응-개혁-통합의 직업정체감 형성과정으로 설명한 것은?

① Super의 발달이론
② Ginzberg의 발달이론
❸ Tiedeman과 O'Hara의 발달이론
④ Gottfredson의 발달이론

009 Maslow의 욕구위계이론

욕구위계

- **생리적 욕구**: 음식, 물, 수면, 성 등과 같은 욕구를 포함한다. 욕구위계에서 가장 하위수준에 위치하며, 가장 기본적이고 강력한 본능과 유사한 개념이다.
- **안전욕구**: 불안과 공포로부터의 해방 등에 대한 욕구이다. 취업, 저축, 보험 등도 안전욕구가 발현된 것이다.
- **소속과 애정의 욕구**: 타인과 원만한 관계를 형성하고 집단에 소속하려는 욕구이다. 욕구가 충족되지 않을 경우 고독, 소외감, 우울증을 느끼게 된다.
- **존중욕구**: 자기존중의 욕구(성취, 능력, 독립 등)와 다른 사람들의 존중(지위, 인정, 관심 등)을 받으려는 욕구로 구분된다. 욕구가 충족되지 않으면 열등감, 무력감, 좌절감, 자기비하 등을 경험하게 된다.
- **자기실현욕구**: 자기 자신이 성취할 수 있는 모든 것을 실현하려는 욕구를 의미한다. 자기실현욕구를 가진 사람들은 능력, 재능, 잠재력을 충분히 발휘하기 위해 노력한다. 욕구 중에서 개인차가 가장 크다.

> ▶ **Alderfer의 ERG이론**
> - Maslow의 욕구위계이론과 가장 유사성이 많은 직무동기이론은 알더퍼의 ERG이론이다.
> - Existence(존재), Relatedness(관계), Growth(성장)를 가리킨다.

CBT 적중 예상 문제

다음 중 Maslow의 욕구위계이론과 가장 유사성이 많은 직무동기이론은?

① 기대-유인가이론
② Adams의 형평이론
③ Locke의 목표설정이론
❹ Alderfer의 존재-관계-성장이론

010 Roe의 욕구이론

- 직업발달이론 중 Maslow의 욕구위계이론에 기초하여 유아기의 경험과 직업선택에 관한 5가지 가설을 수립하였다.
- 직업흥미가 아동기 초기 경험으로부터 결정된다는 관점에서 출발하며, 12세 이전 아동기의 부모-자녀 간의 관계에서 생긴 욕구가 직업선택에 영향을 미친다는 이론이다.
- 개인의 진로발달과정에서 사회나 환경의 영향을 상대적으로 가장 많이 고려하는 이론이다.
- 부모-자녀 간의 상호작용을 자녀에 대한 정서집중형, 회피형, 수용형으로 구분한다.

직업선택과 부모-자녀 관계 유형

정서집중형	• 과보호형	• 과요구형
수용형	• 무관심형	• 애정형
회피형	• 무시적 회피형	• 거부적 회피형

> ▶ **Roe의 직업분류체계에 따른 8가지 직업군**
> - 서비스직
> - 비즈니스직
> - 단체직
> - 기술직
> - 옥외활동직
> - 과학직
> - 예능직
> - 일반문화직

CBT 적중 예상 문제

로(Roe)의 욕구이론에 관한 설명으로 옳지 <u>않은</u> 것은?

① 아동기에 형성된 욕구에 대한 반응으로 직업 선택이 이루어진다고 본다.
❷ 가정 분위기의 유형을 회피형, 정서집중형, 통제형으로 구분하였다.
③ 직업군을 8가지로 분류하였다.
④ 매슬로우가 제시한 욕구의 단계를 기초로 해서 초기의 인생경험과 직업선택의 관계에 관한 가정을 발전시켰다.

011 Krumboltz의 사회학습이론

- 강화이론, 고전적 행동주의이론, 인지적 정보처리이론에 기원을 두고 있다.
- 진로결정에 영향을 미치는 요인으로 유전적 요인과 특별한 능력, 환경조건과 사건, 학습경험, 과제접근기술 등 4가지를 제시하였다.
- 개인의 진로에 영향을 미치는 요인

유전적 요인과 특별한 능력	인종, 성별, 신체적인 모습 및 특징, 지능, 예술적 재능 등이 해당한다.
환경조건과 사건	고용창출 여부, 기술의 발달, 사회 정책·법, 훈련가능 분야 등이 해당한다.
학습경험	도구적 학습과 연상적 학습으로 나뉜다. 도구적 학습경험이란 우연히 일어난 일들을 개인의 진로에 긍정적으로 활용하는 것이 중요하다.
과제접근기술	개인이 어떤 과제를 성취하기 위해 동원하는 기술이다.

- 진로선택 결정에 영향을 미치는 삶의 사건들에 관심을 두고 있으며, 우연히 일어난 일들을 개인의 진로에 긍정적으로 활용하는 것이 중요하다.

▶ 삶에서 일어나는 우연한 일들을 자신의 진로에 유리하게 활용하는 데 도움이 되는 기술
- 호기심
- 인내심
- 융통성
- 낙관성
- 위험 감수

CBT 적중 예상 문제

크럼볼츠(Krumboltz)의 사회학습이론에서 진로선택에 영향을 미치는 요인을 모두 고른 것은?

ㄱ. 유전적 요인	ㄴ. 학습경험
ㄷ. 과제접근기술	ㄹ. 환경조건과 사건

① ㄱ, ㄴ
② ㄱ, ㄷ, ㄹ
③ ㄴ, ㄷ, ㄹ
❹ ㄱ, ㄴ, ㄷ, ㄹ

012 인지적 정보처리이론

- 진로선택은 인지적 및 정의적 과정들의 상호작용의 결과이다.
- 진로선택은 하나의 문제해결활동이며, 진로발달은 지식구조의 끊임없는 성장과 변화를 포함한다.
- 직업 문제해결과 의사결정기술의 발전은 정보처리능력을 강화함으로써 이루어진다.
- 개인에게 학습기회를 제공함으로써 개인의 처리능력을 발전시킨다.
- 진로성숙은 진로문제를 해결할 수 있는 자신의 능력에 달려 있다.
- 진로상담의 최종목표는 진로문제의 해결자이자 의사결정자인 내담자의 잠재력을 증진시키는 것이다.
- 내담자가 욕구를 분류하고 지식을 획득하여 자신의 욕구가 무엇인지 알 수 있도록 돕는다.

▶ 인지적 정보처리이론의 의사결정과정
의사소통(Communication) ⇨ 분석(Analysis) ⇨ 통합 또는 종합(Synthesis) ⇨ 평가 또는 가치부여(Valuing) ⇨ 실행(Execution)

CBT 적중 예상 문제

진로발달이론 중 인지적 정보처리이론의 핵심적인 가정으로 옳지 않은 것은?

① 직업 문제해결능력은 지식과 마찬가지로 인지적인 기능에 따라 달라진다.
② 직업발달은 지식구조의 지속적인 성장과 변화를 내포한다.
❸ 직업 문제해결과 의사결정은 인지적인 과정을 내포하고 있고 정서적인 과정은 포함되지 않는다.
④ 직업 문제해결과 의사결정기술의 발전은 정보처리능력을 강화함으로써 이루어진다.

013 사회인지 진로이론(SCCT)

- Bandura의 사회학습이론에 토대를 두며 환경, 개인적 요인, 행동 사이의 상호작용을 중시한다.
- 진로발달의 기본이 되는 핵심 개념으로 자아효능감(자기효능감)과 결과기대(성과기대), 개인적 목표를 들고 있다.
- 자기효능감 이론은 어떤 과제를 수행하는 데 있어서 자신의 능력에 대한 믿음이 과제 시도의 여부와 과제를 어떻게 수행하는지를 결정한다고 본다.
- 개인의 사고와 인지는 기억과 신념, 선호, 자기지각에 영향을 미치며, 이는 진로발달과정의 일부이다.
- 개인의 진로선택과 수행에 영향을 미치는 성(gender)과 문화적 이슈 등에 민감하다.
- 개인의 삶은 외부 환경 요인, 개인과 신체적 속성 및 외형적 행동 간의 관계로 보고 환경, 개인적 요인, 행동 사이의 상호작용을 중시한다.

Bandura의 상호적 결정론

- 반두라는 개인, 행동, 환경(상황) 3변인은 모두 개인 발전의 인과적 힘으로서 서로 영향을 주면서 상호작용한다는 상호결정론을 제안하였다.
- Bandura의 상호적 결정론의 3가지 변인

개인과 신체적 속성	신체적 특성, 인지적 능력, 성격, 신념, 태도 등
외형적 행동	운동 반응, 언어 반응, 정서적 반응, 사회적 상호작용 등
외부 환경	물리적 환경, 가족과 친구, 기타 사회적 영향 등

CBT 적중 예상 문제

사회인지적 관점의 진로이론(SCCT)의 세 가지 중심적인 변인이 아닌 것은?

① 자기효능감 ❷ 자기 보호
③ 결과기대 ④ 개인적 목표

014 동기이론

호손 효과(Hawthorne effect)

- 하버드대 교수 메이요(Mayo)가 호손 공장(Hawthorne Works)에서 수행한 실험의 결과에서 유래한 것으로 인간관계이론에 속한다.
- 호손 효과는 인간관계에 의해서 근로자들의 행동이 변하며 일시적으로 그들의 생산성 효율이 변화하는 현상을 관찰한 것이다.
- 작업에 있어서 작업 장면의 사회적 환경, 조직 구성원의 사회적·심리적 욕구, 비공식집단이 생산성에 영향을 미친다는 이론이다.
- 호손 효과의 결론은 근로자의 생산성에 있어 작업장의 물리적 환경보다는 작업장의 사회적 환경, 즉 인간관계 측면이 중요하다는 것이다.

Vroom의 기대이론

- 개인은 자신의 행동결정과정에서 여러 대안을 평가하며, 자신의 노력에 따른 결과를 기대하고 선택한다는 의사결정이론이다.
- 일반적으로 구성원은 1차적 산출인 성과를 기대하면서 노력하고, 성과는 2차적 산출인 보상(승진, 급료 등)을 기대한다.
- 동기의 강도는 어떤 결과에 부여하는 가치와 특정한 행동이 그 결과를 가져다 줄 것이라고 믿는 것을 곱한 값과 같다.

CBT 적중 예상 문제

다음 중 진로의사결정 모델(이론)에 해당하는 것은?

① Holland의 진로선택이론
❷ Vroom의 기대이론
③ Super의 발달이론
④ Krumboltz의 사회학습이론

015 맥락주의 진로이론

- 진로연구와 진로상담에 대한 맥락상의 행위 설명을 확립하기 위하여 고안된 방법으로, 구성주의 철학을 토대로 한다.
- 개인과 환경의 상호작용을 강조한다.
- 행위는 맥락주의의 주요 관심 대상이다.
- 행위는 인지·사회적으로 결정되며 일상의 경험을 반영하는 것이다.
- 맥락주의는 내담자가 현재의 행위와 후속적인 경험으로부터 어떻게 개인적인 의미를 구성하는지 파악하는 것이 중요하다고 본다.

진로양식(진로유형) 면접

내담자가 자신의 교육, 경험 등 진로선택과 관련된 이야기를 함으로써, 삶의 의미를 확인하게 하는 스토리텔링 방식의 진로유형 면접법으로, 구조화된 면담방법이다.

동기요인	내용
교과목	선호하는 직무와 근로환경을 파악한다.
역할모델	이상적 자아 파악 → '누구를 존경했는가' 보다 '어떤 점을 존경했는가'에 질문의 초점이 있다.
명언	인생의 좌우명 파악 → 생애사(life story)의 제목을 파악한다.
책, 영화	태도와 행동의 파악 → 동일 문제에 당면한 주인공이 어떻게 문제를 다루는지 보여준다.

> **CBT 적중 예상 문제**
>
> **진로발달에서 맥락주의(contextualism)에 관한 설명으로 틀린 것은?**
>
> ① 행위는 맥락주의의 주요 관심대상이다.
> ❷ 개인보다는 환경의 영향을 강조한다.
> ③ 행위는 인지적·사회적으로 결정되며 일상의 경험을 반영하는 것이다.
> ④ 진로연구와 진로상담에 대한 맥락상의 행위 설명을 확립하기 위하여 고안된 방법이다.

016 직무만족과 동기부여이론

직무만족은 자신의 직무나 직무경험에 대한 평가로부터 비롯되는 유쾌하거나 정적인 감정 상태를 말한다.

Herzberg의 2요인이론(동기 - 위생이론)

- 직무만족을 결정하는 요인들과 직무불만족을 결정하는 요인들은 질적으로 다르다는 것을 전제로 하였다.
- 낮은 수준의 욕구를 만족하지 못하면 직무불만족이 생기나 그 역은 성립되지 않는다(높은 수준의 욕구에 대한 실패가 불만족을 가져오지는 않음).
- 동기요인은 직무 그 자체를 말하며 만족에 영향을 줄 수 있으나, 위생요인은 불만족의 정도에 그 영향력이 한정되어 있다.

동기요인	• 직무만족을 가져오는 요인 • 높은 수준의 성과를 얻도록 자극하는 요인이다. ◎ 업무 내용, 개인의 성취감, 책임의 수준 또는 개인의 발전과 향상 등
위생요인	• 직무불만족을 가져오는 요인 • 위생요인을 개선하는 것은 불만족을 감소시키지만, 만족을 산출할 수는 없다. ◎ 조직의 정책·관리규정, 작업환경, 작업조건, 대인관계, 급여, 복리후생 등

> **CBT 적중 예상 문제**
>
> **자신의 직무나 직무경험에 대한 평가로부터 비롯되는 유쾌하거나 정적인 감정 상태는?**
>
> ❶ 직무만족   ② 직업적응
> ③ 작업동기   ④ 직무몰입

017 심리검사

- 심리검사는 개인의 특정 행동을 정량적으로 측정하는 표준화된 도구이다.
- 직업상담이나 직무와 관련해 사용되는 심리검사는 개인의 특성을 수량화시킬 수 있는 양적 검사가 주로 사용되며, 심리검사는 객관적인 측정을 위해서 표준화된 절차에 따라 실시된다.

심리검사의 특징

- 행동표본을 측정할 수 있다.
- 개인 간 비교가 가능하다.
- 심리평가의 근거자료 중 하나이다.

> ▶ **심리검사 용어**
> - **심리적 구성개념**: 인간의 심리적 속성(생각, 감정, 태도 등)을 설명하기 위해 연구자들이 만들어낸 추상적이고 가설적인 개념이다.
> - **행동표본**: 행동은 인간의 심리적 작용을 설명해 주는 지표로, 행동표본을 측정한다는 것은 행동을 수집하는 것을 말한다.
> - **측정**: 어떤 일정한 규칙에 따라 대상이나 사건에 수치를 할당하는 과정이다.
> - **표준화**: 검사실시와 채점절차의 동일성을 유지하는 데 필요한 세부사항들을 잘 정리한 것을 말한다. 표준화 검사는 검사실시에 영향을 미치는 외적 변수들을 최소화하는 것을 목표로 한다.

CBT 적중 예상 문제

다음 (　　) 안에 알맞은 심리검사 용어는?

> (　　)란 검사의 실시와 채점절차의 동일성을 유지하는 데 필요한 세부사항들을 잘 정리한 것을 말한다. 즉 검사재료, 시간제한, 검사순서, 검사장소 등 검사실시의 모든 과정과 응답한 내용을 어떻게 점수화하는가 하는 채점절차를 세부적으로 명시하는 것을 말한다.

① 일반화　　② 규준화
❸ 표준화　　④ 규격화

018 객관적 검사와 투사적 검사

객관적 검사

- 구조화된 검사과제를 사용하며, 검사목적과 일정하게 준비되어 있는 형식에 따라 제시되는 과제에 반응하도록 하는 검사이다. 일반적으로 표준화된 심리검사가 이에 해당한다.
- 개인의 독특성보다는 일반적인 특성이나 자원을 기준으로 개인들을 상대적으로 비교하려는 목적을 지닌다.

객관적 검사의 장단점

장점	• 검사의 실시, 채점, 해석이 간편하다. • 검사의 신뢰도와 타당도가 매우 높다. • 검사자나 상황변인이 검사반응에 영향을 미치지 않아 객관성이 보장된다.
단점	• 내담자가 사회적 바람직성의 차원에서 검사문항들에 대한 방어가 가능하다. • 개인이 응답하는 방식에 부정적 또는 긍정적 응답과 같은 일정한 흐름이 있을 수 있다(반응 경향성이나 묵종 경향성).

투사적 검사

- 인간 내면의 무의식적 심리를 투사하는 비구조화된 검사이다.
- 불분명하고 모호한 자극을 제시하여 개인이 그 자극을 인위적으로 해석하는 과정에서 개인이 지닌 욕구와 심리적 구조를 더 강하게 반영할 것이라는 가정 하에 비구조화된 검사과제를 사용하는 검사이다.
- 일반적으로 로샤(Rorschach)검사, 주제통각검사(TAT) 등이 이에 해당한다.

CBT 적중 예상 문제

심리검사의 유형 중 객관적 검사의 장점이 <u>아닌</u> 것은?

① 검사실시의 간편성　② 객관성의 증대
❸ 반응의 풍부함　　　④ 높은 신뢰도

019 질적 측정도구

- **자기효능감 척도**: 어떤 과제를 어느 수준으로 수행할 수 있는 능력을 갖추었다고 스스로 판단하는지의 정도를 측정한다.
- **직업가계도(제노그램)**: 내담자의 가족 내 직업적 계보를 통해 내담자의 직업에 대한 고정관념이나 직업가치 및 흥미 등의 근본원인을 파악한다.
- **직업카드분류**: 직업카드를 사용하여 직업을 선호군, 혐오군, 미결정중성군으로 분류하여, 개인의 직업선택의 동기와 흥미 및 가치관을 탐색한다. 내담자의 가치관, 흥미, 직무 기술, 라이프스타일 등의 선호형태를 측정하는 데 유용하다.
- **역할놀이**: 내담자의 수행 행동을 나타낼 수 있는 업무상황을 제시해준다. 가상의 상황에서 내담자의 역할활동에 대한 관찰을 통해 내담자의 직업 관련 사회적 기술들을 파악한다.

CBT 적중 예상 문제

심리검사 중 질적 측정도구에 해당하지 않는 것은?
① 역할놀이 ② 제노그램
③ 카드분류 ❹ 경력진단검사

020 척도와 표준오차

척도의 유형

명명 척도	측정대상 간의 차이만 구분하기 위하여 숫자나 기호를 할당한 것이다. 특성 간의 양적인 분석을 할 수 없고, 대소 비교도 할 수 없다.
서열 척도	숫자의 차이가 측정한 속성의 차이에 관한 정보뿐 아니라 그 순위관계에 대한 정보도 포함하고 있는 척도이다.
등간 척도	명목척도와 서열척도의 특징을 모두 가지고 있으면서 크기가 어느 정도가 되는지 파악이 가능한 등간성(일정한 간격)을 갖는 척도이다.
비율 척도	차이정보와 서열정보, 등간정보 외에 수의 비율에 관한 정보도 담고 있는 척도로 가감승제가 가능한 척도이다.

표준오차

- 표본의 평균이 실제 모집단의 평균과 얼마나 떨어져 있는지를 나타내는 수치이다.
- 검사의 표준오차는 검사점수의 신뢰도를 나타내는 수치이다.
- 표준오차가 작을수록 표본의 대표성이 높기 때문에 검사의 표준오차는 작을수록 좋다.
- 표준오차를 고려할 때 오차 범위 안의 점수 차이는 무시해도 된다.

> ▶ **측정의 표준오차**
> 어떤 검사를 매번 실시할 때마다 달라지는 평균의 오차 범위를 말한다.

CBT 적중 예상 문제

검사점수의 표준오차에 관한 설명으로 옳은 것은?
① 검사의 표준오차는 클수록 좋다.
② 검사의 표준오차는 검사점수의 타당도를 나타내는 수치다.
❸ 표준오차를 고려할 때 오차 범위 안의 점수 차이는 무시해도 된다.
④ 검사의 표준오차는 표준편차의 다른 표현이다.

021 중심경향치로서 대푯값

중앙치(중앙값)
모든 점수를 크기 순서대로 늘어놓았을 때 한가운데 있는 값이다. 중앙치를 중심으로 전체 사례의 반이 이 점의 상위에, 나머지 반이 이 점의 하위에 있게 된다. 예 12, 13, 16, 19, 20과 같이 5개의 사례가 순서대로 나열되어 있는 경우에는 이것이 홀수의 사례 수를 갖고 있으므로, 그 중간에 위치한 '16'이 중앙치가 된다.

최빈치(최빈값)
점수 분포상에서 가장 자주 나오는 숫자, 즉 빈도수가 높은 점수이다. 예 12, 12, 14, 14, 18, 18, 18, 18, 19, 20, 20의 경우 '18'이 가장 많으므로 최빈치가 된다.

평균
집단에 속하는 모든 점수의 합을 전체 사례 수로 나누어 얻은 값이다. 예 사례가 2, 4, 6, 8인 경우 모두 더하여 사례 수 4로 나눈 값인 '5'가 평균이다.

> ▶ **표준편차**
> 한 집단의 수치가 얼마나 동질적인지를 표현하기 위한 개념으로 점수들이 그 집단의 평균치로부터 벗어난 평균거리를 말한다.

CBT 적중 예상 문제

기초통계치 중 명명척도로 측정된 자료에서는 파악할 수 없고, 서열척도 이상의 척도로 측정된 자료에서만 파악할 수 있는 것은?
① 중앙치 ② 최빈치
③ 표준편차 ④ 평균

022 규준

- 규준이란 대표 집단에 실시한 검사점수를 일정한 분포도로 작성한 것으로, 이는 특정 검사점수의 해석에 필요한 기준이 된다.
- 개인의 점수가 규준에 비추어 어느 위치에 있는지 확인하는 것이다. 즉 원점수를 표준화된 집단의 검사점수와 비교하기 위한 개념으로 대표집단의 검사점수 분포도를 작성하여 개인의 점수를 해석하기 위한 것이다.

집단 내 규준
- **백분위점수**: 개인이 표준화된 집단에서 차지하는 상대적 위치를 가리키는 것으로, 개인의 점수를 100개의 동일한 구간에서 순위를 정한다. ⇨ 백분위 90은 상위 10%에 속함
- **표준점수**: 서로 다른 체계로 측정한 점수들을 동일한 조건에서 비교하기 쉬운 개념으로 원점수에서 평균을 뺀 후 표준편차로 나눈 값을 말한다. 예 Z점수, T점수
- **표준등급**: 9등급 또는 스테나인 점수(stanine score)라고 하며, 원점수를 1~9등급까지 범주로 나누는 것이다. 예 내신등급

규준의 필요성
- 점수 해석에 있어 원점수는 기준점이 없기 때문에 특정 점수의 크기를 표현하기 어려우며, 또한 서로 다른 검사의 결과를 동등하게 비교할 수 없다. 이는 척도의 종류로 볼 때 서열척도에 불과할 뿐 사실상 등간척도가 아니기 때문이다.
- 따라서 규준은 원점수를 등간척도상의 해석의 기준을 제시하여 비교할 수 있다.

CBT 적중 예상 문제

다음 중 규준의 범주에 포함될 수 없는 점수는?
① 표준점수 ② Stanine 점수
③ 백분위점수 ④ 표집점수

023 신뢰도

- 신뢰도는 측정하고자 하는 대상이나 속성을 일관성 있게 측정하고 있는가의 개념이다.
- 검사를 반복하여 여러 번 실시하더라도 동일한 사람에게 실시했을 때 일관성 있는 결과가 나온다면 신뢰도가 높은 것이다.

신뢰도 계수

- 검사의 일관성을 보여주는 값으로, 신뢰도 계수의 범위는 0에서부터 1의 값을 갖는데, 0에 가까울수록 신뢰도가 낮으며 1에 가까울수록 신뢰도가 높다.
- 수검자들 간의 개인차가 크면 신뢰도 계수는 커진다.

신뢰도 계수에 영향을 미치는 요인

- 신뢰도 계수는 개인차가 클수록 커진다.
- 신뢰도 계수는 검사문항의 수가 증가할수록 신뢰도는 증가한다. 다만 정비례하여 커지는 것은 아니다.
- 신뢰도 계수는 문항반응 수가 적정한 크기를 유지할 때 커진다.
- 신뢰도 계수는 신뢰도 측정방법에 따라서 달라질 수 있다.
- 문항의 난이도가 지나치게 높거나 낮은 경우에는 신뢰도가 낮아진다.

CBT 적중 예상 문제

신뢰도 계수에 관한 설명으로 틀린 것은?
① 신뢰도 계수는 점수 분포의 분산에 의해 영향을 받는다.
② 측정오차가 크면 신뢰도 계수는 작아진다.
❸ 수검자들 간의 개인차가 크면 신뢰도 계수는 작아진다.
④ 추측해서 우연히 맞을 수 있는 문항이 많으면 신뢰도 계수가 작아진다.

024 신뢰도를 측정하는 방법

- **검사-재검사신뢰도**: 동일한 사람에게 동일한 검사를 서로 다른 시기에 두 번 실시하여 검사점수들 간의 상관관계를 통해 신뢰도를 추정하는 방법이다.
- **동형검사신뢰도**: 동일한 수검자에게 첫 번째 실시한 검사와 동일한 유형의 검사를 실시하여 두 검사 점수 간의 상관계수에 의해 신뢰도를 추정하는 방법이다.
- **반분신뢰도**: 하나의 검사를 두 부분으로 나누어 두 검사 간 동질성과 일치성을 비교하는 방법이다.
- **문항내적합치도(내적일치신뢰도)**: 여러 개의 문항이 하나의 개념(변수)을 측정하고 있는지를 분석하고자 할 때 사용하는 방법이다. 문항내적합치도가 높다는 것은 각 문항들이 같은 개념을 측정하고 있다는 것이다. 한 검사에 포함된 문항들이 동질성 여부에 따라 결정되므로 '동질성 계수'라고도 한다.
- **채점자신뢰도**: 채점자의 채점을 어느 정도 믿을 수 있고 일관성이 있는지를 나타낸 것이다.

문항내적합치도 추정방법

- **쿠더·리차드슨(Kuder-Richardson)계수**: 보통 응답 문항이 두 가지(예, 아니요)일 경우 사용된다.
- **크론바흐알파(Cronbach's α)계수**: 보통 문항이 세 개 이상의 선택지로 구성된 검사(5점, 7점 척도 등)에 사용된다. '0~1'의 값을 가지며, 값이 클수록 검사문항들이 동질적이라는 것을 의미한다.

CBT 적중 예상 문제

신뢰도의 종류 중 검사 내 문항들 간의 동질성을 나타내는 것은?
① 동등형신뢰도   ❷ 내적일치신뢰도
③ 평가자 간 신뢰도   ④ 검사-재검사신뢰도

025 타당도

타당도는 측정의 정확성을 의미한다. 즉 측정도구가 실제로 측정하고자 하는 개념을 측정하고 있는가, 그 개념을 정확하게 측정하고 있는가의 두 요소를 모두 포함한다.

타당도의 종류

- **내용타당도**: 검사의 문항들이 그 검사가 측정하고자 하는 내용 영역을 얼마나 잘 반영하고 있는지를 의미한다.
- **안면타당도**: 실제로 무엇을 측정했는가의 문제가 아니라 검사가 측정한다고 말하는 것을 측정한 것처럼 보이는가의 문제이다.
- **준거타당도**: 어떤 심리검사가 특정 준거와 어느 정도 관련성이 있는지를 알아보는 것이다.

동시타당도 (공인타당도)	새로 개발한 검사를 이미 그 분야에서 타당성을 널리 인정받고 있는 기존의 검사와 비교하는 것이다.
예언타당도	그 검사점수를 가지고 다른 준거점수들을 얼마나 잘 예측해 낼 수 있는가 하는 정도를 말한다. 예 적성검사에서 높은 점수를 받은 사람일수록 입사 후 업무수행이 우수한 것으로 나타났다면, 이 검사는 예언타당도가 높다고 볼 수 있다.

- **구성타당도(개념타당도)**: 측정도구가 실제로 무엇을 측정했는가 또는 측정하고자 하는 추상적 개념이 실제로 측정도구에 의해 적절하게 측정되었는지에 관한 것이다.

CBT 적중 예상 문제

적성검사에서 높은 점수를 받은 사람일수록 입사 후 업무수행이 우수한 것으로 나타났다면 이 검사는 어떠한 타당도가 높은 것인가?

① 구성타당도 ② 내용타당도
❸ 예언타당도 ④ 공인타당도

026 구성타당도의 종류

수렴타당도

어떤 검사가 측정하고자 하는 개념과 관계있는 문항들의 상관관계를 보는 것으로, 검사의 결과가 이론적으로 관련이 있는 속성과 높은 상관을 보여준다면 수렴타당도가 높은 것이다. 예 지능과 학업성적 간의 상관관계를 볼 때 지능이 높은 학생이 성적이 높으면 이 경우 수렴타당도가 높다고 본다.

변별타당도

어떤 검사가 측정하고자 하는 개념과 관계없는 문항들의 상관관계를 보는 것으로 검사의 결과가 이론적으로 관련이 없는 속성과 낮은 상관을 보여준다면 변별타당도가 높은 것이다. 예 몸무게와 지능 간의 상관관계를 볼 때 몸무게가 지능과 상관성이 없다면 이 경우 변별타당도가 높다고 본다.

요인분석법

- 검사의 구성타당도를 알아보기 위해 가장 많이 사용하는 것으로, 검사문항이나 변인들 간의 상관관계를 분석해서 상관이 높은 문항이나 변인들을 묶어주는 통계적 방법이다.
- 여러 변인들 간의 상호관련성을 분석한 다음 분석된 상호관련성을 기초로 각 변인들이 공통적으로 측정하고 있는 잠재특성을 밝히기 위해 사용한다.

CBT 적중 예상 문제

어떤 검사가 측정하고 있는 것이 이론적으로 관련이 깊은 속성과는 실제로 높은 상관관계를 보이고, 관계가 없는 것과는 낮은 상관관계를 보이는 타당도는 어떤 것인가?

① 준거관련 타당도
② 동시타당도
❸ 수렴 및 변별 타당도
④ 예언타당도

027 심리검사의 해석 시 유의해야 할 사항

- 검사결과를 내담자에게 이야기할 때 가능한 한 이해하기 쉬운 언어를 사용해야 한다.
- 해석에 대한 내담자의 반응을 고려해야 한다.
- 검사결과에 대해 내담자의 방어를 최소화하도록 한다.
- 내담자의 방어를 최소화하기 위해 중립적이고 무비판적인 자세를 견지해야 한다.
- 상담자의 주관적 판단은 배제하고 검사점수에 대하여 중립적인 입장을 취하여야 한다.
- 검사결과에 대해 객관적이고 표준화된 자료를 활용하여 설명해주어야 한다.
- 내담자에게 검사점수를 직접적으로 말해주기보다는 내담자의 진점수의 범위를 말해주는 것이 좋다.
- 상담자가 일방적으로 해석하기보다 내담자 스스로 생각해서 자신의 진로를 결정하도록 도와주어야 한다.

검사점수의 오차를 발생시키는 수검자 요인

- 수검 당일의 생리적 조건 예 건강정도, 피로 등
- 수행 경험 예 검사받은 경험
- 수행 불안 예 평가 불안, 정서적 불안, 긴장
- 검사에 대한 동기
- 검사에 대한 훈련 정도

CBT 적중 예상 문제

심리검사를 선택하고 해석하는 과정에 관한 설명으로 <u>틀린</u> 것은?

① 검사는 진행 중인 상담과정의 한 구성요소로만 보아야 한다.
② 검사는 내담자의 의사결정을 돕기 위한 정보를 얻는 하나의 도구이다.
③ 검사는 내담자와 함께 협조해서 선택하는 것이 좋다.
❹ 검사의 결과는 가능한 한 내담자에게 제공해서는 안 된다.

028 지능검사(지능)

Spearman의 지능 2요인설

스피어만은 지능을 일반요인(G요인)과 특수요인(S요인)으로 구분하였다.

일반요인(G요인)	모든 사람이 공통으로 가지고 있는 능력
특수요인(S요인)	특정 분야에 대한 능력

Cattell의 유동성 지능과 결정성 지능

- **유동성 지능**: 개인의 유전적·생리적 영향에 의해 발달하는 선천적 지능으로, 15세경에 정점에 달하고 그 이후에 감소하는 지능이다.
- **결정성 지능**: 개인의 문화적·교육적 경험에 영향을 받으며, 환경에 따라 40세 이후에도 발달 가능한 지능이다(연령이 높아짐에 따라 증가하는 지능).

Sternberg의 삼원지능모형

- 지능을 맥락적 지능이론, 경험적 지능이론, 성분적 지능이론으로 구성된 것으로 가정한 지능모형이다.
- 삼원지능의 경험적 요소는 창의력, 성분적 요소는 분석적 사고력, 맥락적 요소는 적응력을 의미한다.

> **Thurstone의 기본정신능력 7가지**
> - 언어이해   • 수(number)   • 단어 유창성
> - 공간 시각   • 기억   • 추리
> - 지각속도

CBT 적중 예상 문제

지능을 맥락적 지능이론, 경험적 지능이론, 성분적 지능이론으로 구성된 것으로 가정한 지능모형은?

① Jensen의 2수준 지능모형
② Cattell-Hom의 유동성-결정성 지능모형
③ Thurstone의 기본정신능력 모형
❹ Sternberg의 삼원지능모형

029 일반직업적성검사(GATB)

- 15개의 하위검사를 통해 9개 분야의 적성을 측정할 수 있도록 제작된 것이다.
- 15개의 하위검사 중 11개는 지필검사이고 4개는 기구를 사용하는 수행검사이다.

GATB에서 측정하는 적성요인(검출되는 적성)

지능(G)	일반적인 학습능력, 이해·추리·판단 능력
언어능력(V)	언어의 뜻과 그에 관련된 개념을 이해하고 사용하는 능력
수리능력(N)	신속하고 정확하게 계산하는 능력
사무지각(Q)	문자나 인쇄물, 전표 등의 세부를 식별하는 능력
형태지각(P)	실물이나 도해 또는 표에 나타나는 것을 세부까지 바르게 지각하는 능력
공간적성(S)	공간상의 형태를 이해하고 평면과 물체의 관계를 이해하는 능력
운동반응(K)	눈과 손을 함께 사용하여 빠르고 정확하게 운동할 수 있는 능력
손재치(M)	손을 마음대로 정교하게 조절하는 능력
손가락재치(F)	손가락을 정교하고 신속하게 움직이는 능력

CBT 적중 예상 문제

직업적성검사인 GATB에서 측정하는 적성요인에 해당하지 않는 것은?

❶ 기계적성 ② 공간적성
③ 사무지각 ④ 손의 기교도

030 직업흥미검사

- 직업흥미검사란 직업 관련 흥미를 측정하는 표준화된 검사로서, 직업선호도검사를 주로 사용한다.
- Strong(스트롱) 직업흥미검사(진로탐색검사)는 진로성숙도검사와 흥미유형검사로 구성되어 있다.
- 스트롱 직업흥미검사는 6가지 유형에 따른 척도별 점수(GOT, BIS, PSS)를 산출한다.

스트롱-캠벨 흥미검사(SCII)의 척도

일반직업분류(GOT)	홀랜드(Holland)의 6가지 유형으로 나누었다.
기본흥미척도(BIS)	일반직업분류(GOT)를 25개 항목으로 세분화한 하위척도이다.
개인특성척도(PSS)	업무유형, 학습, 리더십, 모험심 등에 대한 개인의 선호를 측정한다.

▶ **직업 관련 흥미검사의 종류**
- 직업선호도검사(VPI)
- 자기방향탐색검사(SDS)
- 쿠더 직업흥미검사(KOIS)

CBT 적중 예상 문제

Strong 검사에 관한 설명으로 옳은 것은?

① 기본흥미척도(BIS)는 Holland의 6가지 유형을 제공한다.
❷ Strong 진로탐색검사는 진로성숙도검사와 직업흥미검사로 구성되어 있다.
③ 업무, 학습, 리더십, 모험심을 알아보는 기본흥미척도(BIS)가 포함되어 있다.
④ 개인특성척도(PSS)는 일반직업분류(GOT)의 하위척도로서 특정 흥미분야를 파악하는 데 도움이 된다.

031 성격검사

성격 5요인 검사(Big 5 성격검사)

- **외향성**: 타인과의 상호작용을 원하고 타인의 관심을 끌고자 하는 경향 정도
- **호감성**: 타인과 편안하고 조화로운 관계를 유지하려는 경향 정도
- **성실성**: 사회적 규칙, 규범, 원칙들을 기꺼이 지키려는 경향 정도
- **정서적 불안정성**: 정서적으로 얼마나 안정되어 있는지를 측정
- **경험에 대한 개방성**: 세계에 대한 관심, 호기심, 다양한 경험 추구 및 포용력 정도

MBTI 성격유형검사

- 융(K. Jung)의 심리유형론을 근거로 마이어스-브릭스(Myers-Briggs)에 의해 개발된 성격유형검사이다.
- **MBTI의 4개 양극차원**
  - 외향형(Extroversion)과 내향형(Introversion)
  - 감각형(Sensing)과 직관형(iNtuition)
  - 사고형(Thinking)과 감정형(Feeling)
  - 판단형(Judging)과 인식형(Perceiving)

미네소타 다면적 인성검사(MMPI)

- 미네소타 다면적 인성검사(MMPI)는 정신건강에 문제가 있는 사람을 측정하고 구별하기 위해 경험적인 방식으로 제작되었다.
- 4가지 타당도척도로 수검자의 검사태도를 측정하며, 10가지 임상척도로 비정상행동을 측정한다.

CBT 적중 예상 문제

직무수행 관련 성격 5요인(Big 5) 모델의 요인이 아닌 것은?

① 외향성　　② 친화성
③ 성실성　　❹ 지배성

032 진로성숙도검사(CMI)

태도척도

참여도	진로선택 과정에 능동적으로 참여하는 정도 예 나는 졸업할 때까지는 진로선택 문제에 별로 신경을 쓰지 않겠다.
독립성	진로선택을 독립적으로 할 수 있는 정도 예 부모님이 정해주는 직업을 선택하겠다.
성향	진로결정에 필요한 사전 이해와 준비의 정도 예 일하는 것이 무엇인지에 대해 생각한 바가 거의 없다.
타협성	진로선택 시에 욕구와 현실에 타협하는 정도 예 나는 하고 싶기는 하나 할 수 없는 일을 생각하느라 시간을 보내곤 한다.
진로 결정성	선호하는 진로의 방향에 대한 확신의 정도 예 나는 선호하는 진로를 자주 바꾸고 있다.

능력척도

자기평가	자신의 흥미, 성격 등을 이해하는 능력
직업정보	관심 분야의 직업세계에 대한 정보의 획득·분석 능력
목표선정	정보와 직업세계의 연결을 통한 직업목표 선정 능력
계획	직업목표를 달성하기 위한 실제 계획 능력
문제해결	진로선택이나 의사결정과정에서 부딪히는 문제해결 능력

CBT 적중 예상 문제

진로성숙도검사(CMI)의 태도척도 영역과 이를 측정하는 문항의 예가 바르게 짝 지어진 것은?

❶ 결정성 - 나는 선호하는 진로를 자주 바꾸고 있다.
② 독립성 - 나는 졸업할 때까지는 진로선택 문제에 별로 신경을 쓰지 않겠다.
③ 타협성 - 일하는 것이 무엇인지에 대해 생각한 바가 거의 없다.
④ 성향 - 나는 하고 싶기는 하나 할 수 없는 일을 생각하느라 시간을 보내곤 한다.

033 주요 경력진단검사

진로성숙도검사(CMI ; Career Maturity Inventory)
크릿츠(Crites)가 개발한 검사로, 태도척도와 능력척도로 구성되며 진로선택 내용과 과정이 통합적으로 반영되었다.

진로발달검사(CDI ; Career Development Inventory)
수퍼(Super)가 개발한 검사로 경력 관련 의사결정에 대한 참여 준비도를 측정하기 위한 것이다. 학생들의 진로발달과 진로성숙도를 측정하고 학생들의 교육 및 진로계획 수립에 도움을 준다.

진로신념검사(CBI ; Career Beliefs Inventory)
크럼볼츠(Krumboltz)가 개발한 검사로, 내담자가 자아인식 및 세계관에 대한 문제를 확인하도록 돕는다.

자기직업상황(MVS ; My Vocational Situation)
홀랜드(Holland)가 개발한 검사로, 직업적 정체성 형성 여부를 파악하기 위한 것이다. 직업선택에 필요한 정보 및 환경, 개인적인 장애가 무엇인지를 알려준다.

경력결정검사(CDS ; Career Decision Scale)
오시포(Osipow)가 경력 관련 의사결정 실패에 관한 정보를 제공하기 위해 개발하였다.

CBT 적중 예상 문제

경력진단검사에 관한 설명으로 틀린 것은?

① 경력결정검사(CDS)는 경력 관련 의사결정 실패에 관한 정보를 제공하기 위해 개발되었다.
② 개인직업상황검사(MVS)는 직업적 정체성 형성 여부를 파악하기 위한 것이다.
③ 경력개발검사(CDI)는 경력 관련 의사결정에 대한 참여 준비도를 측정하기 위한 것이다.
❹ 경력태도검사(CBI)는 직업선택에 필요한 정보 및 환경, 개인적인 장애가 무엇인지를 알려준다.

034 직업상담의 초기면담

일반적인 상담과정에서의 사정단계
- 1단계(인지적 명확성 존재): 인지적 명확성이 있는가?
- 2단계(내담자의 동기 존재 여부): 동기가 있는가?
- 3단계(내담자의 자기진단): 자기진단을 통해 자신을 노출하고 있는가?
- 4단계:(내담자의 자기진단 탐색): 자기진단을 확인했는가 혹은 하지 않았는가?

초기 상담과정에서 수행되어야 할 내용
- 상담과정에서 필요한 과제물을 부여한다.
- 상담과정과 역할에 대한 서로의 기대를 명확히 한다.
- 조급하게 내담자에 대한 결론을 내리지 않는다.
- 내면적 가정이 외면적 가정을 논박하지 못하도록 수행한다.

상담절차(진행단계별 특징)

초기 단계	• 상담관계 형성 • 상담의 구조화 • 문제의 평가, 상담목표 설정
중기 단계	• 내담자의 자기탐색과 통찰 • 문제해결의 시도, 개입, 중재, 상담
종결 단계	• 학습 전이의 극대화 • 상담목표의 달성의 평가, 추수지도

CBT 적중 예상 문제

다음 중 상담의 초기 단계와 가장 거리가 먼 것은?

① 상담의 구조화
② 목표설정
③ 상담관계 형성
❹ 내담자의 자기탐색과 통찰

035 직업상담을 위한 면담

- 상담목표를 설정하고 확인해 나가는 단계이다. 내담자와 상담자 간의 관계형성(라포형성)을 주요 활동으로 한다.
- 초기면담에서는 내담자의 정보수집을 위해 탐색해 보기, 개방형 질문(개방적 질문), 폐쇄형 질문(폐쇄적 질문) 등을 수행한다.

정보지향적 면담을 위한 상담기법

탐색해 보기	'누가, 무엇을, 어디서, 어떻게'로 시작하는 개방형 질문이 사용된다.
개방형 질문	내담자에게 말할 수 있는 시간을 충분히 주고, 많은 대답을 선택할 기회를 주는 것이다.
폐쇄형 질문	'예', '아니요' 같은 특정하고 제한된 응답을 요구한다.

관계지향적 면담을 위한 상담기법

재진술	내담자가 말한 바를 반사적 반응으로 재진술하는 것
감정의 반향	내담자의 말 이면의 정서적 요소를 표현하여 내담자가 스스로의 감정을 이해하도록 하는 것

상담면접에서 상담자의 질문요령

- 질문은 가능한 한 개방적 형태를 띠어야 한다.
- '예' 또는 '아니요'의 단답식 답변을 이끌어내는 질문보다 개방형 질문이 더 바람직하다.
- 상담자는 한꺼번에 많은 정보를 얻기 위해 질문 공세를 펴서는 안 된다.
- '왜'라는 질문은 가급적 피한다.

CBT 적중 예상 문제

초기면담의 유형 중 정보지향적 면담을 위한 상담기법과 가장 거리가 먼 것은?
❶ 재진술
② 탐색해 보기
③ 폐쇄형 질문
④ 개방형 질문

036 상담의 구조화

상담의 구조화란 내담자가 상담목표를 성취하기 위해 상담의 기본 성격, 상담자 및 내담자의 역할한계, 바람직한 태도 등을 설명하고 인식시켜 주는 작업이다.

상담의 구조화에서 이루어져야 할 내용

- 상담자는 비밀보장의 한계에 대해 설명한다. 즉 상담 중에 얻은 내담자에 대한 비밀은 지켜진다는 것을 미리 알려주어 불안을 제거한다.
- 상담자는 상담의 시간과 장소 및 비용, 상담의 지속 등에 대해 미리 합의하고 구조화한다.
- 상담자는 상담의 목표와 성질에 대해 구조화한다.
- 상담자는 내담자가 지켜야 할 규칙을 구조화한다.
  예 내담자가 검사나 과제를 잘 이행할 것을 기대하고 있다는 것을 분명히 밝히기
- 상담자는 내담자에게 상담자의 역할, 책임에 대해서 미리 알리고, 상담자와 내담자의 역할을 구조화한다.

> ▶ 초기면담의 요소
> - **라포형성(관계형성)**: 상담자와 내담자 간의 친근감 및 신뢰감 형성을 기초로 내담자의 불안을 감소시키고 긴장감을 풀어주는 친화관계를 형성할 필요가 있다.
> - **직면(맞닥뜨림)**: 내담자로 하여금 행동의 특정 측면을 검토해보고 수정하게 하며 통제하도록 도전하게 하는 것이다.
> - **리허설(연습)**: 내담자에게 선정된 행동을 연습하거나 실천하도록 함으로써 내담자가 계약을 실행하는 기회를 최대화하도록 도와주는 것이다.

CBT 적중 예상 문제

상담과정의 본질과 제한조건 및 목적에 대하여 상담자가 정의를 내려주는 것은?
① 촉진화
② 관계형성
③ 문제해결
❹ 구조화

037 직업상담의 기초기법(면담기법)

- **공감(공감적 이해)**: 내담자가 전달하려는 내용에서 한 걸음 더 나아가 그 내면적 감정에 대해 반영하는 것이다.
- **경청(적극적 경청)**: 내담자의 말과 행동에 항상 세심하게 주목하는 것이다. 내담자가 표현하는 언어적 의미 외에 비언어적인 의미까지 이해해야 한다.
- **직면**: 상담자가 내담자가 모르고 있거나 인정하기를 거부하는 생각과 느낌에 대해 주목하도록 하고, 자신의 이러한 문제를 회피하지 않고 도전하도록 하는 것이다.
- **명료화**: 내담자의 말 속에 포함되어 있는 불분명한 측면을 상담사가 분명하게 밝히는 것이다.
- **수용(수용적 존중)**: 내담자의 이야기에 주의집중하고 내담자를 인격적으로 존중하고 있음을 보여주는 기법이다.
- **해석**: 상담자가 내담자로 하여금 자기의 문제를 새로운 각도에서 이해하도록 경험과 행동의 의미를 설명하는 것이다.
- **반영**: 내담자의 생각과 말을 상담자가 다른 참신한 말로 부연하는 것이다.
- **요약과 재진술**: 내담자가 전달하는 이야기의 표면적 의미를 상담사가 다른 말로 바꾸어서 말하는 기법이다.
- **탐색적 질문**: 내담자로 하여금 자신과 자신의 문제를 자유롭게 탐색하도록 허용함으로써 내담자의 이해를 증진시키는 질문기법으로, '누가, 무엇을, 어디서, 어떻게'로 시작하는 개방형 질문이 사용된다.

CBT 적중 예상 문제

상담사의 기본 기술 중 내담자가 전달하려는 내용에서 한 걸음 더 나아가 그 내면적 감정에 대해 반영하는 것은?

① 해석　　❷ 공감
③ 명료화　④ 적극적 경청

038 생애진로사정의 특징

- 생애진로사정은 면담초기 내담자에 대한 기초적인 정보를 수집하기 위한 사정으로, 검사실시나 검사해석의 예비적 단계에서 특히 유용하다.
- 생애진로사정은 구조화된 면담기술로서 짧은 시간에 체계적인 정보를 수집할 수 있다.
- 내담자에 대한 가장 기초적인 정보를 얻는 질적인 평가절차로 작업자, 학습자, 개인의 역할 등을 포함한 다양한 생애역할에 대한 정보를 탐색해간다.
- 아들러(Adler)의 심리학이론에 기초하여 내담자와 환경과의 관계를 이해하는 데 도움을 주는 면접기법이다.
- 아들러는 개인과 세계의 관계를 '일', '성', '사회'의 3가지 인생과제 구분하고 이것들은 서로 긴밀히 연결되어 있다고 하였다.

생애진로사정의 구조

- **진로사정**: 내담자의 직업경험, 교육 또는 훈련과정, 여가활동 등에 대해 사정한다.
- **전형적인 하루**: 내담자가 자신의 생활을 어떻게 조직하는지를 발견하는 것으로, 내담자의 성격차원(의존적-독립적, 자발적-체계적)을 탐구한다.
- **강점과 장애**: 내담자가 스스로 생각하는 주요 강점 및 장애에 대해 사정한다.
- **요약**: 내담자 스스로 자신에 대해 알게 된 내용을 요약해보도록 함으로써 자기인식을 증진시킨다.

CBT 적중 예상 문제

생애진로사정에 관한 설명으로 옳은 것은?

① 직업상담에서 생애진로사정은 초기단계보다 중·말기단계 면접법으로 사용된다.
❷ 생애진로사정은 Adler의 개인심리학에 부분적으로 기초를 둔다.
③ 생애진로사정은 객관적인 사실 확인에만 중점을 둔다.
④ 생애진로사정에서는 여가생활, 친구관계 등과 같이 일과 직접적으로 관련이 없는 주제는 제외된다.

039 직업가계도(genogram)

- 내담자의 가족 3대에 나타나는 직업특징에 대한 시각적 표상을 얻기 위한 그림이다.
- 가족은 개인이 직업을 선택하는 방식이나 자신을 지각하는 데 영향을 미친다.
- 가계도는 직업선택과 관련된 무의식적 과정을 밝히는 데 도움이 된다.
- 개인에게 심리적인 압박으로 작용하는 가족의 미완성된 과제를 발견할 수 있다.

Dagley의 직업가계도를 그릴 때 관심을 가져야 할 요인

- 3~4세대 가계에 있어서의 대표적 직업
- 가족 구성원들의 직업에 전형적으로 두드러진 지위와 가치의 서열화
- 가족 구성원들의 진로선택 형태와 방법
- 내담자가 성장할 때의 또래집단 상황
- 가족의 경제적 기대와 압력

CBT 적중 예상 문제

Dagley가 제시한 직업가계도를 그릴 때 관심을 가져야 할 요인과 가장 거리가 먼 것은?

① 가족 구성원들의 진로선택 형태와 방법
② 내담자가 성장할 때의 또래집단 상황
③ 가족의 경제적 기대와 압력
❹ 특정 직업에 대한 가계 유전적 장애

040 내담자 사정

내담자가 성공에 대한 동기가 낮을 때 대처방안

- 진로선택에 대한 중요성 증가시키기
- 좋은 선택이나 전환을 할 수 있는 자기효능감 증가시키기
- 기대한 결과를 이끌어낼 수 있는지에 대한 확신 증가시키기
- 높은 수준의 수행을 강화시켜 수행기준의 필요성을 인식시키기

상호역할관계의 사정방법

- **질문을 통해 역할관계 사정하기**
  - 내담자가 개입하고 있는 생애역할들을 나열하기
  - 각각의 역할에 소요되는 시간의 양을 추정하기
  - 내담자의 가치들을 이용해서 순위 정하기
  - 상충적·보상적·보완적 역할들을 찾아내기
- **동그라미로 역할관계 그리기**
  내담자의 삶에서 여러 가지 역할(예 작업자, 학생, 여가, 사회적 관계, 집안관계 등)을 내담자의 가치순위에 따라 크기를 달리하여 그려보게 한다.
- **생애-계획연습으로 전환하기**
  '동그라미로 역할관계 그리기'는 개인의 생애역할관계를 조사하도록 도와주는 데 목표가 있다. 이를 통해 생애-계획연습으로 전환시킬 수 있다.

CBT 적중 예상 문제

역할사정에서 상호역할관계를 사정하는 방법이 아닌 것은?

① 질문을 통해 사정하기
② 동그라미로 역할관계 그리기
❸ 역할의 위계적 구조 작성하기
④ 생애-계획연습으로 전환시키기

041 자기보고식 가치사정기법

- **존경하는 사람 기술하기**: 내담자가 존경하는 사람들이 누구인지를 기술하도록 한다.
- **백일몽 말하기**: 자신이 가지고 있는 개인적인 환상으로서의 백일몽을 이야기하도록 한다. 내담자의 미래를 자신의 직업계획에 근거하여 상상하게 함으로써 긍정적인 예언과 함께 내담자의 가치를 확인한다.
- **체크목록 가치에 순위 매기기**: 체크목록 중 중요하다고 생각되는 가치와 중요하지 않다고 생각되는 가치에 대해 +, - 표시를 하도록 하며, 그 결과에 대해 순위를 매긴다.
- **과거의 선택 회상하기**: 직업의 선택, 여가의 선택 등 과거 선택에 있어서의 경험을 파악하며, 그것을 선택한 기준에 대해 조사한다.
- **절정 경험 조사하기**: 자신이 체험한 최고의 경험에 대해 회상하도록 하거나 이를 상상하도록 하여 그 과정에 대해 설명하게 한다.
- **자유시간과 금전 사용계획 조사하기**: 자신에게 자유시간이 주어지는 경우 또는 예상치 못한 돈이 주어지는 경우 이를 어떠한 목적으로 어떻게 사용할 것인지 상상하도록 한다.

CBT 적중 예상 문제

자기보고식 가치사정법이 아닌 것은?

① 과거의 선택 회상하기
② 존경하는 사람 기술하기
❸ 난관을 극복한 경험 기술하기
④ 백일몽 말하기

042 흥미사정

일반적인 흥미사정방법

- **직업선호도검사**: Holland가 제시한 흥미유형 6가지에 대입하여 내담자의 흥미를 사정하는 기법이다.
- **직업카드분류법**: 직업선택의 동기와 가치를 알아보기 위한 것으로, 직업카드를 선호군(선택하고 싶은 직업), 혐오군(선택하고 싶지 않은 직업), 미결정중성군(잘 모르겠거나 확신이 가지 않는 직업)으로 분류하여 흥미를 사정하는 기법이다.
- **흥미평가기법**: 내담자에게 알파벳에 맞추어서 흥밋거리를 기입하도록 하여 사정하는 기법이다.
- **작업경험의 분석**: 내담자가 과거 경험해본 직무를 확인하여 상담자와 내담자가 함께 직무만족에 대한 특정 주제에 대해 총정리해 본다.

Super의 흥미사정기법

조사된 흥미	다양한 활동을 통해 좋고 싫음을 묻는 표준화된 심리검사를 통해 흥미를 파악하는 방법
표현된 흥미	직업에 대해 '좋다, 싫다'를 묻는 질문을 통해 흥미를 파악하는 방법
조작된 흥미	활동에 대해 질문을 하거나 활동에 참여하는 사람들이 어떻게 시간을 보내는지 관찰을 통해 흥미를 파악하는 방법

CBT 적중 예상 문제

다음에 해당하는 Super가 제시한 흥미사정기법은?

> 활동에 대해 질문을 하거나 활동에 참여하는 사람들이 어떻게 시간을 보내는지 관찰한다. 이 기법은 사람들이 자신이 좋아하거나 즐기는 활동과 연관된다는 것을 가정한다.

① 표현된 흥미 ❷ 조작된 흥미
③ 선호된 흥미 ④ 조사된 흥미

043 직업카드분류법(OCS)

- 직업카드를 선호군(선택하고 싶은 직업), 혐오군(선택하고 싶지 않은 직업), 미결정중성군(잘 모르겠거나 확신이 가지 않는 직업)으로 분류하여 흥미를 사정하는 기법이다.
- 내담자의 흥미, 가치, 능력 등을 탐색하는 방법으로 활용된다.
- 다른 심리검사에 비하여 내담자가 자신을 탐색하는 과정에 보다 능동적으로 참여하게 하는 방법이다.
- 즉각적인 피드백을 제공한다.

직업카드분류법의 목적

- 진로 및 직업탐색에 있어 기초가 되는 자신의 특성(동기, 흥미, 가치 등)을 질적으로 탐색하도록 한다.
- 진로 및 직업탐색에 흥미를 가지도록 하여 활동과정에 자발적으로 참여하도록 한다.
- 직업정보에 대해 구체적으로 탐색하도록 한다.
- 직업의 다양성 및 종류를 이해하도록 한다.
- 직업세계를 이해하기 위한 중요 요소들을 파악하도록 한다.

직업카드분류 시 고려해야 할 사항

- **선택한 직업카드의 숫자**: 상담자가 내담자의 직업선호를 충분히 추출해내기 위한 카드는 120~180개 정도 갖추는 것이 바람직하다.
- **포함될 직업의 혼합에 관한 문제**: Holland의 분류체계, 한국직업사전 분류체계, 교육적 수준을 균형 있게 고려해야 한다.
- **상담사 측면**: 내담자를 능동적으로 참여하도록 하고, 즉각적인 피드백을 제공한다.

CBT 적중 예상 문제

직업카드분류(OCS)는 내담자의 어떤 특성을 사정하기 위한 도구인가?

❶ 흥미사정 ② 가치사정
③ 동기사정 ④ 성격사정

044 내담자의 인지적 명확성 사정

인지적 명확성은 자신의 강점과 약점을 객관적으로 평가하고, 그 평가를 환경적 상황에 연관시킬 수 있는 능력(자기이해 능력)을 의미한다.

내담자의 인지적 명확성 사정 시 고려사항

- 직업상담에서는 내담자의 동기를 고려하여 상담이 이루어져야 한다.
- 직장인으로서의 역할이 다른 생애역할과 복잡하게 얽혀 있는 경우 생애역할을 함께 고려한다.
- 우울증과 같은 심리적 문제로 인지적 명확성이 부족한 경우 진로문제에 대한 결정은 당분간 보류하는 것이 좋다.

인지적 명확성이 부족한 내담자 유형과 개입방법

- **파행적 의사소통**: 저항에 초점 맞추기
- **가정된 불가능·불가피성**: 논리적 분석 및 격려하기
- **단순 오정보**: 정확한 정보 제공하기
- **복잡한 오정보**: 논리적 분석하기
- **강박적 사고**: REBT 기법 사용하기
- **원인과 결과의 착오**: 논리적 분석하기
- **구체성의 결여**: 구체화시키기
- **양면적 사고**: 역설적 사고(증상의 기술)하기
- **자기인식의 부족**: 은유나 비유를 사용하기

CBT 적중 예상 문제

상담 장면에서 인지적 명확성이 부족한 내담자를 위한 개입방법이 아닌 것은?

① 잘못된 정보를 바로잡아 줌
② 구체적인 정보를 제공함
③ 원인과 결과의 착오를 바로잡아 줌
❹ 가정된 불가피성에 대해 지지적 상상을 제공함

045 내담자의 정보와 행동에 대한 이해

- **가정 사용하기**: 내담자의 방어를 최소화하고 내담자의 행동을 예측하기 위해 어떤 것에 대해 가정하고 이야기하는 것이다.
- **전이된 오류 정정하기**: 내담자가 가지고 있는 정보, 한계, 논리적 오류를 정정하는 것을 말한다. 내담자가 이야기를 삭제하거나 불확실한 인물의 인용, 불분명한 동사의 사용 같은 반응을 보일 때 사용한다.

정보의 오류	이야기 삭제, 불확실한 인물의 인용, 불분명한 동사의 사용, 참고자료의 불충분한 사용 시 나타난다.
한계의 오류	예외를 불인정하는 것, 불가능을 가정하는 것, 어쩔 수 없음을 가정할 때 나타난다.
논리적 오류	잘못된 인간관계의 오류, 마음의 해석, 제한된 일반화 사용 시 나타난다.

- **저항감 재인식 및 다루기**: 저항감을 나타내는 내담자의 경우 그러한 저항의 목적이 무엇인지 이해하고 재인식시켜 줌으로써 자기인식을 돕는다. 이러한 내담자에게는 변형된 오류 수정하기, 내면적으로 친숙해지기, 은유 사용하기, 대결하기 등의 기법을 사용한다.
- **왜곡된 사고 확인하기**: 대표적인 왜곡된 사고로는 여과하기, 정당화하기, 인과응보의 오류, 변화의 오류, 마음 읽기 등이 있다.
- **분류 및 재구성하기**: 내담자의 표현을 분류 및 재구성함으로써 내담자 자신의 세계를 다른 각도에서 볼 수 있는 기회를 제공한다.

CBT 적중 예상 문제

내담자의 정보 및 행동을 이해하기 위해 사용하는 변형된 오류 수정하기와 은유 사용하기는 무엇을 위한 기법인가?

① 왜곡된 사고 확인하기
② 분류 및 재구성하기
③ 전이된 오류 정정하기
❹ 저항감 다루기

046 스트레스

스트레스의 효과

- **부정적 효과**: 스트레스는 주의력 부족과 건망증을 유발시키며, 불안, 우울 등 부정적인 정서를 유발하게 하여 합리적 의사결정과 행동을 저해한다.
- **긍정적 효과**: 스트레스는 목표 성취를 위한 동기부여를 위해 필연적인 것으로, 적당한 수준의 스트레스는 성숙, 발전을 가져오는 원동력이다.

스트레스 대처 전략

- 가치관을 전환시켜야 한다.
- 목표지향적 사고방식에서 과정지향적 사고방식으로 전환해야 한다.
- 스트레스에 정면으로 도전해야 한다.
- 균형 있는 생활을 해야 한다.
- 가슴 속 한을 털어내야 한다.
- 취미·오락을 통해 생활 장면을 전환하는 활동을 규칙적으로 해야 한다.
- 자신에게 적합한 운동으로 스트레스를 해소한다.

> ▶ **스트레스 연구**
> - **Selye의 일반적응증후군(GAS)**: 스트레스에 대한 유기체의 생리적 반응은 '경고(경계)단계 ⇨ 저항단계 ⇨ 탈진(소진)단계'의 3단계로 나타난다.
> - **Yerkes & Dodson의 역U자형 가설**: 스트레스 수준이 너무 낮거나 너무 높으면 건강이나 작업능률이 떨어진다. 즉 스트레스 수준이 적당하면 작업능률도 최대가 된다는 가설이다.

CBT 적중 예상 문제

셀리에(Selye)가 제시한 스트레스 반응단계(일반적응증후군)를 순서대로 바르게 나열한 것은?

① 소진 – 저항 – 경고
② 저항 – 경고 – 소진
③ 소진 – 경고 – 저항
❹ 경고 – 저항 – 소진

047 직무 및 조직 관련 스트레스 요인

- **과제특성**
  - **복잡한 과제**: 높은 수준의 능력을 요구하는 직무 활동에서 많이 나타나며, 높은 인지활동과 정보과부하로 인해 스트레스를 유발한다.
  - **단순, 반복적 과제**: 단순, 반복적인 과제는 근로자에게 일에 대한 흥미와 도전의식을 상실하게 한다.
- **역할모호성**: 개인의 책임한계와 목표가 명확하지 않아 역할이 분명하지 않을 때 발생한다.
- **역할갈등**: 직장 내 요구들 간의 모순 혹은 직장의 요구와 직장 밖 요구 사이의 모순이 있을 때 발생한다. 공식적이고 구조적인 조직에서는 주로 구조적 변수(예 의사결정의 참여) 때문에, 비공식적이고 비구조적인 조직에서는 주로 인간관계 변수(예 동료와의 관계) 때문에 역할갈등이 발생한다.
- **산업·조직문화 풍토**: 집합주의 문화와 개인주의 산업문화의 충돌은 근로자에게 스트레스원이 된다.

스트레스 관리전략

- **1차적 관리전략(출처지향적 관리)**: 조직수준의 스트레스 관리전략으로 직무 스트레스의 직접적인 원인을 수정한다. 직무재설계, 직무확대 등이 있다.
- **2차적 관리전략(반응지향적 관리)**: 개인수준의 스트레스 관리전략으로 직무 스트레스로 인한 다양한 증상을 완화한다. 이완훈련, 바이오피드백, 대처기술, 스트레스 관리훈련, 생활스타일 관리 등이 있다.
- **3차적 관리전략(증후지향적 관리)**: 직무 스트레스로 인해 발생한 각종 장애(부정적 결과)를 치료 또는 최소화하거나 예방을 목적으로 한다. 의학적 보호(약물치료), 상담 및 심리치료 등이 있다.

CBT 적중 예상 문제

조직에 영향을 미치는 직무 스트레스의 결과와 가장 거리가 먼 것은?

① 직무수행 감소 ② 직무 불만족
❸ 상사의 부당한 지시 ④ 결근 및 이직

048 직무 관련 스트레스의 조절요인(매개변인)

A/B성격유형(행동유형)

- A성격유형은 공격적·경쟁적이어서 스트레스 상황에서 B성격유형보다 훨씬 많은 스트레스를 받는다.
- B성격유형은 A성격유형보다 성취욕구와 포부수준이 낮기 때문에 스트레스를 느낄 가능성이 적다.
- 스트레스 상황에 노출되면 A성격유형이 B성격유형보다 더 많은 부정과 투사기제를 사용한다.
- 현대 산업사회에서는 A성격유형의 비중이 높아지고 있다.

통제의 소재(위치)

- 내적 통제자는 어떤 행위의 결과가 자신의 행위에 달려 있다고 보기 때문에 외적 통제자보다 자신의 노력에 따른 보상에 기대가 높다(외적 통제자보다 스트레스 위협을 덜 느낌).
- 내적 통제자는 복잡한 과제상황에 더 적극적으로 대처한다. 다만 스트레스 상황에 대한 통제력이 더 이상 유용하지 못하다고 판단하면 내적 통제자들은 스트레스에 대한 대처노력을 쉽게 포기하는 경향이 있다.

사회적 지원(지지)

- A성격유형과 같은 성격유형과 상황을 개인이 통제할 수 있느냐에 대한 신념 등은 개인속성이지만 사회적 지원은 사회적 요인이다.
- 사회적 지원은 스트레스 상황에서의 심리적·신체적 적응에 도움을 주는 것으로, 직무수행자의 직무 스트레스를 완화할 수 있도록 해주는 조직 내적 혹은 조직 외적 요인을 의미한다.

CBT 적중 예상 문제

직무 스트레스를 조절하는 변인과 가장 거리가 먼 것은?

① 성격유형 ❷ 역할모호성
③ 통제소재 ④ 사회적 지원

7개년 기출문제를 완벽 분석한
최빈출 주제 200 | 2과목 | 직업상담 및 취업지원

049 직업상담의 목적(진로지도의 목적)

- 개인의 직업목표를 명백하게 해주는 과정이다.
- 직업상담은 내담자가 이미 결정한 직업계획과 직업선택을 확신·확인하는 과정이다.
- 자기 자신 및 직업세계에 대해 올바른 이해를 하도록 한다.
- 내담자에게 올바른 진로계획을 수립하게 한다.
- 내담자에게 성숙한 직업의식을 확립하게 한다.
- 내담자의 능력을 향상시키고 성장시킨다.

▶ **Gysbers가 제시한 직업상담의 목적**
생애진로발달에 관심을 두고, 효과적인 사람이 되는 데 필요한 지식과 기능을 습득하게 한다.

▶ **Crites가 제시한 직업상담의 목적과 과정**
직업선택, 의사결정기술의 습득 등이 주요한 목적이고, 직업상담의 과정에는 진단, 문제분류, 문제구체화 등이 들어가야 한다.

CBT 적중 예상 문제

직업상담의 목표와 거리가 가장 먼 것은?
① 적성과 흥미를 탐색하고 확대한다.
② 진로발달이나 직업문제에 대한 처치를 한다.
❸ 새로운 노동시장의 영역을 개척한다.
④ 직업과 관련된 문제해결에 관심을 갖는다.

050 직업상담사의 역할(직무내용)

- 직업정보의 수집·분석 및 구인·구직 정보 제공
- 구인·구직·직업적응·경력개발 등 직업 관련 상담
- 적성검사, 흥미검사 등 직업 관련 심리검사의 실시 및 해석
- 노동시장, 직업세계 등과 관련된 직업정보의 수집·분석·가공 등
- 직업지도 프로그램의 운영
- 직업상담과 직업지도 업무의 기획 및 평가
- 내담자의 능력·흥미 및 적성의 평가
- 직무스트레스·직무상실 등으로 인한 내담자 지지
- 내담자의 삶과 직업목표 명료화

직업상담사의 자질요건
- 상담업무를 수행하는 데 가급적 결함이 없는 성격
- 건설적인 냉철함
- 지나치지 않은 동정심
- 순수한 이해심을 가진 신중한 태도
- 두려움이나 충격에 대한 공감적 이해력

▶ **인간중심이론에서 상담사의 역할**
- 조력관계를 통해 성장을 촉진한다.
- 내담자가 자신의 깊은 감정을 깨닫게 돕는다.
- 내담자로 하여금 존중받고 있음을 느끼게 한다.

CBT 적중 예상 문제

직업상담사의 역할과 가장 거리가 먼 것은?
① 직업정보의 수집 및 분석
❷ 직업 관련 이론의 개발과 강의
③ 직업 관련 심리검사의 실시 및 해석
④ 구인, 구직, 직업적응, 경력개발 등 직업 관련 상담

051 집단상담

- 집단상담이란 상담자가 여러 명의 내담자를 대상으로 상담을 실시하는 것을 말한다.
- 집단상담은 상담자들이 제한된 시간 내에 적은 비용으로 보다 많은 내담자에게 접근하는 것을 가능하게 한다.
- 효과적인 집단에는 언제나 직접적인 대인적 교류가 있으며 이것이 개인적 탐색을 도와 개인의 성장과 발달을 촉진시킨다.
- 집단은 집단과정의 다양한 문제에 많은 시간을 사용하게 되어 내담자의 개인적인 문제를 등한시할 수 있다.

Butcher의 집단직업상담을 위한 3단계 모델

탐색단계	흥미와 적성에 대한 측정
전환단계	자신의 지식과 직업세계의 연결
행동단계	목표 달성 촉진을 위한 자원의 탐색

집단상담의 운영방식에 따른 집단 유형(구조화 정도)

- **구조화 집단**: 집단이 프로그램으로 구조화되어 매 회기가 계획에 따라 운영되는 집단
- **비구조화 집단**: 특정한 프로그램을 사용하지 않고, 집단 구성원들의 상호작용에 근간을 두고 진행하는 집단
- **반구조화 집단**: 구조화 집단과 비구조화 집단이 섞여 있는 집단

CBT 적중 예상 문제

Butcher가 제시한 집단직업상담을 위한 3단계 모델에 해당하지 않는 것은?

① 탐색단계　　② 전환단계
❸ 평가단계　　④ 행동단계

052 사이버 직업상담

- 개인의 지위, 연령, 신분, 권력 등을 짐작할 수 있는 사회적 단서가 제공되지 않으므로 전달되는 내용 자체에 많은 주의를 기울이고 의미를 부여할 수 있다.
- 내담자의 자발적 참여로 상담이 진행되는 경우가 대면상담에 비해 압도적으로 많으므로 내담자들이 문제해결에 대한 동기가 높다고 할 수 있다.
- 상담자와 직접 얼굴을 마주하지 않기 때문에 내담자 자신의 행동이나 감정에 대한 즉각적인 판단이나 비판을 염려하지 않아도 된다.
- 친숙한 표현으로 답변을 작성하여 내담자가 친근감을 느끼게 한다.
- 상담자는 내담자가 청소년이라 할지라도 반드시 존칭을 사용하여 호칭한다.
- 추수상담의 가능성과 전문기관에 대한 안내를 한다.

사이버 직업상담기법의 단계

1단계	주요 진로논점 파악하기
2단계	핵심 진로논점 분석하기
3단계	진로논점 유형 정하기
4단계	답변내용 구상하기
5단계	직업정보 가공하기
6단계	답변 작성하기

CBT 적중 예상 문제

사이버 직업상담기법으로 적합하지 않은 것은?

❶ 질문내용 구상하기
② 핵심 진로논점 분석하기
③ 진로논점 유형 정하기
④ 직업정보 가공하기

053 Williamson의 직업문제유형(변별진단)

- **흥미와 적성의 불일치(모순)**: 내담자가 흥미를 느끼는 직업은 있으나 그 직업을 수행할 적성이 부족하거나, 적성이 있는 직업에는 흥미를 느끼지 못하는 경우이다.
- **어리석은 선택(현명하지 못한 선택)**: 내담자가 흥미와 관계없는 목표, 자신의 목표와 맞지 않는 적성, 직업적응을 어렵게 하는 성격, 특권에 대한 갈망으로 직업을 선택하려는 경우이다.
- **불확실한 직업선택(확신 부족)**: 실패에 대한 두려움, 자신의 적성에 대한 불신, 자기와 직업세계에 대한 이해부족 등으로 인해 직업선택에 확신을 갖지 못하는 경우이다.
- **진로(직업) 무선택**: 내담자가 선호하는 몇 가지 진로가 있지만 어느 것을 선택할지 모르는 경우이다.

> ▶ **변별진단**
> 일련의 관련 있는 또는 관련 없는 사실들로부터 일관된 의미를 논리적으로 파악하여 문제를 하나씩 해결하는 과정을 의미하며, 특성-요인 직업상담의 진단기법이다.

054 Crites의 직업문제유형

적응성	• 적응형: 흥미와 적성이 일치하는 경우 • 부적응형: 흥미를 느끼는 분야도 없고 적성에 맞는 분야도 없는 경우
결정성	• 다재다능형: 흥미를 느끼는 직업과 적성에 맞는 직업들 사이에서 갈등하는 경우 • 우유부단형: 흥미나 적성에 관계없이 어떤 분야를 선택할지 결정하지 못하는 경우
현실성	• 비현실형: 흥미를 느끼지만 그 분야에 필요한 적성을 가지지 못한 경우 • 불충족형: 흥미를 느끼는 분야는 있지만 자신의 적성수준보다 낮은 적성을 요구하는 경우 • 강압형: 적성에 따라 직업을 선택했지만 그 직업에 대해 흥미를 못 느끼는 경우

> ▶ **행동주의 직업상담에서 내담자 유형(문제유형)**
> - **우유부단**: 내담자의 진로 미성숙에 기인한 자아와 일의 세계에 대한 정보의 결핍이 그 원인이다. 상담과 정보를 제공하면 의사결정력이 높아진다.
> - **무결단성**: 내담자의 진로결정상의 무력감에 기인하여 부모의 지시나 강압에 의한 직업선택 등 환경의 요구나 압력이 원인이다. 정보가 주어지고 직업상담이 끝난 후에도 결정을 못 내리는 경우이다.

CBT 적중 예상 문제

Williamson의 직업문제 분류범주에 포함되지 <u>않는</u> 것은?

① 진로 무선택
② 흥미와 적성의 차이
❸ 진로선택에 대한 불안
④ 진로선택 불확실

CBT 적중 예상 문제

Crites의 분류유형 중 가능성이 많아서 흥미를 느끼는 직업들과 적성에 맞는 직업들 사이에서 결정을 내리지 못하는 유형은?

① 부적응형　② 우유부단형
❸ 다재다능형　④ 비현실형

055 Bordin의 직업문제유형(심리적 원인)

- **내적갈등(자아갈등)**: 개인의 내적인 자아개념과 다른 심리적 기능 간의 갈등으로 직업결정에 어려움을 가지는 경우로, 생애문제에서 중요한 결정을 내리는 경우 갈등을 경험한다.
- **정보의 부족**: 개인이 진로와 관련된 정보를 받지 못하는 경우 직업선택과 진로문제 해결에 어려움을 가지게 된다.
- **의존성**: 개인의 진로문제를 책임지는 것이 어렵다고 느끼며, 스스로 해결하지 못하고 주변이나 타인에 의존하는 경우이다.
- **확신의 결여(문제는 없으나 확신 부족)**: 잠정적인 진로 및 직업선택과 미래 진로에 대한 확신이 부족한 상황으로, 내담자가 진로에 관한 선택을 내린 이후에도 단지 그것을 확인하기 위해서 상담자를 찾는 경우이다.
- **진로선택의 불안**: 자신이 원하는 일과 중요한 타인의 요구가 다를 때 개인은 진로선택의 불안을 느끼게 된다.

CBT 적중 예상 문제

직업상담의 문제유형 중 Bordin의 분류에 해당하지 <u>않는</u> 것은?
① 의존성 ② 확신의 결여
③ 선택에 대한 불안 ❹ 흥미와 적성의 모순

056 Freud의 정신분석상담

불안의 유형

현실적 불안	현실에서 지각하는 실제적 위험에서 느끼는 불안이다.
신경증적 불안	자아와 원초아 간의 갈등으로, 본능이 통제되지 않아 생기는 불안이다.
도덕적 불안	원초아와 초자아 간의 갈등으로, 수치심과 죄의식을 느끼게 되는 불안이다.

정신분석 상담기법

- **통찰**: 내담자의 무의식을 해석함으로써 무의식적 욕구의 의미를 깨닫도록 유도하는 것이다.
- **자유연상**: 어떤 대상과 관련하여 마음속에 떠오르는 생각, 감정, 기억을 아무런 수정도 가하지 않고 이야기하도록 하는 것이다.
- **저항의 분석**: 저항이란 현 상태를 유지시키고 변화를 막는 모든 생각, 태도, 감정, 행동을 의미한다. 상담자는 내담자가 저항을 해결할 수 있도록 저항의 이유에 대한 분석과 해석을 해야 한다.
- **전이의 분석**: 전이란 내담자가 과거의 중요한 인물에게서 느꼈던 감정이나 생각을 상담자에게 투사하는 현상이다. 상담자는 이러한 내담자의 전이를 잘 이해하고 분석하여 내담자의 억압된 감정을 해소할 수 있도록 도와주어야 한다.
- **훈습**: 저항에 대해 반복적이고 점진적으로 정교하게 탐색하는 과정으로 반복, 정교화, 확대 등의 활동으로 이루어진다.

▶ **정신분석상담에서 훈습의 단계**
환자(내담자)의 저항 ⇨ 분석자(상담자)의 저항에 대한 해석 ⇨ 환자의 해석에 대한 반응

CBT 적중 예상 문제

정신분석적 상담에서 훈습의 단계에 해당하지 <u>않는</u> 것은?
① 환자의 저항
❷ 분석의 시작
③ 분석자의 저항에 대한 해석
④ 환자의 해석에 대한 반응

057 Adler의 개인주의 상담

- 아들러(Adler)는 프로이트(Freud), 융(Jung)과 함께 정신역동적 관점 범주의 이론가에 속하며, 인간의 삶의 초기 경험을 중시했다.
- 아들러는 1911년 프로이트의 성적 결정론에 반발하여 개인주의 심리학을 창시하였다.
- 아들러는 인간은 성적 동기가 아닌 사회적 맥락을 토대로 동기화된다고 보았다.
- 인간 행동은 무의식에 지배되는 것이 아니라 목표지향적인 통합적 의식에 의해 행해진다고 보았다.
- 개인은 목표를 달성하기 위해 열등감을 극복하고 우월성을 추구하는 존재로 보았다.
- 상담과정은 사건의 객관성보다는 주관적 지각과 해석을 중시한다.

Adler의 개인주의 상담의 특징

- 사회 및 교육 문제에 관심을 갖는다.
- 행동수정보다는 동기수정에 관심을 둔다.
- 열등감 극복과 우월성의 추구가 개인의 목표이다.
- 상담과정은 사건의 객관성보다는 주관적 지각과 해석을 중시한다.
- 범인류적 유대감을 중시한다.
- 인간을 전체적 존재(총체적 존재)로 본다.

CBT 적중 예상 문제

Adler의 개인주의 상담에 관한 설명으로 옳은 것은?

① 내담자의 잘못된 가치보다는 잘못된 행동을 수정하는 데 초점을 둔다.
② 상담자는 조력자의 역할을 하며 내담자가 상담을 주도적으로 이끈다.
❸ 상담과정은 사건의 객관성보다는 주관적 지각과 해석을 중시한다.
④ 내담자의 사회적 관심보다는 개인적 열등감의 극복을 궁극적 목표로 삼는다.

058 분석심리학

- 칼 융(Carl G. Jung)이 창시한 분석심리학은 인간의 무의식적인 내용을 의식화하는 과정을 중시하는 이론이다.
- 의식세계와 함께 무의식을 개인 무의식과 집단 무의식으로 나누고, 이러한 의식과 무의식 간의 관계를 확립하고 통찰하는 데 초점을 맞추고 있다.

주요 개념

- **자아(ego)**: 의식의 중심이며, 사고, 감정, 기억 등을 통해 외부 세계를 인식하고 자신을 표현하는 주체이다.
- **자기(self)**: 의식과 무의식 모두의 아우르는 전체 인격의 중심이다. 융은 인간이 의식과 무의식을 통일하여 완성된 전체를 이루도록 촉구하고, 자기를 찾아 현실에 실현시키는 것을 자기실현으로 보았다.
- **페르소나(persona)**: 개인의 공적 얼굴로 환경의 요구에 조화를 이루려고 하는 적응의 원형이다.
- **아니마(anima), 아니무스(animus)**: 융은 인간이 태어날 때 본질적으로 양성을 가지고 태어난다는 양성론적 입장을 취했다.
- **그림자**: 무의식 속에 남아 있는 어두운 부분으로, 인간의 원초적인 동물적 욕망에 기여하는 원형이다.
- **개인 무의식**: 의식에 머물러 있지 못하는 경험 혹은 너무 약해서 의식에 도달하지 못하는 경험의 저장소를 말한다.
- **집단 무의식**: 문화, 역사적 기반의 공통된 기억이나 이미지가 집단에 공유되고 있는 무의식을 말한다.

CBT 적중 예상 문제

융(Jung)이 언급한 원형들 중 환경의 요구에 조화를 이루려고 하는 적응의 원형은?

❶ 페르소나 ② 그림자
③ 아니무스 ④ 아니마

059 행동주의 상담기법 ❶

행동주의 상담기법에서는 내담자의 문제행동을 증가시켜 왔던 강화요인을 탐색하고 제거한다.

- **체계적 둔감법**: 불안과 같은 긴장된 정서반응과 편안함과 같은 이완된 정서반응은 양립할 수 없다는 상호제지의 원리를 이용하여 불안자극을 점차적으로 위계목록 순으로 완화시키는 기법이다. 공포와 불안이 원인이 되는 부적응행동이나 회피행동을 치료하는 데 가장 효과적인 기법으로, 체계적 둔감법은 다음 순서로 진행된다.

1단계 (근육이완훈련)	근육을 이완시켜 긴장상태에서 벗어날 수 있도록 훈련한다.
2단계 (불안위계목록 작성)	불안을 일으키는 정도가 낮은 자극(상황)부터 높은 자극(상황)까지 불안위계목록을 10~20개 정도 작성한다.
3단계 (둔감화)	점차로 위계목록 상위로 노출시켜 불안이 완전히 소거될 때까지 훈련한다.

- **자기주장훈련**: 대인관계에서의 불안을 제지하는 방법으로 상대방에게 불쾌감을 주지 않는 범위에서 자기주장을 함으로써 불안을 억제하는 방법이다.
- **자기관리 프로그램**: 내담자가 자기지시적인 삶을 영위하고 상담사에게 의존하지 않게 하기 위해 상담사가 내담자와 지식을 공유하며 자기강화 기법을 적극적으로 활용하는 행동주의 상담기법이다.

CBT 적중 예상 문제

행동주의적 접근의 상담기법 중 공포와 불안이 원인이 되는 부적응행동이나 회피행동을 치료하는 데 가장 효과적인 기법은?

① 타임아웃 기법 ② 모델링 기법
❸ 체계적 둔감법 ④ 행동조성법

060 행동주의 상담기법 ❷

- **스트레스 접종**: 예상되는 신체적·정신적인 긴장을 약화시켜 내담자가 충분히 자신의 문제를 다룰 수 있도록 준비시키는 데 사용되는 인지적 행동주의 기법이다.
- **혐오치료**: 알코올중독, 흡연, 강박증, 도박 등의 부적절한 행동에 대해 혐오자극을 제시하여 행동을 억제시키는 데 효과적이다.
- **강화**: 내담자의 바람직한 행동에 초점을 맞추어 강화하는 것은 긍정적인 행동을 증가시키는 데 효과적이다.
- **토큰법(상표법)**: 물리적 강화물(토큰)을 이용함으로써 내적 동기의 가치를 학습하도록 한다. 토큰은 1차적 강화물과 교환될 수 있는 2차 강화물을 의미한다. 쿠폰, 스티커 등이 바로 토큰의 예이다.
- **행동조성(조형법)**: 점진적 접근방법으로서, 학습해야 할 최종의 목표행동에 도달하기 위해 순서적이며 단계적으로 학습하는 방법이다.
- **과잉교정**: 행동주의 상담에서 문제행동에 대한 대안 행동이 거의 없거나 효과적인 강화인자가 없을 때 유용한 기법으로서 파괴적이고 폭력적인 행동을 수정하는 데 효과적인 방법이다.
- **타임아웃 기법**: 내담자가 긍정적 강화를 받을 기회를 박탈시키는 것. 긍정적 강화가 많은 상황에서 적은 상황으로 이동시킴으로써 강화물을 얻을 수 있는 기회로부터 제외시키는 것이다.

CBT 적중 예상 문제

행동주의 상담기법 중 내담자가 긍정적 강화를 받을 기회를 박탈시키는 것은?

❶ 타임아웃 ② 혐오치료
③ 자극통제 ④ 토큰경제

061 내담자중심 상담이론 ❶

- 내담자는 자아와 경험의 불일치로 인해 현재 어려움을 경험하기 때문에 일시적으로 직업의사결정에 어려움이 있다고 보았다.
- 문제보다는 개인 그 자체를 중시하였다. 즉 내담자의 직업문제를 진단하기보다 개인이 경험하는 현상의 세계에 주목한다.
- 몇몇 내담자중심 상담자들은 일반적 적응과 직업적 적응 사이에 관련성이 크지 않다고 보았다.
- 비지시적 상담을 원칙으로 자아와 일에 대한 정보 부족 혹은 왜곡에 초점을 맞춘다.
- 자기와 일의 세계에 대한 정보 부족과 일치성 부족으로 내담자의 부적응이 발생한다고 보았다.
- 자아의 일치성 회복을 통해 직업선택과 관련된 불안을 줄이고 스스로 올바른 직업의사결정을 하도록 돕는다.

비지시적 상담 규칙

- 상담사는 인내심을 가지고 우호적으로, 그러나 지적으로는 비판적인 태도로 내담자의 말을 경청해야 한다.
- 상담사는 내담자에게 어떤 종류의 권위도 과시해서는 안 된다.
- 상담사는 내담자에게 조언이나 훈계를 해서는 안 된다.
- 상담사는 내담자와 논쟁해서는 안 된다.
- 상담사는 특수한 경우에 한해 내담자에게 질문 또는 이야기를 할 수 있다.

CBT 적중 예상 문제

비지시적 상담을 원칙으로 자아와 일에 대한 정보 부족 혹은 왜곡에 초점을 맞춘 직업상담은?

① 정신분석 직업상담
❷ 내담자중심 직업상담
③ 행동적 직업상담
④ 발달적 직업상담

062 내담자중심 상담이론 ❷

Rogers의 내담자중심 상담(인간중심 상담)

- **자기실현의 경향성**: 인간은 자신을 유지하고 향상시키는 방향으로 자신이 지닌 모든 능력을 개발하려는 강한 경향을 가진다. 즉 자기를 보전, 유지하고 향상시키고자 하는 선천적 성향이다.
- **가치의 조건화**: 주요 타자로부터 긍정적 존중을 받기 위해 그들이 원하는 가치와 기준을 내면화하는 것이다.
- **현상학적 장**: 경험적 세계 또는 주관적 경험으로 특정 순간에 개인이 지각하고 경험하는 모든 것을 뜻한다.

내담자중심 상담의 상담자가 갖추어야 할 태도

- **일치성 또는 진실성**: 내담자와의 관계 속에서 느낀 상담자의 감정이나 생각을 있는 그대로 인정하고 일치화시키되, 있는 그대로 솔직하게 표현하는 것을 말한다.
- **무조건적인 수용**: 내담자의 말을 비판하거나 평가하지 않고 그대로 수용함으로써 내담자를 존중하는 상담자의 태도이다.
- **공감적 이해**: 내담자의 감정과 경험을 마치 상담자 자신의 경험인 것처럼 이해하고자 하는 태도이다.

CBT 적중 예상 문제

인간중심 상담이론에 관한 설명으로 틀린 것은?

① 실현화 경향성은 자기를 보전, 유지하고 향상시키고자 하는 선천적 성향이다.
❷ 자아는 성격의 조화와 통합을 위해 노력하는 원형이다.
③ 가치의 조건화는 주요 타자로부터 긍정적 존중을 받기 위해 그들이 원하는 가치와 기준을 내면화하는 것이다.
④ 현상학적 장은 경험적 세계 또는 주관적 경험으로 특정 순간에 개인이 지각하고 경험하는 모든 것을 뜻한다.

회독 체크 ① ② ③

063 형태주의(게슈탈트) 상담이론의 특징

주요 목표
- 자각에 의한 성숙과 통합을 성취하도록 한다.
- 내담자가 자유로운 선택을 하도록 하고, 책임의식을 증진시킨다.
- 잠재력의 실현에 따른 변화와 성장을 도모한다.

기본 가정
- 인간의 행동은 행동이 일어난 상황과 관련해서 의미 있게 이해될 수 있다는 것을 기본 가정으로 한다.
- 인간을 과거나 환경에 의해 결정되는 것이 아니라 현재의 사고, 감정, 느낌, 행동의 전체성과 통합을 추구하는 존재로 본다.

형태주의(게슈탈트) 상담이론의 특징
- 여기-지금의 현재 상황에 대한 인간의 자각에 초점을 두었다.
- 개인이 자신의 내부와 주변에서 일어나는 일들을 충분히 자각할 수 있다면, 자신이 당면하는 삶의 문제들을 스스로가 효과적으로 다룰 수 있다고 가정한다.
- 현재를 온전히 음미하고 경험하는 학습을 강조한다.
- 건강한 사람은 감정과 욕구가 명확히 구별되는 반면, 건강하지 못한 사람은 정확히 구별되지 않는다.
- 개인의 발달초기에서의 문제들을 중요시한다는 점에서 정신분석적 상담과 유사하나, 인간은 과거와 환경에 의해 결정되는 존재가 아닌 현재 상황의 자각(알아차림)에 따른 존재라 보는 차이가 있다.
- 게슈탈트를 방해하는 접촉경계이 장애유형으로는 내사, 투사, 반전, 융합, 편향 등이 있다.

CBT 적중 예상 문제
인간을 과거나 환경에 의해 결정되는 존재가 아니라 현재의 사고, 감정, 행동의 전체성과 통합을 추구하는 존재로 보는 상담접근법은?
① 정신분석학적 상담 ❷ 형태주의 상담
③ 개인주의 상담 ④ 교류분석적 상담

회독 체크 ① ② ③

064 실존주의 상담

- 상담목표는 치료가 아니라 내담자로 하여금 자신의 현재 상태에 대해 인식하고 피해자적 역할로부터 벗어날 수 있도록 돕는 것이다(상담을 치료적 수단이 아닌 진정한 개인의 이해과정으로 봄).
- 실존주의 상담은 대면적 관계를 중시한다.
- 인간에게 자기지각의 능력이 있다고 가정한다.
- 자유와 책임의 양면성에 대한 지각을 중시한다.

실존주의 상담자들이 제시한 인간의 궁극적 관심사
- **삶의 의미성**: 인간은 삶을 통해 스스로의 존재 의미를 발견해야 한다.
- **진실성**: 개인의 실존을 회복하기 위한 진실성 있는 노력을 해야 한다.
- **자유와 책임**: 인간은 자기결정적인 존재로서 선택할 능력과 책임이 있다.
- **죽음과 비존재**: 삶과 죽음은 분리될 수 없는 연속성이며, 인간은 비존재에 대한 불안감을 가진다.

▶ **얄롬(Yalom)의 실존주의의 궁극적 관심사**
- **죽음**: 죽음의 불가피성이 삶의 유한성을 더욱 가치 있게 만든다.
- **자유**: 인간은 자기결정적인 존재로서 선택할 능력과 책임이 있다.
- **소외(고립)**: 인간은 자신의 실존적 고립에 직면함으로써 타인과 성숙한 관계를 맺을 수 있다.
- **무의미성**: 인간은 인생을 살아가면서 끊임없이 삶의 의미를 추구한다.

CBT 적중 예상 문제
Yalom이 제시한 실존주의 상담에서의 4가지 궁극적 관심사에 해당하지 않는 것은?
① 죽음 ② 자유
③ 고립 ❹ 공허

065 인지·정서·행동적(REBT) 상담

- 엘리스(Ellis)에 의해 개발, 발전된 이론으로 인간의 심리적 부분 중 인지영역을 가장 중시하였다.
- 심리적 문제를 일으키는 사건보다 사건에 대한 사고의 분석을 중시한다.
- 행동에 대한 과거의 영향보다는 현재에 초점을 둔다.
- 모든 내담자의 행동적·정서적 문제는 비논리적이고 비합리적인 사고에서 발생한 것이다.
- 역기능적 사고는 정서장애의 중요한 결정요인이다.
- 과학적 사고를 통하여 깊게 느끼고 구체적으로 행동할 수 있다.
- 문제해결을 위해 사고의 분석과 논박 그리고 상담사의 교육적 접근을 강조한다.
- 비합리적 사고를 합리적 사고로 전환하고자 ABCDE 모형을 적용한다.

A	(Activating event, 선행사건) 개인의 감정이나 정서적 혼란을 가져오게 되는 행동 또는 사건이다.
B	(Belief system, 신념체계) 선행사건에 의해 경험하게 되는 내담자의 비합리적 신념체계이다.
C	(Consequence, 결과) 비합리적 신념으로 초래되는 불안, 초조, 우울, 분노, 죄책감이 나타나는 것이다.
D	(Dispute, 논박) 비합리적 신념의 결과를 논리적인 원리를 제시하여 논박하는 것이다.
E	(Effect, 효과) 논박의 결과로 내담자의 비합리적 신념이 해소되며, 합리적 신념으로 전환되는 것이다.
F	(Feeling, 새로운 감정) 논박의 효과로 인한 합리적인 신념에서 비롯된 수용적이고 긍정적 태도를 의미한다.

CBT 적중 예상 문제

엘리스(Ellis)가 개발한 인지적-정서적 상담에서 정서적이고 행동적인 결과를 야기하는 것은?

① 선행사건 ② 논박
❸ 신념 ④ 효과

066 Beck의 인지치료(Cognitive therapy)

인지적 오류의 유형

- **흑백논리(이분법적 사고)**: 판단과정을 이분법화하여 생기는 오류이다.
- **과잉일반화**: 특정 사건의 결과를 관계없는 상황에 적용해 일반화하려는 오류이다.
- **선택적 추상**: 부정적인 일부 사항(실패 또는 부족한 점)만을 기초로 결론을 내리고 전체를 보려 하는 것이다.
- **임의적 추론(자의적 추론)**: 결론을 지지하는 증거가 없음에도 임의적으로 결론을 내리는 오류이다.
- **의미 확대 및 축소**: 사건의 중요성과 무관하게 특정 의미를 과도하게 확대 혹은 축소하는 경향을 말한다.

인지치료의 기법

인지적 기법 (언어적 기법)	• 비합리적 신념 논박하기 • 인지적 과제 주기 • 내담자 자신의 비합리적 신념에 대한 자기 논박 • 내담자의 언어 변화시키기(새로운 진술문의 사용)
정서적 기법	• 무조건적 수용 • 합리적–정서적 이미지 • 역할놀이 • 수치(부끄러움) 공격 연습
행동적 기법	인지·행동적 상담의 한 형태이므로 행동적 상담기법(조작적 조건화, 자기관리, 체계적 둔감법, 도구적 조건화, 생체 자기제어, 이완 등)을 활용한다.

CBT 적중 예상 문제

인지상담에서 주장하는 인지적 오류를 모두 고른 것은?

ㄱ. 자동적 사고 ㄴ. 흑백논리
ㄷ. 자극 일반화 ㄹ. 임의적 추론
ㅁ. 선택적 추상화

① ㄱ, ㄴ, ㄷ ② ㄱ, ㄴ, ㅁ
③ ㄱ, ㄷ, ㄹ ❹ ㄴ, ㄹ, ㅁ

067 교류분석적 상담

- 교류분석은 프로이트의 결정론에 반대하면서 어린 시절 주위환경에 의해 형성된 자아를 자신이 원하는 방향으로 바꿀 수 있다고 강조한다.
- 새로운 결정을 내릴 수 있는 개인의 능력을 강조한다.
- 인간의 성격은 세 가지 자아상태(ego state)로 구성되어 있다.
- 개인 간 그리고 개인 내부의 상호작용을 분석하기 위한 구조를 제공한다.
- 대부분의 다른 이론과는 달리 계약적이고 의사결정적이다.

교류분석 상담의 성격구조

부모자아 (Parent ego)	부모의 말이나 행동을 무비판적으로 받아들여 내면화한 것이다.
성인자아 (Adult ego)	합리적인 사고와 현실지향적인 행동을 한다.
어린이자아 (Child ego)	어린 시절에 실제로 느꼈거나 행동했던 것과 똑같은 감정이나 행동을 나타내는 자아상태를 말한다.

CBT 적중 예상 문제

다음 중 교류분석(Transactional Analysis ; TA)에서 주로 사용되는 개념은?

① 집단무의식
❷ 자아상태(부모-성인-아동)
③ 전경과 배경
④ 비합리적 신념

068 특성-요인 상담이론

- 고도로 개별적이고 과학적인 방법을 통해 개인의 특성과 직업적 특성을 연결하여 문제해결과 직업선택을 돕는다.
- 개인은 신뢰할 만하고 타당하게 측정될 수 있는 고유한 특성의 집합이다.
- 개인의 특성과 직업의 요구사항(요인) 간에 상관이 높을수록 직업적 성공의 가능성이 커진다.
- 직업선택은 직접적인 인지과정이기 때문에 개인의 특성과 직업의 특성을 연결하는 것이 가능하다.
- 상담자 중심의 상담방법이다.
- 사례연구를 상담의 중요한 자료로 삼는다.
- 내담자에게 정보를 제공하고 학습기술과 사회적 적응기술을 알려주는 것을 중요시한다.

특성-요인 직업상담(지시적)의 특징

- 상담자 중심의 상담이다.
- 정서적 이해보다는 문제를 중시한다.
- 상담에 있어 검사와 진단은 필요하다.
- 공감보다는 촉진적 관계형성이 중요하다.

> ▶ **Williamson의 특성-요인 상담과정**
> 분석 ⇨ 종합 ⇨ 진단 ⇨ 예측 ⇨ 상담 ⇨ 추수지도

CBT 적중 예상 문제

Williamson의 특성-요인 직업상담의 단계를 바르게 나열한 것은?

| ㄱ. 분석 | ㄴ. 종합 | ㄷ. 진단 |
| ㄹ. 예측 | ㅁ. 상담 | ㅂ. 추수지도 |

❶ ㄱ → ㄴ → ㄷ → ㄹ → ㅁ → ㅂ
② ㄷ → ㄱ → ㄴ → ㅁ → ㄹ → ㅂ
③ ㄴ → ㄱ → ㄹ → ㄷ → ㅁ → ㅂ
④ ㄱ → ㄷ → ㅁ → ㄴ → ㄹ → ㅂ

069 발달적 직업상담

- 내담자의 진로발달과 함께 일반적 발달 모두를 향상시키는 것을 목표로 하고 있다.
- 내담자의 직업 의사결정문제와 직업 성숙도 사이의 일치성에 초점을 둔다.
- 직업상담사가 사용할 수 있는 기법에는 진로 자서전과 의사결정 일기가 있다.

발달적 직업상담의 기법

- **진로 자서전**: 내담자가 과거에 어떤 진로의사결정을 했는지를 자유롭게 기술하게 한다.
- **의사결정 일기**: 내담자의 진로 상황에서 의사결정방식을 작성해 보도록 한다.

발달적 직업상담에서 직업정보가 갖추어야 할 조건

- 사회·경제적 측면에서 수준별 직업의 유형 및 그러한 직업들의 특성에 대한 정보
- 부모와 개인의 직업적 수준과 그 차이, 그리고 그들의 적성, 흥미, 가치들 간의 관계에 대한 정보
- 특정 직업분야의 접근가능성과 개인의 적성, 가치관, 성격특성 등의 요인들 간의 관계에 대한 정보
- 사람들이 주로 어떤 직업에서 어떤 직업으로 옮겨가고 있으며, 그 비율은 어느 정도이고, 이러한 직업의 이동 방향과 비율을 결정하는 요인에는 어떤 것들이 있는가에 대한 정보

CBT 적중 예상 문제

발달적 직업상담에 관한 설명으로 틀린 것은?

① 내담자의 직업 의사결정문제와 직업 성숙도 사이의 일치성에 초점을 둔다.
② 내담자의 진로발달과 함께 일반적 발달 모두를 향상시키는 것을 목표로 하고 있다.
❸ 정밀검사는 특성-요인 직업상담처럼 직업상담의 초기에 내담자에게 종합진단을 실시하는 것이다.
④ 직업상담사가 사용할 수 있는 기법에는 진로 자서전과 의사결정 일기가 있다.

070 Super의 진로발달이론

기본 가정

- 개인은 능력, 흥미, 성격에 있어서 각기 차이점을 가지고 있다.
- 개인은 각각에 적합한 직업적 능력을 가지고 있다.
- 각 직업군에는 그 직업에 요구되는 능력, 흥미, 성격 특성이 있다.
- 인간의 직업적 특성, 선호 및 자아개념은 계속적인 선택적 적응의 과정을 통해 발달한다.
- 직업발달은 '성장기 → 탐색기 → 확립기 → 유지기 → 쇠퇴기'의 순환과 재순환을 거친다.

상담목표

- 자기개념(자아개념) 분석하기
- 진로성숙 수준 확인하기
- 진로발달과제를 수행하는 데 필요한 지식, 태도, 기술 익히기
- 자신의 흥미, 능력, 가치를 확인하고 생애역할과 연계하기

Super의 발달적 상담과정

1단계	문제의 탐색 및 자아 개념 묘사
2단계	심층적 탐색
3단계	자아수용 및 자아통찰
4단계	현실검증
5단계	태도와 감정의 탐색과 처리
6단계	의사결정

CBT 적중 예상 문제

수퍼(Super)의 발달적 직업상담에서 의사결정에 이르는 단계를 바르게 나열한 것은?

ㄱ. 문제 탐색   ㄴ. 태도와 감정의 탐색·처리
ㄷ. 심층적 탐색   ㄹ. 현실 검증
ㅁ. 자아 수용   ㅂ. 의사결정

① ㄱ → ㄴ → ㄷ → ㄹ → ㅂ → ㅁ
② ㄱ → ㄷ → ㄴ → ㄹ → ㅂ → ㅁ
❸ ㄱ → ㄷ → ㅁ → ㄹ → ㄴ → ㅂ
④ ㄱ → ㄷ → ㄹ → ㅁ → ㄴ → ㅂ

071 Bordin의 정신역동적 직업상담

- 정신역동적 직업상담은 정신분석학에 뿌리를 두고 정신분석학과 특성-요인 직업상담 및 내담자중심 직업상담의 개념을 통합한 이론이다.
- 정신분석적 상담과 마찬가지로, 직업선택에 미치는 내적요인의 영향을 지나치게 강조하여 외적요인의 영향을 과소평가한다는 비판을 받고 있다.

Bordin의 정신역동적 직업상담의 과정

① **탐색과 계약 설정의 단계**: 내담자의 욕구와 정신역동을 탐색할 수 있도록 돕고, 상담전략을 합의하는 단계이다.
② **중대한(핵심) 결정의 단계**: 진로에 대한 선택과 목표를 성격 변화 등으로 확대할 것인지 고려해보는 단계이다.
③ **변화를 위한 노력의 단계**: 자신이 선택한 직업이 필요로 하는 부분에 대하여 변화를 모색하고 자신의 성격, 욕구 등을 변화시키고자 하는 노력의 단계이다.

정신역동적 직업상담의 (면담)기법

- **명료화**: 현재 진로 문제에 대한 내담자의 생각과 감정을 요약함으로써 명료하게 재인식시켜 주는 것이다.
- **비교**: 두 가지 이상의 주제에 대하여 내담자의 가치에 우선순위를 두는 것으로, 내담자의 현재 문제와 과거 진로발달상의 역동적인 현상들 사이의 유사점과 차이점을 비교하여 파악하는 방법이다.
- **소망-방어체계의 해석**: 상담자는 소망-방어체계를 해석함으로써 내담자에게 내적 동기 상태와 진로의사결정과정 간의 연관성을 인식시킬 수 있다.

CBT 적중 예상 문제

보딘(Bordin)의 정신역동적 직업상담에서 사용하는 기법이 아닌 것은?

① 명료화
② 비교
③ 소망-방어체계
❹ 준지시적 반응 범주화

072 Crites의 포괄적 직업상담

- 크릿츠(Crites)는 진로상담에 관련된 여러 이론들의 단점을 보완하고 장점을 통합하여 포괄적인 직업상담을 개발하였다.
- 정신분석이론, 행동주의이론, 인간중심이론, 특성-요인이론 등 다양한 상담이론을 통합한 것으로, 특히 모든 상담의 진단과정을 고려하였다.
- 직업상담의 목적에는 진로선택, 의사결정기술의 습득, 일반적 적응의 고양이 포함된다.
- 직업상담의 과정에는 진단, 문제분류, 문제구체화, 문제해결의 단계가 있고 이러한 목적을 달성하기 위해 면담기법, 검사해석, 직업정보 등이 직업상담 과정에 포함되어야 한다.

포괄적 직업상담의 과정

1단계 진단단계	• 상담자는 내담자에 대한 진로문제를 파악하기 위해 관련 자료를 모은다. • 내담자에 대한 폭넓은 검사자료와 상담을 통한 자료수집 단계이다.
2단계 명료화 또는 해석의 단계	• 내담자의 문제를 명료화하거나 해석하는 단계이다. • 상담자와 의사결정의 과정을 방해하는 태도와 행동을 확인하며 함께 대안을 탐색한다.
3단계 문제해결이 단계	• 내담자가 자신의 문제를 확인하고 적극적으로 참여하는 단계이다. • 문제해결을 위해 앞으로 어떤 행동을 취해야 하는가를 결정한다. • 상담자는 상담과 검사를 통해 얻어진 자료를 바탕으로 직업문제 해결을 위한 직업정보를 제공할 수 있다.

CBT 적중 예상 문제

직업상담의 과정을 진단, 문제분류, 문제구체화, 문제해결의 단계로 구분한 학자는?

❶ Crites
② Krumboltz
③ Super
④ Gysbers

073 Cottle의 원형검사

- 코틀(Cottle)의 진로시간전망 검사의 방법으로, 가장 효과적인 시간전망 개입도구이다.
- 3개의 원을 이용하여 개개인이 어떤 시간전망을 지배하고, 어떻게 시간차원과 연관이 되는지, 검사자는 개인의 시간적인 지배성과 연관성을 평가하고 향상시키기 위해 원형검사를 사용한다.

원의 의미	과거, 현재, 미래를 의미하는 3개의 원은 개인이 어떤 시간전망을 지배하고, 어떻게 시간차원과 연관이 되는지 나타낸다.
원의 크기	시간차원에 대한 상대적 친밀감을 나타낸다.
원의 배치	시간차원들이 어떻게 연관되어 있는지를 나타낸다.

진로시간전망 검사지 사용의 주요 목적

- 목표설정의 촉구
- 계획기술의 연습
- 진로의식의 고취

진로시간전망 개입의 3가지 차원

방향성	미래지향성 증진에 목표를 두며, 미래에 대한 낙관적인 입장을 구성한다.
변별성	시간차원 내의 사건의 강도와 확장을 의미한다. 변별된 미래는 개인의 목표설정에 의미 있는 맥락을 제공한다.
통합성	현재 행동과 미래의 결과를 연결시킨다.

> **CBT 적중 예상 문제**
>
> 진로시간전망 검사 중 코틀(Cottle)이 제시한 원형검사에서 원의 크기가 나타내는 것은?
> ① 과거, 현재, 미래
> ② 방향성, 변별성, 통합성
> ❸ 시간차원에 대한 상대적 친밀감
> ④ 시간차원의 연결 구조

074 진로시간전망

진로시간전망은 과거, 현재, 미래의 정신적인 상(像)을 의미한다. 미래에 대한 내담자의 관심을 증가시키고 현재 행동을 미래목표와 유기적으로 연결할 수 있는 능력을 의미한다.

진로시간전망 검사지의 사용 목적

- 미래의 방향 설정을 가능하게 한다.
- 미래에 대한 희망을 갖도록 한다.
- 미래가 실제인 것처럼 느끼게 한다.
- 현재의 행동을 미래의 결과와 연계시킨다.
- 목표설정을 촉구한다.
- 진로계획에 대한 긍정적 태도를 강화한다.
- 진로계획의 기술을 연습시킨다.
- 진로의식을 높여준다.

> ▶ **진로시간전망 검사지의 용도**
> - 미래의 방향을 이끌어 내기 위해
> - 미래에 대한 희망을 심어주기 위해
> - 미래가 실제인 것처럼 느끼도록 하기 위해
> - 계획에 대해 긍정적 태도를 강화하기 위해

> **CBT 적중 예상 문제**
>
> 진로시간전망 검사지의 사용목적이 아닌 것은?
> ① 미래의 방향을 이끌어 내기 위해
> ② 계획에 대해 긍정적 태도를 강화하기 위해
> ③ 현재의 행동을 미래의 결과와 연계시키기 위해
> ❹ 미래직업에 대한 지식 확장을 위해

075 대안개발과 의사결정 시 사용하는 인지치료 과정

요스트(Yost) 등의 대안개발과 의사결정 시 사용하는 인지치료의 과정은 최종 의사결정 시 진로선택에 부정적인 반응을 보이는 내담자로 하여금 합리적 의사결정을 돕는다.

1단계	내담자 감정의 속성을 확인한다.
2단계	감정과 연합된 사고, 신념, 태도를 확인한다.
3단계	내담자의 사고를 요약정리한다.
4단계	내담자가 스스로 현실과 사고구조를 알 수 있도록 개입한다.
5단계	과제 부여를 통해 사고와 신념의 적절성을 검증한다.

Yost가 제시한 직업선택을 위한 평가과정

- **찬반연습**: 내담자로 하여금 각 직업들의 장·단기적 장단점을 생각해보도록 하는 것으로, 특정 직업에 대한 찬성과 반대의견을 작성하게 한다.
- **원하는 성과연습**: 각 직업들은 원하는 성과를 얼마나 제공할 수 있는가를 생각해보게 한다. 내담자의 선호도 리스트(직책, 금전, 자율성, 창의성, 권한 등)에 따라 직업을 평가한다.
- **대차대조표연습**: 특정 직업에 대한 긍정적 효과와 부정적 효과를 작성하도록 한다.
- **확률추정연습**: 특정 직업선택과 관련하여 예상한 결과들이 어느 정도 나타날 것인지를 추정해보도록 하는 것으로, 긍정적, 부정적인 결과가 나타날 확률을 추정하는 것이다.
- **미래를 내다보는 연습**: 대안의 직업의 결과에 대해 미래를 그려보거나, 어느 한 직업의 결과를 상상해보게 하는 것이다.

CBT 적중 예상 문제

직업선택을 위한 마지막 과정인 선택할 직업에 대한 평가과정 중 요스트(Yost)가 제시한 방법이 아닌 것은?

① 원하는 성과연습　② 확률추정연습
③ 대차대조표연습　**❹ 동기추정연습**

076 진로의사결정

Harren의 진로의사결정 유형

합리적 유형	• 의사결정과정에 자신과 상황에 대한 정확한 정보를 수집하고, 논리적이고 체계적으로 접근하는 유형이다. • 의사결정에 대한 책임을 자신이 진다.
직관적 유형	• 의사결정의 기초로 상상을 사용하고 현재의 감정에 주의를 기울이며 정서적 자각을 사용한다. • 선택에 대한 확신은 비교적 빨리 내리지만, 그 결정의 적절성은 내적으로만 느낄 뿐 설명하지 못할 경우가 있다.
의존적 유형	• 의사결정에 대한 개인적 책임을 부정하고, 그 책임을 외부로 돌리는 경향이 있다. • 의사결정과정에서 타인의 영향을 많이 받고 수동적이며 순종적이다.

6개의 생각하는 모자(six thinking hats)기법

백색 (하양)	사실에만 초점을 둔 사고, 중립적·객관적 사고를 반영한다.
흑색 (검정)	부정적·비판적·비관적이다.
적색 (빨강)	직관에 의존하고 직감에 따라 행동한다.
황색 (노랑)	낙관적이며, 모든 일이 잘될 것이라고 생각한다.
녹색 (초록)	새로운 대안들을 찾으려 노력하고, 문제들을 다른 각도에서 바라본다.
청색 (파랑)	다른 모자의 사용법을 조절하는 사회자 역할로서 방향 결정을 한다.

CBT 적중 예상 문제

Harren이 제시한 진로의사결정 유형 중 의사결정에 대한 개인적 책임을 부정하고 외부로 책임을 돌리는 경향이 높은 유형은?

① 유동적 유형　② 투사적 유형
③ 직관적 유형　**❹ 의존적 유형**

077 목표설정

- 상담의 목표설정은 상담전략의 선택 및 개입에 관한 기초를 제공해 주는 것이다.
- 목표가 설정되고 난 후 상담자는 내담자와 함께 목표의 실현 가능성을 탐색해야 한다.
- 상담자는 개입을 통해 내담자의 목표달성을 촉진하고 조력해야 한다.

상담목표 설정 시 고려사항

- 내담자가 원하는 것을 상담목표로 설정한다. 즉, 내담자의 기대나 가치를 반영하여야 하며, 내담자가 바라는 구체적이고 긍정적인 변화를 상담목표로 설정한다.
- 상담자의 기술과 양립할 것을 상담목표로 설정한다. 상담목표 설정은 상담전략 및 개입의 선택과 관련이 있다. 만약 상담자의 능력 이상의 도움을 필요로 할 경우 다른 상담자에게 의뢰하는 것이 좋다.
- 구체적인 것을 상담목표로 설정한다. 그러므로 추상적인 상담목표를 세워서는 안 된다.
- 실현 가능한 것을 상담목표로 설정한다. 즉, 상담목표는 가능한 현실적이고 실현 가능해야 하며, 이상적인 관점에서 상담목표를 세워서는 안 된다.

CBT 적중 예상 문제

다음 중 상담사가 상담목표를 설정할 때 고려해야 할 사항으로 가장 적합한 것은?

① 달성하기 어렵더라도 이상적인 관점에서 상담목표를 세운다.
❷ 내담자가 바라는 구체적이고 긍정적인 변화를 상담목표로 삼는다.
③ 상담의 방향성을 내담자와 공유하기 위해 추상적인 상담목표를 세운다.
④ 내담자의 문제를 제일 잘 파악하고 있는 부모와 함께 상담목표를 설정한다.

078 여성 진로유형

수퍼(Super)는 남성 중심적이었던 기존의 진로발달 이론을 보완하기 위해 여성의 특수한 진로 패턴을 다섯 가지로 분류했다.

유형	특징
안정된 가정주부유형	여성이 학교를 졸업하고 신부수업을 받고 곧바로 결혼하여 가정생활을 영위하는 진로유형이다.
전통적 진로유형	여성이 학교를 졸업하고 결혼하기 전까지 직업을 갖다가 결혼과 동시에 직장을 그만두고 가정생활을 영위하는 진로유형이다.
안정적 진로유형	여성이 학교를 졸업하고 직업을 가진 뒤 결혼 여부와는 무관하게 정년까지 직업생활을 하는 유형이다.
이중 진로유형	여성이 학교를 졸업하고 곧바로 결혼하여 직장을 갖고 병행하는 유형이다.
단절 진로유형	여성이 학교를 졸업하고 일을 하다가 결혼을 하면 직장을 그만두고 자녀교육에 전념하다가 자녀가 어느 정도 성장하면 재취업하는 유형이다.

CBT 적중 예상 문제

수퍼(SUPER)의 여성 진로유형 중 학교 졸업 후에도 직업을 갖지 않는 진로유형은?

❶ 안정적인 가사 진로유형
② 전통적인 진로유형
③ 단절 진로유형
④ 불안정 진로유형

079 직업상담사의 윤리

- 상담사는 내담자와 상담실 밖에서 연애 관계나 기타 사적인 관계(소셜미디어나 다른 매체를 통한 관계 포함)를 맺거나 유지하지 않는다.
- 상담사는 이전에 연애 관계 또는 성적인 관계를 가졌던 사람을 내담자로 받아들이지 않는다.
- 상담사는 법, 규정 혹은 제도적 절차에 따라 상담기록을 일정기간 보관한다. 보관기간이 경과된 기록은 파기해야 한다.
- 비밀보호의 예외 및 한계에 관한 타당성이 의심될 때에 상담사는 동료 전문가 및 학회의 자문을 구한다.
- 내담자의 생명이나 타인 및 사회의 안전을 위협하는 경우 내담자의 동의 없이도 내담자에 대한 정보를 관련 전문인이나 사회에 알릴 수 있다.
- 상담자는 내담자가 자기로부터 도움을 받지 못하고 있음이 분명한 경우에는 상담을 종결하려고 노력해야 한다.

▶ **상담 윤리강령의 역할 및 기능**
- 내담자의 복리 증진
- 지역사회의 도덕적 기대 존중
- 전문직으로서의 상담기능 보장
- 상담자 자신의 사생활과 인격 보호
- 직무수행 중의 갈등 해결 지침 제공

CBT 적중 예상 문제

직업상담사가 지켜야 할 윤리사항으로 옳은 것은?
① 습득된 직업정보를 가지고 다니면서 직업을 찾아준다.
② 습득된 직업정보를 먼저 가까운 사람들에 알려준다.
③ 상담에 대한 이론적 지식보다는 경험적 훈련과 직관을 앞세워 구직활동을 도와준다.
❹ 내담자가 자기로부터 도움을 받지 못하고 있음이 분명한 경우에는 상담을 종결하려고 노력한다.

080 비밀보장 예외의 원칙

- 내담자가 자살을 시도할 계획이 있는 경우
- 내담자가 타인을 해칠 가능성이 있는 경우
- 아동학대와 관련된 경우
- 상담자가 슈퍼비전을 받아야 하는 경우
- 내담자가 감염성이 있는 치명적인 질병이 있다는 확실한 정보를 가졌을 경우
- 법적으로 정보의 공개가 요구되는 경우

▶ **Levenson이 제시한 직업상담사의 반윤리적 행동**
- 비밀누설
- 자신의 전문적 능력 초월
- 자신이 갖지 않은 전문성의 주장
- 내담자에게 자신의 가치를 속이기
- 내담자에게 의존성 심기(직업상담사에 대한 내담자의 의존성 최대화)
- 내담자와의 성적 행위
- 이해갈등
- 의심스러운 계약

CBT 적중 예상 문제

상담사가 비밀유지를 파기할 수 있는 경우와 거리가 가장 먼 것은?
① 내담자가 자살을 시도할 계획이 있는 경우
❷ 비밀을 유지하지 않는 것이 효과적이라고 슈퍼바이저가 말하는 경우
③ 내담자가 타인을 해칠 가능성이 있는 경우
④ 아동학대와 관련된 경우

꿈을 끝까지 추구할 용기가 있다면
우리의 꿈은 모두 실현될 수 있다.

− 월트 디즈니(Walt Disney)

3과목 직업정보

081 직업정보 요건

- 직업정보는 객관성이 담보되어야 한다.
- 직업정보 활용의 효율성 측면에서 이용대상자의 진로발달단계나 수준, 이용목적에 적합한 직업정보를 개발하여 제공하는 것이 바람직하다.
- 직업정보는 명확한 목표를 세우고 계획적으로 수집하여야 한다. 우연히 획득되거나 출처가 불명확한 직업정보라면 내용이 풍부하다고 해도 직업정보로서 가치가 없다고 판단한다.
- 직업정보는 개발연도를 명시하여 부적절한 과거의 직업세계나 노동시장 정보가 구직자나 청소년에게 제공되지 않도록 하는 것이 바람직하다.

직업정보의 일반적인 평가기준

- 직업정보를 평가할 때 중요한 기준은 어떤 목적으로 만든 것인가, 누가 만든 것인가, 언제 만들어진 것인가 등이다(정보의 정확성과 신뢰성).
- 따라서 누가 만들었는지, 어떤 목적으로 누구의 자금 지원을 받아 만들었는지를 파악해야 한다.
- 또한 정보는 시간이 흐르면 가치가 없어지는 경우가 많기 때문에 언제 만들어진 것인지도 파악해야 한다.

> **직업정보 처리과정**
> 수집 ⇨ 분석 ⇨ 가공 ⇨ 체계화 ⇨ 제공 ⇨ 축적 ⇨ 평가

CBT 적중 예상 문제

일반적인 직업정보 처리과정을 바르게 나열한 것은?

① 수집 → 제공 → 분석 → 가공 → 평가
② 수집 → 가공 → 제공 → 분석 → 평가
③ 수집 → 평가 → 가공 → 제공 → 분석
❹ 수집 → 분석 → 가공 → 제공 → 평가

082 민간직업정보

- 정부나 공공기관이 아닌 민간(잡코리아, 인크루트, 사람인, 커리어 등)이 영리를 목적으로 조사·분석·제공하는 정보를 말한다.
- 필요한 시기에 최대한 활용되도록 한시적으로 신속하게 생산되어 운영된다.
- 단시간에 조사되어 집중적으로 제공된다.
- 특정한 목적에 맞게 해당 분야의 직종을 제한적으로 선택할 수 있다.
- 정보 자체의 효과는 크지만 부가적인 파급효과는 적다.
- 다른 직업정보와의 비교가 어렵고, 활용성이 낮다.
- 조사·분석 및 정리·제공에 상당한 시간 및 비용이 소요되므로 유료로 제공된다.

> **1차 자료와 2차 자료**
> - **1차 자료**
>   현재 당면한 문제를 해결하기 위해 조사하여 수집하는 자료를 말한다.
> - **2차 자료**
>   과거에 다른 문제를 해결하기 위해 이미 수집되어 있는 자료를 말한다. 정부나 각 기관이 수집하여 제공하는 각종 통계자료 등이다.

CBT 적중 예상 문제

민간직업정보의 일반적인 특징과 가장 거리가 먼 것은?

① 한시적으로 정보가 수집 및 가공되어 제공된다.
❷ 객관적인 기준을 가지고 전체 직업에 관한 일반적인 정보를 제공한다.
③ 직업정보 제공자의 특정한 목적에 따라 직업을 분류한다.
④ 통상적으로 직업정보를 유료로 제공한다.

083 공공직업정보

- 정부나 공공기관이 공익적인 목적으로 조사·분석·제공하는 직업정보를 의미한다.
- 특정한 시기에 국한되지 않고 지속적으로 조사·분석하여 제공되며, 장기적인 계획 및 목표에 따라 정보체계의 개선작업 수행이 가능하다.
- 전체 산업 및 업종에 걸친 직업을 대상으로 제공된다.
- 직업별로 특정한 정보만을 강조하지 않고 보편적인 항목으로 이루어진 기초적인 직업정보 체계로 구성된다.
- 무료로 제공된다.
- 관련 직업정보 간의 비교·활용이 용이하다.
- 공공직업정보 체계에 대한 직접적·객관적인 평가가 가능하다.
- 다른 정보에 미치는 영향이 크고, 관련성이 높다.

CBT 적중 예상 문제

공공직업정보의 일반적인 특성을 모두 고른 것은?

ㄱ. 필요한 시기에 최대한 활용되도록 한시적으로 신속하게 생산되어 운영한다.
ㄴ. 특정 분야 및 대상에 국한하지 않고 전체 산업 및 업종에 걸친 직종을 대상으로 한다.
ㄷ. 특정 시기에 국한하지 않고 지속적으로 조사·분석하여 제공된다.
ㄹ. 관련 직업정보 간의 비교·활용이 용이하다.

① ㄱ, ㄴ, ㄷ
② ㄱ, ㄴ, ㄹ
③ ㄱ, ㄷ, ㄹ
❹ ㄴ, ㄷ, ㄹ

084 직업정보의 기능과 사용목적

기능

인력배치의 효율화	직업정보를 기반으로 한 인력의 배치는 노동생산성의 증가를 통하여 산업경쟁력을 높이는 데 크게 기여했다.
직업이동의 자료	노동자들이 직업을 찾아 이동하려고 할 때 의사결정의 기초가 된다.
노동시장의 유연성 제고	노동시장의 변화를 추구하기 위해서는 신속하고 정확하게 노동시장에 관한 정보와 직업정보를 제공할 필요가 있다.
인적자본의 효율성 제고	구인·구직의 원활성과 적재적소에 인력이 배치되는 것을 가능하게 한다.
마찰적 실업의 감소	노동시장의 정보가 부족하거나 노동시장이 비효율적일 때 발생하는 실업을 줄일 수 있다.

사용목적

동기부여, 흥미유발, 태도변화	구직자 및 근로자에게 일을 하려는 동기를 부여하고, 일에 대한 흥미를 유발하며, 태도를 변화시키기 위해 사용될 수 있다.
지식전달	알지 못했던 직업이나 회사, 공장의 유형에 관해 알게 된다.
비교·분석	한 직업에서 더 좋은 근로자의 생활형태를 비교·분석하기 위해 사용될 수 있다.
역할모형 제공	구직자, 특히 청소년들에게 하나의 역할모형을 제공함으로써 사회화에 중요한 역할을 할 수 있다.

CBT 적중 예상 문제

직업정보를 사용하는 목적과 가장 거리가 먼 것은?

① 직업정보를 통해 근로생애를 설계할 수 있다.
② 직업정보를 통해 전에 알지 못했던 직업세계와 직업비전에 대해 인식할 수 있다.
❸ 직업정보를 통해 과거의 직업탐색, 은퇴 후 취미활동 등에 필요한 정보를 얻을 수 있다.
④ 직업정보를 통해 일을 하려는 동기를 부여받을 수 있다.

085 직업정보의 수집방법

질문지법	• 질문지나 조사표에 의해 수집 • 질문지는 구체적이고 쉬운 용어로 표현
면접법	• 내담자에 대한 질문을 통해 수집 • 질문지법에 비해 응답범주를 표준화하기 어렵지만 제3자의 영향을 배제할 수 있다.
내용 분석법	• 인간이 남기는 모든 형태의 이용 가능한 자료의 성질 및 대상 인물의 성질을 탐구함으로써 전체 상황에 관한 통찰을 하여 어떤 가설을 설정하고, 그 가설을 검증할 수 있도록 개발된 방법 • 필요할 경우 재조사가 가능하다.
패널조사	• 조사대상을 고정시키고, 동일한 조사대상에 대하여 동일한 질문을 반복 실시하여 조사 • 조사대상으로 특정 표본을 선정하고, 이들을 대상으로 6개월 혹은 1년 단위로 고용현황 등 직업정보를 반복하여 수집한다.

▶ **서베이 조사**
- 모집단의 특성을 파악하기 위해 일정 수의 표본을 추출하여 설문조사를 실시한다.
- 우편, 전화, 면접 등의 방법을 이용할 수 있다.

CBT 적중 예상 문제

직업정보 수집방법으로서 면접법에 관한 설명으로 가장 적합하지 않은 것은?

❶ 표준화 면접은 비표준화 면접보다 타당도가 높다.
② 면접법은 질문지법보다 응답범주의 표준화가 어렵다.
③ 면접법은 질문지법보다 제3자의 영향을 배제할 수 있다.
④ 표준화 면접에는 개방형 및 폐쇄형 질문을 모두 사용할 수 있다.

086 직업정보의 가공

- 분석된 직업정보는 활용하기 쉬운 형태로 보존하거나 적절한 형태로 내용을 정리하여 능동적으로 활용이 가능하도록 편집·가공하는 것이 중요하다.
- 직업정보의 가공 시에는 처리된 자료를 선정해 정보관리로 전환시켜 정보를 공유하는 방법을 강구하고, 어떠한 자료를 어떻게 저장할 것인가에 관해 설계하는 과정이 있어야 한다.
- 직업정보 가공 시에는 정보의 생명력을 측정하여 활용방법을 선정하고, 이용자의 동기를 부여할 수 있도록 구상하여야 한다.

직업정보 가공 시 유의점

- 직업정보의 이용자는 일반인이므로 이용자의 수준에 맞는 언어로 가공한다.
- 중립적인 입장에서 직업에 대한 장단점을 편견 없이 제공한다.
- 최신의 자료를 활용하되 표준화된 정보를 활용한다.
- 객관성이 없는 정보나 문자, 어투는 삼간다.
- 시청각(동영상)의 효과를 부가하여 정보의 이용에 있어 관심을 높인다.
- 정보는 적절한 형태로 가공하여 제공방법에 맞춰 적절한 형태로 제공한다.

CBT 적중 예상 문제

직업정보의 가공에 대한 설명으로 가장 적합하지 않은 것은?

① 정보를 공유하는 방법과도 연관되어 있다.
② 효율적인 정보제공을 위해 시각적 효과를 부가한다.
❸ 긍정적인 정보를 제공하는 입장에서 출발해야 한다.
④ 정보의 생명력을 측정하여 활용방법을 선정하고 이용자에게 동기를 부여할 수 있도록 구상한다.

087 직업정보의 제공유형

종류	비용	학습자 참여도	접근성
인쇄물	저	수동적	용이
면접	저	적극적	제한적
관찰	고	수동적	제한적
직업경험	고	적극적	제한적
직접체험	고	적극적	제한적

▶ **직업정보 제공 시 유의점**
- 직업정보의 제공에 앞서 직업정보의 생산과정을 공개하여야 하며, 직업정보는 이용자의 요구에 맞도록 생산·제공되어야 한다.
- 진로정보의 제공은 상담의 후기단계에서 이루어지며, 내담자의 피드백을 고려하여야 한다.
- 표준화된 정보보다는 내담자가 속한 가족이나 문화를 우선적으로 고려하여야 한다.

CBT 적중 예상 문제

직업정보를 제공하는 유형별 방식의 설명이나. ( )에 가장 알맞은 것은?

종류	비용	학습자 참여도	접근성
인쇄물	(A)	수동	용이
면접	저	(B)	제한적
직업경험	고	적극	(C)

① A: 고, B: 적극, C: 용이
② A: 고, B: 수동, C: 제한적
❸ A: 저, B: 적극, C: 제한적
④ A: 저, B: 수동, C: 용이

088 직업정보의 결정모형

기술적 직업결정모형

- 기술적(descriptive) 직업선택모형은 사람들의 일반적인 직업결정 방식을 설명하려는 모형이다.
- **타이드만과 오하라(Tiedeman & O'hara)의 모형**: 직업을 결정하는 기간에 대한 연구를 통해 직업선택 과정을 설명한다.
- **힐튼(Hilton)의 모형**: 직업선택 결정단계를 전제단계, 계획단계, 인지부조화단계로 구분한다.
- **브룸(Vroom)의 모형**: 직업결정 요인을 균형, 기대, 힘의 원리로 설명하고 있다.
- **플레처(Fletcher)의 모형**: 하나의 직업은 자기개념, 흥미, 태도, 가치관 등의 조합으로 이루어진다고 하였다.
- **수(Hsu)의 모형**: 브룸의 모형과 비슷하지만, 힘의 개념을 직업결정자의 직업목표를 성취하기 위해 최대한도의 기회를 가진 것으로 보았다.

처방적 직업선택모형

- 처방적(prescriptive) 직업선택은 사람으로 하여금 직업을 결정하는 데 있어 실수를 감소시키고 보다 나은 직업선택을 할 수 있도록 도와주려는 의도에서 시도된 이론이다.
- 처방적 모형으로는 카츠(Katz)의 모형, 겔라트(Gelatt)의 모형 및 칼도와 쥐토우스키(Kaldor & Zytowski)의 모형 등이 있다.

CBT 적중 예상 문제

인간이 복잡한 정보에 접근하게 되는 구조에 근거를 둔 이론으로 직업선택 결정단계를 전제단계, 계획단계, 인지부조화단계로 구분한 직업결정모형은?

① 타이드만과 오하라(Tiedeman & O'Hara)의 모형
❷ 힐튼(Hilton)의 모형
③ 브룸(Vroom)의 모형
④ 수(Hsu)의 모형

089 한국직업사전의 부가직업정보 ❶

정규교육	해당 직업의 직무를 수행하는 데 필요한 일반적인 정규교육수준
숙련기간	정규교육과정을 이수한 후 해당 직업의 직무를 평균적인 수준으로 스스로 수행하기 위하여 필요한 각종 교육, 훈련, 숙련기간
직무기능 (DPT)	해당 직업 종사자가 직무를 수행하는 과정에서 자료(data), 사람(people), 사물(thing)과 맺는 관련된 특성
작업강도	해당 직업의 직무를 수행하는 데 필요한 육체적 힘의 강도
육체활동	해당 직업의 직무를 수행하기 위해 필요한 신체적 능력
작업장소	해당 직업의 직무가 주로 수행되는 장소를 나타내는 것
작업환경	해당 직업의 직무를 수행하는 작업자에게 직접적으로 물리적, 신체적 영향을 미치는 작업장의 환경요인
유사명칭	현장에서 본직업명을 명칭만 다르게 부르는 것으로 본직업명과 사실상 동일
관련직업	본직업명과 기본적인 직무에 있어서 공통점이 있으나 직무의 범위, 대상 등에 따라 나누어지는 직업
자격·면허	해당 직업에 취업 시 소지할 경우 유리한 자격증 또는 면허
한국표준 산업분류 코드	『한국표준산업분류』의 소분류(3-digits) 산업을 기준으로 해당 직업을 조사한 산업을 나타내는 것
한국표준 직업분류 코드	해당 직업의 『한국고용직업분류(KECO)』 세분류 코드(4-digits)에 해당하는 『한국표준직업분류』의 세분류 코드
조사연도	해당 직업의 직무조사가 실시된 연도

CBT 적중 예상 문제

한국직업사전의 부가직업정보에 해당되지 않는 것은?

① 직무기능(DPT) ② 숙련기간
③ 자격·면허 ❹ 직무개요

090 한국직업사전의 부가직업정보 ❷

정규교육

- 해당 직업의 직무를 수행하는 데 필요한 일반적인 정규교육수준을 의미하는 것으로 해당 직업 종사자의 평균 학력을 나타내는 것은 아니다.
- 정규교육은 현행 우리나라 정규교육과정의 연한을 고려하여 그 수준을 6개로 분류한다.
- 독학, 검정고시 등을 통해 정규교육과정을 이수했다고 판단되는 기간도 포함된다.

수준	교육정도
1	6년 이하(초졸 정도)
2	6년 초과~9년 이하(중졸 정도)
3	9년 초과~12년 이하(고졸 정도)
4	12년 초과~14년 이하(전문대졸 정도)
5	14년 초과~16년 이하(대졸 정도)
6	16년 초과(대학원 이상)

숙련기간

- 정규교육과정을 이수한 후 해당 직업의 직무를 평균적인 수준으로 스스로 수행하기 위하여 필요한 각종 교육, 훈련, 숙련기간을 의미한다.
- 해당 직업에 필요한 자격·면허를 취득하는 취업 전 교육 및 훈련기간뿐만 아니라 취업 후에 이루어지는 관련 자격·면허 취득 교육 및 훈련기간도 포함된다.
- 숙련수준은 1~9수준으로 구분하는데, 5수준의 숙련기간은 6개월 초과~1년 이하이다.

CBT 적중 예상 문제

다음은 한국직업사전에서 해당 직업의 직무를 수행하는 데 필요한 일반적인 정규교육수준에 대한 설명이다. (   )에 알맞은 것은?

- (ㄱ): 9년 초과~12년 이하(고졸 정도)
- (ㄴ): 14년 초과~16년 이하(대졸 정도)

① ㄱ: 수준 2, ㄴ: 수준 4
❷ ㄱ: 수준 3, ㄴ: 수준 5
③ ㄱ: 수준 4, ㄴ: 수준 6
④ ㄱ: 수준 5, ㄴ: 수준 7

091 한국직업사전의 부가직업정보 ❸

직무기능(DPT)

- **자료(data)**: 자료와 관련된 기능은 만질 수 없으며 숫자, 단어, 기호, 생각, 개념 그리고 구두상 표현을 포함한다.

종합	사실을 발견하고 지식개념 또는 해석을 개발하기 위해 자료를 종합적으로 분석한다.
조정	데이터의 분석에 기초하여 시간, 장소, 작업순서, 활동 등을 결정한다. 결정을 실행하거나 상황을 보고한다.
분석	조사하고 평가한다. 평가와 관련된 대안적 행위의 제시가 빈번하게 포함된다.
수집	자료, 사람, 사물에 관한 정보를 수집·대조·분류한다. 정보와 관련한 규정된 활동의 수행 및 보고가 자주 포함된다.
계산	사칙연산을 실시하고 사칙연산과 관련하여 규정된 활동을 수행하거나 보고한다. 수를 세는 것은 포함되지 않는다.
기록	데이터를 옮겨 적거나 입력하거나 표시한다.
비교	자료, 사람, 사물의 쉽게 관찰되는 기능적·구조적·조합적 특성을(유사성 또는 표준과의 차이) 판단한다.

- **사람(people)**: 사람과 관련된 기능은 인간과 인간처럼 취급되는 동물을 다루는 것을 포함한다.
- **사물(thing)**: 사물과 관련된 기능은 사람과 구분되는 무생물로서 물질, 재료, 기계, 공구, 설비, 작업도구 및 제품 등을 다루는 것을 포함한다.

CBT 적중 예상 문제

한국직업사전의 직무기능 자료(data)항목 중 무엇에 관한 설명인가?

> - 데이터의 분석에 기초하여 시간, 장소, 작업순서, 활동 등을 결정한다.
> - 결정을 실행하거나 상황을 보고한다.

① 종합　　　**② 조정**
③ 계산　　　④ 수집

092 한국직업사전의 부가직업정보 ❹

작업강도

- 작업강도는 5단계로 분류하는데, 심리적·정신적 노동강도는 고려하지 않는다.

아주 가벼운 작업	최고 4kg의 물건을 들어올리고, 때때로 장부, 소도구 등을 들어올리거나 운반한다.
가벼운 작업	최고 8kg의 물건을 들어올리고, 4kg 정도의 물건을 빈번히 들어올리거나 운반한다.
보통 작업	최고 20kg의 물건을 들어올리고, 10kg 정도의 물건을 빈번히 들어올리거나 운반한다.
힘든 작업	최고 40kg의 물건을 들어올리고, 20kg 정도의 물건을 빈번히 들어올리거나 운반한다.
아주 힘든 작업	40kg 이상의 물건을 들어올리고, 20kg 이상의 물건을 빈번히 들어올리거나 운반한다.

작업환경

- 작업환경의 측정은 조사 당시에 조사자가 느끼는 신체적 반응 및 작업자의 반응을 듣고 판단한다.
- 작업환경은 저온, 고온, 다습, 소음·진동, 위험내재, 대기환경미흡으로 구분한다.
- 작업환경은 산업체 및 작업장에 따라 달라질 수 있으므로 절대적이 기준이 될 수 없다.

CBT 적중 예상 문제

한국직업사전의 작업강도 중 무엇에 관한 설명인가?

> 최고 20kg의 물건을 들어올리고, 10kg 정도의 물건을 빈번히 들어올리거나 운반한다.

① 가벼운 작업　　**② 보통 작업**
③ 힘든 작업　　　④ 아주 힘든 작업

093 직업성립의 일반요건

- 한국표준직업분류에서 직업이 되기 위해서는 일의 계속성, 경제성, 윤리성 및 사회성 등의 조건을 갖추어야 한다.
- 속박된 상태에서의 활동은 직업이 될 수 없다.

한국표준직업분류에서 직업으로 보지 않는 활동

- 이자, 주식배당, 임대료(전세금, 월세금) 등과 같은 자산 수입이 있는 경우
- 연금법, 국민기초생활 보장법, 국민연금법 및 고용보험법 등의 사회보장이나 민간보험에 의한 수입이 있는 경우
- 경마, 경륜, 경정, 복권 등에 의한 배당금이나 주식투자에 의한 시세차익이 있는 경우
- 예·적금 인출, 보험금 수취, 차용 또는 토지나 금융자산을 매각하여 수입이 있는 경우
- 자기 집의 가사활동에 전념하는 경우
- 교육기관에 재학하며 학습에만 전념하는 경우
- 시민봉사활동 등에 의한 무급 봉사적인 일에 종사하는 경우
- 사회복지시설 수용자의 시설 내 경제활동
- 수형자의 활동과 같이 법률에 의한 강제노동을 하는 경우
- 도박, 강도, 절도, 사기, 매춘, 밀수와 같은 불법적인 활동

CBT 적중 예상 문제

한국표준직업분류(제8차)에서 직업의 성립조건에 대한 설명으로 옳은 것은?

❶ 사회복지시설 수용자의 시설 내 경제활동은 직업으로 보지 않는다.
② 이자나 주식배당으로 자산 수입이 있는 경우는 직업으로 본다.
③ 자기 집의 가사활동도 직업으로 본다.
④ 속박된 상태에서의 제반활동이 경제성이나 계속성이 있으면 직업으로 본다.

094 직업분류의 원칙

직업분류의 일반 원칙

- **포괄성의 원칙**: 우리나라에 존재하는 모든 직무는 어떤 수준에서든지 분류에 포괄되어야 한다. 특정한 직무가 누락되어 분류가 불가능할 경우에는 포괄성의 원칙을 위배한 것으로 볼 수 있다.
- **배타성의 원칙**: 동일하거나 유사한 직무는 어느 경우에든 같은 단위직업으로 분류되어야 한다는 점이다. 하나의 직무가 동일한 직업단위 수준에서 2개 혹은 그 이상의 직업으로 분류될 수 있다면 배타성의 원칙을 위반한 것이라 할 수 있다.

한국표준직업분류의 직업분류원칙

포괄적인 업무에 대한 직업분류원칙	• 주된 직무 우선 원칙 • 최상급 직능수준 우선 원칙 • 생산업무 우선 원칙
다수 직업 종사자의 분류원칙	• 취업시간 우선의 원칙 • 수입 우선의 원칙 • 조사 시 최근의 직업 원칙

CBT 적중 예상 문제

다음은 한국표준직업분류(제8차)에서 직업분류의 일반 원칙이다. (   )에 알맞은 것은?

> 동일하거나 유사한 직무는 어느 경우에든 같은 단위직업으로 분류되어야 한다는 점이다. 하나의 직무가 동일한 직업단위 수준에서 2개 혹은 그 이상의 직업으로 분류될 수 있다면 (   )의 원칙을 위반한 것이라 할 수 있다.

❶ 배타성 ② 단일성
③ 포괄성 ④ 경제성

095 사업주 직업능력개발훈련 수행기관

수행기관	주요 수행업무
한국산업인력공단	• 훈련과정 인정 • 실시신고 접수 및 수료자 확정 • 비용신청서 접수 및 지원 • 훈련과정 모니터링
전국 고용센터	• HRD-Net 사용 인증 • 지정 훈련시설 인정·지정 • HRD-Net 회원가입 승인 • 훈련과정 지도·점검 • 행정처분, 부정수급액 반환·징수
한국고용정보원	HRD-Net 시스템 운영 및 관리
한국기술교육대학교 직업능력심사평가원	• 위탁훈련(상시심사 제외)과정 심사 • 원격훈련과정 심사 • 훈련기관(위탁훈련기관) 평가
근로복지공단	• 기업규모 결정(대규모 기업, 우선지원 대상기업) • 보험료 부과(징수는 국민건강보험공단에서 담당)

CBT 적중 예상 문제

다음의 주요 업무를 수행하는 사업주 직업능력개발훈련기관은?

- 훈련과정인정
- 실시신고 접수 및 수료자 확정
- 비용신청서 접수 및 지원
- 훈련과정 모니터링

① 전국고용센터
② 한국고용정보원
③ 근로복지공단
❹ 한국산업인력공단

096 한국표준직업분류와 직능수준의 관계

1 관리자	제4직능 수준 혹은 제3직능 수준 필요
2 전문가 및 관련 종사자	제4직능 수준 혹은 제3직능 수준 필요
3 사무 종사자	제2직능 수준 필요
4 서비스 종사자	제2직능 수준 필요
5 판매 종사자	제2직능 수준 필요
6 농림·어업 숙련 종사자	제2직능 수준 필요
7 기능원 및 관련 기능 종사자	제2직능 수준 필요
8 장치·기계조작 및 조립 종사자	제2직능 수준 필요
9 단순노무 종사자	제1직능 수준 필요
A 군인	제2직능 수준 이상 필요

▶ **한국표준직업분류상 직능수준의 수행과업**
- **제1직능 수준**: 단순하고 반복적, 때로는 육체적인 힘을 요하는 과업을 수행
- **제2직능 수준**: 완벽하게 읽고 쓸 수 있는 능력과 정확한 계산능력, 상당한 정도의 의사소통능력
- **제3직능 수준**: 복잡한 과업과 실제적인 업무를 수행할 정도의 전문적인 지식 보유, 상당히 높은 의사소통능력
- **제4직능 수준**: 매우 높은 수준의 이해력과 창의력 및 의사소통능력

CBT 적중 예상 문제

한국표준직업분류에서 대분류와 직능수준과의 관계로 **틀린** 것은?

① 관리자 – 제4직능 수준 혹은 제3직능 수준
② 사무 종사자 – 제2직능 수준 필요
③ 판매 종사자 – 제2직능 수준 필요
❹ 군인 – 제1직능 수준 필요

097 직업정보 분석 시 유의점

- 동일한 정보일지라도 다각적인 분석을 시도하여 해석을 풍부히 한다. 정보는 여러 가지 측면에서 분석하면 다양한 의미를 갖게 된다.
- 전문적인 시각에서 분석한다. 전문적인 지식이 없는 개인이 정보를 왜곡되게 받아들이지 않도록 하는 장치이다.
- 분석과 해석은 원자료의 생산일, 자료표집방법, 대상, 자료의 양 등을 검토한다. 정보생산자가 의도한 정보생산 목적에 부합하는 분석과 해석이어야 하며, 비교기준에 적합하지 않은 정보들과 비교하는 일이 없도록 해야 한다.
- 직업정보원과 제공원에 대하여 제시한다. 이용자가 분석된 자료에 대한 2차적 정보를 얻기를 원할 경우가 있으므로, 각 정보에 대한 직업정보원과 제공원을 분명히 밝혀야 한다.

CBT 적중 예상 문제

직업정보 분석 시 유의점으로 틀린 것은?

① 전문적인 시각에서 분석한다.
② 직업정보원과 제공원에 대해 제시한다.
❸ 동일한 정보에 대해서는 한 가지 측면으로만 분석한다.
④ 원자료의 생산일, 자료표집방법, 대상 등을 검토해야 한다.

098 한국표준산업분류(제11차) 분류 목적

한국표준산업분류의 분류 목적

- 산업분류는 기본적으로 산업활동 관련 통계자료 수집, 제표, 분석 등을 위해서 활동 분류 및 범위를 제공하기 위한 것으로, 산업 관련 통계자료의 정확성, 비교성을 확보하기 위하여 모든 통계작성기관은 「한국표준산업분류」를 의무적으로 사용하도록 규정(통계작성 목적)
- 일반행정 및 산업정책 관련 다수 법령에서 적용대상 산업영역을 규정하는 기준으로 준용(일반행정 목적)

한국표준산업분류의 분류 정의

- '산업'은 유사한 성질을 갖는 산업활동에 주로 종사하는 생산단위의 집합이다.
- '산업활동'은 각 생산단위가 노동, 자본, 원료 등 자원을 투입하여, 재화 또는 서비스를 생산 또는 제공하는 일련의 활동과정이다.
- '산업활동의 범위'에는 영리적·비영리적 활동이 모두 포함되나, 가정 내의 가사활동은 제외된다.
- '산업분류'는 생산단위가 주로 수행하는 산업활동을 분류기준과 원칙에 맞춰 그 유사성에 따라 체계적으로 유형화한 것이다.

CBT 적중 예상 문제

한국표준산업분류(제11차) 분류 정의가 틀린 것은?

① 산업은 유사한 성질을 갖는 산업활동에 주로 종사하는 생산단위의 집합이다.
② 각 생산단위가 노동, 자본, 원료 등 자원을 투입하여, 재화 또는 서비스를 생산 또는 제공하는 일련의 활동과정은 산업활동이다.
❸ 산업활동 범위에는 영리적, 비영리적 활동이 모두 포함되며, 가정 내 가사활동도 포함된다.
④ 산업분류는 생산단위가 주로 수행하는 산업활동을 분류 기준과 원칙에 맞춰 그 유사성에 따라 체계적으로 유형화한 것이다.

099 한국표준산업분류의 통계단위

- 통계단위란 생산단위의 활동(생산, 재무활동 등)에 관한 통계작성을 위하여 필요한 정보를 수집 또는 분석할 대상이 되는 관찰 또는 분석단위를 말한다.
- 관찰단위는 산업활동과 지리적 장소의 동질성, 의사결정의 자율성, 자료수집 가능성이 있는 생산단위가 설정되어야 한다.
- 생산활동과 장소의 동질성의 차이에 따라 통계단위는 다음과 같이 구분된다.

구분	하나 이상 장소	단일 장소
하나 이상 산업활동	기업집단 단위	지역 단위
	기업체 단위	
단일 산업활동	활동유형 단위	사업체 단위

> ▶ 사업체 단위와 기업체 단위
>
> - 사업체 단위
>   - 일정한 물리적 장소 또는 일정한 지역 내에서 하나의 단일 또는 주된 생산활동을 독립적으로 수행하는 기업체 또는 기업체를 구성하는 부분단위(공장, 농장, 상점, 광산, 음식점, 여관, 병원, 학교, 사찰 등)
>   - 단일장소에서 동질적인 활동을 독립적으로 수행하는 단위로서 산업분류를 적용한 동질적인 활동별 산업통계를 작성하는 데 적합한 단위
> - 기업체 단위
>   - 동일 자금에 의하여 소유되고 통제되는 제도적 단위 또는 법적 경영 단위로, 주식회사, 협동조합, 협회, 단체 등의 법인체와 법인계열을 포함하며 정부조직도 하나의 기업체로 간주
>   - 재무 관련 통계작성에 가장 유용한 단위

CBT 적중 예상 문제

한국표준산업분류(제11차)에서 하나 이상의 장소에서 이루어지는 단일 산업활동의 통계단위는?

① 기업집단 단위　② 기업체 단위
❸ 활동유형 단위　④ 지역 단위

100 한국표준산업분류의 산업결정방법

- 생산단위의 산업활동은 그 생산단위가 수행하는 주된 산업활동의 종류에 따라 결정된다.
- 계절에 따라 정기적으로 산업을 달리하는 사업체의 경우에는 조사시점에 경영하는 사업과는 관계없이 조사대상기간 중 산출액이 많았던 활동에 의하여 분류된다.
- 휴업 중 또는 자산을 청산 중인 사업체의 산업은 영업 중 또는 청산을 시작하기 이전의 산업활동에 의하여 결정하며, 설립 중인 사업체는 개시하는 산업활동에 따라 결정한다.
- 단일사업체의 보조단위는 그 사업체의 일개 부서로 포함하며, 여러 사업체를 관리하는 중앙보조단위(본부)는 별도의 사업체로 처리한다.

CBT 적중 예상 문제

한국표준산업분류(제11차)의 산업결정방법에 관한 설명으로 틀린 것은?

① 생산단위의 산업활동은 그 생산단위가 수행하는 주된 산업활동의 종류에 따라 결정된다.
② 계절에 따라 정기적으로 산업을 달리하는 사업체의 경우에는 조사시점에 경영하는 사업과는 관계없이 조사대상기간 중 산출액이 많았던 활동에 의하여 분류된다.
❸ 단일사업체의 보조단위는 그 사업체의 일개 부서로 포함하지 않고 별도의 사업체로 처리한다.
④ 휴업 중 또는 자산을 청산 중인 사업체의 산업은 영업 중 또는 청산을 시작하기 이전의 산업활동에 의하여 결정한다.

101 한국표준산업분류의 적용원칙

- 생산단위는 산출물뿐만 아니라 투입물과 생산공정 등을 함께 고려하여 그들의 활동을 가장 정확하게 설명한 항목에 분류해야 한다.
- 복합적인 활동단위는 우선적으로 최상급 분류단계(대분류)를 정확히 결정하고, 순차적으로 중·소·세·세세분류 단계 항목을 결정하여야 한다.
- 산업활동이 결합되어 있는 경우에는 그 활동단위의 주된 활동에 따라서 분류하여야 한다.
- 수수료 또는 계약에 의하여 활동을 수행하는 단위는 동일한 산업활동을 자기계정과 자기책임하에서 생산하는 단위와 같은 항목에 분류하여야 한다.
- 동일단위에서 제조한 재화의 소매활동은 별개 활동으로 파악되지 않고 제조활동으로 분류되나, 자기가 생산한 재화와 구입한 재화를 함께 판매한다면 그 주된 활동에 따라 분류한다.
- '공공행정 및 국방, 사회보장사무' 이외의 다른 산업활동을 수행하는 정부기관은 그 활동의 성질에 따라 분류하여야 한다.
- 생산단위의 소유 형태, 법적 조직 유형 또는 운영 방식은 산업분류에 영향을 미치지 않는다.
- 공식적 생산물과 비공식적 생산물, 합법적 생산물과 불법적인 생산물을 달리 분류하지 않는다.

CBT 적중 예상 문제

한국표준산업분류의 적용원칙으로 틀린 것은?

① 생산단위는 산출물뿐만 아니라 투입물과 생산공정 등을 함께 고려하여 그들의 활동을 가장 정확하게 설명한 항목에 분류해야 한다.
② 산업활동이 결합되어 있는 경우에는 그 활동단위의 주된 활동에 따라서 분류해야 한다.
③ 수수료 또는 계약에 의하여 활동을 수행하는 단위는 동일한 산업활동을 자기계정과 자기책임하에서 생산하는 단위와 같은 항목에 분류해야 한다.
❹ 공식적 생산물과 비공식적 생산물, 합법적 생산물과 불법적인 생산물을 달리 분류해야 한다.

102 한국표준산업분류의 분류구조와 부호체계

- 분류구조는 대분류(알파벳 문자), 중분류(2자리 숫자), 소분류(3자리 숫자), 세분류(4자리 숫자), 세세분류(5자리 숫자)의 5단계로 구성된다.
- 부호처리를 할 경우에는 아라비아 숫자만을 사용하도록 하였다.
- 권고된 국제분류(ISIC ReV.4)를 기본체계로 하였으나, 국내실정을 고려하여 국제분류의 각 단계 항목을 분할·통합 또는 재그룹화하여 독자적으로 분류항목과 분류부호를 설정하였다.
- 중분류의 번호는 01부터 99까지 부여하였으며, 대분류별 중분류 추가 여지를 남겨놓기 위하여 대분류 사이에 번호 여백을 두었다.
- 소분류 이하 모든 분류의 끝자리 숫자는 '0'에서 시작하여 '9'에서 끝나도록 하였다.

> **한국표준산업분류의 산업분류의 기준**
> ① 산출물(생산된 재화 또는 제공된 서비스)의 특성
>   – 산출물의 물리적 구성 및 가공단계, 산출물의 수요처, 산출물의 기능
> ② 투입물의 특성
>   – 원재료, 생산공정, 생산기술 및 시설 등
> ③ 생산활동의 일반적인 결합형태

CBT 적중 예상 문제

한국표준산업분류의 분류구조 및 부호체계에 관한 설명으로 옳은 것은?

① 부호처리를 할 경우에는 알파벳 문자와 아라비아 숫자를 함께 사용하도록 했다.
❷ 권고된 국제분류 ISIC Rev.4를 기본체계로 하였으나, 국내실정을 고려하여 독자적으로 분류항목과 분류부호를 설정하였다.
③ 중분류의 번호는 001부터 999까지 부여하였으며, 대분류별 중분류 추가 여지를 남겨놓기 위하여 대분류 사이에 번호 여백을 두었다.
④ 소분류 이하 모든 분류의 끝자리 숫자는 01에서 시작하여 99에서 끝나도록 하였다.

103 고용보험 관련 지원제도

개인혜택

재직근로자 훈련지원	인적자원의 질을 향상시키고 근로자 스스로의 직무능력 향상 노력을 유인하여 급변하는 경제상황에 능동적으로 대처하는 데 목적이 있다.
실업자 훈련지원	고용보험 사업장에서 실직한 근로자가 재취업을 위해 훈련을 받는 경우 훈련비와 훈련수당을 지원한다.
실업급여	구직급여, 취업촉진수당, 연장급여, 상병급여
기타	육아휴직급여, 출산전후휴가급여, 고용보험 미적용자 출산급여, 배우자 출산휴가급여

기업혜택

고용유지 지원금	임금(수당) 및 훈련비를 지원하여 사업주의 경영부담을 완화하고 근로자의 실직을 예방하는 제도이다.
고용창출 장려금	근무형태를 변경하여 고용기회를 확대한 사업주를 지원하는 제도이다.
고용안정 장려금	근로자의 계속고용을 지원하거나 기간제 근로자 등을 정규직으로 전환하는 사업주를 지원하여 기존 근로자의 고용안정과 일자리 질 향상을 도모한다.
기타	직장어린이집 지원금(인건비, 운영비)

CBT 적중 예상 문제

다음은 무엇에 대한 설명인가?

> 근로자를 감원하지 않고 고용을 유지하거나 실직자를 채용하여 고용을 늘리는 사업주를 지원하여 근로자의 고용안정 및 취업취약계층의 고용촉진을 지원한다.

① 실업급여사업　❷ 고용안정사업
③ 취업알선사업　④ 직업상담사업

104 국민내일배움카드(직업능력개발계좌제)

- 구직자에게 일정한 금액을 지원하여 그 범위 이내에서 직업능력개발훈련에 참여할 수 있도록 하고, 훈련이력 등을 개인별로 통합관리하는 제도이다.
- 2008년에 도입한 직업능력개발계좌제(2011년부터 '내일배움카드제'라는 별칭 사용)에서 분리하여 운영해 온 실업자와 재직자 내일배움카드를 통합·개편하여 2020년 1월 1일부터 도입·시행하고 있다.
- 발급받은 계좌의 1인당 지원한도(계좌한도)는 300만원으로 정한다.
- 계좌의 유효기간은 계좌 발급일로부터 5년으로 한다.
- 국민내일배움카드 훈련과정의 유효기간은 1년으로 한다.

국민내일배움카드제 지원제외대상

- 만 75세 이상인 사람
- 「공무원연금법」을 적용받고 현재 재직 중인 사람
- 「외국인근로자의 고용 등에 관한 법률」을 적용받는 외국인(단, 고용보험 피보험자는 제외)
- 「고용보험법 시행령」에 따라 부정행위에 따른 지원금 등의 반환명령을 받고 그 납부의무를 이행하지 아니하는 사람
- 이 고시 제정일 이전에 직업능력개발훈련을 3회 지원받았음에도 불구하고, 훈련개시일 이후 취업한 기간이 180일 미만이거나 자영업자로서 피보험기간이 180일 미만인 사람

CBT 적중 예상 문제

국민내일배움카드의 지원대상에 해당하지 않는 것은?

① 「한부모가족지원법」에 따른 지원대상자
② 「고용보험법 시행령」에 따른 기간제근로자인 피보험자
③ 「수산업·어촌 발전 기본법」에 따른 어업인으로서 어업 이외의 직업에 취업하려는 사람
❹ 만 75세 이상인 사람

105 최저임금제

- 매년의 최저임금은 근로자위원, 사용자위원, 공익위원 각각 9명씩 합계 27명으로 구성된 최저임금위원회의 심의를 거쳐 고용노동부장관이 결정·고시한다.
- 임금의 최저수준을 정하고, 사용자에게 이 수준 이상의 임금을 지급하도록 법으로 강제함으로써 저임금 근로자를 보호한다.
- 최저임금 적용을 받는 사용자는 최저임금액을 근로자가 쉽게 볼 수 있는 장소에 게시하거나 그 외 적당한 방법으로 근로자에게 널리 알려야 한다.

> ▶ **2026년 최저임금**
> 2026년의 최저임금은 2025년의 최저임금에 비해 2.9% 인상된 10,320원이다.
> 월 환산액은 주 소정근로 40시간을 근무할 경우, 월 환산 기준시간 수 209시간(주당 유급주휴 8시간 포함) 기준 2,156,880원이다.

CBT 적중 예상 문제

최저임금에 관한 설명으로 틀린 것은?

① 2026년 최저임금은 전년대비 2.9% 인상한 시급 10,320원이다.
❷ 최저임금은 최저임금위원회의 심의·의결을 거쳐 기획재정부장관이 결정한다.
③ 임금의 최저수준을 정하고, 사용자에게 이 수준 이상의 임금을 지급하도록 법으로 강제함으로써 저임금 근로자를 보호한다.
④ 최저임금 적용을 받는 사용자는 최저임금액을 근로자가 쉽게 볼 수 있는 장소에 게시하거나 그 외 적당한 방법으로 근로자에게 널리 알려야 한다.

106 사업주지원 훈련

- 사업주지원 훈련이란 사업주가 훈련비용을 부담하여 근로자, 채용예정자, 구직자 등을 대상으로 직업능력개발훈련을 실시할 경우, 훈련비 등 소요비용을 지원함으로써 사업주의 훈련지원 및 근로자의 능력개발 향상을 도모하는 제도이다.
- 지원대상은 근로자 등을 대상으로 고용노동부의 인정을 받은 교육훈련을 직접(자체훈련) 또는 훈련기관에 위탁하여 실시하는 고용보험 가입 사업주이다.

> ▶ **국가인적자원개발컨소시엄(CHAMP) 사업**
> 중소기업 재직근로자의 직업훈련 참여 확대와 신성장동력분야, 융복합분야 등의 전략산업 전문인력육성, 산업계 주도의 지역별 직업훈련기반 조성 등을 위해 복수의 중소기업과 인적자원개발컨소시엄(협약)을 구성한 기업 등에게 공동훈련에 필요한 훈련인프라와 훈련비 등을 지원하는 대한민국의 대표적인 직업능력개발훈련 사업이다.

CBT 적중 예상 문제

다음 설명에 해당하는 직업훈련지원제도는?

> 훈련인프라 부족 등으로 인해 자체적으로 직업훈련을 실시하기 어려운 중소기업들을 위해, 대기업 등이 자체 보유한 우수 훈련인프라를 활용하여 중소기업이 필요로 하는 기술인력을 양성·공급하고 중소기업 재직자의 직무능력 향상을 지원하는 제도이다.

❶ 국가인적자원개발컨소시엄
② 사업주지원훈련
③ 국가기간전략산업직종훈련
④ 청년취업아카데미

회독 체크 ☐ ☐ ☐

107 직업능력개발훈련의 종류 및 실시방법

훈련 목적에 따른 구분

양성 훈련	근로자에게 직업에 필요한 기초적 직무수행능력을 습득시키기 위하여 실시하는 훈련
향상 훈련	양성훈련을 받은 사람이나 직업에 필요한 기초적 직무수행능력을 가지고 있는 사람에게 더 높은 직무수행능력을 습득시키거나 기술발전에 맞추어 지식·기능을 보충하게 하기 위하여 실시하는 훈련
전직 훈련	근로자에게 종전의 직업과 유사하거나 새로운 직업에 필요한 직무수행능력을 습득시키기 위하여 실시하는 훈련

훈련 방법에 따른 구분

집체 훈련	직업능력개발훈련을 실시하기 위하여 설치한 훈련전용시설, 그 밖에 훈련을 실시하기에 적합한 시설(산업체의 생산시설 및 근무장소는 제외)에서 실시하는 방법
현장 훈련	산업체의 생산시설 또는 근무장소에서 실시하는 방법
원격 훈련	인터넷원격, 우편원격, 스마트훈련 등을 이용하여 먼 곳에 있는 근로자에게 실시하는 방법

CBT 적중 예상 문제

직업능력개발훈련 중 양성훈련에 관한 설명으로 옳은 것은?

❶ 근로자에게 직업에 필요한 기초적 직무수행능력을 습득시키기 위하여 실시하는 직업능력개발훈련이다.
② 정보·통신매체 등을 이용하여 원격지에 있는 근로자에게 실시하는 직업능력개발훈련이다.
③ 산업체의 생산시설을 이용하여 실시하는 직업능력개발훈련이다.
④ 직업에 필요한 기초적인 직무수행능력을 가지고 있는 사람에게 더 높은 직무수행능력을 습득시키기 위한 직업능력개발훈련이다.

회독 체크 ☐ ☐ ☐

108 고용24의 기업형태별 채용정보

채용정보 상세검색

- 대기업
- 강소기업
- 중견기업
- 일학습병행기업
- 청년친화강소기업
- 공무원·공기업·공공기관
- 코스피·코스닥
- 외국계기업
- 벤처기업
- 가족친화인증기업

➡ 강소기업은 중앙정부와 자치단체, 공공기관, 민간부분에서 선정된 우수기업을 대상으로 일자리 친화, 기술력 우수, 글로벌 역량, 사회적 가치, 지역선도기업, 재무건전성 등을 기준으로 최종적으로 선정된 작지만 강한 경쟁력을 가진 우수기업이다.

▶ **채용정보 상세검색 조건**
- 직종(최대 10개의 직종 선택 가능)
- 지역(지역별/역세권별)
- 재택근무 가능 여부
- 경력(신입/경력/관계없음)
- 학력(중졸이하/고졸/대졸2~3년/대졸4년/석사/박사/학력무관)
- 채용구분(상용직/일용직)
- 근무형태(주5일/주6일/주4일/주3일 등)
- 식사(비)제공(1식/2식/3식/중식비지급)
- 기타 복리후생(통근버스/기숙사/차량유지비/교육비지원/자녀학자금지원/주택자금지원/모성보호시설/기타)
- 장애인 희망채용, 병역특례 등
※ 「고용상 연령차별금지 및 고령자고용촉진에 관한 법률」이 시행됨에 따라 채용정보에서 연령은 삭제되었다.

CBT 적중 예상 문제

고용24(구 워크넷)에서 제공하는 채용정보 중 기업형태별 검색에 해당하지 않는 것은?

① 벤처기업
② 외국계기업
❸ 환경친화기업
④ 일학습병행기업

109 국가기술자격의 시행기관

- **한국산업인력공단**: 건축, 기계, 전기, 전자, 조선, 통신, 항공, 해양, 환경 등 53개 분야에 대해 기술사, 기능장, 기사, 산업기사, 기능사 등의 검정을 실시하고 있다.
- **기타 시행기관**: 한국데이터산업진흥원(빅데이터분석기사), 한국콘텐츠진흥원(게임기획전문가, 게임프로그래밍전문가 등), 한국전파진흥원(무선설비, 방송통신, 전파전자 분야 등), 한국광해관리공단(광해방지분야), 대한상공회의소(비서, 워드프로세서, 컴퓨터활용능력, 전산회계운용사, 전자상거래관리사, 한글속기), 한국원자력안전기술원, 영화진흥위원회 등이 기술사, 기사, 산업기사, 기능사 등의 검정을 실시하고 있다.

CBT 적중 예상 문제

국가기술자격 중 한국산업인력공단에서 시행하지 않는 것은?

① 3D프린터개발산업기사
❷ 빅데이터분석기사
③ 로봇기구개발기사
④ 반도체설계산업기사

110 고용24 직업정보시스템 학과정보

인문 계열	언어학과, 국어국문학과, 문예창작과, 문헌정보학과, 문화인류학과, 미술사학과, 문화재보존학과, 사학과, 고고학과, 종교학과, 불교학과, 신학과, 철학과, 철학윤리학과, 국제지역학과, 일본학과, 심리학과 등
사회 계열	경영학과, 경제학과, 법학과, 사회복지학과, 아동·청소년복지학과, 노인복지학과, 국제관계학과, 도시계획학과, 사회학과, 언론정보학과, 정치외교학과, 행정학과, 비서학과, 지리학과 등
교육 계열	교육학과, 교육공학과, 교육심리학과, 유아교육학과, 보육학과, 초등교육과, 특수교육과, 국어교육과 등
자연 계열	수학과, 통계학과, 지적학과, 생명공학과, 수의학과, 농학과, 축산학과, 바이오동물전공, 임산공학과, 원예학과, 아동가족학과, 소비자주거학과, 식품영양학과, 식품공학과, 의류·의상학과, 바이오산업공학과 등
공학 계열	건축학과, 건축공학과, 조경학과, 도시공학과, 섬유공학과, 컴퓨터공학과, 소프트웨어공학과, 정보통신공학과, 산업공학과, 화학공학과, 환경학과, 항공우주공학과, 해양공학과 등
의약 계열	의학과, 치의학과, 한의학과, 간호학과, 약학과, 재활학과, 물리치료학과, 의료공학과, 임상병리학과, 방사선과, 응급구조과 등
예체능 계열	산업디자인학과, 패션디자인학과, 공예학과, 도예학과, 사진학과, 만화애니메이션학과, 방송영상과, 연극·영화학과, 체육학과, 경호학과, 회화과, 조소과, 기악과, 뷰티아트과 등

CBT 적중 예상 문제

고용24 직업정보시스템에서 학과정보를 계열별로 검색하고자 할 때 선택할 수 있는 계열이 아닌 것은?

❶ 문화관광계열
② 교육계열
③ 자연계열
④ 예체능계열

111 고용24 직업심리검사(직업선호도검사)

- 홀랜드(Holland)의 모형을 기초로 직업에 대한 개인의 흥미를 사정하는 검사이다.
- 고용24의 성인용 심리검사의 직업선호도검사는 L형(60분)과 S형(25분) 두 가지 유형이 있다.
  - L형은 흥미검사, 성격검사, 생활사검사로 구성되어 있고 S형은 흥미검사만으로 이루어져 있다.
  - S형은 만 18세 이상을 대상으로, 성인이 좋아하는 활동, 관심 있는 직업, 선호분야 선택을 파악하기 위한 검사이다. 하위검사인 흥미검사를 통해 홀랜드가 제시하는 현실형(R), 탐구형(I), 예술형(A), 사회형(S), 진취형(E), 관습형(C) 등 6가지 측정요인을 확인하게 된다.

▶ **청소년 직업흥미검사**
- 청소년 개인의 직업흥미에 적합한 직업과 학과에 관한 정보를 제공해 주는 검사이다.
- 6개의 일반흥미유형(현실형, 탐구형, 예술형, 사회형, 진취형, 관습형)과 13개 기초흥미분야를 측정하여 흥미유형에 적합한 학과와 직업을 추천해 준다.
- 청소년 직업흥미검사의 하위척도는 활동, 자신감, 직업 등 3가지이다.

CBT 적중 예상 문제

다음은 고용24(구 워크넷)에서 제공하는 성인 대상 심리검사 중 무엇에 관한 설명인가?

- 검사대상: 만 18세 이상
- 주요내용: 개인의 흥미유형 및 적합직업 탐색
- 측정요인: 현실형, 탐구형, 예술형, 사회형, 진취형, 관습형

① 구직준비도검사　❷ **직업선호도검사 S형**
③ 직업가치관검사　④ 성인용 직업적성검사

112 직업정보 제공과 관련된 홈페이지

- **직업훈련정보**: HRD-Net(hrd.go.kr)
  ➡ 한국고용정보원이 운영하는 직업능력지식포털 HRD-Net(직업훈련 정보망)에서는 한 번의 검색으로 '훈련-자격증-일자리' 정보를 한눈에 조회할 수 있다.
- **자격정보**: Q-Net(q-net.or.kr)
- **해외취업정보**: 월드잡플러스(worldjob.or.kr)
- **고용보험정보**: 고용보험(ei.go.kr)
- **민간자격정보**: 민간자격정보서비스(pqi.or.kr)
- **외국인고용관리정보**: 외국인고용관리시스템(eps.go.kr)

평생학습계좌제(www.all.go.kr)

- 교육부 평생교육진흥원이 운영하는 것으로, 평생교육법에 근거하여 개인의 다양한 학습경험을 학습계좌(온라인 학습이력관리시스템)에 기록·누적하여 체계적인 학습설계를 지원하고 학습결과를 학력이나 자격인정과 연계하거나 고용정보로 활용할 수 있게 하는 제도이다.
- 개인의 다양한 학습경험을 온라인 학습이력관리시스템에 기록·누적하여 체계적인 학습설계를 지원한다.
- 개인의 학습결과를 학력이나 자격인정과 연계하거나 고용정보로 활용할 수 있게 한다.
- 전 국민을 대상으로 실시하는 제도로서 원하는 국민은 누구나 이용이 가능하다.
- 계좌개설은 온라인 신청, 방문 신청, 대리 신청 모두 가능하다. 방문신청의 경우 평생교육진흥원을 방문하여 개설한다.

CBT 적중 예상 문제

직업정보 제공과 관련된 인터넷 사이트 연결이 틀린 것은?

① 직업훈련정보: HRD-Net(hrd.go.kr)
② 자격정보: Q-Net(q-net.or.kr)
❸ **외국인고용관리정보: EI넷(ei.go.kr)**
④ 해외취업정보: 월드잡플러스(worldjob.or.kr)

113 국가기술자격의 직무분야

02 경영·회계·사무

경영	• 사회조사분석사 1급, 2급 • 소비자전문상담사 1급, 2급 • 컨벤션기획사 1급, 2급
회계	전산회계운용사 1급, 2급, 3급
사무	• 비서 1급, 2급, 3급 • 워드프로세서 • 컴퓨터활용능력 1급, 2급 • 한글속기 1급, 2급, 3급
생산관리	• 공장관리기술사 • 포장기술사, 포장기사, 포장산업기사

06 보건·의료

보건·의료	• 임상심리사 1급, 2급 • 국제의료관광코디네이터

07 사회복지·종교

사회복지·종교	직업상담사 1급, 2급

10 영업·판매

영업·판매	• 전자상거래관리사 1급, 2급 • 전자상거래운용사 • 텔레마케팅관리사

12 이용·숙박·여행·오락·스포츠

이용·미용	• 이용기능장, 이용기능사 • 미용기능장, 미용기능사(일반, 피부, 네일, 메이크업)
숙박·여행·오락·스포츠	스포츠경영관리사

CBT 적중 예상 문제

국가기술자격 종목과 해당 직무분야의 연결이 옳지 않은 것은?

① 임상심리사 1급 – 보건·의료
❷ 텔레마케팅관리사 – 경영·회계·사무
③ 직업상담사 1급 – 사회복지·종교
④ 어로산업기사 – 농림어업

114 국가기술자격의 검정기준

자격등급	검정기준
기술사	응시하고자 하는 종목에 관한 고도의 전문지식과 실무경험에 입각한 계획, 연구, 설계, 분석, 조사, 시험, 시공, 감리, 평가, 진단, 사업관리, 기술관리 등의 기술업무를 수행할 수 있는 능력의 유무
기능장	응시하고자 하는 종목에 관한 최상급 숙련기능을 가지고 산업현장에서 작업관리, 소속 기능인력의 지도 및 감독, 현장훈련, 경영계층과 생산계층을 유기적으로 연계시켜 주는 현장관리 등의 업무를 수행할 수 있는 능력의 유무
기사	응시하고자 하는 종목에 관한 공학적 기술이론지식을 가지고 설계, 시공, 분석 등의 기술업무를 수행할 수 있는 능력의 유무
산업기사	응시하고자 하는 종목에 관한 기술기초 이론지식 또는 숙련기능을 바탕으로 복합적인 기능업무를 수행할 수 있는 능력의 유무
기능사	응시하고자 하는 종목에 관한 숙련기능을 가지고 제작, 제조, 조작, 운전, 보수, 정비, 채취, 검사 또는 작업관리 및 이에 관련되는 업무를 수행할 수 있는 능력의 유무

CBT 적중 예상 문제

기술기초이론지식 또는 숙련기능을 바탕으로 복합적인 기초기술 및 기능업무를 수행할 수 있는 능력의 보유 여부를 검정기준으로 하는 국가기술자격등급은?

① 기능사　　② 기능장
③ 기사　　　❹ 산업기사

115 국가기술자격의 응시자격

기사 응시자격

- 산업기사 등급 이상의 자격을 취득한 후 동일 및 유사직무분야에서 1년 이상 실무에 종사한 사람
- 기능사 자격을 취득한 후 동일 및 유사직무분야에서 3년 이상 실무에 종사한 사람
- 동일 및 유사직무분야의 다른 종목의 기사 등급 이상의 자격을 취득한 사람
- 관련학과의 대학졸업자 등 또는 그 졸업예정자
- 3년제 전문대학 관련학과 졸업자 등으로서 동일 및 유사직무분야에서 1년 이상 실무에 종사한 사람
- 2년제 전문대학 관련학과 졸업자 등으로서 동일 및 유사직무분야에서 2년 이상 실무에 종사한 사람
- 동일 및 유사직무분야의 기사 수준 기술훈련과정 이수자 또는 그 이수예정자
- 동일 및 유사직무분야의 산업기사 수준 기술훈련과정 이수자로서 동일 및 유사직무분야에서 2년 이상 실무에 종사한 사람
- 동일 및 유사직무분야에서 4년 이상 실무에 종사한 사람
- 외국에서 동일한 종목에 해당하는 자격을 취득한 사람

CBT 적중 예상 문제

국가기술자격 기사등급이 응시자격으로 틀린 것은?

① 응시하려는 종목이 속하는 동일 및 유사 직무분야에서 4년 이상 실무에 종사한 사람
② 동일 및 유사 직무분야의 기사 수준 기술훈련 과정 이수자 또는 그 이수예정자
③ 응시하려는 종목이 속하는 동일 및 유사 직무분야의 다른 종목의 기사 등급 이상의 자격을 취득한 사람
❹ 기능사 자격을 취득한 후 응시하려는 종목이 속하는 동일 및 유사 직무분야에서 2년 이상 실무에 종사한 사람

116 국가기술자격 서비스분야 응시자격

응시자격 제한 없음

- 사회조사분석사 2급
- 직업상담사 2급
- 소비자전문상담사 2급
- 스포츠경영관리사
- 전자상거래관리사 2급
- 컨벤션기획사 2급
- 텔레마케팅관리사
- 게임그래픽전문가 등

해당 실무에 3년 이상 종사한 사람 또는 해당 종목의 2급 자격을 취득한 후 해당 실무에 2년 이상 종사한 사람

- 직업상담사 1급
- 전자상거래관리사 1급
- 사회조사분석사 1급
- 소비자전문상담사 1급 등

실기시험만 시행하는 국가기술자격(필기시험이 면제되는 기능사 종목)

직무분야	자격종목
02 경영·회계·사무	한글속기 1급·2급·3급
14 건설	거푸집기능사, 건축목공기능사, 미장기능사, 비계기능사, 유리시공기능사, 철근기능사, 석공기능사, 도화기능사, 건축도장기능사, 도배기능사, 방수기능사, 온수온돌기능사, 조적기능사, 타일기능사, 지도제작기능사, 항공사진기능사
17 재료	금속재창호기능사

CBT 적중 예상 문제

실기능력이 중요하여 고용노동부령이 정하는 필기시험이 면제되는 기능사 종목이 아닌 것은?

❶ 측량기능사
② 도화기능사
③ 도배기능사
④ 방수기능사

117 국가직무능력표준(NCS)의 특징

- 국가직무능력표준(NCS)은 산업현장에서 직무를 수행하기 위해 요구되는 지식·기술·소양 등의 내용을 국가가 산업부문별·수준별로 체계화한 것이다.
- NCS는 능력단위, 수준체계, 분류번호 체계로 구성되어 있다. 직무는 국가직무능력표준 분류체계의 세분류를 의미하고, 원칙상 세분류 단위에서 표준이 개발된다.
- 능력단위는 국가직무능력표준 분류체계의 하위단위로서 국가직무능력표준의 기본 구성요소에 해당한다. 능력단위는 능력단위분류번호, 능력단위정의, 능력단위요소(수행준거, 지식·기술·태도), 적용범위 및 작업상황, 평가지침, 직업기초능력으로 구성된다.
- 한국고용직업분류를 중심으로 분류하였으며, '대분류 → 중분류 → 소분류 → 세분류' 순으로 구성되어 있다.
- NCS 개발 시 8단계의 수준체계에 따라 능력단위 및 능력단위요소별 수준을 평정하여 제시한다.

CBT 적중 예상 문제

국가직무능력표준(NCS)에 대한 설명으로 틀린 것은?

① 국가직무능력표준은 산업현장에서 직무를 수행하기 위해 요구되는 지식, 기술, 태도 등의 내용을 국가가 체계화한 것이다.
② 국가직무능력표준 분류는 직무의 유형(type)을 중심으로 단계적으로 구성하였다.
③ 국가직무능력표준을 활용하여 교육·훈련 프로그램 및 자격종목을 설계할 수 있다.
❹ 국가직무능력표준의 수준체계는 1수준~5수준의 5단계로 구성된다.

118 국가직무능력표준(NCS)의 수준체계

수준	내용
8수준	해당 분야에 대한 최고도의 이론 및 지식을 활용하여 새로운 이론을 창조할 수 있고, 최고도의 숙련으로 광범위한 기술적 작업을 수행할 수 있으며, 조직 및 업무 전반에 대한 권한과 책임이 부여된 수준이다.
7수준	해당 분야의 전문화된 이론 및 지식을 활용하여, 고도의 숙련으로 광범위한 작업을 수행할 수 있으며, 타인의 결과에 대하여 의무와 책임이 필요한 수준이다.
6수준	독립적인 권한 내에서 해당 분야의 이론 및 지식을 자유롭게 활용하고, 일반적인 숙련으로 다양한 과업을 수행하며, 타인에게 해당 분야의 지식 및 노하우를 전달할 수 있는 수준이다.
5수준	포괄적인 권한 내에서 해당 분야의 이론 및 지식을 사용하여 매우 복잡하고 비일상적인 과업을 수행하고, 타인에게 해당 분야의 지식을 전달할 수 있는 수준이다.
4수준	일반적인 권한 내에서 해당 분야의 이론 및 지식을 제한적으로 사용하여 복잡하고 다양한 과업을 수행하는 수준이다.
3수준	제한된 권한 내에서 해당 분야의 기초이론 및 일반지식을 사용하여 다소 복잡한 과업을 수행하는 수준이다.
2수준	일반적인 지시 및 감독하에 해당 분야의 일반지식을 사용하여 절차화되고 일상적인 과업을 수행하는 수준이다.
1수준	구체적인 지시 및 철저한 감독하에 문자이해, 계산능력 등 기초적인 일반지식을 사용하여 단순하고 반복적인 과업을 수행하는 수준이다.

CBT 적중 예상 문제

다음에 해당하는 NCS 수준체계는?

> 독립적인 권한 내에서 해당 분야의 이론 및 지식을 자유롭게 활용하고, 일반적인 숙련으로 다양한 과업을 수행하며, 타인에게 해당 분야의 지식 및 노하우를 전달할 수 있는 수준이다.

① 8수준   ② 7수준   ❸ 6수준   ④ 5수준

119 고용통계

고용통계를 위한 대표적인 가구조사로는 통계청에서 실시하는 '경제활동인구조사'가 있으며, 사업체조사로는 고용노동부에서 실시하고 있는 '사업체 임금근로시간 조사', '사업체 노동실태 조사', '노동력 유동실태 조사' 및 '노동력 수요동향 조사' 등이 있다.

경제활동인구조사

- **조사범위**: 약 35,000개(2021년 기준) 표본가구를 대상으로 15세 이상 인구(군인, 사회복무요원, 의무경찰, 형이 확정된 교도소 수감자 등은 제외)의 경제활동 여부 등을 조사한 후 인구주택총조사 결과를 기초로 전체 경제활동인구 규모를 추정한다.
- **조사대상기간**: 15일이 포함된 1주간(일요일~토요일)을 말한다.

▶ **고용지표 주요 산식**

- 경제활동참가율(%) = $\dfrac{\text{경제활동인구수}}{\text{15세 이상 인구수}} \times 100$
- 실업률(%) = $\dfrac{\text{실업자 수}}{\text{경제활동인구수}} \times 100$
- 고용률(%) = $\dfrac{\text{취업자 수}}{\text{생산가능인구수(15세 이상 인구수)}} \times 100$

※ 생산가능인구는 생산활동이 가능한 15~64세에 해당하는 인구로, 경제활동인구와 비경제활동인구로 나뉜다.

CBT 적중 예상 문제

경제활동인구조사의 주요 산식으로 틀린 것은?

① 잠재경제활동인구=잠재취업가능자+잠재구직자
② 경제활동참가율=(경제활동인구÷15세 이상 인구)×100
③ 고용률=(취업자÷15세 이상 인구)×100
❹ 실업률=(실업자÷15세 이상 인구)×100

120 경제활동인구조사 주요 용어

- **경제활동인구**: 만 15세 이상 인구 중 취업자와 실업자를 말한다.
  - **취업자**: 종사상 지위에 따라 크게 자영업자 및 무급가족종사자와 임금근로자로 구분된다.
  - **실업자**: 조사대상기간 중 적극적으로 일자리를 구해 보았으나 수입이 있는 일에 전혀 종사하지 못한 사람으로서 일자리가 있으면 즉시 취업이 가능한 사람으로 정의된다. ⇨ 지난 4주간 구직활동을 계속하였으나 일시적인 질병, 일기불순, 구직결과 대기, 자영업 준비 등 특별한 사유로 조사기간 중에 구직활동을 하지 못한 사람도 포함
- **비경제활동인구**: 15세 이상 인구 중 조사대상주간(15일이 포함된 1주일)에 일할 의사가 없어 구직활동을 하지 않은 자 ⇨ 전업학생(통학), 전업주부, 연로자, 심신장애인, 자원봉사자, 구직단념자(실망노동자), 취업준비자 등이 포함

▶ **취업자와 자영업자**

- **취업자**: 기본적으로 매월 15일이 포함된 1주일 동안에 수입을 목적으로 1시간 이상 일한 사람이다. 수입을 목적으로 하지 않았더라도 자기 가구에서 경영하는 농장이나 사업체를 위하여 주당 18시간 이상 일한 무급가족종사자도 포함된다. 원래 직장이나 사업체를 가지고 있으나 일시적인 질병, 사고, 연가, 노사분규 등의 사유로 조사대상기간 중에 일을 하지 못한 일시휴직자도 포함된다.
- **자영업자**: 사업규모에 상관없이 한 사람 이상의 유급고용원을 누거나(고용주), 유급종업원 없이 자기 혼자 또는 무급가족종사자와 함께 일을 하는 자(단독 자영업자)를 말한다.

CBT 적중 예상 문제

다음 중 비경제활동인구에 해당하는 것은?

① 수입목적으로 1시간 일한 자
② 일시휴직자
③ 신규실업자
❹ 전업학생

121 노동수요

노동수요의 특징

노동을 비롯한 생산요소에 대한 수요를 유발수요(derived demand) 또는 파생수요, 간접수요라고 하는데, 그 이유는 노동을 비롯한 생산요소에 대한 수요는 최종재화에 대한 소비자의 수요에서 유발되기 때문이다.

노동수요의 결정요인

- **노동의 가격(임금률)**: 노동의 가격, 즉 임금률이 상승하면 노동수요량은 감소하고, 임금률이 하락하면 노동수요량은 증가한다. 이러한 관계를 그래프로 나타내면 우하향하는 노동의 수요곡선이 그려진다.
- **다른 생산요소(자본 등)의 가격**: 예를 들어 자본의 가격이 상승하면 기업들은 가격이 상승한 자본 대신 노동을 더 많이 투입하므로 노동수요는 증가한다.
- **상품에 대한 소비자의 수요**: 상품에 대한 수요가 증가하면 상품생산이 증가하고, 상품생산이 증가하면 유발수요인 노동수요는 증가한다.
- **노동의 생산성**: 노동의 생산성 증대로 생산비가 하락하면 상품의 가격이 하락하므로 상품수요량은 증가하고 이로 인해 생산량이 증가하면 노동수요는 증가한다.
- **생산기술**: 기술혁신은 노동의 생산성을 증대시키고, 이로 인해 노동수요는 증가한다.

CBT 적중 예상 문제

노동수요를 결정하는 요인과 가장 거리가 먼 것은?

❶ 개인의 여가에 대한 태도
② 시장임금의 크기
③ 자본서비스의 가격
④ 노동을 이용하여 생산된 상품에 대한 소비자의 수요

122 노동수요곡선

노동수요량의 변화

노동수요에 영향을 미치는 요인 중 임금이 변화(상승과 하락)하면 노동수요곡선을 따라 노동의 수요점이 이동하게 되는데, 이러한 노동수요곡선상의 이동을 노동수요량의 변화라고 한다.

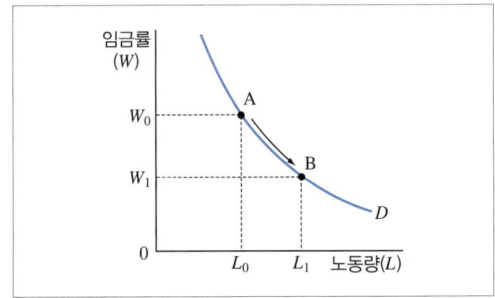

노동수요의 변화

임금을 제외한 다른 요인들(생산물에 대한 수요, 다른 생산요소의 가격, 노동생산성 및 생산기술의 변화 등)이 변화하면 노동수요곡선 자체가 이동하는데, 이를 노동수요의 변화라고 한다.

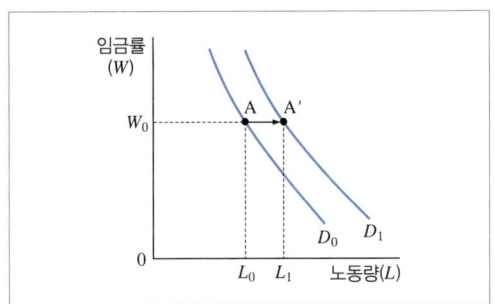

CBT 적중 예상 문제

노동수요곡선이 이동하는 이유가 아닌 것은?

❶ 임금수준의 변화
② 생산방법의 변화
③ 자본의 가격변화
④ 생산물에 대한 수요의 변화

123 단기의 노동수요곡선

단기에서의 기업의 이윤극대화

노동만이 유일한 가변요소이고, 자본은 고정되어 있다고 가정한다. 기업이 자본투입을 증가시키는 것이 불가능하고 생산량 증가를 위해 노동투입의 증가만이 가능한 이러한 기간이 단기(short run)이다.

노동의 한계생산(MP_L)

- 노동의 한계생산(MP_L)은 노동 1단위를 추가로 투입할 때 그로 인한 생산량의 증가분이다.
- 예를 들어 노동 7명을 투입 시 총생산량은 7명 × 20단위 = 140단위이다. 노동을 1명 더 고용하여 8명 투입 시 총생산량은 8명 × 18단위 = 144단위이다.
- 따라서 노동의 한계생산(MP_L) = 144단위 − 140단위 = 4단위이다.

기업의 총이윤극대화

- 노동의 한계생산가치($VMP_L = P \cdot MP_L$) > 임금률(W)
  ⇨ 고용 증가 ⇨ 이윤 증가
- 노동의 한계생산가치($VMP_L = P \cdot MP_L$) < 임금률(W)
  ⇨ 고용 감소 ⇨ 이윤 증가
- 노동의 한계생산가치($VMP_L = P \cdot MP_L$) = 임금률(W)
  ⇨ 고용 결정 ⇨ 이윤 극대

CBT 적중 예상 문제

이윤극대화를 추구하는 어떤 커피숍 종업원의 임금은 시간당 6,000원이고, 커피 1잔의 가격은 3,000원일 때 이 종업원의 한계생산은?

① 커피 1잔 ❷ 커피 2잔
③ 커피 3잔 ④ 커피 4잔

124 노동수요의 탄력성

노동수요의 임금 탄력성(elasticity of demand for labor)은 임금이 변화할 때 노동수요량(고용량)이 변화되는 정도를 측정하는 개념이다. 즉 임금이 1% 포인트 변동될 때 노동수요량은 몇 % 포인트나 변동되는가를 나타내는 개념이다.

$$\text{노동수요의 탄력성} = -\frac{\text{노동수요량의 변화율(\%)}}{\text{임금의 변화율(\%)}}$$

노동수요의 탄력성 결정요인

노동수요의 (임금) 탄력성은 상품에 대한 수요가 탄력적일수록, 총생산비용 가운데 노동비용의 비중이 클수록, 노동의 대체 가능성이 클수록, 노동 이외의 다른 생산요소의 공급탄력성이 클수록 커진다(힉스−마셜 법칙).

CBT 적중 예상 문제

노동수요탄력성의 크기에 영향을 미치는 요인과 거리가 가장 먼 것은?

① 생산물 수요의 가격탄력성
② 총생산비에 대한 노동비용의 비중
③ 노동의 대체곤란성
❹ 대체생산요소의 수요탄력성

125 노동공급

노동공급의 결정요인

- **임금률**: 다른 여건이 일정하다면 임금률, 즉 노동의 가격이 상승하면 노동공급량은 증가하고, 임금률이 하락하면 노동공급량은 감소한다. 이 관계를 그래프로 나타내면 우상향하는 노동공급곡선이 그려진다.
- **다른 일자리의 임금**: 다른 일자리의 임금이 상승하면 현재 종사하고 있는 일자리의 노동공급은 감소한다.
- **일에 대한 노동자의 선호**: 일에 대한 노동자의 선호가 변화하면 노동공급은 달라진다. 노동자들이 지금 하고 있는 일 대신 다른 일을 선호한다면 노동공급은 감소한다.
- **생산가능인구의 크기**: 생산가능인구, 즉 15세 이상의 인구가 증가하면 노동공급은 증가한다.
- **개인의 여가에 대한 태도**: 개인이 생각하는 여가의 가치가 높아지면 노동공급은 감소한다.

CBT 적중 예상 문제

경제활동 참가 또는 노동공급을 결정하는 요인에 대한 설명으로 **틀린** 것은?

① 비근로소득이 클수록 경제활동 참가는 낮아진다.
② 취학 전 자녀 수가 많을수록 경제활동 참가는 낮아진다.
③ 교육수준이 높아질수록 경제활동 참가는 증가한다.
❹ 기업의 노동시간이 신축적일수록 노동공급이 감소한다.

126 노동공급곡선

노동공급량의 변화

노동공급에 영향을 미치는 요인들 중 임금률이 변화하면 노동공급곡선을 따라 노동공급점이 이동하게 되는데, 노동공급곡선상의 이동을 노동공급량의 변화라고 한다.

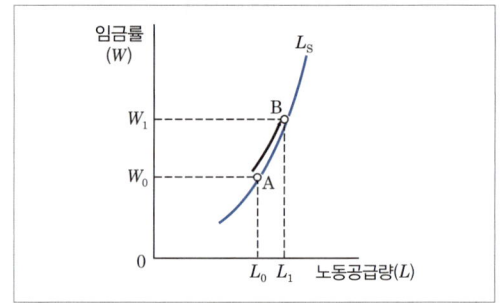

노동공급의 변화

임금률 이외의 다른 요인들이 변화하면 노동공급곡선 자체가 이동하는데, 이러한 변화를 노동공급의 변화라고 한다.

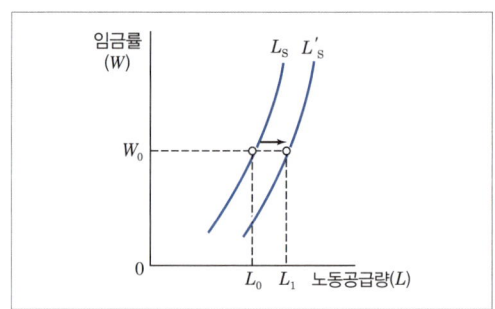

CBT 적중 예상 문제

노동의 공급곡선에 대한 설명 중 **틀린** 것은?

① 일정 임금수준 이상이 될 때 노동의 공급곡선은 후방굴절부분을 가진다.
❷ 임금과 노동시간 사이에 음(-)의 관계가 존재할 경우 임금률의 변화 시 소득효과가 대체효과보다 작다.
③ 임금과 노동시간과의 관계이다.
④ 노동공급의 증가율이 임금상승률보다 높다면 노동공급은 탄력적이다.

127 임금상승의 효과

대체효과

임금상승의 대체효과는 임금이 상승하면 여가의 기회비용(임금)이 커지기 때문에 여가를 줄이고 노동공급량을 증가시키는 효과이다.

소득효과

임금상승의 소득효과는 임금이 상승하면 전보다 적은 노동을 공급해도 전과 동일한 소득을 얻게 되므로 노동공급량을 감소시키는 효과이다.

후방굴절 노동공급곡선

- 후방굴절형 노동공급곡선은 개인의 노동공급이 임금상승의 대체효과보다 소득효과가 클 때 감소함을 의미한다.
- 임금상승의 대체효과는 노동공급량을 증가시키고, 소득효과는 노동공급량을 감소시킨다.
- 임금수준이 높은 경우에는 임금상승의 대체효과보다 소득효과가 더 크기 때문에 임금이 상승해도 노동공급량이 감소하므로 노동공급곡선은 우하향, 즉 후방굴절(backward-bending)한다.

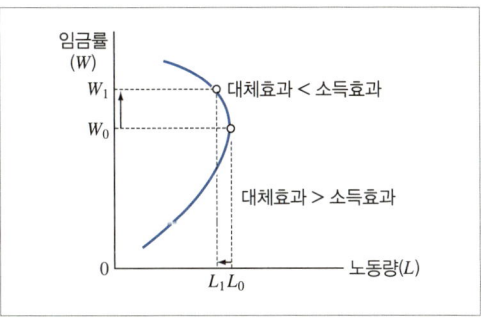

CBT 적중 예상 문제

임금상승의 소득효과가 대체효과보다 클 경우 노동공급곡선의 형태는?

① 우상승한다.　② 수평이다.
❸ 좌상승한다.　④ 변함없다.

128 개인의 노동공급곡선

여가가 열등재인 경우 노동공급곡선의 변화

- 여가(leisure)가 열등재(소득이 증가할 때 수요가 감소하는 재화)라면 임금수준에 상관없이 임금이 상승할 때 노동공급량은 증가한다. 임금수준이 높아져도 여가를 위해 노동공급량을 줄이지 않기 때문이다.
- 그러나 여가가 정상재(소득이 증가할 때 수요가 증가하는 재화)라면 후방굴절형 노동공급곡선의 형태를 보이게 된다.

노동공급의 탄력성

노동공급의 탄력성, 정확하게 노동공급의 임금탄력성은 임금의 변화에 대한 노동공급량의 변화 정도를 나타내는 개념이다. 즉, 임금이 1% 포인트 변화할 때 노동공급량은 몇 % 포인트나 변화하는가를 나타낸다.

$$\text{노동공급의 탄력성} = \frac{\text{노동공급량의 변화율}(\%)}{\text{임금의 변화율}(\%)}$$

노동의 공급탄력성의 결정요인

- 한 나라의 노동력 규모를 나타내는 인구수
- 노동조합의 결성 여부와 교섭력의 정도
- 여성 취업기회의 용이성
- 여러 부문들(지역, 산업) 간의 노동이동의 용이성
- 산업구조의 변화
- 기간(단기와 장기)

CBT 적중 예상 문제

노동공급의 탄력성 결정요인이 아닌 것은?

① 산업구조의 변화
② 노동이동의 용이성 정도
③ 여성 취업기회의 창출가능성 여부
❹ 다른 생산요소로의 노동의 대체가능성

129 노동시장

경쟁노동시장

- 노동시장에 수많은 노동자와 고용주가 있어, 누구도 시장임금에 아무런 영향력을 행사할 수 없다.
- 노동자와 고용주 모두 시장임금을 변화시킬 수 없고, 시장에서 주어지는 임금을 받아들여야 하는 임금 수용자(wage taker)이다.
- 노동자와 고용주는 자유로이 노동시장에 진입하거나 시장을 떠날 수 있다.
- 노동자의 단결조직(노동조합)이나 사용자의 단결조직(사용자 단체)은 없다.
- 정부는 노동시장에 개입(간섭)하지 않는다. 따라서 노동시장을 규제하는 법률도 없고, 최저임금제 등 정부에 의한 임금결정도 없다.
- 노동시장에는 완전한 정보가 주어진다.

▶ **분단노동시장가설**
노동시장에는 자유로운 노동력의 이동을 저해하는 제도적인 요인이 있고, 따라서 노동시장을 하나의 경쟁적인 시장으로 파악하기는 어렵다고 보는 견해이다.

CBT 적중 예상 문제

경쟁노동시장 경제모형의 기본가정과 가장 거리가 먼 것은?

① 노동자와 고용주는 자유로이 시장에 진입하거나 시장을 떠나거나 한다.
② 노동자와 고용주는 완전정보를 갖는다.
❸ 사용자의 단결조직은 없고 노동자의 단결조직은 있다.
④ 직무의 성격은 모두 동일하며 임금의 차이만 존재한다.

130 노동시장의 유형

내부노동시장(internal labor market)

- 내부노동시장이란 하나의 기업 또는 사업장 내에서 이루어지는 노동시장을 말한다.
- 내부노동시장에서의 임금, 직무배치 및 승진은 외부 노동시장의 작용으로부터 단절된 채로 기업 내부에서 정해진 규칙과 절차에 의해 결정된다. 다만 입직문(ports of entry), 즉 기업으로 들어오는 통로는 외부 노동시장과 연결되어 외부노동시장에서 신규채용이 이루어진다.

▶ **내부노동시장 형성요인 3가지(도린저와 피요르)**
- 숙련의 특수성
- 현장훈련
- 관습

1차 노동시장과 2차 노동시장

1차 노동시장	높은 임금, 좋은 근로조건과 고용안정, 양질의 교육훈련, 승진가능성을 제공하는 기업들이 구인행위를 행하는 노동시장을 말한다.
2차 노동시장	낮은 임금, 열악한 근로조건과 고용불안정, 교육훈련과 승진기회의 부재 등의 특징을 지닌 노동시장이다. 2차 노동시장은 내부노동시장을 갖지 못한 기업들에 존재한다.

CBT 적중 예상 문제

다음 중 내부노동시장의 특징과 가장 거리가 먼 것은?

① 제1차 노동자로 구성되어진다.
② 장기근로자로 구성되어진다.
③ 승진제도가 중요한 역할을 한다.
❹ 고용계약 형태가 다양하다.

131 선별가설과 신호가설

선별가설(screening hypothesis)

- 교육·훈련과 높은 생산성의 상관관계와 관련하여 교육·훈련이 높은 임금을 가져온다는 인적자본이론을 비판하였다.
- 선별가설은 교육·훈련이 생산성을 높이기보다는 단지 능력 있는 사람을 식별하거나 선별하는 데만 이용된다는 것이다.
- 노동자 채용 시에는 채용 및 선별비용, 훈련비용이 드는데, 사용자는 이 선별비용을 줄이기 위해 능력의 대리변수인 교육에 높은 임금을 지불하게 된다는 것이다. 이 가설에 의하면 교육제도는 유능한 사람을 식별 내지 선별하는 기구에 불과하다는 것이다.

신호가설(signaling hypothesis)

- 인적자본이론에 대한 가장 중요한 비판 중 하나는 '교육이 과연 노동자의 생산성을 향상시키는가'라는 것이다. 이러한 비판적인 견해에는 선별가설과 함께 신호가설이 있다.
- 교육이 노동자들의 선천적인 재능을 보여주거나 숨겨져 있는 생산성을 시그널(signal, 신호)로 나타내줄 뿐 직접적으로 생산성을 높이는 것은 아니라는 주장을 신호가설 혹은 시그널링 가설이라고 한다. 신호가설은 스펜스(M. Spence)에 의해 주장되었다.

CBT 적중 예상문제

다음은 무엇에 관한 설명인가?

> 경제학자 스펜스(Spence)는 고학력자의 임금이 높은 것은 교육이 생산성을 높이는 역할을 하는 것이 아니라 처음부터 생산성이 높다는 것을 교육을 통해 보여주는 것이라는 견해를 제시했다.

① 인적자본 이론
② 혼잡가설
③ 고학력자의 맹목적 우대
❹ 교육의 신호모형

132 임금의 경제적 기능

- **생산비와 소득의 원천**: 임금은 기업주에게는 생산비(요소비용)이지만, 노동자에게는 가족의 생계를 꾸려 나가는 가장 중요한 소득의 원천이다.
- **실질임금이 중요**: 임금은 기업주에게는 비용이므로 화폐임금(또는 명목임금)이 중요하지만, 노동자에게는 생계수단이므로 실질임금이 중요하다.
- **동일노동 동일임금**: 기업주는 임금총액을 줄이고 노동생산성을 높이기 위해 노동자들 사이에 임금의 차이를 두지만, 노동자는 그들끼리의 단결을 위해 '동일노동 동일임금'을 선호한다.

통상임금과 평균임금

통상임금	• 통상임금은 기본급, 직무관련 직책·직급·직무수당을 포함한다. • 통상임금은 연장·야간·휴일근로에 대한 가산임금 및 유급휴가수당을 산출하는 기준이 된다. • 통상임금에는 초과급여, 특별급여, 부정기적으로 지급되는 업적수당과 생활보조수당은 제외된다.
평균임금	• 평균임금은 이를 산정하여야 할 사유가 발행한 날 이전 3월간에 그 근로자에 대하여 지급된 임금의 총액을 그 기간의 총일수로 나눈 금액을 말한다. • 평균임금은 퇴직금, 휴업수당, 재해보상 등을 산출하는 기준이 된다.

CBT 적중 예상문제

임금의 경제적 기능에 대한 설명으로 틀린 것은?

❶ 임금결정에서 기업주는 동일노동 동일임금을 선호하고 노동자는 동일노동 차등임금을 선호한다.
② 기업주에게는 명목임금이 중요성을 가지나 노동자에게는 실질임금이 중요하다.
③ 기업주에서 본 임금과 노동자 입장에서 본 임금의 성격상 상호배반적인 관계를 갖는다.
④ 임금은 인적자본에 대한 투자수요결정의 변수로서 중요한 역할을 한다.

133 임금결정이론

고전학파의 임금생존비설

- 애덤 스미스(A. Smith)를 비롯한 고전학파 경제학자들이 주장하였다.
- 임금은 장기적으로 노동자와 그 가족의 생계를 부양하는 데 필요한 최저임금 수준으로 수렴한다는 주장이다.

임금기금설

- 밀(J. S. Mill)의 임금기금설은 일정한 사회 내에서 일정한 시기에 임금으로 지불되는 총액, 즉 임금기금(wage fund)의 규모는 시간이 흐름에 따라 변화되지만 주어진 시기에는 고정되어 있기 때문에, 이를 노동자 수로 나누면 평균임금이 결정된다는 것이다.
- 고전학파의 임금생존비설이 임금결정에 있어서 노동공급의 역할을 중요시한 데 비하여, 임금기금설은 노동수요의 역할을 중요시한다.
- 임금-물가 악순환설, 지불능력설, 한계생산력설 등에 영향을 미친 임금결정이론이다.

임금철칙설

리카도(D. Ricardo)의 임금론에 맬서스(T. R. Malthus)의 인구론을 도입하여 임금결정을 설명한다. 애덤 스미스의 임금생존비설과 마찬가지로, 임금은 노동자의 생활비에 상응하는 수준에서 결정되고, 일상의 임금변동도 노동자의 생활비를 기준으로 변화한다는 것이다. 따라서 인구가 기하급수적으로 증가하면 임금은 최저 생활 수준까지 필연적으로 저하되는 경향이 있음을 설명한다.

CBT 적중 예상 문제

임금-물가 악순환설, 지불능력설, 한계생산력설 등에 영향을 미친 임금결정이론은?

① 임금생존비설 ② 임금철칙설
③ 노동가치설 ❹ 임금기금설

134 최저임금제도

최저임금제도의 기대효과

- 산업·직업 간 임금격차 축소
- 경기 활성화와 경제성장에 기여
- 산업구조의 고도화에 기여
- 사회계층 간의 위화감 해소
- 저소득계층의 소외감 해소
- 국민적 일체감 조성 가능

최저임금제의 부정적 효과

- 시장임금보다 높은 수준에서 최저임금을 정하면 노동수요량은 감소하고 노동공급량은 증가하여 실업이 증가하는 부정적 효과가 있다.
- 이 경우 노동수요곡선과 노동공급곡선이 모두 탄력적이면 노동수요량은 크게 감소하고, 노동공급량은 크게 증가하므로 실업이 크게 발생한다.

CBT 적중 예상 문제

다음 중 최저임금제가 고용에 미치는 부정적 효과가 가장 큰 상황은?

❶ 노동수요곡선과 노동공급곡선이 모두 탄력적일 때
② 노동수요곡선과 노동공급곡선이 모두 비탄력적일 때
③ 노동수요곡선이 탄력적이고 노동공급곡선이 비탄력적일 때
④ 노동수요곡선이 비탄력적이고 노동공급곡선이 탄력적일 때

135 임금체계

- 임금체계(wage structure)는 임금의 구성내용 중 특히 기본급을 어떻게 결정할 것인가와 관련이 있다. 즉 연공급, 직무급, 직능급 임금체계 중 어느 것을 선택하는가의 문제이다.
- 합리적인 임금체계가 갖추어야 할 기능은 종업원에 대한 동기유발 기능, 유능한 인재확보 기능, 보상의 공정성 기능 등이다.
- 임금체계의 적용원리는 공평성(equity)이다. 공평성은 근로자의 공헌도에 비례하여 임금을 지급하는 것이다. 따라서 임금체계의 관리는 개인 간의 임금격차를 가장 공평하게 설정함으로써 종업원들이 이를 이해하고 만족하며 동기유발이 되도록 하는 데 그 내용의 중점이 있다.

▶ **유보임금(reservation wage)**
- 유보임금은 노동자가 노동을 공급하기 위해 받기를 원하는 최소한의 임금을 말한다.
- 이는 요구임금(또는 희망임금, 의중임금, 눈높이임금)이라고도 하는데, 여가의 기회비용이 된다. 즉 노동시간만큼 여가를 즐긴다고 할 때 여가를 통해서 얻는 주관적 효용에 해당하는 임금이다. 따라서 유보임금이 상승하면 직업탐색기간이 길어지므로 실업(탐색적 실업)기간이 길어진다.

CBT 적중 예상 문제

합리적인 임금체계가 갖추어야 할 기능과 가장 거리가 먼 것은?

① 종업원에 대한 동기유발 기능
② 유능한 인재확보 기능
③ 보상의 공정성 기능
❹ 생존권보장 기능

136 임금체계의 유형 ❶

연공급
- 근로자의 근속연수에 따라 임금을 결정하는 임금체계이다.
- 연공급의 기본적인 구조는 연령, 근속, 학력, 남녀별 요소에 따라 임금을 결정하는 것으로, 정기승급의 축적에 따라 연령별로 필요생계비를 보장해주는 원리에 기초하고 있다.

장점	• 조직의 안정화에 따른 위계질서 확립이 용이하다. • 정기승급에 의한 생활안정으로 근로자의 기업에 대한 귀속의식을 고양시킨다.
단점	• 전문기술인력의 확보가 곤란하다. • 직무성과와 관련 없는 비합리적인 인건비 지출이 생긴다.

직능급
- 직능급은 직무수행능력을 기준으로 하여 각 근로자의 임금을 결정하는 임금체계이다.
- 근로자의 능력을 직능고과의 평가결과에 따라 임금을 결정한다.

장점	• 높은 동기부여 효과를 가져온다. • 능력자극으로 유능한 인재를 확보할 수 있다.
단점	직능파악과 평가방법이 용이하지 않다.

CBT 적중 예상 문제

직능급 임금체계의 특징에 관한 설명으로 옳은 것은?

① 조직의 안정화에 따른 위계질서 확립이 용이하다.
② 직무에 상응하는 임금을 지급한다.
❸ 학력과 직종에 관계없이 능력에 따라 임금을 지급한다.
④ 무사안일주의 및 적당주의를 초래할 수 있다.

137 임금체계의 유형 ❷

직무급

- 노동의 양뿐만 아니라 노동의 질을 동시에 평가하는 임금결정 방식이다.
- 기업 내의 각자가 담당하는 직무의 상대적 가치(직무의 질과 양 모두에서)를 기초로 하여 지급되는 임금이므로 먼저 직무의 가치서열이 확립되어야 하고, 이 가치서열의 확립을 위하여 직무평가가 이루어져야 한다.

장점	• 개인별 임금격차에 대한 불만 해소 • 능력 위주의 인사풍토 조성
단점	공정하고 철저한 직무분석과 직무평가의 실시가 곤란하다.

> ▶ **임금형태**
> - **시간급제**: 수행한 작업의 양과 질에는 관계없이 단순히 근로시간을 기준으로 하여 시급제·일당제·연봉제 등으로 임금을 산정·지급하는 고정급제 방식이다.
> - **성과급제**: 능률급제라고도 하는데, 노동성과를 측정하여 측정된 성과에 따라 임금을 산정·지급하는 변동급제이다. 성과와 임금이 정비례하므로 노동자에게 합리성과 공평감을 주며, 작업능률을 크게 자극할 수 있다.
> - **연봉제**: 개개인의 능력·실적 및 공헌도에 대한 평가를 바탕으로 계약을 통해 연간 임금액을 결정하는 실적 중심형의 임금형태이다.

CBT 적중 예상 문제

다음 중 성과급 제도의 장점에 해당하는 것은?

① 직원 간 화합이 용이하다.
❷ 근로의 능률을 자극할 수 있다.
③ 임금의 계산이 간편하다.
④ 확정적 임금이 보장된다.

---

138 임금격차

임금격차는 기본적으로는 노동자 개인 사이의 격차가 문제가 되지만, 한편으로는 노동자의 인적 속성별, 즉 성별·학력별·경력별 또는 인종별 임금격차가 주된 관심이 되기도 하고, 다른 한편에서는 노동수요 측면에서 기업규모별·산업별·지역별·직종별 임금격차가 문제가 되기도 한다.

임금격차의 원인

- **경쟁적 요인**: 신고전학파 경제학자들이 주장하는 요인으로, 인적자본량, 노동자의 생산성의 차이, 임금의 보상격차(균등화 격차), 기업의 효율성 임금정책, 시장의 단기적 불균형 등을 들 수 있다.
- **경쟁 외적 요인**: 임금격차의 경쟁 외적 요인은 제도나 인간의 의사결정이 임금결정에 영향을 미친다고 보는 제도학파 경제학자들이 주장하는 요인이다. 주로 노동시장의 불완전성을 반영하는 것이다. 경쟁 외적 요인으로는 차별화 및 노동시장의 분단, 노동자에 대한 독점지대 배당, 노동조합의 효과 등을 들 수 있다.

CBT 적중 예상 문제

임금격차의 원인을 모두 고른 것은?

> ㄱ. 인적자본 투자의 차이로 인한 생산성 격차
> ㄴ. 보상적 격차
> ㄷ. 차별

① ㄱ, ㄴ   ② ㄱ, ㄷ
③ ㄴ, ㄷ   ❹ ㄱ, ㄴ, ㄷ

139 임금의 보상격차

- 열악한 환경에서 일하는 사람에게는 그렇지 않은 사람보다 더 많은 임금을 지불해야 한다는 것이다. **예** 동일 근로시간에 대해 탄광 근로자는 월 200만 원을, 봉제공은 월 100만 원을 받는 경우
- 이와 같은 임금격차는 직업의 임금 외적인 불리한 측면(비금전적 불이익)을 상쇄하여 노동자에게 돌아가는 순이익을 다른 직업과 같게 해주기 위한 것이므로 균등화 격차(equalizing wage differentials)라고도 한다.

임금의 보상격차를 가져오는 요인

- 고용의 불안정으로 실업의 가능성이 높아지면 실업으로 인한 소득상실을 보상해줄 정도로 높은 임금을 지급해야 한다.
- 어떤 직업의 작업내용이 다른 직업에 비해 더 위험하고 작업환경이 열악하다면, 더 높은 임금을 지급하여 작업에서의 비금전적 불이익을 보상해주어야 한다.
- 어떤 직업에 취업하기 위하여 교육 및 훈련비용이 들어간다면 이 비용은 이자까지 포함하여 임금으로 회수되어야 한다.
- 변호사, 의사처럼 책임이 따르는 일에 종사하면 그 책임 때문에 더 높은 임금을 받는다.
- 장래에 대한 불확실성이 평균 이상인 직업에 대해서는 보다 높은 임금을 지급해야 한다.

CBT 적중 예상 문제

임금의 보상격차에 관한 설명으로 틀린 것은?

① 근무조건이 열악한 곳으로 전출되면 임금이 상승한다.
❷ 성별격차도 일종의 보상격차이다.
③ 물가가 높은 곳에서 근무하면 임금이 상승한다.
④ 더 높은 비용이 소요되는 훈련을 요구하는 직종의 임금이 상대적으로 높다.

140 기타 임금격차

산업별 임금격차의 원인

- **노동생산성의 차이**: 임금이론의 한계생산력설에 의하면 노동생산성이 높은 산업은 다른 사정이 동일할 경우 임금수준도 높게 된다. 따라서 산업 간 생산성의 차이가 클수록 산업 간의 임금격차는 커지게 된다.
- **노동조합의 존재**: 노동조합이 광범위하게 조직되어 있는 산업 또는 교섭력이 강한 산업일수록 그렇지 않은 산업과 비교할 때 임금격차는 커지게 된다.
- **산업별 집중도의 차이**: 산업별 집중도의 차이는 상품시장에서의 독과점의 정도를 나타낸다. 산업별 집중도의 차이가 클수록 산업별 임금격차는 커지게 된다.

직종별 임금격차의 원인

- 보상적 임금격차와 과도적 임금격차, 그리고 다른 직종의 비경쟁집단의 존재에 의해 설명될 수 있다.
- 직종에 따라 근로환경의 차이, 노동조합 조직률의 차이, 노동자들의 특정 직종에 대한 회피와 선호의 차이 때문이다.

성별 임금격차의 원인

노동 생산성의 차이, 채용 시의 직종차별(혼잡효과), 편견에 기초한 순수한 의미의 임금차별 등

CBT 적중 예상 문제

다음 중 직종별 임금격차의 발생원인과 가장 거리가 먼 것은?

① 비경쟁집단
② 보상적 임금격차
③ 과도적 임금격차
❹ 직종 간 자유로운 노동이동

141 효율임금정책

효율임금정책(efficiency wage policy)이란 어떤 기업주가 노동자에게 시장임금 이상의 높은 임금을 지급함으로써 노동생산성의 향상을 꾀하는 것을 말한다.

효율임금정책이 높은 생산성을 가져오는 원인

- 고임금은 노동자의 직장상실비용을 증대시켜서 작업 중에 태만하지 않게 한다.
- 고임금 지급은 노동자의 이직을 감소시켜 신규 노동자의 채용 및 훈련비용을 감소시켜 준다.
- 고임금 지급 기업의 명성이 높아져 상대적으로 우수한 노동자를 채용할 수 있으므로 다른 기업에 비해 신규 노동자의 훈련비용을 줄일 수 있다.
- 고임금은 노동자의 기업에 대한 충성심과 귀속감을 증대시킨다.
- 고임금은 안정적인 노사관계를 유지하거나 노동조합의 조직화를 방지할 수 있다.

CBT 적중 예상 문제

효율임금이론에서 고임금이 고생산성을 가져오는 원인에 관한 설명으로 틀린 것은?

① 고임금은 노동자의 직장상실비용을 증대시켜 노동자로 하여금 스스로 열심히 일하게 한다.
② 대규모 사업장에서는 통제상실을 사전에 방지하는 차원에서 고임금을 지불하여 노동자가 열심히 일하도록 유도할 수 있다.
③ 고임금은 노동자의 사직을 감소시켜 신규 노동자의 채용 및 훈련비용을 감소시킨다.
❹ 균형임금을 지불하여 경제 전반적으로 동일 노동·동일임금이 달성되도록 한다.

142 실업

수요부족 실업과 비수요부족 실업

수요부족 실업	• 총수요의 부족으로 말미암아 노동력에 대한 수요가 감소하고 그에 따라 발생하는 실업으로, 경기적 실업이 있다. • 수요부족 실업은 실업을 예방하는 대책이나 경기부양정책이나, 공공사업을 통한 고용창출정책을 실시하면 효과가 있다.
비수요부족 실업	마찰적 실업, 구조적 실업, 계절적 실업 등이 이에 해당한다.

자발적 실업과 비자발적 실업

자발적 실업	자발적으로 실업을 선택하고 있는 경우로, 마찰적 실업이 있다.
비자발적 실업	일할 의사와 능력이 있음에도 불구하고 일자리를 얻지 못하는 경우를 의미하는 것으로, 경기적 실업, 구조적 실업 및 계절적 실업 등이 있다.

CBT 적중 예상 문제

다음 중 수요부족 실업에 해당되는 것은?

① 마찰적 실업 ② 구조적 실업
③ 계절적 실업 ❹ 경기적 실업

143 마찰적 실업

- 마찰적 실업(frictional unemployment)은 새로 직장을 구하거나 직장을 옮길 때 발생하는 자발적이고 일시적인 실업이다. 주로 노동시장의 정보부족으로 발생한다.
- 노동자가 자신에게 가장 유리한 직장을 찾기 위해서 정보수집활동에 종사하고 있을 동안의 실업상태로 자발적 실업이고, 비수요부족 실업이다.
- 마찰적 실업은 취업정보를 효율적으로 제공하여 구인·구직정보의 흐름을 원활하게 하면 줄일 수 있다.
- 마찰적 실업만이 있는 상태를 완전고용이라고 하며, 이때의 실업률을 자연실업률이라고 한다.

마찰적 실업을 해소하기 위한 정책(대책)

- 노동시장 정보의 효율적 제공을 위해 구인 및 구직에 대한 전국적 전산망 연결
- 직업안내와 직업상담 등 직업알선기관에 의한 효과적인 알선
- 고용실태 및 전망에 관한 자료제공

> ▶ **탐색적 실업**
> - 탐색적 실업(search unemployment)이란 보다 나은 일자리를 탐색하면서 일시적으로 실업상태에 있는 것을 말한다.
> - 실업급여가 확대되면 실업자들은 일자리가 나와도 계속하여 실업을 선택하는 실업함정(unemployment trap)이 발생하여 높은 수준의 임금을 주는 기업을 찾을 때까지 탐색활동을 하게 되므로 탐색적 실업이 증가할 수 있다.

CBT 적중 예상 문제

정보의 유통장애와 가장 관련이 높은 실업은?

❶ 마찰적 실업　② 경기적 실업
③ 구조적 실업　④ 잠재적 실업

144 구조적 실업

- 구조적 실업(structural unemployment)이란 산업구조의 변화로 사양산업에서 발생한 실업자가 성장산업(유망산업)으로 이동하지 못함으로써 발생하는 실업을 말한다.
- 한편, 맨큐(N. G. Mankiw) 등의 학자들은 구조적 실업을 노동시장에서 제공되는 일자리의 수가 직장을 찾고 있는 노동자들의 수에 비해 적기 때문에 발생하는 실업으로 설명한다.
- 여기서 일자리의 수가 적은 이유는 어떤 이유로 임금이 노동의 수요와 공급이 같아지는 임금(균형임금)보다 높기 때문이다. 그리고 임금이 균형임금보다 높아지게 되는 이유로 최저임금제, 노동조합의 임금인상 압력, 효율임금(efficiency wage) 등 3가지를 제시한다.
- 구인처에서 요구하는 기술을 갖춘 근로자가 없어서 발생하는 실업은 구조적 실업이다.

구조적 실업을 해소하기 위한 정책(대책)

- 직업전환교육
- 이주에 대한 보조금
- 산업구조 변화 예측에 따른 인력수급정책

CBT 적중 예상 문제

구조적 실업에 대한 설명으로 틀린 것은?

❶ 노동시장에 대한 정보 부족에 기인한다.
② 구인처에서 요구하는 자격을 갖춘 근로자가 없는 경우에 발생한다.
③ 산업구조 변화에 노동력 공급이 적절히 대응하지 못해서 발생한다.
④ 적절한 직업훈련 기회를 제공하는 것이 구조적 실업을 완화하는 데 중요하다.

145 경기적 실업

- 경기적 실업(cyclical unemployment)은 불경기에 수반하여 발생하는 실업으로, 주된 원인은 총수요의 부족이라고 할 수 있다.
- 경기적 실업의 존재는 케인즈에 의해 처음 언급되어 케인즈적 실업이라고도 한다.
- 경기적 실업은 재정정책과 통화정책을 이용한 총수요의 증대를 통해 해결할 수 있다. 즉 정부가 공공투자를 확대하여 정부지출을 늘리고 조세를 감면해주는 확장적 재정정책을 실시한다든가, 중앙은행이 통화량을 늘리는 확장적 통화정책을 실시하여 총수요를 늘리면, 생산의 증가와 함께 고용이 증가하므로 경기적 실업을 해결할 수 있다.

> **기술적 실업**
> - 신기술이 도입되면 기업의 노동수요가 감소하므로 기존 취업자 중의 일부는 일자리를 잃을 수밖에 없는데, 이러한 원인에 의해서 발생하는 실업을 마르크스적 실업 또는 기술적 실업(technical unemployment)이라고 한다.
> - 마르크스(K. Marx)는 이와 같은 기술진보로 인해 발생하는 실업자를 '상대적 과잉인구'로 표현하였다.

CBT 적중 예상 문제

경기적 실업에 대한 대책으로 가장 적합한 것은?
① 지역 간 이동 촉진
❷ 총수요의 증대
③ 퇴직자 취업알선
④ 구인·구직에 대한 전산망 확대

146 경제활동인구조사

- **경제활동인구**: 만 15세 이상 인구 중 취업자와 실업자를 말한다.

$$경제활동인구 = 취업자 수 + 실업자 수$$

취업자

- 경제활동인구조사에서 취업자는 기본적으로 최근 지정된 1주일 동안(15일이 포함된 1주일) 수입이 있는 일에 1시간 이상 일한 자(무급가족종사자)
- 자기 가구에서 경영하는 사업체나 농장을 위하여 주당 18시간 이상 일한 자
- 일시적인 질병, 일기불순, 연가, 노동쟁의 등의 이유로 일하지 않고 있는 일시적인 휴직자 등이다.

고용지표

- 실업률(%) = $\dfrac{\text{실업자 수}}{\text{경제활동인구수}} \times 100$
- 고용률(%) = $\dfrac{\text{취업자 수}}{\text{15세 이상 인구(생산가능인구)}} \times 100$
- 경제활동참가율(%) = $\dfrac{\text{경제활동인구}}{\text{15세 이상 인구(생산가능 인구)}} \times 100$

> **완전고용과 실업률**
> 완전고용은 자발적 실업(마찰적 실업)만이 있는 상태를 의미하므로 실업률은 0이 아니다.

CBT 적중 예상 문제

A 국가의 경제활동참가율은 50%이고, 생산가능인구와 취업자가 각각 100만 명, 40만 명이라고 할 때 이 국가의 실업률은?

① 5% ② 10%
③ 15% ❹ 20%

147 실업이론

케인즈(J. M. Keynes)의 실업이론

- 노동의 수요는 실질임금의 함수이며, 노동의 공급은 명목임금의 함수이다.
- 노동자들은 화폐환상을 갖고 있어 명목임금의 하락에 저항하므로 명목임금은 하방경직성을 갖는다.
- 유효수요가 부족하여 생산활동이 위축되면 비자발적 실업이 발생한다.
- 실업의 해소방안으로 재정 투·융자의 확대, 통화량의 증대 등을 주장하였다.

> ▶ 임금이 하방경직적인 이유
> - 통상의 고용계약이 2~3년의 장기계약이므로 그 기간 동안에는 임금이 경직적이다.
> - 강력한 노동조합이 존재하면 명목임금은 하락하지 않는다.
> - 최저임금제가 시행되는 경우에는 그 아래로 임금이 떨어지지 않는다.
> - 노동자의 역선택이 발생하면 명목임금은 떨어지지 않는다.
> - 연공급 임금제를 도입하면 명목임금이 매년 상승하므로 하락하는 일이 없다.

CBT 적중 예상 문제

케인즈(Keynes)의 실업이론에 관한 설명으로 틀린 것은?

❶ 노동의 공급은 실질임금의 함수이며, 노동에 대한 수요는 명목임금의 함수이다.
② 노동자들은 화폐환상을 갖고 있어 명목임금의 하락에 저항하므로 명목임금은 하방경직성을 갖는다.
③ 비자발적 실업의 원인을 유효수요의 부족으로 설명하였다.
④ 실업의 해소방안으로 재정 투·융자의 확대, 통화량의 증대 등을 주장하였다.

148 필립스곡선

- 필립스곡선(phillips curve)은 영국의 경제학자인 아서 필립스(A. Phillips)가 1861~1957년 사이에 영국경제를 대상으로 명목임금 상승률과 실업률 간의 관계를 실증분석한 결과를 보여주는 곡선이다.
- 실업률과 명목임금 상승률 간에 안정적인 음(−)의 관계가 있다는 것으로, 케인즈의 이론을 뒷받침해 주는 분석이다.
- 후에 물가상승률과 실업률 간에 음(−)의 관계를 보여주는 것으로 정착되었다.

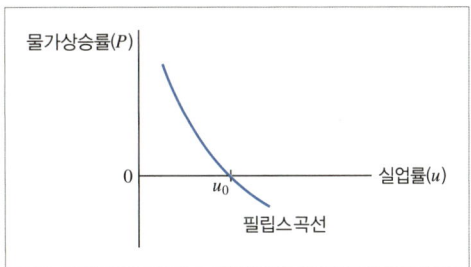

CBT 적중 예상 문제

필립스곡선은 어떤 변수 간의 관계를 설명하는 것인가?

① 임금상승률과 노동참여율
② 경제성장률과 실업률
③ 환율과 실업률
❹ 임금상승률과 실업률

149 실업대책과 소득정책

실업대책

- 실업률을 낮추기 위해서는 총수요(유효수요)를 증가시켜야 한다. 총수요의 증대를 위해서는 재정지출의 확대, 조세 감면(세율 인하), 통화량 증대, 금리 인하 등의 대책이 필요하다. 이러한 정책을 통해 경기적 실업을 줄일 수 있다.
- 직업훈련 기회의 제공을 통해서는 구조적 실업을 줄일 수 있다.

소득정책

- 1960년대 선진국에서 실업률과 물가상승률 간의 상충관계, 즉 스태그플레이션(stagflation)을 개선하고자 실시했던 정책이다.
- 과도한 임금인상을 억제하는 것(임금가이드라인 정책)을 주요 내용으로 한다.
- 개별 기업들의 임금인상을 감시해야 하므로 행정관리비용을 증가시키는 문제가 있다.

> ▶ **사회안전망 정책(social safety net)**
> 사회안전망은 개인이 직장을 잃고 실업자가 된 뒤 다시 직장을 얻으려고 노력하는 대신 노숙자 같은 사회적 무기력층이 되는 것을 막기 위해 정부가 최소한의 생계를 유지할 수 있도록 해주는 제도를 말한다. 즉 경제의 구조조정으로 불가피하게 발생한 실업자들에게 공공사업을 통해 일자리를 제공하거나 실업급여를 지급하여 생계비를 보조해주는 소극적인 노동시장 정책을 말한다.

CBT 적중 예상 문제

소득정책의 효과에 대한 설명으로 틀린 것은?
① 성장산업의 위축을 초래할 수 있다.
❷ 행정적 관리비용을 절감할 수 있다.
③ 임금억제에 이용될 가능성이 크다.
④ 급격한 물가상승기에 일시적으로 사용하면 효과를 거둘 수 있다.

150 부가노동자와 실망노동자

부가노동자

경기가 후퇴하여 노동력에 대한 수요가 감소하면 실업이 증가한다. 이때 가구주의 실직 등을 보전하기 위해, 그 가구주의 배우자나 자녀들이 새롭게 노동시장에 참가하여 구직활동을 하게 되는데, 이들을 부가노동자(added worker)라고 한다. 즉, 부가노동자란 비경제활동인구가 경제활동인구로 전환된 것이다. 부가노동자효과는 경제활동참가율과 실업률을 증가시킨다.

실망노동자(구직단념자)

부가노동자효과와는 대조적으로 실업률이 높을 때에는 일부 실업자들이 취업 가능성이 줄어듦에 실망한 나머지 구직활동을 포기하는 경우가 있다. 구직활동 포기는 노동시장 참가 자체를 포기하는 것이므로 이들은 경제활동인구에서 비경제활동인구로 전환된다. 이들을 실망노동자(discouraged worker) 또는 실망실업자라고 하며, 통계용어로는 구직단념자라고 한다.

> ▶ **실망노동자효과**
> 경기침체로 실업자가 구직활동을 단념함으로써 경제활동인구가 감소하고 비경제활동인구가 증가하면 경제활동참가율과 실업률이 낮아진다.

CBT 적중 예상 문제

다음 중 경기침체 시 실업률이 높아질 때 경제활동인구가 감소되는 효과는?
① 대체효과(substitution effect)
② 부가노동자효과(added worker effect)
③ 대기실업효과(wait-unemployment effect)
❹ 실망노동자효과(discouraged worker effect)

151 노사관계

이원적 노사관계

노사관계를 개별적 노사관계와 집단적 노사관계로 나누어 파악하는 것을 이원적 노사관계라고 한다. 즉, 이원적 노사관계에서 제1차 관계는 사용자 대 근로자 관계이고, 제2차 관계는 사용자 대 노동조합 관계이다.

던롭(J. T. Dunlop)의 노사관계 시스템이론

- 던롭은 하나의 노사관계가 3주체(tripartite)로 구성되어 있다고 가정한다.
- 노사관계의 3주체는 근로자와 그 조직(노동조합), 경영자와 그 조직(협회, 경제단체, 협동조합 등), 노사관계를 담당하는 정부의 기구 및 기관이다.
- 던롭의 노사관계이론에서는 노사관계의 3주체들이 다음 3가지 여건 내지 환경의 규제를 받는다.

기술적 특성	주로 생산현장에서의 근로자의 질이나 양 그리고 생산과정, 생산방법 등이 포함된다.
시장 또는 예산제약	제품시장의 형태와 기업을 경영하는 조건으로서 비용, 이윤 등의 내용을 포괄한다.
각 주체의 세력관계	노사관계를 포함하여 더욱 광범위한 사회 내에서 주체들의 세력관계 또는 세력균형관계를 들 수 있다.

CBT 적중 예상 문제

던롭(Dunlop)이 노사관계를 규제하는 여건 혹은 환경으로 지적한 사항이 아닌 것은?

❶ 시민의식
② 기술적 특성
③ 시장 또는 예산제약
④ 각 주체의 세력관계

152 노동조합의 기능

임금을 인상시키고, 근로조건을 개선하는 기능을 한다.

- **단체교섭기능**: 단체교섭을 통하여 근로조건의 유지·개선을 꾀하며 단체협약을 맺어 이를 보장하거나, 쟁의행위를 통해 이를 추구하는 것으로 노동조합의 가장 본질적이고 핵심적인 기능이다.
- **경제활동기능**: 공제기능은 노동조합이 미리 마련한 공동기금으로 상호부조활동을 수행(상호보험)하는 것으로, 사회보장제도가 발전하면 중요성이 감소된다. 협동기능은 노동자가 획득한 임금을 경제적으로 보호하기 위한 활동이다(생산자 협동조합, 소비자 협동조합, 신용조합).
- **정치활동기능**: 노동조합은 노동운동에 불리한 법률을 개정·폐지하기 위해서 정당에 대한 지지 및 반대를 통해 정치활동을 한다.

노동조합의 영향

- 집단적 소리로서의 기능을 하여 비효율을 제거하고 생산성을 증진시킬 수 있다.
- 노동조합이 결성되면 파급효과로 인해 노조 조직부문과 비조직부문 간의 임금격차는 확대된다.
- 노동조합이 결성되면 시장임금보다 높은 수준의 임금을 요구한다.
- 노조부문의 임금수준은 비노조부문의 임금수준에 비해 높게 책정되는 것이 일반적이다.

CBT 적중 예상 문제

노동조합에 관한 설명으로 옳은 것은?

① 노조부문과 비노조부문 간의 임금격차를 해소시킨다.
❷ 집단적 소리로서의 기능을 하여 비효율을 제거하고 생산성을 증진시킬 수 있다.
③ 시장기능에 의해 결정된 임금수준을 반드시 수용한다.
④ 노동조합의 임금수준은 일반적으로 비노조부문의 임금수준에 비해 낮게 책정되어 있다.

153 노동조합의 임금효과

노동공급 독점에 의한 임금인상(실업효과)

노동조합에 의한 임금인상은 산업 전체의 고용수준을 감소시키고 실업을 증가시킨다. 이 경우 노동에 대한 수요가 비탄력적일수록 실업은 적게 발생하고, 따라서 노동조합은 임금인상 교섭에서 강력한 힘을 발휘할 수 있다.

노동조합의 파급효과(임금하락 효과)

노동조합의 임금인상으로 실업자가 된 노동자들은 노동조합이 조직되어 있지 않은 부문(비조직부문)으로 이동한다. 이에 따라 비조직부문에서는 노동공급이 증가하여 임금이 하락한다. 이전효과라고도 한다.

노동조합의 위협효과(임금상승 효과)

비조직부문에서의 임금하락은 비조직부문 노동자들에게 위기감을 주고 이에 따라 비조직부문에서도 노동조합 결성 움직임이 나타난다. 이에 위협을 느낀 사용자들은 임금을 인상하여 노동조합의 결성을 저지하게 되는데, 이를 위협효과라고 한다.

대기실업효과(임금상승 효과)

비조직부문의 노동자들이 노동조합이 조직되어 높은 임금을 지불하는 조직부문에 취업하기를 희망하여 비조직부문의 기업을 사직하고 조직부문에서 실업상태로 대기하는 경우를 대기실업효과라고 한다. 이로 인해 비조직부문의 노동공급은 감소하여 임금이 상승하게 된다.

CBT 적중 예상 문제

노동조합으로 인해 비노조부문의 임금이 하락하고 있다면 이는 어떤 경우인가?

❶ 이전효과(spillover effect)만 나타나는 경우
② 위협효과(threat effect)만 나타나는 경우
③ 대기실업효과만 나타나는 경우
④ 비노동조합부문에서 노동수요곡선을 좌측으로 이동하는 효과가 나타나는 경우

154 노동조합의 사회적 비용을 증가시키는 3가지 측면

- **배분적 비효율(allocative inefficiency)**: 노동조합은 상대적으로 높은 임금이 지급되는 노조 조직부문과 상대적으로 낮은 임금이 지급되는 노조 비조직부문 간의 임금격차를 발생시키고, 노조 조직부문의 고용감소를 가져오므로 노동력의 비효율적 배분, 즉 배분적 비효율을 야기한다.
- **기술적 비효율(technical inefficiency)**: 노동조합의 압력에 의한 경직적인 인력배치 등은 노동의 가동률을 저하시키고, 노동의 자본으로의 대체를 어렵게 하며, 새로운 기술의 도입을 지연시켜 기술적 비효율을 야기한다.
- **생산적 비효율(productive efficiency)**: 노동조합에 의한 파업행위는 생산활동을 중단시킴으로써 생산에서의 손실을 야기하는데, 이는 생산적 비효율이다.

> ▶ **노동조합의 조직률을 하락시키는 요인**
> - 실업률의 증가
> - 여성노동자 비율의 증가
> - 서비스업 중심으로의 산업구조 변화
> - 노동자의 기호와 가치관의 변화
> - 외국인 근로자 비율의 증가
> - 국제경쟁의 격화

CBT 적중 예상 문제

신고전학파가 주장하는 노동조합의 사회적 비용의 증가요인이 아닌 것은?

① 비노조와의 임금격차와 고용저하에 따른 비효율 배분
② 경직적 인사제도에 의한 기술적 비효율
③ 파업으로 인한 생산중단에 따른 생산적 비효율
❹ 작업방해에 의한 구조적 비효율

155 노동조합의 형태

직업별 노동조합(craft union)

- 같은 직종 또는 직업에 종사하는 노동자가 조직하는 노동조합을 말한다.
- 역사적으로는 가장 오래된 형태의 노동조합으로, 숙련공 중심의 배타적·폐쇄적이고 독점적인 조직형태이며, 철도나 항만에서 하역작업을 하는 항운노조와 인쇄공 조합·목공 조합 등을 예로 들 수 있다.

산업별 노동조합(industrial union)

- 직업이나 직종의 여하를 불문하고 동일산업에 종사하는 노동자가 조직하는 노동조합의 형태이다.
- 산업 전체의 이익을 고려하므로 기업별 특수성은 고려하기 어렵지만, 해당 산업에 종사하는 모든 노동자가 가입하므로 임시직이나 일용직 노동자의 조직이 용이해진다는 장점이 있다.

기업별 노동조합(company union)

동일한 기업에 종사하는 노동자로 구성되는 노동조합의 형태이다. 현재 우리나라는 대부분의 기업이 기업별 노동조합을 결성하고 있다.

기업별 노동조합의 장단점

장점	• 조합 구성이 용이하다. • 단체교섭 타결이 용이하다. • 조합원 간의 친밀감이 높고 강한 연대감을 가질 수 있다.
단점	• 사용자에 의해 어용화될 가능성이 크다. • 임금격차가 커져 노동시장 분단이 심화될 수 있다.

> **CBT 적중 예상 문제**
>
> 기업별 노동조합의 장점이 <u>아닌</u> 것은?
> ① 조합 구성이 용이하다.
> ② 단체교섭 타결이 용이하다.
> ❸ 노동시장 분단을 완화시킬 수 있다.
> ④ 조합원 간의 친밀감이 높고 강한 연대감을 가질 수 있다.

156 숍 제도

오픈 숍(open shop)

- 조합원과 비조합원 모두 고용이 가능한 제도로, 조합에의 가입이 고용의 전제조건이 아니다.
- 노동조합의 조합원에 대한 통제력이 약하고 조직의 확대가 어려우므로 사용자와의 교섭에서도 가장 불리한 위치에 있게 된다.

유니언 숍(union shop)

- 유니언 숍은 사용자가 자유롭게 채용할 수 있으나 채용 후 일정기간이 지나면 반드시 조합에 가입하여야 하는 제도이다.
- 또한 조합으로부터 탈퇴하거나 제명되어 조합원 자격을 상실할 때에는 해고된다는 노사 간의 협약을 의미한다.

클로즈드 숍(closed shop)

조합원 자격이 있는 노동자만을 채용하고 일단 고용된 노동자라도 조합원 자격을 상실하면 종업원이 될 수 없는 제도이다.

에이전시 숍(agency shop)

노조의 단체교섭 결과가 비조합원에게도 혜택이 돌아가는 현실에서 노동조합의 조합원이 아닌 비조합원에게도 단체교섭의 당사자인 노동조합이 회비를 징수하는 숍 제도이다.

> ▶ **노동조합의 유지 및 확대에 유리한 순서**
> 클로즈드 숍 > 유니언 숍 > 오픈 숍

> **CBT 적중 예상 문제**
>
> 노동조합이 조합원의 확대와 사용자와의 교섭에서 가장 불리하다고 볼 수 있는 숍(shop) 제도는?
> ① closed shop ❷ open shop
> ③ union shop ④ agency shop

157 단체교섭

노동조합의 교섭력의 원천
- 파업(strike)이나 태업(slow-down)을 할 수 있는 권리가 보장되면 노동조합의 교섭력이 커진다.
- 파업근로자들이 외부에 임시로 취업할 수 있는 능력이 클수록 파업에 견디는 힘은 증가하여 교섭력이 커진다.
- 노동조합이 정치적인 영향력을 발휘할 수 있는 능력, 노동조합의 파업자금의 규모, 실직할 경우 국가로부터 받는 각종 복리후생적 지급금의 규모가 클수록 교섭력이 커진다.
- 소비자들에게 호소하는 불매운동(boycott)이나 노동공급의 제한도 노동조합의 교섭력을 높일 수 있다.

사용자의 교섭력 결정요인
- 기업의 재정능력이 좋으면 사용자의 교섭력이 높아진다.
- 사용자 교섭력의 원천 중 하나는 직장폐쇄(lockout)를 할 수 있는 권리이다.
- 사용자는 쟁의행위 기간 중 그 쟁의행위로 중단된 업무를 원칙적으로 도급 또는 하도급을 줄 수 없다.
- 비조합원이 조합원의 일을 대신할 수 있는 여지가 크다면, 그만큼 사용자의 교섭력은 높아진다.

CBT 적중 예상 문제
단체교섭에서 사용자의 교섭력에 대한 설명으로 가장 거리가 먼 것은?
① 기업의 재정능력이 좋으면 사용자의 교섭력이 높아진다.
② 사용자 교섭력의 원천 중 하나는 직장폐쇄(lockout)를 할 수 있는 권리이다.
❸ 사용자는 쟁의행위 기간 중 그 쟁의행위로 중단된 업무를 원칙적으로 도급 또는 하도급을 줄 수 있다.
④ 비조합원이 조합원의 일을 대신할 수 있는 여지가 크다면, 그만큼 사용자의 교섭력이 높아진다.

158 경영참가제도

경영참가의 형태
- **자본참가**: 종업원을 출자자로서 기업경영에 참여시키는 것으로, 주요 형태로는 종업원지주제도(ESOP)와 노동주(labor stock) 제도가 있다.
- **이익참가**: 기업이 얻은 이윤의 일부를 임금 이외의 형태로 노동자에게 분배하는 것이다. 이익참가에는 이윤 분배, 스캔론 플랜, 럭커 플랜 등이 있다.
- **노사협의제**: 단체교섭만으로는 해결하기 힘든 경우, 노사가 협력을 통해 문제를 해결하는 제도적 장치이다.
- **근로자 중역·감사역제에 의한 참가**: 근로자가 기업경영에 관한 의사결정에 직접 참가한다는 점에서 근로자의 경영참가방식 중 가장 적극적인 것이라고 할 수 있다.

노사 공동결정(co-determination)
- 노사 공동결정(co-determination)은 노동자·종업원 또는 노동조합의 대표가 기업의 의사결정기관에 직접 참가하여 기업경영의 여러 문제를 노사 공동으로 결정하는 제도를 의미한다.
- 공동결정은 '경영참가제도' 또는 '노사협의제'의 한 형태라고 할 수 있다.
- 공동결정의 가장 전형적인 예로는 독일에서의 공동결정법(1976)에 의한 경영참가제도가 있다.

> **▶ 마이크로 코포라티즘**
> 마이크로(미시적) 코포라티즘은 사회민주주의형 정치조직이 무력하여 국가차원보다 개별기업 단위의 복지제도가 광범위하게 시행되고 있는 사회적 합의제를 의미하는 것으로 일본이 대표적이다.

CBT 적중 예상 문제
노사 간에 공동결정(co-determination)이라는 광범위한 합의 관행이 존재하고 있는 국가는?
① 영국　　② 프랑스
③ 미국　　❹ 독일

159 파업이론

힉스(J. R. Hicks)의 단체교섭모형

- 힉스는 노사 간의 비대칭 정보로 인해 파업이 발생하면 파업의 기간에 따라 노사 양측의 요구임금(asking wages) 및 제안임금(offering wages)의 수준이 달라진다고 생각하였다.
- 사용자의 양보곡선(employer's concession curve)과 노조의 저항곡선(union's resistance curve)이 교차하는 곳에서 파업기간이 결정된다.

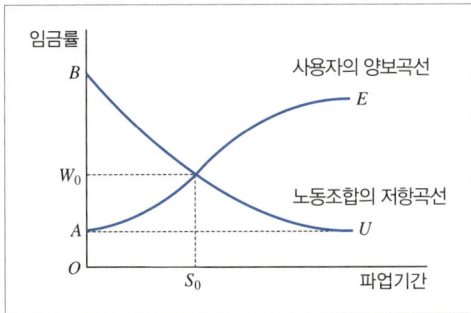

➡ 협상의 타결은 두 곡선이 교차하는 임금수준인 OW_0에서 이루어진다.

CBT 적중 예상 문제

파업을 설명하는 힉스(J. R. Hicks)의 단체교섭모형에 관한 설명으로 틀린 것은?

❶ 노사 양측의 대칭적 정보 때문에 파업이 일어나지 않고 적정수준에서 임금타결이 이루어진다.
② 노동조합의 요구임금과 사용자 측의 제의임금은 파업기간의 함수이다.
③ 사용자의 양보곡선(concession curve)은 우상향한다.
④ 노동조합의 저항곡선(resistance curve)은 우하향한다.

160 파업의 경제적 비용과 기능

- 파업에 따르는 사회적 비용이 가장 큰 분야는 서비스 산업이다. 전력·통신·운수·의료 등의 서비스 산업에서 파업이 발생하면 경제 전체의 서비스 소비수준은 크게 하락한다.
- 파업의 사적 비용과 사회적 비용은 다르다. 사적 비용은 파업으로 인해 노동자나 사용자 개인이 입게 되는 손실이고, 사회적 비용은 상품이나 서비스의 생산량 감소로 사회적으로 소비 내지는 투자가 감소함으로써 나타나는 손실을 말한다.
- 사용자 측의 사적 비용은 생산의 중단에 따른 이윤의 감소를 들 수 있다. 그러나 이 경우 사용자의 이윤의 순감소분은 생산중단에서 오는 것보다 적을 수 있다.

CBT 적중 예상 문제

파업의 경제적 손실에 대한 설명으로 틀린 것은?

① 노동조합 측 노동소득의 순상실분은 해당기업에서의 임금소득의 상실보다 훨씬 적을 수 있다.
❷ 사용자 이윤의 순감소분은 직접적인 생산중단에서 오는 것보다 항상 더 크다.
③ 파업에 따르는 사회적 비용은 제조업보다 서비스업에서 더 큰 것이 보통이다.
④ 파업에 따르는 생산량 감소는 타산업의 생산량 증가로 보충하기도 한다.

5과목 고용노동관계법규

161 노동법

- 노동법이란 헌법과 국제법상의 인권에 근거하여 인간의 존엄성을 보장하기 위한 근로자의 고용, 근로조건 및 노동단체에 관한 법이다(근로자의 권리를 보호하고 근로조건을 유지·개선하기 위한 법).
- 노동법은 자본주의 경제의 기본적 틀은 그대로 유지하되 근대 시민법(또는 근대사법)의 3대 원칙[소유권 절대의 원칙, 계약자유의 원칙, 과실(자기)책임의 원칙]을 수정(소유권 상대의 원칙, 계약공정의 원칙, 무과실책임의 원칙의 도입 등)함으로써, 자본주의 경제를 안정적이고 지속적으로 유지·발전시키고자 대두된 새로운 법 원리이다.
- 노동법은 사회적·경제적으로 약자인 근로자의 생존권을 보장하고 기업의 생산활동을 촉진함으로써 근로자의 보호와 기업의 발전에 이바지하는 역할을 한다.

> ▶ **노동기본권**
> - 노동기본권이란 근로자의 생존을 보장하기 위하여 헌법에서 보장한 기본적인 권리로, 근로권(헌법 제32조)과 노동3권(헌법 제33조 제1항)을 말한다.
> - 노동기본권은 자유권적 성격과 생존권적 성격을 동시에 가지고 있으나, 생존권적 기본권의 성격이 보다 강하다.

CBT 적중 예상 문제

다음 중 노동법의 성격에 가장 적합한 원칙은?

① 계약자유의 원칙
② 자기책임의 원칙
❸ 당사자의 실질적 대등의 원칙
④ 소유권 절대의 원칙

162 근로권(헌법 제32조)

- 모든 국민은 근로의 권리를 가진다. 국가는 사회적·경제적 방법으로 근로자의 고용의 증진과 적정임금의 보장에 노력하여야 하며, 법률이 정하는 바에 의하여 최저임금제를 시행하여야 한다.
- 모든 국민은 근로의 의무를 진다. 국가는 근로의 의무의 내용과 조건을 민주주의원칙에 따라 법률로 정한다.
- 근로조건의 기준은 인간의 존엄성을 보장하도록 법률로 정한다.
- 여자의 근로는 특별한 보호를 받으며, 고용·임금 및 근로조건에 있어서 부당한 차별을 받지 아니한다.
- 연소자의 근로는 특별한 보호를 받는다.
- 국가유공자·상이군경 및 전몰군경의 유가족은 법률이 정하는 바에 의하여 우선적으로 근로의 기회를 부여받는다.

> ▶ **적정임금과 최저임금**
> - **적정임금**: 근로자와 그 가족이 인간의 존엄성에 상응하는 건강하고 문화적인 생활을 영위하는 데 필요한 정도의 임금수준
> - **최저임금**: 사용자가 근로자에게 지급해야 하는 최소한의 임금. 즉 근로자의 최저생계유지를 위한 임금

CBT 적중 예상 문제

헌법 제32조에 명시된 내용이 아닌 것은?

① 연소자의 근로는 특별한 보호를 받는다.
② 근로조건의 기준은 인간의 존엄성을 보장하도록 법률로 정한다.
③ 여자의 근로는 특별한 보호를 받으며, 고용·임금 및 근로조건에 있어서 부당한 차별을 받지 아니한다.
❹ 국가는 사회적·경제적 방법으로 근로자의 고용의 증진과 최저임금의 보장에 노력하여야 한다.

163 노동3권

단결권	근로자가 사용자 또는 사용자 단체에 대응해서 근로조건의 유지, 개선, 기타 근로자의 경제적 지위향상을 도모하기 위해 단결할 수 있는 권리
단체교섭권	노동조합이 근로조건의 유지·개선과 경제적·사회적 지위향상을 위하여 사용자와 직접 교섭할 수 있는 권리
단체행동권	단결권의 존립과 그 목적활동인 단체교섭을 근로자의 단결력을 배경으로 하여 관철시킬 수 있는 권리

▶ **헌법(제33조)에 명시된 노동3권**
- 근로자는 근로조건의 향상을 위하여 자주적인 단결권·단체교섭권 및 단체행동권을 가진다.
- 공무원인 근로자는 법률이 정하는 자에 한하여 단결권·단체교섭권 및 단체행동권을 가진다.
- 법률이 정하는 주요방위산업체에 종사하는 근로자의 단체행동권은 법률이 정하는 바에 의하여 이를 제한하거나 인정하지 아니할 수 있다.

▶ **쟁의행위**
- 노동조합(헌법): 파업, 태업, 보이콧, 피케팅, 준법투쟁 등
- 사용자(노동조합법 보장): 직장폐쇄

CBT 적중 예상 문제

우리나라 헌법에 규정된 노동3권이 아닌 것은?

❶ 단체요구권 ② 단체행동권
③ 단체교섭권 ④ 단결권

164 용어의 정의 (근로기준법)

근로자	직업의 종류와 관계없이 임금을 목적으로 사업이나 사업장에 근로를 제공하는 사람
사용자	사업주 또는 사업 경영 담당자, 그 밖에 근로자에 관한 사항에 대하여 사업주를 위하여 행위하는 자
근로	정신노동과 육체노동
근로계약	근로자가 사용자에게 근로를 제공하고 사용자는 이에 대하여 임금을 지급하는 것을 목적으로 체결된 계약
임금	사용자가 근로의 대가로 근로자에게 임금, 봉급, 그 밖에 어떠한 명칭으로든지 지급하는 모든 금품
소정근로시간	「근로기준법」 또는 「산업안전보건법」에 따른 근로시간의 범위에서 근로자와 사용자 사이에 정한 근로시간
단시간근로자	1주 동안의 소정근로시간이 그 사업장에서 같은 종류의 업무에 종사하는 통상근로자의 1주 동안의 소정근로시간에 비하여 짧은 근로자

CBT 적중 예상 문제

근로기준법령상 용어의 정의에 관한 설명으로 틀린 것은?

① "근로"란 정신노동과 육체노동을 말한다.
② "사용자"란 사업주 또는 사업 경영 담당자, 그 밖에 근로자에 관한 사항에 대하여 사업주를 위하여 행위하는 자를 말한다.
❸ "통상임금"이란 이를 산정하여야 할 사유가 발생한 날 이전 3개월 동안에 그 근로자에게 지급된 임금의 총액을 그 기간의 총일수로 나눈 금액을 말한다.
④ "단시간근로자"란 1주 동안의 소정근로시간이 그 사업장에서 같은 종류의 업무에 종사하는 통상근로자의 1주 동안의 소정근로시간에 비하여 짧은 근로자를 말한다.

165 기본원칙 (근로기준법)

최저근로조건 보장	「근로기준법」에서 정하는 근로조건의 기준은 최저기준이므로 근로 관계 당사자는 이 기준을 이유로 근로조건을 낮출 수 없다(제3조).
근로조건 대등결정 및 준수	근로자와 사용자는 동등한 지위에서 자유의사에 따라 근로조건을 결정해야 하며, 노사는 이를 성실하게 이행할 의무가 있다(제4조, 제5조).
균등처우	사용자는 근로자에 대하여 남녀의 성을 이유로 차별적 대우를 하지 못하고, 국적·신앙 또는 사회적 신분을 이유로 근로조건에 대한 차별적 처우를 하지 못한다(제6조).
강제 근로의 금지	사용자는 폭행, 협박, 감금, 그 밖의 정신상 또는 신체상의 자유를 부당하게 구속하는 수단으로써 근로자의 자유의사에 어긋나는 근로를 강요하지 못한다(제7조).
폭행의 금지	사용자는 사고의 발생이나 그 밖의 어떠한 이유로도 근로자에게 폭행을 하지 못한다(제8조).
중간착취의 배제	누구든지 법률에 따르지 아니하고는 영리로 다른 사람의 취업에 개입하거나 중간인으로서 이익을 취득하지 못한다(제9조).
공민권 행사의 보장	사용자는 근로자가 근로시간 중에 선거권, 그 밖의 공민권의 행사 또는 공(公)의 직무를 집행하기 위하여 필요한 시간을 청구하는 경우에는 거부하지 못한다. 다만, 그 권리행사나 공의 직무를 수행하는 데에 지장이 없으면 청구한 시간을 변경할 수 있다(제10조).

CBT 적중 예상 문제

근로기준법의 기본원리와 가장 거리가 먼 것은?

① 강제 근로의 금지 ❷ 근로자단결의 보장
③ 균등한 처우 ④ 공민권 행사의 보장

166 근로계약 (근로기준법)

- 근로계약 체결 시 근로자를 보호하는 규정에는 근로조건의 명시(제17조), 위약 예정의 금지(제20조), 전차금 상계의 금지(제21조), 강제 저금의 금지(제22조) 등이 있다.
- 근로기준법에서 정하는 기준에 미치지 못하는 근로조건을 정한 근로계약은 그 부분에 한정하여 무효로 한다.
- 사용자는 근로계약을 체결할 때에 근로자에게 임금, 소정근로시간, 휴일, 연차 유급휴가, 취업의 장소와 종사하여야 할 업무에 관한 사항 등을 명시하여야 한다.
- 명시된 근로조건이 사실과 다를 경우에 근로자는 근로조건 위반을 이유로 손해의 배상을 청구할 수 있으며 즉시 근로계약을 해제할 수 있다.
- 사용자는 근로자에게 정당한 이유 없이 해고, 휴직, 정직, 전직, 감봉, 그 밖의 징벌을 하지 못한다.

CBT 적중 예상 문제

근로기준법령상 근로계약에 관한 설명으로 틀린 것은?

① 근로기준법에서 정하는 기준에 미치지 못하는 근로조건을 정한 근로계약은 그 부분에 한하여 무효로 한다.
❷ 사용자는 근로계약 불이행에 대한 위약금 또는 손해배상액을 예정하는 계약을 체결할 수 있다.
③ 사용자는 근로계약을 체결할 때에 근로자에게 임금, 소정근로시간, 휴일, 연차 유급휴가 등의 사항을 명시하여야 한다.
④ 명시된 근로조건이 사실과 다를 경우에 근로자는 근로조건 위반을 이유로 손해의 배상을 청구할 수 있으며 즉시 근로계약을 해제할 수 있다.

근로기준법
167 경영상 이유에 의한 해고

- 사용자가 경영상 이유에 의하여 근로자를 해고하려면 긴박한 경영상의 필요가 있어야 한다. 이 경우 경영 악화를 방지하기 위한 사업의 양도·인수·합병은 긴박한 경영상의 필요가 있는 것으로 본다.
- 사용자는 해고를 피하기 위한 노력을 다하여야 하며, 합리적이고 공정한 해고의 기준에 따라 대상자를 선정(성차별 금지)하여야 한다.
- 사용자는 해고를 피하기 위한 방법과 해고의 기준 등에 관하여 근로자대표에 해고를 하려는 날의 50일 전까지 통보하고 성실하게 협의하여야 한다.
- 사용자는 1개월 동안에 대통령령으로 정하는 일정한 규모 이상의 인원을 해고하려면 최초로 해고하려는 날의 30일 전까지 해고 사유, 해고 예정 인원, 근로자대표와 협의한 내용, 해고 일정을 고용노동부장관에게 신고해야 한다.
- 경영상 이유로 근로자를 해고한 사용자는 근로자를 해고한 날부터 3년 이내에 해고된 근로자가 해고 당시 담당했던 업무와 같은 업무를 할 근로자를 채용하고자 할 때에는 해고된 근로자가 원하는 경우 그 근로자를 우선적으로 고용해야 한다.
- 정부는 해고된 근로자에 대하여 생계안정·재취업·직업훈련 등 필요한 조치를 우선적으로 취해야 한다.

CBT 적중 예상 문제

근로기준법령상 경영상의 이유에 의한 해고에 관한 설명으로 옳은 것은?

① 사용자는 근로자대표에게 해고하려는 날의 60일 전까지 해고의 기준을 통보하여야 한다.
② 경영 악화를 방지하기 위한 사업의 합병은 긴박한 경영상의 필요가 있는 것으로 볼 수 없다.
❸ 사용자는 근로자를 해고하려면 해고사유와 해고시기를 서면으로 통지하여야 한다.
④ 사용자는 경영상 이유에 의하여 해고된 근로자에 대하여 재취업 등 필요한 조치를 우선적으로 취하여야 한다.

근로기준법
168 취업규칙

- 상시 10명 이상의 근로자를 사용하는 사용자는 취업규칙을 작성하여 고용노동부장관에게 신고하여야 한다.
- **취업규칙의 작성 및 변경 절차**
  - 근로자에게 불리하지 않은 경우: 근로자의 과반수의 의견을 들어야 한다(근로자의 과반수로 조직된 노동조합이 있는 경우에는 그 노동조합의 의견).
  - 근로자에게 불리한 경우: 근로자의 과반수의 동의를 받아야 한다(근로자의 과반수로 조직된 노동조합이 있는 경우에는 그 노동조합의 동의).
- 취업규칙은 법령이나 해당 사업 또는 사업장에 대하여 적용되는 단체협약과 어긋나서는 아니 되며, 고용노동부장관은 법령이나 단체협약에 어긋나는 취업규칙의 변경을 명할 수 있다.
- 취업규칙에서 정한 기준에 미달하는 근로조건을 정한 근로계약은 그 부분에 관하여는 무효로 한다.

CBT 적중 예상 문제

근로기준법령상 취업규칙에 관한 설명으로 틀린 것은?

❶ 사용자는 취업규칙의 작성 또는 변경에 관하여 원칙적으로 해당 사업 또는 사업장에 근로자의 과반수로 조직된 노동조합이 있는 경우에는 그 노동조합, 근로자의 과반수로 조직된 노동조합이 없는 경우에는 근로자의 과반수의 동의를 받아야 한다.
② 상시 10명 이상의 근로자를 사용하는 사용자는 취업규칙을 작성하여 고용노동부장관에게 신고하여야 한다.
③ 취업규칙에서 정한 기준에 미달하는 근로조건을 정한 근로계약은 그 부분에 관하여는 무효로 한다.
④ 고용노동부장관은 법령이나 단체협약에 어긋나는 취업규칙의 변경을 명할 수 있다.

169 임금 (근로기준법)

- 임금은 매월 1회 이상 일정한 날짜를 정하여 통화로 직접 근로자에게 그 전액을 지급하여야 한다.
- 고용노동부장관은 체불사업주의 명단을 공개할 경우 체불사업주에게 3개월 이상의 기간을 정하여 소명 기회를 주어야 한다.
- 사용자는 근로자나 그의 수입으로 생계를 유지하는 자가 출산하거나 질병에 걸리거나 재해를 당한 경우, 혼인 또는 사망한 경우, 부득이한 사유로 1주 이상 귀향하게 되는 경우의 비용에 충당하기 위하여 임금 지급을 청구하면 지급기일 전이라도 이미 제공한 근로에 대한 임금을 지급하여야 한다.
- 사용자의 귀책사유로 휴업하는 경우에 사용자는 휴업기간 동안 그 근로자에게 평균임금의 100분의 70 이상의 수당을 지급하여야 한다.
- 사용자는 도급이나 그 밖에 이에 준하는 제도로 사용하는 근로자에게 근로시간에 따라 일정액의 임금을 보장하여야 한다.
- 근로기준법에 따른 임금채권은 3년간 행사하지 아니하면 시효로 소멸한다.

> ▶ 평균임금에 의해 계산되는 것
> 퇴직금, 휴업수당, 연차유급휴가수당, 재해보상금, 감급액

CBT 적중 예상 문제

근로기준법상 임금에 관한 설명으로 틀린 것은?

① 임금은 원칙적으로 통화로 직접 근로자에게 그 전액을 지급하여야 한다.
❷ 사용자의 귀책사유로 휴업하는 경우 휴업기간 동안 근로자에게 통상임금의 100분의 60 이상의 수당을 지급하여야 한다.
③ 임금채권은 3년간 행사하지 아니하면 시효로 소멸한다.
④ 임금은 원칙적으로 매월 1회 이상 일정한 날짜를 정하여 지급하는 것이 원칙이다.

170 근로시간 (근로기준법)

- 작업을 위하여 근로자가 사용자의 지휘·감독 아래에 있는 대기시간은 근로시간으로 본다.
- 휴게시간은 근로시간에 포함되지 않는다.

연장근로(시간 외 근로)

- 출산 후 1년이 경과되지 아니한 여성근로자의 경우 1주 6시간(1일 2시간, 1년 150시간) 한도에서 연장근로를 할 수 있다.
- 임신 중인 여성근로자에 대하여는 연장근로를 시키지 못한다.
- 사용자는 연장근로·야간근로·휴일근로에 대하여는 통상임금의 50% 이상을 가산하여 지급해야 한다.

야간근로

- '야간근로'란 오후 10시부터 다음 날 오전 6시 사이의 근로를 말한다.
- 사용자는 임산부와 18세 미만자를 야간 및 휴일에 근로시키지 못한다. 다만, 다음에 해당하는 경우로서 고용노동부장관의 인가를 얻은 경우에는 그러하지 아니하다.

> 1. 18세 미만자의 동의가 있는 경우
> 2. 산후 1년이 경과되지 아니한 여성의 동의가 있는 경우
> 3. 임신 중의 여성이 명시적으로 청구하는 경우

탄력적근로시간제

- 탄력적 근로시간제란 어떤 근로일의 근로시간을 연장시키는 대신에 다른 근로일의 근로시간을 단축시킴으로써, 일정 기간의 평균근로시간을 기준근로시간 내로 맞추는 변형근로시간제를 말한다.
- 연소자(15세 이상 18세 미만), 임신 중인 여성근로자에게는 실시할 수 없다.

선택적 근로시간제

- 선택적 근로시간제란 노사합의로 일정 기간(1개월 이내, 신상품 또는 신기술의 연구개발 업무의 경우에는 3개월 이내) 동안 근로해야 할 총근로시간만 정하고 각 근로일에 있어서의 근로시간과 그 시업 및 종업시각은 근로자의 자유에 맡김으로써, 효율적인 시간 활용을 통해 업무효율을 증대시키고자 하는 제도이다.
- 연소자(15세 이상 18세 미만자)에 대해서는 실시할 수 없다.

근로기준법
171 휴게, 휴일, 휴가

휴일근로의 경우 8시간 이내는 통상임금의 100분의 50 이상, 8시간 초과 시에는 통상임금의 100분의 100 이상을 지급하여야 한다.

출산전후휴가

- 사용자는 임신 중의 여성에 대하여 출산전후를 통하여 90일(미숙아 출산은 100일, 한 번에 둘 이상 자녀를 임신한 경우에는 120일)의 휴가를 주어야 한다.
- 사용자는 임신 후 12주 이내 또는 32주 이후에 있는 여성근로자가 1일 2시간의 근로시간 단축을 신청하는 경우 이를 허용하여야 한다(유산, 조산의 위험 등이 있는 경우에는 임신 전 기간).

생리휴가

- 사용자는 여성인 근로자가 청구하는 때에는 월 1일의 생리휴가를 주어야 한다.
- 출산휴가, 유·사산휴가 및 생리휴가'는 「근로기준법」에서 규정하고 있으나, '배우자출산휴가'는 「남녀고용평등과 일·가정 양립 지원에 관한 법률」에서 규정하고 있다.

CBT 적중 예상 문제

근로기준법령상 여성의 보호에 관한 설명으로 옳은 것은?

❶ 사용자는 임신 중의 여성이 명시적으로 청구하는 경우 고용노동부장관의 인가를 받으면 휴일에 근로를 시킬 수 있다.
② 여성은 보건·의료, 보도·취재 등의 일시적 사유가 있더라도 갱내(坑內)에서 근로를 할 수 없다.
③ 사용자는 여성 근로자가 청구하면 월 3일의 유급생리휴가를 주어야 한다.
④ 사용자는 여성을 휴일에 근로시키려면 근로자대표의 서면 동의를 받아야 한다.

CBT 적중 예상 문제

남녀고용평등과 일·가정 양립 지원에 관한 법률에 명시되어 있는 내용이 아닌 것은?

① 직장 내 성희롱의 금지
② 배우자 출산휴가
③ 육아휴직
❹ 생리휴가

172 연소근로자 보호
근로기준법

- 15세 미만인 자(초·중등교육법에 따른 중학교에 재학 중인 18세 미만인 자를 포함)는 근로자로 사용하지 못한다. 다만, 고용노동부장관이 발급한 취직인허증을 지닌 자는 근로자로 사용할 수 있다.
- 취업 최저연령은 만15세이상 이다.

미성년자의 근로계약
- 친권자나 후견인은 미성년자의 근로계약을 대리할 수 없다.
- 친권자·후견인 또는 고용노동부장관은 근로계약이 미성년자에게 불리하다고 인정하는 경우에는 이를 해지할 수 있다.
- 미성년자는 독자적으로 임금을 청구할 수 있다.

CBT 적중 예상 문제
근로기준법상 미성년자의 근로계약에 관한 설명으로 틀린 것은?

① 원칙적으로 15세 이상 18세 미만인 사람의 근로시간은 1일에 7시간, 1주에 35시간을 초과하지 못한다.
❷ 미성년자는 독자적으로 임금을 청구할 수 없다.
③ 고용노동부장관은 근로계약이 미성년자에게 불리하다고 인정하는 경우에는 이를 해지할 수 있다.
④ 친권자나 후견인은 미성년자의 근로계약을 대리할 수 없다.

173 최저임금
최저임금법

- 최저임금법에서 '근로자', '사용자' 및 '임금'이란 「근로기준법」 제2조에 따른 '근로자', '사용자' 및 '임금'을 말한다.
- 최저임금법은 근로자를 사용하는 모든 사업 또는 사업장에 적용한다.

최저임금액
1년 이상의 기간을 정하여 근로계약을 체결하고 수습 중에 있는 근로자로서 수습을 시작한 날부터 3개월 이내인 사람에 대하여는 100분의 10을 뺀 금액을 그 근로자의 시간급 최저임금액으로 한다. 다만, 단순노무업무로 고용노동부장관이 정하여 고시한 직종에 종사하는 근로자는 제외한다.

최저임금의 결정
고용노동부장관은 매년 8월 5일까지 최저임금을 결정해야 한다.

최저임금의 적용 제외
사용자가 정신 또는 신체의 장애가 업무수행에 직접적으로 현저한 지장을 주는 것이 명백하다고 인정되는 사람으로서 고용노동부장관의 인가를 받은 사람에 대하여는 최저임금을 적용하지 아니한다.

최저임금위원회
최저임금에 관한 심의와 그 밖에 최저임금에 관한 중요 사항을 심의하기 위하여 고용노동부에 최저임금위원회를 둔다.

CBT 적중 예상 문제
최저임금법이 적용되지 않는 대상이 아닌 것은?

① 동거하는 친족만을 사용하는 사업
② 가사사용인
③ 「선원법」의 적용을 받는 선원과 선원을 사용하는 선박의 소유자
❹ 상시 4명 이하의 근로자를 사용하는 사업

직업안정법

174 직업안정법상 용어 정의

- '직업안정기관'이란 직업소개·직업지도 등 직업안정업무를 수행하는 지방고용노동행정기관을 말한다.
- '직업소개'란 구인 또는 구직의 신청을 받아 구직자 또는 구인자를 탐색하거나 구직자를 모집하여 구인자와 구직자 간에 고용계약이 성립되도록 알선하는 것을 말한다(결정하는 것이 아님)..
- '직업지도'란 취업하려는 사람이 그 능력과 소질에 알맞은 직업을 쉽게 선택할 수 있도록 하기 위한 직업적성검사·직업정보제공·직업상담·실습·권유 또는 조언, 그 밖에 직업에 관한 지도를 말한다.
- '모집'이란 근로자를 고용하려는 자가 취업하려는 자에게 피고용인이 되도록 권유하거나 다른 사람으로 하여금 권유하게 하는 것을 말한다.
- '근로자공급사업'이란 공급계약에 따라 근로자를 타인에게 사용하게 하는 사업을 말한다(근로자파견사업은 제외).

CBT 적중 예상 문제

직업안정법에서 사용하는 용어의 정의로 틀린 것은?

① '직업안정기관'이라 함은 직업소개·직업지도 등 직업안정업무를 수행하는 지방노동행정기관을 말한다.
② '모집'이라 함은 근로자를 고용하고자 하는 자가 취직하고자 하는 자에게 피용자가 되도록 권유하거나 다른 사람으로 하여금 권유하게 하는 것을 말한다.
③ '유료직업소개사업'이라 함은 무료직업소개사업 외의 직업소개사업을 말한다.
❹ '근로자공급사업'이라 함은 공급계약에 의하여 근로자를 타인에게 사용하게 하는 사업으로써, 지방자치단체장의 허가를 받은 사업을 말한다.

고용보험법

175 실업급여

- 실업급여는 구직급여와 취업촉진수당(조기재취업수당, 직업능력개발수당, 광역구직활동비, 이주비)으로 구분한다.
- 직업안정기관의 장은 수급자격자의 신청이 있는 경우에는 실업급여를 수급자격자 명의의 지정된 계좌로 입금하여야 한다.
- 실업급여수급계좌의 해당 금융기관은 이 법에 따른 실업급여만이 실업급여수급계좌에 입금되도록 관리하여야 한다.
- 실업급여를 받을 권리는 양도 또는 압류하거나 담보로 제공할 수 없다.
- 실업급여로서 지급된 금품에 대하여는 국가나 지방자치단체의 공과금을 부과하지 아니한다.

▶ **고용보험법 적용 제외(시행령 제3조)**
- 1개월간 소정근로시간이 60시간 미만인 자(1주간의 소정근로시간이 15시간 미만인 자 포함). 다만, 3개월 이상 계속하여 근로를 제공하는 자와 일용근로자는 제외(즉 고용보험이 적용됨).
- 「국가공무원법」과 「지방공무원법」에 따른 공무원(별정직공무원·임기제공무원은 본인의 의사에 따라 고용보험에 가입할 수 있음)
- 「사립학교교직원 연금법」의 적용을 받는 자
- 「별정우체국법」에 따른 별정우체국 직원
- 65세 이후에 고용(65세 전부터 피보험 자격을 유지하던 사람이 65세 이후에 계속하여 고용된 경우는 제외)되거나 자영업을 개시한 사람에게는 제4장(실업급여) 및 제5장(육아휴직급여)을 적용하지 않음

CBT 적중 예상 문제

고용보험법 적용 제외 근로자에 해당하는 자는?

① 60세에 새로 고용된 근로자
② 1개월 미만 동안 고용되는 일용근로자
❸ 사립학교교직원 연금법의 적용을 받는 자
④ 1일 6시간씩 주3일 근무하는 자

고용보험법
176 구직급여

- 수급요건
  - 기준기간(이직일 이전 18개월) 동안의 피보험 단위기간이 합산하여 180일 이상일 것
  - 근로의 의사와 능력이 있음에도 불구하고 취업하지 못한 상태에 있을 것
  - 이직사유가 수급자격의 제한 사유에 해당하지 아니할 것
  - 재취업을 위한 노력을 적극적으로 할 것
  - 수급자격 인정신청일 이전 1개월 동안의 근로일수가 10일 미만이거나 건설일용근로자로서 수급자격 인정신청일 이전 14일간 연속하여 근로내역이 없을 것

- 소정급여일수

구분	50세 미만	50세 이상 및 장애인
1년 미만	120일	120일
1년 이상 3년 미만	150일	180일
3년 이상 5년 미만	180일	210일
5년 이상 10년 미만	210일	240일
10년 이상	240일	270일

CBT 적중 예상 문제

고용보험법령상 다음 사례에서 구직급여의 소정급여일수는?

> 장애인 근로자 A씨(40세)가 4년간 근무하던 회사를 퇴사하여 직업안정기관으로부터 구직급여 수급자격을 인정받았다.

① 120일　② 150일
③ 180일　❹ 210일

고용보험법
177 취업촉진수당

조기재취업 수당	수급자격자가 안정된 직업에 재취직하거나 스스로 영리를 목적으로 하는 사업을 영위하는 경우에 지급
직업능력개발 수당	수급자격자가 직업안정기관의 장이 지시한 직업능력개발훈련 등을 받는 경우에 그 직업능력개발훈련 등을 받는 기간에 대하여 지급
광역구직활동비	수급자격자가 직업안정기관의 소개에 따라 광범위한 지역에 걸쳐 구직활동을 하는 경우에 직업안정기관의 장이 필요하다고 인정하면 지급
이주비	수급자격자가 취업하거나 직업안정기관의 장이 지시한 직업능력개발훈련 등을 받기 위하여 그 주거를 이전하는 경우에 직업안정기관의 장이 필요하다고 인정하면 지급

▶ **자영업자인 피보험자가 수급할 수 있는 취업촉진수당**
직업능력개발수당, 광역구직활동비, 이주비

CBT 적중 예상 문제

고용보험법령상 취업촉진수당에 해당하지 않는 것은?

① 직업능력개발수당
② 광역구직활동비
③ 이주비
❹ 여성고용촉진장려금

회독 체크 ① ② ③

고용보험법
178 육아휴직급여

- 고용노동부장관은 육아휴직을 30일(출산전후휴가기간과 중복되는 기간은 제외) 이상 부여받은 피보험자 중 육아휴직을 시작한 날 이전에 피보험 단위기간이 합산하여 180일 이상인 피보험자에게 육아휴직급여를 지급한다.
- 육아휴직급여를 지급받으려는 사람은 육아휴직을 시작한 날 이후 1개월부터 육아휴직이 끝난 날 이후 12개월 이내에 신청하여야 한다.
- 다음과 같은 사유로 해당 기간에 육아휴직급여를 신청할 수 없었던 사람은 그 사유가 끝난 후 30일 이내에 신청하여야 한다.
  - 천재지변
  - 본인이나 배우자의 질병·부상
  - 본인이나 배우자의 직계존속 및 직계비속의 질병·부상
  - 「병역법」에 따른 의무복무
  - 범죄혐의로 인한 구속이나 형의 집행
- 육아휴직급여는 다음 구분에 따른 금액을 월별 지급액으로 한다(제95조).

> 1. 육아휴직 시작일부터 3개월까지 - 육아휴직 시작일을 기준으로 한 월 통상임금에 해당하는 금액. 다만, 해당 금액이 250만 원을 넘는 경우에는 250만 원으로 하고, 해당 금액이 70만 원보다 적은 경우에는 70만 원으로 한다.
> 2. 육아휴직 4개월째부터 6개월째까지 - 육아휴직 시작일을 기준으로 한 월 통상임금에 해당하는 금액. 다만, 해당 금액이 200만 원을 넘는 경우에는 200만 원으로 하고, 해당 금액이 70만 원보다 적은 경우에는 70만 원으로 한다.
> 3. 육아휴직 7개월째부터 종료일까지 - 육아휴직 시작일을 기준으로 한 월 통상임금의 100분의 80에 해당하는 금액. 다만, 해당 금액이 160만 원을 넘는 경우에는 160만 원으로 하고, 해당 금액이 70만 원보다 적은 경우에는 70만 원으로 한다.

- 육아휴직을 분할하여 사용하는 경우에는 각각의 육아휴직 사용기간을 합산한 기간을 위에 따른 육아휴직 급여의 지급대상 기간으로 본다.
- 육아휴직 급여의 지급대상 기간이 1개월을 채우지 못하는 경우 위에 따른 월별 지급액을 해당 월에 휴직한 일수에 비례하여 계산한 금액을 지급액으로 한다.

육아기 근로시간 단축급여

- 고용노동부장관은 육아기 근로시간 단축을 30일(출산전후휴가기간과 중복되는 기간 제외) 이상 실시한 피보험자 중 육아기 근로시간 단축을 시작한 날 이전에 피보험 단위기간이 합산하여 180일 이상인 피보험자에게 육아기 근로시간 단축급여를 지급한다.
- 육아기 근로시간 단축급여를 지급받으려는 사람은 육아기 근로시간 단축을 시작한 날 이후 1개월부터 끝난 날 이후 12개월 이내에 신청해야 한다.
- 다만, 해당 기간에 대통령령으로 정하는 사유로 육아기 근로시간 단축급여를 신청할 수 없었던 사람은 그 사유가 끝난 후 30일 이내에 신청해야 한다.

CBT 적중 예상 문제

고용보험법상 ( )에 알맞은 것은?

> 육아휴직 급여를 지원받으려는 사람은 육아휴직을 시작한 날 이후 1개월부터 육아휴직이 끝난 날 이후 ( )개월 이내에 신청하여야 한다.

① 1 ② 3
③ 6 ❹ 12

회독 체크 ① ② ③

고용보험법
179 심사 및 재심사청구

- 피보험자격의 취득·상실에 대한 확인, 실업급여 및 육아휴직급여와 출산전후휴가급여 등에 관한 처분에 이의가 있는 자는 고용보험심사관에게 심사를 청구할 수 있고, 그 결정에 이의가 있는 자는 고용보험심사위원회에 재심사를 청구할 수 있다.
- 심사관은 심사청구를 받으면 30일 이내에 그 심사청구에 대한 결정을 하여야 한다.
- 피보험자격의 취득·상실 확인에 대한 심사의 청구는 근로복지공단을, 실업급여 및 육아휴직급여와 출산전후휴가급여 등에 관한 처분에 대한 심사의 청구는 직업안정기관의 장을 거쳐 심사관에게 하여야 한다.
- 직업안정기관 또는 근로복지공단은 심사청구서를 받은 날부터 5일 이내에 의견서를 첨부하여 심사청구서를 심사관에게 보내야 한다.
- 심사의 청구는 문서로 하여야 한다.

▶ **법정대리인 외에 선임할 수 있는 대리인**
- 청구인의 배우자, 직계존속·비속 또는 형제자매
- 청구인인 법인의 임원 또는 직원
- 변호사나 공인노무사
- 고용보험심사위원회의 허가를 받은 자

CBT 적중 예상 문제

고용보험법령상 심사 및 재심사청구에 관한 설명으로 옳지 않은 것은?

① 실업급여에 관한 처분에 이의가 있는 자는 고용보험심사관에게 심사를 청구할 수 있다.
② 심사 및 재심사의 청구는 시효중단에 관하여 재판상의 청구로 본다.
❸ 재심사청구인은 법정대리인 외에 자신의 형제자매를 대리인으로 선임할 수 없다.
④ 고용보험심사관은 원칙적으로 심사청구를 받으면 30일 이내에 그 심사청구에 대한 결정을 하여야 한다.

회독 체크 ① ② ③

직업안정법
180 무료직업소개사업

- 무료직업소개사업은 근로자가 취업하려는 장소를 기준으로 국내 무료직업소개사업과 국외 무료직업소개사업으로 구분한다.
- 국내 무료직업소개사업을 하려는 자는 주된 사업소의 소재지를 관할하는 특별자치도지사·시장·군수·구청장에게 신고하여야 하고, 국외 무료직업소개사업을 하려는 자는 고용노동부장관에게 신고하여야 한다.
- 무료직업소개사업의 신고를 할 수 있는 자는 그 설립목적 및 사업내용이 무료직업소개사업에 적합하고, 당해 사업의 유지·운영에 필요한 조직 및 자산을 갖춘 비영리법인 또는 공익단체로 한다.
- **신고 없이 무료직업소개사업을 할 수 있는 경우**
  - 한국산업인력공단이 하는 직업소개
  - 한국장애인고용공단이 장애인을 대상으로 하는 직업소개
  - 교육 관계법에 따른 각급 학교의 장, 국민 평생 직업능력 개발법에 따른 공공직업훈련시설의 장이 재학생·졸업생 또는 훈련생·수료생을 대상으로 하는 직업소개
  - 근로복지공단이 업무상 재해를 입은 근로자를 대상으로 하는 직업소개

CBT 적중 예상 문제

직업안정법령상 신고를 하지 아니하고 할 수 있는 무료직업소개사업이 아닌 것은?

① 한국산업인력공단이 하는 직업소개
② 한국장애인고용공단이 장애인을 대상으로 하는 직업소개
❸ 국민체육진흥공단이 체육인을 대상으로 하는 직업소개
④ 근로복지공단이 업무상 재해를 입은 근로자를 대상으로 하는 직업소개

직업안정법
181 유료직업소개사업

- 국내 유료직업소개사업을 하려는 자는 특별자치도지사·시장·군수 및 구청장에게 등록하여야 하고, 국외 유료직업소개사업을 하려는 자는 고용노동부장관에게 등록하여야 한다.
- 유료직업소개사업을 하려는 자는 둘 이상의 사업소를 둘 수 없다.
- 유료직업소개사업자는 고용노동부장관이 결정·고시한 요금(구인자 또는 구직자에 대한 소개요금) 외의 금품을 받아서는 아니 된다(고용노동부령으로 정하는 고급·전문인력을 소개하는 경우는 제외).
- 유료직업소개사업을 등록한 자는 타인에게 자기의 성명 또는 상호를 사용하여 직업소개사업을 하게 하거나 그 등록증을 대여하여서는 아니 된다.
- 유료직업소개사업을 하는 자 및 그 종사자는 구직자에게 제공하기 위하여 구인자로부터 선급금을 받아서는 아니 된다.

▶ **직업소개사업의 겸업 금지**
결혼중개업, 숙박업, 휴게음식점 중 다류의 배달·판매 소요 시간에 따라 대가를 받는 형태, 단란주점 및 유흥주점을 영업하는 자는 직업소개사업이나 직업소개사업을 하는 법인의 임원을 겸할 수 없다.

CBT 적중 예상 문제

직업안정법상 유료직업소개사업에 관한 설명으로 옳은 것은?

① 등록된 유료직업소개사업자는 구직자에게 제공하기 위해 구인자로부터 선급금을 받을 수 있다.
② 등록을 하고 유료직업소개사업을 하려는 자는 원칙적으로 둘 이상의 사업소를 두어야 한다.
③ 유료직업소개사업은 근로자의 주소지를 기준으로 국내 유료직업소개사업과 국외 유료직업소개사업으로 구분한다.
❹ 국외 유료직업소개사업을 하려는 자는 고용노동부장관에게 등록하여야 한다.

직업안정법
182 근로자공급사업

- 누구든지 고용노동부장관의 허가를 받지 아니하고는 근로자공급사업을 하지 못한다.
- 근로자공급사업 허가의 유효기간은 3년으로 하되, 유효기간이 끝난 후 계속하여 근로자공급사업을 하려는 자는 고용노동부령으로 정하는 바에 따라 연장허가를 받아야 한다.
- 근로자공급사업은 공급대상이 되는 근로자가 취업하려는 장소를 기준으로 국내 근로자공급사업과 국외 근로자공급사업으로 구분하며, 각각의 사업의 허가를 받을 수 있는 자의 범위는 다음과 같다.
  - **국내 근로자공급사업**: 노동조합
  - **국외 근로자공급사업**: 국내에서 제조업·건설업·용역업, 그 밖의 서비스업을 하고 있는 자(다만, 연예인을 대상으로 하는 사업의 허가를 받을 수 있는 자는 민법에 따른 비영리법인)

▶ **국외 근로자공급계약(시행규칙 제41조의 2)**
국외 근로자공급사업자는 공급 근로자에 대하여 왕복여비, 취업 관련 물품의 탁송료·재료비, 그 밖에 국외 공급과 관련된 경비를 부담시켜서는 아니 된다.

CBT 적중 예상 문제

직업안정법령상 근로자공급사업에 관한 설명으로 틀린 것은?

① 누구든지 고용노동부장관의 허가를 받지 아니하고는 근로자공급사업을 하지 못한다.
❷ 근로자공급사업 연장허가의 유효기간은 연장 전 허가의 유효기간이 끝나는 날부터 5년으로 한다.
③ 국내 근로자공급사업 허가를 받을 수 있는 자는 「노동조합 및 노동관계조정법」에 따른 노동조합이다.
④ 연예인을 대상으로 하는 국외 근로자공급사업의 허가를 받을 수 있는 자는 민법상 비영리법인으로 한다.

국민 평생 직업능력 개발법
183 직업능력개발훈련의 기본원칙

- 직업능력개발훈련은 국민 개개인의 희망·적성·능력에 맞게 국민의 생애에 걸쳐 체계적으로 실시되어야 한다.
- 직업능력개발훈련은 민간의 자율과 창의성이 존중되도록 하여야 하며, 노사의 참여와 협력을 바탕으로 실시되어야 한다.
- 직업능력개발훈련은 성별, 연령, 신체적 조건, 고용형태, 신앙 또는 사회적 신분 등에 따라 차별하여 실시되어서는 아니 되며, 모든 국민에게 균등한 기회가 보장되도록 노력하여야 한다.
- 다음의 사람을 대상으로 하는 직업능력개발훈련은 중요시되어야 한다.
  - 고령자·장애인
  - 국민기초생활 보장법에 따른 수급권자
  - 국가유공자와 그 유족 또는 가족이나 보훈보상대상자와 그 유족 또는 가족
  - 5·18민주유공자와 그 유족 또는 가족
  - 제대군인 및 전역예정자
  - 여성근로자
  - 중소기업의 근로자
  - 일용근로자, 단시간근로자, 기간을 정하여 근로계약을 체결한 근로자, 일시적 사업에 고용된 근로자
  - 파견근로자
- 직업능력개발훈련은 교육관계법에 따른 학교교육 및 산업현장과 긴밀하게 연계될 수 있도록 하고, 국민의 직무능력과 고용가능성을 높일 수 있도록 지역·산업현장의 수요가 반영되어야 한다.

CBT 적중 예상 문제

국민 평생 직업능력 개발법령상 직업능력개발훈련이 중요시되어야 할 대상으로 명시되지 않은 것은?

① 고령자·장애인
② 여성근로자
③ 일용근로자
❹ 제조업의 생산직에 종사하는 근로자

국민 평생 직업능력 개발법
184 직업능력개발훈련의 구분 및 실시방법

- **훈련의 목적에 따른 구분**

양성훈련	직업에 필요한 기초적 직무수행능력을 습득시키기 위하여 실시하는 직업능력개발훈련
향상훈련	양성훈련을 받은 사람이나 직업에 필요한 기초적 직무수행능력을 가지고 있는 사람에게 더 높은 직무수행능력을 습득시키거나 기술발전에 맞추어 지식·기능을 보충하게 하기 위하여 실시하는 직업능력개발훈련
전직훈련	종전의 직업과 유사하거나 새로운 직업에 필요한 직무수행능력을 습득시키기 위하여 실시하는 직업능력개발훈련

- **훈련의 방법에 따른 구분**

집체훈련	직업능력개발훈련을 실시하기 위하여 설치한 훈련전용시설이나 그 밖에 훈련을 실시하기에 적합한 시설(산업체의 생산시설 및 근무장소는 제외)에서 실시하는 방법
현장훈련	산업체의 생산시설 또는 근무장소에서 실시하는 방법
원격훈련	먼 곳에 있는 사람에게 정보통신매체 등을 이용하여 실시하는 방법
혼합훈련	집체훈련·현장훈련·원격훈련을 2개 이상 병행하여 실시하는 방법

CBT 적중 예상 문제

국민 평생 직업능력 개발법령상 훈련의 목적에 따라 구분한 직업능력개발훈련에 해당하지 않는 것은?

❶ 집체훈련 ② 양성훈련
③ 향상훈련 ④ 전직훈련

국민 평생 직업능력 개발법
185 직업능력개발사업을 하는 사업주 지원

- 고용노동부장관은 다음 어느 하나에 해당하는 직업능력개발사업을 하는 사업주나 사업주단체·근로자단체 또는 그 연합체에게 그 사업에 필요한 비용을 지원하거나 융자할 수 있다.
  - 근로자 직업능력개발훈련(위탁 실시 포함)
  - 근로자를 대상으로 하는 자격검정사업
  - 우선지원대상기업 또는 중소기업과 공동으로 우선지원대상기업 또는 중소기업에서 근무하는 근로자 등을 위하여 실시하는 직업능력개발사업
  - 직업능력개발훈련을 위하여 필요한 시설(기숙사 포함) 및 장비·기자재를 설치·보수하는 등의 사업
  - 직업능력개발에 대한 조사·연구, 직업능력개발훈련 과정 및 매체의 개발·보급 등의 사업
- 위 항에 따른 지원 또는 융자의 요건·내용·절차·수준 및 우대 지원에 필요한 사항은 대통령령으로 정한다.

▶ 직업능력개발훈련시설을 설치할 수 있는 공공단체의 범위(시행령 제2조)
- 한국산업인력공단(한국산업인력공단이 출연하여 설립한 학교법인 포함)
- 한국장애인고용공단
- 근로복지공단

CBT 적중 예상 문제

국민 평생 직업능력 개발법령상 고용노동부장관이 직업능력개발사업을 하는 사업주에게 지원할 수 있는 비용이 아닌 것은?
① 근로자를 대상으로 하는 자격검정사업 비용
② 근로자의 경력개발관리를 위하여 실시하는 사업 비용
❸ 고용노동부장관의 인정을 받은 직업능력개발훈련과정의 수강 비용
④ 직업능력개발훈련을 위해 필요한 시설의 설치 사업 비용

남녀고용평등과 일·가정 양립 지원에 관한 법률
186 남녀의 평등한 기회보장 및 대우

모집과 채용	• 사업주는 근로자를 모집하거나 채용할 때 남녀를 차별하여서는 아니 된다. • 사업주는 근로자를 모집·채용할 때 그 직무의 수행에 필요하지 아니한 용모·키·체중 등의 신체적 조건, 미혼 조건, 그 밖에 고용노동부령으로 정하는 조건을 제시하거나 요구하여서는 아니 된다.
임금	• 사업주는 동일한 사업 내의 동일 가치 노동에 대하여는 동일한 임금을 지급하여야 한다. • 동일 가치 노동의 기준은 직무 수행에서 요구되는 기술, 노력, 책임 및 작업 조건 등으로 하고, 사업주가 그 기준을 정할 때에는 노사협의회의 근로자를 대표하는 위원의 의견을 들어야 한다.
임금 외의 금품	사업주는 임금 외에 근로자의 생활을 보조하기 위한 금품의 지급 또는 자금의 융자 등 복리후생에서 남녀를 차별하여서는 아니 된다.
교육·배치 및 승진	사업주는 근로자의 교육·배치 및 승진에서 남녀를 차별하여서는 아니 된다.
정년·퇴직 및 해고	• 사업주는 근로자의 정년·퇴직 및 해고에서 남녀를 차별하여서는 아니 된다. • 사업주는 여성 근로자의 혼인, 임신 또는 출산을 퇴직 사유로 예정하는 근로계약을 체결하여서는 아니 된다.

CBT 적중 예상 문제

남녀고용평등과 일·가정 양립 지원에 관한 법률상 고용에 있어서 남녀의 평등한 기회와 대우를 보장하여야 할 사항으로 명시되어 있지 않은 것은?
① 교육
② 임금
❸ 근로시간
④ 모집과 채용

187 직장 내 성희롱
남녀고용평등과 일·가정 양립 지원에 관한 법률

- "직장 내 성희롱"이란 사업주·상급자 또는 근로자가 직장 내의 지위를 이용하거나 업무와 관련하여 다른 근로자에게 성적 언동 등으로 성적 굴욕감 또는 혐오감을 느끼게 하거나 성적 언동 또는 그 밖의 요구 등에 따르지 아니하였다는 이유로 근로조건 및 고용에서 불이익을 주는 것을 말한다.
- 사업주는 직장 내 성희롱 예방 교육을 매년 실시하여야 하며, 다음의 내용이 포함되어야 한다.
  - 직장 내 성희롱에 관한 법령
  - 해당 사업장의 직장 내 성희롱 발생 시의 처리 절차와 조치 기준
  - 해당 사업장의 직장 내 성희롱 피해 근로자의 고충상담 및 구제절차
- 예방 교육은 사업의 규모나 특성 등을 고려하여 사이버 교육 등을 통하여 실시할 수 있다(근로자에게 교육 내용이 제대로 전달되었는지 확인하기 곤란한 경우는 예방 교육을 한 것으로 보지 않음).
- 사업주는 성희롱 예방 교육을 성희롱 예방 교육기관에 위탁하여 실시할 수 있다.
- 누구든지 직장 내 성희롱 발생 사실을 알게 된 경우 그 사실을 해당 사업주에게 신고할 수 있다.

CBT 적중 예상 문제
남녀고용평등과 일·가정 양립 지원에 관한 법률상 직장 내 성희롱의 금지 및 예방에 관한 설명으로 틀린 것은?

① 사업주, 상급자 또는 근로자는 직장 내 성희롱을 하여서는 아니 된다.
② 사업주는 성희롱 예방 교육을 고용노동부장관이 지정하는 기관에 위탁하여 실시할 수 있다.
❸ 사업주는 직장 내 성희롱 예방 교육을 연 2회 이상 하여야 한다.
④ 누구든지 직장 내 성희롱 발생 사실을 알게 된 경우 그 사실을 해당 사업주에게 신고할 수 있다.

188 출산전후휴가급여
남녀고용평등과 일·가정 양립 지원에 관한 법률

- 국가는 배우자 출산휴가, 출산전후휴가 또는 유산·사산 휴가를 사용한 근로자 중 일정한 요건에 해당하는 사람에게 그 휴가기간에 대하여 통상임금에 상당하는 금액(출산전후휴가급여)을 지급할 수 있다.
- 지급된 출산전후휴가급여는 그 금액의 한도에서 사업주가 지급한 것으로 본다.
- 출산전후휴가급여를 지급하기 위하여 필요한 비용은 국가재정이나 사회보험에서 분담할 수 있다.
- 근로자가 출산전후휴가급여를 받으려는 경우 사업주는 관계 서류의 작성·확인 등 모든 절차에 적극 협력하여야 한다.

> **출산전후휴가급여의 지급 요건과 기간**
> - 지급 요건(고용보험법 제75조)
>   - 휴가가 끝난 날 이전에 피보험 단위기간이 합산하여 180일 이상일 것
>   - 휴가를 시작한 날 이후 1개월부터 휴가가 끝난 날 이후 12개월 이내에 신청할 것
> - 지급 기간(고용보험법 제76조)
>   - 출산전후휴가 또는 유산·사산휴가 기간
>   - 배우자 출산휴가 기간

CBT 적중 예상 문제
남녀고용평등과 일·가정 양립 지원에 관한 법률상 출산전후휴가에 대한 지원에 관한 설명으로 틀린 것은?

❶ 국가는 출산전후휴가를 사용한 근로자 중 일정한 요건에 해당하는 사람에게 그 휴가기간에 대하여 평균임금에 상당하는 금액을 지급할 수 있다.
② 출산전후휴가급여를 지급하기 위하여 필요한 비용은 국가재정이나 「사회보장기본법」에 따른 사회보험에서 분담할 수 있다.
③ 여성 근로자가 출산전후휴가급여를 받으려는 경우 사업주는 관계 서류의 작성·확인 등 모든 절차에 적극 협력하여야 한다.
④ 출산전후휴가급여의 지급 요건 및 지급기간 등에 관하여 필요한 사항은 따로 법률로 정한다.

회독 체크 ☐ ☐ ☐

남녀고용평등과 일·가정 양립 지원에 관한 법률

189 육아휴직

- 사업주는 임신 중인 여성 근로자가 모성을 보호하거나 근로자가 만 8세 이하 또는 초등학교 2학년 이하의 자녀(입양 자녀 포함)를 양육하기 위하여 휴직을 신청하는 경우에 이를 허용하여야 한다(계속 근로기간이 6개월 미만 근로자 제외).
- 육아휴직의 기간은 1년 이내로 한다.
- 다음 어느 하나에 해당하는 근로자의 경우 6개월 내에서 추가로 육아휴직을 사용할 수 있다.
  - 같은 자녀를 대상으로 부모가 모두 육아휴직을 각각 3개월 이상 사용한 경우의 부 또는 모
  - 「한부모가족지원법」 제4조제1호의 부 또는 모
  - 고용노동부령으로 정하는 장애아동의 부 또는 모
- 사업주는 육아휴직을 이유로 해고나 그 밖의 불리한 처우를 하여서는 아니 되며, 육아휴직 기간에는 그 근로자를 해고하지 못한다.
- 사업주는 육아휴직을 마친 후에는 휴직 전과 같은 업무 또는 같은 수준의 임금을 지급하는 직무에 복귀시켜야 한다. 또한 육아휴직 기간은 근속기간에 포함한다.
- 기간제근로자 또는 파견근로자의 육아휴직 기간은 기간제근로자의 사용기간 또는 파견근로자의 근로자파견기간(2년 초과 여부 산정 시)에서 제외한다.

CBT 적중 예상 문제

남녀고용평등과 일·가정 양립 지원에 관한 법령상 육아휴직 기간에 대한 설명으로 틀린 것은?

❶ 육아휴직의 기간은 2년 이내로 한다.
② 사업주는 육아휴직 기간에는 근로자를 해고하지 못한다.
③ 육아휴직 기간은 근속기간에 포함한다.
④ 기간제근로자의 육아휴직 기간은 기간제 및 단시간근로자 보호 등에 관한 법률에 따른 사용기간에 산입하지 아니한다.

회독 체크 ☐ ☐ ☐

남녀고용평등과 일·가정 양립 지원에 관한 법률

190 배우자 출산휴가

- 사업주는 근로자가 배우자의 출산을 이유로 휴가를 고지하는 경우에 20일의 휴가를 주어야 한다. 이 경우 사용한 휴가기간은 유급으로 한다(출산전후휴가급여 등이 지급된 경우에는 그 금액의 한도에서 지급의 책임을 면함).
- 배우자 출산휴가는 근로자의 배우자가 출산한 날부터 120일이 지나면 사용할 수 없다.
- 배우자 출산휴가는 3회에 한정하여 나누어 사용할 수 있다.
- 사업주는 배우자 출산휴가를 이유로 근로자를 해고하거나 그 밖의 불리한 처우를 하여서는 아니 된다.

CBT 적중 예상 문제

남녀고용평등과 일·가정 양립 지원에 관한 법령상 배우자 출산휴가에 관한 설명으로 틀린 것은?

① 사업주는 근로자가 배우자 출산휴가를 고지하는 경우에 20일의 휴가를 주어야 한다.
② 배우자 출산휴가는 3회에 한정하여 나누어 사용할 수 있다.
❸ 배우자 출산휴가는 근로자의 배우자가 출산한 날부터 30일이 지나면 사용할 수 없다.
④ 사용한 배우자 출산휴가기간은 유급으로 한다.

191 육아기 근로시간 단축
남녀고용평등과 일·가정 양립 지원에 관한 법률

- 사업주는 근로자가 만 12세 이하 또는 초등학교 6학년 이하의 자녀를 양육하기 위하여 근로시간의 단축을 신청하는 경우에 이를 허용하여야 한다.
- 사업주가 육아기 근로시간 단축을 허용하지 아니하는 경우에는 해당 근로자에게 그 사유를 서면으로 통보하고 육아휴직을 사용하게 하거나 출근 및 퇴근시간 조정 등 다른 조치를 통하여 지원할 수 있는지를 해당 근로자와 협의하여야 한다.
- 사업주가 근로자에게 육아기 근로시간 단축을 허용하는 경우 단축 후 근로시간은 주당 15시간 이상이어야 하고 35시간을 넘어서는 아니 된다.
- 육아기 근로시간 단축의 기간은 1년 이내로 한다. 다만, 육아휴직을 신청할 수 있는 근로자가 육아휴직 기간 중 사용하지 아니한 기간이 있으면 그 기간의 2배를 가산한 기간 이내로 한다.
- 사업주는 육아기 근로시간 단축을 이유로 해당 근로자에게 해고나 그 밖의 불리한 처우를 하여서는 아니 된다.
- 사업주는 근로자의 육아기 근로시간 단축기간이 끝난 후에 그 근로자를 육아기 근로시간 단축 전과 같은 업무 또는 같은 수준의 임금을 지급하는 직무에 복귀시켜야 한다.

CBT 적중 예상 문제
남녀고용평등 및 일·가정 양립 지원에 관한 법령상 육아기 근로시간 단축에 관한 설명이다. ( )에 들어갈 내용으로 옳은 것은?

> 사업주가 근로자에게 육아기 근로시간 단축을 허용하는 경우 단축 후 근로시간은 주당 (ㄱ)시간 이상이어야 하고 (ㄴ)시간을 넘어서는 아니 된다.

① ㄱ: 10, ㄴ: 15
② ㄱ: 10, ㄴ: 20
③ ㄱ: 15, ㄴ: 30
❹ ㄱ: 15, ㄴ: 35

192 직업소개
직업안정법

직업소개절차
직업안정기관의 장은 다음 절차에 따라 직업소개를 하여야 한다.

> 구인·구직에 필요한 기초적인 사항의 확인 → 구인·구직신청의 수리 → 구인·구직의 상담 → 직업 또는 구직자의 알선 → 취업 또는 채용 여부의 확인

구인신청서 수리거부 사유
- 구인신청의 내용이 법령을 위반한 경우
- 구인신청의 내용 중 임금·근로시간 그 밖의 근로조건이 통상적인 근로조건에 비하여 현저하게 부적당하다고 인정되는 경우
- 구인자가 구인조건을 밝히기를 거부하는 경우
- 구인자가 구인신청 당시 명단이 공개 중인 체불사업주인 경우

구인·구직신청의 유효기간
- **구인신청**: 15일 이상 2개월 범위에서 구인업체가 결정한다.
- **구직신청**: 3개월(국외 취업희망자 6개월)
※ 접수된 구인신청서·구직신청서는 1년간 관리 및 보관된다.

CBT 적중 예상 문제
직업안정법상 구인·구직의 신청에 관한 설명으로 옳은 것은?

① 국외 취업희망자의 구직신청의 유효기간은 1년으로 한다.
❷ 직업안정기관의 장은 관할 구역의 읍·면·동사무소에 구인신청서와 구직신청서를 갖추어 두어 구인자·구직자의 편의를 도모하여야 한다.
③ 직업안정기관의 장은 접수된 구인신청서 및 구직신청서를 3년간 관리·보관하여야 한다.
④ 수리된 구인신청의 유효기간은 3개월이다.

직업안정법

193 직업정보제공사업 등

- 직업정보제공사업을 하려는 자(무료직업소개사업을 하는 자와 유료직업소개사업을 하는 자 제외)는 고용노동부장관에게 신고해야 한다.
- 직업정보제공매체의 구인·구직광고에는 구인·구직자의 주소 또는 전화번호를 기재하고, 직업정보제공사업자의 주소 또는 전화번호는 기재하지 않아야 한다.

근로자의 모집

- 근로자를 고용하려는 자는 광고·문서 또는 정보통신망 등 다양한 매체를 활용하여 자유롭게 근로자를 모집할 수 있다.
- 국외에 취업할 근로자를 모집한 자는 모집한 후 15일 이내에 고용노동부장관에게 신고해야 한다.

CBT 적중 예상 문제

직업안정법상 직업정보제공사업자의 준수사항으로 틀린 것은?

❶ 직업정보제공매체의 구인·구직의 광고에는 구인·구직자 및 직업정보제공사업자의 주소 또는 전화번호를 기재할 것
② 구인자의 연락처가 사서함으로 표시된 구인광고를 게재하지 아니할 것
③ 광고문에 취업상담·추천 등의 표현을 사용하지 아니할 것
④ 구직자의 이력서 발송을 대행하거나 구직자에게 취업추천서를 발부하지 아니할 것

고용보험법

194 피보험자격의 취득·상실

피보험자격의 취득일(제13조)

- 근로자인 피보험자는 이 법이 적용되는 사업에 고용된 날에 피보험자격을 취득한다.
- 적용제외 근로자였던 자가 이 법의 적용을 받게 된 경우에는 그 적용을 받게 된 날 피보험자격을 취득한다.
- 보험관계 성립일 전에 고용된 근로자의 경우에는 그 보험관계가 성립한 날 피보험자격을 취득한다.

피보험자격의 상실일(제14조)

- 근로자인 피보험자가 적용제외 근로자에 해당하게 된 경우에는 그 적용제외 대상자가 된 날에 피보험자격을 상실한다.
- 보험관계가 소멸한 경우에는 그 보험관계가 소멸한 날에 피보험자격을 상실한다.
- 근로자인 피보험자가 이직한 경우에는 이직한 날의 다음날에 피보험자격을 상실한다.
- 근로자인 피보험자가 사망한 경우에는 사망한 날의 다음날에 피보험자격을 상실한다.

CBT 적중 예상 문제

고용보험법상 피보험자격의 취득일과 상실일에 관한 설명으로 틀린 것은?

① 피보험자가 사망한 경우에는 사망한 날의 다음 날에 피보험자격을 상실한다.
❷ 적용제외 근로자였던 자가 「고용보험법」의 적용을 받게 된 경우 그 사업에 고용된 날에 피보험자격을 취득한 것으로 본다.
③ 보험료징수법에 따른 보험관계 성립일 전에 고용된 근로자의 경우 그 보험관계가 성립된 날 피보험자격을 취득한 것으로 본다.
④ 피보험자가 적용제외 근로자에 해당하게 된 경우 그 적용제외 대상자가 된 날 피보험자격을 상실한다.

195 자영업자의 실업급여
고용보험법

자영업자인 피보험자의 실업급여의 종류
자영업자(근로자를 사용하지 않는 1인 사업자 및 50명 미만의 근로자를 사용하는 사업자)인 피보험자의 실업급여의 종류에는 연장급여와 조기재취업수당은 포함되지 않는다.

구직급여의 수급요건
- 폐업일 이전 24개월간 자영업자인 피보험자로서 갖춘 피보험 단위기간이 합산하여 1년 이상이어야 한다.
- 근로의 의사와 능력이 있음에도 불구하고 취업을 하지 못한 상태이어야 한다.
- 폐업사유가 수급자격의 제한사유에 해당하지 않아야 한다.
- 재취업을 위한 노력을 적극적으로 해야 한다.

구직급여일액
자영업자인 피보험자로서 폐업한 수급자격자에 대한 구직급여일액은 그 수급자격자의 기초일액에 100분의 60을 곱한 금액으로 한다.

CBT 적중 예상 문제
고용보험법상 자영업자인 피보험자의 실업급여의 종류로 옳지 않은 것은?
① 구직급여
② 직업능력개발수당
③ 광역구직활동비
❹ 조기재취업수당

196 훈련계약과 권리·의무
국민직업능력개발법

- 사업주와 직업능력개발훈련을 받으려는 근로자는 직업능력개발훈련에 따른 권리·의무 등에 관하여 훈련계약을 체결할 수 있다.
- 사업주가 훈련계약을 체결할 때에는 해당 직업능력개발훈련을 받는 사람이 직업능력개발훈련을 이수한 후에 사업주가 지정하는 업무에 일정기간 종사하도록 할 수 있다. 이 경우 그 기간은 5년 이내로 하되, 직업능력개발훈련기간의 3배를 초과할 수 없다.
- 기준근로시간 외의 훈련시간에 대하여는 연장근로와 야간근로에 해당하는 임금을 지급하지 아니할 수 있다(다만, 생산시설을 이용하거나 근무장소에서 하는 직업능력개발훈련의 경우에는 지급).
- 직업능력개발훈련을 실시하는 자는 해당 훈련시설에서 훈련을 받는 국민(산업재해보상보험법을 적용받는 사람은 제외)이 직업능력개발훈련 중에 그 훈련으로 인하여 재해를 입은 경우에는 재해위로금을 지급해야 한다.
- 위탁에 의한 직업능력개발훈련을 받는 국민에 대하여는 그 위탁자가 재해위로금을 부담하되, 위탁받은 자의 훈련시설의 결함이나 그 밖에 위탁받은 자에게 책임이 있는 사유로 인하여 재해가 발생한 경우에는 위탁받은 자가 재해위로금을 지급해야 한다(위탁자가 아님).

CBT 적중 예상 문제
국민 평생 직업능력 개발법령상 직업능력개발훈련에 관한 설명으로 옳은 것은?
① 직업능력개발훈련은 18세 미만인 자에게는 실시할 수 없다.
❷ 직업능력개발훈련의 대상에는 취업할 의사가 있는 사람뿐만 아니라 사업주에게 고용된 사람도 포함된다.
③ 직업능력개발훈련시설의 장은 직업능력개발훈련의 상호인정이 가능하도록 직업능력개발훈련과 관련된 기술 등에 관한 표준을 정할 수 있다.
④ 「산업재해보상보험법」을 적용받는 사람도 재해위로금을 받을 수 있다.

채용절차법
197 채용절차

- 채용절차법은 상시 30명 이상의 근로자를 사용하는 사업 또는 사업장의 채용절차에 적용한다. 다만, 국가 및 지방자치단체가 공무원을 채용하는 경우에는 적용하지 아니한다.
- 구인자는 정당한 사유 없이 채용광고의 내용을 구직자에게 불리하게 변경해서는 아니 된다.
- 구인자는 구직자를 채용한 후에 정당한 사유 없이 채용광고에서 제시한 근로조건을 구직자에게 불리하게 변경하여서는 아니 된다.
- 고용노동부장관은 기초심사자료의 표준양식을 정하여 구인자에게 그 사용을 권장할 수 있다.
- 구인자는 채용심사를 목적으로 구직자에게 채용서류 제출에 드는 비용 이외의 어떠한 금전적 비용(이하 '채용심사비용'이라고 함)도 부담시키지 못한다.
- 다만, 사업장 및 직종의 특수성으로 인하여 불가피한 사정이 있는 경우 고용노동부장관의 승인을 받아 구직자에게 채용심사비용의 일부를 부담하게 할 수 있다.
- 구인자는 구직자의 채용 여부가 확정된 이후 구직자(확정된 채용대상자는 제외)가 채용서류의 반환을 청구하는 경우에는 본인임을 확인한 후 구직자가 반환청구를 한 날부터 14일 이내에 구직자에게 해당 채용서류를 발송하거나 전달해야 한다.

CBT 적중 예상 문제

채용절차의 공정화에 관한 법률에 관한 설명으로 틀린 것은?

❶ 고용노동부장관은 입증자료의 표준양식을 정하여 구인자에게 그 사용을 권장할 수 있다.
② 원칙적으로 상시 30명 이상의 근로자를 사용하는 사업장의 채용절차에 적용한다.
③ 채용서류란 기초심사자료, 입증자료, 심층 심사자료를 말한다.
④ 심층심사자료란 작품집, 연구실적물 등 구직자의 실력을 알아볼 수 있는 모든 물건 및 자료를 말한다.

개인정보보호법
198 개인정보

개인정보

1. 성명, 주민등록번호 및 영상 등을 통하여 개인을 알아볼 수 있는 정보
2. 해당 정보만으로는 특정 개인을 알아볼 수 없더라도 다른 정보와 쉽게 결합하여 알아볼 수 있는 정보
3. 위 1. 또는 2.를 가명처리함으로써 원래의 상태로 복원하기 위한 추가 정보의 사용·결합없이는 특정 개인을 알아볼 수 없는 정보(이하 '가명정보'라 함)

민감정보

1. 유전자검사 등의 결과로 얻어진 유전정보
2. 「형의 실효 등에 관한 법률」에 따른 범죄경력자료에 해당하는 정보
3. 개인의 신체적, 생리적, 행동적 특징에 관한 정보로서 특정 개인을 알아볼 목적으로 일정한 기술적 수단을 통해 생성한 정보
4. 인종이나 민족에 관한 정보

고유식별정보

1. 「주민등록법」에 따른 주민등록번호
2. 「여권법」에 따른 여권번호
3. 「도로교통법」에 따른 운전면허의 면허번호
4. 「출입국관리법」에 따른 외국인등록번호

CBT 적중 예상 문제

개인정보 보호법상 "공공기관"에 해당하지 않는 것은?

① 「국가인권위원회법」 제3조에 따른 국가인권위원회
② 「공공기관의 운영에 관한 법률」 제4조에 따른 공공기관
③ 「지방공기업법」에 따른 지방공사와 지방공단
❹ 「초·중등교육법」, 「고등교육법」에 따른 각급 학교(단, 그 밖의 다른 법률에 따라 설치된 각급 학교는 제외)

199 개인정보 보호위원회

개인정보보호법

소속	개인정보 보호에 관한 사무를 독립적으로 수행하기 위하여 국무총리 소속으로 개인정보 보호위원회(이하 "보호위원회"라 한다)를 둔다.
구성	보호위원회는 상임위원 2명(위원장 1명, 부위원장 1명)을 포함한 9명의 위원으로 구성한다.
위원의 임기	위원의 임기는 3년으로 하되, 한 차례만 연임할 수 있다.
결격사유	대한민국 국민이 아닌 사람, 국가공무원법의 결격사유에 해당하는 사람, 정당법에 따른 당원은 위원이 될 수 없다.
회의	• 보호위원회의 회의는 위원장이 필요하다고 인정하거나 재적위원 4분의 1 이상의 요구가 있는 경우에 위원장이 소집한다. • 보호위원회의 회의는 재적위원 과반수의 출석으로 개의하고, 출석위원 과반수의 찬성으로 의결한다.

CBT 적중 예상 문제

개인정보보호법령상 개인정보보호위원회(이하 "보호위원회"라 한다)에 관한 설명으로 틀린 것은?

❶ 대통령 소속으로 보호위원회를 둔다.
② 보호위원회는 상임위원 2명을 포함한 9명의 위원으로 구성한다.
③ 보호위원회의 회의는 재적위원 과반수의 출석으로 개의하고, 출석위원 과반수의 찬성으로 의결한다.
④ 정당법에 따른 당원은 보호위원회 위원이 될 수 없다.

200 과태료 부과 행위

채용절차의 공정화에 관한 법률

3천만 원 이하	채용강요 등의 행위를 한 자 - 법령을 위반하여 채용에 관한 부당한 청탁, 압력, 강요 등을 하는 행위 - 채용과 관련하여 금전, 물품, 향응 또는 재산상의 이익을 제공하거나 수수하는 행위
500만 원 이하	• 채용광고의 내용 또는 근로조건을 변경한 구인자 • 지식재산권을 자신에게 귀속하도록 강요한 구인자 • 그 직무의 수행에 필요하지 아니한 개인정보를 기초심사자료에 기재하도록 요구하거나 입증자료로 수집한 구인자
300만 원 이하	• 채용서류 보관의무를 이행하지 아니한 구인자 • 구직자에 대한 고지의무를 이행하지 아니한 구인자 • 시정명령을 이행하지 아니한 구인자

▶ **채용절차법상 용어의 정의(제2조)**
• 기초심사자료: 구직자의 응시원서, 이력서 및 자기소개서
• 입증자료: 학위증명서, 경력증명서, 자격증명서 등 기초심사자료에 기재한 사항을 증명하는 모든 자료
• 심층심사자료: 작품집, 연구실적물 등 구직자의 실력을 알아볼 수 있는 모든 물건 및 자료
• 채용서류: 기초심사자료, 입증자료, 심층심사자료

CBT 적중 예상 문제

채용절차의 공정화에 관한 법령상 500만 원 이하의 과태료 부과 행위에 해당하는 것은?

❶ 채용광고의 내용 또는 근로조건을 변경한 구인자
② 채용서류 보관의무를 이행하지 아니한 구인자
③ 구직자에 대한 고지의무를 이행하지 아니한 구인자
④ 시정명령을 이행하지 아니한 구인자

에듀윌이
너를
지지할게

ENERGY

끝이 좋아야 시작이 빛난다.

– 마리아노 리베라(Mariano Rivera)

**여러분의 작은 소리
에듀윌은 크게 듣겠습니다.**

본 교재에 대한 여러분의 목소리를 들려주세요.
공부하시면서 어려웠던 점, 궁금한 점,
칭찬하고 싶은 점, 개선할 점, 어떤 것이라도 좋습니다.

에듀윌은 여러분께서 나누어 주신 의견을
통해 끊임없이 발전하고 있습니다.

에듀윌 도서몰 book.eduwill.net
- 부가학습자료 및 정오표: 에듀윌 도서몰 → 도서자료실
- 교재 문의: 에듀윌 도서몰 → 문의하기 → 교재(내용, 출간) / 주문 및 배송

2026 에듀윌 직업상담사 2급 1차 필기 기출문제집

발 행 일	2025년 10월 30일 초판
편 저 자	김대환, 황사빈, 최영우
펴 낸 이	양형남
책임개발	목진재
개 발	윤세은
펴 낸 곳	(주)에듀윌
I S B N	979-11-360-3955-2(13320)
등록번호	제25100-2002-000052호
주 소	08378 서울특별시 구로구 디지털로34길 55 코오롱싸이언스밸리 2차 3층

* 이 책의 무단 인용 · 전재 · 복제를 금합니다.

www.eduwill.net
대표전화 1600-6700

꿈을 현실로 만드는
에듀윌

DREAM

공무원 교육
- 선호도 1위, 신뢰도 1위! 브랜드만족도 1위!
- 합격자 수 2,100% 폭등시킨 독한 커리큘럼

자격증 교육
- 9년간 아무도 깨지 못한 기록 합격자 수 1위
- 가장 많은 합격자를 배출한 최고의 합격 시스템

직영학원
- 검증된 합격 프로그램과 강의
- 1:1 밀착 관리 및 컨설팅
- 호텔 수준의 학습 환경

종합출판
- 온라인서점 베스트셀러 1위!
- 출제위원급 전문 교수진이 직접 집필한 합격 교재

어학 교육
- 토익 베스트셀러 1위
- 토익 동영상 강의 무료 제공

콘텐츠 제휴·B2B 교육
- 고객 맞춤형 위탁 교육 서비스 제공
- 기업, 기관, 대학 등 각 단체에 최적화된 고객 맞춤형 교육 및 제휴 서비스

부동산 아카데미
- 부동산 실무 교육 1위!
- 상위 1% 고소득 창업/취업 비법
- 부동산 실전 재테크 성공 비법

학점은행제
- 99%의 과목이수율
- 17년 연속 교육부 평가 인정 기관 선정

대학 편입
- 편입 교육 1위!
- 최대 200% 환급 상품 서비스

국비무료 교육
- '5년우수훈련기관' 선정
- K-디지털, 산대특 등 특화 훈련과정
- 원격국비교육원 오픈

에듀윌 교육서비스 **AI 교육** AI 프롬프트 연구사/AI CLASS(ChatGPT/AICE/노션 AI/중개업 AI 등) **공무원 교육** 9급공무원/소방공무원/계리직공무원 **자격증 교육** 공인중개사/주택관리사/손해평가사/감정평가사/노무사/전기기사/경비지도사/검정고시/소방설비기사/소방시설관리사/사회복지사1급/대기환경기사/수질환경기사/건축기사/도목기사/직업상담사/청소년상담사/전기기능사/산업안전기사/산업위생관리기사/건설안전기사/위험물산업기사/위험물기능사/설비보전기사/에너지관리기사/유통관리사/물류관리사/행정사/한국사능력검정/한경TESAT/매경TEST/KBS한국어능력시험·실용글쓰기/국제무역사/무역영어 **어학 교육** 토익 교재/토익 동영상 강의 **금융/IT/비즈니스** 전산세무회계/ERP정보관리사/재경관리사/정보처리기사/컴퓨터활용능력/SQLD/ADsP **대학 편입** 편입 영어·수학/연고대/의약대/경찰대/논술/면접 **직영학원** 공무원학원/소방학원/공인중개사 학원/주택관리사 학원/전기기사 학원/편입학원 **종합출판** 공무원·자격증 수험교재 및 단행본 **학점은행제** 교육부평가인정기관 원격평생교육원(사회복지사2급/경영학/CPA) **콘텐츠 제휴·B2B 교육** 교육 콘텐츠 제휴/기업 맞춤 자격증 교육/대학취업역량 강화 교육 **부동산 아카데미** 부동산 창업CEO/부동산 경매 마스터/부동산 컨설팅 **주택취업센터** 실무 특강/실무 아카데미 **국비무료 교육(국비교육원)** 전기기능사/전기(산업)기사/소방설비(산업)기사/IT(빅데이터/자바프로그램/파이썬)/게임그래픽/3D프린터/실내건축디자인/웹퍼블리셔/그래픽디자인/영상편집(유튜브) 디자인/온라인 쇼핑몰광고 및 제작·쿠팡, 스마트스토어/전산세무회계/컴퓨터활용능력/ITQ/GTQ/직업상담사

교육문의 1600-6700 www.eduwill.net

• 2022 소비자가 선택한 최고의 브랜드 공무원·자격증 교육 1위 (조선일보) • 2023 대한민국 브랜드만족도 공무원·자격증·취업·학원·편입·부동산 실무 교육 1위 (한경비즈니스) • 2017/2022 에듀윌 공무원 과정 최종 환급자 수 기준 • 2023년 성인 자격증, 공무원 직영학원 기준 • YES24 공인중개사 부문, 2025 에듀윌 공인중개사 오시훈 필살키 부동산공법 (2025년 8월 월별 베스트) 그 외 다수 • YES24 한국산업인력공단 부문, 2025 에듀윌 산업안전기사 필기 한권끝장 (2025년 7월 월별 베스트) 그 외 다수 • 교보문고 취업/수험서 부문, 2025 에듀윌 공기업 코레일 한국철도공사 실전모의고사 9+2+4회(2025년 2월 1일~2월 28일 인터넷 월간 베스트) 그 외 다수 • 알라딘 시사/상식 부문, 2025 최신판 에듀윌 취업 공기업 기출 일반상식 (2025년 6월 5주 주별 베스트) 그 외 다수 • YES24 컴퓨터활용능력 부문, 2024 컴퓨터활용능력 1급 필기 초단기끝장(2023년 10월 3~4주 주별 베스트) 그 외 다수 • YES24 신규자격증 부문, 2025 에듀윌 SQL 개발자 SQLD 2주끝장+무료특강(2025년 7월 월별 베스트) 그 외 다수 • 인터파크 자격서/수험서 부문, 에듀윌 한국사능력검정시험 2주끝장 심화 (1, 2, 3급) (2020년 6~8월 월간 베스트) 그 외 다수 • YES24 국어 외국어사전영어 토익/TOEIC 기출문제/모의고사 분야 베스트셀러 1위 (에듀윌 토익 READING RC 4주끝장 리딩 종합서, 2022년 9월 4주 주별 베스트) • 에듀윌 토익 교재 입문~실전 인강 무료 제공 (2022년 최신 강좌 기준/109강) • 2024년 종강반 중 모든 평가항목 정상 참여자 기준, 99% (평생교육원 기준) • 2008년~2024년까지 234만 누적수강학점으로 과목 운영 (평생교육원 기준) • 에듀윌 국비교육원 구로센터 고용노동부 지정 '5년우수훈련기관' 선정 (2023~2027) • KRI 한국기록원 2016, 2017, 2019년 공인중개사 최다 합격자 배출 공식 인증 (2025년 현재까지 업계 최고 기록)

YES24 수험서 자격증 국가자격/전문사무 직업상담사 베스트셀러 1위(2021년 3월, 5월, 7월, 8월, 2022년 2월, 3월, 5~7월, 2023년 3월, 5월~7월 월별 베스트)
2023, 2022, 2021 대한민국 브랜드만족도 직업상담사 1위(한경비즈니스)
2020, 2019 한국브랜드만족지수 직업상담사 1위(주간동아, G밸리뉴스)

2026 에듀윌 직업상담사 2급
1차 필기 기출문제집

7개년 기출 + 최빈출 주제 200 + 무료특강

[최빈출 주제 200] 엄선된 시험 빈출 주제로 이론 완벽 정리!
혜택경로 교재 내 수록

[2025년 기출 해설 특강] 문제 풀이 전략부터 합격 노하우를 한번에!
수강경로 에듀윌 도서몰(book.eduwill.net) ▶ 동영상강의실 ▶ '직업상담사' 검색

[CBT 시험 서비스] 시험 직전 실전 대비 최종 마무리!
혜택경로 교재 내 QR코드

고객의 꿈, 직원의 꿈, 지역사회의 꿈을 실현한다

펴낸곳 (주)에듀윌 **펴낸이** 양형남 **출판총괄** 김기철 **에듀윌 대표번호** 1600-6700
주소 서울시 구로구 디지털로 34길 55 코오롱싸이언스밸리 2차 3층
ⓒ 2025 eduwill. Created with AI assistance.
협의 없는 무단 복제는 법으로 금지되어 있습니다.

에듀윌 도서몰
book.eduwill.net
- 부가학습자료 및 정오표: 에듀윌 도서몰 > 도서자료실
- 교재 문의: 에듀윌 도서몰 > 문의하기 > 교재(내용, 출간) / 주문 및 배송